개념부터 차근차근 혼자서 배우는

시네마 4D

최신 버전으로 오늘부터 1일

판권지

개념부터 차근차근 혼자서 배우는
시네마 4D
최신 버전으로 오늘부터 1일

초판 1쇄 발행 : 2020년 11월 10일
초판 3쇄 발행 : 2023년 08월 15일

출판등록 번호 : 제 379-2007-000026 호
ISBN : 979-11-89114-06-0 13000

주소 : 강원도 횡성군 어느 고즈넉한 시골의 고갯마루
도서문의(신한서적) 전화 : 031) 942-9851 팩스 : 031) 942-9852
펴낸곳 : 힐북
펴낸이 : 힐북

지은이 : 이용태   f www.facebook.com/eyongtae
기획 : 힐북
진행 책임 : 힐북
편집 디자인 : 힐북
표지 디자인 : 힐북

본 도서의 내용 중 디자인 및 저자의 창작성이 인정되는 내용을 무단으로 복제 및 복사하는 것은 저작권법에 의해 처리될 수 있습니다.

Published by healbook Co. Ltd Printed in Korea

저자의 말

필자가 처음 시네마 4D 책을 쓴 것은 2010년이다. 어느덧 10년이란 시간이 흐른 지금에 와서 또다시 시네마 4D의 책을 쓰는 입장을 비춰보니 그 동안 많은 지식이 쌓였구나 하는 생각에 감회가 새롭다.

한국에서는 시네마 4D를 보는 시각이 방송이나 영화용 타이틀 애니메이션과 범용적인 모션 그래픽 제작에 적합한 프로그램이라는 것이 지배적이다. 그러나 필자의 생각엔 건축이나 캐릭터 애니메이션, 비주얼 이펙트, 메디컬, 엔지니어링 그밖에 제너럴 아트 분야 등에서도 충분히 활용가치가 높은 프로그램이라고 본다. 그러므로 향후 4~5년이 지난 후에는 시네마 4D의 입지는 지금보다 훨씬 높은 위치에 올라가 있을 것이라 생각되고 3D 산업의 대중화를 선도하는 프로그램으로 확고하게 각인될 것이라는 것에 의심치 않는다.

필자는 앞으로도 시네마 4D의 산업 대중화를 위해 보다 심도 깊은 내용의 책을 개발할 것이며 또한 다양한 예제를 통해 학습할 수 있는 실무형 튜토리얼 도서도 개발하여 독학의 꿈을 실현할 수 있도록 노력할 것이다. 미흡하나마 이 책을 통해 시네마 4D에 대한 이해를 힐 수 있기를 소망하며 시네마 4D 사용자들이 더욱 증가되었으면 하는 바램을 꿈꾸어본다.

끝으로 이 책을 집필할 수 있게 도움을 주신 신한전문서적 김덕헌 대표님이하 이용태 닷컴 패밀리 여러분께 진심 어린 감사를 드린다.

본 도서 내용에 대한 질문은 e_yongtae@naver.com으로 해주기 바랍니다.

본 도서는

본 도서는 시네마 4D와 함께 기초 학습 및 예제를 통해 시네마 4D를 처음 접하는 분들도 시네마 4D를 쉽게 익힐 수 있게 구성하였으며 시네마 4D에 대해 전반적으로 이해할 수 있도록 대부분의 기능에 대한 설명과 예제를 포함했습니다.

1th 처음 시작하는 분들을 위한 기초 이론을 기술하고 있습니다.
본 도서는 시네마 4D를 처음 시작하는 분들을 위한 도서로써 시네마 4D 및 3D 애니메이션에 대해 이해할 수 있도록 쉬운 설명과 예제를 포함하였습니다.

2th 시네마 4D의 대부분의 주요 기능을 익힐 수 있습니다.
시네마 4D를 설치하는 방법부터 시네마 4D의 주요 기능에 대해 빠짐없이 설명하고 있으며 기능에 대한 원리적인 이해를 돕기 위해 노력했습니다.

3th 예제를 통해 심층적인 학습을 할 수 있도록 구성되어 있습니다.
본 도서는 시네마 4D에 대한 기초 이론적인 설명에 이어 예제를 통해 보다 심층적으로 시네마 4D를 이해할 수 있도록 구성하였습니다.

4th 배운 즉시 실무에 곧바로 활용할 수 있습니다.
단순히 학습을 위한 매뉴얼인 내용이 아니라 배우면 곧바로 실무에 활용할 수 있는 보편적이면서도 실용적인 예제에 중점을 두었습니다.

5th 강의식으로 설명된 내용은 보다 쉽고 친숙하게 합니다.
본 도서는 기존의 딱딱한 느낌의 매뉴얼 방식의 설명에서 벗어나 보다 쉽고 친숙하게 다가갈 수 있도록 모든 설명을 강의식으로 구성하였습니다.

본 도서의 내용을 학습하기 위해서는 책바세 웹사이트에서 제공되는 다양한 학습자료 파일들을 이용하는 것이 좋습니다. 다음의 설명을 참고하여 학습자료 파일을 다운로드 받아 사용하기 바랍니다.

학습자료받기

[책바세.com] 웹사이트에 접속한 후 [도서목록]에서 해당 도서를 찾은 후 메뉴의 [학습자료받기]를 눌러 다운로드받습니다.

압축 풀기

다운로드 받은 [시네마 4D 학습자료] 파일을 원하는 위치에 풀어서 학습에 사용합니다.

학습자료 활용하기　005

목차

시네마 4D 소개 ········· 016

- 001 CINEMA 4D 시스템 권장 사양 ········· 016
- 002 CINEMA 4D의 특징 ········· 016
- 003 CINEMA 4D의 다양한 모듈 ········· 017
- 004 활용분야 및 국내외 사용사례 ········· 020

00 시네마 4D 설치 ········· 022

PART 01 시네마 4D 시작하기 ········· 032

01 인터페이스 ········· 034

- 레이아웃 모드를 이용한 인터페이스 전환하기 ········· 034
- 시네마 4D R23 인터페이스 ········· 036
- 사용자 인터페이스 설정하기 ········· 039
- 작업 매니저 이동 및 다른 매니저로 병합하기 ········· 042
- 작업환경(Preferences)을 통한 인터페이스 설정 및 속성 초기화하기 ········· 042
- 작업 툴 설정하기 ········· 044
- 신속한 작업을 위한 단축키 설정하기 ········· 046
- 커맨드 툴 바와 커맨드 툴 그룹 살펴보기 ········· 047

02 기본 사용법 ········· 056

- 프로젝트 생성 및 설정하기 ········· 056
- 기본 도형 생성 및 설정하기 ········· 059

알아두기	기본 도형 조절할 때 사용하는 모델 모드에 대하여	059
알아두기	액시스에 대하여	059
알아두기	세그먼트(Segment)란?	061
알아두기	퐁 앵글에 대하여	062

폴리곤 오브젝트 활용하기 ··· 065

| 알아두기 | 액시스 밴드 숨겨놓기 | 068 |

편집을 위한 다양한 선택 방법 익히기 ··· 068

알아두기	단축키를 이용한 뷰 포트 시점 설정하기	070
알아두기	오브젝트 비지빌리티에 대하여	072
알아두기	프레임 디폴트(Frame Default)의 활용법	074

오브젝트 설정하기(이동, 회전, 크기, 복사, 이름 바꾸기 등) ··· 080

알아두기	회전 시 사용되는 HPB축에 대하여	082
알아두기	짐벌 락(Gimbal Lock)현상이란	084
알아두기	액시스 락/언락(Axis Lock/Unlock)에 대하여	085
알아두기	오브젝트 On/Off에 대하여	089

레이어 이해하기 ··· 089
메터리얼(지질) 생성 및 적용하기 ··· 092

| 알아두기 | 새로운 개념의 반사율(Reflectance) | 094 |

동영상 제작을 위한 애니메이션 만들기 ··· 102

| 알아두기 | 주황색 원(레코드 버튼)은 어떤 의미인가? | 105 |

PART 02 오브젝트 제작하기 ··· 108

01 머그컵 제작 ··· 110

머그컵 모델링하기 1 ··· 110
머그컵 모델링하기 2 ··· 116

| 알아두기 | 언두(작업 실행 취소) 횟수 설정하기 | 116 |
| 알아두기 | 옵티마이즈(Optimize)에 대하여 | 117 |

베벨의 각도와 높이 설정하는 방법 ··· 120

알아두기	즐겨 사용되는 기능의 단축키를 외워두자.	121
알아두기	선택 태그에 대하여	126
알아두기	디포머가 적용되는 종속 관계	128

머그컵 재질을 위한 매터리얼 생성 및 적용하기 · 131
환경을 설정하여 사실적으로 표현하기 · 140

02 와인잔 제작 · 146

와인잔 모델링하기 · 146
와인잔 재질 표현하기 · 151

| 알아두기 | 매터리얼 아이콘 변경하기 | 166 |

03 드라이버 제작 · 170

바나나 만들기 · 170
드라이버 모델링하기 · 177
드라이버 재질 표현하기 · 185

04 혈관 제작 · 198

파이프 만들기 · 198
즐겨 사용하는 환경 맵 프리셋에 등록하기 · 207
혈관 만들기 · 208
잘려진 혈관 단면 표현하기 · 218

05 안락의자 제작 · 220

3D 텍스트 만들기 · 220
일러스트레이터에서 만든 패스 사용하기 · 222
안락의자 모델링하기 · 225
안락의자 재질 표현하기 · 239

06 주사위 제작 ········· 248

주사위 만들기 ········· 248

07 마우스 제작 ········· 266

마우스 모델링 ········· 266
알아두기 시머트리에 대하여 ········· 276
마우스 재질 표현하기 ········· 288

08 스탠드 조명 제작 ········· 298

스탠드 조명 모델링하기 ········· 298
알아두기 프리저브 그룹에 대하여 ········· 310
스탠드 조명 재질 표현하기 ········· 330

09 음료수(페트)병 제작 ········· 346

페트병 모델링하기 ········· 346
끊어진 스플라인 포인트 다시 연결하여 그리기 ········· 353
페트병 재질 표현하기 ········· 359

10 나뭇잎 제작 ········· 376

모델링 및 재질 표현하기 ········· 376
스컬프트(Sculpt-소조)를 이용한 모델링에 대하여 ········· 388

PART 03 환경 설정하기 ········· 390

01 하늘과 구름 표현 ··· 392

피지컬 스카이 설정하기 ··· 392
구름 생성하기 ··· 397

02 라이트 표현 ··· 406

라이트 살펴보기 ··· 406
알아두기 포토메트릭 라이트에 대하여 ··· 412
베이직(Basic) 탭 살펴보기 ··· 414
코디(Coord) 탭 살펴보기 ··· 415
제너럴(General) 탭 살펴보기 ··· 417
커스틱(Caustics) 탭 살펴보기 ··· 434
노이즈(Noise) 탭 살펴보기 ··· 437
렌즈(Lens) 탭 살펴보기 ··· 441
프로젝트(Project) 탭 살펴보기 ··· 445
야광(夜光) 볼 만들기 ··· 448
그밖에 환경에 관한 것들(전경, 배경, 스테이지, 글로우 그래스) ··· 452

03 물(Water) 표현 ··· 460

일반적인 물 표현하기 ··· 460
바다 표현하기 ··· 466
물위를 떠다니는 물체 ··· 484
바닷속 표현하기 ··· 485
알아두기 거울에 반사된 빛 만들기 ··· 486

04 카메라 설정 ··· 488

카메라 살펴보기 ·· 488
알아두기 카메라는 왜 필요한가? ································· 489
피지컬(Physical) 탭 살펴보기 ··· 495
컴포지션(Composition) 탭 살펴보기 ·· 503
타겟(Target Camera) 카메라 살펴보기 ···································· 504
3D 스테레오 카메라(Stereo Camera) 살펴보기 ······················ 506
모션 카메라(Motion Camera) 살펴보기 ································· 509
카메라 몰프(Camera Morph) 살펴보기 ··································· 511
카메라 크레인(Camera Crane) 살펴보기 ································ 514
카메라 매치 설정하기 ··· 515

PART 04 애니메이션 ·· 522

01 키(프레임) 애니메이션 ··· 524

페어런트(종속관계) 애니메이션 만들기 ··································· 524
스플라인을 이용한 카메라 애니메이션 만들기 ······················ 530

02 다이내믹 활용 ·· 534

일반적인 물체의 다이내믹 설정하기 ······································· 534
알아두기 다이내믹이 적용된 후에는 수정이 불가능하다? ·········· 535

직물(천, 옷, 종이)을 위한 클로스 다이내믹 설정하기 ·········· 552
픽스 포인트를 이용한 현수막 만들기 ····································· 556
깃대에 매달린 깃발 만들기 ··· 562

03 시뮬레이트 활용 ·· 568

다이내믹 스프링 살펴보기	568
다이내믹 모터 살펴보기	575
다이내믹 포스 살펴보기	582
입자 제작을 위한 파티클	584
머리카락 및 털을 표현하기 위한 헤어	590

04 모그라프 활용 — 598

오브젝트의 복제를 위한 클로너	598
알아두기 적용된 이펙터가 작동되지 않을 때	603
알아두기 스프링의 강도가 재설정됐을 때 표현되지 않는 현상	608
오브젝트의 분리를 위한 프랙처	610
모션 히스토리를 위한 모인스턴스	616
텍스트 애니메이션을 위한 모텍스트	619
모션 궤적을 위한 트레이서	622
스플라인 애니메이션을 위한 모스플라인	625
오브젝트 선택을 위한 모그라프 실렉션	630
스플라인 모양대로 돌출시키는 모익스트루드	634
폴리곤을 분리하는 폴리FX	637
그밖에 모그라프 이펙터 살펴보기	638
그룹 이펙터	638
커피 및 파이썬 이펙터	639
포뮬러 이펙터	639
인허리턴스 이펙터	640
사운드 이펙터	644
스플라인 이펙터	645
스텝 이펙터	647
타겟 이펙터	648
타임 이펙터	650
볼륨 이펙터	650

05 모션 트래커 활용 — 652

모션 트래킹하기		652
알아두기 동영상을 매터리얼로 사용했을 때 재생 시 보이게 하는 방법		663

06 엑스프레쏘 활용 · 664

기본 움직임을 위한 엑스프레쏘 · 664
파리미터의 움직임을 위한 엑스프레쏘 · 666

07 조인트 활용 · 670

조인트 셋팅과 애니메이션 만들기 · 670

08 카메라 매핑 활용 · 678

카메라 매핑을 이용한 애니메이션 만들기 · 678

09 메타볼 활용 · 684

흩어졌다 합쳐지는 액체 글자 만들기 · 684
알아두기 오브젝트 투명하게 처리하기 · 689

PART 05 렌더링 · 690

01 렌더 설정 · 692

기본 렌더 설정하기 · 692
익스터널 컴포지팅을 활용한 렌더 설정하기 · 698
알아두기 애프터 이펙트에서 시네마 4D 파일로 출력하는 방법 · 700
알아두기 최종 렌더링 파일을 시퀀스 파일로 사용하는 이유 · 701

멀티-패스를 활용한 렌더 설정하기 ··· 701
알아두기 오디오 파일 렌더링하기 ··· 707

02 시네웨어 활용 ··· 708

시네웨어 프로젝트 생성 및 설정하기 ··· 708

03 부록편 – 바디 페인트 ··· 715

부록편 – 바디페인트(PDF파일)

부록편 -바디 페인트

찾아보기 ··· 716

시네마 4D 소개

CINEMA 4D는 영화, 애니메이션, 영상 광고, 다큐멘터리, 모션 그래픽, 게임, 제품 디자인, 건축, 엔지니어링 전 분야에 걸쳐 폭넓게 사용되고 있습니다. 영화에서는 매트 페인팅 작업이나 텍스처링에 많이 사용되고 있으며 가장 널리 쓰이는 분야는 영상 광고나 모션 그래픽 분야로 유럽과 미국 등에서는 주력으로 자리를 잡고 있습니다. 국내에서는 제품 디자인을 위한 렌더링과 게임의 텍스처링에 많이 사용되어 왔으며 최근엔 모션 그래픽 분야에서도 수요가 급격히 늘어나고 있습니다.

CINEMA 4D 시스템 권장 사양

지원 운영체계
Windows 7, 8, 10(64Bit) / Mac OS X 10.4 이상의 OS

프로그램 사양
최소 사양 Intel Dual Core CPU (16 코어까지 지원), RAM - 2 GB

CINEMA 4D의 특징

편리함
모든 기능을 드래그 & 드롭으로 단순화하여 쉬운 작업이 가능하며 또한 그 결과를 실시간으로 확인할 수 있습니다. 공학적인 툴의 색을 지우고 친근함과 편의성을 항상 염두하며 발전시켜 왔기 때문에 직관적이고 쉽게 쉽게 기능들을 적용합니다. 갈수록 툴은 더욱더 복잡해져 갈 것이기 때문에 워크 플로우의 효율이란 점에서 중요한 변수가 되어가고 있습니다. 매뉴얼 수준의 Help(한글)를 지원하며 퀄리티있는 결과물이 나오기까지 많은 시간이 걸리지 않습니다.

가벼움
메이저급의 기능들을 가지고 있으면서도 프로그램 자체가 매우 가볍게 구동됩니다. 일반 PC 사양에서도 원활한 실무 작업이 가능하고 시스템 전체의 리소스를 독점하지 않으므로 PC 운용에서 지능적으로 작동합니다.

안정적

작업 중 좀처럼 다운되는 일이 없어서 Save를 자주하지 않아도 되는 것도 CINEMA 4D의 특징인데 이것은 메모리나 시스템 자원을 효율적으로 관리하여 내부 충돌이 거의 발생하지 않기 때문입니다. 과부하의 렌더링 중에도 원활한 작업이 가능하며 심지어 최종 렌더링 중에도 뷰에서 테스트 렌더링을 할 수 있습니다.

고급화

모델링, 맵핑, 렌더링, 리깅, 애니메이션 모든 부분에서 고르게 고급화되어 있습니다. 현재에도 약점으로 지적 받는 것이 있으면 하나하나 개선하고 있으며 전체적으로 수준급의 능력을 보이고 있습니다. 뛰어난 기능을 가진 툴들을 잘 밴치마킹하여 수용함으로써 고급 기능의 집합체가 되어가고 있습니다. 제작사인 MAXON사는 독일 회사답게 내실이 뛰어납니다. 마케팅에 비용을 쏟아붓기 보다는 개발에 투자하여 질로서 승부를 하는 외유내강의 회사이며 전세계 사용자들에게 귀를 열고 피드백을 충실히 수용하고 있습니다. 해마다 국내 유저들도 건의 내용을 전달하고 있으며 제작사에 대한 절대적인 신뢰도를 보내고 있습니다. 또한 MAXON의 모회사인 Nnemetschek은 Vector Works, ArchiCAD, Allplane 등의 많은 소프트 웨어를 보유한 회사로서 CINEMA 4D에 무한한 가능성을 믿고 끊임없는 투자를 하고 있습니다.

CINEMA 4D의 다양한 모듈

CINEMA 4D는 여러 모듈이 합쳐져서 하나의 프로그램을 이루는 시스템입니다. 가령 캐릭터에 뼈대를 심는 것이나 스케치 풍의 렌더 이미지를 생성하는 등의 기능별 모듈로 분리해 놓은 것인데 이런 모듈이 현재 총 8개가 있습니다. 작업자에게 필요한 모듈들만 선택하여 설치함으로써 어플리케이션의 부하를 줄이고 경제적이고 합리적인 구성을 가능하도록 합니다. 그리고 이러한 모듈들을 미리 조합하여 두 가지의 패키지인 XL Bundle과 Studio Bundle로 구성됐습니다. XL Bundle은 보급형 개념이고 Studio Bundle은 풀 패키지인데 MoGraph 모듈은 R11 버전부터 Studio Bundle에 포함됐습니다.

Advanced Render(어드밴스 렌더)

라이팅의 반사와 확산을 시뮬레이션하는 Global Illumination 라이팅을 계산하는 모듈로서 사실적인 렌더링 이미지를 표현하는데 있어 가장 중요한 모듈입니다. 속도와 퀄리티가 뛰어나며 복잡하지 않은 옵션으로 간편하게 셋팅하여 사용할 수 있습니다.

Thinking Particles(씽킹 파티클)

사실적이고 복잡한 움직임을 갖는 파티클을 조정하기 위한 노드형 파티클 시스템으로 파이로 클러스터(볼륨 쉐이더)를 이용한 불꽃과 연기같은 FX 효과들이나 MoGraph와 연동하여 더욱더 화려한 효과를 낼 때 사용합니다.

Team Render(팀 렌더)

한 대의 컴퓨터로 처리하기 힘든 동영상 렌더링 시 주변 CPU의 자원을 활용하여 분산 렌더링을 처리하는 모듈입니다. 주변 컴퓨터에는 CINEMA 4D를 설치하지 않고 Team Render Client만 설치하고 IP 주소를 입력하면 셋팅이 끝나며 영상의 특성상 많은 분량의 이미지를 렌더링하는데 있어 매우 유용한 기능입니다.

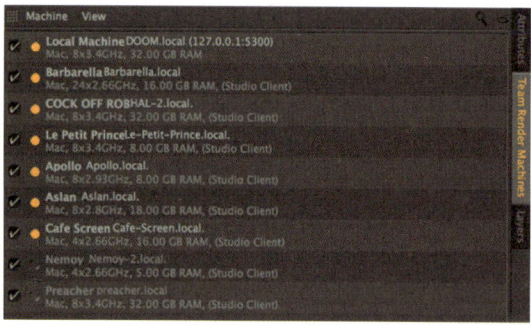

Character(캐릭터)

캐릭터에 뼈(Joint)를 심는 리깅 작업을 통해 움직일 수 있게 해주는 모듈로서 새로운 조인트 기반으로 완전히 대체하고 캐릭터를 위한 최신의 기능들이 대거 포함되면서 헐리웃 애니메이션 수준의 리깅이 가능해 졌습니다.

Sketch and Toon(스케치 앤 툰)

비사실적인 느낌인 회화, 스케치, 카툰 풍의 예술적인 표현을 제공하는 모듈로서 수많은 세부 옵션을 제공하여 변화 무쌍하고 아름다운 표현이 가능합니다. 대부분의 파라미터(매개변수)들을 통해 애니메이션 키(프레임)를 줄 수 있어 동영상에서도 뛰어난 능력을 보여줍니다.

Hair(헤어)

사람의 머리카락과 동물의 깃털 그리고 인형의 짧은 실털과 같은 부분을 처리하는 모듈입니다. Hair는 CG 상에서 가장 표현하기 까다로운 것중 하나이며 모델링으로 처리하기 힘들기 때문에 다른 계산 방식으로 처리됩니다. Hair 표현에 최고인 Shave & Hair Cut을 보충 이식하여 충돌, 중력, 바람 등을 적용하면서 빠르고 사실적인 헤어를 표현할 수 있습니다.

Dynamics(다이내믹)

충돌, 중력, 바람같은 물리적인 시뮬레이션을 계산하는 모듈입니다. 매우 과학적인 메커니즘으로 설계되어 실제와 같은 물리적인 현상을 표현할 수 있습니다.

Max, Maya, Lightwave, Softimage에서도 사용할 수 있는 표준 독립 버전으로 연동하여 사용할 수 있습니다. BodyPaint 3D의 가장 핵심적인 기능은 Projection Paint 기법으로 3D 뷰 상에서 회전해가며 직접 그려 텍스처를 입히면 UV 맵 이미지에 자동으로 계산되어 들어가는 것입니다. 이러한 기능으로 UV 작업부터 최종 맵핑 단계까지 UV 경계 맞추기에 대한 스트레스를 줄이고 텍스처 작업에 집중할 수 있도록 해 줍니다.

MoGraph(모그라프-모션 그래픽)

모션 그래픽 분야에 특화된 기능들을 모아 놓은 전용 모듈입니다. 모션 그래픽에서 모그라프가 강력한 이유는 모션 그래픽을 위한 방대한 기능과 다양한 이펙트를 자유롭게 혼합하여 제작자가 의도한 그대로를 무한대로 표현을 할 수 있기 때문입니다.

Sculpt(스컬프트)

스컬프트는 전통적인 모델링 기법과는 완전히 다른 방식으로 조소를 할 수 있는 다양한 도구(브러시) 툴을 사용하여 형태(전체 모양이나 캐릭터의 주름 등)를 잡아가는 모델링 형식입니다. 쉽게 말해 점토를 빚어서 모양을 만드는 것이라고 이해하면 됩니다.

BodyPaint 3D(바디 페인트 3D)

종래의 맵핑 작업을 2D 툴인 포토샵에서 해결하던 불편함을 3D에서 직접 맵핑함으로써 쉽고 빠르게 더욱 사실적인 표현이 가능하게 합니다. 해외에선 영화 분야에서 많이 사용되고 있으며 국내에선 게임 분야에서 널리 쓰이고 있습니다. 과거 별도의 모듈로 되어 있었지만 이젠 완전히 자체 내장되었으며 시네마 4D뿐만 아니라 타 회사의 제품인 3D

활용분야 및 국내외 사용사례

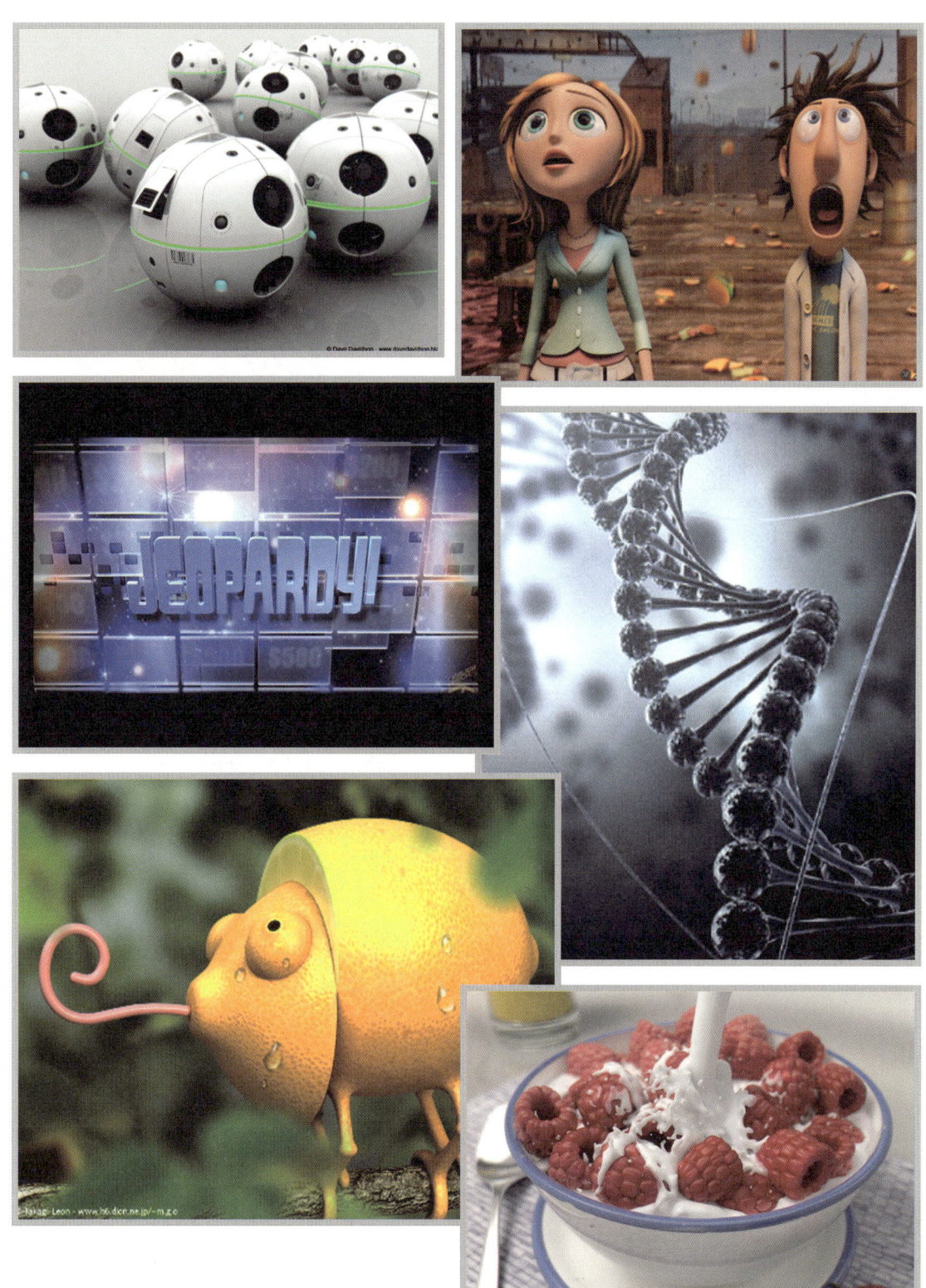

00

시네마 4D 설치

본 도서의 학습을 위해서는 시네마 4D가 설치되어야 하며 시네마 4D를 설치하기 위해서는 윈도우(혹은 매킨토시)의 64비트 환경이어야 합니다. 본 도서는 시네마 4D 영문 버전을 이용한 것이기 때문에 학습을 보다 효율적으로 하기 위해서는 먼저 한글 버전을 설치하고 한글 메뉴얼을 다운로드(업데이트)해 놓는 것을 권장합니다.

시네마 4D 설치하기

01 [학습자료] - [프로그램] - [CINEMA_4D_Studio_R23] 폴더로 들어가면 Setup 실행 파일이 있는데 이 실행 파일을 더블클릭하여 설치를 시작합니다.

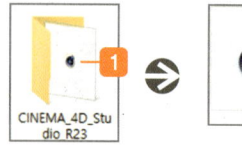

02 설치가 시작되면 시네마 4D Maxon Cinema 4D 설정 창의 설치 마법사가 시작됩니다. 설치를 시작하기 위해 [다음] 버튼을 클릭합니다.

03 설치 디렉터리 창이 열리면 설치될 경로를 기본 경로로 그대로 두고 [다음] 버튼을 누릅니다. 계속해서 설치 준비 창에서는 [다음] 버튼을 눌러 설치를 하며 설치가 끝나면 [마침] 버튼을 눌러 창을 닫습니다.

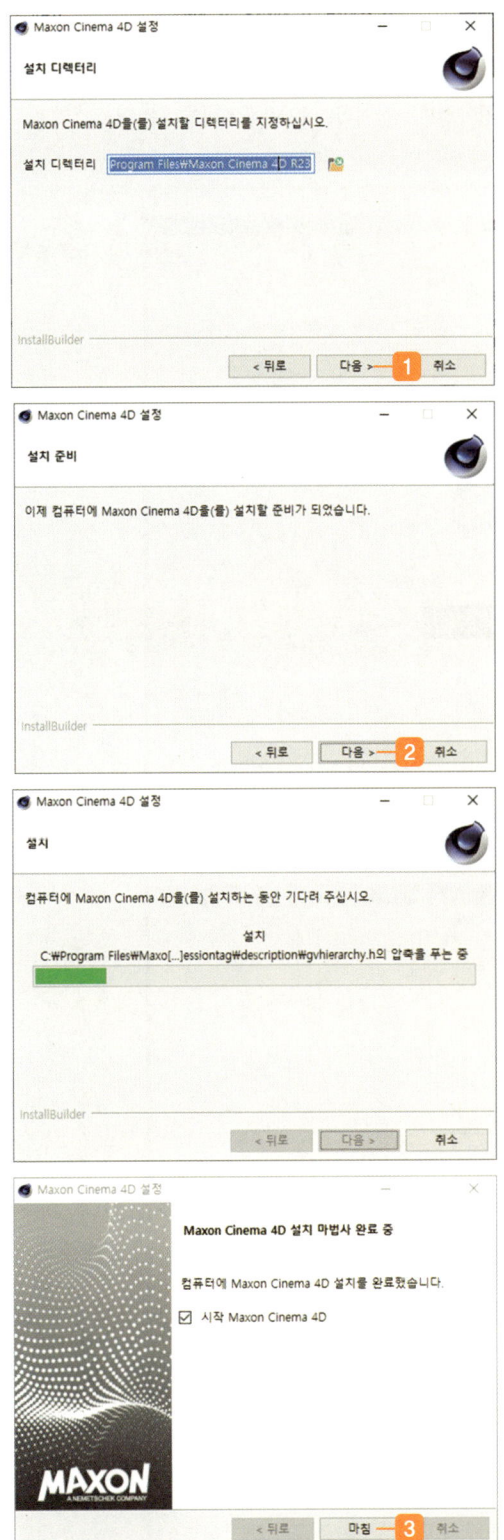

04 시네마 4D가 실행되면 CINEMA 4D R23 로고가 나타난 후 사라지면 프로그램이 실행됩니다.

라이선스 인증하기

01 라이선스 매니저 창이 열리면 라이선스 인증을 위해 구글이나 페이스북 계정을 선택합니다. 필자는 [지메일]을 선택하였습니다. 그러면 해당 계정에 로그인할 이메일을 입력하는 창이 열리는데, 여러분이 사용하는 이메일 주소를 입력한 후 [다음] 버튼을 클릭합니다.

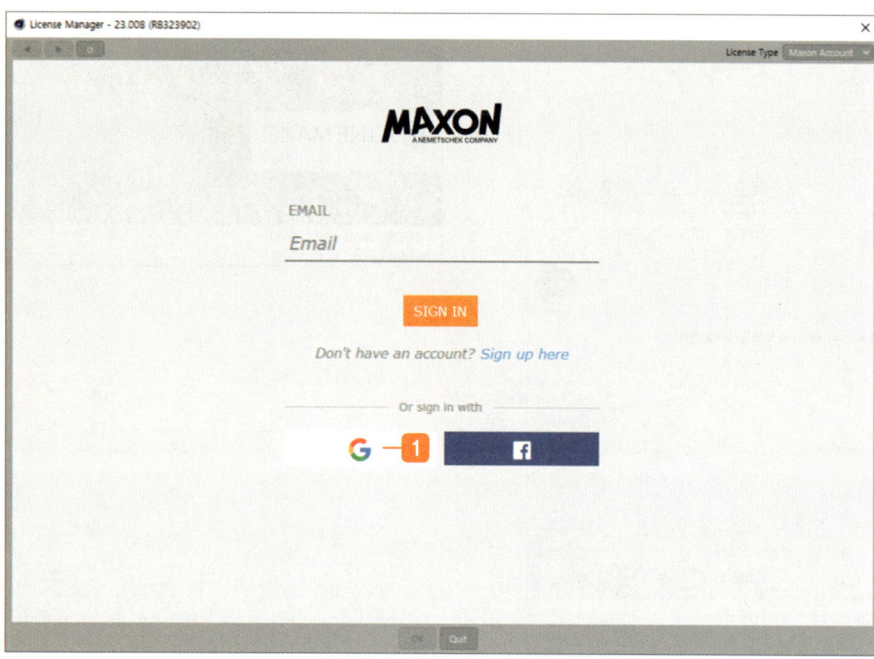

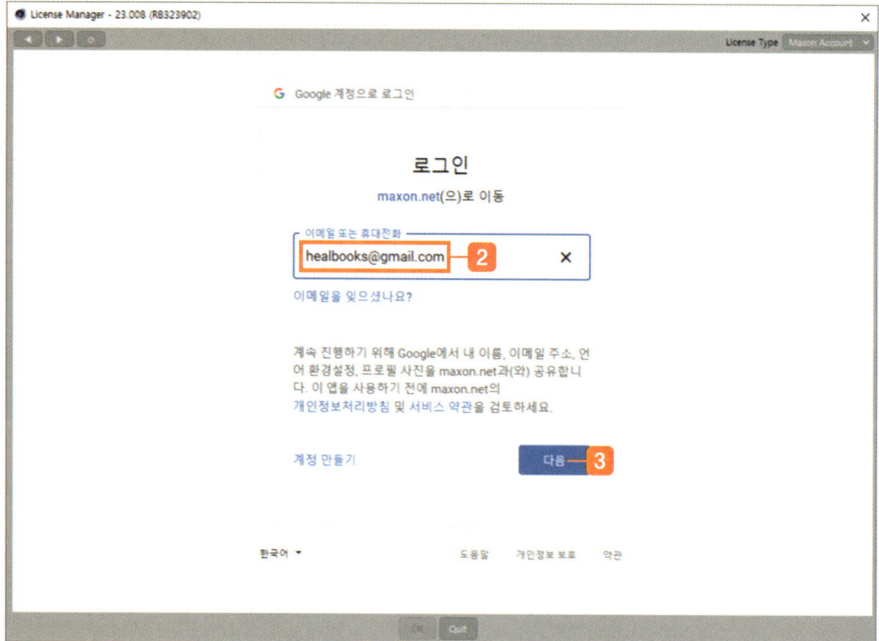

02 계속해서 구글 계정으로 사용하는 비밀번호를 입력한 후 [다음] 버튼을 누르고, Sing in successful의 COUNTRY를 통해 사용자 국가를 선택합니다. 그다음 [CONTINUE] 버튼을 클릭합니다.

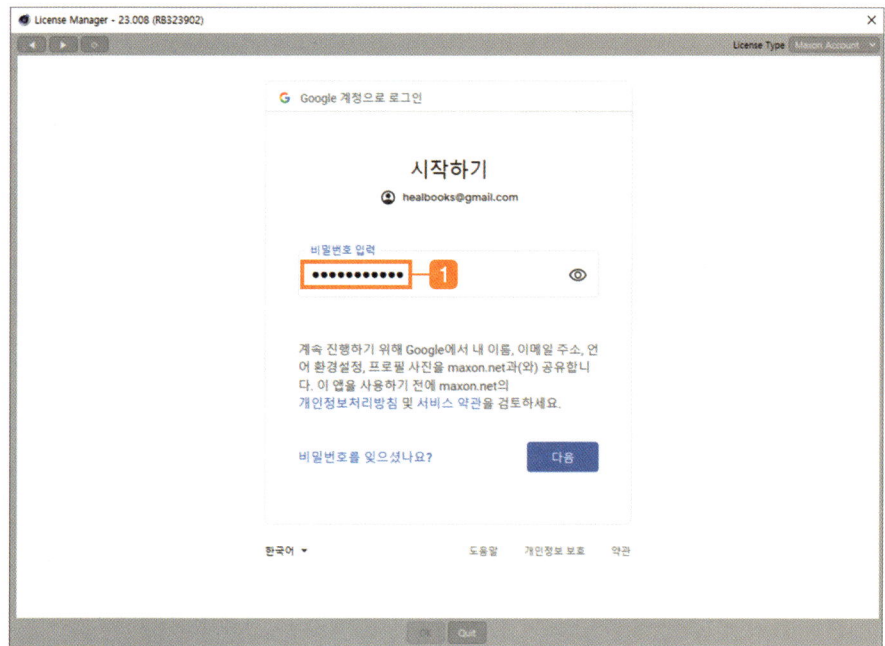

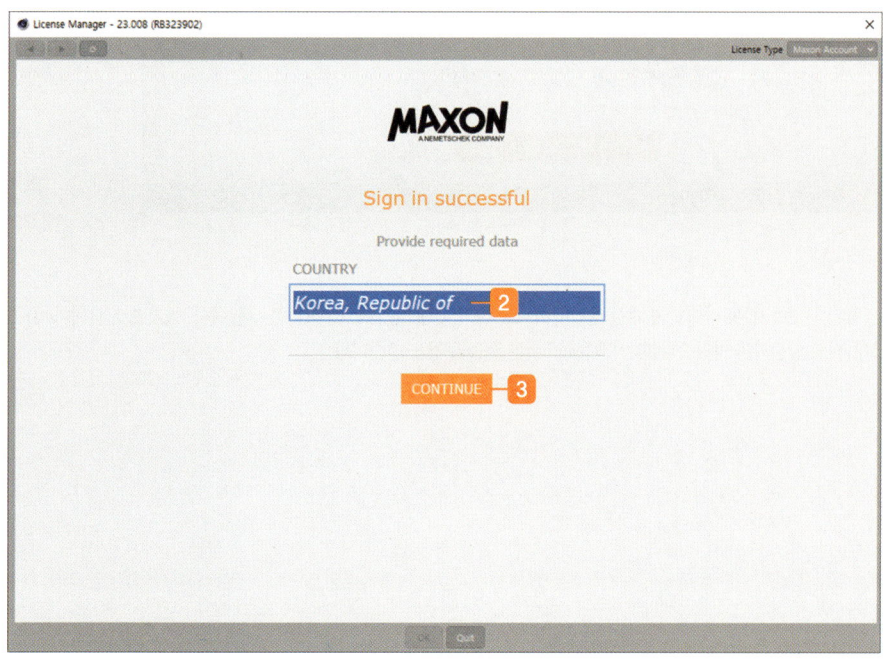

03 I hereby accept the EULA와 I accept to be contacted 옵션을 체크한 후 [ACCEPT & CONTINUE] 버튼을 눌러 최종 라이선스를 인정받도록 합니다.

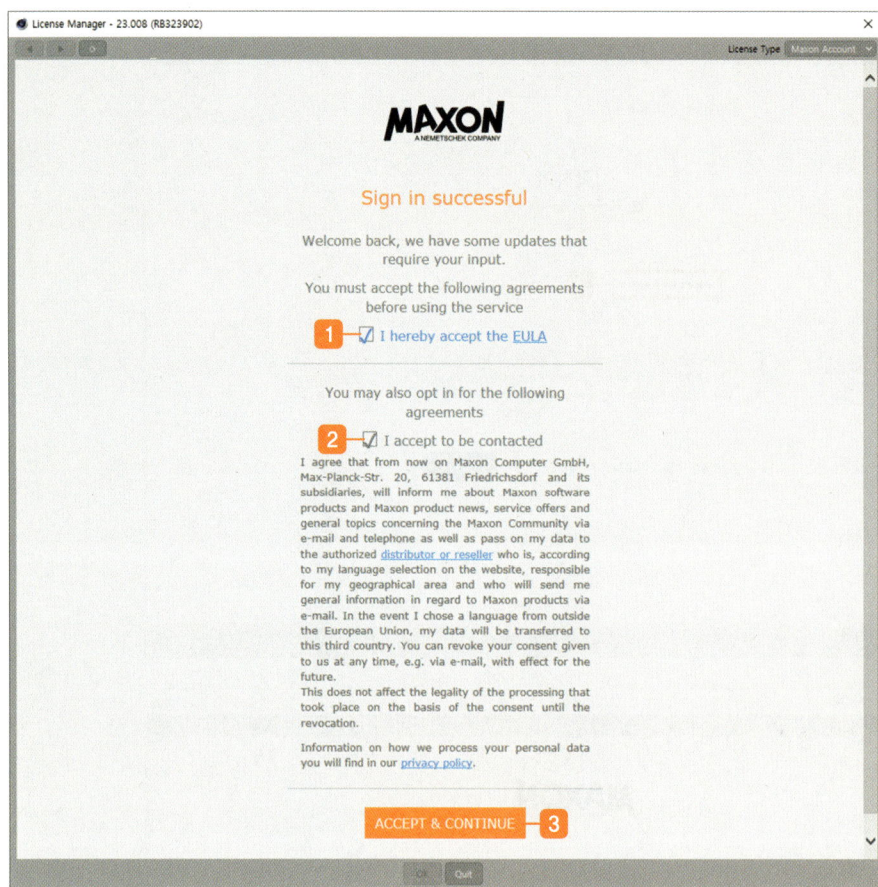

04 마지막으로 방금 설치된 시네마 4D 트라이얼에 대한 액티베이트를 하기 위해 [ACIVATE] 버튼을 누릅니다. 이것으로 시네마 4D 프로그램이 정상적으로 설치되고 인증까지 받았습니다. 이제 [Quit] 버튼을 눌러 창을 닫습니다.

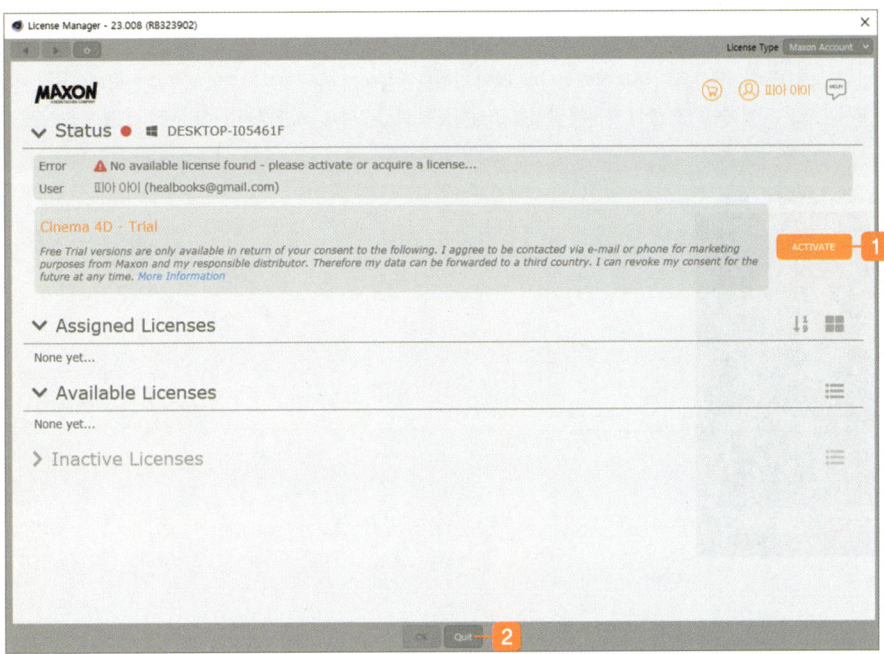

시네마 4D 실행하기

01 퀵 스타트 다이얼로그 창이 뜨면 시네마 4D에 대한 다양한 정보와 튜토리얼을 통해 학습을 할 수 있습니다. 여기에서는 일단 우측 상단 [닫기] 버튼을 눌러 창을 닫습니다.

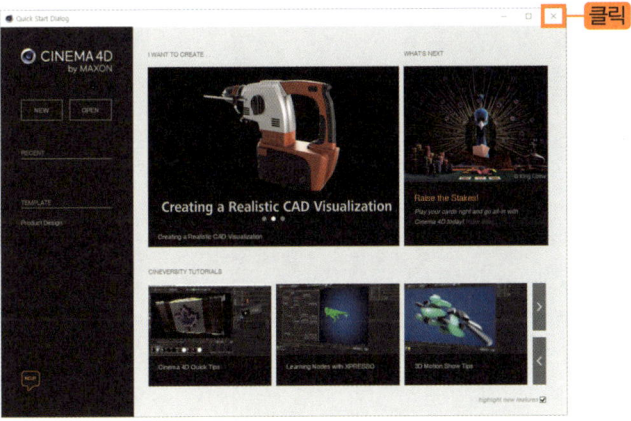

02 시네마 4D 제목 바를 보면 시험 버전인 TRIAL 표시가 나타나는 것을 알 수 있습니다.

시네마 4D 인터페이스 색상 설정하기

01 현재 설치된 시네마 4D 인터페이스 색상은 어두운 상태입니다. 작업 집중도를 높이기 위해 기본적으로 어두운 인터페이스로 사용하는 좋지만 인쇄를 위해서는 밝은 인터페이스가 좋기 때문에 밝기를 조정하도록 하겠습니다. 상단 풀다운 메뉴에서 [Edit] - [Preferences] 메뉴를 선택합니다.

02 작업환경설정 창이 열리면 Interface 항목에서 Scheme을 Light로 설정합니다. 그러면 어두웠던 인터페이스가 밝아집니다. 작업환경설정 창에서는 다양한 작업환경 옵션들을 사용자가 원하는 환경으로 설정할 수 있습니다.

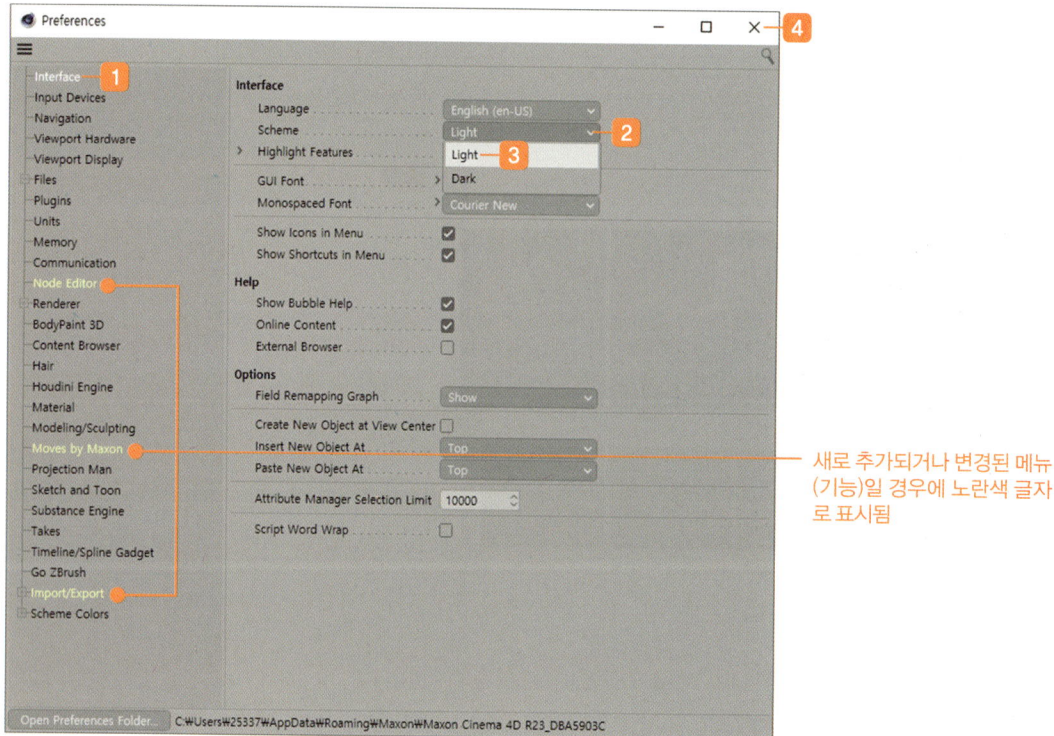

새로 추가되거나 변경된 메뉴 (기능)일 경우에 노란색 글자로 표시됨

시네마 4D 업데이트 하기

01 시네마 4D를 실행해서 사용하다 보면 새 버전의 버그를 수정한 업데이트 버전이나 완전한 업데이트가 되지 않았던 라이브러리나 언어 팩 같은 것을 업데이트할 수 있는 창이 열리게 되는데 만약 업데이트 창이 자동으로 열리지 않는다면 상단 풀다운 메뉴의 [Help] - [Check for Updates] 메뉴로 실행할 수 있습니다. 여기에서는 R23 버전의 Content Libraries 모드를 체크하고 Korean Language Pack를 체크한 후 [Continue] 버튼을 누릅니다.

콘텐츠 라이브러리(Content Libraries)는 이후에 진행되는 학습을 위해서라도 반드시 업데이트를 하기 바랍니다.

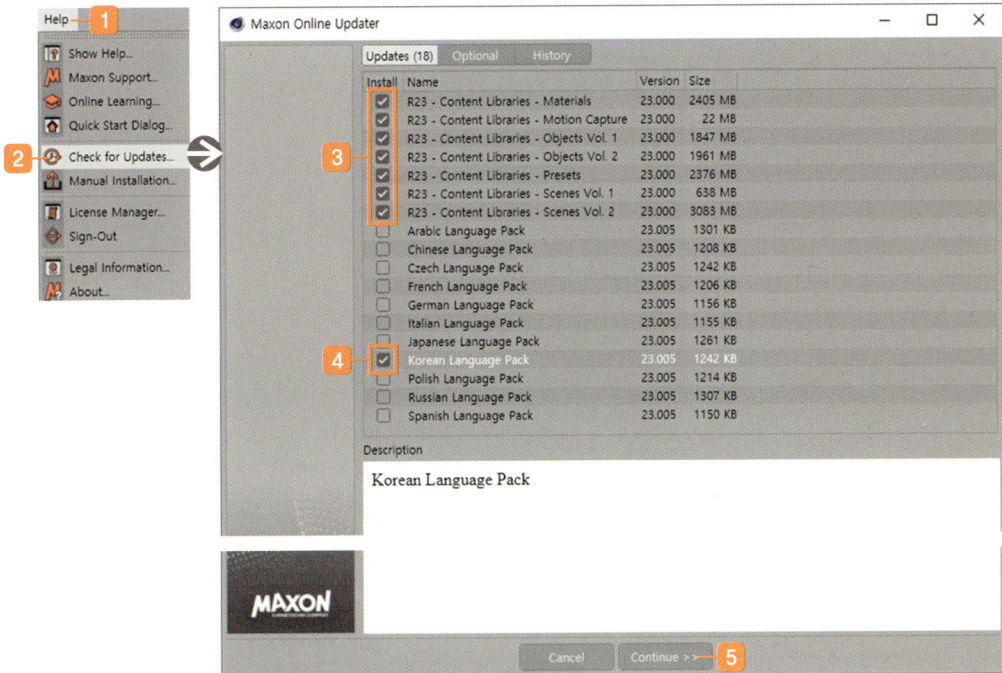

02 업데이트가 설치되는 방식은 Delete downloaded archive after successful installation을 체크하여 설치 후 다운로드 된 파일은 삭제되도록 합니다. 업데이트 후 윈도우 [시작] 메뉴에서 Maxon Cinema 4D 23을 실행합니다.

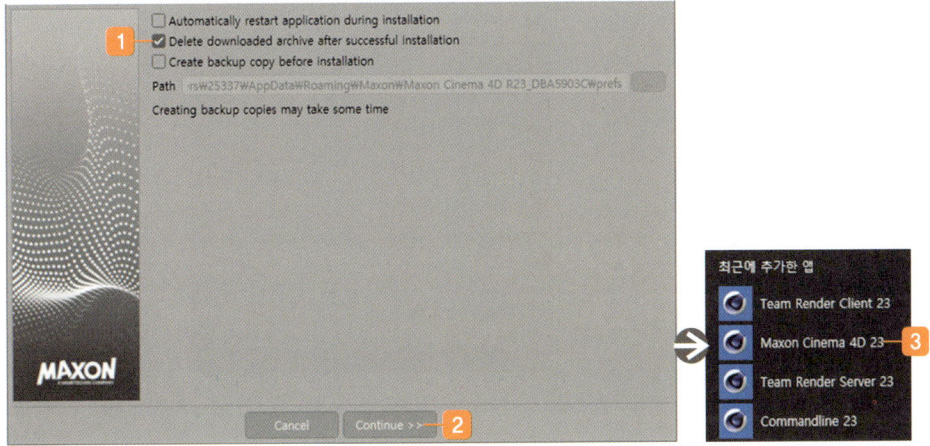

03 한국어 팩을 업데이트 후 시네마 4D를 다시 실행하면 모든 메뉴가 한글로 바뀐 것을 알 수 있습니다. 다시 영문 버전으로 바꿔주기 위해 [편집] - [환경 설정] 메뉴를 선택한 후 [인터페이스] - [언어]를 English (en-US)로 선택하고 창을 닫습니다.
한글 버전은 시네마 4D를 처음 접하는 분들에게 보다 쉽게 메뉴와 기능에 대한 이해를 높일 수 있습니다.

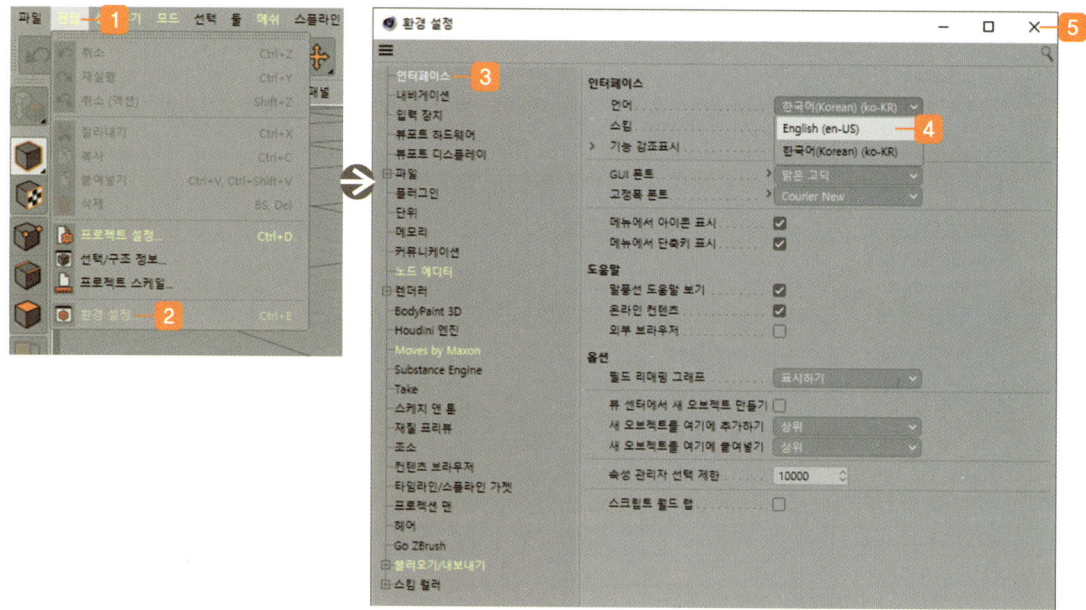

04 언어에 변화를 주면 프로그램을 종료 후 다시 실행해서 변경한 언어를 사용할 수 있다는 메시지가 나타났습니다. 확인 후 [파일] - [종료] 메뉴를 선택하여 시네마 4D를 닫아준 후 다시 실행합니다.

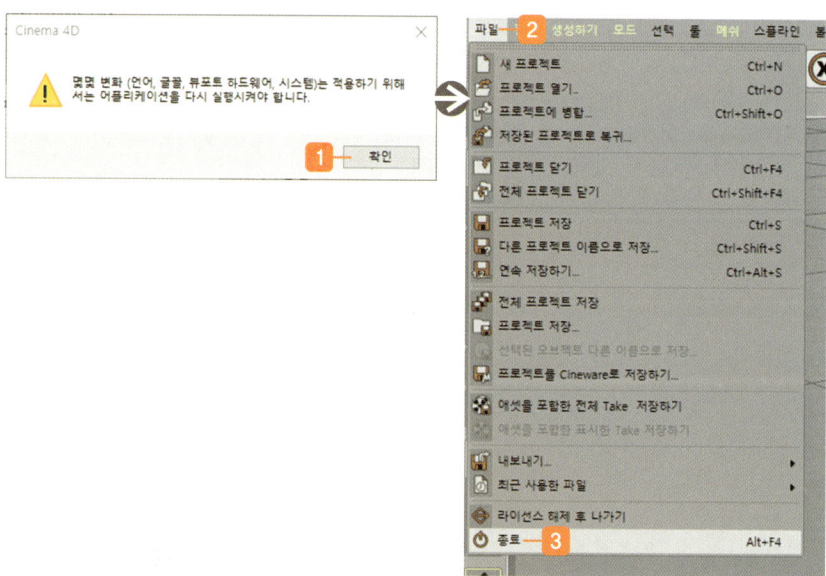

알아두기

크랙에 대하여

상용(유료)화된 대부분의 프로그램은 크랙이라는 것이 존재합니다. 크랙은 유료화된 프로그램을 정품처럼 모든 기능을 정상적으로 사용할 수 있도록 해주는 파일을 말합니다. 고가의 시네마 4D 역시 이러한 크랙이 존재하는데 본 [학습자료] – [프로그램] – [CINEMA_4D_Studio_R23] 폴더에는 프로그램을 설치하는 파일뿐만 아니라 [Crack]이라는 폴더를 제공합니다. 만약 여러분들이 시네마 4D의 모든 기능을 정품과 같이 정상적으로 사용하기를 원한다면 다음의 설명을 참고하기 바랍니다.

크랙 폴더로 들어가 보면 licensing.module.xdl64란 라이선스 파일이 있습니다. 이 파일을 [Ctrl] + [C] 키를 눌러 복사합니다.

복사된 파일은 [C] – [Program Files] – [Maxon Cinema 4D R23] – [corelibs] 폴더로 들어가 [Ctrl] + [V] 키를 눌러 붙여넣습니다. 이때 동일한 이름의 파일이 있기 때문에 대상을 덮어쓰기 해야 합니다.

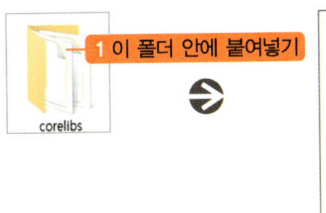
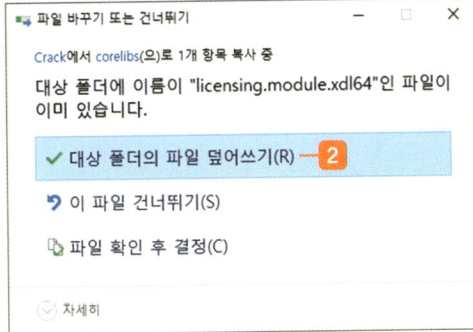

크랙은 상업 영상을 제작하는 업체에서 사용되지 않길 바라며, 시네마 4D를 배우는 학생이나 비상업용 개인적인 작업을 하는 분들에게는 도움이 될 것입니다.

PART 01

시네마 4D 시작하기

시네마 4D를 처음 시작하는 분들을 위한 챕터로써 시네마 4D의 인터페이스 구조와 설정하는 방법에 대해 알아보며 신속한 작업을 위한 단축키 설정법 그리고 작업 패널(매니저), 커맨드 툴바와 커맨드 툴 그룹에 대한 설정에 대해 알아봅니다. 또한 원활한 작업을 위한 주요 작업 환경을 설정하는 방법 및 시네마 4D을 초기화시키는 방법과 기본 사용법에 대해 알아봅니다.

인터페이스

CINEMA 4D의 UI(사용자 인터페이스)는 작업하기 편리한 직관적인 형태를 띄고 있으며 사용자에 의해 자유롭게 구성할 수 있습니다. 시네마 4D 인터페이스의 특징은 여타 3D 프로그램의 인터페이스를 모두 합쳐놓은 듯 일부분은 Maya와 비슷하고 다른 일부분은 3D MAX, Lightwave와도 유사한 부분이 있습니다.

레이아웃 모드를 이용한 인터페이스 전환하기

3D 작업은 원하는 모양을 만들기 위해 모델링 과정을 거쳐 만들어진 모델, 즉 오브젝트에 색상, 재질 등을 입히는 매핑(텍스처링) 그리고 움직임을 주는 애니메이션 작업으로 구분됩니다. 이와 같은 작업을 할 때 시네마 4D는 특정 작업을 보다 편리하게 할 수 있도록 다양한 레이아웃을 제공합니다.

01 오브젝트 매니저 위쪽을 보면 레이아웃(Layout)이란 드롭다운 메뉴가 있습니다. 이 메뉴를 클릭하면 다양한 메뉴가 나타납니다. 모델링 작업을 위해 모델링(Modeling)을 선택해 봅니다. 에디트 뷰 하단을 보면 타임룰러, 애니메이션 컨트롤, 매터리얼 매니저가 사라지고 모델링 작업에 적합한 상태로 전환된 것을 알 수 있습니다. 이렇듯 레이아웃의 변경은 특정 작업을 보다 편리하게 할 수 있도록 도와줍니다. 여기서 먼저 Animation을 선택해 봅니다.

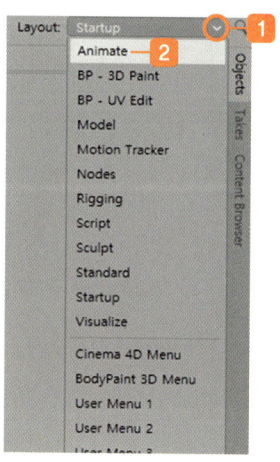

02 이처럼 애니메이션 레이아웃 모드로 전환되면 애니메이션 작업을 보다 편리하고 세밀하고 편리하게 할 수 있는 타임라인 패널이 나타나게 됩니다.

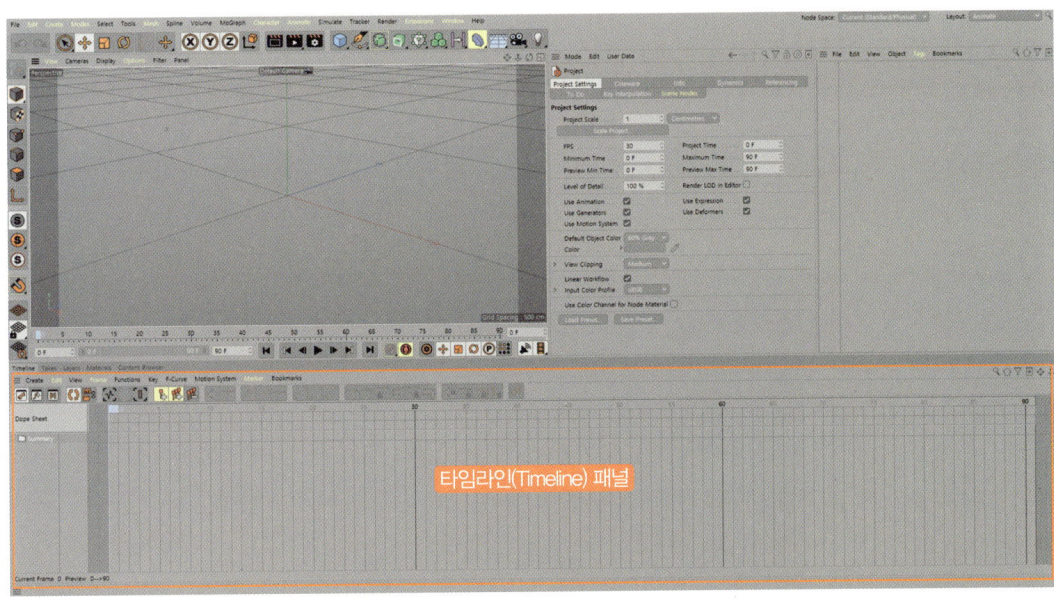

03 계속해서 다른 레이아웃 모드로 바꿔봅니다. 그러면 해당 작업을 효율적으로 할 수 있는 모드로 전환됩니다. 이렇듯 레이아웃 모드를 이용하면 특정 작업에 편리한 작업 구조로 전환할 수 있기 때문에 해당 작업을 할 때 아주 유용하게 사용됩니다. 확인이 끝났다면 다시 원래 상태인 Startup(혹은 Standard)으로 바꿔 놓습니다.

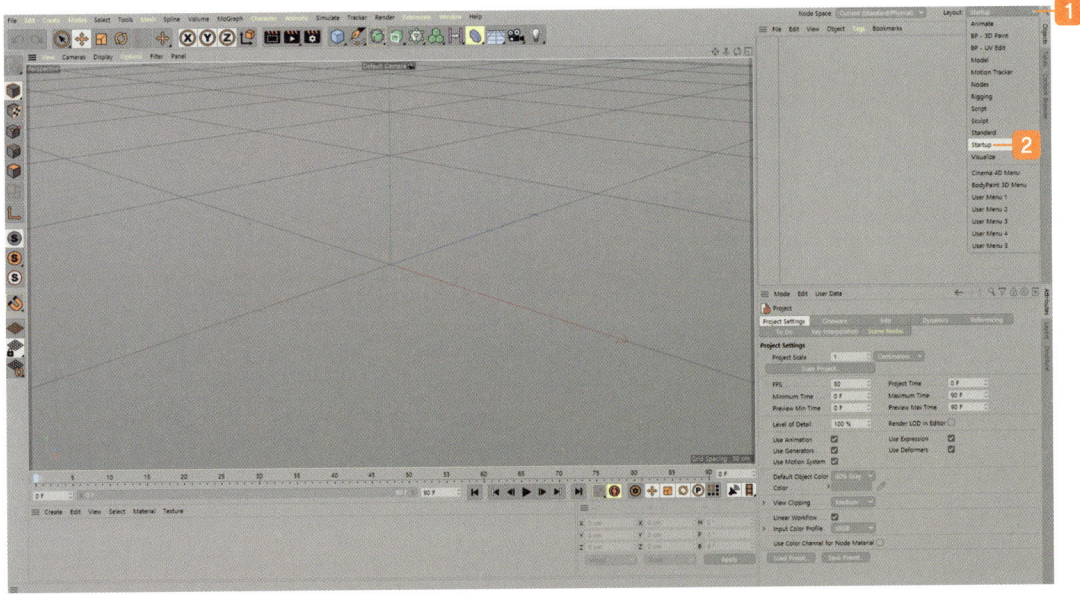

인터페이스 **035**

시네마 4D R23 인터페이스

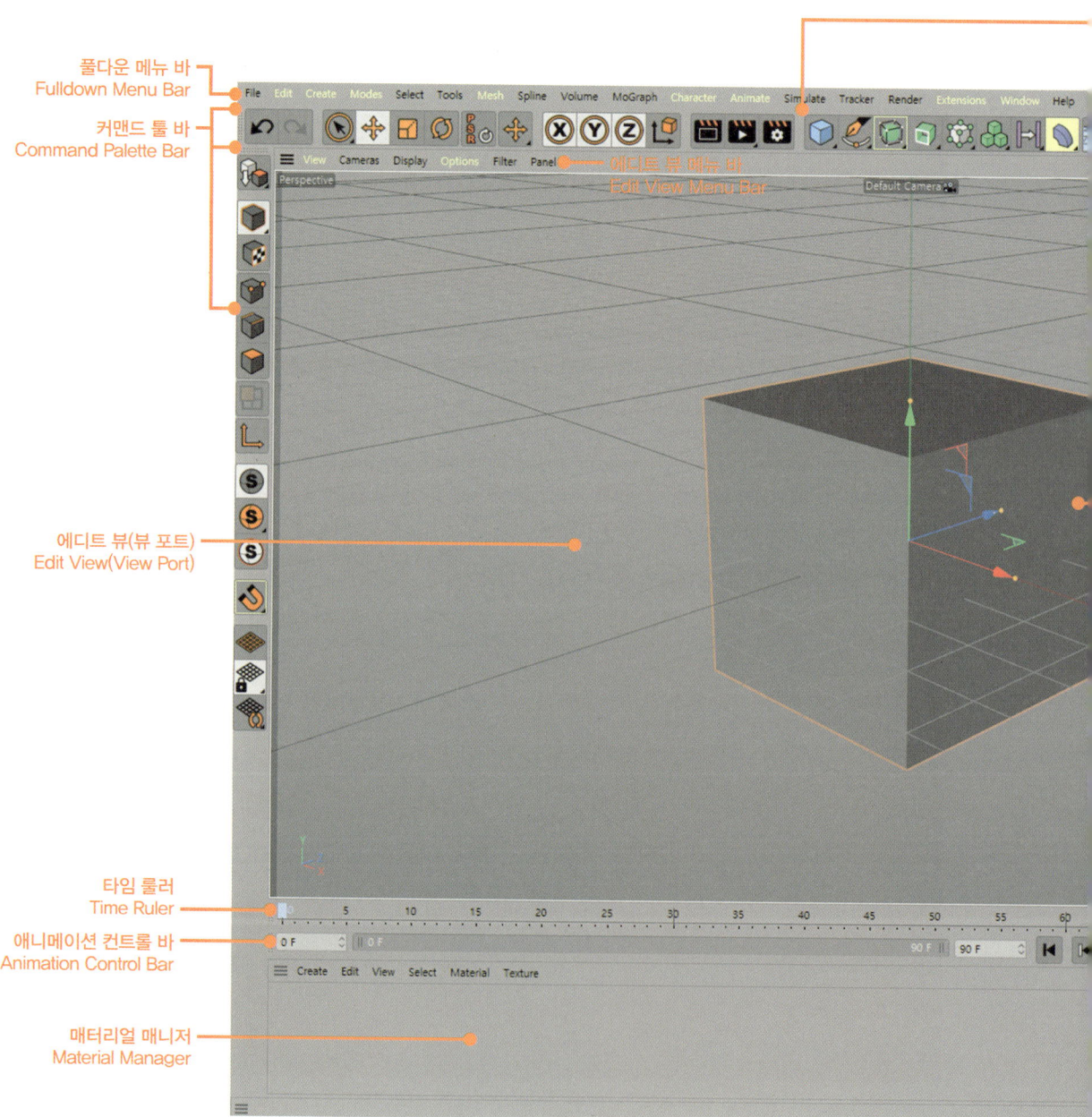

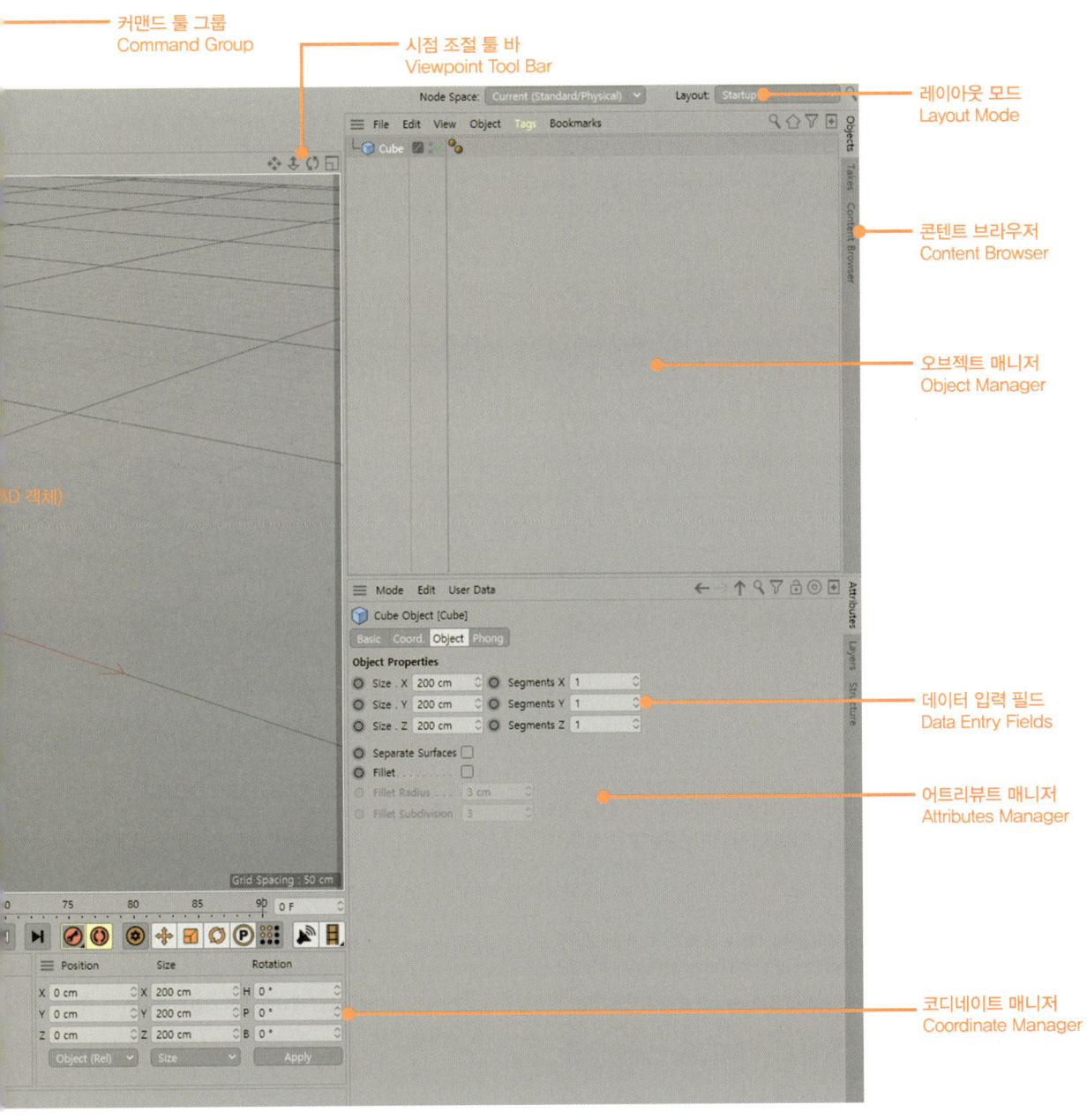

**Animation Control Bar
애니메이션 컨트롤 바**

애니메이션 컨트롤은 오브젝트의 생명력을 부여하는 애니메이션 작업을 위해 사용됩니다. 애니메이션 시간 설정, 프레임으로 이동, 키프레임 생성, 재생(Play) 등의 작업을 간편하게 조작할 수 있습니다. 참고로 보다 섬세한 애니메이션 설정은 타임라인 패널을 별도로 열어놓고 작업을 하게 됩니다.

**Attribute Manager
어트리뷰트 매니저**

어트리뷰트(속성) 매니저는 각각의 오브젝트 및 툴의 속성들을 관리할 수 있는데 오브젝트의 크기, 회전 및 세그먼트의 개수 그리고 서브디비젼의 세기를 바꾸는 등의 에디트 뷰(포트)에서 오브젝트가 보이는 상태를 바꿀 수 있으며 선택된 오브젝트의 반경과 오브젝트의 좌표도 확인할 수 있습니다.

**Command Tool Bar
커맨드 툴 바**

커맨드 툴 바는 작업에 사용되는 기능, 즉 툴 중에서 가장 즐겨 사용되는 툴들은 간편하게 사용할 수 있게 해 줍니다. 선택된 오브젝트의 포인트, 폴리곤, 엣지를 이동하거나 크기 조절, 회전시킬 수 있으며 아울러 선택된 오브젝트의 축(Axis)을 다른 곳으로 이동시키거나 오브젝트에 적용된 재질의 좌표 등을 이동시킬 수 있는 모듈들을 기본으로 오브젝트의 변형 및 효과 등을 표현할 수 있는 다양한 툴을 제공합니다.

**Command Tool Group
(Icon Palettes)
커맨드 툴 그룹**

커맨드 그룹(아이콘 팔레트)은 각각의 툴들을 그룹화하여 유사성이 있는 툴들끼리 같은 그룹으로 모아둘 수 있어 효율적으로 사용할 수 있게 해 줍니다. 그룹의 설정은 커스터마이즈 커맨드 메뉴를 통해 각 그룹의 위치와 간격 그리고 툴들을 원하는 그룹으로 재배치할 수 있습니다.

**Content Browser
콘텐트 브라우저**

콘텐트 브라우저는 프로젝트의 라이브러리와 프리셋을 관리하는 곳으로 미리 만들어 놓은 씬(장면)이나 매터리얼(재질), 3D 오브젝트, 조명, 씽킹 파티클 등과 같은 다양한 라이브러리 소스를 제공합니다. 이와 같은 라이브러리를 통해 작업에 편리하게 이용할 수 있으며 작업 구조를 분석하여 학습에 도움을 받을 수 있습니다.

**Coordinate Manager
코디네이트 매니저
(좌표 메니저)**

코디네이트 매니저는 오브젝트를 위치를 옮기거나 회전시키거나 크기를 직접 수치를 입력하여 조절할 수 있습니다. 적용하는 방법은 해당 필드에 값을 입력하고 어플라이(Apply) 버튼을 클릭하면 됩니다.

**Data Entry Fields
데이터 입력 필드**

어트리뷰트 매니저의 파라미터에서는 직접 변수 값을 입력하여 선택된 오브젝트의 세그먼트나 위치, 크기, 회전 등의 다양한 변화를 줄 수 있습니다.

**Edit View/3D View
에디트 뷰(작업 공간)**

에디트 뷰(또는 뷰 포트)는 씬 내에 포함된 모든 오브젝트(폴리곤 오브젝트, 카메라, 라이트, 조인트 및 기타 디포머)들을 보여줍니다. 동시에 4개까지 뷰어를 열 수 있어 씬을 각기 다른 각도에서 살펴 볼 수 있으며 고우라드(Gouraud) 쉐이딩(씬에 있는 모든 광원을 포함)에서부터 퀵(Quick) 쉐이딩(씬의 디폴트 광원만을 포함) 및 와이어 프레임과 기타 여러 모드로 씬을 볼 수 있습니다.

Edit View Memu Bar

에디터 뷰 메뉴 바는 에디트 뷰에서의 작업을 원할하게 하기 위해 사용되는 메뉴로서 카메라의 위치 선택

에디트 뷰 메뉴 바	이나 오브젝트의 모습 그리고 에디트 뷰(작업 공간)의 화면의 개수 선택 및 화면 구성에 관한 설정을 할 수 있습니다.
Fulldown Menu Bar 풀다운 메뉴 바	풀다운 메뉴 바는 시네마 4D에서 제공되는 모든 기능을 사용할 수 있게 해 줍니다. 설치 버전에 따라 메뉴의 상태가 달라지는데 시네마 4D R23 버전에서는 에디트, 크리에이트, 메쉬, 캐릭터, 애니메이트, 익스텐션, 윈도우 등의 메뉴에 변화가 생겼습니다.
Layout Mode 레이아웃 모드	시네마 4D의 작업 인터페이스에 대한 레이아웃을 특정 작업을 위한 모드로 쉽게 전환할 수 있습니다. 레이아웃 모드의 설정법은 인터페이스 섹션의 도입부의 [레이아웃 모드를 이용한 인터페이스 전환]을 참고하십시오.
Material Manager 매터리얼 매니저 (재질 매니저)	매터리얼 매니저는 오브젝트에 재질(Texture)을 입혀줄 때 사용됩니다. 매터리얼 매니저에서 해당 매터리얼(질감)을 클릭하면 간단히 Attributes(어트리뷰트) 매니저에서 속성을 변경할 수 있으며 해당 재질을 더블 클릭하여 매터리얼 에디터(Material Editior)를 열고 재질 속성을 변경할 수도 있습니다. 또한 스페큘러의 타입, 범프의 세기 및 기타 조정들이 가능합니다.
Object Manager 오브젝트 매니저	오브젝트 매니저는 사용되는 모든 오브젝트들을 나타내며 오브젝트들의 계층 구조를 설정하고 결합시키며 오브젝트에 대한 태그의 설정 또는 오브젝트의 이름을 부여할 수 있습니다. 여기에는 폴리곤 오브젝트, 광원, 카메라, 디포머, 스플라인 및 Null 오브젝트(지오메트리가 없는 오브젝트)등이 포함됩니다.
Time Ruler 타임 룰러	애니메이션 작업 시 시간에 대한 정보를 알 수 있게 해 줍니다. 시간자 단위는 확대/축소를 통해 설정할 수 있으며 애니메이션 시간(작업 시간)을 통해 시간자의 길이를 조절됩니다.
Viewpoint Tool Bar 시점 조절 툴 바	에디트 뷰(뷰 포트)의 시점을 조절하는 툴 바로써 뷰 포트의 위치를 이용하거나 회전, 확대/축소를 할 수 있습니다. 이 툴 바에서 툴을 직접 이용할 수도 있지만 단축키를 이용하면 보다 신속한 설정이 가능합니다.

사용자 인터페이스 설정하기

시네마 4D 인터페이스의 레이아웃은 사용자에 의해 각 작업 패널의 위치나 크기 등을 다양하게 설정할 수 있으며 상황에 따라 필요한 툴을 새롭게 등록하고 원하는 위치로 배치할 수 있습니다. 이렇게 설정된 레이아웃은 새롭게 등록할 수 있어 작업 상황에 맞게 선택하여 사용할 수 있습니다.

01 시네마 4D의 각 작업 매니저들은 매니저와 매니저 사이의 스플릿터를 이동하여 크기를 조절할 수 있습니다. 원하는 크기로 수정해 봅니다.

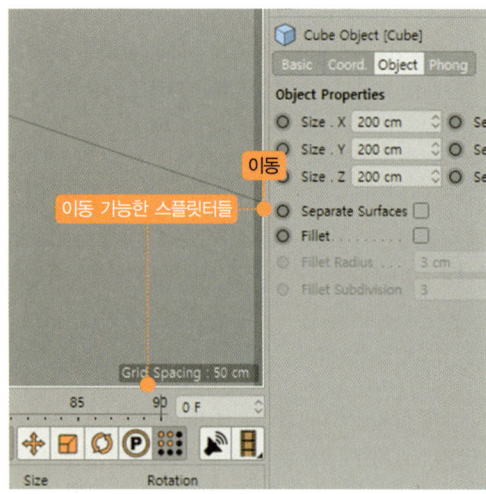

02 상단 풀다운 메뉴에서 [Window] - [Customization(커스터마이제이션)] - [Save Layout as]를 선택합니다.

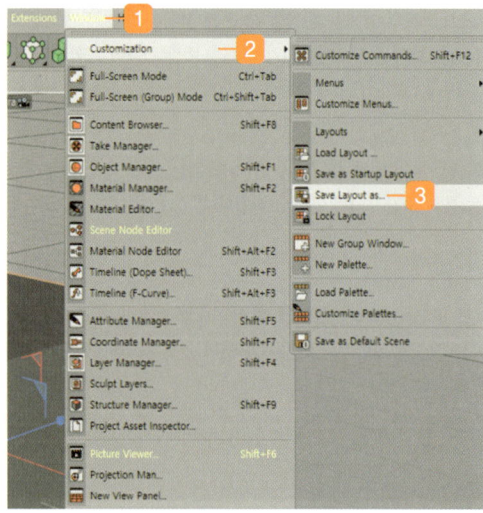

03 Save Layout 창이 열리면 적당한 파일명을 입력한 후 저장 버튼을 눌러 저장합니다. 이때 가장 중요한 것은 파일이 저장될 경로가 [library] - [layout] 폴더여야 한다는 것입니다.

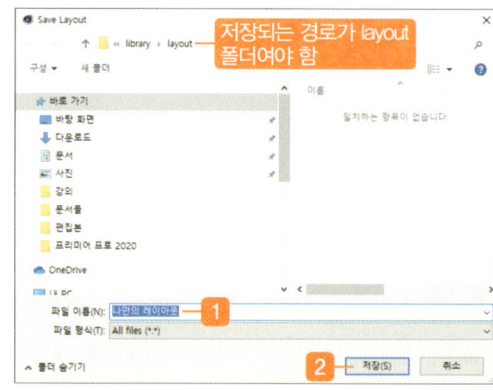

04 저장된 레이아웃을 확인해 보기 위해 풀다운 메뉴의 [Window] - [Customization] - [Layouts] 메뉴를 선택하면 앞서 저장해놓은 메뉴(나만의 레이아웃)가 있는지 확인 해봅니다. 이제 다른 레이아웃을 사용할 때도 이 레이아웃을 선택하면 즉시 선택한 레이아웃으로 전환됩니다.

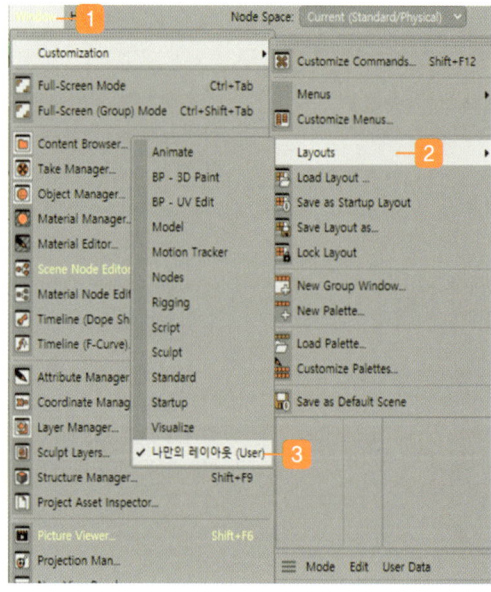

05 앞서 만든 사용자 레이아웃은 시네마 4D 인터페이스 우측 상단에 있는 Layout 드롭다운 메뉴를 통해서도 선택할 수 있습니다. 참고로 이 메뉴에서 Startup을 선택하면 시네마 4D 초기 레이아웃 상태로 설정됩니다.

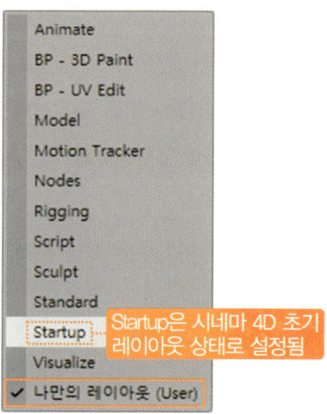

06 시네마 4D는 메뉴의 구성 역시 사용자가 편리하도록 설정할 수 있습니다. [Window] - [Customization] - [Customize Menus…]를 선택합니다.

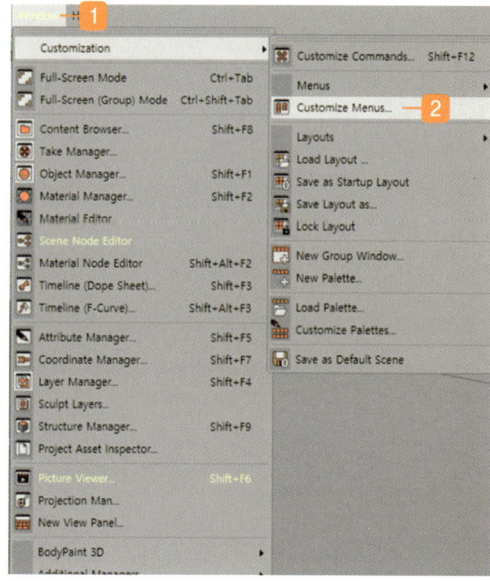

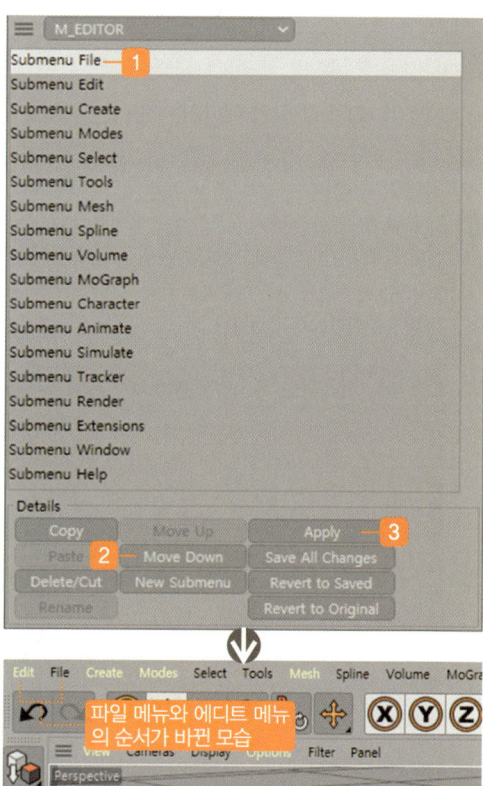

07 메뉴 창이 열리면 일단 Submenu File을 선택한 후 아래쪽 [Move Down] 버튼을 한번 눌러 한 단계 아래로 내려봅니다. 그리고 [Apply] 버튼을 누르면 상단 풀다운 메뉴에서 파일 메뉴와 에디트 메뉴의 순서가 바뀌게 됩니다.

08 확인을 해 보았다면 Submenu File을 [Move Up] 버튼과 [Apply] 버튼을 차례로 선택하여 다시 원래 자리로 되돌려 놓은 후 메뉴 창을 닫아줍니다. 살펴본 것처럼 여러분이 원하는 메뉴로 구성해 놓고 작업을 해 보십시오.

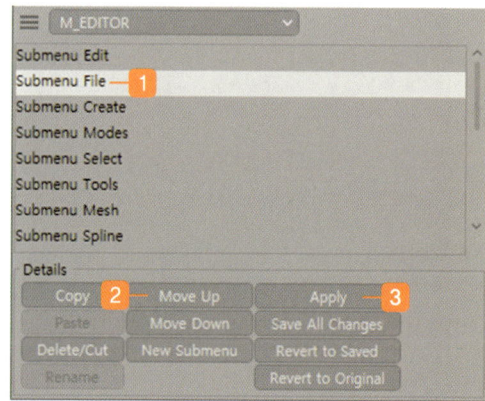

작업 매니저 이동 및 다른 매니저로 병합하기

시네마 4D의 각 작업 매니저는 원하는 위치로 이동할 수 있으며 다른 작업 매니저와 병합(도킹)할 수 있습니다.

01 각 작업 매니저를 보면 좌측 또는 상단에 여러 개의 점으로 이뤄진 작은 영역이 있습니다. 이 영역을 무브 핸들(Move Handle)이라고 하는데 쉽게 이동점 정도라고 생각하면 됩니다. 이 영역을 클릭 & 드래그 & 드롭하여 원하는 곳으로 이동하면 되는데 일단 에디트 뷰(포트) 메뉴 바 좌측에 있는 이동점을 좌측 오브젝트 매니저로 이동해 봅니다. 이때 굵고 진한 선이 표시되는데 이 표시를 보며 현재의 이동 위치를 확인할 수 있습니다.

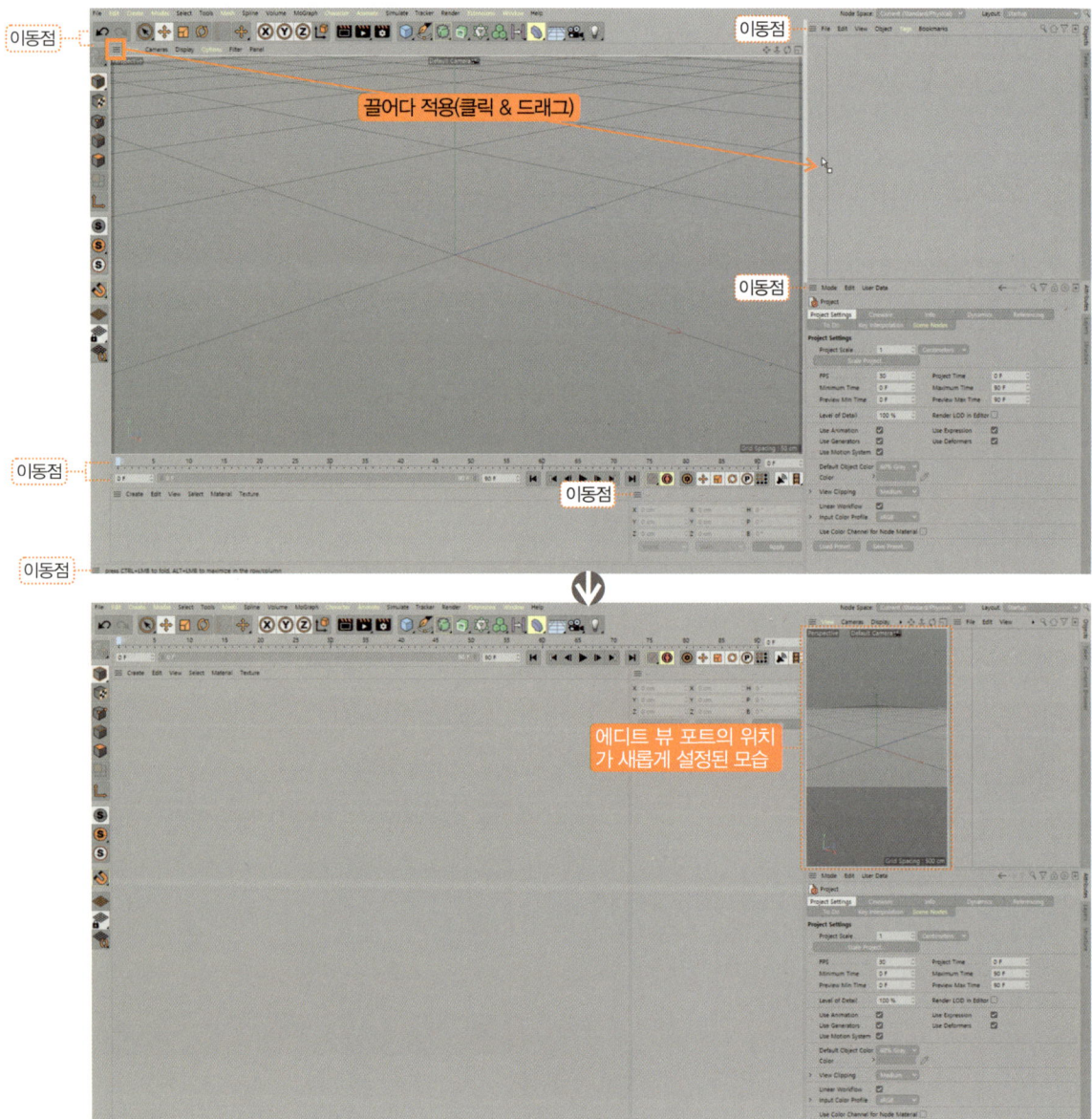

02 확인이 끝났다면 다시 원래 상태로 되돌려 주기 위해 Layout 드롭다운 메뉴에서 Startup 또는 Standard 메뉴를 선택합니다.

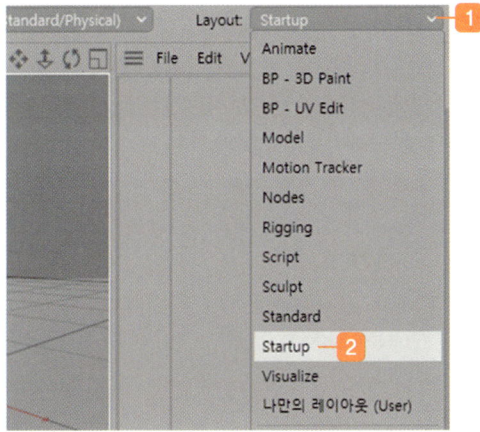

작업환경(Preferences)을 통한 인터페이스 설정 및 속성 초기화하기

시네마 4D는 작업환경, 즉 프레퍼런스를 이용하여 인터페이스의 색상(밝기) 및 UI 언어 등을 설정할 수 있으며 시네마 4D 설치 후 최초로 실행할 때처럼 완전한 초기 상태로 실행할 수 있습니다.

01 시네마 4D의 작업 인터페이스를 완전 초기화(최초로 설치했을 때처럼)하기 위해 풀다운 메뉴에서 [Edit] - [Preferences…]를 선택합니다.

02 프레퍼런스 창 좌측 하단을 보면 [Open Preferences Folder…] 버튼을 선택합니다.

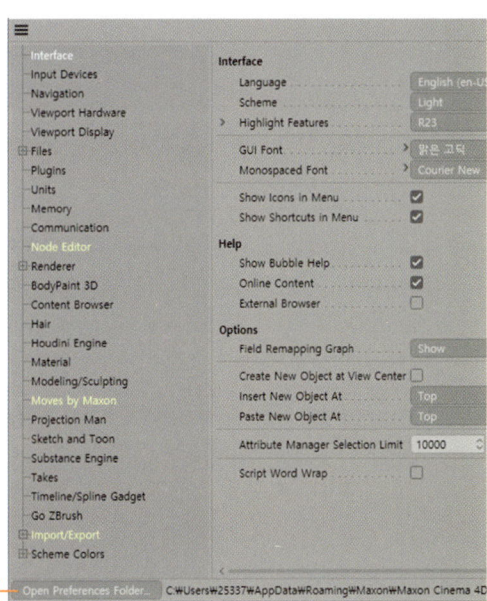

03 브라우저가 열리면 시네마 4D 환경설정에 대한 속성 파일들이 들어있는 prefs 폴더를 [Delete] 키를 눌러 삭제하고 창을 닫습니다. 그밖에 라이브러리, 플러그인, 팀렌더, 업데이트 등의 폴더를 통해 해당 속성에 대한 초기화를 시켜줄 수 있으며 상위 폴더인 CINEMA 4D R23이란 이름의 폴더를 삭제하여 모든 속성을 초기화시켜 줄 수도 있습니다.

04 이제 [File] - [Quit] 메뉴를 선택하여 시네마 4D를 종료했다가 다시 실행하면 시네마 4D를 최초로 설치했던 상태로 실행됩니다. 작업을 하다 보면 뜻하지 않게 메뉴, 툴, 매니저 등의 위치나 설정 옵션들이 처음과 달라져 작업에 불편함을 느낄 때가 있습니다. 이럴 때는 앞서 설명한 대로 prefs 폴더를 삭제하여 시네마 4D를 초기화 해보십시오.

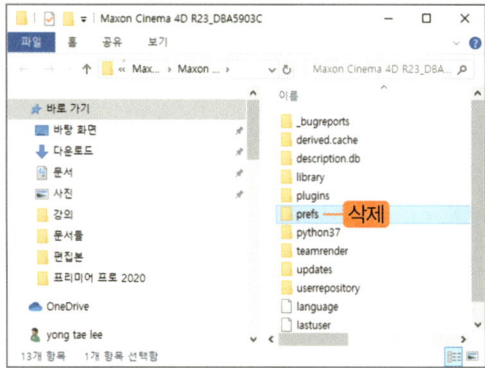

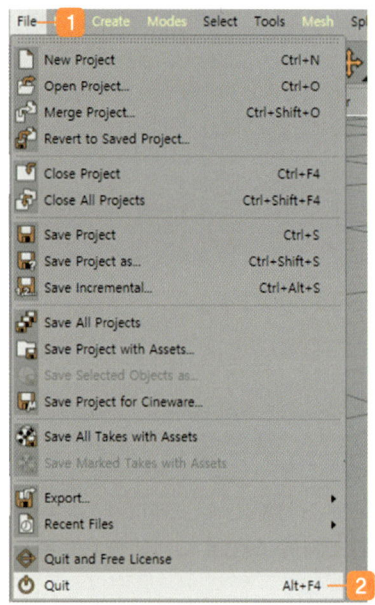

작업 툴 설정하기

시네마 4D는 작업에 가장 많이 사용되는 툴들에 대해서도 원하는 위치로 재배치할 수 있습니다.

01 작업의 편의를 위해 사용할 수 있는 방법 중에는 즐겨 사용되는 작업 툴들은 원하는 위치로 배치를 할 수 있다는 것입니다. 이제 이와 같이 작업 툴들을 재배치하기 위해 [Window] - [Customization] - [Customize Palettes...] 메뉴를 선택합니다.

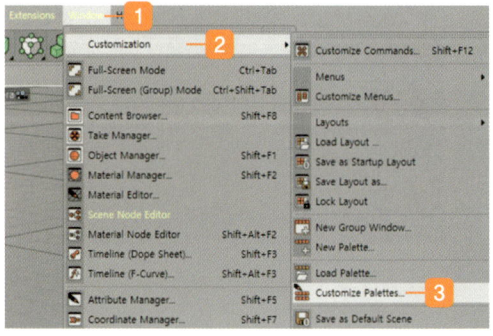

02 커스터마이즈 커맨드 창이 뜨면 각 툴들에 남색 테두리가 표시됩니다. 이것은 이 툴들을 편집할 수 있는 것을 의미합니다. 참고로 열린 커스터마이즈 커맨드 창은 작업 단축키를 설정하기 위해 사용되는데 이 방법에 대해서는 다음 학습에서 자세히 설명하겠습니다.

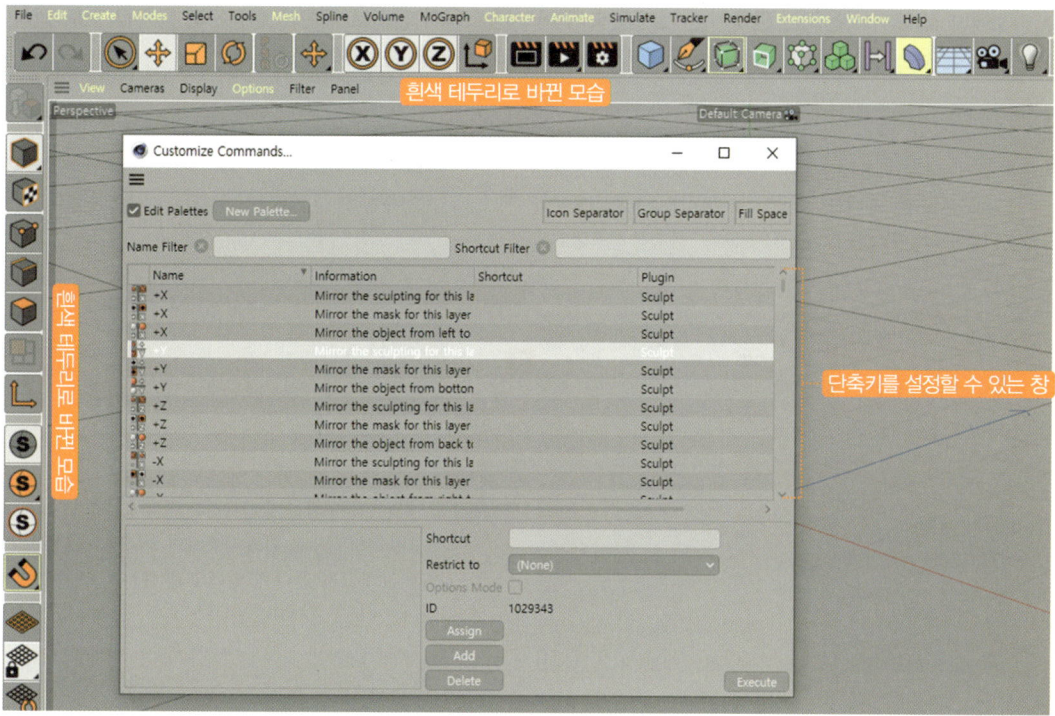

03 이제 작업 툴을 다른 위치로 이동해 봅니다. 슬레이트 모양의 아이콘 중 첫 번째 아이콘인 Render View(렌더 뷰) 툴을 끌어서 좌측에 있는 X-Axis 좌측 편으로 갖다 놓습니다. 이와 같은 방법을 통해 각 툴들을 원하는 위치로 이동할 수 있습니다.

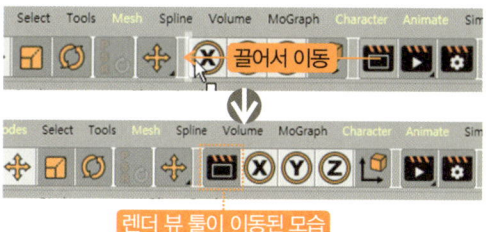

04 확인이 끝났다면 다시 원래 상태로 되돌아가기 위해 Layout을 Startup으로 설정합니다.

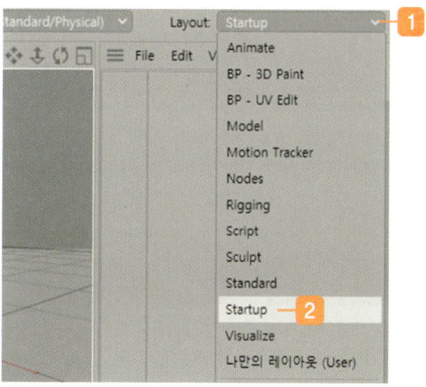

신속한 작업을 위한 단축키 설정하기

시네마 4D에서 사용되는 단축키는 기본 단축키 이외에 사용자 임의로 새롭게 설정하여 등록할 수도 있습니다. 보다 신속한 작업을 하기 위해서는 즐겨 사용하는 단축키를 외워두는 것이 좋습니다.

01 단축키 설정을 위해 [Window] - [Customization] - [Customize Commands…]를 선택합니다. 참고로 앞선 학습에서 살펴보았던 맨 아래쪽 메뉴의 Customize Paletters… 메뉴를 선택해도 됩니다.

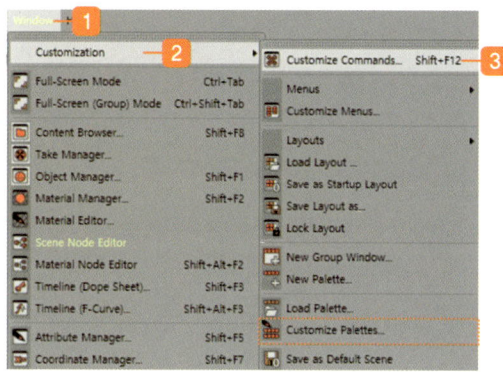

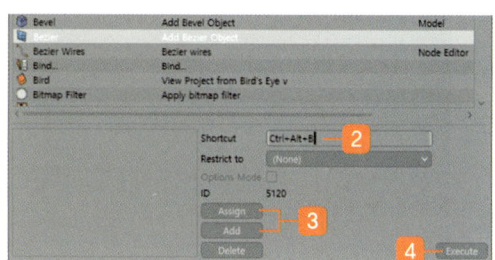

02 커스터마이즈 커맨드 창이 열리면 먼저 단축키가 없거나 다른 단축키로 바꾸고자 하는 메뉴(기능)를 선택합니다. 그리고 아래쪽 Shortcut에서 원하는 단축키를 직접 눌러서 적용한 후 Assign이나 [Add] 버튼을 클릭하여 단축키를 적용하고 [Execute] 버튼을 눌러 작업 속성 목록에 등록합니다. 이와 같은 방법으로 단축키를 만들 수 있으며 여기서 주의할 것은 다른 메뉴에서 사용되는 단축키와 중복되지 않도록 하는 것입니다.

03 앞선 과정을 통해 즐겨 사용하는 메뉴에 대한 단축키를 만들어 효율적인 작업을 위해 사용하면 되는데 여기서 만약 단축키를 없애고자 한다면 없애고자 하는 메뉴를 선택한 후 [Delete] 버튼을 클릭하면 됩니다.

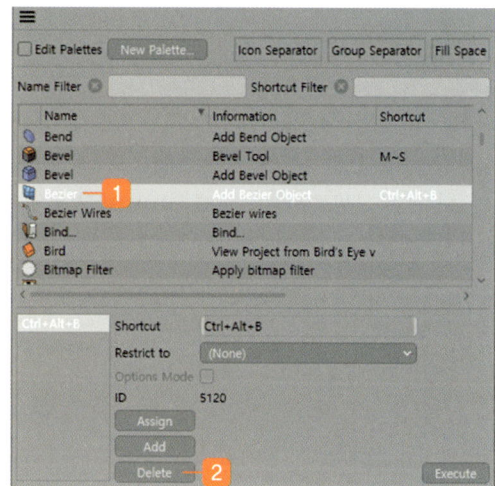

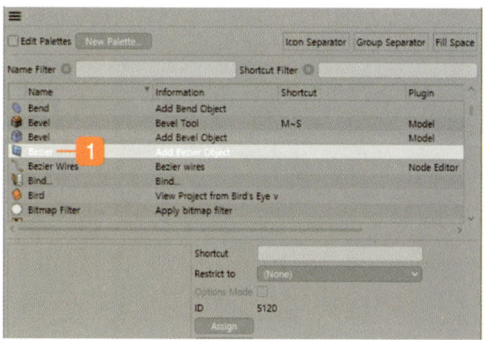

커맨드 툴 바와 커맨드 툴 그룹 살펴보기

커맨드 툴 바와 커맨드 툴 그룹은 원하는 모양의 오브젝트를 만들기 위해 가장 많이 사용됩니다. 그러므로 가장 먼저 각 툴 들의 명칭과 용도에 대해 알아두는 것이 필요합니다.

1 언두(Undo) 현재 작업 상태에서 한 단계 전 작업 단계로 돌아가고자 할 때 이용합니다. 현재의 작업 상태와 이전 작업 상태를 비교하거나 작업이 잘 못 되어 수정할 때 편리하게 이용할 수 있습니다. 단축키 [Ctrl] + [Z] 키를 주로 이용합니다.

2 리두(Redo) 언두와 반대로 작업 전으로 돌아간 상태를 다시 원래 상태로 복구할 때 사용됩니다. 단축키 [Ctrl] + [Y]를 주로 이용합니다.

3 실렉션(선택) 툴(Selection Tool) 그룹으로 오브젝트(선, 면, 점)를 선택할 때 사용되는 다양한 선택 툴들을 사용할 수 있습니다. 이 툴을 누르고 있으면 안에 포함된 여러 가지의 서브 툴들이 나타납니다. 이 툴들은 공통적으로 여러 개의 폴리곤이나 엣지, 포인트를 선택하기 위해서는 [Shift] 키를 누른 상태에서 선택하면 되고 해제하기 위해서는 [Ctrl] 키를 누른 상태에서 해제하고자 하는 영역을 선택하면 됩니다.

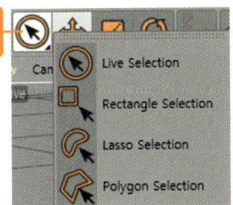

클릭하고 있으면 하위 툴들이 나타남

라이브 실렉션(직접 선택) 툴(Live Selection)
오브젝트나 폴리곤(면), 엣지(선), 포인트(점) 등을 선택할 때 선택될 부분을 직접 클릭하여 선택하는 방식의 툴입니다.

렉탱글 실렉션(사각형 선택) 툴(Rectangle Selection)
오브젝트나 폴리곤(면), 엣지(선), 포인트(점) 등을 선택할 때 클릭 & 드래그하여 사각형 영역을 만들어 사각형 영역 안에 포함된 부분에 한해 선택되도록 합니다.

라쏘 실렉션(자유 선택) 툴(Lasso Selection)
오브젝트나 폴리곤(면), 엣지(선), 포인트(점) 등을 선택할 때 그림을 그리듯 드로잉하여 그려진 영역 안에 포함된 부분에 한해 선택되도록 합니다.

폴리곤 실렉션(다각형 선택) 툴(Polygon Selection)
오브젝트나 폴리곤(면), 엣지(선), 포인트(점) 등을 선택할 때 클릭 & 클릭으로 직선으로 이뤄진 영역을 만들어 만들어진 영역 안에 포함된 부분에 한해 선택되도록 합니다.

4 무브(이동) 툴(Move Tool) 선택된 오브젝트, 점(포인트), 선(엣지), 면(폴리곤)을 이동할 때 사용됩니다.

5 스케일(크기) 툴(Scale Tool) 선택된 오브젝트, 선, 면의 크기를 조절할 때 사용됩니다. 점은 크기 조절 범위에 해당되지 않습니다.

6 로테이트(회전) 툴(Rotate Tool) 선택된 오브젝트, 선, 면을 회전할 때 사용됩니다. 점은 회전 범위에 해당되지 않습니다.

7 리셋 PSR(초기화) 툴(Reset PSR) 위치, 크기, 회전 툴을 사용하여 변화된 오브젝트를 초기 상태로 되돌려 줄 수 있습니다.

8 리센톨리(최근 사용 목록) 선택(Recently) 최근에 사용된 툴들의 목록을 순서대로 보여줍니다. 이 목록에서 나타난 것 중 사용하고자 하는 목록을 선택해서 사용할 수 있습니다. [스페이스 바를 누르면 현재 상태와 이전 상태를 번갈아 가면서 사용할 수 있습니다.

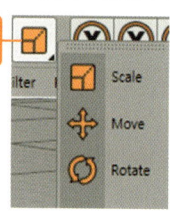

클릭하고 있으면 하위 툴들이 나타남

9 방향 설정 제한 툴(X, Y, Z Axis / Heading) 선택된 오브젝트, 점, 선, 면을 이동, 크기, 회전할 때 특정 방향 축으로 고정하거나 특정 방향 축에 대해서만 설정이 가능하도록 제한할 때 사용됩니다. 켜져 있는 상태, 즉 하늘색 상태는 설정이 가능하다는 것을 의미하고 클릭하여 꺼주면 꺼진 축에 대해서는 설정이 불가합니다.

10 코디네이트 시스템(Coordinate System) 오브젝트의 축(방향)의 기준을 에디트 뷰, 즉 작업 영역을 기준으로 할 것인지 아니면 오브젝트 자체를 기준으로 할 것인지 선택할 수 있습니다. 기본 상태는 오브젝트를 기준으로 사용되지만 클릭하여 하늘색으로 켜주면 에디트 뷰의 축을 기준으로 전환됩니다.

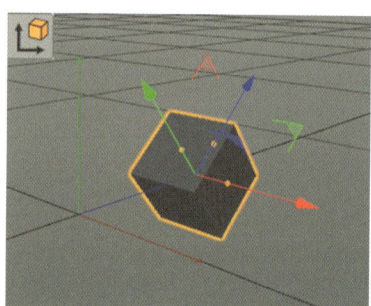 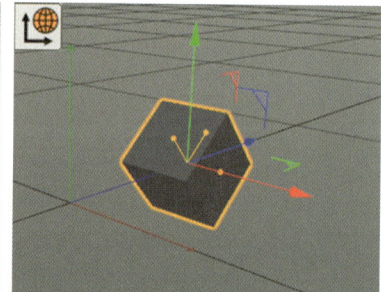

▲ 기준 축이 오브젝트 자체인 상태 　　▲ 기준 축이 에디트 뷰로 전환된 상태

미리보기(프리뷰) / 렌더에 관한 툴

1 렌더 뷰(Render View) 에디트 뷰에서 작업한 결과를 에디트 뷰 상에서 즉시 확인, 즉 렌더 뷰하고자 할 때 사용됩니다. 렌더링되면 작업한 오브젝트에 대한 실제의 모습을 확인할 수 있습니다.

2 렌더 투 픽처 뷰어(Render to Picture Viewer) 에디트 뷰에서 작업된 내용을 실제 모습으로 확인, 즉 렌더 뷰할 수 있는 다양한 방식을 선택하여 사용할 수 있습니다.

렌더 리젼(Render Region)
에디트 뷰에서 작업된 결과를 영역을 지정하여 볼 수 있습니다. 클릭 & 드래그하여 영역을 지정합니다.

렌더 액티브 오브젝트(Render Active Objects)
선택된 오브젝트에 대해서만 렌더 뷰할 수 있습니다.

렌더 투 픽쳐 뷰어(Render to Picture Viewer)
별도의 픽쳐 뷰어 창을 통해 렌더 뷰할 수 있습니다. 여기서 렌더링된 이미지는 별도의 파일(이미지, 비디오)로 저장할 수 있습니다.

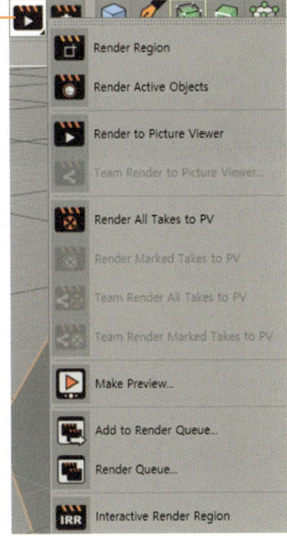
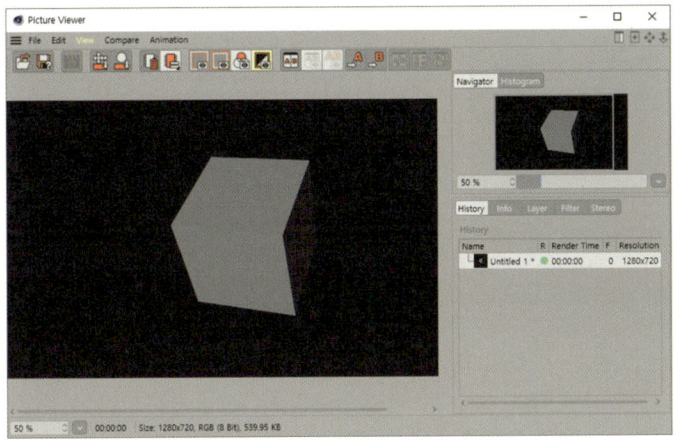

팀 렌더 투 픽쳐 뷰어(Team Render to Picture Viewer)
렌더 시 다른 컴퓨터(서버)로 분산하여 렌더링을 걸(할) 수 있는 네트워크 렌더 시스템을 통해 렌더 뷰를 할 수 있습니다.

메이크 프리뷰(Make Preview)
작업한 내용을 메이크 프리뷰 창을 통해 파일로 만들어줍니다. 애니메이션 작업을 비디오 파일로 만들어 확인하기 위해 주로 사용합니다. 작업 내용을 비디오 파일로 간단하게 만들기 위해 사용되지만 디테일한 설정은 렌더 셋팅을 통해 이뤄집니다.

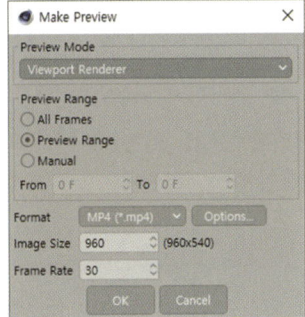

애드 투 렌더 큐(Add to Render Queue)
렌더 큐 창에 현재의 프로젝트를 추가할 때 사용합니다.

렌더 큐(Render Qurue)
렌더 큐 창을 통해 여러 개의 프로젝트(작업)를 일괄적으로 파일을 만들 수 있습니다.

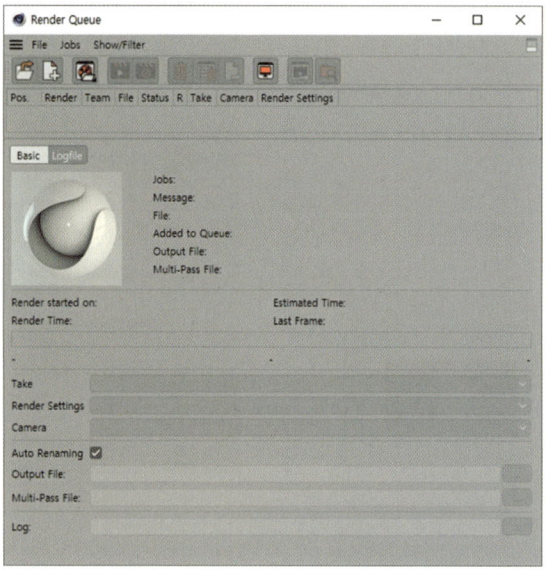

인터랙티브 렌더 리젼(Interactive Render Region)
렌더 영역을 지정할 수 있고 렌더 품질을 설정하여 렌더 뷰할 수 있습니다. 화살표가 위로 올라갈수록 품질이 높아집니다. 이 렌더 방식은 한번 선택하면 지속적으로 사용되기 때문에 해제하기 위해서는 해당 메뉴를 다시 한번 선택해야 합니다.

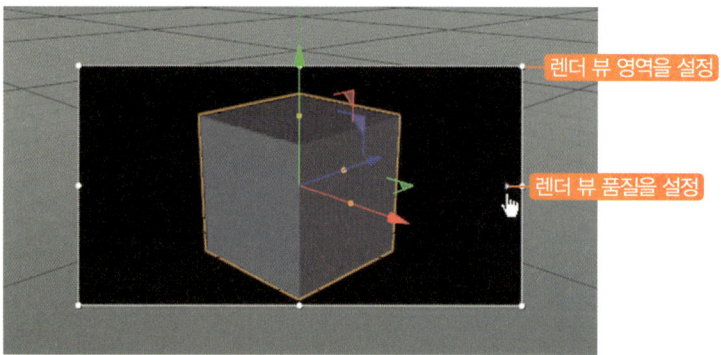

3 에디트 렌더 셋팅(Edit Render Settings) 작업한 내용을 최종적으로 파일을 만들기 위해 세부 렌더 설정을 할 수 있습니다. 별도의 렌더 셋팅 창을 통해 파일 형식, 저장될 위치, 화면 크기, 프레임, 이펙트 등의 설정을 디테일하게 설정할 수 있습니다.

1 오브젝트 툴(Add Object) 큐브, 구, 실린더, 콘, 지형 등의 다양한 기본 도형을 생성할 수 있습니다. 복잡한 오브젝트 또한 기본 도형에서부터 이뤄집니다.

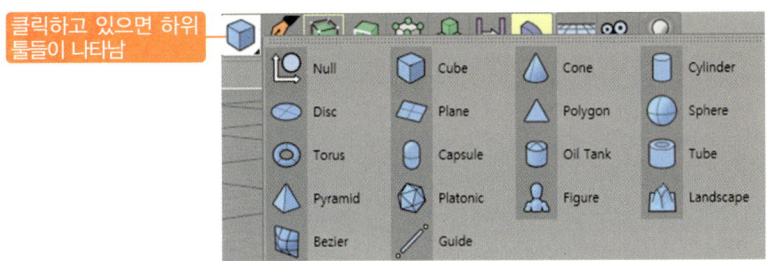

클릭하고 있으면 하위 툴들이 나타남

2 스플라인 툴(Spline) 선을 그리거나 선으로 된 도형을 생성할 수 있습니다. 생성된 스플라인은 그 자체로 사용할 수 없으며 제너레이터(Generators) 툴을 통해 면을 가진 오브젝트로 만들어야 합니다.

클릭하고 있으면 하위 툴들이 나타남

3 제너레이터 툴(Generators) 첫 번째 제너레이터 툴 그룹에서는 오브젝트를 부드러운 곡선으로 만들고, 복제 및 정렬, 구멍이나 홈, 대칭 오브젝트, 애체와 천(지물) 등을 만들 때 사용되는 툴들을 제공합니다.

클릭하고 있으면 하위 툴들이 나타남

4 제너레이터 툴(Generators) 두 번째 제너레이터 툴 그룹에서는 선(스플라인)으로 된 모양을 3D 오브젝트로 만들어주는 다양한 툴들을 제공합니다.

클릭하고 있으면 하위 툴들이 나타남

5 **모그라프 툴(MoGraph)** 오브젝트를 무한대로 복사하고 조각 내고, 글자들을 개별로 애니메이션을 만들어주는 모그라프(모션 그래픽)에 사용되는 툴들을 제공합니다.

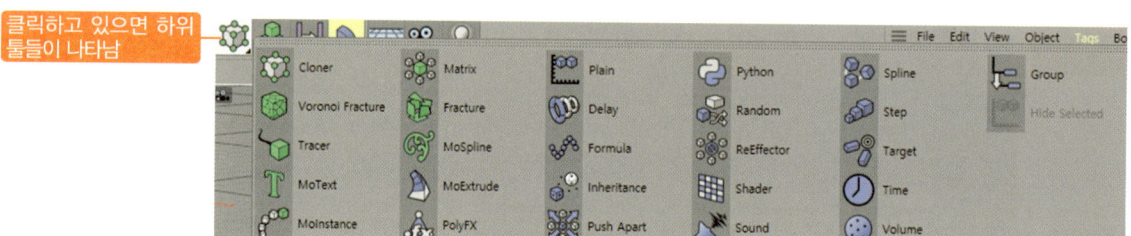

클릭하고 있으면 하위 툴들이 나타남

6 **볼륨 툴(Volume)** 제너레이터에서 생성된 모든 오브젝트에 대해 Voxel(볼륨과 픽셀 즉, 디스플레이상의 2차원 화상의 최소 단위로부터 만들어진 작은 직방체 요소의 집합체를 만들 수 있습니다.

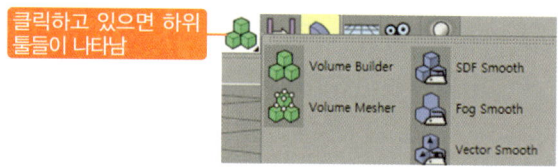

클릭하고 있으면 하위 툴들이 나타남

7 **필드 툴(Field)** 모그라프의 이펙터가 적용된 상태에서 이펙트가 표현되는 영역을 제한하기 위해 사용되는 다양한 필드들을 제공합니다. 참고로 필드들 중 일부는 모그라프의 이펙터에서 자동으로 생성됩니다.

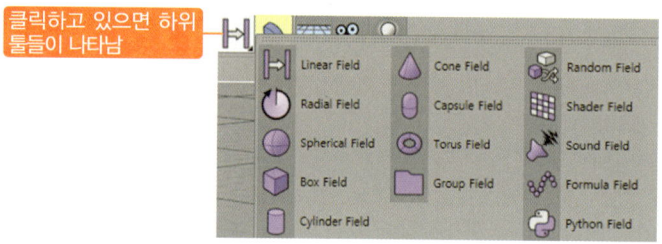

클릭하고 있으면 하위 툴들이 나타남

8 **디포머 툴(Deformer)** 오브젝트의 모양을 구부리거나 뒤틀기, 폭발시키기, 바람에 의한 변형 등 오브젝트를 변형하는 다양한 툴을 사용할 수 있습니다.

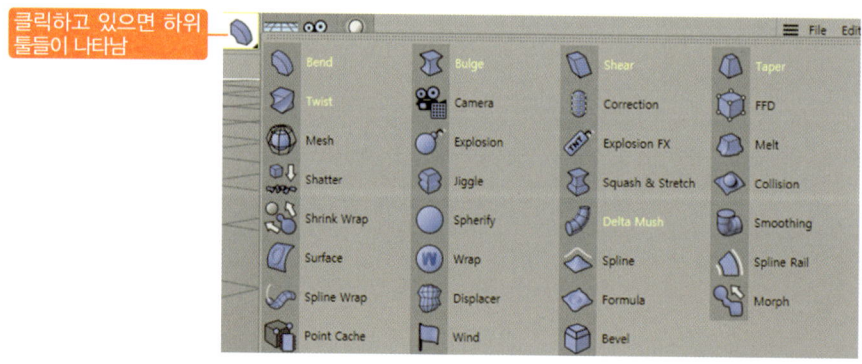

클릭하고 있으면 하위 툴들이 나타남

9 **인바이어런먼트(환경) 툴(Environment)** 바닥, 하늘, 안개, 배경, 구름, 풀(숲) 등의 환경에 관한 것을 만들고 설정할 수 있습니다.

10 카메라 툴(Camera) 에디트 뷰에 카메라를 생성하여 카메라를 통해 보여지는 다양한 뷰 앵글을 설정할 수 있습니다.

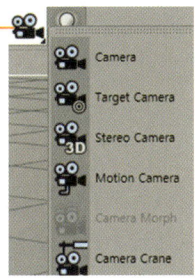

11 라이트 툴(Light) 조명을 생성하여 다양한 조명 효과를 연출할 수 있습니다.

1 메이크 에디테이블(Make Editable) 기본 도형을 편집이 가능한 폴리곤 오브젝트로 변환할 때 사용됩니다. 기본 도형의 설정이 끝나면 대부분 폴리곤으로 전환하게 됩니다. 메이크 폴리곤이라고 부르기도 합니다.

2 모델 / 오브젝트 모드(Model / Object Mode) 모델 모드는 기본 도형 및 폴리곤 오브젝트를 선택하여 이동, 크기, 회전, 삭제 등의 작업을 할 때 사용됩니다. 모델 모드는 상단 커맨드 툴의 이동, 회전, 크기 조절 툴과 상호 연동해서 사용합니다. 그리고 오브젝트 모드는 애니메이션 단계에서 오브젝트를 이동시키거나 스케일 조정 혹은 회전시키고 싶은 경우에만 사용됩니다.

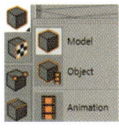

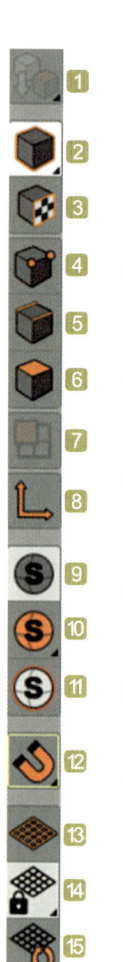

3 텍스처 모드(Texture Mode) 오브젝트에 적용된 텍스처, 즉 무늬의 위치를 이동, 크기, 회전할 수 있습니다. 텍스처 툴은 상단 커맨드 툴의 이동, 회전, 크기 조절 툴과 상호 연동해서 사용합니다.

4 포인트 모드(Point Mode) 폴리곤 오브젝트의 포인트(점)에 대한 선택 및 편집을 할 때 사용됩니다. 포인트 툴은 상단 커맨드 툴의 선택, 이동, 회전, 크기 조절 툴과 상호 연동해서 사용합니다.

5 엣지 모드(Edges Mode) 폴리곤 오브젝트의 선에 대한 선택 및 편집을 할 때 사용됩니다. 엣지 툴은 상단 커맨드 툴의 선택, 이동, 회전, 크기 조절 툴과 상호 연동해서 사용합니다.

6 폴리곤 모드(Polygons Mode) 폴리곤 오브젝트의 면(폴리곤)에 대한 선택 및 편집을 할 때 사용됩니다. 폴리곤 툴은 상단 커맨드 툴의 선택, 이동, 회전, 크기 조절 툴과 상호 연동해서 사용합니다.

7 UV 모드 툴(UV Mode) UV 텍스처 편집 시 사용되는 툴로서 포인트, 엣지, 폴리곤이 선택된 상태에서 편집할 수 있게 해줍니다.

8 인에이블 액시스 툴(Enable Axis) 폴리곤 오브젝트의 중심축(액시스 또는 피봇이라고 함)의 위치를 이동할 때 사용됩니다. 인에이블 액시스 툴은 상단 커맨드 툴의 이동, 회전, 크기 조절 툴과 상호 연동해서 사용합니다.

9 뷰포트 솔로(Viewport Solo Off) 복잡한 작업할 때 특정 뷰 포트에서 선택된 오브젝트나 그룹 또는 종속(계층) 구조로 된 오브젝트들을 숨기거나 표시할 때 사용됩니다.

10 뷰포트 솔로 싱글(Viewport Solo Single) 현재 선택된 오브젝트를 제외한 모든 개체가 숨겨집니다. 계층은 역할을 하지 않으며 선택한 오브젝트의 하위 개체도 숨겨집니다. 하위에 있는 Viewport Solo Hierarchy는 종속된 오브젝트를 포함하여 선택한 개체만 표시합니다.

11 뷰포트 솔로 실렉션(Viewport Solo Selection) 뷰포트 솔로 싱글이 활성화된 상태에서 선택된 오브젝트만 표시되도록 합니다.

12 인에이블 스냅(Enable Snap) 기본 도형 및 폴리곤 오브젝트를 이동, 회전, 크기 조절할 때 바다의 그리드, 오브젝트와 오브젝트 등의 특정 지점(표시)에 정확하게 맞출 때 그밖에 포인트, 엣지, 폴리곤, 스플라인, 엑시스 등을 편집할 때 특정 지점에 맞춰주기 위해 사용됩니다. 풀다운 메뉴의 스냅 메뉴를 이용해도 됩니다.

13 워크 플레인(Workplane) 에디트 뷰(포트) 공간의 위치, 크기, 회전을 할 때 사용됩니다. 워크 플레인 툴은 상단 커맨드 툴의 이동, 회전, 크기 조절 툴과 상호 연동해서 사용합니다.

14 락 워크 플레인(Locked Workplane) 에디트 뷰(포트)의 공간을 특정 방향 축으로 고정할 때 사용됩니다.

15 플레이너 워크플레인(Planar Workplane) 카메라의 화각에 따라 표준 좌표 평면 중 하나가 항상 자동으로 작업 평면으로 표시됩니다. 이 모드를 통해 서로 직각으로 스플라인을 만들 수 있으며, 포인트를 설정할 때 스냅 설정에서 Workplane 및 GridPoint를 활성화해야 합니다.

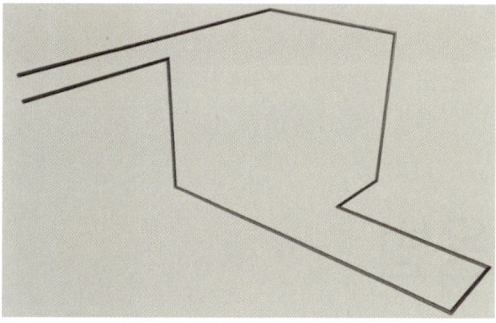

▲ 직각의 스플라인이 만들어진 모습

기본 사용법

시네마 3D는 다른 3D 프로그램에 비해 비교적 쉽게 사용할 수 있게 구성되어 있어 초보자도 부담없이 오브젝트의 생성 및 편집 그리고 매터리얼 등의 작업을 할 수 있습니다. 또한 작업에 많이 사용되는 주요 기능들은 커맨드 툴 바나 그밖에 작업 매니저를 통해 능동적으로 이용할 수 있습니다.

프로젝트 생성 및 설정하기

프로젝트는 하나의 작업으로 시네마 4D에서는 작업을 할 수 있는 공간, 즉 씬이라 할 수 있습니다. 프로젝트를 생성한 후에는 작업을 위한 기본 설정 및 다이내믹과 같은 설정을 사전에 수행할 수 있습니다.

01 먼저 새로운 작업을 위한 프로젝트를 생성해 봅니다. 풀다운 메뉴에서 [File] - [New]를 선택합니다.

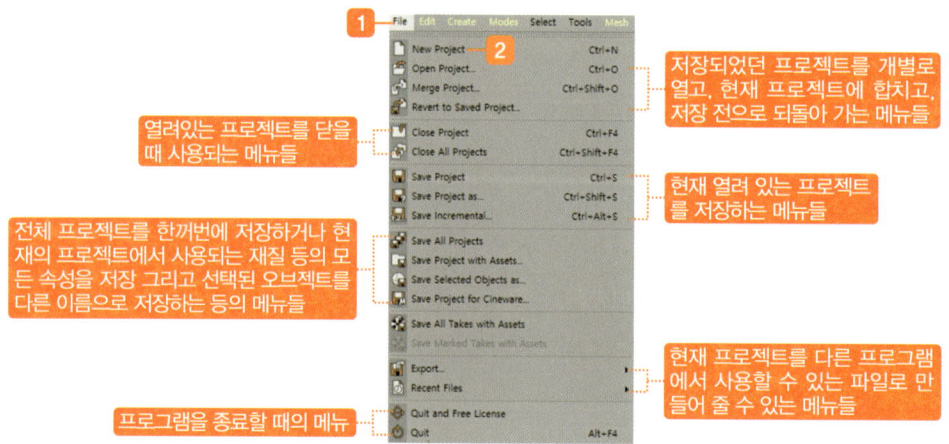

02 새로운 프로젝트를 생성하면 어트리뷰트 매니저가 프로젝트 셋팅으로 나타나는데 만약 프로젝트 셋팅이 나타나지 않는다면 [Edit] - [Project Settings…] 메뉴를 선택하면 됩니다.

03 프로젝트 셋팅 매니저가 열리면 기본적으로 Project Settings 탭이 활성화됩니다. 여기서 중요한 몇 가지에 대해 알아봅니다. Project Scale은 외부에서 불러오는 3D 오브젝트나 일러스트레이터 등의 벡터 방식의 그래픽 툴에서 만들어진 스플라인 오브젝트를 불러올 때의 크기(비율)을 설정합니다. 설정 단위를 센티미터부터 밀리미터, 마일, 야드, 피트 등 다양하게 사용할 수 있으며 국내에서는 주로 센티미터나 밀리미터를 사용하게 됩니다. 그리고 애니메이션의 프레임(FPS) 개수와 시간을 설정할 수 있으며 기본 도형의 디폴트 색상 등의 설정이 가능합니다. 이렇게 설정된 속성은 [Save Preset] 버튼을 통해 저장하고 Load Preset을 통해 불러올 수 있습니다.

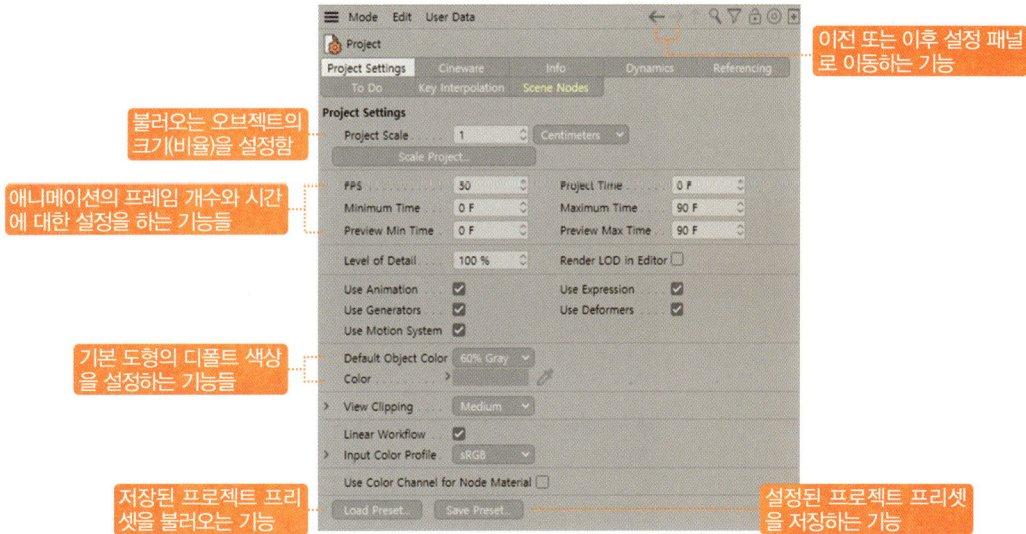

04 이번엔 역학 운동(물리학-시뮬레이트)에 대한 설정을 할 수 있는 Dynamics(다이내믹) 탭으로 이동해 봅니다. 다이내믹 탭은 4개의 서브 탭으로 구성되어 있는데 첫 번째 General 탭은 다이내믹의 기본적인 것으로 다이내믹 사용 여부(Enabled)에 대한 설정과 중력(Gravity) 값을 설정하거나 밀도(Density) 등에 관한 설정을 할 수 있는데 특히 Time Scale을 조절하면 다이내믹의 속도를 조절할 수 있어 헐리웃에서 자주 사용하는 불렛 타임 효과(매트릭스에서 멈춰있는 한 장면)를 표현할 수 있습니다. Cache 탭은 다이내믹의 움직임을 실시간으로 표현해 주는 베이크에 관한 설정을 하며 Expert 탭에서는 보다 전문적인 설정을 할 수 있는 곳으로 충돌체와의 여유분(거리), 모그라프 다이내믹의 객체를 랜덤하게 하거나 다이내믹을 정교하게 처리할 수 있는 기능들로 구성되어 있습니다. 그리고 마지막 Visualization 탭은 다이내믹에서 발생되는 에러를 찾는데 사용되는 기능들로 구성되어 있습니다. 이렇듯 다이내믹 탭에서는 역학 운동에서 발생되는 속성의 기본 값을 설정합니다. 대략적으로 초반의 프로젝트 셋팅에서는 이와 같은 설정을 하면 됩니다.

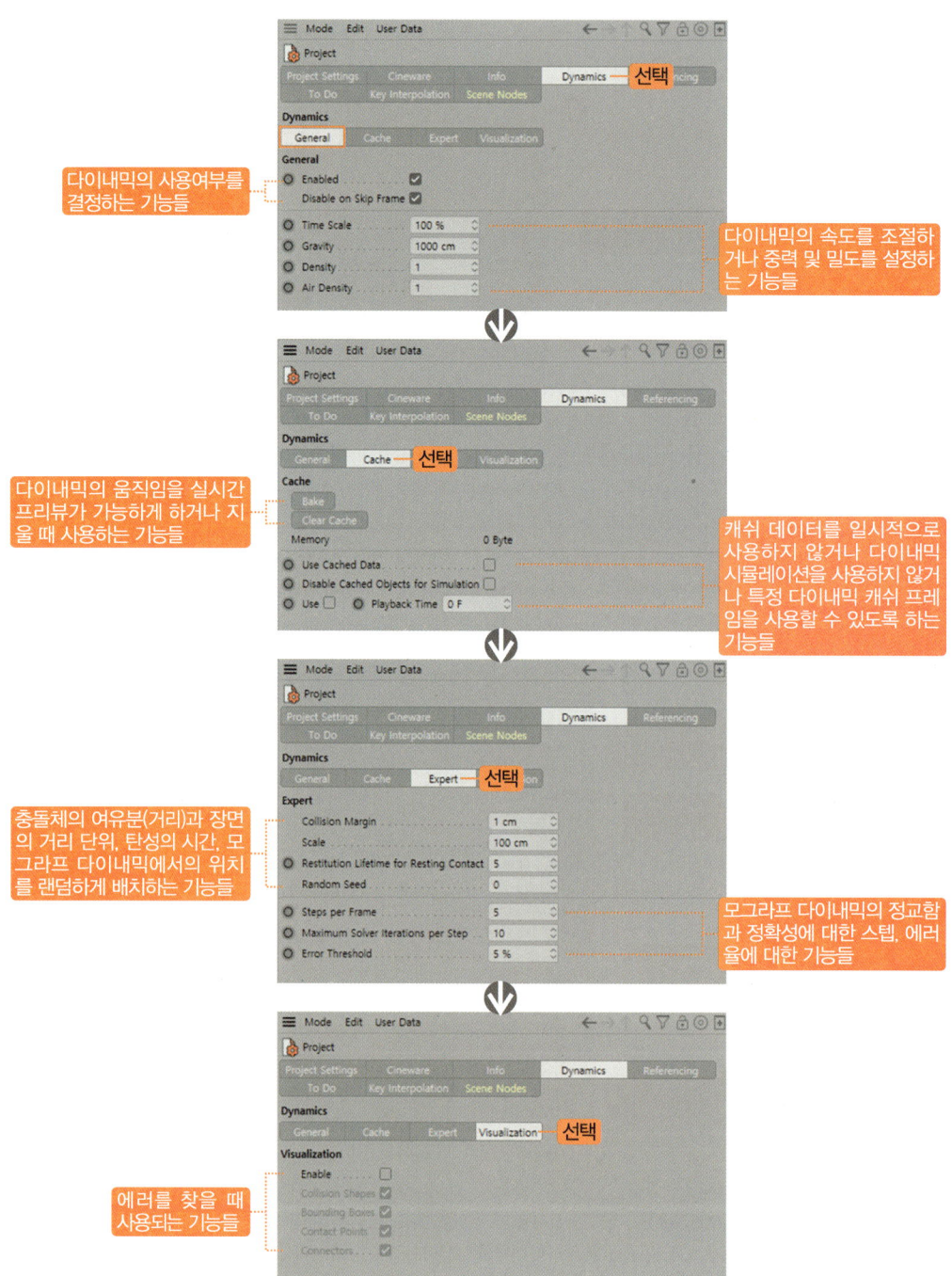

기본 도형 생성 및 설정하기

시네마 4D에서 어떠한 모양의 오브젝트를 만들기 위해서는 먼저 기본 도형을 생성해야 합니다. 기본 도형은 복잡한 모양의 오브젝트를 만들기 위한 원형이 되기 때문에 기본 도형의 생성과 설정은 매우 중요합니다.

01 오브젝트 툴(그룹)에서 먼저 Cube를 선택합니다. 오브젝트 툴에서는 다양한 모양의 오브젝트를 만들기 위한 기본 도형을 만들 수 있습니다.

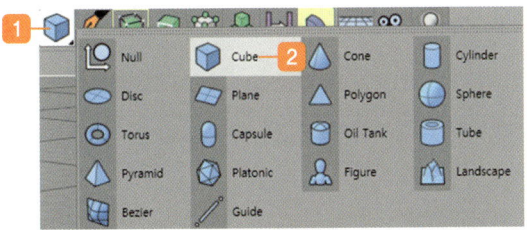

> **알아두기**
>
> **기본 도형 조절할 때 사용하는 모델 모드에 대하여**
>
> 기본 도형은 복잡한 모양의 오브젝트를 만들기 위한 원형이 되지만 편집이 가능한 폴리곤 오브젝트로 만들기 전인 기본 도형 상태에서는 도형의 모양에 따라 크기, 너비(지름), 높이만을 조절할 수 있습니다. 여기서 기본 도형을 조절하기 위해서는 모델 모드가 활성화되어 있어야 합니다. 모델 모드에서는 오브젝트의 전체 크기, 회전, 위치에 대한 설정이 가능합니다.
>
>

02 기본 도형의 크기 조절은 주황색 포인트를 이용합니다. 먼저 초록색 화살표가 있는 지점의 포인트를 위로 이동해 봅니다.

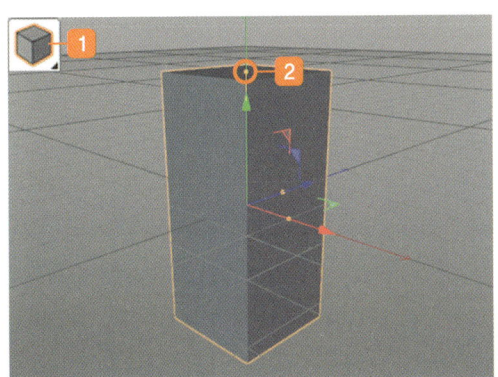

03 이번엔 파란색 Z축에 있는 포인트를 우측으로 이동하여 크기를 조절해 봅니다. 이와 같은 방법을 통해 큐브의 크기를 조절할 수 있습니다.

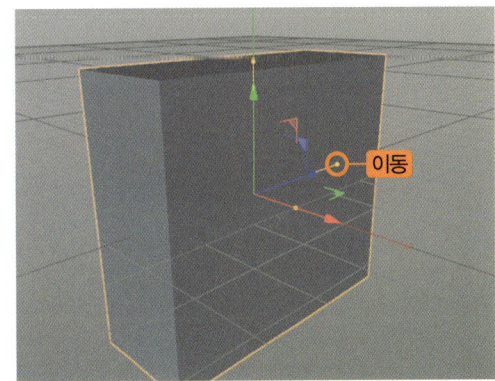

> **알아두기**
>
> **액시스에 대하여**
>
> 오브젝트에는 방향을 표시하는 액시스(Axis)가 있습니다. X, Y, Z축 방향을 알 수 있게 해주며 각각 빨간색은 X축(좌우), 초록색은 Y축(상하), 파랑색은 Z축(앞뒤) 방향으로 표시됩니다.
>
>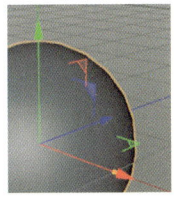

04 앞서 크기를 조절한 주황색 포인트는 대략적인 크기 조절이 가능하지만 정밀한 조절을 원할 경우엔 어트리뷰트 매니저에서 가능합니다. 오브젝트 매니저에서 큐브를 선택한 후 아래쪽 어트리뷰트 매니저의 Object 탭에서 Size X, Y, Z축을 조절해 봅니다. 여기서 입력된 수치는 그대로 큐브 오브젝트에 반영됩니다.

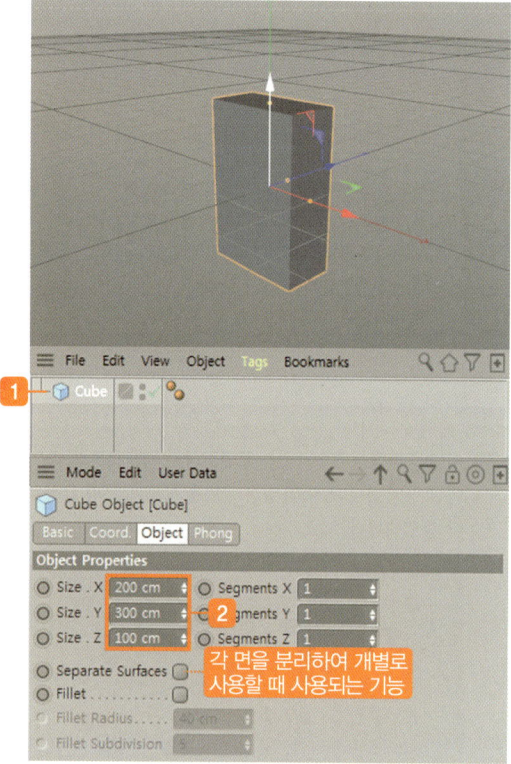

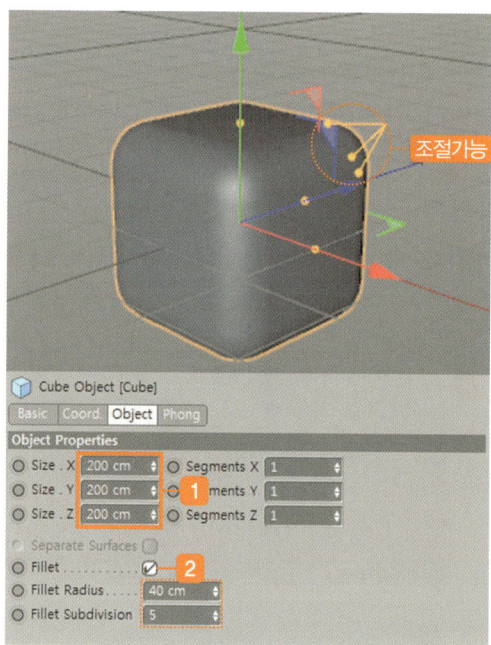

05 다시 Size X, Y, Z축을 기본 값인 200으로 설정해 주고 아래쪽 Fillet(필리트)를 체크합니다. 필리트를 체크하면 큐브 모서리가 둥근 모양으로 바뀌게 됩니다. 이 둥근 모서리의 크기는 Fillet Radius(필리트 레이디어스)를 통해 설정하며 Fillet Subdivision(필리트 서브디비젼)을 통해 둥근 모양을 보다 정밀하게 해줍니다. 둥근 모서리가 된 상태의 큐브를 보면 모서리에 3개의 주황색 조절 포인트가 추가된 것을 볼 수 있습니다. 이 3개의 포인트를 이용하면 모서리의 크기를 조절할 수 있습니다.

06 여기서 에디트 뷰포트 메뉴의 [Display] - [Gouraud Shading (Lines)] 고우러드 쉐이딩 (라인)을 선택해 봅니다. 그러면 큐브 오브젝트에 검정색 선이 나타나게 될 것입니다. 검정색 이 선은 세그먼트(Segment)라고 합니다. 그밖에 디스플레이 메뉴에서는 오브젝트의 보이는 상태를 단순한 모습으로 보이게 하거나 선으로만 보이게 할 수도 있습니다. 작업 상황에 따라 적절히 사용하면 됩니다.

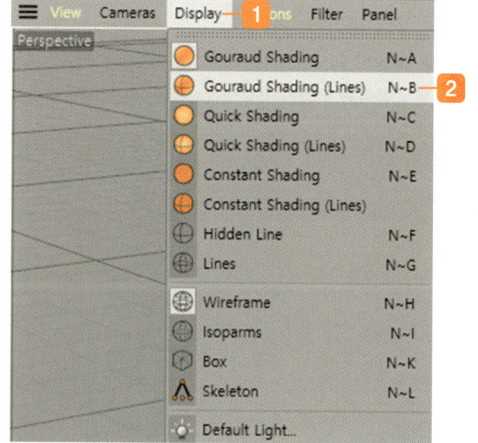

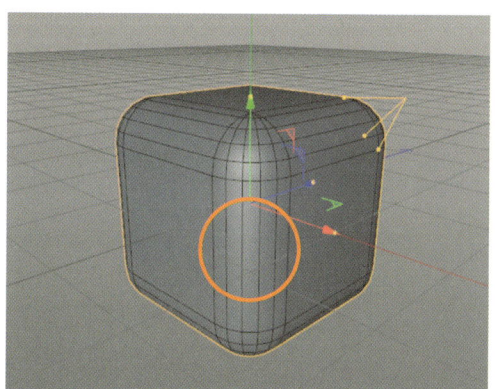

07 여기서 Fillet Subdivision을 1로 줄여봅니다. 앞서 5개였던 세그먼트가 하나로 줄어 들었고 둥글었던 모서리가 평면의 모서리로 바뀐 것을 알 수 있습니다. 이렇듯 세그먼트는 오브젝트의 모양에 영향을 줍니다.

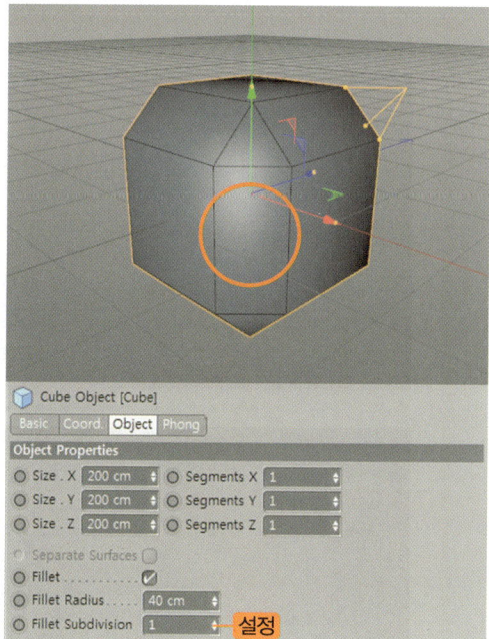

08 이번엔 Segments X, Y, Z 값을 각각 5, 3, 7로 설정해 봅니다. 그러면 큐브 각 면에 설정된 개수 만큼의 세그먼트가 추가된 것을 알 수 있습니다.

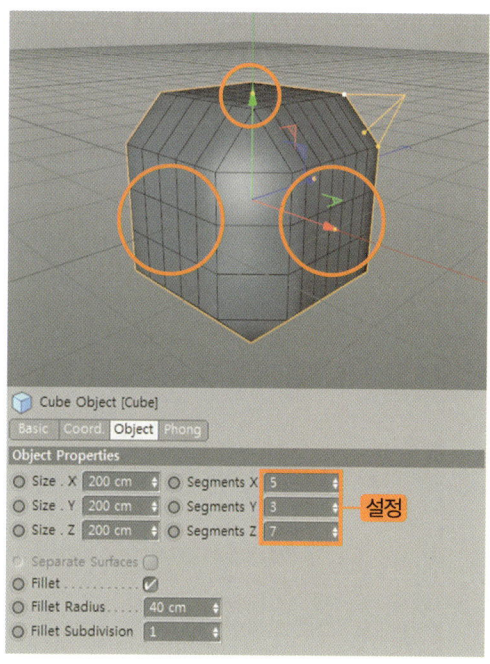

알아두기

세그먼트(Segment)란?

세그먼트는 부분, 분절, 분할하다.란 뜻을 가지고 있듯 오브젝트의 각 면에 사용되는 면의 개수 정도로 이해하면 될 듯 합니다. 이러한 면을 폴리곤(Polygon)이라고 할 때 폴리곤의 개수가 많을수록 정교한 모양으로 편집할 수 있습니다. 만약 실린더를 만들어서 머그잔을 만들 때 옆 면에 세그먼트가 없다면 손잡이를 만들기 위한 세그먼트, 즉 폴리곤이 없기 때문에 손잡이는 만들 수 없게 되는 것입니다.

09 이번엔 Coord 탭으로 이동해 봅니다. 코디(네이트) 탭에서는 선택된 오브젝트의 위치(P), 크기(P), 회전(R)을 수치를 통해 가능하게 합니다. 이것은 애니메이션 컨트롤 바 아래쪽의 코디네이트 매니저와 같은 역할을 합니다.

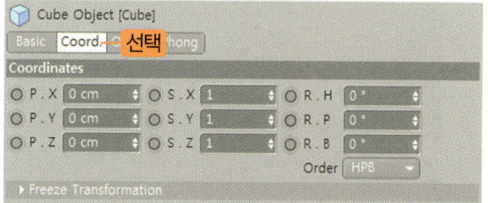

10 이번엔 Phong(퐁)에 대해 알아보기 위해 먼저 오브젝트 탭에서 Fillet Subdivision을 5로 설정하여 다시 모서리를 둥글게 해줍니다.

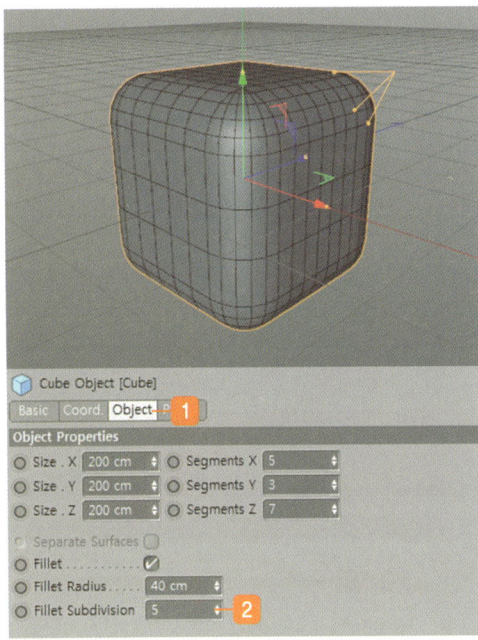

> **알아두기**
>
> **퐁 앵글에 대하여**
>
> Angle Limit는 곡면의 각도에 제한을 두고자 할 때 사용하며 Phong Angle은 곡면의 각도를 설정합니다. 퐁 앵글의 각도가 0도일 경우엔 곡면이 평면으로 바뀌게 됩니다. 또한 Use Edge Breaks는 베벨과 같은 툴을 이용하여 모서리를 부드럽게 처리할 때 정확한 각을 표현하거나 자연스런 곡면을 표현합니다.
>
>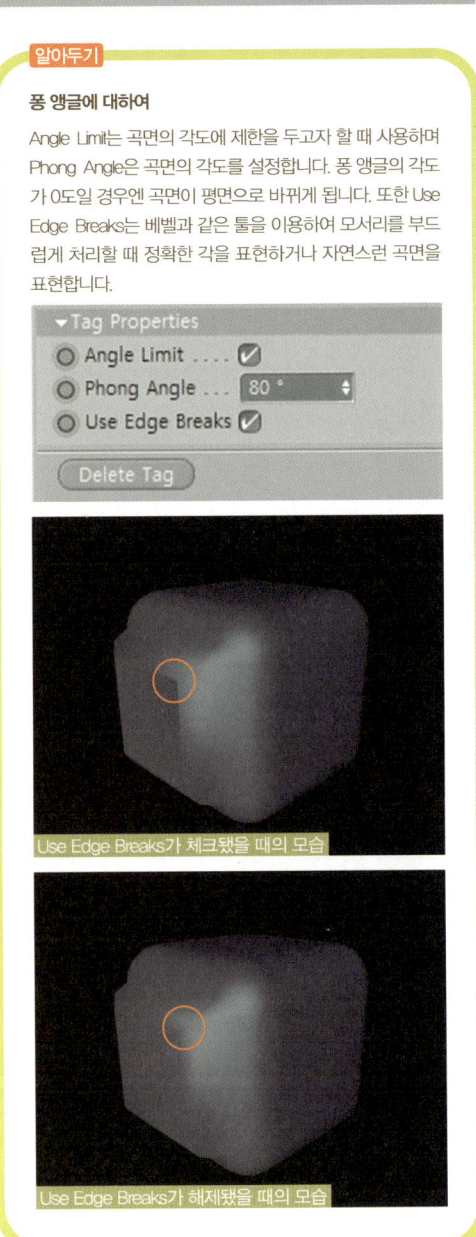

11 이제 Phong 탭으로 이동합니다. 퐁은 곡선 형태의 모양을 부드럽게 처리할 때 사용됩니다. 여기에서는 Delete Tag 버튼을 클릭하여 퐁 속성을 없애봅니다. 그러면 둥근 곡선이었던 모서리가 각진 면으로 바뀐 것을 알 수 있습니다. 이렇듯 퐁은 부드러운 곡선을 표현하기 위해 사용됩니다.

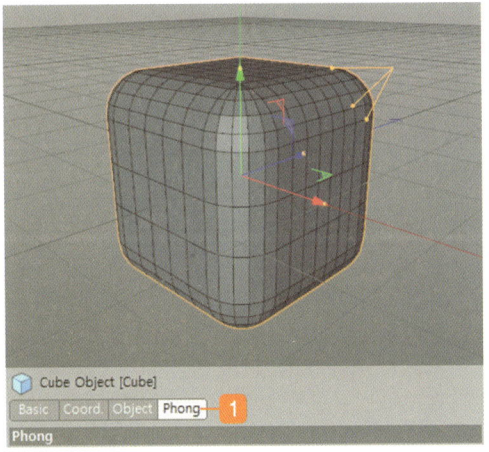

12 다음 학습을 위해 사용하던 큐브 오브젝트를 [Delete] 키를 눌러 삭제합니다.

13 계속해서 이번엔 오브젝트 툴에서 Cylinder를 선택합니다.

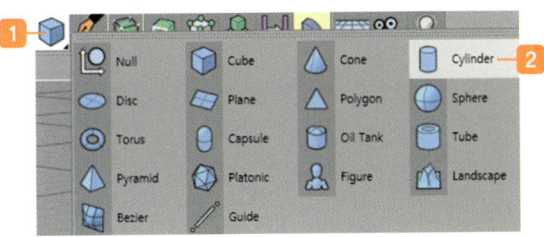

14 이번에도 역시 세그먼트를 확인하기 위해 Display 〉 Gouraud Shading (Lines) 고우러드 쉐이딩 (라인) 메뉴를 선택합니다.

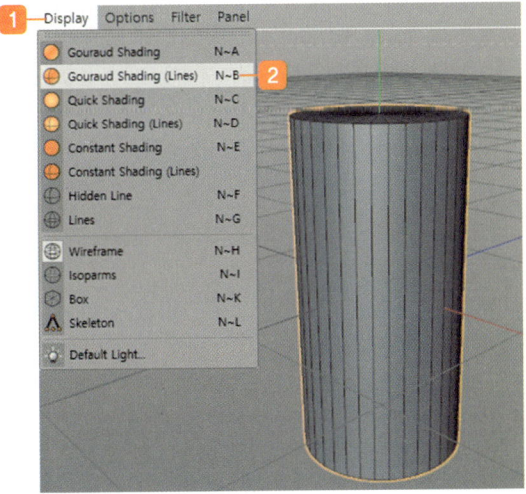

15 실린더 또한 앞서 살펴본 큐브와 마찬가지로 주황색 조절 포인트를 이용하여 높이와 너비(지름)를 조절할 수 있습니다. 여기에서는 높이를 조절하기 위해 Y축(실린더 가운데)에 있는 포인트를 끌어서 아래로 내려줍니다. 참고로 주황색 조절 포인트가 나타나지 않는다면 현재 모델 모드와 무브 툴이 선택되어있는지 확인해 보기 바랍니다.

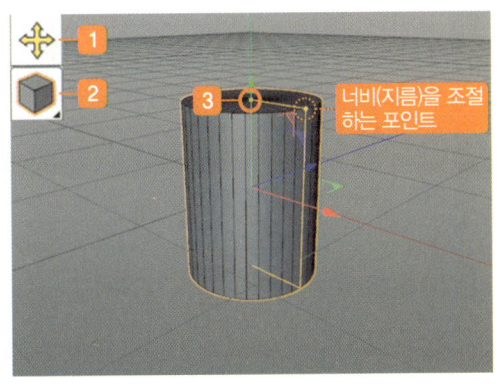

16 실린더 역시 어트리뷰트 매니저에서 수치를 이용한 설정이 가능합니다. Cylinder를 선택한 후 Object 탭을 봅니다. 지름을 조절할 수 있는 Radius와 높이를 조절할 수 있는 Height가 있으며 세그먼트를 조절할 수 있는 Height Segments와 Rotation Segments 두 가지가 있습니다. 여기에서는 하이트 세그먼트 값을 6으로 설정해 봅니다. 그러면 높이(수직)를 기준으로 6개의 세그먼트가 생성됐습니다. 지금의 세그먼트는 앞서 설명했던 원하는 모양을 만들기 위한 편집 점, 선, 면으로 사용됩니다. 가령 지금의 실린더로 머그컵을 만들고자 한다면 손잡이 부분을 표현하기 위해 중요한 역할을 한다는 것입니다.

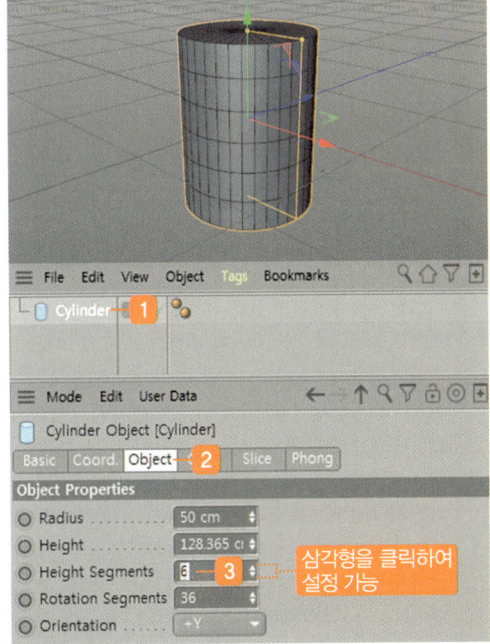

기본 사용법 **063**

17 실린더와 같은 오브젝트는 방향을 설정할 수도 있습니다. Orientation에서 방향을 설정할 수 있는데 이번엔 -X축으로 설정해 봅니다. 그러면 실린더가 해당 방향으로 눕혀졌습니다. 이것은 상단 로테이트 툴을 이용하여 회전하는 것과 같은 결과를 얻을 수 있지만 기본 방향에 대한 속성이 변하지 않기 때문에 코디네이트의 오리엔테이션 값에는 영향을 주지 않습니다.

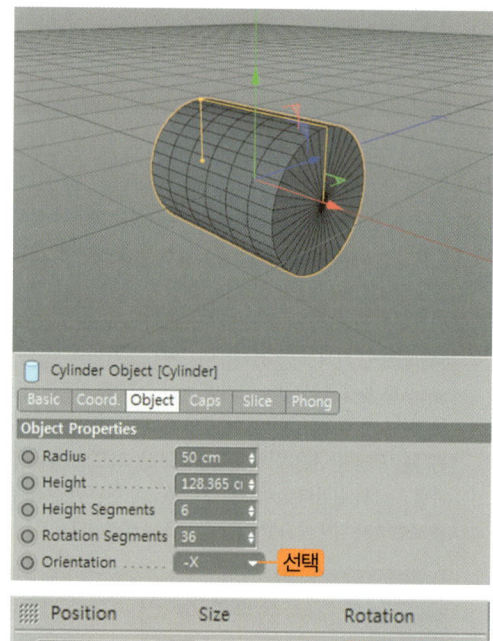

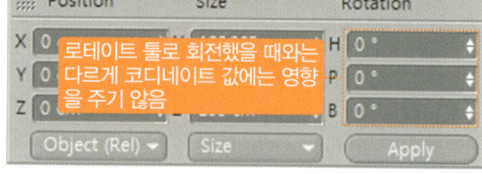

18 이번엔 Caps 탭으로 이동합니다. 여기에서는 뚜껑에 대한 설정이 가능합니다. 실린더처럼 뚜껑이 있는 오브젝트는 캡에 대한 설정이 가능합니다. 먼저 Caps를 해제 해봅니다. 그러면 실린더의 뚜껑이 사라지게 됩니다. 확인이 끝나면 다시 체크 합니다. 참고로 실린더와 같은 뚜껑이 있는 오브젝트(콘, 오일탱크 등)을 사용할 때 둥근 형태의 모서리를 사용하지 않으면 편집 시(메쉬 형태의 폴리곤 오브젝트로 전환된 상태) 뚜껑과 몸통이 서로 분리된 상태로 사용됩니다. 물론 뚜껑과 몸통이 분리된 상태로 사용하는 경우도 있겠지만 합쳐진, 즉 하나의 덩어리로 사용하기 위해서는 옵티마이즈(Opcimize)를 통해 합쳐주어야 합니다.

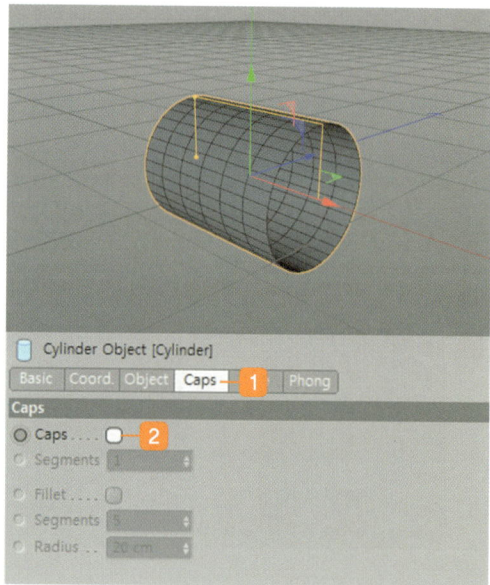

19 실린더와 같이 모서리를 가진 오브젝트는 필리트 기능이 제공되기 때문에 둥근 형태의 모양을 만들어 줄 수 있습니다. 여기에서는 Fillet를 체크해서 확인만 해봅니다. 그밖에 모서리의 크기와 세그먼트를 통해 둥근 모서리의 모양을 설정할 수 있습니다.

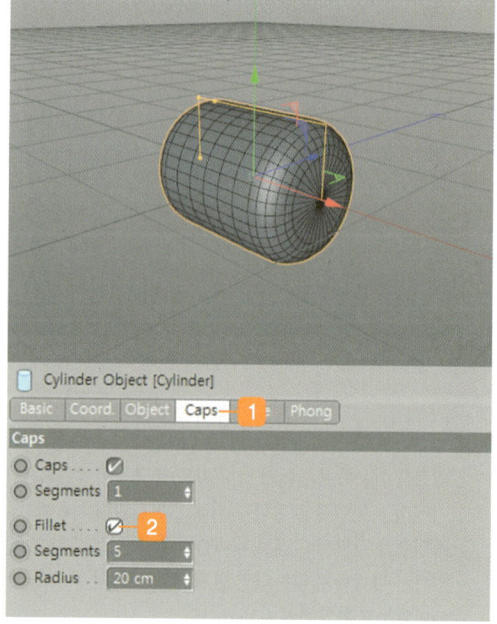

20 계속해서 이번엔 Slice 탭으로 이동합니다. 슬라이스는 회전체 오브젝트(오일탱크, 튜브)를 사용할 때 사용되는 기능들이 있습니다. 여기서 Slice를 체크해 보면 완전한 회전체 오브젝트에서 반으로 잘려진 오브젝트로 바뀌게 됩니다. To의 각도를 조절해보면 조절된 각도 만큼 잘려지는 것을 알 수 있습니다. 이렇듯 슬라이스는 회전체 오브젝트를 잘라 단면을 표현할 수 있으며 때에 따라 잘려졌다 완성되는 회전체 애니메이션을 표현할 수도 있습니다.

21 여기에서는 잘려진 단면의 상태(세그먼트)를 보다 깔끔한 모양으로 만들어 줄 수 있습니다. Regular Grid를 체크해 봅니다. 그러면 잘려진 단면의 세그먼트가 반으로 나눠진 사각형으로 깔끔하게 바뀐 것을 알 수 있습니다. 이와 같은 형태로 사용하는 이유는 잘려진 단면의 모양을 편집(폴리곤으로 변환한 후)하기 위해서이며 아래쪽 Width의 거리 값을 통해 세그먼트의 크기를 조절할 수 있습니다.

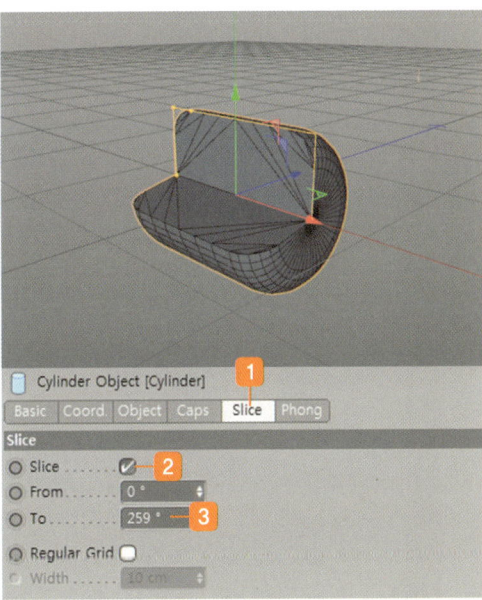
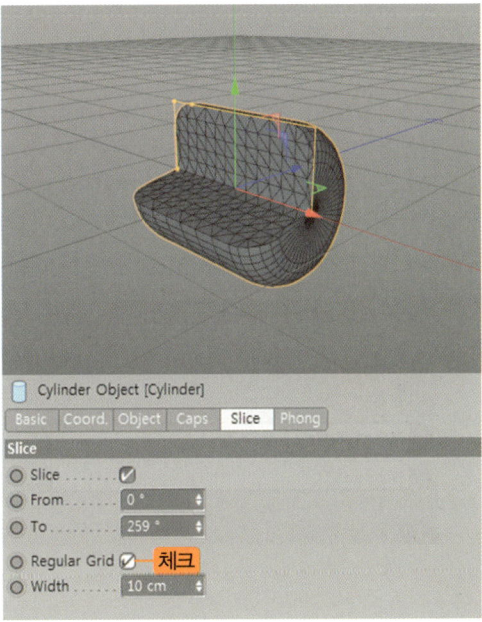

폴리곤 오브젝트 활용하기

시네마 4D는 기본적으로 폴리곤(Polygon) 즉, 다각형의 조각(세그먼트)로 이뤄진 오브젝트를 원하는 모양으로 편집하는 방식을 채택하고 있습니다. 앞선 학습에서 살펴본 초기의 도형은 편집이 불가하기 때문에 편집이 가능한 폴리곤 오브젝트로 변환해야 합니다.

01 새로운 프로젝트에서 학습을 하기 위해 [File] - [New]를 선택합니다.

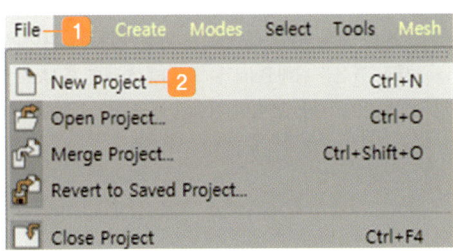

02 일단 오브젝트 툴에서 Cube를 선택합니다.

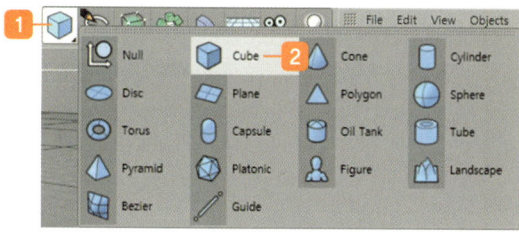

03 이제 이 큐브를 편집이 가능한 폴리곤 형태의 오브젝트로 변환해 봅니다. 폴리곤으로 변환하기 위해서 좌측 툴 바에서 Make Editable(메이크 에디테이블)를 선택하거나 단축키 C 키를 누릅니다.

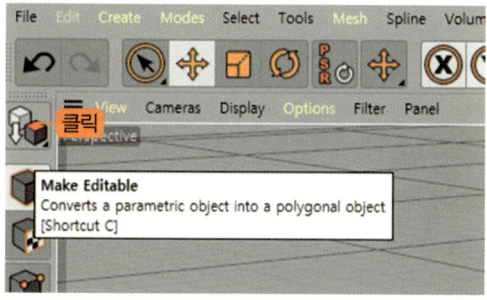

04 메이크 에디테이블(혹은 단축키 C 키)을 선택하여 큐브가 폴리곤 오브젝트로 변환되면 아이콘 모양도 바뀌게 됩니다. 오브젝트 매니저를 보면 기본 도형(큐브의 정육면체)에서 삼각형 형태의 폴리곤 아이콘 모양으로 바뀐 것을 알 수 있으며 또한 맨 우측에는 UVW 태그가 적용된 것을 알 수 있습니다.

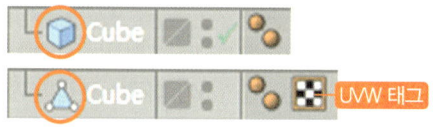

05 폴리곤 오브젝트로 변환되면 포인트(점), 엣지(선), 폴리곤(면)을 통해 원하는 모양으로 편집이 가능합니다. 먼저 점에 대한 편집을 위해 Point 툴(모드)를 선택한 후 Move 툴을 선택합니다. 그다음 편집할 지점의 포인트를 선택합니다. 선택된 포인트는 주황색으로 바뀌게 됩니다.

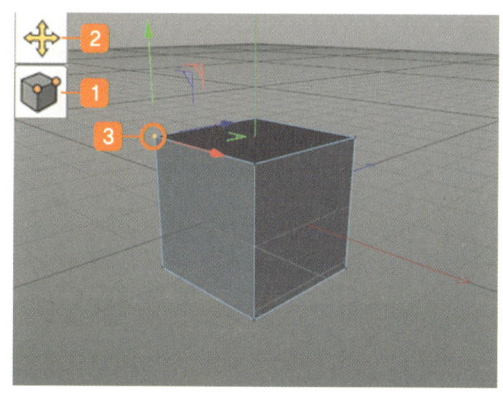

06 포인트가 선택되면 원하는 위치로 이동할 수 있는데 이번엔 파란색 Z축을 좌측으로 이동하여 그림과 같이 해봅니다. 특정 축을 잡고 이동하게 되면 해당 방향으로만 포인트가 이동됩니다.

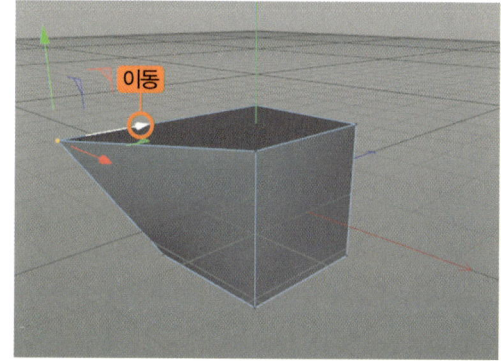

07 이번엔 Axis Bands(액시스 밴드) 중 파란색 밴드를 이동해 봅니다. X와 Y축만 이동되는 것을 알 수 있습니다.

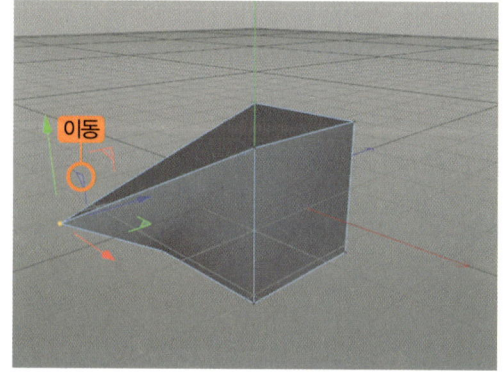

08 계속해서 이번엔 빨간색 밴드를 이동해 봅니다. 이번엔 Y와 Z축만 이동되는 것을 알 수 있습니다.

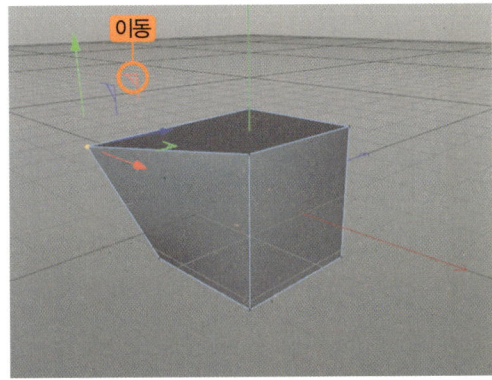

09 이번엔 초록색 밴드를 이동해 봅니다. 이번엔 X와 Z축만 이동되는 것을 알 수 있습니다. 이렇듯 액시스 밴드를 이용하면 해당 두 축에 대해서만 이동(크기를 조절)할 수 있다는 것을 알 수 있습니다.

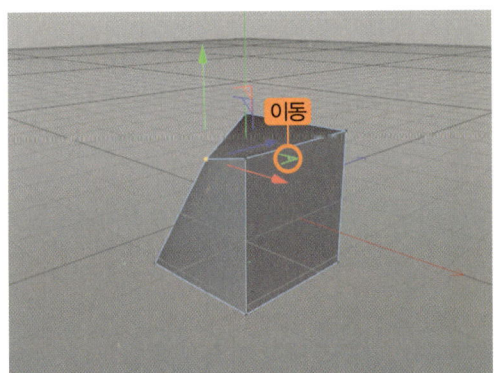

10 이번엔 선을 편집하는 엣지 툴을 선택합니다. 현재는 엣지가 선택된 상태는 아닙니다. 물론 현재 상태에서 원하는 엣지를 선택하면 되겠지만 만약 앞서 선택한 포인트를 기준으로 엣지를 그대로 계승하여 선택하고자 한다면 먼저 포인트 모드를 다시 선택한 후 Shift 키를 누른 상태로 엣지 툴을 선택하면 됩니다.

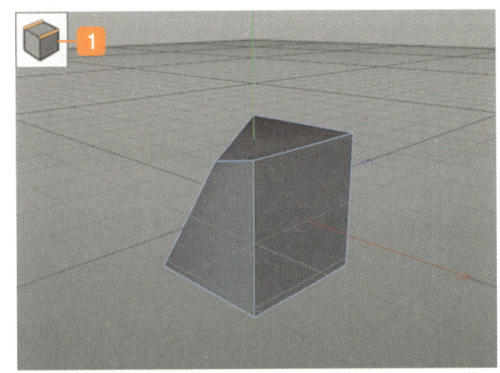

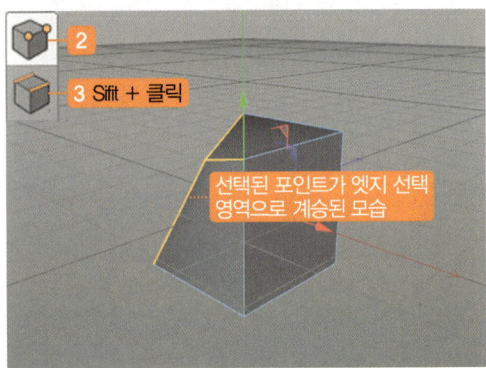

11 이번엔 특정 방향 축과 액시스 밴드가 아닌 선택된 엣지 부분을 이동해 봅니다. 이와 같이 특정 방향 축을 사용하지 않으며 X, Y, Z축 모두의 방향으로 자유로이 이동할 수 있습니다. 그러나 이와 같은 방법은 어떤 위치로 이동되는지 확인하기 어렵기 때문에 잘 사용되지는 않습니다. 이렇듯 엣지 툴 모드에서는 오브젝트의 선을 원하는 모양으로 편집할 수 있다는 것을 알 수 있습니다.

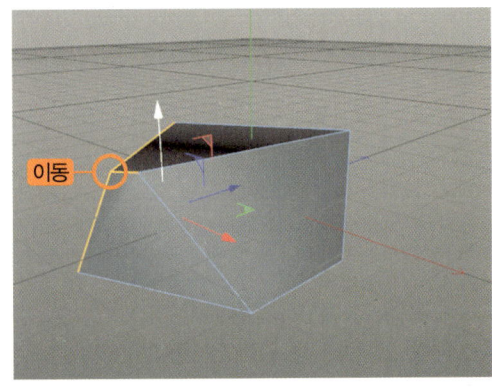

12 계속해서 폴리곤 툴을 선택해 봅니다. 폴리곤 역시 앞서 선택된 포인트나 엣지 선택 영역을 그대로 계승하고자 한다면 [Shift] 키를 누른 상태에서 폴리곤 툴 모드를 선택하면 됩니다. 그러나 이번엔 그냥 폴리곤 툴을 선택합니다. 폴리곤 툴 모드에서 원하는 면, 즉 폴리곤을 선택해 봅니다. 그다음 원하는 방향의 축을 끌어 이동 해봅니다. 이렇듯 폴리곤은 오브젝트의 면을 이용하여 원하는 모양으로 편집할 수 있습니다.

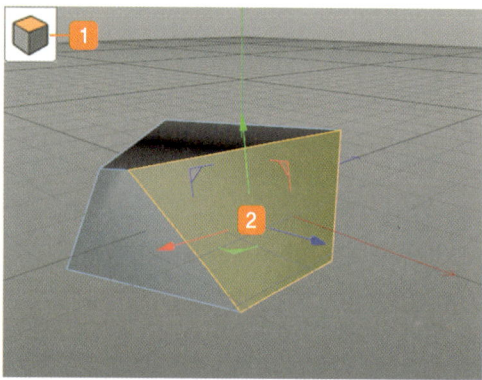

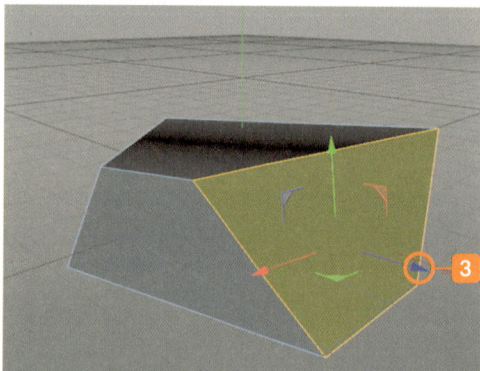

> **알아두기**
>
> **액시스 밴드 숨겨놓기**
>
> 작업을 하다 보면 액시스 밴드나 액시스 그리드 등이 작업에 방해가 될 때가 있습니다. 이럴 때는 에디트 뷰 포트 메뉴의 Filter 메뉴를 이용하여 해당 기능을 해제하면 됩니다.
>
>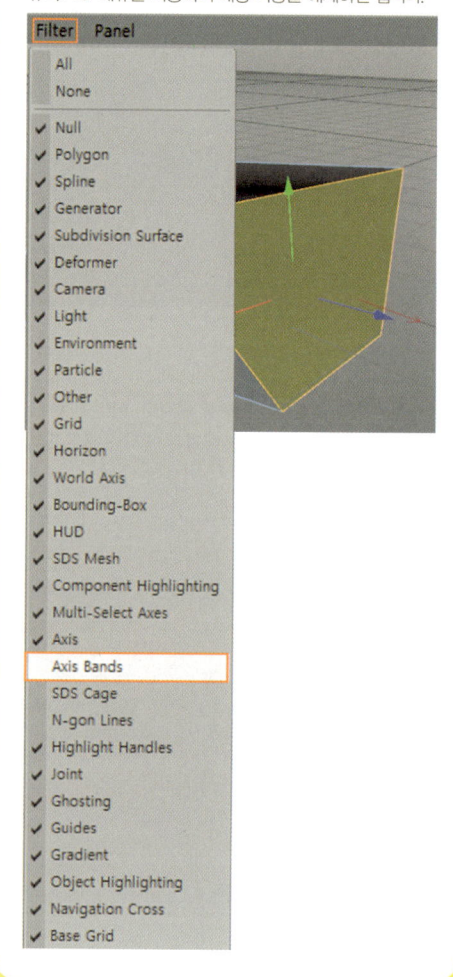

편집을 위한 다양한 선택 방법 익히기

오브젝트를 편집하기 위해서는 앞서 살펴본 것처럼 편집할 점이나, 선, 면을 선택해야 한다는 것을 알 수 있었습니다. 이처럼 특정 편집 지점을 선택하기 위해서는 별도의 선택 관련 툴을 이용하고 옵션을 사용해야 합니다.

01 선택에 관한 학습을 위해 새로운 프로젝트를 만들어줍니다. 단축키 [Ctrl] +[N]을 눌러도 됩니다. 학습에 사용되는 오브젝트는 큐브로 해주고 편집이 가능한 폴리곤 오브젝트로 변환해 줍니다. 단축키 [C]를 눌러도 됩니다.

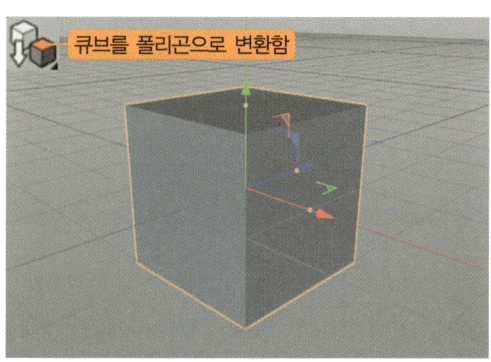

02 여기서 만약 방금 만든 큐브 폴리곤 오브젝트의 4개의 옆면을 모두 선택하려고 한다면 어떻게 해야 할까요? 물론 앞선 방법처럼 폴리곤 툴 모드에서 선택하고자 하는 폴리곤을 [Shift] 키를 누른 상태로 선택해나가면 될 것입니다.

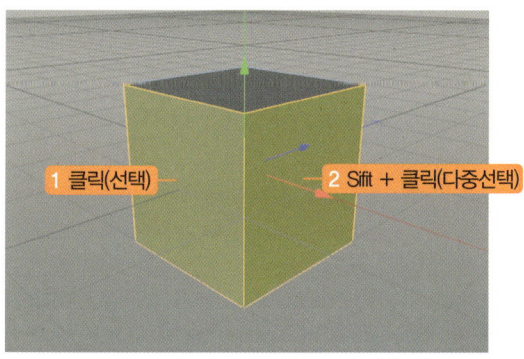

03 그렇다면 뒤쪽 편에 있는 폴리곤들은 어떻게 선택해야 할까요? 당연히 뒤쪽으로 회전하여 선택해야 합니다. 시네마 4D의 회전은 두 가지 방법이 있습니다. 오브젝트 자체를 회전하는 방법과 에디트 뷰(이하 뷰포트라고 칭함)를 회전하여 원하는 방향으로 회전하는 방법이 있습니다. 이번엔 뷰포트를 회전(이동, 줌 인/아웃)하는 방법에 대해 알아봅니다. 뷰 포트 우측 상단을 보면 4개의 시점 조절 툴들이 있습니다. 여기서 세 번째에 있는 회전 툴에 마우스 커서를 갖다 놓고 클릭 & 드래그(이동)해봅니다. 그러면 이동되는 커서에 맞게 뷰포트가 회전되는 것을 알 수 있습니다. 계속 회전하여 보이지 않았던 뒤쪽 편이 보이도록 해봅니다. 그런데 앞서 선택된 폴리곤을 기준으로 회전되기 때문에 오브젝트가 크게 보입니다.

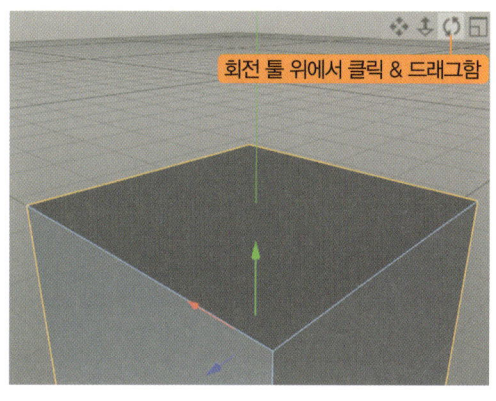

04 이번엔 두 번째 확대/축소 툴 위에서 마우스 커서를 갖다 놓고 역시 클릭 & 드래그해 봅니다. 그러면 뷰포트 화면이 확대(위쪽으로 드래그하면) 또는 축소(아래쪽으로 하면)되는 것을 알 수 있습니다. 여기에서는 그림과 같은 크기로 보일 때까지 축소합니다.

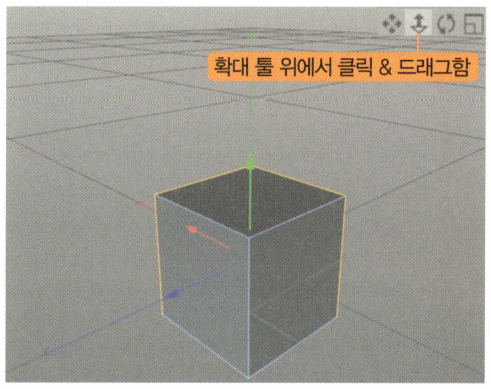

05 앞선 작업에서의 큐브 오브젝트는 뷰포트 아래쪽에 내려가 있는 상태입니다. 이제 첫 번째 이동 툴을 클릭 & 드래그하여 원하는 위치로 이동합니다. 큐브 오브젝트가 화면 가운데에서 보이도록 이동합니다. 지금까지 살펴본 3개의 시점 조절 툴들을 이용하여 뷰포트의 위치, 회전, 확대/축소 할 수 있다는 것을 알 수 있습니다. 참고로 지금 살펴본 3개의 툴들은 단축키를 이용하면 보다 간편하게 설정할 수 있습니다.

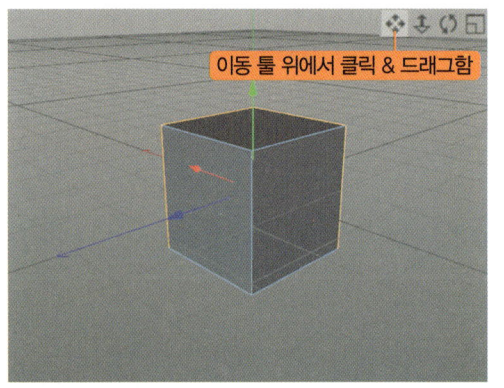

이동 툴 위에서 클릭 & 드래그함

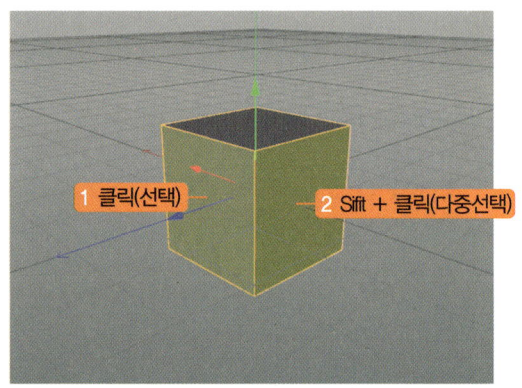

1 클릭(선택)　　2 Sifit + 클릭(다중선택)

알아두기

단축키를 이용한 뷰포트 시점 설정하기

에디트 뷰(포트) 우측 상단의 시점 조절 툴들을 이용하면 에디트 뷰 자체의 위치, 줌, 회전, 뷰(화면) 분할 등의 설정을 할 수 있습니다. 먼저 가장 좌측에 있는 이동 툴을 사용해 봅니다. 이 툴을 클릭한 상태로 이동해 보면 에디트 뷰의 위치가 이동됩니다. 실제론 단축키를 많이 사용하므로 **Alt(맥에서는 Option) + 마우스 휠** 버튼을 기억하십시오.

두 번째는 줌 인/아웃 툴입니다. 역시 같은 방법으로 클릭 & 이동하면 화면이 앞/뒤로 확대/축소되는 것을 알 수 있습니다. 이 툴의 단축키는 **Alt(맥에서는 Option) + 우측 마우스 버튼**입니다.

세 번째는 회전 툴입니다. 에디트 뷰를 회전할 수 있어 오브젝트를 회전하면서 보는 것 같은 효과를 얻을 수 있습니다. **단축키는 Alt(맥에서는 Option) + 좌측 마우스 버튼**입니다.

마지막 화면 분할 툴은 현재의 화면 상태를 4분할 화면으로 전환하거나 다시 풀화면 상태로 되돌려 줄 수 있습니다. 화면 이동의 단축키인 F1은 기본 뷰인 원근감이 느껴지는 퍼스펙티브(Perspective) 뷰, F2 키는 위에서 바라본 (톱)Top 뷰, F3 키는 우측에서 바라본 라이트(Right) 뷰, F4 키는 정면에서 바라본 프런트(Front) 뷰, F5 키는 4분할 뷰로 활용합니다. 3D 작업에서의 작업은 다양한 뷰를 활용해야 원하는 모양의 오브젝트를 디테일하게 편집할 수 있습니다.

06 회전이 됐다면 계속해서 [Shift] 키를 누른 상태에서 나머지 폴리곤도 선택해 줍니다. 이와 같은 방법을 통해 원하는 폴리곤을 다중으로 선택할 수 있다는 것을 알 수 있었습니다. 이 방법은 점과 선을 선택할 때도 동일합니다.

07 여기서 만약 선택된 폴리곤이 잘 못 선택되었다면 해제해야 할 것입니다. 이럴 땐 [Ctrl] 키를 누른 상태에서 해제하고자 하는 폴리곤을 다시 선택하면 됩니다. 이때 주의할 것은 [Ctrl] 키는 복제를 하기 위한 키이므로 해제하기 위한 부위를 클릭만 해야 하고 클릭한 후 이동하게 되면 복제가 된다는 것을 주의해야 한다는 것을 기억해야 합니다.

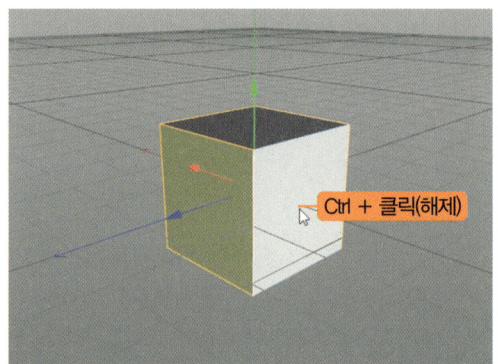

Ctrl + 클릭(해제)

08 선택에 관한 작업을 보다 다양하게 하고자 한다면 풀다운 메뉴의 Select 메뉴를 사용하는 것입니다. 여기에서는 앞서 선택된 모든 폴리곤을 해제하기 위해 Deselect All을 선택합니다. 그 밖에 실렉트 메뉴에서는 오브젝트를 보다 효율적으로 선택하는 다양한 방법과 해제하는 방법 그리고 선택된 영역을 보존하는 선택 태그(Selection Tag) 등을 사용할 수 있습니다. 참고로 선택된 영역을 해제하는 또 다른 방법으로는 뷰포트의 빈 곳을 클릭하는 것입니다.

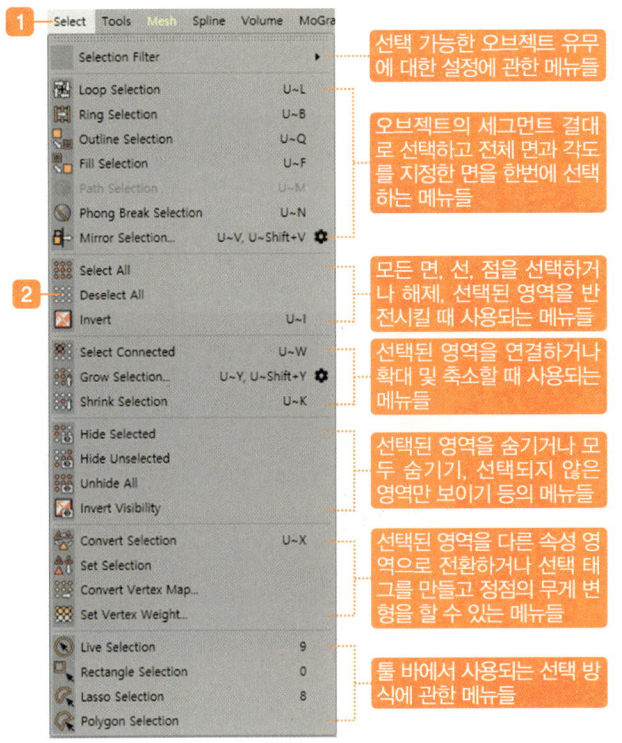

매니저에서 앞서 사용하던 큐브의 모습은 뷰포트와 렌더 뷰에서 보이지 않게 해줍니다. 큐브 오브젝트 우측의 작은 위아래 점을 두 번씩 클릭하여 빨간색으로 만들어 줍니다.

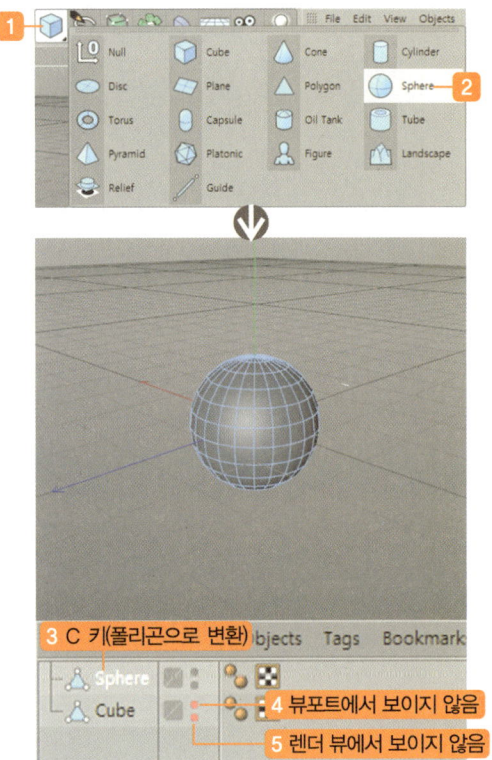

09 이번엔 오브젝트의 전체 폴리곤을 선택하는 방법에 대해 알아봅니다. 가장 쉬운 방법은 [Ctrl] + [A] 키를 이용하는 것입니다. 그밖에 특정 오브젝트를 더블클릭하면 해당 오브젝트의 폴리곤을 모두 선택할 수 있습니다.

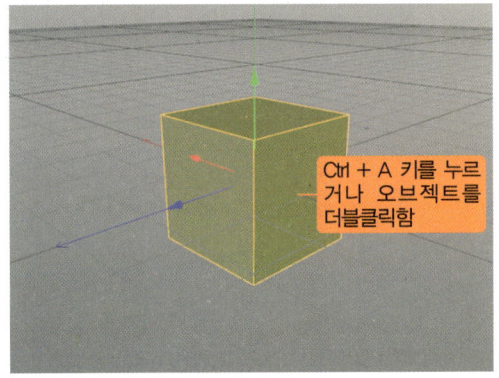

12 스피어의 가운데 부분의 폴리곤에 마우스 커서를 갖다 놓고 클릭하게 되면 해당 폴리곤만 선택되지만 만약 해당 폴리곤의 둘레를 모두 선택하고자 한다면 다른 방법을 사용해야 합니다. [Select] - [Loop Selection] 메뉴를 선택하거나 단축키 U~L(두 키를 차례대로 연속해서 누름) 키를 누릅니다. 루프 실렉션 상태에서 앞서 선택했던 가운데 부분의 폴리곤을 선택합니다. 그러면 해당 폴리곤 둘레(위치에 따라 수평/수직이 달라짐)가 한번에 선택됩니다. 이처럼 루프 실렉션을 사용하면 지금과 같은 작업에서 유용하게 사용됩니다.

10 여기서 다른 오브젝트를 통해 살펴보기 위해 오브젝트 툴에서 Sphere를 선택합니다. 앞서 생성된 스피어 오브젝트도 C 키를 눌러 편집이 가능한 폴리곤으로 변환합니다. 그리고 오브젝트

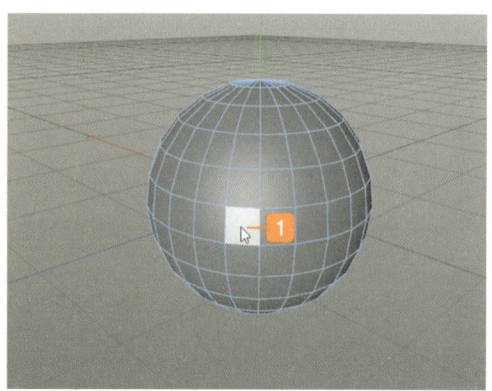

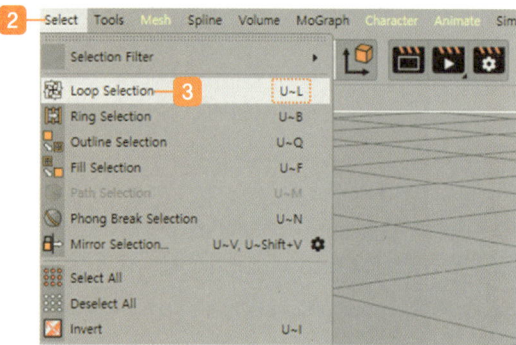

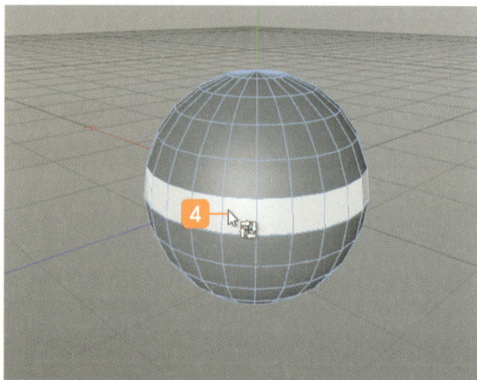

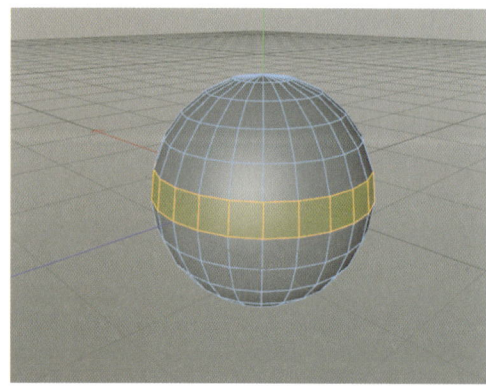

> **알아두기**
>
> **오브젝트 비지빌리티에 대하여**
>
> 앞서 설명한 것처럼 오브젝트의 모습을 뷰포트 상에서 보이지 않게 하기 위해서는 해당 오브젝트 우측에 있는 위아래 2개의 작은 원을 꺼주는 것입니다. 이 두 원을 뷰포트 비지빌리티(visibility)와 렌더 비지빌리티라고 하는데 위쪽에 있는 원을 두 번 클릭하여 빨간색으로 설정하면 해당 오브젝트가 뷰포트 상에서 사라지게 되지만 렌더를 할 경우엔 보이게 됩니다. 만약 렌더 시에도 보이지 않게 하고자 한다면 아래쪽 원도 빨간색으로 설정해야 합니다.
>
>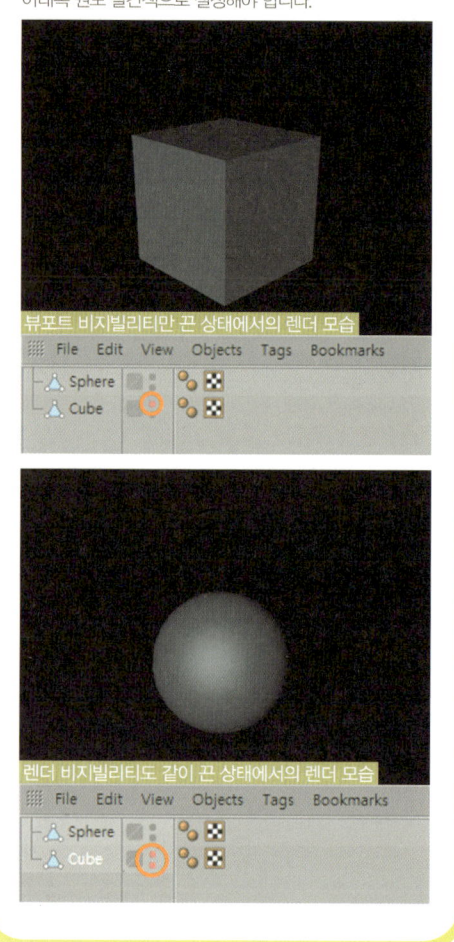

13 계속해서 이번엔 엣지 툴을 선택합니다. 엣지 툴에서는 앞서 사용한 루프 실렉션을 사용하지 않고도 오브젝트의 둘레를 한 번에 선택할 수 있습니다. 이동(Move) 툴을 선택한 상태에서 특정 엣지 부분에서 더블클릭해 봅니다. 그러면 해당 엣지 둘레가 모두 선택되는 것을 알 수 있습니다. 이와 같은 방법은 선택 툴에서는 불가능하며 오로지 무브 툴을 사용할 때만 가능

합니다.

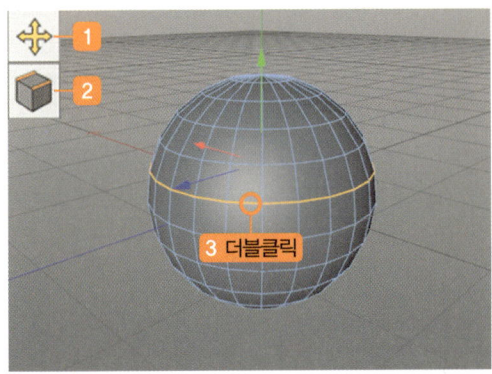

14 이번엔 포인트 툴을 선택합니다. 포인트 툴 모드에서는 특별한 것이 없지만 특정 포인트 수치를 스트럭쳐를 통해 조절할 수 있다는 것입니다. 살펴보기 위해 먼저 포인트 툴을 선택한 후 스피어 오브젝트의 특정 포인트를 더블클릭합니다. 그러면 해당 포인트 번호가 새겨진 창이 뜹니다. 여기서 직접 X, Y, Z축 수치를 입력하여 조절해도 되지만 이번엔 포인트 번호만 기억하고 나옵니다.

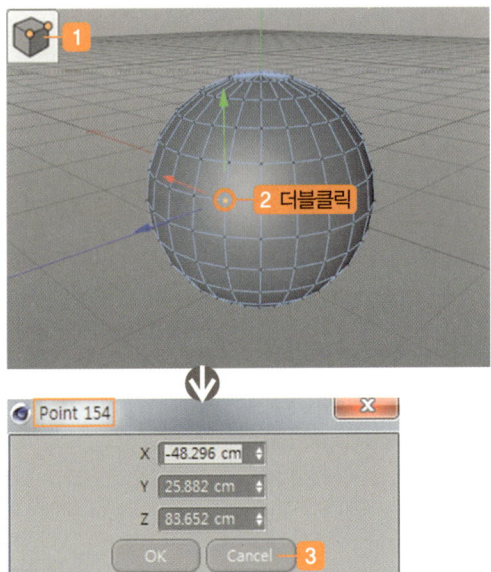

15 이제 Structure 매니저를 선택하여 활성화 해줍니다. 그리고 앞서 더블클릭하여 확인했던 포인트 번호를 찾아줍니다.

16 스트럭쳐 매니저의 X, Y, Z축에서 Y축의 값을 더블클릭하여 입력 상태로 전환한 후 120으로 입력합니다. 그리고 엔터 키를 누릅니다. 그러면 방금 설정된 수치에 맞게 해당 번호의 포인트의 위치가 이동됩니다. 이처럼 포인트는 직접 수치를 통해 설정하는 경우도 있지만 매우 정교한 작업을 하지 않는 한은 사용하지 않습니다.

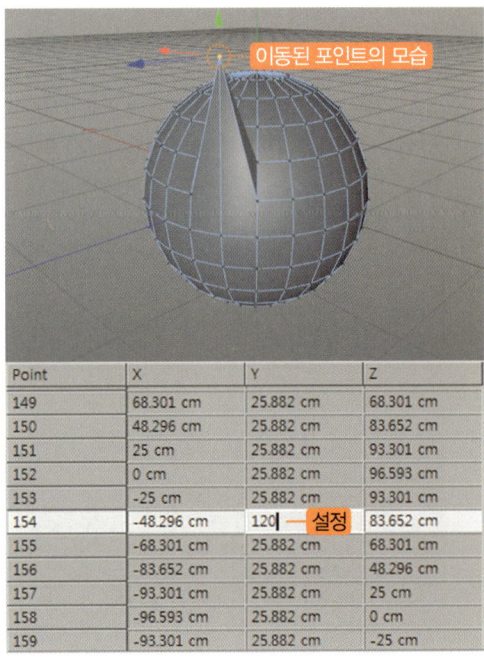

17 이번엔 실질적인 선택 툴들에 알아봅니다. 먼저 기본적으로 설정되어 있는 라이브 실렉션(Live Selection - 직접 선택) 툴에 대해 알아봅니다. 라이브 실렉션 툴을 선택한 후 폴리곤 툴 모드를 선택합니다. 그다음 마우스 커서를 스피어의 아무 곳이나 클릭 & 드래그(문지르듯)해 봅니다. 그러면 커서에 닿은 폴

리곤들이 선택되는 것을 알 수 있습니다. 이렇듯 라이브 실렉션 툴은 직접 선택하고자 하는 영역을 클릭 및 드래그하여 선택하는 방식입니다.

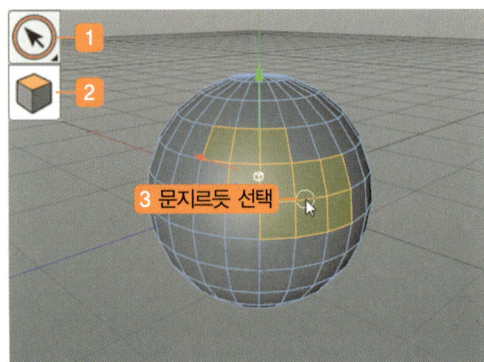

18 여기서 방금 선택된 영역 이외에 다른 부분이 선택된 곳이 없는지 확인하기 위해 이동, 줌 인/아웃, 회전 툴들을 이용하여 그림처럼 뒤쪽 부분이 보이게 해 줍니다. 현재는 Only Select Visible Elements가 체크되었기 때문에 선택 시 보이지 않았던 뒤쪽 부분은 선택되지 않았습니다. 만약 온리 실렉트 비지블 엘리먼트가 해제된 상태에서 선택했다면 선택 시 같은 시점의 뒤쪽 부분도 같이 선택됐을 것입니다.

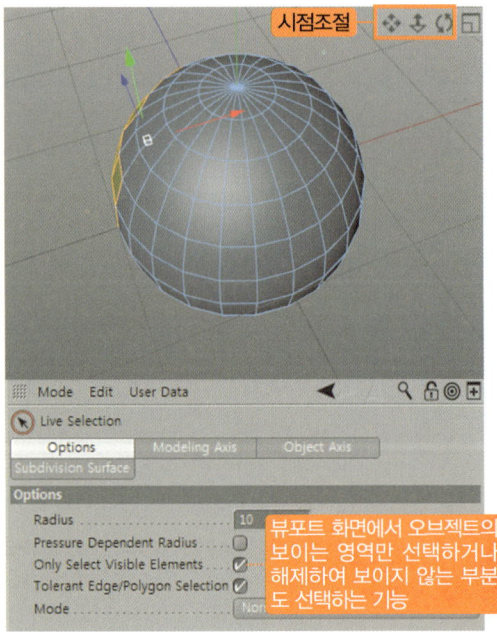

19 선택 시 실렉트 비지블 엘리먼트가 어떤 역할을 하는지 보다 자세히 알아보기 위해 선택된 영역은 모두 해제(뷰포트 빈 곳을 클릭)합니다. 그다음 앞서 회전된 상태를 다시 원상복귀시켜 주기 위해 뷰포트 메뉴에서 [View[- [Frame Default(프레임 디폴트)]를 선택합니다.

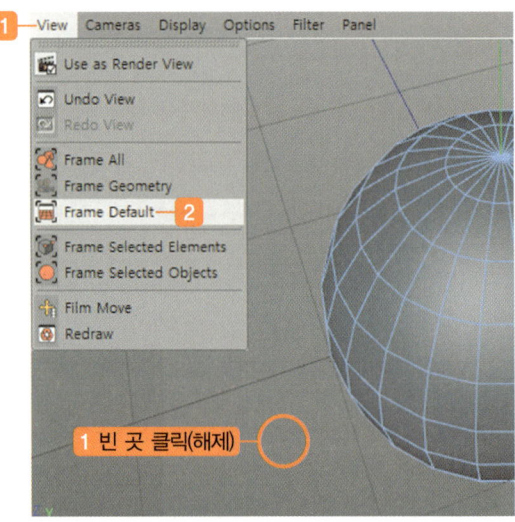

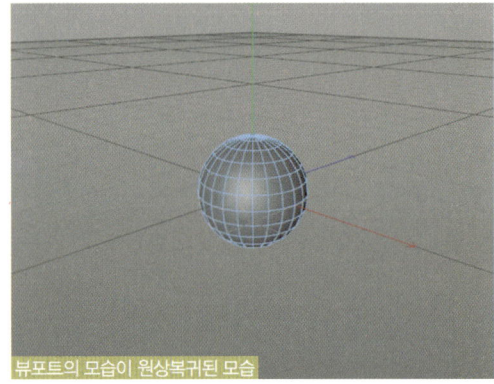

> **알아두기**
>
> **프레임 디폴트(Frame Default)의 활용법**
>
> 작업을 하다 보면 뷰포트를 회전하고 위치를 옮기고 확대/축소 등의 작업으로 인해 오브젝트의 위치와 씬(장면)의 방향이 헷갈릴 때가 있습니다. 이럴 땐 앞서 살펴보았던 프레임 디폴트를 이용하면 쉽게 초기 뷰포트 상태로 되돌릴 수 있습니다.

20 이번엔 Only Select Visible Elements를 해제한 상태에서 다시 한

번 그림처럼 폴리곤들을 선택해 봅니다.

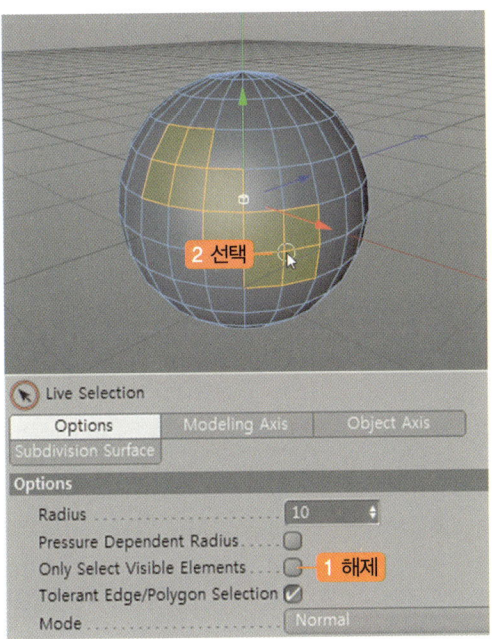

다. 그리고 앞서 선택된 영역을 해제(뷰포트 빈 곳을 클릭하여)합니다. 그다음 이번에 살펴볼 Rectangle Selection을 선택한 후 그림처럼 스피어보다 큰 사각형 영역을 만들어 선택해 봅니다. 이때 Only Select Visible Elements는 체크(초기 상태)된 상태여야 합니다.

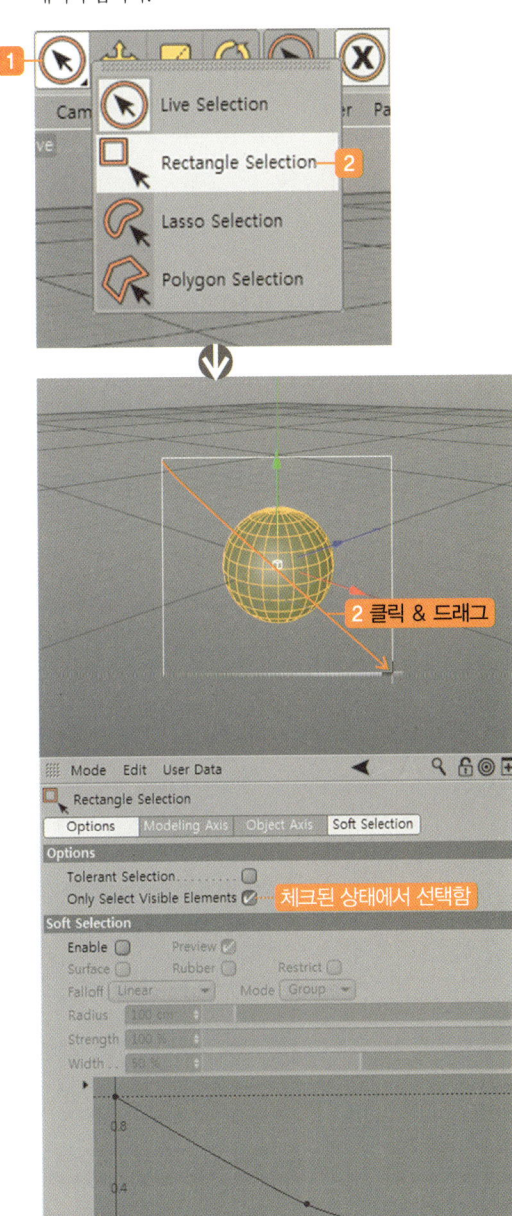

21 다시 시점 조절 툴들을 사용하여 뒤쪽 부분이 보이도록 회전해 보면 앞선 작업과는 다르게 뒤쪽의 폴리곤들도 선택된 것을 알 수 있습니다. 이렇듯 온리 실렉트 비지블 엘리먼트를 해제한 상태에서 선택하면 뒤쪽의 보이지 않는 부분도 선택 시 동일한 시점의 영역이 같이 선택되는 것을 알 수 있습니다.

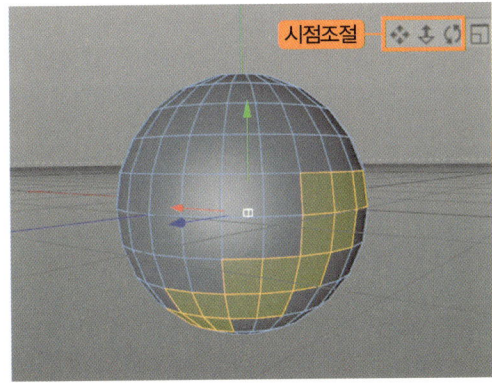

22 계속해서 이번엔 사각형 모양을 만들어 선택하는 렉탱글 실렉션에 대해 알아보기 위해 먼저 뷰포트 메뉴에서[View] - [Frame Default]를 선택하여 초기 뷰포트 상태로 되돌려놓습니

23 다시 시점 조절 툴들을 사용하여 회전에 보면 선택 시 보이지 않았던 뒤쪽은 선택되지 않은 것을 알 수 있습니다. 앞서 살펴본 것처럼 선택 전에 온리 실렉트 비지블 엘리먼트가 체크되면 보이는 부분만 선택됩니다. 반대로 보이지 않는 부분까지 선택하고자 한다면 이 기능을 해제하면 됩니다.

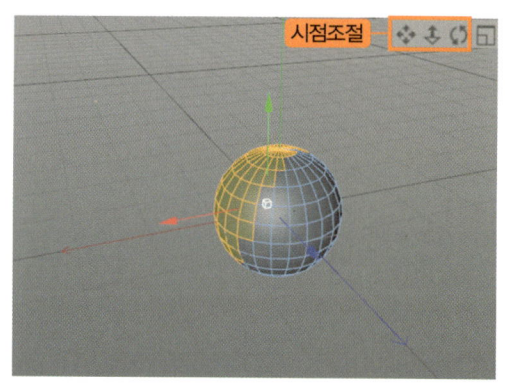

24 앞선 작업에서의 선택을 자세히 보면 선택된 폴리곤들이 정확히 직선으로 선택되지 않고 삐뚤빼뚤하게 선택된 것을 알 수 있을 것입니다. 이제 폴리곤(엣지나 포인트 선택 시에도 같음)을 똑바로 선택하는 방법에 대해 알아봅니다. 이 작업은 지금의 입체 뷰(Perspective)에서 선택하는 것이 아닌 평면 뷰에서 선택해야 합니다. 먼저 앞서 선택된 영역을 해제한 후 프레임 디폴트를 선택하여 초기 뷰 상태로 되돌아간 다음 시점조절 툴 중 가장 우측에 있는 4분할 뷰 버튼을 클릭하여 하나였던 뷰포트를 4개로 분할합니다.

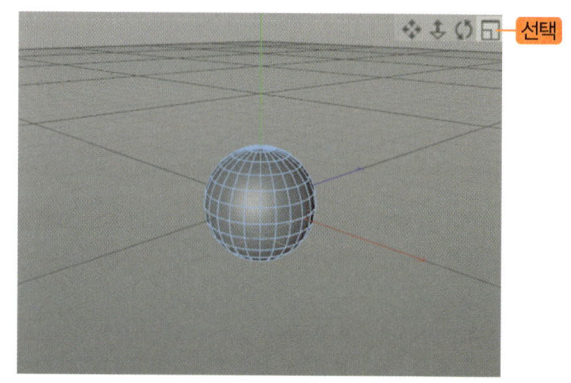

25 4분할 뷰로 전환되면 좌측 상단은 기본 뷰인 퍼스펙티브 뷰가 나타나고 우측 상단은 위에서 바라본 탑(Top) 뷰, 좌측 하단은 오른쪽에 바라본 라이트(Right) 뷰, 우측 하단은 정면에서 본 프런트(Front) 뷰로 사용됩니다. 이 각 뷰도 시점 조절 툴들을 사용할 수 있으며 4분할 뷰 버튼으로 사용되는 버튼을 선택하면 해당 뷰를 풀 화면으로 사용됩니다. 여기에서는 일단 탑, 라이트, 프런트 뷰를 그림처럼 확대한 후 탑 뷰에서 그림처럼 사각형 영역을 만들어 선택 해봅니다.

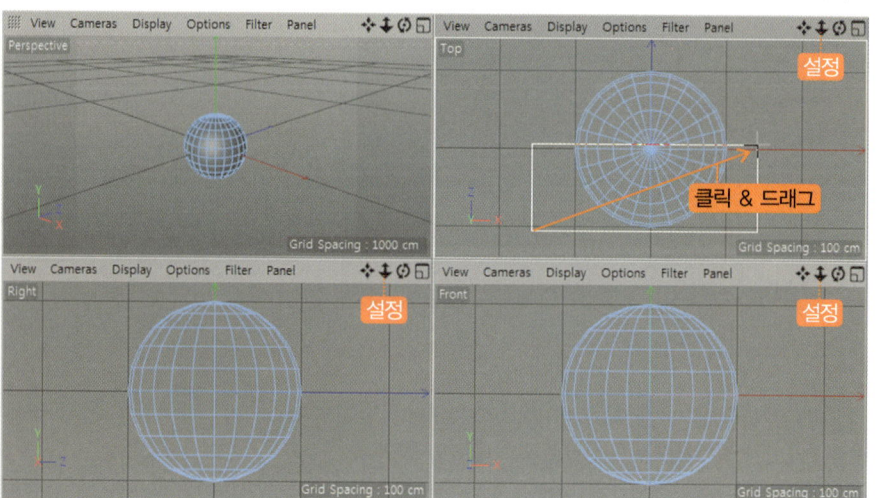

26 앞선 작업에서의 선택을 보면 똑바로 선택되기는 했지만 탑 뷰에서 선택됐기 때문에 라이트 뷰에서는 1/4이 선택돼 보이고 프런트 뷰에서는 위쪽 반이 선택되어 보입니다. 이것 역시 온리 실렉트 비지블 엘리먼트가 체크된 상태로 선택됐기 때문에 뒤쪽(탑 뷰에서 아래쪽으로 보이는 부분)과 앞쪽 아래 부분은 선택되지 않은 것을 알 수 있습니다.

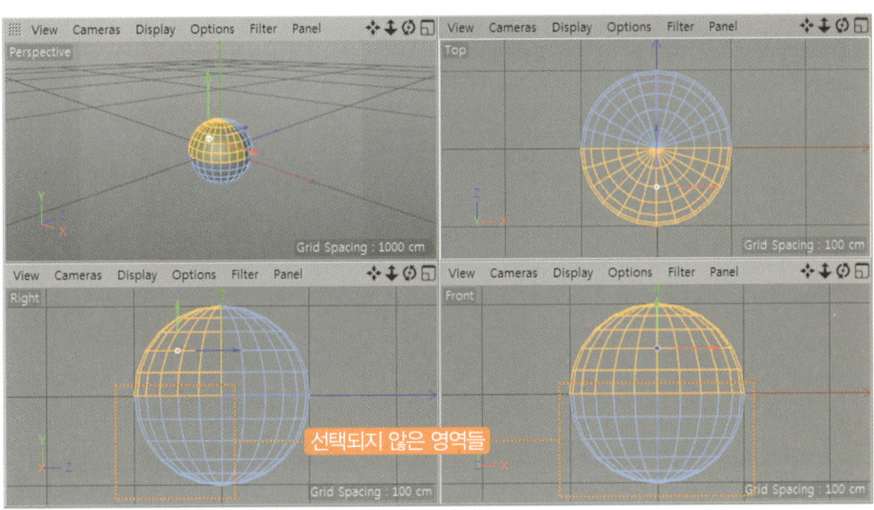

27 이번엔 Only Select Visible Elements를 해제한 후 같은 방법으로 같은 영역을 선택해 봅니다.

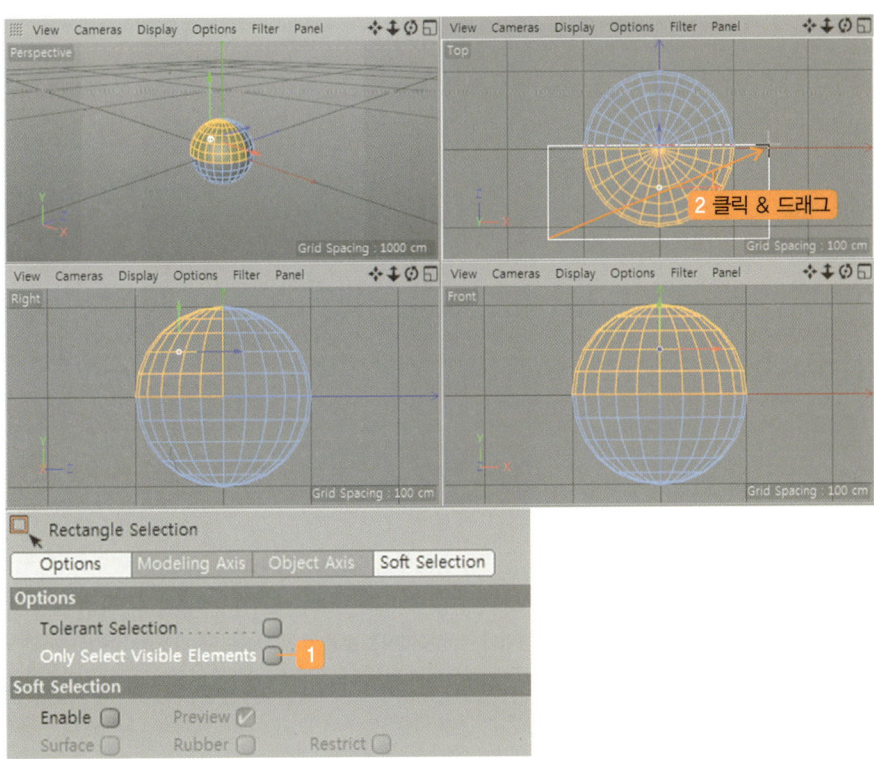

기본 사용법 **077**

28 이제야 보이지 않는 아래쪽까지 정확하게 선택되었습니다. 이렇듯 온리 실렉트 비지블 엘리먼트는 특정 영역을 선택할 때 어떤 상태로 선택할 것인지에 대한 중요한 역할을 하기 때문에 선택 시 먼저 선행되어야 합니다.

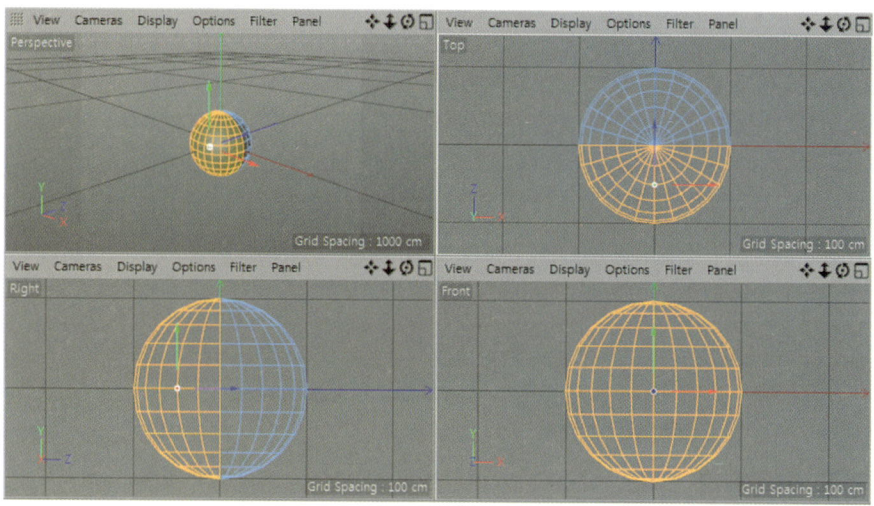

29 계속해서 이번엔 선택된 영역을 편집할 때 편집되는 강도(신축성)를 설정할 수 있는 소프트 실렉션에 대해 알아보기 위해 먼저 프런트 뷰에서 그림처럼 스피어의 상단 부분을 선택합니다.

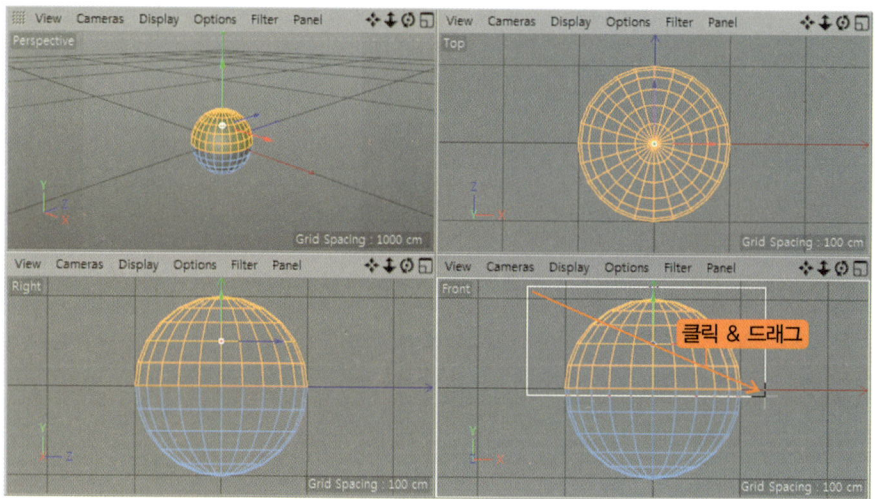

30 Soft Selection 탭을 선택하고 Enable을 체크합니다. 그리고 퍼스펙티브 뷰를 보면 앞서 선택된 스피어 상단부의 색상이 위쪽으로 갈수록 노랗게 표시됩니다. Radius 값을 130 정도로 늘려보면 노랑색 영역이 더욱 넓어지는 것을 알 수 있습니다. 소프트 실렉션에서의 노랑색 영역은 오브젝트를 편집(변형)할 때 영향, 즉 가장 변화가 많이 되는 영역이며 회색으로 갈수록 변화를 덜 받게 됩니다. 퍼스펙티브 뷰의 풀 화면 버튼을 클릭하여 퍼스펙티브 뷰만 풀 화면으로 사용합니다.

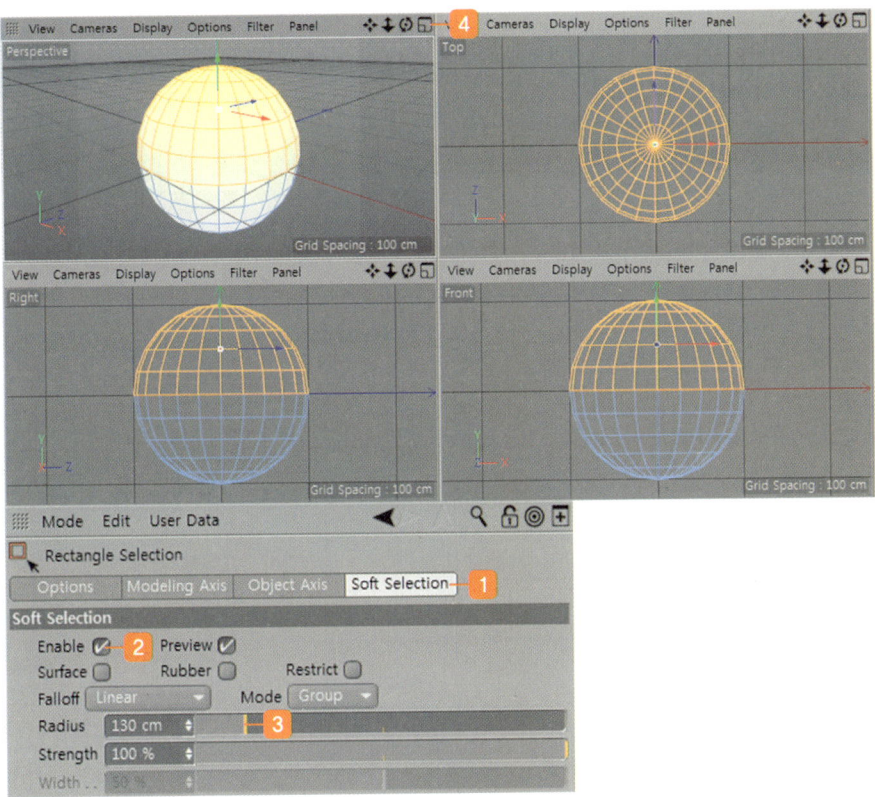

31 Y축을 아래로 끌어내려 보면 선택된 스피어 상단부의 모습이 눌러지는 것을 알 수 있는데 특히 노랑색 영역은 더욱 많이 눌려지고 회색 영역은 조금밖에 눌러지지 않는 것을 알 수 있습니다. 이렇듯 소프트 실렉션을 사용하면 오브젝트를 변형(편집)할 때의 강도를 조절할 수 있습니다. 달걀이나 오뚜기, 적혈구, 키쎄스 초코렛 등과 같은 변형된 모양을 만들 때 유용하게 사용됩니다. 확인이 끝나면 소프트 실렉션을 꺼줍니다.

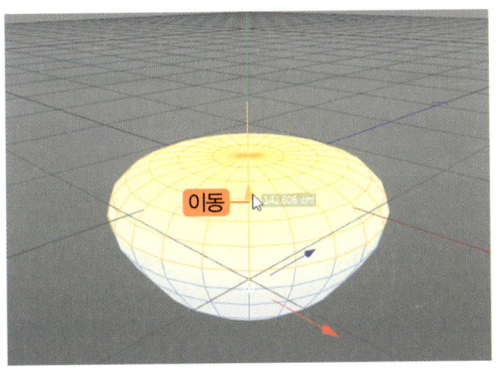

32 그밖에 선택 툴로는 원하는 모양을 그려서 선택하는 Lasso Selection(라쏘 실렉션)이 있습니다. 선택한 후 선택할 영역을 그림을 그리듯 그려보면 그려진 영역 안쪽(때론 선에 닿은)에 포함된 폴리곤들이 선택되는 것을 알 수 있습니다. 라쏘 실렉션 방식의 어트리뷰트(속성) 매니저도 앞서 살펴본 선택 툴과 유사한 설정 기능들을 가지고 있습니다.

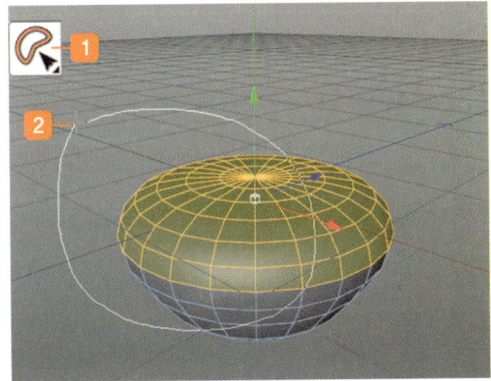

기본 사용법 **079**

33 선택 툴의 마지막으로 Polygon Selection 툴은 클릭 & 클릭하여 직선 형태의 다각형을 만들어 만들어진 영역 안에 포함된 폴리곤(선, 점)을 선택하는 방식입니다. 선택할 영역을 만든 후 최종적으로 마우스 오른쪽 버튼을 클릭하는 것으로 최종 선택이 됩니다. 지금까지 선택에 관한 네 가지 툴에 대해 알아 보았습니다.

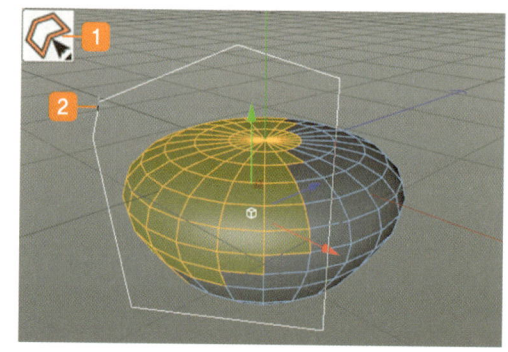

오브젝트 설정하기(이동, 회전, 크기, 복사, 이름 바꾸기 등)

오브젝트를 다루는데 있어 이동, 회전, 크기 조절은 가장 기본적인 것들이며 특정 오브젝트나 매터리얼(재질) 등을 복제하거나 이름을 바꿔주는 것은 작업의 편의를 위해 중요합니다.

이동, 크기, 회전하기

01 오브젝트 툴에서 큐브 오브젝트를 생성합니다. 먼저 오브젝트를 이동하는 방법에 대해 알아봅니다. 오브젝트의 이동은 무브(Move) 툴을 사용하면 됩니다. 또한 무브 툴은 폴리곤 오브젝트의 점, 선, 면을 선택할 때도 사용됩니다. 무브 툴을 선택한 후 오브젝트의 각 방향 축을 끌어서 해당 방향으로 이동할 수 있으며 또한 액시스 밴드를 통해 XY축, YZ축, XZ축의 두 방향으로 동시에 이동이 가능합니다. 이 방법은 이전 학습에서도 살펴본 적이 있습니다.

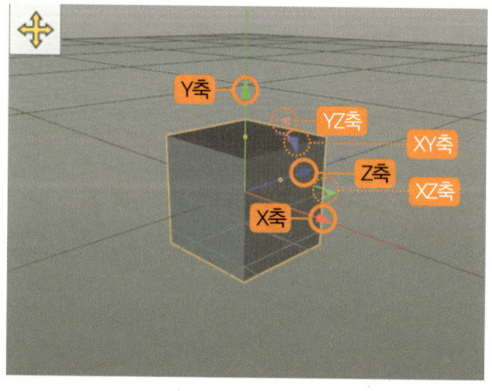

02 지금 살펴보고 있는 무브 툴이나 잠시 후에 살펴볼 스케일(크기)과 로테이트(회전) 툴에서 사용되는 어트리뷰트 매니저의 Object Axis를 보면 Per-Object Manipulation이란 기능이 있습니다. 이 기능은 여러 오브젝트를 선택한 후 이동, 크기, 회전을 할 때 독립적으로 설정되게 합니다. 그러나 이 기능은 이동 툴에서 사용하기 보다는 크기와 회전을 할 때 주로 사용합니다.

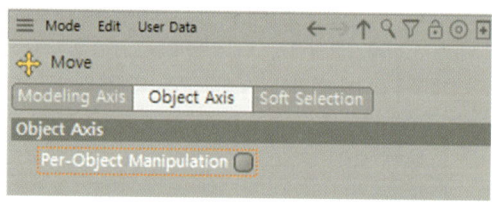

03 계속해서 이번엔 오브젝트의 크기를 조절하는 스케일(Scale) 툴을 선택합니다. 선택 후 X, Y, Z축의 끝부분을 보면 화살표 모양에서 정육면체 모양으로 바뀐 것을 알 수 있습니다. 이제 각 축을 조절해 봅니다. 축과는 상관없이 전체 크기가 조절될 것입니다. 현재의 큐브 오브젝트는 폴리곤이 아닌 기본 도형이기 때문입니다.

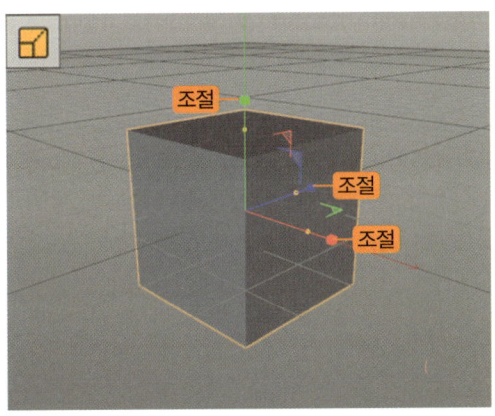
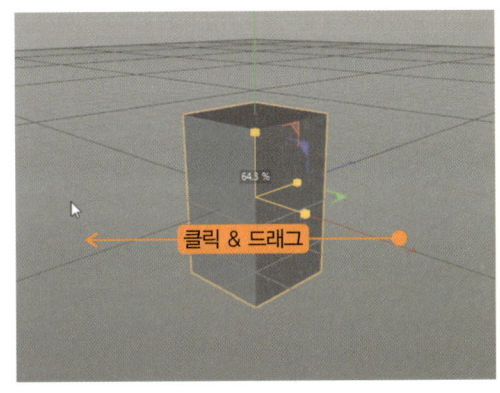

04 여기서 큐브를 폴리곤 오브젝트로 변환하기 위해 [C] 키를 누르거나 Make Editable을 선택합니다. 그다음 특정 축(필자는 Y축을 사용했음)을 이동해보면 해당 축 방향으로 크기가 조절되는 것을 알 수 있습니다. 이렇듯 스케일 툴은 폴리곤으로 변환된 오브젝트는 각 축과 액시스 밴드를 통해 특정 방향으로 크기를 조절할 수 있습니다.

06 계속해서 이번엔 여러 오브젝트를 독립적으로 조절하기 위한 Per-Object Manipulation(퍼-오브젝트 매니퓰레이션)에 대해 알아보기 위해 큐브 오브젝트를 복제합니다. 시네마 4D에서의 모든 복제(복사)는 [Ctrl] 키를 누른 상태에서 대상(오브젝트, 매터리얼 등)을 드래그하여 원하는 위치로 이동하는 것입니다.

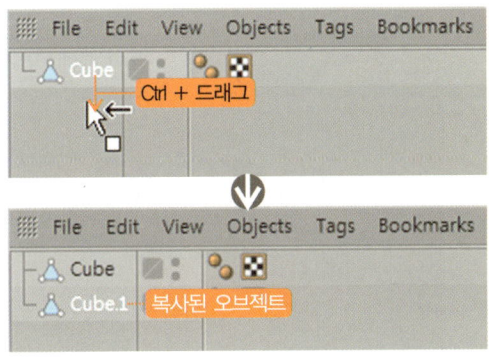

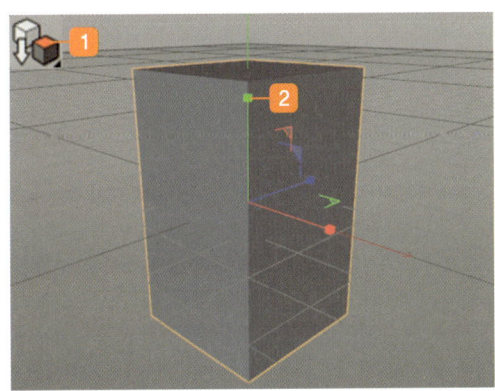

05 크기를 조절할 때 각 방향 축을 사용하는 것이 아니라 오브젝트 비율을 그대로 유지한 채 전체 크기를 조절하기 위해서는 아무것도 없는 뷰포트 빈 곳(크기 조절을 하기 위한 오브젝트의 축들이 닿지 않는 영역)에서 클릭 & 드래그하면 됩니다. 이때 좌측 또는 아래로 드래그하면 크기가 작아지고 우측 또는 위로 드래그하면 크기가 커집니다.

07 위와 같은 방법으로 큐브 오브젝트가 총 4개가 되도록 복제를 해 줍니다. 참고로 오브젝트를 복사하는 또 다른 방법으로는 복사하고자 하는 오브젝트를 선택한 후 오브젝트 매니저 메뉴에서 [Edit] - [Copy]를 한 후 [Edit] - [Paste]를 사용하는 것입니다.

08 이제 복제된 4개의 큐브를 각각 다른 위치로 이동해 줍니다. 무브 툴을 사용하여 Z축 방향으로 그림처럼 배치합니다.

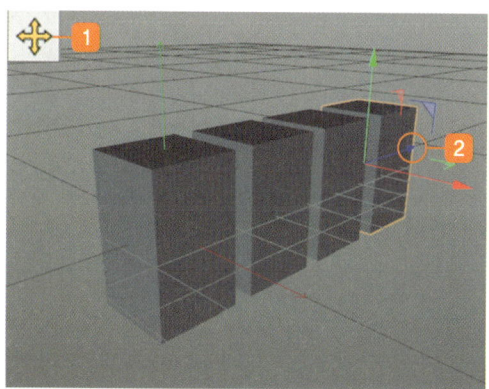

09 이제 모든 오브젝트를 선택한 후 스케일 툴을 사용하여 Z축으로 크기를 조절해 봅니다. 현재는 퍼-오브젝트 매니퓰레이션이 해제된 상태이므로 선택된 오브젝트의 전체를 기준으로 크기가 조절되는 것을 알 수 있습니다.

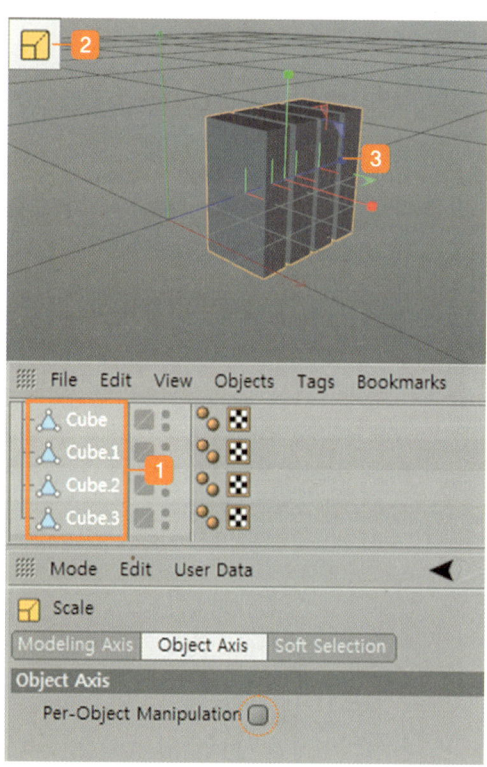

10 언두(Ctrl + Z)를 하여 다시 원래 상태로 되돌아간 후 이번엔 Per-Object Manipulation을 체크합니다. 그다음 크기(이번에도 Z축을 조절)를 조절해보면 선택된 오브젝트의 크기가 개별적으로 조절되는 것을 알 수 있습니다. 이렇듯 퍼-오브젝트 매니퓰레이션은 다중으로 선택된 오브젝트(또는 종속 관계에 있는)를 그룹 형태로 조절하거나 개별로 조절할 수 있습니다.

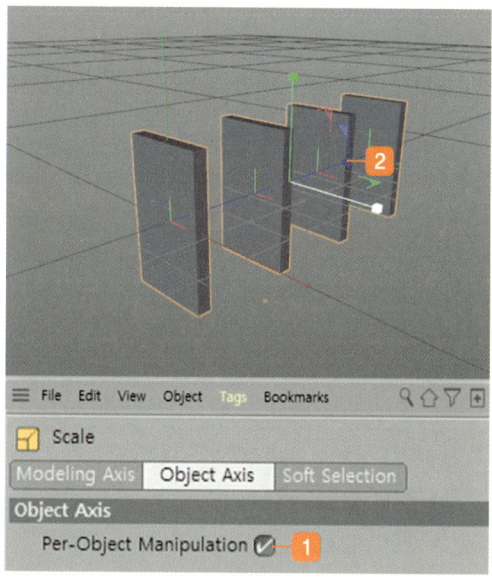

11 계속해서 이번엔 로테이트(Rotate) 툴에 대해 알아보기 위해 로테이트 툴을 선택합니다. 그다음 특정 축을 회전(필자는 P축을 회전했음)해 봅니다. 현재는 퍼-오브젝트 매니퓰레이션이 해제된 상태이기 때문에 선택된 모든 큐브들이 그룹 형태, 즉 한 덩어리 형태로 회전되는 것을 알 수 있습니다. 확인 후 매니퓰레이션을 체크한 후 회전하여 개별로 회전되는 것을 확인해 봅니다.

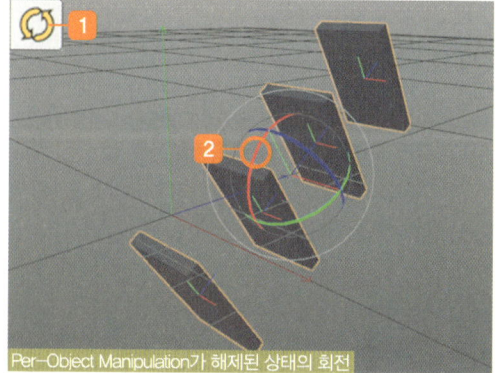

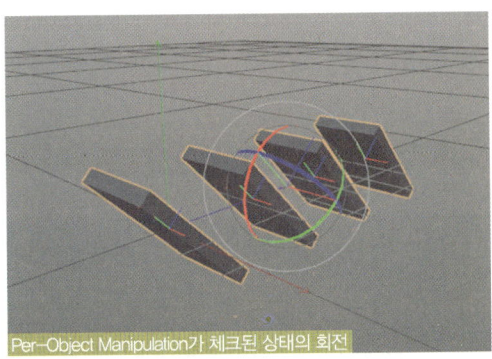

Per-Object Manipulation이 체크된 상태의 회전

> **알아두기**
>
> **회전 시 사용되는 HPB축에 대하여**
>
> 회전 시 사용되는 축은 HPB 세 축으로 이루어져 있습니다. 회전할 때의 축이 X, Y, Z축을 사용하지 않는 이유는 어느 한 축이 회전되었을 때 다른 축의 회전 방향은 이전의 방향에서 벗어나기 때문입니다. 그러므로 오브젝트를 회전할 때는 특별히 정해진 축에 의한 작업을 하지 않습니다.
>
>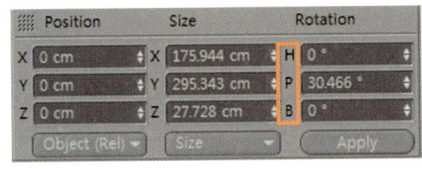

12 이번엔 회전 시에만 사용할 수 있는 짐벌링 로테이션에 대해 알아보기 위해 큐브.1, 2, 3 오브젝트를 [Delete] 키를 눌러 모두 삭제하여 하나의 큐브 오브젝트만 사용합니다. 앞선 작업에서 큐브 오브젝트가 회전됐기 때문에 P축을 설정하여 바로 잡아 줍니다. 지금의 작업은 코디네이트의 P 값을 0으로 설정한 후 [Apply] 버튼을 눌러도 됩니다.

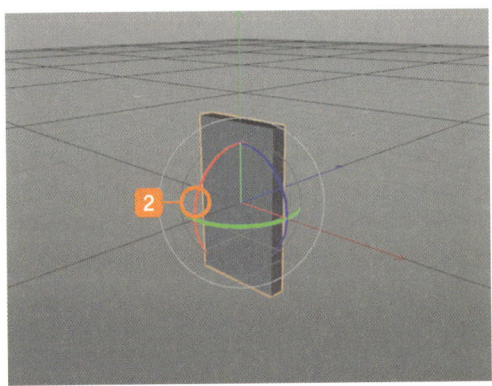

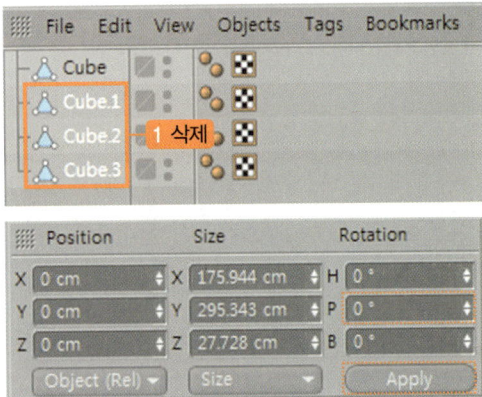

13 먼저 HPB축 중에 아무 축(필자는 P축을 회전했음)을 회전해 봅니다. 현재는 짐벌 락(Gimbal Lock)이 해제된 상태이기 때문에 회전한 축에 의해 다른 축도 같이 회전된 것을 알 수 있습니다. 확인이 끝나면 다시 원래의 각도로 되돌려 놓습니다.

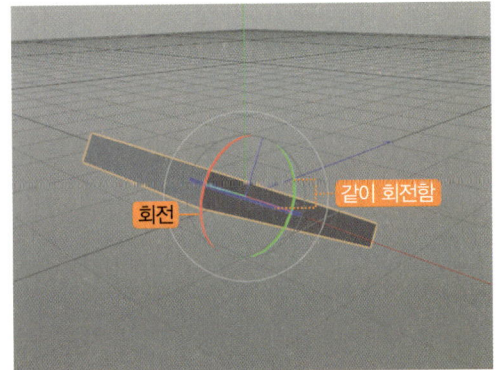

14 이번에는 Gimballing Rotation을 켜줍니다. 이것을 짐벌 락이라고 합니다. 짐벌링 상태로 회전을 하게 되면 특정 축을 회전할 때 H축을 제외한 나머지 축의 위치가 변하지 않게 됩니다. 짐벌 락에 대해서는 [알아두기]를 참고 하십시오.

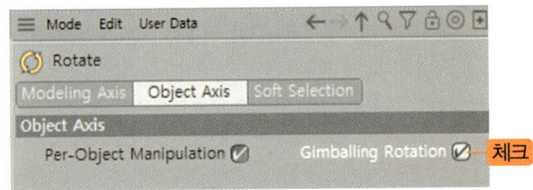

15 먼저 회전 시 가장 우선적으로 회전 각도를 계산하는 H축을 회전 해봅니다. 그러면 PB축이 같이 회전되는 것을 알 수 있습니다.

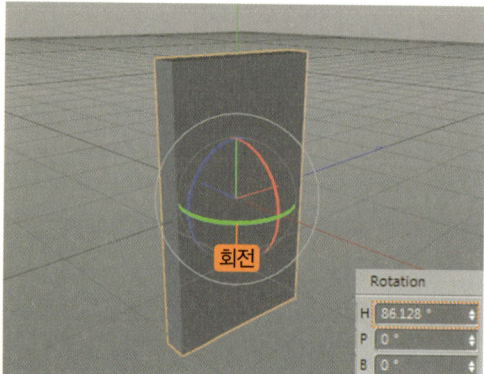

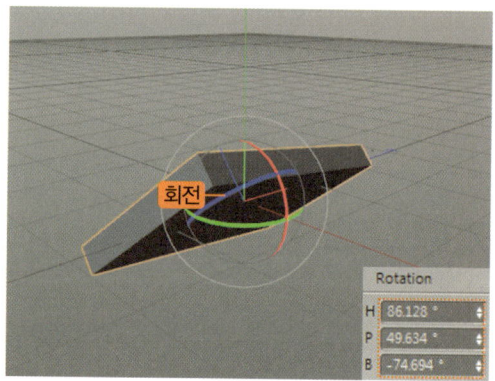

> **알아두기**
>
> **짐벌 락(Gimbal Lock)현상이란?**
>
> 대부분의 3D 프로그램은 오일러(Euler – 수학자의 이름으로 기준 방향에서 회전한 상태를 나타내기 위해 사용되는 3개의 각도) 각도로 계산을 하게 되는데 시네마 4D도 이에 해당됩니다. 물론 앞서 살펴본 것처럼 짐벌링 로테이션을 해제하고 회전을 하면 짐벌 락에 걸리지 않지만 사용하게 되면 짐벌 락에 걸리는 것을 알 수 있었습니다. 이것은 시네마 4D에서 오브젝트를 회전할 때는 항상 정해진 순서(H 〉P 〉B축) 대로 계산을 하기 때문인데 가령 H와 B축을 회전하게 되면 나머지 P축은 쓸모가 없게 됩니다. 이것이 바로 짐벌 락 현상인 것입니다. 3D 툴에서의 회전은 이동과 크기를 조절할 때와는 다르게 복잡한 계산을 하게 되므로 이와 같은 방식을 사용하는 것입니다. 회전 툴을 사용할 때 느끼셨겠지만 두 축을 한번에 이동하고 크기를 조절할 때 사용했던 액시스 밴드가 회전할 때는 없는 것이 바로 짐벌 락이기 때문이라는 것을 증명하는 대목입니다.

16 이번엔 두 번째 우선권이 있는 P축을 회전해 봅니다. 그러면 앞선 작업과는 다르게 가장 먼저 계산되는 H축은 멈춰있고 B축만 회전되는 것을 알 수 있습니다. 이것은 현재의 P축이 B축 보다 우선적으로 계산되고 H축 보다는 나중에 계산되기 때문입니다.

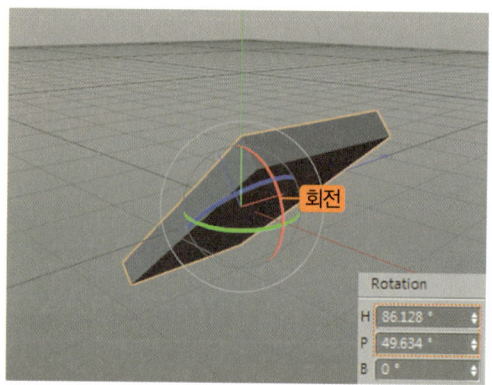

17 마지막으로 계산되는 B축을 회전해 보면 앞서 회전한 H와 P축은 그대로 멈춰있습니다. 이렇듯 짐벌링 로테이션을 체크 해놓고 회전을 하면 회전 시 우선적으로 계산되는 H 〉P 〉B축 순서를 그대로 반영하기 때문에 우선 순위 뒤쪽에 있는 축을 회전할 때는 앞선 순위에 있는 축은 락(Lcok)이 걸린 상태로 됩니다.

18 확인이 끝나면 다시 원래 상태로 되돌려놓습니다. 계속해서 이번엔 오브젝트를 회전할 때의 회전축에 대해 알아봅니다. 앞선 학습에서 살펴본 것처럼 회전을 할 때는 오브젝트의 가운데를 기준으로 회전이 되었습니다. 그러나 때에 따라서는 오브젝트의 하단 또는 상단 그밖에 다양한 곳을 회전축으로 사용할 수 있습니다. 참고로 회전축을 변경하기 위해서는 오브젝트가 항상 폴리곤 형태로 변환되어야 합니다. 현재 사용되는 큐브 오브젝트는 이미 폴리곤 상태이기 때문에 회전축을 변경하는데 아무런 제약을 받지 않습니다. Enable Axis(인에이블 액시스) 툴을 선택합니다. 그러면 인에이블 액시스가 활성화(밝은 회색 – 버전에 따라 하늘색으로 표시되기도 함)됩니다. 그다음 무브 툴을 사용하여 그림처럼 Y축을 아래로 내려 큐브 하단으로 내려줍니다.

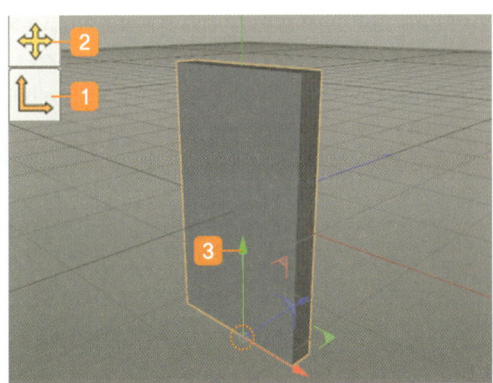

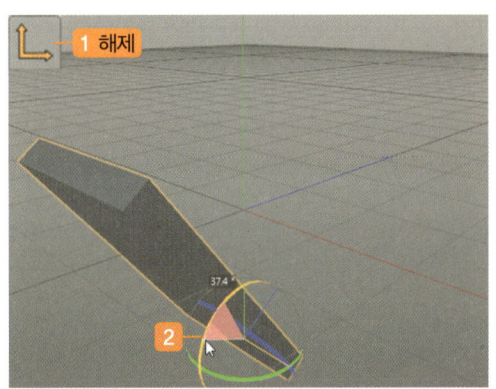

19 이제 회전을 위해 로테이트 툴을 선택한 후 원하는 축으로 회전을 해 봅니다. 그러나 현재는 인에이블 액시스가 켜져 있는 상태이기 때문에 오브젝트가 회전되는 것이 아니라 회전축에 대해서만 회전되는 것을 알 수 있습니다. 확인이 끝나면 다시 원래 상태로 되돌려놓습니다.

> **알아두기**
>
> **액시스 락/언락(Axis Lock/Unlock)에 대하여**
>
> 참고로 위치를 이동하거나 크기 조절 그리고 회전을 할 때 각 방향 축을 켜거나 끄게 되면 해당 축에 대하여 작업을 할 수 있게 하거나 없게 할 수 있습니다.
>
>

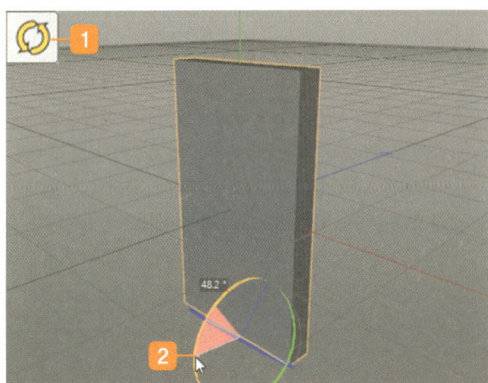

20 이번엔 인에이블 액시스 툴을 다시 한번 클릭하여 해제한 후 회전을 해봅니다. 그러면 이제서야 비로서 아래쪽 회전축을 기준으로 오브젝트가 회전되는 것을 알 수 있습니다. 이렇듯 회전축을 변경할 때는 인에이블 액시스 툴이 활성화되어 있어야 하며 변경이 끝나면 해제하는 것을 잊지 말아야 합니다. 지금의 방법으로 오브젝트의 회전축을 변경하여 다양한 위치로 회전할 수 있습니다.

오브젝트 복사(복제)하기

01 시네마 4D에서 오브젝트(또는 매터리얼 등의 것들)를 복사하는 방법은 풀다운 메뉴의 [Edit] – [Copy]로 복사한 후 Paste로 붙여놓기 할 수 있는데 이 메뉴는 각 작업 매니저에서도 같은 메뉴로 복사할 수 있습니다. 그러나 대부분 메뉴보다는 단축키 [Ctrl] 키를 이용하게 됩니다. 먼저 오브젝트 매니저에서 복사하기 위해 앞서 사용하던 큐브 오브젝트를 [Ctrl] 키를 누른 상태에서 클릭 & 드래그하여 원하는 위치로 이동합니다. 그러면 클릭(선택)된 큐브 오브젝트가 복제됩니다.

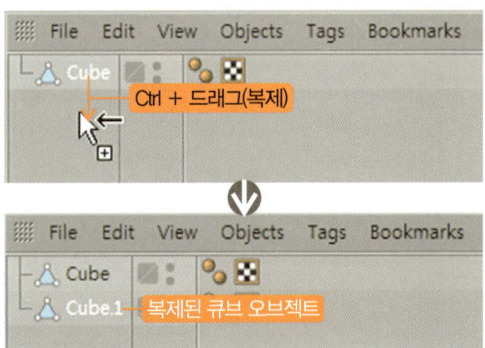

02 오브젝트를 복제하는 또 다른 방법은 뷰포트에서 직접 복제하는 것입니다. 뷰포트에서 오브젝트를 복제하기 위해 무브 툴을 선택한 후 [Ctrl] 키를 누른 상태에서 원하는 축 방향으로 이동해 봅니다. 그러면 이동된 곳에 새롭게 복제된 것을 알 수 있습니다. 이와 같은 방법으로 오브젝트를 복제할 수 있습니다.

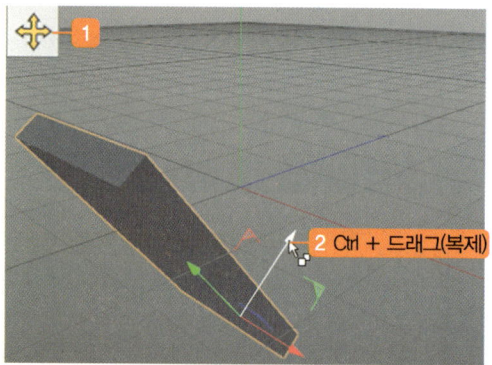

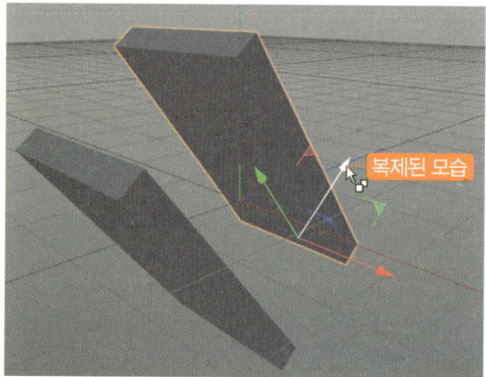

03 이번엔 오브젝트가 아닌 매터리얼을 복제해보기 위해 매터리얼 매니저의 메뉴에서 [Create] - [New Material]을 선택합니다. 참고로 매터리얼에 대해서는 다음 학습에서 자세히 알아볼 것입니다.

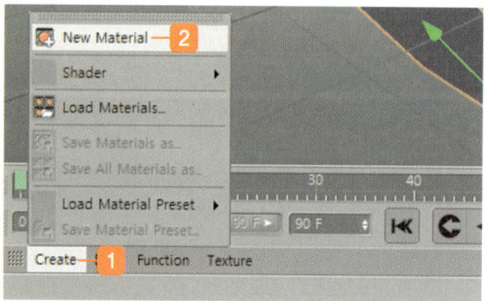

04 새로운 매터리얼이 생성되면 이제 이 매터리얼(Mat)을 복제하기 위해 역시 [Ctrl] 키를 누른 상태에서 우측의 빈 곳으로 이동합니다. 그러면 이동된 위치에 새로운 매터리얼(Mat.1)이 복제됩니다. 이와 같은 방법을 통해 오브젝트 및 매터리얼 등을 쉽게 복제할 수 있습니다.

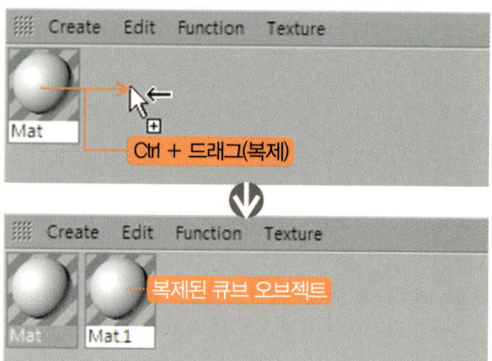

이름 바꾸기

01 이번엔 오브젝트나 매터리얼과 같은 것들에 이름을 바꿔주는 방법에 대해 알아봅니다. 먼저 매터리얼의 이름을 바꿔봅니다. 앞서 복제해놓은 Mat.1의 이름을 바꿔주기 위해 이 이름 위에서 더블클릭을 합니다. 그러면 글자를 입력할 수 있는 상태로 활성화됩니다. 이제 바꾸고자 하는 이름을 입력합니다. 그다음 엔터 키를 누르거나 다른 곳을 클릭하면 입력된 이름으로 바뀌게 됩니다.

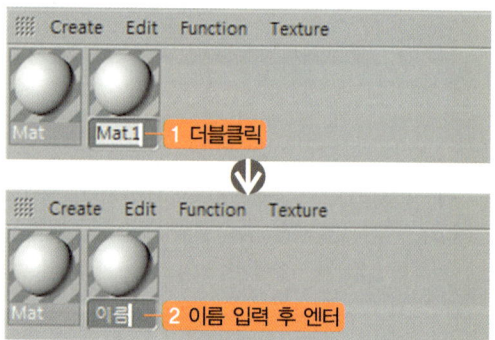

02 매터리얼의 이름을 바꾸는 또 다른 방법은 매터리얼 에디터에서입니다. 이번엔 첫 번째 만든 Mat 매터리얼을 더블클릭하여 Material Editor를 열어줍니다. 이 창에서 좌측 상단에 있는 매터리얼의 이름을 클릭한 후 원하는 이름을 입력하면 됩니다.

이처럼 매트리얼의 이름은 살펴본 두 가지 방법을 주로 사용합니다.

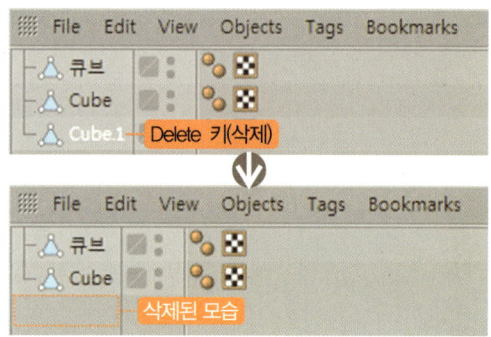

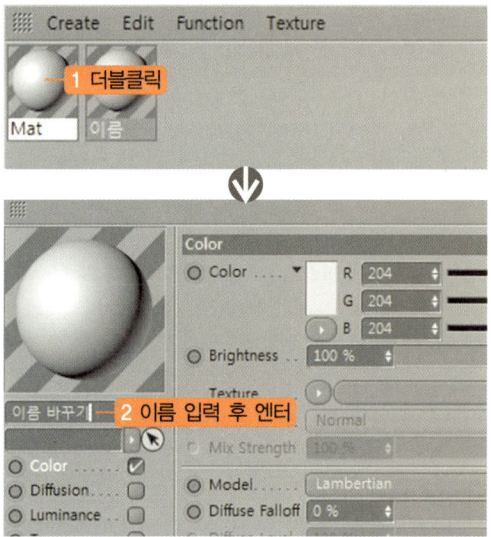

03 이번엔 오브젝트의 이름을 바꿔봅니다. 오브젝트의 이름도 매트리얼의 이름을 수정할 때와 같습니다. 오브젝트 매니저에서 앞서 복제된 Cube.2를 더블클릭한 후 원하는 이름을 입력합니다. 그다음 엔터 키를 눌러 수정을 완료하면 됩니다. 이와 같이 시네마 4D에서의 이름 수정은 매우 간편하게 이뤄집니다.

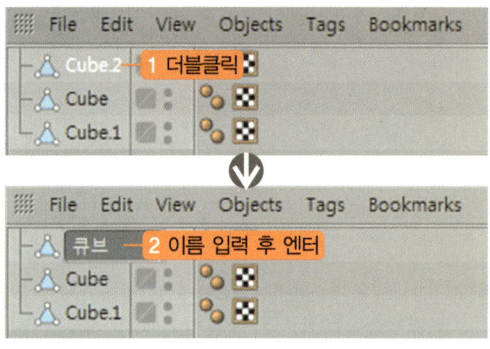

삭제하기

오브젝트 및 매트리얼과 같은 것들에 대한 삭제는 매우 간단합니다. 삭제하고자 하는 대상을 선택한 후 [Delete] 키를 누르는 것만으로 이뤄집니다.

자리 이동 및 종속(하이어라키)시키기

01 오브젝트나 매트리얼 등의 자리를 이동하기 위해서는 이동하고자 하는 대상을 원하는 곳으로 끌어다 놓으면 됩니다. 특히 오브젝트 매니저에서 오브젝트를 이동할 때는 그림과 같은 좌측 방향의 화살표가 나타나는데 이때 마우스 버튼에 손을 떼면 됩니다.

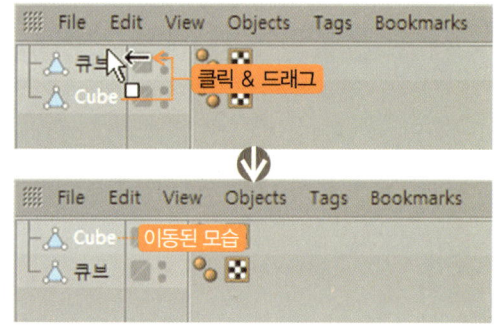

02 이번엔 오브젝트를 종속(하이어라키)시키는 방법에 대해 알아봅니다. 오브젝트의 종속은 계층구조에 대한 설정을 한다는 것입니다. 이것은 오브젝트의 서열을 만들어 서열에 따른 움직임을 표현하는데 유용하게 사용됩니다. 오브젝트 매니저에서 큐브(한글명) 오브젝트를 이동하여 위쪽 Cube 오브젝트의 하위로 갖다 놓습니다. 이때의 화살표 모습은 아래쪽 방향으로 향해야 하며 이 화살표 상태에서 마우스 버튼에 손을 떼면 됩니다.

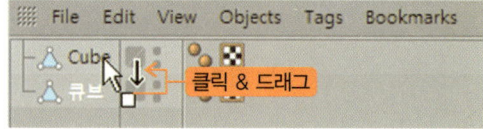

기본 사용법 **087**

03 여기서 종속된 하위 오브젝트인 큐브 오브젝트를 이동 해봅니다. 그러면 큐브 오브젝트가 개별적으로 이동되는 것을 알 수 있습니다.

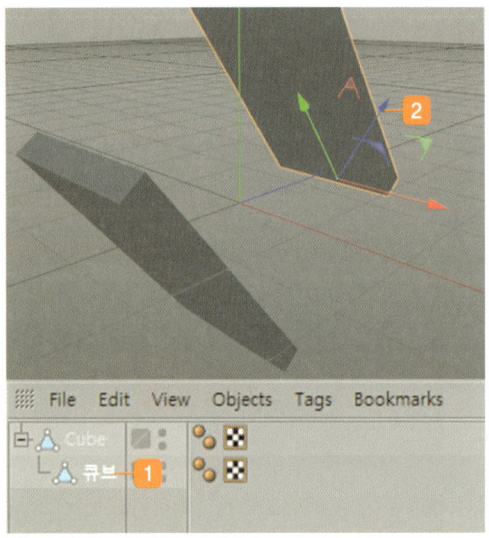

04 이번엔 상위 Cube 오브젝트를 이동 해봅니다. 그러면 상위 계층인 Cube의 움직임과 동일하게 하위 계층인 큐브 오브젝트도 움직이는 것을 알 수 있습니다. 이것이 계층 구조의 특징입니다.

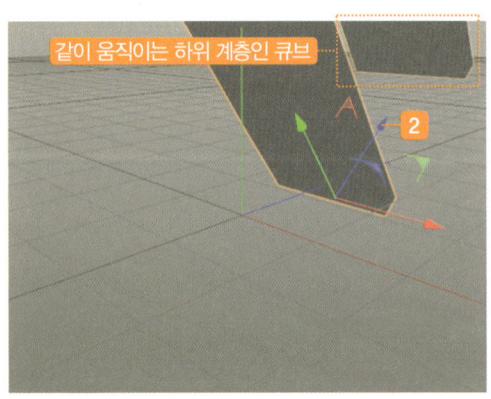

오브젝트 숨기기/보이기

01 작업을 하다 보면 오브젝트를 작업 화면(뷰포트)에서 숨겨놓아야 할 때가 있습니다. 오브젝트를 숨기기 위해서는 해당 오브젝트의 에디트 비지빌리티 또는 렌더 비지빌리티의 작은 원을 두 번 클릭하여 빨간색으로 바꿔주어야 합니다. 여기에서는 상위 계층인 Cube 오브젝트의 에디트 비지빌리티를 두 번 클릭하여 빨간색으로 해 줍니다. 그러면 Cube 오브젝트에 종속된 하위 큐브 오브젝트도 같이 뷰포트에서 사라진 것을 알 수 있습니다.

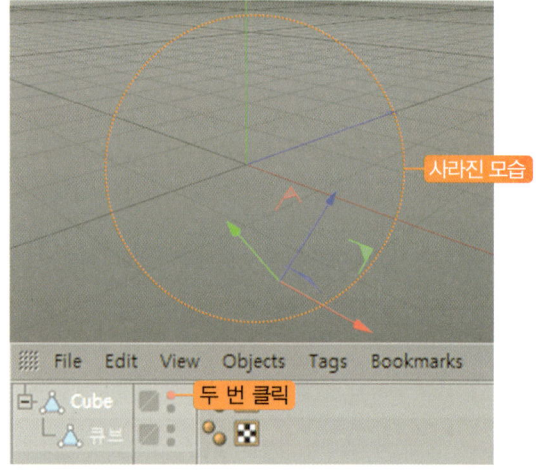

02 이렇듯 상위 계층의 오브젝트를 사라지게 하면 하위 오브젝트 또한 사라지게 됩니다. 이것은 상위 계층의 속성을 하위 계층이 그대로 상속받기 때문입니다. 그러나 여기서 종속된 하위 계층의 오브젝트를 개별로 보이게 하고자 한다면 어떻게 해야 할까요? 방법은 아주 간단합니다. 하위 계층의 오브젝트인 큐브의 에디트 비지빌리티를 한 번만 클릭하여 옅은 초록(연두색)으로 바꿔줍니다. 그러면 하위에 종속되어 있더라도 해당 오브젝트는 뷰포트 화면에 나타나게 됩니다. 이와 같은 방법으로 하위 계층의 오브젝트를 상위 계층의 오브젝트와 상관없이 개별로 보이기/숨기기 할 수 있습니다.

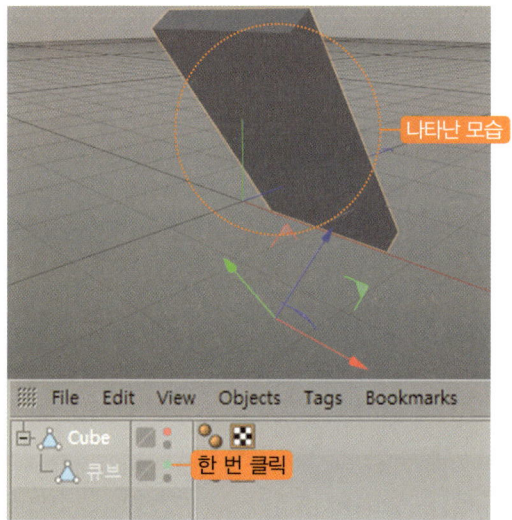

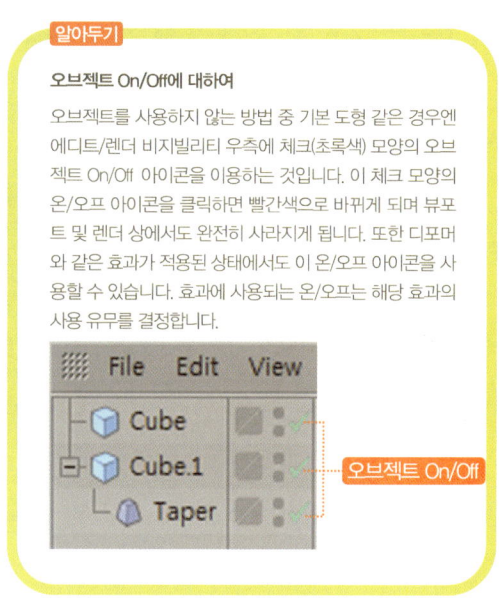

03 참고로 아래쪽 작은 원은 작업 시 뷰포트 상에서는 보이지만 렌더링을 했을 때는 보이지 않게 해주는 렌더 비지빌리티 기능으로 사용됩니다.

레이어 이해하기

레이어(Layer)는 작업을 구분해 구분된 공간에서 별도로 작업을 할 수 있게 해 주는 개념으로 각 씬(Scene)을 효과적으로 관리하는데 유용합니다. 레이어는 시네마 4D R10 버전에서 처음 선보인 개념으로 어도비 포토샵이나 애프터 이펙트 사용자에게는 매우 친숙한 기능이기도 합니다.

01 레이어의 이해와 설정을 위해 준비된 프로젝트 파일을 불러옵니다. 풀다운 메뉴에서 File 〉 Open 메뉴를 선택한 후 **학습자료 폴더** 안의 **프로젝트 폴더**에 있는 **레이어.c4d** 파일을 열어줍니다.

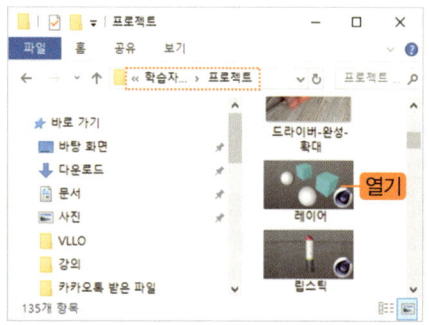

02 오브젝트 매니저에서 맨 위쪽에 있는 스피어1 오브젝트 우측에 있는 사각형(사선으로 나눠져 있는) 레이어 아이콘을 클릭합니다. 그러면 두 개의 메뉴가 나타나는데 여기서 위쪽 Add to New Layer를 선택합니다.

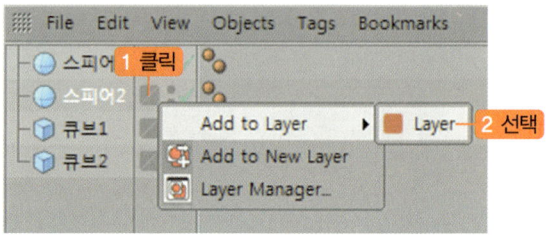

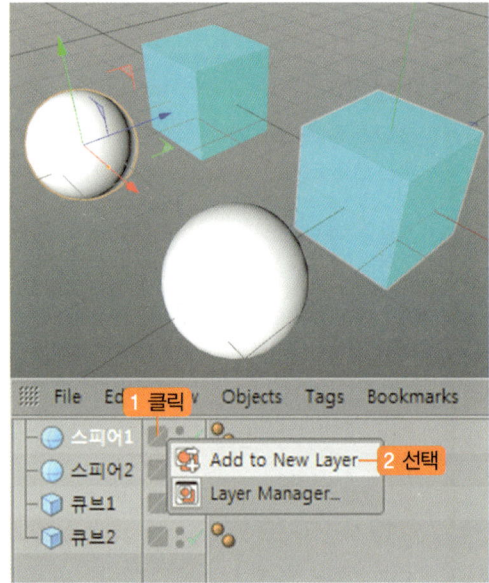

03 앞선 작업에서 선택한 애드 투 뉴 레이어에 의해 레이어 아이콘의 색상이 주황색(최초의 기본 색상으로 레이어가 추가될 때마다 자동으로 색상이 바뀜)으로 바뀐 것을 알 수 있습니다. 이처럼 레이어 아이콘 색상이 지정되면 이제 레이어를 그룹으로 사용할 수 있습니다.

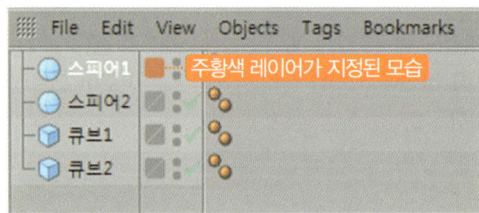

04 계속해서 이번엔 앞서 레이어로 지정한 스피어1과 같은 레이어 그룹으로 사용할 오브젝트를 지정해 봅니다. 스피어1과 같은 모양인 스피어2에 대해 그룹을 지정하기 위해 스피어2 우측의 레이어 아이콘을 클릭합니다. 그러면 이전에 없었던 Add to Layer 메뉴가 추가된 것을 알 수 있으며 이 메뉴의 서브 메뉴엔 앞서 생성된 주황색 레이어가 있습니다. 이제 이 주황색 레이어를 선택합니다.

05 이제 스피어2 오브젝트도 주황색 레이어로 지정된 것을 알 수 있습니다. 이것으로 스피어1, 2번이 모두 같은 레이어 그룹으로 되었습니다.

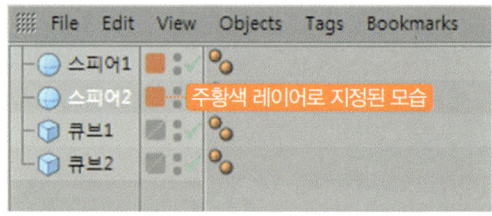

06 이번엔 큐브1 오브젝트에 대한 레이어를 설정해 보기 위해 큐브1의 레이어 아이콘을 클릭하여 Add to New Layer를 선택합니다. 그러면 큐브1의 레이어 색상은 자동으로 초록색으로 지정됩니다.

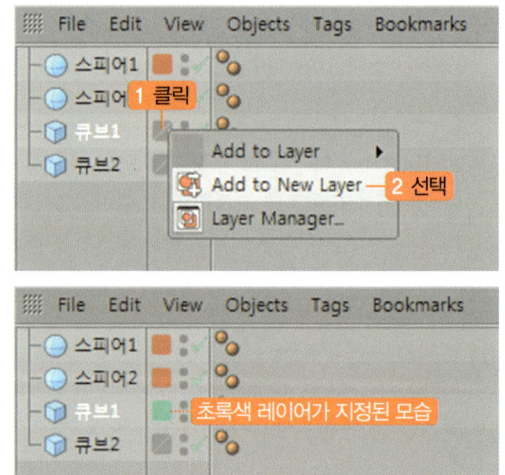

07 계속해서 큐브2의 레이어 아이콘을 선택합니다. 그다음 Add to Layer 메뉴를 보면 앞서 생성된 초록색 레이어가 있습니다.

큐브2도 큐브1과 같이 초록색 레이어 그룹이 되도록 선택합니다. 이로써 주황색 레이어에는 스피어1, 2 그리고 초록색 레이어에는 큐브1, 2 오브젝트가 레이어 그룹으로 지정됐습니다.

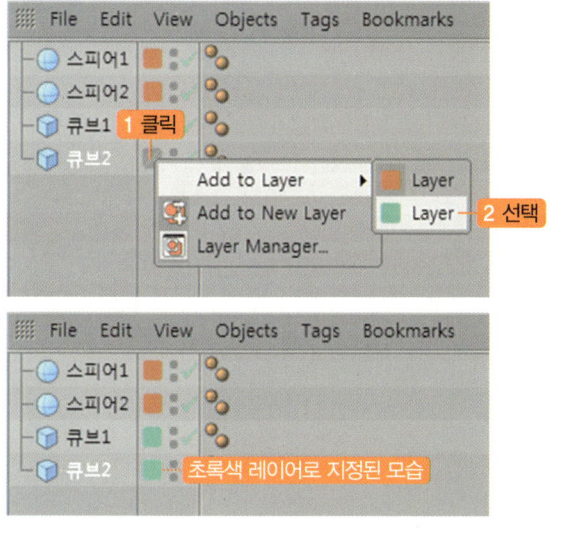

08 이제 레이어를 설정하는 방법에 대해 알아봅니다. 아무 레이어나 관계없이 아이콘을 선택합니다. 여기서 Layer Manager…를 선택합니다. 참고로 Remove from Layer는 레이어를 초기 상태로 되돌려놓을 때 사용됩니다.

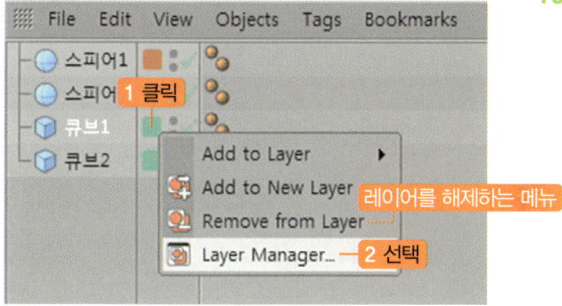

09 아래쪽에 레이어 매니저가 나타나면 이 곳에서 레이어에 대한 다양한 설정을 할 수 있습니다. 먼저 S 탭의 주황색 레이어 우측의 회색 원을 클릭 해봅니다. 그러면 주황색 원 위에 S자가 나타나고 주황색 레이어 그룹만 남고 초록색 레이어 그룹의 오브젝트는 뷰포트와 오브젝트 매니저에서 사라진 것을 알 수 있습니다. 지금 선택한 S는 해당 레이어 그룹만 표기하는 솔로(Solo) 기능을 합니다.

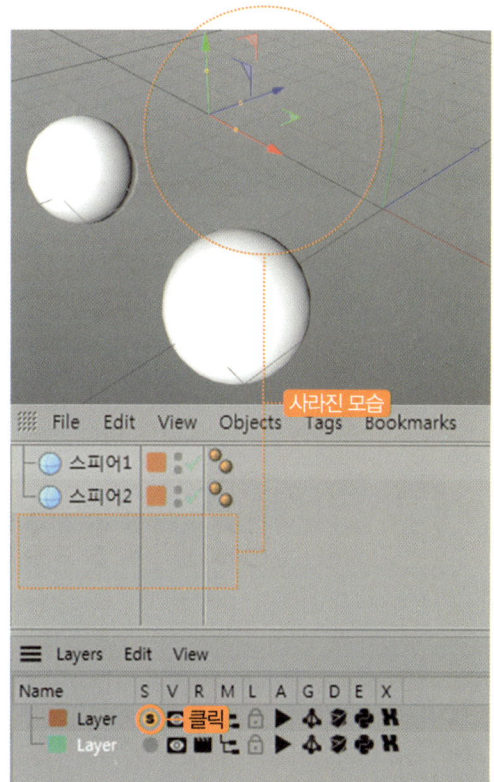

10 앞서 선택한 솔로를 해제하고 이번엔 주황색 레이어인 V 탭의 눈 모양의 뷰(View)를 클릭하여 해제 해봅니다. 뷰를 사용하면 솔로와는 반대로 해당 레이어의 모습만 사라지게 됩니다. 역시 확인이 끝나면 다시 원래대로 되돌려놓습니다.

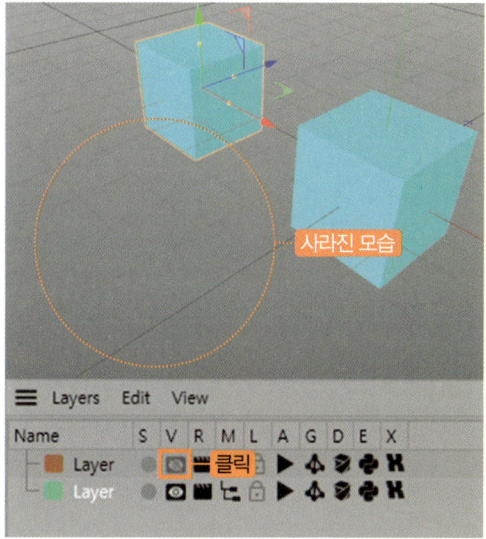

기본 사용법 **091**

11 그밖에 렌더 시 보이지 않게 하는 R(Render), 종속된 하위 계층의 오브젝트를 숨겨놓는 M(Manager) 등과 같은 다양한 기능을 이용하여 레이어를 체계적으로 관리할 수 있습니다. 참고로 레이어는 기본적으로 색상으로 표시되어 구분되지만 레이어 이름을 바꿔서 구분할 수도 있습니다. 레이어의 이름 역시 더블클릭하여 변경이 가능합니다.

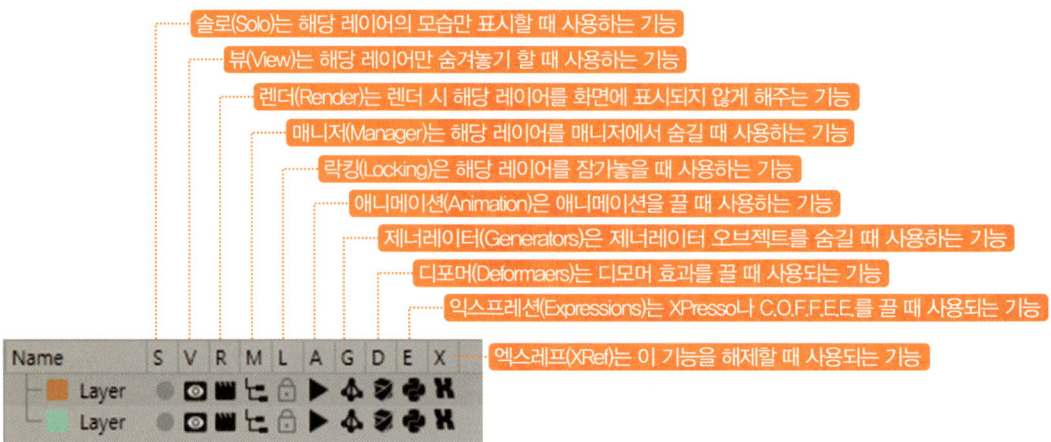

솔로(Solo)는 해당 레이어의 모습만 표시할 때 사용하는 기능
뷰(View)는 해당 레이어만 숨겨놓기 할 때 사용하는 기능
렌더(Render)는 렌더 시 해당 레이어를 화면에 표시되지 않게 해주는 기능
매니저(Manager)는 해당 레이어를 매니저에서 숨길 때 사용하는 기능
락킹(Locking)은 해당 레이어를 잠가놓을 때 사용하는 기능
애니메이션(Animation)은 애니메이션을 끌 때 사용하는 기능
제너레이터(Generators)은 제너레이터 오브젝트를 숨길 때 사용하는 기능
디포머(Deformaers)는 디포머 효과를 끌 때 사용되는 기능
익스프레션(Expressions)는 XPresso나 C.O.F.F.E.E.를 끌 때 사용되는 기능
엑스레프(XRef)는 이 기능을 해제할 때 사용되는 기능

매터리얼(재질) 생성 및 적용하기

매터리얼(Material)은 오브젝트의 질감, 즉 재질을 말합니다. 여기서 만들어진 매터리얼을 오브젝트에 적용하는 것을 매핑(Mapping) 또는 맵(Map) 작업이라고 하는데 오브젝트의 질감을 표현하기 위해서는 매터리얼 작업에 대한 이해가 필요합니다.

12 [File] - [New]를 선택하여 새로운 프로젝트를 생성한 후 오브젝트 툴에서 스피어를 하나 생성합니다.

13 이제 방금 만든 스피어 오브젝트에 질감을 적용하기 위해 매터리얼 매니저에서 새로운 매터리얼을 생성합니다. 앞선 학습에서는 매터리얼을 메뉴를 통해 생성했지만 보다 쉬운 방법은 매터리얼 매니저의 빈 곳을 더블클릭하는 것입니다.

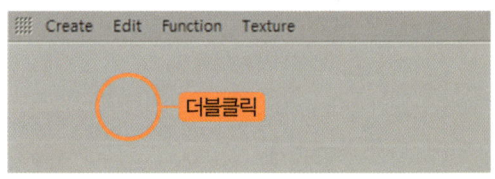

14 방금 생성된 매터리얼을 더블클릭하여 매터리얼 에디터를 열어줍니다. 매터리얼 에디터에서는 현재 매터리얼에 대한 세부 질감을 설정할 수 있습니다.

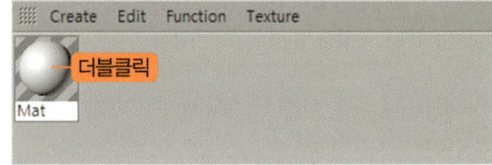

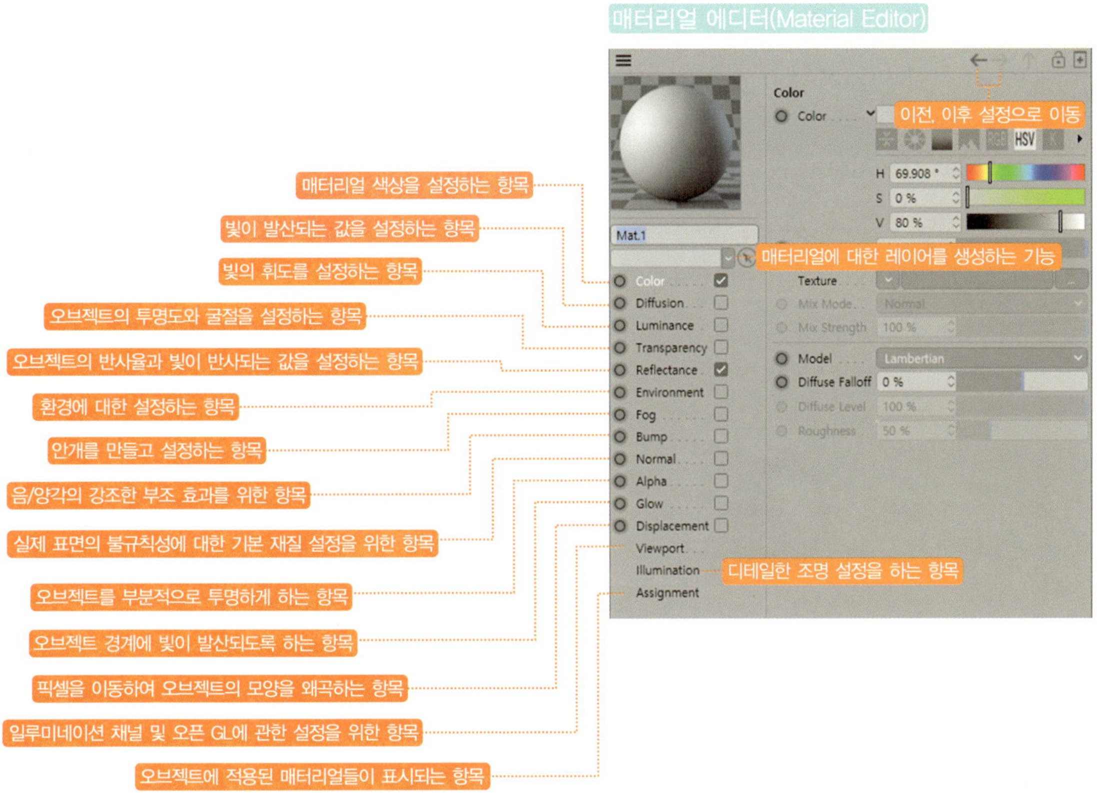

매터리얼 에디터(Material Editor)

- 이전, 이후 설정으로 이동
- 매터리얼 색상을 설정하는 항목
- 빛이 발산되는 값을 설정하는 항목
- 빛의 휘도를 설정하는 항목
- 매터리얼에 대한 레이어를 생성하는 기능
- 오브젝트의 투명도와 굴절을 설정하는 항목
- 오브젝트의 반사율과 빛이 반사되는 값을 설정하는 항목
- 환경에 대한 설정하는 항목
- 안개를 만들고 설정하는 항목
- 음/양각의 강조한 부조 효과를 위한 항목
- 실제 표면의 불규칙성에 대한 기본 재질 설정을 위한 항목
- 오브젝트를 부분적으로 투명하게 하는 항목
- 오브젝트 경계에 빛이 발산되도록 하는 항목
- 픽셀을 이동하여 오브젝트의 모양을 왜곡하는 항목
- 일루미네이션 채널 및 오픈 GL에 관한 설정을 위한 항목
- 디테일한 조명 설정을 하는 항목
- 오브젝트에 적용된 매터리얼들이 표시되는 항목

15 여기서는 아주 기본적인 재질 설정과 적용에 대해서 알아봅니다. 먼저 재질 색상에 대한 설정을 위해 Color 채널을 선택합니다. 컬러는 기본적으로 체크되어있는 항목입니다. 만약 해당 항목을 사용하지 않는다면 체크를 해제하면 되고 새로 사용하고자 하는 항목을 체크하면 됩니다. 색상을 설정하기 위해서는 Color의 HSV(색, 채도, 명도)와 RGB 등의 수치를 설정하거나 컬러 픽커(Color Picker)를 열어 직접 원하는 색상을 지정하면 됩니다. 이번 학습에서는 펄 효과가 들어간 코팅된 금속 질감을 표현해 봅니다. 색상은 짙은 연두색으로 설정합니다.

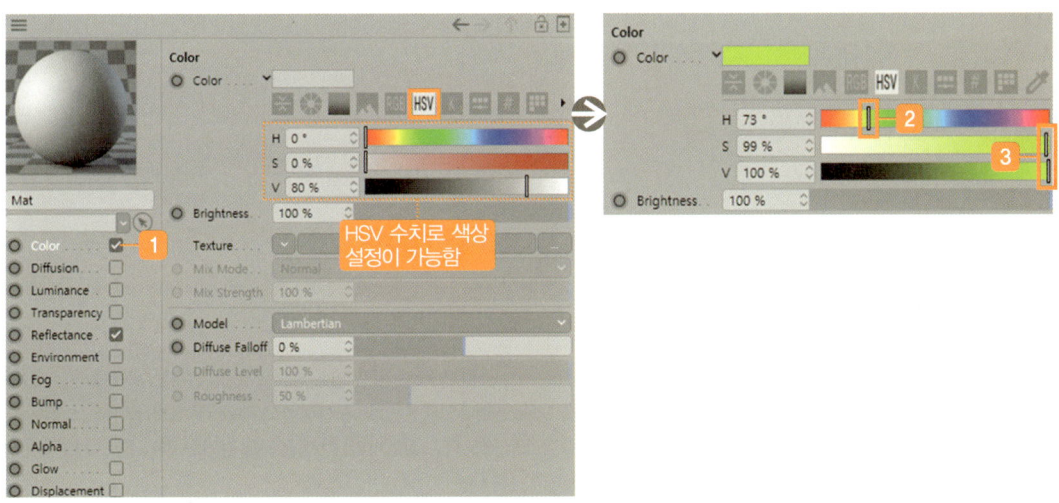

- HSV 수치로 색상 설정이 가능함

16 계속해서 반사율에 대한 설정을 위해 Reflectance(리플렉턴스) 채널을 선택(기본적으로 체크되어 있음)합니다. Default Specular(디폴트 스페큘러)를 더블클릭하여 이름을 [금속]이라고 바꿔주고 Type을 Beckmann(베크만)으로 설정합니다. 그러면 하이라이트 강도가 더욱 강하게 표현됩니다. 그다음 새로운 레이어를 통해 코팅된 금속을 표현하기 위해 [Add] 버튼을 클릭합니다.

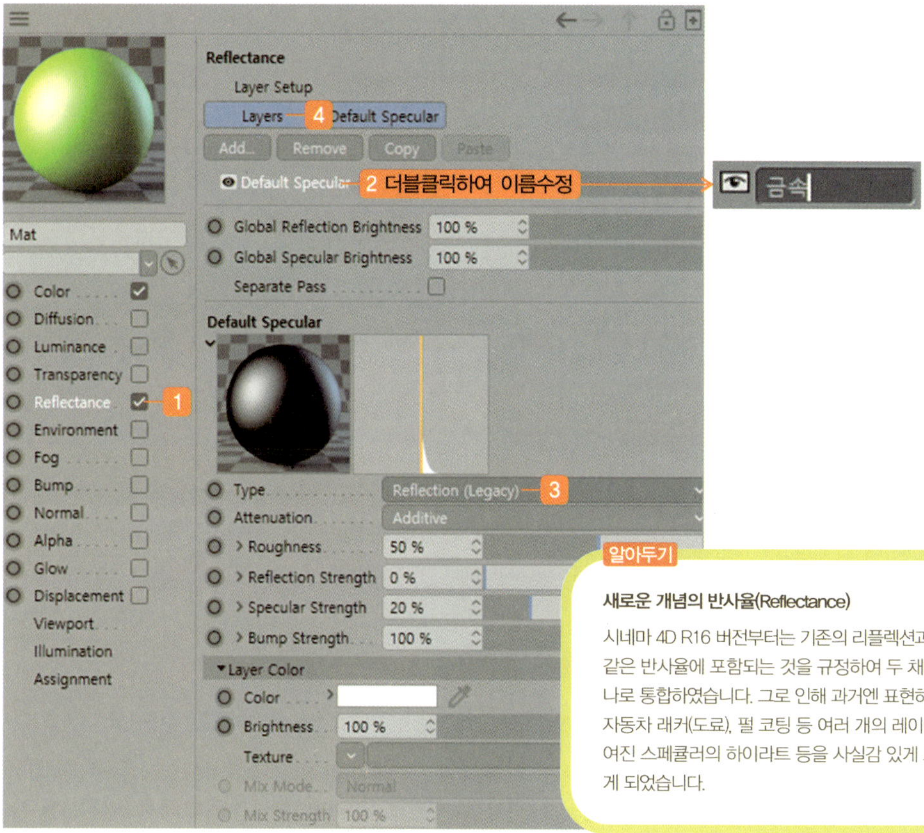

알아두기

새로운 개념의 반사율(Reflectance)

시네마 4D R16 버전부터는 기존의 리플렉션과 스페큘러를 같은 반사율에 포함되는 것을 규정하여 두 채널 항목을 하나로 통합하였습니다. 그로 인해 과거엔 표현하기 힘들었던 자동차 래커(도료), 펄 코팅 등 여러 개의 레이어를 통해 쌓여진 스페큘러의 하이라트 등을 사실감 있게 표현할 수 있게 되었습니다.

17 [Add] 버튼을 클릭했을 때 나타나는 팝업 메뉴에서 맨 위쪽에 있는 Beckmann(베크만) 타입의 레이어를 선택합니다.

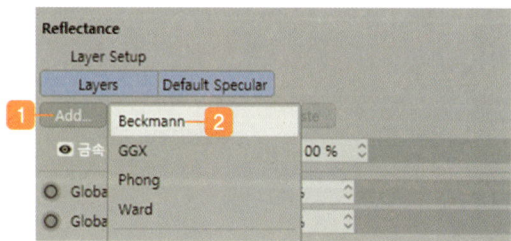

18 방금 추가한 Layer1의 이름을 [투명코팅]으로 수정하고 Layer Color의 Color를 밝은 연두색으로 설정합니다. 계속해서 아래쪽 Layer Fresnel(레이어 프레넬)의 Fresnel을 유도체 느낌이 들도록 Dielectric(다일렉트릭)으로 설정하고 Preset(프리셋)을 유리 느낌이 들도록 Glass로 설정합니다. 지금까지의 재질 느낌은 코팅이 된 플라스틱 정도의 느낌입니다. 이제 금속과 펄의 느낌이 들도록 설정이 필요합니다.

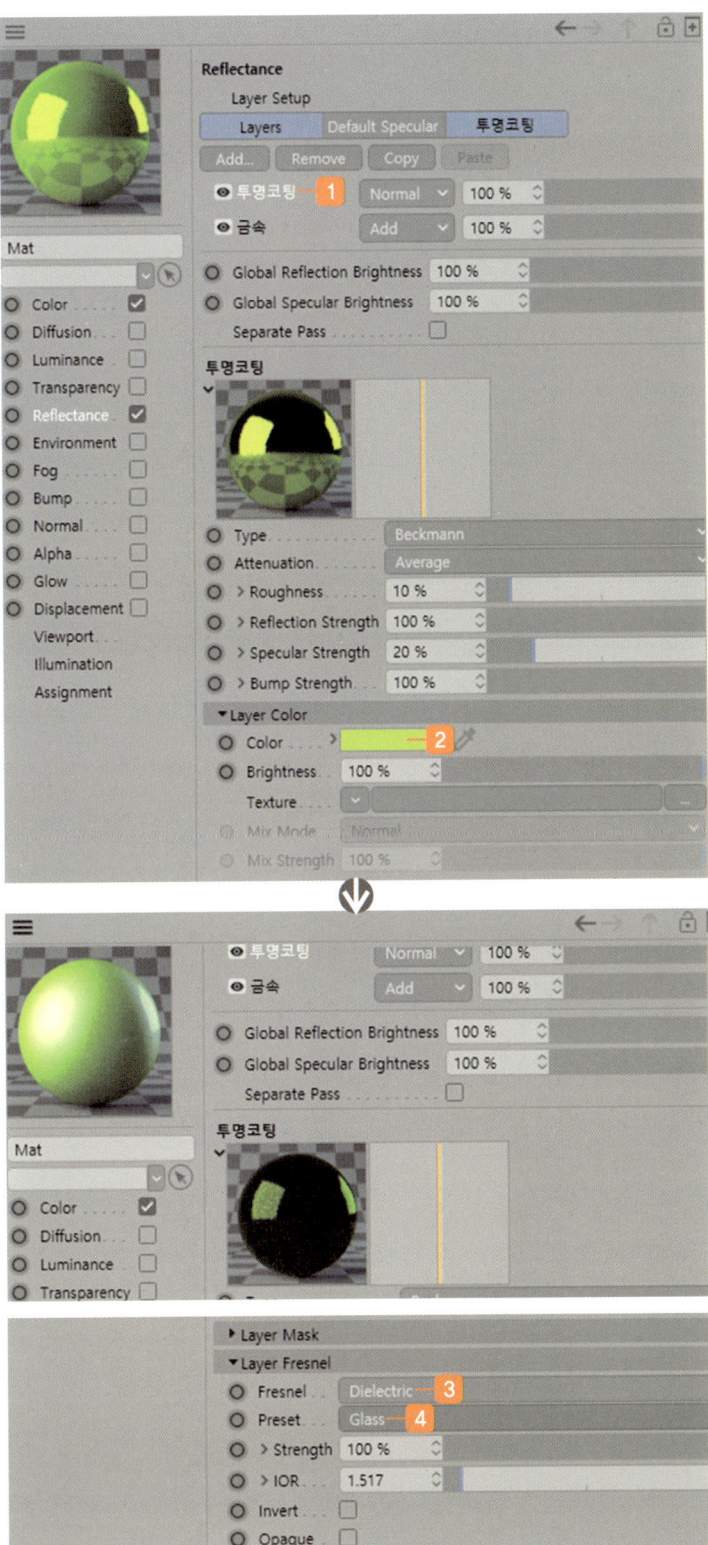

기본 사용법 095

19 하이라이트가 너무 강하게 표현되는 것 같아 금속 탭으로 이동한 후 Specular Strength(스펙큘러 스트랭스) 값을 7 정도로 낮춰줍니다. 그리고 다시 투명코팅 탭으로 이동합니다. 이번엔 코팅의 질감을 거친 펄 느낌으로 해 주기 위해 Roughness(러프니스) 값을 50 정도로 설정합니다.

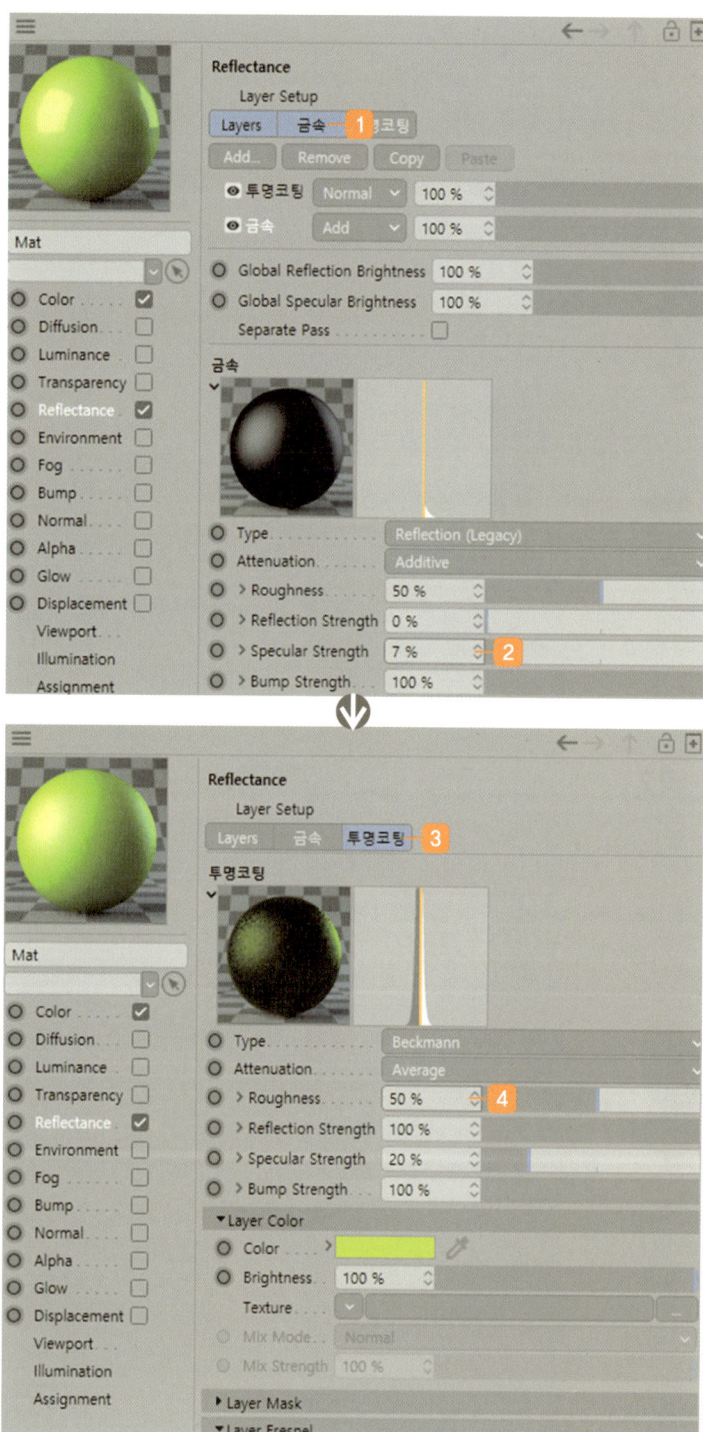

20 이제 지금까지 설정된 매터리얼을 스피어 오브젝트에 적용해 봅니다. 재질을 적용하는 방법은 여러 가지가 있는데 먼저 매터리얼 매니저에서 직접 끌어다 뷰포트에 있는 오브젝트에 적용하는 방법과 오브젝트 매니저에 있는 오브젝트에 적용(많은 양의 오브젝트를 사용할 경우 적합)하는 방법이 있으며, 매터리얼 에디터가 열렸거나 매터리얼 어트리뷰트(속성) 매니저가 열렸다면 매터리얼 프리뷰(섬네일)을 끌어다 오브젝트에 적용할 수도 있습니다.

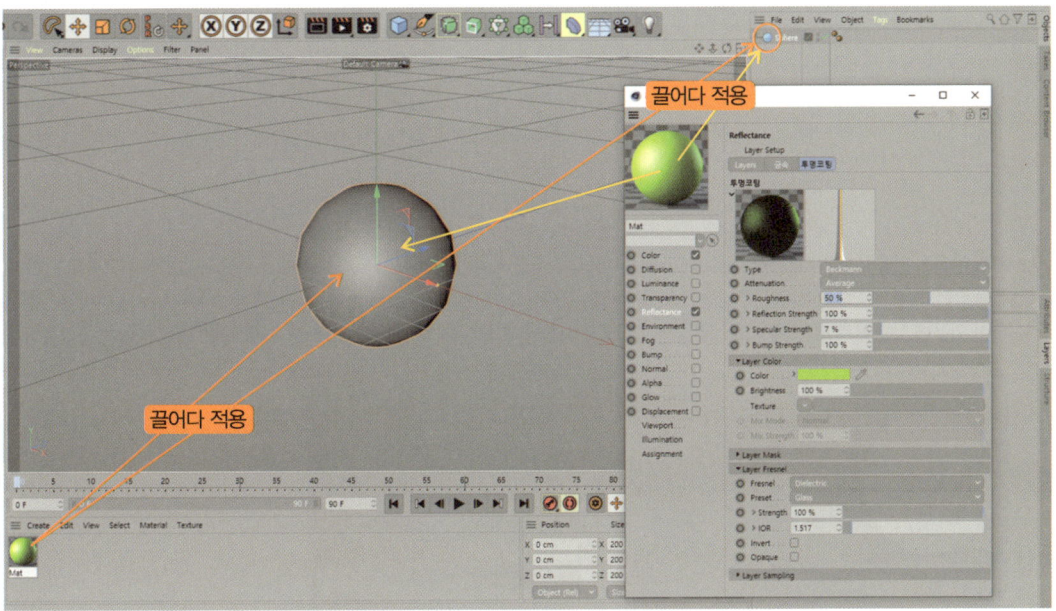

21 매터리얼을 적용했다면 이제 렌더를 통해 확인 해봅니다. 렌더 뷰(Render View)를 선택하거나 단축키 [Ctrl] + [R] 키를 눌러 렌더를 해봅니다. 확인을 해보면 아직은 코팅이 된 금속 재질 느낌이 들지 않고 무광의 플라스틱 느낌과 더 흡사합니다.

름, 물, 자동차 등과 같은 물체들이 오브젝트 표면에 비춰지도록 하여 오브젝트의 질감을 사실적으로 표현할 수 있게 해야 합니다. 즉, 앞서 렌더를 통해 표현된 오브젝트의 질감은 환경 맵이 결여되었기 때문에 실제의 매터리얼 느낌이 살아나지 않았던 것입니다. 이제 환경 맵을 사용하기 위해 Environment(인바이어런먼트) 툴에서 Sky를 적용합니다. 스카이는 환경 맵을 표현하기 위해 반드시 필요한 요소입니다.

22 반사에 대한 채널을 사용할 경우엔 환경 맵(Environment Map)이란 것을 통해 실제 오브젝트 주변에 건물이나 나무, 구

23 스카이(환경 맵)에 적용될 새로운 매터리얼을 생성하기 위해 매터리얼 매니저의 빈 곳을 더블클릭합니다. 그다음 새로 생

성된 매터리얼(Mat.1)을 더블클릭하여 매터리얼 에디터를 열어줍니다.

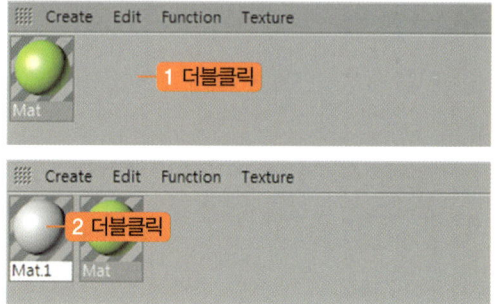

24 환경 맵으로 사용될 매터리얼 채널은 Luminance(루미넌스) 채널 하나만 사용하면 되기 때문에 루미넌스 채널만 체크하고 나머지(컬러, 리플렉턴스) 채널은 해제합니다. 루미넌스 채널에서 Texture(텍스처)의 Load Image… 메뉴를 선택하거나 우측 로드 이미지 버튼을 클릭하여 외부에 있는 환경 맵 이미지 소스 파일을 불러오도록 합니다. [학습자료] – [맵소스] 폴더 – [맵소스07.jpg] 파일을 불러옵니다.

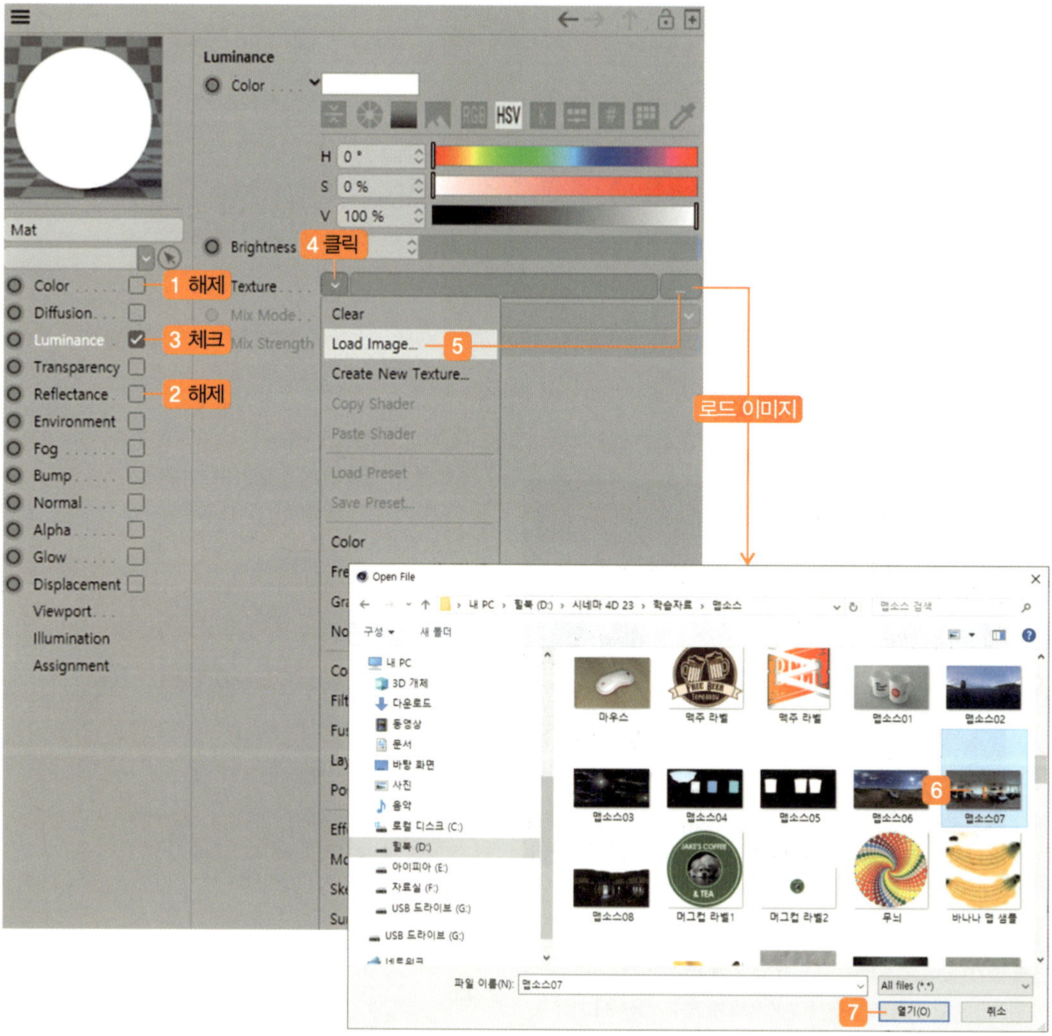

25 텍스처 이미지를 불러오면 불러오는 이미지를 현재 사용되는 프로젝트의 경로(폴더)에 복사해서 사용할 것인지 아니면 원본 경로에서 사용할 것인지에 대한 여부를 묻는 대화상자가 열립니다. 실제 작업이라면 당연히 복사하여 관리하는 것이 좋겠지만 지금은 학습을 위한 것이기 때문에 원본 위치의 이미지를 사용하기 위해 [아니오] 버튼을 클릭하여 불러옵니다.

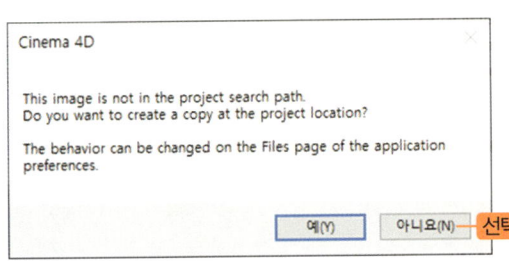

26 이제 설정이 끝난 환경 매터리얼을 끌어다 오브젝트 매니저에 있는 스카이에 갖다 적용합니다. 참고로 적용할 때의 화살표 방향은 아래쪽으로 향해야 합니다.

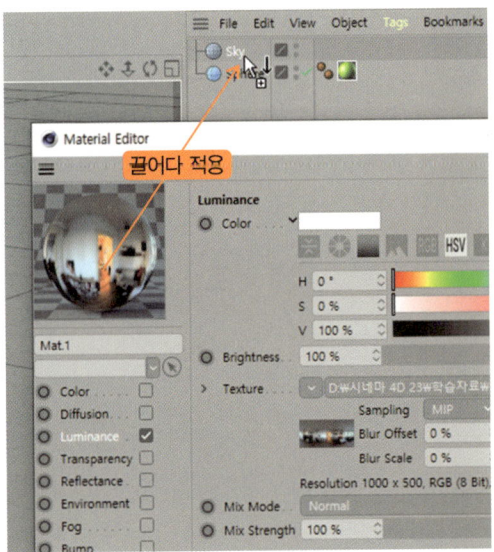

28 리플렉턴스 채널의 투명코팅 탭에서 Layer Fresnel(레이어 프레넬)의 Strength(스트랭스) 값을 40 정도로 낮추고 Roughness(러프니스) 값을 20 정도로 낮춰서 질감을 만들어줍니다.

27 환경 맵이 적용된 상태에서 다시 렌더 뷰(Ctrl+R)를 해봅니다. 그런데 아직까지는 특별한 변화가 없습니다. 그것은 현재의 매터리얼이 반사율이 떨어지기 때문입니다. 매터리얼 설정을 위해 처음 만들어놓았던 Mat 매터리얼을 더블클릭 혹은 이미 다른 매터리얼의 에디터가 열려있는 상태라면 그냥 선택하여 Mat 매터리얼 에디터를 열어줍니다.

기본 사용법 **099**

29 매터리얼 설정이 끝나 후 다시 렌더 뷰(Ctrl+R)를 해보면 이제야 비로서 원했던 펄 느낌의 코팅된 재질에 가깝게 완성됐습니다. 이처럼 시네마 4D에서는 기존에는 표현하기 어려웠던 지금과 같은 질감을 어렵지 않게 표현할 수 있다는 것을 알 수 있습니다. 시네마 4D에서의 재질은 지금까지 살펴본 것과 같은 방법으로 이뤄지며 보다 디테일한 재질을 설정하기 위해서는 더욱 심도있는 학습이 필요합니다.

30 여기서 펄 느낌을 더욱 사실적으로 표현 해봅니다. 그러기 위해 Color 채널을 선택한 후 [Texture] - [Noise]를 적용합니다.

31 노이즈 텍스처가 적용되면 컬러 채널에 노이즈 패턴이 나타나게 됩니다. 여기서 Mix Mode를 Multiply로 설정하여 컬러 채널의 색상과 노이즈가 혼합되어 나타나게 합니다. 그다음 노이즈 입자 크기를 작게 해주기 위해 Noise를 선택하거나 노이즈 패턴 모습의 섬네일을 선택합니다. 계속해서 Shader 탭이 열리면 Global Scale을 2 정도로 줄여서 노이즈, 즉 펄 패턴의 크기를 아주 작게 해 줍니다. 그리고 Color 1의 색상을 회색으로 설정하여 펄을 더욱 밝게 표현해줍니다.

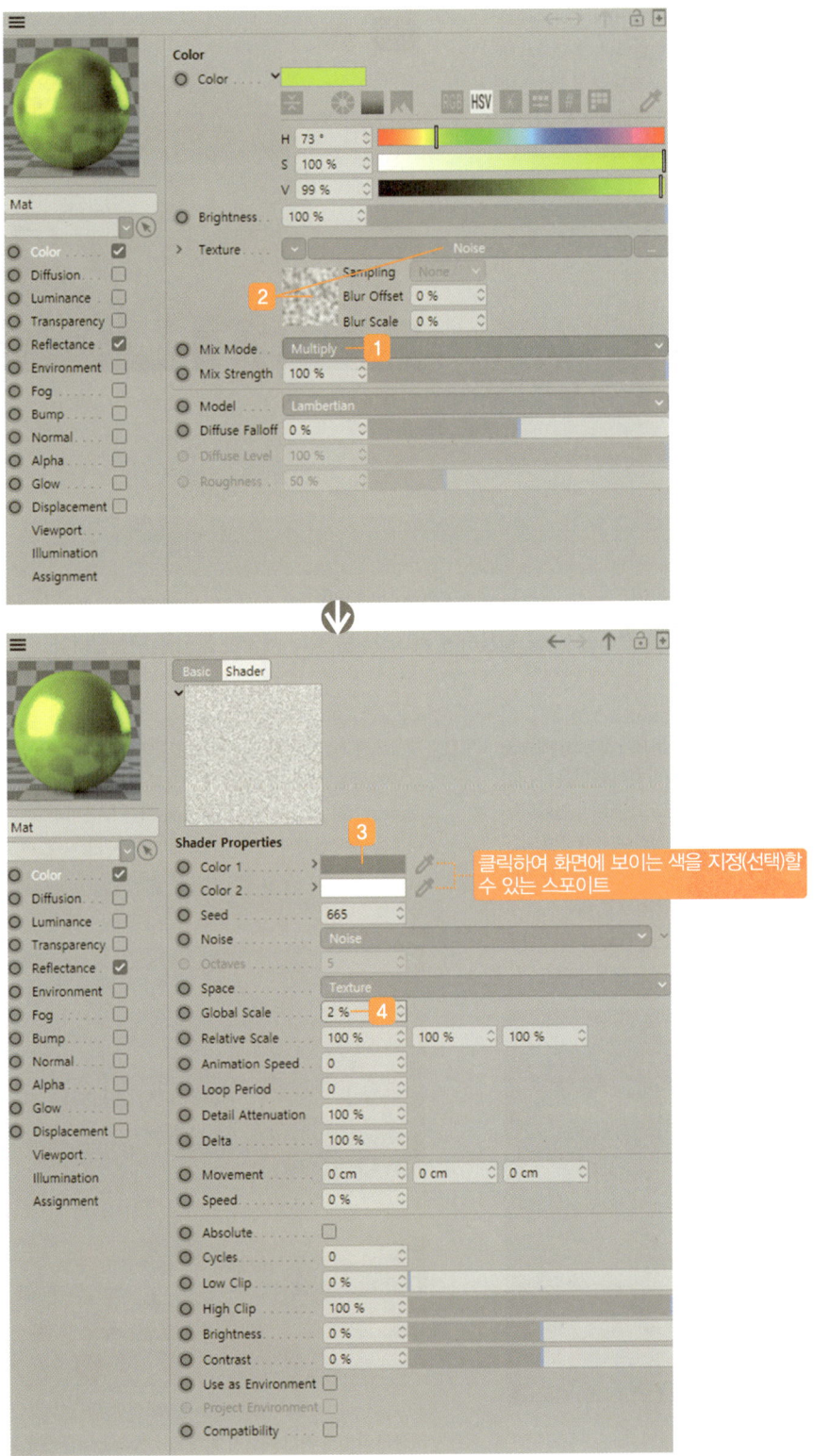

32 이제 다시 렌더 뷰(Ctrl + R)를 해보면 앞서 설정한 노이즈에 의해 펄의 느낌이 더욱 살아난 것을 알 수 있습니다. 지금까지 매터리얼을 생성하고 적용하는 방법과 세부적으로 설정하는 방법에 대해 알아 보았습니다. 보다 다양한 매터리얼 학습은 [오브젝트 제작하기]편의 매터리얼에서 살펴볼 것입니다.

동영상 제작을 위한 애니메이션 만들기

정지된 오브젝트에 생명력을 부여하는 것을 애니메이션 작업이라고 합니다. 시네마 4D에서 애니메이션 작업을 하기 위해서는 타임라인(애니메이션 컨트롤 바)을 활용하며 키프레임을 통해 세밀한 동작을 구현합니다.

01 애니메이션 작업에 대해 살펴보기 위해 [File] - [Open] 메뉴를 선택한 후 [학습자료] - [프로젝트] - [애니메이션 만들기.c4d] 파일을 불러옵니다. 애니메이션 작업은 오브젝트의 변화되는 모습을 시간과 키프레임을 적절하게 설정하여 표현하게 되는데 먼저 시간을 애니메이션이 시작되는 시작 프레임에 갔다 놓고 Torus(토러스) 오브젝트를 그림처럼 뷰포트 뒤쪽으로 이동합니다. 그다음 열쇠 모양의 Record Active Objects 버튼(단축키 F9)을 클릭하여 현재 시간에 키(프레임)을 생성합니다.

02 계속해서 시간을 60프레임으로 이동한 후 토러스 오브젝트를 그림처럼 앞으로 이동합니다. 그다음 역시 Record Active Objects(이하 레코드 버튼이나 [F9] 키를 누름이라고 설명함) 버튼을 눌러 현재의 시간에 키프레임을 추가합니다. 이것으로 간단하게 토러스가 뒤에서 앞으로 움직이는 애니메이션이 만들어졌습니다.

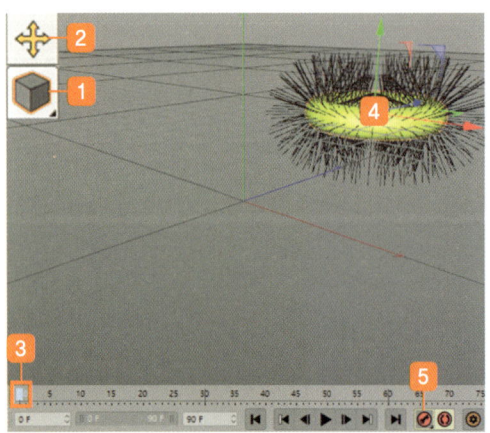

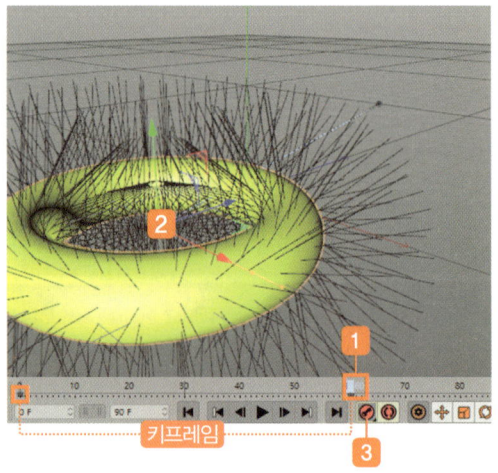

03 지금의 작업을 확인 해보기 위해 Play Forwards(플레이 포워드

– 이하 플레이 버튼 또는 [F8] 키를 누름이라고 표기함) 버튼을 눌러봅니다. 그러면 앞서 설정한 시간과 키프레임(위치 값)에 의해 모션(움직임)이 표현됩니다. 이와 같은 방법으로 애니메이션을 표현하면 됩니다.

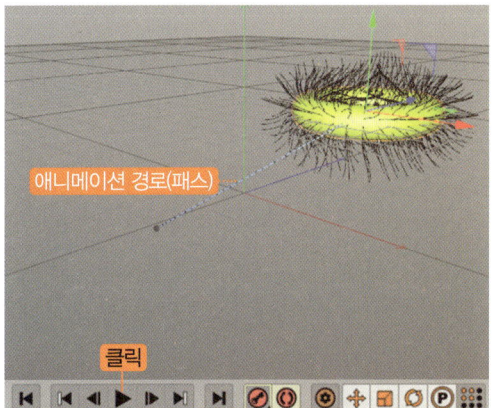

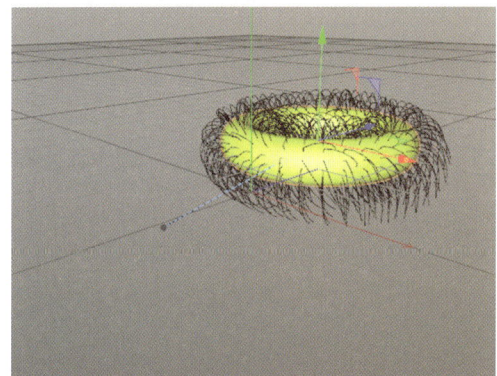

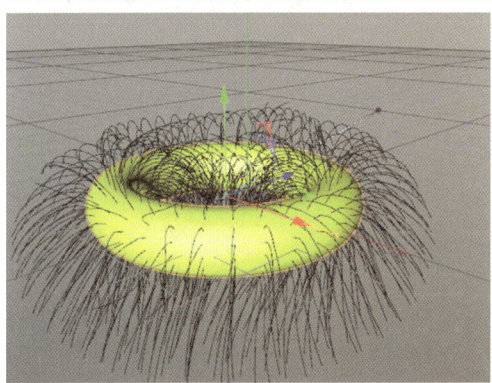

04 이번엔 앞서 만든 애니메이션 중간에서 위치를 수정해 봅니다. 시간을 30프레임으로 이동한 후 위치를 그림처럼 좌측으로 이동한 후 [F9] 키를 눌러 키프레임을 추가합니다. 이로서 애니메이션 경로가 바꼈습니다.

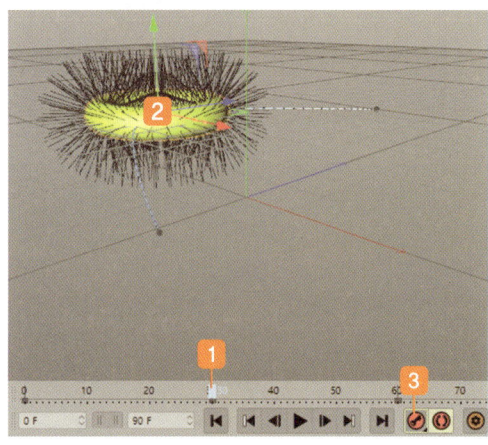

05 애니메이션 작업은 위치뿐만 아니라 회전과 크기 그리고 파라미터 변수에 대해서도 가능합니다. 먼저 회전 애니메이션에 대해 알아보기 위해 시간은 앞서 작업했던 시간인 30프레임에서 로테이트 툴을 사용하여 그림처럼 B축 방향으로 180도 회전합니다. 그다음 [F9] 키를 누르거나 레코드 버튼을 클릭하여 키프레임을 업데이트합니다. 현재의 30프레임은 앞서 이미 위치에 대한 키프레임이 생성되었기 때문에 새로 설정된 값에 대한 정보만 업데이트하는 것입니다. 만약 키프레임이 있는 지점에서 정보 값을 수정한 후 레코드(F9) 버튼을 누르지 않으면 종전에 사용했던 상태 그대로 돌아갑니다.

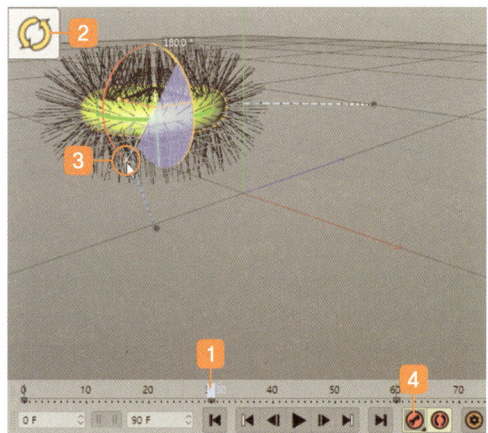

06 [F8] 키를 눌러 플레이를 해보면 앞서 설정된 각도에 맞게 회전되는 장면이 연출됩니다.

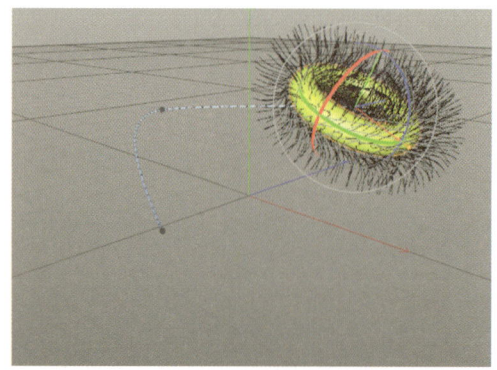

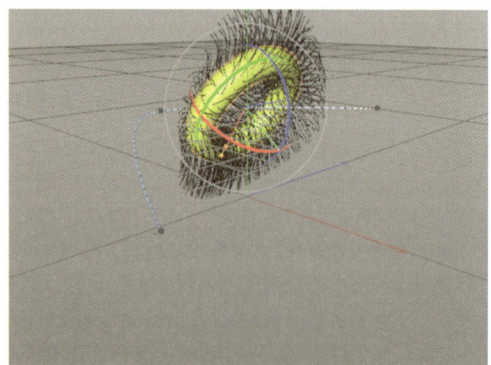

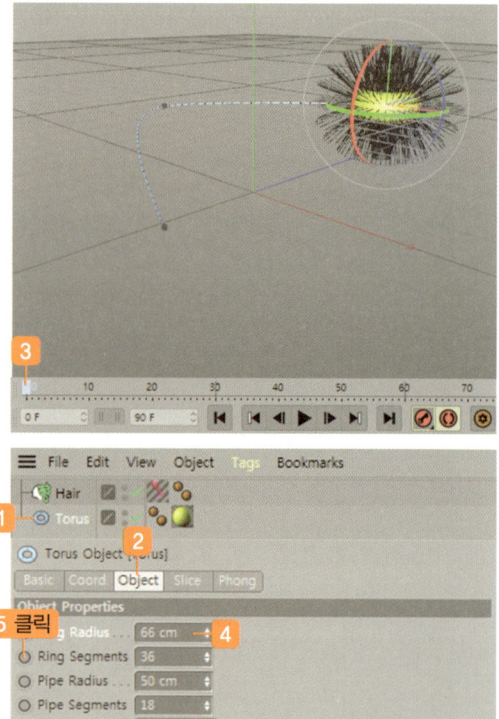

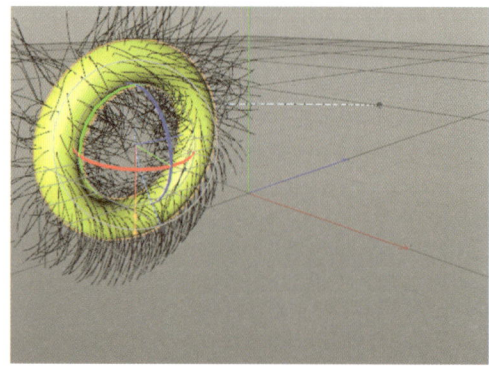

07 계속해서 이번엔 파라미터 변수에 대한 애니메이션을 만들기 위해 토러스 오브젝트를 선택한 후 어트리뷰트 매니저에서 Object 탭을 열어줍니다. 일단 여기에서는 토러스의 링의 지름이 변하는 애니메이션을 표현해 봅니다. 시간을 시작 프레임으로 이동한 후 Ring Radius 값을 66 정도로 줄여줍니다. 이 상태에서 Ring Radius 좌측의 작은 원(회색)을 클릭(이전 버전에서는 [Ctrl] 키를 누른 후에 클릭했음)합니다. 그러면 회색이었던 원의 색상이 빨간색으로 바뀌게 됩니다. 이와 같이 파라미터 변수에 대한 키프레임은 해당 파라미터 좌측에 있는 원 모양의 레코드 버튼을 이용합니다.

08 계속해서 시간을 60프레임으로 이동한 후 Ring Radius 값을 250 정도로 설정한 후 좌측 레코드 버튼을 클릭하여 키프레임을 추가(업데이트)합니다.

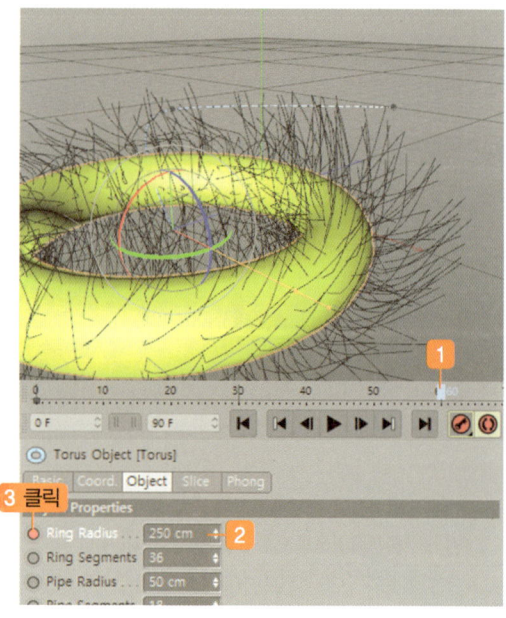

09 특정 키프레임의 모션(패스) 경로에 대해 변경하고자 한다면 변경하고자 하는 키(프레임)를 선택한 후 어트리뷰트 매니저에서 Auto tangents(오토 탄젠트 또는 핸들)와 Clamp(클램프)를 체크 해제합니다. 그러면 선택된 키 양쪽에 모양을 설정할 수 있는 탄젠트가 나타납니다.

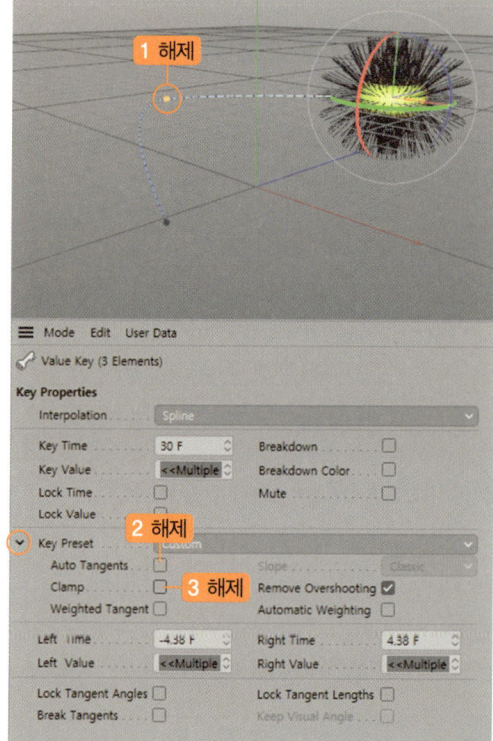

10 탄젠트(핸들)가 나타나면 양쪽의 포인트를 잡고 원하는 위치로 이동하여 모션 경로의 모양을 수정하면 됩니다. 포토샵이나 일러스트레이터의 탄젠트를 조절하는 것과 동일합니다.

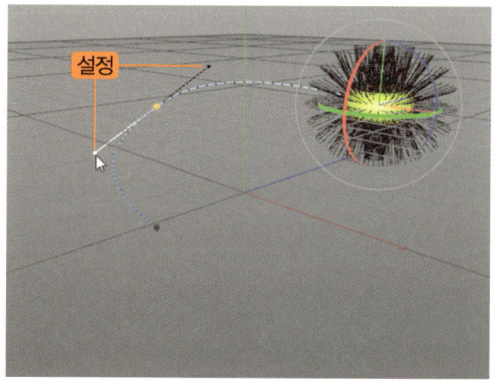

11 애니메이션 작업 시 불필요한 키프레임이나 애니메이션 트랙이 있다면 삭제를 해야 합니다. 삭제하는 방법은 해당 오브젝트의 어트리뷰트 매니저에서 키프레임이 생성된 파라미터의 원(레코드 버튼) 위에서 [우측 마우스 버튼]을 누르면 나타나는 팝업 메뉴에서 [Delete Keyframe]이나 [Delete Track]를 선택하여 해당 키프레임이나 트랙 자체를 삭제할 수 있습니다.

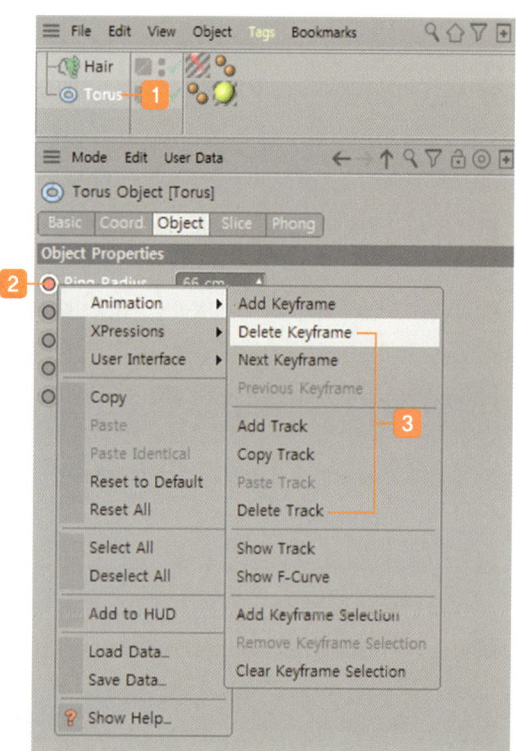

알아두기

주황색 원(레코드 버튼)은 어떤 의미인가?

파라미터 좌측에 원의 색상은 애니메이션이 적용되지 않았을 때는 회색(기본색)이며, 키(프레임)이 생성된 시간에 있을 때는 빨간색이다. 그리고 현재 시간이 키프레임이 있는 시간에서 벗어났을 때에는 테두리만 있는 빨간색으로 표시됩니다.

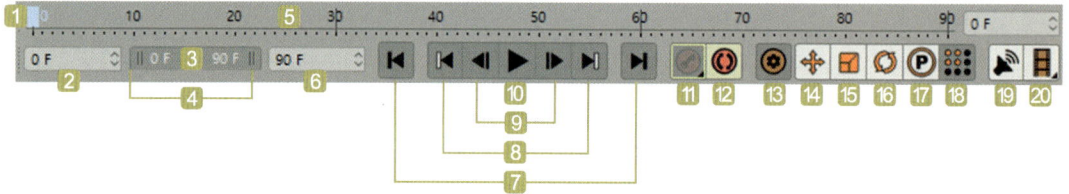

1 타임 슬라이더(Timeslider) 현재 애니메이션 작업 시간을 설정합니다. 직접 이동하여 설정할 수 있습니다.

2 시작 프레임(Project Start) 애니메이션 작업의 시작 시간(프레임)을 설정합니다. 직접 입력해서 설정할 수 있습니다.

3 파워 슬라이더(Powerslider) 타임룰러(시간자) 확대 시 작업 시간으로 이동할 수 있습니다.

4 타임룰러(시간자) 확대/축소 타임룰러의 단위를 확대하거나 축소할 수 있습니다. 정교한 작업을 위해서는 확대합니다.

5 타임룰러(시간자) 애니메이션 작업을 위한 시간 단위를 보여줍니다.

6 끝 프레임(Project End) 애니메이션 작업의 마지막 시간(프레임)을 설정합니다. 직접 입력해서 설정할 수 있습니다.

7 시작/끝 지점으로 이동(Goto Start/End) 타임 슬라이더의 위치를 애니메이션 작업의 시작 또는 끝 시간으로 이동합니다.

8 이전/이후 키프레임으로 이동(Goto Previous/Next Key) 타임 슬라이더를 애니메이션 작업 시 사용된 키프레임으로 이동합니다.

9 이전/이후 프레임으로 이동(Goto Previous/Next Frame) 타임 슬라이더를 한 프레임씩 이전/이후로 이동합니다.

10 플레이(Play Forwards) 애니메이션의 움직임을 확인하기 위해 재생합니다. 주로 단축키 F8을 사용합니다. 재생 도중엔 정지 기능으로 전환됩니다.

11 레코드(Record Active Objects) 애니메이션을 위한 키프레임을 수동으로 생성합니다. 주로 단축키 F9를 사용합니다.

12 오토키잉(Autokeying) 애니메이션을 위한 키프레임을 자동으로 생성합니다.

13 키프레임(Keyframe) 활성화(선택)된 오브젝트에 대해서만 키프레임을 생성할 수 있습니다.

14 포지션(Position) 애니메이션을 위한 키프레임을 생성할 때 위치 값에 대한 정보 값의 사용 유무를 결정합니다. 켜져 있을 때 정보 값이 키프레임에 반영됩니다.

15 스케일(Scale) 애니메이션을 위한 키프레임을 생성할 때 크기 값에 대한 정보 값의 사용 유무를 결정합니다. 켜져 있을 때 정보 값이 키프레임에 반영됩니다.

⑯ **로테이션(Rotation)** 애니메이션을 위한 키프레임을 생성할 때 회전 값에 대한 정보 값의 사용 유무를 결정합니다. 켜져 있을 때 정보 값이 키프레임에 반영됩니다.

⑰ **파라미터(Parameter)** 애니메이션을 위한 키프레임을 생성할 때 어트리뷰트 매니저의 변수 값에 대한 정보 값의 사용 유무를 결정합니다. 켜져 있을 때 정보 값이 키프레임에 반영됩니다.

⑱ **포인트 레벨 애니메이션(Point Level Animation)** 애니메이션을 위한 키프레임을 생성할 때 포인트의 위치 변화에 대한 정보 값의 사용 유무를 결정합니다. 켜져 있을 때 정보 값이 키프레임에 반영됩니다.

⑲ **플레이 사운드(Play Sound)** 애니메이션 재생 시 오디오를 들을 수 있게 해줍니다.

⑳ **프로젝트(Project)** 애니메이션 재생 속도를 설정합니다.

12 세밀한 애니메이션 설정을 하고자 한다면 타임라인 매니저가 필요합니다. [Window] - [Timeline (Dope Sheet)]를 선택하거나 단축키 [Ctrl] - [F3] 키를 누르면 타임라인 매니저가 열립니다. 타임라인 매니저는 애프터 이펙트의 그래프 에디터와 유사하기 때문에 애프터 이펙트 사용자라면 쉽게 이해할 수 있을 것입니다.

타임라인 매니저

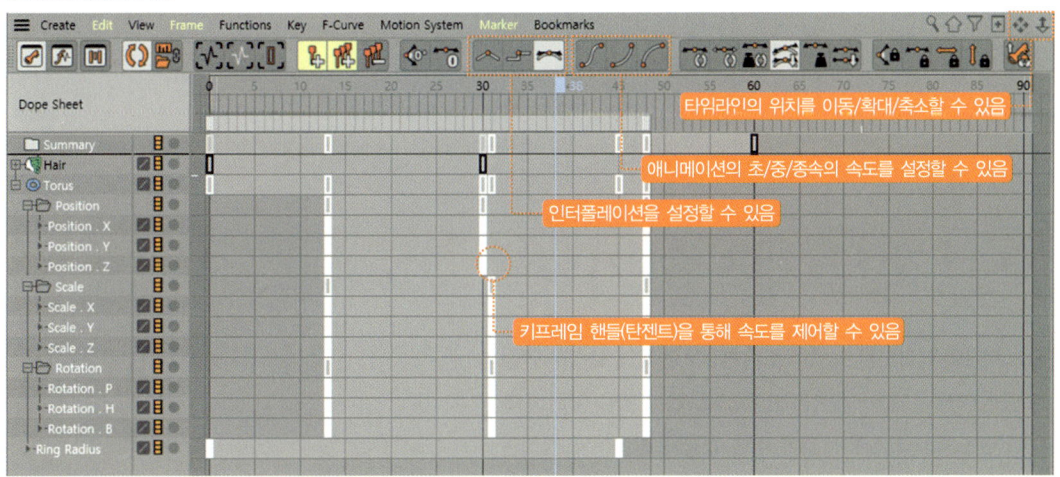

타임라인 매니저는 애니메이션에 사용된 모든 키프레임에 대한 세부 설정을 할 수 있습니다. 애니메이션의 속도, 위치, 삭제, 고정 등의 디테일한 작업이 가능하며, 곡선(F-Curve) 형태의 매니저도 제공하여 키프레임간의 속도를 보다 세밀하게 조절할 수 있게 해줍니다.

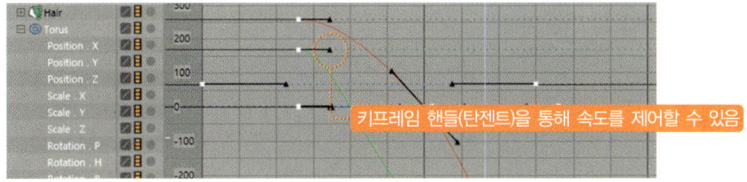

PART 02

오브젝트 제작하기

오브젝트의 제작이란 모델링을 통한 3D 물체의 모습을 만들고 만들어진 물체에 적당한 재질을 적용하는 것을 말하며 더 나아가 조명이나 스카이 같은 주변 환경을 만들어 사실적인 표현을 하는 것을 말합니다. 이것은 오브젝트를 제작하는데 있어 가장 중요한 작업 과정이라고 할 수 있습니다. 이렇듯 오브젝트의 제작은 키 애니메이션이나 다이내믹 애니메이션 과정에 앞서 반드시 필요한 과정이기 때문에 원하는 오브젝트를 제작할 수 있도록 다양한 모양의 오브젝트를 만들어보는 것이 필요합니다.

01

머그컵 제작

머그컵은 보기엔 단순한 모양이지만 손잡이 부분을 표현하기 위해서는 결코 쉽지만은 않은 작업이라고 할 수 있습니다. 머그컵을 만들기 위한 기본 도형(실린더)을 선택하고 손잡이와 몸통 부분을 붙이기 위해 브릿지를 사용하며 모익스트루드(MoExtrude)를 이용하여 보다 진보적인 방법으로 손잡이를 표현하는 방법에 대해 알아봅니다.

머그컵 모델링하기 1

머그컵 모양과 흡사한 실린더를 이용하여 몸통을 만들고 몸통의 면(폴리곤)을 익스트루드를 사용하여 손잡이를 만드는 방법에 대해 알아봅니다.

01 오브젝트 툴에서 실린더(Cylinder)를 생성합니다. 세그먼트를 보면서 설정을 하기 위해 에디트 뷰포트 메뉴에서 [Display] – [Gouraud Shading (Lines)]을 선택합니다.

02 실린더의 크기는 최종 머그잔 크기를 생각하면서 조절하고 Height Segments는 6, Rotation Segments는 13으로 설정합니다. 지금의 세그먼트는 손잡이를 위한 설정입니다.

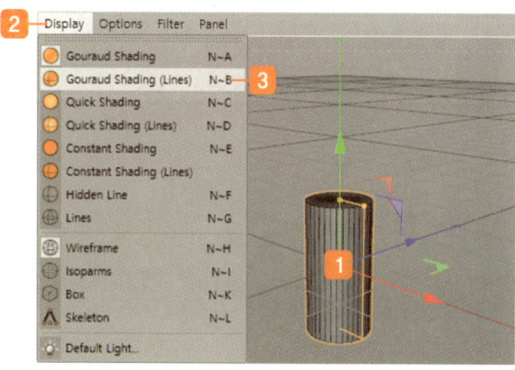

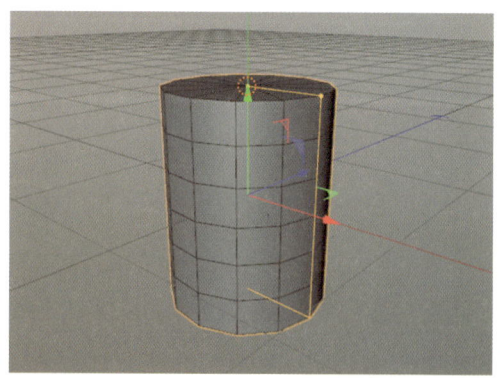

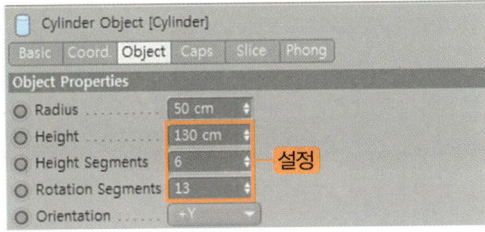

03 [F2] 키를 눌러 탑 뷰로 전환한 후 H축을 회전하여 13각면이 수직이 되도록 해 줍니다. 지금의 작업은 차후 포인트를 이용한 편집을 위해 필요한 각도입니다.

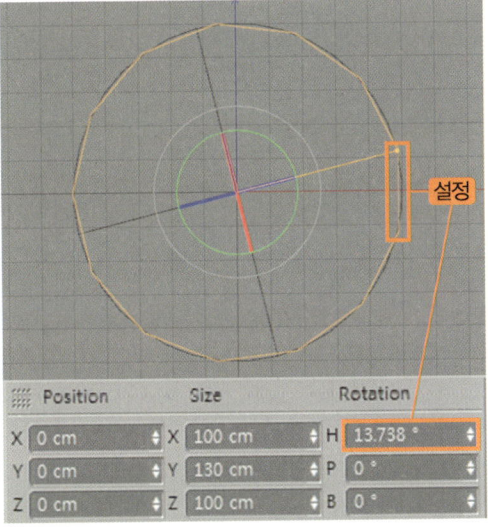

04 이제 실린더를 폴리곤으로 변환하기 위해 [C] 키를 누릅니다. 그리고 폴리곤 툴을 선택한 후 그림처럼 앞서 수직으로 맞춰준 면의 상단 부분을 선택합니다.

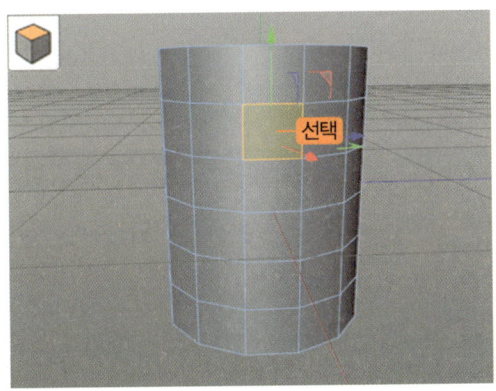

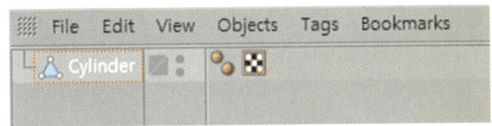

05 이제 선택된 면(폴리곤)을 잡아 빼기 위해 뷰포트 빈 곳에서 [우측 마우스 버튼] - [Extrude(단축키 M~T)]를 선택한 후 클릭 & 우측 드래그하여 그림과 같이 앞으로 살짝 빼줍니다.

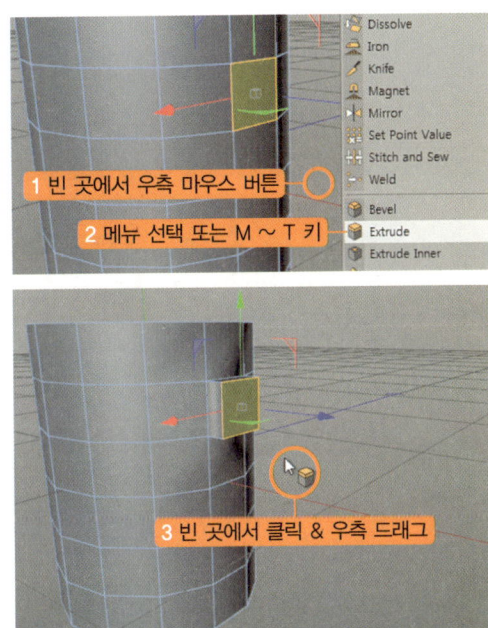

06 익스트루드가 선택된 상태에서 다시 한번 클릭 & 우측 드래그하여 그림처럼 한 마디의 면을 더 빼줍니다.
익스트루드와 베벨은 반드시 빈 곳에서 드래그해야 합니다.

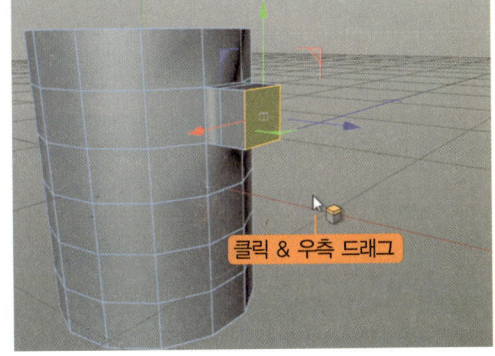

07 앞서 두 번째 빼준 면을 손잡이 모양을 생각하면서 모양을 만들어주어야 합니다. 먼저 Y축을 아래로 살짝 내려주고 로테이트 툴을 사용하여 빨간색 H축을 그림처럼 회전합니다.

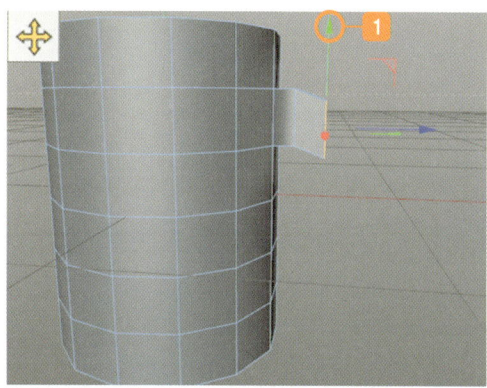

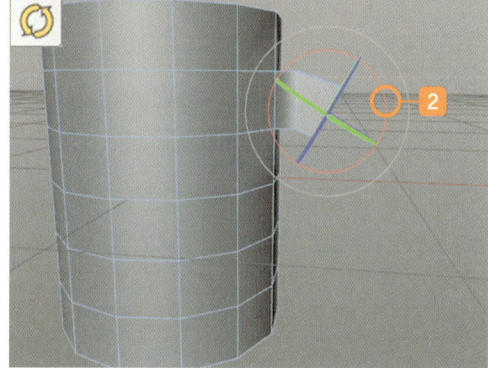

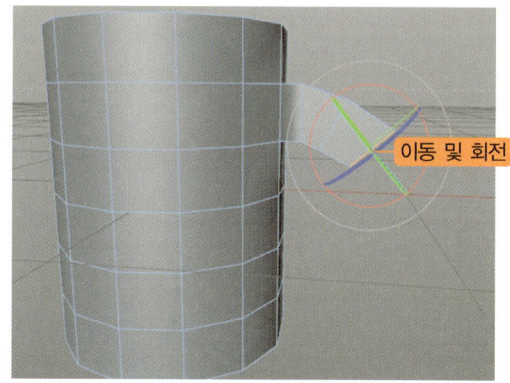

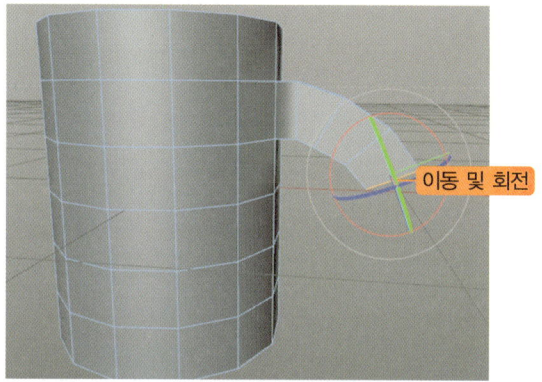

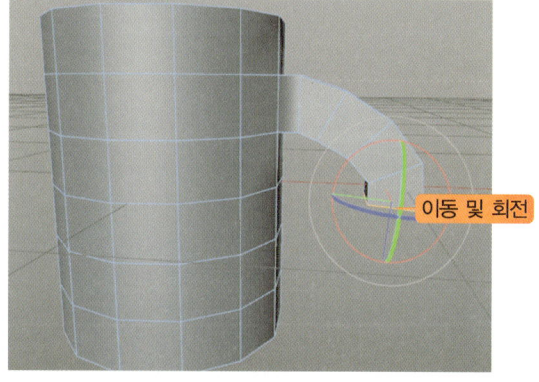

08 계속해서 [M~T] 키(익스트루드 툴)을 통해 조금씩 빼주고 무브 툴과 로테이트 툴을 사용하여 그림처럼 손잡이의 모양을 잡아줍니다. 마지막에 몸통과 손잡이가 합쳐지기 전까지 모양을 만들어주면 됩니다.

익스트루드와 베벨은 반드시 빈 곳에서 드래그해야 합니다.

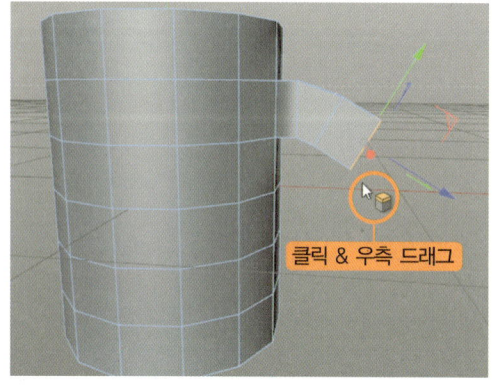

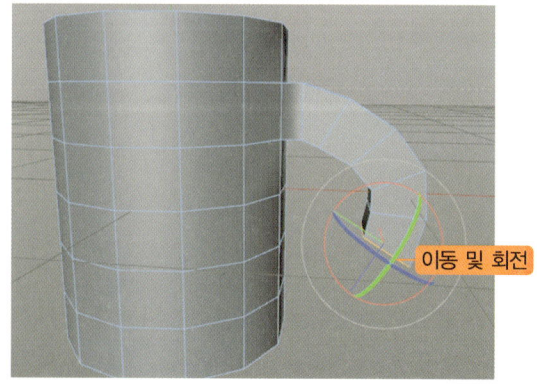

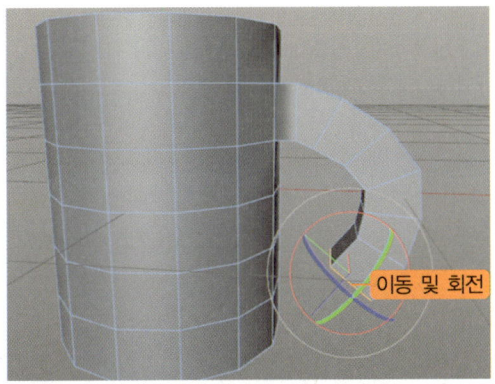

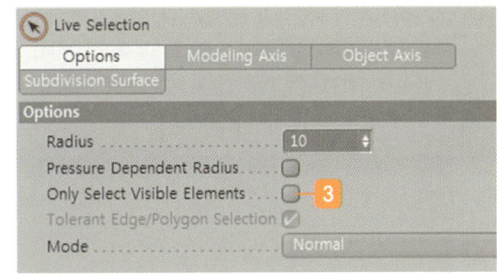

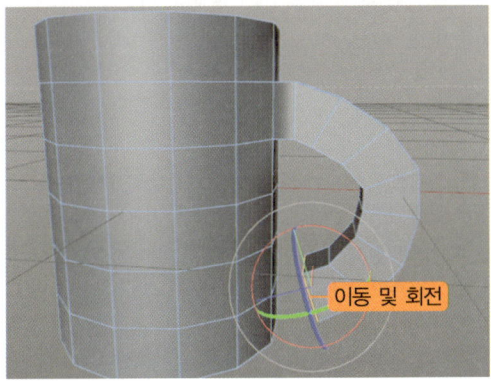

10 Xy축 방향의 액시스 밴드를 이동하여 그림처럼 선택된 포인트 들을 살짝 위쪽으로 이동하여 손잡이 모양을 만들어갑니다.

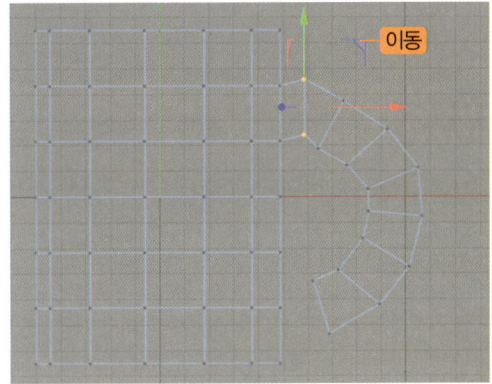

09 [F4] 키를 눌러 프런트(Front) 뷰로 전환한 후 손잡이의 모습이 평면으로 보이게 해줍니다. 그다음 포인트 툴과 선택(라이브) 툴을 사용하여 그림처럼 손잡이를 처음 만들었던 상단의 2개 (보이지 않는 뒤쪽까지 총 4개)의 포인트를 선택합니다. 이때 Only Select Visible Elements가 체크 해제되어야 보이지 않는 뒤 쪽의 포인트까지 선택됩니다.

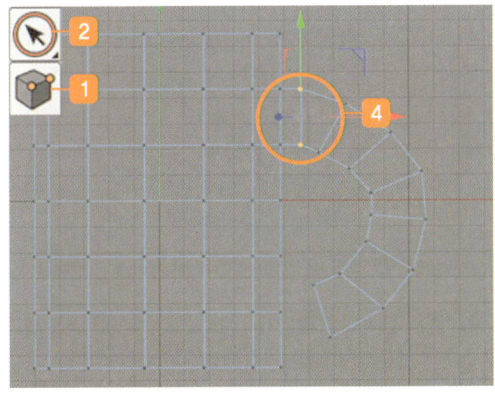

11 계속해서 그림처럼 우측의 포인트 4개(보이지 않는 뒤쪽까 지)를 모두 선택한 후 역시 XY축 방향의 액시스 밴드를 이동 하여 모양을 만들어줍니다.

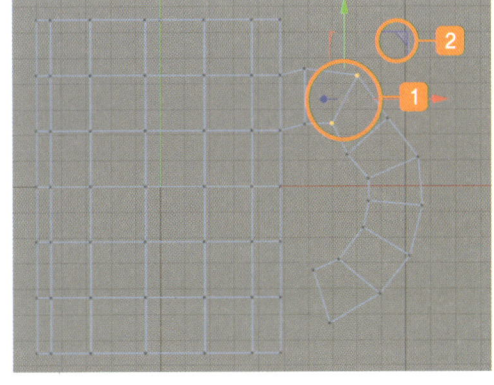

12 같은 방법으로 그림처럼 포인트들을 선택 및 이동(때에 따라

머그컵 제작 **113**

서는 회전)하여 모양을 만들어줍니다. 이때 포인트들이 서로 어긋나지(두 줄의 선이 보이지) 않게 주의해야 합니다. 현재는 평면 상태이기 때문에 포인트들이 어긋났다는 것은 모양이 틀어졌다는 것을 의미하기 때문입니다.

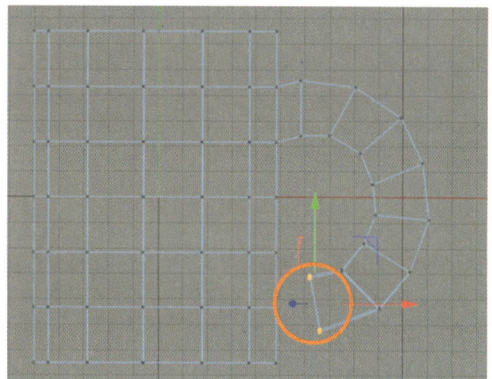

14 이제 앞서 선택된 포인트들은 그림처럼 손잡이 하단과 일치되도록 아래로 살짝 내려줍니다.

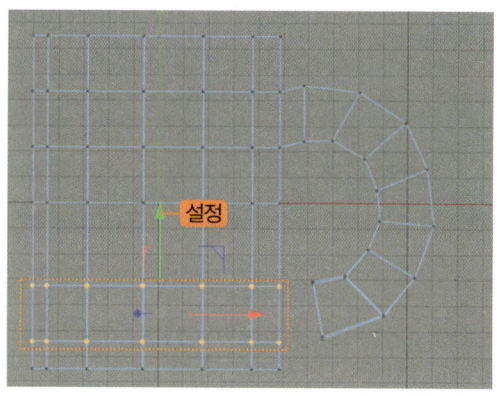

13 계속해서 손잡이 마지막 부분을 몸통 하단과 합쳐주어야 합니다. 그런데 몸통 하단과 손잡이 하단의 연결될 부분이 많이 어긋나 있습니다. 이것을 수정하기 위해 렉탱글 선택 툴을 사용하여 그림처럼 손잡이와 연결될 하단을 선택합니다. 이때 보이지 않는 뒤쪽의 포인트들도 선택되게 하기 위해 Only Select Visible Elements를 체크 해제한 후 선택해야 합니다.

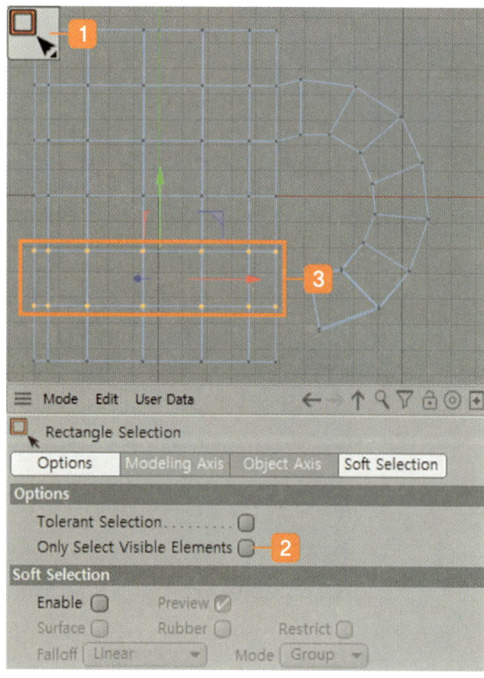

15 이번엔 손잡이 하단과 몸통 하단을 연결해야 합니다. 그러기 위해 먼저 [F1] 키를 눌러 퍼스펙티브(Perspective) 뷰로 전환한 후 폴리곤 툴과 무브(또는 라이브 선택) 툴을 선택합니다. 그 다음 [Ctrl] 키를 누른 상태에서 그림처럼 손잡이와 연결될 몸통 하단의 면을 선택합니다.

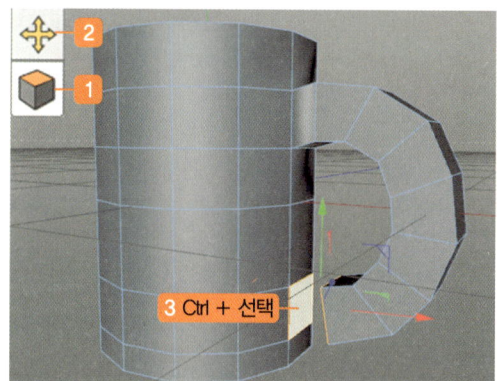

16 이제 앞서 선택된 면과 손잡이의 면을 합쳐주기 위해 브릿지를 사용합니다. 뷰포트 빈 곳에서 [우측 마우스 버튼] - [Bridge]를 선택하거나 단축키 [M~B]를 선택합니다. 그다음 클릭 & 드래그하여 연결된 포인트 지점을 서로 연결해 줍니다. 이때 연결될 포인트들은 서로 대칭이 되는 위치로 해주어야 반듯한 모양으로 합쳐지며 서로 어긋난 포인트들로 연결하면 삐뚤어진 상태로 합쳐지기 때문에 주의해야 합니다.

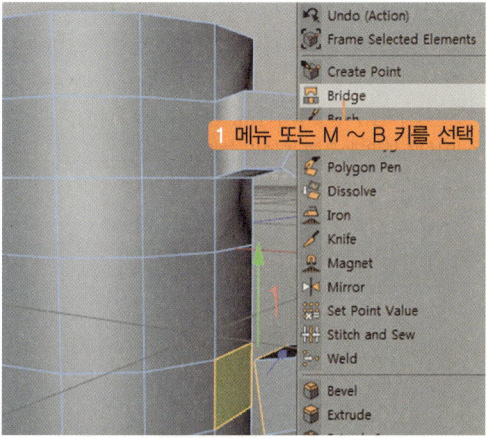

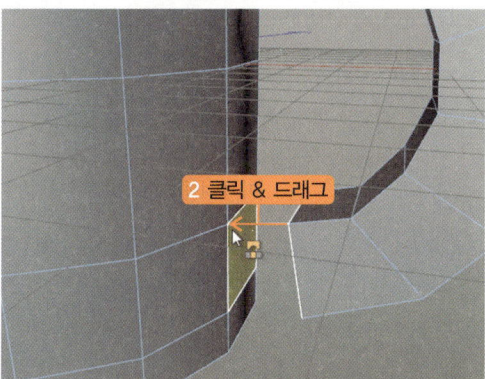

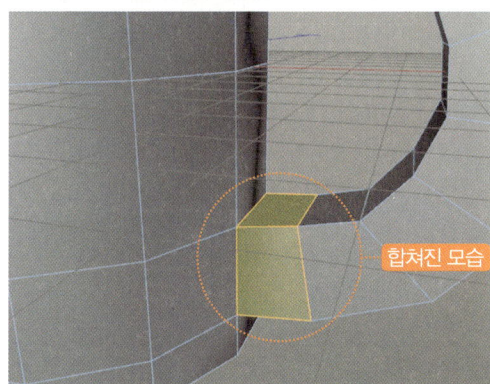

아주고 마지막으로 이 기능을 통해 최종 모양으로 완성하게 됩니다.

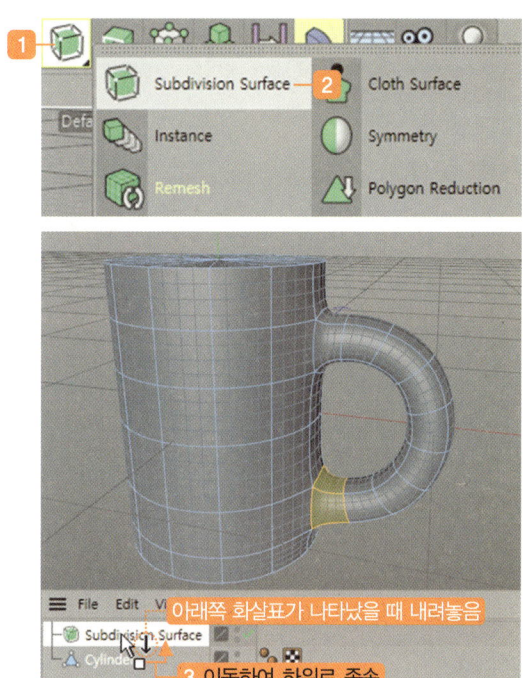

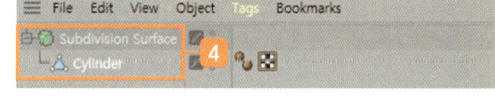

17 이제 머그컵의 모양을 보다 부드럽게 표현하기 위해 제너레이터 툴에서 Subdivision Surface(서브디비젼 서피스)를 적용합니다. 그다음 머그컵으로 사용되는 Cylinder(실린더) 오브젝트를 끌어다 서브디비젼 서피스 하위로 종속시킵니다. 서브디비젼 서피스는 오브젝트의 세그먼트를 추가하여 모양을 부드럽고 자연스럽게 해줄 때 사용되는 기능입니다. 그러므로 처음의 모델링(오브젝트) 작업은 세그먼트를 덜 사용하여 모양을 잡

18 서브디비젼 서피스를 통해 다듬어진 모습을 최종 렌더를 통해 확인 해보기 위해 [Ctrl] - [R] 키를 눌러줍니다. 지금까지 기본적인 모델링 기법을 통해 머그컵 모델링 작업을 해보았습니다. 다음 학습에서는 시네마 4D에서만 표현할 수 있는 모그라프의 모익스트루드(MoExtrude)를 통해 머그컵을 표현 해봅니다.

머그컵 모델링하기 2

모델링 작업은 작업자의 취향에 따라 사용하는 기능도 다릅니다. 여기서 중요한 것은 사용자가 가장 잘 사용할 수 있는 기능을 사용해야 한다는 것입니다. 이번엔 또 다른 방법을 통해 머그컵을 표현 해봅니다.

01 앞선 작업에 사용되던 머그컵을 언두(Ctrl + Z)를 하여 손잡이를 빼내기 전까지로 돌아가거나 [File] - [Open]를 선택하여 [학습자료] - [프로젝트] - [머그컵 2.c4d] 프로젝트 파일을 불러옵니다.

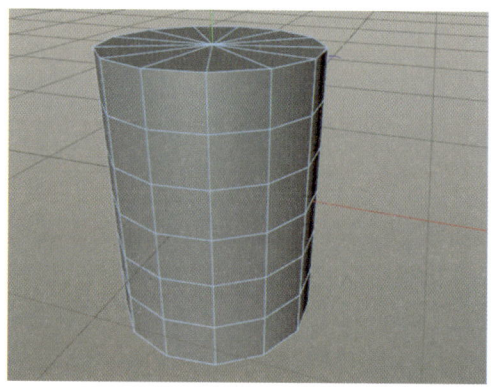

> **알아두기**
>
> **언두(작업 실행 취소) 횟수 설정하기**
>
> 언두 횟수의 설정은 [Edit] - [Preferences…(프레퍼런스)] 를 선택한 후 Memory 항목의 Undo Depth(언두 뎁스)를 통해 설정할 수 있습니다. 높은 값은 작업 중 언두 단계를 많이 사용할 수 있어 편리하지만 지나치게 높으면 언두 데이터에 의한 시스템 리소스가 많이 사용되어 속도가 느려질 수도 있으므로 적당한 값을 사용하는 것이 필요합니다.

02 앞서 불러온 프로젝트 파일은 머그컵을 위한 세그먼트와 크기가 조절된 폴리곤 오브젝트입니다. 먼저 머그컵 안쪽 부분의 홈을 파주기 위한 작업을 하기 위해 폴리곤 툴을 선택한 후 [Select] - [Loop selection]을 선택하거나 단축키 [U~L] 키를 눌러 루브 실렉션 툴을 선택합니다.

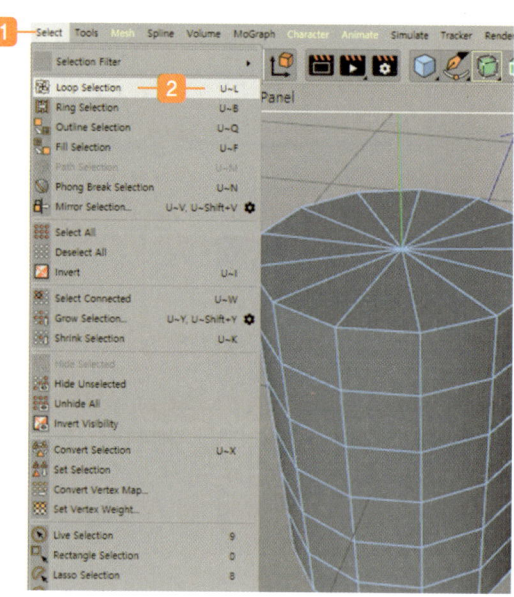

03 루프 실렉션은 오브젝트의 둘레를 한번에 선택할 때 사용되는 선택 툴입니다. 여기서 머그컵 위쪽 뚜껑 부분을 선택해 보면 뚜껑 전체가 선택됩니다. 이 상태에서 무브 툴을 사용하여 Y축 방향 위쪽으로 이동해 봅니다. 그러면 현재의 오브젝트는 실린더를 통해 만든 오브젝트이기 때문에 뚜껑이 분리된다는 것을 알 수 있습니다. 확인이 끝나면 언두(Ctrl + Z)를 하여 다시 원래대로 해줍니다.

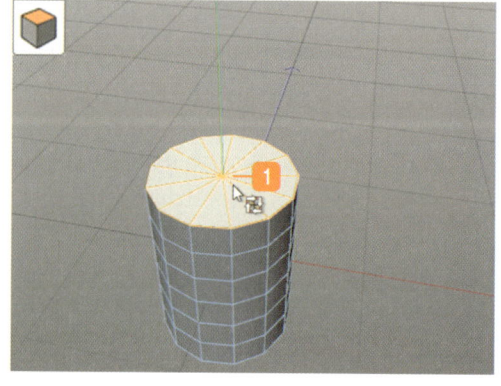

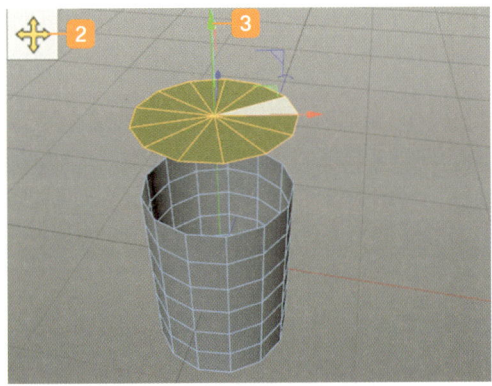

앞선 작업에서처럼 위쪽 뚜껑 부분을 모두 선택한 후 무브 툴을 사용하여 Y축 방향 위쪽으로 이동해 봅니다. 그러면 앞서 살펴본 것과는 다르게 뚜껑과 몸통이 하나로 합쳐진 것을 알 수 있습니다. 확인이 끝나면 다시 원래 상태(옵티마이즈가 적용된 이후 상태)로 되돌려줍니다.

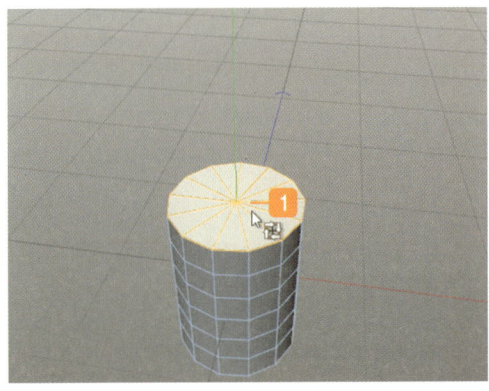

04 [Select] – [Deselect All]을 선택하거나 단축키 [Ctrl] + [Shift] + [A] 키를 눌러 모든 폴리곤(면)을 해제합니다. 또는 [Ctrl] + [A] 키를 눌러 모든 폴리곤을 선택 또는 빈 곳을 눌러 모두 해제한 다음 뷰포트의 아무 곳에서 [우측 마우스 버튼] – [Optimize…(옵티마이즈)]의 셋팅(톱니 모양의 아이콘) 버튼을 클릭합니다.

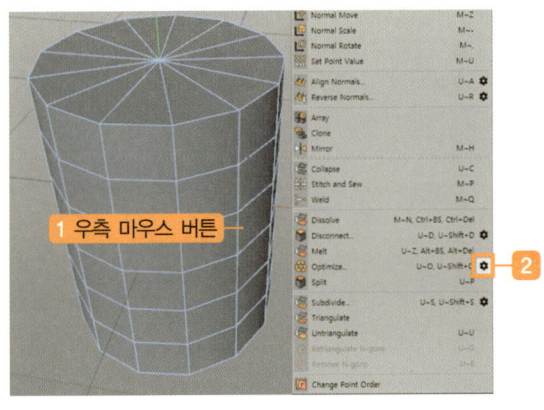

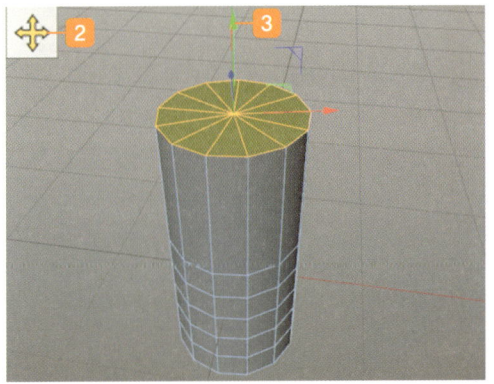

> **알아두기**
>
> **옵티마이즈(Optimize)에 대하여**
>
> 옵티마이즈는 오브젝트를 최적화시켜 줄 때 사용되는 기능으로 폴리곤과 포인트를 합쳐주거나 불필요한 포인트 찌꺼기를 삭제할 때 사용됩니다. 톨러런스(Tolerance)에서 설정된 거리 안에 포함된 폴리곤과 포인트는 하나로 합쳐지게 되는데 이때 언유즈드 포인트(Unused Points)도 같이 체크되면 사용되지 않는 포인트도 같이 합쳐지거나 설정된 거리밖에 있는 포인트들은 삭제됩니다.

05 옵티마이즈 창이 열리면 Polygons, Unused Points, Points 모두 체크가 된 상태에서 [OK] 버튼을 클릭합니다.

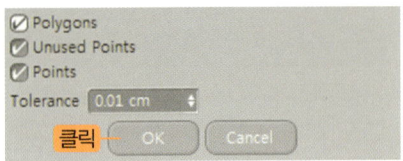

06 계속해서 다시 [U~L] 키를 눌러 루프 실렉션 툴을 선택한 후

07 머그컵 뚜껑 부분이 선택된 상태에서 이제 이 선택된 부분에 홈을 파기 위해 안쪽(머그컵의 두께 만큼)에 새로운 면(세그먼트)을 만들어야 합니다. 뷰포트에서 [우측 마우스 버튼] – [Extrude Inner(익스트루드 이너)]를 선택하거나 단축키

[M~W] 키를 선택합니다. 그다음 클릭 & 좌측 드래그하여 그림처럼 선택된 뚜껑 부분 안쪽에 새로운 면(세그먼트)을 생성합니다. 이렇듯 익스트루드 이너는 오브젝트의 안쪽이나 바깥쪽에 새로운 면을 생성할 때 사용됩니다.

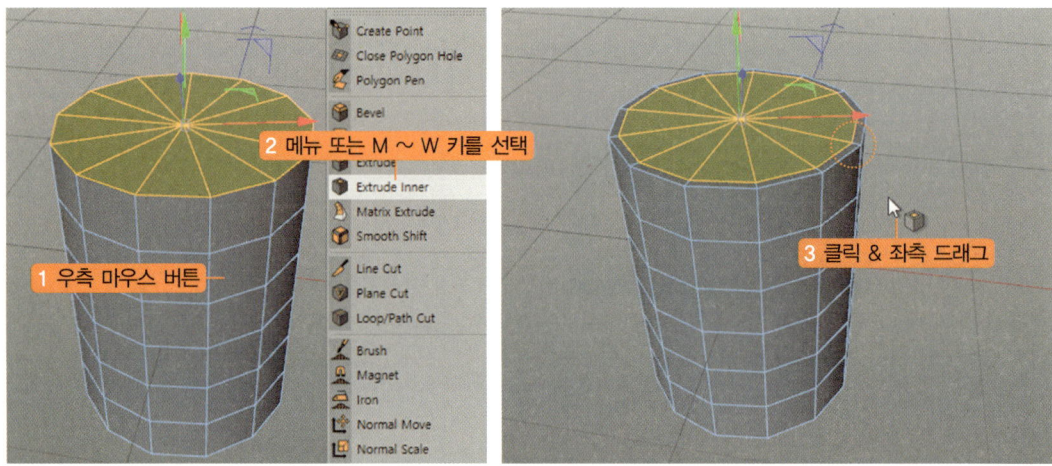

08 [F5] 키를 눌러 4분할 뷰로 전환한 후 [M~T] 키를 눌러 익스트루드 툴을 선택합니다. 그다음 아무 뷰에서 클릭 & 좌측 드래그하여 그림처럼 선택된 뚜껑 부분을 아래로 내려줍니다. 이때 아래 바닥을 뚫고 나가지 않도록 주의합니다.

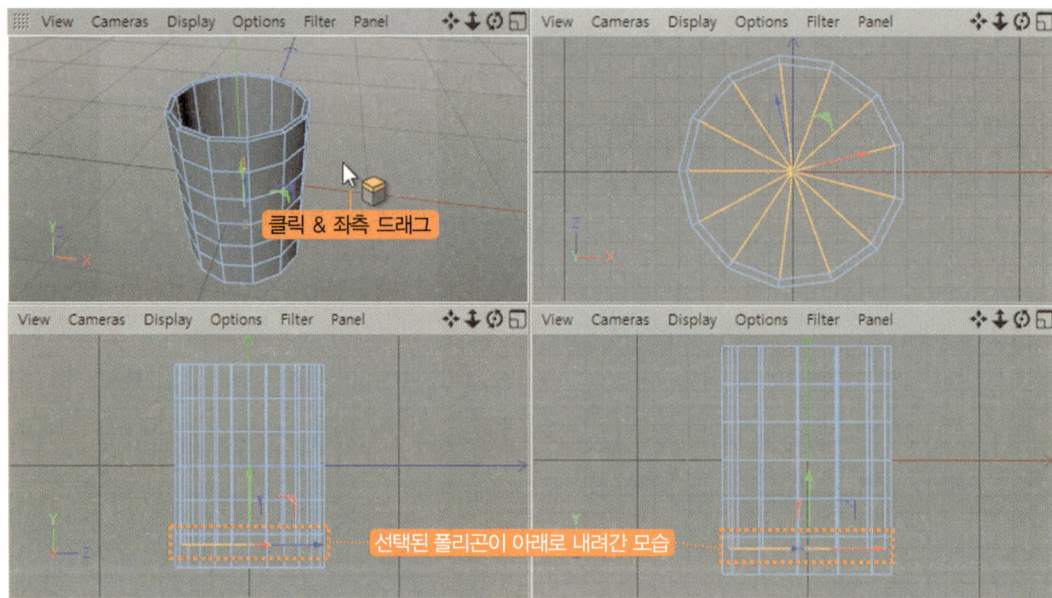

09 제너레이터 툴에서 서브디비젼 서피스를 적용한 후 머그컵 오브젝트를 서브디비젼 서피스 하위에 종속시킵니다.

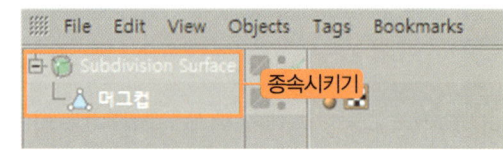

20 서브디비젼 서피스를 적용한 후의 머그컵 상단부의 모습을 보면 매우 얇고 날카롭게 표현되는 것을 알 수 있습니다. 렌더 뷰(Ctrl + R)를 해 보면 더욱 확실하게 알 수 있습니다. 이것은 서브디비젼 서피스가 세그먼트의 개수와 위치에 많은 영향을 준다는 것을 의미합니다.

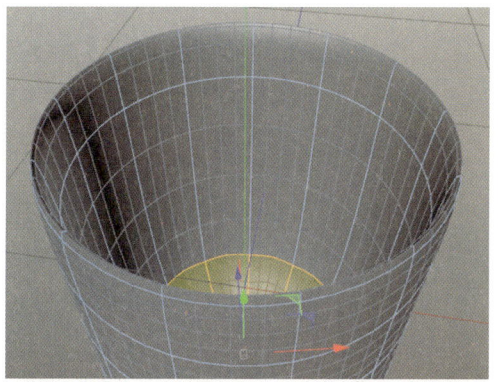

21 서브디비젼 서피스는 잠시 해제 해주고 머그컵 상단부를 루프 실렉션(U~L) 툴을 사용하여 그림처럼 둘레를 모두 선택합니다.

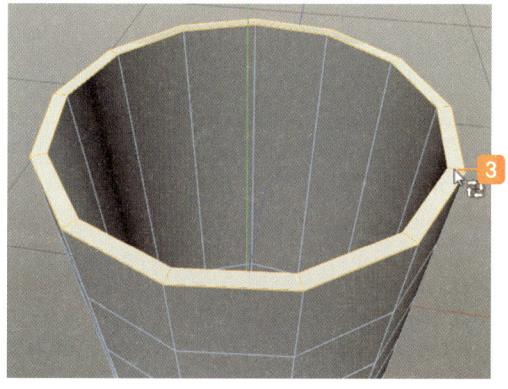

22 이제 베벨 툴을 사용하기 위해 뷰포트에서 [우측 마우스 버튼] - [Bevel(베벨)]을 선택하거나 단축키 [M~S] 키를 선택합니다.

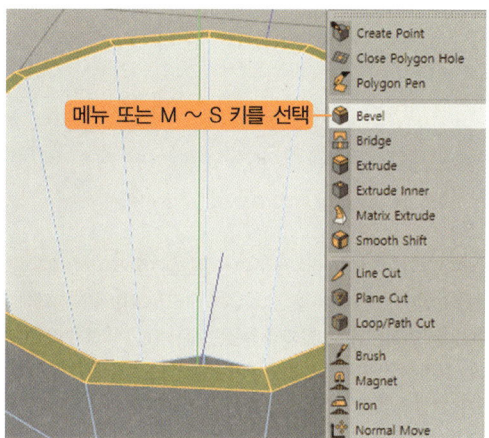

23 이제 뷰포트에서 클릭 & 우측 드래그하여 그림처럼 살짝 안쪽으로 돌출된 새로운 면(세그먼트)를 생성합니다. 이처럼 베벨은 각도와 높이를 동시에 사용하여 새로운 면(세그먼트)을 생성할 때 사용됩니다. 또한 베벨을 설정할 때 어트리뷰트 매니저의 Polygon Extrusion 탭의 Extrusion과 Max Angle을 설정하여 베벨의 높이와 각도를 미리 설정할 수 있습니다.

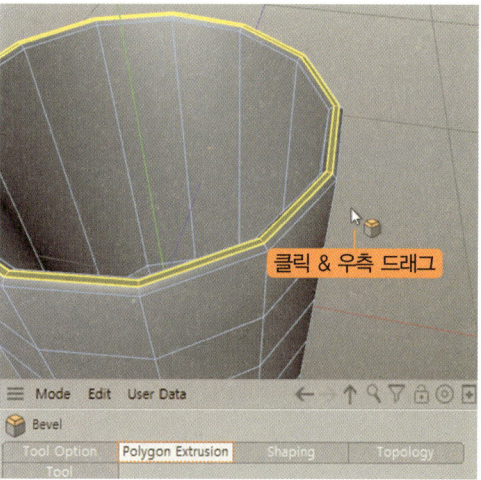

베벨의 각도와 높이 설정하는 방법

베벨은 에디트 뷰에서 클릭 & 드래그하여 선택된 엣지나 폴리곤의 각도와 높이를 조절합니다. 기본적으로 어트리뷰트 매니저의 맥스 앵글과 익스트루젼, 인어 옵셋의 수치를 기준으로 설정되지만 단축키인 [Shift]와 [Ctrl] 키를 이용하면 설정하면서 각도와 높이를 자유자재로 바꿔줄 수 있습니다.

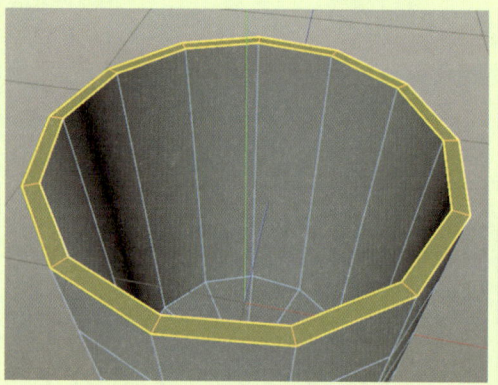

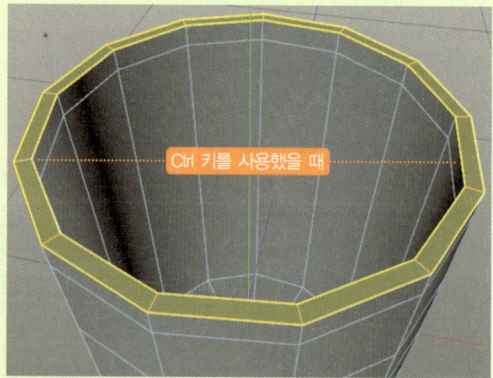

단축키로 베벨을 설정할 때 [Ctrl] 키를 누르고 클릭 & 드래그 하면 높이가 조절되며 [Shift] 키를 누르면 너비가 조절되기 때문에 원하는 모서리 모양을 편리하게 조절할 수 있습니다. 또한 조절할 때 처음부터 [Shift] 키를 사용하면 익스트루드 인어와 같은 역할로 사용되고 [Ctrl] 키를 사용하면 익스트루드처럼 사용됩니다.

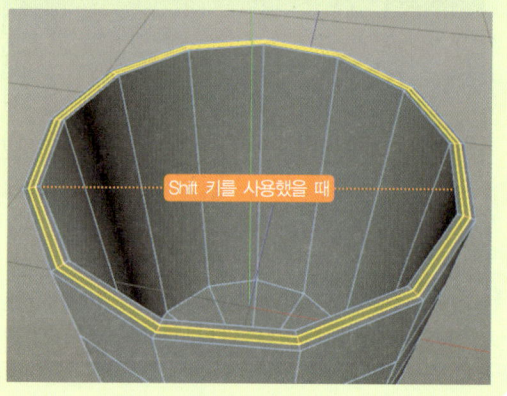

24 이제 베벨을 통해 만들어진 새로운 면(세그먼트)들이 머그컵 상단부의 모습을 어떻게 표현하는지 확인하기 위해 다시 서브디비젼 서피스를 활성화시켜줍니다.

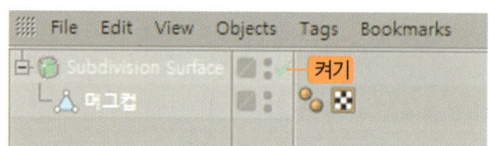

25 자세히 확인해보기 위해 렌더 뷰(Ctrl + R)를 해봅니다. 앞서 칼날처럼 날카로웠던 모습이 완만한 곡선의 모습으로 처리된 것을 알 수 있습니다. 이렇듯 서브디비젼 서피스를 사용하게 되면 오브젝트에 세그먼트를 분할하기 때문에 오브젝트의 모습을 보다 부드럽고 자연스럽게 표현하지만 기존의 세그먼트가 어떤 위치에 몇 개로 사용되는지에 따라 전혀 다른 모습이 될 수 있다는 것을 기억하기 바랍니다.

렌더 뷰의 모습

26 이번엔 머그컵 바닥을 표현하기 위해 먼저 서브디비젼 서피스를 해제한 후 머그컵을 선택합니다. 그리고 [U~L] 키를 눌러 루프 실렉션 툴을 선택한 후 그림처럼 머그컵 바닥의 모든 면을 선택합니다.

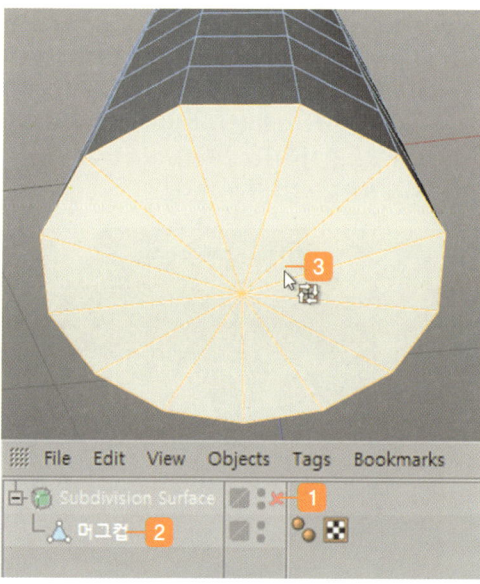

27 선택된 바닥면을 약간의 홈을 표현하기 위해 [M~S] 키를 눌러 베벨 툴을 선택합니다. 그리고 [Ctrl] 키와 [Shift] 키를 번갈아 가면서 그림처럼 표현합니다.

> **알아두기**
>
> **즐겨 사용되는 기능의 단축키를 외워두자.**
>
> 익스트루드, 인스트루드 인어, 베벨 등은 오브젝트 편집 시 가장 많이 사용되므로 단축키를 외워두는 것이 좋으며 그 밖에 즐겨 사용되는 기능은 작업의 편의를 위해 외워두는 것이 좋습니다.
>
> 베벨(Bevel) M ~ S
> 익스트루드(Extrude) M ~ T
> 익스트루드 인어(Smooth Shift) M ~ W
>
> 그밖에 뷰포트에서 M 또는 N 그리고 V와 U 키를 누를 경우에는 모델링 작업 시 즐겨 사용되는 메뉴가 팝업으로 나타납니다.

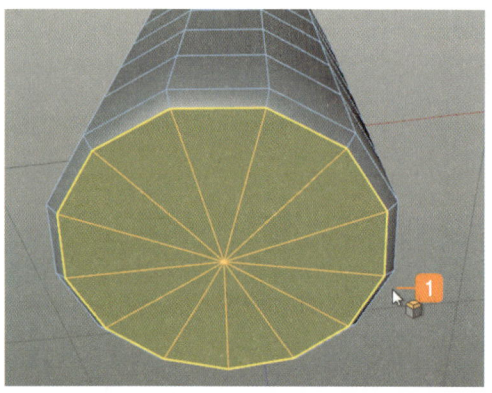

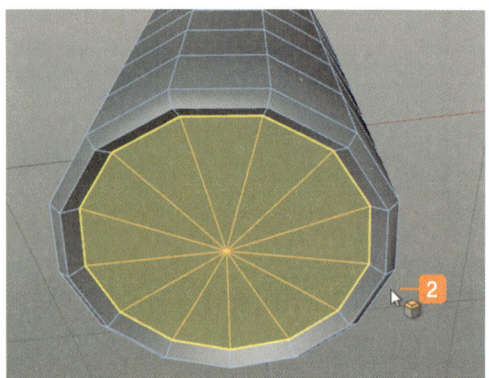

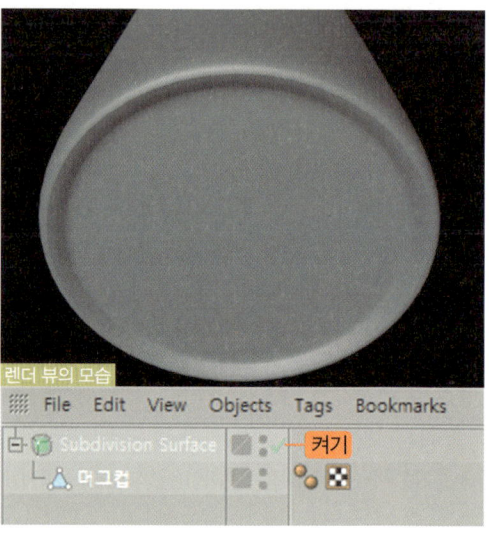

28 계속해서 [M~W] 키를 눌러 익스트루드 인너 툴을 사용하여 그림처럼 안쪽에 새로운 면(세그먼트)을 추가합니다. 이렇게 함으로써 서브디비젼 서피스 적용 시의 모양이 자연스럽게 표현됩니다.

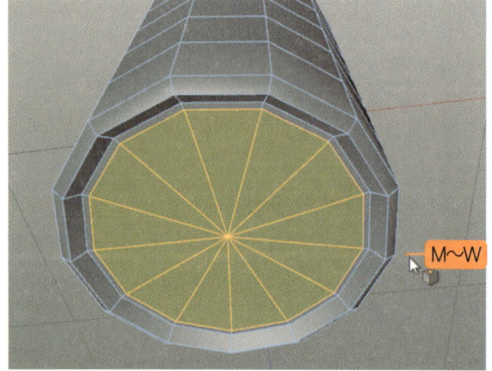

29 다시 서브디비젼 서피스를 체크한 후 렌더 뷰(Ctrl + R)를 해보면 바닥의 살짝 들어간 홈 부분이 자연스럽게 표현된 것을 알 수 있습니다.

30 서브디비젼 서피스의 어트리뷰트 매니저에서는 세그먼트의 분할률을 설정할 수 있습니다. Subdivision Editor는 에디트 뷰포트에서 나타나는 분할률이고 Subdivision Renderer는 최종 렌더 뷰를 했을 때 나타나는 분할률을 설정합니다. 확인이 끝나면 다시 원래 값으로 되돌려줍니다.

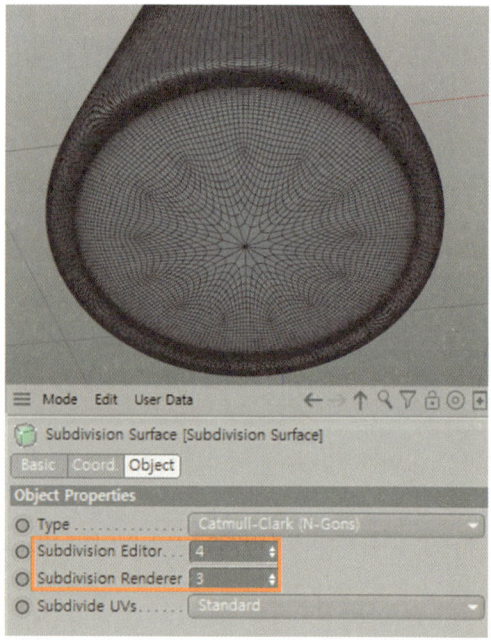

31 다시 작업을 계속하기 위해 서브디비젼 서피스를 해제하고 머그컵을 선택합니다. 그다음 엣지 툴을 선택한 후 [U~L] 키를 눌러 루프 실렉션 툴을 선택합니다. 그리고 머그컵 안쪽이 보이도록 설정한 후 안쪽 바닥의 모서리 둘레의 엣지(선)를 선택합니다.

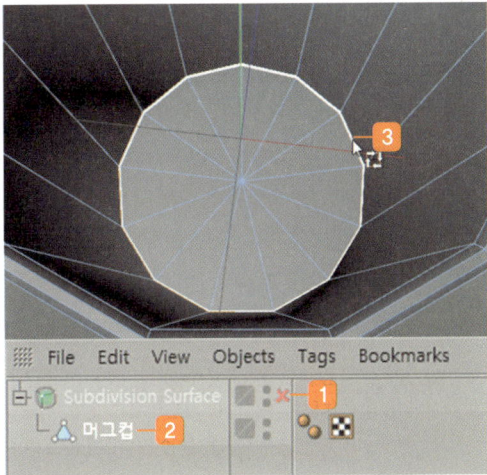

32 [M~S] 키를 눌러 베벨 툴을 선택합니다. 그다음 그림처럼 2개의 엣지(세그먼트)로 분리를 해줍니다. 이로써 안쪽 바닥 모서리의 모습이 자연스럽게 표현됩니다. 이렇듯 베벨은 폴리곤뿐만 아니라 엣지도 베벨 툴로 표현할 수 있습니다.

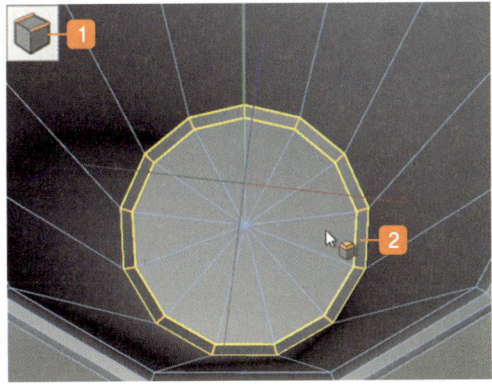

33 이제 다시 확인하기 위해 서브디비젼 서피스를 켜서 렌더 뷰(Ctrl + R)를 해 보면 안쪽 모서리의 모습이 자연스럽게 표현되는 것을 알 수 있습니다. 참고로 아래쪽 그림은 베벨로 엣지를 두 줄로 분할하지 않은 하나일 때의 상태를 렌더 뷰를 한 모습입니다.

34 이번엔 손잡이를 표현 해봅니다. 앞선 작업에서의 손잡이는 몸통의 면을 익스트루드 툴을 사용하여 **빼내어** 표현해보았는데 이번에는 색다른 방법으로 손잡이를 표현해볼 것입니다. 손잡이 모양을 스플라인으로 만들기 위해 스플라인 툴에서 Spline Pen을 선택합니다. 지금의 스플라인 툴이 아니더라도 여러분이 편하게 사용할 수 있는 툴을 이용하면 됩니다.

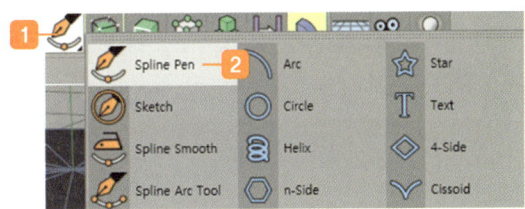

35 부드러운 곡선 스플라인을 만들기 위해 어트리뷰트 패널에서 Type을 B-Spline으로 변경합니다.

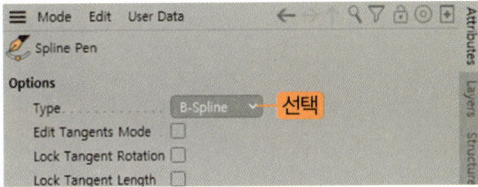

36 앞서 선택된 스플라인 펜 툴을 사용하여 먼저 손잡이의 위쪽 부분이 될 지점에 포인트를 만들어줍니다. 그리고 계속해서 그림처럼 손잡이 아래쪽 부분까지 포인트를 만들어나갑니다. 일단 이 작업에서는 모양을 크게 신경 쓰지 않아도 됩니다.

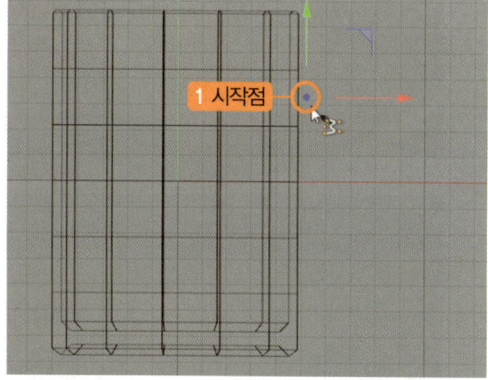

37 이제 앞서 만든 스플라인의 포인트를 이동하여 최종적으로 사용할 손잡이 모양으로 보기 좋게 수정을 해줍니다.

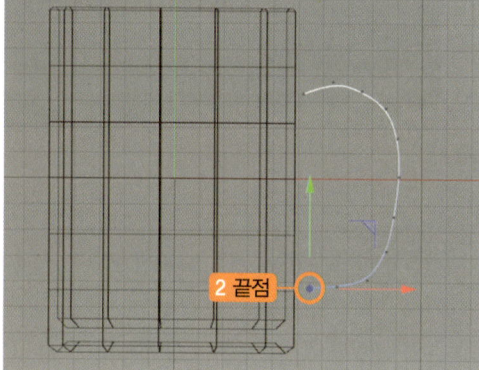

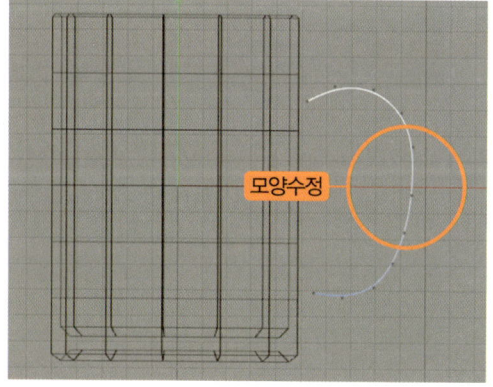

38 손잡이 아래쪽 부분과 합쳐질 몸통의 아래쪽 폴리곤 영역을 보면 위쪽으로 너무 올라가 있기 때문에 아래쪽 손잡이와 합쳐졌을 때 모양에 문제가 있습니다. 이제 이 부분을 아래쪽으로 내려주기 위해 엣지 툴 상태에서 렉탱글 선택 툴을 사용하여 그림처럼 아래쪽 손잡이와 합쳐질 모든 포인트를 선택합니다.

Only Select Visible Elements가 해제되어야 보이지 않는 뒤쪽의 포인트들로 선택된다는 것을 다시 한번 기억하기 바랍니다.

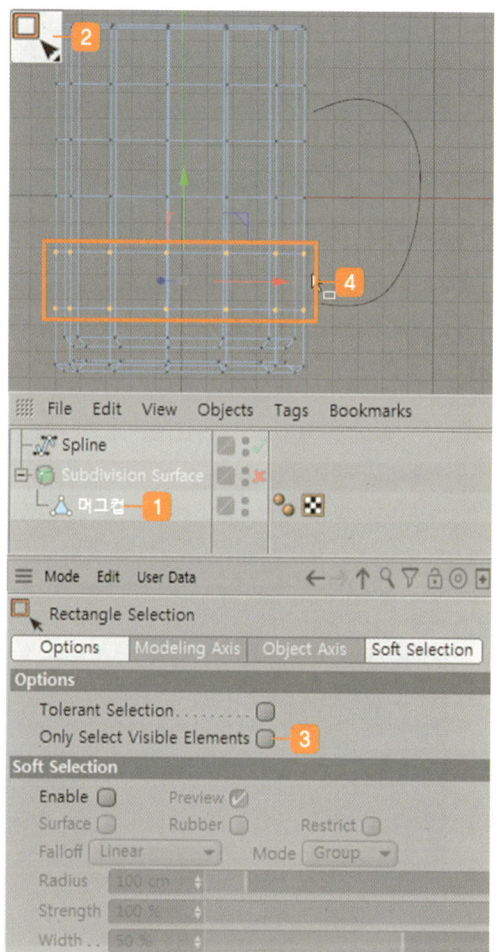

39 이제 선택된 몸통 아래쪽 엣지들을 살짝 아래로 내려서 아래쪽 손잡이와 자연스럽게 연결될 수 있는 위치가 되도록 해줍니다.

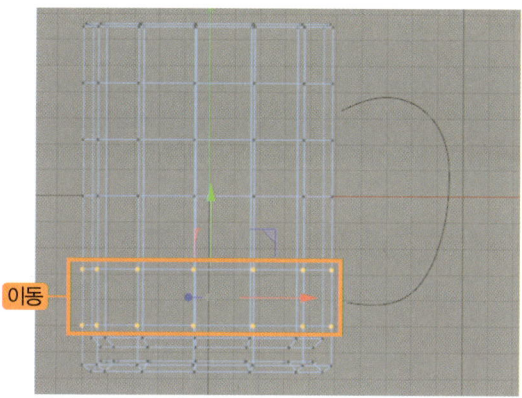

40 포인트 설정이 끝나면 [F1] 키를 눌러 다시 퍼스펙티브 뷰로 화면을 전환한 후 [MoGraph] - [MoExtrude]를 선택합니다.

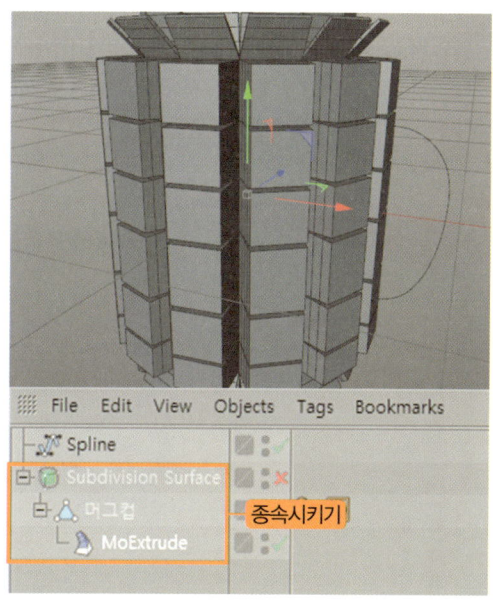

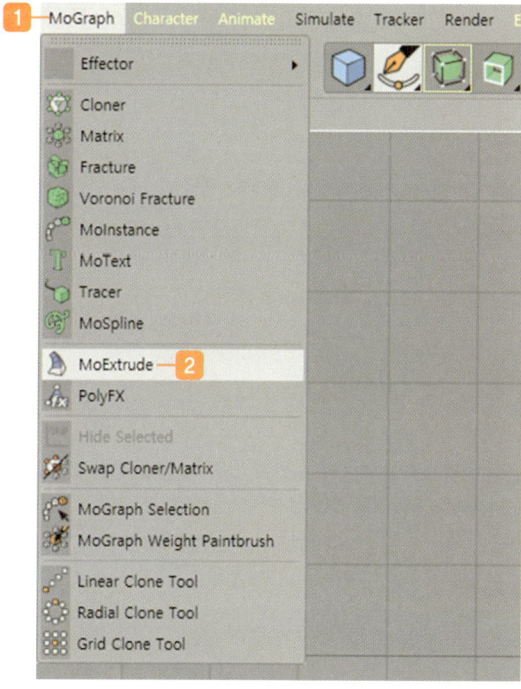

41 방금 적용한 모익스트루드를 끌어다 머그컵 오브젝트 하위에 종속시킵니다. 그러면 머그컵의 각 폴리곤(면)이 그림처럼 돌출되는 것을 알 수 있습니다. 이렇듯 모익스트루드는 폴리곤을 단계별로 돌출되게 하는 모그래프입니다. 참고로 모그래프는 시네마 4D에서 가장 중요한 모션 그래픽 모듈로서 나중에 별도의 챕터를 통해 자세히 살펴볼 것입니다.

42 여기서 일단 모익스트루드를 해제하여 원래의 머그컵 모습이 나타나도록 해주고 머그컵을 선택합니다. 그다음 폴리곤 툴과 라이브 선택 툴을 사용하여 그림처럼 손잡이 상단부와 연결될 폴리곤을 선택합니다. 이때 보이는 폴리곤만 선택되도록 합니다.

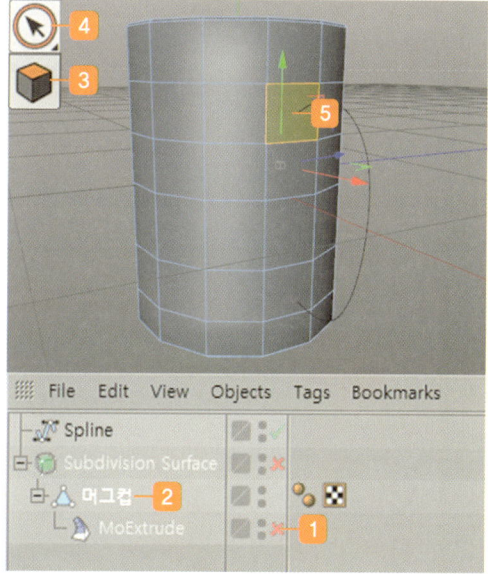

43 이제 [Select] - [Set Selection]을 선택하여 앞서 선택된 몸통 상단 폴리곤에 대한 선택 태그(Selection Tag)를 생성합니다. 그러면 머그컵 오브젝트에 채워진 주황색의 삼각형이 추가됩니다. 이 아이콘이 바로 앞서 선택된 몸통 상단을 선택했던 폴리곤에 대한 선택 태그입니다.

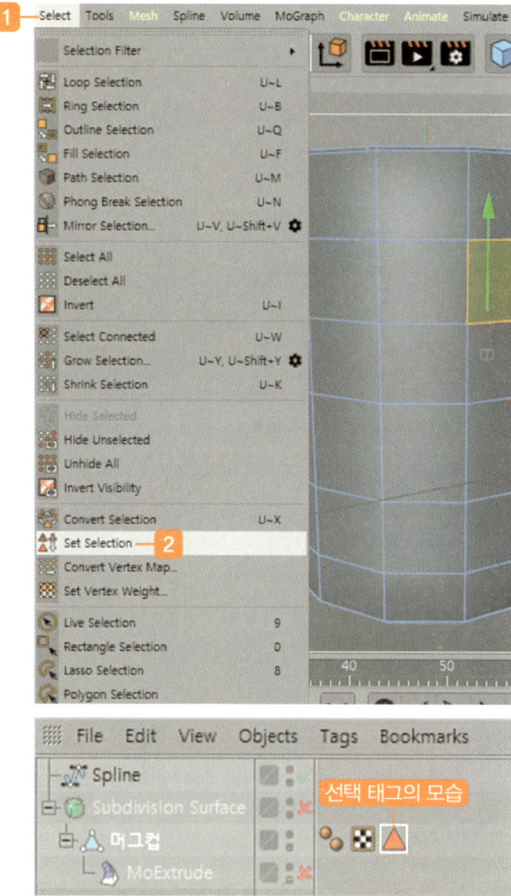

> **알아두기**
>
> **선택 태그에 대하여**
>
> 선택 태그는 특정 선택된 영역(폴리곤, 엣지, 포인트)에 대한 표시로서 나중에 다시 선택(더블클릭하여 선택)하거나 이 부분에 대한 매터리얼(재질)을 적용하는 등의 작업을 위해 사용되는 편리한 기능입니다. 또한 선택 태그로 등록된 영역의 모습만 보이기/숨기기/삭제하기 등의 작업도 가능합니다. 선택 태그의 모습은 폴리곤(채워진 삼각형), 엣지(선으로 이뤄진 삼각형), 포인트(점으로 이뤄진 삼각형) 세가지 형태로 사용됩니다.
>
> ▲ ◀ 폴리곤 선택 태그의 모습
> ▲ ◀ 엣지 선택 태그의 모습
> ▲ ◀ 포인트 선택 태그의 모습

44 이제 모익스트루드를 다시 켜주고 머그컵에 적용된 선택 태그를 끌어다 모익스트루드의 Object 탭의 Polygon Selection에 갖다 적용합니다. 그러면 앞서 선택된 몸통 상단의 폴리곤 부분만 앞으로 튀어나온 것을 알 수 있습니다. 이렇듯 폴리곤 실렉션에 특정 선택 태그를 적용하게 되면 해당 선택 영역이 폴리곤만 빼내어 모양을 표현할 수 있습니다.

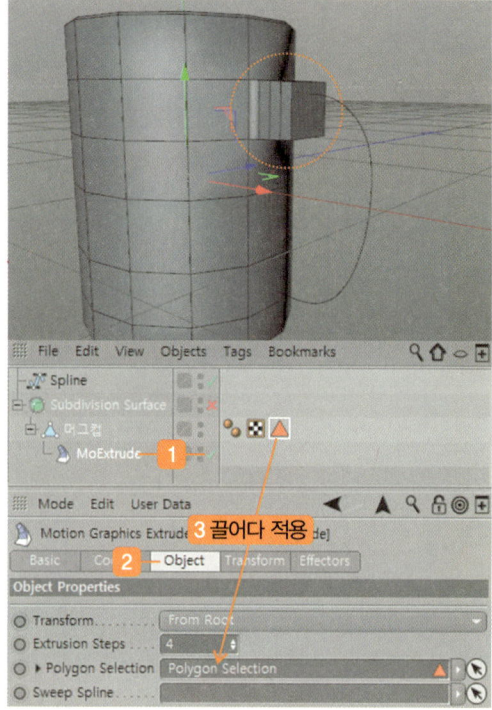

45 이번엔 손잡이 모양을 만들기 위해 Spline을 끌어다 Sweep Spline에 끌어다 적용합니다. 이것으로 스플라인 모양에 맞게 손잡이의 모양이 만들어집니다. 그러나 현재는 손잡이가 회전되어 뒤틀어진 것을 알 수 있습니다.

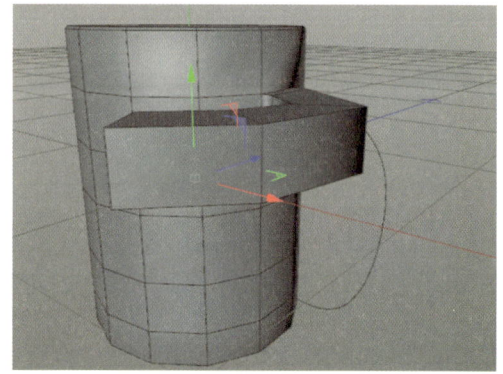

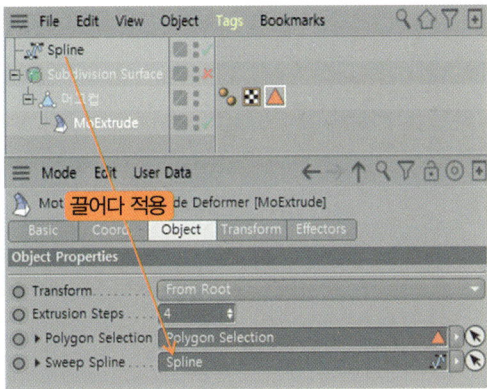

46 이와 같은 문제는 회전을 하여 수정하기 위해 먼저 머그컵을 선택한 후 인에이블 액시스(Enable Axis)를 켜주고 모델링 모드와 로테이트 툴을 사용하여 그림처럼 P축으로 90도 회전하여 정상적인 손잡이의 위치가 되도록 해 줍니다.

회전 시 [Shift] 키를 누른 상태로 회전하면 5° 간격으로 회전됩니다.

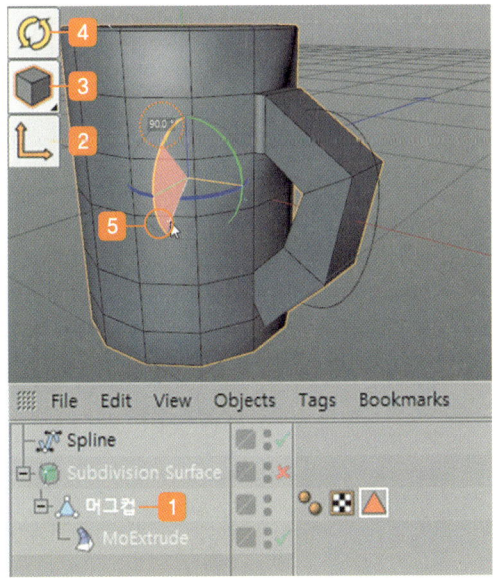

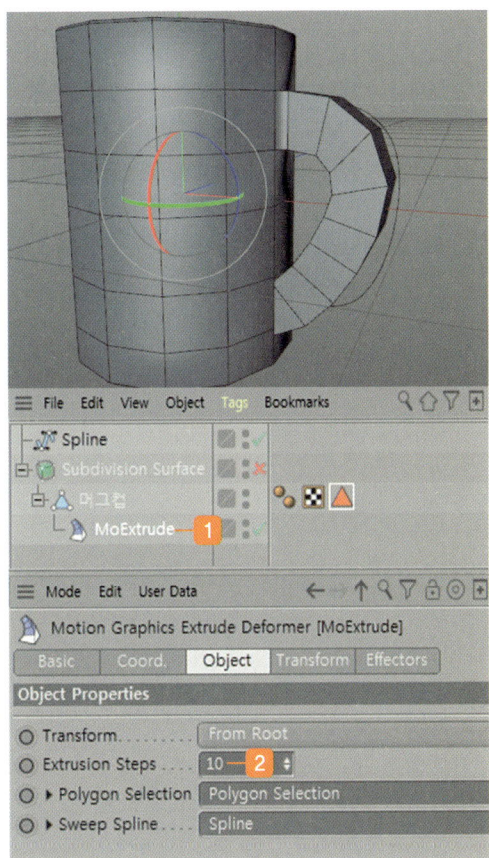

47 다시 모익스트루드를 선택한 후 어트리뷰트 매니저에서 Extrusion Steps를 10으로 높여줍니다. 그러면 손잡이의 세그먼트가 10개로 늘어나서 제법 손잡이 모양과 같은 느낌이 듭니다. 그러나 아직은 몇 가지 수정이 필요합니다.

48 먼저 머그컵 몸통의 모양을 볼록한 모양으로 해 주기 위해 디포머 툴에서 벌지(Bulge)를 적용합니다.

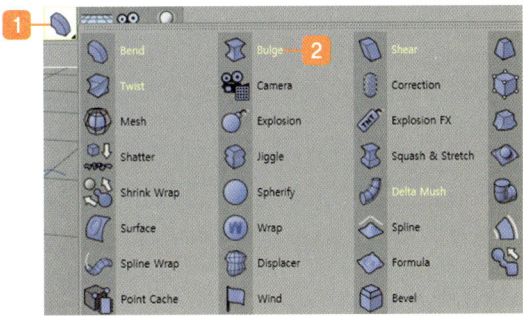

49 이제 벌지 디포머를 끌어다 머그컵 하위에 종속시킵니다. 이때 중요한 것은 벌지가 모익스트루드 아래쪽에 있으면 안 된다는 것입니다. 만약 벌지가 모익스트루드 아래쪽에 위치한다

면 모익스트루드로 먼저 모양이 만들어진 다음에 벌지가 사용되는 것이므로 손잡이 모양도 이상(볼록)하게 표현되기 때문입니다. 계속해서 벌지의 Object 탭에서 [Fit to Parent] 버튼을 클릭하여 벌지의 크기를 머그컵에 맞춰주고 Strength 값을 35 정도로 설정하여 그림처럼 머그컵 몸통을 볼록하게 만들어줍니다.

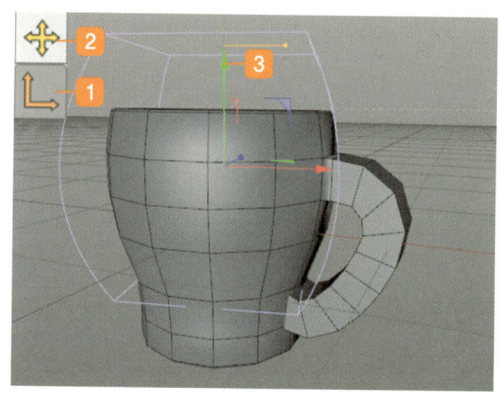

알아두기

디포머가 적용되는 종속 관계

디포머나 모익스트루드 그밖에 모그라프와 서브디비전 서피스와 같은 효과들은 각각 적용하고자 하는 오브젝트보다 상위에 있거나 하위에 있어야 합니다. 그 중 초록색으로 된 효과는 오브젝트가 효과 하위에 위치해 있어야 하며 파란색 효과는 반대로 오브젝트 하위에 위치해 놓아야 합니다.

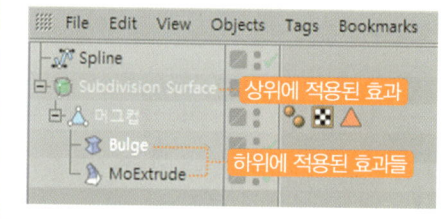

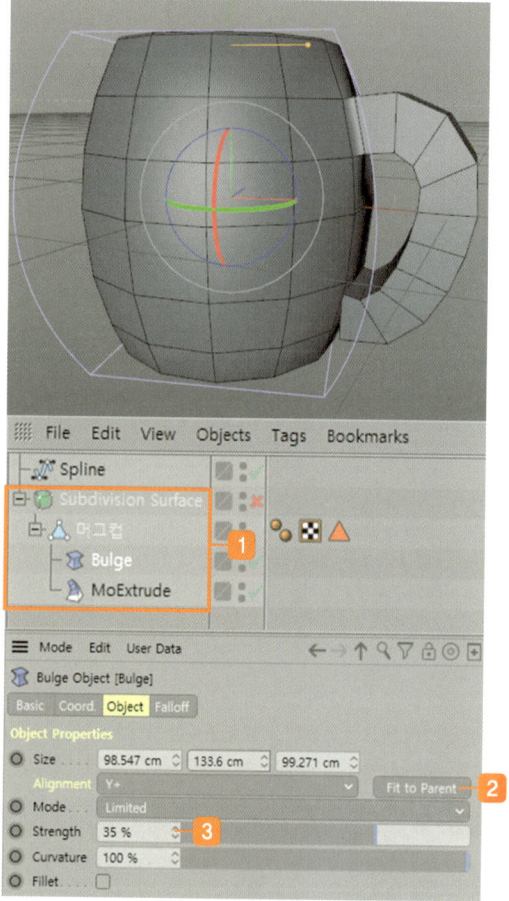

50 인에이블 액시스 툴을 해제하고 무브 툴을 사용하여 그림처럼 Y축을 살짝 위로 올려서 벌지 디포머의 중심이 머그컵 상단쪽에 집중되도록 합니다. 그러면 머그컵 상단부만 볼록하게 표현됩니다. 이와 같이 벌지와 같은 디포머들은 오브젝트의 모양을 다양하게 표현할 수 있습니다.

51 이번엔 손잡이 모양을 바로 잡기 위해 손잡이 모양의 뼈대가 되는 스플라인을 선택한 후 스케일 툴을 선택합니다. 그다음 X축과 Y축을 이용하여 그림처럼 모양을 수정 해줍니다. 이때 손잡이 하단의 끝과 몸통 하단이 서로 틈이 생기도록 해줍니다.

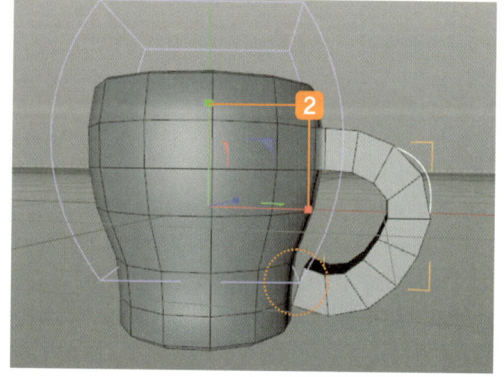

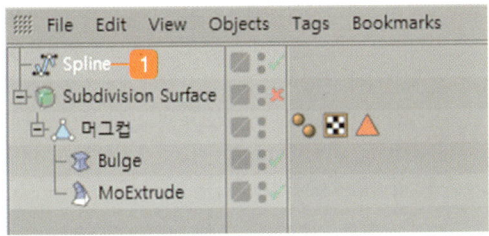

54 커런트 스테이트 투 오브젝트는 디포머와 같은 효과로 인해 만들어진 오브젝트의 모양과 같은 오브젝트를 새롭게 생성하여 효과 없이도 모양이 유지되는 오브젝트를 만들 때 사용됩니다. 이제 앞서 사용하던 머그컵의 에디트/렌더 비지빌리티를 모두 꺼줍니다. 그러면 새로 생성된 머그컵 오브젝트의 모습만 남게 됩니다.

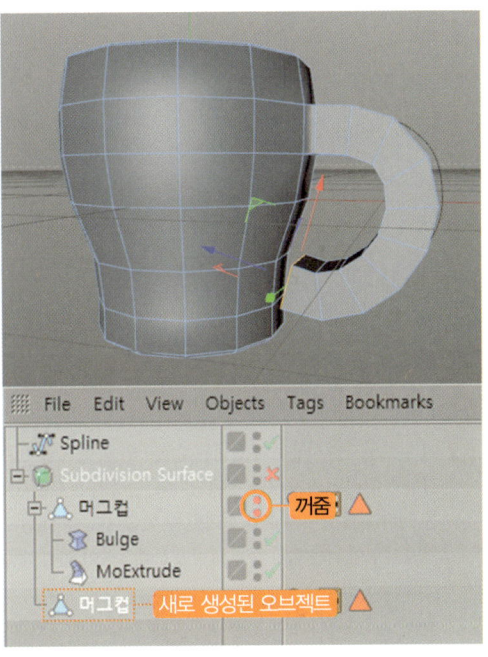

52 손잡이의 모양을 세부 편집하기 위해 [F4] 키를 눌러 프런트 뷰로 전환한 후 포인트 툴과 라이브 선택 툴을 사용합니다. 그 다음 스플라인 포인트의 모양을 이동해가며 머그컵 손잡이의 모양을 제대로 만들어줍니다.

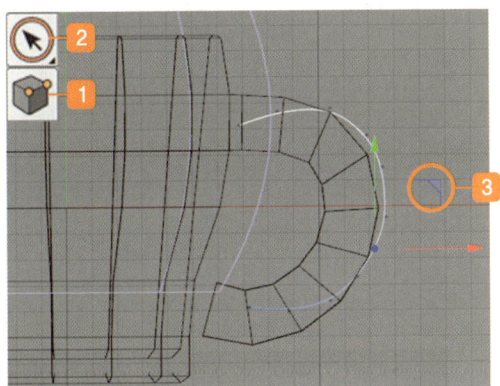

53 손잡이 모양이 완성됐다면 이제 벌지 디포머와 모익스트두드에 의해 만들어진 머그컵의 모양을 새로운 오브젝트로 만들어주기 위해 머그컵 위에서 [우측 마우스 버튼] - [Current State to Object]를 선택합니다.

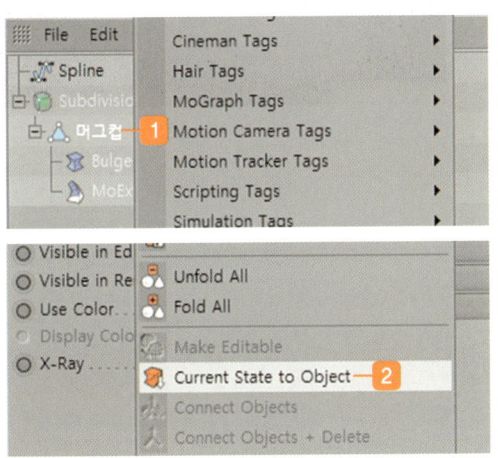

55 여기서 앞서 사용하던 머그컵(하위에 있는 벌지와 모익스트루드)을 서브디비젼 서피스에서 벗어나게 해 줍니다.

56 이번엔 새로 생성된 머그컵의 손잡이를 몸통과 합쳐주기 위해 머그컵을 선택한 후 폴리곤 툴과 라이브 선택 툴을 사용하여 몸통과 연결될 폴리곤을 [Ctrl] 키를 누른 상태에서 선택합니다.

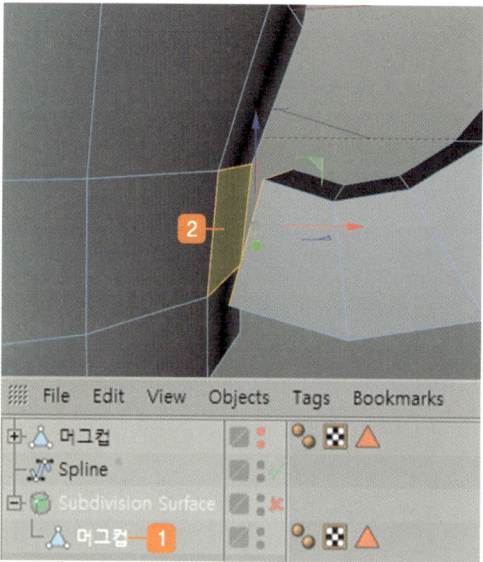

58 이제 연결된 손잡이와 몸통의 최종 모습을 확인하기 위해 서브디비젼 서피스를 다시 켜줍니다. 그리고 렌더 뷰를 통해 확인 해봅니다. 손잡이와 몸통의 모양이 제법 자연스럽게 표현된 것을 알 수 있습니다. 이것으로 머그컵 모델링에 대한 작업을 해보았습니다. 다음으로는 머그컵에 재질을 만들어주는 매터리얼 작업에 대해 알아봅니다.

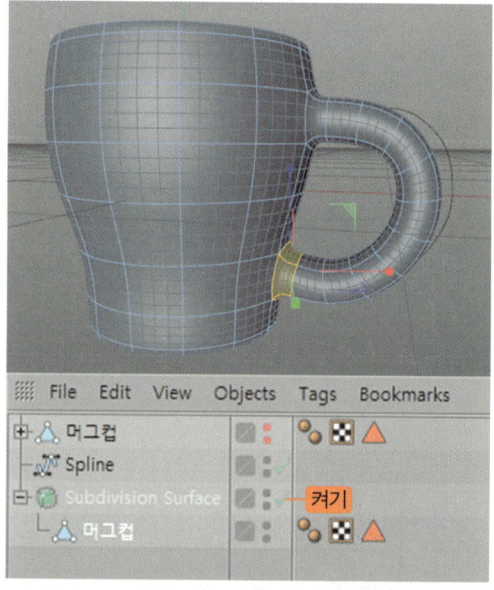

57 이제 브릿지를 사용하여 선택된 손잡이와 몸통의 폴리곤을 연결하기 위해 브릿지 툴을 선택합니다. 단축키 B 또는 M~B 키를 눌러 쉽게 브릿지 툴을 선택할 수 있습니다. 앞서 살펴본 것처럼 대칭이 되는 점과 점을 클릭 & 드래그하여 연결 해줍니다.

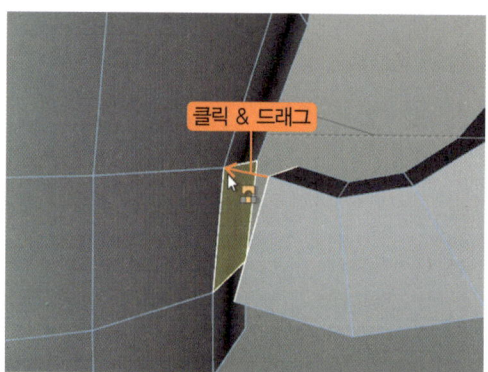

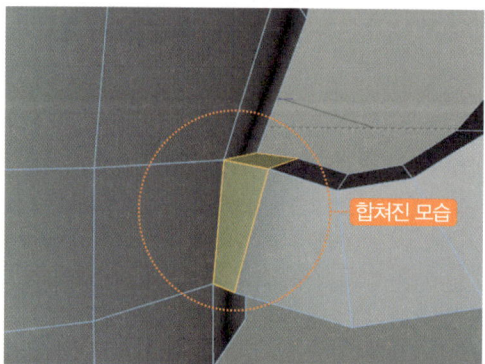

머그컵 재질을 위한 매터리얼 생성 및 적용하기

머그컵 모델링 작업이 끝났기 때문에 이제 머그컵 표면의 기본 질감을 적용하며 또한 머그컵 몸통 부분에 라벨 이미지를 텍스처로 적용하여 라벨이 박힌 머그컵을 표현 해봅니다.

01 매터리얼 작업을 위해 매터리얼 매니저의 빈 곳을 더블클릭하여 새로운 매터리얼을 생성한 후 생성된 매터리얼을 더블클릭하여 매터리얼 에디터를 열어줍니다.

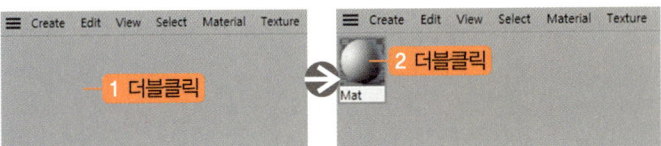

02 매터리얼 에디터가 열리면 일단 이름을 [몸통]이라고 바꿔주고 색상을 설정하기 위해 Color 채널을 선택합니다. 그다음 컬러의 V 값을 100으로 증가하여 흰색으로 설정합니다.

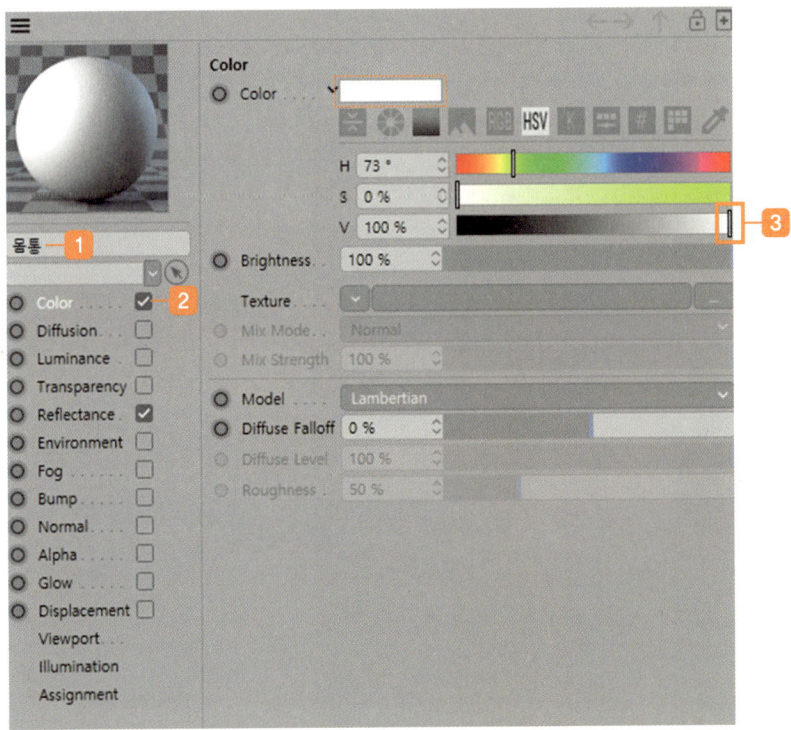

03 계속해서 광택과 반사율에 대한 설정을 위해 Reflectance(리플렉턴스) 채널을 선택합니다. 그다음 Layer의 Add 버튼을 클릭하여 Reflection (Legacy)를 선택합니다. 리플렉션 (레거시)는 이전 버전부터 사용하던 전통 방식입니다.

머그컵 제작 **131**

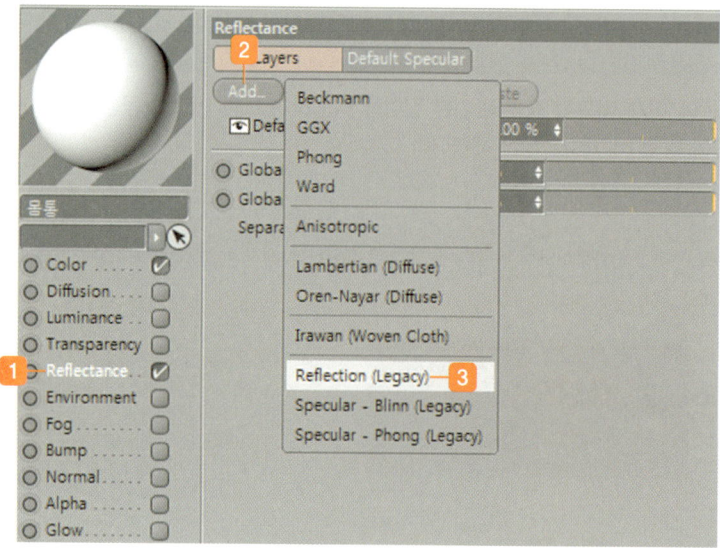

04 새로 추가된 레이어 1로 인해 도자기(사기) 재질보다는 금속재질에 더 가깝게 됐기 때문에 레이어 1의 Attenuation(어테뉴에이션)을 Additive(애디티브)로 설정합니다. 그러면 어두웠던 밝기가 밝아지면서 광택이 있는 도자기처럼 표현됩니다. 그런데 지금 상태는 너무 광택이 많기 때문에 Global Reflection Brightness 값을 30 정도로 낮춰줍니다.

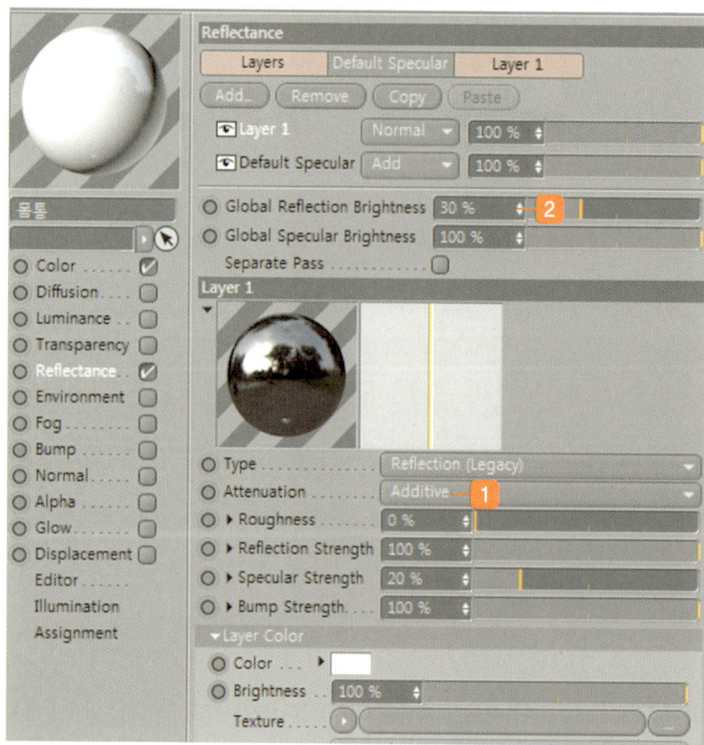

132 오브젝트 제작하기

05 이제 몸통 매터리얼을 끌어다 뷰포트에 있는 머그컵에 갖다 적용합니다. 매터리얼을 오브젝트에 적용하는 방법은 앞선 학습에서 살펴본 것처럼 여러 가지가 있습니다.

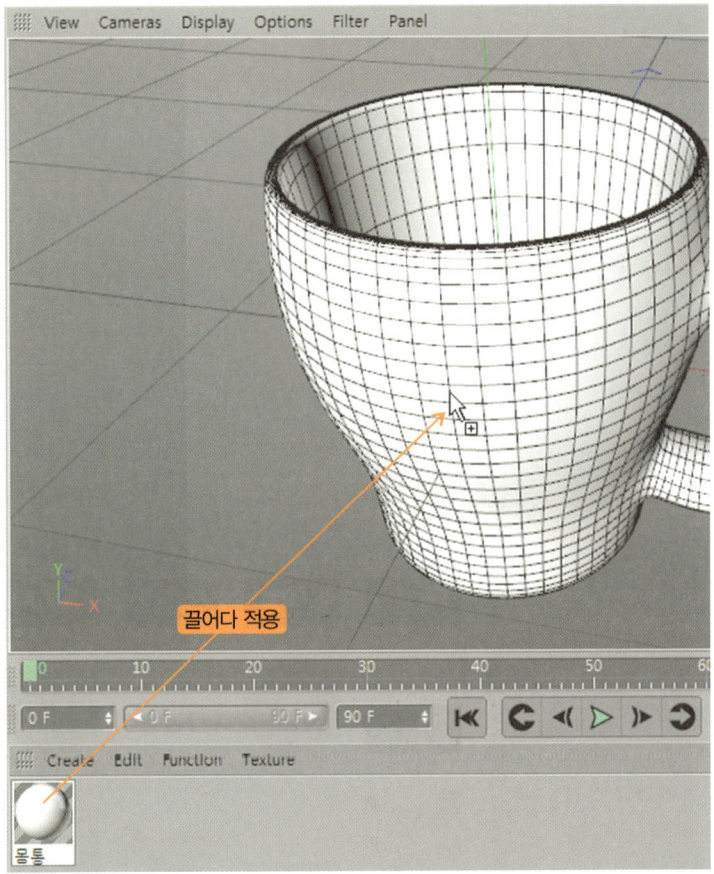

06 지금의 작업을 렌더 뷰(Ctrl + R)를 해봅니다. 약간의 광택과 반사율 때문에 몸통 표면에 손잡이 부분이 비춰지는 것을 알 수 있습니다.

07 이번엔 머그컵 몸통(앞부분)에 라벨을 적용하기 위해 앞서 사용되던 몸통 매터리얼을 하나 복제(Ctrl + 이동)를 해주고 복제된 몸통.1 매터리얼 에디터를 열어줍니다.

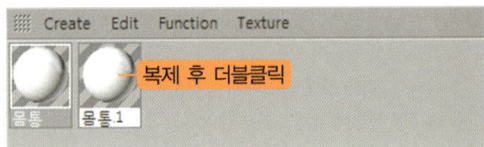

08 복제된 매터리얼 에디터가 열리면 이름을 [라벨]이라고 수정하고 Color 채널을 선택한 후 Texture의 Load Image를 선택하거나 로드 이미지 버튼을 클릭하여 [학습자료] - [맵소스] - [머그컵 라벨1.tif] 파일을 불러옵니다.

머그컵 제작 **133**

09 방금 불러온 머그컵 라벨 이미지는 학습을 위해 사용되는 것이기 때문에 복사하지 않고 원본이 있는 경로에서 그대로 사용하기 위해 [아니오] 버튼을 클릭합니다. 그러나 실제 작업에서는 복사하여 작업에 사용된 텍스처 소스 이미지를 하나의 폴더에 체계적으로 관리하는 것이 좋습니다.

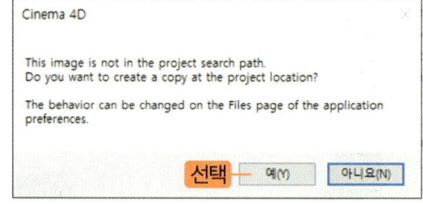

10 여기서 라벨 매트리얼을 끌어다 뷰포트에 있는 머그컵에 갖다 적용 해봅니다. 그러면 머그컵 바깥쪽과 안쪽 그리고 손잡이에도 라벨의 모습이 통째로 적용되는 것을 알 수 있습니다. 지금의 작업에서는 머그컵 바깥쪽 표면에만 라벨이 적용되어야 하기 때문에 일단 언두(Ctrl + Z)를 합니다.

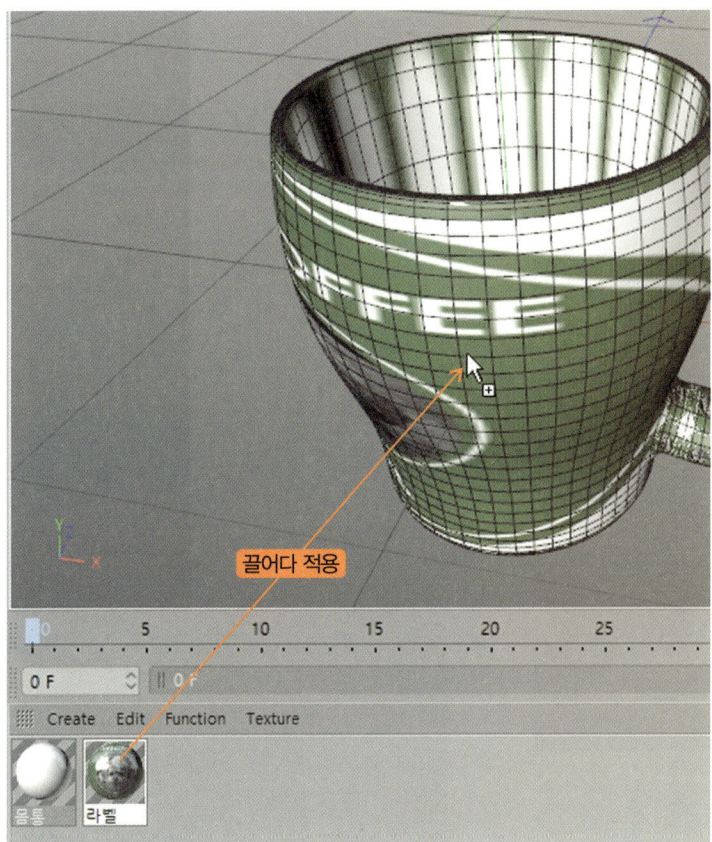

끌어다 적용

11 머그컵 바깥쪽 표면에만 선택하기 위해 먼저 [Select] - [Fill Selection]을 선택합니다.

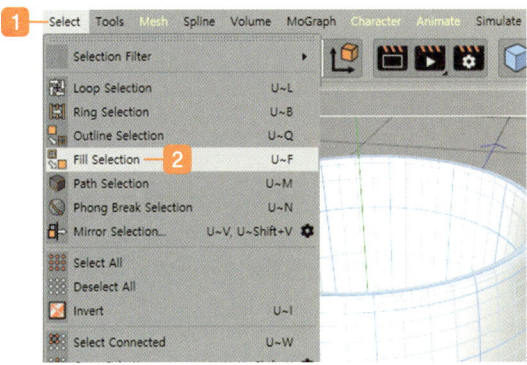

12 머그컵이 선택된 상태에서 머그컵을 선택합니다. 그러면 머그컵 표면 전체가 선택되는 것을 알 수 있습니다. 그러나 머그컵 안쪽도 바깥쪽 표면과 연결되어있기 때문에 안쪽도 같이 선택됩니다.

머그컵 제작 **135**

13 이번엔 [Select] - [Phong Break Selection]을 선택합니다. 퐁 브레이크 실렉션은 앞서 사용했던 필 실렉션과는 다르게 설정된 각도 내에 있는 면(폴리곤)만 선택할 수 있는 선택 툴입니다.

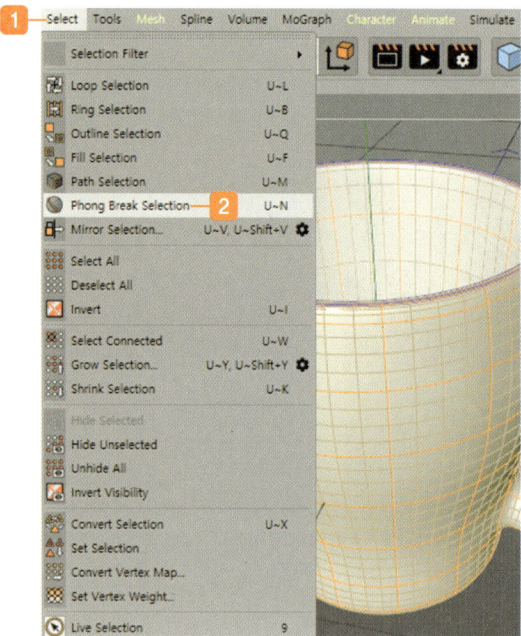

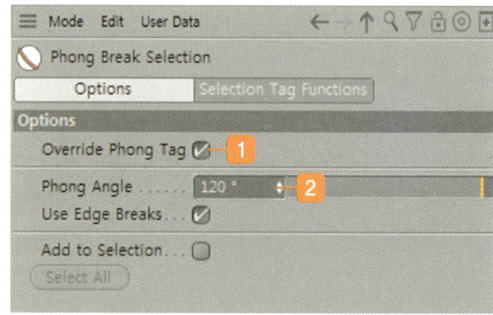

14 퐁 브레이크 실렉션의 어트리뷰트 매니저에서 Override Phong Tag를 체크한 후 Phong Angle을 120도 정도로 설정합니다. 그 다음 머그컵을 선택해보면 방금 설정된 각도 내에 있는 바깥쪽(손잡이 포함) 폴리곤만 선택되는 것을 알 수 있습니다. 이처럼 퐁 브레이크 실렉션을 이용하면 설정된 각도 내에 있는 영역만 선택할 수 있어 지금의 머그컵이나 모자, 전등갓 등과 같은 오브젝트의 겉과 속을 개별로 선택할 수 있습니다.

15 이제 라벨 매터리얼을 끌어다 앞서 선택된 머그컵의 바깥쪽 표면에 갖다 적용합니다. 이것으로 라벨이 머그컵 표면과 손잡이 부분에만 적용됐습니다.

16 오브젝트의 선택된 영역에 매터리얼을 적용하면 자동으로 선택 태그가 생성됩니다. 오브젝트 매니저의 머그컵을 보면 머그컵 바깥쪽의 선택된 영역에 적용된 매터리얼에 의해 선택 태그가 생성된 것을 알 수 있습니다.

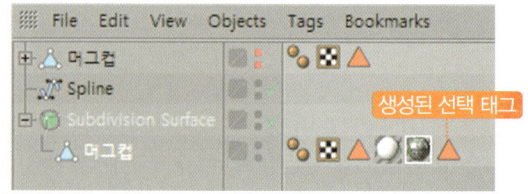

17 세부적인 매터리얼 설정을 위해 머그컵에 적용된 매터리얼 태그를 선택한 후 매터리얼 어트리뷰트 매니저에서 Projection을 머그컵 모양과 가장 유사한 Cylindrical(실린드리컬)로 설정합니다. 라벨 모양을 하나만 사용하기 위해 Tile을 체크 해제하고 아래쪽 Offset U와 V축으로 라벨의 위치, Length U와 V축으로 라벨이 크기를 조절하여 라벨이 머그컵 정면에 나타나도록 해줍니다. 그러나 현재는 라벨, 즉 매터리얼의 방향이 틀어져 원하는 라벨 모양이 나오지 않습니다.
지금의 모습은 작업 상황에 따라 달라질 수 있습니다.

회전하여 일단 라벨의 모양을 바로 잡아줍니다.

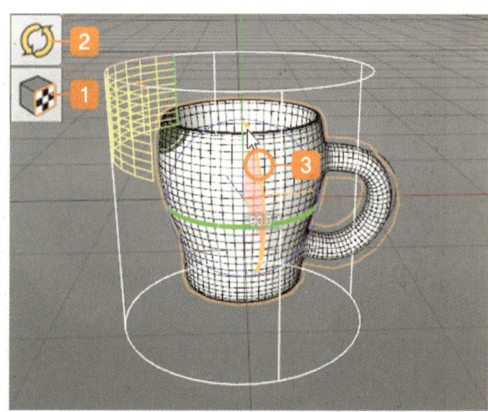

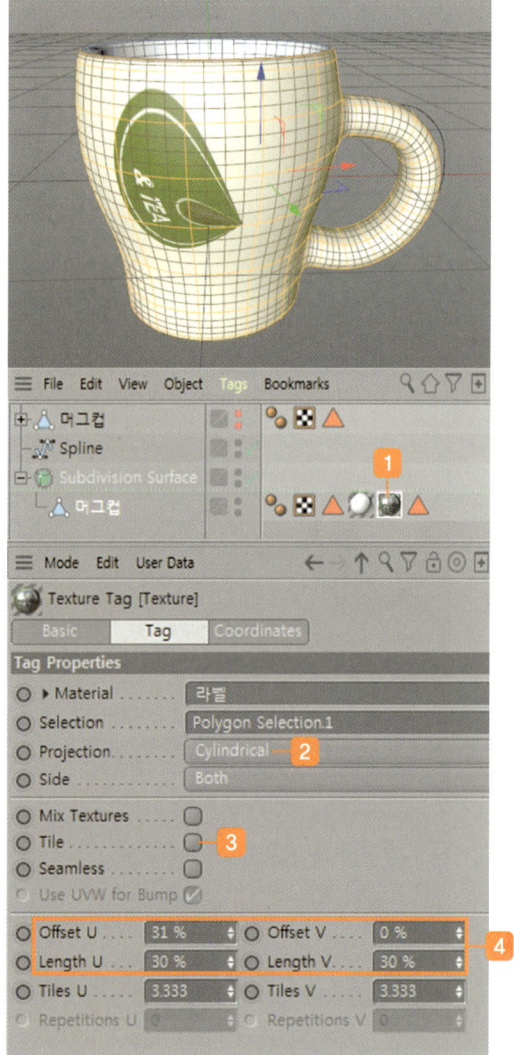

18 이제 위의 문제를 수정하기 위해 텍스처(Texture) 툴을 선택한 후 로테이트 툴을 사용하여 그림처럼 빨간색 P축을 -90도로

19 다시 머그컵에 적용된 매터리얼 태그를 선택한 후 Offset U와 V축 그리고 Length U와 V축을 설정하여 그림처럼 라벨이 머그컵 정면에 나타나도록 해줍니다.

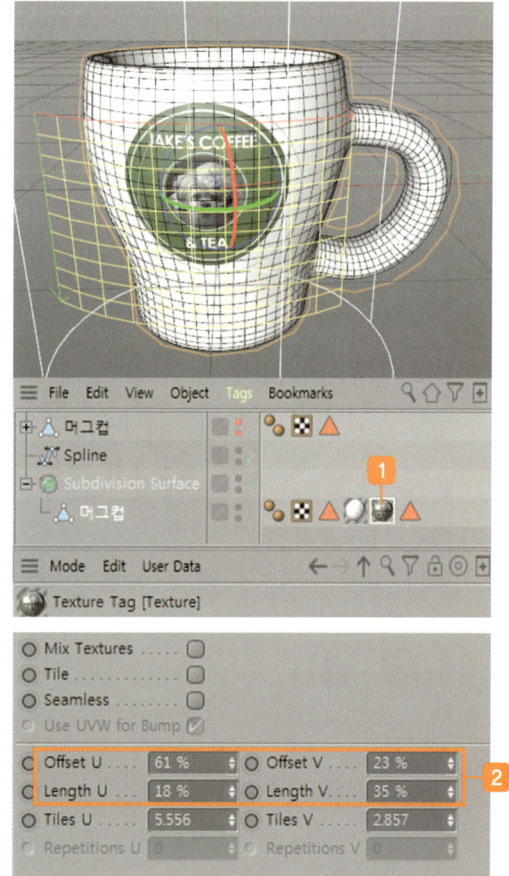

20 여기서 렌더 뷰(Ctrl + R)를 해보면 흰색의 머그컵과 라벨이 제대로 표현됩니다.

21 그러나 만약 머그컵 몸통의 색상을 흰색이 아닌 다른 색으로 바꿔준다면 어떻게 될까요? 여기서 몸통 매터리얼을 선택한 후 이번엔 어트리뷰트 매니저에서 Color을 바꿔봅니다. 필자는 빨간색으로 바꿔보았습니다. 색상을 바꾼 후의 모습을 보면 머그컵 몸통의 빨간색과 라벨 네 모서리의 흰색이 서로 다르게 표현된 것을 알 수 있습니다. 이렇듯 몸통과 라벨이 서로 다르게 매터리얼이 적용됐기 때문에 몸통과 라벨의 색상이 다를 경우엔 라벨의 네 모서리를 알파 채널로 투명하게 빼주어야 합니다.

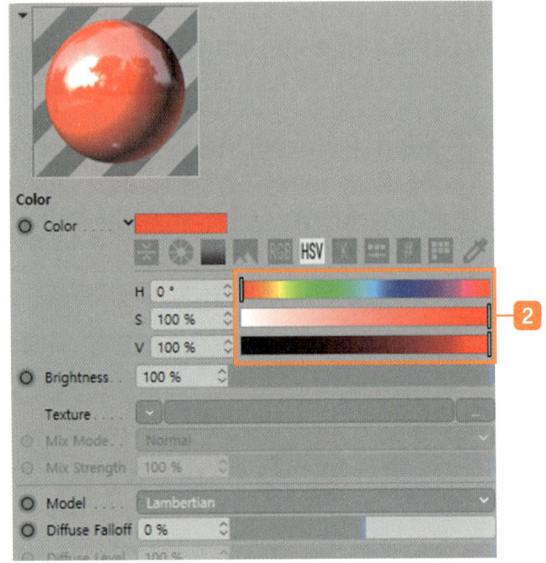

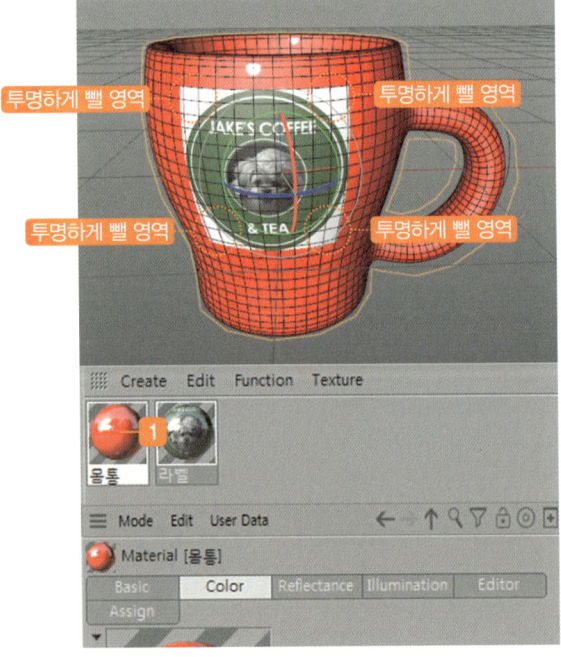

22 이번엔 라벨 매터리얼 에디터를 열어주고 알파(Alpha) 채널을 체크합니다. 그러면 이제 알파에 대한 채널을 매터리얼에 반영하게 됩니다. 여기서 Texture의 로드 이미지 버튼을 클릭합니다.

138 오브젝트 제작하기

23 [학습자료] - [맵소스] - [머그컵 라벨1.tif] 파일을 불러옵니다. 이 파일은 라벨의 모습을 제외한 나머지(네 모서리) 부분은 알파 채널(투명한 채널)로 처리된 파일입니다. 방금 불러온 머그컵 라벨 이미지는 학습을 위해 사용되는 것이기 때문에 복사하지 않고 원본이 있는 경로에서 그대로 사용하기 위해 [아니오] 버튼을 클릭합니다.

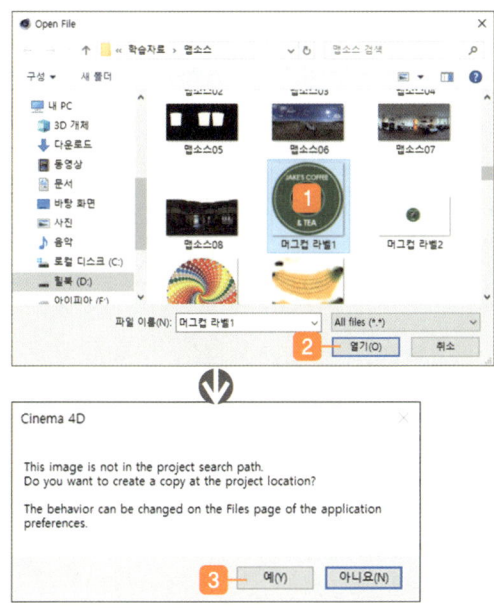

24 알파 채널에 대한 텍스처를 적용한 후의 모습을 보면 라벨의 네 모서리가 투명해졌기 때문에 투명한 영역엔 빨간색 몸통 매터리얼의 모습이 나타나는 것을 알 수 있습니다. 이렇듯 알파 채널을 사용하면 매터리얼의 특정 영역을 투명하게 처리할 수 있습니다. 또한 알파 채널이 없는 이미지라도 이미지의 검정색 부분은 알파 채널의 투명한 영역으로 사용되기 때문에 이러한 이미지라도 알파 채널처럼 투명한 작업을 할 수 있습니다.

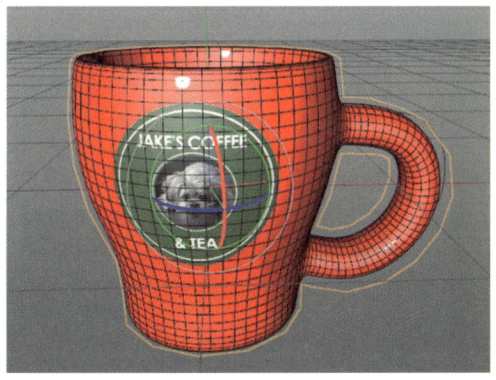

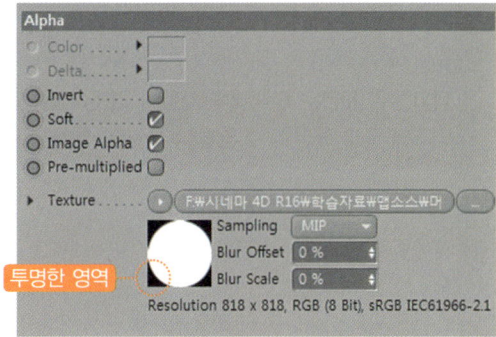

25 앞서 라벨에 대한 알파 채널 작업을 했기 때문에 이제 몸통 매터리얼의 색상은 다시 흰색으로 바꿔줍니다.
이번에는 어트리뷰트 패널에서 직접 설정을 해봅니다.

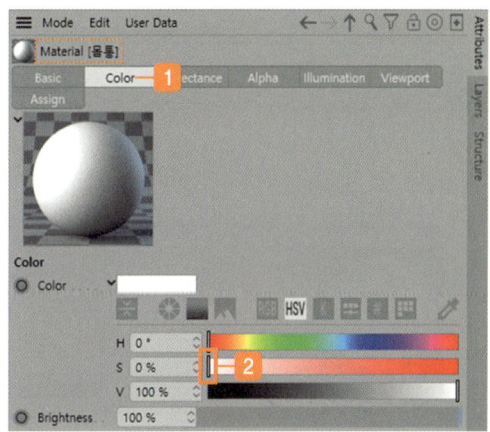

26 지금까지의 작업을 렌더 뷰를 통해 확인 해봅니다. 다음 작업은 사실적인 표현을 위한 환경 맵에 대해 알아봅니다.

환경을 설정하여 사실적으로 표현하기

머그컵의 표면은 광택과 반사율이 있는 재질이기 때문에 환경 맵이나 씬 주변에 오브젝트가 있어야 보다 사실적인 모습으로 표현할 수 있습니다. 환경 맵을 스카이에 적용하므로 이와 같은 느낌을 표현할 수 있습니다.

01 환경 맵을 위해 [인바이어런먼트] - [스카이(Sky)]를 적용합니다.

03 스카이에 적용할 매터리얼을 만들고 만들어진 매터리얼을 더블클릭하여 매터리얼 에디터를 열어줍니다.

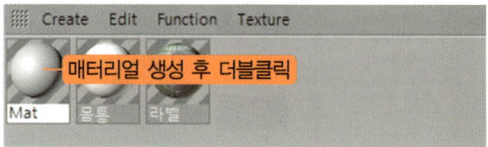

02 Color와 Reflectance를 체크 해제하고 Luminance 채널만 체크합니다. 그다음 Texture의 로드 이미지를 선택하여 [학습자료] - [맵소스] - [맵소스01.jpg] 파일을 복사하지 않고 불러옵니다.

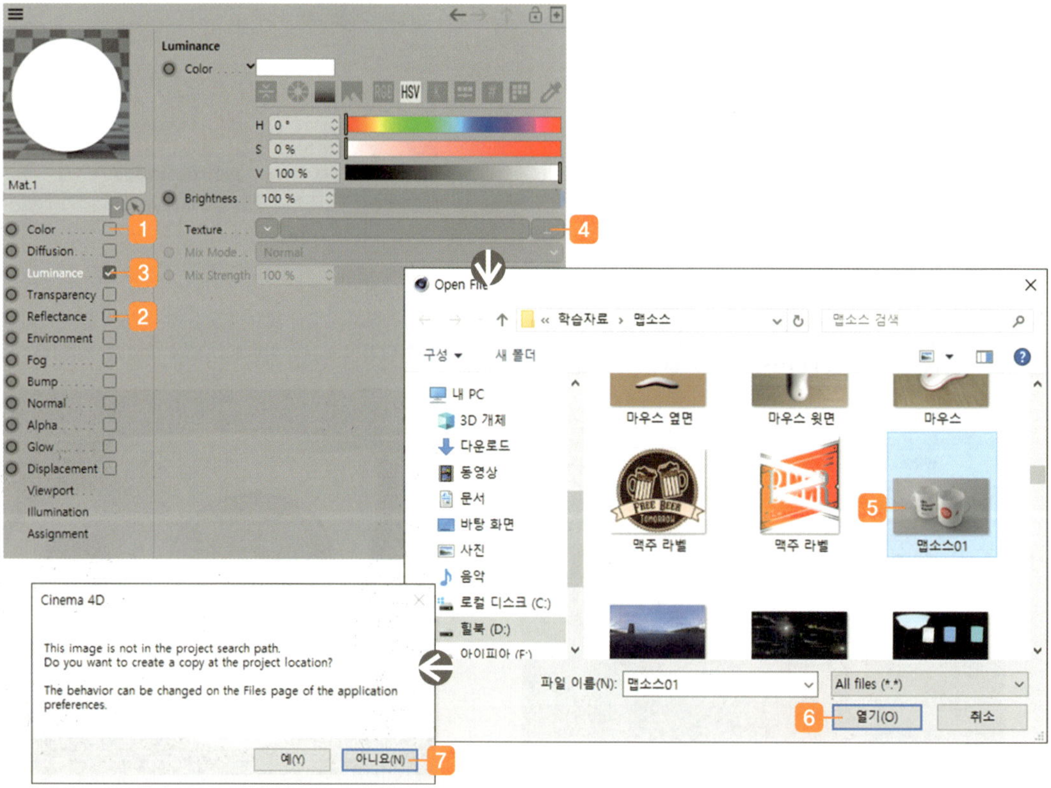

04 이번엔 메터리얼 에디터에서 방금 설정한 매터리얼을 적용합니다. 매터리얼 샘플 미리보기(섬네일)을 끌어다 Sky에 갖다 적용합니다.

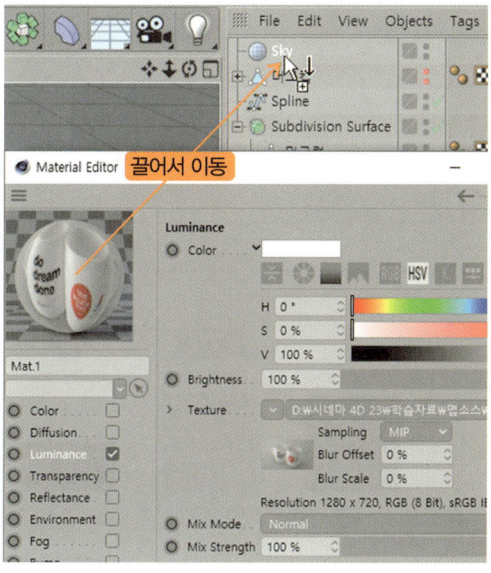

05 매터리얼을 적용한 후 렌더 뷰(Ctrl + R)를 해봅니다. 그러면 머그컵 표면이 앞서 환경 맵이 적용되지 않았던 때보다 훨씬 사실적으로 표현되는 것을 알 수 있습니다.

07 방금 만든 플로어 오브젝트의 위치를 Y축으로 내려서 플로어 위에 머그컵 바닥이 정확하게 놓이도록 해줍니다.

08 플로어에 적용될 매터리얼을 만들어주기 위해 새로운 매터리얼을 생성한 후 생성된 매터리얼 에디터를 열어줍니다.

06 계속해서 이번엔 바닥을 표현하기 위해 인바이어런먼트 툴에서 Floor를 적용합니다. 플로어는 크기에 제한이 없는 바닥입니다.

09 매터리얼 에디터가 열리면 이름을 [바닥]이라고 바꿔주고 컬러 채널에 대한 설정을 하기 위해 Color를 선택합니다. 재질을 텍스처로 사용하기 위해 Texture의 로드 이미지 버튼을 클릭합니다. 계속해서 [학습자료] - [맵소스] - [우드.jpg] 파일을 불러옵니다. 불러올 때 복사를 하지 않은 상태에서 불러옵니다.

머그컵 제작 **141**

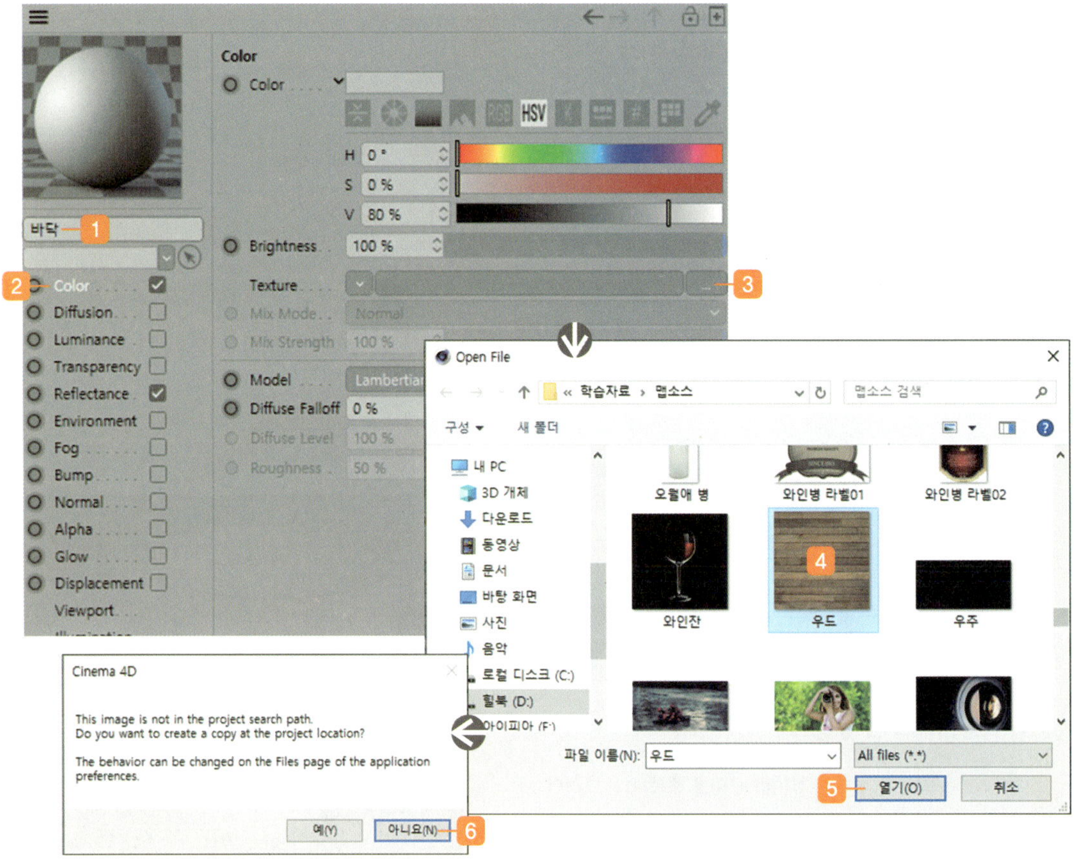

10 바닥에 대한 반사율과 광택을 표현하기 위해 리플렉턴스(Reflectance) 채널을 선택한 후 [Add] - [Reflection (Legacy)]를 선택합니다.

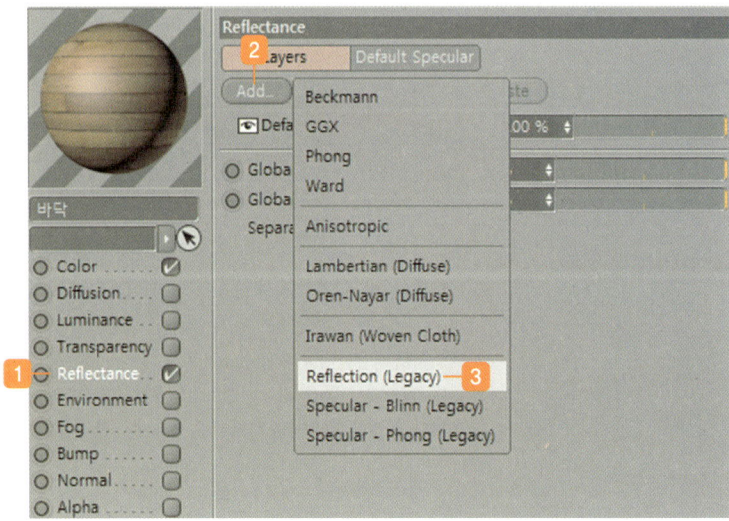

11 새로운 레이어 1이 추가되면 Layer 1의 Normal의 반사율 15 정도로 낮춰줍니다. 물론 지금의 결과는 아래쪽 Global Reflection Brightness 값으로 설정해여 같은 결과를 얻을 수 있습니다.

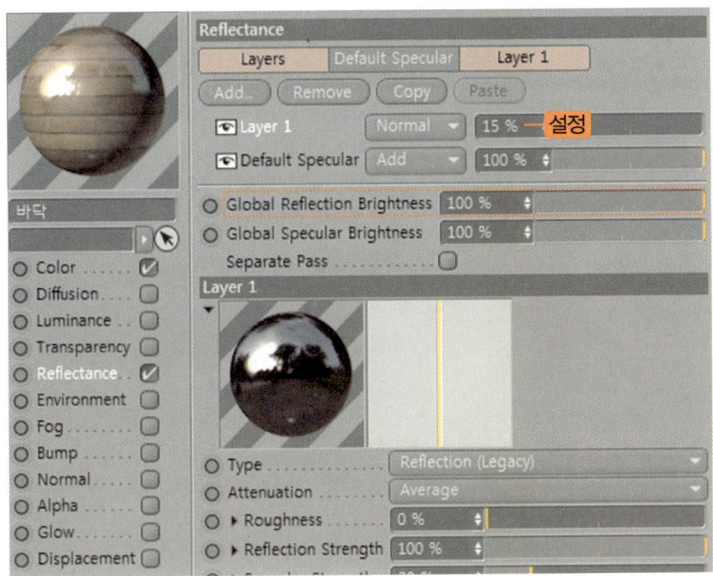

12 바닥 매터리얼을 끌어다 뷰포트에 있는 플로어에 갖다 적용합니다.

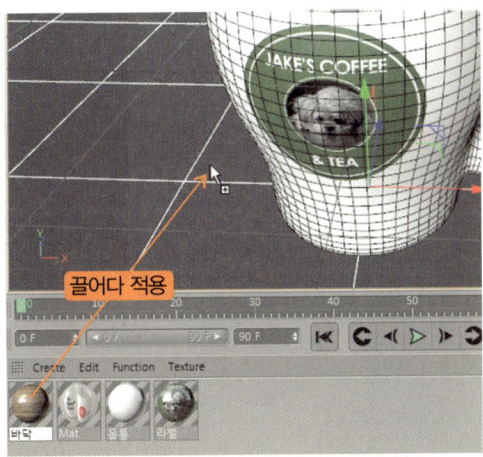

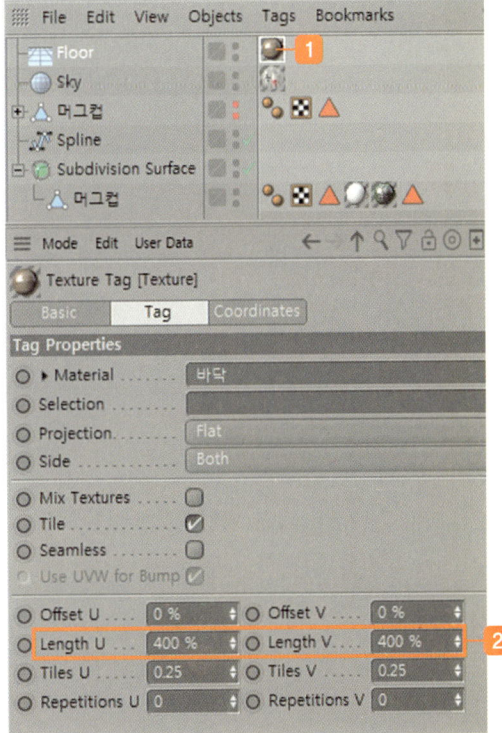

13 현재는 나무무늬의 크기가 너무 작기 때문에 키워주어야 합니다. 플로어에 적용된 바닥 매터리얼 태그를 선택한 후 어트리뷰트 매니저에서 Length U와 V축 값을 400 정도로 증가하여 나무무늬의 크기를 키워줍니다.

14 렌더 뷰(Ctrl + R)를 통해 확인 해봅니다. 바닥의 나무무늬가 커졌기 때문에 더욱 자연스럽게 표현됐으며 바닥의 광택과 반사율로 인해 위에 놓여진 머그컵이 살짝 비춰지는 것을 알 수 있습니다.

15 이번 작업에서는 스카이를 통해 비춰지는 환경 맵의 모습이 바닥에 비춰지는 것이 보기에 좋지 않기 때문에 없애보기로 합니다. 환경 맵의 모습을 머그컵에만 비춰지도록 하기 위해 Sky 위에서 [우측 마우스 버튼] - [Render Tags] - [Compositing]을 선택합니다.

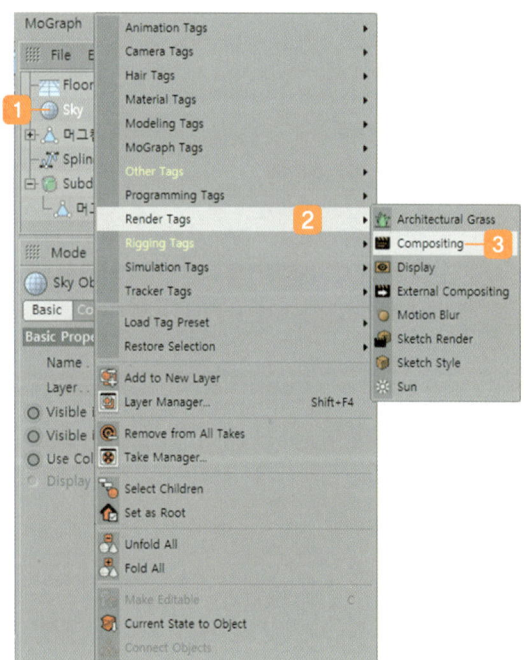

16 앞서 적용한 컴포지팅 태그가 선택된 상태에서 어트리뷰트 매니저의 Exclusion(익스클루젼) 탭의 모드에 Floor를 끌어다 적용합니다. 이제 익스클루젼 모드에 적용된 오브젝트는 컴포지팅 태그가 적용된 스카이의 모습(환경 맵)이 표면에 비춰지지 않게 됩니다. 이처럼 특정 오브젝트의 표면에 환경 맵의 모습이 비춰지지 않게 하려면 지금처럼 컴포지팅의 익스클루젼 모드를 활용하면 됩니다. 반대로 익스클루젼 모드를 Include(인클루드)로 설정하면 이 모드에 적용된 오브젝트의 표면에서 환경 맵이 모습이 표현됩니다.

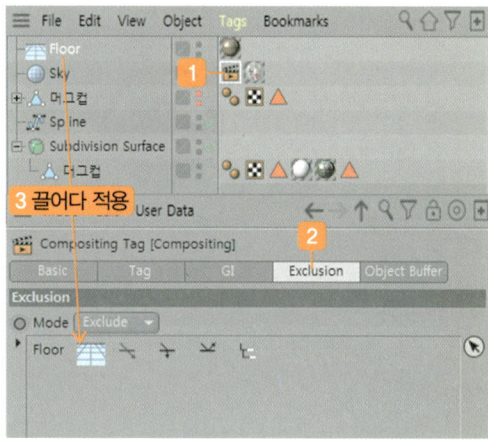

17 다시 렌더 뷰를 해 보면 바닥 표면에는 환경 맵의 모습이 비춰지지 않는 것을 알 수 있습니다.

18 이제 마지막으로 환경을 설정할 때 **빠져서는** 안될 조명을 설치해 봅니다. 라이트 툴에서 기본 Light를 적용합니다.

팅(이하 렌더 셋팅이라고 표현함)을 선택하거나 단축키 [Ctrl] + [B] 키를 누릅니다.

19 조명을 설치한 후 조명의 위치를 그림처럼 머그컵 우측 상단으로 이동하고 라벨의 모습이 있는 앞부분을 밝게 해주기 위해 앞쪽으로 이동합니다. 조명의 색상은 엷은 노랑색으로 설정하고 그림자를 표현하기 위해 Shadow를 Shadow Maps (Soft)로 설정합니다.

21 렌더 셋팅 창의 [Effect] 버튼을 선택하여 Global Illumination(이하 GI로 표현함)을 적용하고 감마(Gamma) 값을 0.5 정도로 낮춰줍니다. 그 다음 다시 렌더 뷰를 통해 확인해보면 GI를 사용하기 전보다 훨씬 밝고 선명해진 것을 알 수 있습니다. 이처럼 조명을 사용할 경우엔 GI를 사용하여 빛에 의해 표현되는 세세한 부분까지 표현되도록 하는 것이 좋습니다.

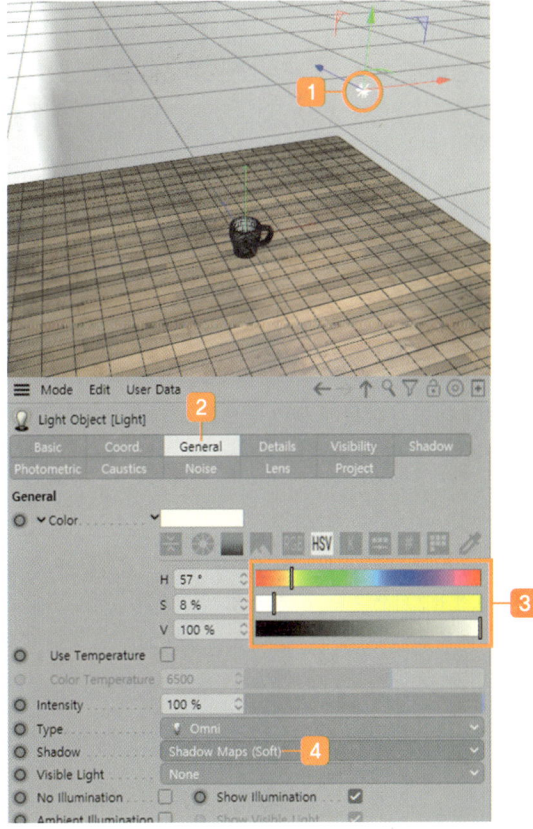

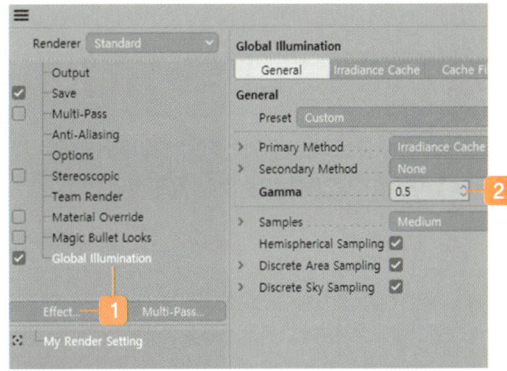

20 지금까지의 결과를 확인하기 위해 렌더 뷰(Ctrl + R)를 해봅니다. 조명으로 인해 더욱 사실적으로 표현됐습니다. 그러나 다소 어두운 측면이 있습니다. 이제 GI(Global Illumination - 글로벌 일루미네이션)를 켜서 렌더를 해보기 위해 에디트 렌더 셋

머그컵 제작 **145**

와인잔 제작

와인잔과 같은 회전체(회전했을 때 항상 같은 모양인 물체) 오브젝트는 손잡이가 있는 머그컵에 비해서는 비교적 간단하게 모델링 작업을 할 수 있습니다. 스플라인으로 와인잔 단면을 그린 후 레이스(Lathe)를 이용하여 표현할 수 있으며 투명한 유리 재질과 굴절되는 모습을 표현하는 방법에 대해 알아봅니다.

와인잔 모델링하기

회전체 오브젝트인 와인잔의 모양을 만드는 것은 보기보다 어렵기 때문에 평면 뷰포트 배경에 와인잔 이미지를 깔아놓고 작업을 하는 것이 효과적입니다.

01 와인잔의 모양은 아주 단순한 회전체 오브젝트로 되어있습니다. 이와 같이 단순한 모양의 회전체 오브젝트라도 막상 모양을 만들려고 할 때는 원하는 모양대로 잘 표현되지 않습니다. 이럴 때는 뷰포트 배경에 작업하고자 하는 그림을 깔아놓고 그림을 보면서 작업을 하는 것이 효과적입니다. 먼저 [F4] 키를 눌러 프런트 뷰로 전환합니다. 뷰포트 배경에 이미지를 깔기 위해서는 항상 평면 뷰로 전환되어야 합니다. 뷰포트 메뉴에서 [Options] - [Configure…]를 선택합니다. 참고로 아래쪽 메뉴인 Configure All…은 모든 뷰포트에 대한 설정을 할 수 있는 메뉴입니다.

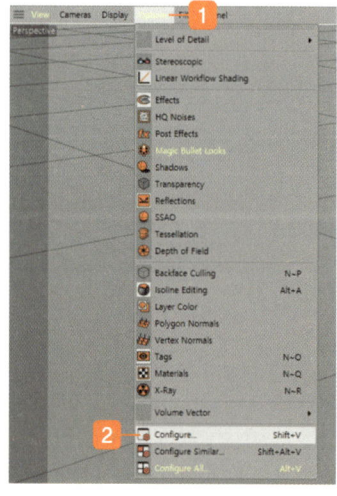

02 컨피큐어에 대한 어트리뷰트 매니저에서 Back 탭으로 이동한 후 Image의 로드 이미지 버튼을 클릭하여 [학습자료] - [맵소스] - [와인잔.jpg] 파일을 불러옵니다.

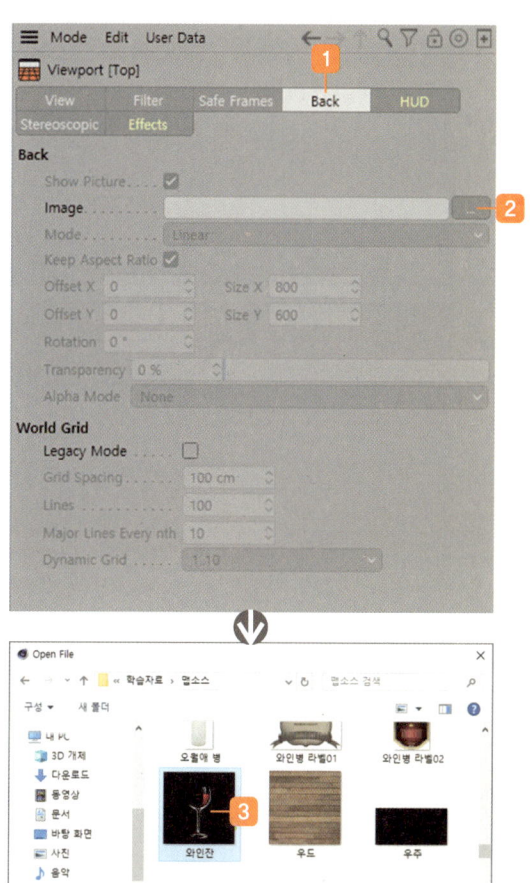
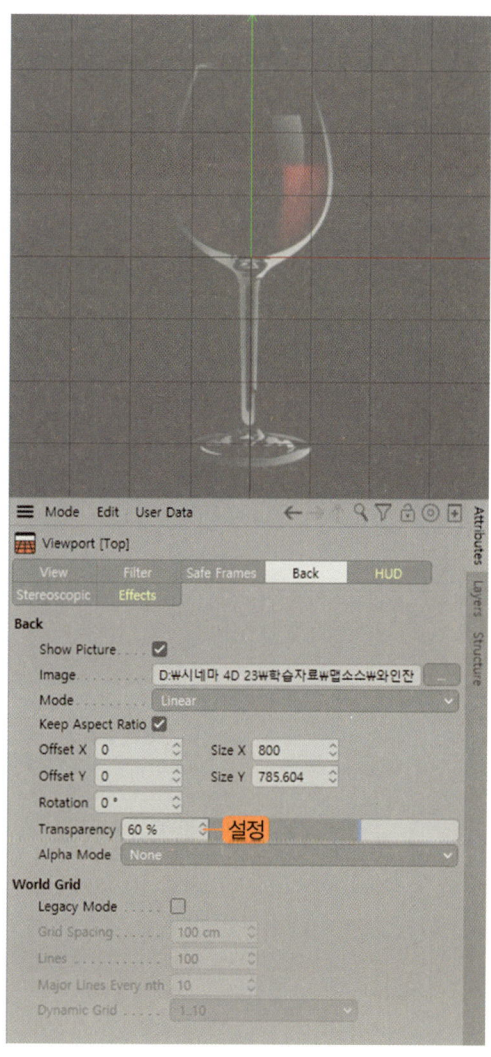

03 프론트 뷰포트에 와인잔 이미지가 적용된 모습을 보니 너무 선명하게 보여지는 것 같아 투명도를 떨어뜨려야 할 것 같습니다. Transparency(트랜스페어런시) 값을 60 정도로 투명도를 설정합니다. 이제 와인잔 이미지가 흐려졌기 때문에 스플라인을 통해 그림을 그리기 적당 해졌습니다. 배경 이미지가 너무 선명하면 스플라인의 선이 잘 보이지 않기 때문에 이와 같은 투명도 조절이 필요합니다.

04 와인잔을 그리기 위해 스플라인 툴에서 Spline Pen을 선택한 후 부드러운 곡선 스플라인을 만들기 위해 어트리뷰트 패널에서 Type을 B-Spline으로 변경합니다.

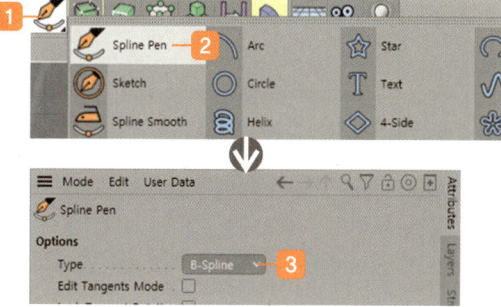

와인잔 제작 **147**

05 먼저 뷰포트를 확대한 후 와인잔 상단 부분부터 그려봅니다. 여기서 스플라인을 그려주는 방법은 두 가지가 있는데 하나는 한 줄로 그리는 방법과 두 줄로 그리는 방법입니다. 한 줄로 그리게 되면 최종 와인잔의 모습이 얇은 종이처럼 표현(나중에 익스트루드를 사용하여 두께를 줄 수 있음)되며 두 줄로 그리게 되면 그려진 두께가 실제 두께로 표현됩니다. 이번에는 두 줄로 그려봅니다. 와인잔 상단 모습 중 오른쪽 상단 끝부분을 클릭하여 스플라인 포인트를 생성합니다.

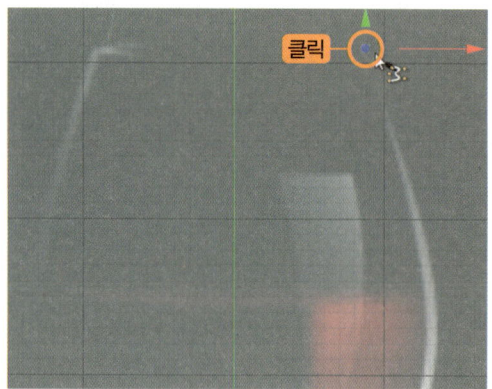

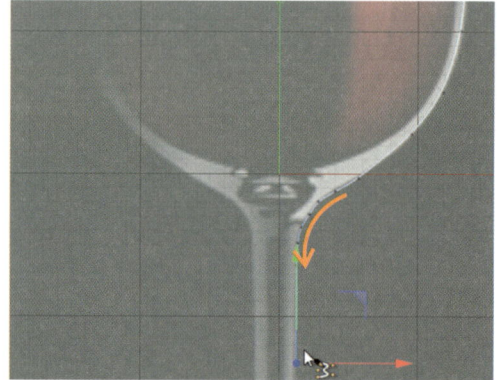

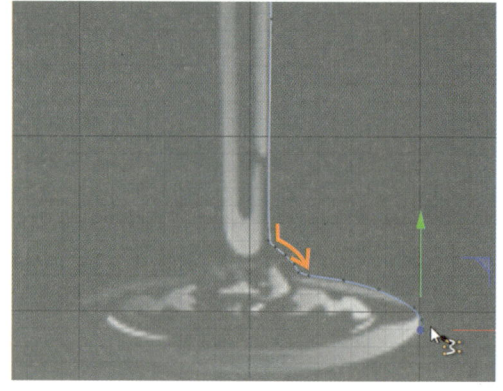

06 계속해서 배경 와인잔 그림을 보면서 와인잔의 모습에 맞게 스플라인을 그려줍니다. 와인잔 머리(볼)와 손잡이(스템)가 만나는 부분은 머리 부분보다 각이 좁기 때문에 이와 같은 좁은 곡선 부분에서는 스플라인 포인트를 많이 사용하여 표현합니다. 직선 부분은 별도의 포인트가 필요 없지만 곡선과 직선이 만나는 부분도 포인트 개수를 늘려주고 직선으로 꺾기(90도 이상)는 부분에서는 포인트의 간격이 붙을 정도로 가깝게 하여 표현하면 됩니다.

07 회전체 오브젝트의 중심에 사용되는 포인트는 X축이 0으로 되어있어야 레이스를 통해 회전할 때 와인잔 중심부에 구멍 또는 겹쳐지는 문제가 생기지 않습니다.

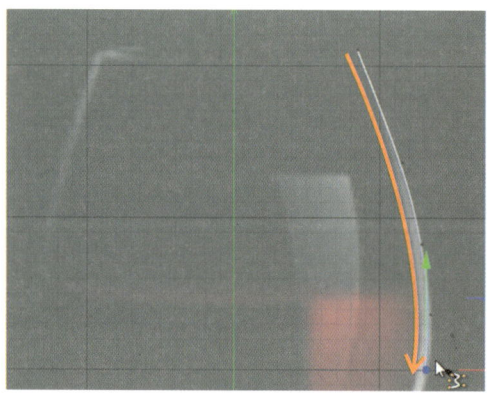

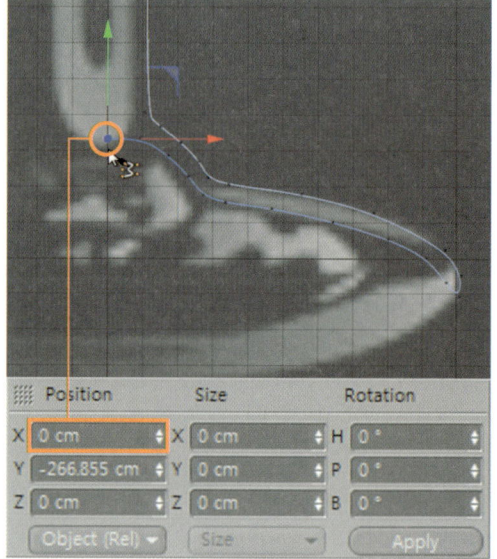

08 받침(베이스)과 손잡이 부분과 만나는 부분은 곡선에서 직선으로 바뀌는 곳이기 때문에 포인트의 거리를 가깝게 하여 모양을 표현하며 와인잔 안쪽 손잡이 부분도 직선이기 때문에 별도의 포인트를 사용하지 않습니다. 손잡이(스템)와 머리(볼)의 안쪽 부분은 직선에서 곡선으로 바뀌는 곳이기 때문에 이 부분 역시 포인트를 가깝게 배치하여 모양을 만듭니다. **스플라인을 그리다가 끊어진다면 다시 이어서 작업을 할 수 있습니다. 방법은 353페이지 [끊어진 스플라인 포인트 다시 연결하여 그리기]를 참고하세요.**

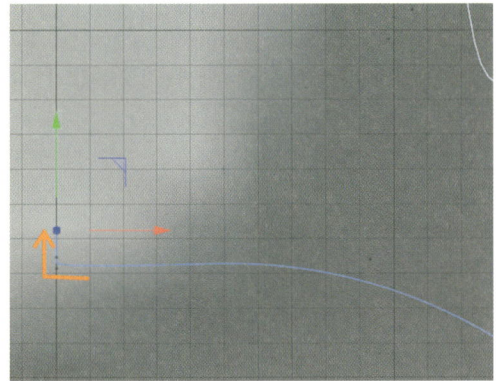

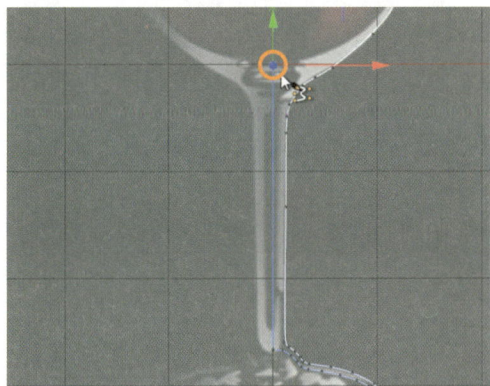

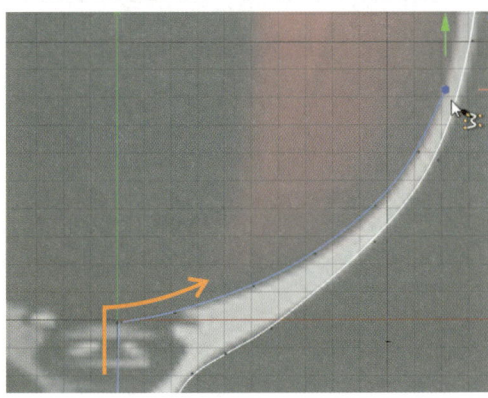

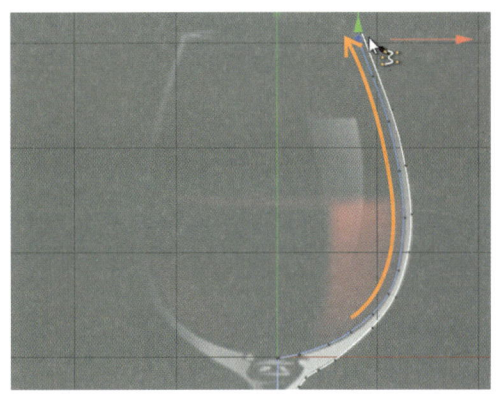

09 와인잔 상단부(립)는 얇은 곡선으로 되어있기 때문에 포인트의 개수를 증가하여 표현합니다.

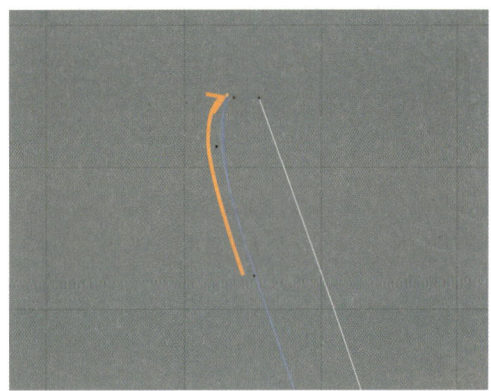

10 마지막으로 와인잔 상단의 첫 번째 포인트와 마지막 포인트가 합쳐져야 하기 때문에 마우스 포인터를 첫 번째 스플라인 포인트로 갖다 놓은 후 클릭합니다.

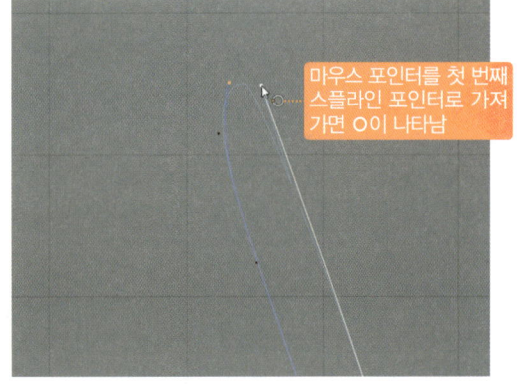

마우스 포인터를 첫 번째 스플라인 포인터로 가져가면 O이 나타남

닫혀지지 않은 상태에서 스플라인이 만들어졌다면 스플라인을 선택한 후 어트리뷰트 패널의 Close Spline 옵션을 체크하여 닫혀줄 수 있습니다.

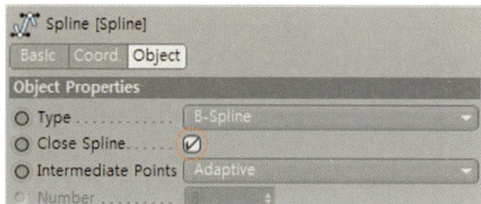

11 닫혀진 패스, 즉 스플라인이 완성되면 각 포인트를 선택 및 이동하여 스플라인 상태에서의 와인잔의 최종 모양으로 수정해 줍니다.

12 [F1] 키를 눌러 퍼스펙티브 뷰로 전환한 후 제너레이터 툴에서 Lathe(레이스)를 적용합니다. 레이스는 회전체 오브젝트를 만들어주는 기능입니다.

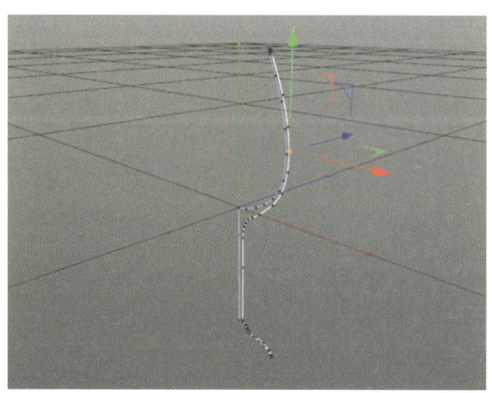

13 레이스가 적용되면 와인잔 모양의 스플라인을 끌어다 레이스 하위에 갖다 놓습니다. 지금의 작업을 종속 관계(하이어라키)라고 합니다. 이것으로 레이스에 의해 선으로 되어있던 스플라인이 면과 두께를 가진 입체 와인잔 오브젝트가 되었습니다.

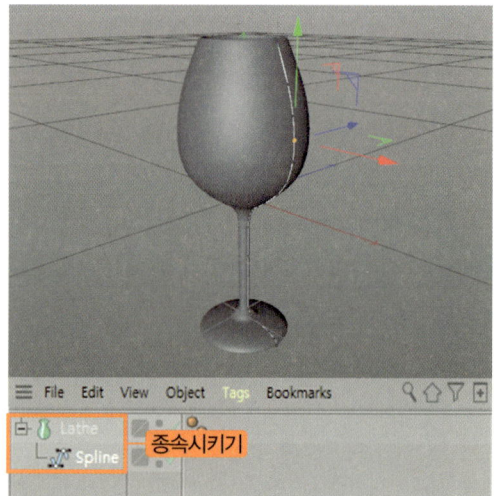

14 여기서 와인잔의 세그먼트(엣지)를 확인하기 위해 뷰포트 메뉴의 [Display] - [Gouraud Shading (Lines)]를 선택합니다.

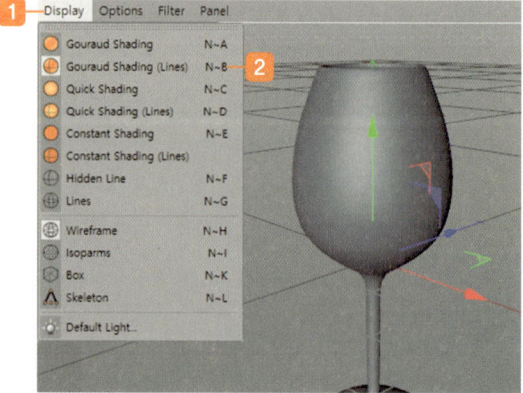

15 이제 와인잔의 세그먼트가 보이면 어트리뷰트 매니저에서 Subdivision(서브디비젼)과 Isoparm Subdivision(아이소팜 서브디비젼)을 이용하여 세그먼트의 개수를 설정할 수 있습니다. 또한 Angle을 설정하면 회전체 오브젝트의 회전 값을 설정할 수 있는데 여기서는 260도 정도로 설정해 봅니다. 와인잔이 완전한 회전체가 아닌 설정된 각도 만큼 회전되어 잘려진 단면의 모습이 보입니다. 참고로 앵글 값에 키프레임을 사용하면 회전체(와인잔)의 모습이 완성되어가는 애니메이션도 표현할 수 있습니다.

16 회전 값을 다시 360도로 설정하고 이제 [Ctrl] + [R] 키를 눌러 렌더 뷰를 해보면 완전한 입체 와인잔이 표현됩니다. 다음 작업은 와인잔의 투명 재질과 굴절 등의 매터리얼에 대한 작업을 해봅니다.

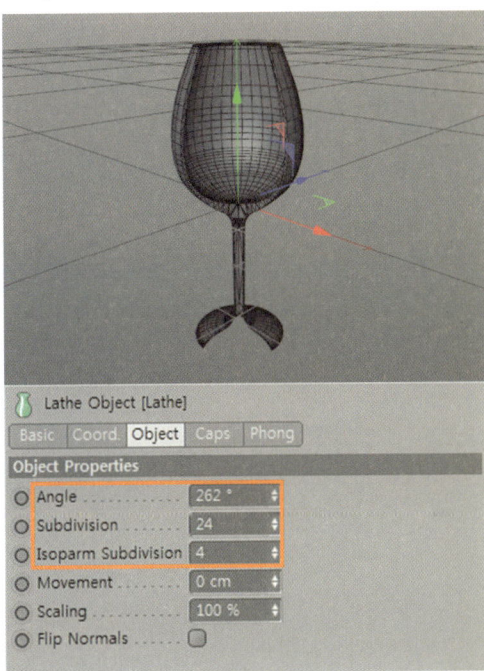

와인잔 재질 표현하기

와인잔 재질은 투명한 유리이고 둥근 형태로 되어있기 때문에 와인잔을 통해 본 사물은 굴절되어 보입니다. 또한 표면은 반사율이 있어 리플렉턴스와 환경 맵이 필요합니다.

01 재질을 만들기 위해 매터리얼 매니저의 빈 곳을 더블클릭합니다. 그다음 만들어진 매터리얼을 더블클릭하여 매터리얼 에디터를 열어줍니다.

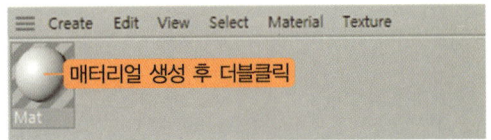

02 와인잔처럼 투명한 유리 질감에서는 색상을 기본 색상인 밝은 회색을 그냥 사용해도 됩니다. 그러므로 이번엔 투명도에 대한 설정부터 해봅니다. Transparency(트랜스페어런시)를 체크한 후 Brightness(시네마 4D에서의 브라이트니스는 해당 채널의 사용 정도라고 이해하면 됨) 값을 98 정도로 투명하게 설정합니다.

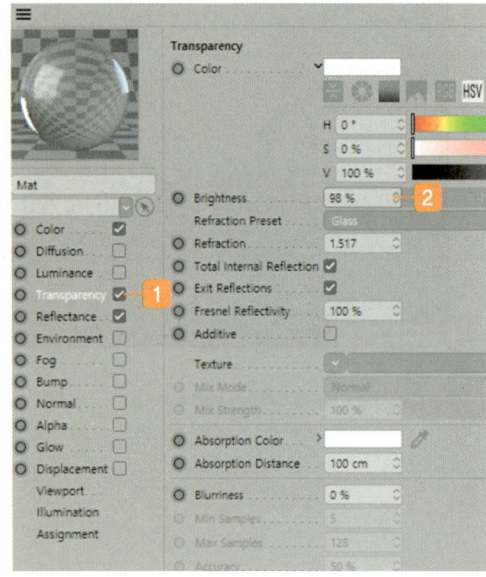

03 이번엔 반사율에 대한 설정을 위해 Reflectance를 선택하고 Layers 탭의 [Add] - [Reflection (Legacy)]를 선택합니다. 방금 선택한 리플렉션 (레거시)는 이전 버전에서 사용된 전통 수동 방식으로 반사율을 설정할 수 있게 합니다. 또한 투명도를 표현하는 트랜스페어런시 채널을 사용한 후의 리플렉턴스 채널은 트랜스페어런시 탭이 추가되어 투명 채널의 거친 정도, 반사율, 스페큘러, 범프 등을 설정할 수 있습니다.

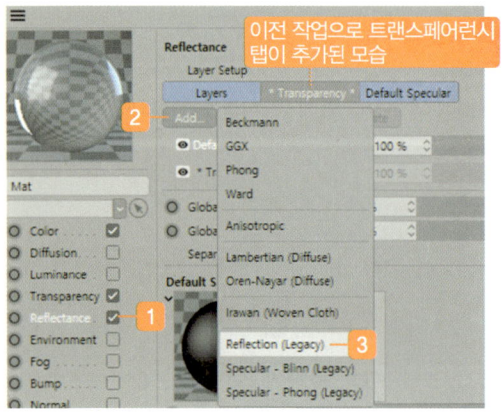

04 반사율에 대한 설정은 특정 레이어만 하거나 전체 레이어(트랜스페어런시 포함)를 일괄적으로 할 수 있습니다. 여기에서는 특정 레이어만 설정하기 위해 방금 만든 Layer 1의 값을 90 정도로 설정합니다. 참고로 아래쪽 Global Reflection Brightness (기본 레이어에서 사용되는 기능)는 전체 레이어의 반사율을 설정할 때 사용됩니다.

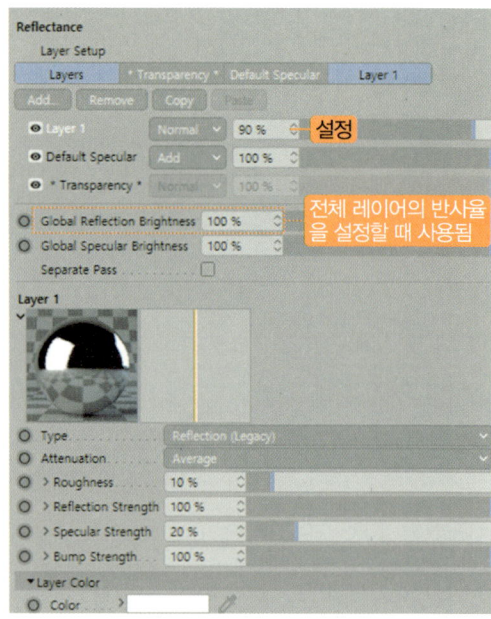

05 설정된 매터리얼을 끌어다 오브젝트 매니저의 Lathe에 적용(하위에 갖다 놓음)합니다.

06 [Ctrl] + [R] 키를 눌러 렌더 뷰를 해보면 투명하게 보이기는 하지만 아직 환경 맵이 설정되지 않아 사실감이 떨어집니다.

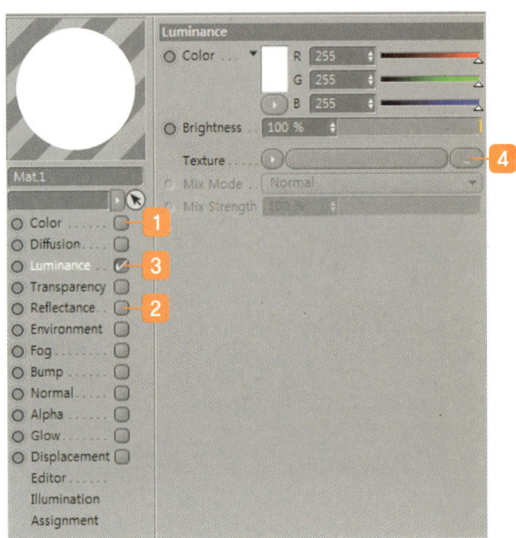

07 이제 환경 맵 작업을 위해 먼저 [인바이어런먼트] - [Sky]를 적용합니다.

08 적용된 스카이에 환경 맵을 만들기 위해 매터리얼 매니저에서 새로운 매터리얼을 생성한 후 매터리얼 에디터를 열어줍니다.

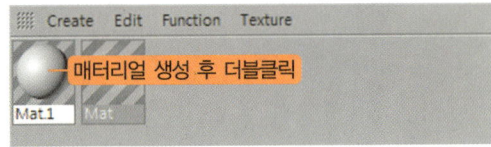

09 스카이에 적용될 환경 맵은 Luminance를 제외한 나머지 채널은 사용하지 않습니다. 루미넌스만 체크하고 Texture의 로드 이미지 버튼을 클릭합니다.

10 파일 열기 창이 열리면 [학습자료] - [맵소스] - [맵소스07.jpg] 파일을 복사하지 않고 불러옵니다.

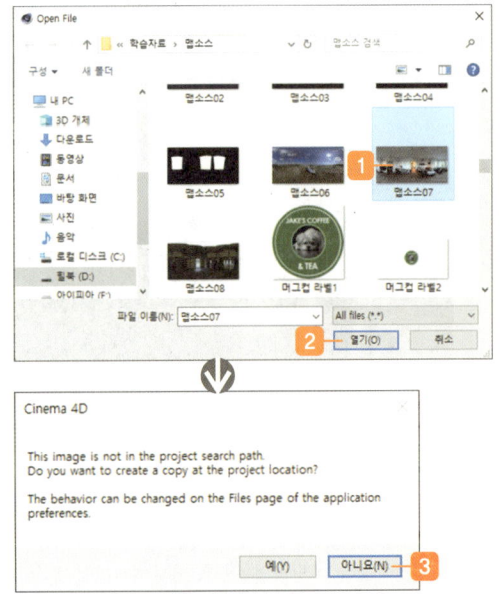

11 이제 환경 맵으로 사용될 매터리얼을 끌어다 스카이에 적용합니다.

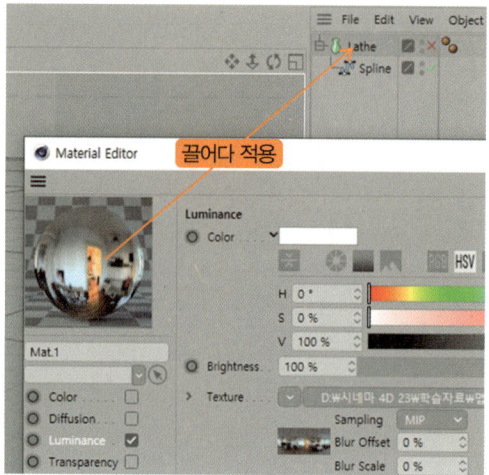

14 Transparency 채널을 선택하고 굴절 효과를 표현하기 위해 Refraction(리프렉션) 값을 1.6 정도로 설정합니다. 리프렉션은 굴절 효과를 위해 사용되는데 지금처럼 투명한 유리 재질이나 물과 같은 액체에 주로 사용됩니다.

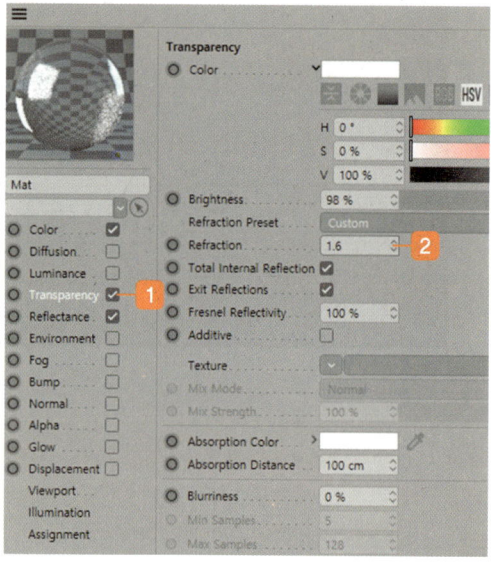

12 [Ctrl] + [R] 키를 눌러 다시 렌더 뷰를 해봅니다. 환경 맵에 의해 와인잔 표면에 스카이의 모습이 비춰지지만 평면적으로 보여 유리 와인잔으로 보이지는 않습니다.

15 [Ctrl] + [R] 키를 눌러 다시 렌더 뷰를 해보면 앞서 설정한 굴절(리프랙션)에 의해 실제 와인잔처럼 굴절이 생겼습니다. 이제서야 비로서 와인잔다운 모습이 표현됐습니다. 이렇듯 투명한 오브젝트는 굴절이 있는 것과 없는 것에 차이가 확연합니다.

13 와인잔에 적용된 매터리얼을 설정하기 위해 첫 번째 만든 Mat(매터리얼을 만든 후에는 가급적 매터리얼의 이름을 부여하는 것이 좋음) 매터리얼을 선택(이미 매터리얼 에디터가 열려있을 경우)하거나 더블클릭합니다.

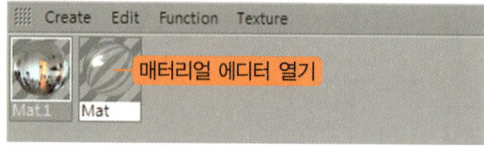

16 스카이(환경 맵)의 모습은 와인잔 표면에서 비춰지고 뷰포트 배경에는 보이지 않게 하기 위해 Sky 위에서 [우측 마우스 버튼] - [Render Tags] - [Compositing]을 선택합니다.

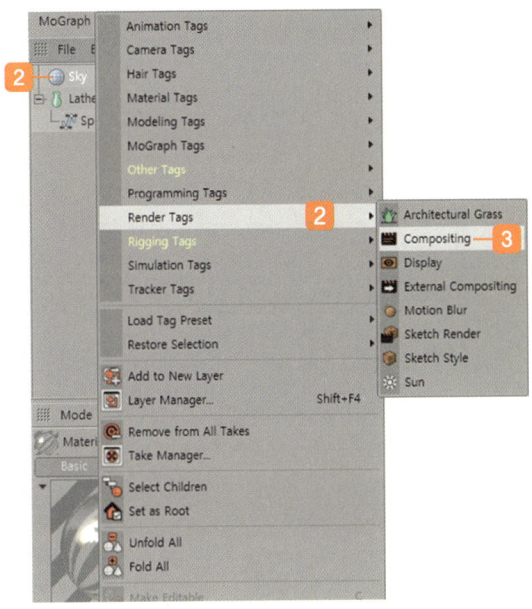

17 컴포지팅 태그의 어트리뷰트 매니저에서 Tag 탭이 Seen by Camera를 체크 해제합니다. 씬 바이 카메라를 해제하면 카메라, 즉 뷰포트 상에서의 스카이의 모습이 보이지 않지만 와인잔 표면에서는 비춰집니다.

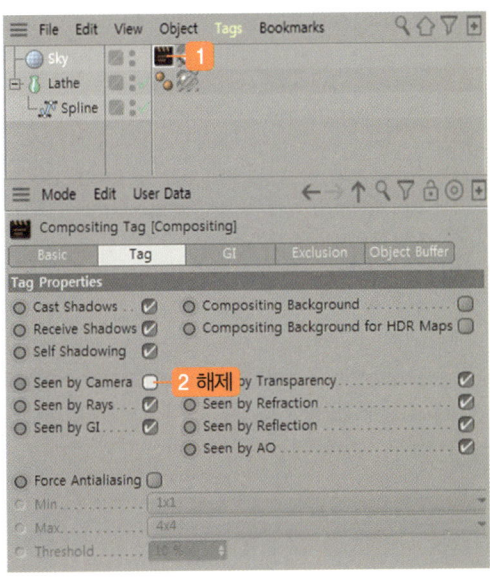

18 [Ctrl] + [R] 키를 눌러 렌더 뷰를 해보면 뷰포트 배경에는 스카이의 모습이 사라졌지만 와인잔 표면에는 스카이의 모습이 비춰집니다. 이렇듯 컴포지팅의 태그에서 Seen by Camera를 해제하면 이 태그가 적용된 오브젝트의 모습이 뷰포트에서만 사라지는 것을 알 수 있습니다.

19 지금의 상태에서는 배경이 사라졌기 때문에 와인잔 표면에 비춰진 스카이의 모습이 어색하게 보입니다. 이제 바닥과 주변 환경을 만들어봅시다. 먼저 바닥을 만들기 위해 인바이어런먼트 툴에서 Floor(플로어)를 생성합니다. 플로어는 바닥을 표현하는 방법 중 크기에 제한이 없는 바닥을 만들어줍니다.

20 플로어의 Y축을 아래로 내려 바닥과 와인잔 바닥(베이스)이 밀착되도록 해 줍니다. 정확하게 밀착되게 하기 위해서는 뷰포트를 라이트 또는 프론트 뷰로 전환한 후 설정하는 것이 좋습니다. 이와 같은 평면 뷰로 전환한 후 뷰포트 메뉴의 [Display] - [Lines]을 선택하여 오브젝트의 선들이 보이게 한 후 설정하면 보다 정확한 작업을 할 수 있습니다.

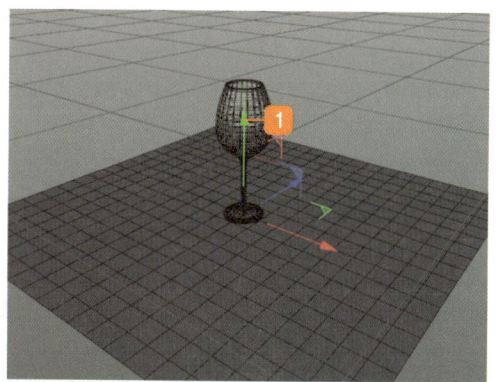

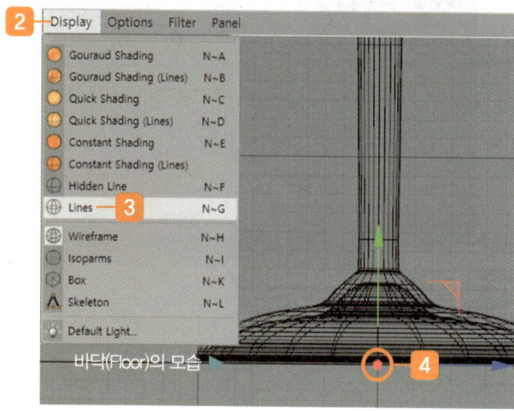

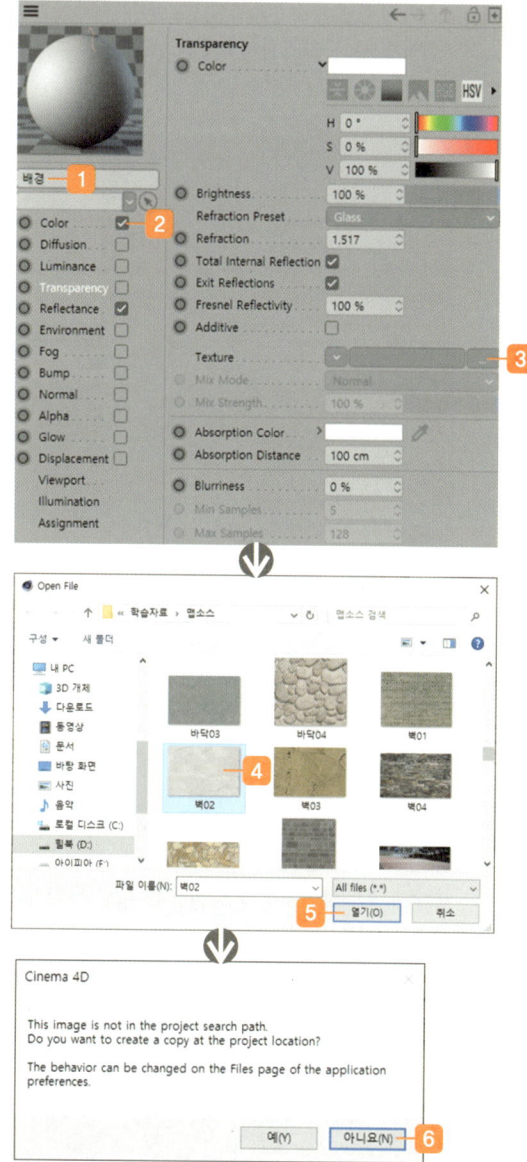

21 이제 방금 만든 바닥에 대한 재질을 표현하기 위해 매터리얼 매니저에 새로운 매터리얼을 만들고 매터리얼 에디터를 열어 줍니다.

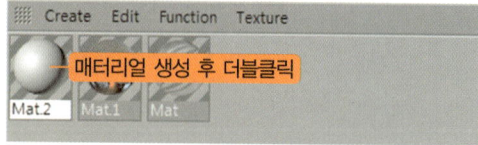

22 매터리얼 에디터가 열리면 Color 채널을 선택하고 Texture의 로드 이미지를 통해 [학습자료] - [맵소스] - [벽02.jpg] 파일을 복사하지 않고 불러옵니다. 지금의 텍스처 소스 파일은 벽을 표현하는데 사용되지만 심플한 바닥을 위해서도 사용할 수 있습니다. 매터리얼의 이름은 [바닥]이라고 해줍니다.

23 이번엔 반사율에 대한 설정을 위해 Reflectance 채널을 선택하고 기본 Layer에서 [Add] - [Reflection (Legacy)]를 선택합니다. 새로 생성된 Layer 1 탭에서 Layer 1의 반사율을 30 정도로 낮춰서 컬러 채널에서 적용된 테스처의 모습이 보이는 상태로 반사(광택)가 생기도록 해줍니다.

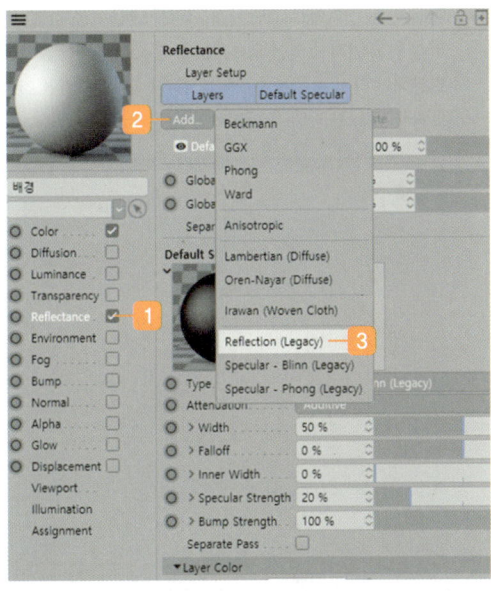

24 이제 설정된 매터리얼을 끌어다 Floor에 적용합니다. 적용 후 [Ctrl] + [R] 키를 눌러 렌더 뷰를 해보면 약간의 반사율을 가진 바닥이므로 와인잔의 모습이 바닥에 살짝 비춰집니다. 그런데 텍스처의 크기가 너무 작아서(실제론 바닥과 와인잔의 크기가 큰 것임) 텍스처를 적당한 크기로 키워주어야 합니다. 물론 반대로 와인잔의 크기를 작게 해주어도 됩니다.

25 텍스처의 크기를 조절하기 위해 플로어에 적용된 텍스처(매터리얼) 태그가 선택된 상태에서 어트리뷰트(속성) 매니저에서 Length U, V축을 2500 정도로 늘려줍니다. 그리고 Offset U, V축을 설정하여 텍스처가 반복될 때의 경계가 보이지 않는 위치로 해줍니다.

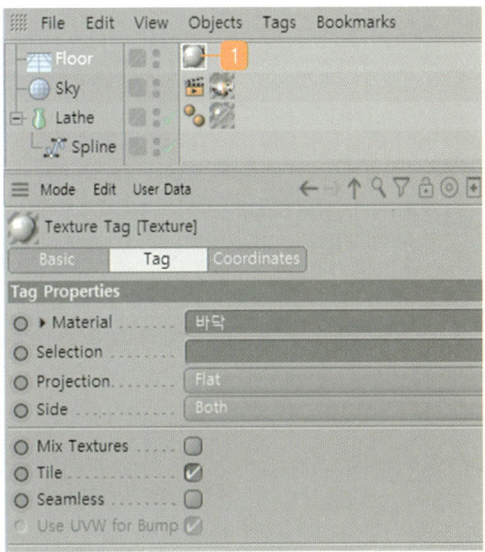

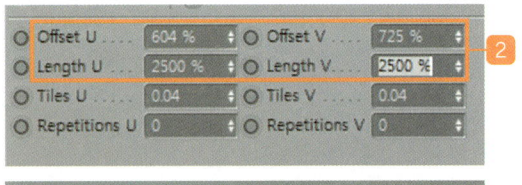

렌더 뷰의 모습

26 와인잔 안쪽에 또 다른 물체를 집어넣어서 와인잔의 굴절된 모습을 확인해보기 위해 오브젝트 툴에서 Sphere를 생성합니다.

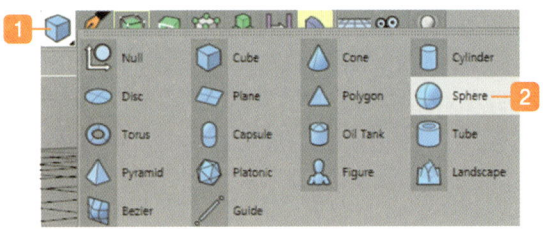

27 다른 작업에 방해가 되지 않도록 앞서 만든 와인잔은 잠시 숨겨놓습니다. Lathe와 Spline 우측의 초록색 체크 모양을 클릭하여 숨기거나 클릭 & 아래로 드래그하여 한꺼번에 숨겨놓을 수도 있습니다.

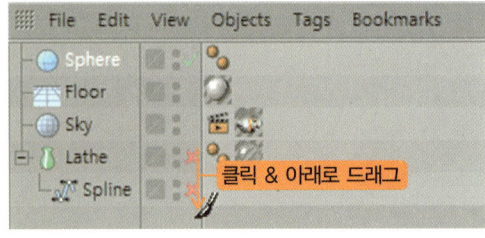

28 앞서 만든 스피어로 간단하게 체리를 만들어볼 것입니다. 그러기 위해 먼저 스피어 오브젝트를 편집이 가능한 폴리곤으로 변환해야 하기 때문에 스피어를 선택한 후 단축키 [C] 키를 누르거나 Make Editable을 선택합니다.

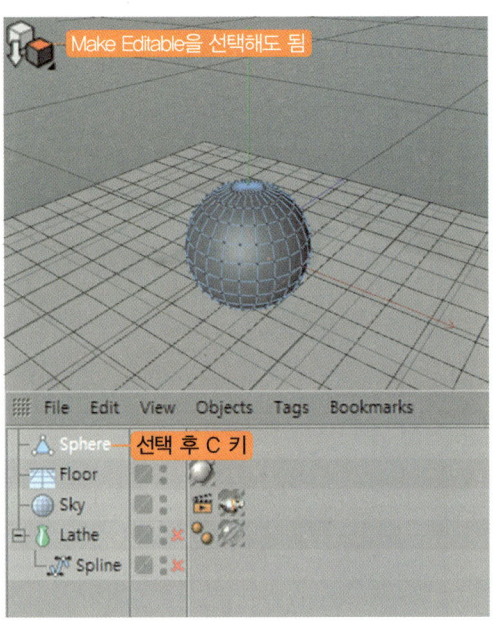

29 폴리곤 툴을 선택한 후 [U~L] 키를 눌러 루프 실렉션 툴을 선택합니다. 그다음 그림처럼 스피어 상단을 선택합니다. 그리고 스케일 툴을 사용하여 그림처럼 선택된 영역을 약간 작게 줄여줍니다. 이때 XYZ축이 없는 곳에서 조절해야 합니다. 계속해서 [M~T] 키를 눌러 익스트루드 툴을 선택한 후 우측으로 드래그하여 선택된 영역을 살짝 돌출시킵니다. 같은 방법으로 4회에 거쳐 그림처럼 총 다섯 마디가 되도록 돌출시킵니다. 이제 이 부분은 체리의 꼭지가 만들어지게 됩니다.

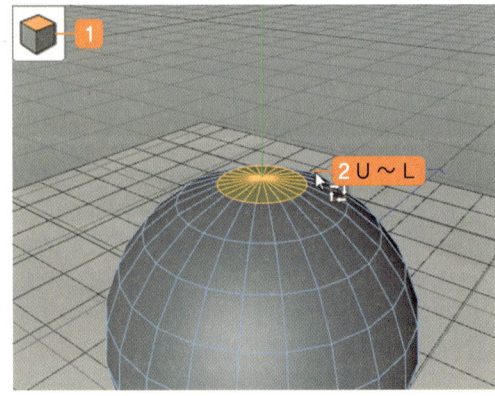

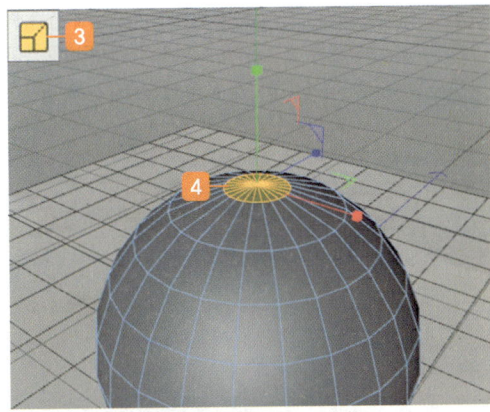

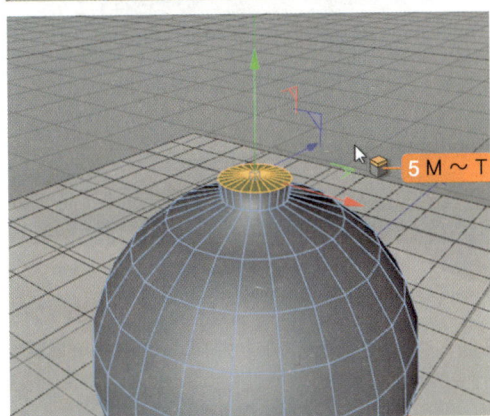

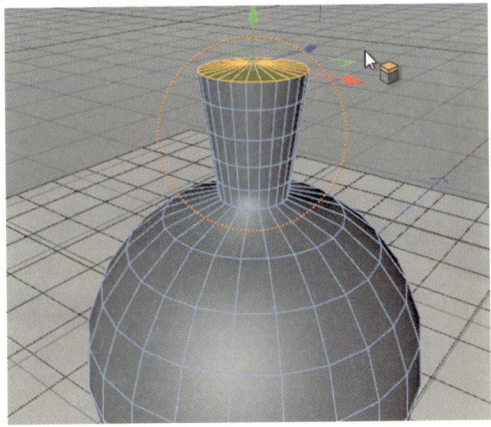

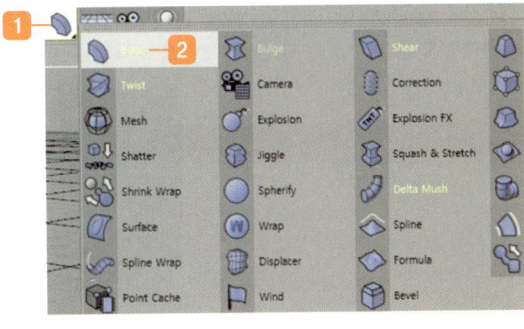

30 이제 앞서 돌출시킨 꼭지 부분을 실제 체리의 꼭지처럼 휘게 하기 위해 디포머 툴에서 Bend를 선택합니다. 벤드는 오브젝트를 구부릴 때 사용되는데 이때 사용되는 오브젝트에 세그먼트가 없다면 구부릴 수 없기 때문에 자연스럽게 구부리게 하기 위해서는 세그먼트를 충분히 만들어주어야 합니다.

31 앞서 만든 벤드는 파란색 디포머이기 때문에 변형을 주고자 하는 오브젝트 하위에 종속되어야 합니다. 그다음 벤드 어트리뷰트 매니저의 Object 탭에서 Size를 꼭지 부분보다 약간 크게 XYZ축을 각각 60, 70, 60 정도로 설정합니다. 그리고 벤드의 위치를 그림처럼 꼭지 부분에 갖다 놓습니다.

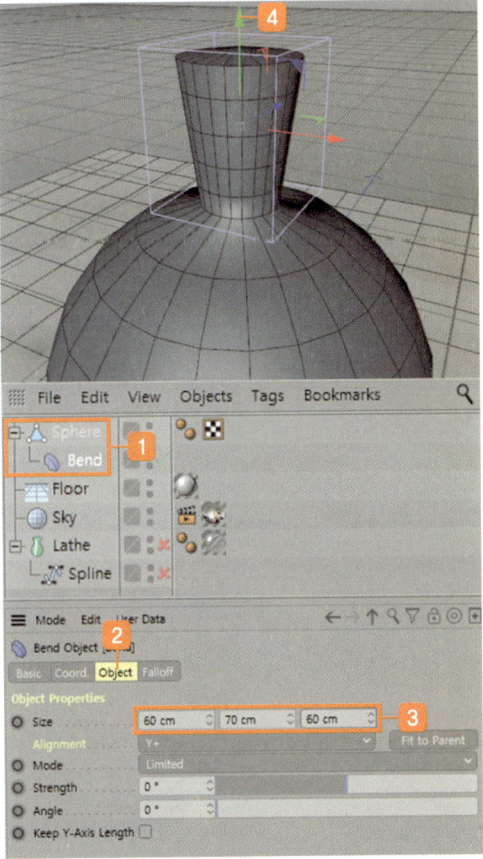

32 이제 Strength를 75도 정도 설정하여 그림처럼 구부러뜨립니다. 그밖에 Mode를 통해 휘어지는 방식을 선택할 수 있으며 Angle을 설정하여 휘어지는 각도를 설정할 수 있습니다.

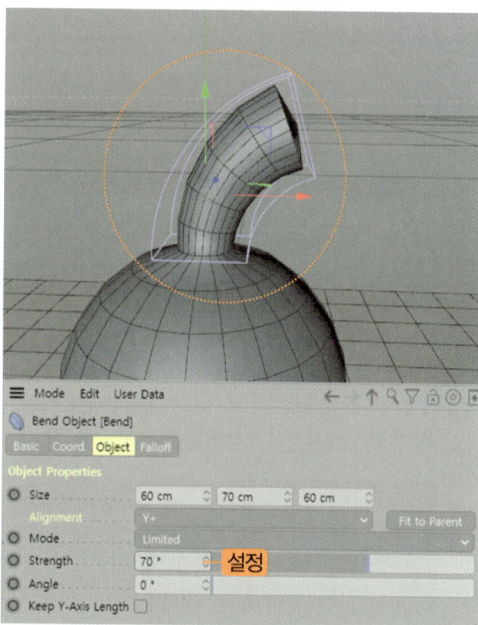

33 다시 Lathe와 Spline을 나타나게 해 줍니다. 현재 체리의 크기가 너무 크기 때문에 적당하게 조절해야 합니다.

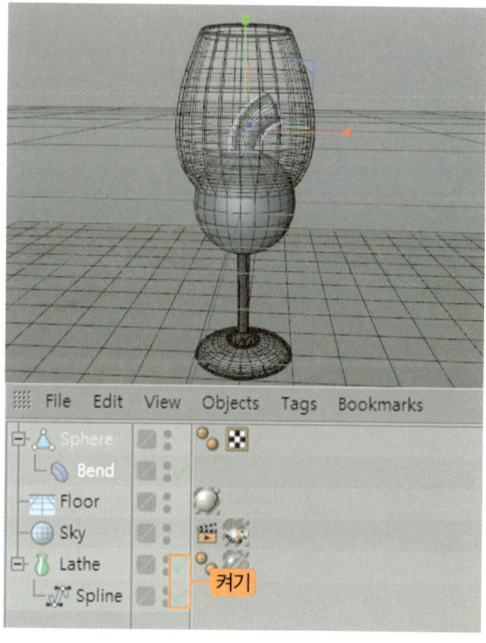

34 앞서 레이스와 스플라인을 통해 만든 와인잔과 방금 전에 만든 체리는 각각 특정 기능, 즉 효과에 의해 모양이 만들어진 오브젝트입니다. 이와 같은 의존형 오브젝트는 적용된 효과가 사라지면 다시 원래의 모양으로 되돌아갑니다. 이처럼 효과에 의해 모양이 만들어진 오브젝트는 커런트 스테이트 투 오브젝트를 사용하여 효과에 의존하지 않고도 그 모양을 가지고 있는 새로운 오브젝트로 만들 수 있습니다. 먼저 Lathe 위에서 [우측 마우스 버튼] - [Current State to Object]를 적용합니다.

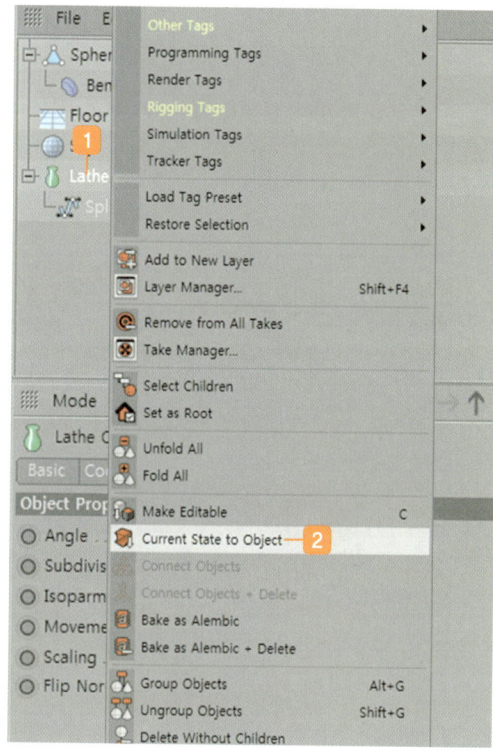

35 이것으로 레이스 효과에 의해 만들어진 입체 와인잔이 하나 생성됐습니다. 이제 Lathe 효과는 삭제합니다. 삭제하면 그 하위에 종속됐던 Spline도 같이 삭제됩니다.

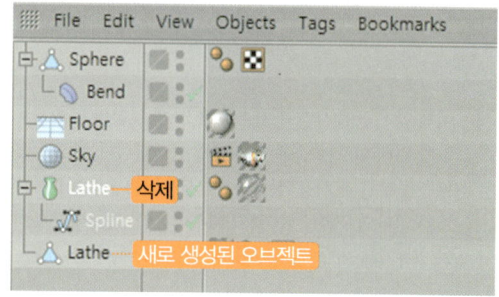

36 레이스가 삭제된 후에도 와인잔의 모습은 그대로 보입니다. 이 오브젝트는 앞서 커런트 스테이트 투 오브젝트에 의해 만들어진 자식(?) 오브젝트입니다. 이와 같은 방법을 통해 효과에 의해 표현되는 오브젝트는 커런트 스테이트 투 오브젝트로 낳아서 사용하게 됩니다.

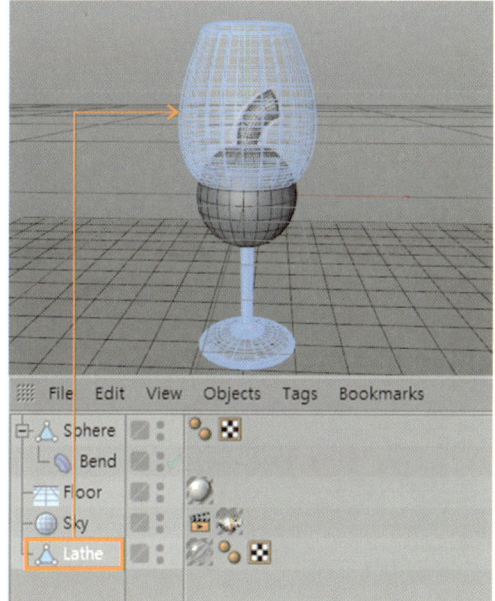

37 같은 방법으로 벤드에 의해 만들어진 체리 모양의 오브젝트도 벤드 효과 없이도 모양이 유지되는 오브젝트를 낳아야 합니다. 벤드의 상위 오브젝트인 Sphere 위에서 [우측 마우스 버튼] - [Current State to Object]를 선택합니다.

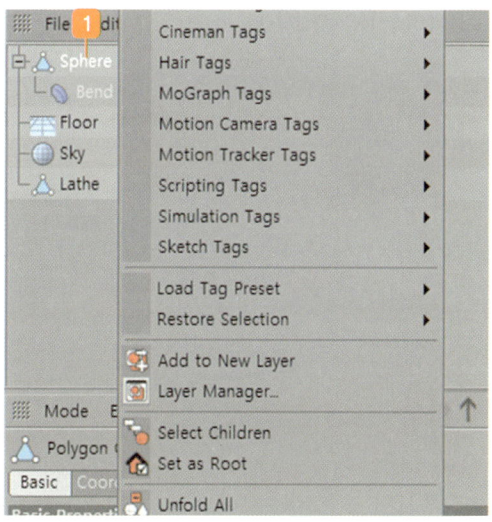

38 이번에도 역시 벤드에 의해 만들어진 모양을 그대로 가지고 있는 오브젝트가 생성됐습니다. 이제 앞서 사용되던 벤드가 적용된 Sphere는 삭제합니다. 참고로 삭제할 때 주의할 것은 효과에 의해 만들어진 오브젝트를 더 이상 사용하지 않을 경우에만 삭제하고 나중에 수정이 필요할 수도 있을 경우엔 남겨(꺼놓고) 두는 것이 좋습니다.

39 이제 체리의 크기를 와인잔의 크기에 맞게 조절하기 위해 앞서 생성된 스피어를 선택하고 모델 툴과 스케일 툴을 사용하여 그림처럼 크기를 작게 조절합니다. 그리고 무브 툴과 로테이트 툴을 사용하여 보기 좋은 위치와 회전을 해줍니다.

40 여기서 체리 모양으로 사용되는 스피어 오브젝트의 이름은 [체리]로 변경하고 와인잔으로 사용되는 레이스 오브젝트의 이름은 [와인잔]으로 변경합니다. 이제 체리에 재질 작업을 하기 위해 와인잔의 모습은 잠시 숨겨놓습니다.

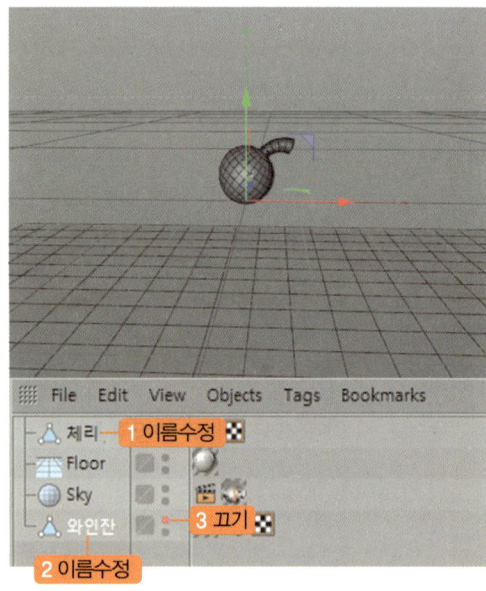

41 체리 오브젝트를 선택한 후 폴리곤 툴과 폴리곤 선택 툴을 사용하여 그림처럼 체리의 꼭지 부분을 선택합니다. 이때 뷰포트는 체리가 정면에서 보이도록 프런트 뷰로 전환하는 것이 좋으며 보이지 않는 뒤쪽 부분까지도 선택되도록 Only Selecte Visible Elements를 해제한 후 선택해야 합니다.

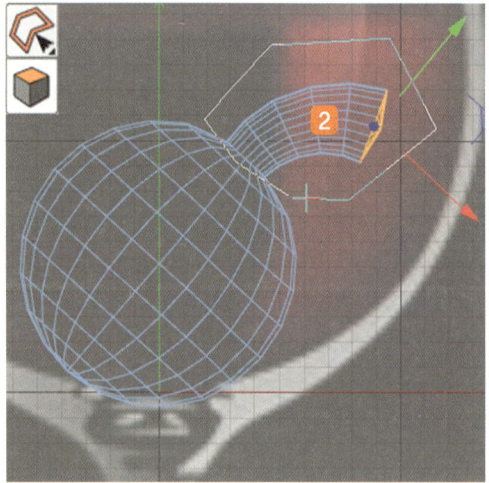

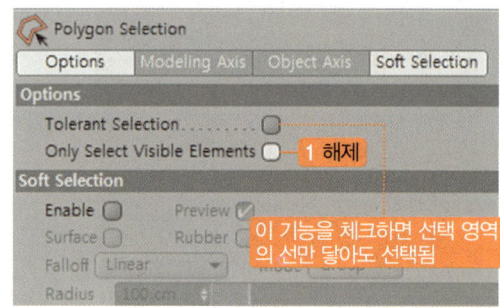

42 체리에 대한 매터리얼 작업을 위해 앞서 사용하던 매터리얼을 복제해서 사용 해봅니다. 바닥 매터리얼을 Ctrl 키를 누른 상태에서 우측 빈 곳으로 끌어가 복제합니다. 복제된 매터리얼의 이름은 [체리꼭지]라고 변경한 후 더블클릭하여 매터리얼 에디터를 열어줍니다.

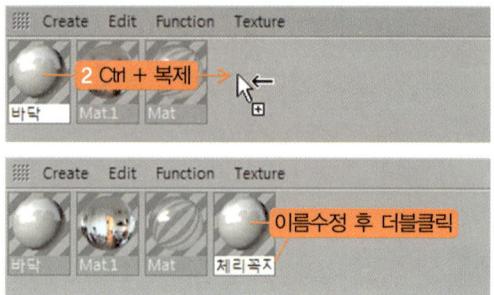

43 체리꼭지 매터리얼 매니저가 열리면 먼저 컬러 채널에서 색상을 짙은 초록색으로 설정하고 텍스처를 Clear로 선택하여 기존의 텍스처를 지워줍니다.

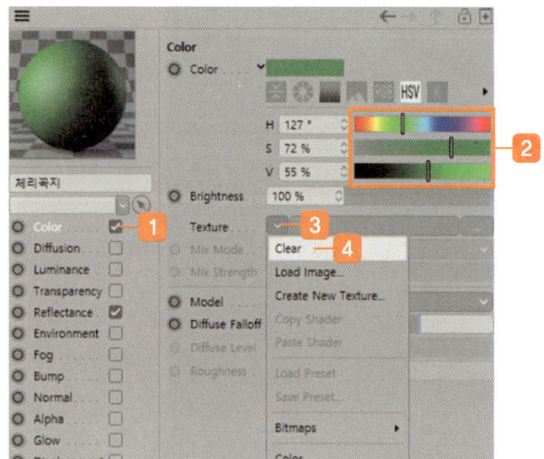

44 계속해서 리플렉턴스 채널을 선택한 후 체리꼭지는 체리보다 반사율이 낮기 때문에 Layer 1의 반사율을 10 정도로 낮춰줍니다.

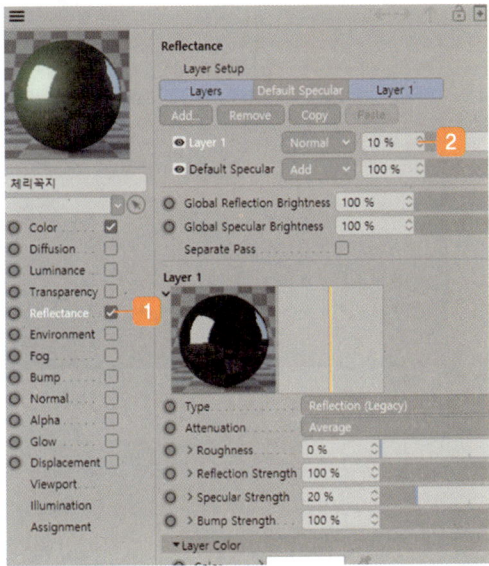

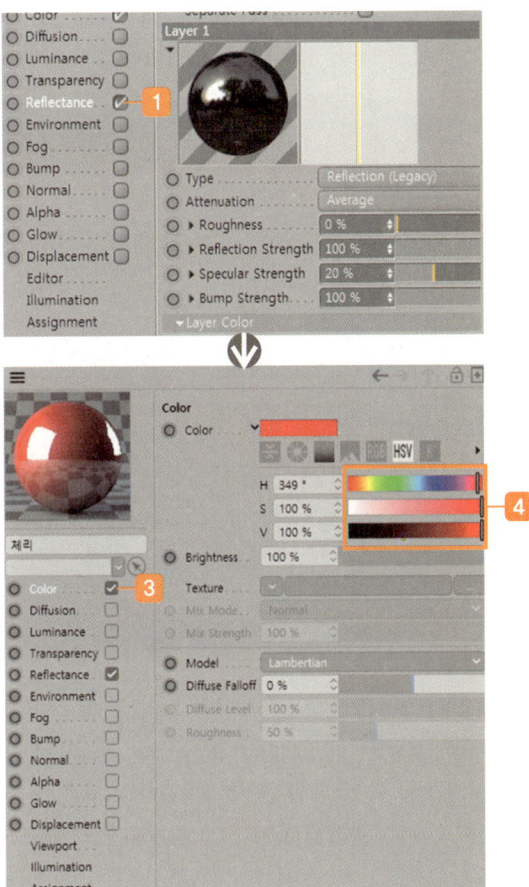

45 이번엔 체리 몸통에 대한 재질을 설정하기 위해 체리꼭지를 복제합니다. 복제된 매터리얼의 이름은 [체리]로 수정하고 매터리얼 에디터를 열어줍니다.

46 체리의 재질은 체리 꼭지보다 반사율이 높기 때문에 리플렉턴스 채널에서 Layer 1의 반사율을 35 정도로 높여줍니다. 그다음 색상을 수정하기 위해 컬러 채널을 선택한 후 컬러를 분홍색으로 설정합니다. 이것으로 체리의 몸통과 꼭지에 적용될 매터리얼을 만들었습니다.

47 이제 앞서 만든 두 매터리얼을 해당 부위에 맞게 적용해 봅니다. 먼저 체리꼭지 매터리얼을 현재 선택되어있는 꼭지에 끌어다 적용합니다.

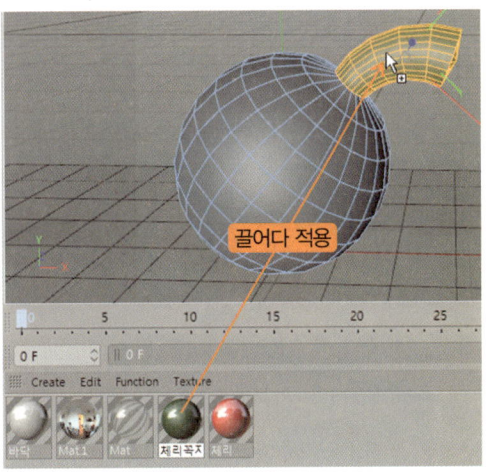

48 다음으로 체리 몸통에 매터리얼을 적용하기 위해 현재 선택된 영역을 [Select] - [Invert]를 선택하여 반전시킵니다.

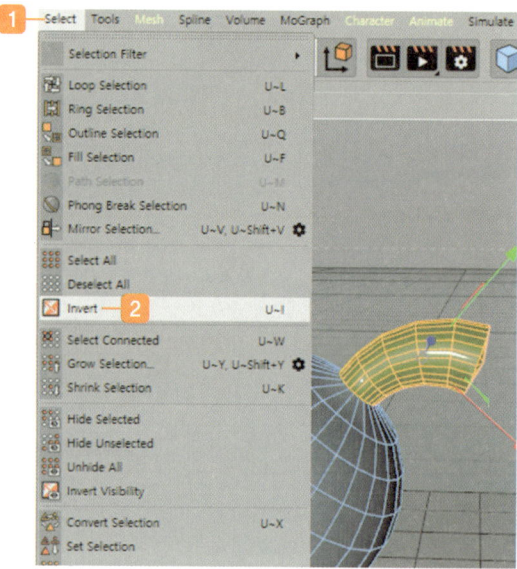

49 선택 영역이 반전되면 체리 몸통 부분만 선택됩니다. 이제 체리 매터리얼을 끌어다 선택된 몸통에 적용합니다.

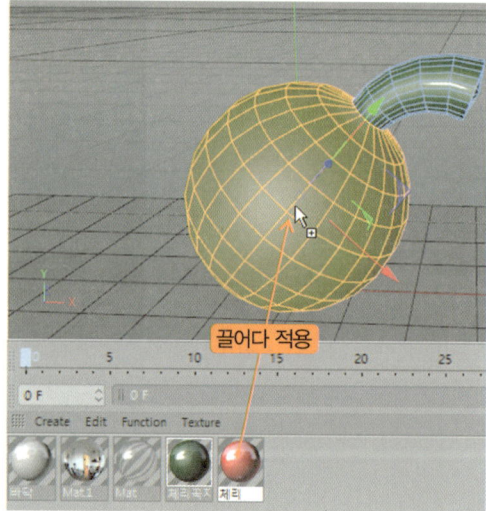

50 Ctrl+R 키를 눌러 렌더 뷰를 해보면 와인잔 속에 담긴 체리의 모습이 살짝 굴절되어 보입니다.

51 현재는 와인잔만 있기 때문에 뭔가 허전해 보입니다. 여기서 콘텐트 브라우저를 활용하여 다른 오브젝트를 적용해봅니다. [Content Browser] - [Presets] - [3D Objects Vol2] - [Packaging]으로 들어가 Bottle - Wine 01을 더블클릭하여 적용합니다.
콘텐트 브라우저는 시네마 4D에서 사용할 수 있는 다양한 3D 오브젝트 및 매터리얼, 애니메이션, 씬 등을 제공합니다.

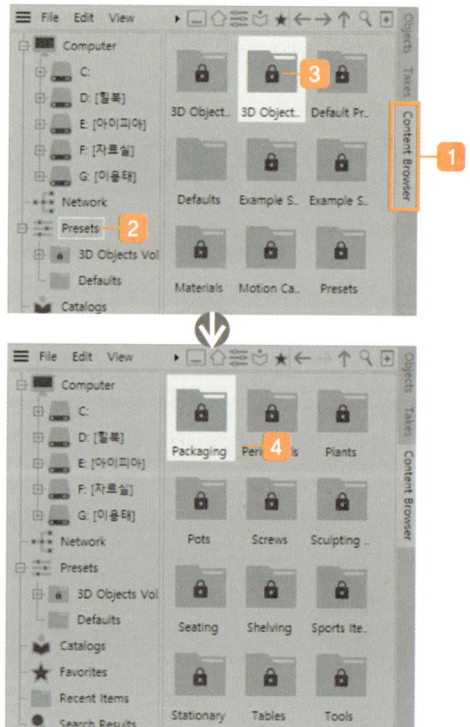

크기, 위치 조정

렌더 뷰의 모습

52 Bottle - Wine을 보면 작아서 보이지가 않을 정도입니다. 물론 이것은 와인잔을 상대적으로 크게 만들었기 때문입니다. 이제 이 와인병을 스케일 툴과 무브 툴을 사용하여 그림처럼 키워주고 위치를 와인잔 옆, 뒤쪽으로 이동해줍니다. 그리고 렌더 뷰를 통해 확인해봅니다. 렌더를 통해 확인해보면 와인잔과 병이 제법 그럴싸하게 얼울립니다. 그러나 와인병의 라벨이 아무 것도 없기 때문에 보기가 좋지 않습니다.

53 라벨의 재질을 수정하기 위해 매터리얼 에디터에서 Box Face 매터리얼을 더블클릭하여 매터리얼 에디터를 열어줍니다. 지금의 몇몇 매터리얼을 콘텐트 브라우저에서 적용된 와인병의 일부이며 Paper 매터리얼의 아이콘만 정육면체(큐브)로 보입니다.

54 박스 - 페이스 매터리얼 에디터에서 먼저 컬러 채널을 선택한 후 텍스트의 로드 이미지를 클릭하여 [학습자료] - [맵소스] - [와인병 라벨01.tif] 파일을 복사하지 않고 불러옵니다.

와인잔 제작 **165**

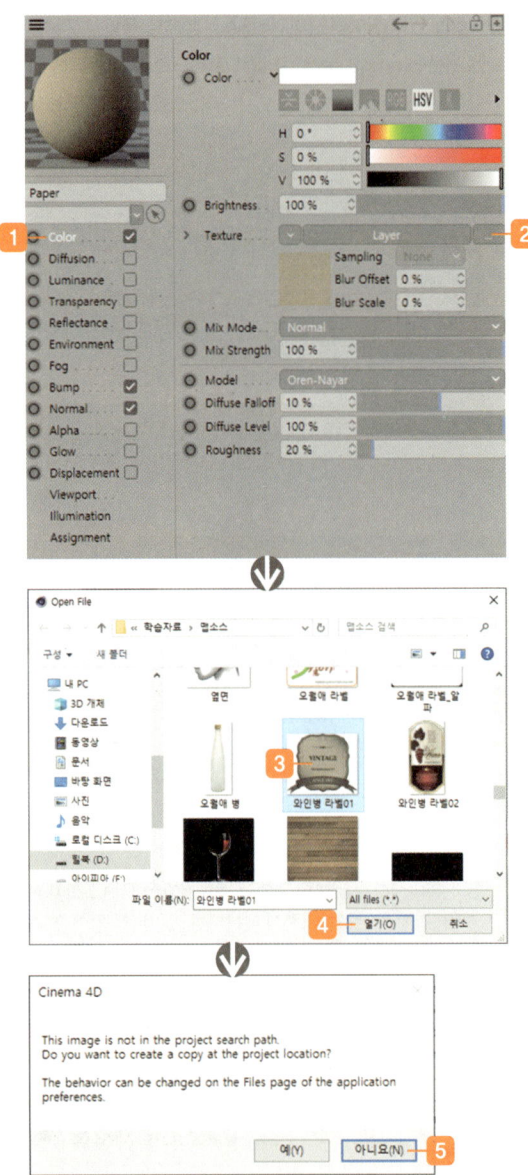
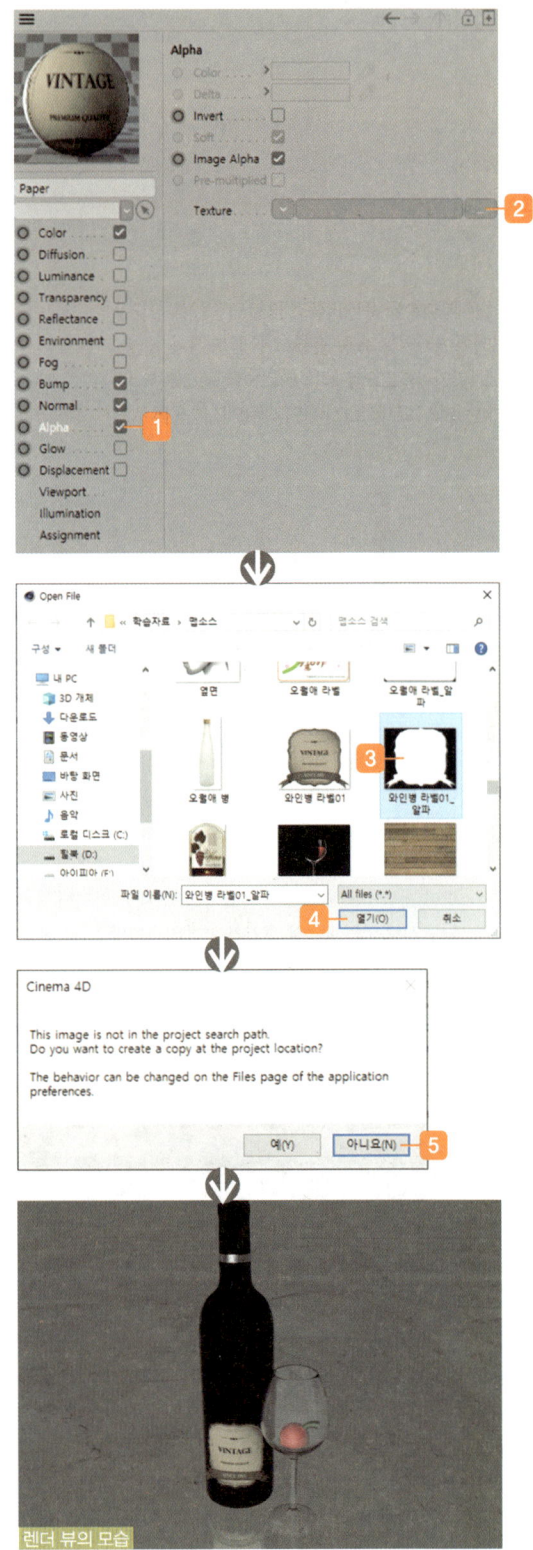

55 계속해서 와인병 라벨의 네 모서리를 투명하게 처리하기 위해 Alpha 채널을 체크하고 텍스처의 로드 이미지를 선택하여 [학습자료] - [맵소스] - [와인병 라벨01_알파.jpg] 파일을 복사하지 않고 불러옵니다. 지금 불러온 와인병 라벨02.tif 파일은 라벨의 모습을 제외한 나머지 영역이 투명한 알파 채널이 포함되었기 때문에 이제 라벨의 모습만 표현되고 나머지는 투명하게 처리된 깔끔한 모습이 되었습니다. 이 모습을 렌더 뷰(Ctrl + R)를 통해 확인해봅니다.

56 여기서 바다에는 환경 맵(스카이)의 모습이 보이지 않도록 하기 위해 Sky에 적용된 컴포지팅 태그를 선택한 후 Exclusion(익스쿨루젼) 탭의 모드에 바닥으로 사용되는 Floor를 끌어다 적용합니다. 이제 렌더 뷰를 해보면 바닥에는 환경 맵의 모습이 보이지 않습니다.

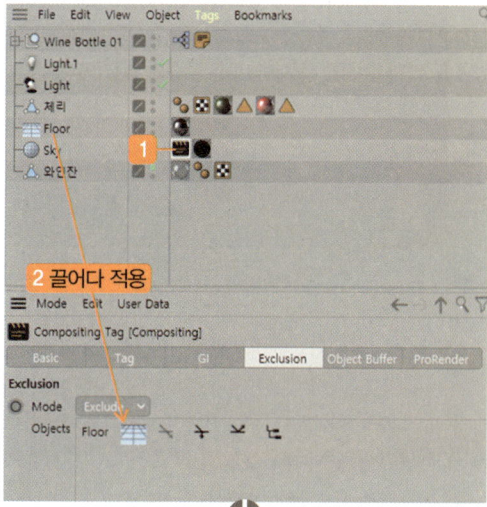

57 이제 마지막으로 조명을 적용하여 마무리를 해봅니다. 이번에는 Spot Light(스포트 라이트)를 적용합니다.

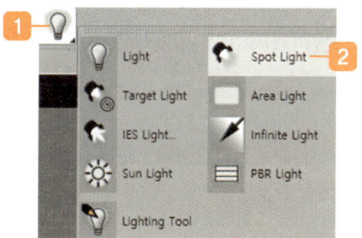

58 스포트 라이트는 기본적으로 뒤를 바라보고 있기 때문에 로테이트 툴을 사용하여 아래로 향하도록 회전해야 합니다. 회전각은 90(또는 -90)도로 해주면 됩니다. 회전을 했다면 그림처럼 무브 툴을 사용하여 위쪽으로 적당한 높이로 이동해줍니다.

59 이제 그림자를 표현하기 위해서 General 탭에서 Shadow를 Shadow Maps (Soft)로 설정합니다.

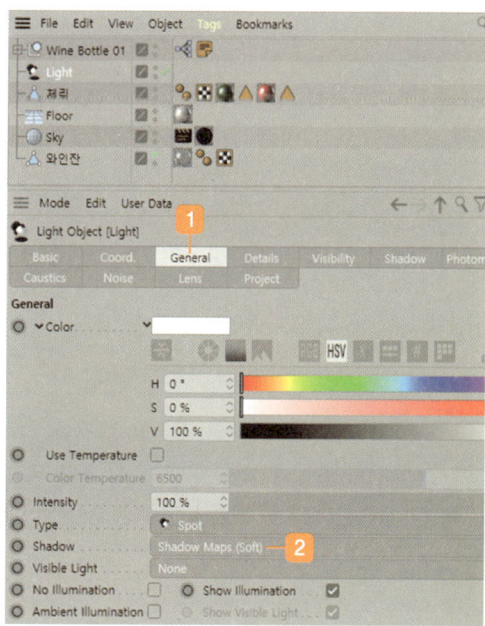

60 렌더 뷰(Ctrl + R)를 통해 확인해봅니다. 그림자에 의해 더욱 사실적으로 표현은 됐지만 스포트 라이트의 화각이 너무 좁습니다.

렌더 뷰의 모습

렌더 뷰의 모습

61 Details 탭으로 이동한 후 Outer Angle을 90도로 늘려줍니다. 디테일 탭에서는 조명(스포트 라이트)의 지름(크기)와 제한 범위 그리고 조명을 단일 색상이 아닌 여러 색을 사용할 수 있는 그레이디언트 등을 사용할 수 있습니다.

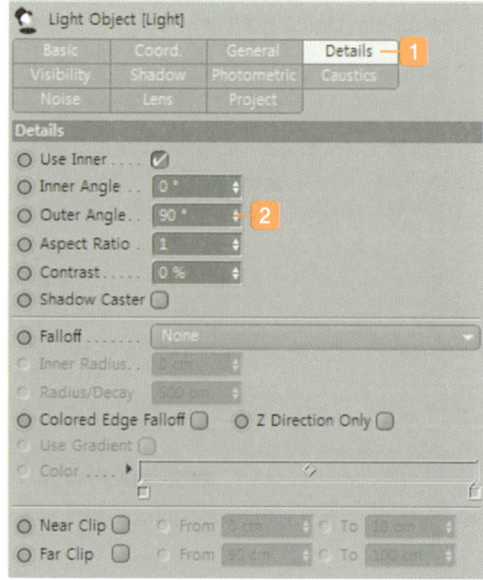

62 다시 렌더 뷰를 해봅니다. 스포트 라이트의 화각이 넓어졌기 때문에 보다 여유롭고 편안해 보입니다. 그런데 역시 주변이 너무 어둡기 때문에 보조 조명이 필요합니다.

63 서브 조명으로 사용할 기본 Light를 적용합니다. 기본 라이트는 옴니(Omni) 라이트입니다. 전체 방향을 비춰주는 조명입니다. 조명이 적용됐다면 와인잔과 병 앞쪽으로 그림처럼 멀리 배치합니다.

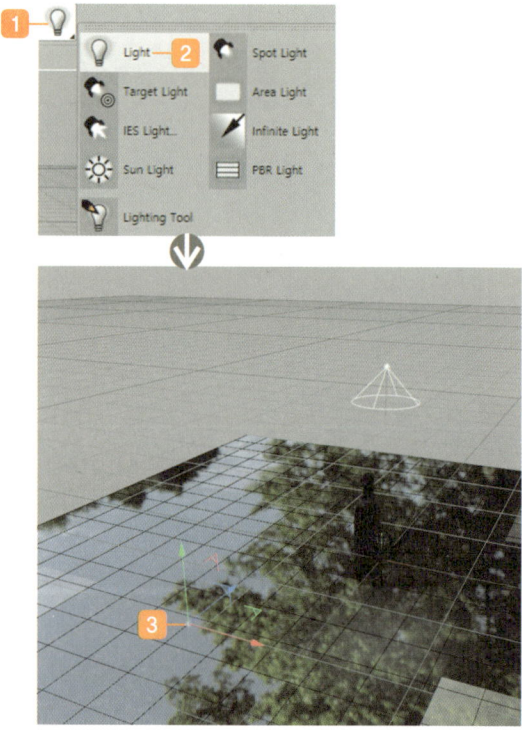

64 보조 조명은 주광보다 빛이 약해야 하므로 General 탭에서

Intensity를 80 정도로 떨어뜨립니다. 그리고 보조 조명은 보통 그림자를 사용하지 않지만 상황에 맞게 필요하면 사용해야 합니다.

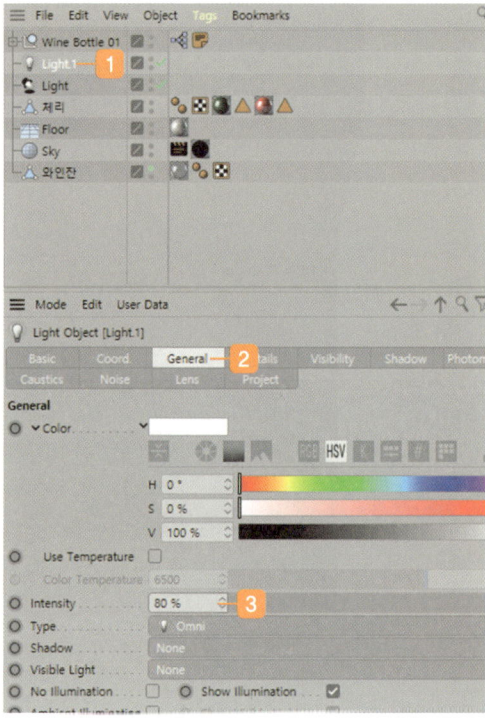

65 [Ctrl] + [R] 키를 눌러 렌더 뷰를 해보면 보조광이 은은하게 비춰서 더욱 안정적인 장면이 표현됐습니다. 그런데 이번에도 마음에 들지 않는 부분이 있습니다. 그것은 와인잔의 투명도 입니다. 와인잔이 더 투명해서 뒤쪽의 와인병 라벨의 보다 선명하게 비춰졌으면 합니다.

렌더 뷰의 모습

66 와인잔 재질로 사용되는 매터리얼 에디터를 열고 트랜스페어런시 채널을 선택합니다. 그리고 브라이트니스 값을 완전이 투명하게 100으로 설정합니다.

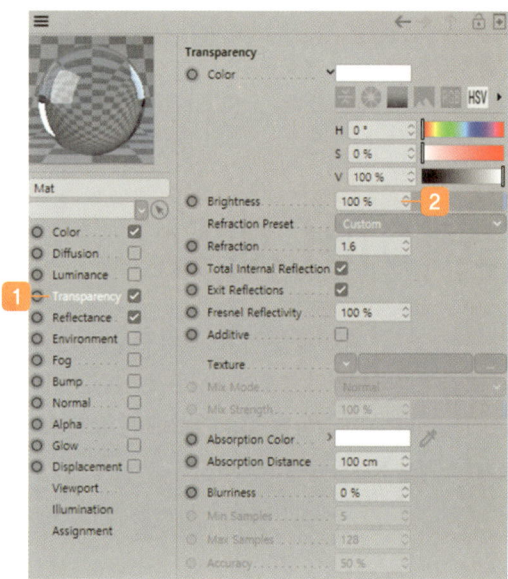

67 다시 렌더 뷰를 해보면 이제야 모든 것이 마음에 들게 되었습니다. 물론 더 살펴보면 몇몇의 수정 사항이 있겠지만 이번 학습은 여기까지만 합니다. 이번 학습은 와인잔 모델링과 재질을 표현하는 방법과 콘텐트 브라우저의 활용 등에 대해 알아보았습니다. 학습 후에는 주변에 회전체 오브젝트가 어떠한 것들이 있는지 생각해 보고 직접 만들어보길 바랍니다.

최종 렌더 뷰의 모습

드라이버 제작

드라이버는 손잡이 부분과 날이라는 스틱 부분으로 나눠지는데 모양을 유심히 보면 각각의 모양이 층층이 연결된 듯 단순한 구조로 되었다는 것을 알 수 있습니다. 이와 같은 모양의 오브젝트는 로프트(Loft)를 이용하면 아주 쉽게 모양을 표현할 수 있습니다.

바나나 만들기

드라이버를 만들기 전에 먼저 로프트로 만들 수 있는 것이 무엇일까? 생각해 보면 볼링핀이나 바나나 또는 규칙적인 모양의 탑 정도를 생각할 수 있는데 이번에는 바나나를 표현해보겠습니다.

01 바나나는 언뜻 보기엔 아주 간단하게 표현할 수 있을 것 같이 느껴지지만 실제로 작업을 해 보면 결코 만만치 않은 모양의 오브젝트입니다. 그래서 이번엔 배경에 바나나 이미지를 깔아놓고 작업을 해보겠습니다. 먼저 F4 키를 눌러 프런트 뷰로 전환한 후 [Options] - [Configure…]를 선택합니다.

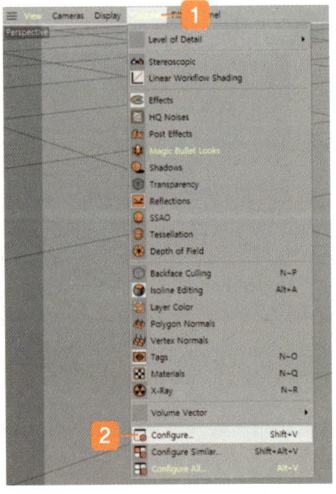

02 컨피규어 어트리뷰트 매니저에 열리면 Back 탭에서 Image의 로드 이미지를 통해 [학습자료] - [맵소스] - [바나나.jpg] 파일을 불러와 뷰포트 배경에 적용합니다.

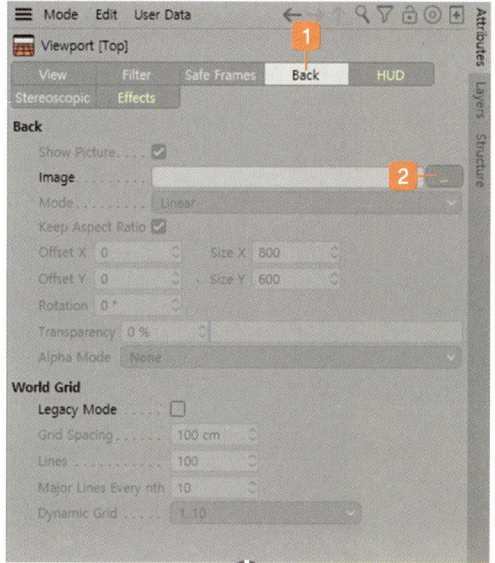

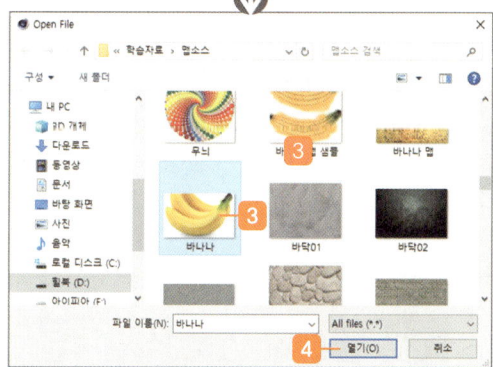

03 바나나의 모습이 너무 밝기 때문에 Transparency 값을 80 정도로 높여 투명하게 해줍니다.

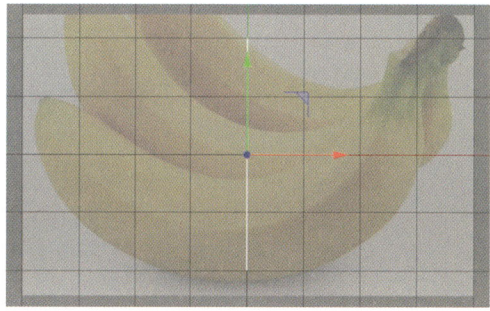

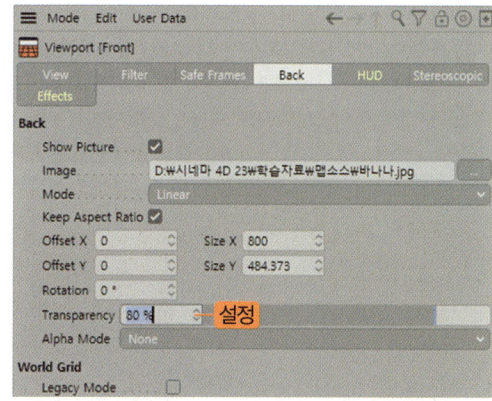

04 이제 스플라인 툴에서 Circle을 적용합니다. 서클이 연속으로 배치되어 바나나 모양이 만들어집니다.

05 서클의 액시스 때문에 서클의 크기를 제대로 볼 수 없기 때문에 [Ilter] - [Axis]를 해제합니다.

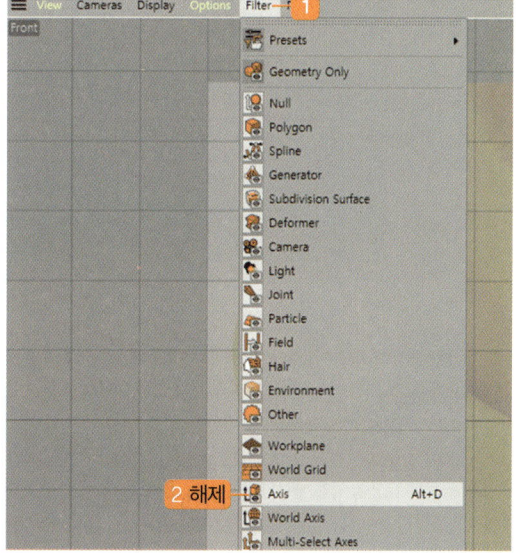

드라이버 제작 **171**

06 프런트 뷰에서 서클을 만들었기 때문에 서클은 정면으로 보이게 됩니다. 어트리뷰트 매니저의 Object 탭에서 Plane을 ZY축으로 설정하여 그림처럼 선만 보이도록 회전합니다. 그다음 위치를 배경 이미지의 3개의 바나나 중 맨 아래쪽 바나나의 좌측 끝부분으로 이동(이동할 때는 무브 툴 이용)합니다. 바나나의 끝 부분은 지름이 작기 때문에 Radius 값을 13 정도로 줄여줍니다.

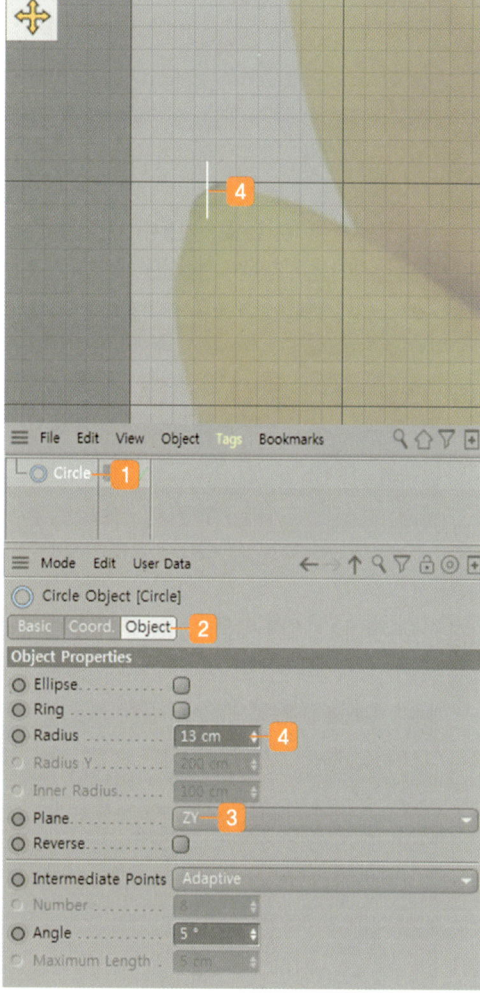

07 이번엔 바나나의 모양에 맞게 서클의 각도를 조절해봅니다. 이 작업은 로테이트 툴을 이용할 수 있지만 현재는 액시스의 모습을 숨겨놨기 때문에 어트리뷰트 매니저의 Coord 탭의 로테이션을 이용해야 합니다. R . B 값을 64도 정도로 회전합니다.

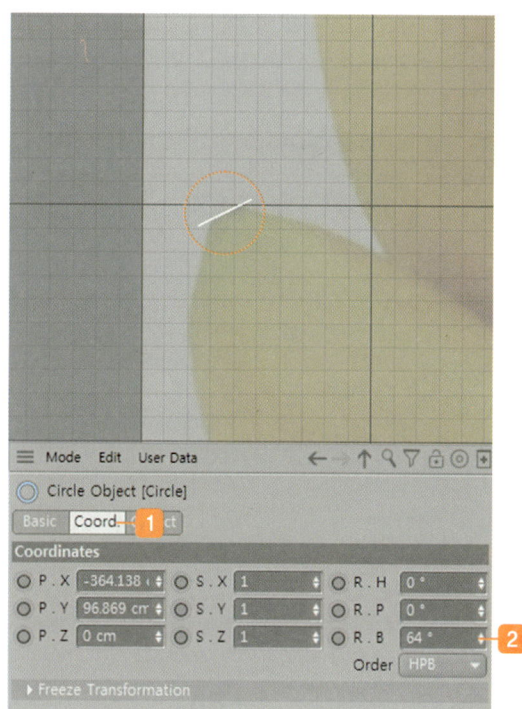

08 계속해서 다음의 바나나 모습을 표현하기 위해 Circle을 [Ctrl] 키를 누른 상태로 복제합니다. 처음의 복제는 원본보다 아래쪽으로 복제하든 위쪽으로 복제하든 상관없습니다. 복제된 서클 오브젝트의 위치, 크기, 회전을 그림처럼 바나나의 우측 두 꺼워지는 모습과 일치되도록 합니다. 이 모든 작업은 Coord 탭에서 가능합니다.

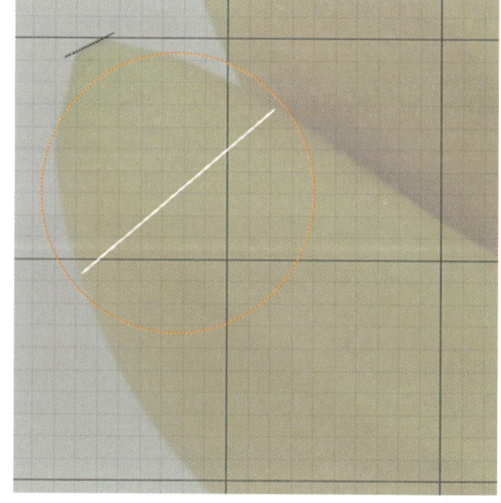

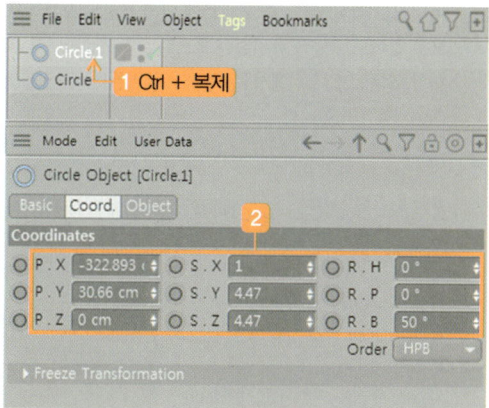

10 같은 방법으로 서클을 복제하고 그림처럼 바나나의 모습과 일치되도록 배치(회전, 크기)합니다. 여기에서는 맨 아래쪽 바나나만 만들 것이며 바나나 꼭지 부분은 조금만 표현할 것입니다. 서클을 설정할 때 주의할 점은 크기를 조절하는 S . Y축과 Z축이 같은 수치로 되어야 정원의 바나나를 만들 수 있다는 것입니다.

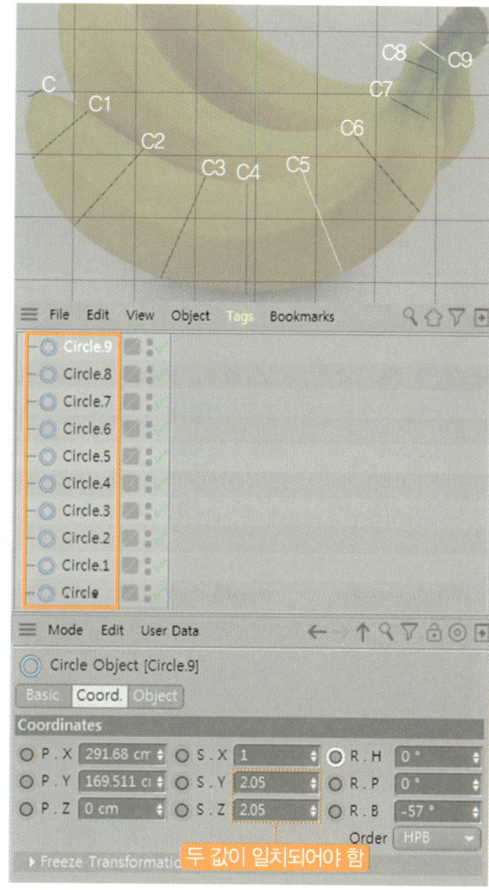

09 같은 방법으로 이번엔 Circle.1을 복제(전에 복제했던 방향으로 복제)한 후 Coord 탭의 위치, 크기, 회전을 설정하여 그림처럼 바나나 우측의 두꺼운 모습과 일치되도록 해줍니다. 오브젝트 매니저에서 사용되는 서클의 순서와 뷰포트에서 나타나는 서클의 순서가 뒤바뀌게 되면 원하는 모양이 표현되지 않기 때문에 순서에 주의하면서 작업을 해야 합니다.

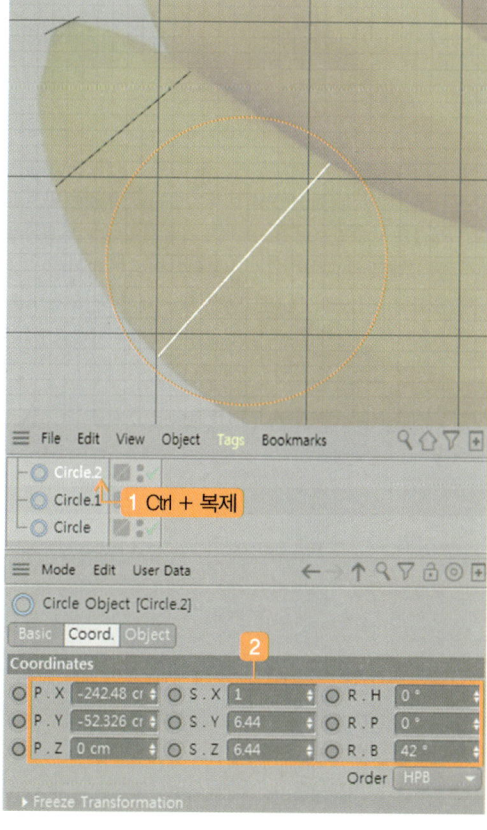

11 로프트를 통해 앞서 만들어놓은 서클들을 연결하여 바나나 모습으로 표현하기 위해 [제너레이터] – [Loft]를 적용합니다.

12 앞서 적용된 로프트에 서클들을 적용하기 전에 먼저 [F1] 키를 눌러 퍼스펙티브 뷰로 전환합니다. 입체 뷰에서 본 서클들은 그림처럼 배치된 것을 알 수 있습니다.

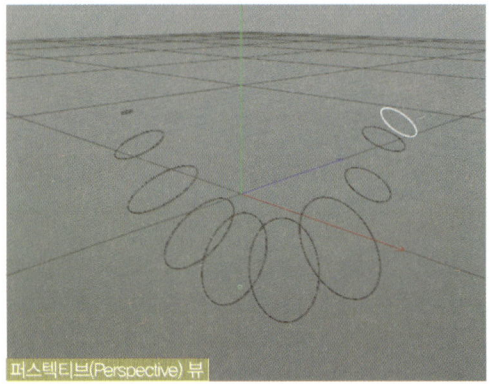
퍼스펙티브(Perspective) 뷰

13 앞서 적용된 로프트에 10개의 서클을 모두 선택하여 그림처럼 로프트 하위에 순서대로 종속시킵니다. 이렇게 함으로써 10개의 크고 작은 서클의 모양과 위치를 연결하여 입체적인 바나나 오브젝트가 완성됐습니다. 이처럼 로프트는 닫힌 스플라인(패스)의 모양을 이용해 아주 간단하게 입체 오브젝트를 표현합니다.

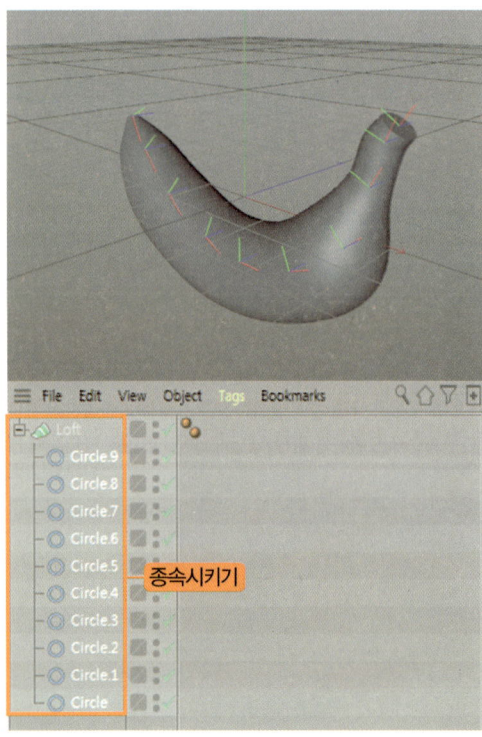

14 이번에도 역시 효과, 즉 로프트에 의해 표현된 오브젝트를 로프트 없이도 모양을 유지하는 오브젝트를 생성합니다. 그렇게 하기 위해 로프트 위에서 [우측 마우스 버튼] - [Current State to Object]를 선택합니다.

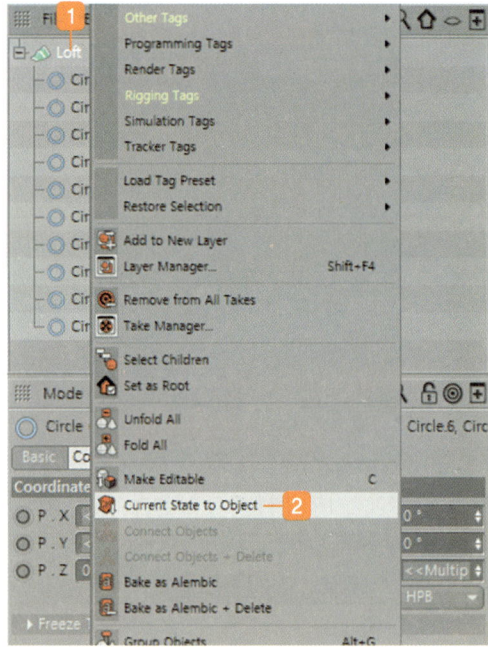

15 커런트 스테이트 투 오브젝트를 통해 생성된 Loft를 열어보면 (+모양) 2개의 Cap 오브젝트가 있습니다. 이것은 앞서 10개의 서클을 통해 만들어진 오브젝트의 뚜껑입니다. 뚜껑이 필요하면 그대로 사용하면 되지만 그렇지 않다면 합쳐주는 것이 필요합니다. Loft와 Cap 1, 2를 모두 선택한 후 [우측 마우스 버튼] - [Connect Objects + Delete]를 선택하여 선택된 3개의 오브젝트를 합쳐주고 원본은 삭제합니다.

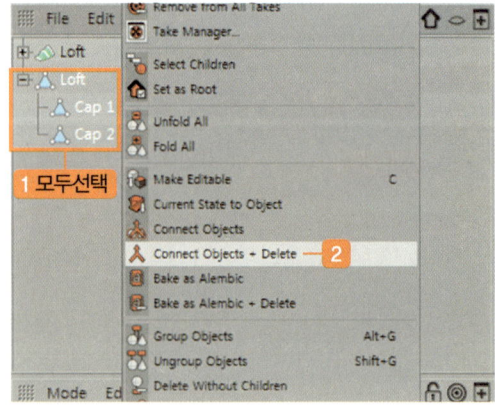

16 하나로 합쳐진 오브젝트는 이제 작업에 사용하고 앞서 사용됐던 로프트와 10개의 서클은 필요에 따라 그대로 남겨두거나 삭제합니다. 이번에는 그대로 남겨놓고 작업에 방해가 되지 않도록 비지블 에디트/렌더를 꺼서 보이지 않도록 해줍니다.

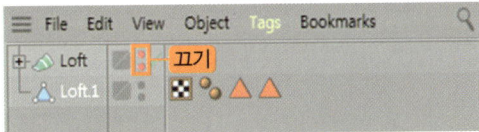

17 간단하게 바나나 재질을 적용하기 매터리얼을 생성하고 매터리얼 에디터를 열어줍니다. 그다음 매터리얼 에디터에서 컬러 채널의 컬러를 노란색으로 설정합니다.

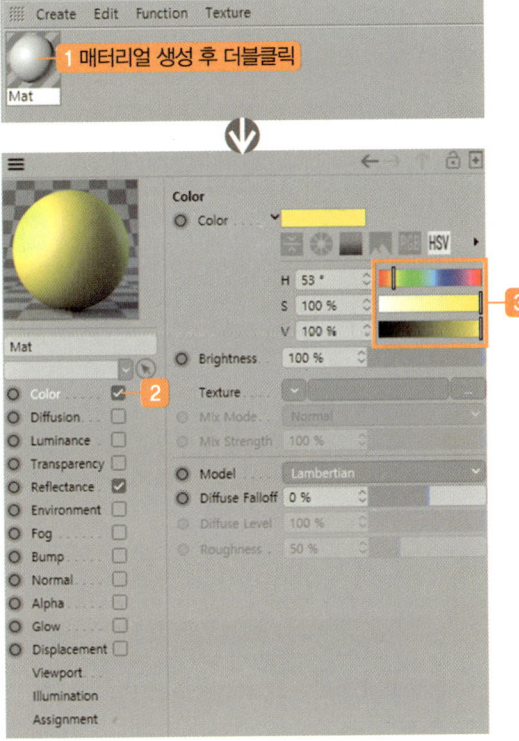

18 바나나의 얼룩을 표현하기 위해 [Texture]- [Surfaces] - [Cloud]를 적용합니다. 보통 얼룩 같은 것은 노이즈를 사용하지만 바나나에 어울리는 얼룩은 구름을 표현하는 클라우드가 적당합니다. 서피스에서는 다양한 패턴의 텍스처 무늬를 제공합니다.

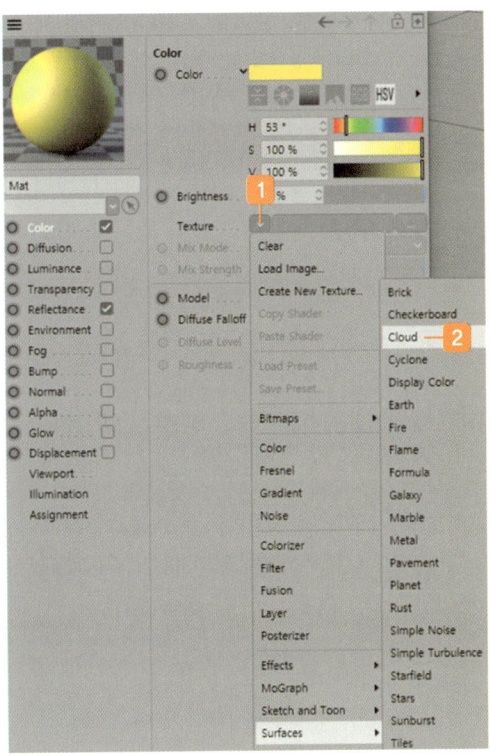

19 앞서 적용한 클라우드 텍스처가 파란색과 하얀색을 사용하기 때문에 노란색 바나나와는 어울리지 않습니다. 텍스트의 Mix Mode를 Multiply로 설정하여 노란색과 클라우드 패턴이 바나나의 질감과 어울리게 합성을 해줍니다.

드라이버 제작 **175**

20 이제 설정된 매터리얼을 바나나에 적용해야 합니다. 이번엔 다른 방법으로 적용해봅니다. 먼저 오브젝트 매니저에서 바나나로 사용되는 Loft.1 오브젝트를 선택한 후 매터리얼 매니저에서 바나나의 질감인 Mat 매터리얼 위에서 [우측 마우스 버튼] - [Apply]를 선택합니다. 그러면 현재 매터리얼이 선택된 오브젝트에 적용됩니다. 이처럼 다양한 방법으로 매터리얼을 적용할 수 있습니다.

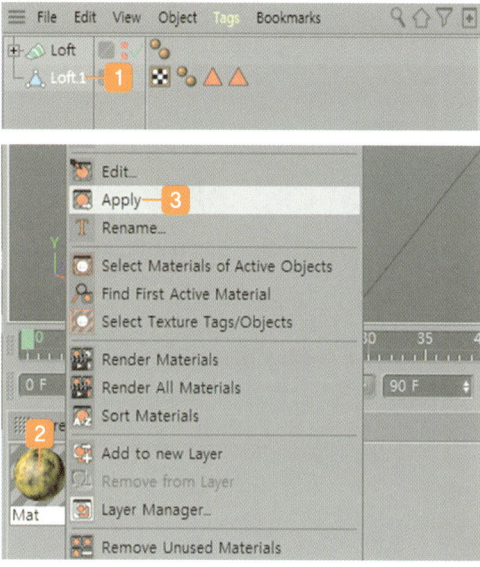

21 매터리얼이 적용된 바나나를 보면 제법 그럴싸한 모습이 되었습니다.

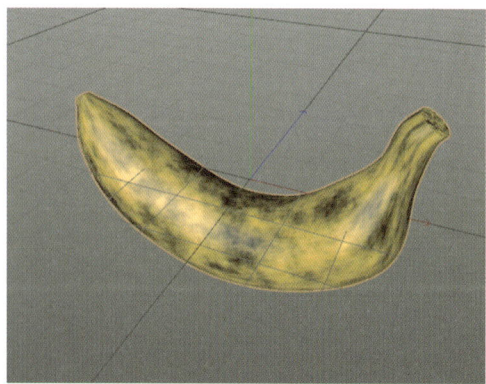

22 여기서 만약 바나나의 얼룩을 줄여주거나 증가하고자 한다면 매터리얼 에디터의 컬러 채널에서 텍스처(무늬 모양이 있는 섬네일이나 이름 클릭)를 선택하여 무늬에 대한 세부 설정을 할 수 있는 Shader(셰이더) 탭으로 이동한 후 U/V Frequency 나 Level 등을 설정하여 원하는 모습으로 만들어줄 수 있습니다.

최종 렌더 뷰의 모습은 콘텐트 브라우저에서 그릇을 하나 적용한 후 바나나를 그릇에 담은 것입니다.

드라이버 모델링하기

이번에는 로프트를 이용하여 드라이버를 표현해 볼 것입니다. 드라이버는 앞서 간단하게 살펴본 바나나 모습보다 복잡해 보이기는 하지만 실제론 바나나보다 결코 어렵지 않습니다.

01 드라이버도 바나나처럼 배경에 그림을 깔아놓고 작업을 해도 되지만 드라이버는 상대적으로 바나나보다 쉽게 표현할 수 있기 때문에 이번에는 그냥 만들어봅니다. 먼저 손잡이 부분을 만들기 위해 [스플라인] - [n-Side]를 선택합니다.

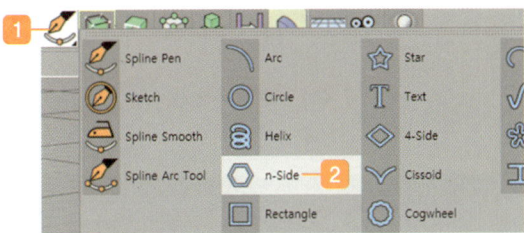

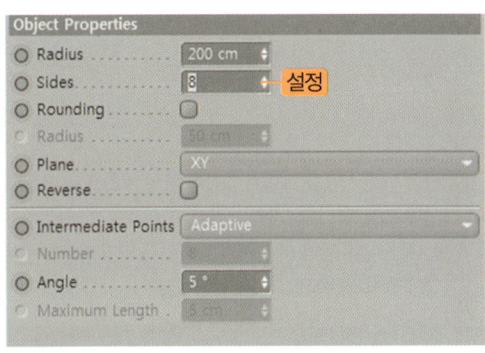

02 손잡이는 8각형으로 되어있기 때문에 n-Side의 어트리뷰트 매니저에서 Sides를 8로 설정합니다. 크기는 일단 기본 크기로 작업한 후 나중에 다시 조절하기로 합니다.

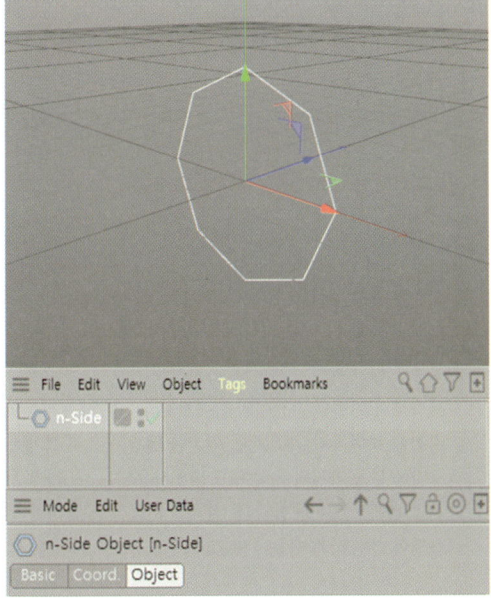

03 이번엔 손잡이 안쪽 홈이 파이기 전까지의 8각형을 표현하기 위해 처음 만들었던 n-Side 오브젝트를 복제합니다. [Ctrl] 키를 이용하여 위쪽으로 복제합니다. 그다음 복제된 n-Side.1은 그림처럼 왼쪽으로 손잡이 길이만큼 이동합니다.

복제되는 오브젝트의 순서는 위 혹은 아래로 한 방향으로 배치되어야 모양이 순서대로 표현됩니다.

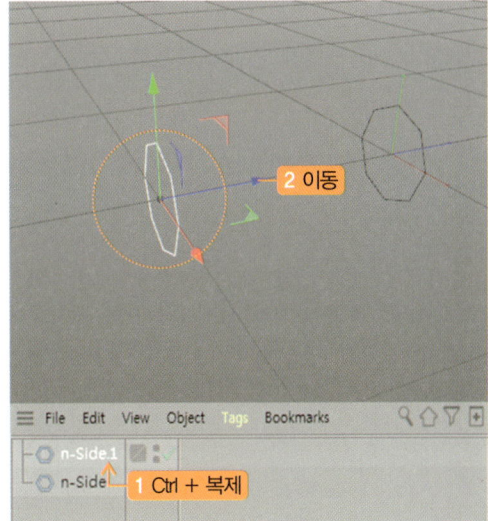

04 계속해서 이번엔 손잡이의 둥근 홈을 파기 위해 스플라인 툴에서 Circle을 선택합니다.

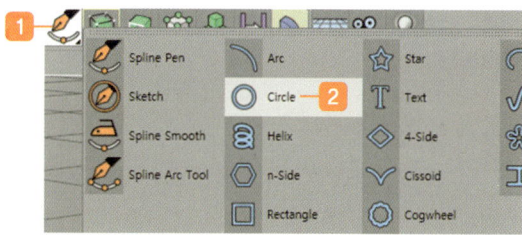

05 방금 만든 서클을 그림처럼 홈이 파일 지점으로 이동합니다. 이때 오브젝트 매니저의 서클은 맨 위쪽에 있어야 순서가 맞는 것입니다. 만약 이 순서가 뒤바뀌게 되면 뷰포트에서의 모양도 원치 않는 모양으로 표현됩니다.

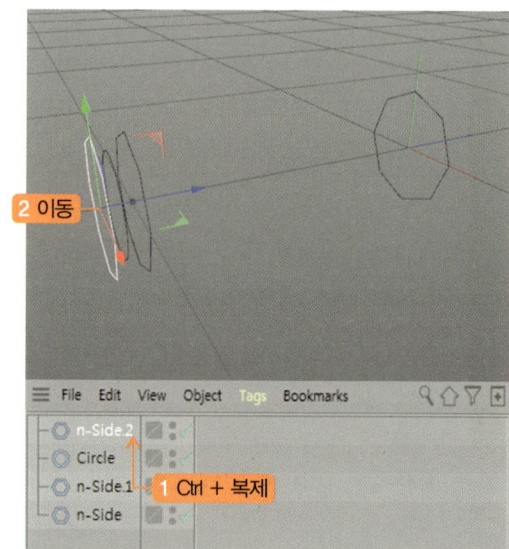

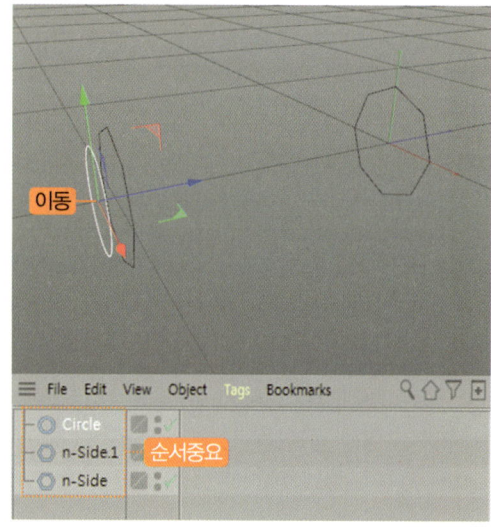

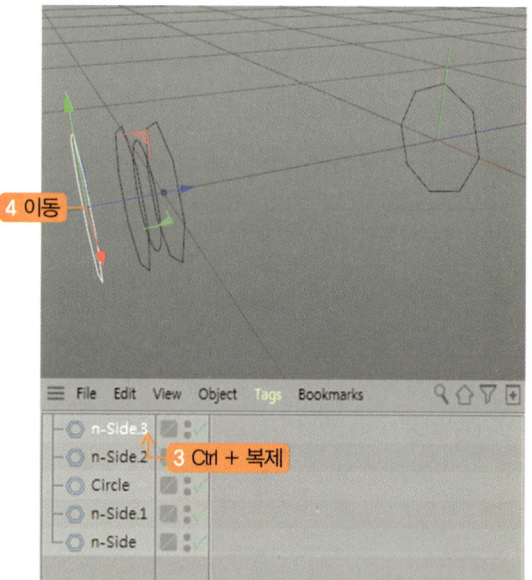

06 다시 원래 손잡이 모양을 짧게 표현하기 위해서 n-Side.1을 맨 위쪽으로 복제한 후 그림처럼 왼쪽으로 이동해줍니다. 그다음 n-Side.2를 위쪽으로 복제한 후 그림처럼 손잡이 마지막 부분을 표현하기 위해 왼쪽으로 살짝만 이동합니다.

07 계속해서 이번엔 손잡이와 금속으로 된 날(스틱) 부분의 경계 지점을 표현하기 위해 서클 원본을 맨 위쪽으로 복제합니다. 그다음 왼쪽 마지막 손잡이 모양에 사용되는 n-Side.3 보다 약간만 왼쪽으로 이동합니다. 현재의 서클은 홈을 파기 위해 사용되어 너무 작기 때문에 Radius를 170 정도로 키워줍니다.

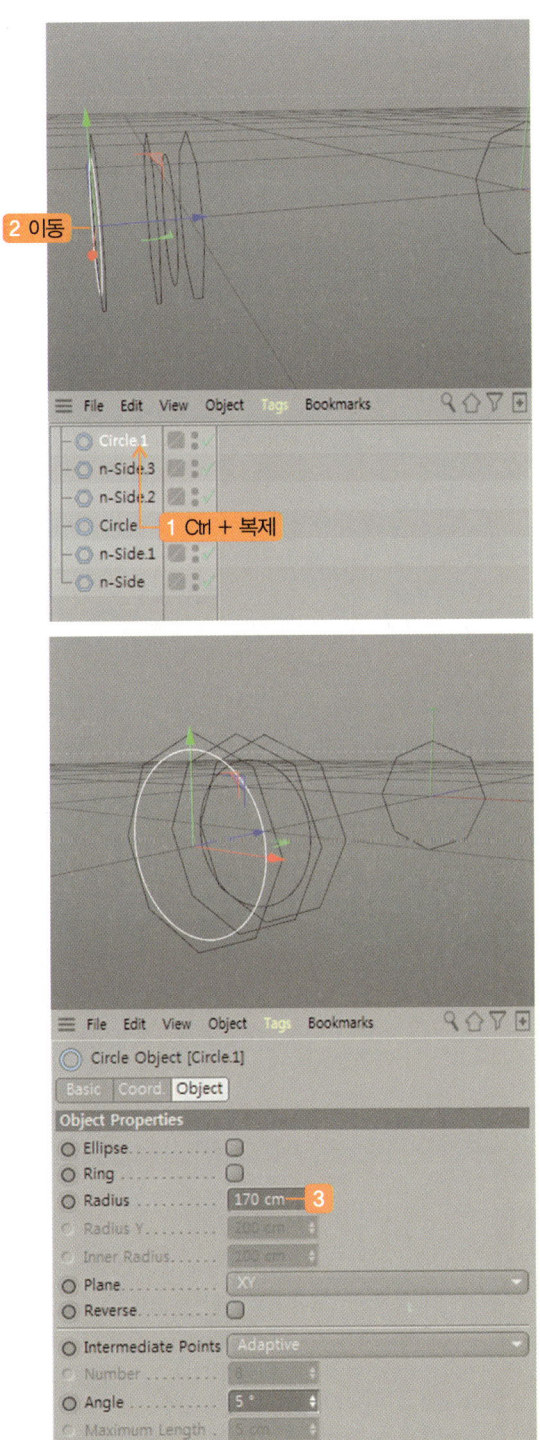

08 이번엔 금속으로 된 스틸(날) 부분을 표현하기 위해 Circle.1을 위쪽으로 복제합니다. 그리고 위치를 그대로 두고 Radius만 33 정도로 줄여 손잡이보다 얇게 표현합니다.

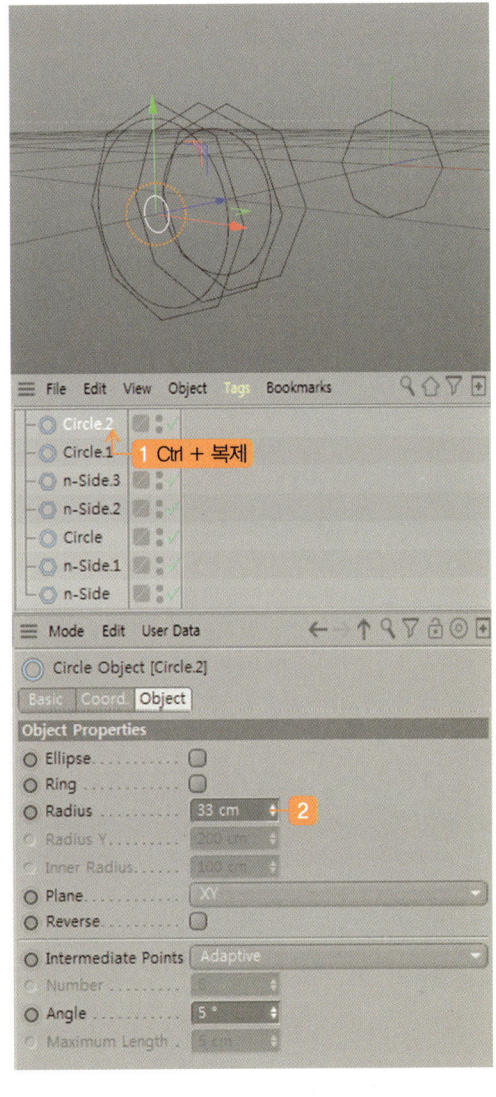

09 앞서 스틱 모양으로 사용하기 위해 줄여준 Circle.2를 위쪽으로 복제한 후 그림처럼 왼쪽으로 멀리 이동합니다. 이동한 거리가 실제 스틱의 길이가 됩니다.

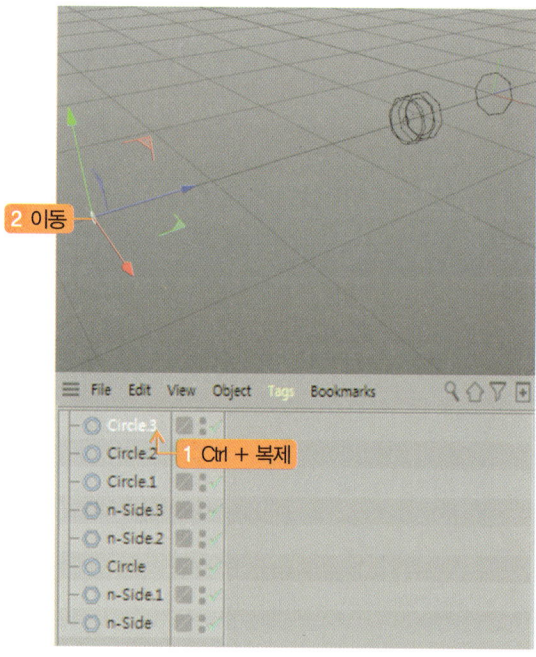

10 이제 마지막으로 스틱의 끝부분을 표현해봅니다. 드라이버는 보통 일자 모양과 십자 모양을 하고 있습니다. 이번에는 일자 모양의 드라이버를 표현하기 위해 스플라인 툴에서 Rectangle을 선택합니다.

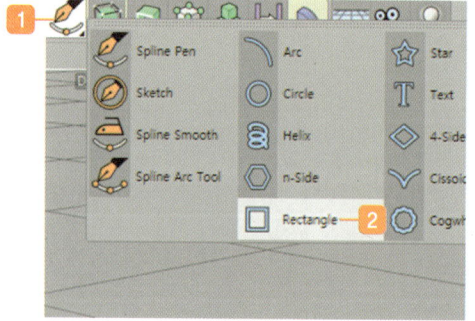

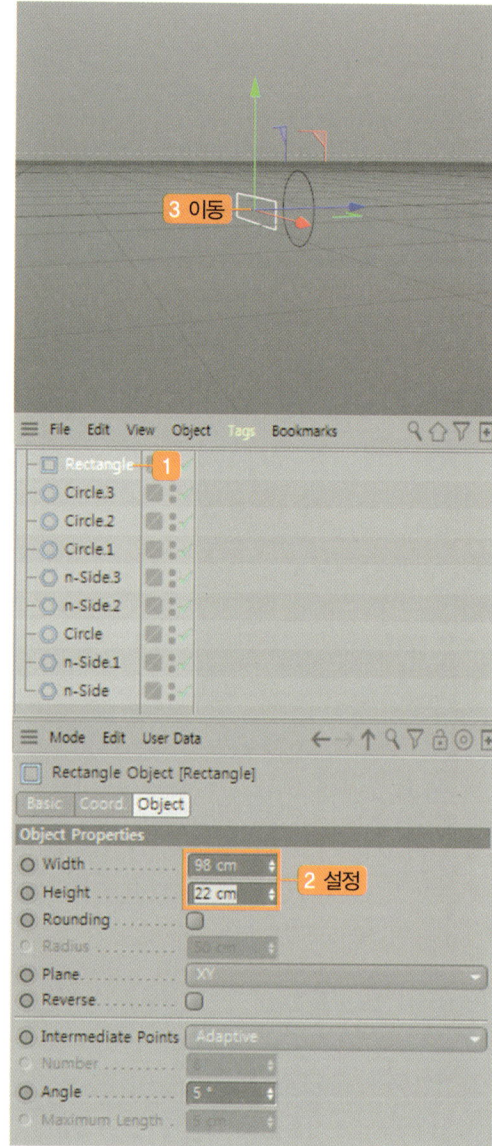

11 렉탱글 오브젝트는 맨 위쪽에 적용되어야 하고 크기는 가로(Width)와 세로(Height)를 각각 98, 22 정도로 설정하여 두툼한 느낌이 들면서 납작하게 해줍니다. 그다음 위치는 그림처럼 원형 스틱의 끝부분보다 약간 더 왼쪽으로 이동합니다.

12 이제 마지막 부분을 만들어주기 위해 Rectangle을 위쪽으로 복제합니다. 복제된 렉탱글.1 오브젝트의 크기는 Width(위드스)가 65, Height(하이트)가 8 정도가 되도록 설정하고 위치는 그림처럼 이동하여 끝부분을 완성합니다. 이것으로 드라이버의 모양이 될 스플라인 작업이 모두 끝났습니다. 이제는 로프트를 적용하여 입체 드라이버를 표현해봅니다.

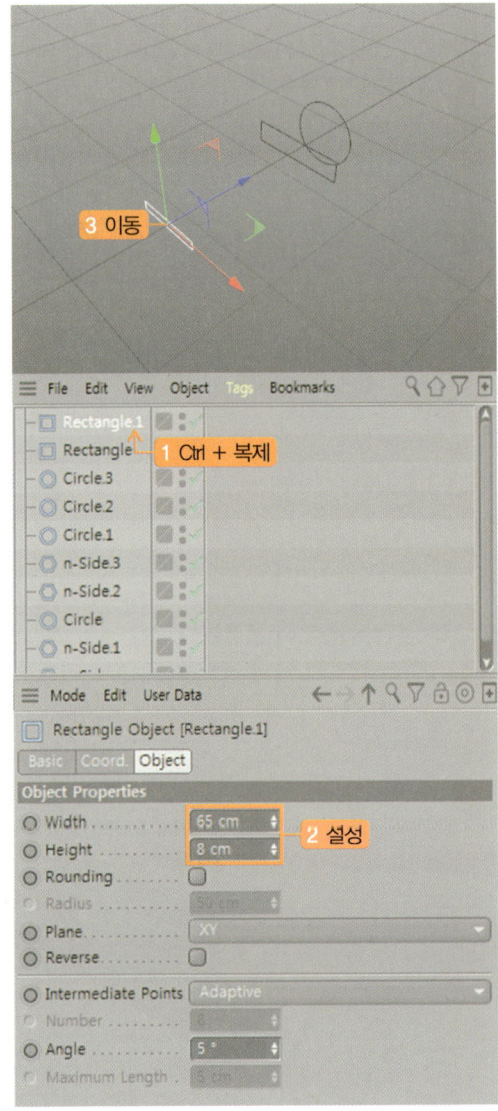

14 앞서 만든 10개의 스플라인을 모두 선택한 후 로프트 하위에 종속시킵니다. 이것으로 입체적인 드라이버가 만들어졌습니다. 그런데 곧게 뻗어야 할 스틱의 모습을 보면 가운데 부분이 얇게 곡선으로 휘어져있는 것을 알 수 있습니다.

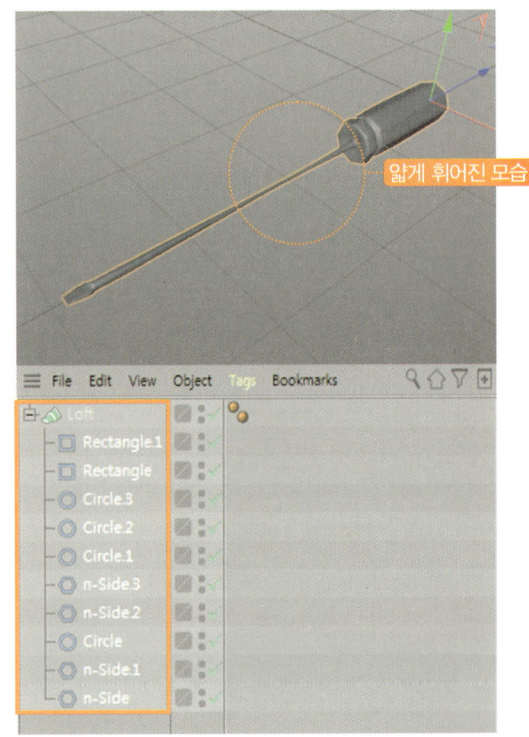

15 로프트를 선택한 후 어트리뷰트 매니저의 Object 탭에서 Linear Interpolation을 체크합니다. 이것으로 곡선이었던 모습이 직선으로 바뀐 것을 알 수 있습니다. 기본적으로 로프트는 스플라인의 모양을 연결하여 입체 오브젝트를 표현하기 때문에 자연스런 모습을 위해 곡선으로 표현하기 위해 리니어 인터폴레이션이 해제되어 있습니다.

13 앞서 만든 10개의 스플라인 모양을 연결하여 입체 드라이버를 표현하기 위해 [제너레이터] - [Loft]를 적용합니다.

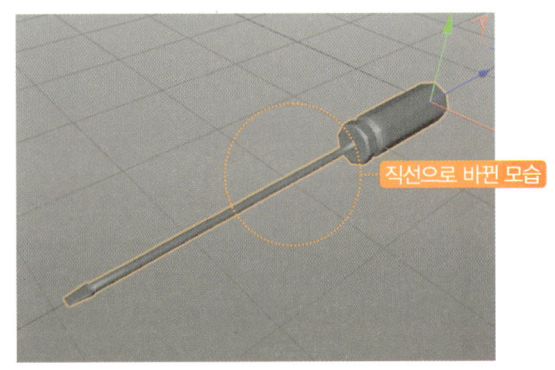

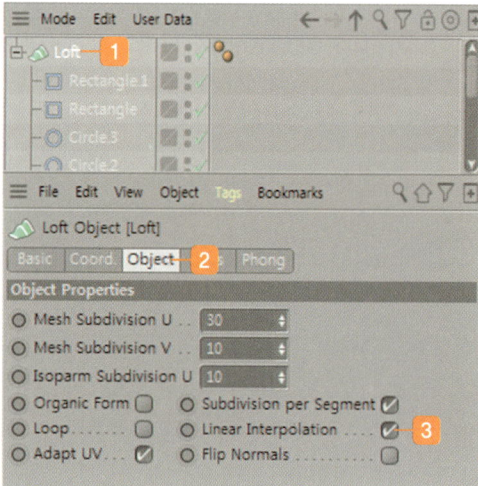

을 체크한다면 각이 정확하지 않고 곡선 느낌으로 무더질 것입니다. 그밖에 UV(수평과 수직)의 세그먼트를 설정하거나 모양을 반복하는 등의 다양한 기능을 사용할 수 있습니다.

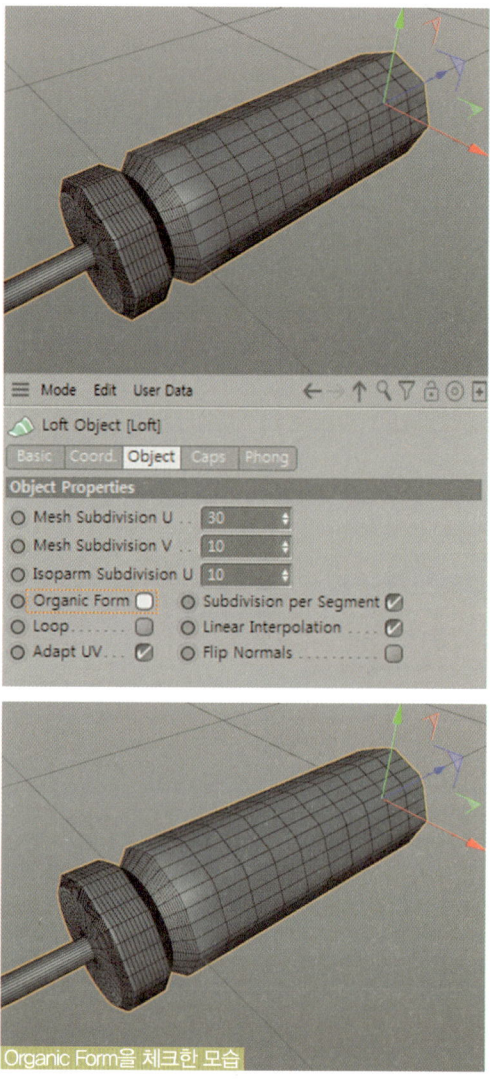

Organic Form을 체크한 모습

16 선(세그먼트)을 보면서 작업을 하기 위해 뷰포트 메뉴의 [Display] – [Gouraud Shading (Lines)]를 선택합니다.

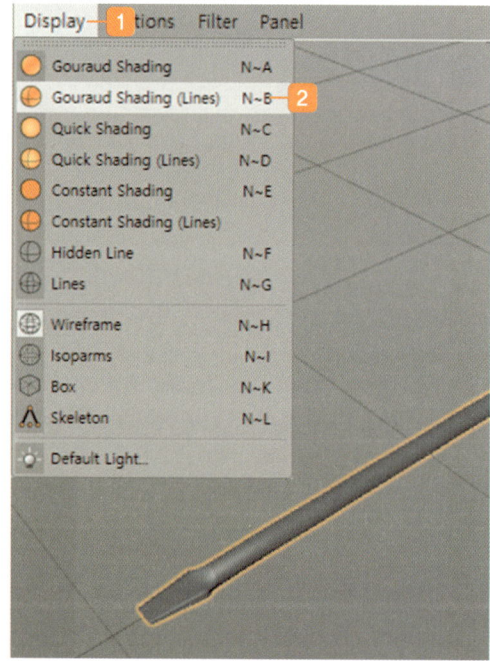

17 손잡이를 확대해보면 8각형의 각이 진 부분을 자연스럽게 해주기 위해 다른 곳보다 선의 간격이 좁다는 것을 알 수 있습니다. 만약 이 간격을 다른 선과 같게 해주기 위해 Organic Form

18 이번엔 스틱의 끝부분을 확대해봅니다. 모양은 제대로 나왔지만 스틱과의 결이 틀어졌습니다. 이것은 시네마 4D뿐만 아니라 모든 3D 툴의 고질적인 문제입니다. 이제 이 문제를 해결하기 위해 2개의 렉탱글 오브젝트를 모두 선택한 후 로테이트 툴을 사용하여 그림처럼 스틱의 결과 일치되도록 회전합니다.

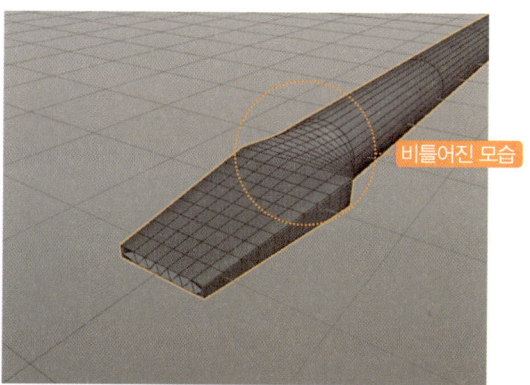

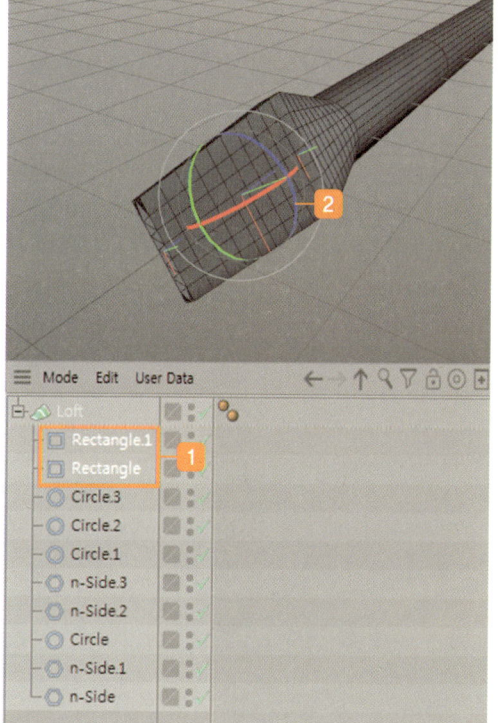

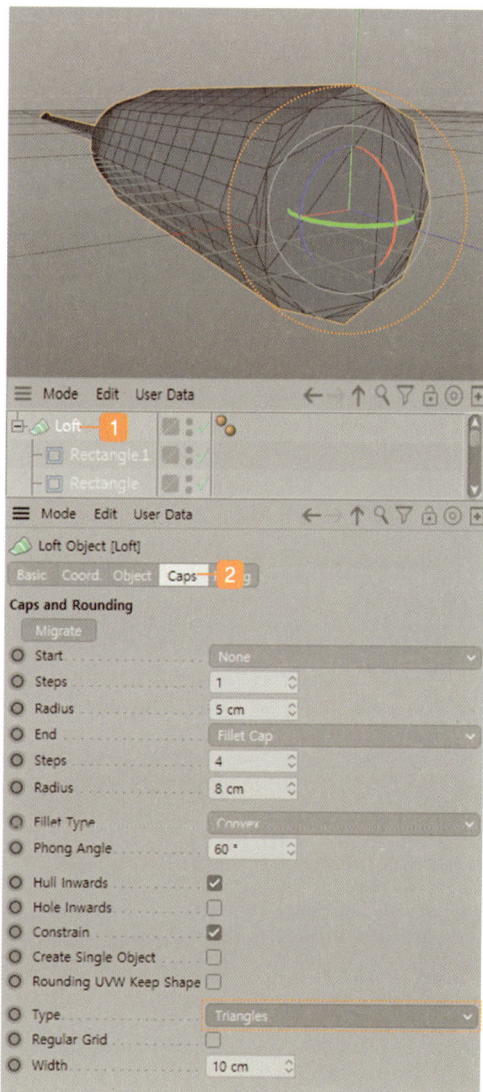

19 계속해서 손잡이 뒤쪽 부분이 보이도록 회전 및 확대합니다. 현재 손잡이 뒤쪽은 세그먼트가 복잡하게 엉켜있습니다. Caps 탭으로 이동한 후 확인해 보면 이것은 폴리곤 타입이 Triangles (삼각형)으로 되어있기 때문입니다. 물론 이 상태로 사용해도 되겠지만 만약 이 부분에 새로운 모양을 만들고자 했을 때는 문제가 될 수 있습니다.

20 Type을 N-gongs로 바꿔봅니다. 그러면 복잡하게 엉켜있던 선들이 삭제되어 깔끔하게 되었습니다. 그밖에 Quadrangles(쿼드 랭글)을 사용하면 사각형 모양으로 분할된 선을 사용할 수 있어 모양을 수정하는데 도움이 됩니다. 여기서 손잡이 뒤쪽의 모서리를 둥근 모양으로 해봅니다. End를 Fillet Cap으로 설정한 후 Radius를 8, Steps을 4 정도로 설정하여 각진 모서리를 둥글게 해줍니다. 이렇게 필리트를 사용하게 되면 레이디어스 값에 의해 원래의 크기보다 약간 커지게 되는데 만약 크기의 변화가 생기지 않게 하려면 Constrain을 체크하면 됩니다. 이것으로 드라이버의 모델링 작업이 끝났습니다. 모양을 보다

디테일하게 설정하고자 한다면 그밖에 기능들을 이용하여 원하는 모양으로 수정하기 바랍니다.

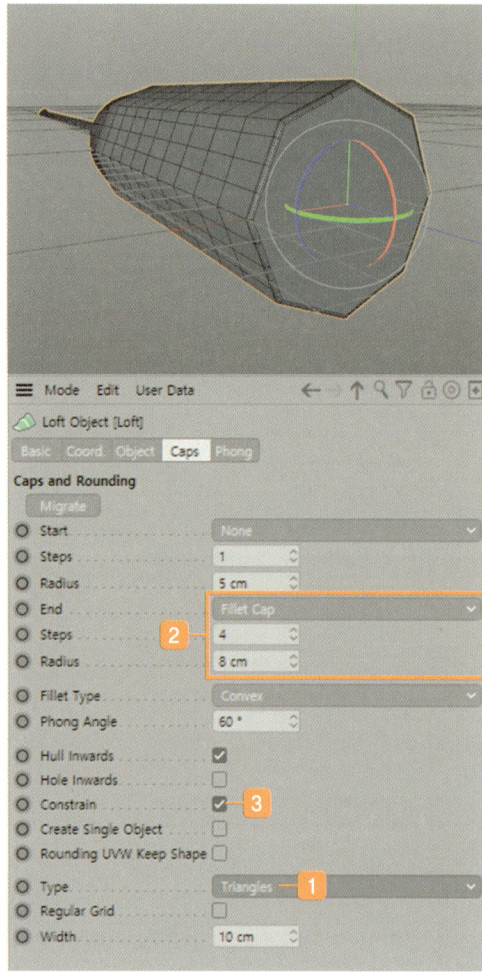

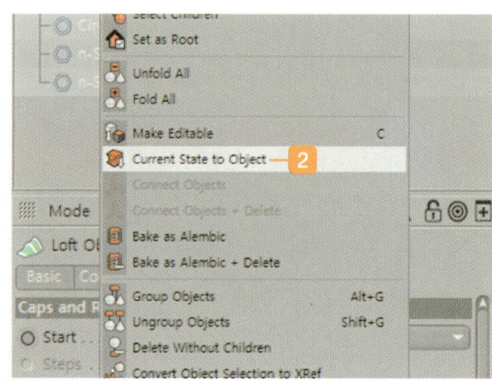

21 매터리얼 작업을 위해서는 로프트에 의해 만들어진 오브젝트의 모양을 새로운 오브젝트로 만들어주어야 합니다. Loft 위에서 [우측 마우스 버튼] - [Current State to Object]를 선택합니다.

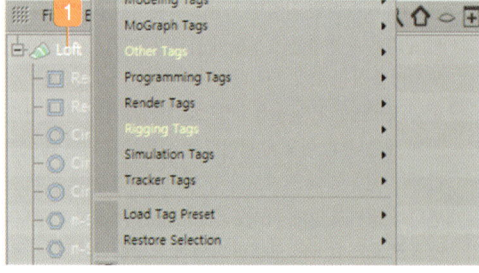

22 계속해서 커런트 스테이트 투 오브젝트를 통해 생성된 오브젝트를 열어준 후 모든 오브젝트를 선택합니다. 그리고 [우측 마우스 버튼] - [Connect Objects + Delete]를 선택하여 선택된 오브젝트를 하나로 합쳐주고 원본은 삭제합니다. 이제 로프트와 10개의 스플라인은 삭제하거나 뷰포트와 렌더 뷰에서 보이지 않게 합니다.

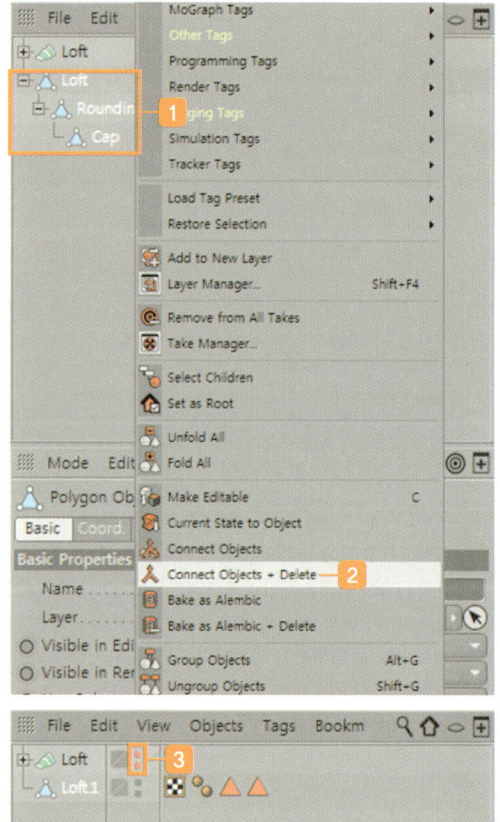

드라이버 재질 표현하기

드라이버는 손잡이와 금속 재질의 스틱(날) 부분으로 나눠집니다. 손잡이는 대부분 플라스틱으로 되어있으며 또한 투명하거나 불투명한 재질로 나눠집니다. 그리고 스틱은 금속인 스테인리스 재질로 되어있습니다.

01 먼저 손잡이 부분에 대한 매터리얼 작업을 위해 Right(라이트) 뷰로 전환합니다. 그다음 폴리곤 툴과 렉탱글 선택 툴을 사용하여 그림처럼 손잡이 부분만 선택합니다. 이때 보이지 않는 뒤쪽도 선택되어야 하기 때문에 Only Select Visible Elements를 해제한 후 선택해야 합니다. 작업의 편의를 위해 현재 사용중인 오브젝트의 이름을 [드라이버]로 수정합니다.

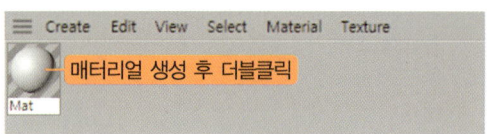

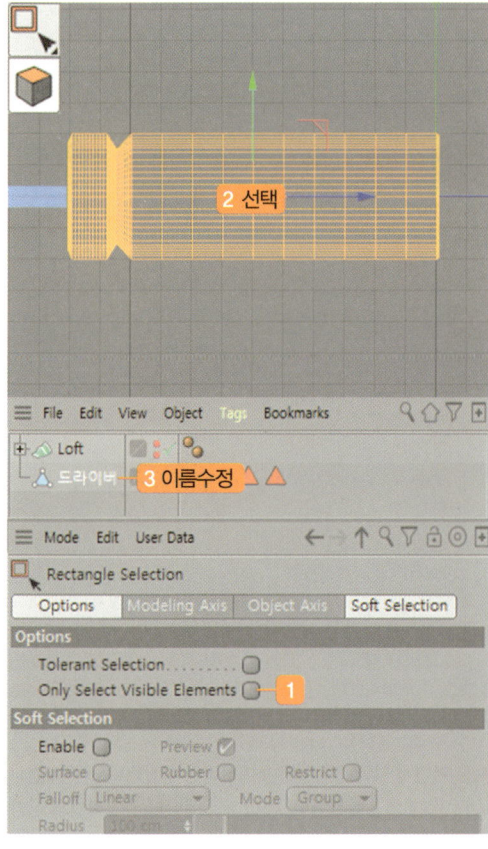

02 손잡이 재질 작업을 위해 매터리얼을 생성한 후 매터리얼 에디터를 열어줍니다.

03 Color 채널에서 색상을 분홍색(필자와 같은 색으로 할 필요는 없음)으로 설정합니다.

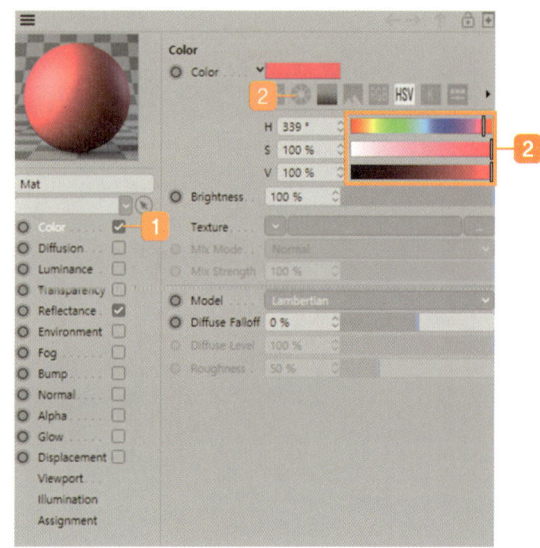

04 방금 설정한 색상은 투명도 설정을 위한 채널에서도 사용하기 위해 Color에서 [우측 마우스 버튼] - [Copy]를 선택합니다. 그리도 작업의 편의를 위해 매터리얼의 이름을 [손잡이]로 바꿔줍니다. 그다음 투명도 설정을 위해 Transparency 채널을 체크한 후 앞서 복사한 색상을 붙여놓기 위해 Color에서 [우측 마우스 버튼] - [Paste]를 선택합니다.

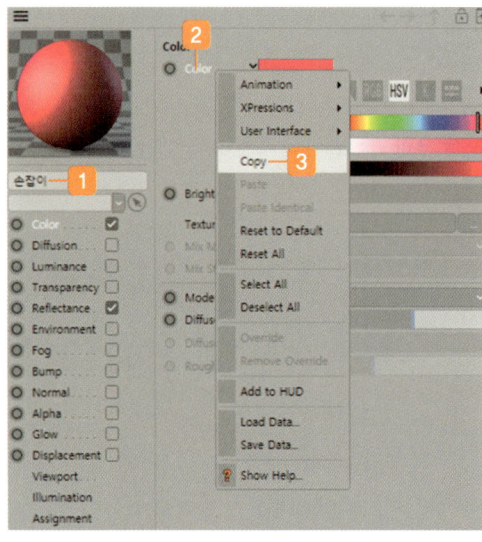

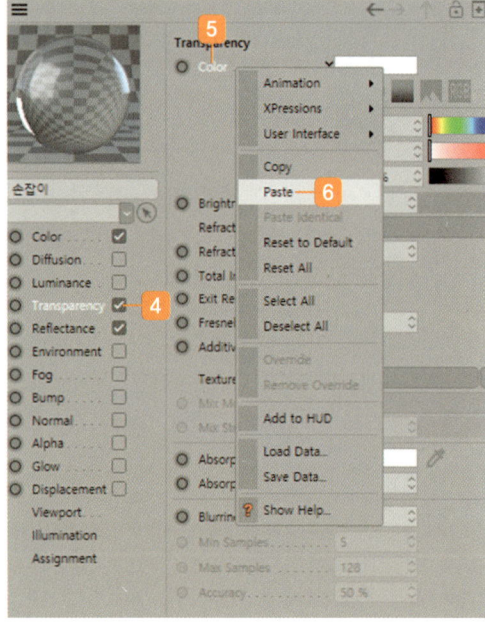

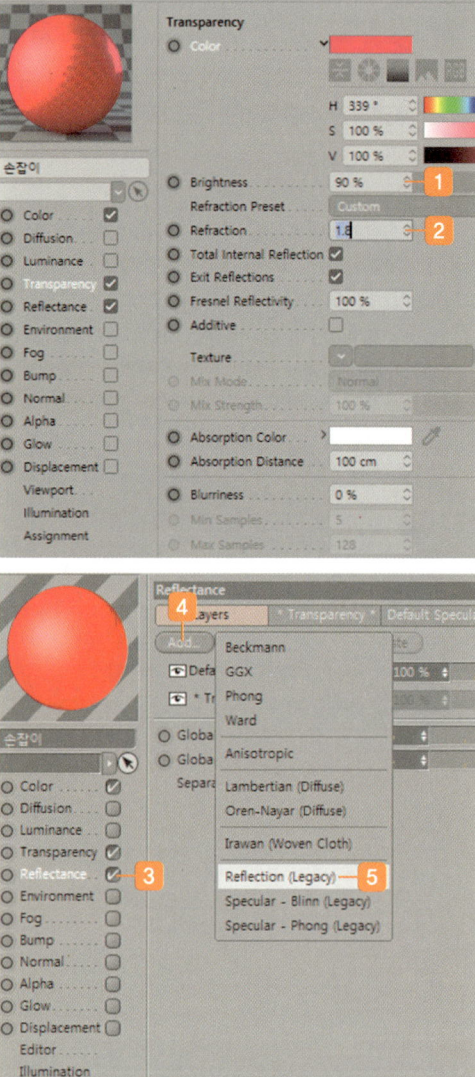

05 투명도에 대한 설정을 하기 위해서 Transparency 채널의 Brightness 값을 90 정도의 투명도로 설정합니다. 그리고 손잡이의 굴절을 위해 Refraction을 1.8 정도로 설정합니다. 계속해서 반사율에 대한 설정을 위해 Reflectance 채널을 선택하고 Layer 탭에서 [Add] - [Reflection (Legacy)]를 선택합니다. 리플렉션 (레거시)는 시네마 4D의 이전 리플렉션 방식입니다.

06 여기서 지금까지 설정한 매터리얼을 선택된 손잡이 영역(폴리곤)에 적용해봅니다. 매터리얼 에디터에서 직접 끌어다 적용한 후 [Ctrl] + [R] 키를 눌러 렌더 뷰를 해보면 투명하고 살짝 굴절된 모습이 잘 표현됐습니다. 그런데 여기서 단순히 투명한 느낌의 손잡이보다는 투명함 속에 무언가 작은 알갱이들이 있으면 좋을 것 같습니다. 다음 작업에서는 이와 같은 느낌을 표현해봅니다.

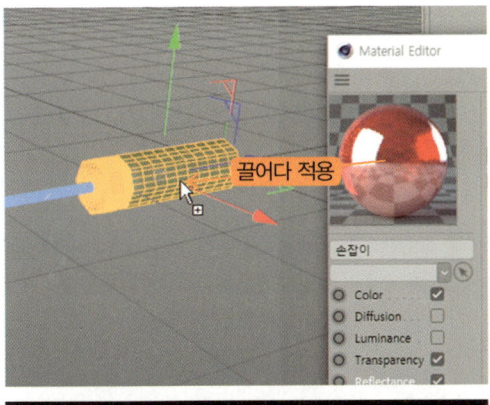

08 이제 작은 알갱이를 표현하기 위해 다시 Color 채널을 선택합니다. [Texture] - [Noise]를 적용합니다.

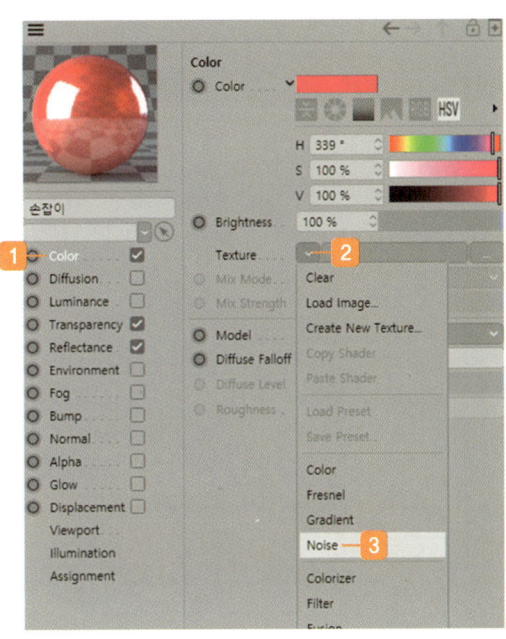

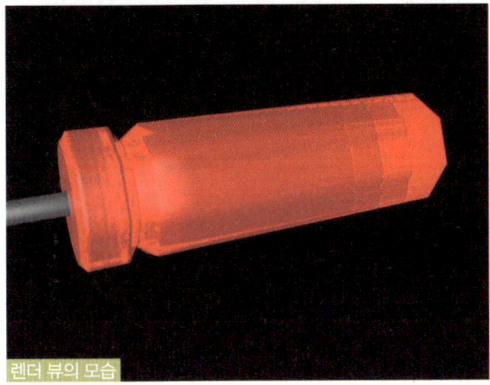

07 다시 매터리얼 에디터에서 설정을 계속합니다. 투명함 속에 작은 알갱이를 표현하기에 앞서 먼저 반사율에 대한 설정을 하기 앞서 만든 Layer 1의 반사율을 50 정도로 설정합니다.

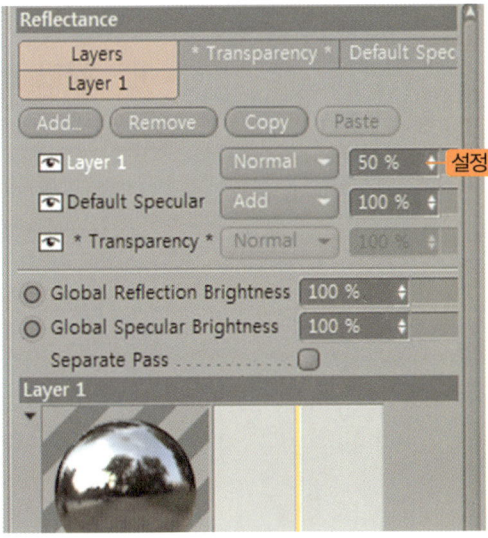

09 텍스처의 패턴 크기가 너무 크기 때문에 보다 작게 설정해야 합니다. 설정히기 위해 텍스치 패턴 모양의 섬네일을 클릭(선택)합니다.

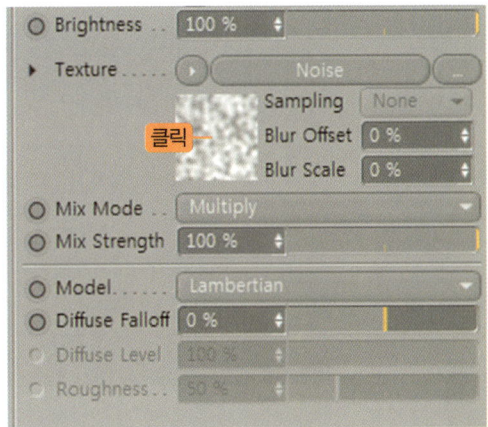

10 노이즈에 대한 세부 설정을 하기 위한 셰이더 탭이 열렸습니다. 여기서 Global Scale 값을 30 정도로 줄여서 노이즈 패턴의 입자 크기를 작게 해줍니다.

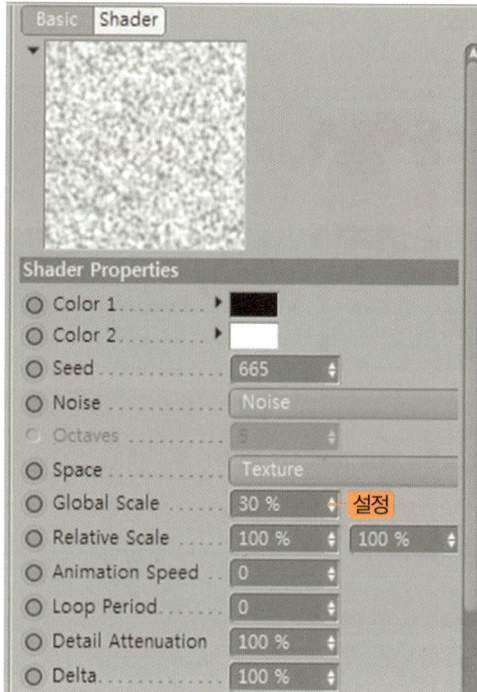

11 다시 렌더 뷰를 해보면 아무것도 없었던 손잡이 속에 작은 알갱이들이 표현됐습니다. 이와 같은 방법으로 다양한 패턴을 표현할 수 있습니다.

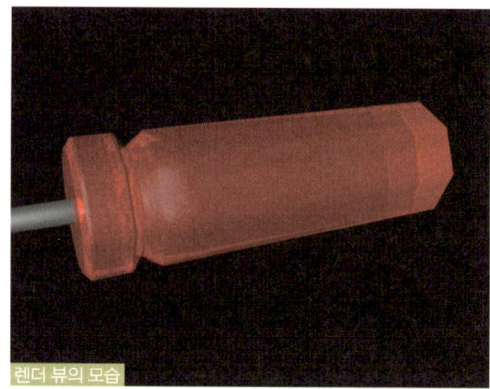

렌더 뷰의 모습

12 손잡이에 대한 재질 작업이 끝났습니다. 계속해서 이번엔 스틱 부분에 대한 재질을 표현해보겠습니다. 새로운 매터리얼을 생성한 후 매터리얼 에디터를 열어줍니다. 만약 앞서 사용했던 매터리얼 에디터가 이미 열려있다면 다시 열 필요는 없습니다.

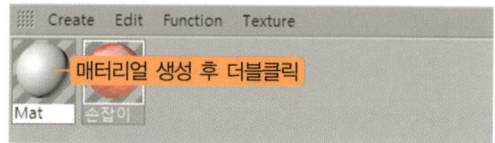

13 매터리얼 에디터에서 금속 스테인리스(스텐레스) 재질을 표현하기 위해 Reflectance 채널을 선택한 후 기본 레이어 탭에서 [dd] - [Reflection (Legacy)]를 선택합니다.

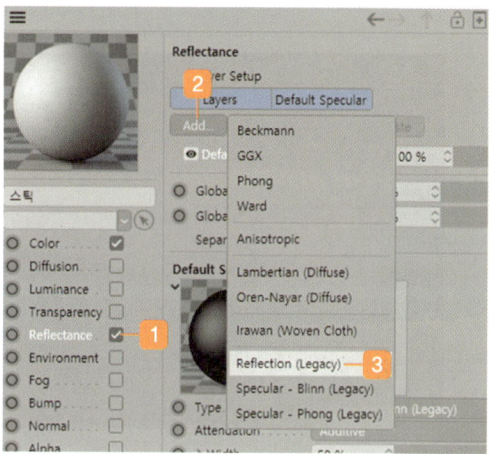

14 스틱에 대한 재질을 적용하기 위해 먼저 손잡이 선택 영역을 스틱 영역으로 전환해야 합니다. [Select] - [Invert Visibility]를 선택하여 스틱 영역이 선택되도록 반전시킵니다.

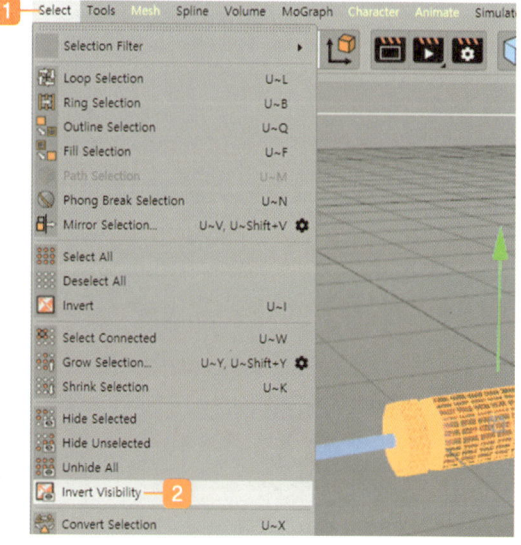

15 이제 선택된 스틱 영역에 스틱 매터리얼을 끌어다 적용합니다. 이것으로 스틱의 금속 스테인리스 재질까지 표현했습니다.

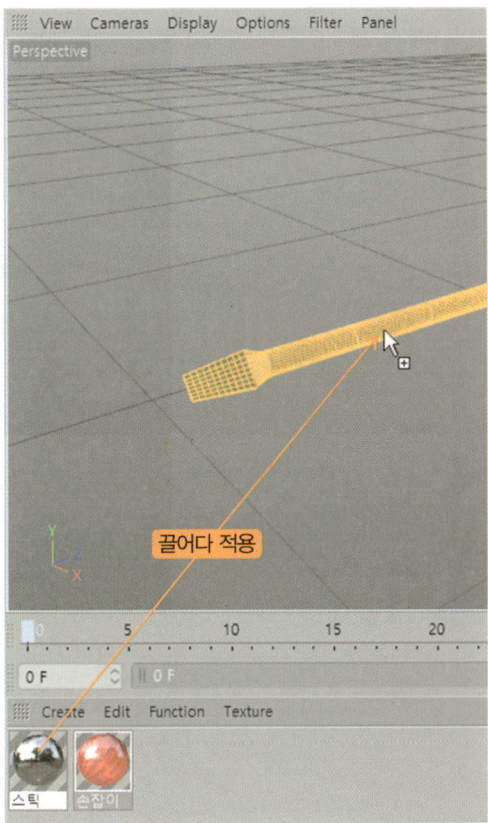

16 이 상태에서 렌더 뷰를 해보면 손잡이는 어느 정도 표현이 되지만 스틱 부분은 검정색으로 표현됩니다. 이것은 스틱 부분의 금속 질감이 주변 환경이 전혀 없기 때문에 생기는 현상입니다.

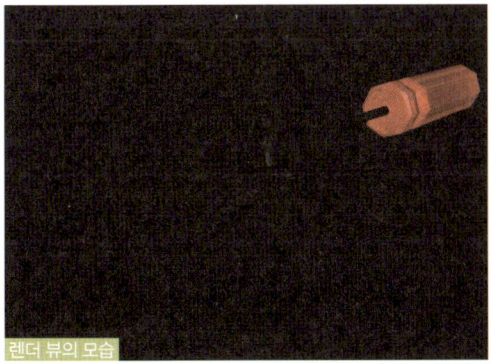

17 이제 환경 맵을 만들어주기 위해 [인바이어런먼트] - [Sky]를 적용합니다.

18 스카이에 적용할 매터리얼(환경 맵)을 만든 후 매터리얼 에디터를 열어줍니다.

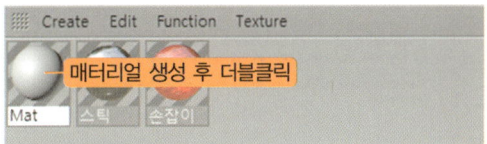

19 환경 맵에 사용하기 위해 사용되는 채널인 Luminance만 체크하고 나머지는 모두 해제합니다. 그리고 매터리얼의 이름을 작업의 편의를 위해 [환경]이라고 수정하고 환경 맵으로 사용된 텍스처 소스 파일을 불러옵니다.

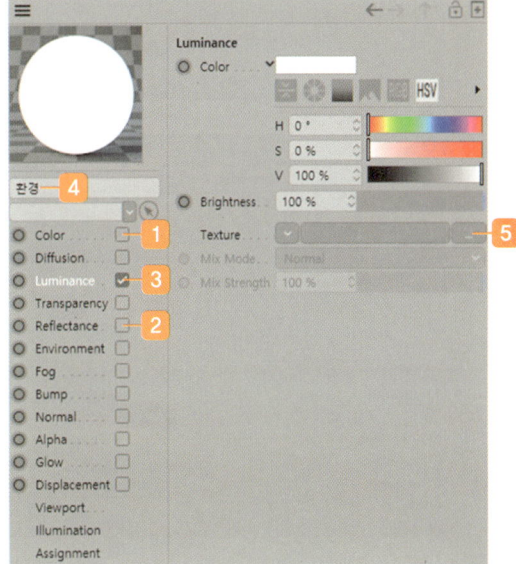

20 계속해서 텍스처 파일을 불러올 수 있는 창이 열리면 [학습자료] - [맵소스] - [맵소스07.jpg] 파일을 불러옵니다. 이때 텍스처 파일은 복사하지 않고 불러와 원본 경로에 있는 파일을 그대로 사용합니다.

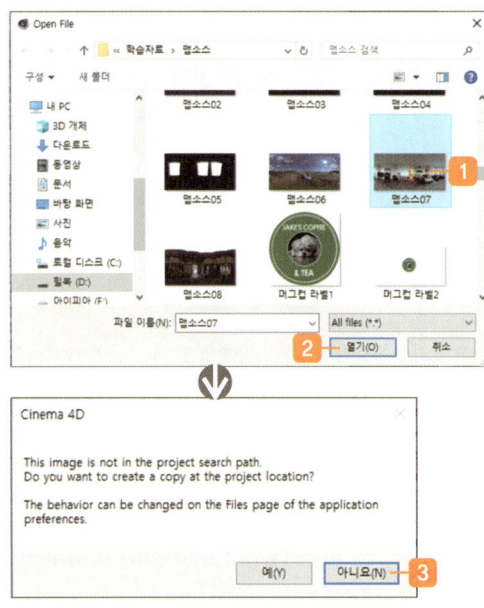

21 이제 환경 매터리얼을 끌어다 Sky에 적용합니다.

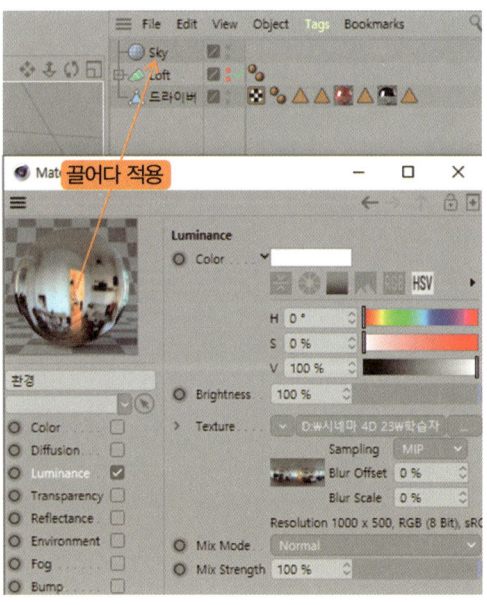

22 렌더 뷰(Ctrl + R)를 해보면 스틱의 금속 스테인리스 질감이 사실적으로 표현됐으며 손잡이 또한 이전보다 훨씬 사실적인 느낌이 듭니다. 이렇듯 반사율이 있는 재질은 특별한 경우를 제외하고는 항상 환경 맵(스카이)을 사용해야 합니다.

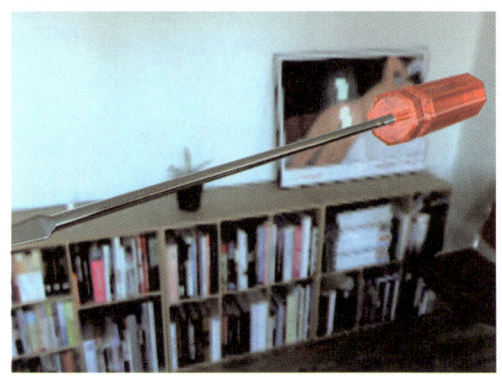

23 여기서 뷰포트 배경에 비치는 환경 맵은 없애주기 위해 스카이 위에서 [우측 마우스 버튼] - [Render Tags] - [Compositing]을 적용합니다.

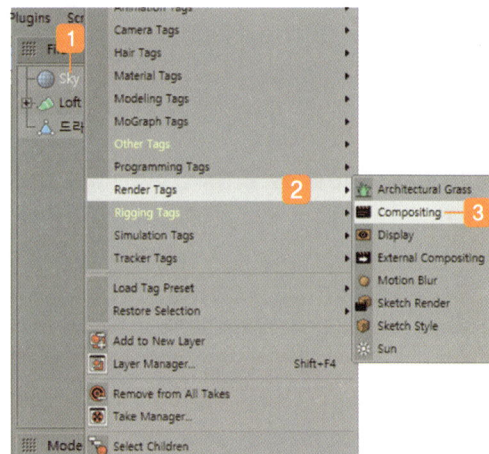

24 컴포지팅 태그의 어트리뷰트 매니저에서 Seen by Camera를 해제합니다. 이제 다시 렌더 뷰를 해 보면 드라이버의 표면엔 환경 맵의 모습이 비춰지지만 뷰포트 배경에서는 사라진 것을 알 수 있습니다.

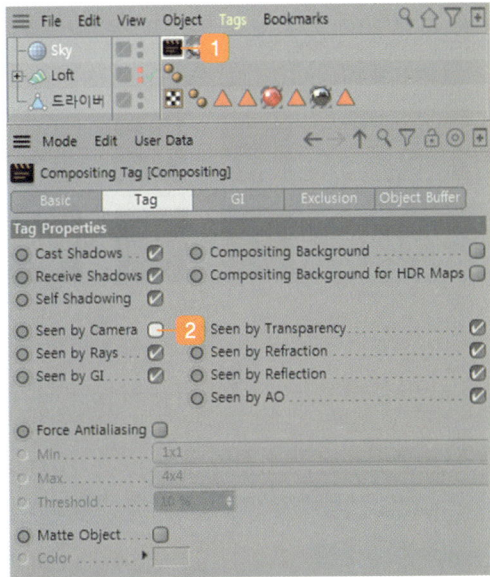

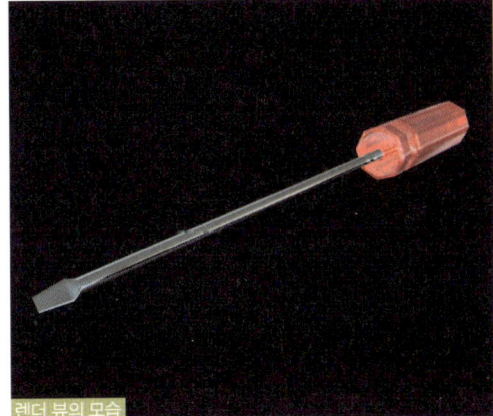

렌더 뷰의 모습

25 드라이버가 놓여질 바닥을 표현하기 위해 인바이어런먼트 툴에서 Floor를 생성합니다.

26 바닥(플로어)이 적용된 후의 모습을 보니 드라이버의 크기가 엄청나게 큰 것을 알 수 있습니다. 물론 현재의 바닥은 크기에 제한이 없는 바닥이지만 그래도 드라이버의 크기를 실제 크기 정도로 줄여주어야 할 것 같습니다. 드라이버를 선택하고 모델 툴과 스케일 툴을 사용하여 그림처럼 작게(실제 크기와 흡사한 20~30센티미터 정도) 조절합니다.

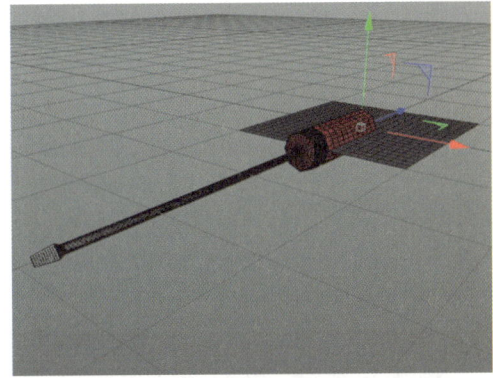

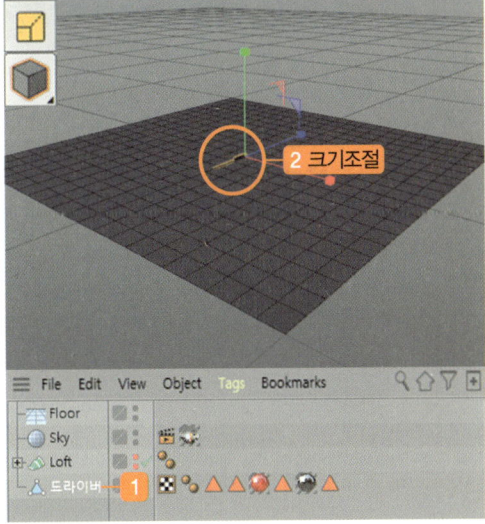

27 현재의 드라이버는 각진 뾰족한 지점이 바닥으로 향해 있기 때문에 회전하여 평평한 면이 바닥을 향하도록 회전하고 아래로 내려 바닥에 밀착되도록 해줍니다. 이제 바닥에 대한 재질 작업을 할 차례입니다. 바닥은 드라이버와 어울리는 타일이나 거친 느낌의 나무 무늬를 사용하면 좋을 듯합니다.

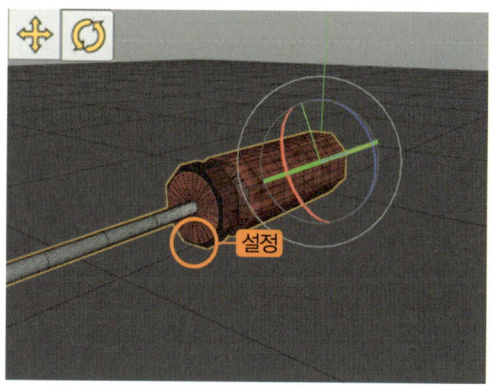

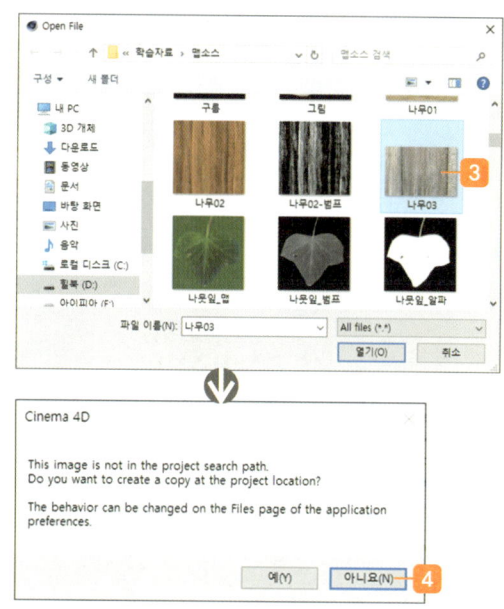

28 바닥 재질을 위해 새로운 매터리얼을 만들고 매터리얼 에디터를 열어줍니다.

29 매터리얼 에디터에서 컬러 채널을 선택하고 텍스처의 로드 이미지를 선택하여 [학습자료] - [맵소스] - [나무03.jpg] 파일을 복사하지 않고 불러옵니다.

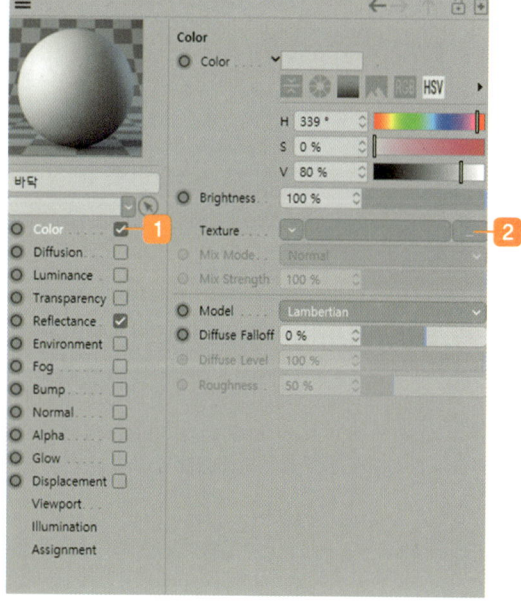

30 여기서 일단 바닥 매터리얼을 플로어에 적용하여 텍스처 상태를 점검해봅니다. 적용 후 렌더 뷰를 통해 확인해보면 나무 무늬와 드라이버가 잘 어울립니다. 그런데 나무 무늬가 조금 넓고 짧게 느껴지기 때문에 텍스처의 크기를 조절해야 할 것 같습니다. 또한 드라이버와 나뭇결이 너무 같은 방향이어서 어색한 느낌이 듭니다.

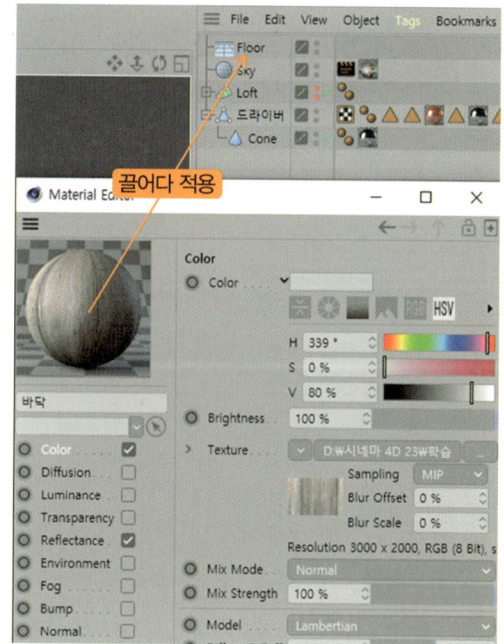

렌더 뷰의 모습

렌더 뷰의 모습

31 바닥 매터리얼의 텍스처 태그를 선택한 다음 Offset V축과 Length UV축을 설정하여 그림처럼 폭을 약간만 줄이고 길이를 많이 늘려줍니다. 그리고 반복되는 나무 무늬의 경계를 드라이버와 맞닿거나 근처에 있지 않도록 가급적 멀리 띄어줍니다.

33 드라이버의 방향을 약간 틀어서 바닥 나뭇결과 어긋나게 하기 위해 드라이버를 선택한 후 로테이트 툴을 사용하여 회전을 해 봅니다. 그런데 앞서 손잡이의 평평한 곳이 바닥에 맞닿도록 회전했기 때문에 회전축(액시스) 역시 회전되어 수평으로 회전하기가 어렵게 되었습니다.

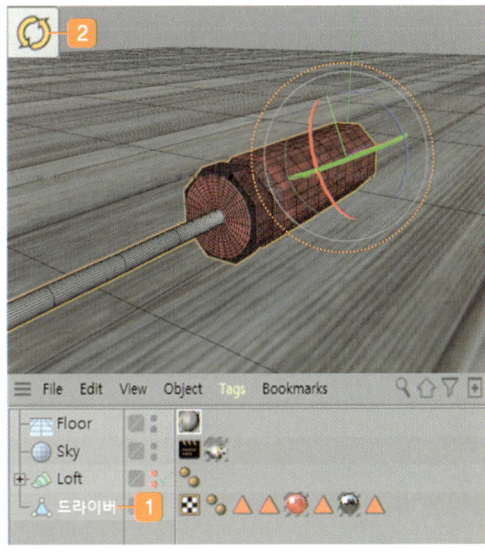

32 다시 렌더 뷰를 해보면 이전보다 훨씬 자연스러운 바닥이 표현됐습니다. 그러나 아직 바닥의 나뭇결과 드라이버의 방향이 똑같기 때문에 회전을 하여 약간만 어긋나게 해줄 필요가 있습니다.

34 코디네이트 시스템을 상대 축에서 월드, 즉 절대 축으로 변경합니다. 그러면 오브젝트를 기준으로 되었던 축이 뷰포트를 기준으로 한 축으로 바뀐 것을 알 수 있습니다. 이제 초록색 H축을 회전하여 그림처럼 살짝 회전해줍니다.

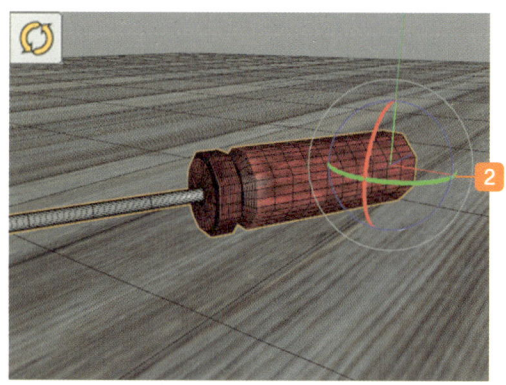

35 여기서 손잡이 부분을 확대해봅니다. 그리고 렌더 뷰를 해보면 속이 비어있어 허전해 보입니다. 실제 손잡이 속에는 스틱이 더 깊이 들어가있고 빠지지 않게 끝부분은 뭉툭하게 되어 있습니다. 이제 이 부분을 표현해봅니다.

렌더 뷰의 모습

36 손잡이 안쪽의 고정되는 스틱을 표현하기 위해 오브젝트 툴에서 Cone을 생성합니다. 콘 모양은 얇고 두꺼운 원통을 표현할 수 있기 때문에 사용했습니다.

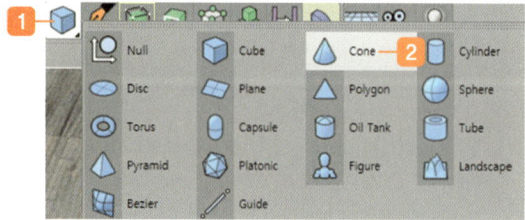

37 콘의 첫 모습은 드라이버보다 훨씬 크고 세워져 있기 때문에 어트리뷰트 매니저에서 일단 Orientation을 -Z축으로 설정하여 뾰족한 부분이 스틱 방향(아직 정확하지는 않지만)으로 회전한 후 Top Radius와 Bottom Radius 그리고 Height를 설정하여 그림과 같은 크기 정도로 해 줍니다.

38 이제 콘의 방향을 드라이버의 방향과 일치되도록 해줍니다. 먼저 콘을 드라이버 하위로 종속시킨 후 콘의 어트리뷰트 매니저에서 Coord 탭으로 이동합니다. 그다음 R . HPB축의 각도를 모두 0도로 설정합니다. 그러면 콘의 방향이 상위 오브젝트인 드라이버의 방향과 일치됩니다. 그리고 P . Z축을 설정하거나 무브 툴을 사용하여 그림처럼 손잡이와 스틱이 맞닿은 곳으로 이동합니다. 이때 스틱과 틈이 생기거나 바깥으로 튀어나오기 않도록 주의해야 합니다.

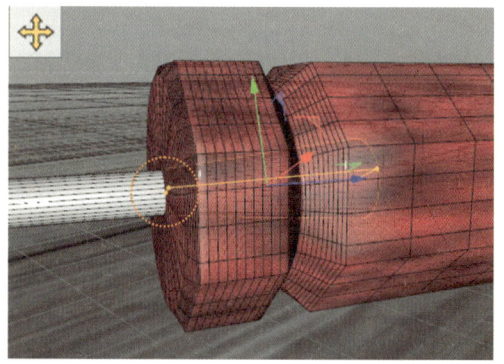

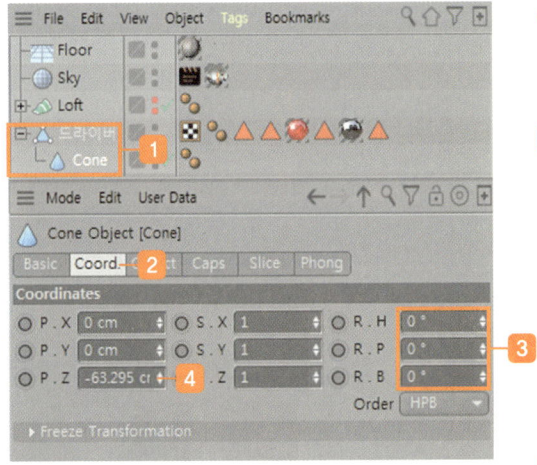

41 마지막으로 조명을 만들어 보다 입체적이고 사실적인 표현을 해 보겠습니다. 라이트 툴에서 기본 라이트(옴니)를 생성합니다.

39 이제 방금 작업한 콘의 재질도 스틱의 재질과 같은 재질로 적용해야 합니다. 오브젝트 매니저를 보면 앞서 드라이버에 적용된 매터리얼의 텍스처 태그를 Ctrl 키를 누른 상태로 끌어서 콘이 있는 쪽에 갖다 복제를 해줍니다.

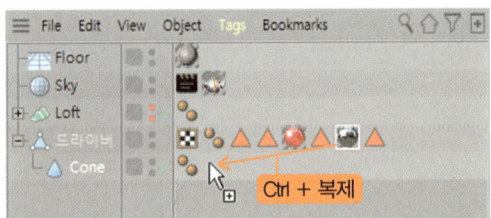

40 다시 렌더 뷰를 해보면 손잡이 안쪽에 배치된 콘의 모습이 굴절로 인해 왜곡되어 표현됩니다.

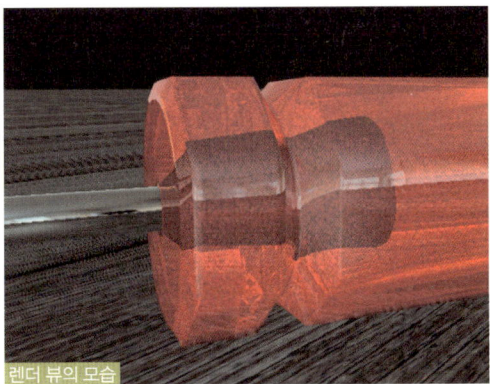

42 조명의 위치를 그림처럼 드라이버 우측 상단에 배치합니다. 그리고 그림자를 표현하기 위해 Shadow를 Shadow Maps (Soft)로 설정합니다.

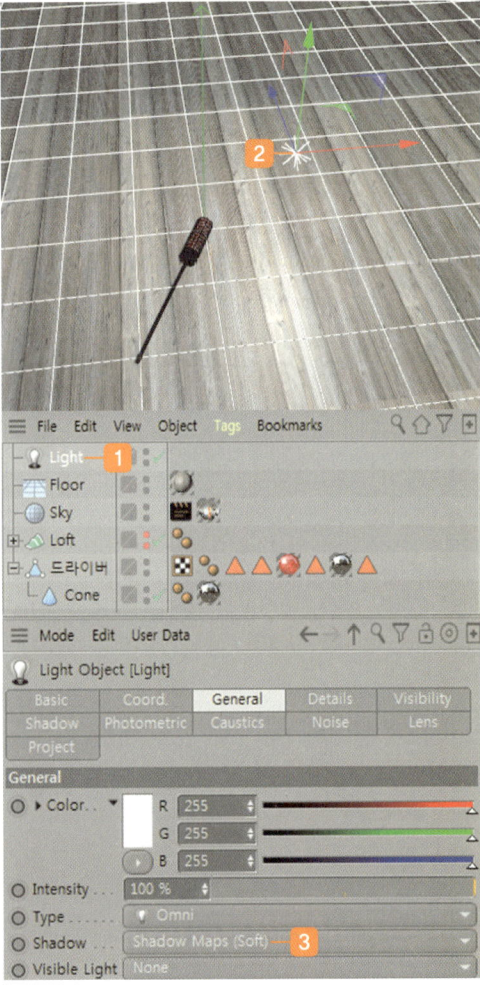

43 다시 렌더 뷰를 해보면 그림자가 표현되므로 인해 훨씬 입체적이고 사실감있게 표현됐습니다. 특히 손잡이 부분은 투명하기 때문에 빛이 투과하여 손잡이의 고유 색상이 그림자로 묻어납니다.

렌더 뷰의 모습

손잡이 확대 후 렌더 뷰한 모습

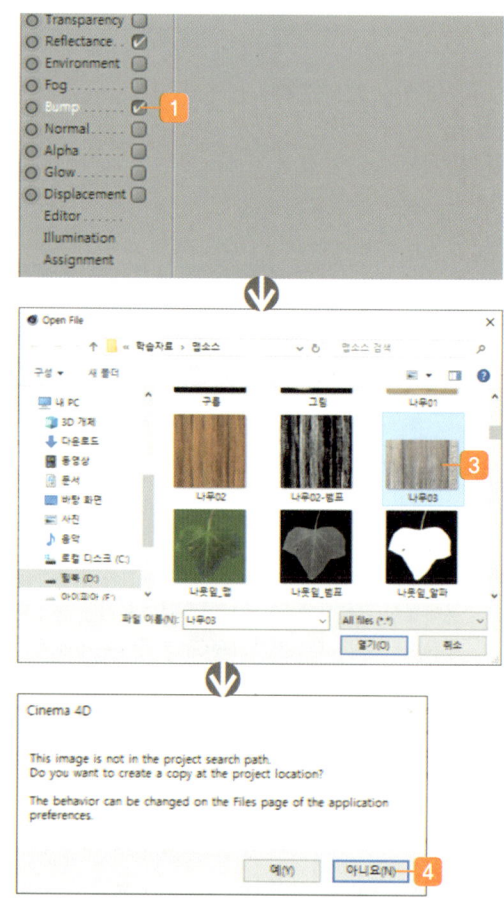

44 드라이버의 작업을 여기서 끝내도 되겠지만 아직 지면이 남아있는 관계로 나무 무늬의 결을 보다 사실적으로 표현하기 위해 바닥 매터리얼 에디터를 열고 Bump 채널을 체크합니다. 그 다음 텍스처를 불러옵니다. 이번에 사용된 텍스처도 앞서 컬러에서 사용됐던 [나무03.jpg] 파일을 사용하면 됩니다. 불러올 때는 복사하지 않습니다.

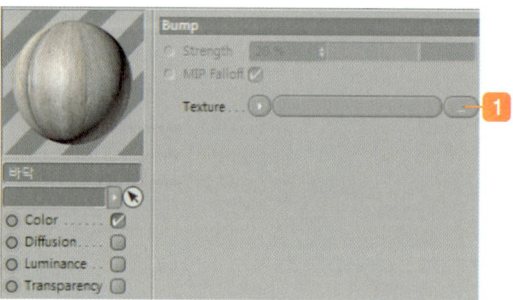

45 범프 맵으로 사용될 텍스처 소스가 적용되면 Strength 값을 45 정도로 높여 나무 무늬의 울퉁불퉁한 정도를 더욱 증가합니다.

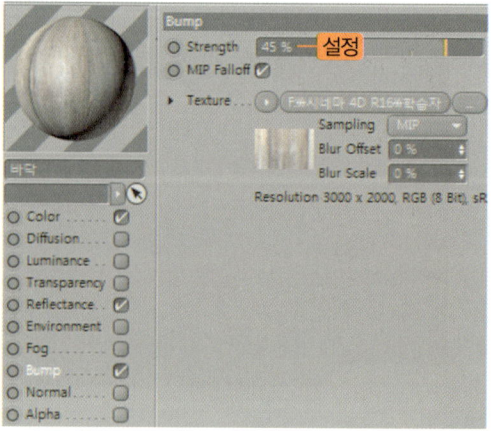

46 다시 렌더 뷰를 통해 확인해봅니다. 바닥의 나무 무늬의 질감이 더욱 사실적으로 표현됐습니다. 여기서 만약 나무 무늬에 광택을 주고자 한다면 리플렉턴스를 통해 광택(반사율)을 줄 수도 있습니다. 지금까지 로프트를 이용하여 드라이버를 표현해 보았습니다. 살펴본 것처럼 로프트는 닫힌 스플라인의 모양을 유기적으로 연결하여 입체 오브젝트를 표현해 줄 수 있다는 것을 알 수 있었습니다.

최종 렌더 뷰의 모습

리플렉턴스를 적용한 후의 렌더 뷰의 모습

04

혈관 제작

혈관이나 파이프 같은 물체는 공통적으로 터널처럼 구멍이 뚫려있다는 것입니다. 이와 같이 구멍이 뚫린 오브젝트는 스위프(Sweep)를 이용하여 표현할 수 있습니다. 전체 모양은 스플라인 선으로 표현하고 구멍의 모양은 서클이나 렉탱글 같은 닫힌 스플라인을 사용합니다.

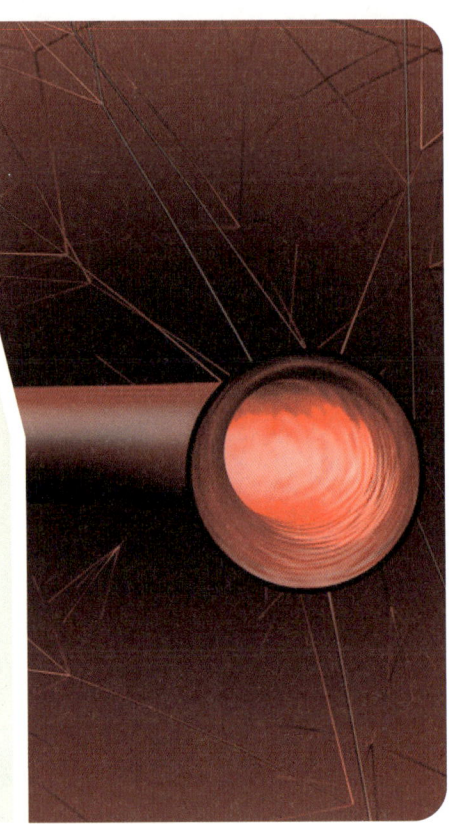

파이프 만들기

스위프를 이용하여 만들 수 있는 것은 파이프나 혈관 이외에도 TV나 모니터의 테두리(프레임) 등 다양합니다. 이번에는 먼저 간단하게 파이프와 파이프 재질을 표현해봅니다.

01 혈관에 앞서 먼저 파이프의 전체 모양을 표현하기 위해 스플라인 툴에서 Spline Pen을 선택한 후 부드러운 곡선 스플라인을 만들기 위해 어트리뷰트 패널에서 Type을 B-Spline으로 변경합니다.

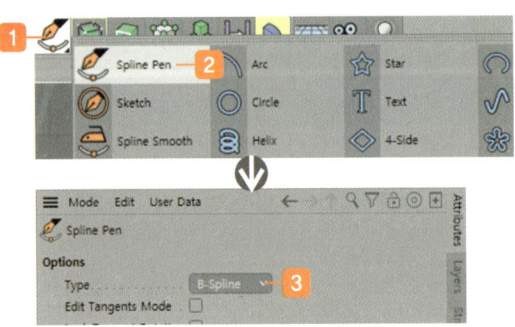

02 스플라인을 통해 그림을 그릴 때는 평면 뷰에서 그리는 것이 좋습니다. 이번엔 라이트 뷰(F3)에서 그림처럼 대략적인 모양을 그려줍니다.

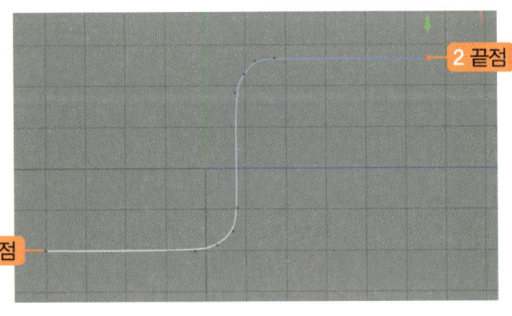

03 꺾어진 모습은 곡선으로 되어있기 때문에 포인트 툴과 이동 툴을 사용하여 그림처럼 자연스럽게 수정합니다.

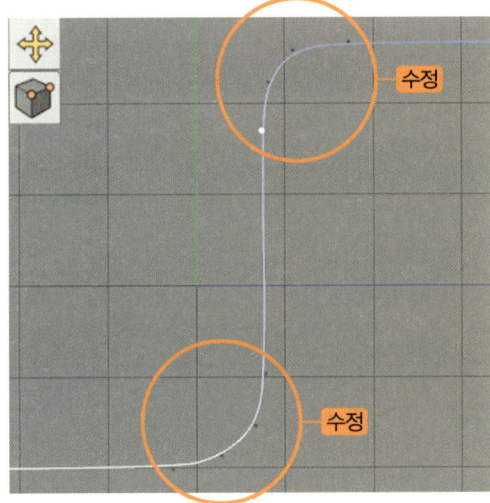

04 이번엔 파이프의 구멍에 대한 모양을 만들기 위해 스플라인 툴에서 Circle을 선택합니다. 서클은 원 모양의 구멍을 표현할 때 사용됩니다.

05 서클의 크기가 너무 크기 때문에 서클의 어트리뷰트 매니저에서 Radius 값을 60 정도로 줄여줍니다. 이 크기는 앞서 파이프의 전체 모양을 위해 만든 선으로 된 스플라인의 길이에 맞는 크기여야 합니다. 서클은 지금처럼 하나의 선으로 된 원이 아닌 두 줄로 되어있는 쌍원을 만들 수 있는데 쌍원을 만들게 되면 자연스럽게 두께를 가진 파이프가 됩니다. Ring을 체크하여 쌍원을 만들고 Inner Radius를 65 정도로 설정하여 얇은 두께로 조절합니다.

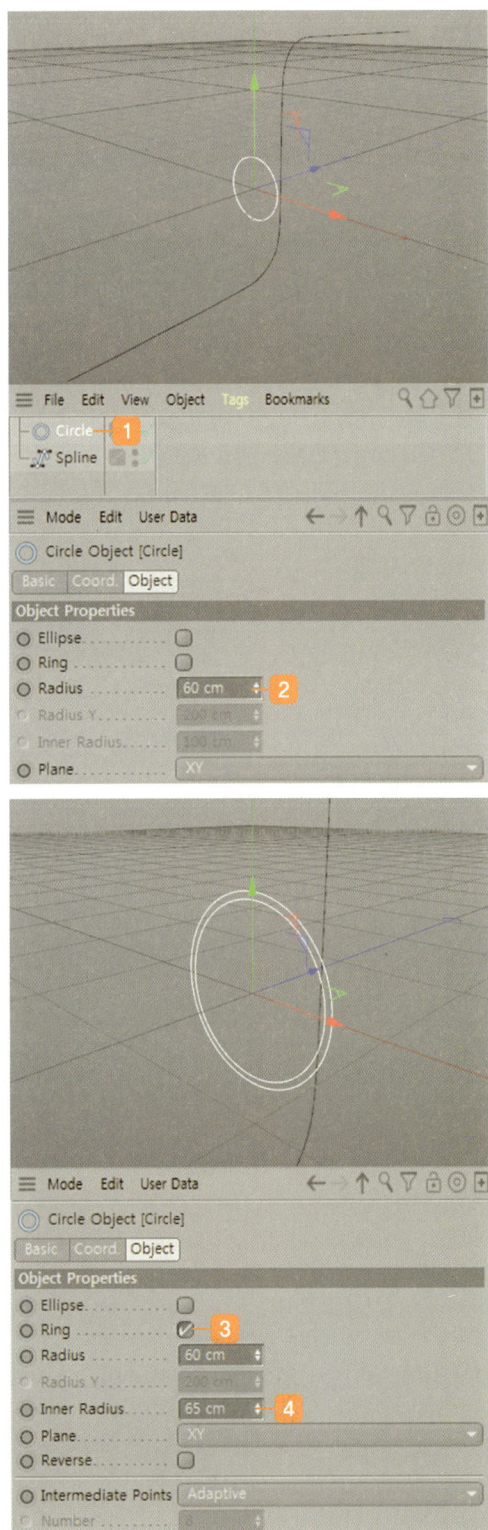

혈관 제작 **199**

06 이제 앞서 만든 2개의 스플라인을 이용하여 입체적인 파이프를 만들어봅니다. 제너레이터 툴에서 Sweep를 적용합니다.

07 방금 적용된 스위프에 앞서 만든 2개의 스플라인을 모두 스위프 하위에 종속시킵니다. 이때 서클과 스플라인의 상하 순서에서는 서클이 위쪽에 가도록 해야 합니다. 이것으로 간단하게 두께가 있는 파이프가 표현됐습니다.

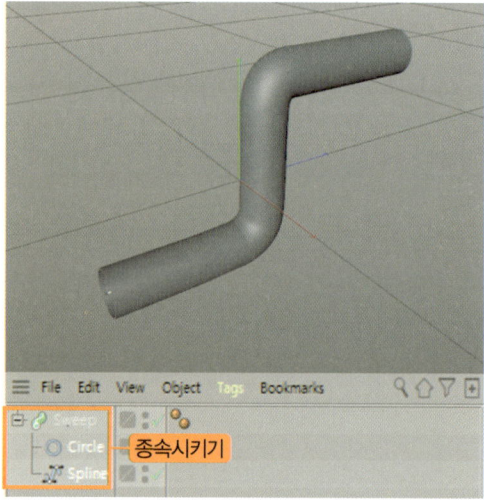

08 파이프의 시작부분을 확대해봅니다. 구멍이 뚫려있는 것을 알 수 있으며 두께가 명확하게 표현됐습니다.

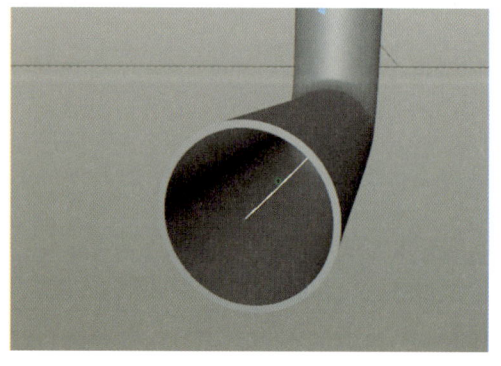

09 여기서 서클을 선택한 후 어트리뷰트 매니저에서 Ring을 체크 해제해봅니다. 앞서 구멍과 두께가 있던 것이 막혀있는 상태로 바뀐 것을 알 수 있습니다. 이것은 링을 통해 2개의 서클을 사용하거나 1개의 서클을 사용하느냐에 따라 달라집니다. 확인이 끝나면 다시 체크해줍니다.

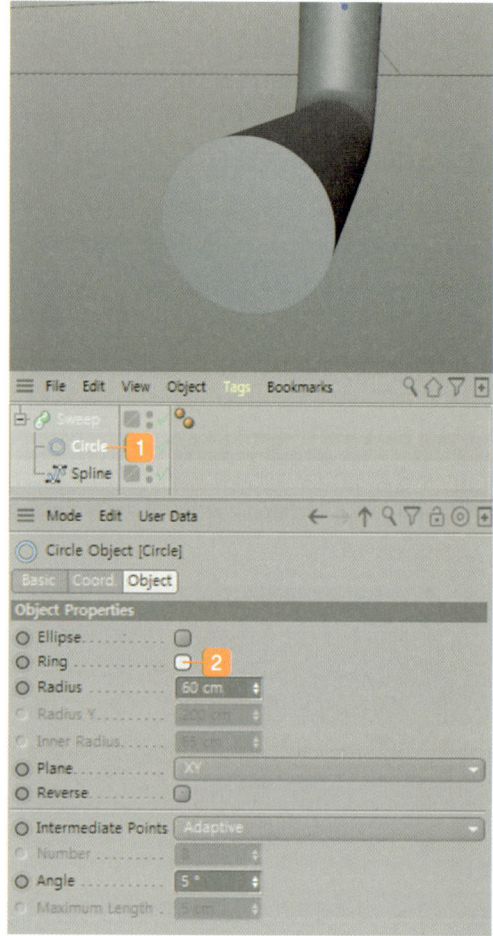

10 지금 작업에서 서클의 방향은 구멍의 모양을 표현하는데 매우 중요합니다. Plane을 XY축에서 ZY 또는 XZ축으로 바꿔보면 둥근 구멍의 모습에서 납작한 형태로 바뀌게 됩니다. 이것은 서클의 방향에 따라 모양이 달라진다는 것을 알 수 있습니다. 그러므로 서클을 만드는 뷰포트 방향도 중요하다는 것을 유추할 수 있습니다. 확인이 끝나면 다시 XY축으로 설정합니다.

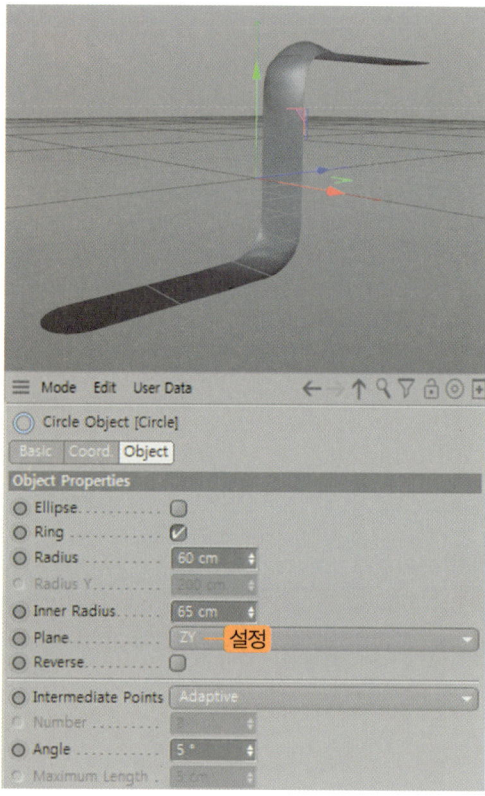

12 다른 기능에 대해 살펴보기 위해 세그먼트가 나타나게 합니다. [Display] - [Gouraud Shading (Lines)]을 선택합니다.

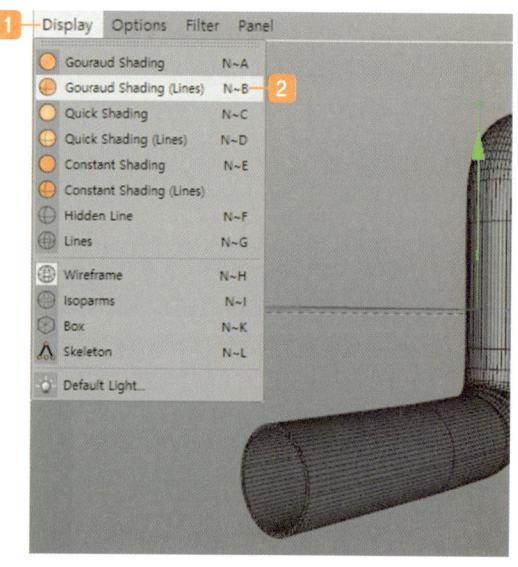

11 또한 스위프에 적용된 2개의 스플라인의 순서도 중요합니다. 여기서 만약 Spline을 Circle보다 상위에 배치해 보면 최종 모양은 앞서 보았던 파이프와는 전혀 다른 모양으로 바뀌게 됩니다. 확인이 끝나면 다시 서클을 위쪽으로 배치합니다.

13 스위프를 선택한 후 어트리뷰트 매니저의 Object 탭을 보면 파이프의 시작과 끝부분의 크기를 조절하거나 길이에 대한 설정을 할 수 있습니다. 또한 이와 같은 설정은 아래쪽 Details의 스케일과 로테이션의 그래프 모습을 통해 설정을 할 수도 있습니다. 여기에서는 Rotation의 시작점과 끝점을 아래위로 이동하여 세그먼트의 방향을 확인해봅니다. 세그먼트가 비틀어지는 것을 알 수 있습니다. 확인이 끝나면 다시 원래 상태로 되돌려 놓습니다.

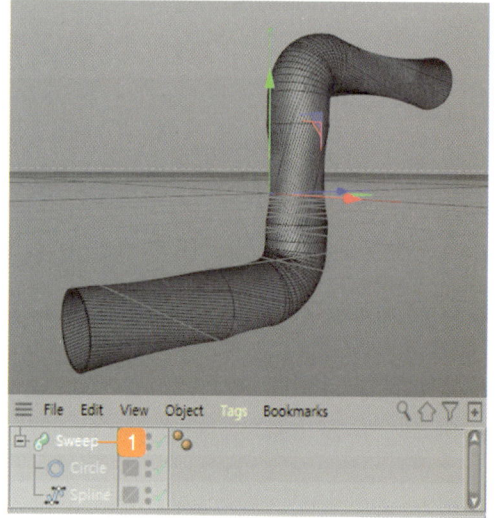

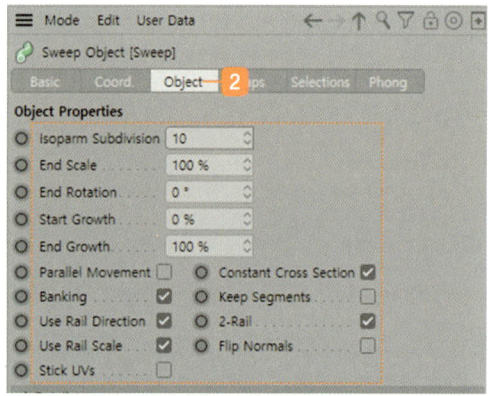

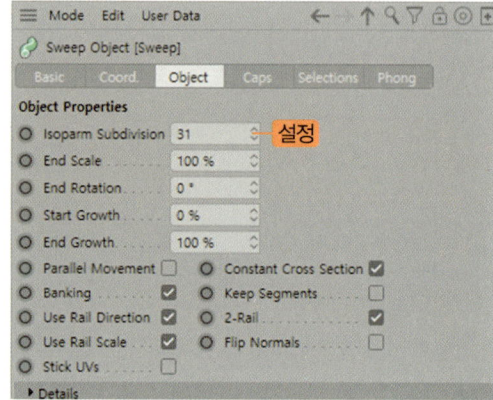

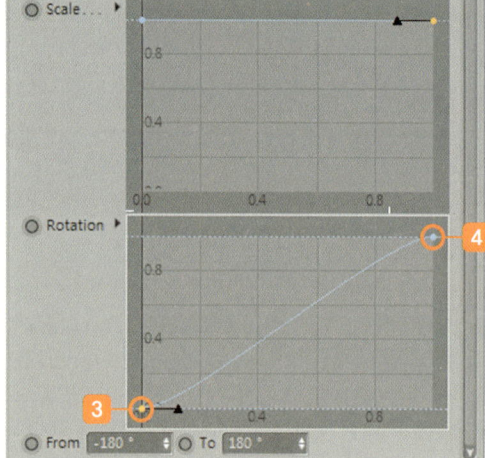

14 이번엔 파이프의 곡선으로 꺾여진 부분을 확대해봅니다. 그리고 Isoparm Subdivision 값을 조절해봅니다. 현재는 아무런 변화가 없습니다.

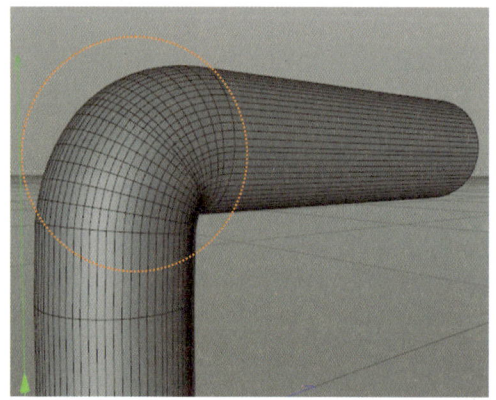

15 아이소팜 서브디비젼이 설정되는 모습을 보기 위해 [Display] - [Isoparms]를 선택합니다.

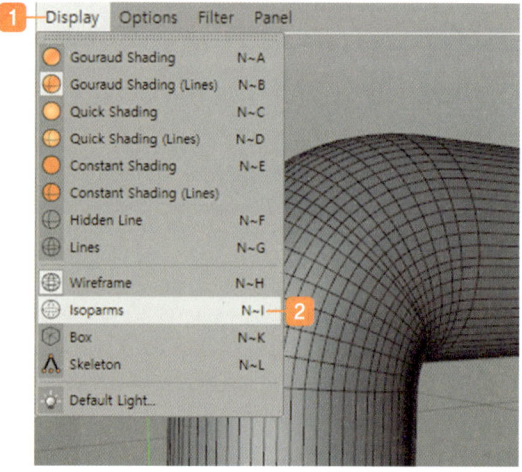

16 다시 아이소팜 서브디비젼 값을 조절해 보면 조절되는 개수만큼 꺾인 곡선 부분의 세그먼트 수가 바뀌는 것을 알 수 있습니다. 이렇듯 아이소팜은 곡선의 모양에 대한 세그먼트 수를 설정할 때 사용되며 설정되는 모습을 보기 위해서는 [Display] - [Isoparms]를 선택해야 한다는 것을 알 수 있습니다. 이렇게 설정된 세그먼트는 나중에 모양을 편집하기 위해 사용됩니다. 확인이 끝나면 다시 [Display] - [Wireframe]을 선택합니다. 그리고 Isoparm Subdivision 값도 다시 원래 값인 5로 설정합니다.

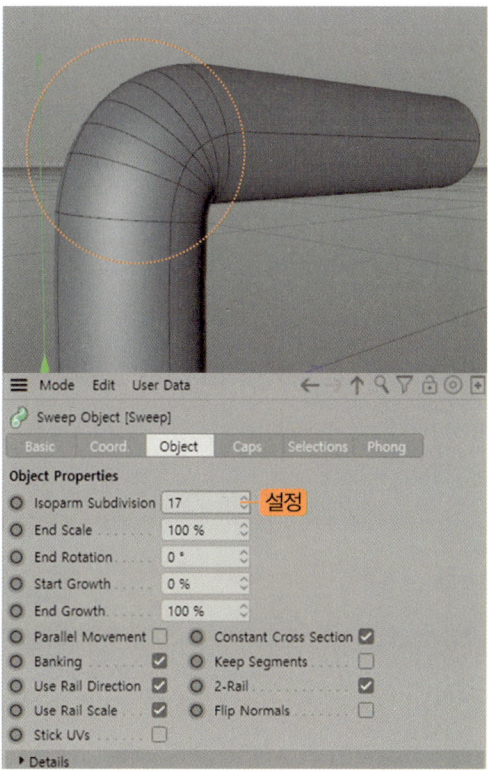

17 여기서 파이프의 끝부분을 확대합니다. 물론 시작부분을 확대해도 됩니다. 확대된 모습을 보면 두께부분이 막혀있는 것을 알 수 있으며 폴리곤의 모습은 삼각형으로 이뤄진 것을 알 수 있습니다. 일반적으로 3D 툴에서의 폴리곤은 삼각형 구조로 되어있습니다.

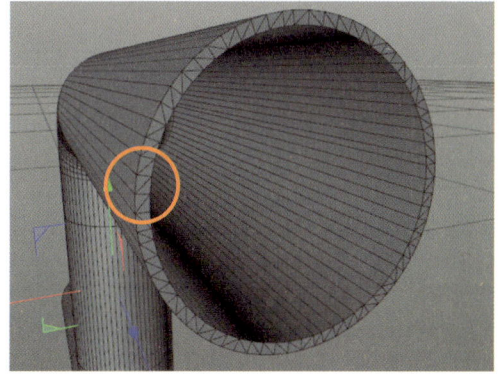

18 이번엔 Caps 탭으로 이동합니다. 캡에서는 오브젝트의 뚜껑에 대한 설정을 할 수 있습니다. 앞서 살펴본 끝부분의 뚜껑 면이 삼각형으로 되어있기 때문입니다. 일단 이 부분은 다음에 살펴보기로 하고 필자는 현재 파이프의 끝부분이 확대된 상태이기 때문에 End Cap을 체크 해제합니다. 이 상태는 끝부분의 두께에 대한 뚜껑(면)이 사용되지 않게 됩니다.

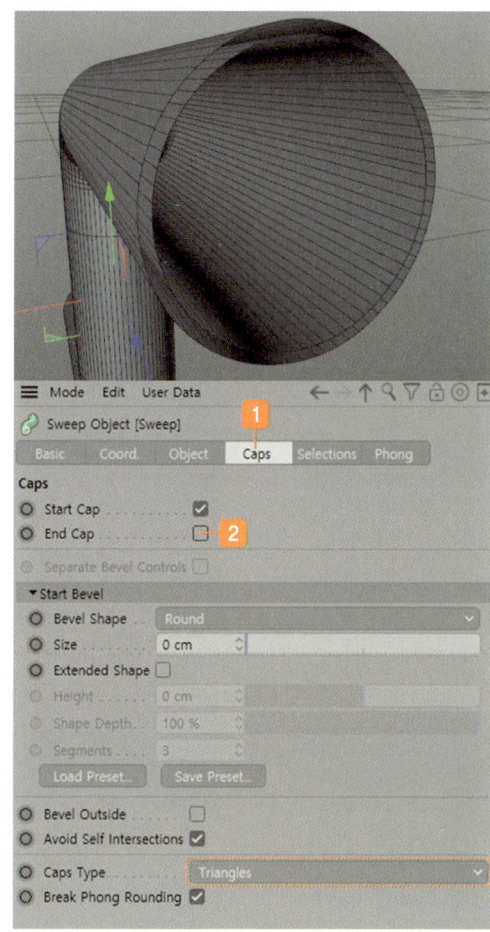

19 이번에는 Separate Bevel Controls를 체크하여 Star/End Bevel에 대한 개별 설정이 가능한 옵션이 활성화됩니다. 여기에서는 End Bevel의 Size를 5 정도로 증가해봅니다. 그러면 현재 Bevel Shape가 Round로 되어있기 때문에 파이프 끝부분이 설정된 값만큼 둥글게 표현됩니다. 만약 베벨 끝부분을 원하는 길만큼 늘려주고자 한다면 Extended Shape를 체크한 후 Height 값을 설정하면 되며 Segments 값을 설정하여 베벨의 세그먼트를 통해 부드럽게 혹은 거칠게 할 수 있습니다.

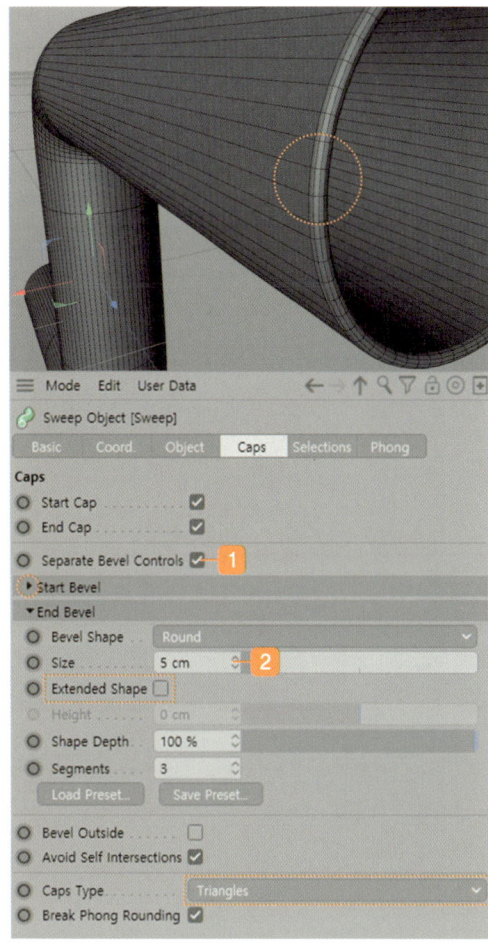

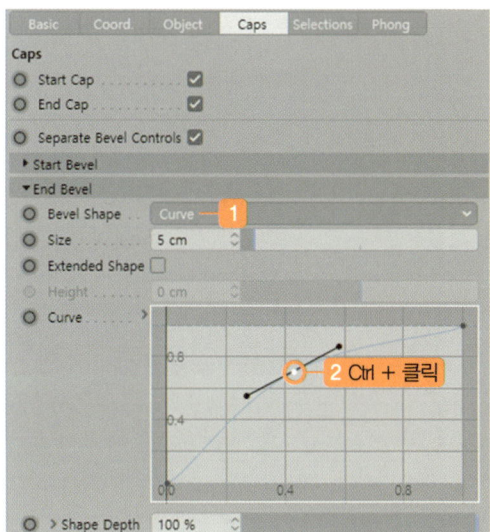

21 이번에는 Bevel Shape를 Step으로 설정한 후 Size를 증가해봅니다. 그러면 그림처럼 새로운 스텝이 추가되는 것을 알 수 있습니다. 이렇듯 Bevel Shape를 통해 다양한 모양의 베벨을 만들어줄 수 있습니다.

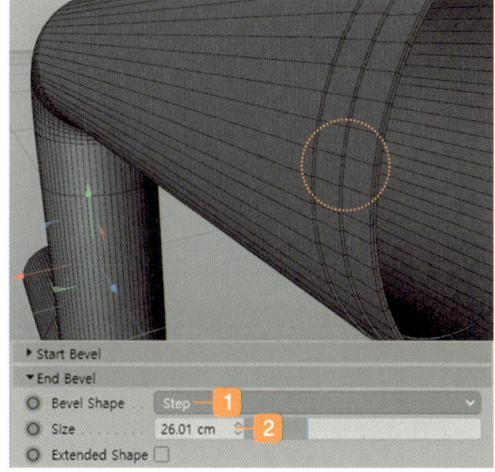

20 Bevel Shape를 Curve로 선택합니다. 이 방식은 베벨의 모양을 아래쪽 커브 그래프의 모양에 맞게 변형됩니다. 커브 그래프의 모양은 [Ctrl] 키를 누른 상태에서 설정하고자 하는 선을 클릭하여 포인트를 생성한 후 모양을 설정할 수 있습니다.

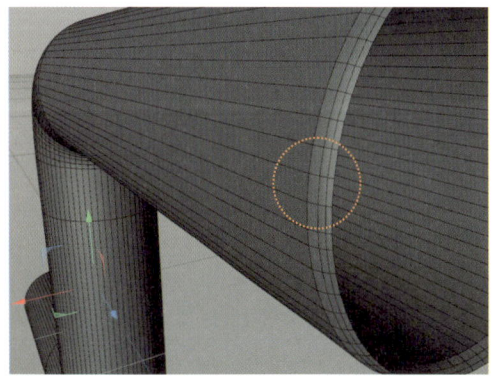

22 마지막으로 Bevel Shape를 Solid로 설정하고 Size를 다시 5로 설정합니다. 현재는 Caps Type이 Triangles이기 때문에 모서리 면이 사선으로 처리된 것을 알 수 있습니다. 여기에서 Caps Type을 N-gon으로 설정해보면 사선의 모습이 사라진 것을 알 수 있습니다. 이렇듯 Caps Type은 모서리 면의 상태를 다양하게 처리할 수 있습니다.

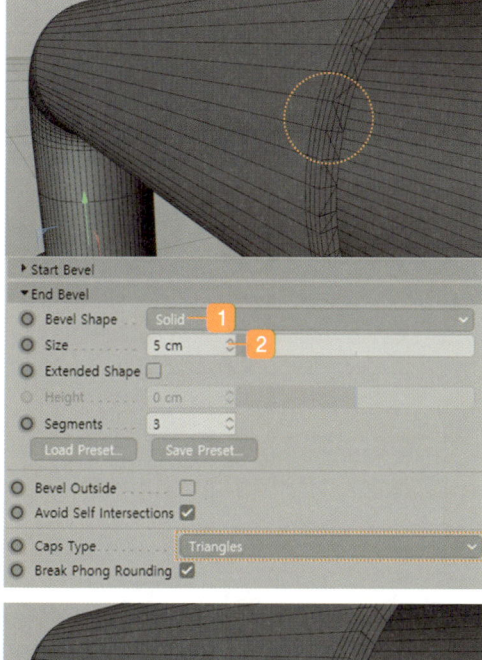

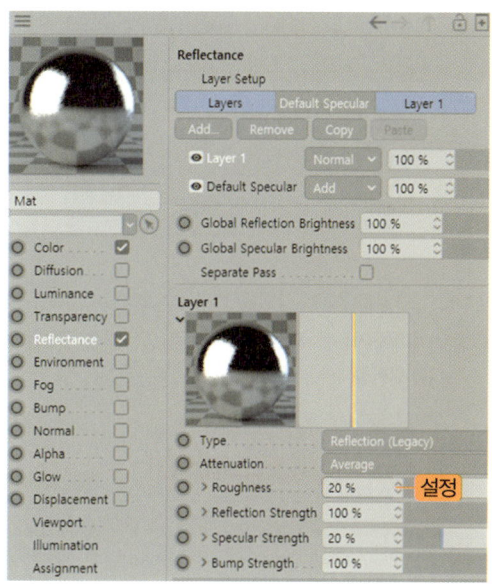

25 금속 질감의 표면을 거칠게 해주기 위해 Roughness(러프니스) 값을 20 정도로 늘려줍니다.

26 설정된 매터리얼을 Sweep에 적용합니다. 이번에는 매터리얼 에디터의 섬네일을 끌어서 오브젝트 매니저에 있는 스위프에 적용합니다.

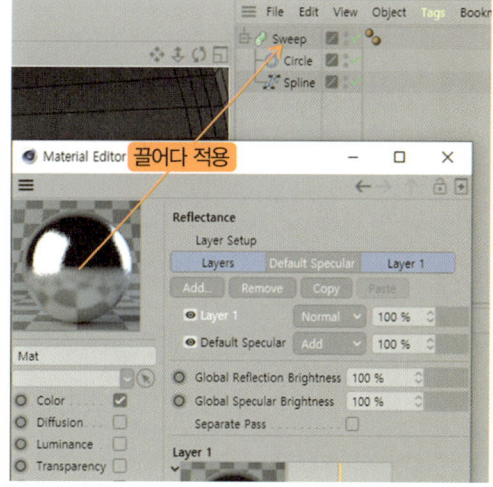

23 파이프 재질을 만들기 위해 매터리얼을 생성한 후 매터리얼 에디터를 열어줍니다. 반사율에 대한 설정을 하기 위해 Reflectance 채널을 선택한 후 [Add] - [Reflection (Legacy)]를 선택합니다.

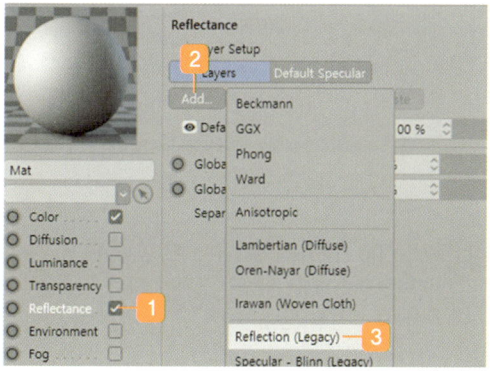

27 현재는 파이프 매터리얼에 반사율을 사용했기 때문에 당연히 환경 맵이 필요합니다. 환경 맵이 적용될 스카이를 생성합니다.

혈관 제작 **205**

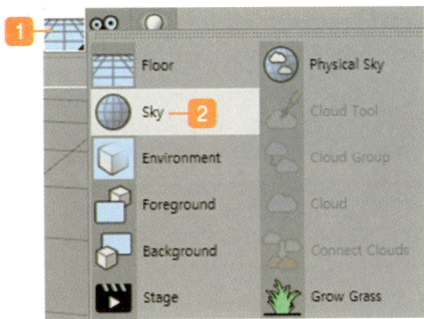

28 스카이에 적용될 새로운 매터리얼을 생성한 후 매터리얼 에디터를 열어줍니다.

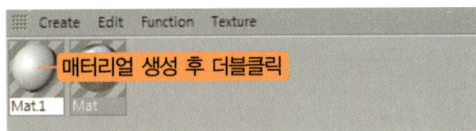

29 환경 맵용 매터리얼은 Luminance(루미넌스)를 제외한 나머지 채널은 모두 해제해야 합니다. 루미넌스 채널만 선택한 후 텍스처의 로드 이미지를 선택하여 이번에도 역시 [학습자료] - [맵소스] [맵소스07.jpg] 파일을 복사하지 않고 불러옵니다.

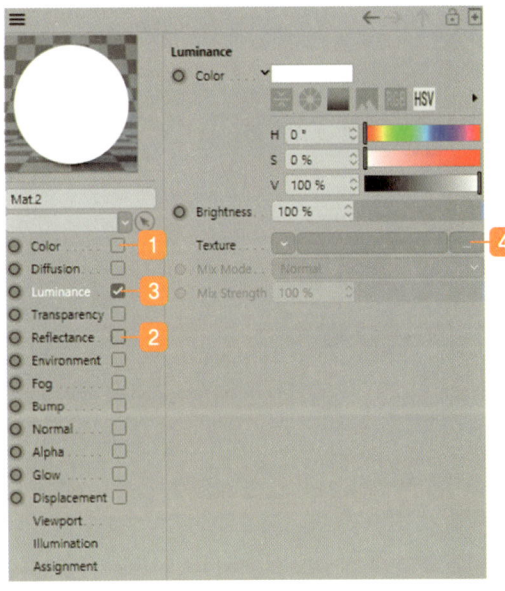

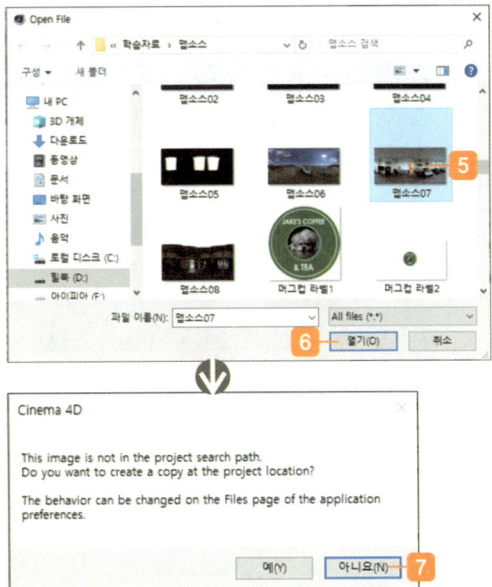

30 이제 설정된 환경 맵을 끌어다 스카이에 적용합니다.

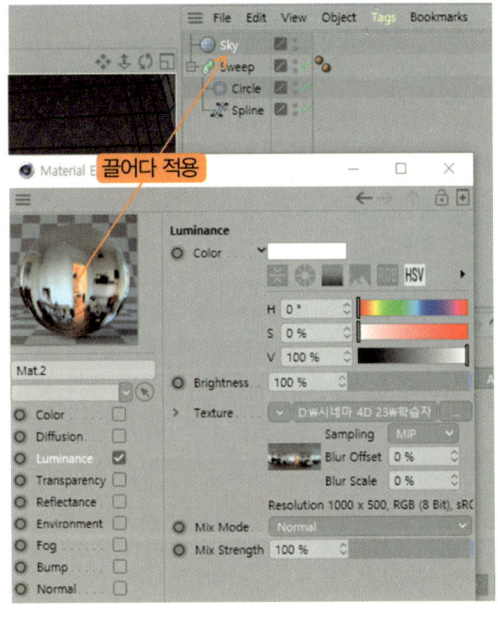

31 [Ctrl] + [R] 키를 눌러 렌더 뷰를 해보면 파이프의 질감이 아주 사실적으로 표현됐습니다. 지금까지 스위프를 이용하여 간단하게 파이프를 표현해보았습니다.

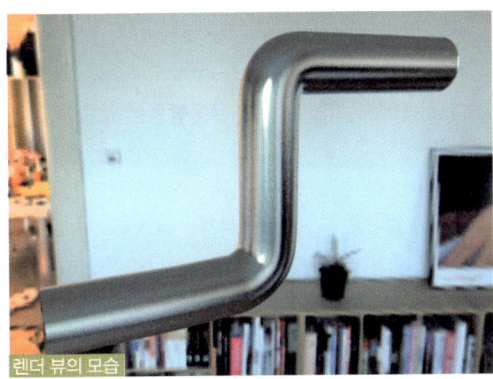

렌더 뷰의 모습

즐겨 사용하는 환경 맵 프리셋에 등록하기

즐겨 사용되는 매터리얼이 있을 경우엔 프리셋에 미리 등록해 두었다가 필요할 때 즉시 사용할 수 있습니다. 앞서 스카이에 적용됐던 환경 맵(맵소스07.jpg)은 전부터 많이 사용되었고 앞으로도 많이 사용될 것이므로 사용자 프리셋에 등록해서 사용하기를 권장합니다.

01 프리셋으로 등록할 매터리얼을 선택한 후 [Create] – [Save Material Preset]을 선택합니다.

듯 즐겨 사용되는 매터리얼은 프리셋으로 등록하여 효율적으로 사용할 수 있습니다.

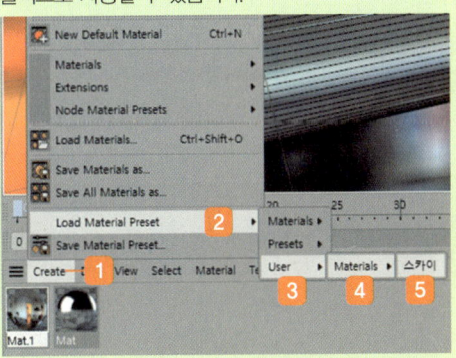

02 Name 창이 열리면 적당한 이름의 프리셋 이름을 입력한 후 [OK] 버튼을 눌러 적용합니다.

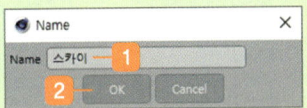

03 등록된 스카이 매터리얼 프리셋을 사용하고자 한다면 [Create] – [Load Material Preset] – [User] – [Materials] 메뉴에서 [스카이]를 선택하면 됩니다. 이렇

혈관 만들기

혈관 역시 스위프를 이용하여 쉽게 표현할 수 있습니다. 이번 학습에서는 혈관 속의 울퉁불퉁한 모습과 카메라가 혈관을 지나가는 애니메이션까지 살펴보도록 합니다.

01 혈관의 전체 모양을 표현하기 위해 스플라인 툴에서 Spline Pen을 선택한 후 부드러운 곡선 스플라인을 만들기 위해 어트리뷰트 패널에서 Type을 B-Spline으로 변경합니다.

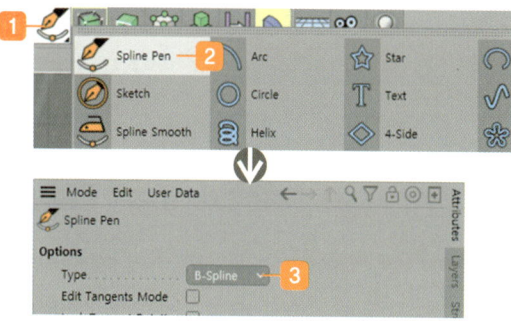

02 스플라인 작업은 평면 뷰에서 하는 것이 좋습니다. 이번엔 [F2] 키를 눌러 탑 뷰로 전환한 후 그림처럼 대략적인 모습으로 그려준 후 무브 툴이나 라이브 실렉션 툴을 사용하여 부드러운 모양으로 수정합니다.

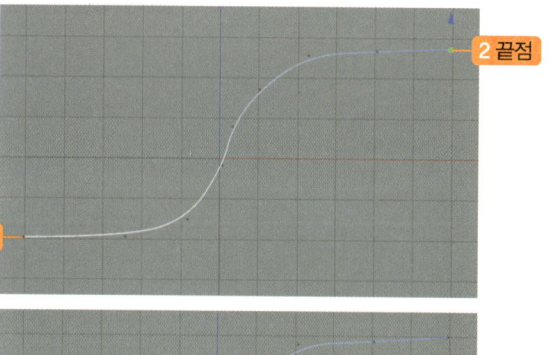

03 이번엔 혈관 구멍에 대한 모양을 만들기 위해 [F1] 키를 눌러 퍼스펙티브 뷰로 전환한 후 스플라인 툴에서 Circle을 선택합니다.

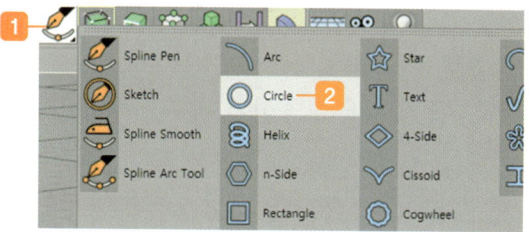

04 서클의 어트리뷰트 매니저에서 Radius를 60 정도로 설정하여 앞서 그려놓은 스플라인의 길이에 비해 지나치게 두껍거나 얇지 않게 합니다.

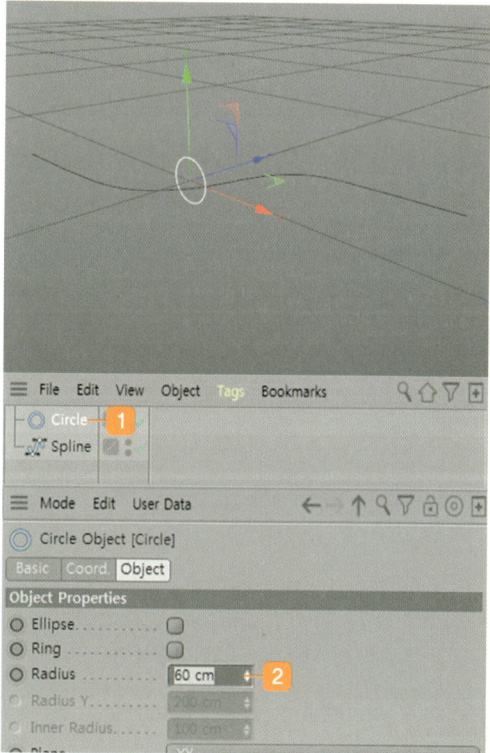

05 이제 앞서 만든 서클과 스플라인의 조합하여 입체 혈관의 모습을 만들기 위해 제너레이터 툴에서 Sweep를 적용합니다.

06 방금 만든 스위프 하위에 앞서 만든 서클과 스플라인 오브젝트를 그림처럼 종속시킵니다. 이것으로 입체 혈관의 모습이 만들어졌습니다. 그런데 구멍이 없는 관계로 마치 휘어진 가래떡 같은 느낌이 듭니다.

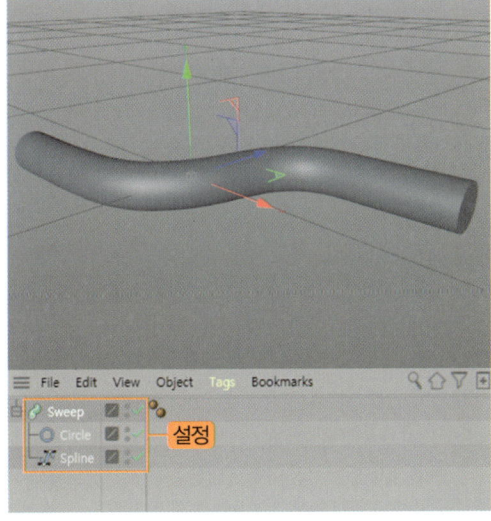

07 뚜껑을 없애기 위해 스위프의 어트리뷰트 매니저의 Caps 탭으로 이동한 후 Start Cap과 End Cap을 모두 해제합니다. 그러면 구멍이 뚫린 터널로 표현됩니다.

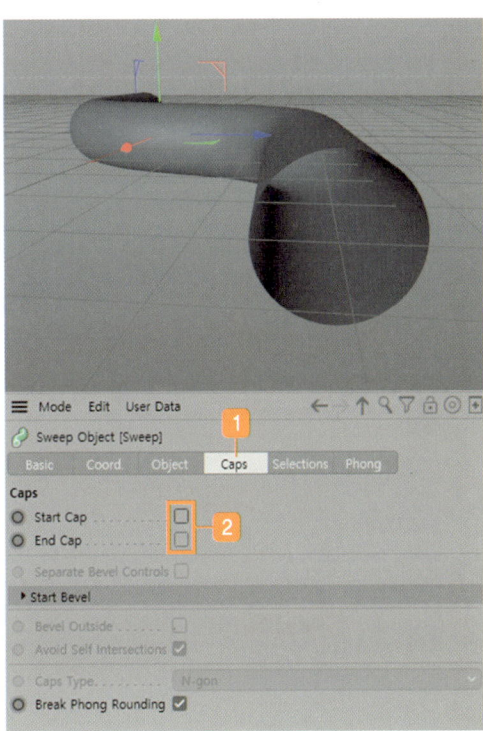

08 이번에는 다른 방법을 통해 두께를 표현해봅니다. 먼저 스플라인을 [Ctrl] 키를 이용하여 하나 복제를 해놓습니다. 복제된 스플라인은 앞으로 카메라 애니메이션의 경로로 사용됩니다. 작업의 편의를 위해 [카메라 경로]란 이름으로 수정합니다.

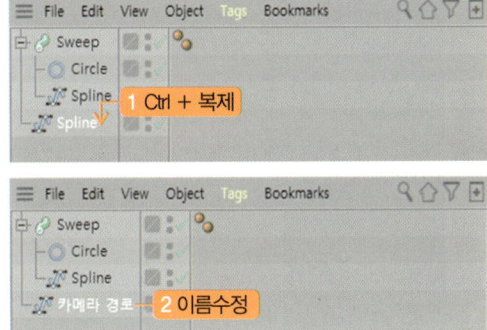

09 이제 스위프 오브젝트와 그 하위에 종속된 서클과 스플라인을 폴리곤으로 변환한 후 하나로 합쳐주기 위해 스위프 오브젝트를 선택한 후 메이크 에디테이블을 클릭하거나 C 키를 누릅니다. 이와 같은 방법을 사용하면 커런트 스테이트 투 오브젝트

와는 다르게 폴리곤의 변환과 하나의 오브젝트로 합쳐지는 과정을 한번에 수행할 수 있습니다. 그다음 작업의 편의를 위해 [혈관]이란 이름으로 수정합니다.

께가 정상적으로 표현된 것 같지만 안쪽의 면이 만들어지지 않은 상태입니다.

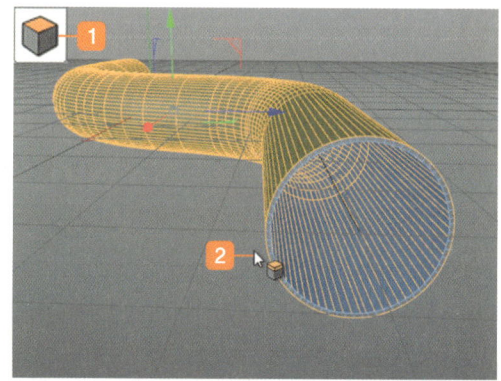

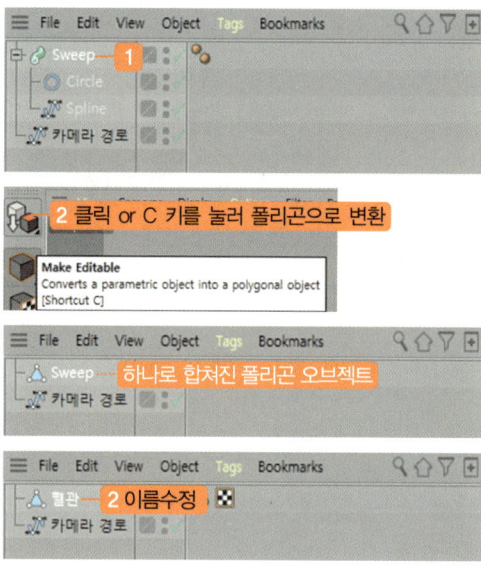

10 두께를 표현하기 위해 폴리곤 툴을 선택한 후 뷰 포트에서 [우측 마우스 버튼] - [Extrude] 메뉴를 선택하거나 단축키 [M~T] 키를 누릅니다.

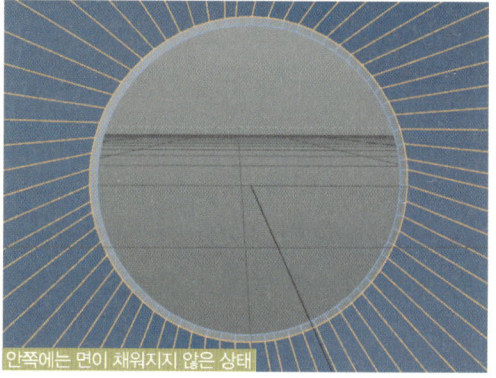

12 익스트루드의 어트리뷰트 매니저에서 Create Caps를 체크합니다. 이것으로 익스트루드에 의해 생성된 두께에 대한 안쪽의 면이 채워졌습니다. 이렇듯 얇은 면의 오브젝트에 대한 두께는 다양한 방법을 통해 표현할 수 있습니다.

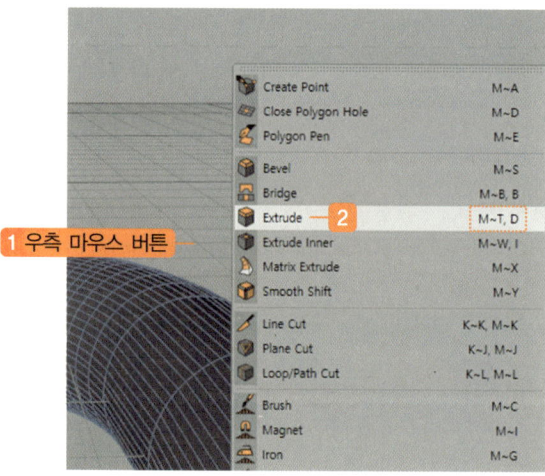

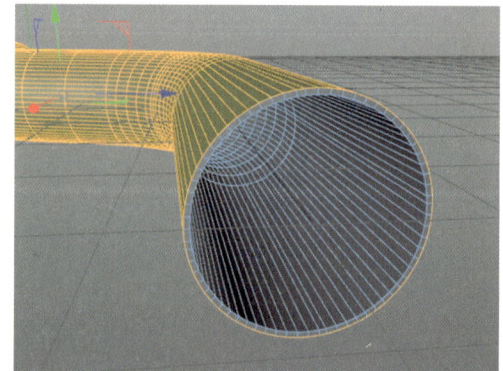

11 익스트루드 툴이 선택되면 [Ctrl] + [A] 키를 눌러 익스트루드로 사용될 모든 폴리곤을 선택한 후 우측으로 드래그하여 그림처럼 혈관의 두께를 만듭니다. 지금의 작업을 보면 언뜻 두

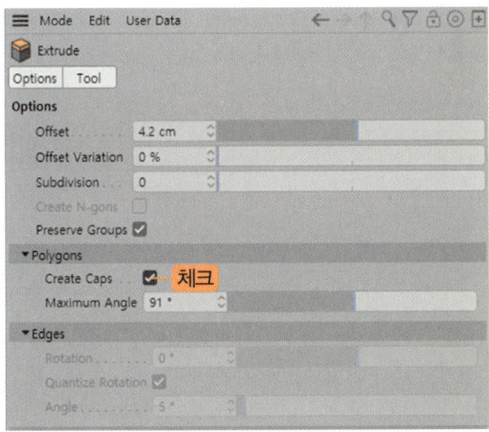

15 방금 설정된 몸체 매터리얼을 끌어다 혈관 오브젝트에 적용합니다.

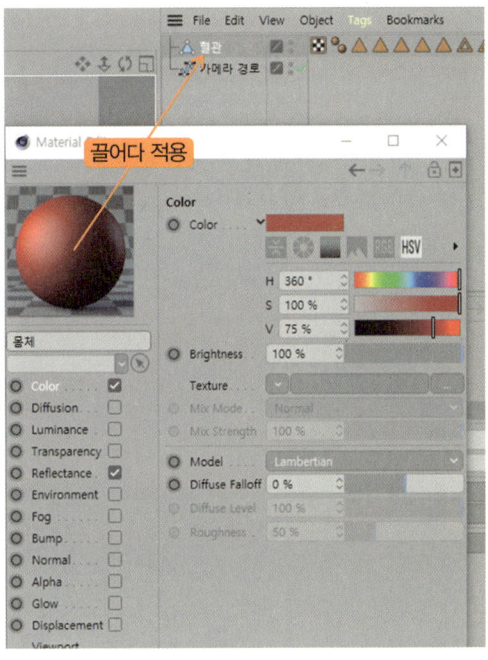

13 이제 혈관에 대한 재질을 표현하기 위해 매터리얼 매니저에 새로운 매터리얼을 생성한 후 매터리얼 에디터를 열어줍니다.

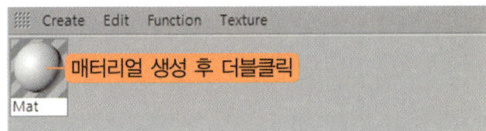

14 매터리얼 에디터에서 Color 채널을 선택한 후 색상을 실은 빨간색으로 설정합니다. 그리고 작업의 편의를 위해 [몸체]라는 이름으로 수정합니다.

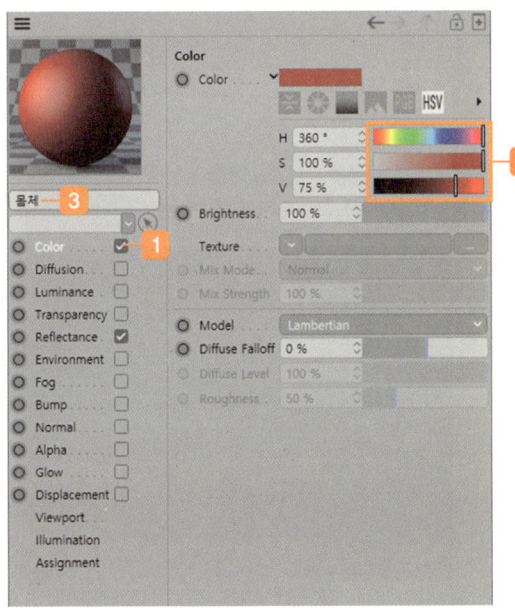

16 렌더 뷰(Cul + R)를 통해 확인해봅니다. 혈관 전체가 빨간색으로 되었지만 혈관 안쪽의 오돌토돌한 질감은 아직 표현되지 않았습니다. 이제 이와 같은 질감은 별도로 만들어 표현해봅니다.

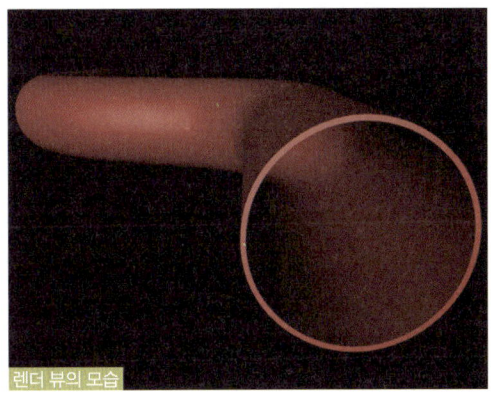

17 이번엔 오돌토돌한 안쪽의 질감을 표현하기 위해 앞서 만든 몸체 매터리얼을 복제한 후 복제된 매터리얼의 에디터를 열어줍니다.

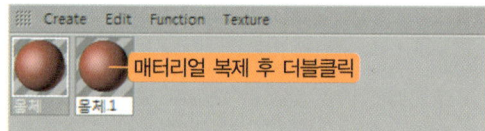

18 작업의 편의를 위해 [몸체 안쪽]이란 이름으로 수정하고 Bump 채널을 체크한 후 텍스처의 Noise를 적용합니다.

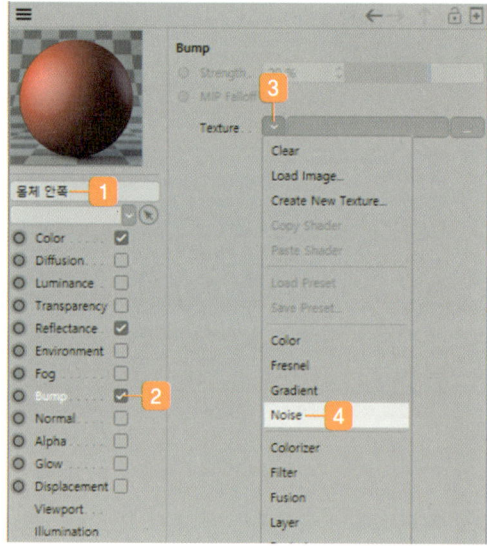

19 이제 혈관의 안쪽 면을 선택하기 위해 [Select] - [Phong Break Selection]을 선택합니다.

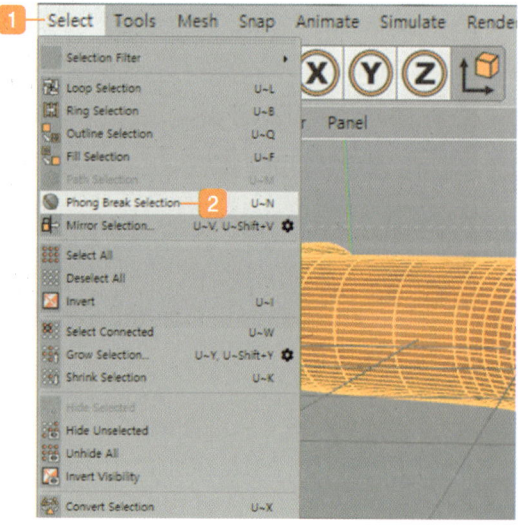

20 퐁 브레이크 실렉션을 사용하여 그림처럼 혈관 오브젝트의 안쪽 면을 모두 선택합니다.

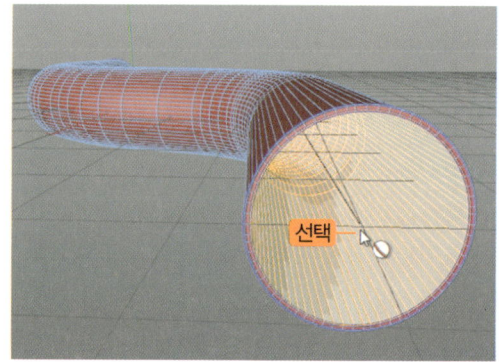

21 선택된 혈관 안쪽 면에 몸체 안쪽 매터리얼을 적용합니다. 필자는 매터리얼 에디터가 열렸기 때문에 이곳에서 직접 적용했습니다.

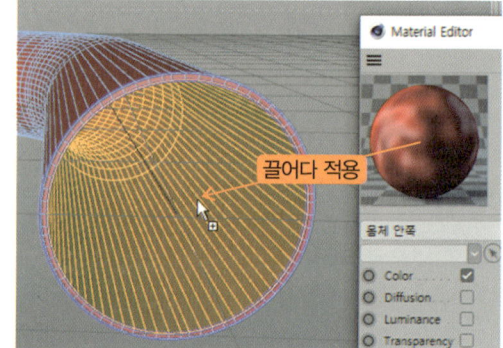

22 렌더 뷰를 통해 확인해보면 혈관 안쪽만 오돌토돌한 돌기가 돋아있습니다. 그런데 노이즈 패턴이 너무 작게 느껴집니다.

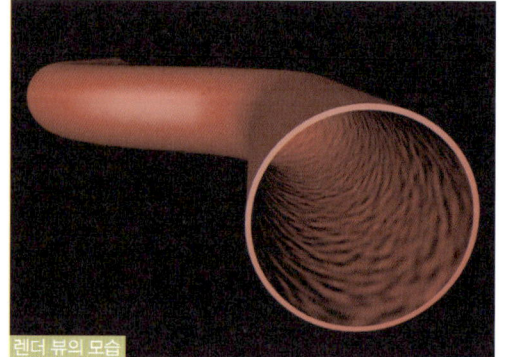

23 노이즈 패턴에 대한 세부 설정을 위해 [Noise] 버튼이나 노이즈 패턴 섬네일을 클릭합니다. Shader 탭이 열리면 노이즈 패턴의 색상, 크기, 위치, 속도 등에 대한 설정을 할 수 있는데 이번에는 Global Scale을 200 정도로 늘려서 패턴의 크기만 키워줍니다.

24 다시 렌더 뷰를 통해 확인해보면 노이즈 패턴의 크기가 적당하게 조절됐습니다.

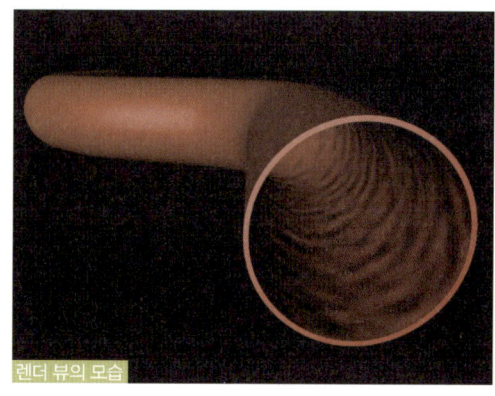

렌더 뷰의 모습

25 이제 조명들을 사용하여 혈관 안쪽이 일정한 밝기가 되도록 해봅니다. 조명은 기본 조명인 옴니 라이트를 사용합니다.

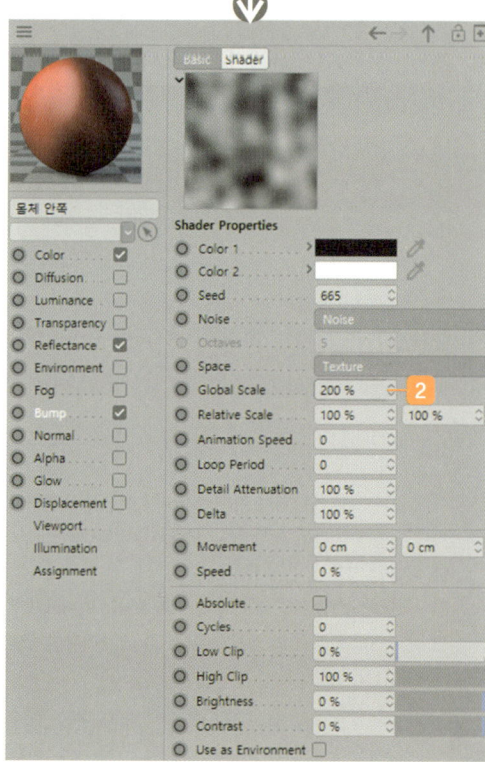

26 방금 생성된 조명은 그림자를 사용해야 하기 때문에 Shadow를 Shadow Maps (Soft)로 설정하고 탑 뷰(F2)에서 조명의 위치를 그림처럼 혈관 좌측으로 이동합니다.

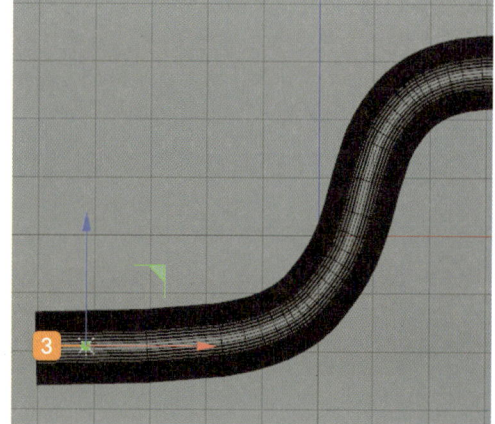

혈관 제작 213

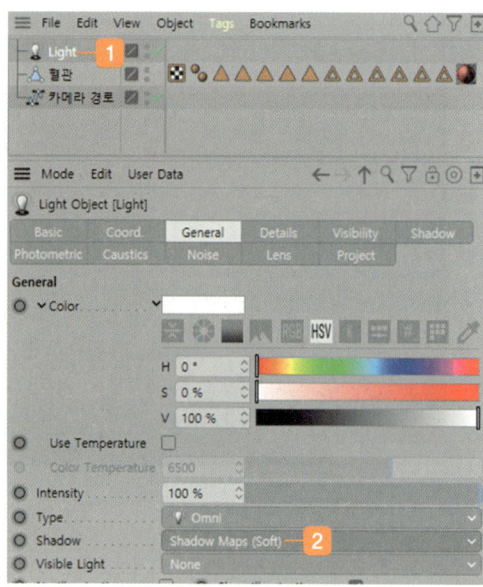

27 앞서 생성한 조명을 복사하여 그림처럼 혈관이 휘어지는 부분과 우측 부분에 배치하여 전체적으로 비슷한 밝기가 되도록 합니다.

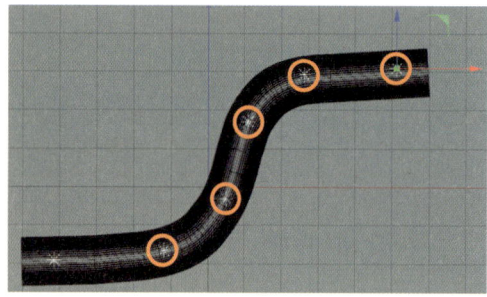

28 이번엔 라이트 뷰(F3)로 전환한 후 모든 조명을 선택합니다. 그다음 그림처럼 혈관 상단으로 이동합니다.

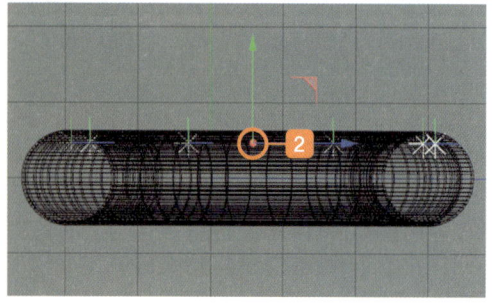

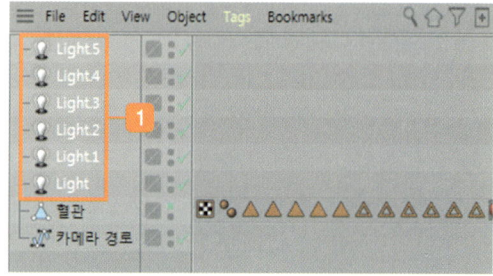

29 계속해서 퍼스펙티브 뷰(F1)로 전환한 후 2개의 조명을 복제하여 그림처럼 혈관 바깥쪽이 어둡지 않게 양쪽으로 배치합니다.

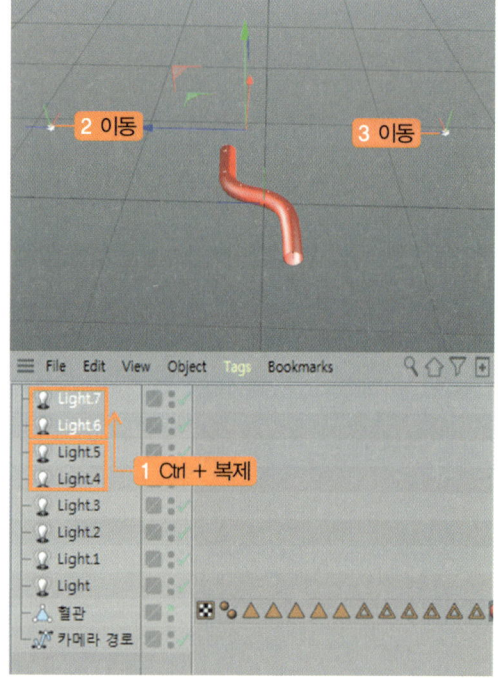

30 이제 혈과 속을 지나가는 카메라 애니메이션을 표현하기 위해 카메라 툴에서 기본 카메라를 생성합니다. 일반적으로 카메라를 생성할 경우엔 먼저 뷰포트의 앵글을 잡은 후에 생성하지만 이번에는 스플라인 경로에 맞게 움직이는 애니메이션을 위한 작업이므로 뷰포트 앵글을 잡지 않고 카메라를 생성해도 됩니다.

31 카메라에서 [우측 마우스 버튼] - [Animation Tags] - [Align to Spline]을 선택합니다.

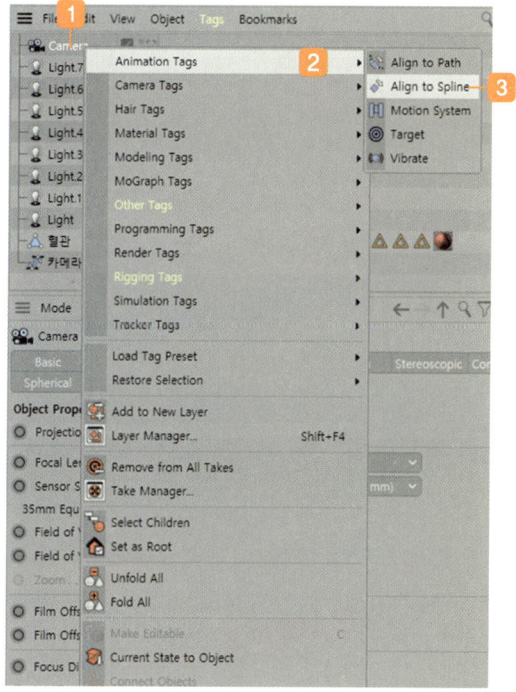

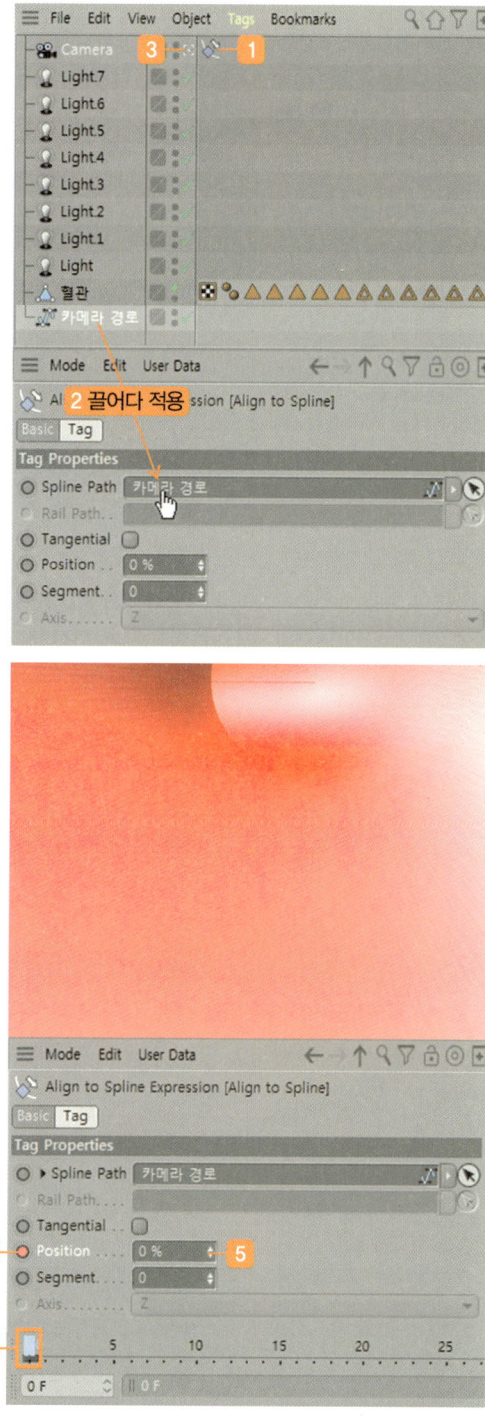

32 얼라인 투 스플라인의 어트리뷰트 매니저에서 Spline Path에 카메라 경로 오브젝트를 끌어다 적용합니다. 이것으로 카메라는 이 스플라인 경로에 맞게 움직이게 됩니다. 그다음 카메라를 켜줍니다. 이제 카메라 애니메이션 작업을 위해 시간을 시작점으로 이동한 후 Position 값을 0으로 설정하고 좌측 회색 동그라미를 클릭하여 빨간색으로 바꿔줍니다. 이렇게 함으로써 애니메이션을 위한 키프레임이 생성됐습니다.

33 계속해서 시간을 90프레임(필요하다면 원하는 시간만큼 늘리

거나 줄여줌)으로 이동한 후 Position을 100으로 설정하여 카메라를 카메라 경로의 끝까지 이동합니다. 지금의 위치는 혈관을 완전히 통과한 시점입니다. 그리고 포지션 좌측의 동그라미를 클릭하여 키프레임을 추가합니다.

35 카메라 애니메이션의 상태를 확인해보기 위해 일단 카메라를 꺼줍니다. 그리고 플레이(F8)를 통해 확인해보면 카메라의 방향이 항상 같은 방향인 것을 알 수 있습니다. 이제 혈관의 휘어진 부분을 지나갈 때는 휘어진 모습대로 카메라의 방향도 회전되도록 해봅니다.

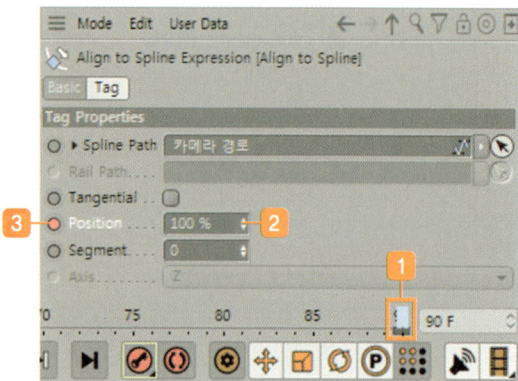

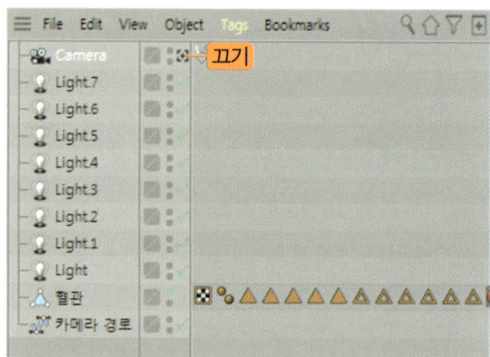

34 플레이 버튼 또는 [F8] 키를 눌러 확인을 해보면 카메라가 혈관을 통과하는 애니메이션이 연출됩니다. 그러나 혈관의 통로가 아니 벽 부분도 그대로 표현되는 것을 알 수 있습니다.

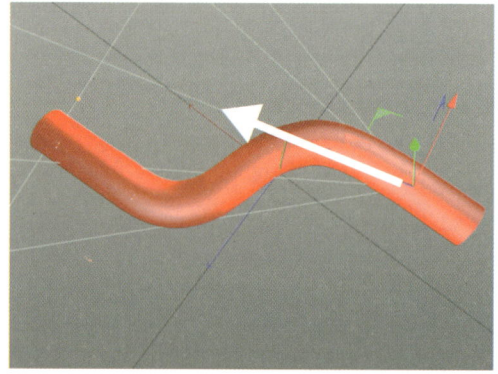

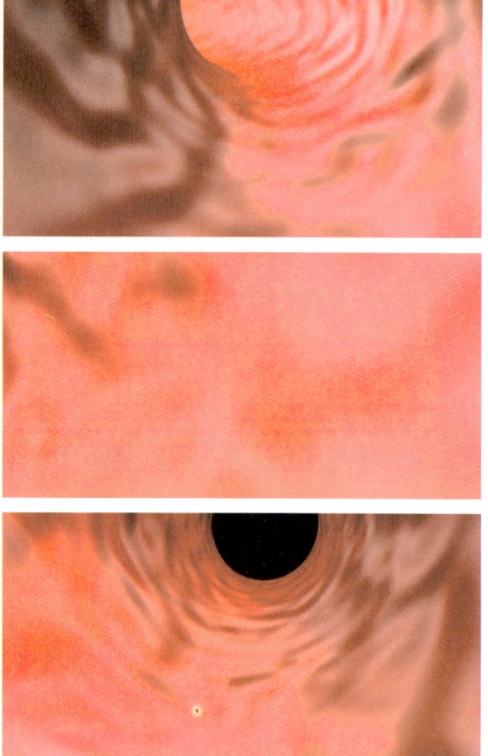

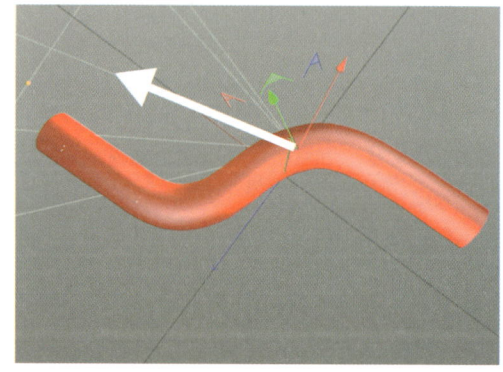

36 다시 얼라인 투 스플라인 태그를 선택하고 어트리뷰트 매니저에서 Tangential을 체크합니다. 탄젠셜을 체크하면 카메라가 스플라인, 즉 혈관의 모양에 맞게 자동으로 회전됩니다. 플레이(F8)를 통해 확인해보면 혈관의 휘어진 부분에서 카메라도

회전되는 것을 알 수 있습니다.

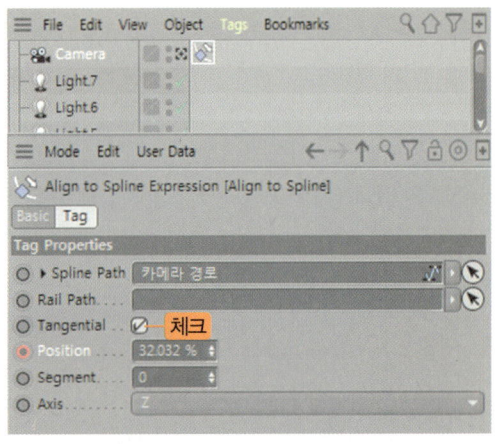

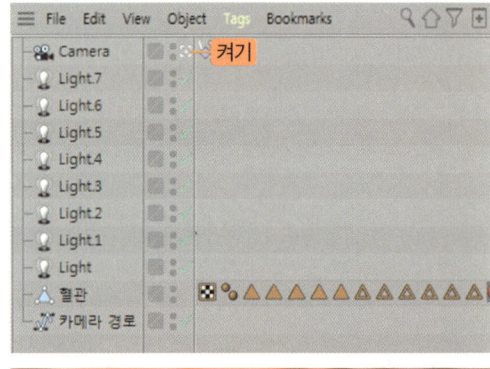

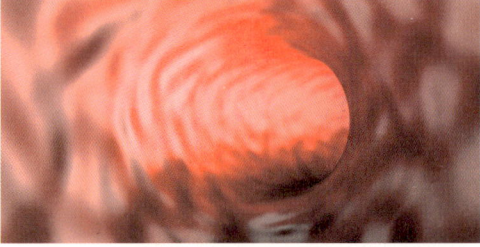

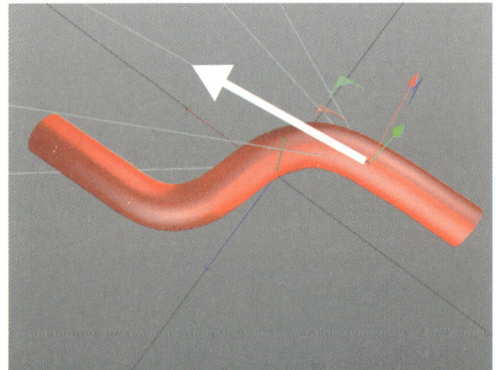

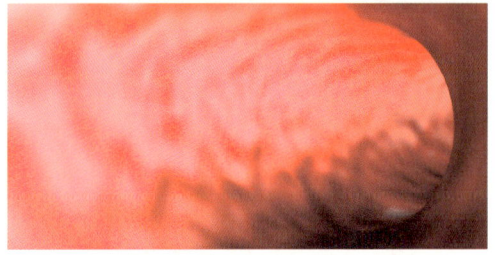

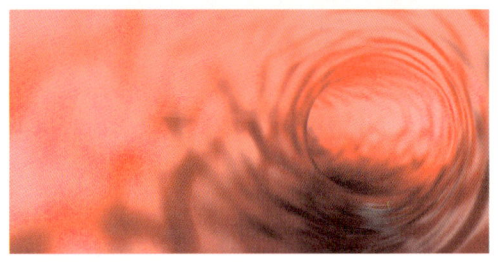

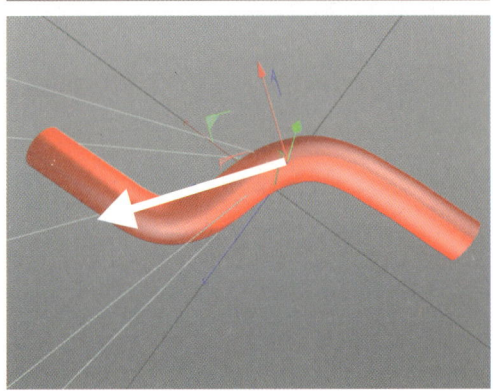

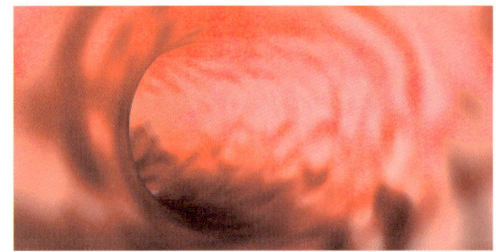

37 다시 카메라를 켜주고 플레이를 통해 확인해봅니다. 그러면 이전과는 다르게 혈관의 휘어진 부분도 자연스럽게 방향을 바꾸면서 지나가는 것을 알 수 있습니다. 여기서 만약 카메라가 회전할 때의 움직임이 툭툭 끊겨 보인다면 카메라 경로로 사용되는 스플라인의 포인트의 간격을 일정하게 하거나 모양을 자연스럽게 해줍니다.

참고로 혈관 속에 세포가 흘러가는 장면과 혈관 주변의 얽혀 있는 작은 혈관과 배경의 모습은 [모그라프] 와 [다이내믹] 학습 편을 참고해서 만들어보십시오.

잘려진 혈관 단면 표현하기

혈관 애니메이션에서 사용되는 씬 중에는 혈관의 단면으로 잘라 세포가 이동하는 모습을 보여주는 경우도 있습니다. 이럴 땐 다른 방법으로 혈관의 모습을 표현해야 합니다.

01 혈관의 전체 모습을 만들기 위해 스플라인 툴에서 Spline Pen을 선택한 후 부드러운 곡선 스플라인을 만들기 위해 어트리뷰트 패널에서 Type을 B-Spline으로 변경합니다.

02 탑 뷰에서 혈관의 전체 모습이 될 선을 그려줍니다. 가능한 한 선의 모양은 부드럽고 자연스럽게 그려주는 것이 좋습니다.

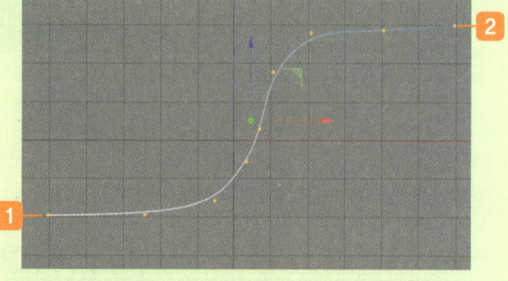

02 이번엔 혈관의 단면을 표현하기 위해 Arc를 선택합니다.

03 아크의 어트리뷰트 매니저에서 Type을 Ring으로 설정하고 Radius를 60, inner Radius를 70으로 설정하여 두께를 지정합니다. 작업의 편의상 앞서 만든 스플라인의 이름은 [카메라 경로]라고 수정해 놓습니다.

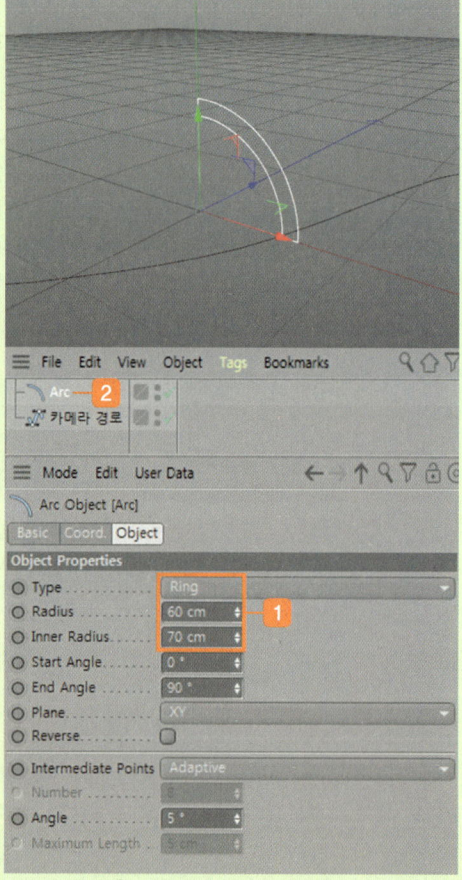

04 계속해서 앞서 만든 2개의 스플라인을 합체하여 입체 혈관을 표현하기 위해 제너레이터 툴에서 Sweep를 선택합니다.

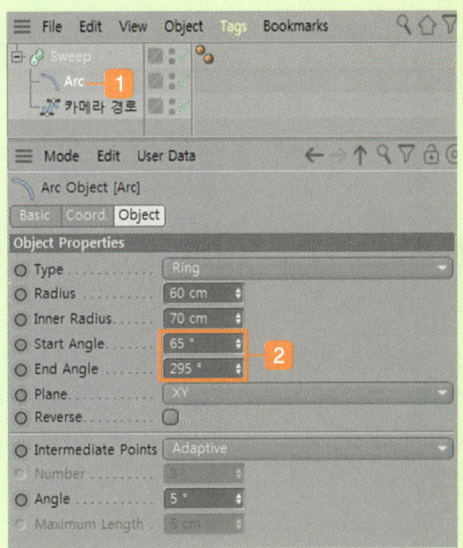

05 방금 만든 스위프 하위에 아크와 카메라 경로 오브젝트를 종속시킵니다. 이렇게 하는 것까지는 앞서 만든 혈관과 같습니다.

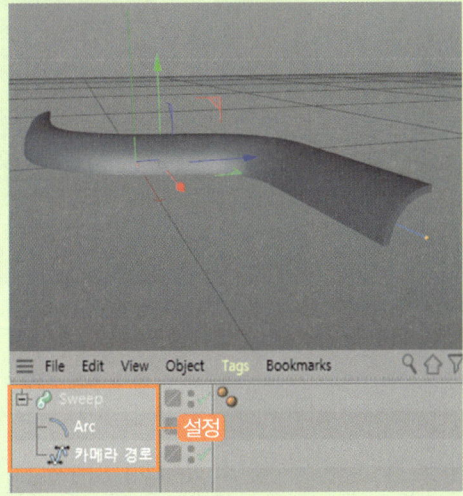

06 단면의 앵글과 너비를 설정하기 위해 아크 오브젝트를 선택한 후 Start Angle과 End Angle을 설정하여 원하는 모습으로 해줍니다.

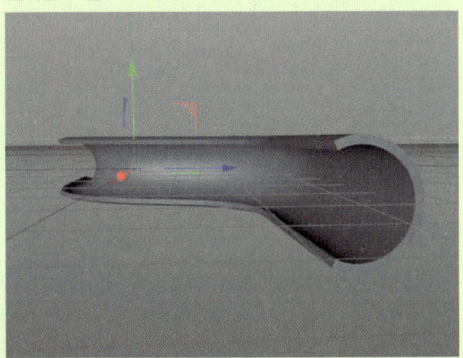

07 혈관의 안쪽과 바깥쪽 표피를 각각 개별로 사용하기 위해서는 스위프를 복제한 후 서로 다른 재질을 적용하면 됩니다.

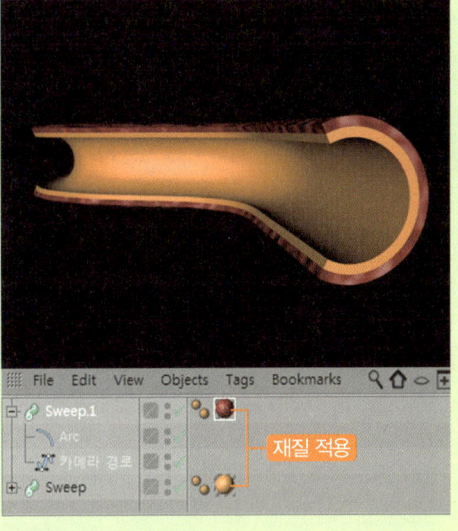

05

안락의자 제작

닫혀진 스플라인을 입체 오브젝트로 만들어 주는 익스트루드(Extrude)는 안락의자나 입체 글자, 로고 등을 만들기 위해 사용됩니다. 이러한 작업은 시네마 4D에서 직접 해도 되지만 패스(스플라인) 작업이 편리한 일러스트레이터를 이용하여 만들어진 오브젝트를 불러와 사용할 수도 있습니다.

3D 텍스트 만들기

시네마 4D에서는 입체 글자 오브젝트를 스플라인과 모텍스트를 이용하여 만들 수 있습니다. 일반적으로 모텍스트는 모그라프 이펙터를 위해 사용하기 때문에 일반적인 3D 글자는 스플라인과 익스트루드를 이용합니다.

01 입체 글자 오브젝트를 만들기 위해 스플라인 툴에서 Text를 선택합니다.

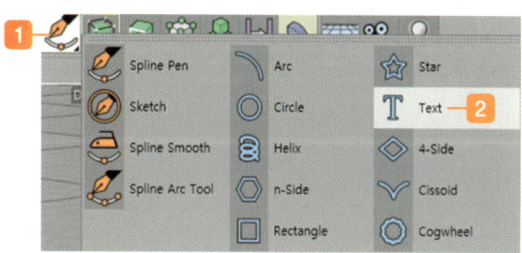

방향 등을 설정할 수 있습니다. 필자는 3D Text로 입력했습니다.

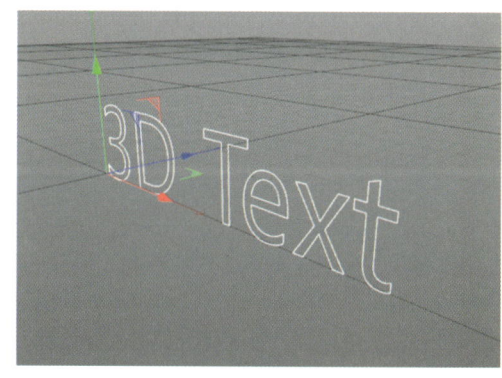

02 어트리뷰트 매니저의 Text에서 원하는 글자를 입력합니다. Font에서는 글꼴을 선택할 수 있으며 그밖에 글자 정렬, 크기,

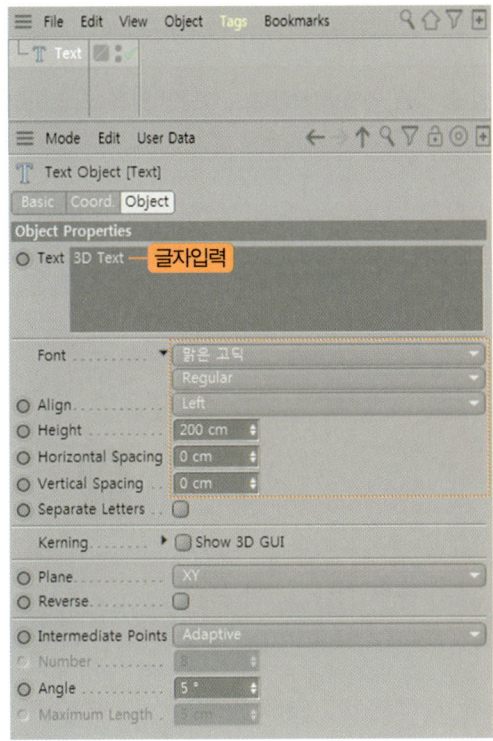

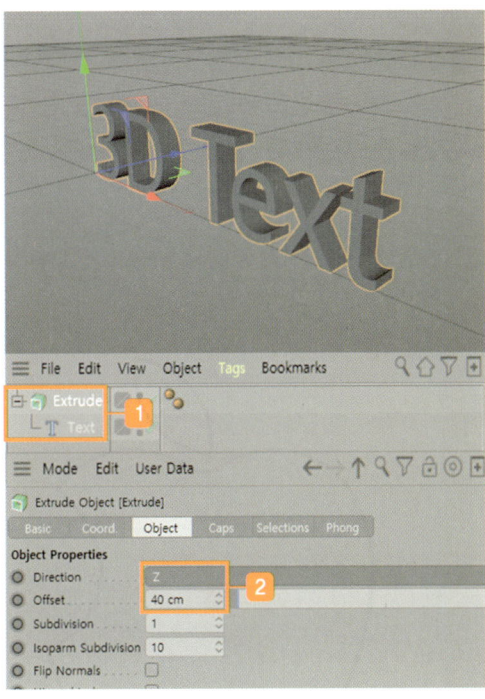

03 방금 적용한 글자를 입체 글자로 만들어주기 위해 제너레이터 툴에서 Extrude를 선택합니다.

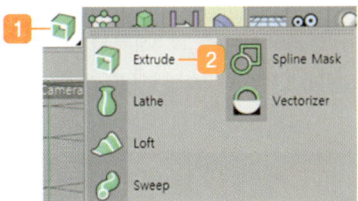

04 익스트루드 하위에 앞서 만든 Text 스플라인 오브젝트를 끌어다 종속시킵니다. 이것으로 선으로 이뤄진 글자가 두께가 있는 입체 글자로 바뀌었습니다. 어트뷰트 매니저의 Direction을 Z축으로 설정하여 해당 방향으로만 두께를 설정하게 한 후 Offset을 40 정도로 설정하여 두께를 조절합니다. 참고로 두께를 조절할 때의 방향 축은 스플라인을 어떤 뷰포트에서 만들었느냐에 따라 달라집니다. 현재는 퍼스펙티브 뷰에서 스플라인을 만들었기 때문에 Z축으로 두께를 조절한 것입니다.

05 Cap 탭으로 이동한 후 Separate Bevel Controls를 체크하여 시작과 끝 지점을 개별로 설정할 수 있도록 한 후 Size를 3 정도로 설정하여 글자 모서리를 둥근 모양으로 해줍니다.

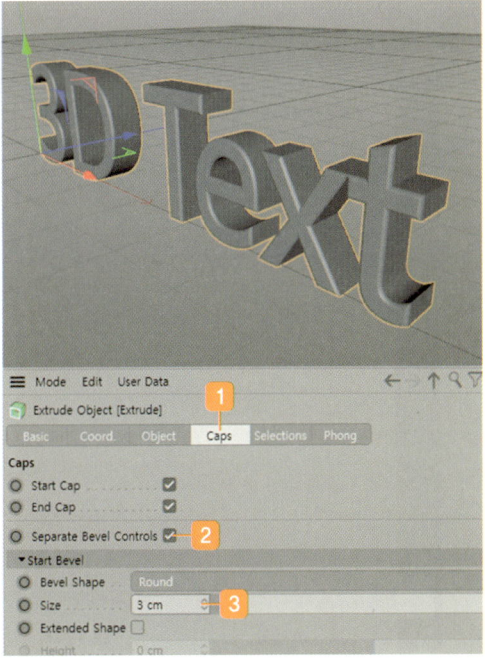

안락의자 제작 **221**

일러스트레이터에서 만든 패스 사용하기

익스트루드를 이용하여 입체 오브젝트를 만들어 주는 방법 중 다른 벡터 디자인 프로그램인 일러스트레이터에서 만든 로고를 불러와 사용하는 방법에 대해 알아봅니다.

01 일러스트레이터에서 펜 툴을 사용하여 그림처럼 로고를 그려줍니다.

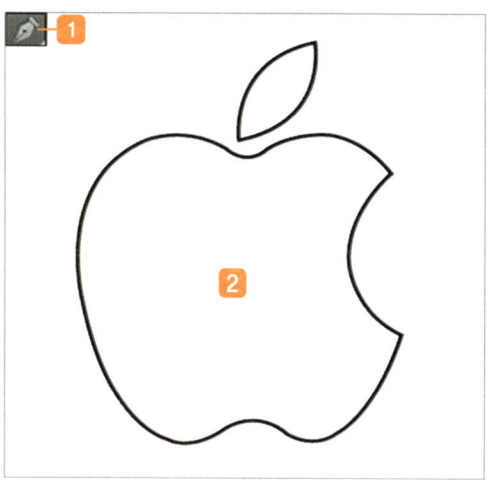

03 Save As 창이 뜨면 저장하고자 하는 경로를 찾아주고 파일 이름과 파일 형식을 지정합니다. 파일 형식은 Adobe Illustrator (*.AI)로 설정한 후 [저장] 버튼을 클릭합니다.

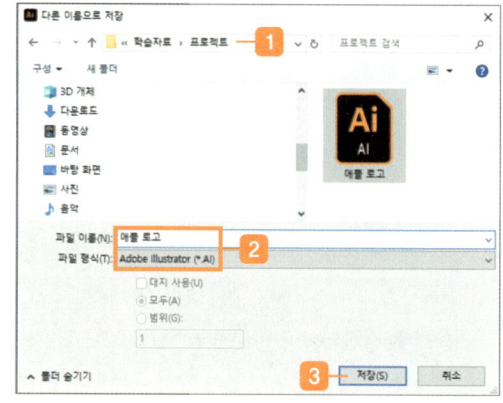

02 로고를 다 그렸다면 [File] - [Save]를 선택합니다.

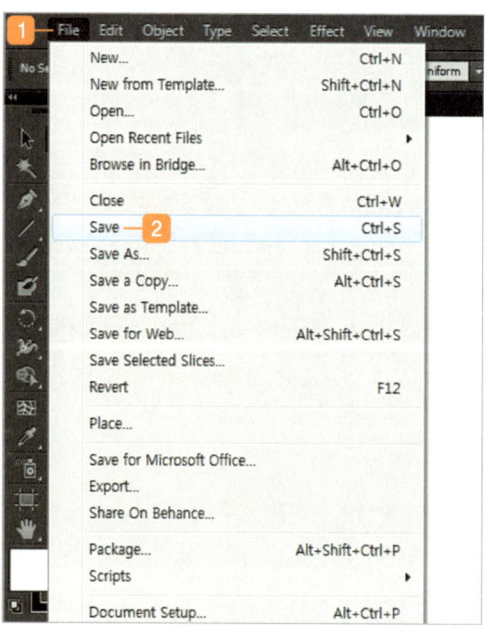

04 Illustrator Options 창이 뜨면 Version을 설정합니다. 일러스트레이터에서 만든 패스를 시네마 4D에서 불러오기 위해서는 저장할 때 반드시 버전을 옛 버전으로 해주어야 합니다. 옛 버전 중에서도 Illustrator 8 이하 버전(CS 버전이 아닌 그 이전 버전)을 선택해야 합니다. 이번엔 일러스트레이터 8 버전으로 만들어줍니다.

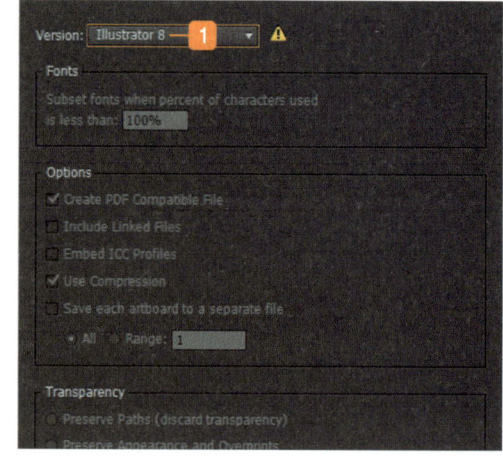

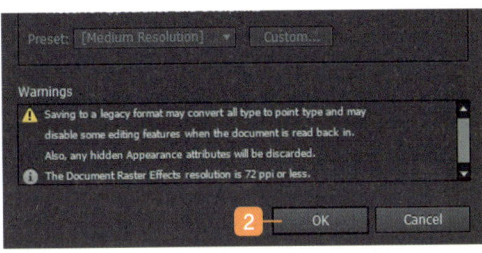

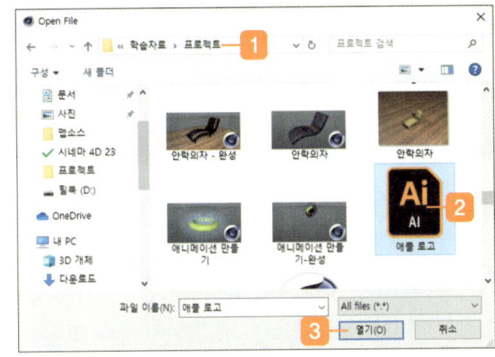

05 Adobe Illustrator 창(이대로 저장하면 일러스트레이터에서 작업한 포인트 타입에 대한 속성이 사라진다.란 경고)이 뜨면 OK 버튼을 클릭하여 저장합니다.

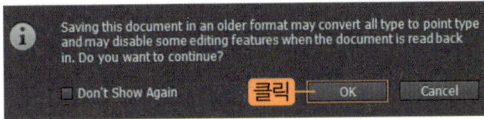

06 이제 일러스트레이터에서 만든 패스를 시네마 4D에서 불러오기 위해 시네마 4D에서 [File] - [Open] 메뉴를 선택합니다. 참고로 Merge 메뉴는 현재 열려있는 프로젝트 안에 불러와집니다.

08 Adobe Illustrator Import 창이 열리면 Scale은 1을 그대로 사용하여 일러스트레이터에서 만든 로고의 크기를 그대로 반영합니다. 그리고 Connect Splines를 체크하여 2개로 나눠진 로고의 패스를 하나로 연결한 상태로 사용할 수 있게 합니다.

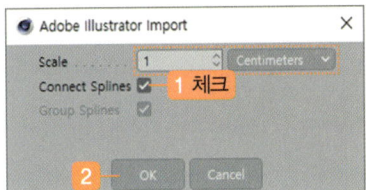

09 그룹된 애플 로고를 열어보면 2개의 Path로 나눠진 것을 알 수 있습니다.

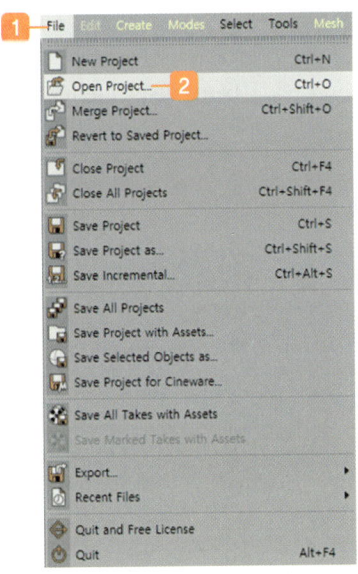

07 이제 앞서 저장된 [애플 로고.ai] 파일을 불러옵니다.

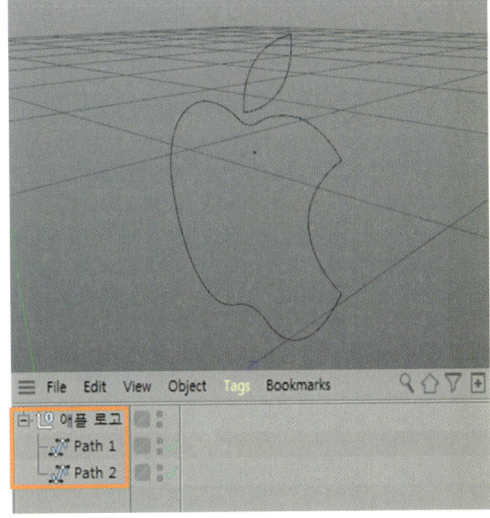

안락의자 제작

10 이번에는 이 상태에서 익스트루드를 해보기 위해 [제너레이터] - [Extrude]를 선택합니다. 그다음 적용된 익스트루드 하위에 애플 로고 그룹을 종속시킵니다. 그런데 로고가 입체로 바뀌지 않았습니다. 이렇듯 그룹된 상태로는 기본적으로 익스트루드가 표현되지 않기 때문에 별도의 설정이 필요합니다.

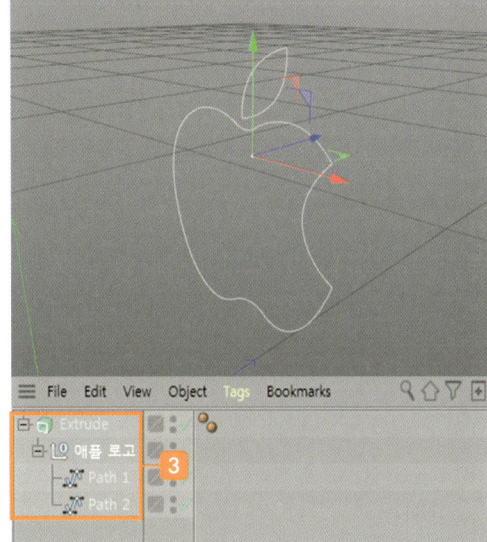

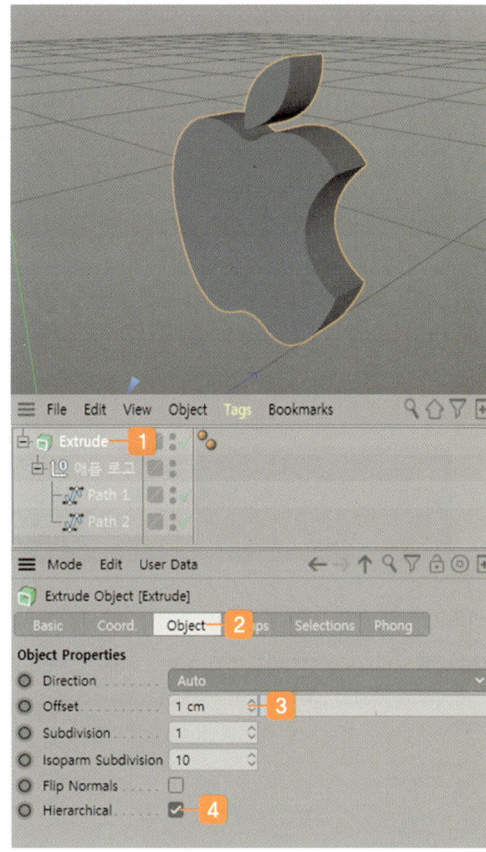

익스트루드의 두께는 Direction에서 원하는 방향으로 선택할 수 있습니다.

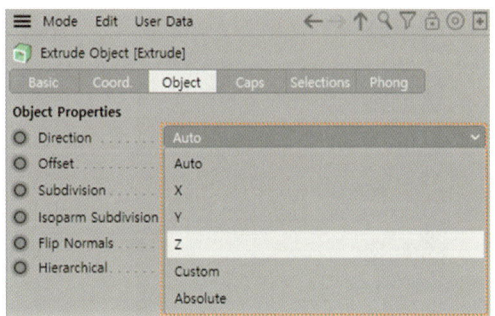

11 익스트루드를 선택한 후 어트리뷰트 매니저의 Object 탭에서 Hierarchical(하이어라키컬)을 체크합니다. 그러면 그룹 하위에 있는 모든 오브젝트들에 대해 입체적인 모습이 되었습니다. 지금은 두께가 너무 두껍기 때문에 Offset을 1 정도로 줄여 얇게 해줍니다. 이렇듯 여러 개의 스플라인이 그룹으로 되어있다면 지금과 같은 방법을 사용하면 됩니다. 지금까지 익스트루드에 대한 기본 사용법에 대해 알아보았습니다.

안락의자 모델링하기

이번에는 익스트루드를 이용하여 안락의자를 만들어보겠습니다. 기본 모양을 만든 후 서브디비젼 서피스를 이용하여 자연스러운 모양을 표현해봅니다.

01 안락의자 또한 배경에 이미지(그려놓은 러프한 스케치도 좋음)를 깔아놓고 작업을 하면 좋겠지만 이번엔 배경없이 그냥 작업을 해봅니다. Spline Pen을 선택한 후 직선 스플라인을 만들기 위해 어트리뷰트 패널에서 Type을 Linear로 변경합니다. 스플라인 툴에서 Linear를 선택합니다. 물론 B-Spline 등과 같은 곡선 타입툴을 사용해도 되지만 서브디비젼 서피스를 사용할 것이기 때문에 이번엔 직선 툴을 사용합니다.

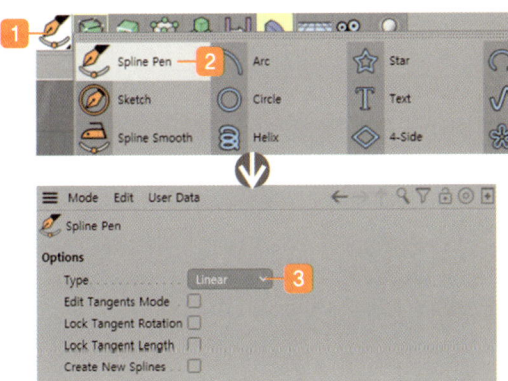

02 먼저 [F3] 키를 눌러 라이트 뷰로 전환한 후 리니어 툴을 사용하여 그림과 같은 스플라인을 그려줍니다. 안락의자의 두께를 표현하기 위해 두 줄로 그렸으며 최종적으로 시작점과 끝점을 합쳐주기 위해 마우스 포인터를 첫 번째 포인터로 갖다 놓은 후 클릭합니다.
익스트루드를 사용하기 위해서는 반드시 닫혀진 스플라인이어야 합니다.

03 이제 앞서 만든 스플라인을 입체 오브젝트로 만들어주기 위해 [제너레이터] - [Extrude]를 적용합니다.

04 방금 적용한 익스트루드 하위에 앞서 만든 스플라인을 종속시킨 후 퍼스펙티브 뷰(F1)로 전환해서 확인해보면 Direction이 현재 Auto로 되어있기 때문에 스플라인이 만들어진 각도를 계산하여 자동으로 방향을 설정해줍니다. 그다음 Sffset을 300 정도로 설정합니다. 이제 확인을 해보면 안락의자의 스플라인이 정상적인 방향으로 두께가 만들어졌습니다.

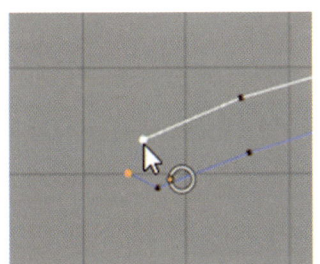

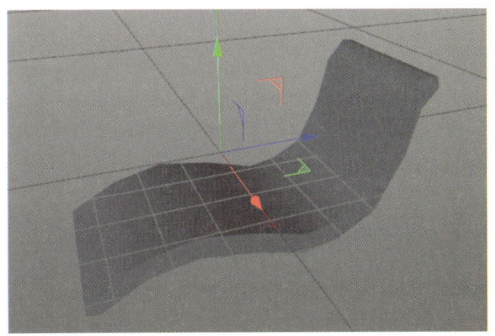

안락의자 제작 **225**

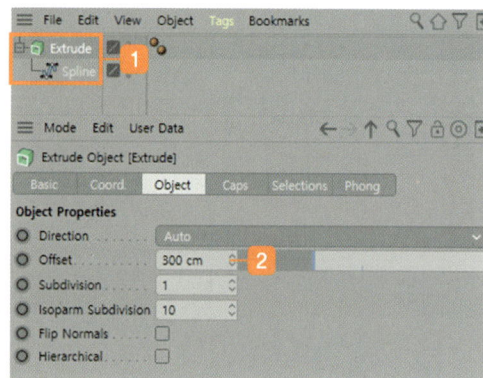

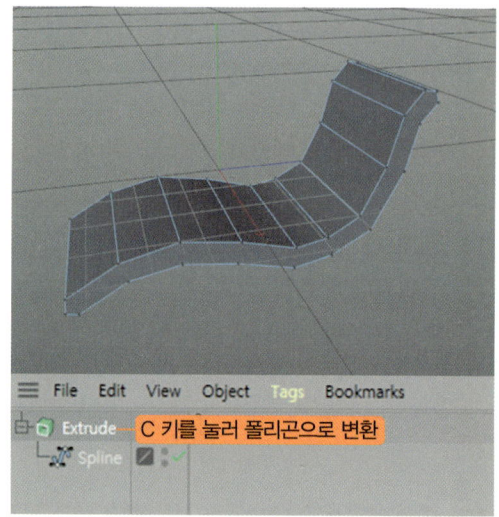

05 이번엔 오브젝트의 세그먼트를 보이게 해놓고 작업을 하기 위해 [Display] - [Gouraud Shading (Lines)]를 선택합니다.

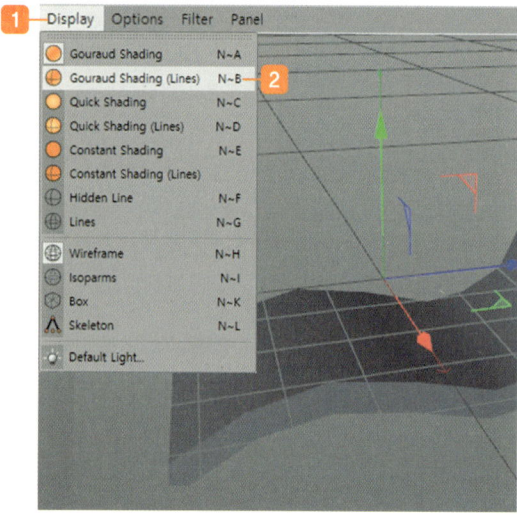

07 둘레의 모든 엣지를 선택하기 위해 먼저 엣지 모드로 전환하고 무브 툴을 선택한 후 [Select] - [Loop Selection]을 선택합니다.

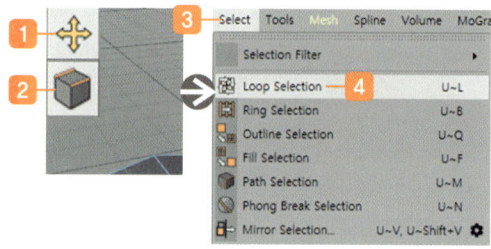

06 익스트루드를 편집이 가능한 폴리곤 오브젝트로 변환하기 위해 Extrude를 선택한 후 [C] 키를 눌러줍니다.

08 그다음 그림처럼 안락의자 모서리 부분의 엣지(선)를 클릭하여 둘레의 모든 엣지를 선택합니다.

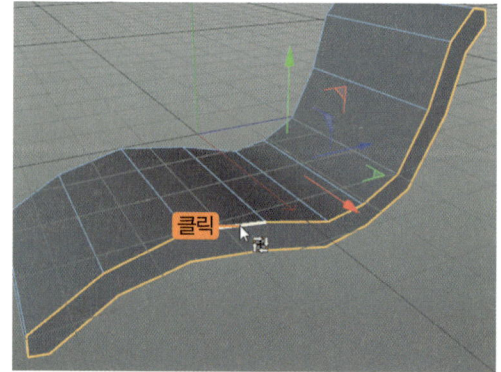

09 계속해서 [Shift] 키를 누른 상태에서 반대편의 엣지 둘레도 같이 선택합니다.

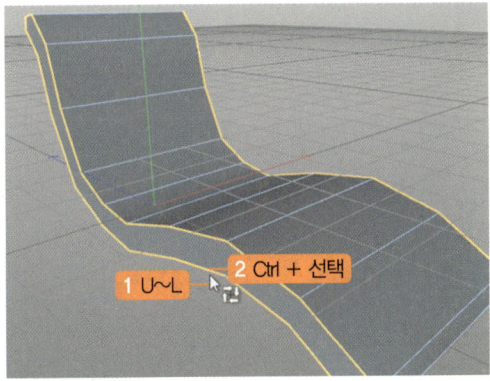

10 이제 선택된 양쪽 모서리 부분에 새로운 엣지를 만들어주기 위해 [M~S] 키를 눌러 베벨 툴을 선택합니다. 그리고 그림처럼 2개의 엣지로 분리합니다. 이것으로 평평한 모서리가 만들어졌습니다.

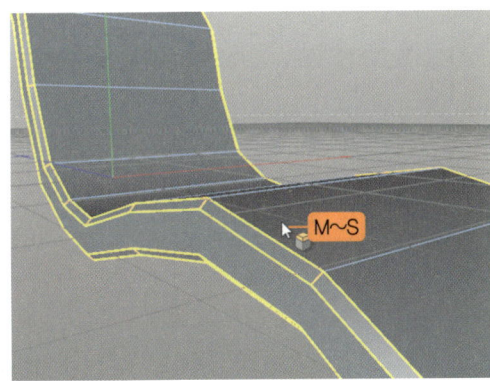

11 방금 만들어진 모서리의 면을 돌출시키기 위해 폴리곤 툴을 선택한 후 다시 [Select] - [Loop Selection]을 선택하여 앞서 베벨로 생긴 면을 모두 선택합니다.

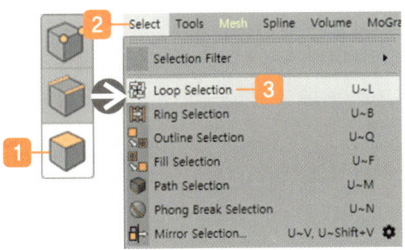

12 이제 선택된 모서리의 둘레 면을 돌출시키기 위해 [M~T] 키를 눌러 익스트루드 툴을 선택한 후 그림처럼 위쪽으로 조금만 돌출시킵니다. 이렇게 하는 이유는 모서리의 모양을 약간 도드라지게 하기 위해서입니다.

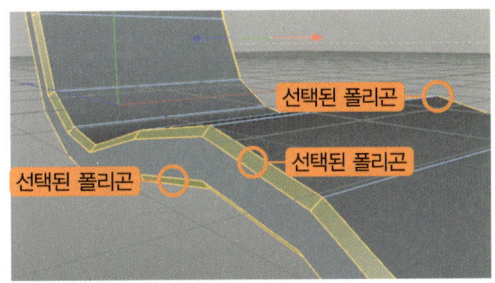

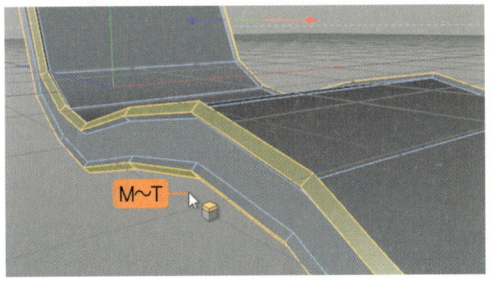

13 여기서 지금까지 작업한 안락의자의 모습을 최종적이 모습인 부드러운 모습으로 만들어주기 위해 제너레이터 툴에서 Subdivision Surface를 선택합니다.

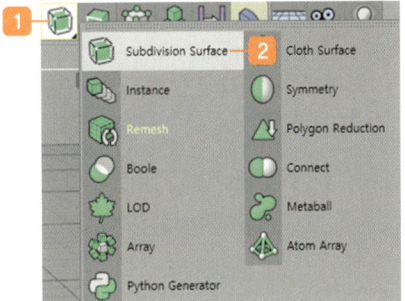

14 방금 적용한 서브디비젼 서피스 하위에 앞서 작업한 익스트루드.1 오브젝트를 종속시킵니다. 이제 투박했던 안락의자의 모습이 부드럽게 바뀌었습니다. 그런데 안락의자의 허리 부분에 불필요한 면이 생성된 것을 알 수 있습니다. 이제 이 문제를 해결해봅니다.

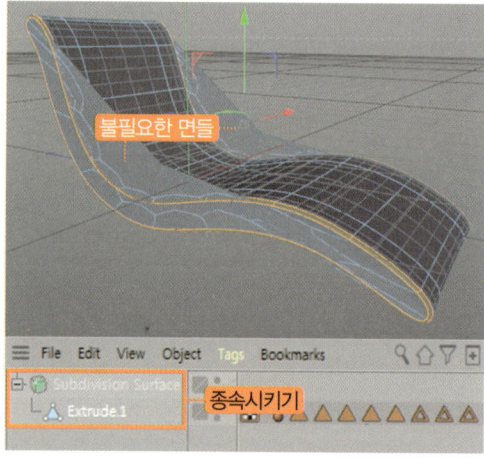

15 서브디비젼 서피스의 어트리뷰트 매니저에서 Object 탭의 Type을 Catmull-Clark으로 설정합니다. 이제 앞서 문제가 되었던 불필요한 면이 말끔히 제거됐습니다. 캣멀-클락 방식은 폴리곤을 세분화할 때 먼저 내부적으로 삼각 폴리곤화하기 때문에 균일하게 부드러운 서피스(모양)를 만들어줍니다.
만약 이와 같은 문제가 발생되지 않으면 그냥 넘어가도 되는 작업입니다.

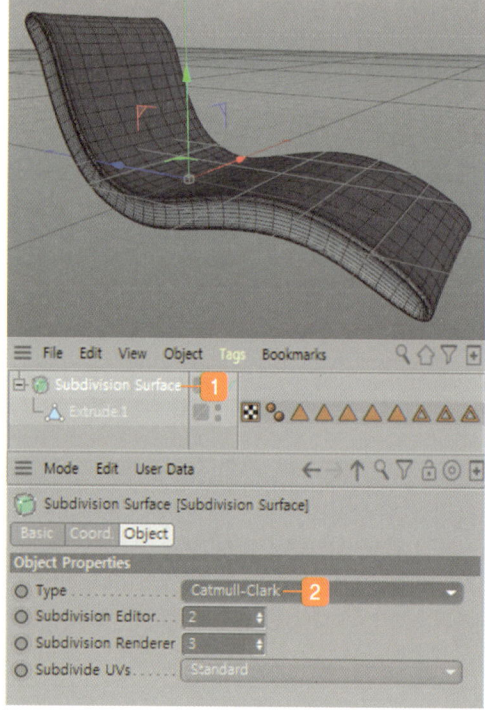

16 앞선 작업 상태에서 렌더 뷰(Ctrl + R)를 해보면 안락의자 모서리 부분이 둥근 형태로 도드라지게 표현됐습니다. 그런데 상단 끝부분이 너무 둥글게 보이기 때문에 보다 자연스럽게 만들어줍니다.

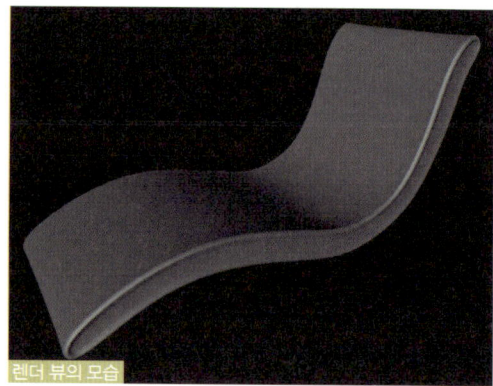

17 일단 Subdivision Surface를 해제하고 Extrude.1을 선택한 후 앞서 선택된 폴리곤 영역에 베벨(M~S)을 통해 그림처럼 살짝 위로 좁게 돌출시킵니다.

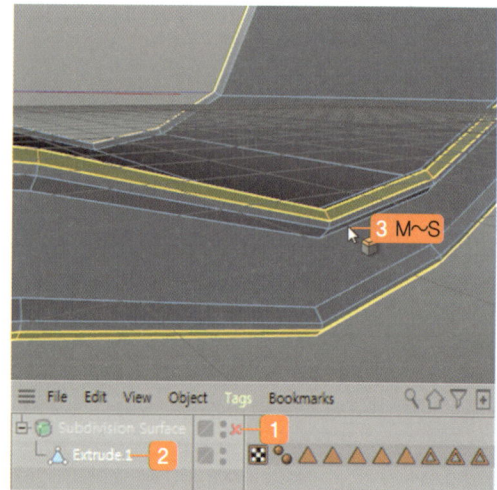

18 다시 서브디비젼 서피스를 켜주고 어트리뷰트 매니저에서 Subdivision Editor를 3으로 증가한 후 렌더 뷰(Ctrl + R)를 해봅니다. 안락의자 모서리 끝부분이 훨씬 자연스럽게 되었습니다.

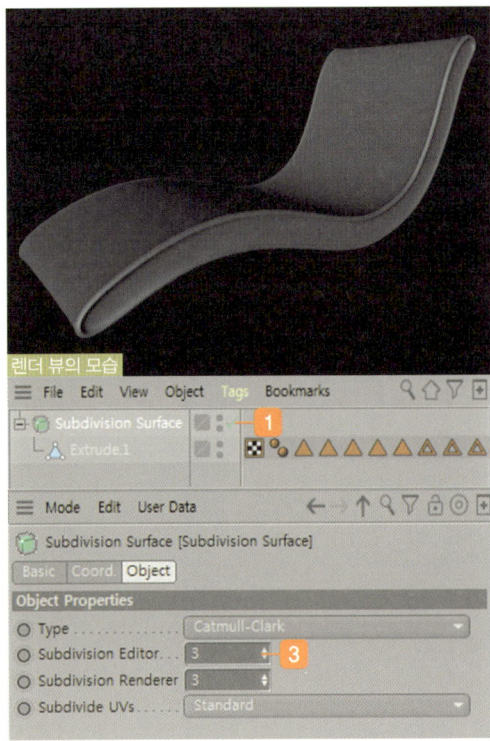

20 선택된 면을 돌출시키기 위해 [M~T] 키를 눌러 익스트루드 툴을 선택합니다. 그다음 그림처럼 위로 약간만 돌출되도록 합니다.

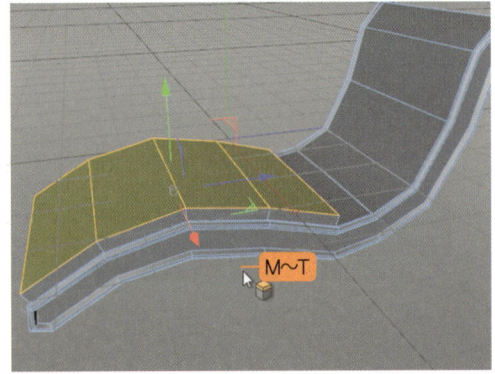

21 앞선 작업을 확인해보기 위해 다시 서브디비젼 서피스를 켜줍니다.

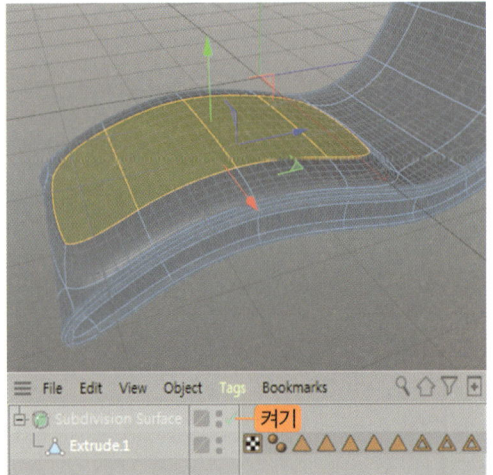

19 안락의자 아래쪽(다리가 걸쳐질 부분)에 쿠션 느낌으로 돌출되도록 하기 위해 다시 서브디비젼 서피스를 해제하고 익스트루드.1 오브젝트를 선택합니다. 그리고 그림처럼 안락의자 아래쪽 4개의 면을 선택합니다.

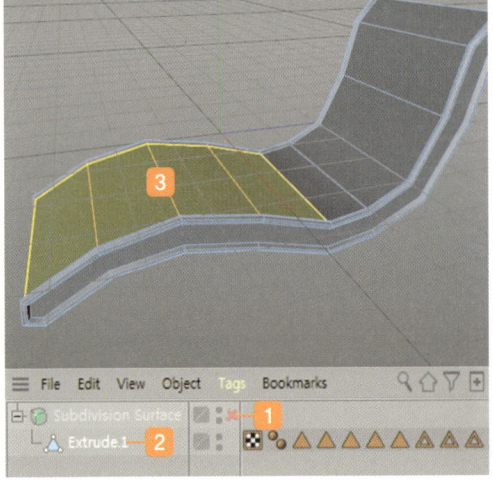

22 서브디비젼 서피스를 켜고 렌더 뷰(Ctrl + R)를 해보면 살짝 돌출된 모습이 푹신한 쿠션처럼 느껴지지만 가장자리 부분이 왠지 자연스럽지 않게 느껴집니다. 이제 이 부분의 모양을 보다 자연스럽게 보이도록 해야 합니다.

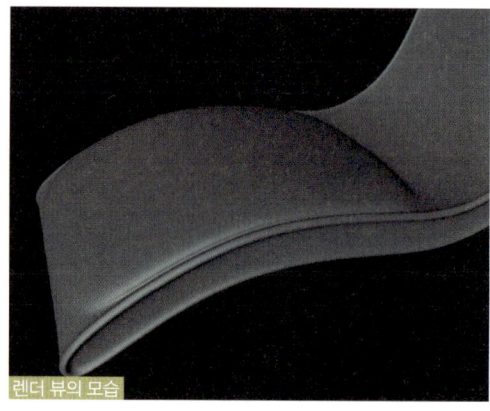

선이 생겼을 때 클릭하여 둘레를 잘라서 새로운 엣지를 만듭니다.

23 쿠션의 가장자리 모습을 보다 자연스럽게 만들기 위해 먼저 서브디비젼 서피스를 해제한 후 익스트루드.1을 선택합니다. 그다음 뷰포트에서 [우측 마우스 버튼] - [Loop/Path Cut]를 선택하거나 단축키 [K~L] 또는 [M~L] 키를 눌러서 루프/패스 컷 툴을 선택합니다.

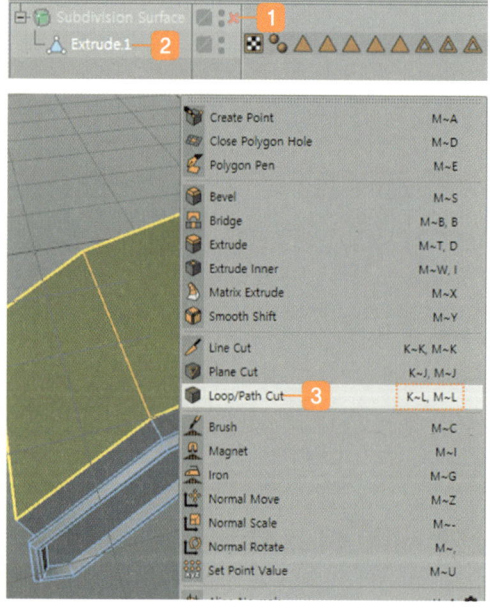

25 쿠션의 앞쪽부분을 자른 후에 안락의자의 허리 부분을 보면 불필요한 엣지가 생겨 안락의자의 모습에 문제가 생겼습니다. 언두(Ctrl + Z)를 하여 다시 자르기 전으로 되돌아갑니다.

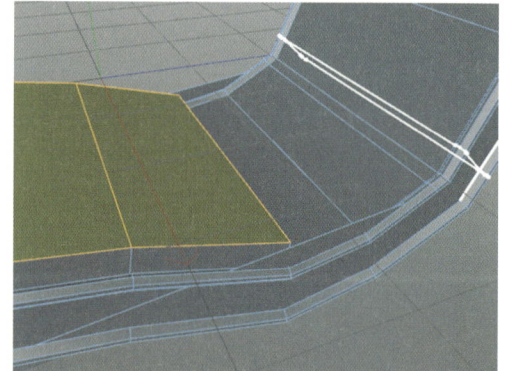

24 루프/패스 컷 툴이 선택되면 의 어트리뷰트 매니저에서 선택되지 않는 모든 둘레의 폴리곤도 잘라지도록 하기 위해 Restrict to Selection을 해제한 후 그림처럼 선택된 영역의 앞쪽 부분에 마우스 커서를 갖다 놓습니다. 그다음 그림처럼 흰색

26 이번엔 앞쪽부분만 자르기 위해 먼저 그림처럼 쿠션 부분의 옆쪽 면도 모두 선택합니다. 그리고 회전하여 반대쪽도 같이 선택합니다.

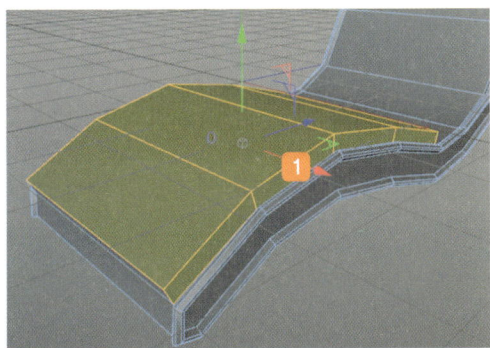

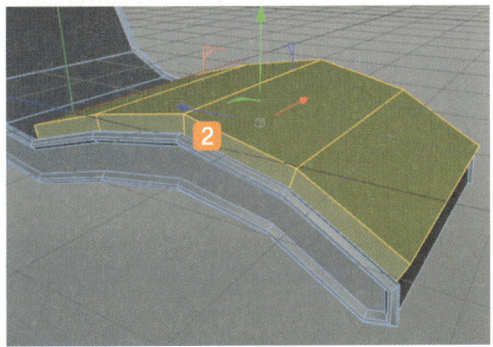

28 계속해서 이번엔 쿠션의 뒤쪽부분을 잘라주기 마우스 커서를 갖다 놓으면 옆면은 잘라 줄 수 없다는 것을 알 수 있습니다.

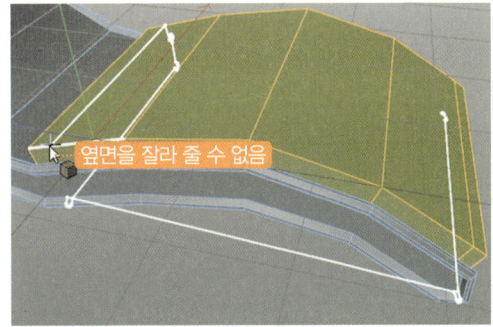

29 컷 모드를 [Mesh] - [Cut] - [Plane Cut]을 선택합니다.
이 모드는 뷰 포트에서 우측 마우스 버튼 또는 단축키 [K~J]로도 가능합니다.

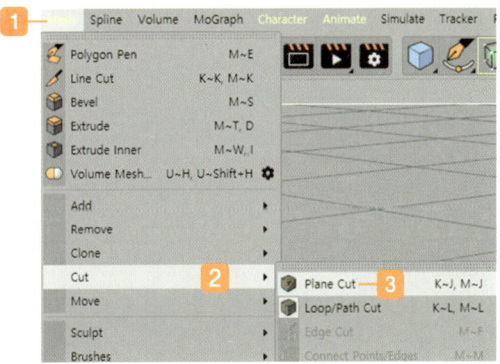

27 이제 선택된 면 부분만 잘라주기 위해 어트리뷰트 매니저에서 Restrict to Selection을 체크합니다. 리스트릭션 투 실렉션을 해제하면 선택된 영역만 잘려지게 됩니다. 그다음 앞서 잘랐었던 쿠션의 앞쪽부분을 다시 잘라줍니다.

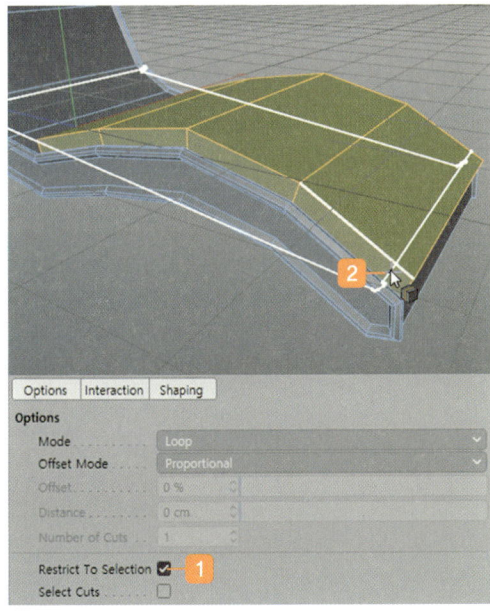

30 다시 쿠션의 뒤쪽에 마우스 커서를 갖다 놓으면 이제서야 비로서 옆면도 잘라 줄 수 있게 예비 선이 보이는 것을 알 수 있습니다. 이제 그림과 같은 지점 둘레를 잘라 엣지를 만들어줍니다.

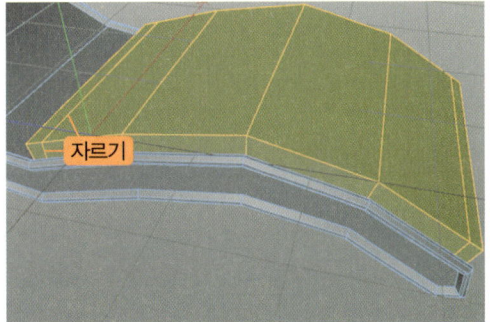

31 이제 다시 서브디비젼 서피스를 체크한 후 렌더 뷰(Ctrl + R)를 해보면 쿠션의 모습이 자연스럽게 표현됐습니다. 이렇듯 서브디비젼 서피스를 사용할 때 사용되는 엣지는 개수와 위치가 어디에 있느냐에 따라 전혀 다른 모습의 결과가 나타난다는 것을 알 수 있습니다.

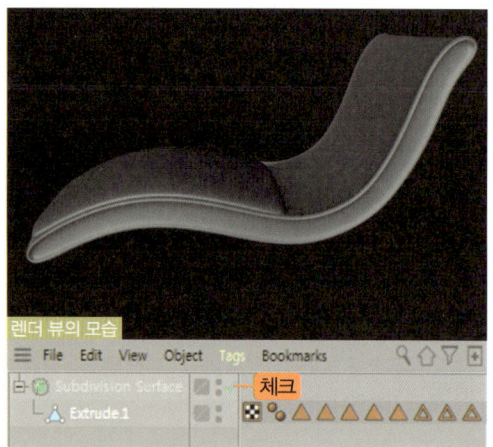

32 쿠션의 높이가 약간 낮게 느껴지기 때문에 다시 서브디비젼 서피스를 해제하고 익스트루드.1 오브젝트를 선택합니다. 그 다음 그림처럼 쿠션의 위쪽 면만 다시 선택한 후 무브 툴을 사용하여 위쪽으로 살짝 올려줍니다. 이로써 쿠션의 높이까지 완료했습니다.

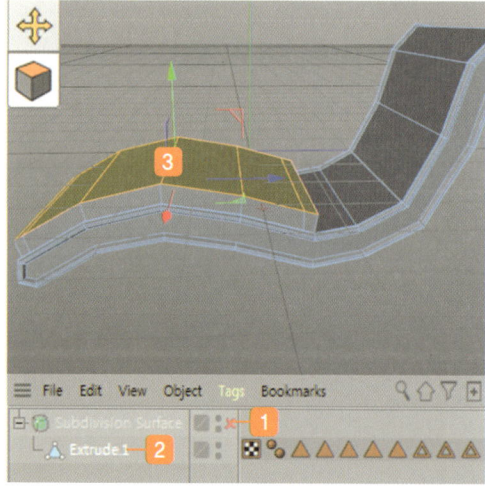

33 계속해서 이번엔 등받이 부분에 대한 쿠션을 표현해봅니다. 먼저 그림처럼 등쪽에 있는 3개의 폴리곤을 선택합니다.

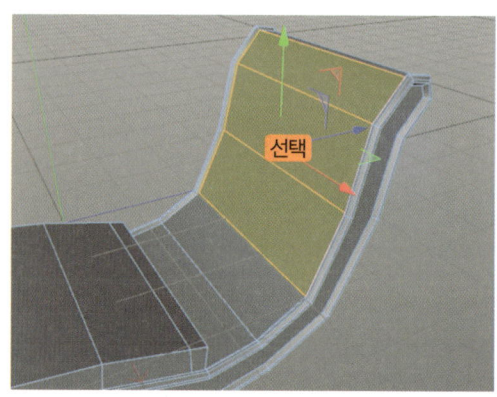

34 [M~T] 키를 눌러 익스트루드 툴을 선택한 후 그림처럼 위쪽으로 돌출시킵니다. 앞선 작업의 아래쪽 높이와 같거나 비슷한 높이로 조절합니다.

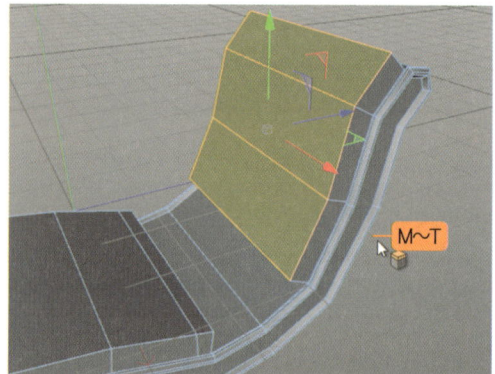

35 자연스러운 모양을 위해 새로운 엣지를 생성해야 합니다. 그러므로 앞서 선택된 윗면을 기준으로 좌우 옆면도 선택해야 합니다.

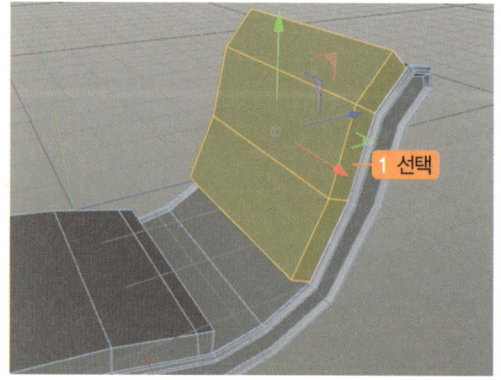

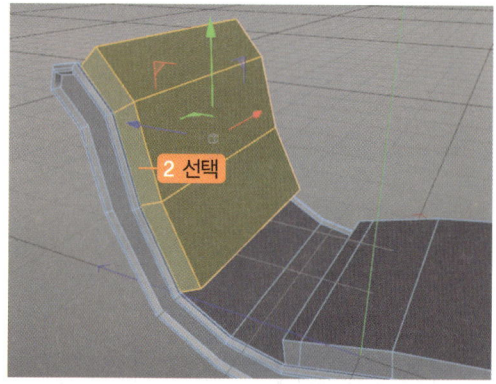

36 이제 앞서 선택된 옆면과 위쪽부분의 면에 새로운 엣지를 추가하기 위해 [M~K] 키나 [K] 키를 눌러 나이프 툴을 선택합니다. 그림처럼 위쪽과 아래쪽을 잘라 엣지를 추가합니다.

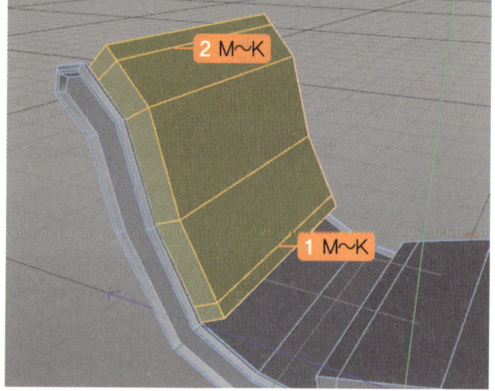

38 이번엔 허리(엉덩이) 부분의 모양을 표현하기 위해 먼저 서브디비젼 서피스를 해제한 후 익스트루드.1을 선택합니다. 그리고 그림처럼 두 폴리곤을 선택합니다.

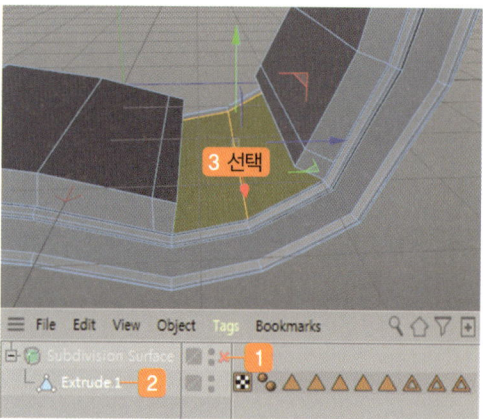

37 서브디비젼 서피스를 다시 체크한 후 렌더 뷰를 통해 확인해 보면 등받이 부분도 자연스럽게 표현됐습니다.

39 이제 플레인 컷(M~J) 툴을 사용하여 9개로 잘라줍니다. 이때 잘려지는 간격을 일정하게 해주어야 합니다.

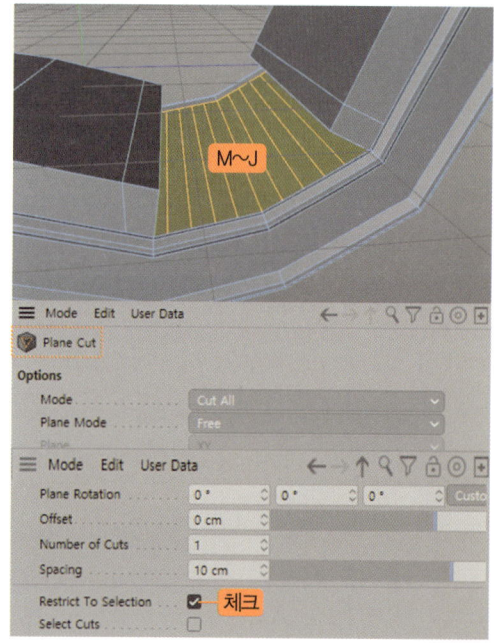

안락의자 제작 **233**

40 앞서 잘라놓은 폴리곤 중에 양쪽 가장자리의 면들만 [Ctrl] 키를 이용해 해제합니다.

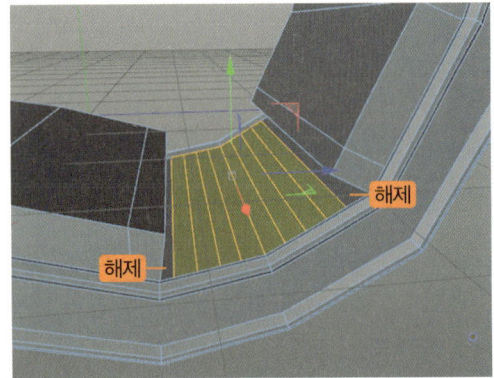

41 [M~T] 키를 눌러 익스트루드 툴을 선택한 후 그림처럼 위로 돌출시킵니다. 현재는 선택된 폴리곤이 합쳐진 상태로 돌출되는 것을 알 수 있습니다.

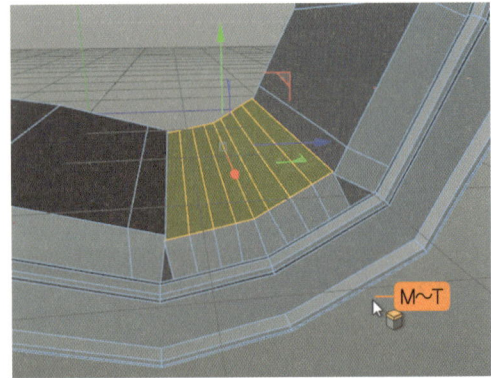

42 확인해 보기 위해 서브디비젼 서피스를 다시 체크해봅니다.

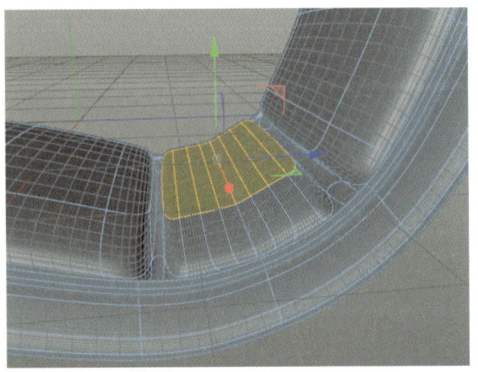

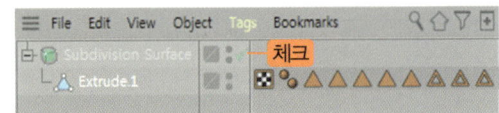

43 보다 자세히 살펴보기 위해 렌더 뷰(Ctrl + R)를 해봅니다. 현재는 선택된 폴리곤들이 하나로 합쳐진 상태로 표현됩니다. 이제 이 부분은 잘려진(선택된) 폴리곤 개수대로 개별적으로 표현해봅니다.

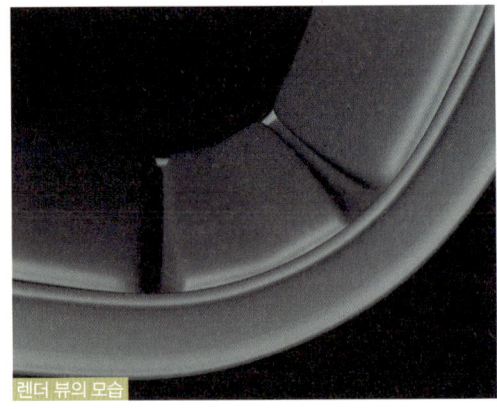

44 언두를 하여 다시 돌출되기 전으로 되돌아간 후 서브디비젼 서피스를 꺼주고 익스트루드.1 오브젝트를 선택합니다. 그다음 [M~S] 키를 눌러 베벨 툴을 사용하여 그림처럼 위로 돌출시킵니다. 베벨 툴을 사용했는데도 역시 하나의 덩어리고 돌출되는 것을 알 수 있습니다.

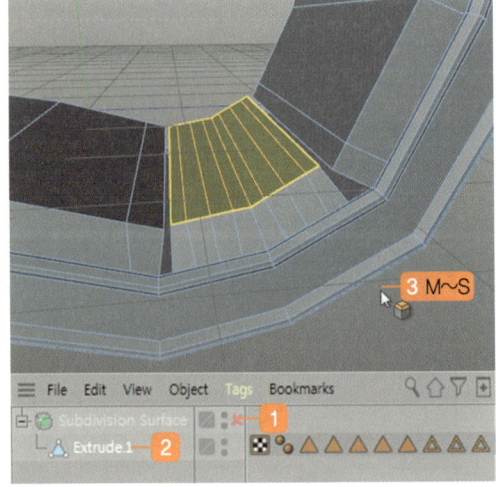

45 언두를 하여 다시 돌출되기 전으로 되돌아간 후 베벨의 어트리뷰트 매니저에서 Polygon Extrusion 탭의 Preserve Groups을 해제합니다. 이로써 선택된 폴리곤들은 개별로 사용할 수 있게 되었습니다. 이제 다시 베벨 툴을 사용하여 위로 돌출시켜서 그림처럼 돌출된 상단부의 모습이 살짝 띄우지게 합니다.

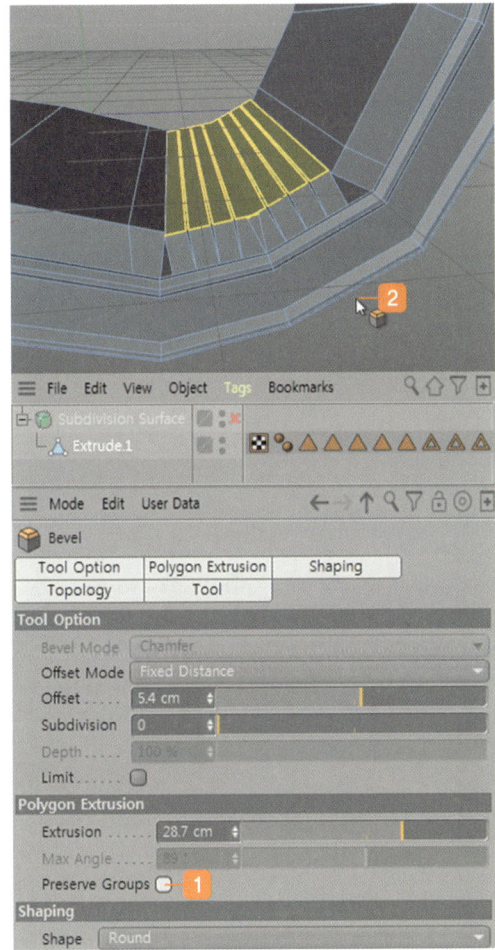

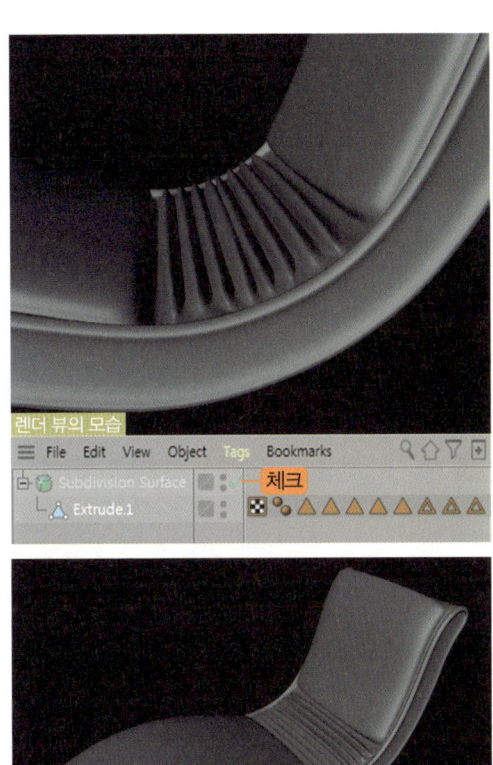

렌더 뷰의 모습

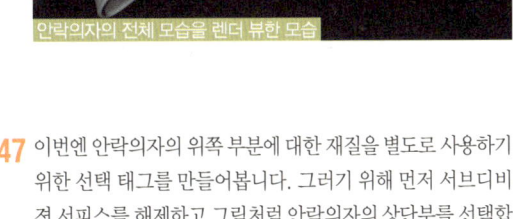

안락의자의 전체 모습을 렌더 뷰한 모습

46 이제 앞서 작업한 모습을 확인해보기 위해 다시 서브디비젼 서피스를 체크한 후 렌더 뷰를 통해 확인해보면 허리(엉덩이) 부분의 작은 쿠션들이 표현됐습니다. 약간 간격와 모양에 아쉬움이 있지만 이번 학습에서는 이 정도만 표현합니다. 안락의자의 전체 모습도 어떻게 표현되는지 확인해보는 것도 중요합니다.

47 이번엔 안락의자의 위쪽 부분에 대한 재질을 별도로 사용하기 위한 선택 태그를 만들어봅니다. 그러기 위해 먼저 서브디비젼 서피스를 해제하고 그림처럼 안락의자의 상단부를 선택합니다. 단, 허리 부분의 촘촘한 쿠션부는 선택하지 않습니다.

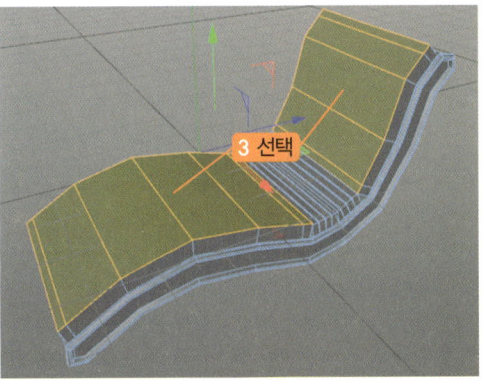

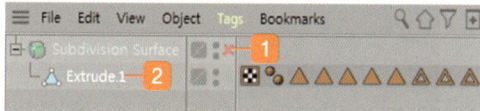

48 이제 앞서 선택된 영역을 선택 태그로 만들어주기 위해 [Select] - [Set Selection]을 선택합니다. 이때 다른 선택 태그가 선택되지 않은 상태에서 이 메뉴를 사용해야 새로운 선택 태그가 추가됩니다. 그렇지 않고 다른 선택 태그가 선택된 상태에서 이 메뉴를 사용하면 선택된 선택 태그가 이 선택 태그에 덮어 씌워지게 됩니다.

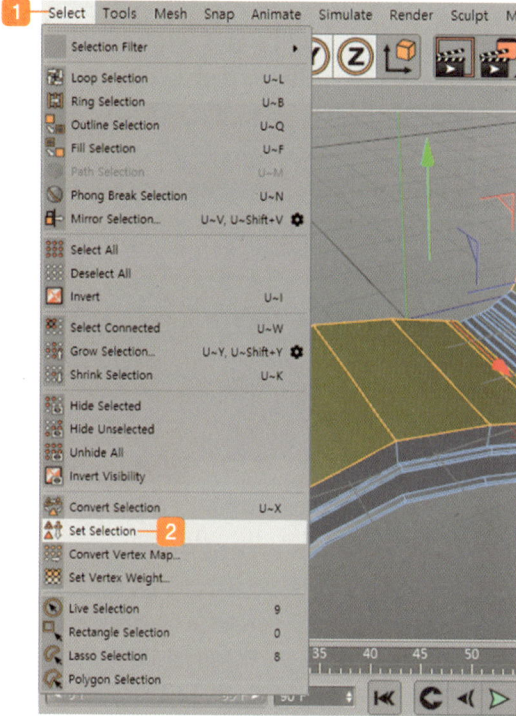

49 익스트루드.1 오브젝트 우측을 보면 새로운 선택 태그가 추가됐습니다. 이제 이 선택 태그를 더블클릭하면 언제든지 해당 선택 영역이 선택됩니다.

50 다리를 제외한 안락의자의 모습에 대한 모델링이 모두 끝났기 때문에 서브디비젼 서피스를 선택한 후 [C] 키를 눌러 폴리곤으로 변환합니다. 이때 서브디비젼 서피스는 해제되어 있으면 안 되며 서브디비젼을 통해 폴리곤으로 변환되면 앞서 선택된 영역이 그림처럼 줄어들게 됩니다.

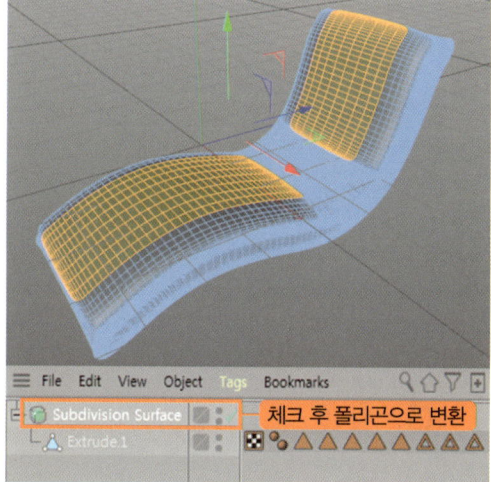

51 이제 변환된 오브젝트의 이름을 [안락의자]라고 수정합니다.

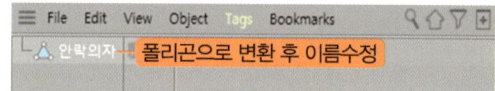

52 앞서 안락의자의 몸통 부분을 만들었기 때문에 이제는 다리를 간단하게 표현해봅니다. 다리를 만들기 위해 오브젝트툴에서 Cone을 선택합니다.

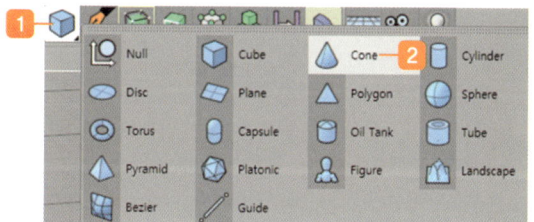

53 작업의 편의를 위해 라이트 뷰(F3)로 전환한 후 콘 오브젝트의 Top Radius를 Bottom Radius를 12, 20, Height를 70, Height Segments를 8, Rotation Segments를 36으로 설정하고 무브 툴을

사용하여 그림처럼 안락의자 뒤쪽으로 이동해 줍니다.

C 키를 눌러 폴리곤으로 변환

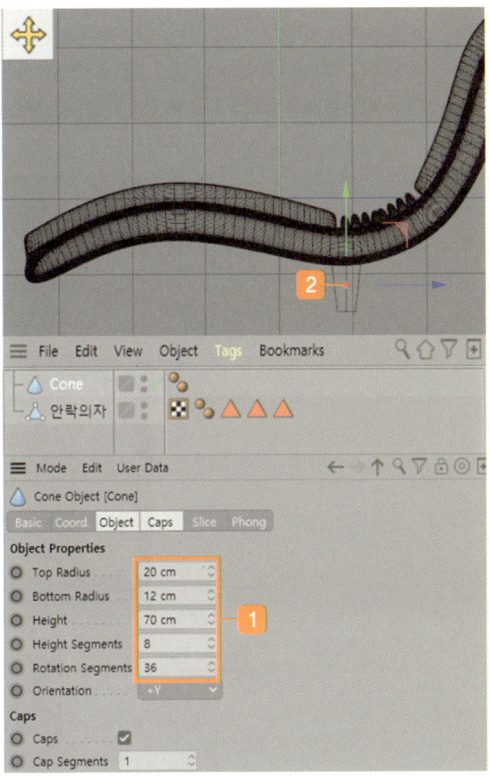

56 그다음 변환된 2개의 콘 오브젝트 위에서 [우측 마우스 버튼] - [Connect Objects + Delete]를 선택하여 선택된 2개의 콘 오브젝트를 삭제하고 합쳐진 하나의 오브젝트만 남겨줍니다.

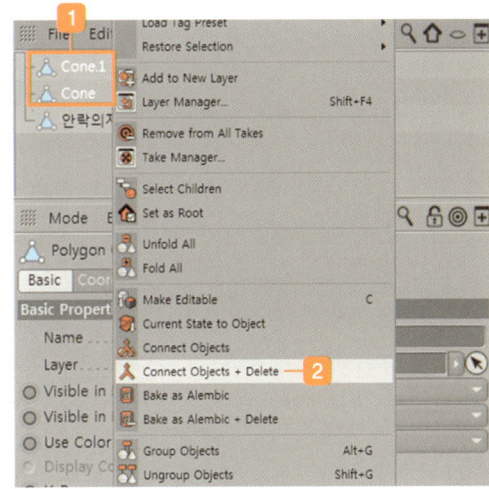

54 방금 만든 콘(다리) 오브젝트를 [Ctrl] 키를 이용하여 복제합니다. 복제되는 위치는 그림처럼 안락의자의 앞쪽부분으로 이동해줍니다.

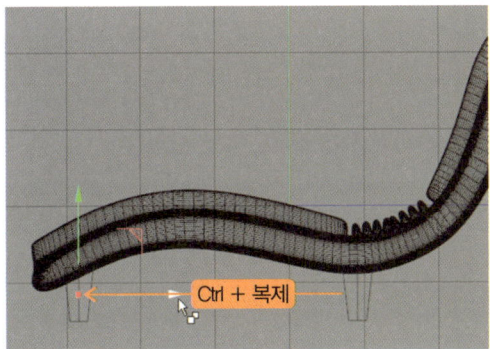

57 이번엔 방금 합쳐놓은 다리(콘) 오브젝트를 시머트리를 이용하여 반대편에도 다리를 만들어줄 것입니다. 제너레이터 툴에서 Symmetry를 선택합니다. 시머트리는 오브젝트를 복제하는 기능으로 원본 오브젝트와 대칭이 되는 반대쪽에 데이터가 없는 인스턴트 오브젝트를 생성해줍니다. 사람(인체), 캐릭터, 마우스 등을 만들 때 한쪽만 표현한 후 나머지 반대쪽을 간편하게 표현할 때 사용합니다.

시머트리에 대한 보다 자세한 사용법은 [마우스 제작]편을 참고 하십시오.

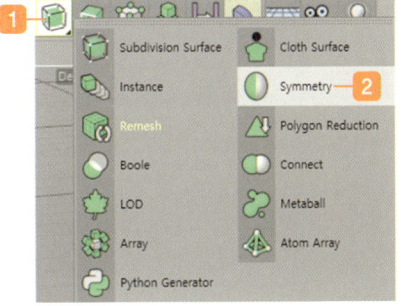

55 2개의 콘 오브젝트를 하나로 합쳐주기 위해 먼저 2개의 콘 오브젝트를 선택한 후 [C] 키를 눌러 폴리곤으로 변환합니다.

58 시머트리 하위에 앞서 만든 콘(다리) 오브젝트를 종속시킵니다. 현재는 XYZ축 좌표 값 0에 콘 오브젝트가 없기 때문에 원지 않는 위치에 대칭 복제가 됐을 것입니다. 어트리뷰트 매니저에서 Mirror Plane을 ZY축으로 바꿔줍니다. 미러 플레인은 대칭 복제되는 방향을 설정합니다.

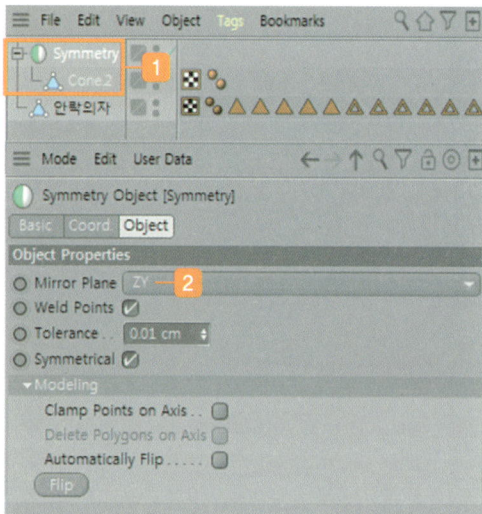

59 F4 키를 눌러 프런트 뷰로 전환한 후 이제 시머트리 하위에 있는 Cone.2 오브젝트를 선택한 후 무브 툴을 사용하여 그림처럼 이동해보면 반대편에 대칭 복제된 콘 오브젝트의 모습이 나타납니다. 대칭 복제되는 콘 오브젝트의 X축의 위치는 안락의자의 다리로 사용될 정도의 폭으로 이동해줍니다.

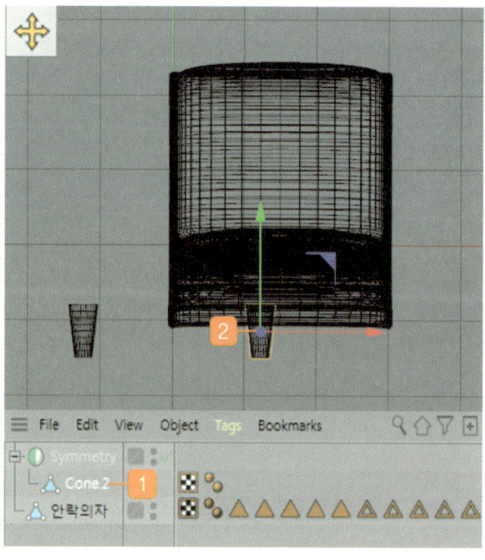

60 현재는 안락의자의 중심축과 XYZ축 좌표가 한쪽으로 치우쳐 있는 상태이므로 조정하여 다리에 맞춰줍니다. 안락의자 오브젝트를 선택한 후 [Mesh] - [Axis Center] - [Center Object to]를 선택합니다. 액시스 센터의 메뉴들은 오브젝트의 중심과 액시스를 좌표 또는 오브젝트 중심에 맞춰주기 위해 사용됩니다.

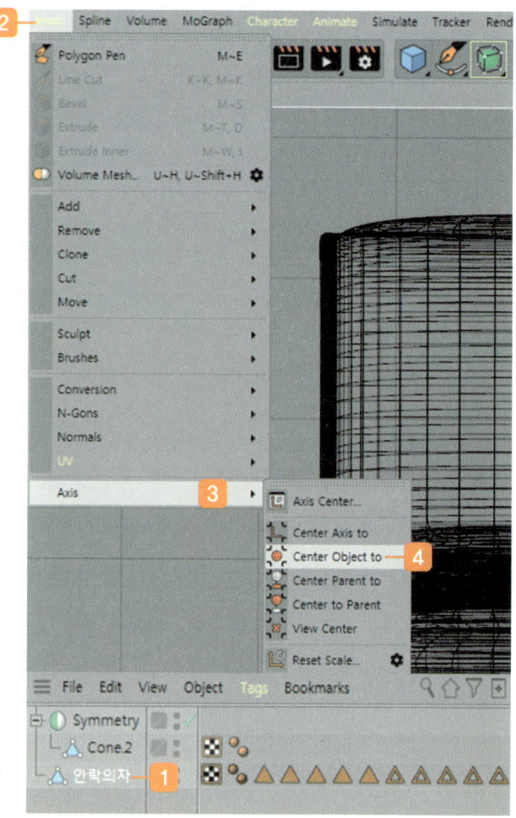

61 앞선 작업을 통해 안락의자가 좌표(액시스) 값 0에 해당되는 위치(센터)로 이동됐습니다. 그래서 앞서 맞춰놓은 다리가 안락의자에 가려졌습니다.

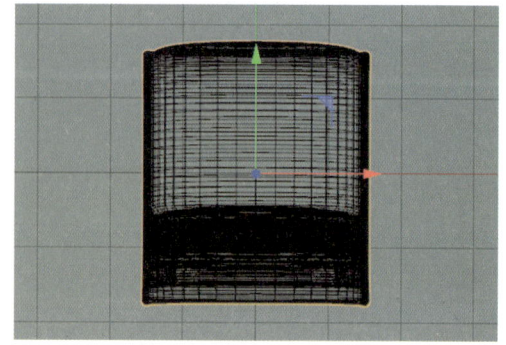

62 다시 [F3] 키를 눌러 라이트 뷰로 전환한 후 안락의자를 위쪽으로 올려 그림처럼 다리의 모습이 정상적으로 보이도록 해줍니다.

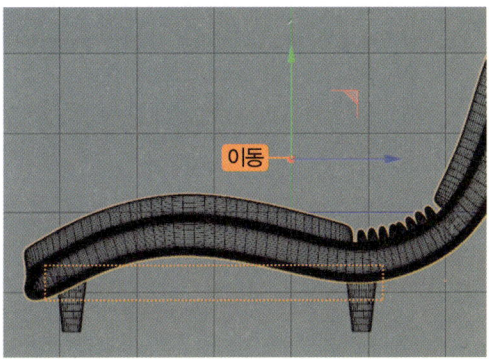

63 4개의 다리 모습이 보이도록 한 후 렌더 뷰를 통해 확인해봅니다. 물론 다리의 모서리 부분을 보다 섬세하게 표현할 수 있지만 이번 작업은 이 상태로 만족합니다. 지금까지 안락의자에 대한 모델링 작업을 해보았습니다.

렌더 뷰의 모습

안락의자 재질 표현하기

안락의자의 재질은 가죽으로 된 것이 많기 때문에 이번 학습에서는 가죽 텍스처 소스를 이용하여 전체 재질에 활용할 것이고 안락의자의 다리와 허리 부분이 닿을 부분에는 다른 느낌의 재질로 차별화할 것입니다.

01 새로운 매터리얼을 생성하고 매터리얼 에디터를 열어줍니다. 그다음 Color 채널에서 Texture의 로드 이미지를 통해 [학습자료] - [맵소스] - [가죽08.jpg] 파일을 복사하지 않고 불러옵니다.

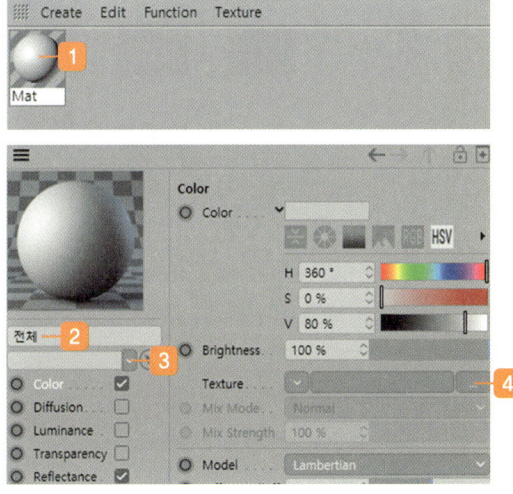

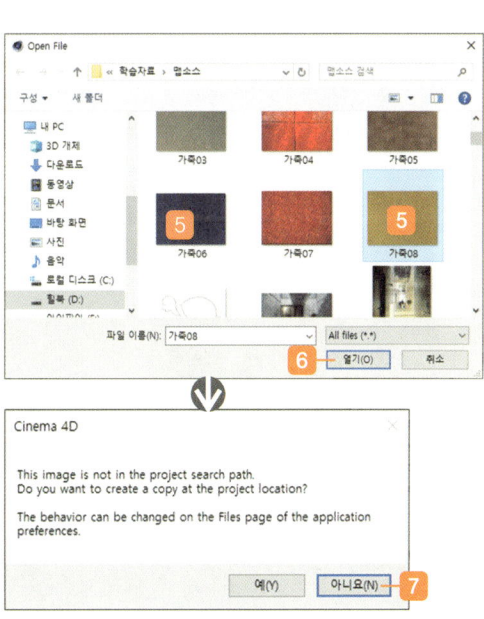

02 이번엔 반사율(광택)을 주기 위해 Reflectance 채널을 선택한 후 Layers의 [Add] - [Reflection (Legacy)]을 선택합니다.

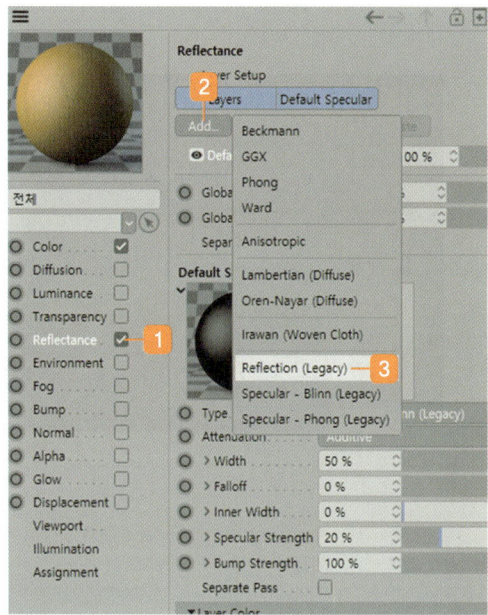

03 새로 추가된 레이어1의 반사율을 6 정도로 낮춰서 가죽 표면에 광택이 은은하게 느껴지도록 해줍니다.

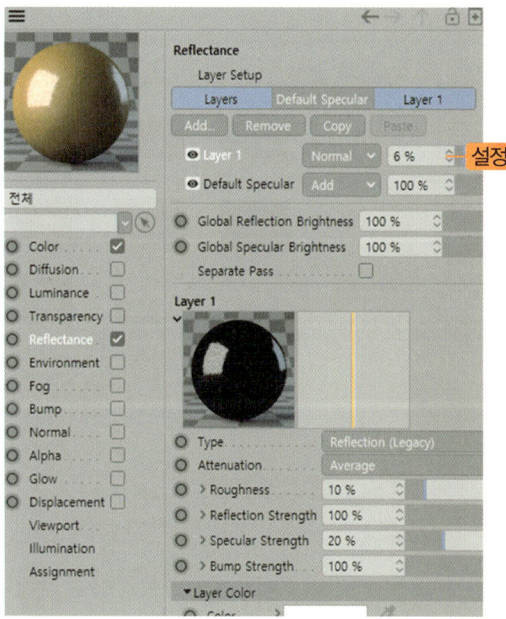

04 이번엔 가죽의 울퉁불퉁한 질감을 표현하기 위해 Bump 채널을 체크합니다. 그리고 Texture의 로드 이미지를 통해 [학습자료] - [맵소스] - [가죽08.jpg] 파일을 복사하지 않고 불러옵니다. 가죽08 파일을 사용하는 것은 앞서 컬러 채널에서 사용된 텍스처 소스이기 때문이며 가죽의 울퉁불퉁한 질감을 표현하기 위해 같은 무늬의 파일이 필요하기 때문입니다. 물론 질감을 더욱 섬세하게 표현하기 위해서는 컬러로 된 이 파일의 무늬를 음영(그레이스케일)으로 변환한 후 음영의 차이를 설정하여 사용하는 것입니다.

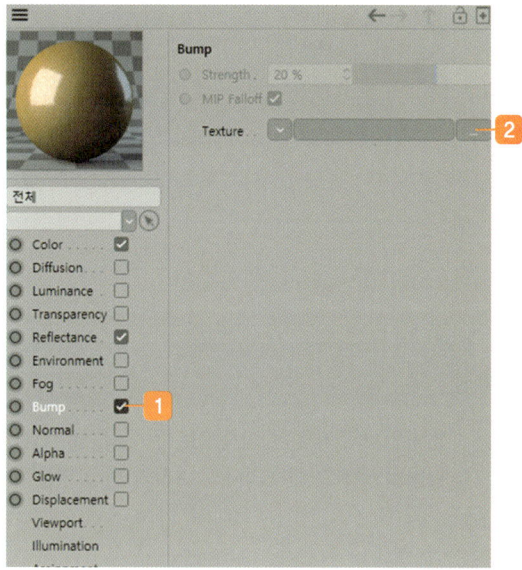

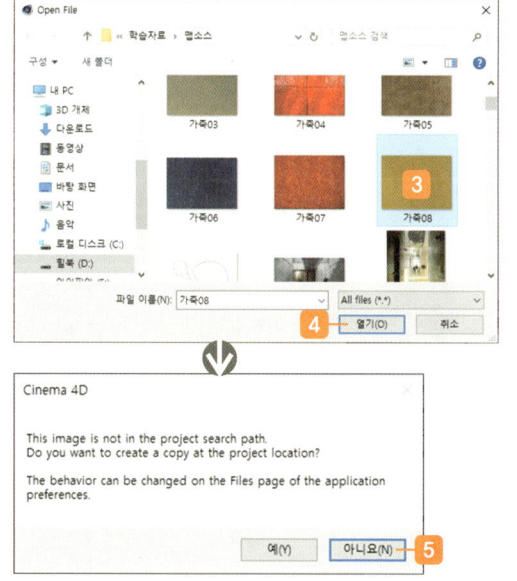

05 범프의 스트랭스는 일단 기본 값을 그대로 두로 설정된 매터리얼을 끌어다 안락의자 오브젝트에 적용합니다.

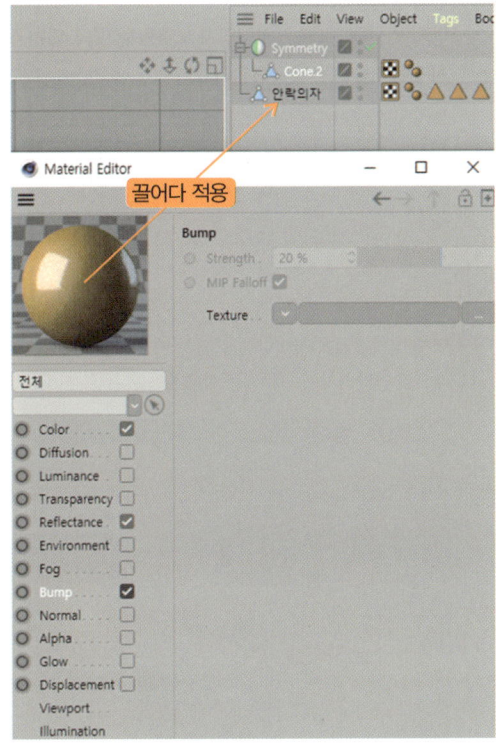

U와 V축을 180 정도로 늘려줍니다. 이제 다시 렌더 뷰를 해보면 전보다 훨씬 자연스럽게 표현됩니다.

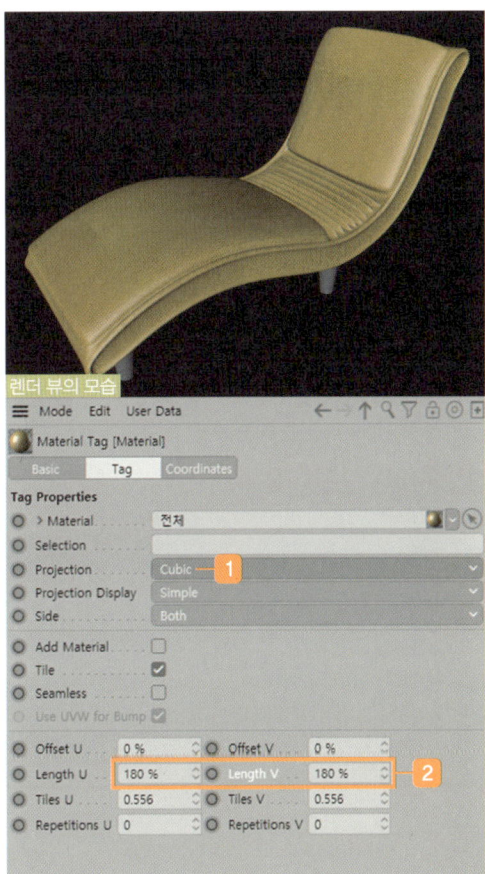

06 적용된 매터리얼을 확인하기 위해 렌더 뷰(Ctrl + R)를 해봅니다. 아직 완전하지 않지만 그래도 가죽 느낌은 드는군요.

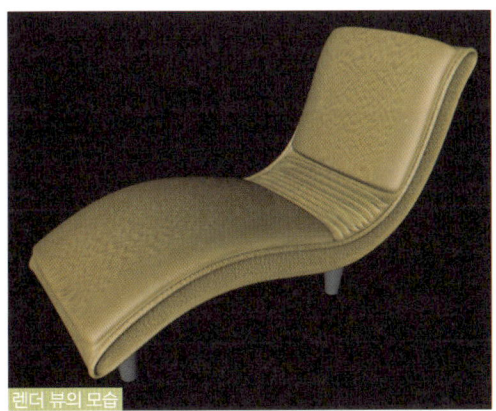

07 전체 매터리얼 텍스처 태그를 선택한 후 Projection을 안락의자 전체의 모습과 유사한 Cubic으로 설정합니다. 그다음 Length

08 확대 후 다시 렌더 뷰를 해보면 가죽의 모습이 제법 사실적으로 표현됐습니다.

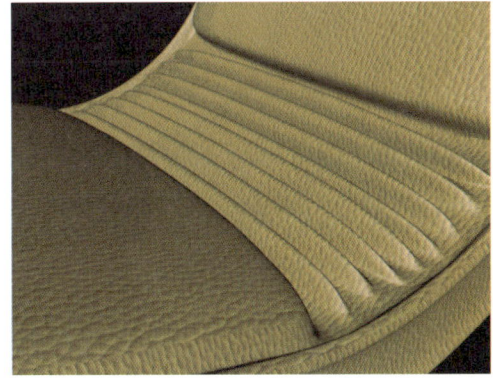

09 이번엔 안락의자의 다리와 등 부분에 민무늬 느낌을 표현하기 위해 앞서 사용하던 매터리얼을 복제한 후 복제된 매터리얼 에디터를 열어줍니다. 여기에서는 컬러 채널에 적용됐던 텍스처를 Clear 메뉴를 선택하여 삭제합니다.

11 여기서 설정된 매터리얼을 적용하기 위해 먼저 안락의자의 선택 태그 중 맨 마지막에 있는 선택 태그를 더블클릭하여 해당 선택 영역을 선택합니다.
마지막 선택 태그는 [안락의자 모델링하기]의 48번 작업에서 만들어놓은 선택 태그입니다.

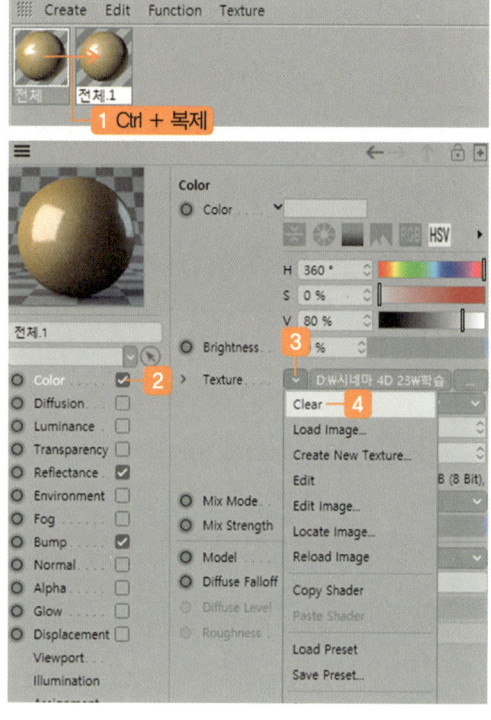

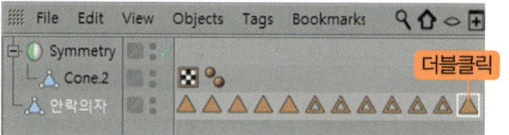

12 이제 매터리얼을 끌어다 선택된 영역으로 갖다 놓습니다. 이것으로 안락의자에 민무늬를 적용하였습니다.

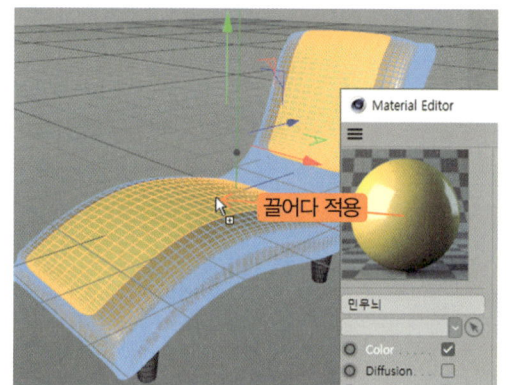

10 매터리얼의 이름을 [민무늬]로 수정하고 색상을 어두운 노랑으로 설정합니다.

13 렌더 뷰를 통해 확인해보면 안락의자 중간의 민무늬가 잘 표현됐습니다. 그러나 광택(반사율)에 의해 주변의 모습이 비춰져 보기에 좋지 않습니다.

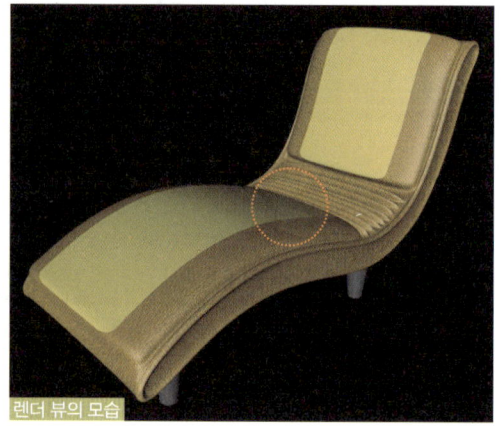

14 민무늬 부분은 반사 값을 없애고 직물 느낌이 들도록 하기 위해 Reflectance 채널에서 Layer 1의 Type을 Irawan (Woven Cloth)으로 설정합니다. 이라완(우븐 클로스)은 직물의 질감을 표현할 때 사용됩니다.

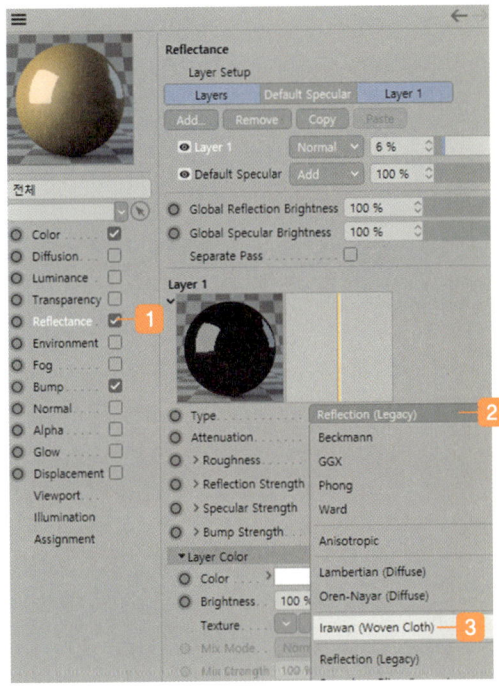

16 다시 렌더 뷰를 통해 확인해보면 반사가 되던 민무늬 영역에 광택이 사라지고 직물 느낌으로 표현된 것을 알 수 있습니다.

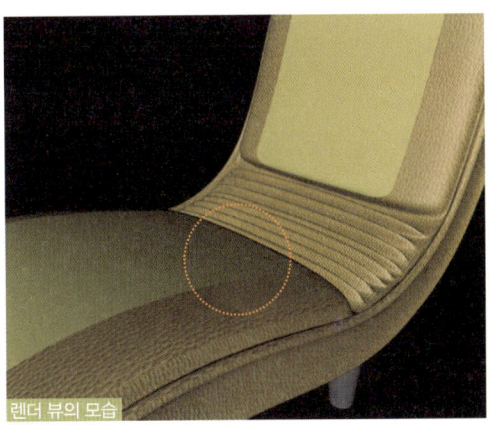

17 이번엔 다리에 대한 재질을 표현하기 위해 새로운 매터리얼을 생성한 후 이름을 [다리]라고 해줍니다. 다리 매터리얼 에디터를 열고 Reflectance 채널을 선택한 후 [Add] - [Beckmann]을 선택합니다. 맨 위쪽의 베커만부터 GGX, Phong, ward 타입은 금속이나 유리와 같은 반사율이 높은 재질을 표현할 때 주로 사용하는데 각 타입은 표면의 거친 정도에 차이가 있습니다.

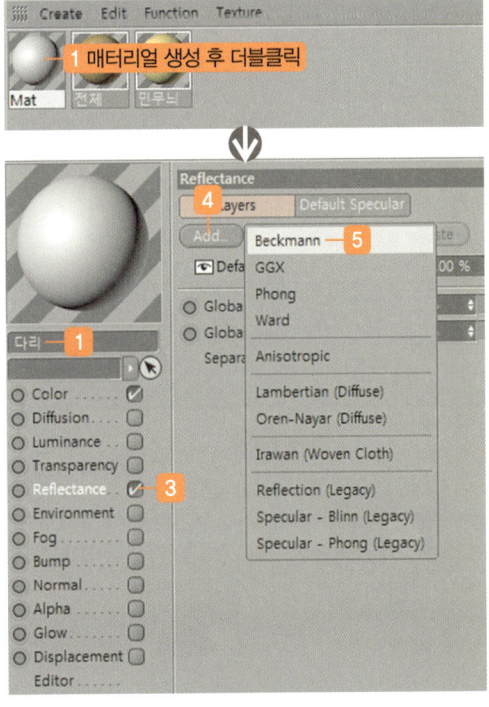

15 계속해서 Pattern을 Wool Gabardine으로 설정하여 양모 개버딘 질감으로 해줍니다. 그밖에 코튼이나 실크 등의 질감을 표현할 수 있습니다.

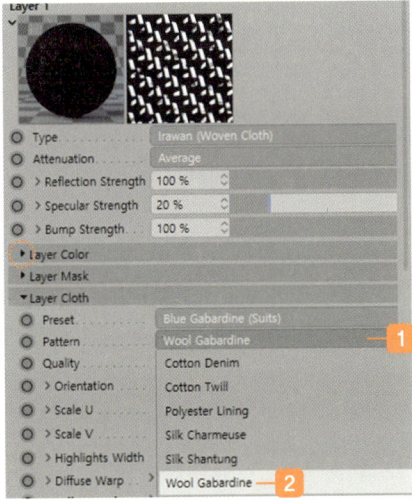

18 Roughness 값을 11 정도로 설정하여 약간의 거친 느낌을 표현하고 Layer Fresnel에서 프레넬을 Conductor로 설정한 후 Preset을 Silver로 설정하여 금속 스테인리스 느낌이 들도록 해줍니다.

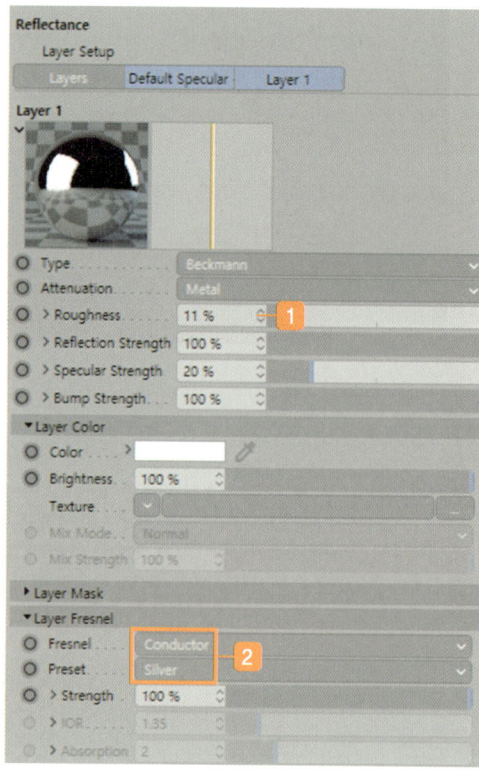

19 설정된 매터리얼을 다리로 사용되는 시머트리나 Cone 오브젝트에 적용합니다.

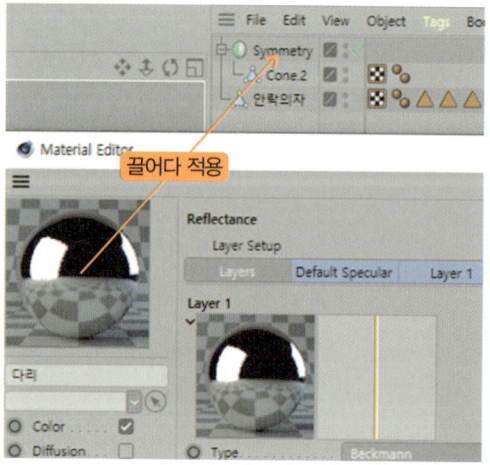

20 이제 바닥을 표현하기 위해 인바이어런먼트 툴에서 Floor를 적용합니다.

21 방금 만든 바닥을 무브 툴을 사용하여 아래로 내려 의자 다리와 맞닿도록 해줍니다.

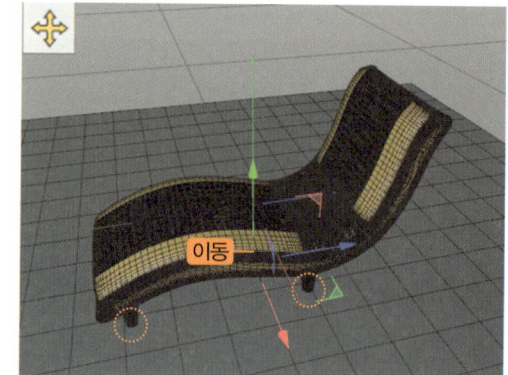

22 바닥에 대한 재질을 표현하기 위해 매터리얼을 추가한 후 매터리얼 에디터를 열어줍니다.

23 먼저 컬러 채널에서 텍스트의 로드 이미지를 선택하여 [학습자료] - [맵소스] - [나무02.jpg] 파일을 복사하지 않고 불러옵니다. 작업의 편의를 위해 매터리얼의 이름을 [바닥]이라고 해줍니다.

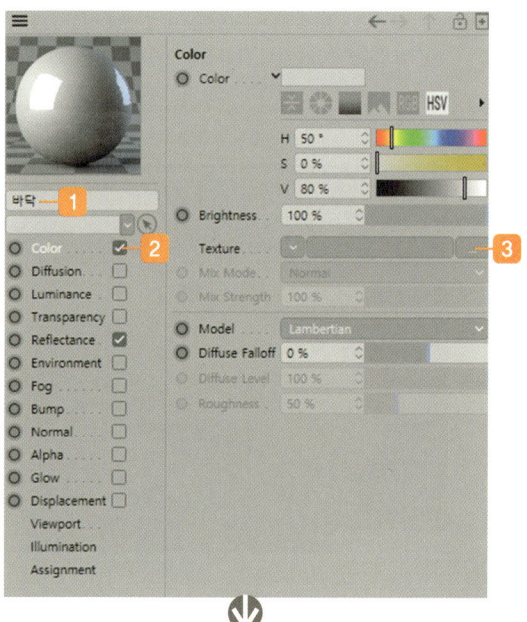

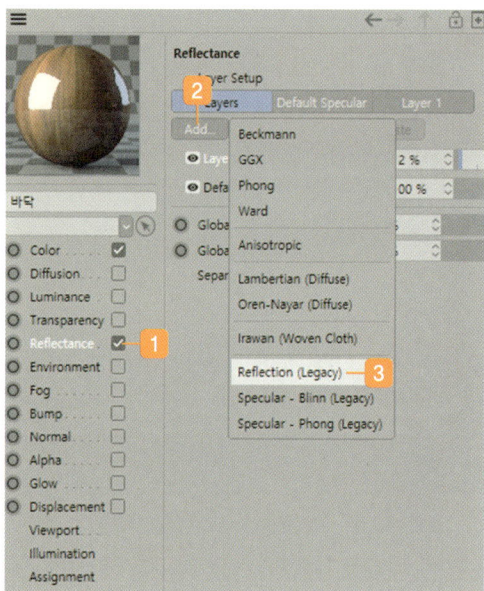

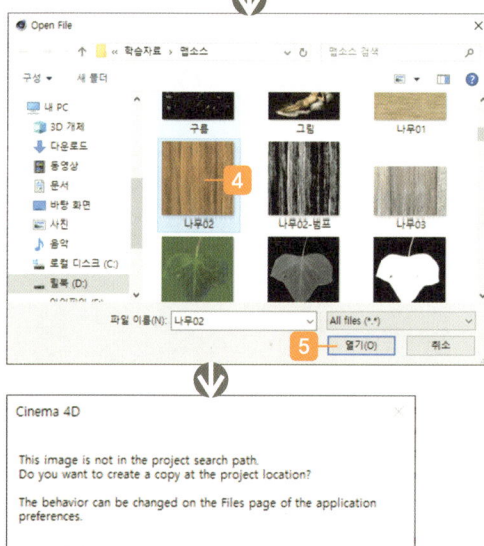

24 계속해서 이번엔 반사율에 대한 설정을 위해 Reflectance 채널을 선택한 후 기본 레이어에서 [Add] - [Reflection (Legacy)]를 선택합니다.

25 이제 설정된 바닥 매터리얼을 끌어다 Floor에 적용합니다.

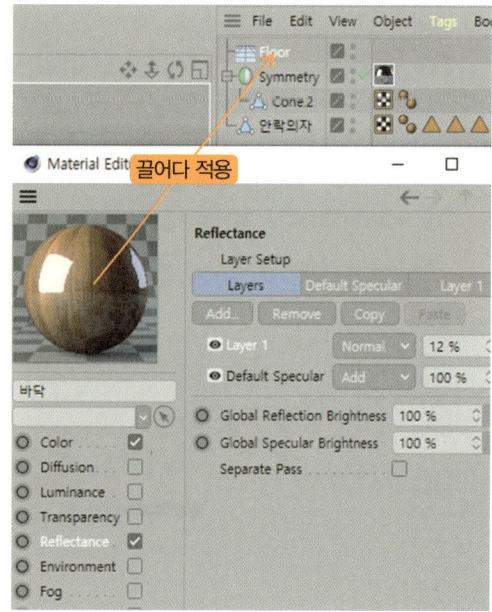

26 이번엔 조명을 설치하기 위해 라이트 툴에서 기본 Light를 적용합니다.

29 렌더 뷰(Ctrl + R)를 하여 확인해보면 조명에 의한 그림자가 자연스럽게 표현되어 보다 사실적이고 입체적인 느낌이 듭니다. 그러나 전체적으로 어둡게 느껴지기 때문에 보조 조명이 필요할 듯합니다.

렌더 뷰의 모습

27 방금 만든 조명의 위치를 그림처럼 안락의자 우측 상단에서 비춰지도록 배치합니다.

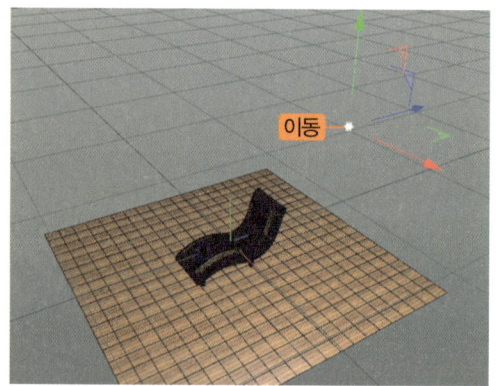

이동

30 앞서 사용하던 조명을 하나 복제를 해줍니다. 그다음 복제된 서브 조명의 위치를 그림처럼 메인 조명 반대쪽에 좀 더 멀리 이동합니다.

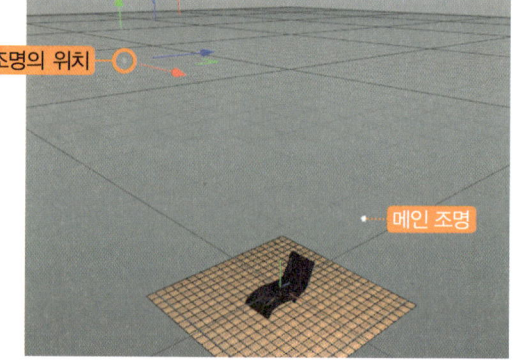

서브 조명의 위치

메인 조명

28 조명의 그림자를 표현하기 위해 General 탭에서 Shadow를 Shadow Maps (Soft)로 설정합니다.

31 현재는 서브 조명의 밝기와 메인 조명의 밝기가 같기 때문에 그림자가 양쪽으로 너무 짙게 표현됐습니다. 그러므로 서브 조명을 메인 조명보다 약하게 해주기 위해 Intensity 값을 60 정도로 낮춰줍니다. 그리고 다시 렌더 뷰를 통해 확인해보면 보조 조명에 의해 전체적으로 밝아지고 보조 조명에 의한 그림자가 반대편에 은은하게 표현되어 훨씬 자연스러워 보입니다.

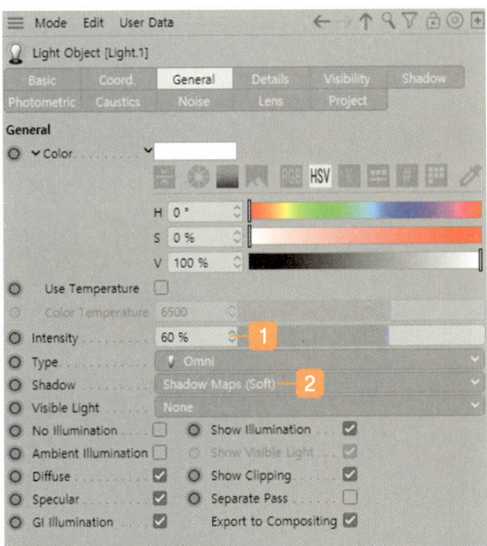

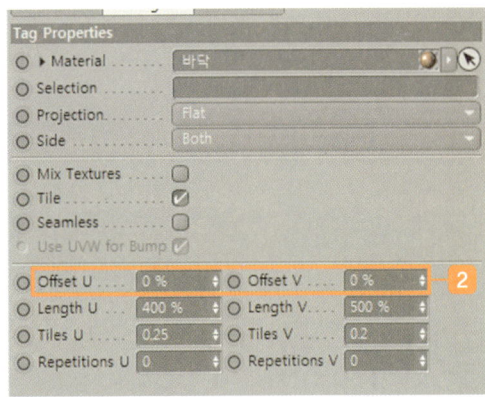

33 이제 최종적으로 렌더 뷰를 통해 확인해봅니다. 이것으로 안락의자를 표현해보았습니다.

32 마지막으로 바닥에 적용된 매터리얼의 무늬의 간격을 넓혀주기 위해 Floor의 텍스처 태그를 선택한 후 Length U와 Y축 값을 각각 400, 500으로 설정합니다.

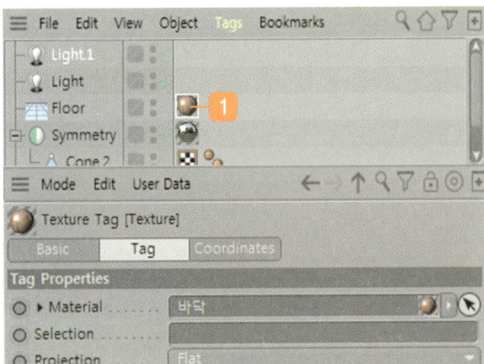

안락의자 제작 **247**

주사위 제작

불(Boole 또는 Boolean)을 사용하면 오브젝트에 홈이나 구멍을 뚫을 수 있습니다. 주사위의 홈이나 볼링공의 손가락 구멍이 대표적인 오브젝트입니다. 불을 사용하기 위해서는 먼저 구멍(홈)이 뚫릴 오브젝트와 구멍을 뚫을 도구, 즉 오브젝트가 필요하며 구멍을 뚫고자 하는 만큼 두 오브젝트를 겹쳐놓아야 합니다.

주사위 만들기

주사위는 비교적 간단하게 표현할 수 있는 오브젝트이기 때문에 이번 학습에서는 모델링과 재질 작업을 연속으로 표현해봅니다.

01 주사위 모양과 가장 근접한 큐브를 사용하면 간단하게 주사위를 표현할 수 있습니다.

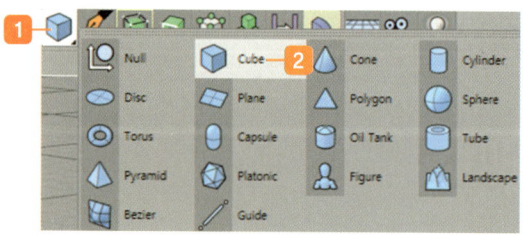

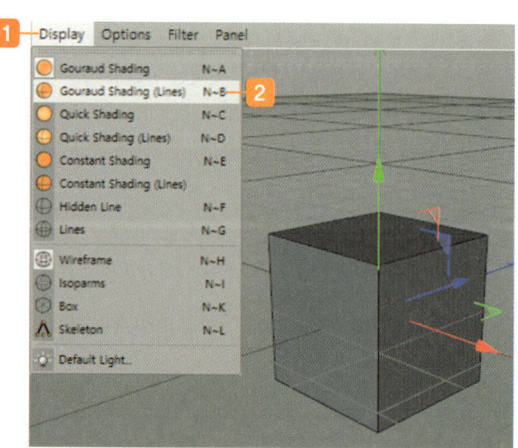

02 세그먼트를 보면서 작업을 하기 위해 Display 〉 Gouraud Shading (Lines)를 선택합니다.

03 큐브(주사위)의 모서리를 둥근 곡선으로 해주기 위해 어트리뷰트 매니저에서 Fillet를 체크하고 Fillet Radius를 50, Fillet Subdivision을 8 정도로 설정합니다.

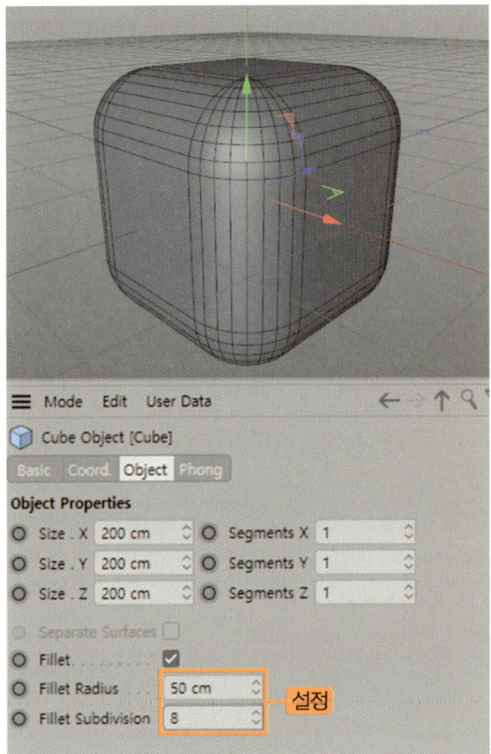

04 이번엔 주사위 면에 홈을 파기 위한 도구로 사용될 오브젝트를 만들어줍니다. 주사위의 홈은 둥근 모양으로 되어있기 때문에 Sphere를 이용하는 것이 좋습니다.

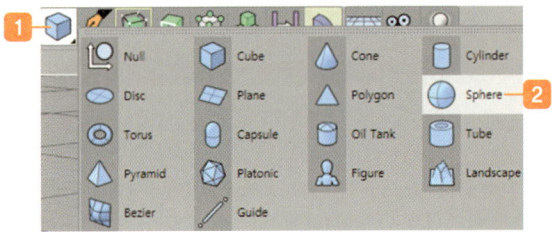

05 구멍을 뚫는 불(Boole)에 대해 보다 쉽게 이해하기 위해 큐브 오브젝트의 이름은 [주사위]로 수정하고 스피어 오브젝트는 [홈을 파는 도구]로 수정해놓습니다.

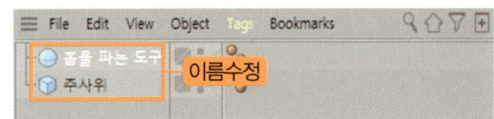

06 이제 제너레이터 툴(그룹)에서 구멍을 뚫기 위한 Boole을 선택합니다. 모델링 툴에서는 그밖에 모델링을 편리하게 할 수 있는 툴들이 있습니다.

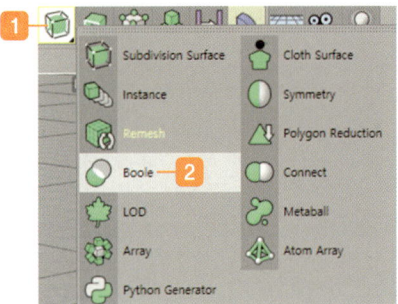

07 홈을 파는 도구의 반지름을(Radius)를 12 정도로 줄여줍니다. 그다음 위치를 그림처럼 주사위 옆면에 반쯤 교차되도록 해줍니다. 이제 교차된 만큼 홈이 파지게 됩니다.

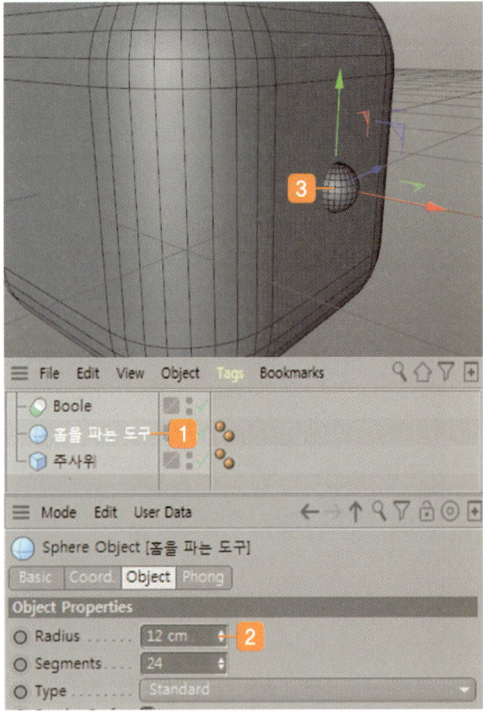

주사위 제작 **249**

08 홈을 파기 위해 주사위가 홈을 파는 도구보다 위쪽으로 이동해놓고 두 오브젝트는 Boole 하위에 종속시킵니다. 이것으로 홈을 파는 도구의 모양으로 주사위 옆면에 홈이 파였습니다. 여기서 주사위가 홈을 파는 도구보다 상위에 위치한 것은 수학의 뺄셈과 같습니다.

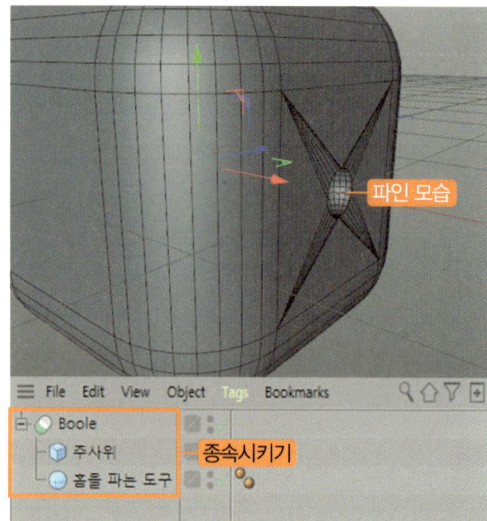

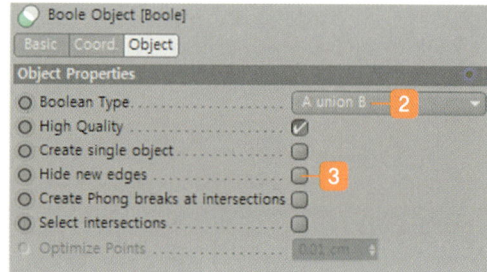

09 불의 주요 기능에 대해 알아보기 위해 먼저 Boolean Type을 A subtract B에서 A union B로 설정합니다. 그러면 A(주사위)와 B(홈을 파는 도구) 오브젝트가 서로 합쳐진 상태로 표현됩니다. 즉 교차된 부분만 빠진 것입니다. 수학에서 차집합과 같습니다.

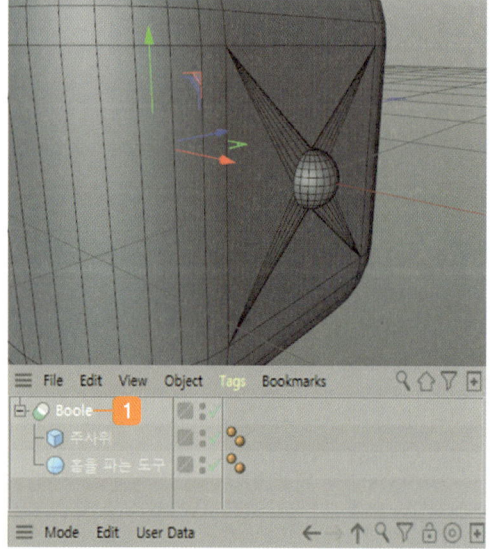

10 계속해서 이번엔 Boolean Type을 A intersect B로 설정합니다. 그러면 주사위와 홈을 파는 도구의 교차된 부분만 남고 나머지는 사라지게 됩니다. 수학의 교집합과 같습니다.

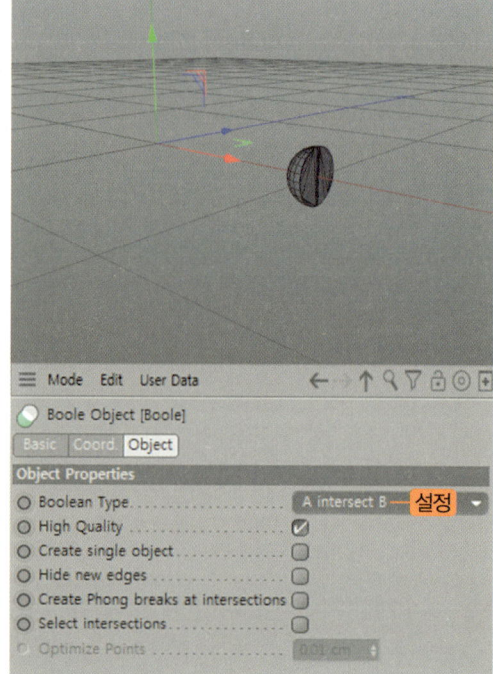

11 이번엔 Boolean Type을 A without B로 설정합니다. 그러면 홈이 파이는 것이 아니라 완전한 구멍이 생기게 됩니다. 이렇듯 불린 타입을 통해 교차된 두 오브젝트에 대해 다양한 표현을 할 수 있습니다. 확인이 끝나면 다시 초기 상태인 A subtract B로 설정 해놓습니다.

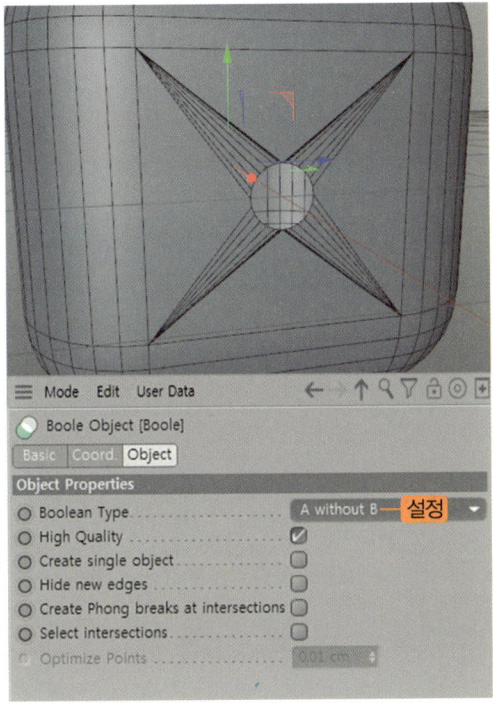

파는 도구도 하나의 단일 오브젝트로 합쳐진 것을 알 수 있습니다.

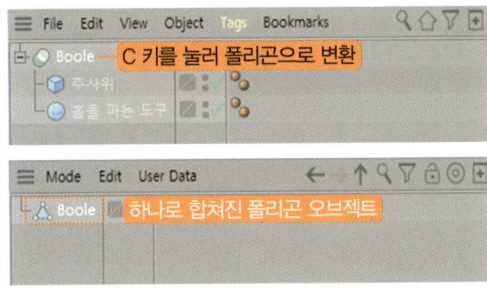

14 앞선 작업을 확인한 후 언두(Ctrl + Z)를 하여 다시 불(Boole) 상태로 되돌아갑니다. 그다음 Create single object를 해제합니다.

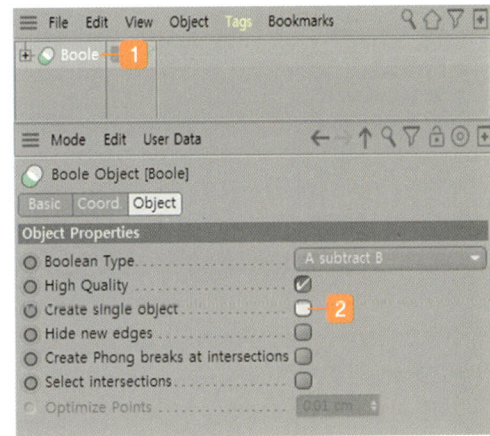

12 불의 그밖에 기능에 대해 살펴봅니다. High Quality는 불의 품질에 대한 설정으로 체크하여 고품질 오브젝트로 만들어줍니다. 그리고 Create single object는 불에 사용되는 모든 오브젝트를 단일 오브젝트로 만들 때 사용됩니다. 우선 체크 해봅니다. 그러면 맨 아래쪽의 Optimize Points가 활성화됩니다. 옵티마이즈 포인트는 불에 의해 합쳐질 때의 겹쳐진 포인트의 거리를 설정하여 거리 안에 포함된 포인트는 단일 포인트로 합쳐지게 할 수 있습니다.

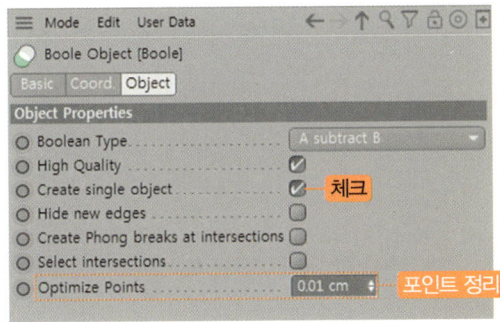

13 이제 Boole을 선택한 후 [C] 키를 누르거나 메이크 에디테이블을 선택해봅니다. 이것으로 불 하위에 종속된 주사위와 홈을

15 이번에도 역시 불을 선택한 후 [C] 키를 눌러 폴리곤으로 변환해봅니다. 그러면 불 하위에 주사위와 홈을 파는 도구가 그대로 남아있는 것을 알 수 있습니다. 확인이 끝나면 다시 원래대로 되돌아갑니다.

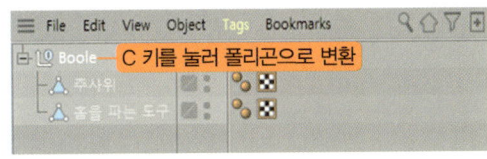

16 불을 사용하면 파인 홈 주변에 삼각형 모양의 세그먼트가 생겨 보기에 좋지 않습니다. 물론 작업 상황에 따라서는 이 세그먼트가 필요할 때가 있지만 현재의 상태에서는 보기에 좋지

주사위 제작 **251**

않아 없애고자 합니다. Hide new edges를 체크해봅니다. 그러면 홈 주변에 있던 삼각형이 사라지고 깔끔한 모습으로 정리되었습니다.

된 2개의 홈을 파는 도구를 이동하여 좌측 면에 반쯤 교차되도록 해줍니다.

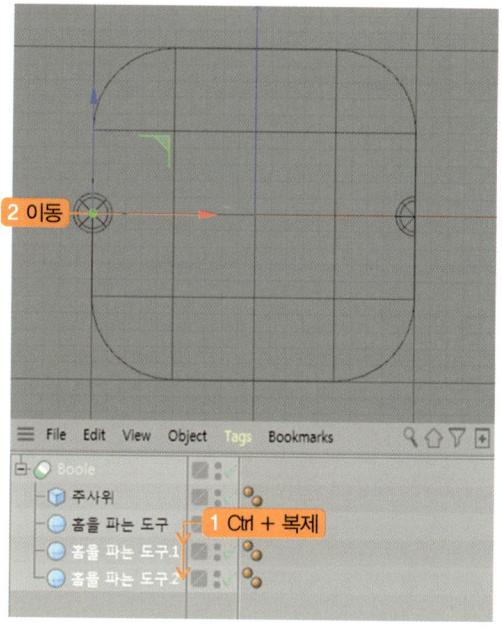

17 그밖에 Create Phong breaks at intersections는 불을 폴리곤으로 변한 할 때 이 기능을 체크하면 오브젝트의 엣지가 샤프하게 표현됩니다. 그러나 이 기능은 단일(Create single) 오브젝트가 사용될 때만 가능합니다. 그리고 Select intersections는 폴리곤으로 변환될 때 교차된 엣지가 선택되도록 해줍니다.

19 앞서 복제한 2개의 홈을 파는 도구 오브젝트를 실제 주사위 위치로 이동하기 위해 라이트 뷰(F3)로 전환한 후 초록색(Y축)과 파란색(Z축)의 액시스 밴드를 이용하여 그림처럼 배치합니다. 지금의 작업은 홈을 파는 도구를 개별로 선택해가면서 이동을 해야 합니다.

18 이제 주사위의 다른 면에도 홈을 파주기 위해 홈을 파는 도구를 2개 복제를 해줍니다. 그다음 탑뷰(F2)에서 그림처럼 복제

20 다시 퍼스펙티브(F1) 뷰로 전환 해보면 앞선 2개의 홈을 파는 도구에 대해서는 홈이 파이지 않는 것을 알 수 있습니다. 이것

은 불(Boole)이 사용할 수 있는 도구는 하나밖에 안 되기 때문입니다.

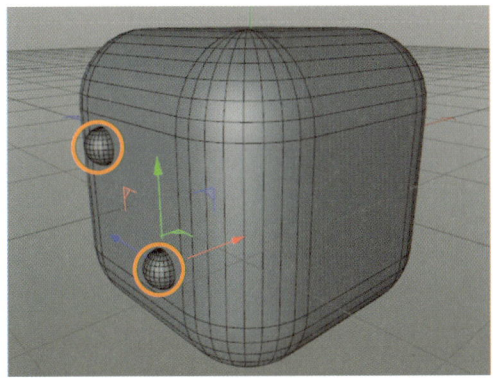

21 일단 홈을 파는 도구의 개수는 무시하고 계속해서 다른 면에 3개의 홈을 파기 위해 홈을 파는 도구를 3개 복제한 후 탑 뷰에서 그림처럼 아래(실제론 앞)쪽으로 이동합니다.

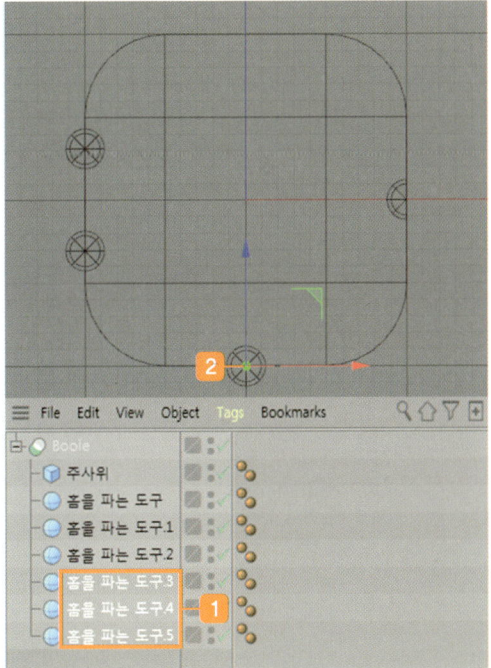

22 프런트 뷰(F4)로 전환한 후 그림처럼 3개의 홈을 파는 도구 오브젝트들을 그림처럼 배치합니다.

23 계속해서 이번엔 4개의 홈을 파는 도구 오브젝트를 복제한 후 프런트 뷰에서 그림처럼 앞쪽으로 배치합니다.

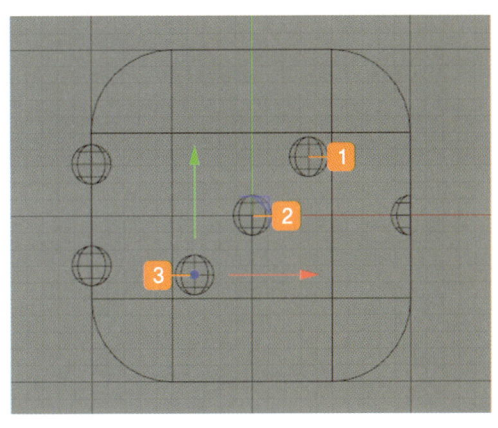

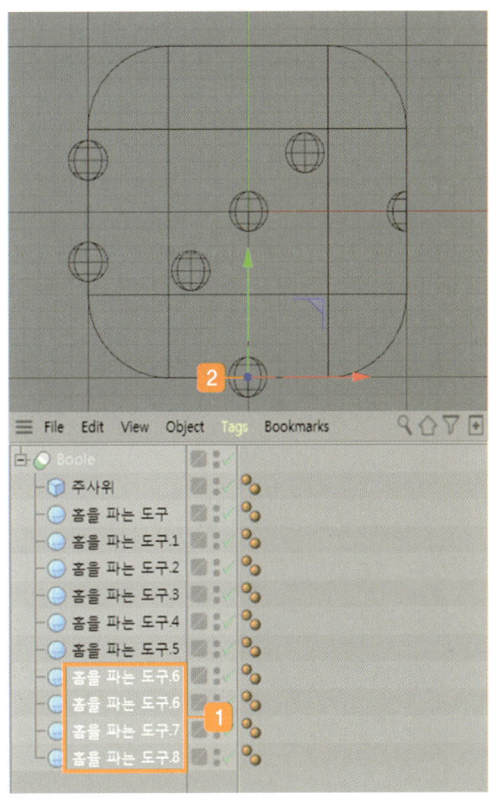

24 탑 뷰로 전환한 후 그림처럼 가운데 부분에 4개의 홈을 파는 도구 오브젝트들을 배치합니다.

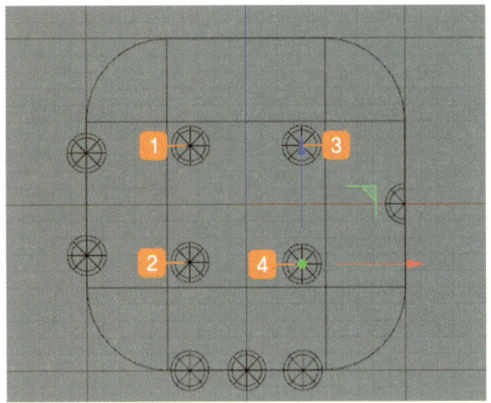

26 프런트 뷰로 전환한 후 5개의 홈을 파는 도구 오브젝트들을 그림처럼 가운데를 기준으로 배치합니다.

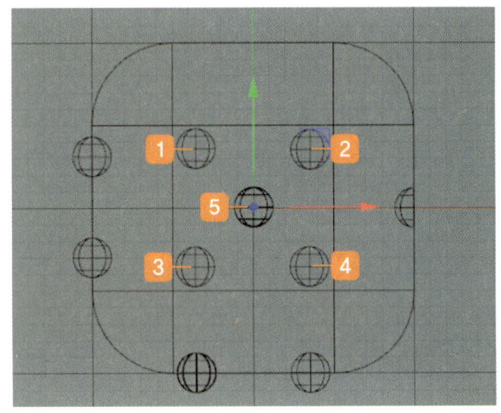

25 계속해서 홈을 파는 도구를 5개 복제한 후 탑 뷰에서 그림처럼 위(실제로는 뒤)쪽으로 배치합니다.

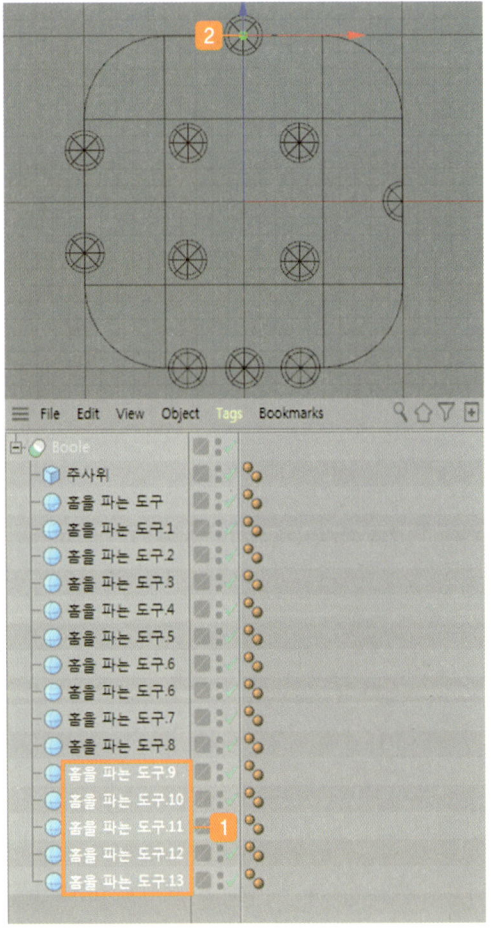

27 마지막 6개의 홈을 파기 위해 홈을 파는 도구를 6개 복제한 후 라이트 뷰나 프런트 뷰에서 그림처럼 위쪽으로 배치합니다.

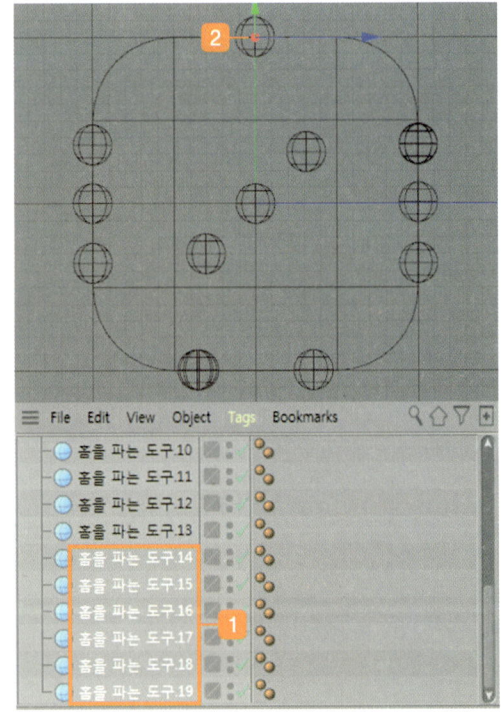

28 탑 뷰로 전환한 후 그림처럼 복제된 6개의 홈을 파는 도구 오브젝트들을 그림처럼 배치합니다. 배치 후 퍼스펙티브 뷰로

전환해보면 아직 홈은 파이지 않았지만 주사위 면에 정확하게 배치된 것을 알 수 있습니다.

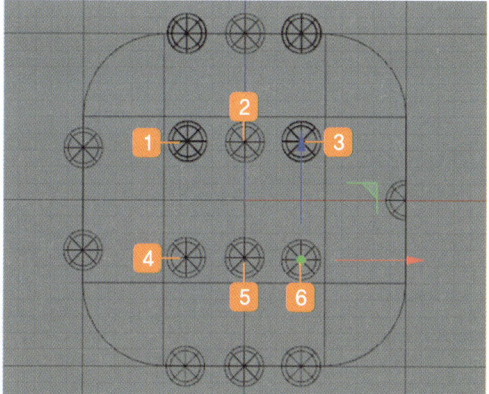

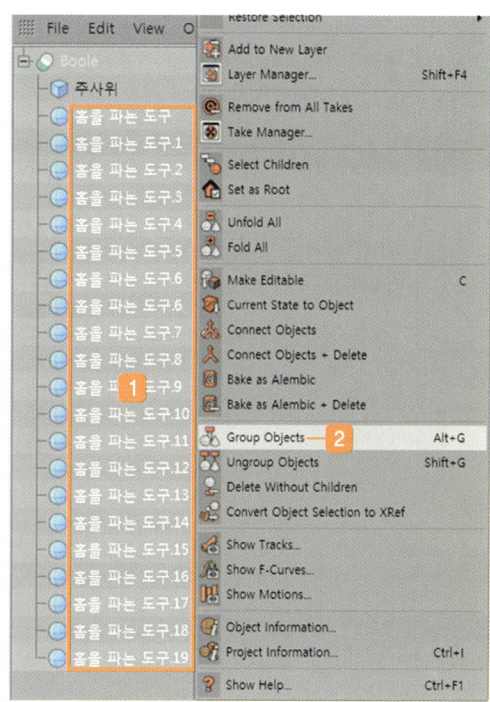

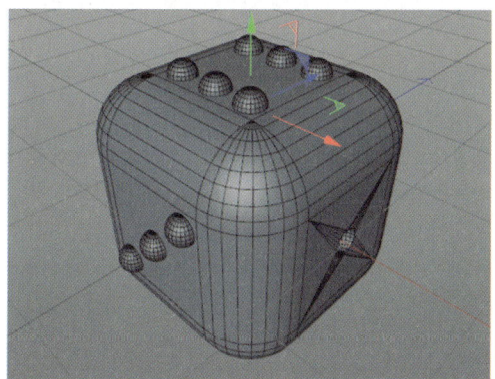

29 이제 앞서 작업한 모든 홈을 파는 도구들에 대해서도 홈이 파이게 하기 위해 홈을 파는 도구를 모두 선택한 후 [우측 마우스 버튼] - [Group Objects]를 선택하여 그룹으로 합쳐줍니다. 이렇게 그룹으로 합쳐놓으면 홈을 파는 도구는 이제 그룹이 되기 때문에 주사위의 모든 면에 홈이 파이게 됩니다.

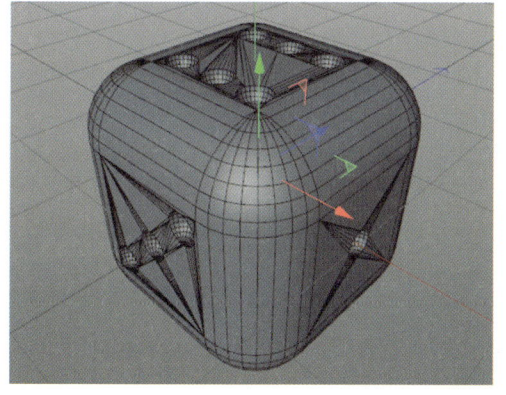

30 앞서 배치한 6개의 홈을 파는 도구 오브젝트들의 간격이 너무 벌어진 것 같아 그림처럼 안쪽으로 당겨줍니다.

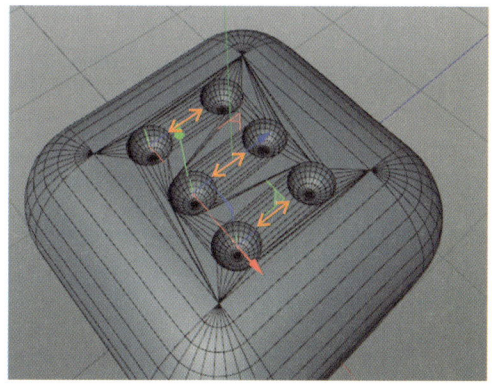

31 이제부터는 재질에 대한 작업을 해봅니다. 먼저 새로운 매터리얼을 생성한 후 매터리얼 에디터를 열여줍니다.

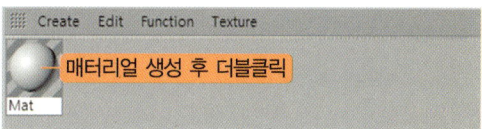

32 매터리얼 에디터에서 작업의 편의를 위해 먼저 이름을 [주사위]로 해준 후 Color 채널에서 컬러를 주사위 몸체에 사용할 색상으로 설정합니다. 필자는 분홍색으로 설정했습니다.

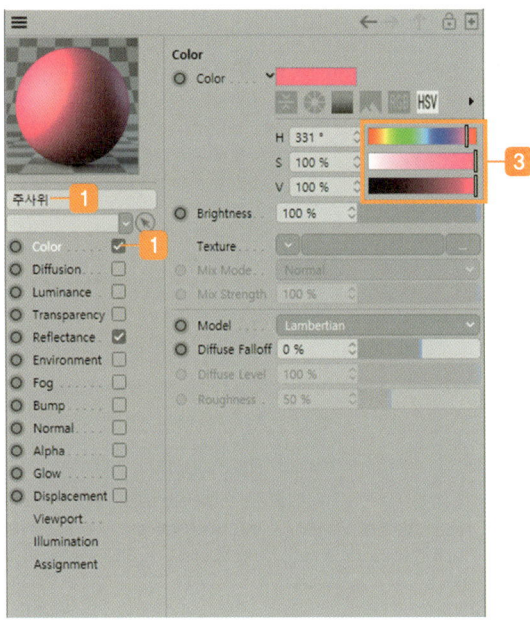

34 계속해서 투명도에 관한 설정을 위해 Transparency 채널을 체크한 후 Color에서 [우측 마우스 버튼] - [Paste]를 선택하여 앞서 복사한 색상을 붙여놓습니다.

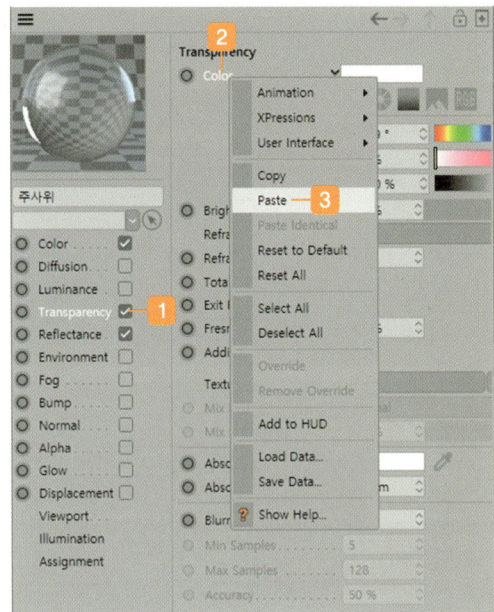

33 방금 설정한 색상을 다른 채널(투명 채널)에서 사용하기 위해 Color에서 [우측 마우스 버튼] - [Copy]를 선택합니다.

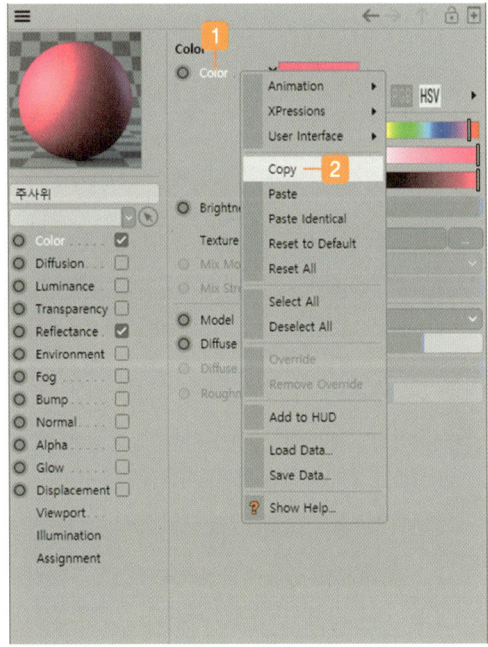

35 투명도 설정을 위해 Brightness 90 정도로 낮춰주고 굴절을 표현하기 위해 Refraction은 4로 설정합니다. 대부분의 투명한 물체는 굴절을 갖고 있기 때문에 리프랙션을 사용하게 됩니다.

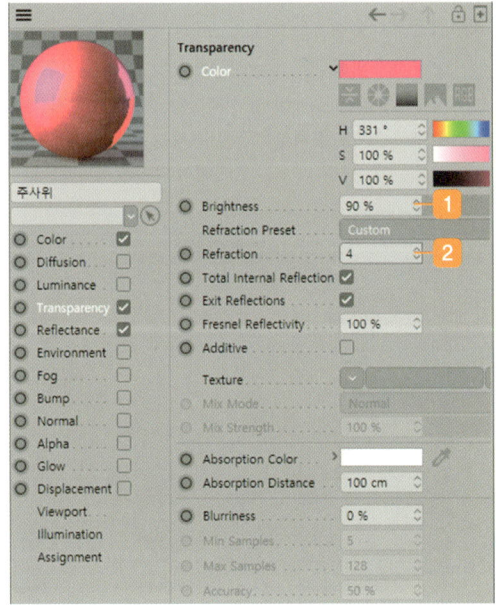

36 이번엔 반사율을 설정하기 위해 Reflectance 채널을 선택한 후 [Add] - [Reflection (Legacy)]를 선택합니다.

39 이번에 사용될 재질의 이름은 [홈]으로 해줍니다. 그리고 컬러 채널에서 색상을 설정합니다. 필자는 연두색으로 설정했습니다.

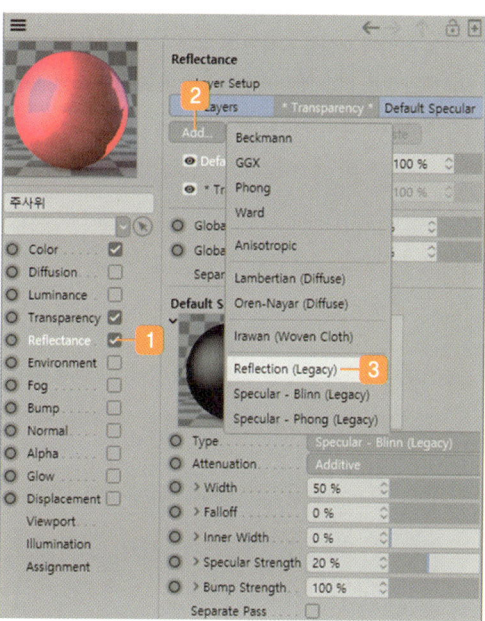

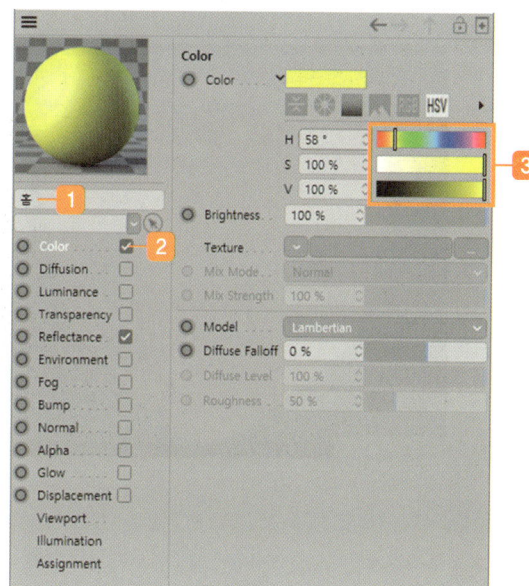

37 이제 방금 설정한 재질을 끌어다 주사위에 적용합니다.

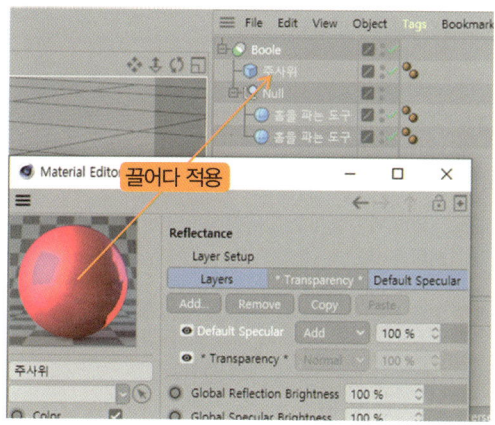

38 이번엔 주사위 홈에 적용될 재질을 새로 만든 후 매터리얼 에디터를 열어줍니다.

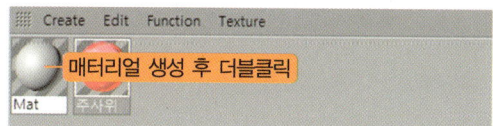

40 주사위 홈에 대한 재질은 반사율과 투명도는 기본 상태를 그대로 사용할 것이기 때문에 이 상태에서 그룹(Null) 오브젝트에 적용합니다. 이것으로 하위의 모든 홈을 파는 도구 오브젝트에도 현재의 재질이 표현됩니다.

주사위 제작 **257**

41 여기서 지금까지의 작업을 렌더 뷰(Ctrl + R)를 해봅니다. 투명한 몸체에 굴절이 자연스럽게 표현됐으며 홈은 불투명하기 때문에 반대쪽에 굴절되어 나타나는 것을 알 수 있습니다. 이제 더욱 사실적인 표현을 위해 환경에 대한 설정을 해봅니다.

렌더 뷰의 모습

42 주사위 재질이 모두 적용됐기 때문에 먼저 불 효과에 의지하지 않고 독립적인 객체로 만들어주기 위해 Boole을 선택한 후 Create single object를 체크합니다. 그다음 [C] 키를 눌러 폴리곤으로 변환합니다.

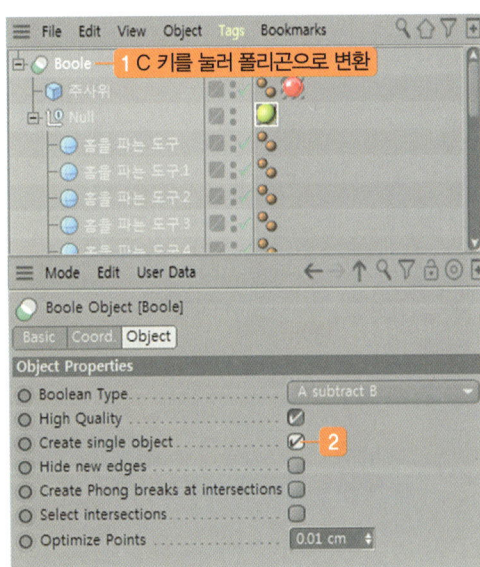

43 Boole이란 이름의 그룹이 생성됐으며 그룹을 열어보면 [주사위-Null]이란 이름으로 단일 폴리곤 오브젝트로 변환됐습니다.

그러나 지금의 과정에 의해 앞서 적용됐던 주사위 홈의 재질이 사라졌습니다. 이제 이 문제를 해결하기 위해 두 번째 선택 태그를 더블클릭하여 주사위 홈을 모두 선택합니다.
불 작업에 재질을 적용한 후 폴리곤으로 변환하면 재질이 적용된 모든 면과 엣지에 선택 태그가 자동으로 생성되기 때문에 작업을 편리하게 할 수 있습니다.

44 선택된 주사위 홈에 홈 매터리얼을 끌어다 적용합니다.

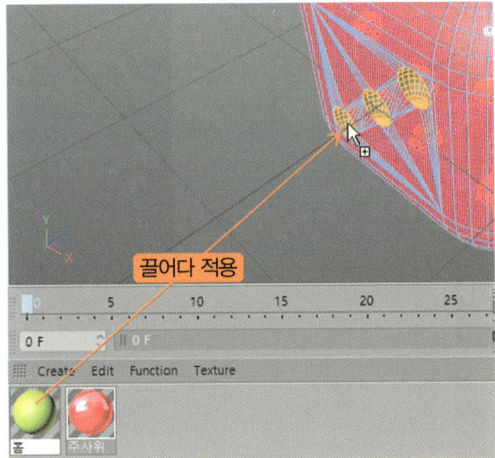

45 이번엔 바닥을 만들기 위해 인바이어런먼트 툴에서 Floor를 선택합니다.

258 오브젝트 제작하기

46 방금 만든 바닥(Floor)를 아래로 내려 주사위 아랫면과 맞닿도록 해줍니다. 이때 앞서 선택된 주사위 홈(폴리곤 선택 모드)이 선택되어있기 때문에 모델 모드로 전환해야 합니다.

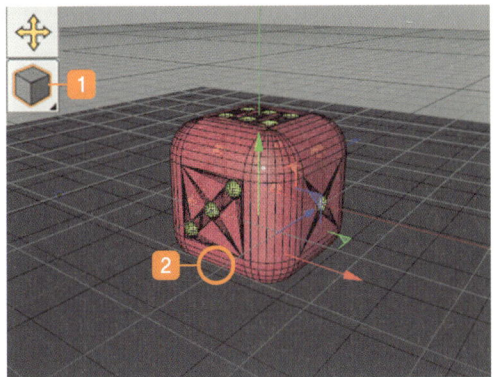

47 바닥에 대한 재질도 필요하기 때문에 새로운 매터리얼을 추가한 후 매터리얼 에디터를 열어줍니다.

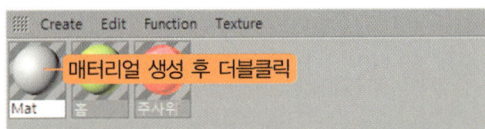

48 매터리얼의 이름은 [바닥과 배경]이라고 해주고 컬러 채널에서 Texture를 Gradient로 선택합니다.

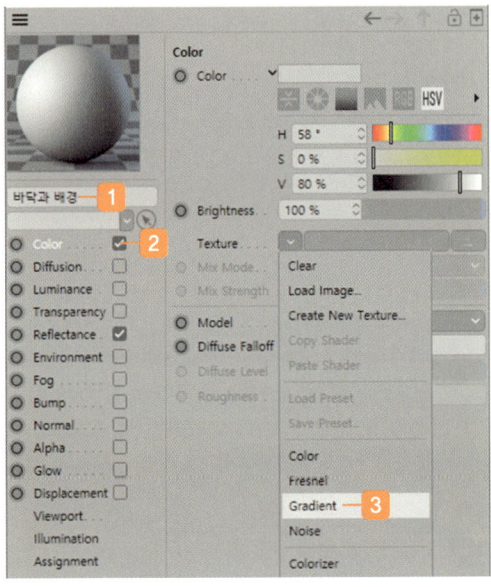

49 그레이디언트에 대한 세부 설정을 위해 Gradient 버튼을 선택하거나 그레이디언트 무늬가 있는 섬네일을 클릭합니다.

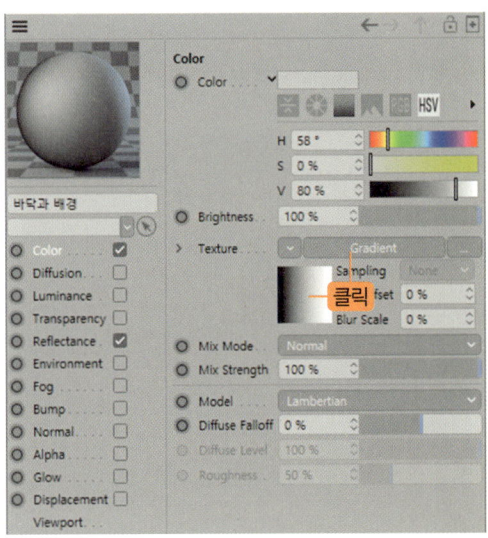

50 셰이더 탭에서 먼저 Type을 2D - Circular로 설정하여 원형 그레이디언트로 설정한 후 Gradient에서 그림처럼 시작 색상을 흰색으로 해주고 끝나는 색상을 밝은 회색으로 설정합니다.

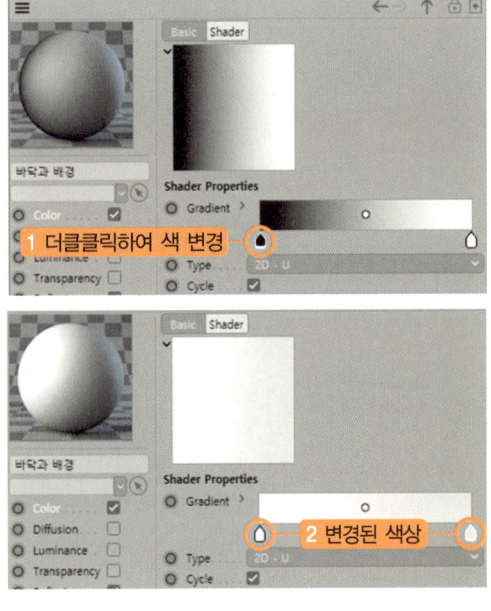

51 계속해서 반사율에 대한 설정을 위해 Reflectance 채널을 선택

주사위 제작 **259**

한 후 [Add] - [Reflection (Legacy)]를 선택합니다.

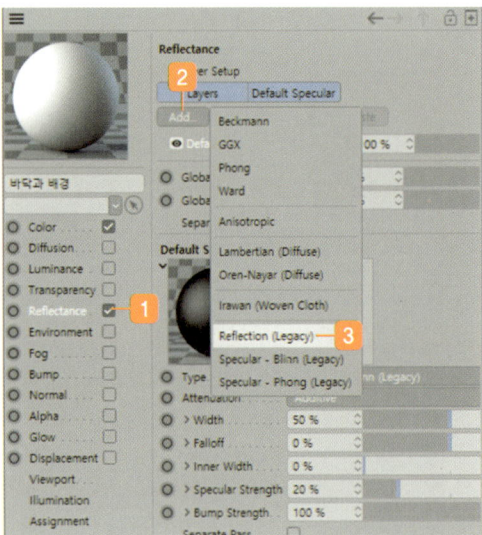

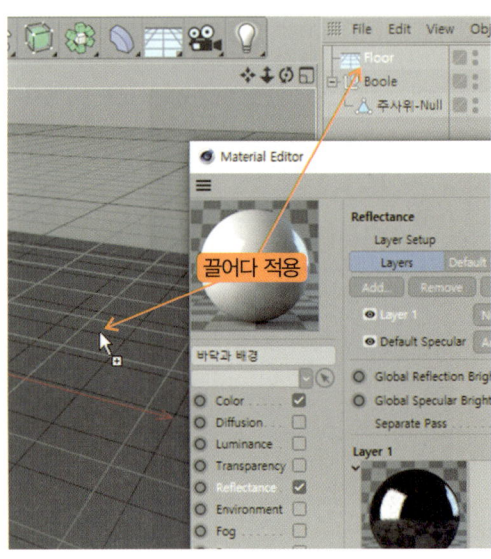

52 바닥의 반사율은 15 정도로 낮춰서 주사위의 모습이 살짝만 나타나도록 해줍니다.

54 바닥의 모습을 확인하기 위해 렌더 뷰(Ctrl + R)를 해봅니다. 바닥에 주사위의 모습이 살짝 비추는 것은 문제가 없는데 그 레이디언트 무늬가 너무 작고 연속적으로 보이기 때문에 수정이 필요합니다.

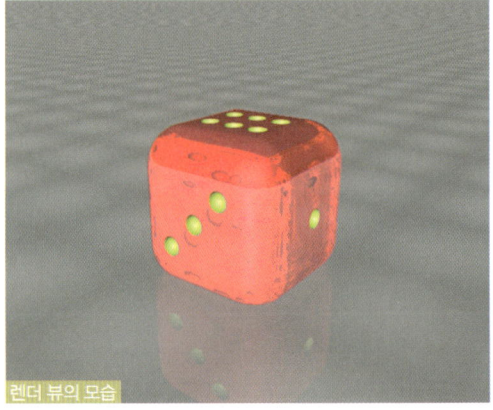

53 이제 바닥과 배경 매터리얼을 끌어다 뷰포트에 있는 바닥(Floor)에 적용하거나 오브젝트 매니저에 있는 바닥에 적용합니다.

55 플로어에 적용된 매터리얼 텍스처 태그를 선택한 후 어트리뷰트 매니저에서 Projection을 Frontal로 설정합니다. 프로젝션을 프런트로 설정하면 오브젝트의 모양과는 상관없이 뷰 포트에서 보여지는 방향이 그대로 오브젝트(바닥)에 표현됩니다. 이 부분은 나중에 보다 자세히 살펴볼 것입니다.

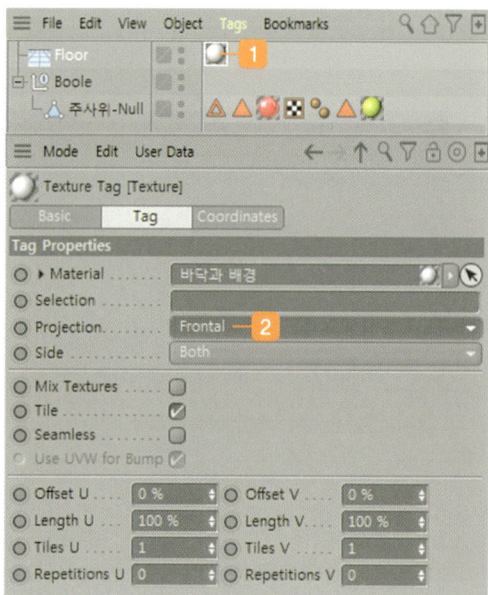

58 앞서 플로어에 적용된 매터리얼 텍스처를 백그라운드에 복제를 해줍니다. 이것으로 백그라운드와 플로어가 같은 재질을 사용하게 됐습니다.

56 다시 렌더 뷰를 통해 확인해보면 여러 무늬였던 그레이디언트가 하나로 표현되는 것을 알 수 있습니다.

59 이번엔 조명을 설치해봅니다. 라이트 툴에서 기본 조명인 Light를 적용합니다.

57 이제 배경에 대한 작업을 하기 위해 인바이어런먼트 툴에서 Background를 선택합니다. 이후의 작업은 바닥과 배경을 같은 재질을 통해 하나의 공간처럼 느껴지게 해줄 것입니다. 이와 같은 작업을 카메라 매치라고 합니다.

60 조명의 위치는 그림처럼 주사위 우측 상단으로 배치하고 그림자를 표현하기 위해 General 탭에서 Shadow를 Shadow Maps (Soft)로 설정합니다. 지금의 작업에서는 주사위가 투명하고 굴절이 있기 때문에 이것을 잘 표현하기 위해 조명을 우측으로 조금 더 이동하여 그림자의 꼬리가 길어지도록 하는 것이 좋습니다.

주사위 제작 **261**

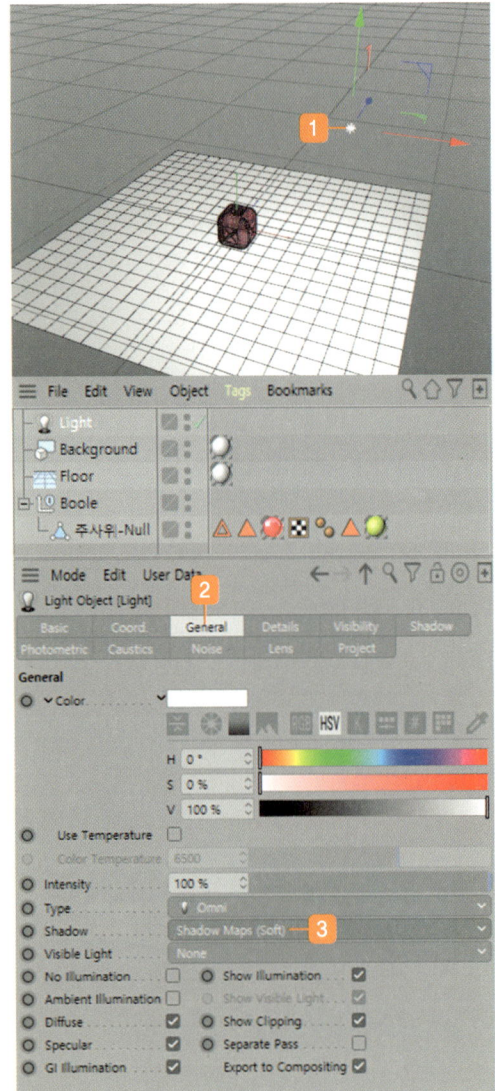

렌더 뷰의 모습

62 플로어 오브젝트에서 [우측 마우스 버튼] - [Render Tags] - [Compositing]을 선택합니다. 컴포지팅은 카메라의 모습을 뷰포트에서 보이게 하거나 숨길 때도 사용하지만 지금처럼 바닥과 배경을 일치시킬 때도 사용됩니다.

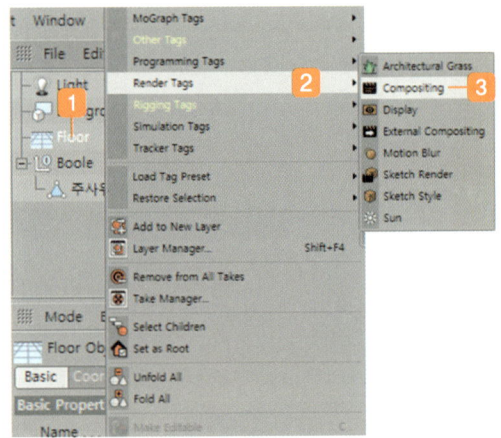

61 주사위가 거의 정면에 보이도록 뷰포트 앵글을 설정한 후 렌더 뷰(Ctrl + R)를 해봅니다. 조명에 의해 그림자가 잘 표현됐으며 투명한 주사위이기 때문에 주사위 색상인 분홍색이 그림자로 잘 묻어 나왔습니다. 그런데 뒤의 배경을 보면 바닥과 일치되지 않는 것을 알 수 있습니다. 이제 바닥과 배경이 완전히 일치되도록 해주어야 합니다.

63 컴포지팅의 어트리뷰트 매니저의 Tag 탭에서 Compositing Background를 체크합니다. 그러면 컴포지팅 태그가 적용된 플로어의 모습(매터리얼)이 배경과 일치됩니다. 이것은 뷰포트의 방향이 달라져도 항상 일치하게 됩니다.

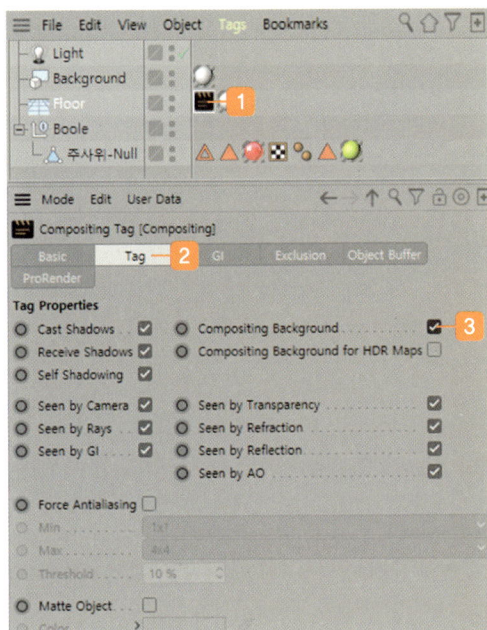

66 이번 환경 매터리얼(맵)은 앞서 프리셋에 등록한 것을 이용해 봅니다. 매터리얼 패널에서 [Create] – Load Material – [User] – [Materials] – [스카이]를 선택합니다.

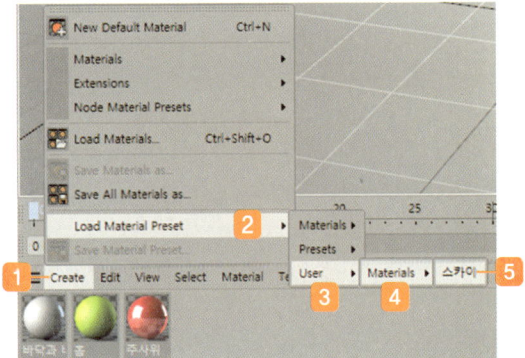

64 다시 렌더 뷰를 해봅니다. 그러면 바닥과 배경에 적용된 그레이디언트 무늬의 매터리얼이 완전히 일치되어 같은 공간처럼 느껴집니다. 그리고 전체적으로 밝아진 것을 알 수 있습니다. 이렇듯 바닥 혹은 특성 오브젝트와 배경의 매터리얼을 일치시키기 위해서는 컴포지팅의 컴포지팅 백그라운드 기능의 중요하게 사용됩니다.

67 이제 앞서 적용한 환경 맵(Mat.1)을 끌어다 Sky에 갖다 적용합니다. 이것으로 환경맵 작업까지 끝났습니다.

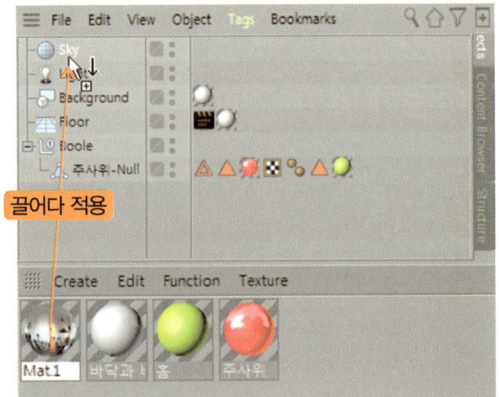

65 이제 마지막으로 주변 환경을 만들어주기 위해 인바이어런먼트 툴에서 Sky를 적용합니다.

주사위 제작 **263**

68 환경 맵이 적용된 후에 렌더 뷰를 통해 확인해보면 주사위 표면에 환경이 비쳐지기 때문에 훨씬 생동감이 느껴집니다. 이전의 환경 맵이 없었을 때와 비교해보면 많은 차이가 있는 것을 알 수 있습니다. 그런데 지금의 상태는 바닥에도 비쳐지는 환경의 모습은 없었으면 합니다.

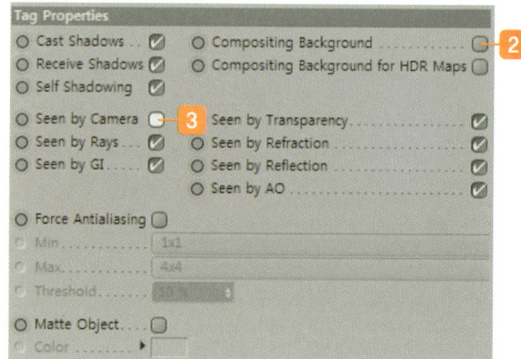

환경 맵이 적용된 후의 렌더 뷰 모습

환경 맵이 없는 상태에서의 렌더 뷰 모습

70 계속해서 Exclusion 탭으로 이동한 후 Mode가 Exclude인 상태에서 플로어를 끌어다 이 곳에 갖다 놓습니다. 이것으로 스카이의 모습은 플로어에는 비쳐지지 않게 됩니다. 이와 같은 방법을 사용하여 특정 오브젝트의 모습을 특정 오브젝트의 표면에 보이지 않도록 할 수 있습니다.

69 이번에도 역시 컴포지팅 태그가 필요합니다. 여기에서는 앞서 적용된 컴포지팅 태그를 Sky에 복제해서 사용합니다. 그다음 Compositing Background는 필요 없기 때문에 해제하고 Seen by Camera도 해제하여 뷰포트 배경에서 보이지 않도록합니다.

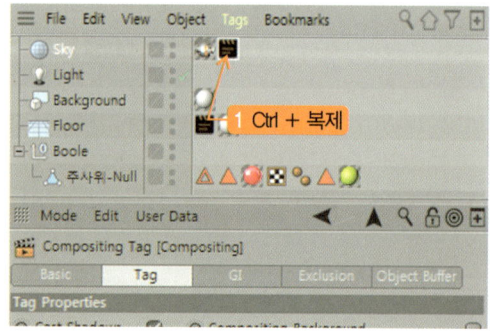

71 다시 렌더 뷰를 통해 확인해봅니다. 주사위 표면에선 환경 맵의 모습이 비쳐지지만 바닥에는 환경 맵의 모습이 비쳐지지 않습니다. 실제는 바닥도 반사율이 있기 때문에 환경 맵이 비쳐지겠지만 지금처럼 흰색 바닥과 배경에서는 환경 맵의 모습이 보이면 느낌이 좋지않기 때문에 사용하지 않는 것이 좋습니다.

렌더 뷰의 모습

최종 렌더 뷰의 모습

72 하나의 주사위만 사용하니 왠지 허전해 보입니다. 먼저 Boole 그룹에서 주사위를 독립시키고 불은 삭제합니다. 그다음 주사위를 하나 더 복제합니다.

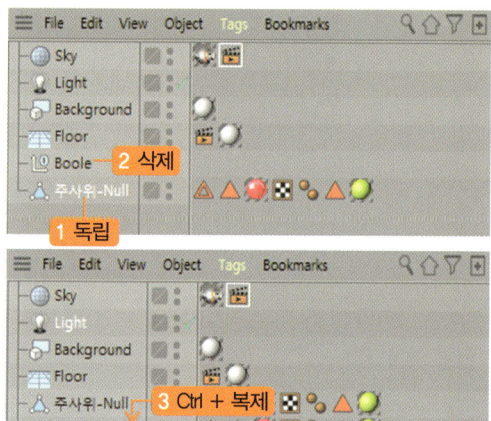

73 복제된 주사위 오브젝트를 그림처럼 뒤쪽으로 이동한 후 주사위 숫자도 서로 다르게 나타나도록 회전해줍니다. 그리고 다시 렌더 뷰를 통해 확인해보면 하나의 주사위보다 안정적인 느낌이 듭니다. 이처럼 하나의 오브젝트보다 여러 개의 오브젝트가 있을 때 보다 자연스럽게 느껴지는 경우가 있기 때문에 씬을 설정할 때 이 부분까지 신경을 써야 합니다. 지금까지 불(Boole)을 이용하여 주사위를 표현해보았습니다. 학습이 끝난 후 여러분은 구멍이나 홈이 들어간 오브젝트가 무엇이 있는지 생각해 보며 표현을 해보기 바랍니다.

07

마우스 제작

마우스나 사람, 동물 등과 같은 사물은 거울에 비친 것처럼 좌우 대칭이 되는 모습으로 되어있습니다. 이러한 작업에서 시머트리(Symmetry)를 이용하면 좌우 어느 반쪽만 제작하는 것만으로 나머지 반쪽을 자동으로 표현할 수 있습니다.

마우스 모델링

마우스의 모습을 상상하며 만들 수도 있겠지만 이번에는 탑(Top), 라이트(Right), 프런트(Front) 세 방향 뷰의 배경에 마우스의 각 방향의 모습이 있는 이미지를 깔아놓고 작업을 해봅니다.

01 먼저 마우스의 전체의 모양을 잡기 위해 [F3] 키를 눌러 라이트 뷰포트로 설정한 후 이 뷰포트에 마우스의 측면 모습이 있는 이미지를 배경에 깔아놓기 위해 [Options] - [Configure(컨피규어)] 메뉴를 선택합니다.

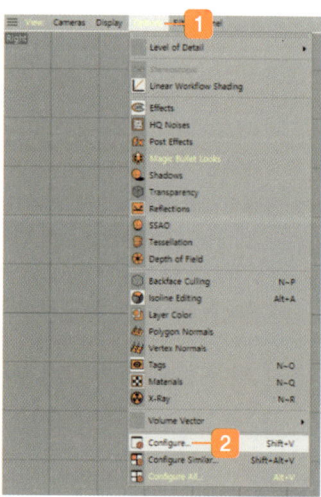

02 컨피규어의 어트리뷰트 매니저에서 Back 탭으로 이동한 후 배경에 깔아놓을 이미지를 불러오기 위해 Image의 로드 이미지 버튼을 클릭합니다.

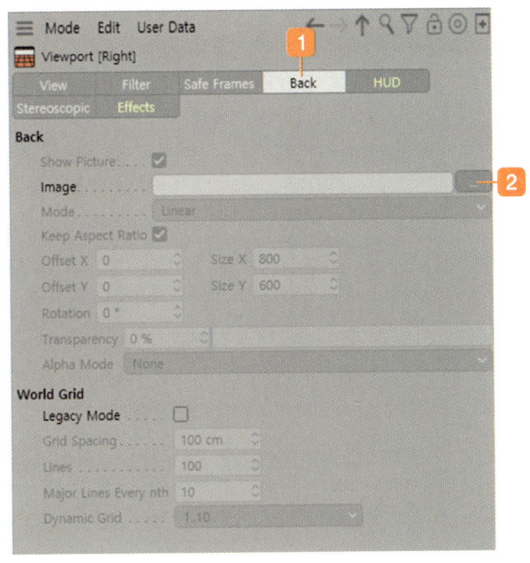

03 학습자료 폴더의 맵소스 폴더에서 [마우스 옆면.jpg] 파일을 불러옵니다.

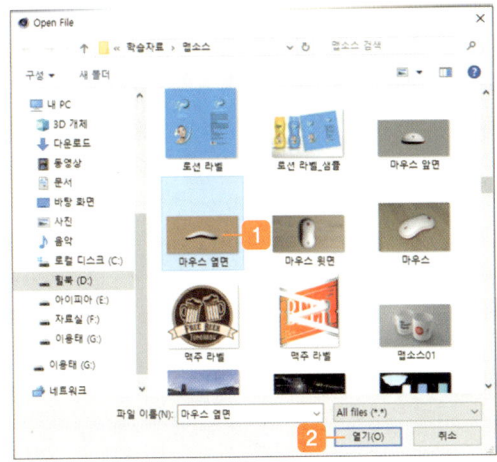

04 방금 불러온 배경 이미지가 너무 밝기 때문에 Transparency(트랜스페어런시) 값을 70 정도로 늘려서 이미지를 흐리게(투명하게) 해놓습니다.

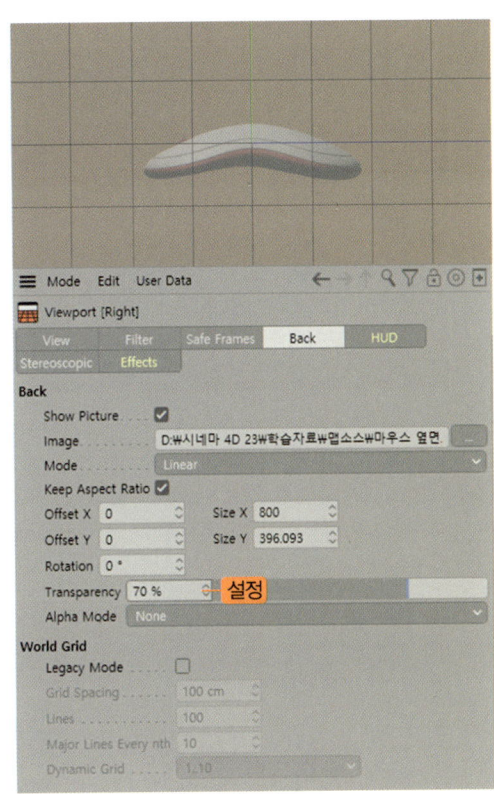

05 이제 앞서 불러온 배경의 마우스를 보면서 같은 모습이 되도록 작업을 시작합니다. 먼저 아래쪽 모습을 표현하기 위해 오브젝트 툴에서 Cube을 적용합니다.

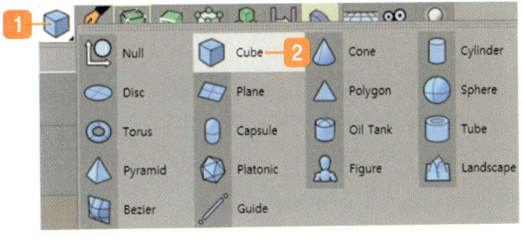

06 모델 툴과 무브 툴을 사용하여 그림처럼 납작한 모습으로 조절하고 마우스 아래쪽에 맞춰줍니다. 큐브 오브젝트의 크기는 주황색 조절 포인트를 이용하며 아직까지는 세그먼트 설정은 하지 않습니다.

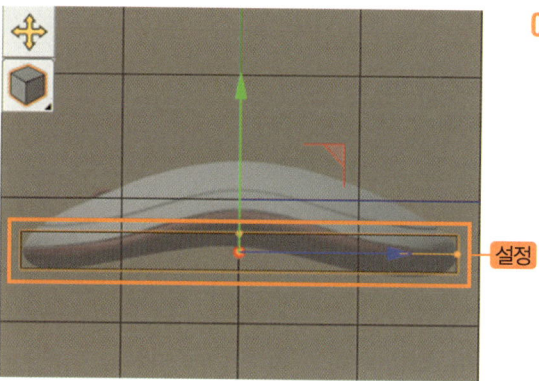

08 방금 불러온 이미지는 앞서 적용한 큐브 오브젝트보다 작기 때문에 Size XY축과 Offset Y축을 설정하여 크기와 위치를 그림처럼 큐브에 맞춰줍니다.

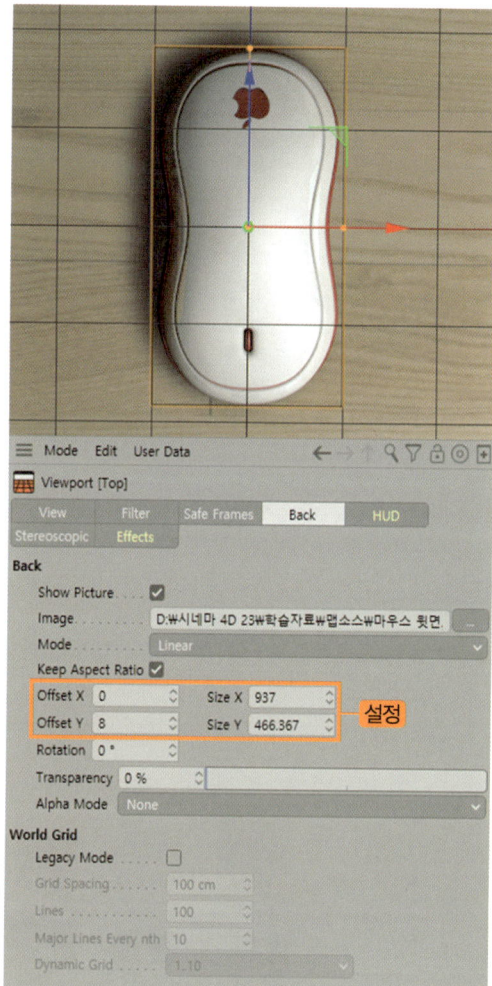

07 이번엔 [F2] 키를 눌러 탑 뷰로 전환한 후 앞선 작업처럼 컨피규어의 어트리뷰트 매니저에 배경에 적용할 이미지를 불러옵니다. 탑 뷰에는 [마우스 윗면.jpg] 파일을 불러옵니다.

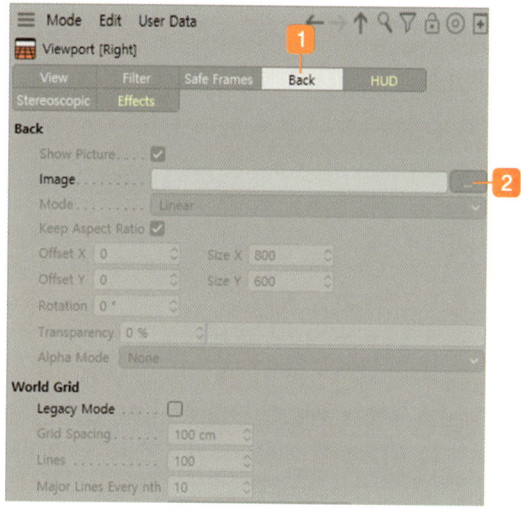

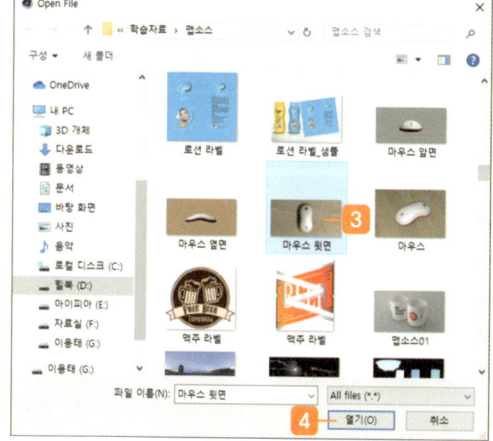

09 다시 [F1] 키를 눌러 퍼스펙티브 뷰포트로 이동한 후 세그먼트를 볼 수 있도록 [Display] - [Gouraud Shading (Lines)]를 선택합니다. 그다음 큐브 오브젝트의 어트리뷰트 매니저의 Object 탭에서 Segments X를 2, Segments Z를 4로 설정합니다. 세그먼트 축을 2개로 나눈 이유는 대칭이 되는 반쪽만 작업을 하기 위해서입니다.

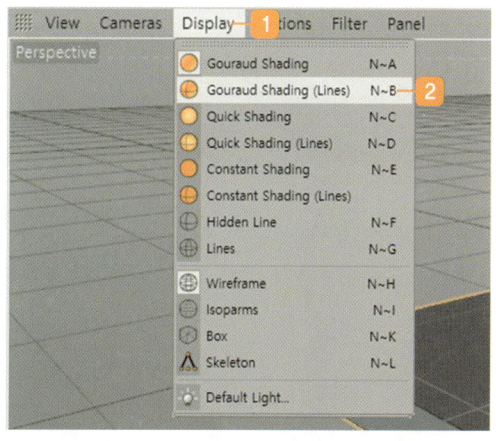

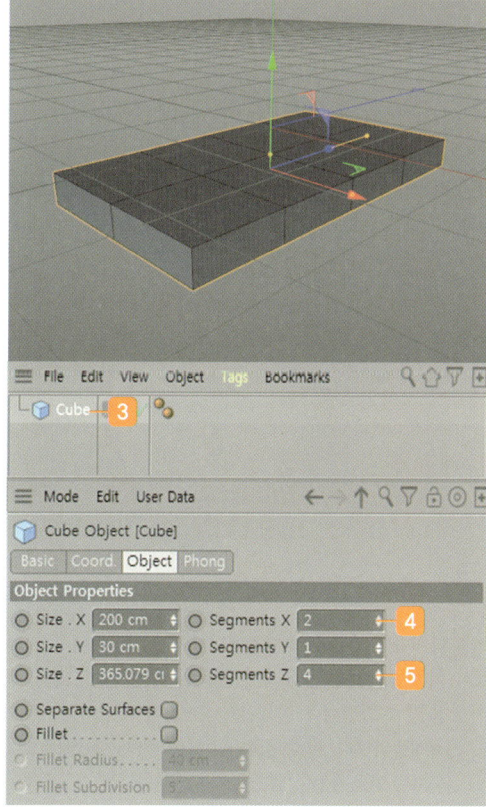

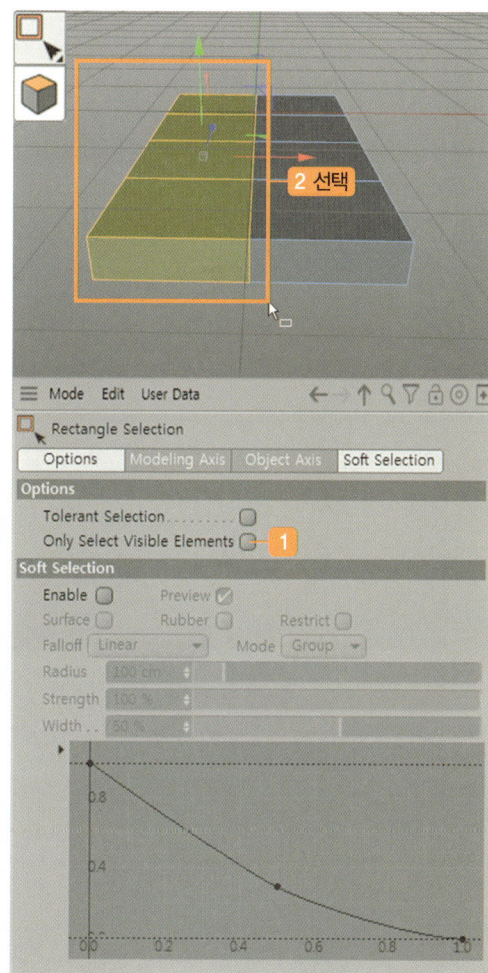

11 이제 [Delete] 키를 눌러 방금 선택한 좌측의 폴리곤들을 삭제합니다.

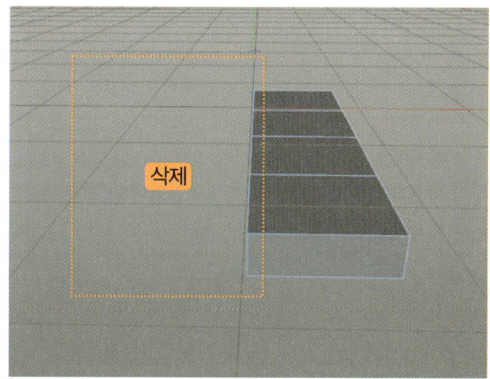

10 시머트리를 사용하기 위해 큐브의 반쪽은 삭제해야 합니다. 큐브를 폴리곤 오브젝트로 변환(C 키를 누름)하고 폴리곤 툴과 렉탱글 툴을 사용하여 그림처럼 좌측 반쪽을 모두 선택합니다. 이때 보이지 않는 뒤쪽부분도 선택되어야 하기 때문에 Only Select Visible Elements를 체크 해제한 후 선택해야 합니다.

마우스 제작 **269**

12 F2 키를 눌러 탑 뷰로 전환한 후 마우스 앞쪽 모서리의 모양을 곡선으로 편집하기 위해 포인트 툴과 선택 툴 그리고 무브 툴을 사용하여 그림과 같이 포인트를 선택한 후 마우스 모양에 맞게 이동합니다. 이때 보이지 않는 뒤쪽의 포인트도 같이 선택되어야 합니다.

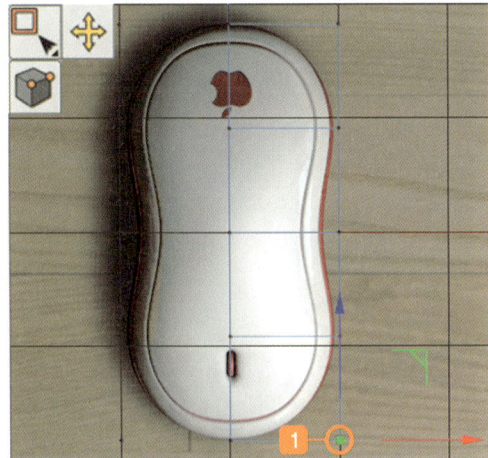

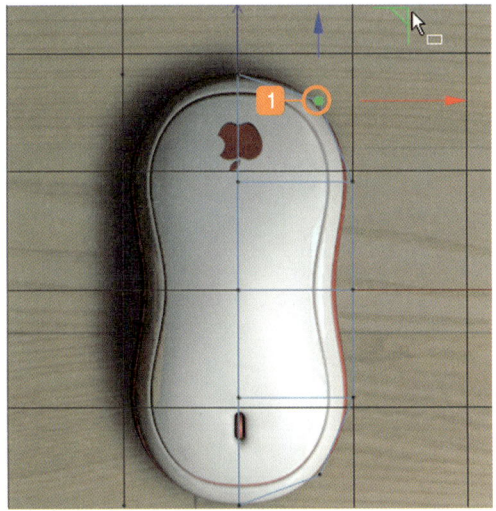

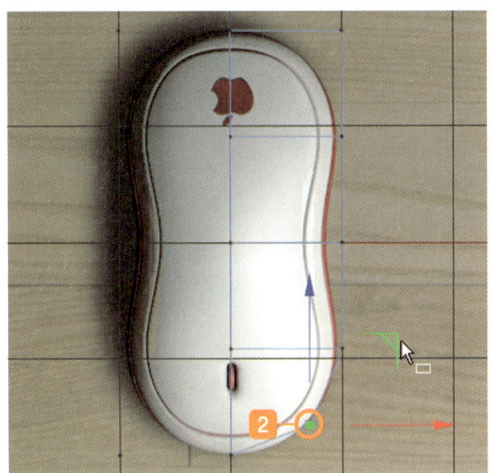

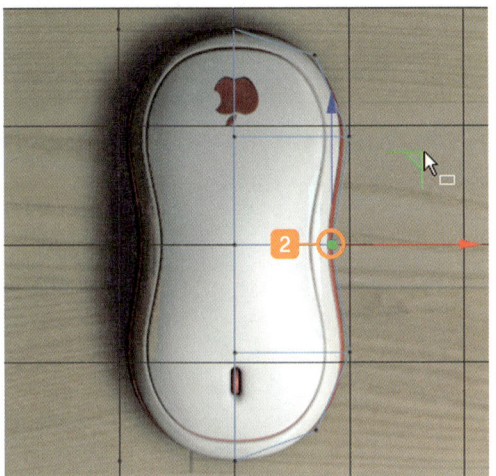

13 계속해서 마우스 뒤쪽 모서리의 포인트도 같은 방법으로 선택한 후 그림처럼 마우스 모양에 맞게 이동합니다. 그다음 중간 지점에 있는 포인트를 선택한 후 마우스의 중간 부분에 쏙 들어간 허리 부분의 모양에 맞게 이동합니다. 이것으로 마우스의 기본 형태를 잡았습니다.

14 다시 [F1] 키를 눌러 퍼스펙티브 뷰로 전환합니다. 전환한 후의 모습을 보면 앞서 삭제된 좌측 부분에 포인트들이 있는 것을 알 수 있습니다. 폴리곤을 삭제했을 때 남아있는 포인트의 잔재들입니다. 이것은 폴리곤 툴이 선택됐을 때는 보이지 않다가 포인트 툴을 선택했을 때 나타나게 됩니다. 먼저 이 불필요한 포인트들을 삭제하기 위해 앞서 선택됐던 중간 지점의 선택된 포인트를 해제(Ctlr + Shift + A)한 후 [Mesh] - [Commands] - [Optimize] 메뉴 우측에 있는 셋팅 버튼을 선택합니다. 옵티마이즈 설정 창이 열리면 Unused Points가 체크된 것을 확인하고 OK 버튼을 클릭합니다.

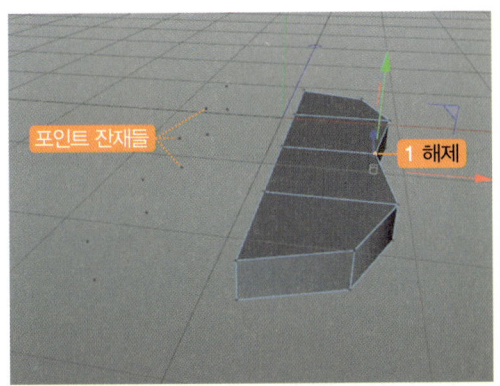
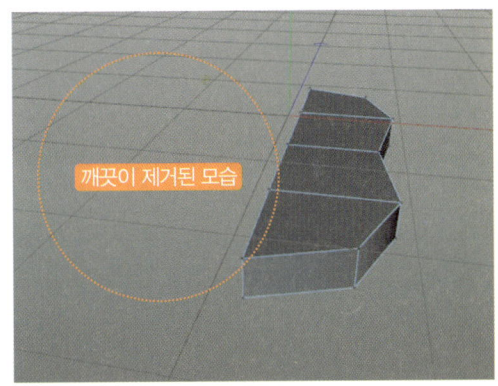

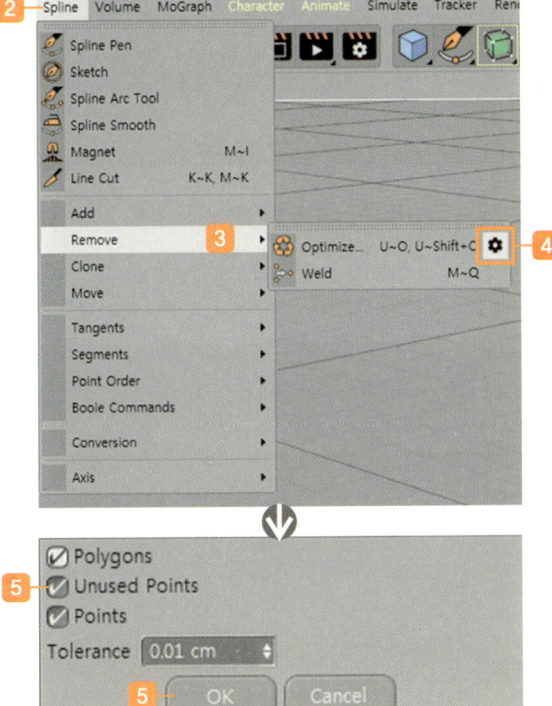

15 옵티마이즈 설정 후 확인해보면 사용되지 않는 불필요한 포인트들이 깨끗이 삭제된 것을 알 수 있습니다.

16 폴리곤 툴과 라이브 선택 툴을 사용하여 그림처럼 마우스(큐브) 오브젝트의 상단 부분의 모든 폴리곤을 선택합니다. 이때 보이지 않는 부분이 선택되면 안 됩니다.

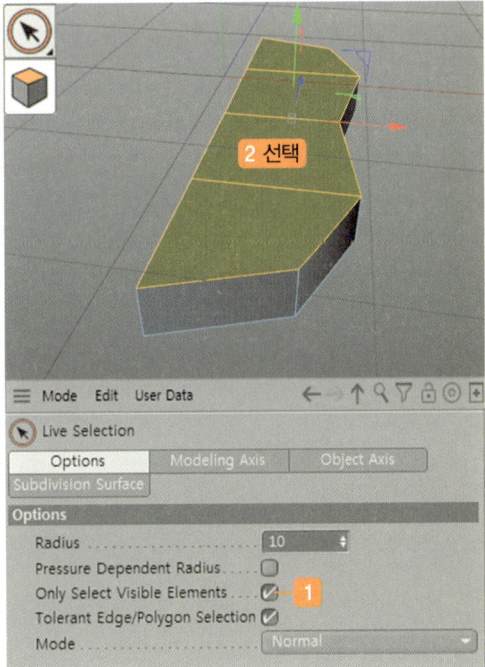

17 [F5] 키를 눌러 4분할 뷰로 전환한 후 [M~T] 키를 눌러 익스트루드 툴을 선택하여 앞서 선택된 위쪽 폴리곤들을 그림처럼 위쪽으로 돌출시킵니다.

마우스 제작 **271**

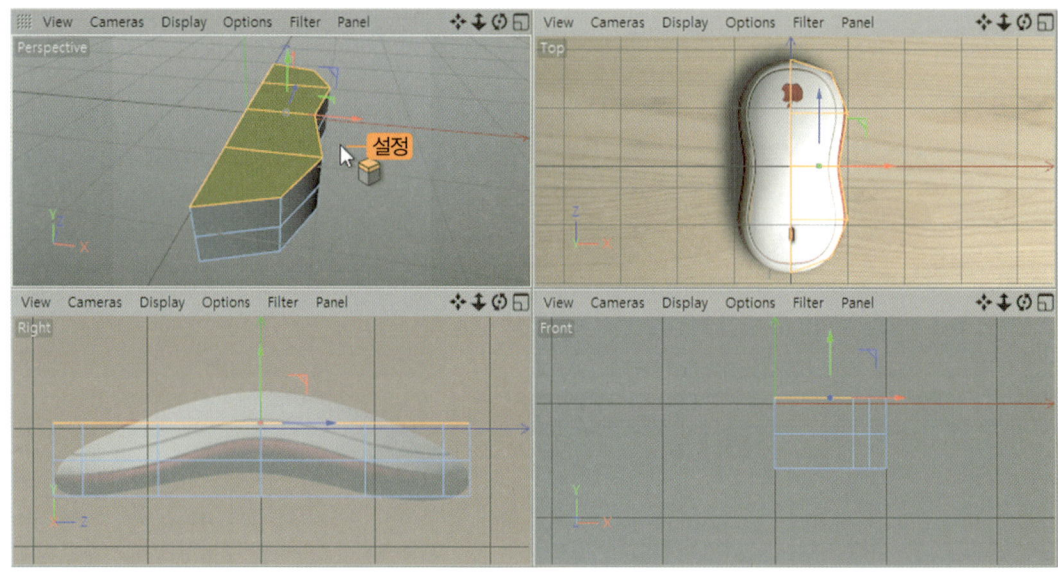

18 계속해서 [F3] 키를 눌러 라이트 뷰로 전환한 후 포인트 툴을 사용하여 마우스의 모양에 맞게 편집을 해줍니다. 먼저 그림처럼 마우스 앞쪽 두 번째 지점의 포인트를 선택합니다. 이때 Only Select Visible Elements를 해제하여 보이지 않는 뒤쪽의 포인트도 선택합니다.

19 방금 선택된 2개의 포인트를 그림처럼 마우스의 모양에 맞게 이동합니다.

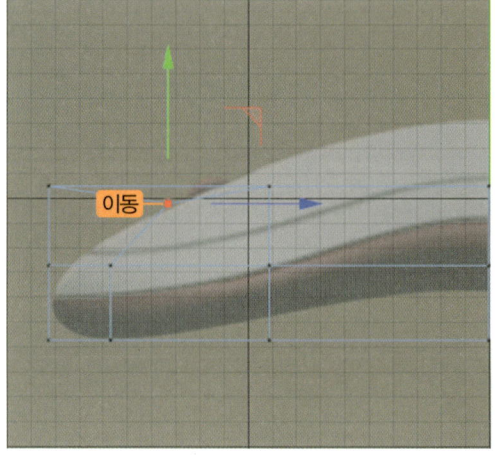

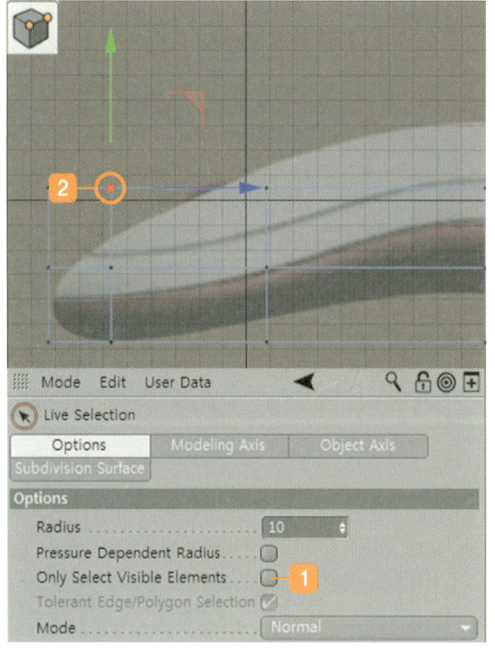

20 이번엔 마우스 앞쪽의 포인트 2개를 모두 선택한 후 그림처럼 아래로 내려 마우스 모양에 맞게 해줍니다. 지금의 작업은 마우스의 완전한 모양을 위한 것이 아니라 대략적인 모양을 잡아주는 작업입니다.

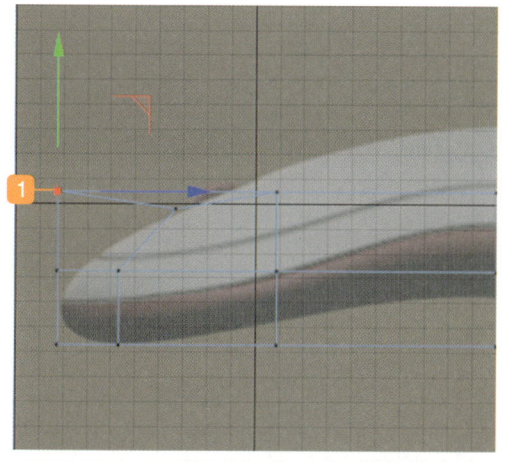

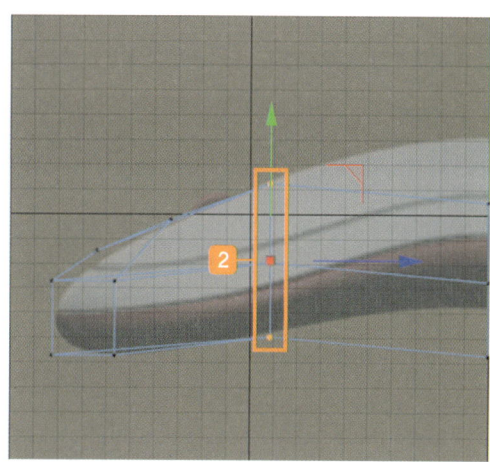

22 이번엔 마우스 가운데 봉긋하게 올라온 부분의 모양을 만들기 위해 그림처럼 가운데 포인트를 모두 선택한 후 위쪽으로 올려서 모양에 맞춰줍니다.

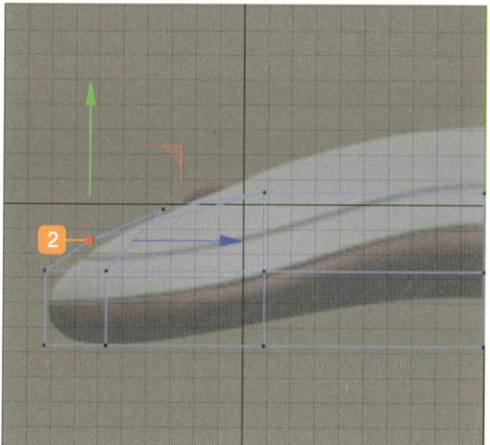

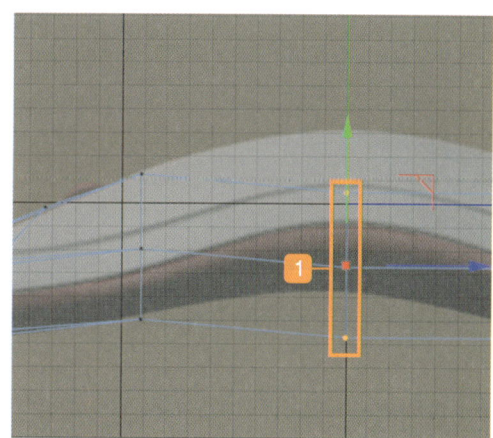

21 계속해서 앞쪽에서 세 번째 지점의 수직으로 있는 3개(보이지 않는 포인트까지 총 6개)의 포인트를 선택한 후 그림처럼 위쪽으로 올려 마우스의 모양에 맞게 해줍니다.

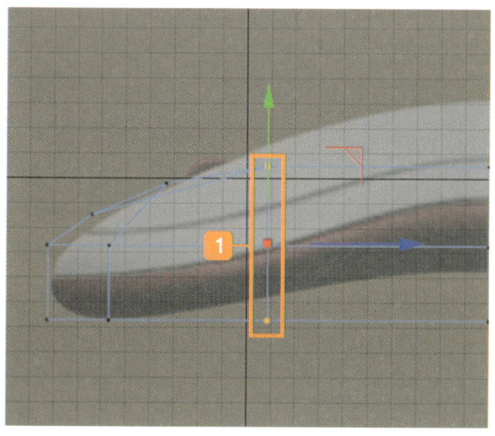

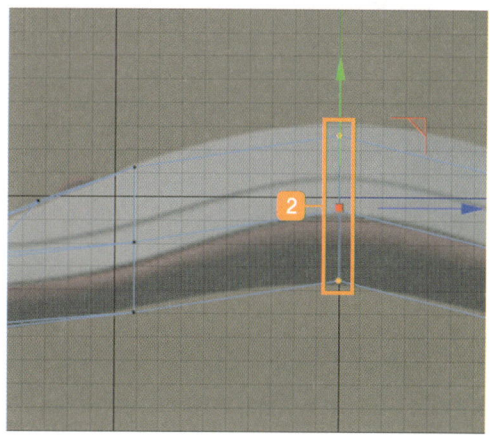

23 계속해서 이번엔 마우스 뒤쪽 부분의 모양을 편집합니다. 위쪽의 포인트들을 그림처럼 마우스 모양에 맞게 이동합니다.

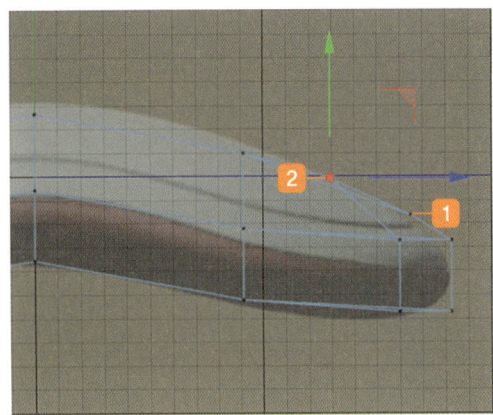

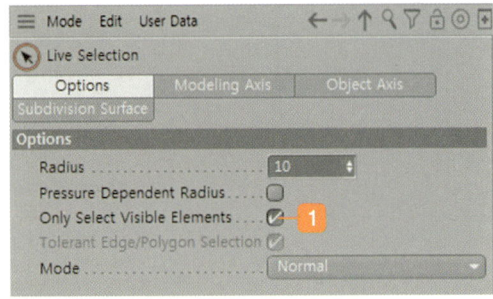

24 이제 나머지 포인트들도 그림처럼 마우스 모양에 맞게 이동합니다.

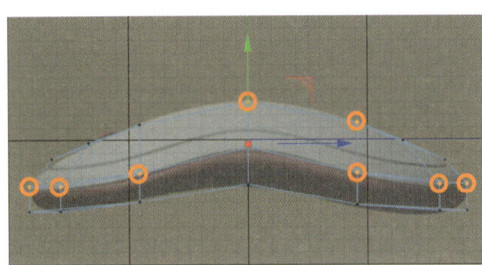

26 [F4] 키를 눌러 프런트 뷰로 전환한 후 프런트 뷰 배경에도 이미지를 깔아놓고 작업을 하기 위해 [Options] - [Configure]를 선택합니다. 컨피규어 어트리뷰트 매니저의 Back 탭에서 Image의 로드 이미지를 선택합니다.

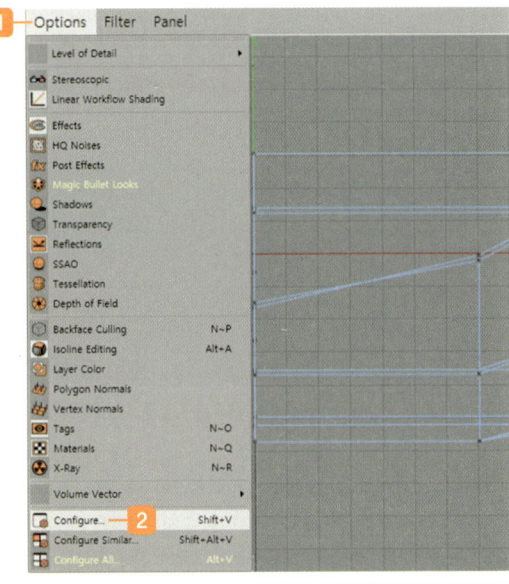

25 다시 퍼스펙티브 뷰로 전환한 후 마우스 위쪽부분의 모양을 편집하기 위해 그림처럼 가운데 지점에 있는 3개의 포인트를 선택합니다. 이때 보이지 않는 뒤쪽 포인트는 선택되지 않도록 합니다.

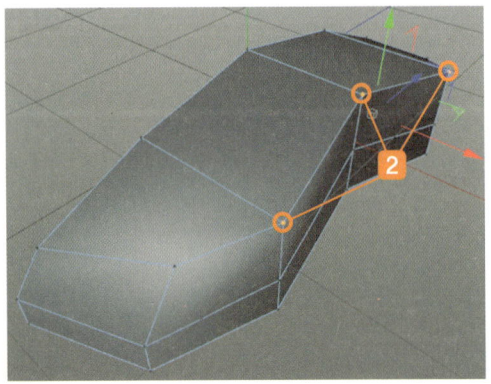

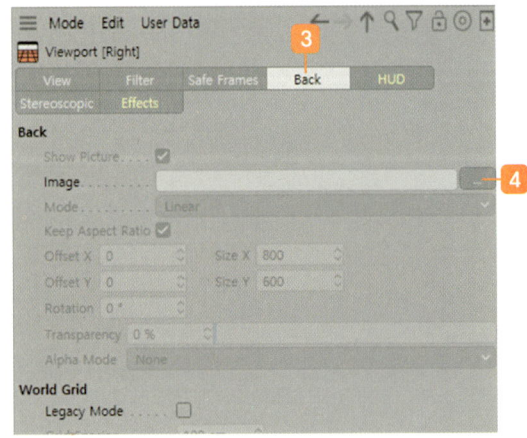

27 학습자료 폴더에서 맵소스 폴더에 있는 [마우스 앞면.jpg] 파일을 불러옵니다.

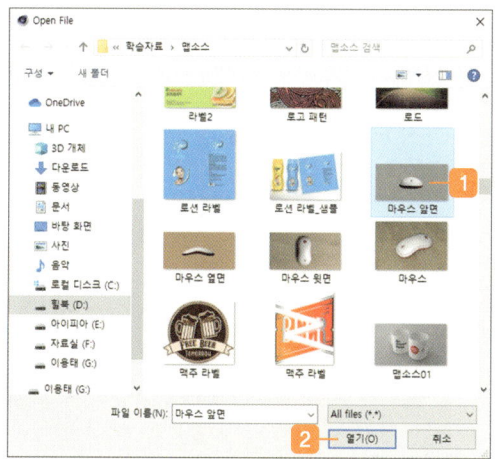

28 방금 불러온 마우스 앞면 이미지의 크기와 위치를 작업 중인 오브젝트의 크기와 위치에 맞춰줍니다.

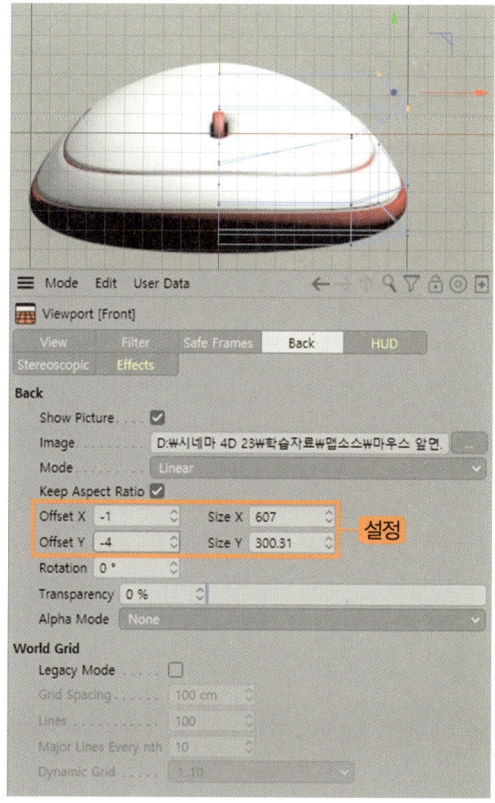

29 이제 앞서 선택된 마우스 우측 상단의 포인트들을 그림처럼 배경에 깔린 마우스의 모양에 맞게 이동합니다.

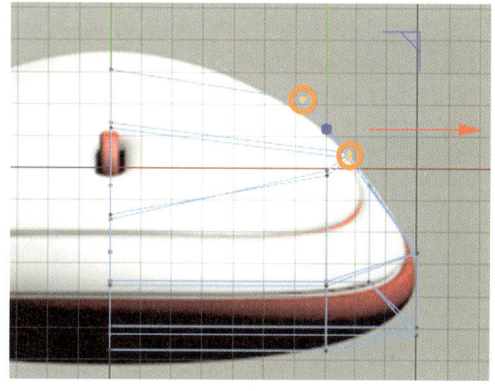

30 계속해서 앞서 작업한 마우스 반쪽을 찾을 차례입니다. 제너레이터 툴에서 Symmetry(시머트리)를 적용합니다.

31 방금 적용된 시머트리 하위에 앞서 작업하던 큐브 오브젝트를 종속시킵니다. 그러면 좌측에 마우스 우측 부분이 생겨납니다. 이렇듯 시머트리는 대칭이 되는 오브젝트의 반쪽을 자동으로 생성하여 효율적인 작업을 할 수 있도록 하며 데이터의 용량을 줄이는데 일조를 합니다.

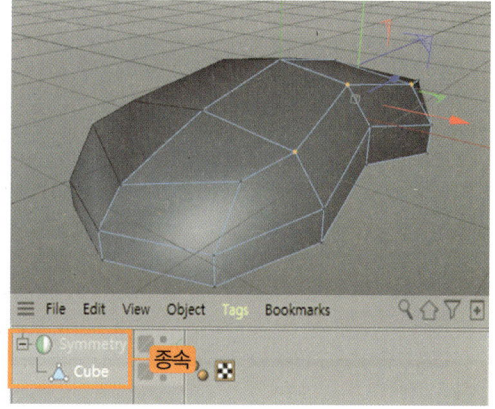

마우스 제작 **275**

> **알아두기**
>
> **시머트리에 대하여**
>
> 시머트리는 좌우 대칭이 되는 오브젝트의 반쪽을 만드는 것만으로도 나머지 반쪽을 완성할 수 있는 유용한 기능입니다. 그러나 자칫 만든 오브젝트의 방향이 일치가 되지 않으면 엉뚱한 곳에 반쪽 부분이 생성되기도 하기 때문에 시머트리의 어트리뷰 매니저에서 Mirror Plane의 방향을 설정해야 합니다. 대칭 지점의 가상 오브젝트와 실제 오브젝트를 하나로 합치기 위해서는 Weld Points가 체크되어야 하며 합쳐지는 포인트 거리는 Tolerance에서 설정합니다.
>
>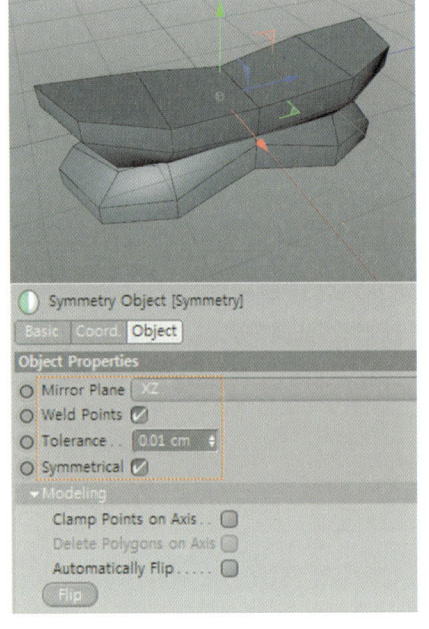

33 잠시 시머트리를 해제한 후 회전하여 접점 부분을 확인해보면 안쪽에 면이 있는 것을 알 수 있습니다. 이렇듯 시머트리를 사용할 때 가운데 접점 부분에 폴리곤이 있으면 모양이 자연스럽게 연결되지 않습니다. 지금의 폴리곤은 앞서 익스트루드를 통해 마우스 상단 부분을 끌어 올릴 때 생긴 것입니다.

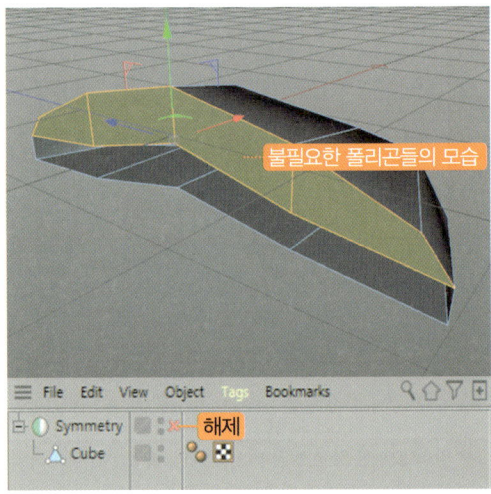

32 여기서 [Ctrl] + [R] 키를 눌러 렌더 뷰를 해봅니다. 그런데 마우스의 가운데 부분(시머트리에 의해 연결된 지점)의 선이 도드라지게 튀어나왔습니다.

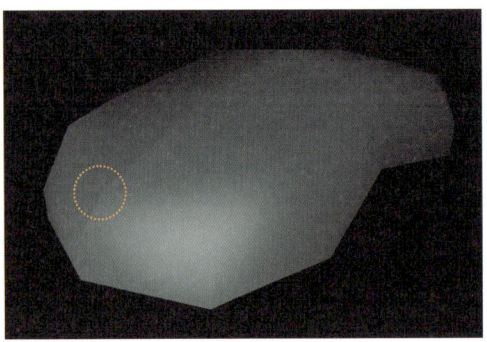

34 이제 불필요한 접점 부분의 폴리곤들은 모두 선택한 후 Delete 키를 눌러 삭제합니다.

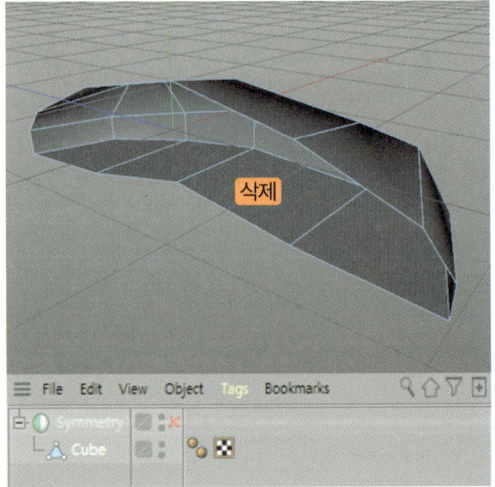

35 가운데 불필요한 폴리곤들은 삭제했기 때문에 해제했던 시머트리를 다시 켜줍니다.

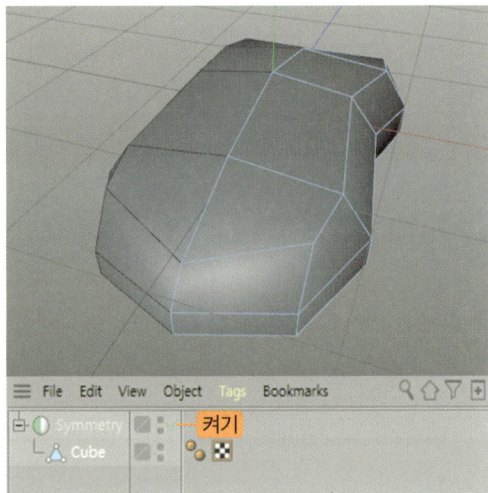

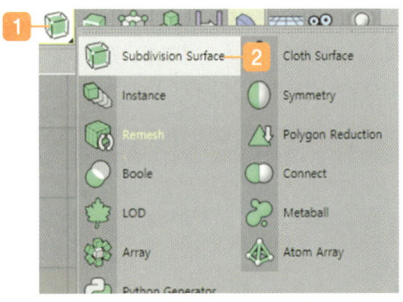

36 삭제 후 다시 렌더 뷰(Ctrl + R)를 해보면 전에 보였던 두드러진 모습들이 사라지고 깨끗한 모습이 되었습니다. 이렇듯 시머트리를 사용할 때는 가운데 접점 부분의 상태를 꼼꼼히 살펴보아야 하고 또한 포인트들이 정확하게 가운데에 있는지도 확인해야 합니다.

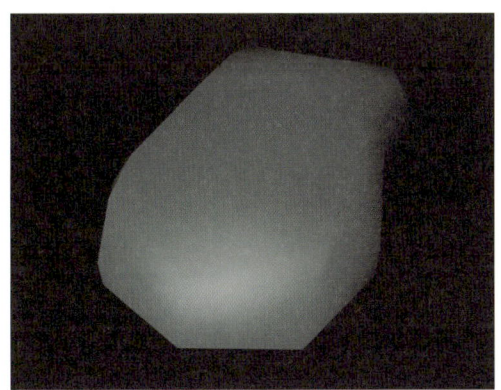

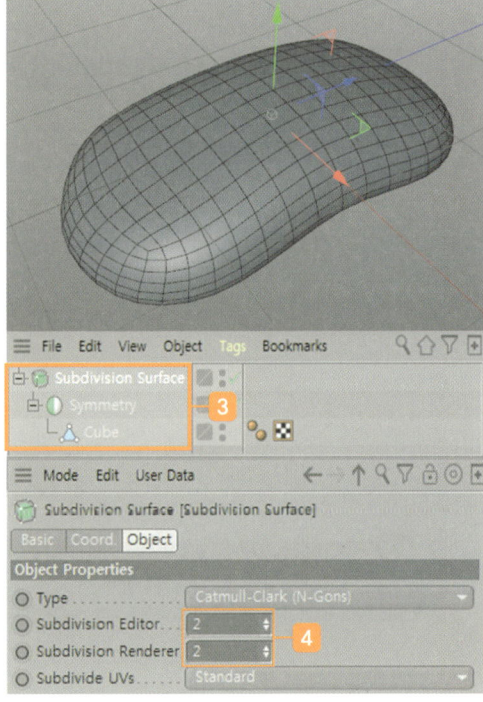

37 이번엔 마우스의 모양을 더욱 부드럽게 해주기 위해 제너레이터 툴에서 Subdivision Surface(서브디비젼 서피스)를 적용합니다. 적용된 서브디비젼 서피스 하위에 시머트리를 종속시킵니다. 이것으로 투박했던 마우스의 모양이 훨씬 부드럽게 되었습니다. 그러나 작업이 끝난 것이 아니기 때문에 Subdivision Editor와 Renderer를 모두 2 정도로 설정하여 세그먼트의 분할을 두 배로만 나눠줍니다.

38 지금의 상태에서 렌더 뷰를 해보면 이전보다 훨씬 부드러운 마우스의 모양이 되었습니다.

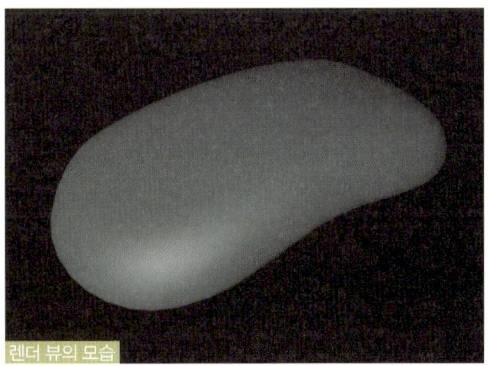

마우스 제작 **277**

39 [F4] 키를 눌러 프론트 뷰로 전환한 후 큐브 오브젝트를 선택합니다. 그다음 그림처럼 상단 가운데 포인트를 선택한 후 배경의 마우스 모양에 맞게 편집합니다.

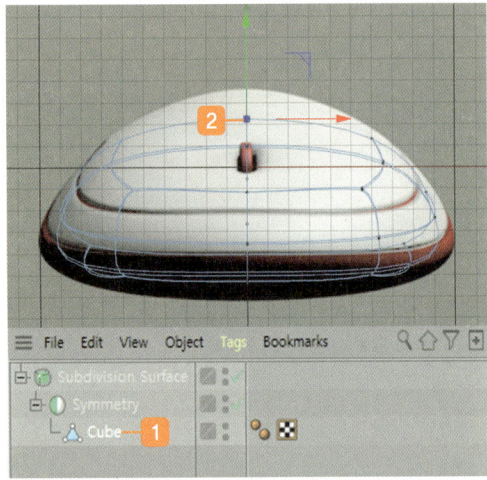

40 [F1] 키를 눌러 퍼스펙티브 뷰로 전환한 후 확인해보면 마우스 가운데 부분이 다른 곳에 비해 너무 봉긋하게 나온 것을 알 수 있습니다.

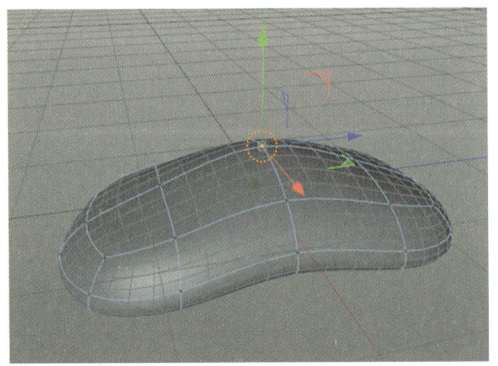

41 앞서 봉긋하게 끌어올린 포인트 아래쪽 포인트를 선택한 후 자연스러운 모양이 되도록 약간만 위로 올려줍니다. 그리고 퍼스펙티브 뷰에서 모양이 잘 표현됐는지 확인해봅니다.

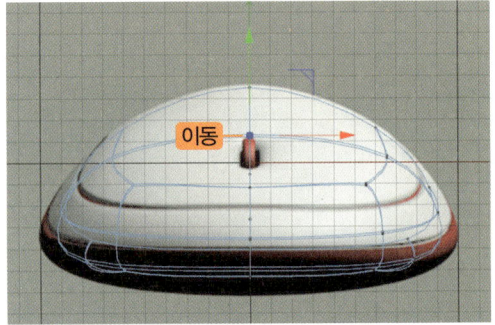

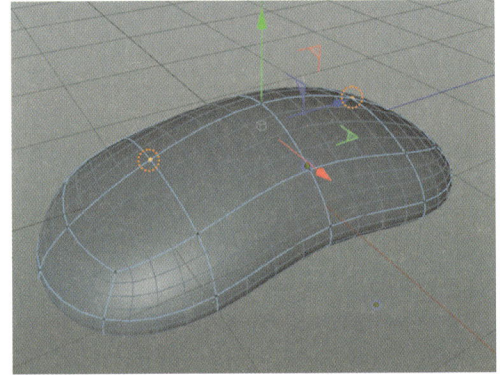

42 이번엔 [F2] 키를 눌러 탑 뷰로 전환한 후 그림처럼 마우스 가운데 허리 부분의 안쪽에 있는 2개의 포인트(보이지 않는 아래쪽 포인트까지 선택)를 선택한 후 그림처럼 좌측으로 조금만 이동합니다.

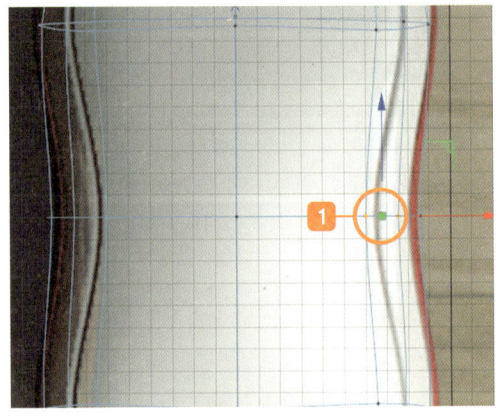

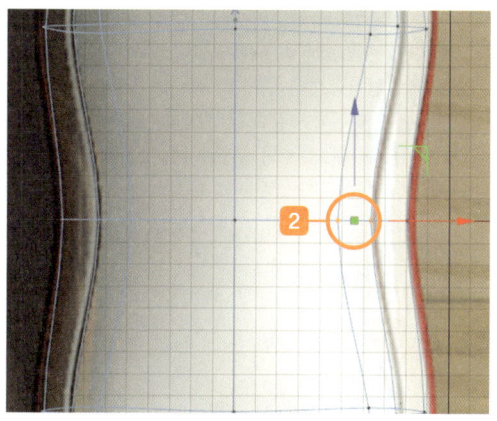

43 이번엔 [F4] 키를 눌러 프런트 뷰로 전환한 후 그림처럼 마우스의 봉긋한 부분에서 내려오는 부분의 포인트를 선택한 후 그림처럼 배경의 마우스 모양에 맞게 이동합니다.

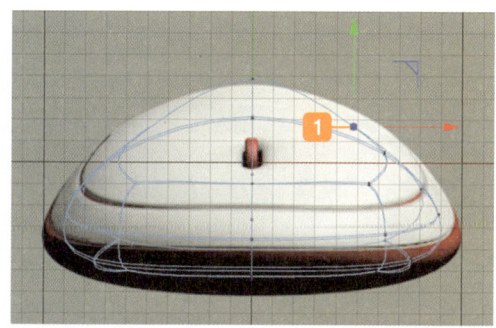

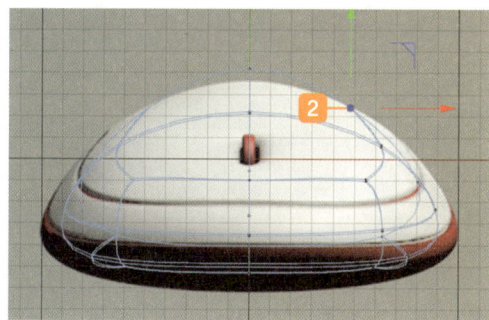

44 앞선 작업에서 편집된 포인트에 의해 봉긋한 부분이 지나치게 도드라졌기 때문에 다시 이 포인트를 선택한 후 아래로 내려 배경의 마우스 모양에 맞춰줍니다. 최종 확인은 퍼스펙티브 뷰에서 합니다.

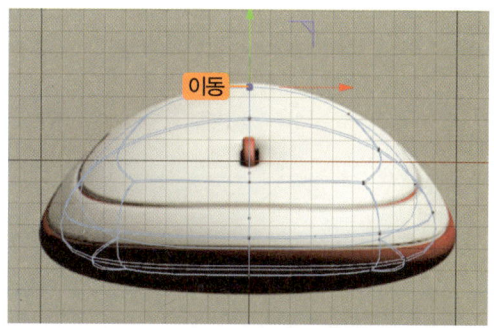

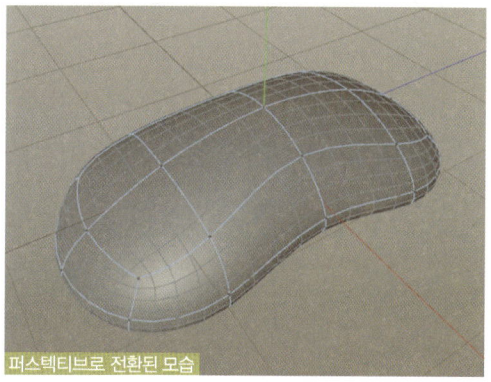

퍼스텍티브로 전환된 모습

45 마우스의 모양이 어느 정도 완성됐다면 이제 서브디비젼 서피스를 폴리곤으로 변환합니다. Subdivision Surface를 선택한 후 [C] 키를 누르거나 메이크 에디테이블 툴을 선택하여 폴리곤으로 변환합니다. 변환 후에는 서브디비젼 서피스란 이름의 그룹 하위에 지금까지 작업한 시머트리와 큐브가 하나로 합쳐진 상태로 보여집니다. 여기서 큐브를 그룹 밖으로 빼낸 다음 그룹 오브젝트는 삭제합니다.

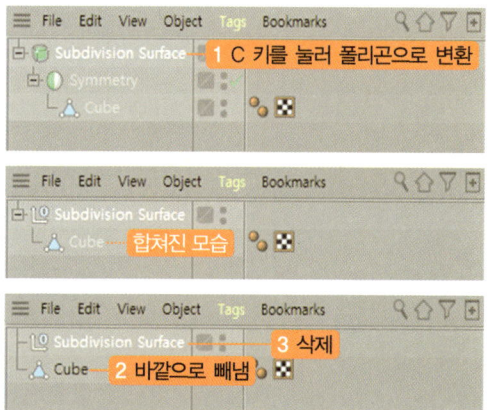

46 이번엔 마우스 앞쪽의 휠을 표현하기 위해 구멍을 내 보겠습니다. 퍼스펙티브 뷰에서 엣지 툴과 라이브 실렉션을 툴을 사용하여 그림처럼 구멍이 뚫릴 부분의 엣지(선)를 선택합니다. 이때 보이지 않는 아래쪽은 선택되지 않아야 합니다.

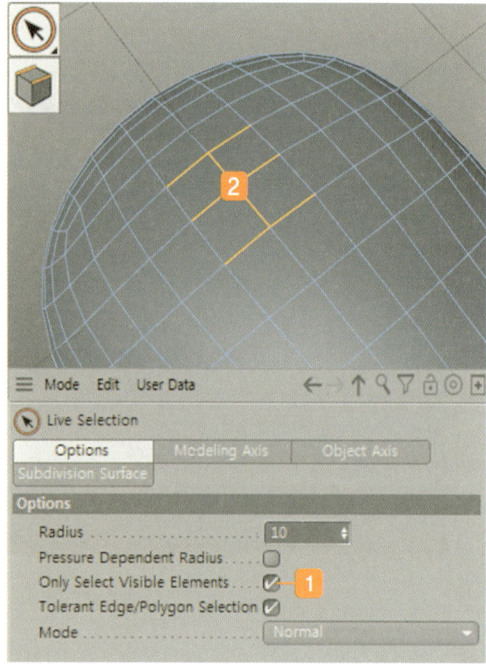

47 선택된 부분만 새로운 엣지(세그먼트)를 추가하기 위해 뷰포트에서 [우측 마우스 버튼] - [Loop/Path Cut] 툴을 선택합니다.

48 마우스 둘레를 쉽게 잘라주기 위해 앞서 선택된 영역만 잘라줄 수 있는 Restrict to Selection(리스트릭트 투 실렉션)을 체크한 후 그림처럼 마우스 커서를 구멍이 뚫릴 부분에 갔다 놓고 흰색 루프 라인이 생길 때 클릭합니다. 그러면 해당 지점에 잘라져 새로운 세그먼트가 생성됩니다. 같은 방법으로 반대쪽도 세그먼트를 하나 생성해놓습니다.

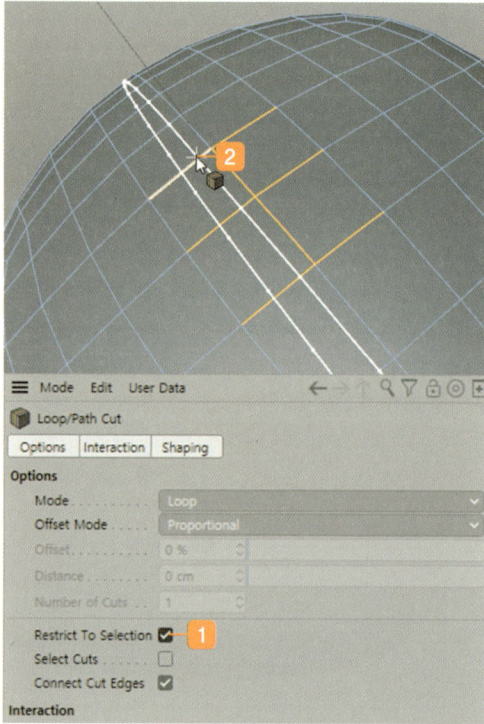

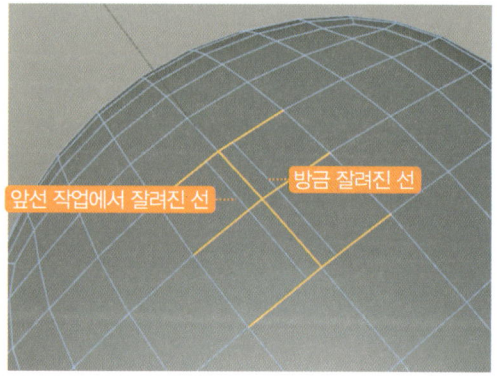

49 이제 구멍을 뚫기 위해 포인트 툴을 선택한 후 그림처럼 앞서 잘라놓은 영역의 가운데 포인트를 하나 선택합니다. 그다음 [Delete] 키를 눌러 삭제합니다.

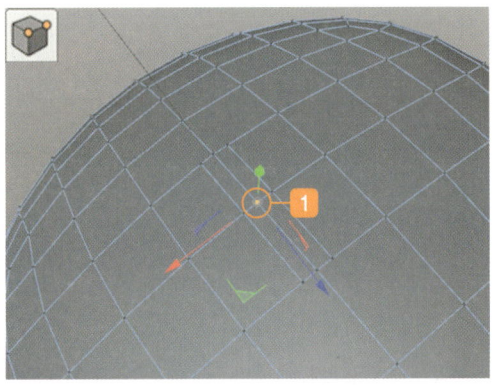

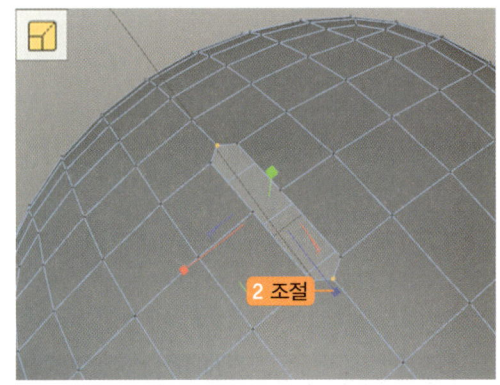

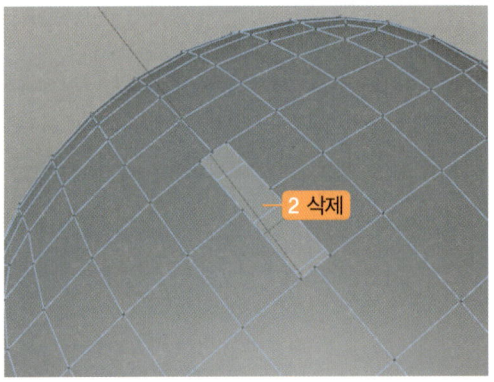

51 이제 마우스의 모양을 최종적으로 자연스럽게 해주기 위해 Subdivision Surface를 적용합니다.

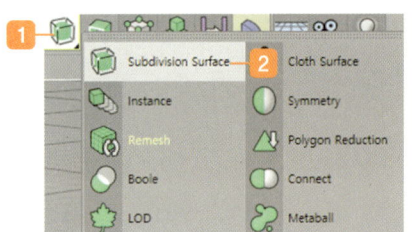

50 삭제된 모습은 각진 사각형 모양이기 때문에 둥근 휠이 들어가기엔 모양에 문제가 있습니다. 구멍의 모양을 보다 자연스러운 둥근 모습으로 해주기 위해 그림처럼 긴 쪽 방향의 양쪽 가운데 포인트 2개를 선택한 후 스케일 툴을 사용하여 파란색 Z축을 그림처럼 약간만 키워줍니다. 이와 같은 모양을 만든 후 나중에 서브디비젼 서피스를 적용하면 자연스런 곡선의 모습이 만들어집니다.

52 큐브를 서브디비젼 서피스 하위에 종속시키고 어트리뷰트 매니저에서 Subdivision Editor와 Renderer를 모두 2로 설정합니다.

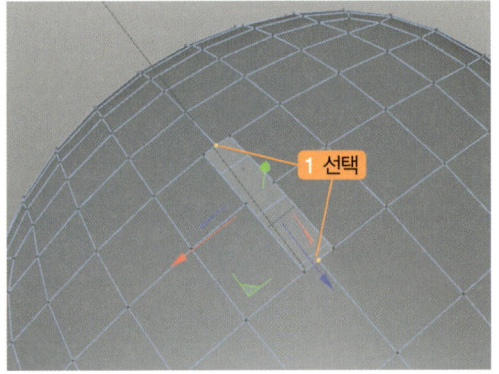

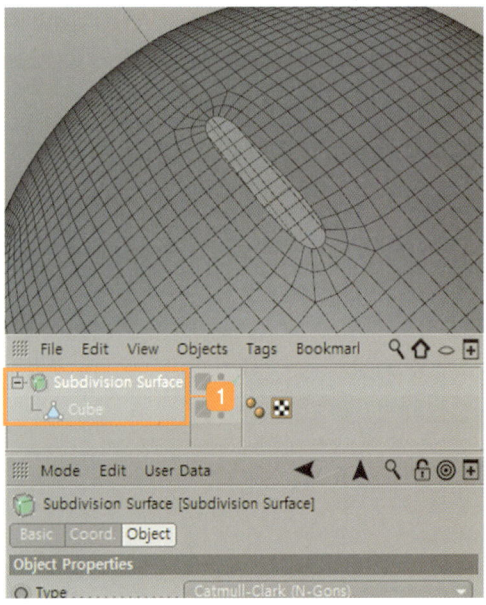

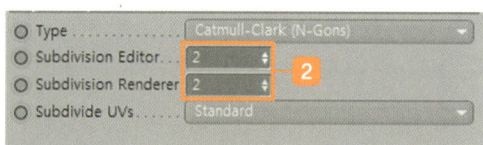

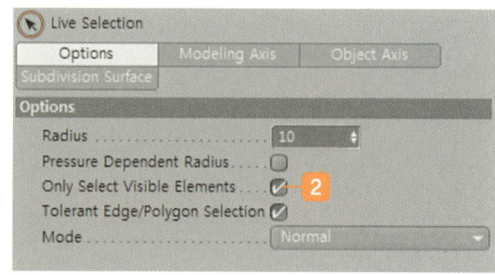

53 [Ctrl] + [R] 키를 눌러 렌더 뷰를 해봅니다. 구멍의 모습이 자연스럽게 표현됐습니다. 만약 모양이 왜곡된다면 포인트를 편집하여 자연스런 모양이 되도록 해주어야 합니다.

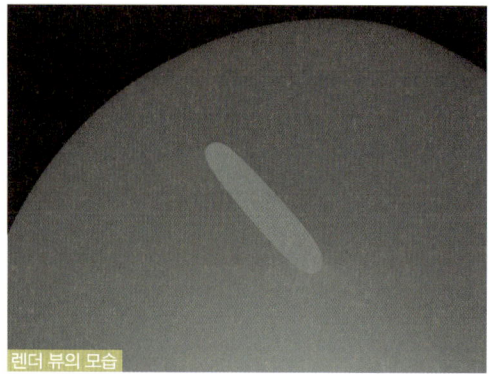

55 앞서 선택된 엣지를 안쪽으로 집어넣어 새로운 면을 만들기 위해 먼저 작업하기 좋은 라이트 뷰(F4)로 전환합니다. 그다음 [M~T] 키를 눌러 익스트루드 툴을 선택합니다. [Ctrl] 키를 누른 상태에서 각도를 지정한 후 그래그하여 그림처럼 안쪽으로 끌어 당깁니다. 이렇게 함으로써 구멍 안쪽에 새로운 면이 생겨납니다. 참고로 이와 같은 작업을 할 때 익스트루드의 어트리뷰트 매니저에서 Offset과 Edge Angle을 설정하여 돌출되거나 들어가는 각도와 거리를 미리 설정할 수도 있습니다.

54 이제 구멍 안쪽부분이에 자연스럽게 들어가는 면을 만들어주기 위해 큐브 오브젝트를 선택한 후 엣지 툴과 라이브 실렉션 툴을 사용하여 그림처럼 구멍 안쪽의 엣지들을 선택합니다. 이때 보이지 않는 안쪽과 바닥의 엣지가 선택되지 않도록 해야 합니다.

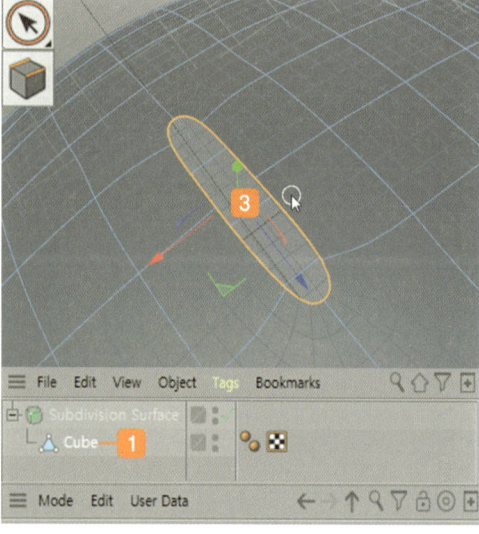

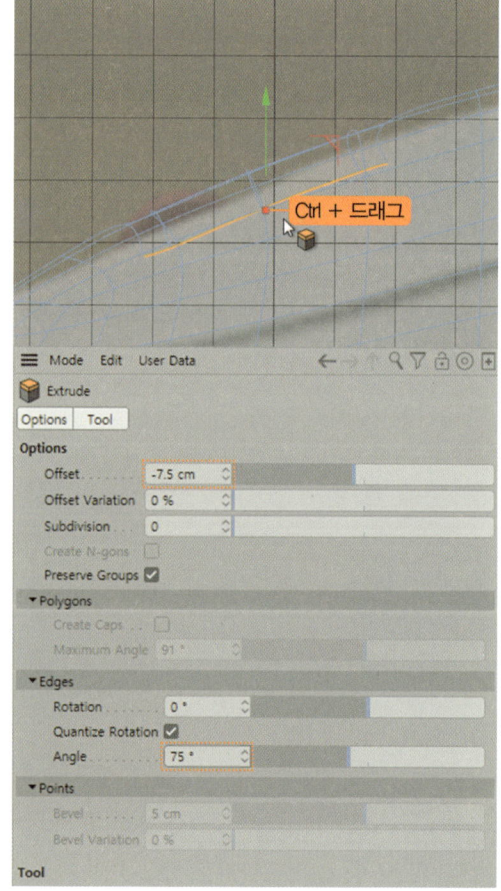

56 퍼스펙티브 뷰로 전환한 후 확인해보면 휠이 들어갈 구멍이 자연스럽게 표현됐습니다.

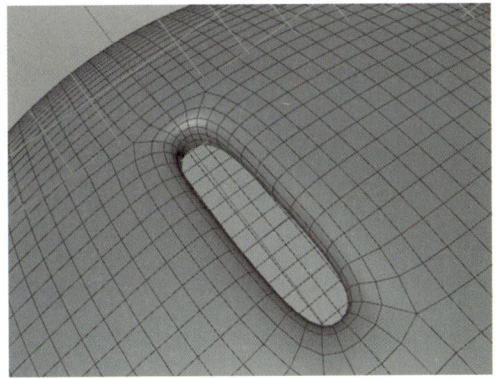

57 여기서 마우스 전체 모습이 보이도록 설정한 후 렌더 뷰를 통해 확인해보면 마우스의 전체 모습과 구멍이 자연스럽게 표현된 것을 알 수 있습니다.

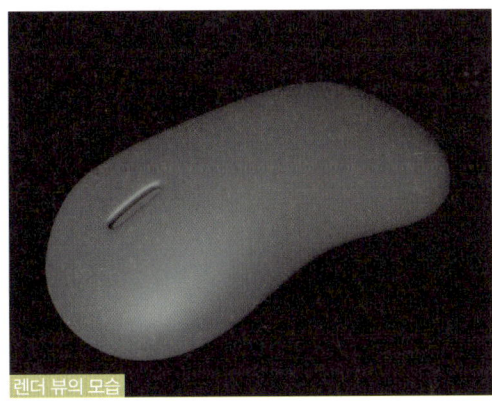

58 이제 마우스의 최종 모양이 완성됐기 때문에 Subdivision Surface를 선택한 후 [C] 키를 누르거나 메이크 에디테이블 툴을 선택하여 폴리곤으로 변환합니다. 여기서 큐브를 그룹 밖으로 빼낸 다음 그룹 오브젝트는 삭제합니다.

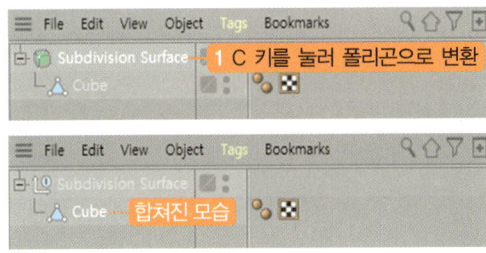

59 작업의 편의를 위해 큐브 오브젝트의 이름을 마우스로 수정합니다.

60 이번엔 마우스 상단 부분에 홈을 파기 위해 폴리곤 툴을 선택한 후 [U~L] 키를 눌러 루프 실렉션 툴을 선택합니다. 그다음 그림처럼 마우스 상단 부분의 둘레를 선택합니다. 이 부분은 마우스 버튼이 눌려지는 곳이기도 합니다.

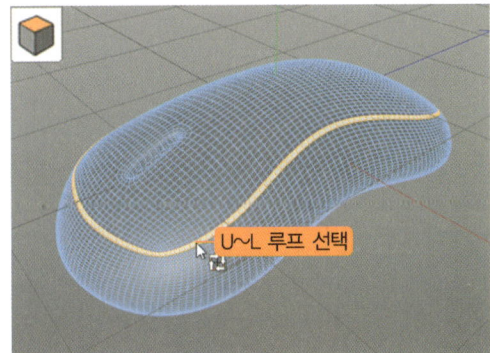

61 방금 선택된 둘레에 홈을 파기 위해 [M~S] 키를 눌러 베벨 툴을 선택한 후 그림처럼 안쪽으로 들어갈수록 약간 좁아지는 홈을 파줍니다.

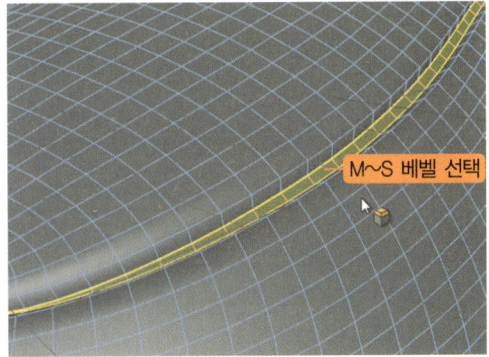

62 방금 파놓은 홈의 선택된 영역에 대한 선택 태그를 만들기 위해 [Select] – [Set Selection]를 선택합니다.

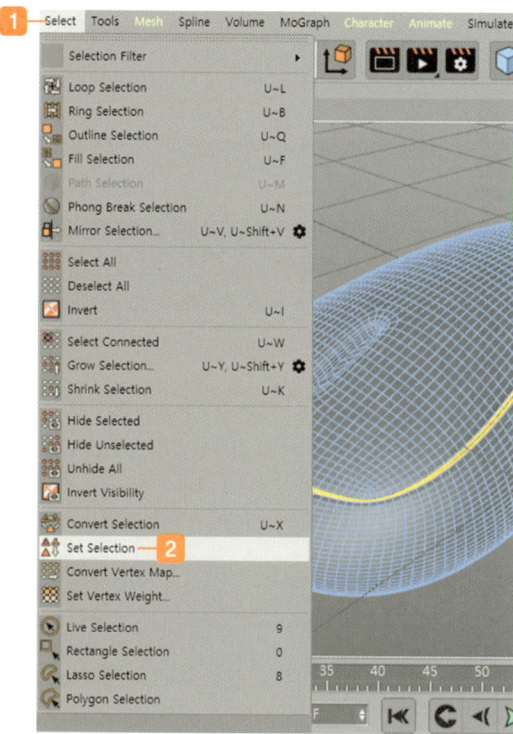

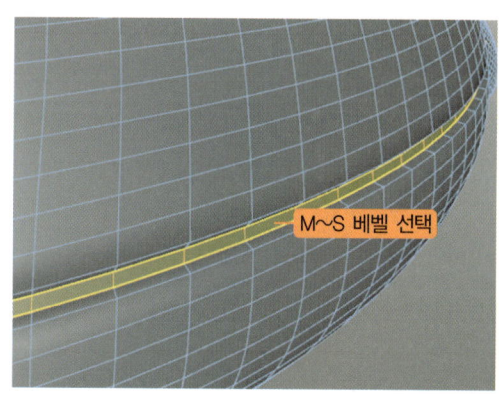

63 계속해서 이번엔 마우스 하단 부분에 홈을 파주기 위해 루프 실렉션 툴을 사용하여 그림처럼 둘레를 선택합니다.

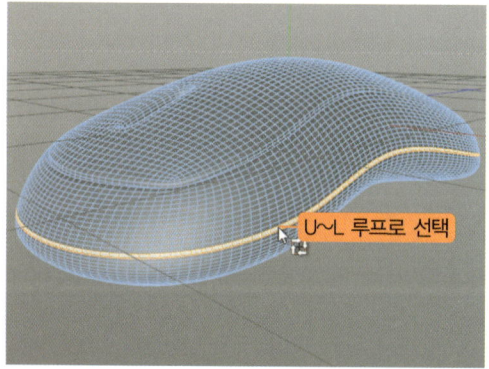

64 방금 선택된 둘레에 홈을 파기 위해 [M~S] 키를 눌러 베벨 툴을 선택한 후 그림처럼 안쪽으로 들어갈수록 약간 좁아지는 홈을 파줍니다.

65 이번에도 역시 하단 부분의 홈의 선택 영역을 선택 태그로 만들기 위해 먼저 앞서 만든 선택 태그를 해제한 후 다시 마우스 오브젝트를 선택합니다. 그다음 [Select] – [Set Selection]을 선택합니다.

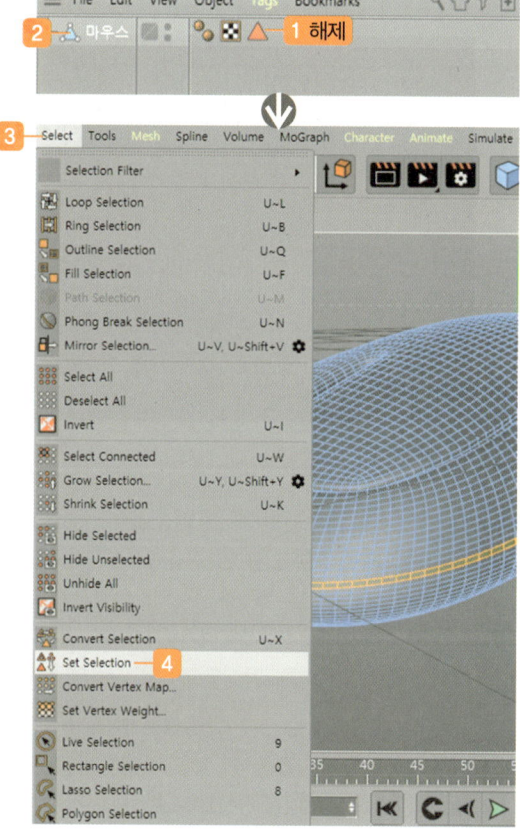

66 마우스 상단과 하단의 선택 태그가 2개가 만들어졌습니다.

67 계속해서 이번엔 마우스 휠 버튼을 만들기 위해 오브젝트 툴에서 Cylinder를 선택합니다.

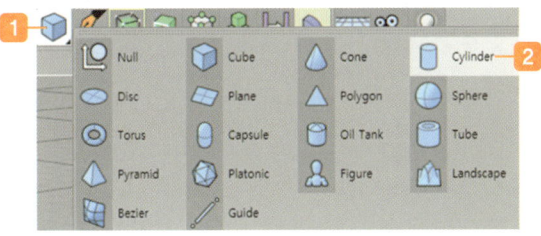

68 방금 만든 실린더의 Radius를 21, Height를 7로 설정한 후 Orientation을 +X축으로 설정하여 구멍에 들어갈 방향으로 해준 후 그림처럼 구멍으로 이동합니다.

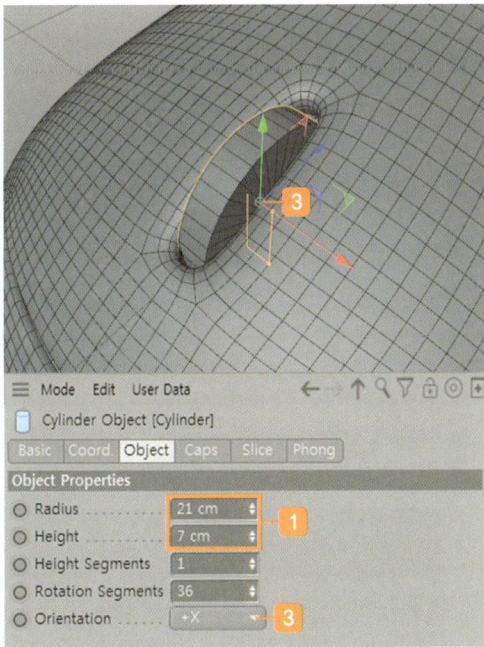

69 Caps 탭으로 이동한 후 Fillet를 체크합니다. 그리고 Radius를 최대 값으로 설정하고 Segments를 8 정도로 설정하여 모서리를 둥글게 하고 곡선을 부드럽게 해줍니다.

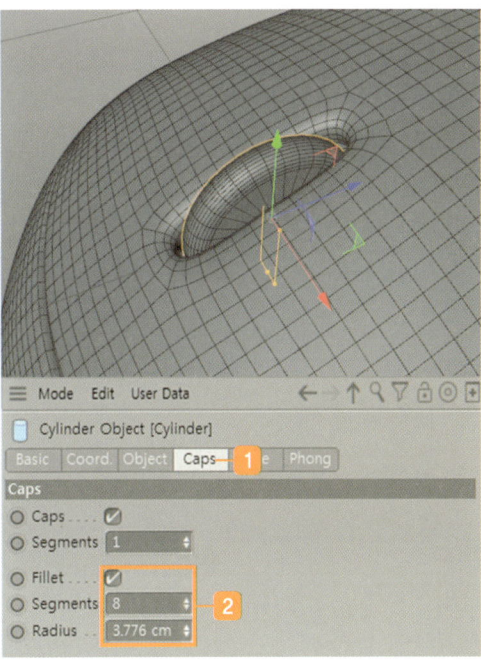

70 마우스 전체 모습이 보이도록 설정한 후 렌더 뷰를 통해 확인해봅니다. 마우스 휠까지 잘 표현됐습니다.

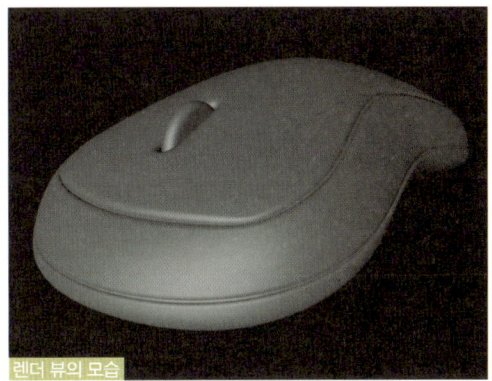

71 계속해서 이번엔 마우스 뒤쪽에 로고를 새기기 위해 [File] - [Merge] - [학습자료] - [프로젝트] - [애플 로고.c4d] 파일을 불러옵니다.

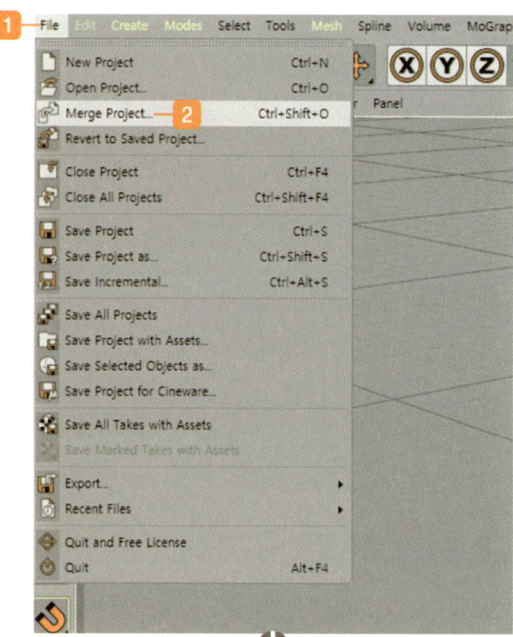

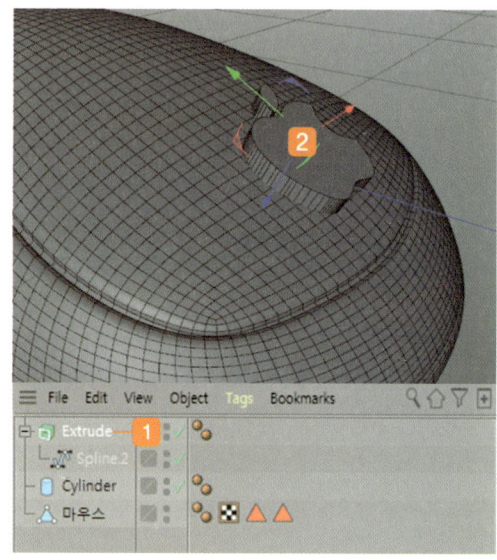

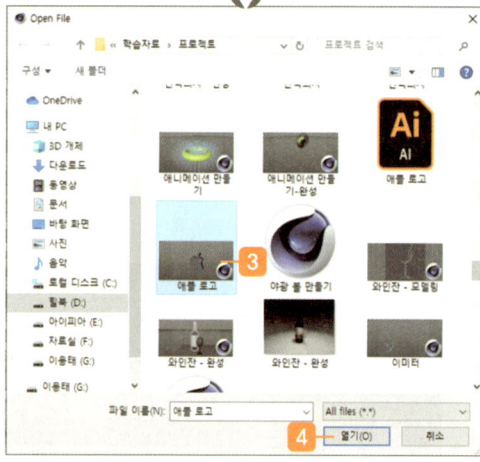

72 방금 불러온 애플 로고의 크기와 위치에 대한 설정이 필요합니다. Extrude 오브젝트를 선택한 후 로테이트, 스케일, 무브 툴을 사용하여 그림처럼 마우스 뒤쪽의 로고가 들어갈 부분에 갖다 놓습니다. 다음으로 불(Boole)을 이용하여 로고의 모양을 음각으로 표현하기 위해 마우스 안쪽으로 살짝 들어가게 해줍니다.

73 이제 앞서 설정한 마우스에 로고 모양을 새기기 위해 제너레이터 툴에서 Boole을 선택합니다.

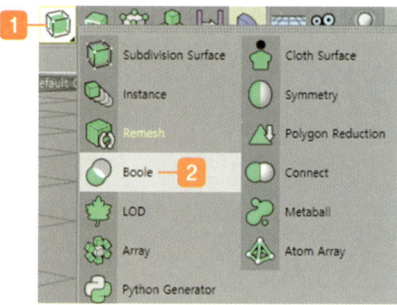

74 방금 적용한 Boole 하위에 마우스와 Extrude 오브젝트를 그림과 같은 순서대로 종속시킵니다. Boole이 선택된 상태에서 어트리뷰트 매니저에서 Hide new edges를 체크하여 로고 주변의 세그먼트를 깔끔하게 정리된 상태로 사용합니다.

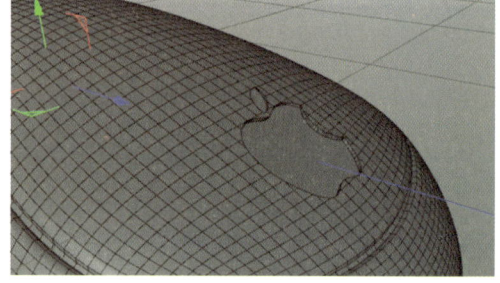

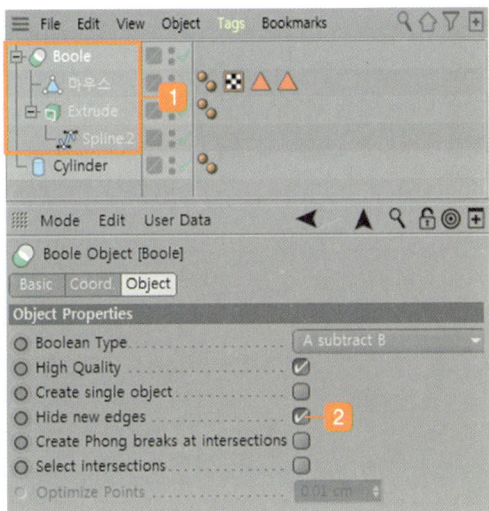

77 폴리곤으로 변환한 후 Boole을 열어 하위에 있는 모든 폴리곤이 보이도록 해준 다음 Boole에서 Cap 2까지의 오브젝트를 모두 선택합니다. 그다음 [우측 마우스 버튼] - [Connect Objects + Delete]를 선택하여 하나로 합쳐줍니다.

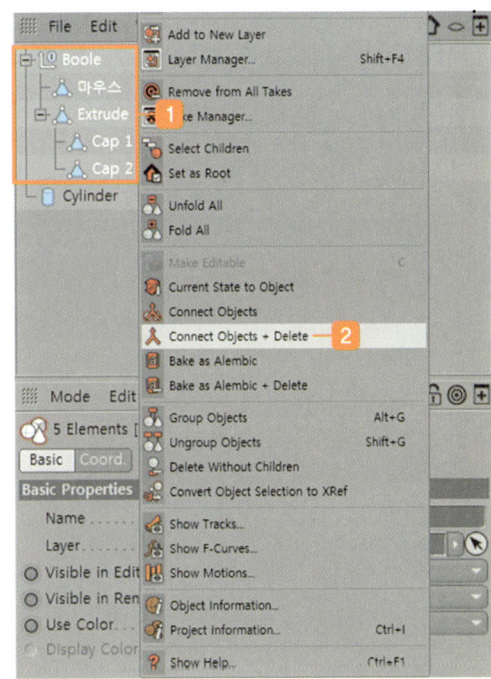

75 마우스 전체 모습과 로고의 모습이 보이도록 한 후 로고의 크기가 마우스 비율과 맞지 않는다면 스케일 툴을 사용하여 적당한 크기로 조절합니다.

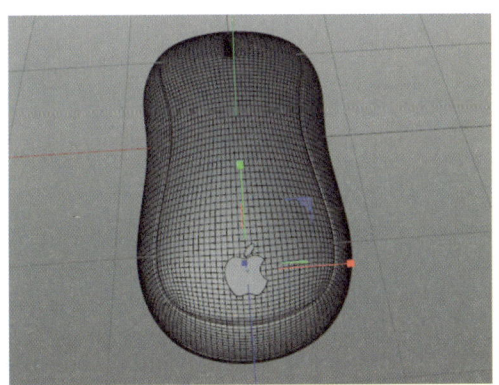

78 이제 작업의 편의를 위해 두 오브젝트의 이름을 마우스와 휠로 수정합니다.

76 Boole에 의해 로고의 모습이 새겨진 상태로 폴리곤으로 변환하기 위해 Boole을 선택한 후 C 키를 누릅니다.

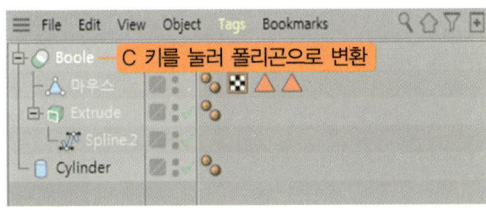

마우스 재질 표현하기

마우스의 몸체 재질은 대부분 코팅이 되어있는 플라스틱으로 되어있으며 마우스 버튼이 눌려지는 부분이나 하단 부분에 파인 홈은 다른 느낌으로 표현해야 합니다. 그리고 로고가 박힌 부분의 느낌도 다르게 표현해야 합니다.

01 먼저 마우스 몸체에 대한 재질을 표현하기 위해 매터리얼 매니저에서 새로운 매터리얼을 생성한 후 매터리얼 에디터를 열어줍니다.

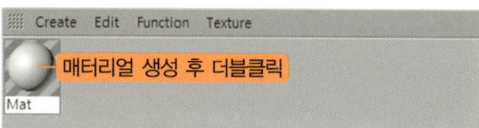

02 Color 채널에서 색상은 마우스 몸체에 사용할 흰색으로 설정합니다.

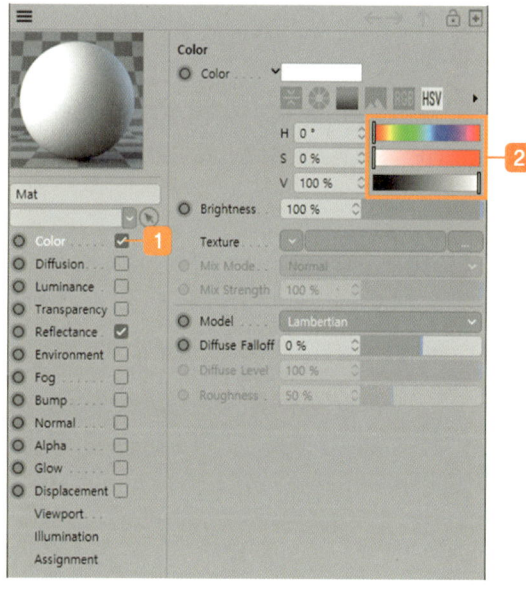

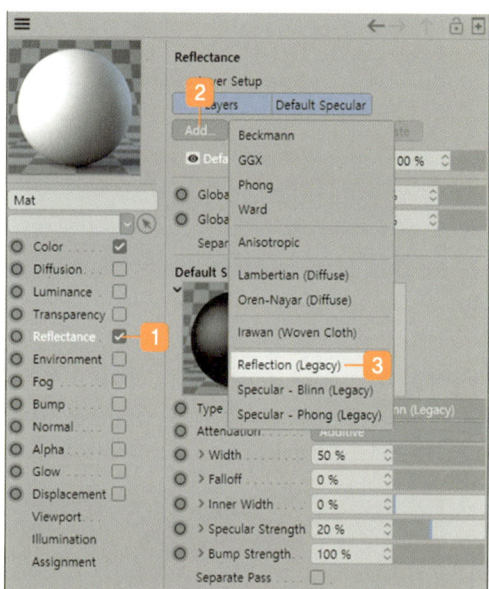

03 계속해서 반사율(광택)에 대한 설정을 하기 위해 Reflectance (리플렉턴스) 채널을 선택한 후 기본 레이어 탭에서 [Add] - [Reflection (Legacy)]를 선택합니다. 새로 추가된 Layer 1의 반사율을 30 정도로 설정합니다. 작업의 편의를 위해 매터리얼의 이름을 [몸체]라고 해줍니다.

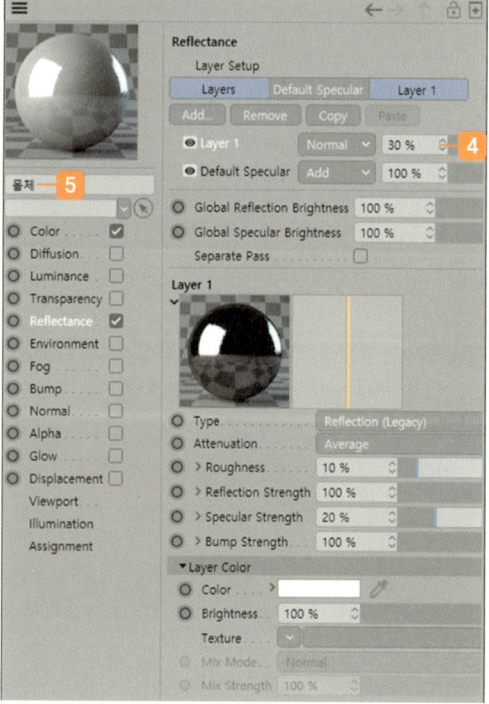

04 설정된 몸체 매터리얼을 매터리얼 에디터에서 직접 뷰포트의 마우스 오브젝트에 끌어다 적용합니다.

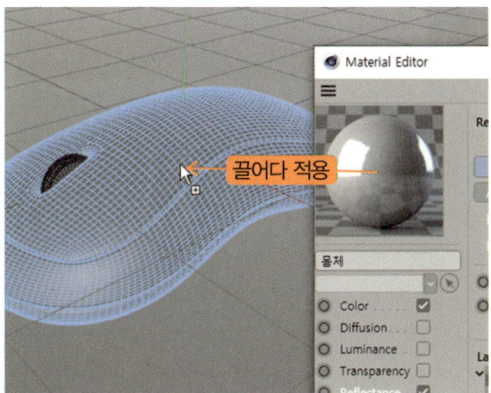

05 이번엔 마우스 휠과 홈 그리고 로고에 적용한 재질을 만들기 위해 다시 매터리얼 매니저에서 새로운 매터리얼을 추가한 후 매터리얼 에디터를 열어줍니다.

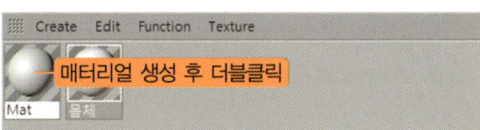

06 먼저 컬러 채널을 선택한 후 색상을 짙은 분홍색(여러분이 원하는 색상을 선택해도 됨)으로 설정합니다. 이 재질은 반사율(광택)은 사용하지 않겠습니다. 역시 작업의 편의를 위해 매터리얼의 이름을 [휠 & 라인]으로 해줍니다.

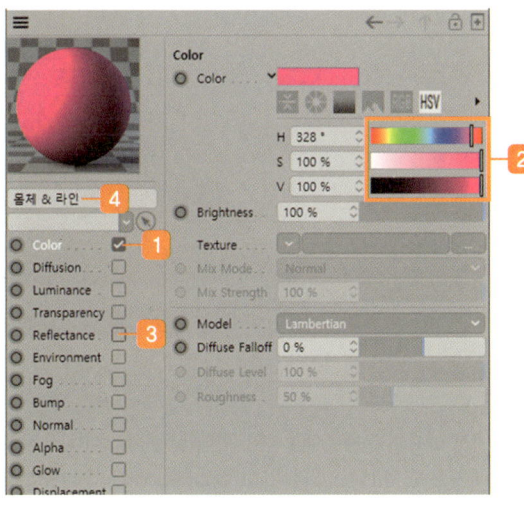

07 이번엔 설정된 몸체 매터리얼을 매터리얼 에디터에서 직접 오브젝트 매니저에 있는 휠 오브젝트에 끌어다 적용합니다.

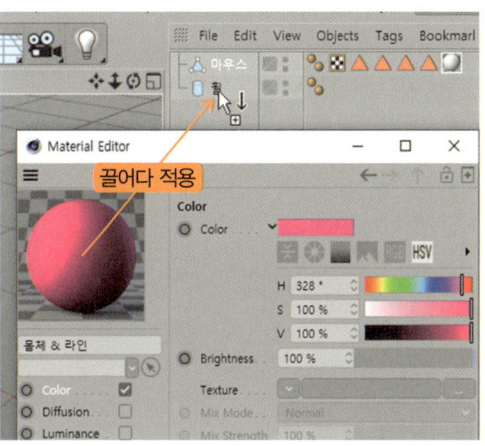

08 계속해서 이번엔 현재의 매터리얼을 마우스 오브젝트에도 적용합니다. 그러면 앞서 적용했던 흰색 재질에서 분홍색 재질로 바뀌게 됩니다.

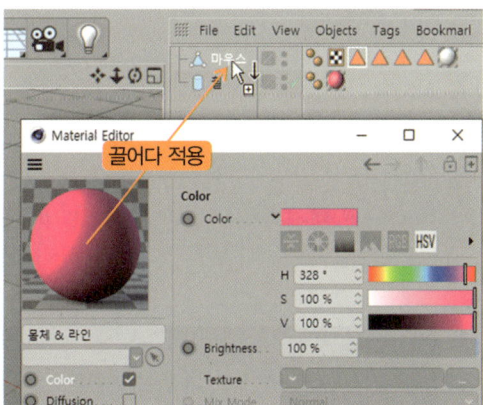

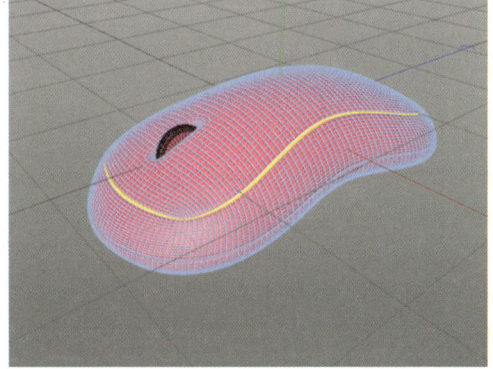

09 방금 적용한 재질은 마우스 상단과 하단의 홈에 적용해야 합니다. 오브젝트 매니저에서 마우스에 적용된 매터리얼 텍스처 태그가 선택된 상태에서 어트리뷰트 매니저의 Selection에 상단 홈의 선택 태그(Polygon Selection)을 끌어다 적용합니다. 그러면 해당 선택 태그 영역에만 분홍색 재질이 적용됩니다.

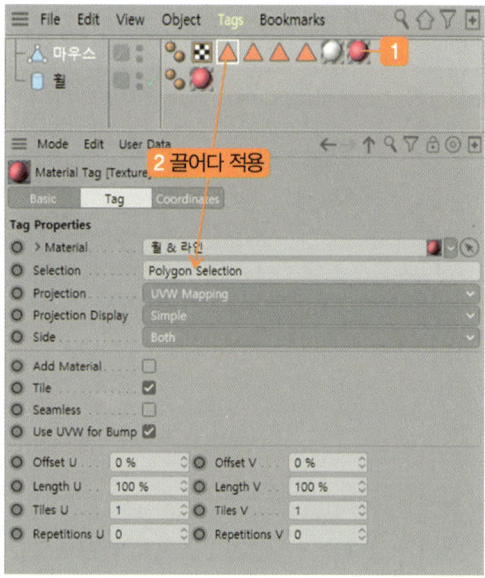

10 방금 작업한 모습을 렌더 뷰(Ctrl + R)를 해보면 마우스 상단 부분의 홈에만 분홍색 재질이 적용된 것을 알 수 있습니다. 이렇듯 특정 선택 영역(태그)에만 재질을 적용하기 위해서는 위와 같은 방법을 사용해도 됩니다.

11 앞선 방법처럼 이번엔 하단 홈에도 재질을 적용하기 위해 먼저 휠 & 라인 매터리얼을 마우스 오브젝트에 다시 한번 적용한 후 적용된 매터리얼 텍스처 태그가 선택된 상태에서 Selection에 두 번째에 있는 아래쪽 홈의 선택 영역이 있는 선택 태그(Polygon Selection.1)를 끌어다 적용합니다.

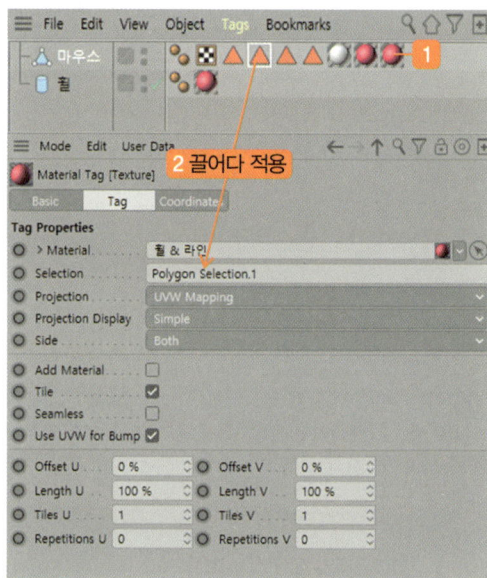

12 방금 마우스 하단 홈에 적용한 매터리얼을 확인하기 위해 렌더 뷰를 해보면 모든 홈에 정확하게 분홍색 재질이 적용된 것이 아니라 부분적으로 적용되지 않은 폴리곤도 보입니다.

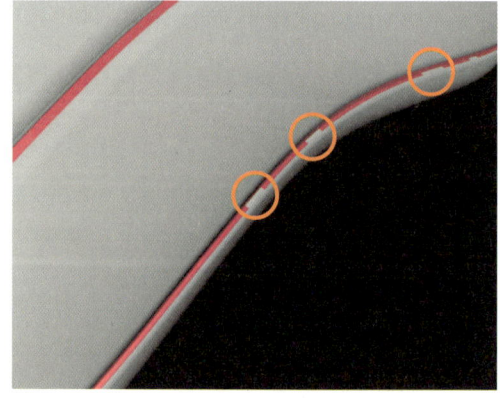

13 이제 이 문제를 해결하기 위해 앞서 적용됐던 마우스 하단의 홈에 해당되는 선택 태그(Polygon Selection.1)를 삭제합니다.

14 마우스 하단 홈을 다시 선택하기 위해 [U~L] 키를 눌러 루프 실렉션 툴을 선택한 후 그림처럼 하단 홈 부분의 둘레를 선택합니다.

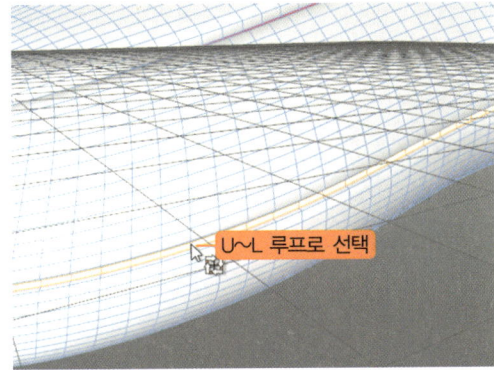

15 이번엔 매터리얼 매니저에서 직업 휠 & 라인 매터리얼을 끌어다 방금 선택한 하단의 홈 부분에 적용합니다. 그러면 재질이 적용되면서 자동으로 선택 태그도 만들어집니다.

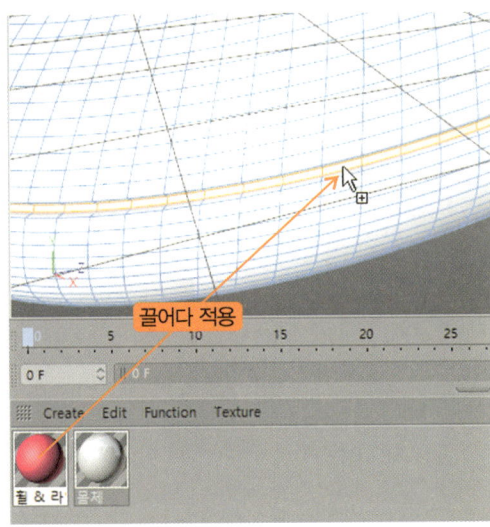

16 다시 렌더 뷰를 해보면 아래쪽 홈 부분도 정상적으로 재질이 적용된 것을 알 수 있습니다.

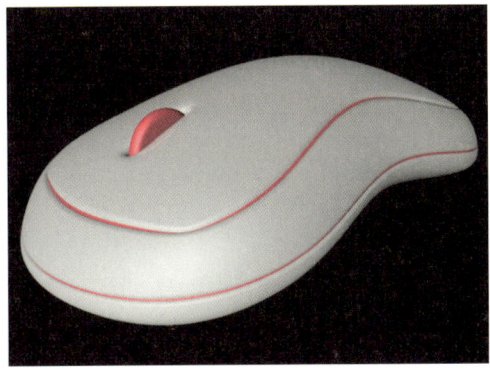

17 이번엔 바닥을 표현하기 위해 인바이어런먼트 툴에서 Floor(플로어)를 적용합니다.

18 방금 생성된 바닥을 아래로 내려 마우스 바닥과 밀착되도록 해줍니다.

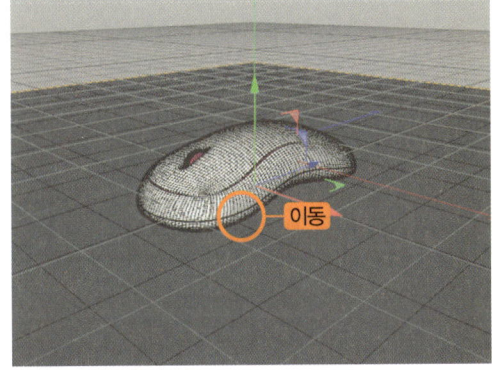

19 이제 바닥에 적용된 매터리얼을 만들기 위해 매터리얼 매니저에 새로운 재질을 만든 후 매터리얼 에디터를 열어줍니다.

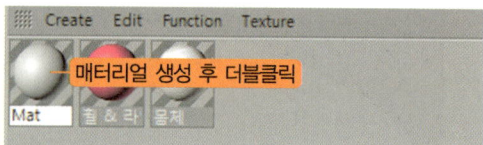

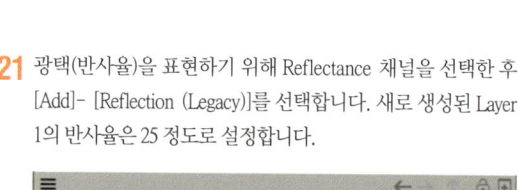

20 매터리얼 에디터의 컬러 채널에서 텍스처를 불러옵니다. [학습자료] - [맵소스] - [나무01.jpg] 파일을 복사하지 않고 불러옵니다. 작업의 편의를 위해 매터리얼의 이름은 [바닥]이라고 해줍니다.

21 광택(반사율)을 표현하기 위해 Reflectance 채널을 선택한 후 [Add]- [Reflection (Legacy)]를 선택합니다. 새로 생성된 Layer 1의 반사율은 25 정도로 설정합니다.

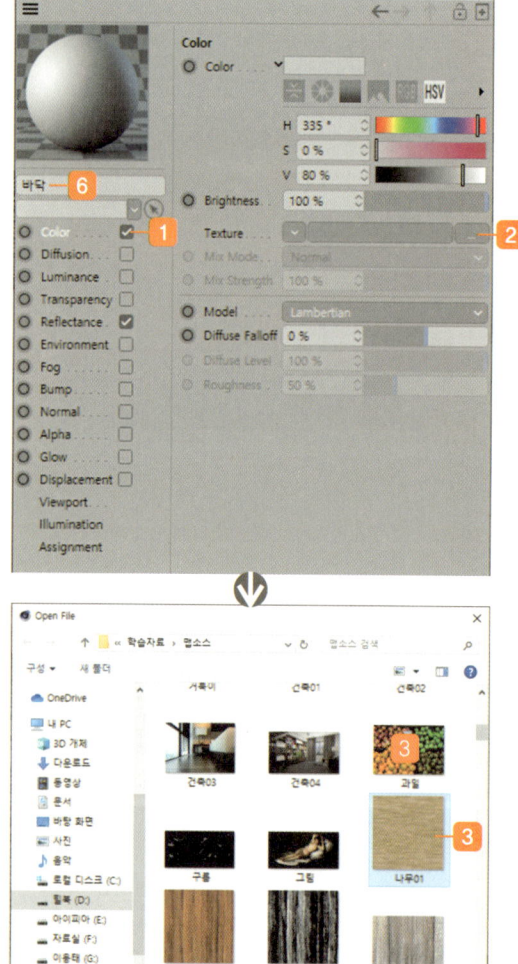

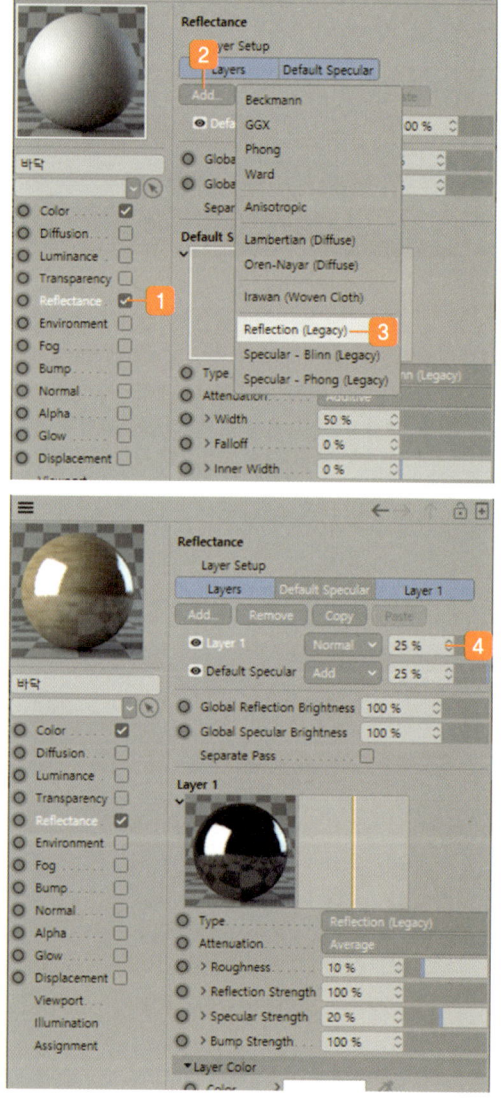

22 설정된 바닥 매터리얼을 끌어다 뷰포트에 있는 바닥 오브젝트에 적용합니다.

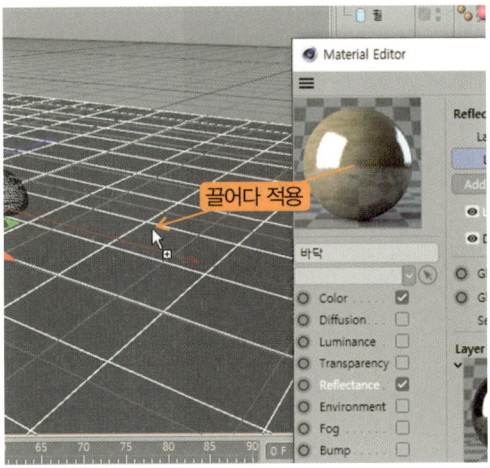

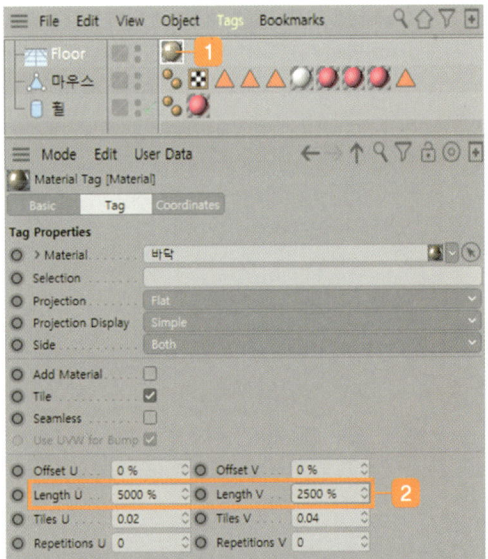

23 지금까지의 작업을 렌더 뷰를 통해 확인해보면 바닥 표면에 마우스가 비춰지는 것을 알 수 있으며 전체적으로 밋밋한 느낌입니다. 이제부터는 환경 맵에 대한 작업을 통해 사실적인 표현을 해봅니다. 또한 바닥에 적용된 나무 무늬의 패턴 크기가 마우스에 비해 너무 작습니다. 이것도 수정해봅니다.

▲ 렌더 뷰의 모습

▲ 렌더 뷰의 모습

24 바닥 매터리얼의 텍스처 태그가 선택된 상태에서 어트리뷰트 매니저의 Length U을 5000, Length Y를 2500 정도로 설정합니다. 그리고 다시 렌더 뷰를 해보면 전보다 훨씬 자연스런 크기로 표현됐습니다. 그렇지만 아직 환경 맵이 적용되지 않았기 때문에 사실감이 떨어집니다.

25 이제 환경 맵을 표현하기 위해 인바이어런먼트 툴에서 Sky를 적용합니다.

마우스 제작 **293**

26 스카이에 적용할 환경 맵을 적용하기 위해 앞서 등록한 환경 매터리얼(맵)을 이용해봅니다. 매터리얼 패널에서 [Create] – Load Materia] – [User] – [Materials] – [스카이]를 선택합니다.

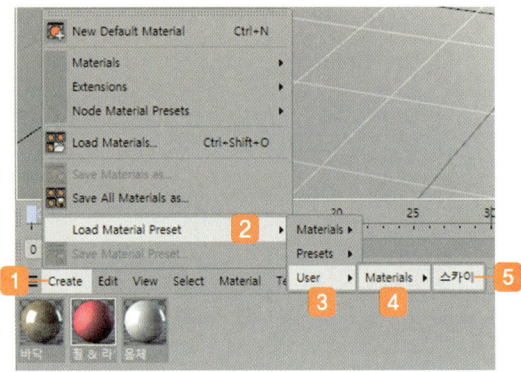

27 적용된 환경 맵(Mat.1)을 끌어다 Sky 오브젝트 하위에 적용합니다. 그리고 다시 렌더 뷰를 해보면 환경 맵(스카이)에 의해 마우스 표면과 바닥이 더욱 사실적으로 표현됐습니다.

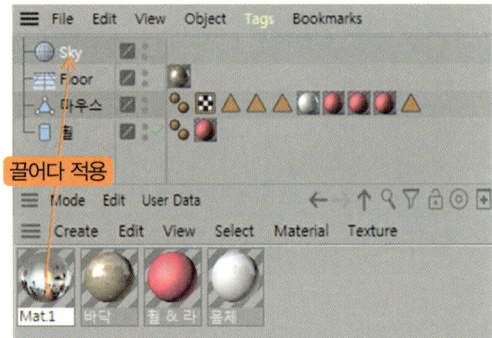

28 앞서 환경 맵에 의해 사실적인 표현이 되었지만 아직도 무언가 아쉬운 점이 있습니다. 그것은 조명과 그림자가 없기 때문입니다. 라이트 툴에서 기본 조명(옴니 라이트)을 생성합니다.

29 조명의 위치를 마우스 우측 상단에서 비스듬하게 비춰지도록 해줍니다.

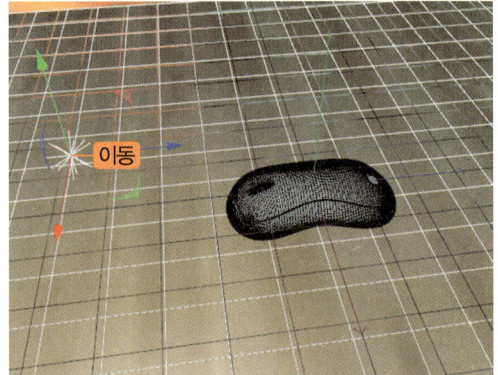

30 조명은 설치됐지만 아직 조명에 의한 그림자가 없습니다. 그 림자를 표현하기 위해 General 탭에서 Shadow를 Shadow Maps (Soft)로 설정합니다.

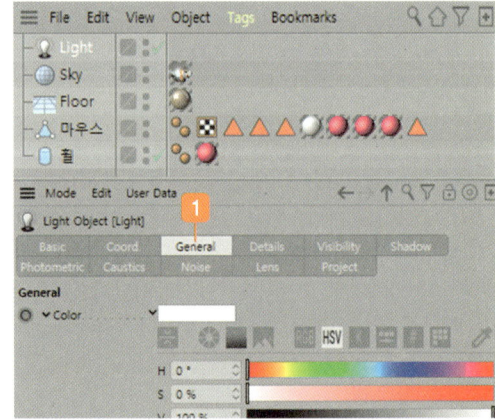

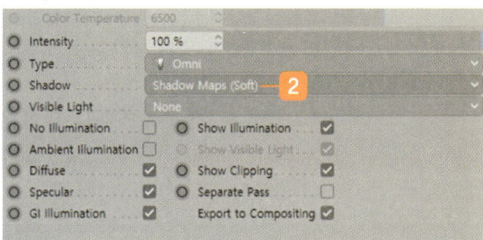

31 다시 렌더 뷰(Ctrl + R)를 해보면 조명과 그림자가 표현됐기 때문에 전보다 훨씬 사실적이고 입체적인 느낌이 듭니다.

32 이번엔 로고 부분에 재질을 적용해야 할 차례입니다. 로고의 선택 태그(C2)를 더블클릭하여 로고 선택 영역을 선택합니다.

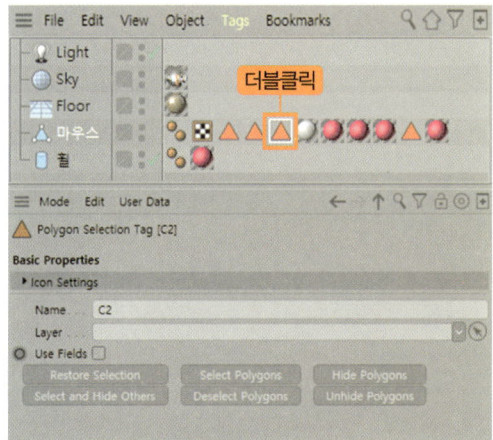

33 방금 선택한 로고 선택 영역에 휠 & 라인 매터리얼을 끌어다 적용합니다.

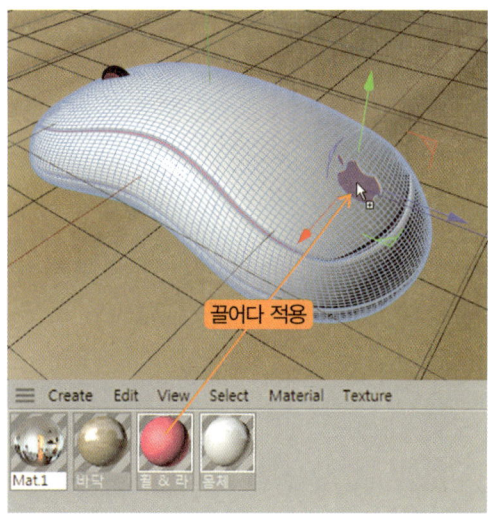

34 다시 렌더 뷰를 통해 로고에 적용된 재질을 확인해봅니다. 원하는 대로 잘 표현된 것 같습니다.

35 이제 마지막으로 마우스 바닥 부분에 대한 재질을 표현해야 합니다. 먼저 재질이 적용될 영역을 선택하기 위해 [Select] - [Phong Break Selection(퐁 브레이크 실렉션)]을 선택합니다. 그림처럼 마우스 하단 부분을 선택합니다. 마우스 하단에 홈을 기준으로 그 아래쪽 부분 전체가 자연스럽게 선택된 것을 알 수 있습니다. 이렇듯 퐁 브레이크 실렉션을 사용하면 각도로 지정된 범위를 기준으로 쉽게 선택할 수 있습니다.

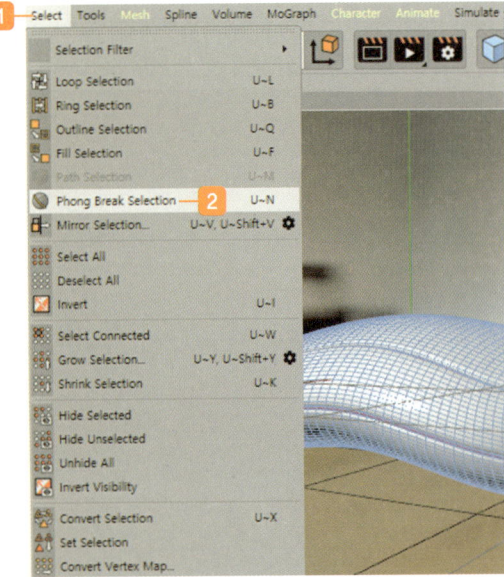

37 이것으로 모든 재질 작업까지 끝났습니다. 작업한 후에는 렌더 뷰를 통해 실제 결과물을 확인해봅니다. 학습을 해본 것처럼 마우스는 대칭이 되는 오브젝트 중 비교적 쉽게 표현할 수 있는 객체이지만 모델링 작업은 결코 쉽지만은 않기 때문에 모델링 실력을 향상시키기에 적당한 객체라고 할 수 있습니다.

최종 렌더 뷰의 모습(뒤쪽 원근)

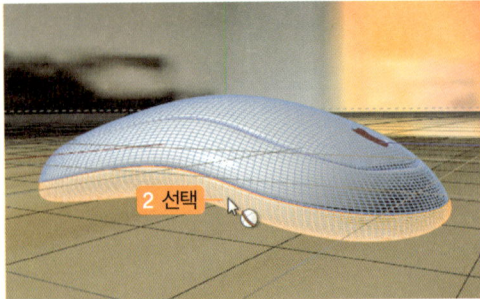

최종 렌더 뷰의 모습(앞쪽 원근)

36 방금 선택된 마우스 하단 영역에 휠 & 라인 매터리얼을 끌어다 적용합니다.

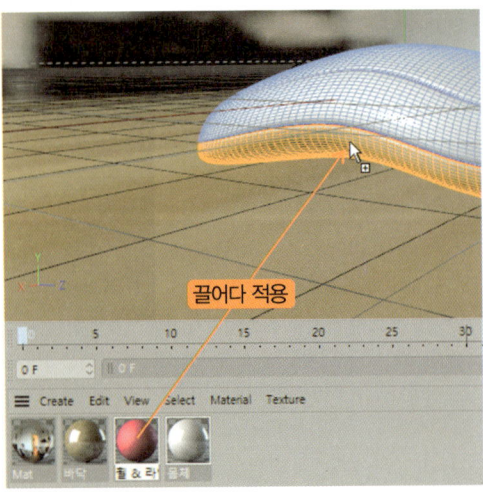

최종 렌더 뷰의 모습(앞쪽)

최종 렌더 뷰의 모습(옆쪽)

08

스탠드 조명 제작

스탠드 조명과 같은 관절이 있는 오브젝트는 각 관절을 개별로 움직이게 하거나 종속 관계에 의한 움직임을 표현할 수 있도록 해야 합니다. 이번 학습에서 표현할 스탠드 조명은 기본 도형과 앞서 학습한 나이프, 불 (Boole) 그리고 변형을 위한 벌지(Bulge) 등의 기능들을 사용할 것입니다.

스탠드 조명 모델링하기

스탠드 조명은 받침, 두 개의 관절, 전등갓 그리고 전구로 구성되어있습니다. 이번 학습에서는 기본 도형과 디포머 등의 편집 도구를 통해 스탠드 조명의 모양을 표현할 것입니다.

01 스탠드 조명의 가장 상위 개체인 받침을 먼저 만들어봅니다. 받침 아래쪽은 평평하고 위쪽은 둥근 모양으로 되어있기 때문에 이 모양과 가장 흡사한 기본 도형은 오일 탱크일 것입니다. 오브젝트 툴에서 Oil Tank를 하나 생성합니다.
이와 같은 모양은 스플라인으로 반쪽을 그린 후 스위프를 통해 표현할 수도 있습니다.

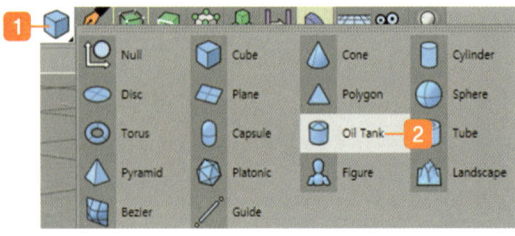

02 [Display] - [Gouraud Shading (Lines)]를 선택하여 오일 탱크의 세그먼트를 보이게 한 후 어트리뷰트 매니저의 Object 탭에서 Height Segments를 1로 설정하여 수직의 세그먼트는 1개만 사용합니다. 그리고 Height를 83 정도로 설정하여 높이를 그림처럼 납작하게 해줍니다.

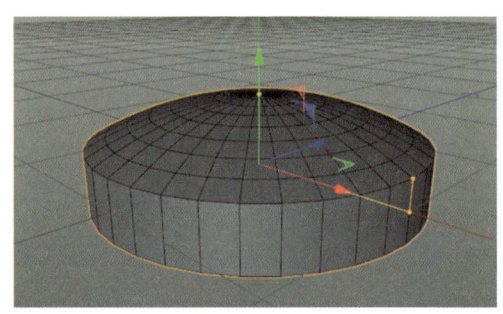

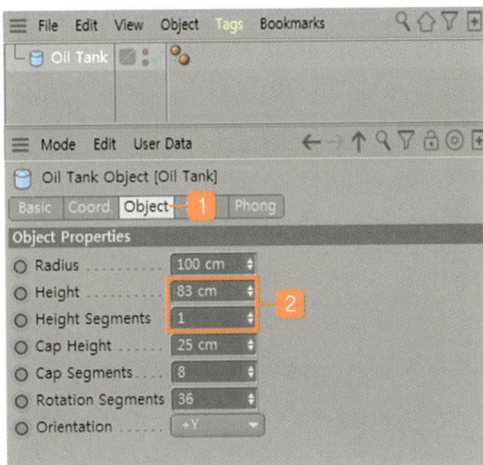

03 오일 탱크를 편집이 가능한 폴리곤 오브젝트로 변환하기 위해 Oil Tank를 선택한 후 [C] 키를 누릅니다.

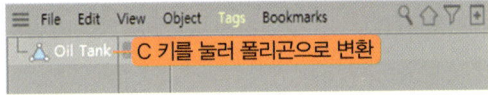

04 [Select] - [Fill Selection] 메뉴를 선택합니다. 필(휠) 실렉션의 단축키는 [U~F] 키입니다.
이때 폴리곤 툴이 선택되어있어야 필 실렉션을 사용할 수 있습니다.

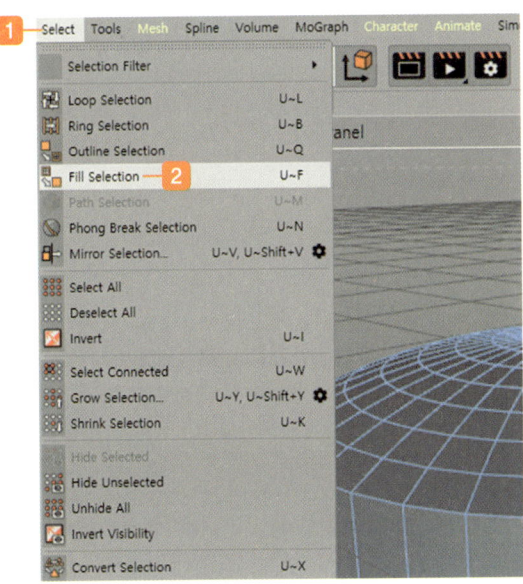

05 폴리곤 툴을 선택한 후 오일 탱크 상단을 선택해보면 상단 부분만 선택되는 것을 알 수 있습니다. 필 실렉션을 사용하여 선택하면 연결된 모든 면이 한번에 선택되는데 이것으로 보아 오일 탱크의 상단(하단)과 몸통은 서로 분리되어있었던 것을 알 수 있습니다. 여기서 선택된 상단 부분을 무브 툴을 사용하여 위로 올려 보면 그림처럼 상단이 몸체와 떨어지는 것을 알 수 있습니다. 확인이 끝나면 다시 언두(Ctrl + Z)를 통해 원래대로 해줍니다.

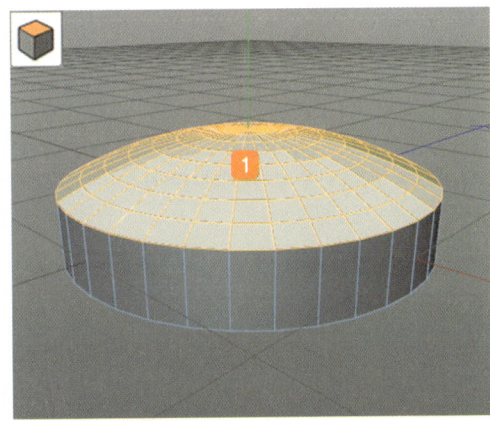

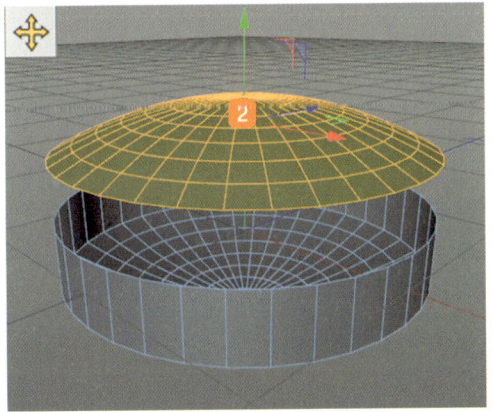

06 이제 분리된 오일 탱크를 하나로 합쳐주기 위해 [Ctrl] + [A] 키를 눌러 모든 폴리곤(면)과 점을 선택 또는 빈 곳을 클릭하여 모두 해제한 후 [Spline] - [Remove] - [Optimize] 메뉴 우측의 셋팅 아이콘을 선택합니다.

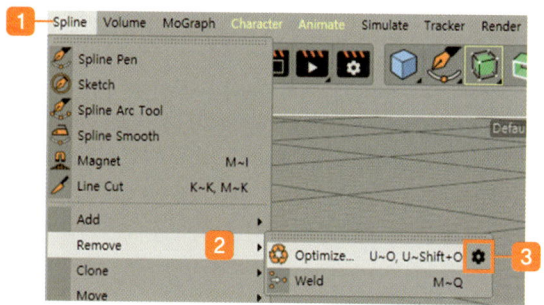

한 선택 툴을 퐁 브레이크 실렉션 툴입니다. [Select] - [Phong Break Selection] 메뉴를 선택하거나 단축키 U~N 키를 누릅니다. 그다음 어트리뷰트 매니저의 Options 탭에서 Override Phong Tag를 체크한 후 Phong Angle을 45도 정도로 줄여줍니다. 45도로 설정한 후 선택하면 해당 각도 범위에 벗어나는 면은 선택되지 않습니다. 그리고 오일 탱크의 아래쪽 면을 선택합니다.

07 Optimize 창이 뜨면 모든 기능이 체크된 상태에서 [OK] 버튼을 클릭합니다. 옵티마이즈는 오브젝트를 최적화하는 기능으로 불필요한 포인트를 제거하거나 떨어진 포인트와 폴리곤을 합쳐줄 때 사용됩니다.

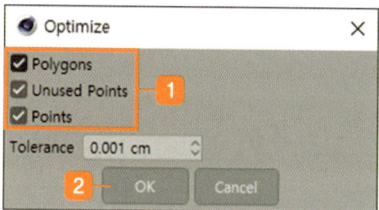

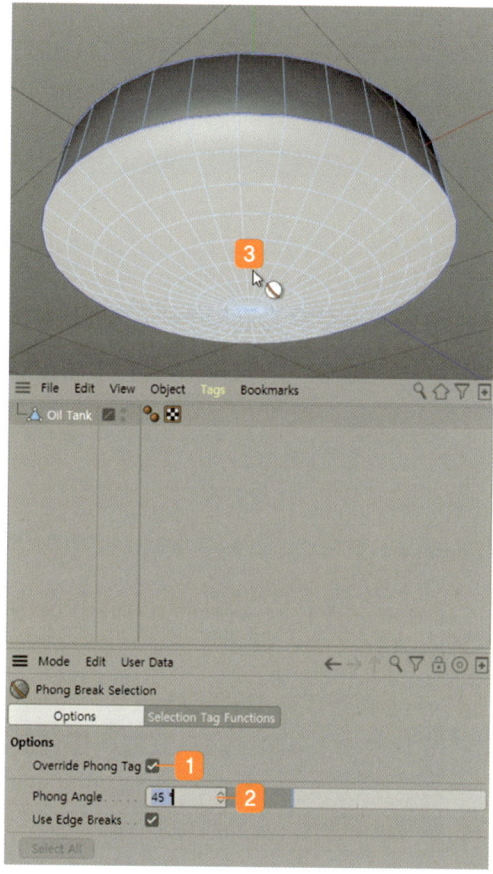

08 [Ctrl] + [Shift] + [A] 키를 눌러 앞서 선택된 것을 모두 해제한 후 [U~F] 키를 눌러 다시 필 실렉션 툴을 선택합니다. 그리고 다시 오일 탱크 윗부분을 선택해보면 전체가 선택되는 것을 알 수 있습니다. 이것은 옵티마이즈를 통해 윗면(아랫면)과 몸통이 하나로 합쳐졌기 때문입니다.

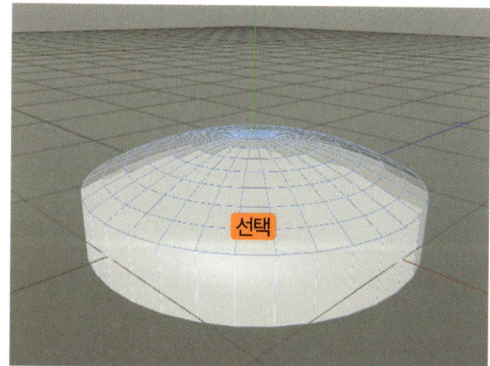

09 이제 아래쪽 면을 평평하게 해주기 위해 먼저 아래쪽 면을 삭제합니다. 삭제하기 위한 아래쪽 면을 선택하기에 가장 적합

10 선택된 아래쪽 면을 [딜리트(Delect)] 키를 눌러 삭제한 후 구멍이 뚫린 면을 평평한 면으로 채워주기 위해 뷰포트에서 [우측 마우스 버튼] - [Close Polygon Hole]을 선택합니다. 그다음 채우고자 하는 아래쪽 면의 엣지 부분에 마우스 커서를 갖다 놓습니다. 그러면 흰색의 굵은 선과 채울 곳이 옅은 흰색으로 처리됩니다. 이때 클릭하게 되면 구멍 난 면이 채워집니다. 이렇 듯 클로즈 폴리곤 홀을 사용하면 구멍이 난 면을 쉽게 채울 수 있습니다.

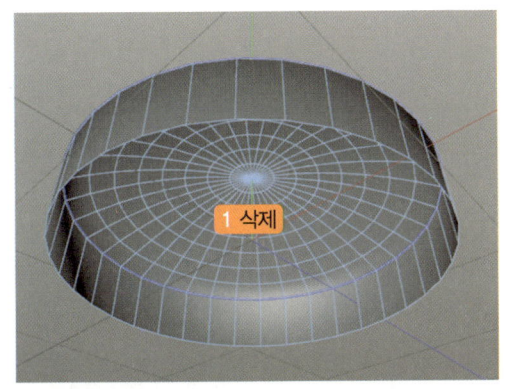

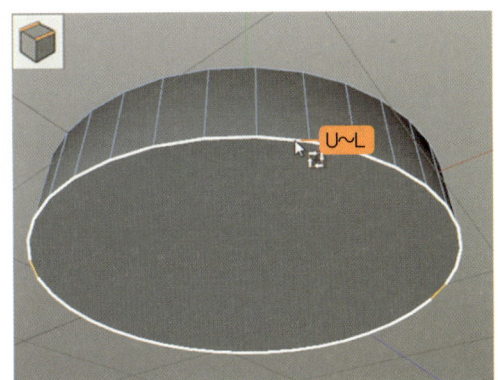

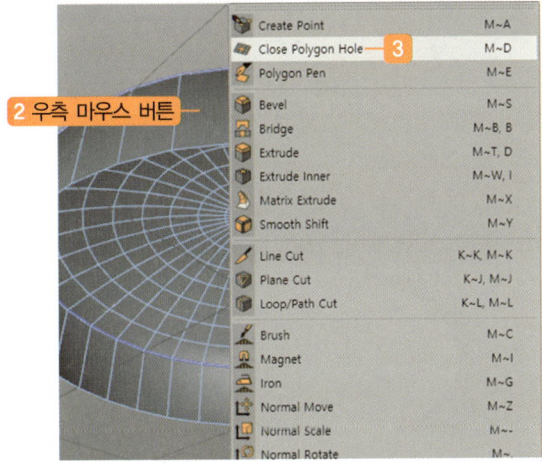

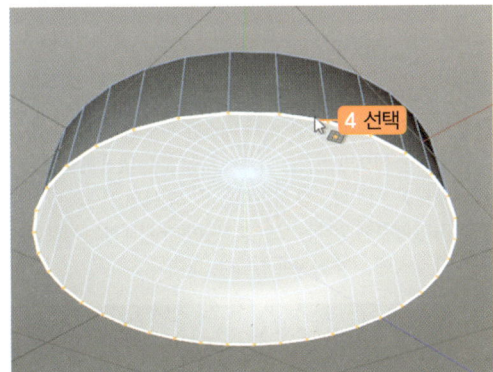

11 채워진 아랫면의 각진 모서리를 좀 더 자연스럽게 해주기 위해 엣지 툴을 선택한 후 [U~L] 키를 눌러 루프 실렉션 툴을 선택합니다. 그다음 그림처럼 모서리 부분의 엣지 둘레를 모두 선택합니다.

12 이번엔 베벨 툴을 사용하여 선택된 엣지에 새로운 엣지를 추가합니다. [M~S] 키를 눌러 베벨 툴을 선택한 후 그림처럼 두 줄의 세그먼트가 되도록 해줍니다.

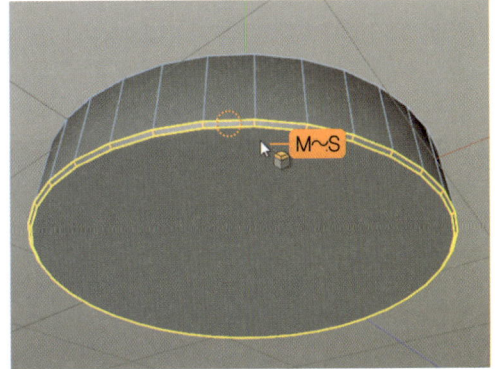

13 방금 베벨을 통해 두 줄의 세그먼트로 만들어진 모서리의 최종 모습을 살펴보기 위해 제너레이터 툴에서 Subdivision Surface를 선택합니다.

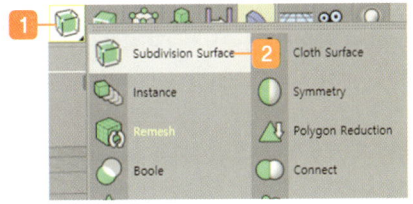

14 방금 적용한 서브디비젼 서피스 하위에 오일 탱크를 끌어다 종속시킵니다. 그러면 서브디비젼 서피스에 의해 세그먼트가 증가되면서 자연스런 곡선으로 바뀌게 됩니다.

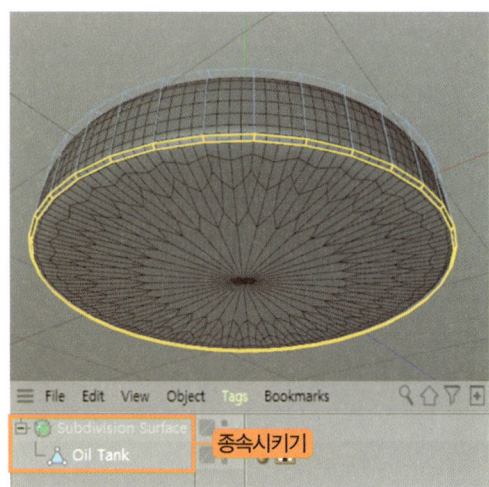

15 여기서 모서리의 모양을 보다 정확하게 확인하기 위해 [Ctrl] + [R] 키를 눌러 렌더 뷰를 해봅니다. 그런데 모서리 주변의 모습이 매끄럽지가 않고 약간 우는(쭈글쭈글) 모습인 것을 알 수 있습니다.

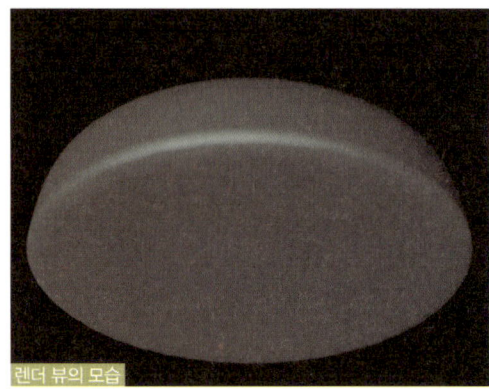

16 이제 이 문제를 해결하기 위해 서브디비젼 서피스를 해제한 후 오일 탱크를 선택합니다. 그리고 그림처럼 아래쪽 면(폴리곤)을 선택한 후 [M~W] 키를 눌러 익스트루드 인어 툴을 사용하여 선택된 면 안쪽에 새로운 면(세그먼트)을 그림과 같이 추가합니다.

17 다시 서브디비젼 서피스를 체크한 후 렌더 뷰(Ctrl + R)를 통해 확인을 해보면 전과는 다르게 우는 모습 없이 깨끗해졌습니다. 이렇듯 서브디비젼 서피스는 세그먼트의 개수와 간격에 민감하기 때문에 원하는 모양을 표현하기 위해서는 세그먼트에 대한 설정에 신경을 써야 합니다.

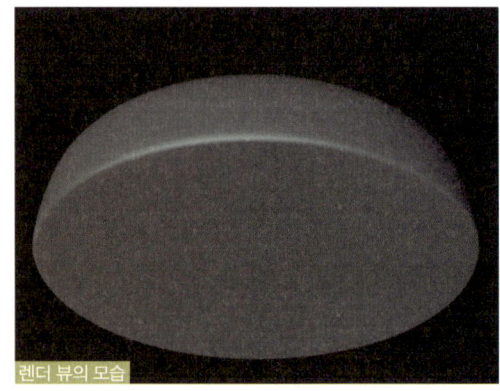

18 이번엔 받침 상단의 튀어나온 홈을 표현해봅니다. 이 홈은 첫 번째 관절(아래 관절)의 둥근 구슬 모양의 베어링이 들어갈 자리입니다. 폴리곤 툴과 라이브 실렉션 툴(혹은 루프 실렉션 툴)을 사용하여 그림처럼 오일 탱크 상단의 두 마디 둘레를 모두 선택합니다. 이때 보이는 면만 선택되어야 하므로 Only Select Visible Elements는 체크되어있어야 합니다.

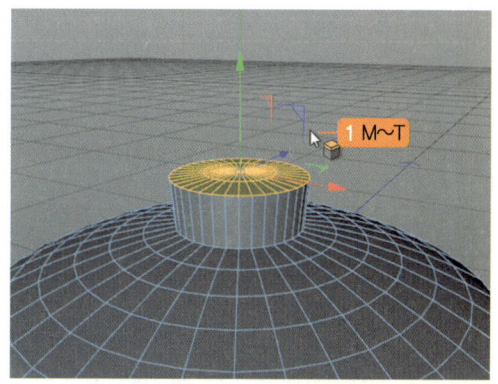

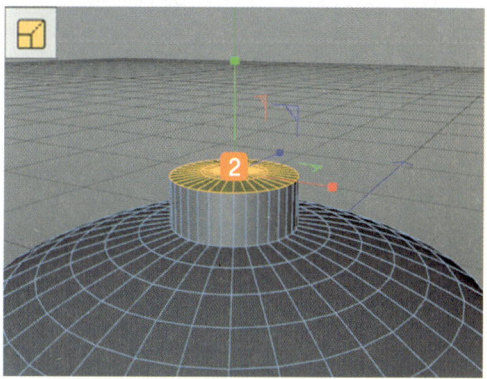

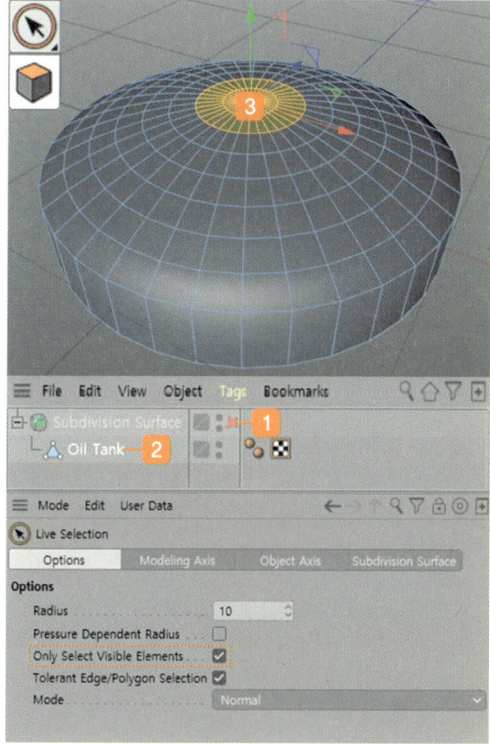

19 선택된 폴리곤 영역을 위로 끌어 올리기 위해 [M~T] 키를 눌러 익스트루드 툴을 선택합니다. 그다음 그림처럼 구슬이 들어갈 크기(높이) 정도로 돌출시킵니다. 돌출된 모습을 보면 선택된 윗면이 둥근 모양이었기 때문에 이 각도에 의해 점점 넓어진 것을 알 수 있습니다. 아래쪽 크기와 같게 하려면 스케일 툴을 사용하여 XYZ축을 모두 조절하여 맞출 수 있으며 정확하게 크기를 같게 하려면 코디네이트 매니저의 Size에서 X와 Z축을 모두 51.226 센티미터로 설정하면 됩니다.

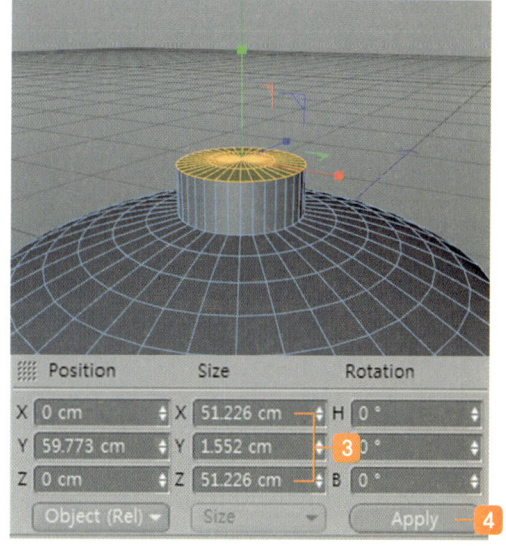

20 여기서 다시 서브디비젼 서피스를 체크해봅니다. 그러면 앞서 돌출시킨 부분의 위아래 모서리가 곡선으로 바뀐 것을 알 수 있습니다. 물론 이와 같은 모습을 원한다면 이대로 사용하면 되겠지만 지금의 작업에서는 부드럽게 각진 모습이기 때문에

수정이 필요합니다.

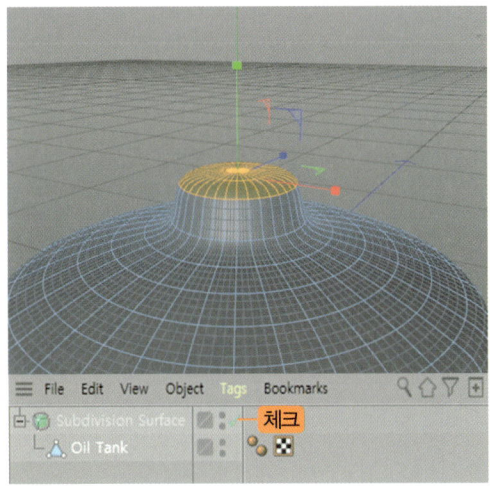

21 서브디비젼 서피스를 다시 해제하고 앞서 선택된 위쪽 면을 [Delete] 키를 눌러 삭제합니다.

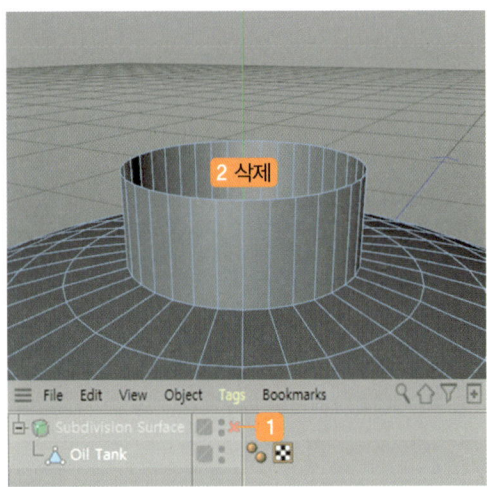

22 삭제된 구멍을 메우기 위해 뷰포트에서 [우측 마우스 버튼] - [Close Polygon Hole]을 선택하거나 단축키 [M~D] 키를 눌러 클로즈 폴리곤 홀드 툴을 선택합니다. 그다음 구멍 난 엣지 부분을 클릭하여 구멍을 메워줍니다. 계속해서 [U~L] 키를 눌러 루프 실렉션을 선택한 후 그림처럼 메워준 부분의 모서리(엣지) 둘레를 선택합니다.

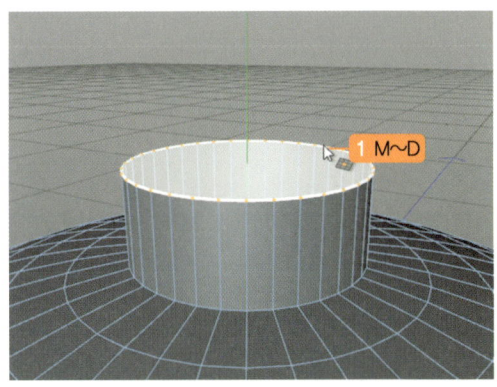

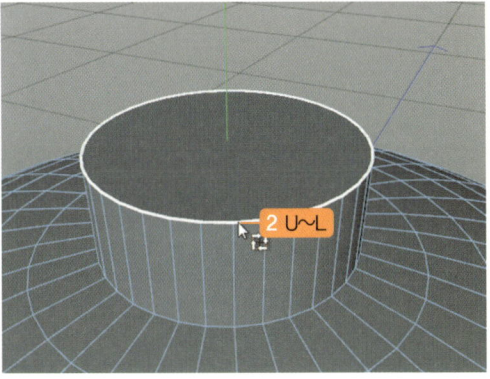

23 이제 선택된 엣지를 베벨(M~S) 툴을 사용하여 그림처럼 두 줄로 분리를 해줍니다. 서브디비젼 서피스에 의한 모양을 감안하여 줄 간격을 조금만 띄어주는 것이 좋습니다.

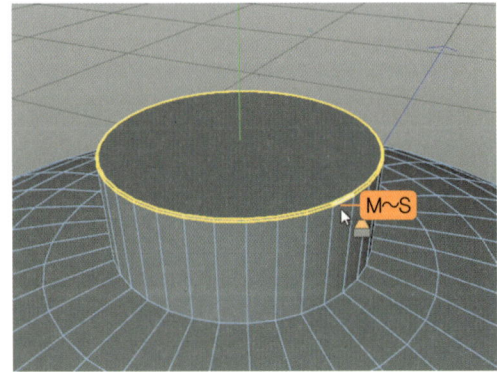

24 다시 서브디비젼 서피스를 체크한 후 렌더 뷰를 해보면 모서리의 모양은 그런대로 괜찮아 보이지만 위쪽 면이 많이 우는 것을 알 수 있습니다.

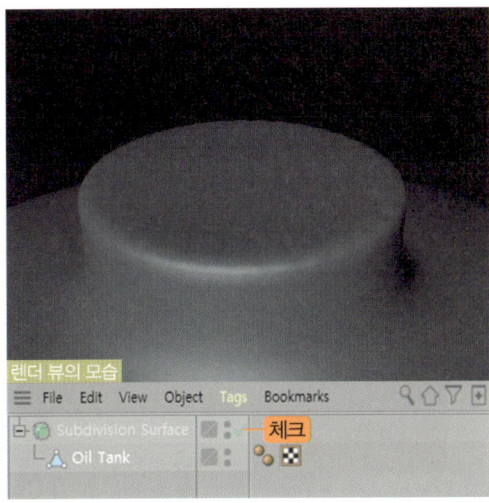

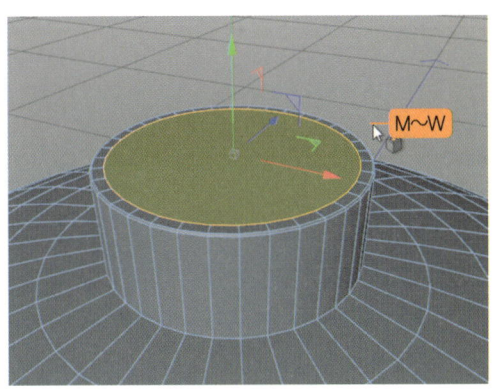

27 이제 다시 서브디비젼 서피스를 체크한 후 렌더 뷰를 해보면 위쪽 면의 우는 모습이 말끔해진 것을 알 수 있습니다. 확인이 끝났다면 서브디비젼 서피스를 다시 해제해놓습니다.

25 서브디비젼 서피스를 다시 해제한 후 오일 탱크를 선택합니다. 그리고 폴리곤 툴을 사용하여 그림처럼 위쪽 면을 선택합니다.

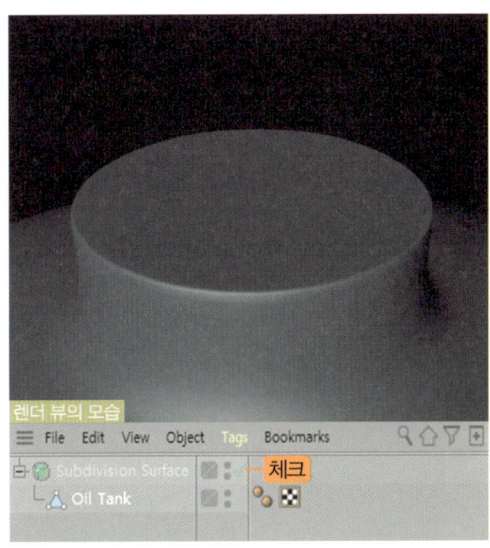

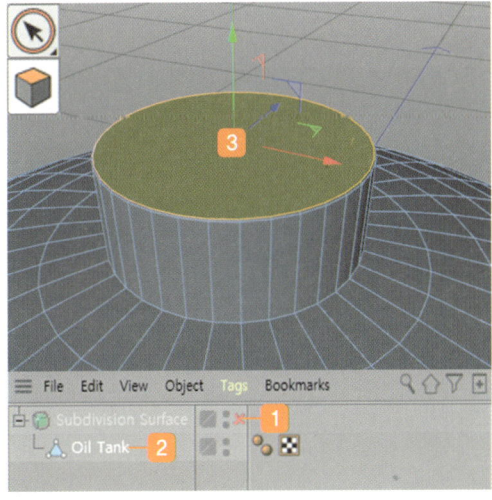

26 [M~W] 키를 눌러 익스트루드 인어를 선택합니다. 그다음 그림처럼 선택된 면 안쪽에 새로운 면을 생성합니다.

28 이번엔 아래쪽 들어간 모서리를 다듬어주기 위해 엣지 툴과 루프 실렉션(U~L) 툴을 사용하여 둘레를 선택한 후 베벨 (M~S) 툴을 사용하여 두 줄로 만들어줍니다. 계속해서 받침 상단 부분의 모서리도 다듬어줍니다. 역시 같은 방법으로 모서리 엣지 둘레를 선택한 후 베벨을 통해 그림처럼 엣지를 두 줄로 만들어줍니다.

스탠드 조명 제작 **305**

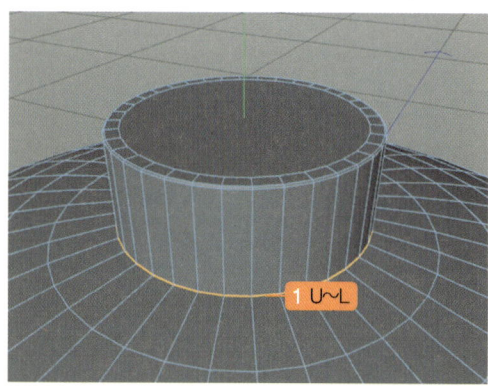

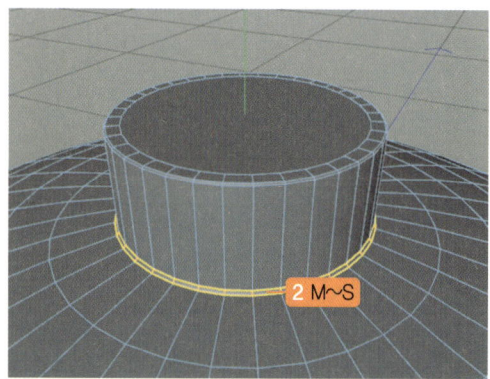

29 서브디젼 서피스를 체크하여 [Ctrl] +[R] 키를 눌러 렌더 뷰를 해보면 받침 상하 그리고 튀어나온 부분의 모서리도 원하는 대로 잘 표현됐습니다.

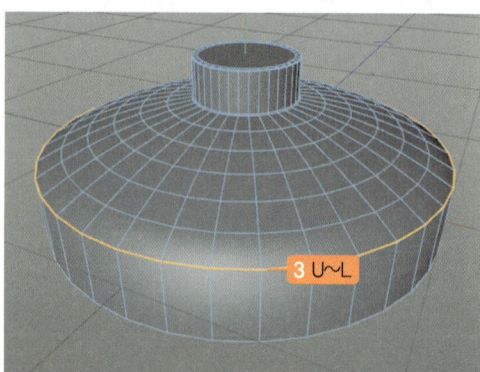

30 이제 서브디젼에 의해 표현된 모습을 폴리곤으로 변환하기 위해 Subdivision Surface를 선택한 후 Subdivision Renderer를 2로 설정합니다. 그리고 [C] 키를 눌러 폴리곤으로 변환합니다. 이것으로 오일 탱크로 시작한 지금의 모습이 되기까지 사용되는 회전 방향의 세그먼트 개수가 144개로 증가됐습니다.

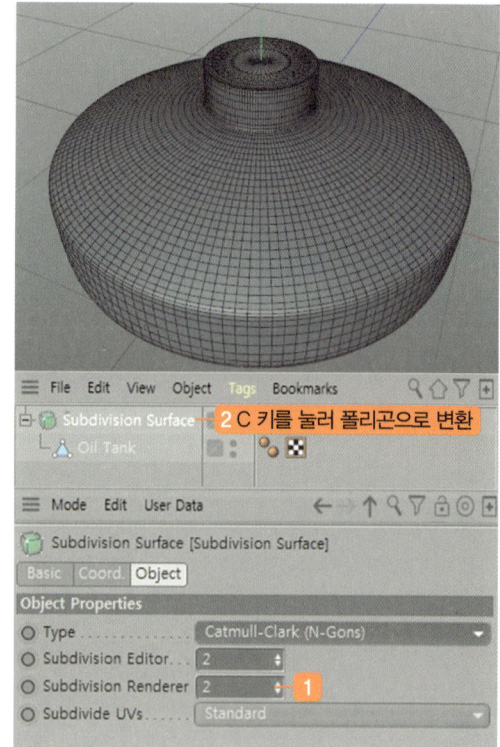

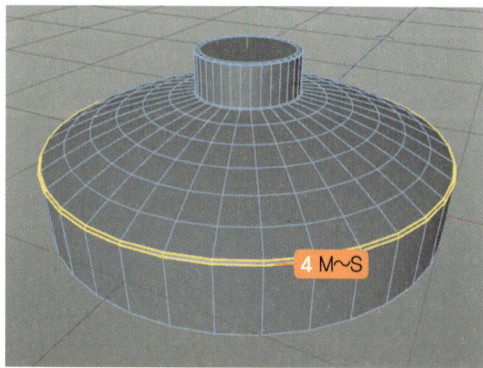

31 이번엔 받침의 돌출된 부분에 홈을 파기 위한 도구를 만들어 봅니다. 오브젝트 툴에서 Sphere를 생성합니다.

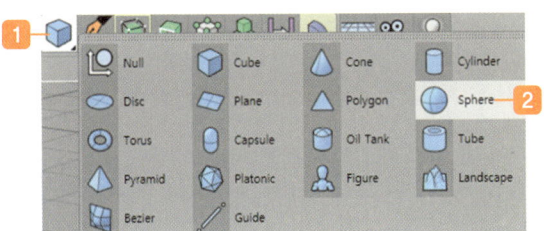

32 스피어의 Radius를 23 정도로 설정하여 홈을 파기 위한 크기로 조절하고 그림처럼 위쪽으로 이동하여 스피어가 반쯤 받침의 돌출된 부분과 겹쳐(교차)지도록 해줍니다.

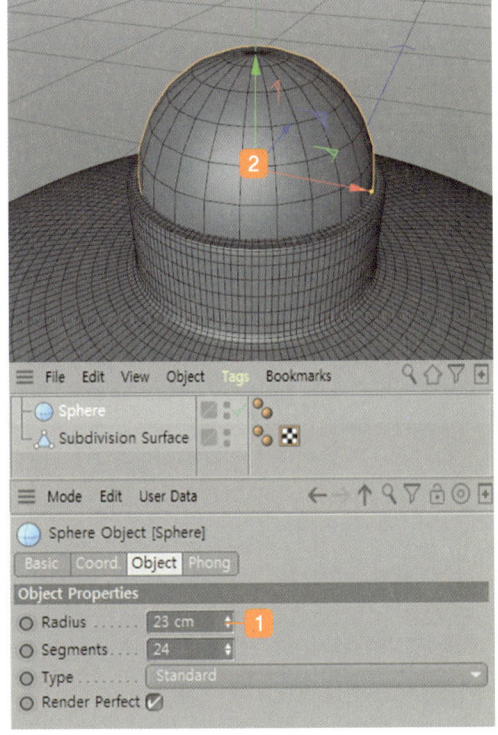

33 이제 교차된 두 오브젝트에 홈을 파주기 위해 모델링 툴에서 Boole을 선택합니다. 그다음 불 하위에 서브디비젼 서피스와 스피어를 그림처럼 빠지는 오브젝트(Subdivision Surface)를 위쪽, 빼는 오브젝트(Sphere)를 아래쪽으로 하여 종속시킵니다. 이것으로 받침 상단의 돌출된 부분에 둥근 홈이 파였습니다.

34 이 상태에서 렌더 뷰를 통해 홈이 파인 모습을 보다 자세히 살펴봅니다. 홈의 모서리 부분이 각이 보입니다. 이것은 빼는 도구인 스피어의 세그먼트 개수가 적어서 그런 것입니다.

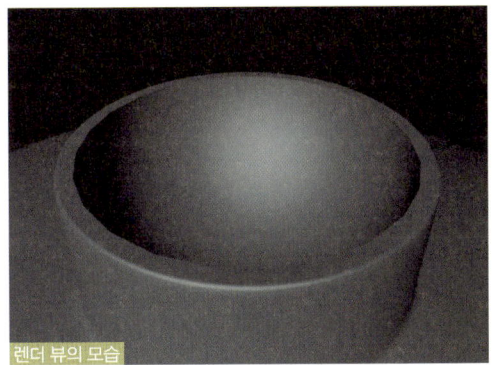

35 스피어를 선택한 후 Segments 수를 144개로 증가합니다. 144개의 세그먼트 개수는 앞서 사용한 오일 탱크의 회전 방향에 대한 기본 개수인 36개와 서브디비젼 서피스에 의해 배수로 증가된 144개와 같은 개수입니다.

스탠드 조명 제작 **307**

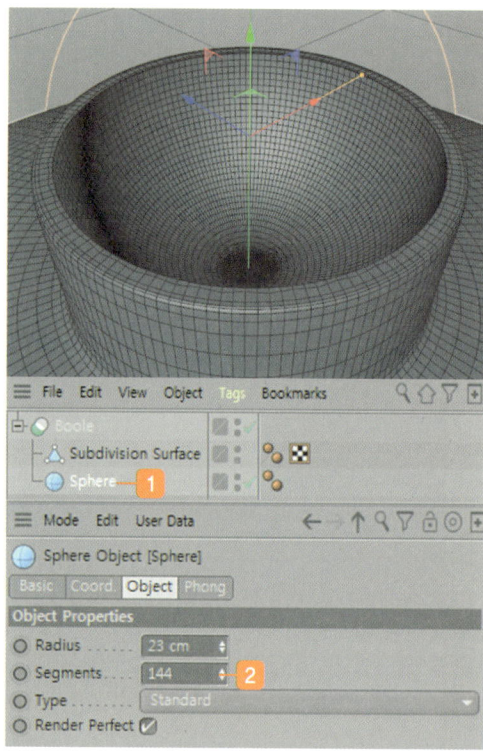

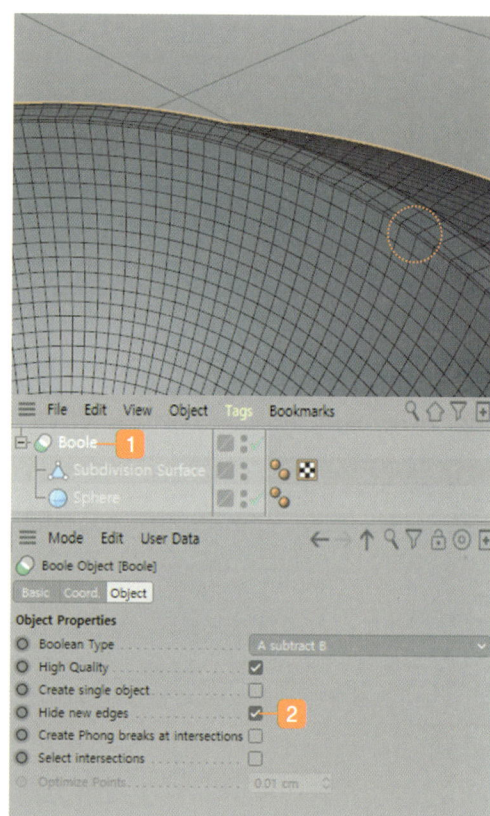

36 다시 렌더 뷰를 통해 확인해보면 홈의 모서리 부분이 자연스런 곡선으로 표현됐습니다. 이렇듯 불을 사용할 때는 세그먼트의 개수와 폴리곤의 상태에 따라 모양이 달라지기 때문에 주의해야 합니다.

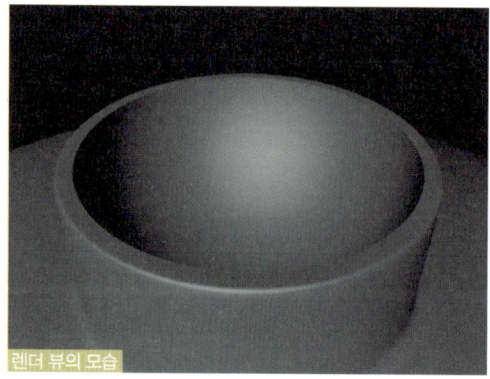

37 홈의 모서리 부근을 더욱 깔끔하게 정리하기 위해 Boole을 선택한 후 Hide new edges를 체크합니다. 그러면 모서리 부근의 삼각형 세그먼트가 정리되어 더욱 깔끔해집니다.

38 불에 의해 홈이 파인 상태의 오브젝트를 생성하기 위해 먼저 홈을 파는 도구로 사용된 Sphere를 위쪽에 2개 복제 해놓습니다. 그리고 복제된 오브젝트 하나는 잠시 숨겨 놓습니다. 복제된 2개의 스피어는 두 번째 관절인 상단 관절의 베어링과 홈을 파기 위해 사용됩니다.

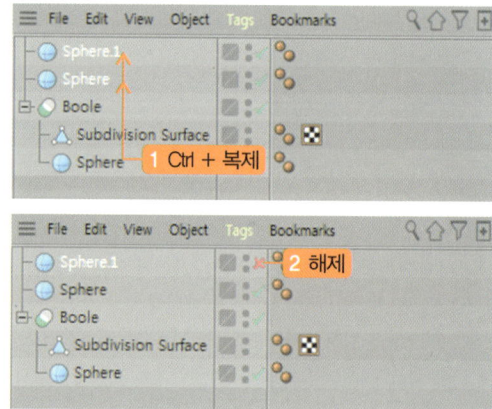

39 이제 Boole을 선택한 후 Create single object를 체크합니다. 그다음 [C] 키를 눌러 폴리곤 오브젝트로 변환합니다. 이렇게 함으로써 불 하위에 종속된 모든 오브젝트가 하나로 합쳐진 상태로 폴리곤 오브젝트로 만들어졌습니다.

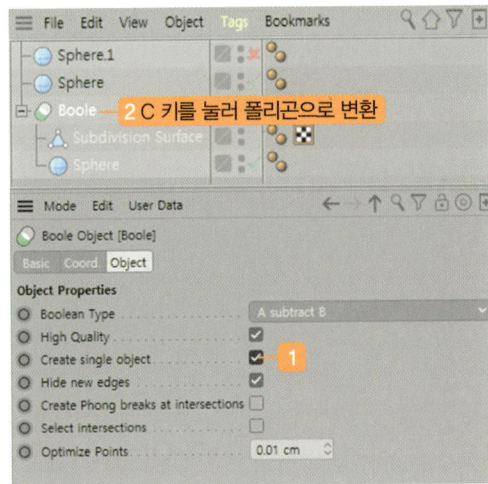

40 앞서 복제된 Sphere 오브젝트 중 활성화된 아래쪽 오브젝트를 선택한 후 Segments를 72로 줄여줍니다. 이제 이 스피어 오브젝트를 통해 상단 관절을 표현해 볼 것입니다.

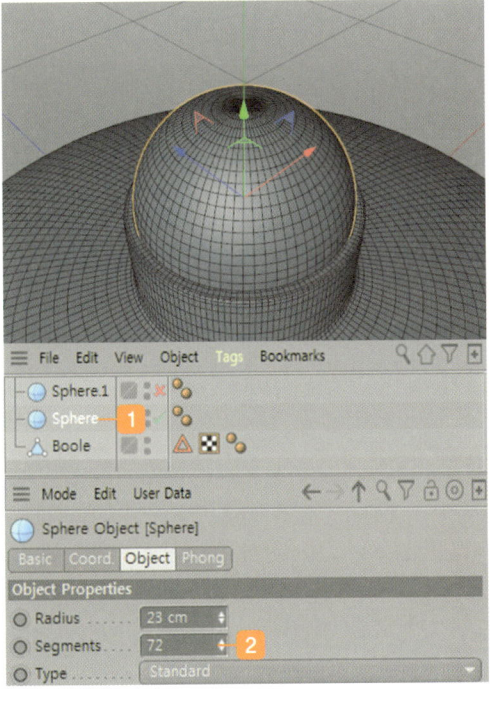

41 [C] 키를 눌러 스피어 오브젝트를 폴리곤으로 변환한 후 폴리곤 툴과 [U~L] 키를 눌러 루프 실렉션 툴을 선택하여 그림처럼 스피어 상단 부분의 가운데 둘레를 모두 선택합니다. 그리고 선택된 영역을 확장하기 위해 [U~Y] 키(Select 〉 Grow Selection 메뉴를 사용해도 됨)를 여섯 번을 반복하여 그림처럼 선택 영역을 확장합니다.

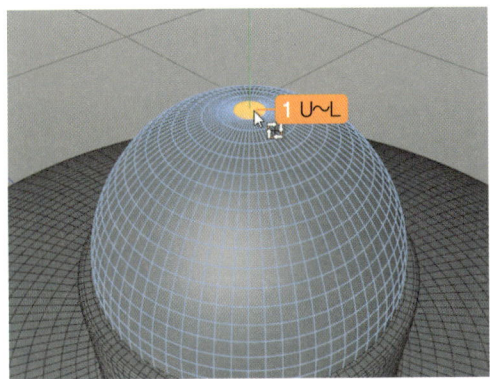

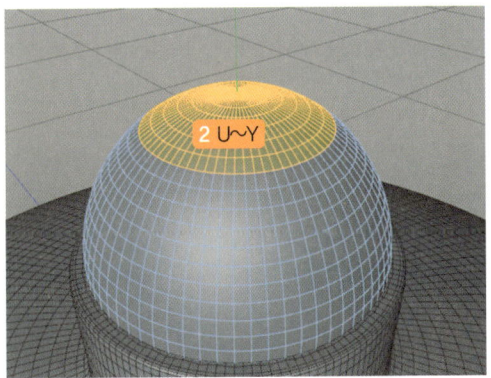

42 이제 선택된 영역을 위로 끌어올려 하단 관절을 만들어야 합니다. 이 작업은 앞선 작업처럼 익스트루드를 이용해야 하는데 경험한 것처럼 위로 돌출시킬 때 점점 커지기 때문에 현재 선택된 상태의 크기(지름)를 먼저 기억하기 바랍니다. 현재의 Size X와 Z축은 26.385 센티미터로 되어있습니다.

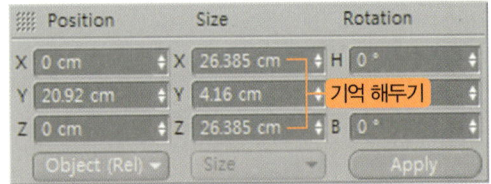

스탠드 조명 제작 **309**

43 [M~T] 키를 눌러 익스트루드 툴을 선택한 후 그림처럼 하단 관절로 사용될 높이(길이) 만큼 위로 돌출시킵니다. 이때 위로 갈수록 점점 커지는 것을 알 수 있습니다.

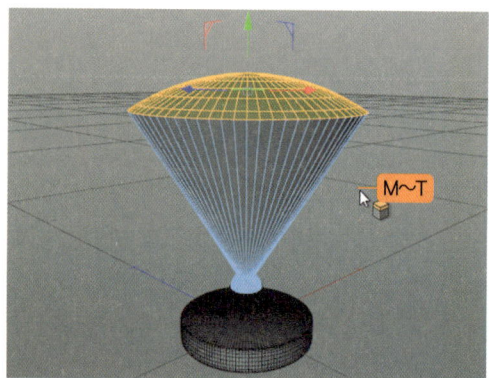

44 돌출된 영역의 크기를 아래쪽 영역의 크기와 같게 해주기 위해 Size X와 Z축을 26.385 센티미터로 설정합니다. 물론 스케일 툴을 사용하여 크기를 조절해도 되지만 정확하게 설정하기 어렵기 때문에 지금처럼 수치를 이용하는 것이 좋습니다. 그런데 가운데 부분이 봉긋하게 튀어나왔습니다.

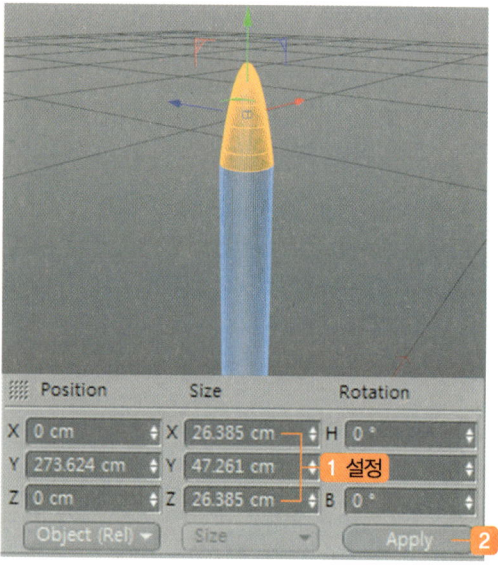

알아두기

프리저브 그룹에 대하여

여러 개의 면(폴리곤)을 익스트루드할 때 Preserve Groups을 해제하면 선택된 면들이 개별로 돌출됩니다. 이러한 작업은 주로 건축을 표현할 때 사용됩니다.

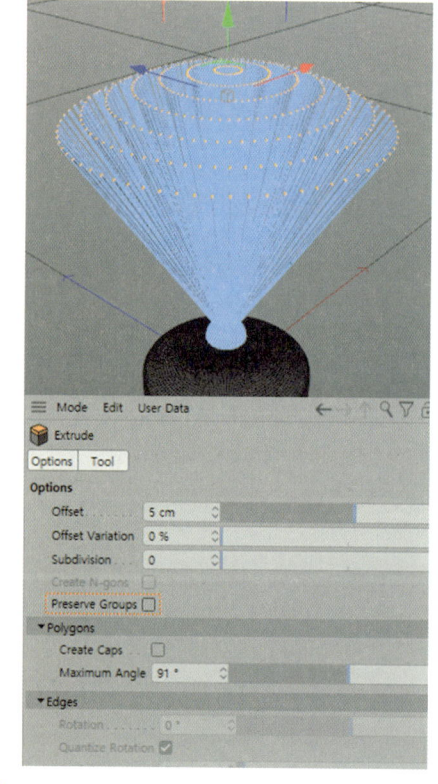

45 위와 같은 문제도 역시 스케일 툴을 사용하여 Y축을 아래로 내려 평평하게 만들 수 있습니다.

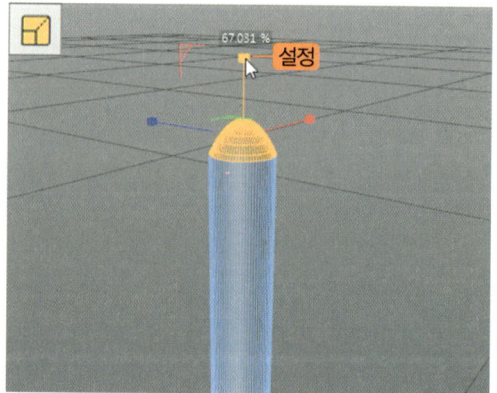

46 그러나 위와 같은 방법 역시 정확하게 작업하기 어려우므로 코디네이트 매니저에서 Size의 Y축을 0으로 설정하여 평평하게 해주는 것이 좋습니다.

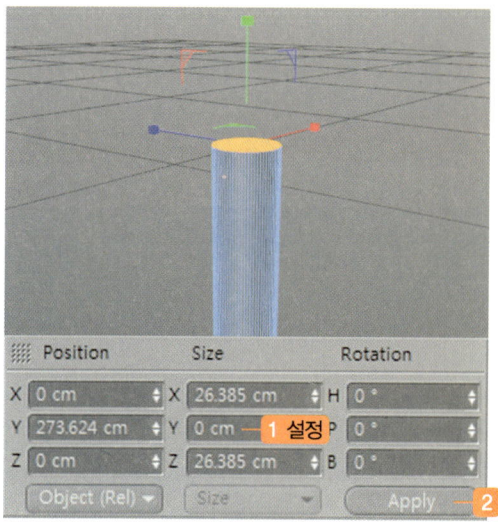

48 계속해서 이번엔 [M~T] 키를 눌러 익스트루드 툴을 선택한 후 그림처럼 위로 수직으로 돌출시킵니다.

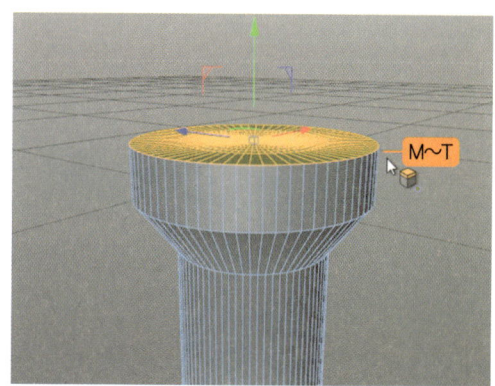

47 평평해진 선택 영역을 돌출시켜 상단 관절의 베어링이 들어갈 홈을 파주기 위한 작업을 하기 위해 먼저 [M~S] 키를 눌러 베벨 툴을 선택합니다. 그다음 그림처럼 윗부분이 넓게 조금만 돌출시킵니다. 계속해서 수직으로 돌출시키기 위해 [U~N] 키를 눌러 퐁 브레이크 실렉션 툴을 선택하여 해제된 윗부분의 면을 모두 선택합니다.

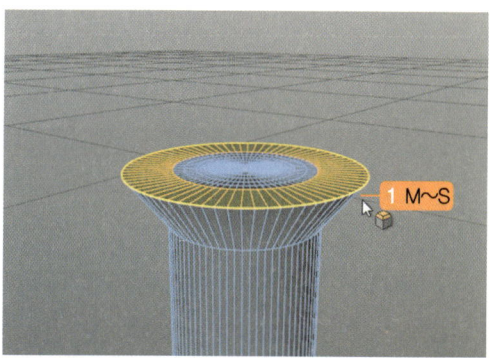

49 앞으로 서브디비젼 서피스를 통해 보다 자연스런 모습을 표현해야 하기 때문에 이제 돌출된 모서리 부분에 대한 설정을 해야 합니다. 먼저 엣지 툴과 루프 실렉션(U~L) 툴을 사용하여 상단 모서리 엣지의 둘레를 선택합니다. 그다음 베벨(M~S) 툴을 사용하여 그림처럼 두 줄의 엣지를 만들어줍니다.

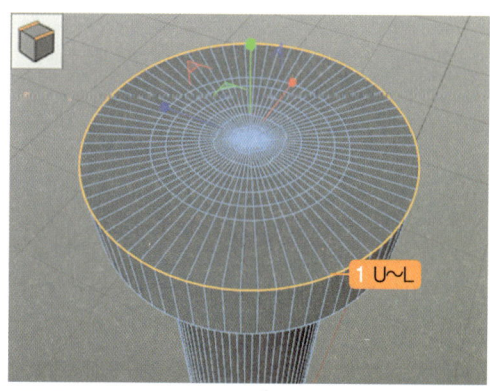

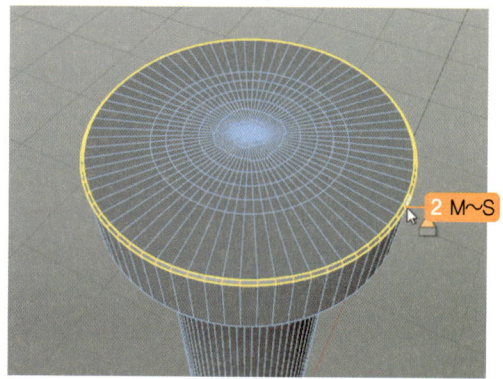

50 계속해서 중간 지점의 엣지도 베벨을 통해 두 줄의 엣지로 만들어야 합니다. 역시 같은 방법으로 먼저 루프 실렉션 툴로 둘레를 선택한 후 베벨 툴로 두 줄의 엣지를 만들어줍니다.

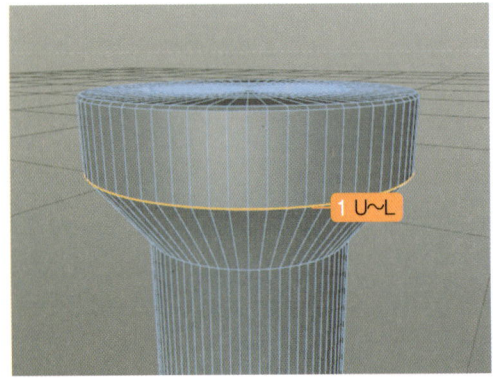

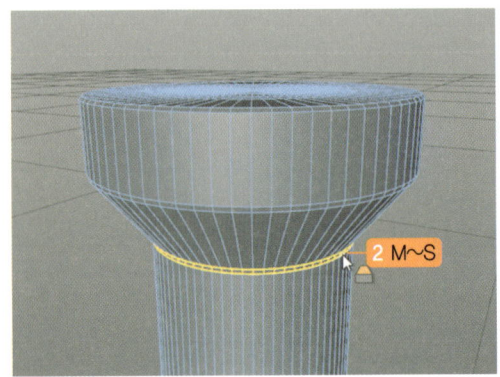

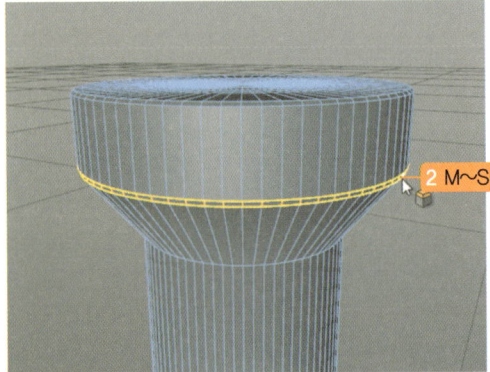

52 여기서 서브디비젼 서피스를 적용하여 하단 관절의 최종 모습을 확인해봅니다. 서브디비젼 서피스를 적용한 후 하위에 앞서 작업한 Sphere를 종속시킵니다. 그리고 렌더 뷰를 통해 확인해봅니다. 세그먼트의 증가로 모양은 부드러워졌지만 역시 모서리 부근에는 우는 모습이 눈에 띕니다.

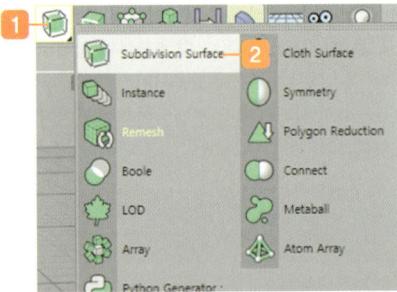

51 이번에는 하단 부분도 같은 방법으로 두 줄의 엣지를 만들어줍니다. 이로써 서브디비젼 서피스를 적용했을 때의 모양에 대비한 작업을 했습니다.

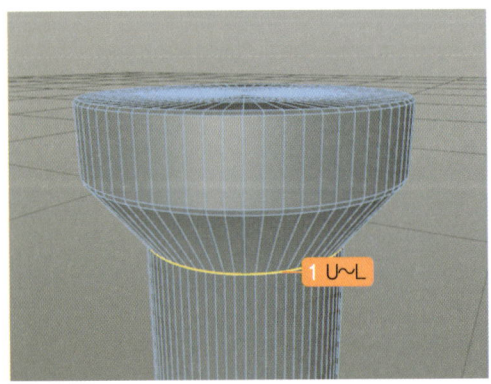

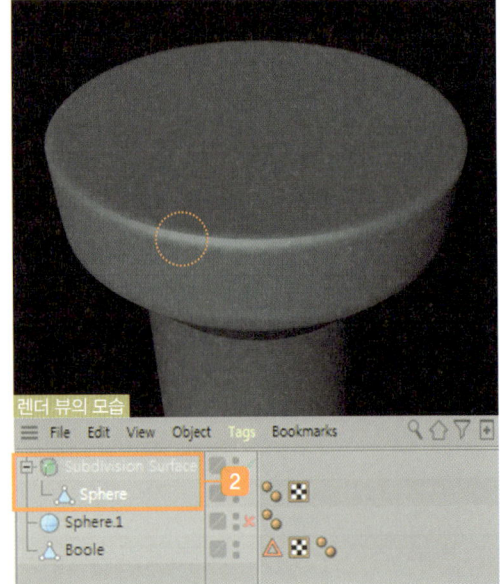

53 우는 모습을 해결하기 위해 상단과 옆면에 엣지(세그먼트)를 추가해야 합니다. 먼저 서브디비젼 서피스를 해제하고 스피어를 선택합니다. 그다음 [K~L] 키를 누르거나 [M~L] 키를 눌러 나이프 툴을 선택한 후 선택되지 않은 부분도 잘라주기 하기 위해 어트리뷰트 매니저에서 Restrict to Selection을 체크합니다. 그리고 그림처럼 상단 모서리 안쪽 부근에 새로운 엣지로 잘라줍니다. 계속해서 옆면 상단 모서리 부근의 둘레도 엣지로 잘라줍니다.

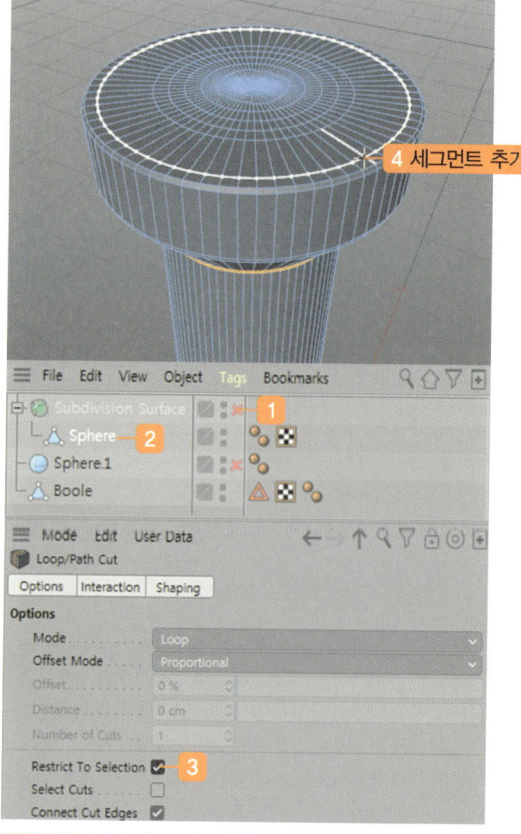

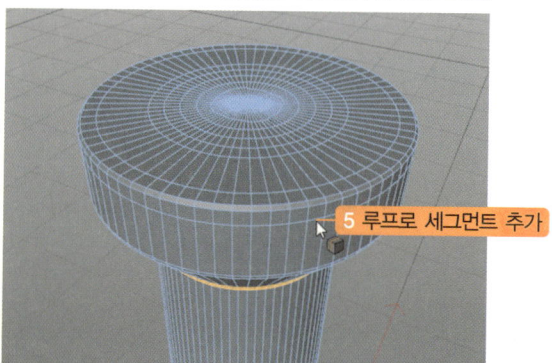

54 이제 Subdivision Editor와 Renderer 값을 모두 1로 설정하여 세그먼트 개수를 받침과 같은 144로해줍니다. 지금의 작업을 렌더 뷰(Ctrl + R)를 통해 확인을 해보면 상단 모서리 부분의 모습이 훨씬 자연스럽게 표현됐습니다.

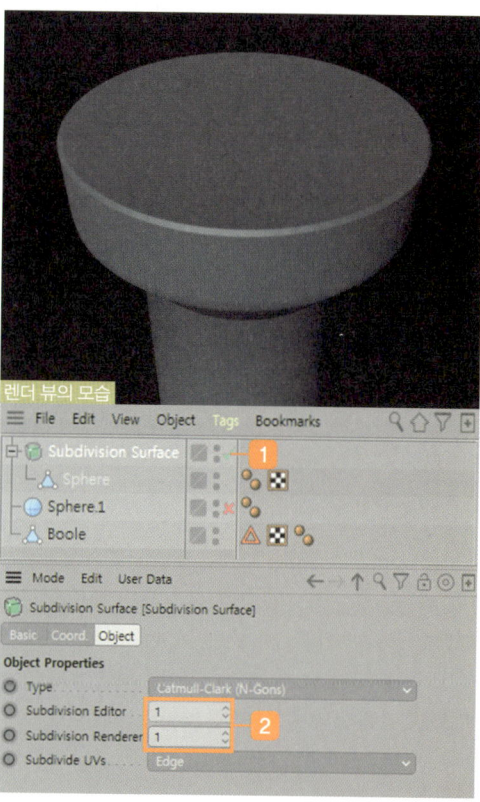

55 이제 앞서 숨겨놓은 Sphere.1 오브젝트를 켜주고 크기를 19 정도로 줄여준 후 상단에 홈을 파기 위한 위치로 이동합니다. 스피어의 반정도가 교차되도록 하면 됩니다.

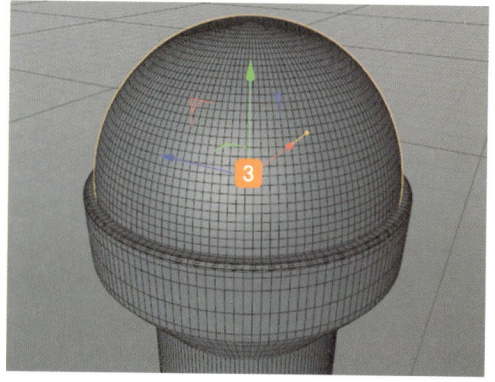

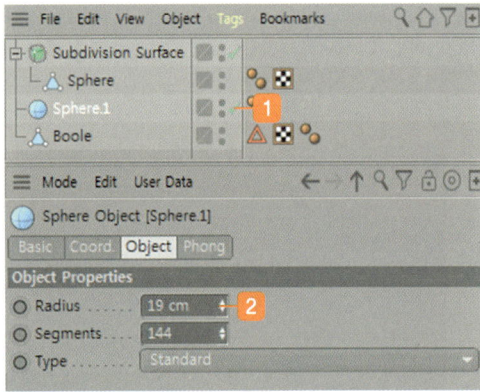

56 불(Boole)을 통해 홈을 파기 위해 먼저 홈을 파는 도구로 사용될 Sphere.1을 하나 위쪽으로 복제해놓습니다.

57 모델링 툴에서 홈을 파기 위한 Boole을 선택합니다.

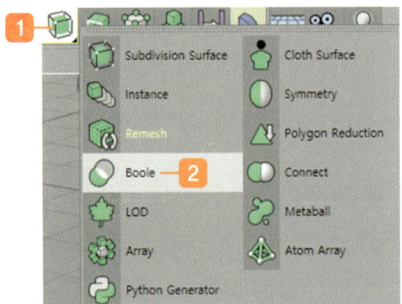

58 서브디비전 서피스 하위에 방금 만든 Boole.1을 끌어다 종속시키고 홈이 파일 Sphere가 상위, 홈을 파는 도구로 사용되는 Sphere.1을 하위로 배치한 후 두 오브젝트를 Boole.1 하위에 종속시킵니다. 이로써 하단 관절 상단에도 상단 관절이 들어갈 홈이 파였습니다. 그리고 작업의 편의를 위해 복제된 위쪽 Sphere 오브젝트의 모습은 잠시 보이지 않도록 해줍니다.

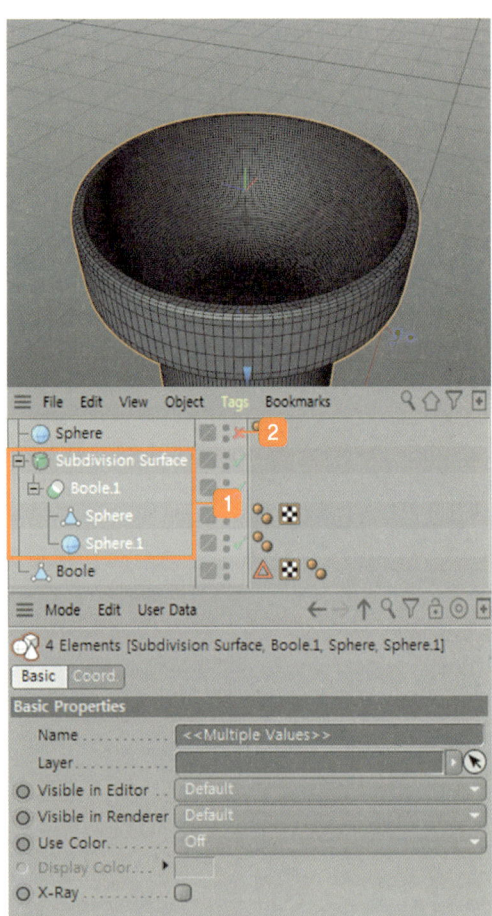

59 앞선 작업에서 구멍을 파는 도구로 사용되는 Sphere.1이 최상위 계층인 서브디비전 서피스에 의해 세그먼트가 지나치게 증가됐기 때문에 Segments 개수를 72로 줄여서 최종 144가 되도록 해줍니다.

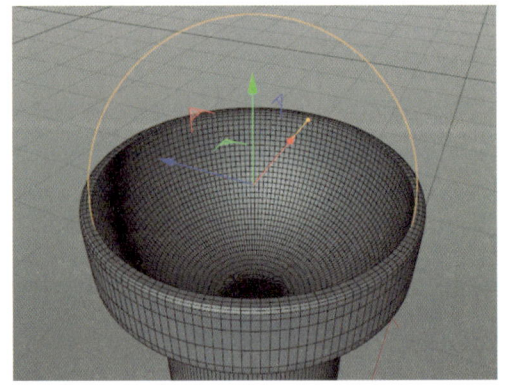

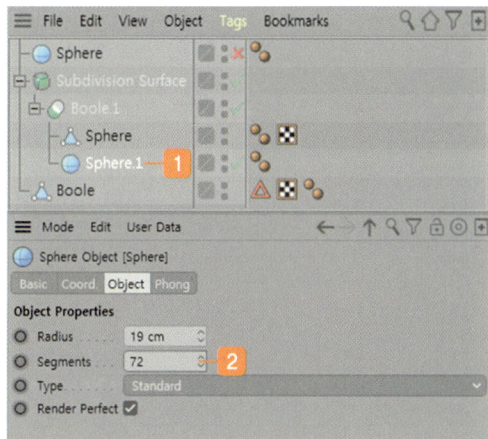

61 이제 Subdivision Surface를 선택한 후 [C] 키를 눌러 하위 계층에 있는 모든 오브젝트들을 하나의 폴리곤 오브젝트로 변환합니다.

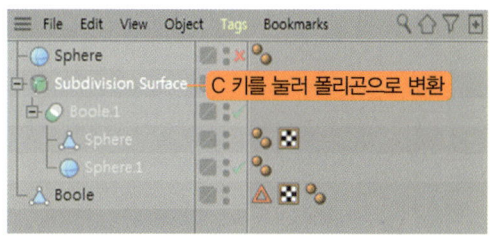

62 위의 작업에서 서브디비젼 서피스가 폴리곤으로 변환되면 그룹이 생성되고 그룹 하위에 Sphere-Sphere.1이란 이름으로 합쳐진 폴리곤 오브젝트가 있을 것입니다. 이 오브젝트를 그룹에서 독립시킵니다.

60 폴리곤으로 만들기 전에 먼저 Boole.1을 선택하고 Hide new edges와 Create single object를 모두 체크합니다.

63 이제 작업의 편의를 위해 Sphere-Sphere.1의 이름은 [하단 관절]로 수정하고 Boole은 [받침]이란 이름으로 수정합니다. 그리고 서브디비젼 서피스 그룹은 삭제합니다.

64 이제 하단 관절 작업의 마지막입니다. 각 관절의 하단 부분은 둥근 베어링이 들어가고 이 베어링은 상단 부분과 재질이 다릅니다. 그렇기 때문에 먼저 이 부분에 대한 구분 작업이 필요합니다. 하단 관절을 선택한 후 [M~L] 또는 [M~L] 키를 눌러 나이프 툴을 선택한 후 그림처럼 하단 부분에 새로운 엣지로 잘라줍니다. 이것으로 하단 관절 작업이 모두 끝났습니다.

스탠드 조명 제작 **315**

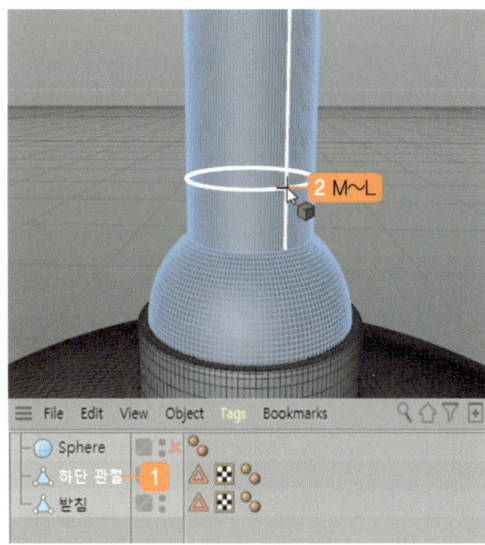

65 이번엔 상단 관절을 만들어봅니다. 상단 관절은 지금까지 작업한 방법으로 만들 수 있겠지만 보다 쉬운 방법으로 만들기 위해 앞서 만든 하단 관절을 그림처럼 위쪽으로 복제합니다.

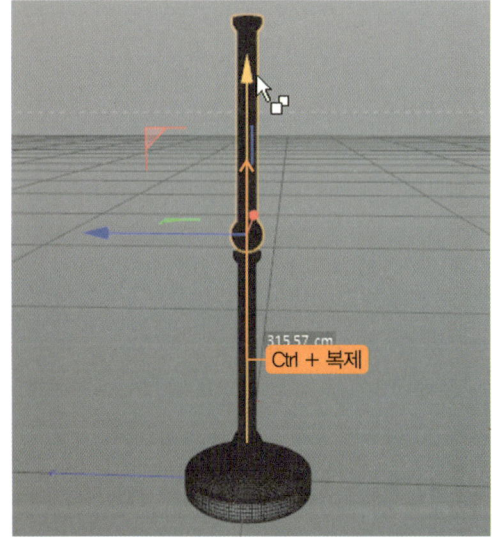

66 상단 관절은 하단 관절보다 얇기 때문에 스케일 툴을 사용하여 크기를 하단 관절 상단의 홈 크기에 맞게 조절한 후 홈 속에 집어넣습니다. 라이트 뷰(F3)에서 작업을 하는 것이 보다 정확하게 홈 속에 집어넣을 수 있습니다.

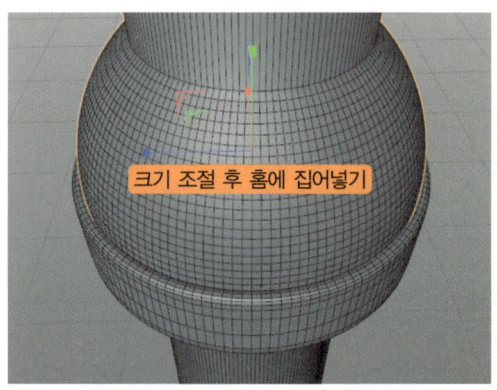

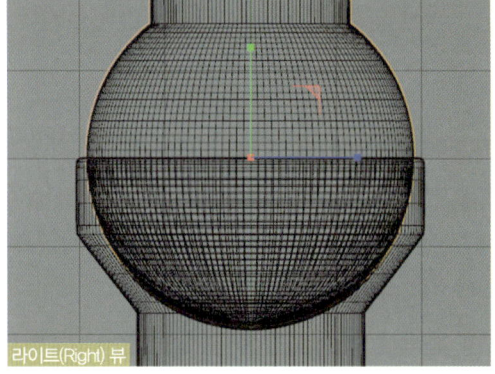

67 복제된 관절의 이름을 작업의 편의를 위해 [상단 관절]이란 이름으로 수정합니다. 그리고 하단 관절 위쪽으로 이동해줍니다.

68 복제된 상단 관절의 크기를 줄였기 때문에 전체적으로 높이도 줄었습니다. 이제 높이만 늘려주기 위해 상단 관절을 선택한 후 엣지 툴과 렉탱글 툴을 사용하여 그림처럼 상단 관절의 위쪽 부분을 선택합니다. 이때 보이지 않는 뒤쪽 부분도 선택되도록 하기 위해 Only Select Visible Elements를 해제한 후 선택해야 합니다.

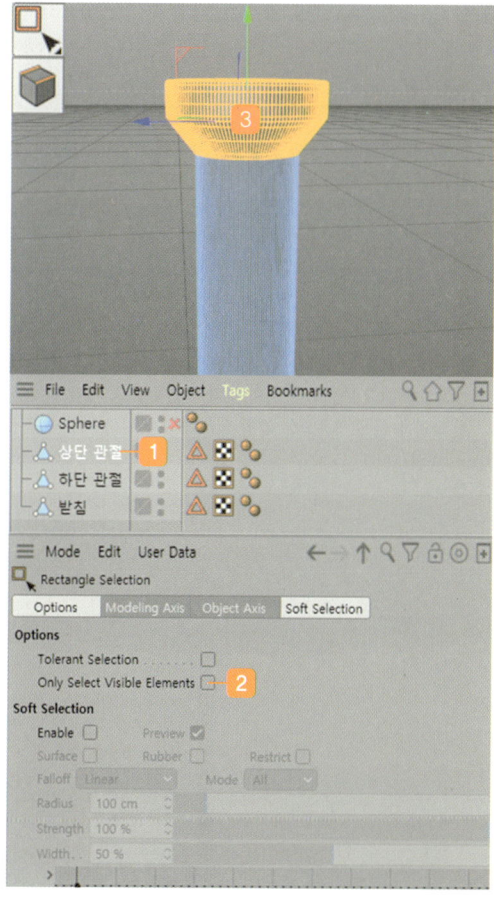

70 이번엔 상단 관절의 상단 홈에 들어갈 베어링을 표현하기 위해 앞서 복제한 Sphere를 해제한 후 Radius 값을 16 정도로 설정하여 크기를 줄여 상단 홈에 맞는 크기로 해줍니다. 그리고 Segments도 72로 줄여주고 그림처럼 상단 홈에 정확하게 들어가도록 해줍니다.

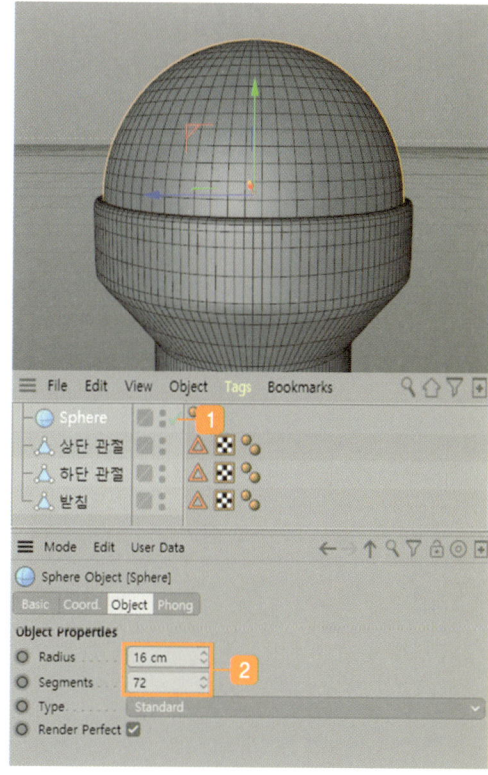

69 이제 선택된 상단 부분을 위로 올려 상단 관절의 길이를 하단 관절보다 약간 길게 해줍니다.

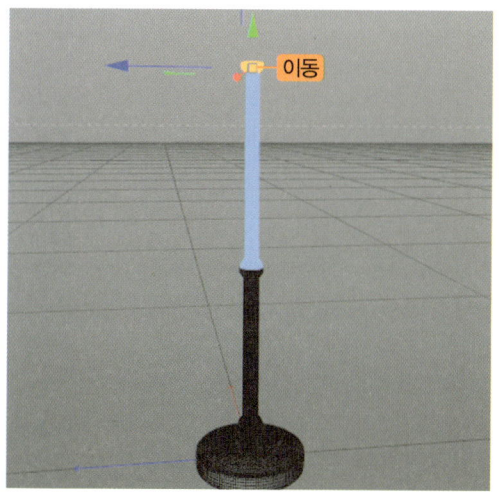

71 상단 홈에 들어간 둥근 베어링과 연결될 링(프라켓)을 만들기 위해 오브젝트 툴에서 Tube를 선택합니다. 링을 표현하는 또 다른 방법은 스플라인 툴에서 서클을 만든 후 서클을 링 형태로 설정합니다. 그다음 익스트루드를 통해 입체 링으로 표현할 수도 있지만 이번 학습에서는 튜브를 통해 직접 표현해볼 것입니다.

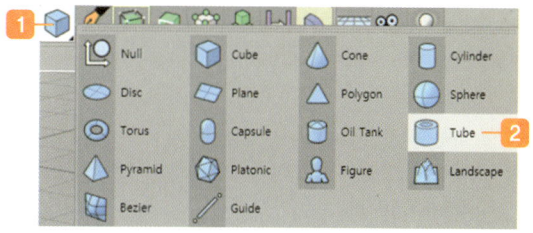

스탠드 조명 제작 **317**

72 앞서 적용된 큐브를 선택한 후 Object 탭에서 Orientation을 +Z축으로 설정하여 큐브를 세워주고 Inner Radius를 55, Outer Radius를 60, Rotation Segments를 72로 설정합니다. 그리고 Height를 35 정도로 설정하여 높이(큐브를 세웠기 때문에 너비)를 링의 두께로 사용하도록 합니다. 링의 모서리를 둥글게 해주기 Fillet를 체크하고 Radius를 1, Segments를 8 정도로 설정하고 그림처럼 상단 홈 쪽에 약간의 틈이 생기도록 배치합니다. 지금의 설정은 최종 설정이 아니며 다음 작업인 전등갓을 만들고 난 후 전등갓 뒤쪽 부분의 두께에 맞춰 재설정을 할 것입니다.

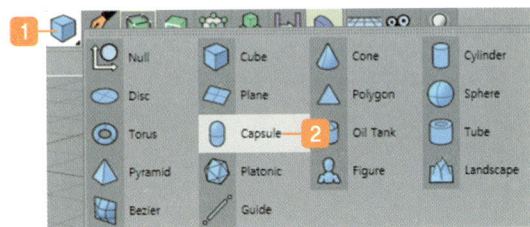

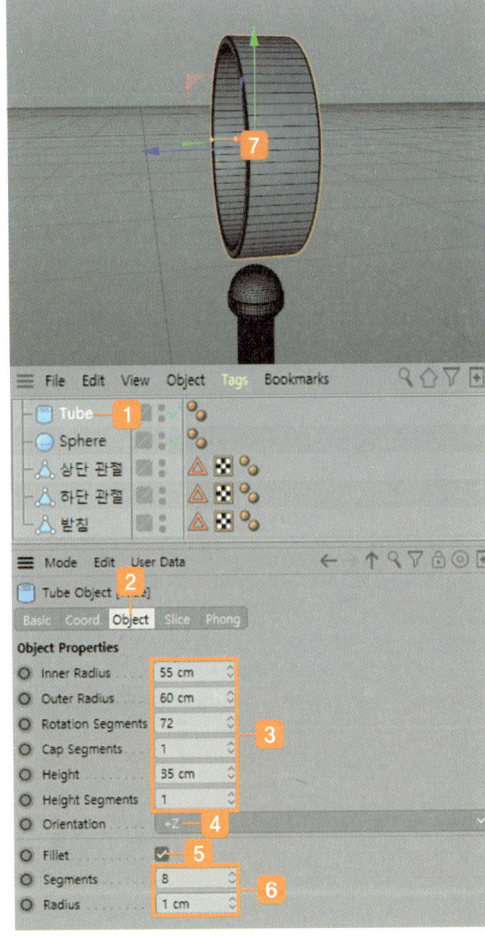

73 이제 전등갓을 만들기 위해 전등갓과 가장 유사한 Capsule 오브젝트를 생성합니다. 그밖에 오일 탱크를 이용하여 전등갓을 표현해도 됩니다.

74 캡슐을 선택한 후 Object 탭에서 Orientation을 +Z축으로 설정하여 캡슐을 눕혀주고 Radius를 40, Height를 360, Height Segments를 16으로 설정하여 얇고 긴 캡슐로 해줍니다. 지금의 작업은 실제 사용되는 전등갓 뒤쪽의 두께를 기준으로 설정하면 됩니다.

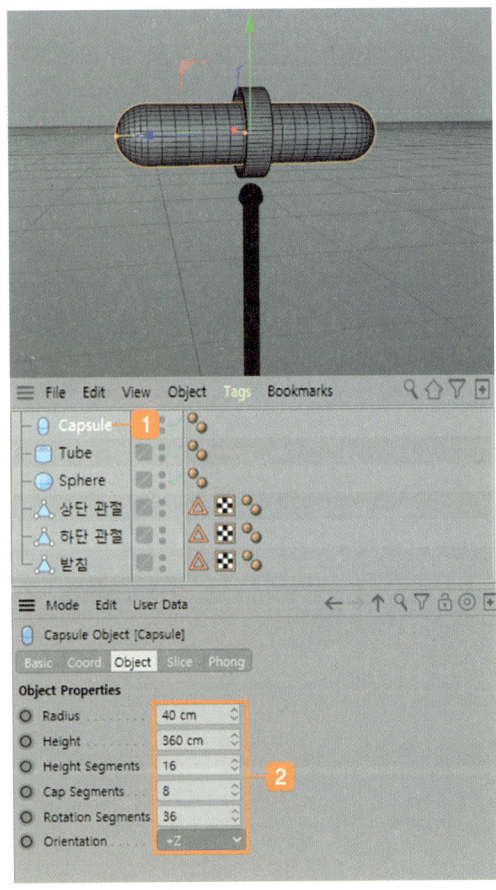

75 전등갓의 모양은 앞쪽이 뒤쪽보다 크고 둥근 모양으로 되어야 하기 때문에 캡슐의 모양을 이와 같이 해주기 위해 디포머 툴

에서 Bulge를 적용합니다.

77 이제 벌지 변형을 위해 Strength를 58 정도로 설정 해봅니다. 캡슐의 모양이 수평 방향으로 볼록하게 변형된 것을 알 수 있습니다. 지금의 작업으로 변형은 생겼지만 원하는 방향과 모양이 아닙니다.

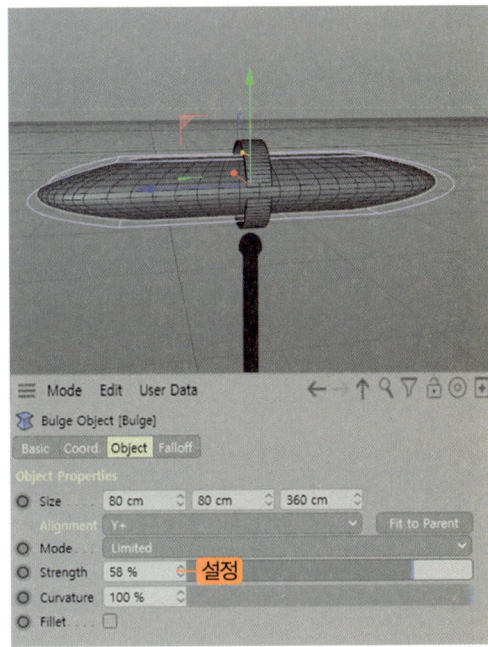

76 벌지 디포머를 캡슐 하위에 종속시킵니다. 이렇게 하여 벌지를 통해 캡슐의 모양을 변형시킬 수 있습니다. 벌지의 어트리뷰트 매니저에서 Fit to Parent 버튼을 클릭하여 상위 계층인 캡슐의 크기에 맞춰줍니다.

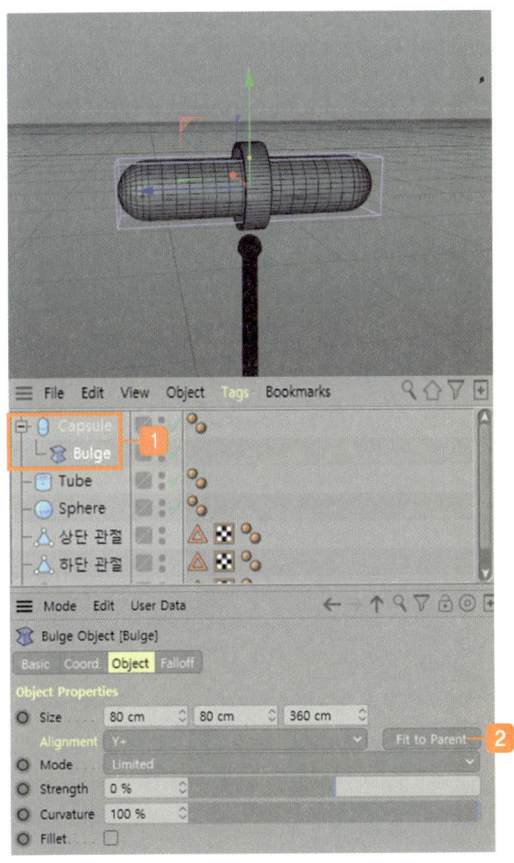

78 캡슐을 회전하여 눕혔기 때문에 벌지도 같은 방향으로 눕혀주어야 원하는 모양이 표현됩니다. 벌지의 Coord 탭에서 R . P축을 90도로 회전합니다. 그러면 그림처럼 원하는 방향으로 변형이 이뤄지게 됩니다. 그러나 모양은 원하는 모양이 아니기 때문에 수정이 필요합니다.

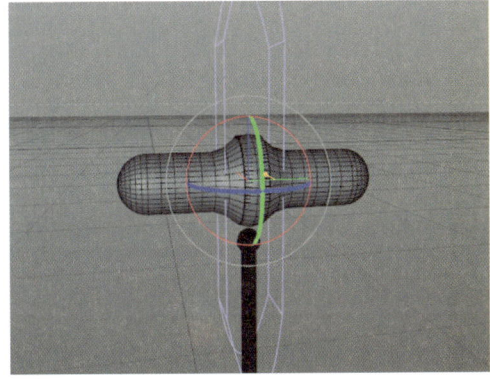

스탠드 조명 제작 **319**

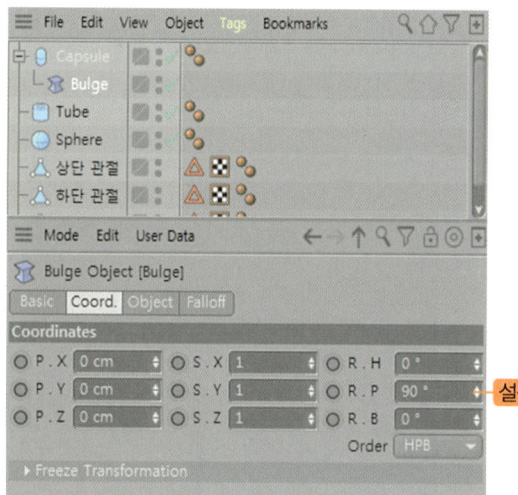

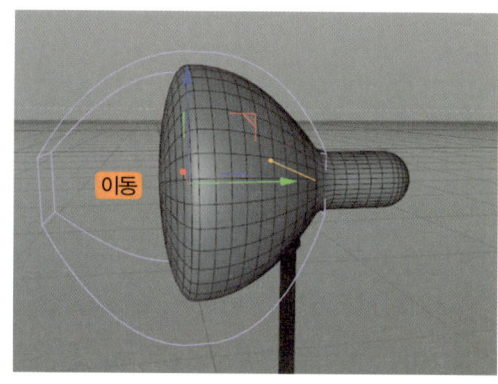

록 해줍니다. 이것으로 앞부분이 볼록한 전등갓 형태가 갖춰졌습니다.

79 다시 Object 탭으로 이동한 후 Strength 값을 280 정도로 증가하여 더욱 볼록하게 해주고 Curvature를 110 정도로 설정하여 볼록한 곡선을 더욱 도드라지게 해줍니다. 풍선처럼 부푼 현재의 모습은 아직까지 우리가 원하는 모양이 아닙니다.

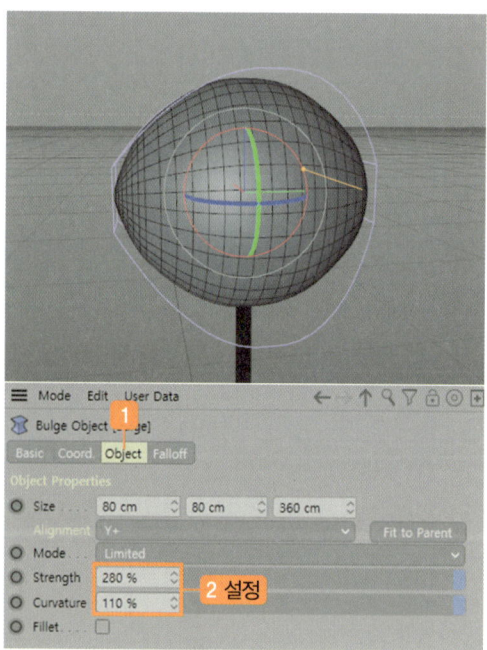

80 무브 툴을 사용하여 그림처럼 Y축을 좌측으로 이동하여 벌지 효과의 중심을 캡슐의 앞쪽으로 이동해서 전등갓 모양이 되도

81 이제 벌지 효과에 의해 만들어진 전등갓 모양의 새로운 오브젝트를 생성하기 위해 Capsule 위에서 [우측 마우스 버튼] - [Current State to Object]를 선택합니다.

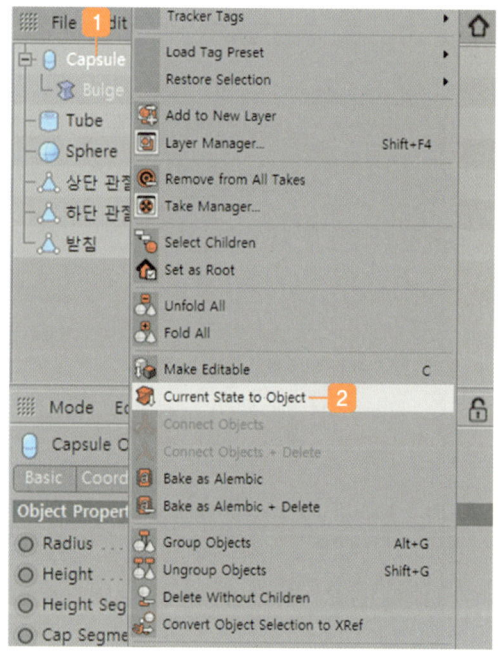

82 전등갓 모양의 새로운 Capsule 오브젝트가 아래쪽에 생성됐기 때문에 이제 앞서 벌지에 의해 만들어진 캡슐은 삭제합니다. 그러면 하위에 있는 벌지도 같이 삭제됩니다.

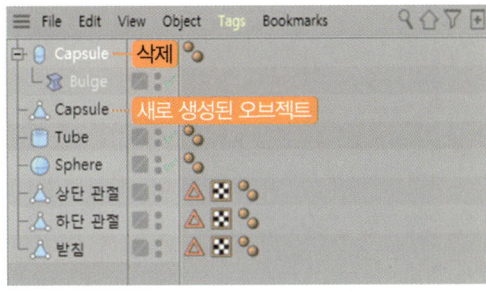

브레이크 실렉션으로도 선택되지 않았습니다. [U~Y] 키(글로우 실렉션)를 눌러 선택된 영역을 한 칸만 더 증가시킵니다.

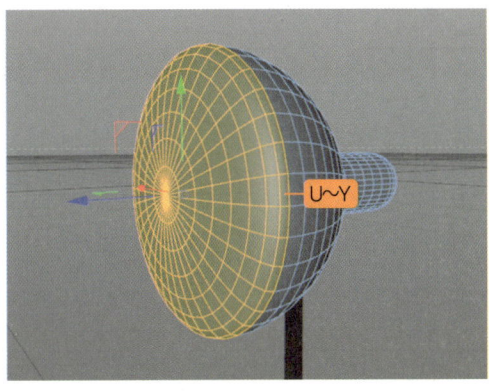

83 새로 생성된 캡슐 오브젝트의 이름을 [전등갓]으로 수정하고 [Select] - [Phong Break Selection] 메뉴를 선택하거나 단축키 [U~N] 키를 누릅니다. 그다음 Phogn Angle을 25도 정도로 줄이고 그림처럼 전등갓 앞부분을 선택합니다.

85 이제 선택된 영역을 삭제합니다. 이것으로 구멍이 뚫린 전등갓 모양이 완성됐습니다. 물론 아직은 전등갓이 너무 얇기 때문에 두께를 만들어야 합니다.

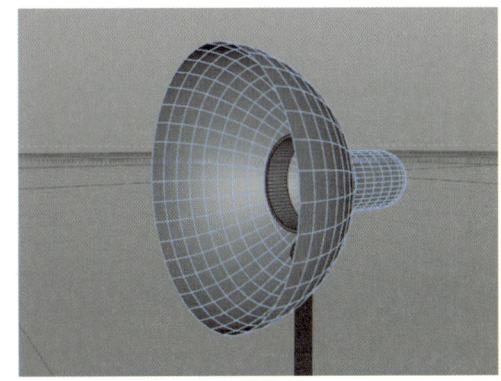

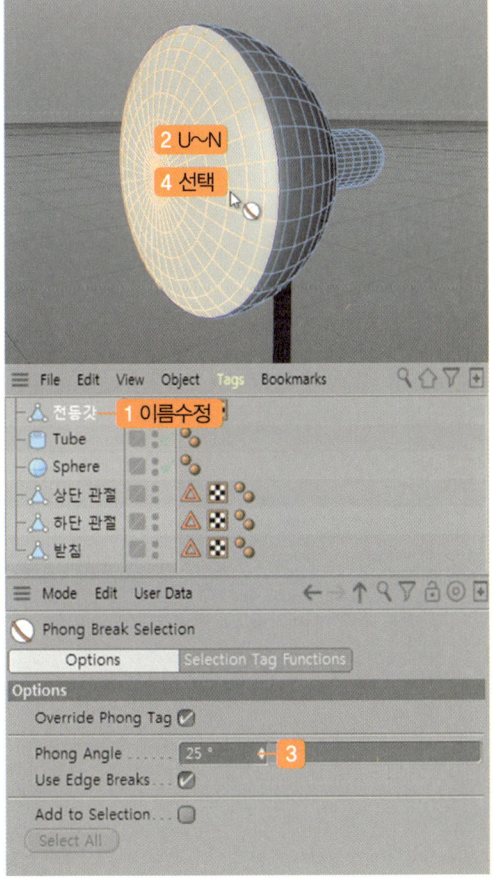

86 이제 또 다른 두께를 표현하기 위해 [M~T] 키를 눌러 익스트루드 툴을 선택합니다. 익스트루드는 오브젝트의 면을 돌출시킬 때 주로 사용하지만 지금처럼 오브젝트 전체의 두께를 생성할 때도 사용됩니다. 익스트루드 툴이 선택된 상태에서 그림처럼 안쪽에 두께를 만듭니다. 현재의 모습이 두께가 만들어진 것처럼 느껴지지만 반대쪽으로 회전 해보면 사실은 두께가 생성된 것이 아니라 앞쪽의 보이는 면만 두께처럼 생성된 것입니다.

84 현재는 전등갓 앞부분이 살짝 곡선으로 휘어있기 때문에 퐁

다른 각도에서 본 모습

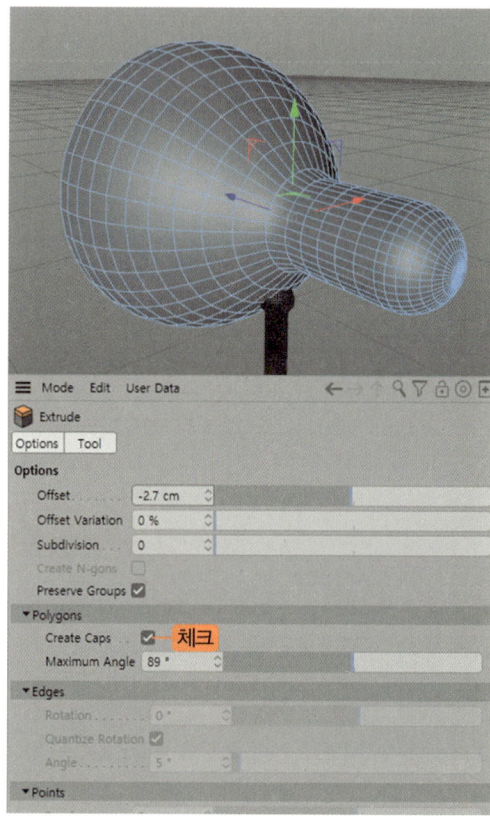

87 완전한 두께를 생성하기 위해서는 익스트루드의 어트리뷰트 매니저에서 Create Caps를 체크해야 합니다. 이것으로 두께가 있는 전등갓을 완성했습니다. 이제 완성된 전등갓을 보다 자연스럽게 표현하기 위해 서브디비젼 서피스를 이용해야 합니다.

88 전등갓 모양을 보다 자연스럽게 표현하기 위해 모델링 툴에서 Subdivision Surface를 선택합니다.

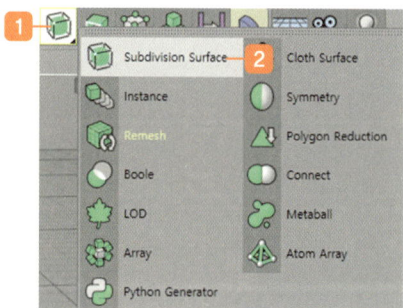

89 서브디비젼 서피스 하위에 전등갓 오브젝트를 종속시킨 후 서브디비젼 서피스의 어트리뷰트 매니저에서 Subdivision Editro와 Renderer를 모두 2로 설정합니다.

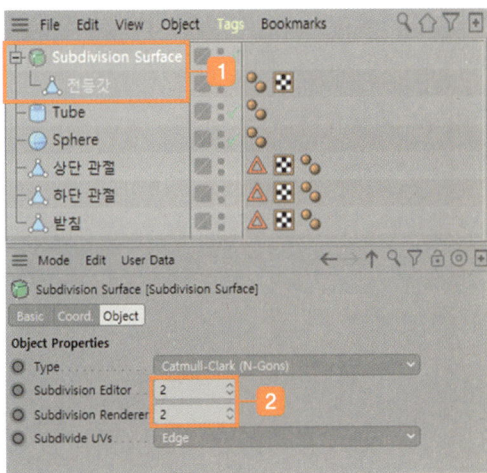

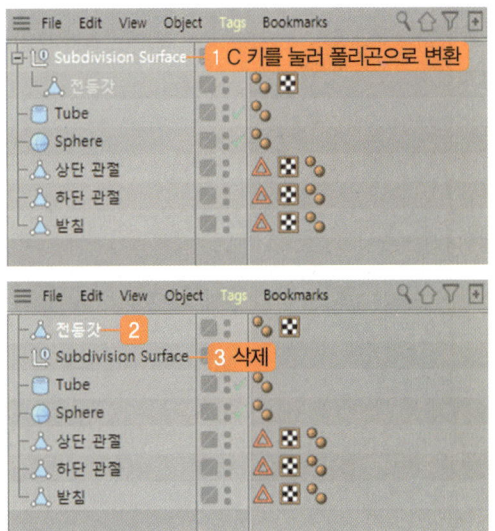

90 [Ctrl] + [R] 키를 눌러 서브디비전 서피스에 의해 만들어진 전등갓의 모습을 렌더 뷰 해봅니다. 두께감이 느껴지고 전등갓 앞쪽 부분이 자연스런 곡선의 모습으로 표현됐습니다.

91 이제 전등갓의 최종 모습을 만들어주기 위해 Subdivision Surface를 선택한 후 [C] 키를 눌러 폴리곤으로 변환합니다. 변환된 폴리곤은 서브디비전 서피스 그룹 안에 포함되는데 그룹을 열고 전등갓을 독립시킵니다. 그다음 그룹은 삭제합니다.

92 전등갓과 2개의 관절 그리고 받침의 전체 모습이 보이도록 설정한 후 확인해보면 현재는 전등갓의 비율과 다른 오브젝트이 비율이 괜찮은 편입니다. 만약 전등갓이 지나치게 크거나 작다면 스케일 툴을 이용하여 비율을 조절합니다. 이제 전등갓의 위치를 그림처럼 앞(그림에서는 좌측)으로 살짝 이동하고 아래로 내려 앞서 만든 링의 안쪽 하단에 맞게 내려줍니다. 현재는 링이 전등갓보다 많이 크기 때문에 크기를 조절해야 합니다.

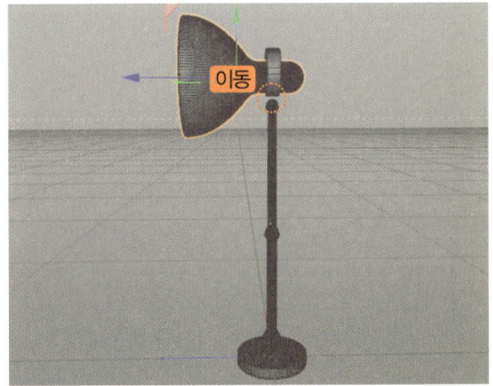

93 Tube를 선택한 후 Inner Radius와 Outer Radius를 각각 37, 42로 설정하여 전등갓 뒤쪽의 두께와 동일하게 해줍니다.

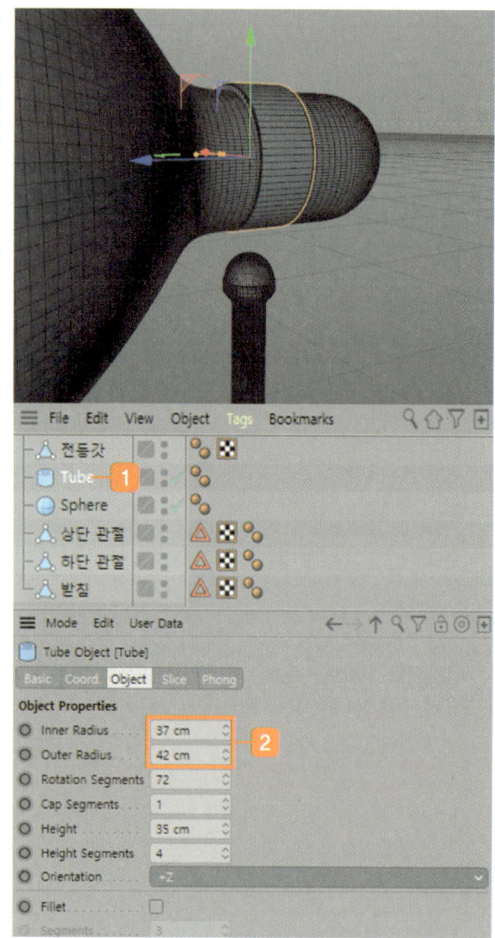

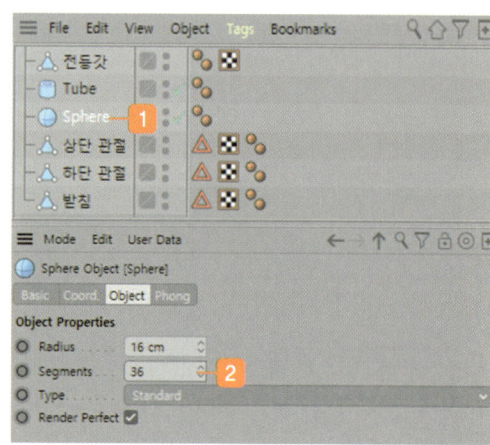

95 튜브와 스피어 오브젝트를 폴리곤으로 만들기 위해 두 오브젝트를 모두 선택한 후 [C] 키를 눌러 폴리곤으로 변환합니다. 이렇게 하는 것은 기본 도형은 하나의 오브젝트로 합쳐지지 않기 때문입니다.

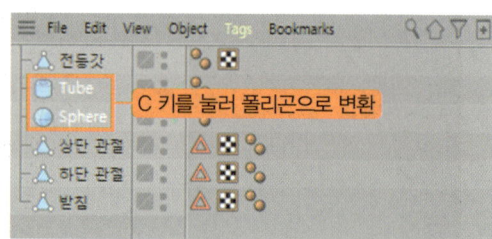

94 튜브와 스피어를 하나로 합친 후 틈을 연결하기 위한 작업을 해야 합니다. 그러기 위해 먼저 Sphere를 선택한 후 Segments 개수를 36으로 줄여줍니다. 링으로 사용되는 튜브의 세그먼트의 개수와 어느 정도 맞춰주기 위한 작업입니다.

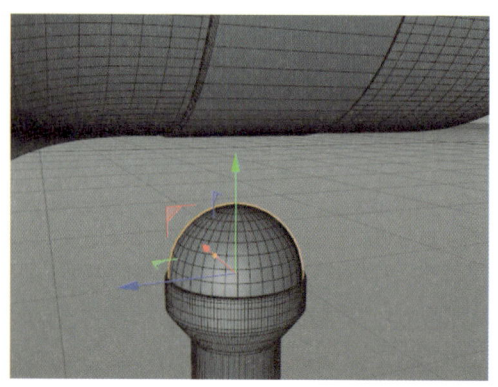

96 폴리곤으로 변환된 튜브와 스피어 오브젝트가 모두 선택된 상태에서 [우측 마우스 버튼] - [Connect Objects + Delete]를 선택하여 선택된 두 오브젝트를 하나로 합쳐줍니다. 이렇게 합쳐주어야만 두 오브젝트의 틈을 연결할 수 있습니다.

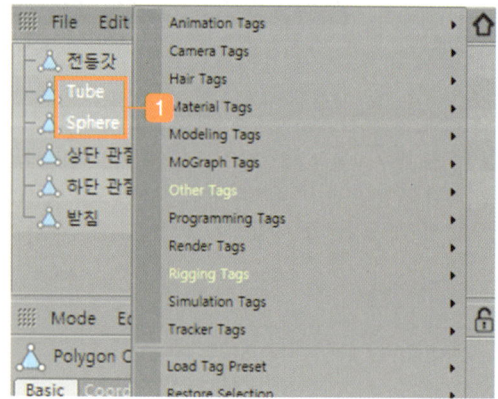

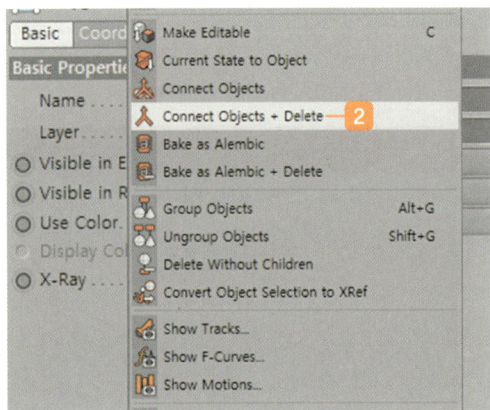
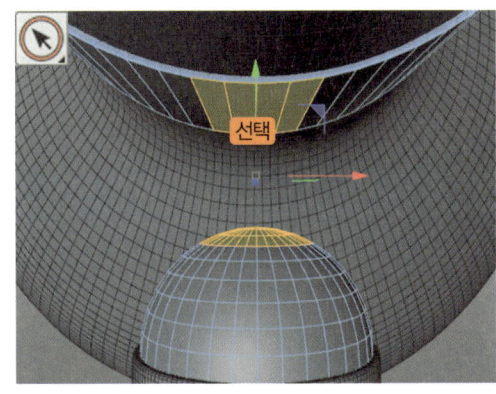

97 방금 합쳐진 오브젝트의 이름을 [링]이라고 수정하고 폴리곤 툴과 루프 실렉션(U~L) 툴을 사용하여 그림처럼 아래쪽 둥근 베어링 상단 부분의 세 마디를 선택합니다. 복수 선택을 위해서는 [Shift] 키를 누른 상태에서 선택하면 됩니다.

99 이제 선택된 위아래를 연결하여 사이에 새로운 오브젝트를 생성하기 위해 뷰포트에서 [우측 마우스 버튼] - [Bridge]를 선택하거나 단축키 [M~B] 키를 눌러 브릿지 툴을 선택합니다.

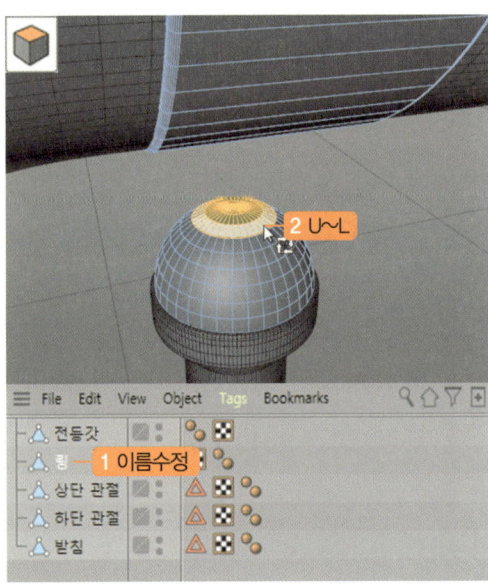
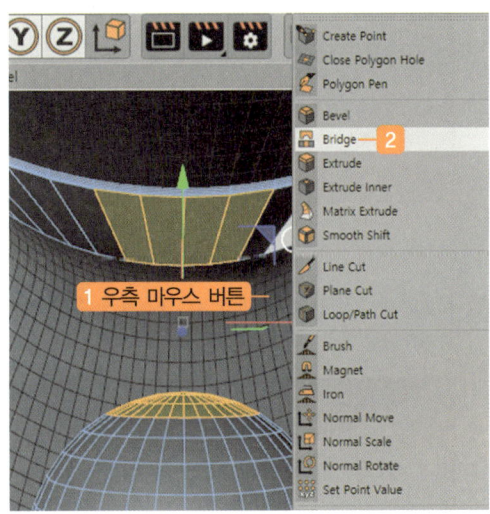

98 계속해서 이번엔 라이브 실렉션 툴을 사용하여 그림처럼 위쪽 링의 바깥쪽 아래 부분을 네 칸 정도 선택합니다. 역시 [Shift] 키를 누른 상태에서 복수 선택하면 되며 보이지 않는 면이 선택되지 않도록 주의합니다.

100 브릿지가 선택된 상태에서 위쪽(순서는 상관없음)의 바깥쪽 가운데 포인트를 클릭 & 드래그하여 아래쪽의 바깥쪽 가운데 포인트를 기준으로 우측 첫 번째 포인트와 연결합니다. 그러면 지금의 상태에서 최적의 모양으로 연결됩니다. 그러나 위쪽과 아래쪽의 세그먼트 수가 적절치 않아 모양이 한쪽으로 치우쳐 있는 것을 알 수 있습니다. 좀 더 완전한 모양을 위해 연결 전으로 언두(Ctrl + Z)를 합니다.

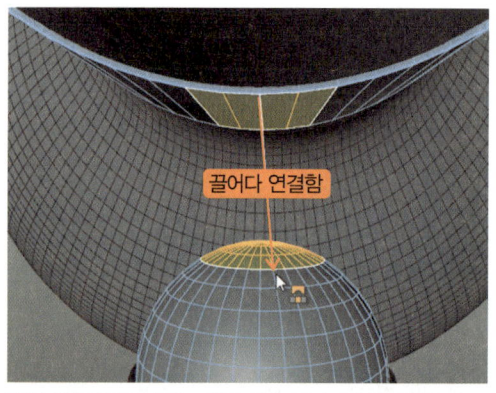

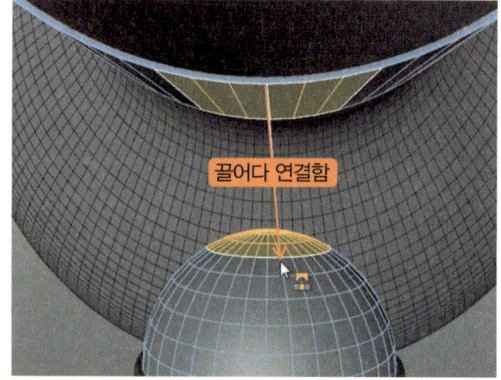

더라도 모양이 정확하게 표현됐습니다. 이렇듯 브릿지를 사용할 때의 선택된 영역의 개수에 따라서도 모양에 차이가 있다는 것을 알 수 있습니다.

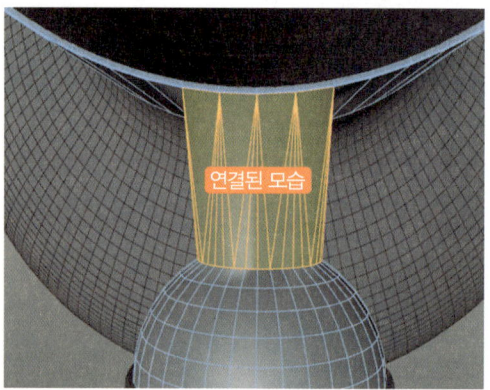

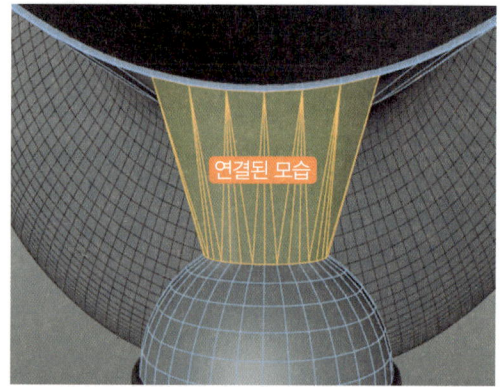

101 이번엔 앞서 선택된 위쪽 면의 선택 영역을 양쪽으로 한 칸씩 증가하여 총 여섯 개의 면을 선택합니다.

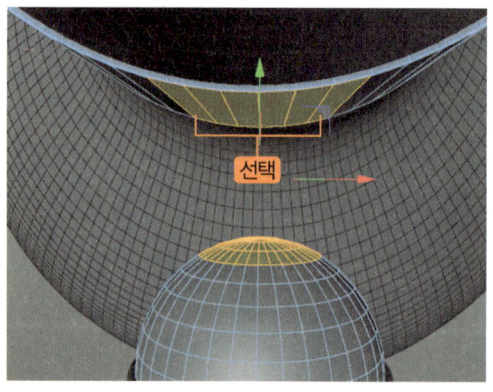

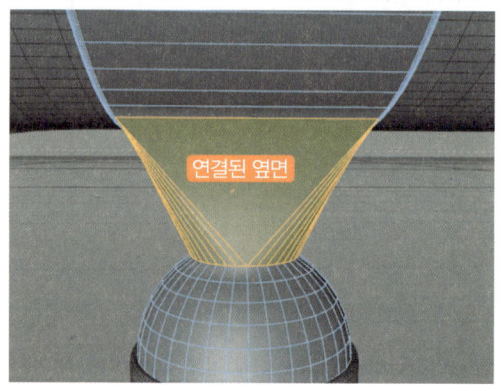

102 역시 같은 방법으로 위쪽의 바깥쪽 가운데 포인트를 끌어다 아래쪽의 바깥쪽 가운데 포인트를 기준으로 우측 첫 번째 포인트에 연결합니다. 연결된 모습을 보면 이전과는 다르게 모양이 반듯하게 표현됐습니다. 뷰포트를 회전하여 옆모습을 보

103 링에 대한 작업도 끝났기 때문에 스탠드 조명의 전체 모습을 확인해봅니다. 전체적으로 균형이 맞게 되었습니다. 이제 마지막으로 전등갓 안에 들어갈 전구를 표현할 차례입니다.

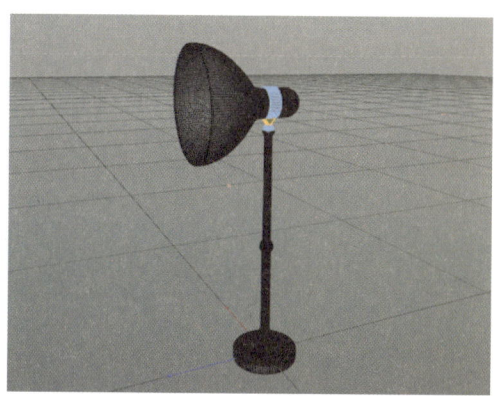

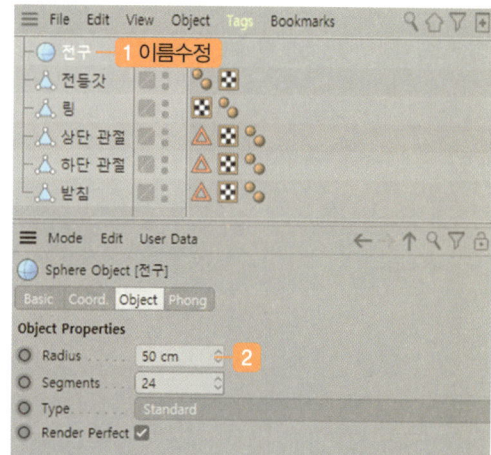

104 이번에 사용할 전구의 뒤쪽 소켓에 들어갈 나선형 모양은 배제하고 밖으로 보이는 둥근 전구만 표현할 것입니다. 오브젝트 툴에서 Sphere를 선택합니다.

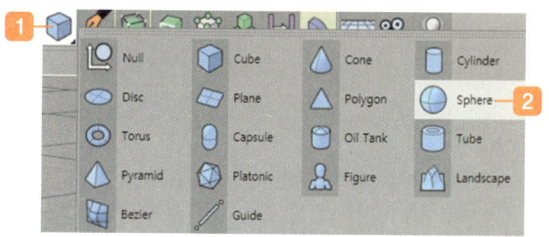

105 방금 만든 스피어의 이름을 [전구]로 수정하고 Radius를 50 정도로 줄여줍니다. 그다음 그림처럼 전등갓 속에 전구가 박혀있는 자리를 찾아 이동합니다. 보다 정확한 작업을 하기 위해서는 라이트나 프런트 뷰와 같은 평면 뷰에서 작업을 하는 것이 좋습니다.

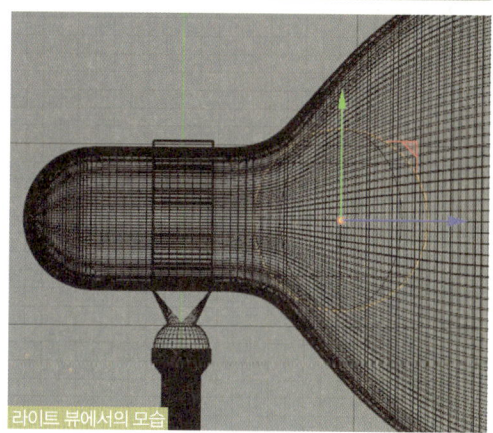

106 이제 전구까지 만들어진 스탠드 조명의 모습을 확인해봅니다. 이것으로 스탠드 조명의 모델링 작업은 모두 끝났습니다.

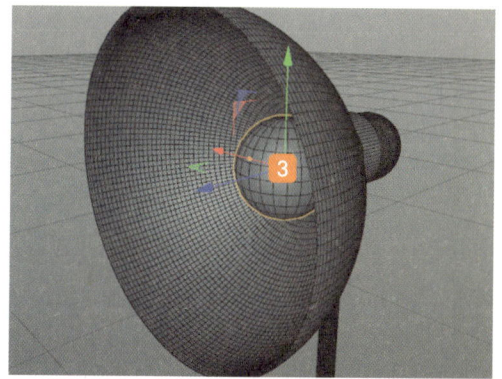

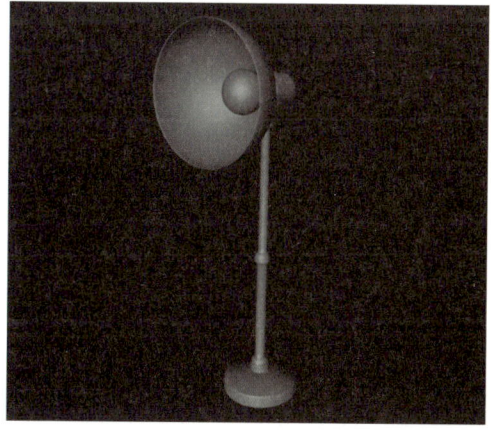

스탠드 조명 제작 **327**

107 모델링 작업이 끝난 스탠드 조명은 이제 종속 관계(계층 구조)에 대한 설정을 해야 합니다. 이것을 페어런트(Parent) 설정이라고 합니다. 오브젝트 매니저에서 그림처럼 받침을 최상위 계층으로 설정하고 그다음 하단 관절 → 상단 관절 → 링 → 전등갓 → 전구 순으로 배치합니다.

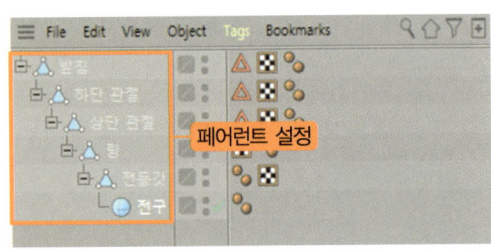

108 이제 방금 설정한 페어런트(종속 관계) 설정이 왜? 필요한가와 각 오브젝트의 회전축이 바른 위치에 있는지 확인해봅니다. 먼저 가장 상위 계층인 받침을 선택한 후 모델 툴과 로테이트 툴을 사용하여 그림처럼 회전을 해봅니다. 받침이 가장 상위 계층이기 때문에 하위 계층에 있는 모든 오브젝트들이 같이 회전됩니다. 또한 회전되는 모습을 보니 받침의 회전축(하단 베어링의 센터에 있음)은 문제가 없습니다. 확인인 끝나면 다시 원래 모습으로 세워줍니다.

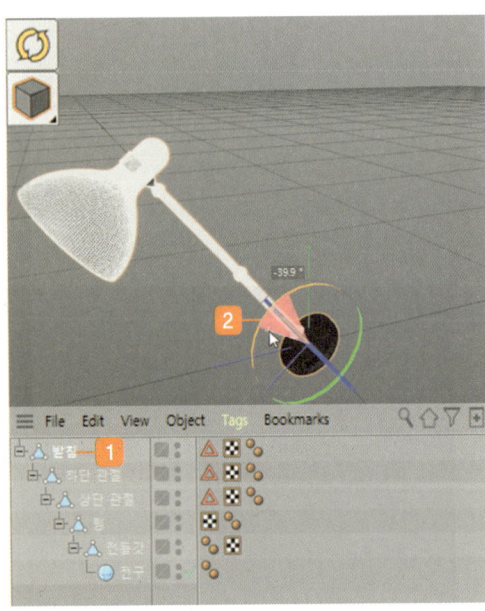

109 계속해서 이번엔 하단 관절을 선택한 후 앞서 했던 것처럼 회전을 해봅니다. 이번에도 역시 회전축에 문제가 없으며 최상위 계층인 받침을 제외한 하단 관절보다 하위에 있는 오브젝트들만 같이 회전되는 것을 알 수 있습니다. 확인이 끝나면 다시 서있는 상태로 되돌려 놓습니다.

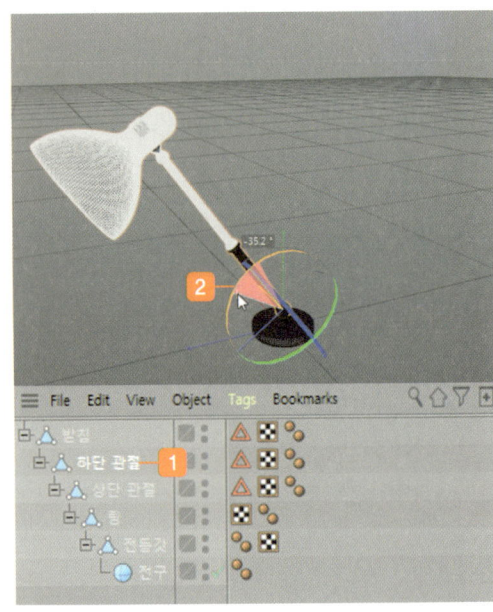

110 이번엔 상단 관절을 선택한 후 같은 방법으로 회전해봅니다. 상단 관절 역시 문제가 없어 보입니다. 상단 관절을 회전할 때는 상위 계층인 받침과 하단 관절은 회전되지 않는 것도 알 수 있습니다. 확인이 끝나면 언두를 합니다.

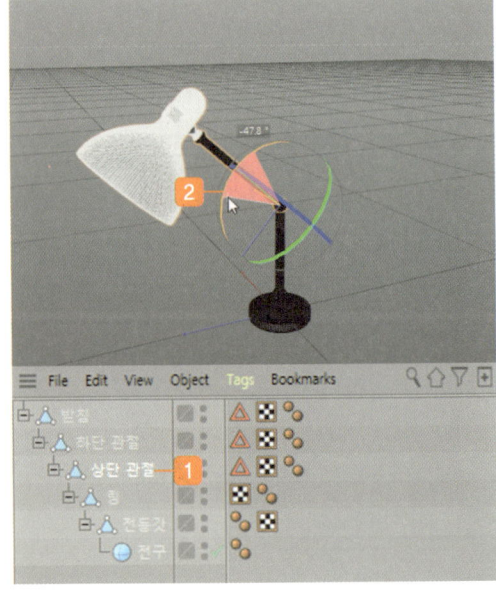

111 이제 다음 계층인 링을 선택한 후 회전해봅니다. 링의 하위 계층인 전등갓과 전구가 같이 회전되지만 회전축이 맞지 않아 링 하단의 베어링이 떨어져나갔습니다.

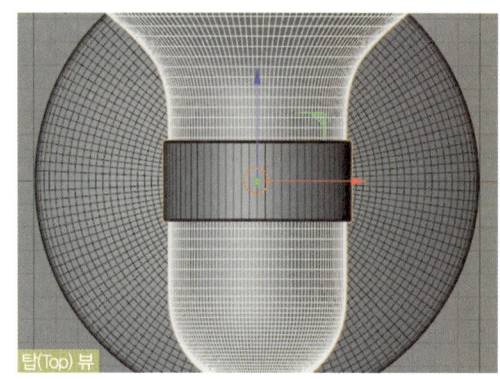

112 수정을 하기 위해 언두를 하여 다시 원래의 모습으로 되돌려 놓고 Enable Axis 툴과 무브 툴을 사용하여 링에 대한 회전축을 하단 베어링 센터로 이동해야 합니다. 이동할 때는 수직의 Y축만을 사용합니다. 지금의 작업은 먼저 라이트 뷰나 프런트 뷰에서 수행하는 것이 좋으며 또한 탑 뷰로 전환하여 회전축을 다시 한번 확인하는 것이 좋습니다.

113 회전축에 대한 설정이 끝나면 인에이블 엑시스를 해제한 후 다시 로테이트 툴을 사용하여 링을 회전해봅니다. 이제야 비로서 정상적으로 회전되는 것을 알 수 있습니다. 이렇듯 오브젝트를 회전할 때의 회전축은 상황에 맞게 적절하게 조정하는 것이 필요합니다. 이제 링 하위에 있는 전등갓과 전구는 별도로 움직이는 경우가 없기 때문에 페어런트 설정은 여기까지만 합니다.

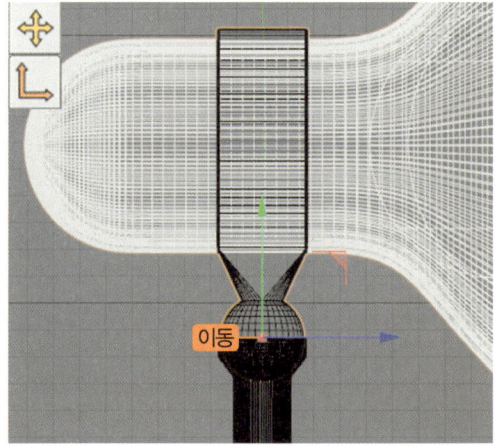

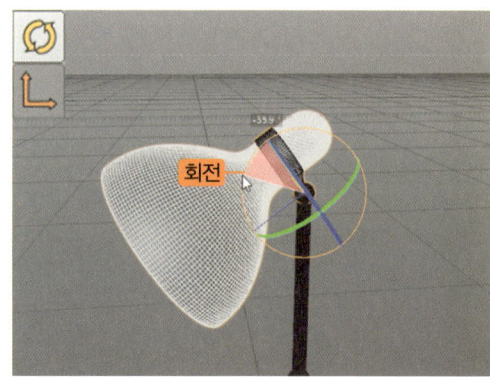

스탠드 조명 제작 **329**

스탠드 조명 재질 표현하기

스탠드 조명의 기본 재질은 금속이면서 표면엔 흰색 페인트로 도색이 되었고 코팅까지 이뤄진 상태입니다. 그리고 각 관절 하단의 베어링 부분은 스테인리스 재질로 되어 있으며 전등갓 안쪽 부분 역시 빛의 반사를 최적화하기 위해 회색의 반사율이 있는 재질을 사용합니다. 이번 학습에서는 전등갓 내부와 베어링의 재질은 통합하여 표현할 것입니다.

01 먼저 스탠드 조명의 몸체에 대한 재질을 표현하기 위해 매터리얼을 생성한 후 더블클릭하여 매터리얼 에디터를 열어줍니다.

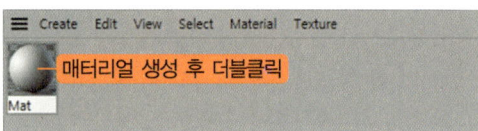

02 매터리얼의 이름을 [스탠드 조명]으로 수정하고 Color 채널에서 색상을 흰색으로 설정합니다.

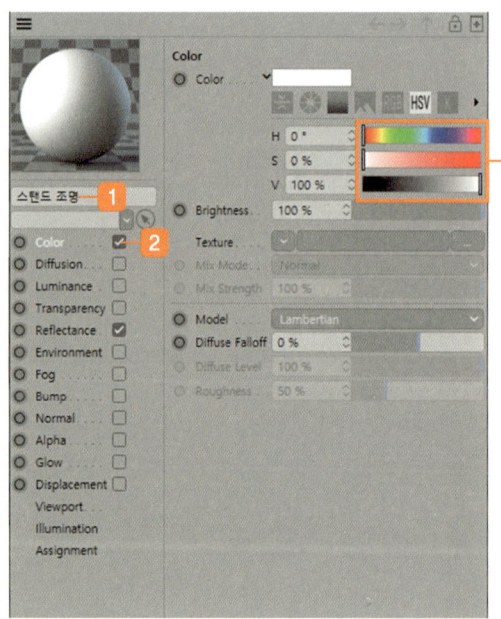

03 반사율에 대한 설정을 위해 Reflectance 채널을 선택한 후 [Add] - [Beckmann]을 선택합니다. 앞선 작업에서 즐겨 사용하던 Reflection (Legacy)를 사용해도 되지만 거친 표면을 표현할 때 보다 깔끔한 느낌을 위해 베크만 방식을 사용한 것입니다.

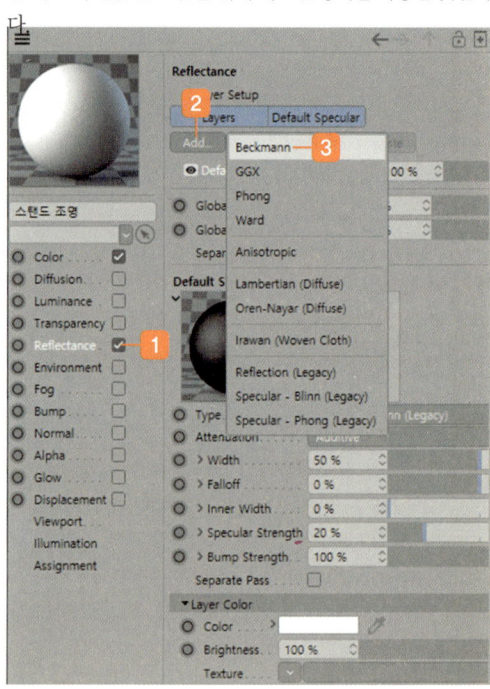

04 방금 생성한 Layer 1에서 Attenuation을 Additive로 설정합니다. 어테뉴에이션은 재질 컬러와 반사 강도(또는 레이어 컬러)의 혼합에 대한 감쇠를 설정할 수 있는데 애드티브는 가장 강렬한 혼합물을 표현해줍니다. Layer 1의 반사율을 10 정도로 낮추어 컬러의 색상인 흰색이 부각되도록 하며 거친 표면을 위해 Roughness를 15 정도로 설정합니다. 계속해서 Layer Fresnel의 Fresnel을 Conductor(컨덕터)로 설정합니다. 컨덕터는 도체를 표현할 때 사용되는 방식으로 불투명한 금속 반사 재질을 위해 사용됩니다. 그리고 Preset을 Aluminum(알루미늄)으로 설정합니다.

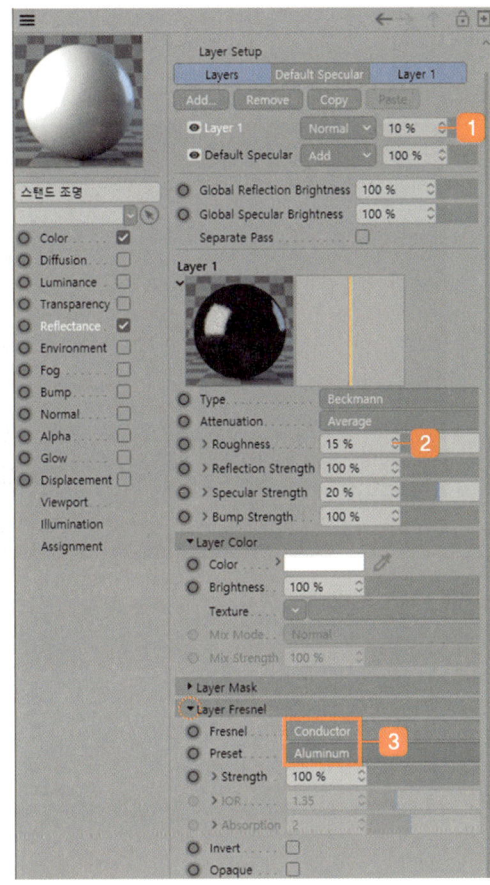

06 여기서 렌더 뷰를 해보면 스탠드 조명 전체가 방금 설정한 스탠드 조명 재질로 표현되는 것을 알 수 있습니다.

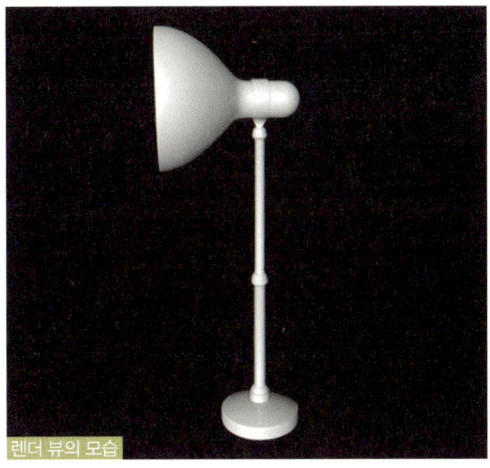

렌더 뷰의 모습

05 설정이 끝나면 스탠드 조명 재질을 끌어다 받침 오브젝트에 적용합니다. 이렇게 하면 받침 오브젝트가 최상위 계층이기 때문에 하위 오브젝트들도 같은 재질이 표현됩니다.

끌어다 적용

07 이번엔 베어링과 전등갓 안쪽 부분에 대한 재질을 만들기 위해 새로운 매터리얼을 생성한 후 매터리얼 에디터를 열어줍니다. 베어링과 전등갓 안쪽 부분은 금속 재질인 스테인리스 재질로 만들 것입니다. 매터리얼 에디터에서 컬러는 기본 색상을 그대로 사용하고 반사율에 대한 설정을 위해 Reflectance 채널을 선택합니다. 7다음 [Add] - [Reflection (Legacy)]를 선택합니다.

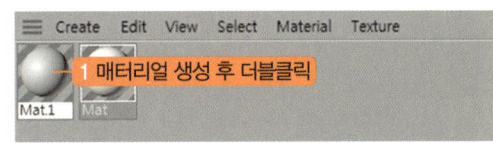

매터리얼 생성 후 더블클릭

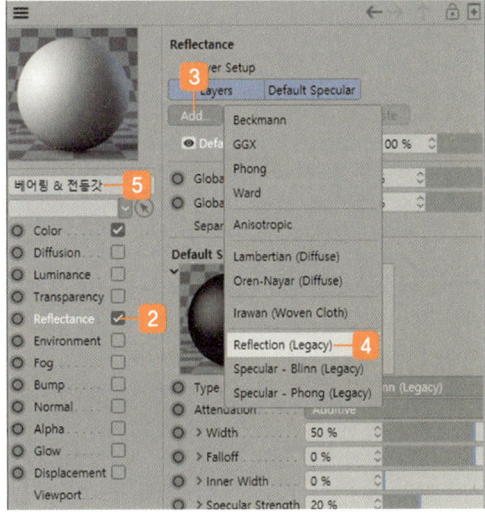

스탠드 조명 제작 **331**

08 이전 과정에서는 언급하지 않았지만 작업의 편의를 위해 매터리얼의 이름을 [베어링 & 전등갓]이란 이름으로 수정했습니다. 계속해서 Layer Fresnel에서 Fresnel을 Conductor로 설정하고 Preset을 Silver로 설정합니다.

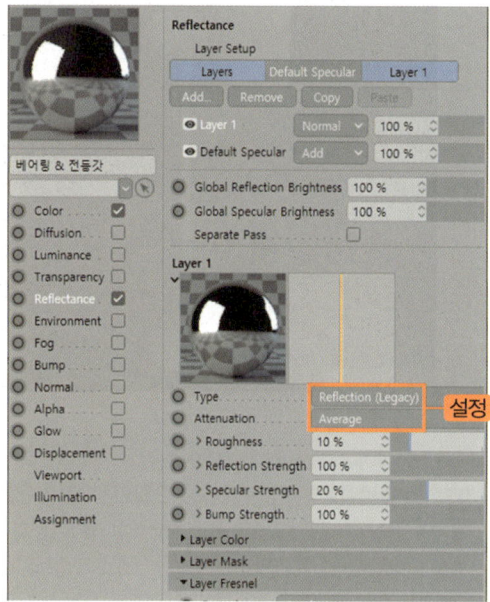

09 매터리얼 설정이 끝나면 먼저 링 오브젝트에 끌어다 적용합니다. 차후 이 매터리얼은 상황에 따라 재설정해야 할 경우가 있습니다.

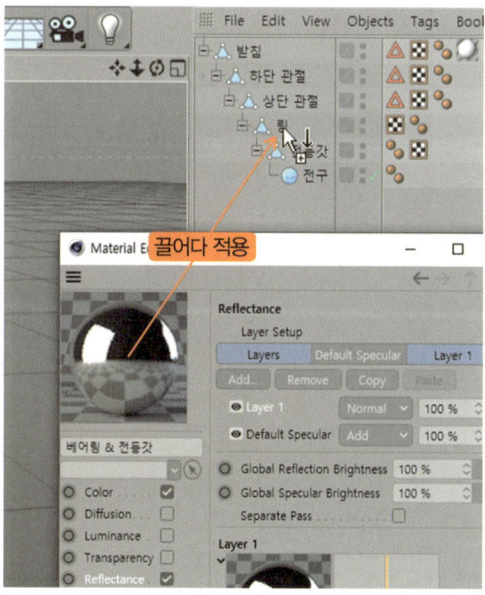

09 링에 적용된 매터리얼을 확인하기 위해 렌더 뷰를 해봅니다. 그러면 링 하위에 종속된 정등갓과 전구에도 같은 재질이 표현되기 때문에 수정이 불가피합니다.

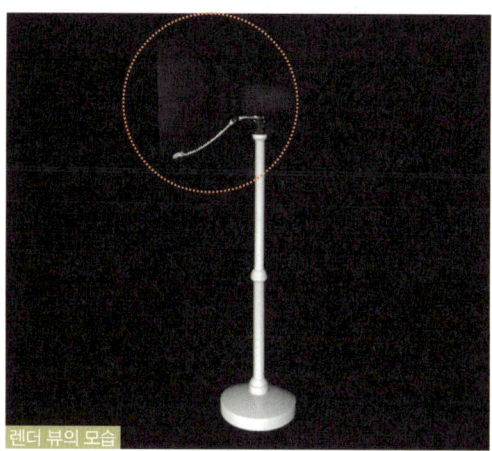

10 앞서 받침 오브젝트에 적용한 스탠드 조명 매터리얼의 텍스처 태그를 링 하위에 있는 전등갓 오브젝트로 복제를 해줍니다. 그리고 다시 렌더 뷰를 해보면 전등갓의 재질이 다시 원래 상태로 되돌아왔습니다.

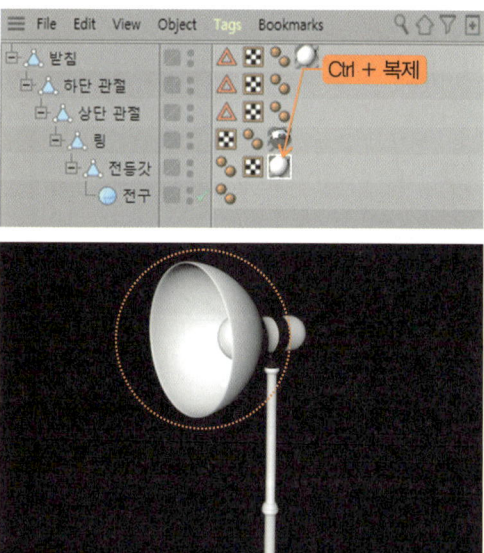

11 계속해서 이번엔 하단 관절의 베어링 부분에 대한 재질을 적용하기 위해 하단 관절 오브젝트를 선택한 후 폴리곤 툴과 렉탱글 실렉션 툴을 사용하여 그림처럼 하단 관절의 베어링 부분을 선택합니다. 이때 보이지 않는 뒤쪽부분까지 선택하기 위해서는 Only Select Visible Elements가 해제되어있어야 합니다.

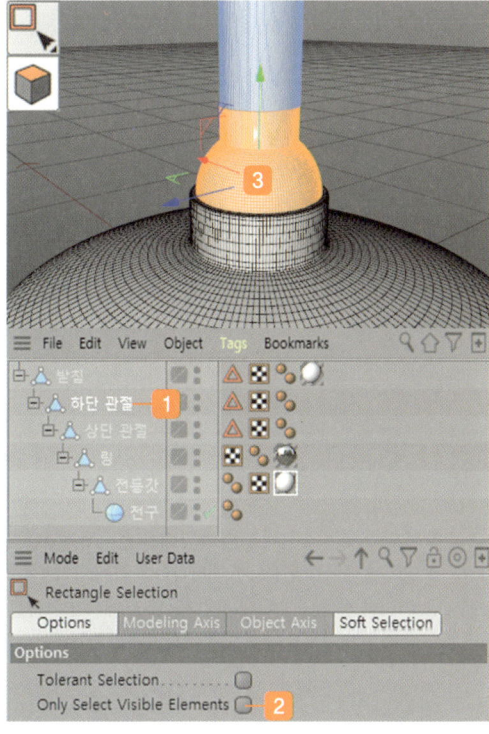

12 이제 베어링 & 전등갓 매터리얼을 끌어다 하단 관절의 선택된 영역에 적용합니다.

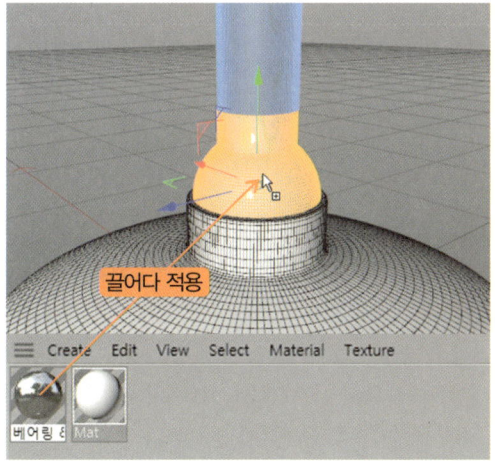

13 하단 관절의 베이링 부분에 새로운 재질이 적용됐기 때문에 받침 매터리얼에 의해 표현된 스탠드 조명 재질이 사라졌습니다. 그러므로 받침에 적용된 매터리얼 텍스처 태그를 끌어다 하단 관절에 복제합니다. 이때 앞서 베어링 부분에 적용된 매터리얼 좌측에 적용해야 관절 두 부분의 재질이 정확하게 표현됩니다.

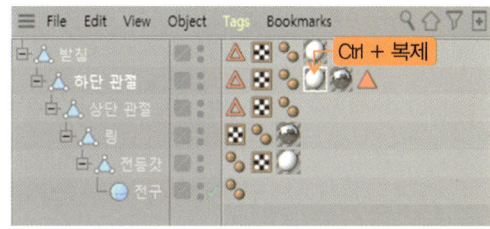

14 렌더 뷰를 통해 확인해보면 하단 관절의 상단 부분과 베어링 부분이 서로 다른 재질이 적용된 것을 알 수 있습니다.

15 계속해서 이번엔 상단 관절을 선택한 후 하단 관절처럼 베어링 부분만 선택 영역으로 만들어줍니다.

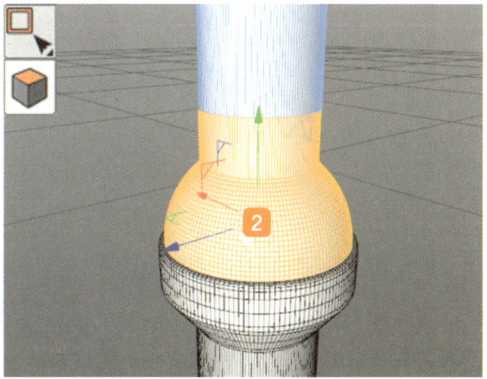

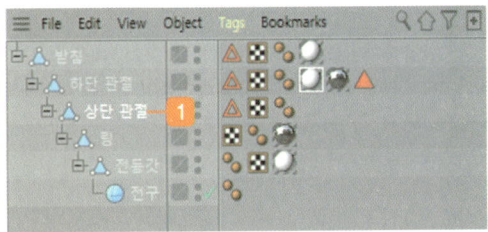 

16 앞서 선택된 상단 관절의 선택된 영역에 베어링 & 전등갓 매터리얼을 끌어다 적용합니다.

18 이번엔 전등갓의 안쪽에 대한 재질을 적용하기 위해 전등갓 오브젝트를 선택합니다.

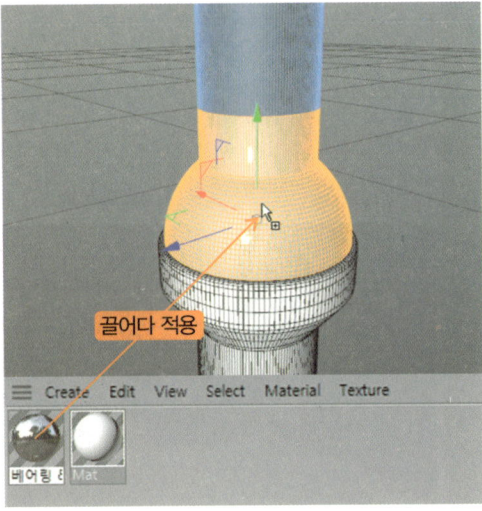

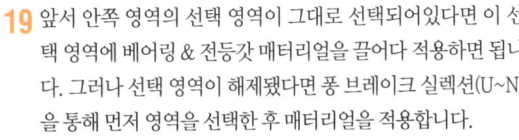

19 앞서 안쪽 영역의 선택 영역이 그대로 선택되어있다면 이 선택 영역에 베어링 & 전등갓 매터리얼을 끌어다 적용하면 됩니다. 그러나 선택 영역이 해제됐다면 퐁 브레이크 실렉션(U~N)을 통해 먼저 영역을 선택한 후 매터리얼을 적용합니다.

17 상단 관절도 역시 하단 관절처럼 받침에 적용된 매터리얼을 복제해줍니다. 복제되는 위치는 베어링 부분에 적용된 매터리얼 좌측에 적용되어야 합니다. 작업 후 렌더 뷰를 통해 확인해 봅니다.

20 전등갓 안쪽 부분의 재질을 확인하기 위해 렌더 뷰를 해봅니다. 조금 반사율이 높아 보이기 때문에 차후 수정이 필요할 듯

합니다.

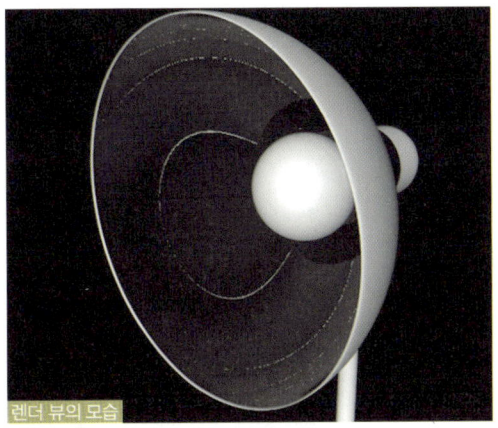

렌더 뷰의 모습

21 이번엔 전구에 대한 재질을 만들기 위해 먼저 새로운 매터리얼을 만든 후 매터리얼 에디터를 열어줍니다. 전구의 재질은 자체 발광을 하기 때문에 Color 채널은 해제하고 Luminance 채널을 체크합니다. 루미넌스의 색상을 밝은 노랑색으로 설정합니다. 그리고 작업의 편의를 위해 매터리얼의 이름을 [전구]로 수정합니다.

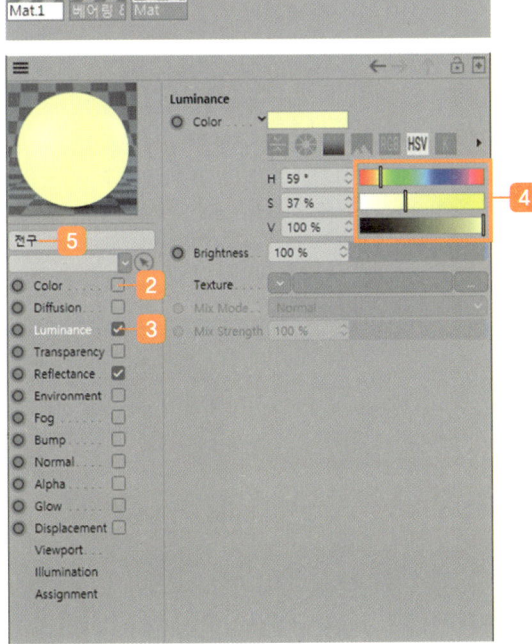

22 계속해서 전구의 투명도를 설정하기 위해 Transparency 채널을 체크합니다. 투명도는 Brightness 값을 통해 50 정도로 설정하고 약간의 굴절을 느끼게 하기 위해 Refraction을 1.1 정도로 설정합니다.

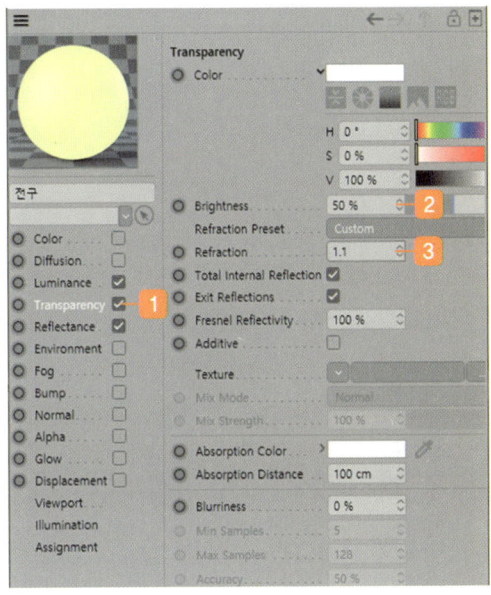

23 이제 반사율에 대한 설정을 위해 Reflectance 채널을 선택한 후 [Add] - [Reflection (Legacy)]를 선택합니다.

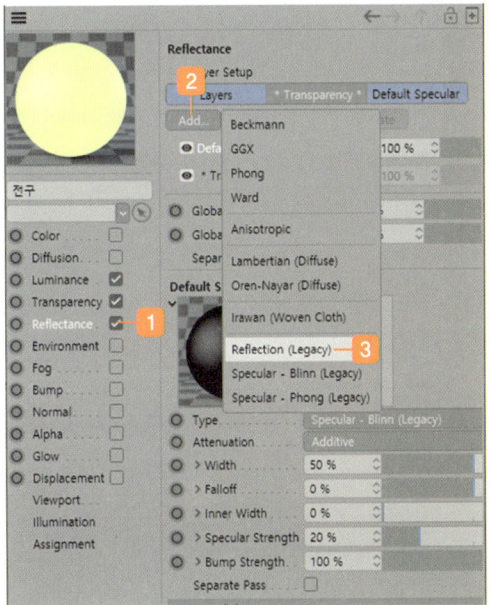

스탠드 조명 제작 **335**

24 Layer Fresnel에서 Fresnel을 Dielectric으로 설정합니다. 다이일렉트릭은 유리나 물 같은 투명한 반사 재질을 위해 사용되는 방식입니다. 그다음 Freset은 전구 재질에 무난한 Glass로 설정합니다.

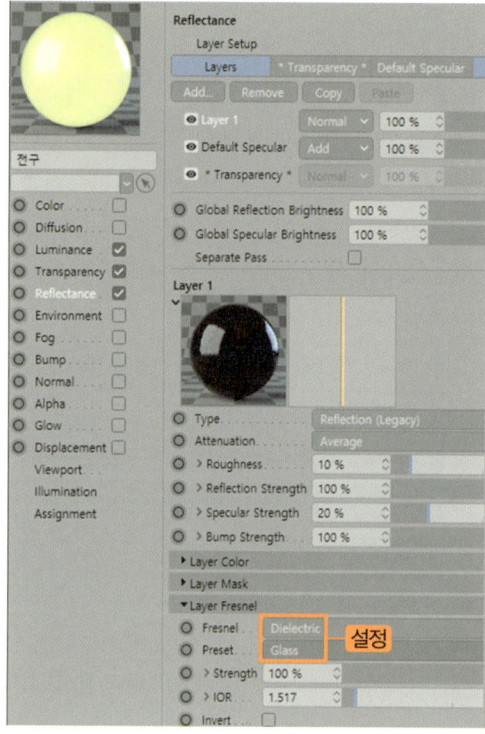

25 전구 재질에 대한 설정이 끝나면 전구 오브젝트에 끌어다 적용합니다.

26 전구에 대한 재질을 확인하기 위해 렌더 뷰를 해봅니다. 노란색 전구가 자연스럽게 표현됐습니다.

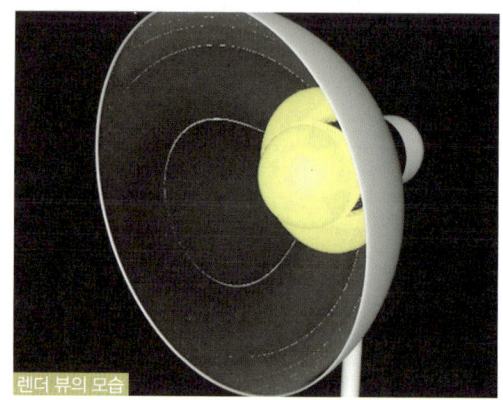

27 이제 스탠드 조명의 조명(전등갓 안쪽에 들어 갈)을 만들어줍니다. 라이트 툴에서 Spot Light를 선택합니다.

28 스폿 라이트의 위치는 전구 하위에 종속시키고 색상은 전구 색상보다 옅은 노란색으로 설정합니다. 그리고 그림자를 표현하기 위해 Shadow를 Shadow Maps (Soft)로 설정하고 빛의 궤적을 표현하기 위해 Visible Light를 Visible로 설정합니다. 스폿 라이트의 위치는 그림처럼 전등갓 안쪽의 전구에 맞게 이동합니다.

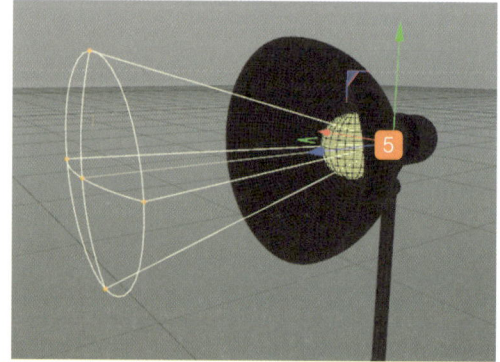

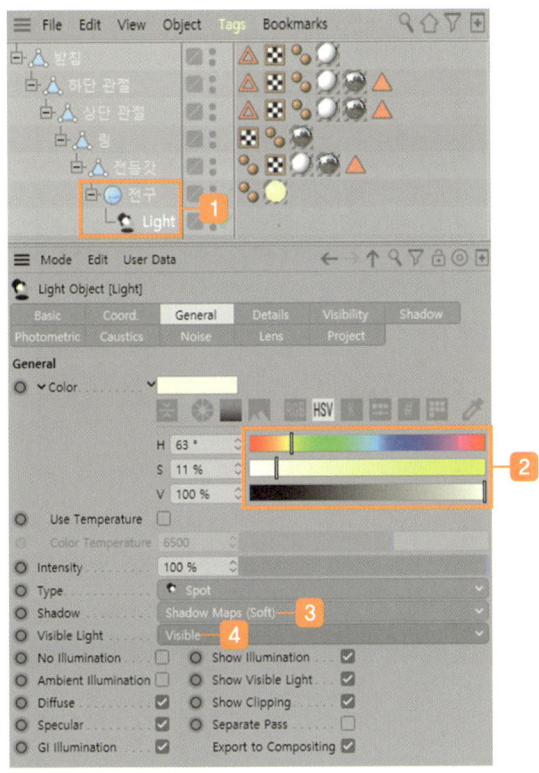

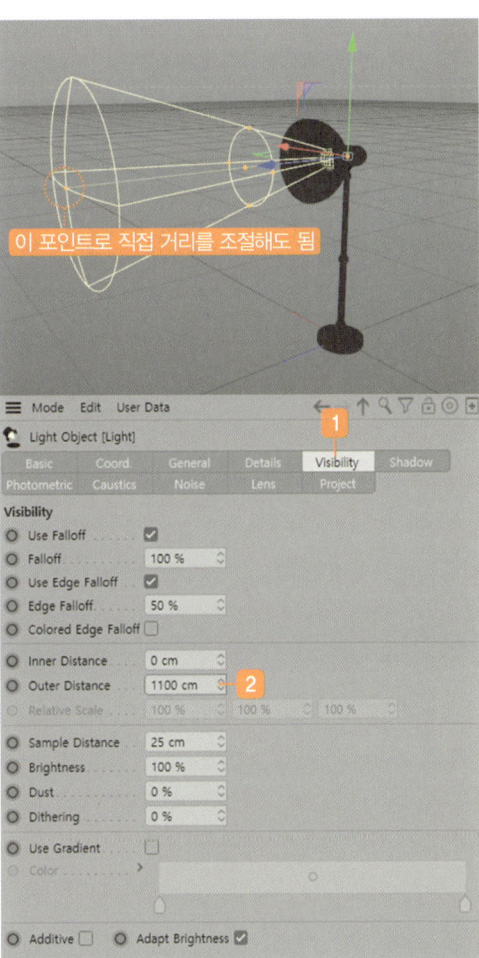

29 지금의 작업은 라이트 뷰나 프런트 뷰 등의 평면 뷰에서 확인해보는 것이 좋습니다.

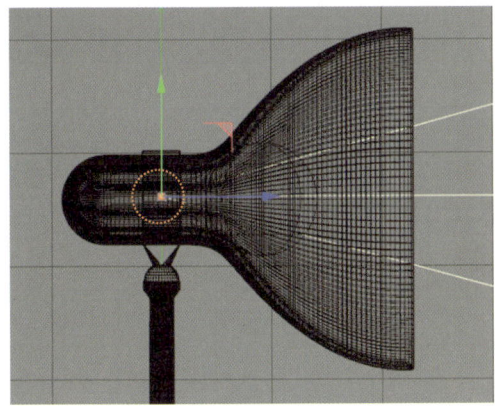

31 렌더 뷰를 통해 확인을 해보면 빛의 궤적이 표현됐습니다. 그런데 빛의 너비가 조금 좁게 느껴집니다.

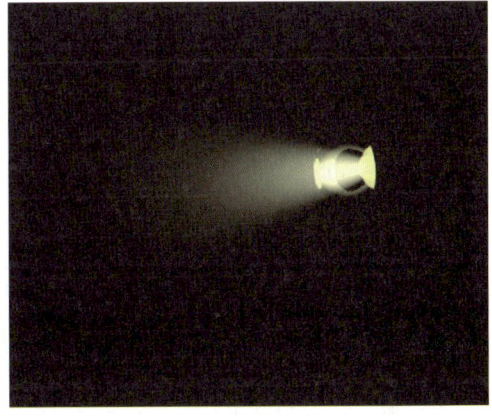

30 Visibility 탭으로 이동한 후 Outer Distance를 1100 정도로 설정하여 빛의 궤적이 보이는 거리를 늘려줍니다. 전등갓의 높이보다 약간만 길게 해주면 됩니다.

스탠드 조명 제작 **337**

32 이번엔 Details 탭으로 이동한 후 Outer Angle을 45도 정도로 설정하여 빛의 궤적을 조금 더 넓게 해줍니다.

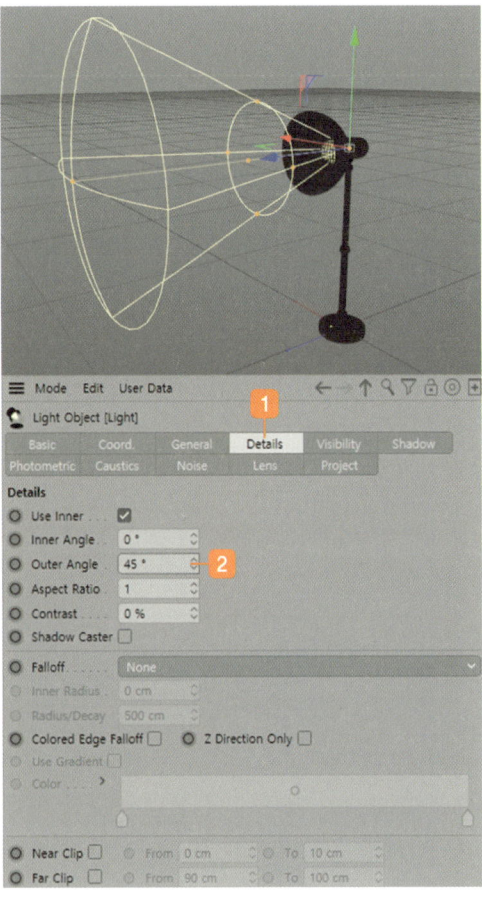

33 렌더 뷰를 통해 다시 확인해보면 빛의 궤적이 전보다 넓어진 것을 알 수 있습니다.

34 이번엔 바닥을 만들기 위해 인바이어런먼트 툴에서 Floor를 선택합니다.

35 방금 만든 바닥을 스탠드 조명 바닥과 맞닿게 하기 위해 라이트 뷰나 프런트 뷰로 전환한 후 그림처럼 바닥에 밀착되도록 해줍니다.

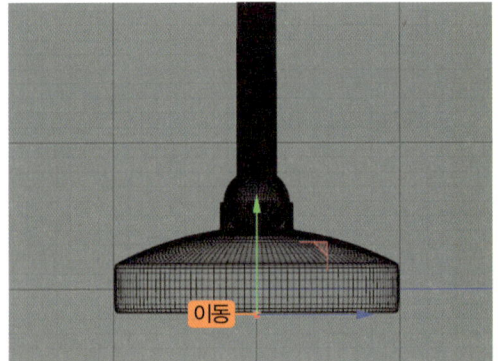

36 이번엔 주변 조명을 만들기 위해 인바이어런먼트 툴에서 기본 Light를 적용합니다.

37 방금 만든 조명의 위치를 스탠드 조명 우측 상단으로 이동해 주고 그림자를 사용하기 위해 Shadow를 Shadow Maps (Soft)로 설정합니다.

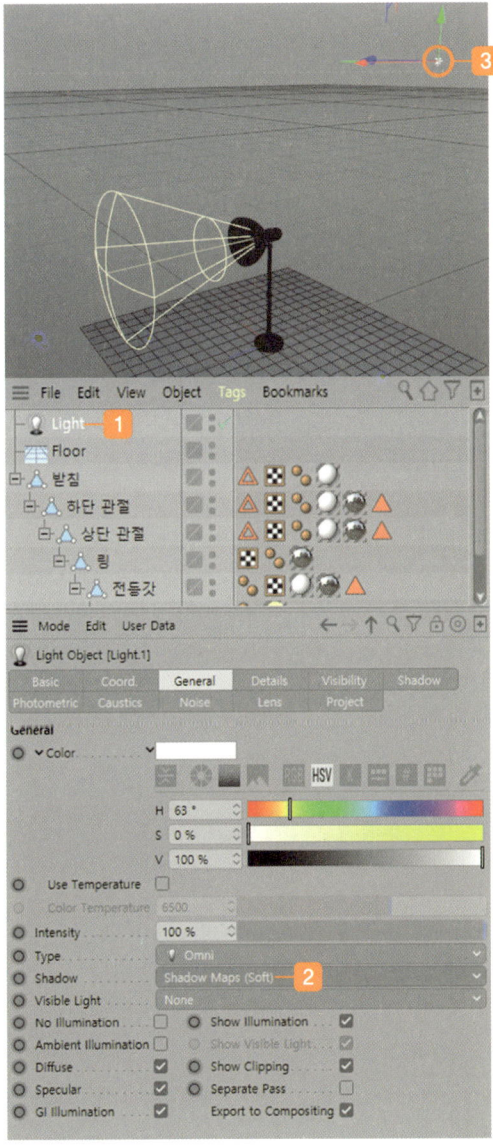

38 렌더 뷰를 통해 확인을 해보면 주변 조명으로 사용되는 옴니 라이트로 인해 전체적으로 밝아졌으며 스탠드 조명의 그림자 도 바닥에 비춰집니다.

렌더 뷰의 모습

39 이제 환경 맵에 대한 작업을 위해 인바이어런먼트 툴에서 Sky를 적용합니다.

40 스카이에 적용할 환경 맵을 적용하기 위해 앞서 등록한 환경 매터리얼(맵)을 이용해봅니다. 매터리얼 패널에서 [Create] - Load Materia] - [User] - [Materials] - [스카이]를 선택합니다.

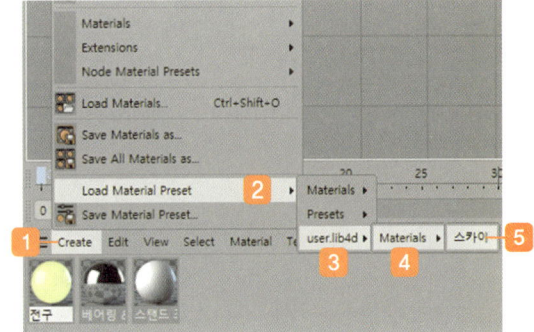

41 콘텐트 브라우저에서 불러온 Mat.1 매터리얼을 끌어다 Sky에 갖다 적용합니다. 지금의 작업은 매터리얼의 어트리뷰트 매니 저에서도 가능합니다.

스탠드 조명 제작 **339**

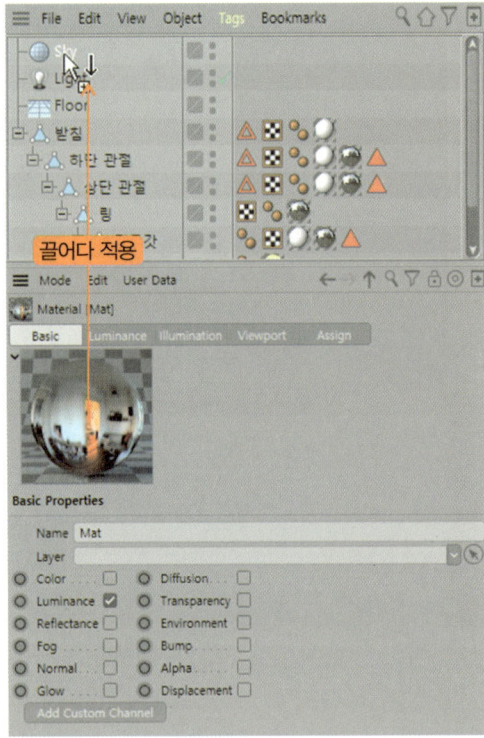

43 스카이의 모습이 배경에 비춰지기 때문에 없애주어야 합니다. Sky에서 [우측 마우스 버튼] - [Render Tags] - [Compositing]을 적용합니다.

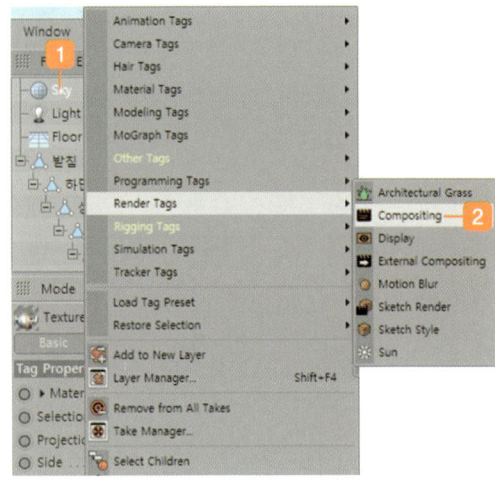

44 컴포지팅 태그의 어트리뷰트 매니저에서 Seen by Camera를 해제합니다.

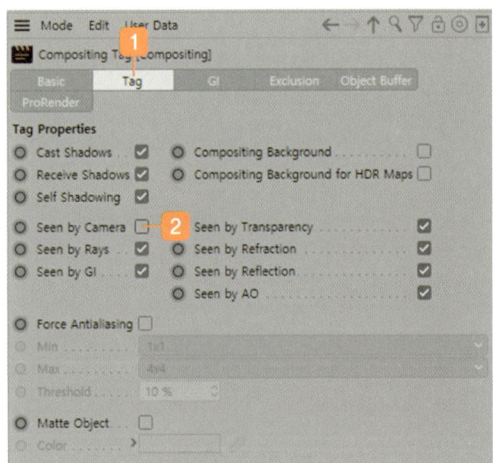

42 렌더 뷰를 해보면 스카이에 적용된 환경 맵에 의해 스탠드 조명의 표면이 더욱 생동감이 느껴지며 전에는 표현되지 않았던 베어링과 링 그리고 전등갓 안쪽 부분의 재질인 스테인리스 금속 질감이 사실적으로 느껴집니다.

45 다시 렌더 뷰를 통해 확인을 해보면 배경에 보였던 스카이의 모습이 사라진 것을 알 수 있습니다.

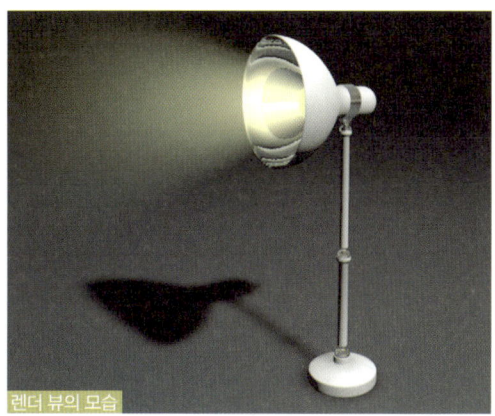

48 그레이디언트의 세부 설정을 위해 [Gradient] 버튼을 선택하거나 그레이디언트 무늬가 있는 섬네일을 선택합니다.

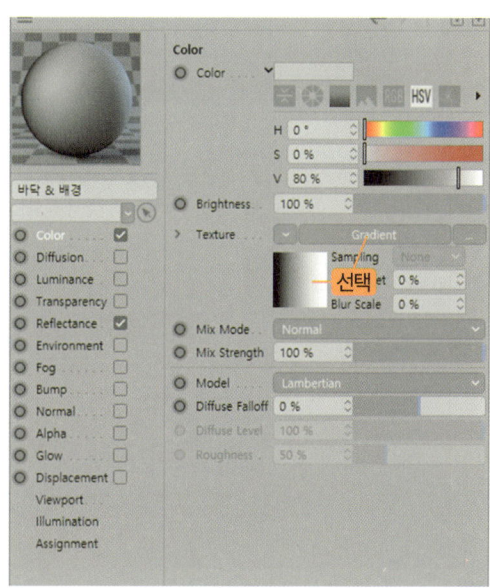

46 이번엔 바닥과 배경에 대한 재질을 표현하기 위해 새로운 매터리얼을 생성한 후 매터리얼 에디터를 열어줍니다.

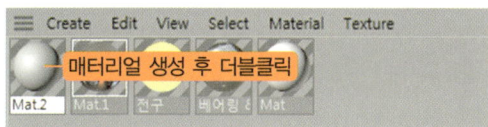

47 매터리얼 에디터가 열리면 Color 채널을 선택한 후 [Texture] - [Gradient]를 선택합니다. 그리고 작업의 편의를 위해 매터리얼의 이름을 [바닥 & 배경]으로 수정합니다.

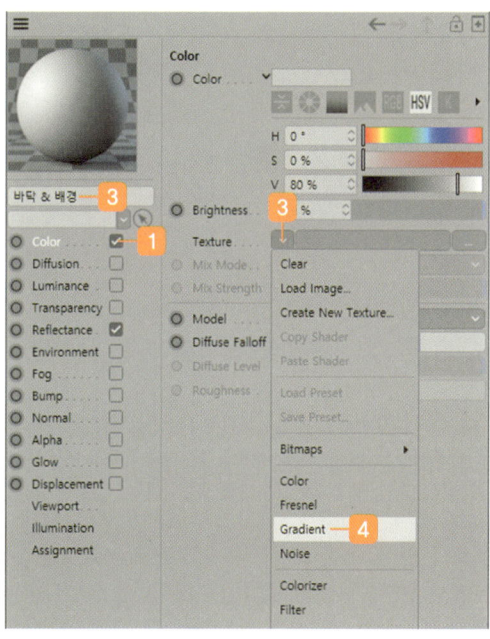

49 셰이더 탭에서 Gradient의 색상을 설정합니다. 첫 번째 색상은 흰색으로 해주고 두 번째 색상을 밝은 회색으로 설정합니다.

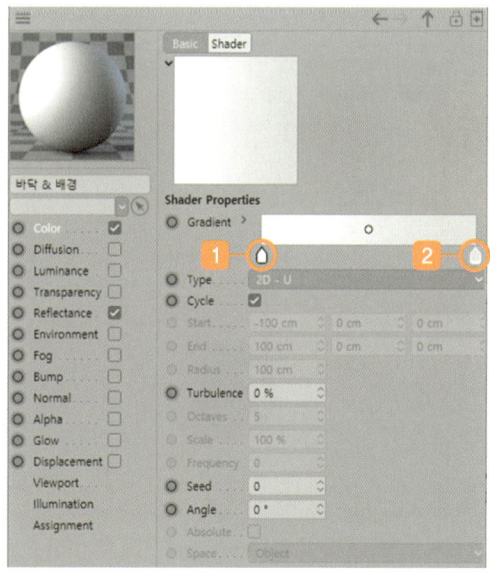

50 계속해서 반사율을 설정하기 위해 Reflectance 채널을 선택하고 Add > Reflection (Legacy)를 선택합니다.

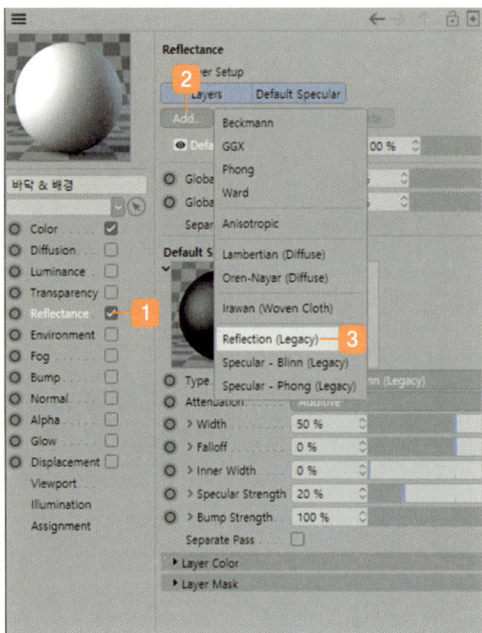

52 설정된 바닥 & 배경 매터리얼을 끌어다 Floor 오브젝트에 적용합니다.

51 컬러에서 설정한 그레이디언트 색상을 그대로 표현하기 위해 Layer 1의 반사율을 5 정도로 낮추고 아래쪽 Reflection Strength 값을 150 정도로 설정하여 Layer 1에 의해 떨어진 반사율에 대한 강도를 높여줍니다.

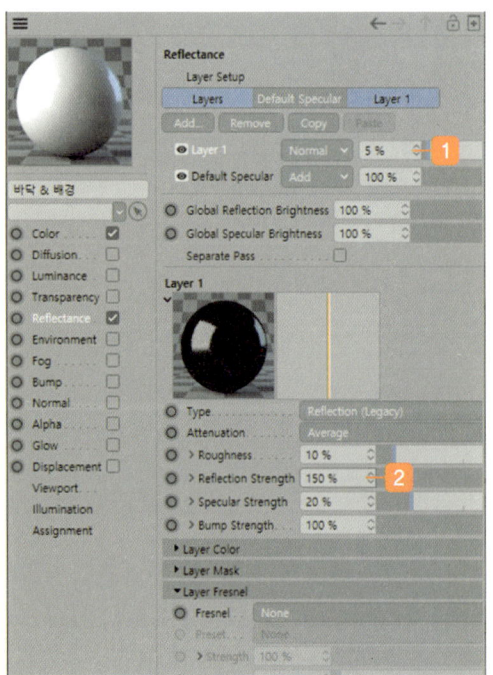

53 바닥 & 배경 매터리얼이 적용된 바닥의 모습을 확인하기 위해 렌더 뷰를 해봅니다. 현재는 그레이디언트 무늬가 작은 패턴으로 연속해서 보여집니다.

54 플로어에 적용된 매터리얼의 텍스처 태그의 어트리뷰트 매니저에서 Projection을 Frontal로 설정하여 뷰포트에서 보이는 앵글을 항상 정면에서 보이도록 해줍니다.

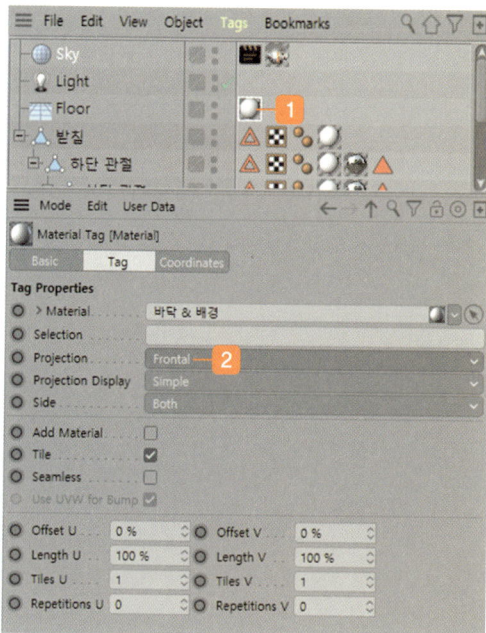

55 다시 렌더 뷰를 해보면 바닥의 그레이디언트 매터리얼이 하나의 무늬로 표현되는 것을 알 수 있습니다.

56 이번엔 배경에 대한 작업을 하기 위해 인바이어런먼트 툴에서 Background를 선택합니다.

57 방금 만든 백그라운드에도 앞서 플로어에 적용된 매터리얼를 적용합니다. 이번엔 오브젝트 매니저의 플로어에 적용된 매터리얼 텍스처 태그를 그대로 복제하여 백그라운드에 갖다 놓습니다.

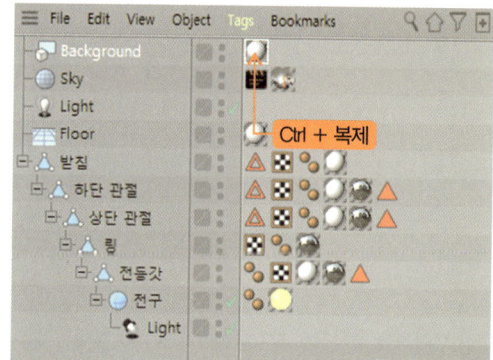

58 지금의 작업을 렌더 뷰를 통해 확인을 해봅니다. 바닥과 배경의 무늬는 같지만 밝기가 차이가 나서 컴포지팅 태그를 이용하여 일치시켜야 합니다.

59 이번엔 앞서 스카이에 적용된 컴포지팅 태그를 플로어에 복제를 해줍니다. 그다음 Compositing Background를 체크하여 바닥과 배경의 매터리얼의 모습을 완전히 일치시킵니다. 참고로 Seen by Camera는 상황에 따라 사용 유무를 결정하면 됩니다.

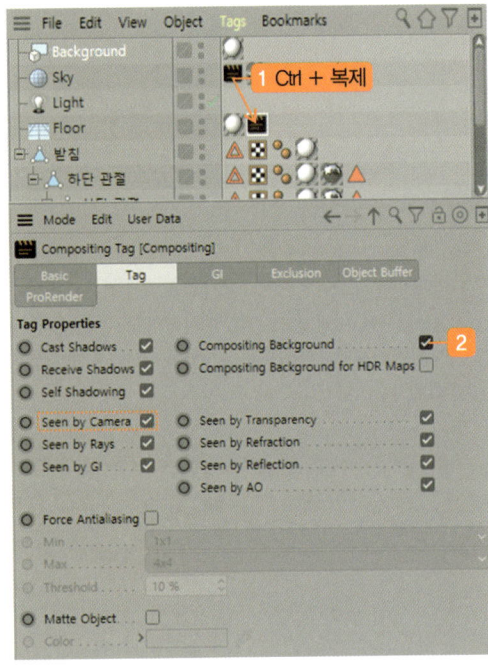

60 렌더 뷰를 통해 다시 확인해봅니다. 바닥과 배경이 완전히 일치됐습니다. 그런데 바닥에 비치는 스카이의 모습은 없애주어야 할 것 같습니다.

렌더 뷰의 모습

61 스카이에 적용된 컴포지팅 태그를 선택한 후 Exclusion 탭에서 Mode에 Floor를 끌어다 갖다 놓습니다. 이것으로 바닥(플로어)의 표면에는 스카이의 모습이 보이지 않게 됩니다.

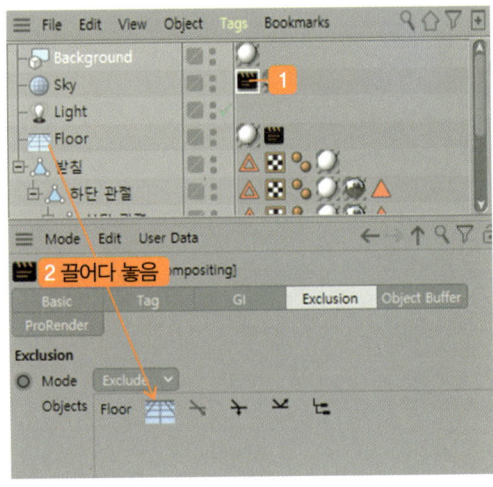

62 다시 렌더 뷰를 해보면 바닥에는 스카이의 모습이 비춰지지 않는 것을 알 수 있습니다.

렌더 뷰의 모습

63 이제 마지막으로 베어링과 전등갓 안쪽의 재질이 너무 반사율이 높은 것 같아 수정을 할 것입니다. 베어링 & 전등갓 매터리얼 에디터를 열고 Reflectance 채널에서 Layer 1의 Reflection Strength를 65 정도로 낮춰줍니다. 그리고 다시 렌더 뷰를 통해 확인해봅니다. 전보다 훨씬 자연스럽게 표현되는 것을 알 수 있습니다.

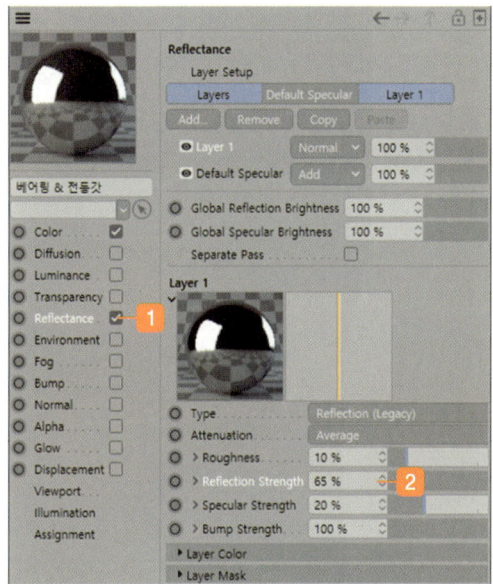

65 이 상태에서 렌더 뷰를 해보면 스탠드 조명에서 비추는 빛이 바닥에 닿았을 때의 모습은 조명의 색상이 아니라 반전된 어두운 색으로 표현되는 것을 알 수 있습니다. 이것은 플로어(바닥)에 적용된 매터리얼과 배경 매터리얼을 일치시키고자 컴포지팅 태그의 Compositing Background를 체크했기 때문입니다. 만약 이와 같은 모습을 원치 않는다면 이 기능을 해제하면 되지만 바닥과 배경의 서로 다르게 표현되기 때문에 바닥과 배경이 자연스럽게 연결되는 새로운 오브젝트를 만들어야 합니다. 이번 학습에서는 컴포지팅 백그라운드를 체크한 상태로 마무리하며 [애니메이션] 파트에서 다시 살펴보기로 합니다.

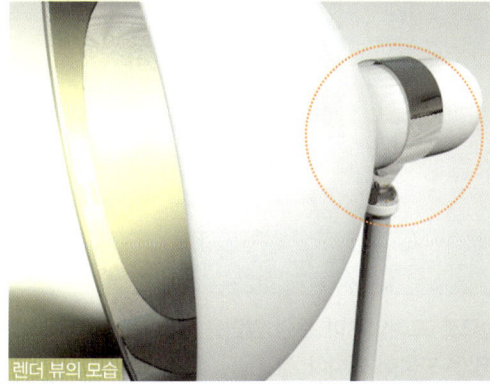

64 링 오브젝트를 선택한 후 로테이트 툴을 사용하여 그림처럼 전등갓 머리가 바닥을 향하도록 해줍니다.

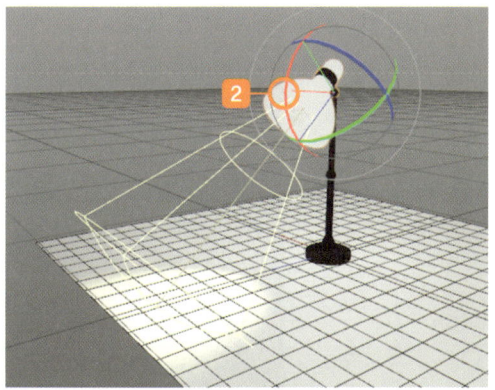

스탠드 조명 제작 **345**

음료수(페트)병 제작

음료수 병은 플라스틱(페트) 재질로 되었기 때문에 변형이 자유롭습니다. 일반 유리병보다는 다양한 모양이 사용되고 있는 것도 이와 같은 이유일 것입니다. 이번 학습에서의 페트병 만들기는 오브젝트의 원형과 변형 그리고 재질에 대하여 그 동안 배웠던 다양한 기능을 활용하여 표현해봅니다.

페트병 모델링하기

페트병의 바닥은 홈이 파여 있고 상단은 빗살무늬가 사선으로 꼬여있으며 뚜껑 옆면은 미끄러지지 않도록 울퉁불퉁한 요철로 되어 모델링 작업의 실력을 향상시키는데 많은 도움이 됩니다.

01 병은 언뜻 보면 실린더를 이용하여 만들 수도 있겠지만 이번 학습에서는 스플라인과 레이스를 이용하여 회전체 오브젝트로 표현할 것입니다. 이와 같은 작업은 배경에 페트병 이미지를 깔아놓고 작업을 하는 것이 좋습니다. 뷰포트에 배경을 깔기 위해서는 평면 뷰로 전환해야 하므로 이번엔 프런트 뷰(F4)로 전환한 후 [Options] - [Configure]를 선택합니다.

02 컨피규어 매니저에서 Back 탭으로 이동한 후 Image 버튼을 클릭하여 [학습자료] - [맵소스] - [페트병.jpg] 파일을 불러옵니다.

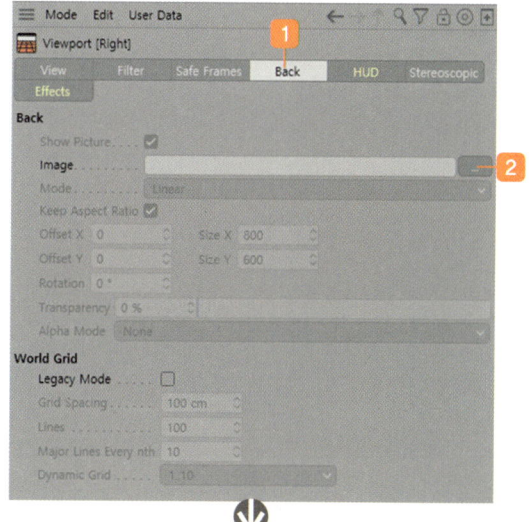

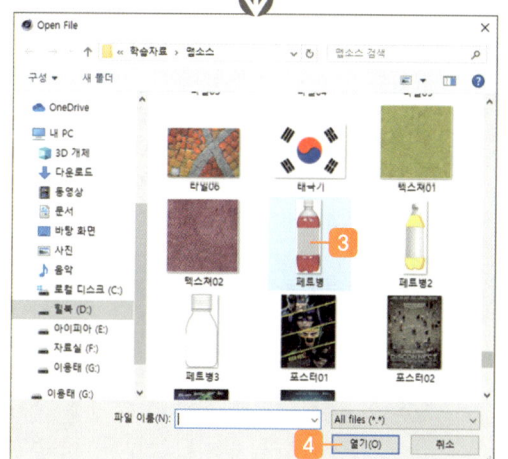

03 뷰포트에 적용된 이미지가 너무 크기 때문에 줄여놓고 작업을 할 것입니다. 물론 뷰포트를 축소해서 작업을 해도 되지만 이번엔 Size X축을 250 정도로 줄여서 작업을 합니다. 그다음 Transparency를 60 정도로 설정하여 페트병 이미지를 엷게 해 놓고 시작합니다.

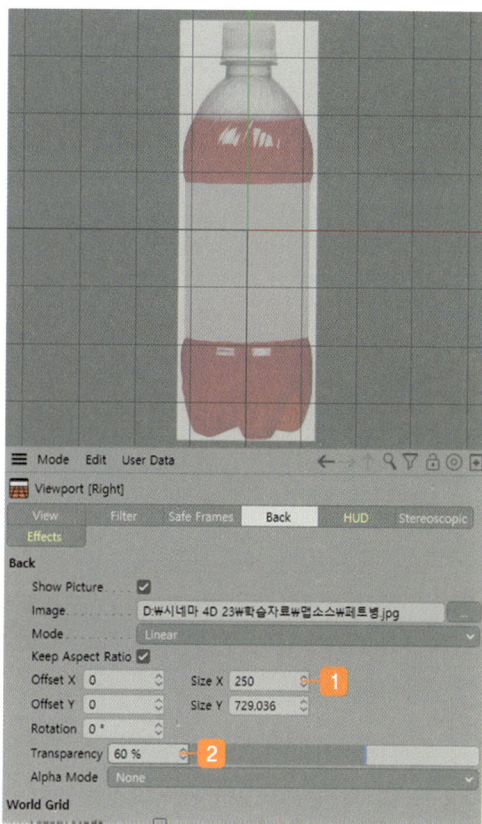

04 이번 작업은 선을 먼저 그려놓고 두께를 주어야 하기 때문에 먼저 Spline Pen을 선택한 후 직선 스플라인을 만들기 위해 어트리뷰트 패널에서 Type을 B-Spline으로 변경합니다.

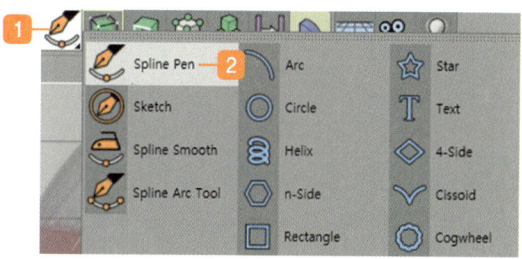

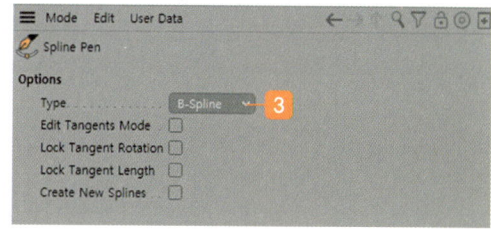

음료수(페트)병 제작 **347**

05 B-스플라인 상태에서 그림처럼 페트병 하단의 가운데 부분을 클릭하여 포인트를 찍어줍니다. 이 포인트의 위치는 XZ축이 모두 0으로 되어있어야 회전 시 가운데에 구멍이 생기거나 겹쳐지는 문제가 생기지 않습니다.

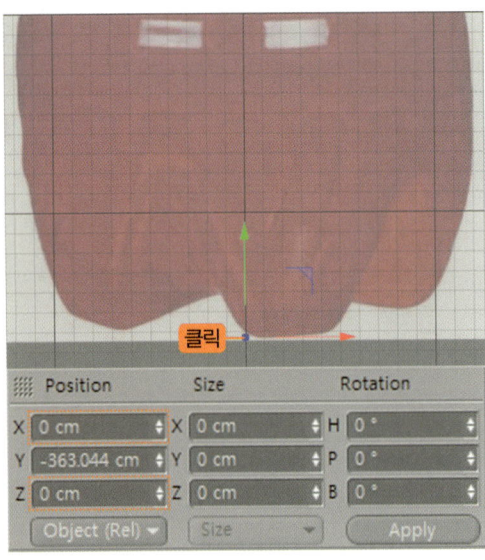

06 계속해서 페트병 하단 부분의 모양을 그려나갑니다. 여기서는 배경에 깔린 이미지의 모양대로 그리지 말고 그냥 완만한 곡선 형태로 그려주면 됩니다. 페트병 바닥의 홈은 나중에 별도로 만들기 때문입니다.

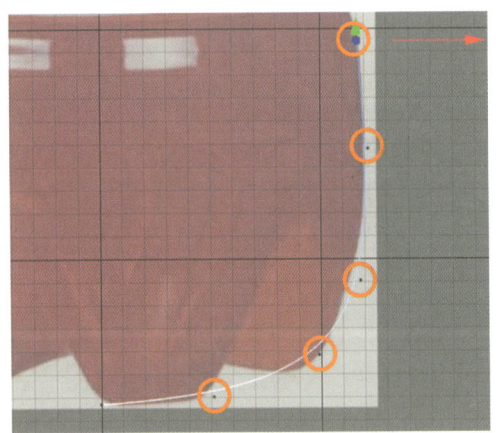

07 여기서 혹, 완전한 모양을 만들기 전에 이전에 그려진 모양을 수정하기 위해 특정 포인트를 수정하려고 선택했다면 그리고 있던 마지막 포인트를 연결하고자 하는 포인트를 선택한 후 [Ctrl] 키를 누른 상태에서 연결하여 그려줄 수도 있지만 이번 작업에서는 일단 자주 문제가 되는 중간에 끊긴 점(스플라인)을 연결하는 방법까지 살펴보아야 하기 때문에 지금처럼 끊겨진 상태로 작업을 할 것입니다.

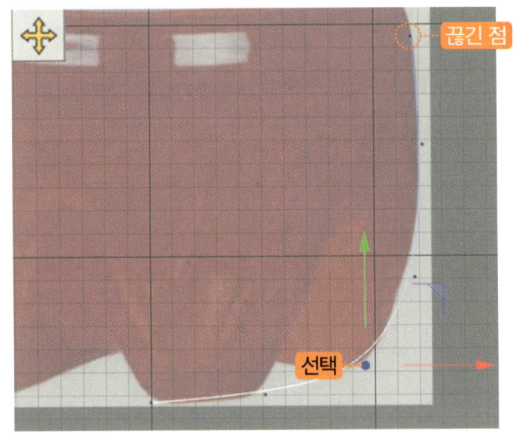

08 앞서 다른 포인트를 선택했기 때문에 계속해서 페트병을 그려주기 위해서는 다시 B-스플라인 툴을 선택한 후 일단 마지막(연결할) 포인트 근처에 새로운 포인트를 추가합니다. 일러스트레이터나 포토샵 같은 툴에서는 끊어진 선을 쉽게 연결하여 작업을 계속할 수 있지만 시네마 4D와 같은 3D 툴에서는 조금 어려운 방법으로 연결해야합니다.

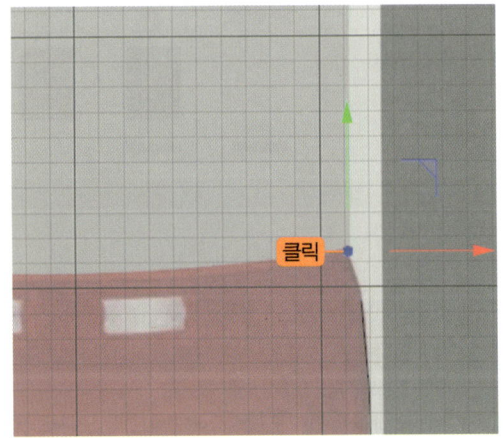

09 페트병 몸통 옆면은 수직으로 되어있기 때문에 이 부분에는 중간에 포인트가 필요 없습니다. 그래서 그림처럼 위쪽에 하나의 포인트만 찍어줍니다.

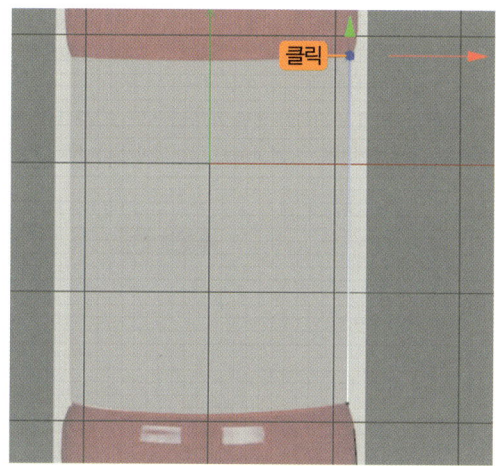

10 계속해서 상단 부분의 곡선을 표현해봅니다. 특히 앞서 수직으로 그려진 상태에서 곡선으로 바뀌는 부분은 포인트의 간격을 좁혀서 그려주어야 원하는 모양이 그려집니다.

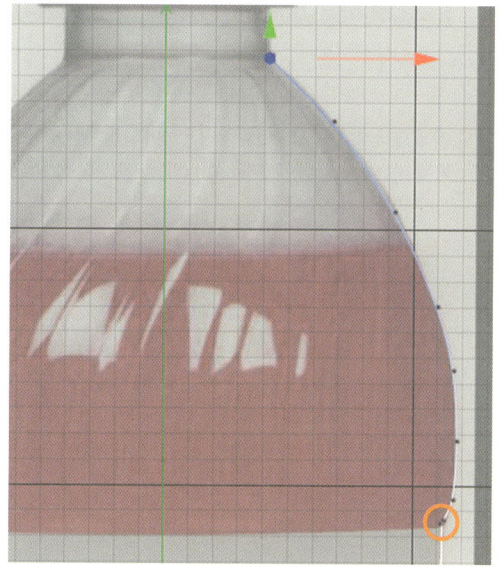

11 페트병의 목 부분과 뚜껑 부분도 직선과 곡선이 반복적으로 이루어져있습니다. 이 부분도 역시 포인트의 간격을 좁혀 원하는 모양을 만들면 됩니다. 마지막 뚜껑의 가운데 부분의 포인트도 XZ축이 0이어야 회전 시 문제가 되지 않습니다.

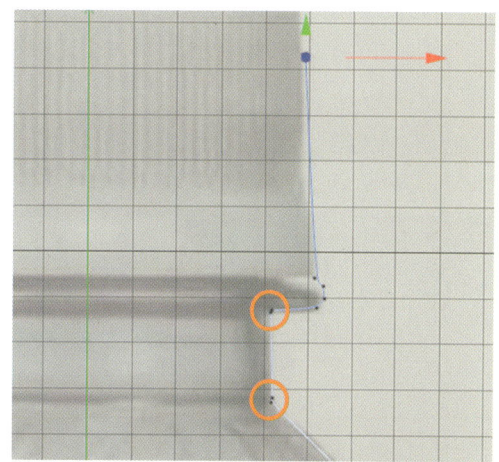

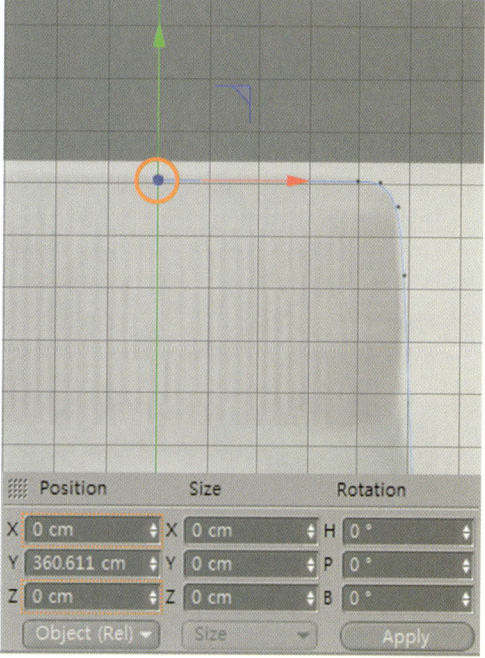

12 이제 앞서 분리된 스플라인을 합쳐주기 위해 두 스플라인을 모두 선택한 후 [우측 마우스 버튼] - [Connect Objects + Delete]를 선택합니다.

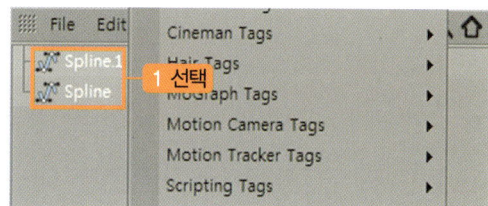

음료수(페트)병 제작 **349**

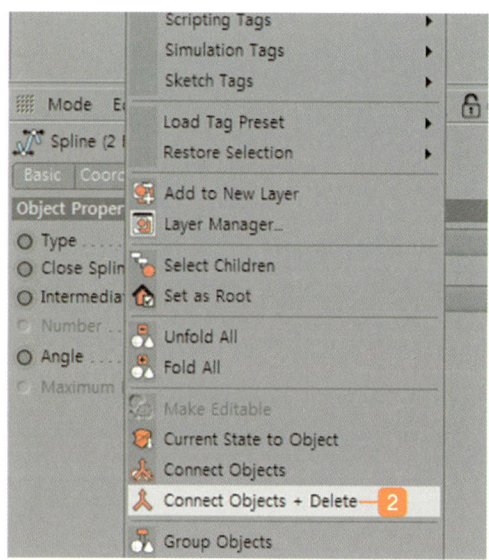

좀 다르게 되었습니다. 이제 이 부분에 새로운 포인트를 추가하여 모양을 수정해봅니다. [Spline] - [Create Tools] - [Create Point]를 선택합니다. 이 메뉴에서는 스플라인을 자르는 나이프와 모양을 편집하는 베벨, 익스트루드, 오브젝트의 면이나 점, 선을 연결하는 등의 메뉴로 구성되어 있습니다.

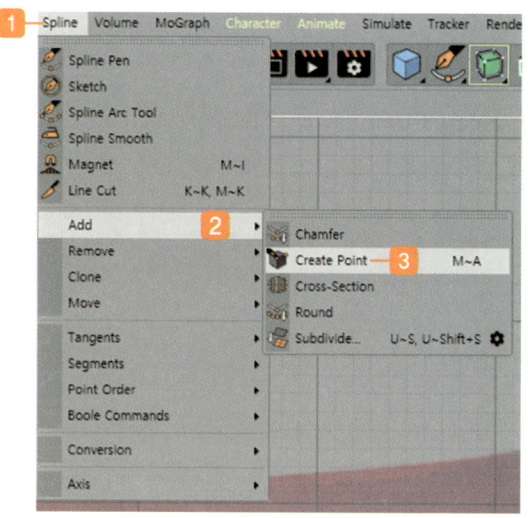

13 하나로 합쳐진 스플라인의 끊어진 두 포인트를 모두 선택합니다. 라이브 실렉션이나 렉탱글 실렉션 아무 툴이나 상관없습니다. 그다음 [Spline] - [Segments] - [Join Segment]를 선택합니다. 이 메뉴에서는 포인트를 분리하거나 곡선을 직선 반대로 직선을 곡선으로 전환하고 포인트의 순서를 바꿔주는 등의 작업을 할 수 있는 메뉴로 구성되어 있습니다.

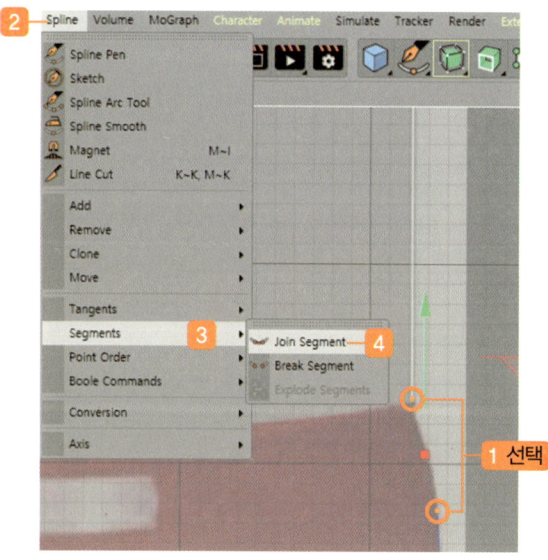

15 이제 크리에이트 포인트 툴을 사용하여 그림처럼 포인트가 추가될 지점의 스플라인을 클릭합니다. 포인트가 추가됨으로써 모양이 제대로 잡혔습니다.

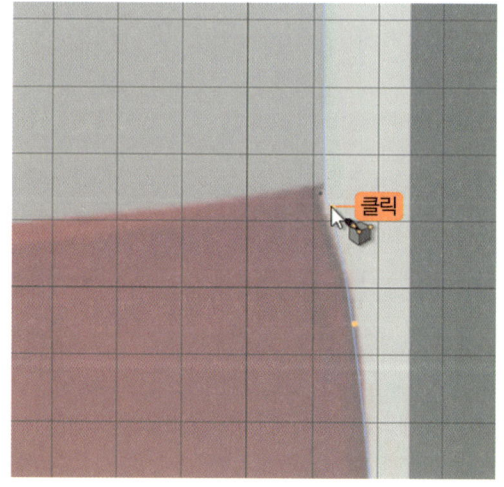

14 합쳐진 포인트 부근의 스플라인 모양을 보면 배경 이미지와는

16 모든 스플라인의 모습이 보이도록 뷰포트를 축소합니다. 모양이 마음에 들지 않거나 문제가 있다면 포인트를 이동하여 원

하는 모양으로 수정합니다.

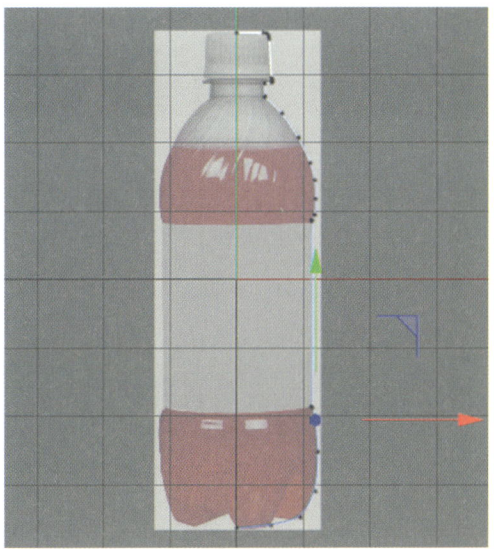

19 레이스 하위에 스플라인.2 오브젝트를 종속시킵니다. 이로써 선으로 이루어졌던 모양이 입체적인 오브젝트로 바뀌었습니다.

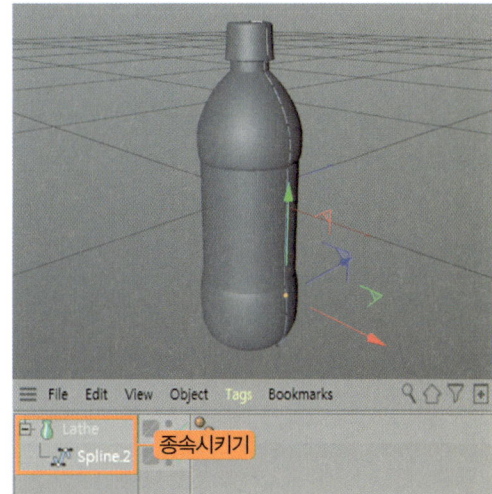

17 [F1] 키를 눌러 퍼스펙티브 뷰로 전환해보면 앞서 만든 스플라인의 모습이 보입니다. 그러나 아직은 선의 형태만 보입니다.

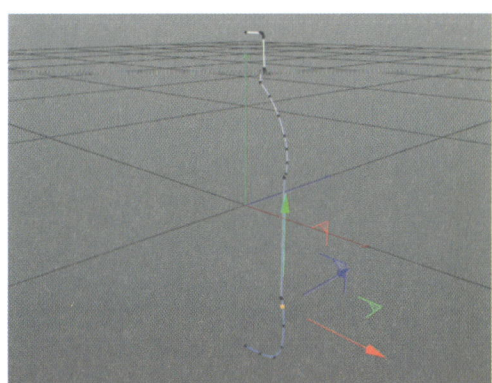

18 이제 선으로 이루어진 스플라인을 실제 페트병처럼 입체감있게 해주기 위해 제너레이터 툴에서 Lathe를 적용합니다.

20 레이스의 서브디비젼을 설정하기 위해 먼저 [Display] - [Gouraud Shading (Lines)]을 선택합니다.

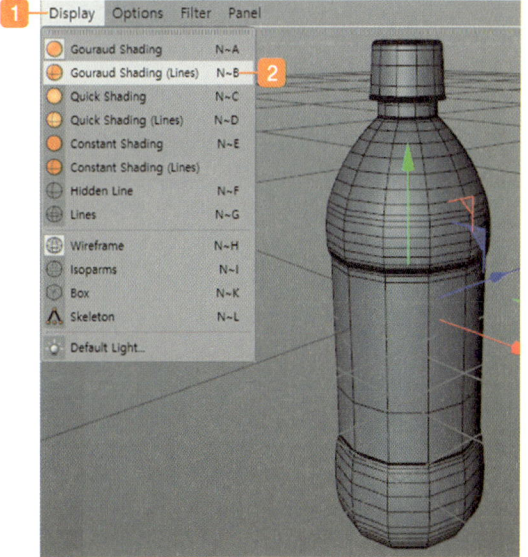

21 레이스를 선택한 후 어트리뷰트의 Object 탭에서 Subdivision을 12로 줄여줍니다.

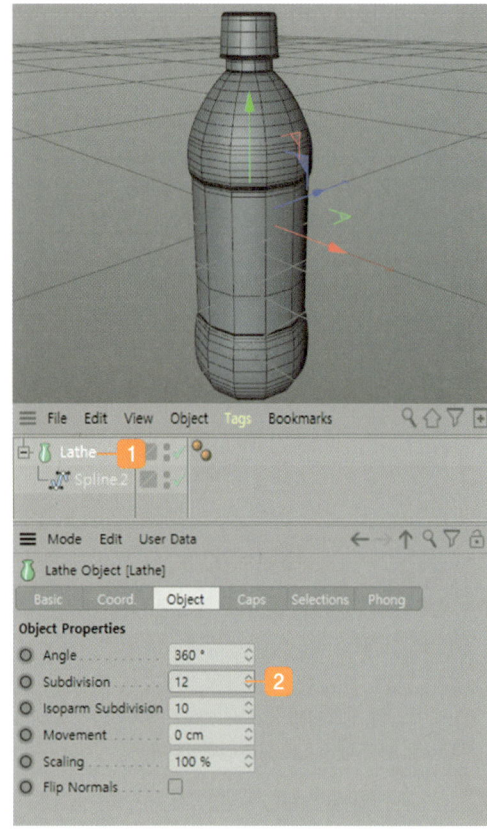

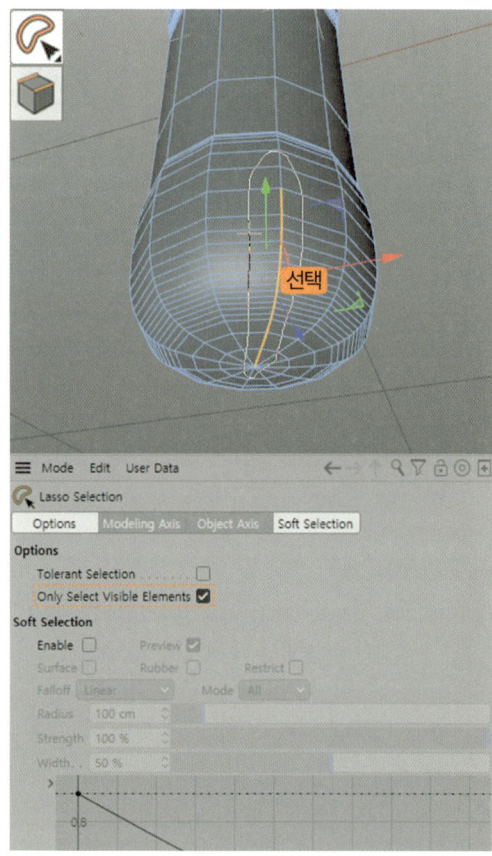

택되면 안 되기 때문에 Only Select Visible Elements는 체크되어 있어야 합니다.

22 이제 레이스에 의해 표현된 입체 병을 완전한 폴리곤 오브젝트로 변환 해주기 위해 Lathe를 선택한 후 [C] 키를 눌러 폴리곤으로 변환합니다. 폴리곤으로 변환하면 하위에 있던 스플라인도 같이 합쳐지게 됩니다. 변환된 레이어스의 이름을 [페트병]으로 수정합니다.

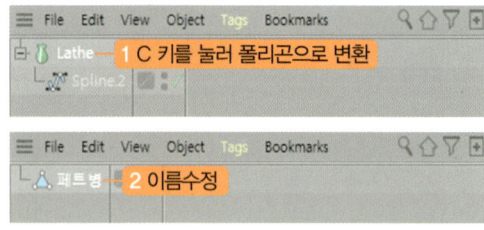

23 앞서 편집이 가능한 폴리곤 오브젝트로 변환했기 때문에 이제 모양을 편집해 보도록 하겠습니다. 먼저 페트병 바닥의 홈을 표현합니다. 엣지 툴과 라쏘(Lasso) 실렉션 툴을 선택한 후 그림처럼 바닥의 선을 선택합니다. 이때 보이지 않는 엣지는 선

24 계속해서 같은 방법으로 두 칸에 하나씩 앞서 선택된 엣지 부분과 일치되도록 선택합니다. 다중 선택은 [Shift] 키를 이용하고 잘못된 선택 영역의 해제는 [Ctrl] 키를 이용합니다.

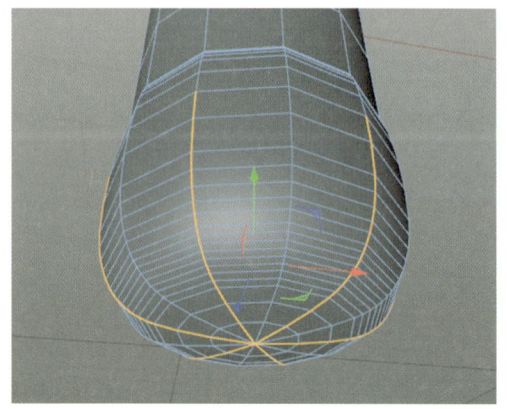

끊어진 스플라인 포인트 다시 연결하여 그리기

스플라인 툴을 이용하여 그림을 그리다가 다른 오브젝트를 선택하거나 수정을 위해 다른 포인트를 선택하게 되면 그리던 선이 끊겨지게 됩니다. 이럴 땐 마지막 포인트를 통해 선을 연결하여 그릴 수 있습니다.

01 그리던 스플라인 선을 그리다 말고 다른 점이나 오브젝트를 선택하면 그림처럼 새로운 스플라인이 생성됩니다.

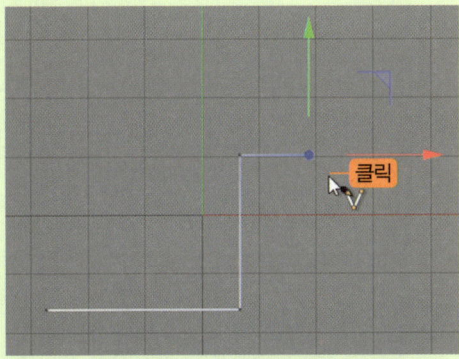

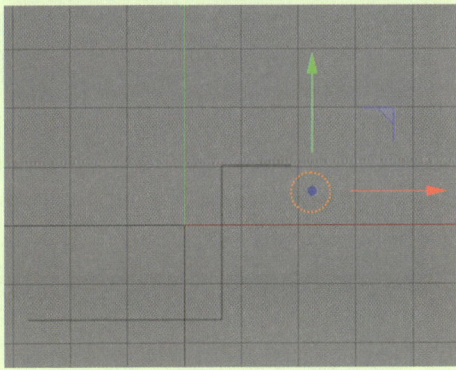

부분을 클릭하면 마지막 점과 자동으로 연결되어집니다.

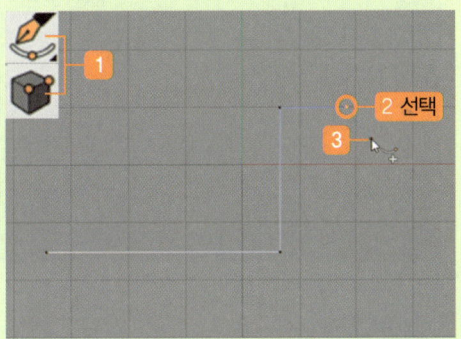

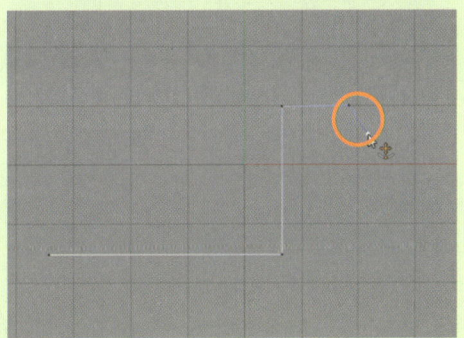

02 이러한 문제의 해결은 먼저 연결할 스플라인 오브젝트를 선택한 후 연결될 포인트도 같이 선택합니다. 물론 그리다가 끊긴 스플라인은 시작점과 끝점이 이미 지정되어있기 때문에 마지막 점을 굳이 선택하지 않아도 되긴 합니다.

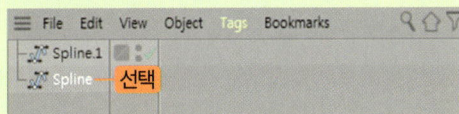

03 포인트 툴을 통해 연결할 스플라인 오브젝트가 선택됐다면 이제 스플라인 툴을 선택한 후 연결하고자 하는

25 이제 선택된 엣지를 가지고 홈을 표현해봅니다. 먼저 스케일 툴을 선택한 후 그림처럼 홀쭉하게 해줍니다. 아무 축을 건들이지 않고 축소하면 됩니다.

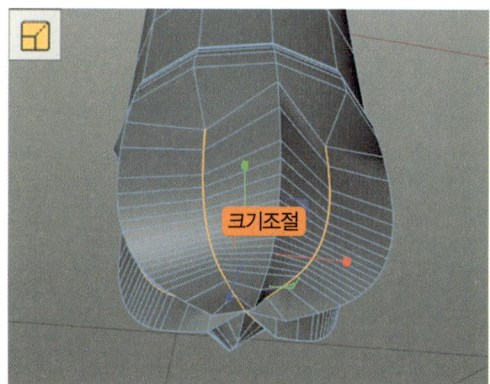

26 계속해서 무브 툴을 사용하여 그림처럼 살짝 Y축으로 만 위로 올려줍니다. 이와 같은 방법으로 홈을 표현하면 되는데 현재는 세그먼트가 많지 않아 모양이 투박해 보입니다.

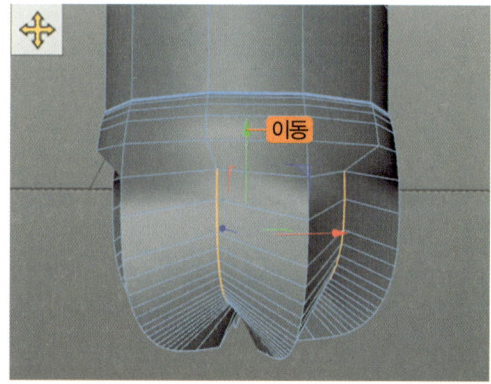

27 부드러운 모양을 만들기 위해서는 서브디비젼 서피스가 필요한데 이에 앞서 바닥의 홈을 위해 선택했던 6개의 엣지를 선택 태그로 등록해 놓는 것이 필요합니다. [Select] - [Set Selection]을 선택합니다. 그러면 페트병 오브젝트 우측에 삼각형 선으로 된 엣지 선택 태그가 등록됩니다. 이제 이 선택 태그를 더블클릭하면 언제든지 해당 엣지를 선택할 수 있습니다.

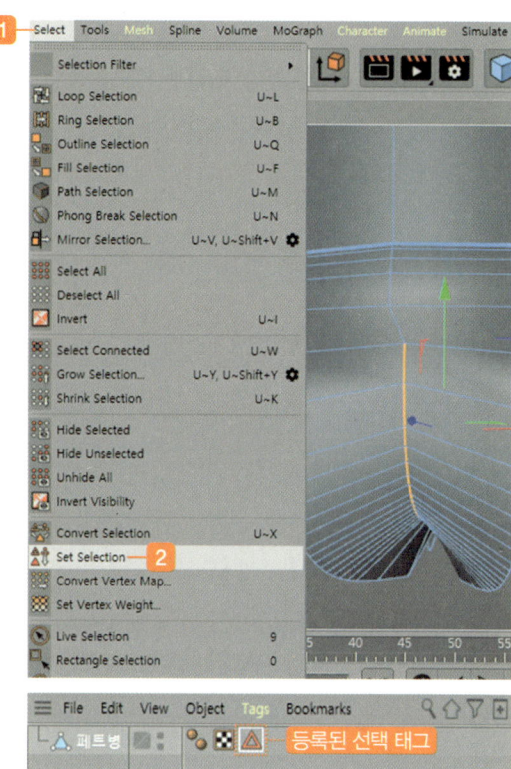

28 이제 페트병을 부드러운 모양으로 만들기 위해 모델링 툴에서 Subdivision Surface를 선택합니다.

29 적용된 서브디비젼 서피스 하위에 페트병을 종속시킵니다. 그 다음 서브디비젼 서피스의 어트리뷰트 매니저에서 Subdivision Editor와 Renderer를 모두 1로 설정합니다. 페트병 위쪽의 무늬를 위해 필요한 만큼의 분할 값을 사용했습니다.

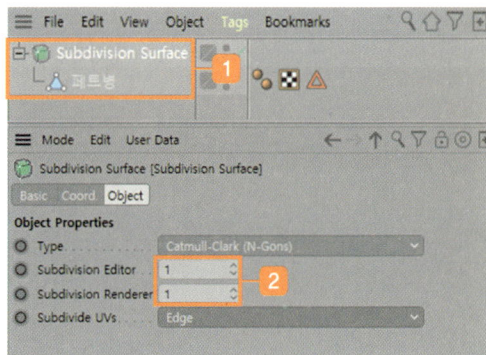

의 브러시 크기가 너무 커서 불필요한 면이 선택된다면 Radius 값을 5 정도로 줄인 후 선택합니다. 또한 보이지 않는 영역은 선택되면 안 되기 때문에 Only Select Visible Elements는 체크되어있어야 합니다.

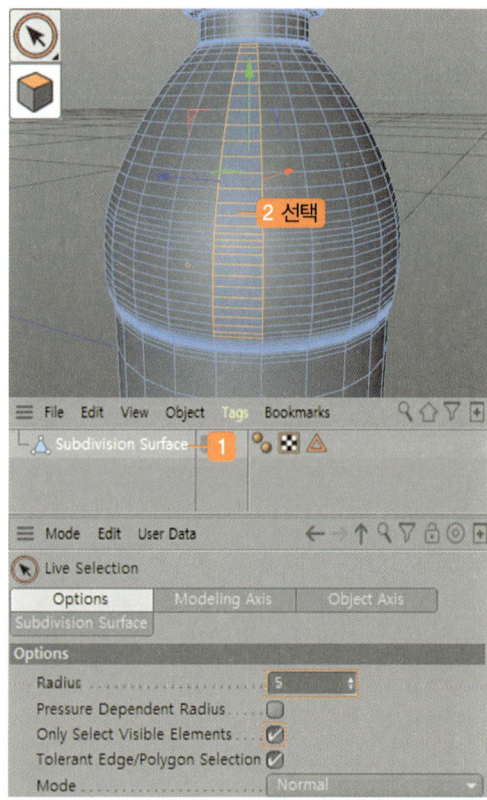

30 다시 페트병 하단의 홈을 확인해봅니다. 홈의 깊이가 너무 낮거나 깊다면 무브 툴과 스케일 툴을 사용하여 보기 좋은 모양의 홈으로 만들어줍니다. 이때 주의할 것은 각 엣지(폴리곤)들이 서로 교차되지 않도록 하는 것입니다.

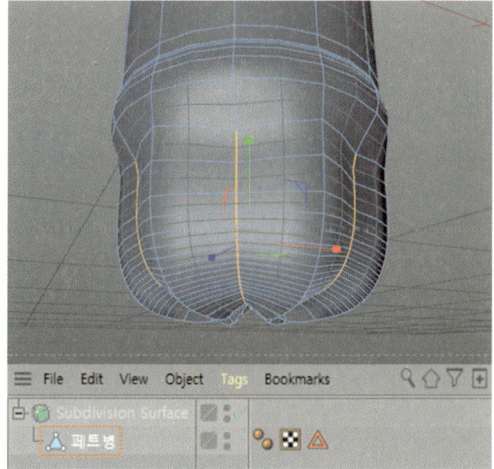

31 이번엔 상단 무늬를 표현하기 위해 먼저 서브디비젼 서피스를 선택한 후 C 키를 눌러 폴리곤으로 변환해줍니다.

32 변환된 서브디비젼 서피스가 선택된 상태에서 폴리곤 툴과 라이브 실렉션 툴을 선택한 후 그림처럼 페트병 상단의 무늬가 들어갈 첫 번째 폴리곤을 선택합니다. 만약 라이브 실렉션 툴

33 계속해서 같은 방법으로 두 칸에 하나씩 선택하여 총 열 두 군데가 선택되도록 합니다. 이때 주의할 것은 선택 영역의 위쪽과 아래쪽 부분이 다른 선택 영역과 똑같이 선택되어야 합니다.

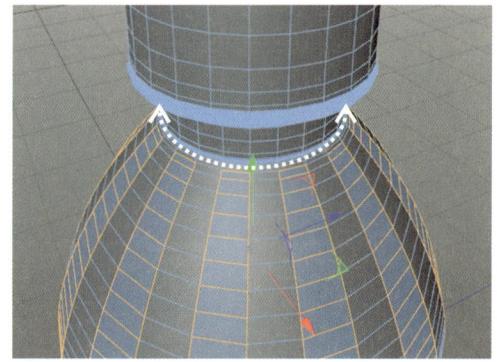

음료수(페트)병 제작 **355**

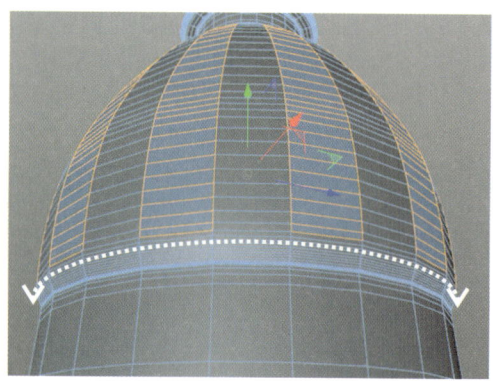

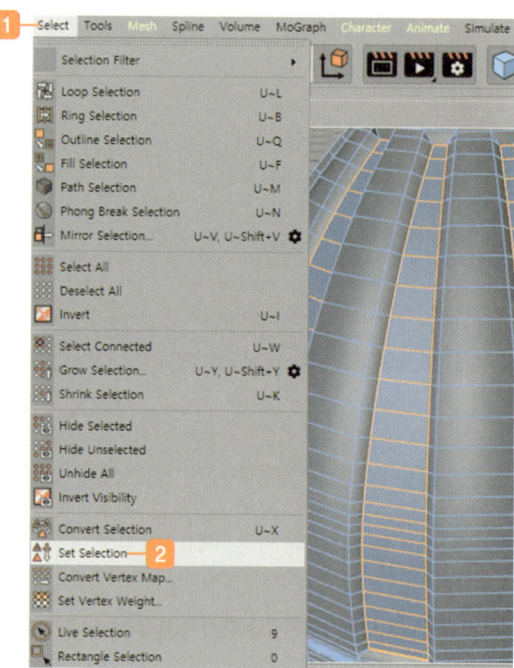

34 이제 선택된 영역에 비스듬한 홈을 파주기 위해 M~S 키를 눌러 베벨 툴을 선택합니다. 그리고 그림처럼 살짝 홈을 파줍니다. 홈의 모습을 렌더 뷰(Ctrl + R)를 통해 확인을 해보며 모양이 마음에 들지 않으면 수정합니다.

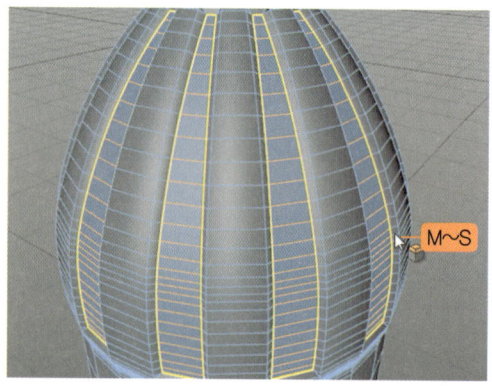

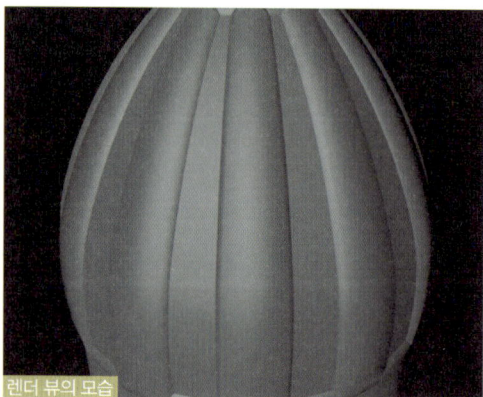

35 지금의 선택 영역도 차후 사용할 일에 대비하여 [Select] - [Set Selection]을 선택하여 선택 태그로 등록해놓습니다.

36 이제 최종 모습의 세그먼트를 만들어주기 위해 모델링 툴에서 Subdivision Surface를 선택합니다. 그다음 서브디비젼 서피스 하위에 페트병 오브젝트를 종속시킵니다. 지금의 서브디비젼 서피스의 Subdivision Editor와 Renderer 값을 모두 1로 설정하여 최종 분할 값으로 사용합니다.

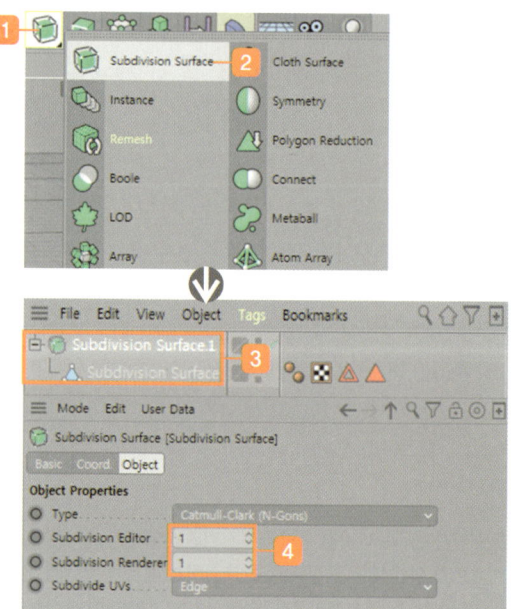

356 오브젝트 제작하기

37 서브디비젼 서피스를 선택한 후 [C] 키를 눌러 폴리곤 오브젝트로 변환 한 후 이름을 [페트병]으로 수정 해줍니다.

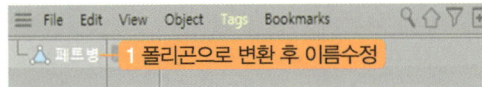

38 지금까지의 모습을 렌더 뷰를 통해 확인을 해봅니다. 페트병 바닥의 홈과 상단의 홈은 잘 표현됐습니다. 그러나 아직 상단 홈의 모양은 완성되지 않은 상태입니다. 상단 홈은 나선형 모양으로 꼬여있기 때문에 이제 이와 같은 모양을 만들어주어야 합니다.

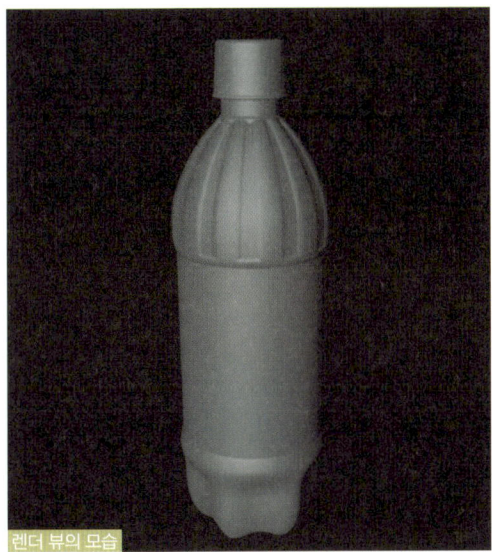

39 상단 무늬를 나선형으로 해주기 위해 디포머 툴에서 Twist를 선택합니다.

40 페트병 하위에 트위스트를 종속시킵니다. 그다음 트위스트 Size의 Y축만 200 정도로 줄여서 상단 무늬와 비슷하게 해줍니다. 여기서 중요한 것은 트위스트 디포머가 변형을 주고자 하는 오브젝트(패트병)보다 작아서는 안 된다는 것입니다.

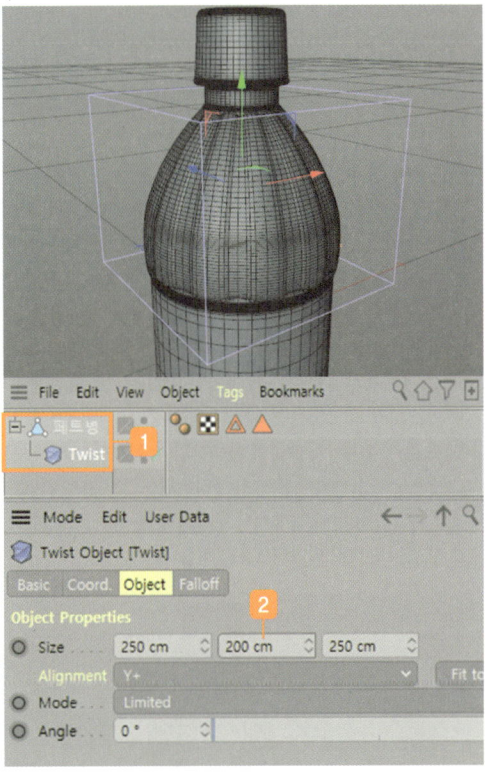

41 Mode가 Limited인 상태에서 Angle을 50도 정도로 설정합니다. 이제 상단 무늬가 나선형으로 표현됐습니다. 이와 같은 방법을 통해 오브젝트의 모양을 변형하면 됩니다.

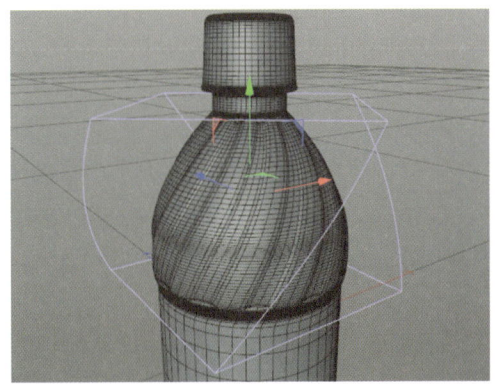

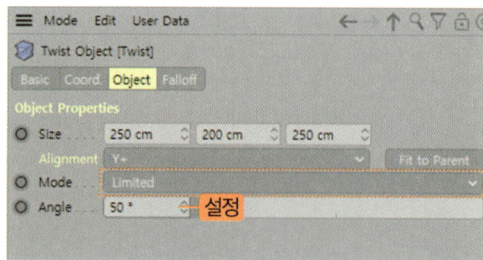

42 현재 트위스트 모드는 기본 모드인 리미티드입니다. 리미티드는 트위스트 영역에 포함된 오브젝트의 변형이 이뤄지지만 그 이외의 오브젝트 영역은 모양이 급변하지 않도록 모양은 그대로 보존된 상태에서 회전된 각도로만 같이 회전됩니다. 그러나 Within Box(위딘 박스)는 트위트스 영역에 포함된 오브젝트만 변형이 생기기 때문에 이외의 영역은 그대로 보존됩니다. 여기에서 이 방법은 병목이나 몸통 중앙의 경계가 회전에 의해 많이 훼손되기 때문에 사용하면 안 됩니다. 마지막 모드인 Unlimited를 선택 해봅니다. 언리미티드 모드는 트위스트 영역과는 상관없이 오브젝트의 모든 부분에 영향을 줍니다. 확인이 끝나면 다시 리미티드로 설정합니다.

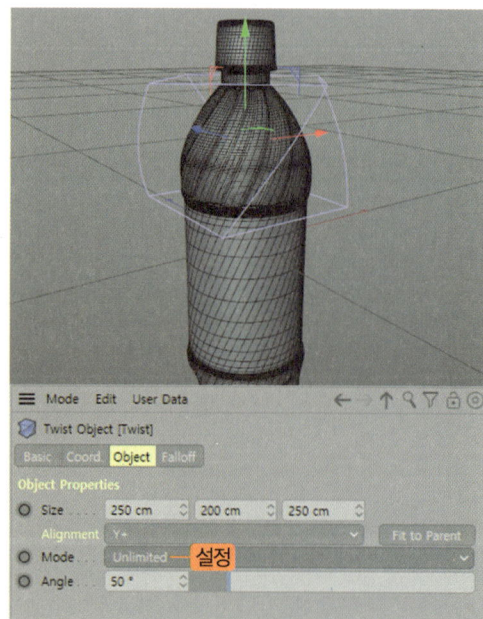

43 이제 트위스트에 의해 만들어진 모양을 별도의 오브젝트로 만들기 위해 패트병을 선택한 후 [우측 마우스 버튼] - [Current State to Object]를 선택합니다.

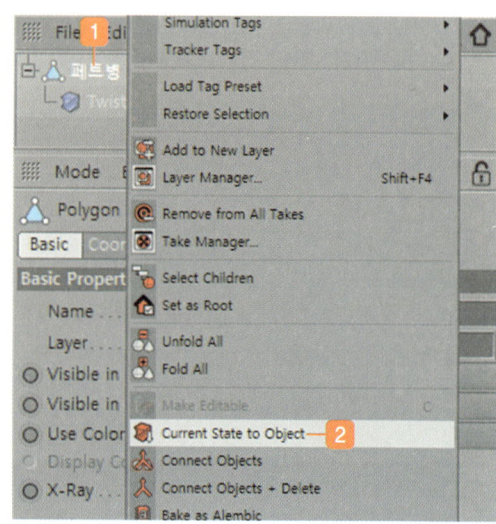

44 나선형 무늬의 새로운 패트병이 생성됐기 때문에 이제 트위스트가 적용된 패트병을 삭제합니다.

45 다시 렌더 뷰를 통해 패트병의 최종 모델링 모습을 확인해보고 문제가 있다면 수정합니다.

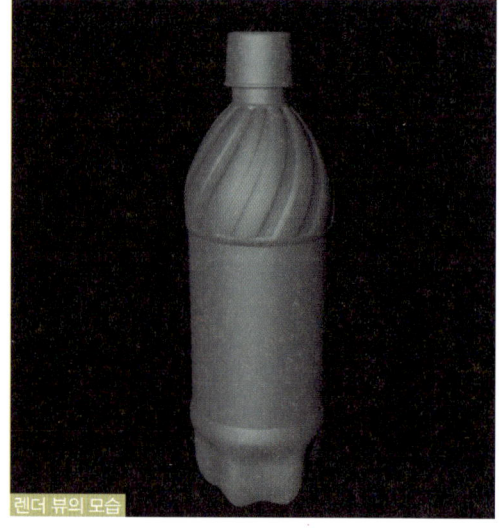

페트병 재질 표현하기

페트병 자체는 단순해 보이지만 재질은 아주 다양합니다. 병 전체는 투명한 페트 재질로 되어있으며 병 안에는 액체가 담겨있고 몸통 중앙에 라벨 그리고 뚜껑도 별도의 재질을 사용해야 합니다. 뚜껑 또한 옆면이 울퉁불퉁한 요철로 되어있기 때문에 비교적 복잡한 재질 작업이 필요합니다.

01 먼저 페트병 전체에 대한 재질을 만들기 위해 매터리얼을 만든 후 매터리얼 에디터를 열어줍니다.

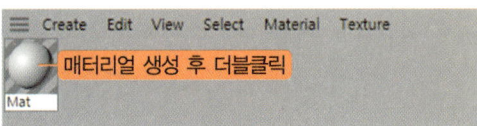

02 작업의 편의를 위해 매터리얼의 이름은 [페트]라고 해줍니다. 페트병 자체는 투명한 상태이기 때문에 색상은 기본 색상을 그대로 사용하고 투명도 설정을 위해 Transparency를 체크하고 Brightness를 95, Refraction을 1 정도로 설정합니다.

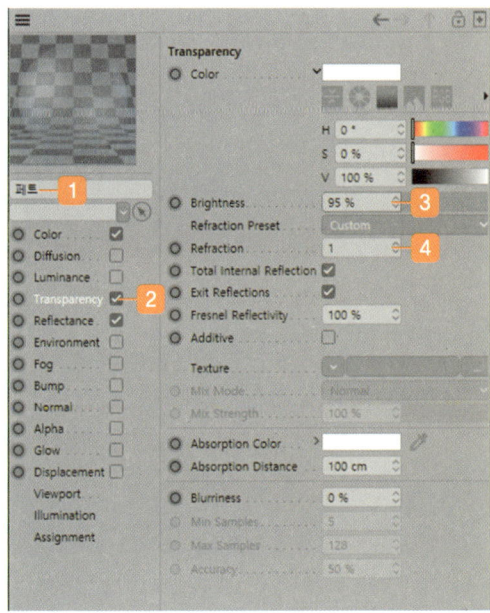

03 이번엔 반사율에 대한 설정을 위해 Reflectance 채널을 선택한 후 [Add] - [Reflection (Legacy)]를 선택합니다.

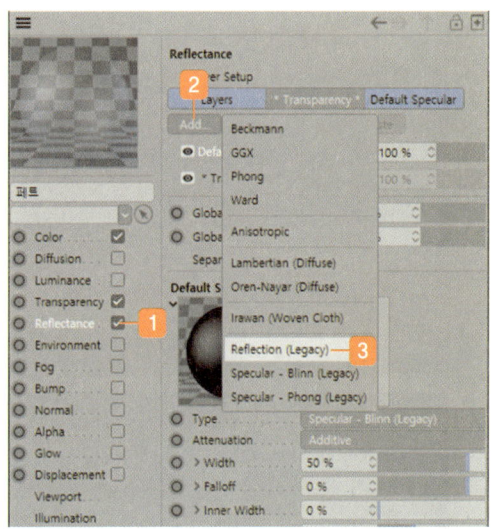

04 방금 생성된 Layer 1의 반사율을 50 정도로 낮춰줍니다.

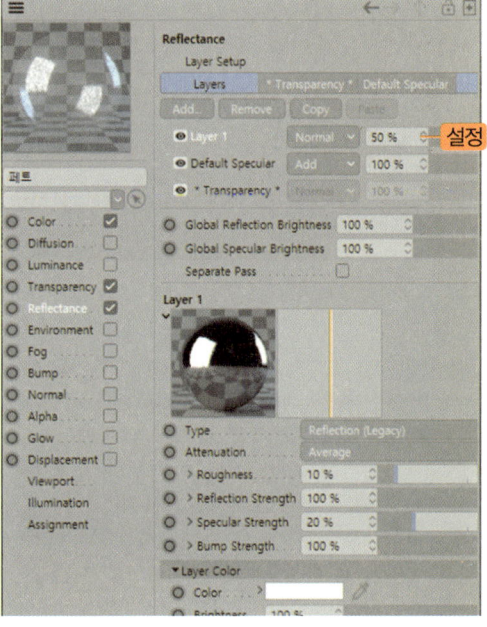

05 설정된 페트 재질을 끌어다 페트병 오브젝트에 적용합니다. 적용한 후 렌더 뷰를 통해 확인해보면 투명한 페트병 느낌이 듭니다. 그러나 아직은 환경 맵이 적용되지 않았기 때문에 표면의 반사율엔 아무런 변화가 없습니다.

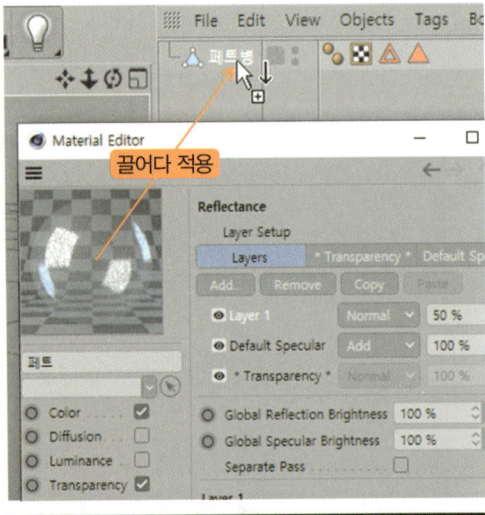

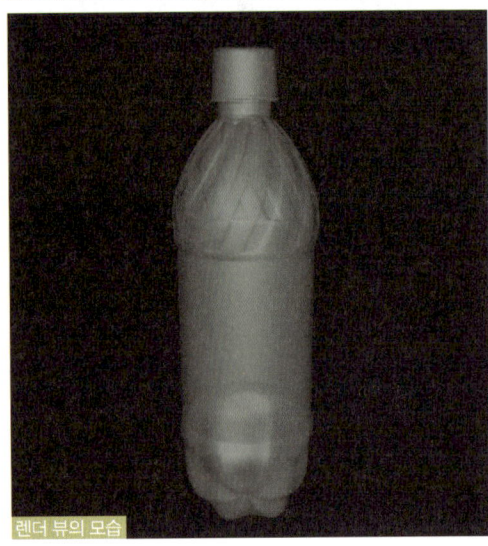

06 이번엔 페트병 속에 들어있는 액체(음료수)를 표현해봅니다. 그러기 위해 먼저 액체로 표현할 영역을 폴리곤 툴과 렉탱글 실렉션 툴을 사용하여 그림처럼 페트병의 목 부분까지 선택합니다. 이때의 뷰포트는 라이트 뷰나 프런트 뷰로 전환한 후 선택을 하는 것이 정확하며 보이지 않는 뒤쪽까지 선택되게 하기 위해 Only Select Visible Elements는 해제되어야 합니다.

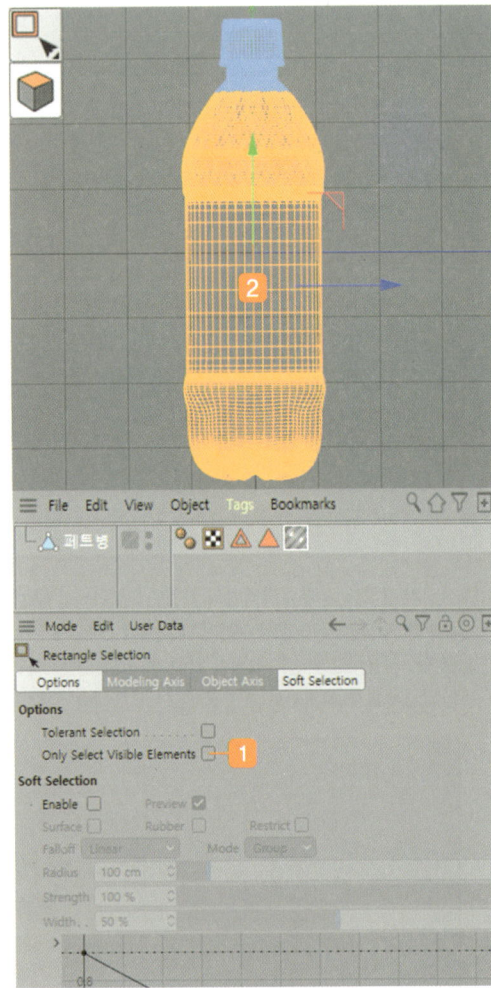

07 계속해서 페트병 속에 들어있는 내용물(액체)를 표현하기 위한 매터리얼을 만들고 매터리얼 에디터를 열어줍니다.

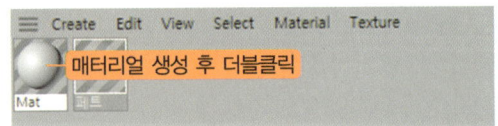

08 매터리얼의 이름을 [액체]로 해주고 Color 채널의 색상을 지정합니다. 필자는 주황색으로 했습니다. 그리고 지금 지정된 색상을 투명도 채널에서도 사용하기 위해 Color에서 [우측 마우스 버튼] - [Copy]를 선택합니다.

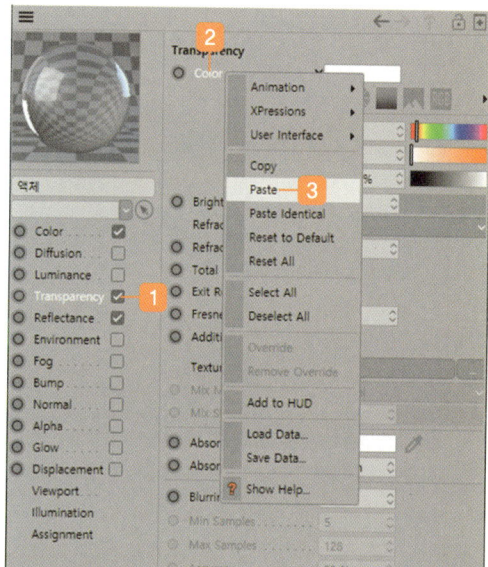
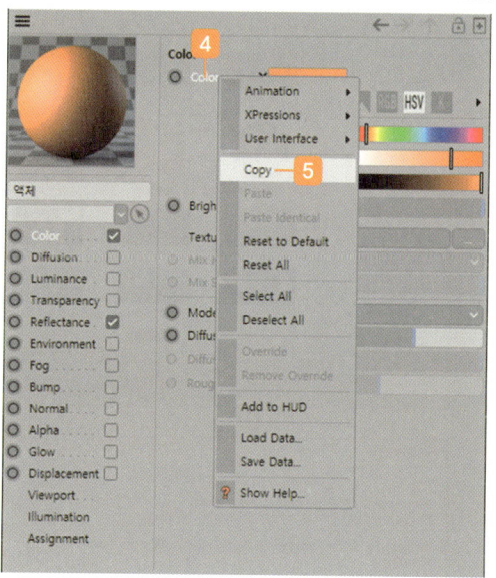
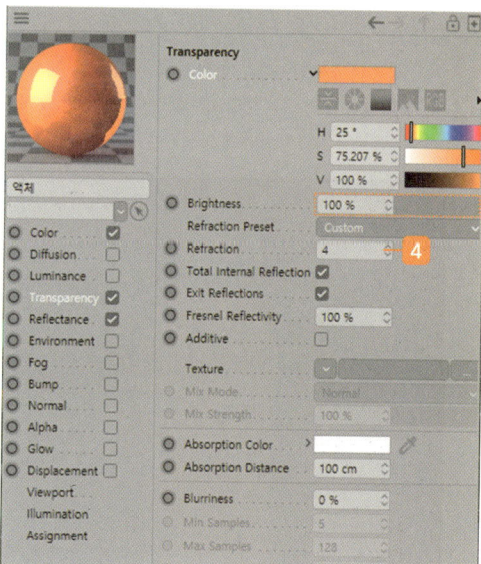

09 투명도 설정을 위해 Transparency 채널을 체크하고 앞서 복사한 색상을 붙여놓기 위해 Color에서 [우측 마우스 버튼] - [Paste]를 선택합니다. 이제 페트병 속의 액체는 투명도 채널과 컬러 채널의 색상이 합쳐지게 되어 더욱 짙게 표현됩니다. 병 안에는 액체가 가득 찼기 때문에 굴절이 생기게 됩니다. 그러므로 Refraction을 4로 증가하고(상황에 따라 이보다 낮게 설정해도 됨) 투명도(Brightness) 설정은 하지 않고 그대로 100으로 사용합니다.

10 이제 설정된 액체 매터리얼을 끌어다 페트병의 선택된 영역에 적용합니다. 이때 평면 뷰에서는 오브젝트의 면이 없고 선만 보이기 때문에 자칫 매터리얼이 적용되지 않을 수 있습니다. 그러므로 퍼스펙티브 뷰(F1)에서 적용하는 것이 좋습니다. 이렇게 재질이 적용되면 선택된 영역에 대한 선택 태그가 자동으로 만들어집니다.

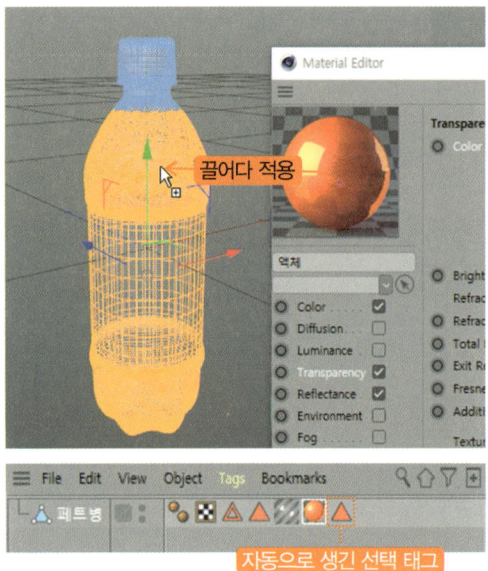

11 이제 적용된 매터리얼에 대한 확인을 위해 렌더 뷰를 해봅니다. 병 안에 주황색 액체가 잘 표현됐습니다. 그러나 아직 환경 맵이 적용되지 않았기 때문에 사실감은 덜 합니다.

12 환경 맵은 보통 스카이를 통해 표현하지만 상황에 따라 각각의 재질에서 별도로 사용할 경우도 있습니다. 이번엔 이 방법에 대해 잠깐 살펴보기로 합니다. Environment 채널을 체크한 후 Texture의 로드 이미지를 선택합니다. [학습자료] - [맵소스] - [맵소스01.jpg] 파일을 복사하지 않고 불러옵니다.

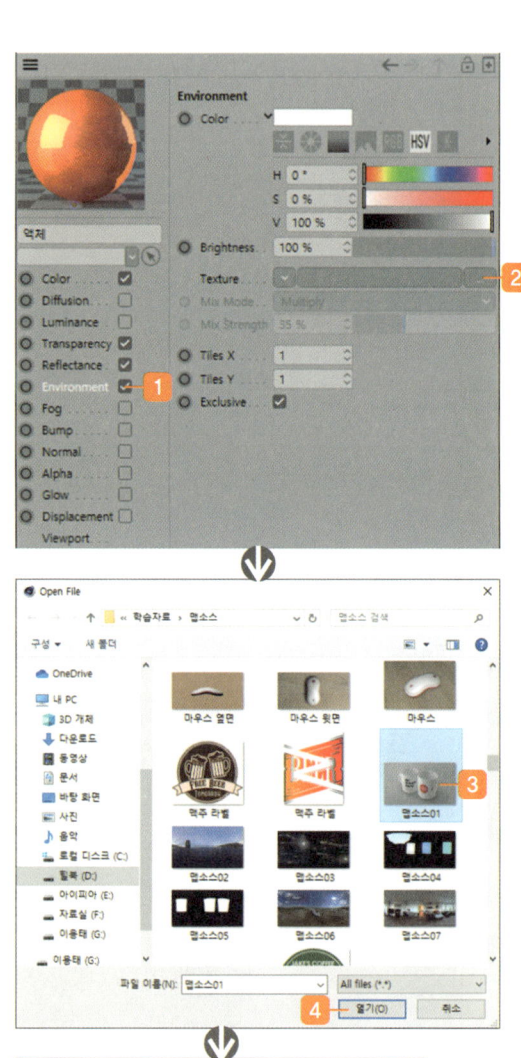

13 매터리얼 에디터의 샘플 섬네일을 보면 방금 불러온 이미지의 모습이 비춰지는 것을 알 수 있습니다. 이렇듯 특정 재질에만 사용할 수 있는 환경 맵을 인바이어런먼트 채널을 통해 사용할 수 있습니다. 여기에서는 Mix Strength 값을 35 정도로 낮춰 줍니다. 그다음 렌더 뷰를 통해 확인해보면 전과는 다르게 페트병(액체가 있는 영역) 표면에 방금 적용한 환경 맵의 모습이 살짝 비춰지는 것을 알 수 있습니다. 확인이 끝나면 현재의 작

업에서는 재질에 대한 개별 환경 맵이 필요없기 때문에 인바이어런먼트 채널을 다시 해제합니다.

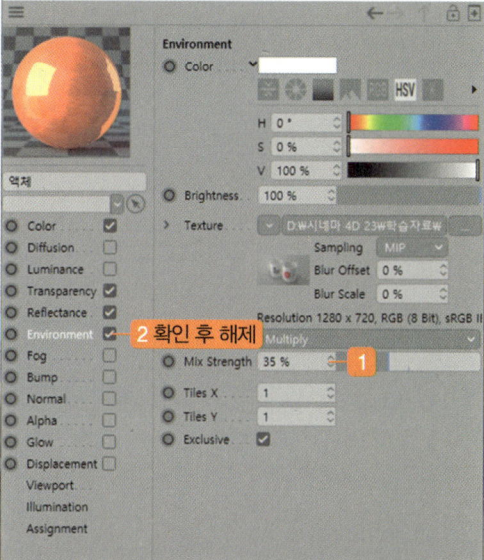

14 계속해서 이번엔 라벨에 대한 작업을 해봅니다. 그러기 위해 새로운 매터리얼을 생성한 후 매터리얼 에디터를 열어줍니다.

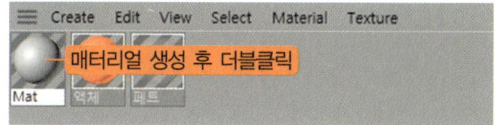

15 매터리얼의 이름을 [라벨]로 해주고 Color 채널에서 Texture의 로드 이미지를 통해 [학습자료] - [맵소스] - [라벨2.jpg] 파일을 복사하지 않고 불러옵니다.

16 라벨도 비닐 재질로 되어있기 때문에 반사율이 필요합니다. Reflectance 채널을 선택한 후 [Add] - [Reflection (Legacy)]를 선택합니다. 그리고 추가된 Layer 1의 반사율을 35 정도로 설정합니다.

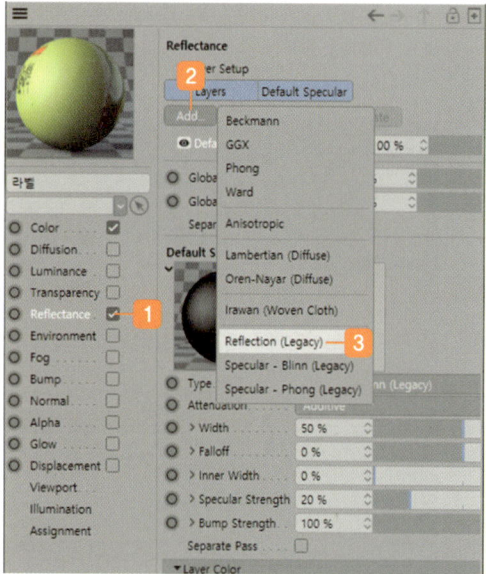

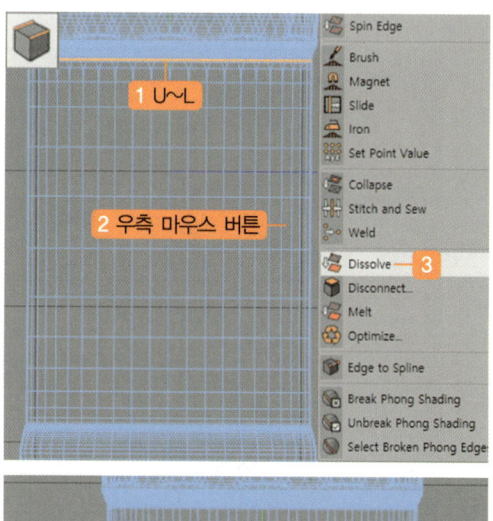

같은 방법으로 나머지 불필요한 엣지를 삭제합니다.

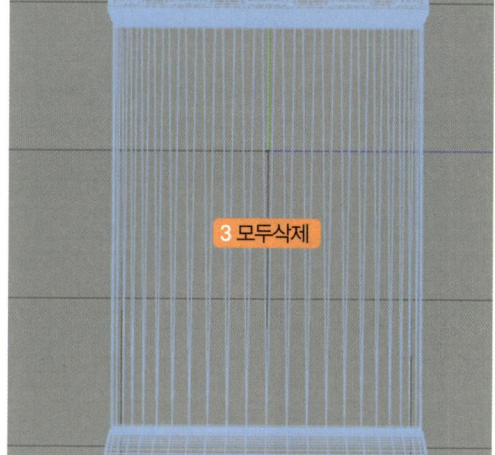

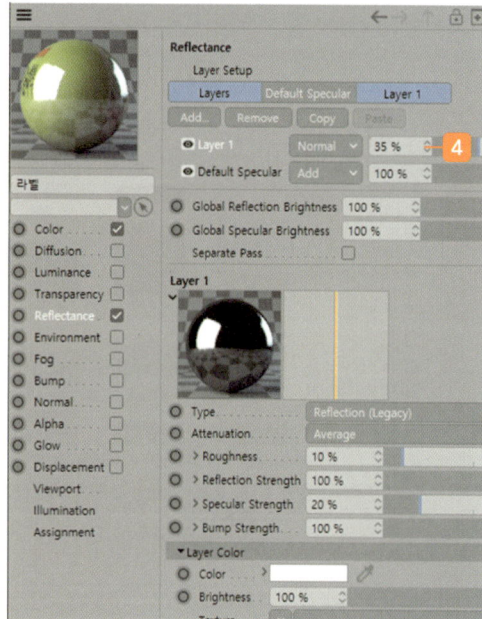

17 이제 방금 만든 라벨 매터리얼을 적용하기 위한 영역을 선택해야 합니다. 작업하기 좋은 라이트 뷰(F3)로 전환합니다. 페트병 옆 부분에 라벨을 적용해야 하는데 지금의 모습을 보면 수직으로 된 옆면에 불필요한 세그먼트가 너무 많습니다. 삭제를 하기 위해 먼저 엣지 툴과 루프 실렉션(U~L) 툴을 사용하여 그림처럼 맨 위쪽의 엣지를 선택합니다. 그다음 뷰포트에서 [우측 마우스 버튼] - [Dissolve]를 선택하여 선택된 엣지를 지웁니다.

18 삭제 후 폴리곤 툴과 렉탱글 실렉션 툴을 사용하여 그림처럼 라벨이 들어갈 옆면을 선택합니다.

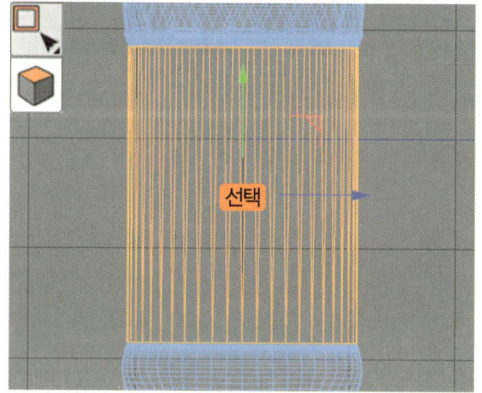

19 이제 라벨 매터리얼을 끌어다 선택된 페트병 옆면에 적용합니다. 그리고 렌더 뷰를 통해 확인해보면 라벨의 방향이 정상적인 방향이 아니라는 것을 알 수 있습니다.

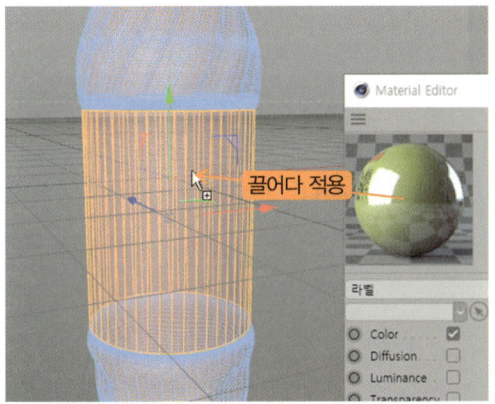

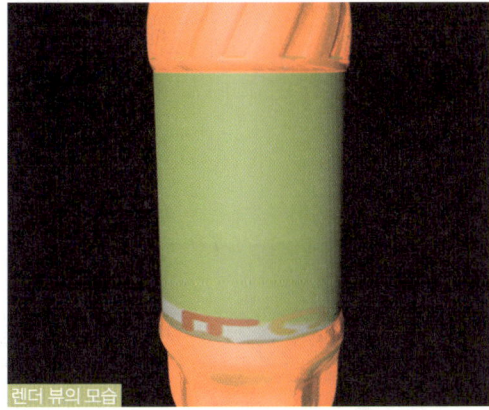

20 페트병 오브젝트에 적용된 라벨 매터리얼의 텍스처 태그를 선택한 후 어트리뷰트 매니저에서 Projection을 페트병 모양과 가장 흡사한 Cylindrical로 설정합니다. 이것으로 라벨의 방향이 정상적으로 되었습니다.

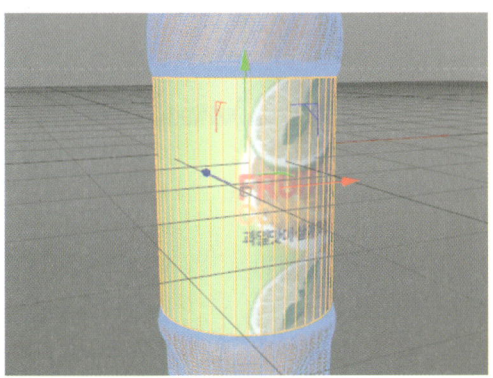

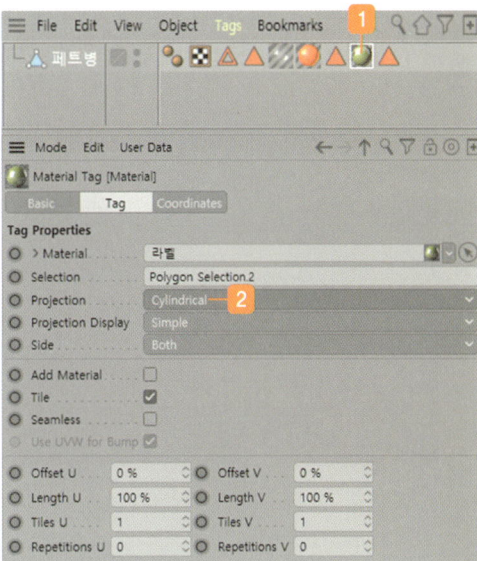

21 여기서 잠깐 방금 적용된 매터리얼 텍스처 태그 위에서 우측 [마우스 버튼] - [Fit to Object]를 선택 해봅니다.

핏 투 오브젝트를 사용하면 해당 매터리얼이 적용된 오브젝트의 크기(선택 영역의 크기는 아님)에 매터리얼이 자동으로 맞춰집니다.

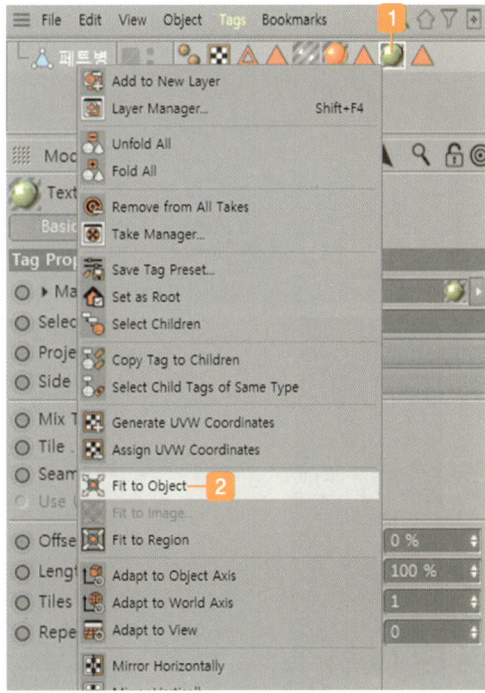

22 지금의 작업은 페트병의 가운데 부분에만 라벨이 적용되어야 하기 때문에 현재 작업에서는 Fit to Object는 적절치 않은 것을 알 수 있습니다.

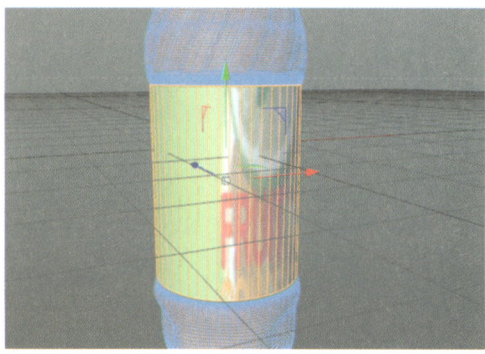

23 이제 정상적인 라벨의 모습을 표현하기 위해 Offset V축을 38 정도로 설정하고 Length V축은 37 정도로 설정합니다. 그다음 렌더 뷰를 통해 확인을 해보면 원하는 대로 정상적으로 잘 표현됐습니다.

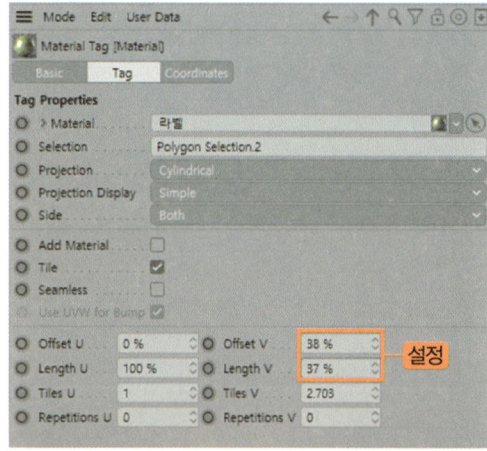

렌더 뷰의 모습

24 여기서 만약 투명한 액체가 아닌 실제 과일 주스처럼 표현하고자 한다면 액체 Transparency 채널에서 Brightness 값을 35 정도로 줄여 준 후 확인을 해보면 불투명한 과일 주스처럼 표현되는 것을 알 수 있습니다. 확인이 끝나면 다시 원래대로 되돌여줍니다.

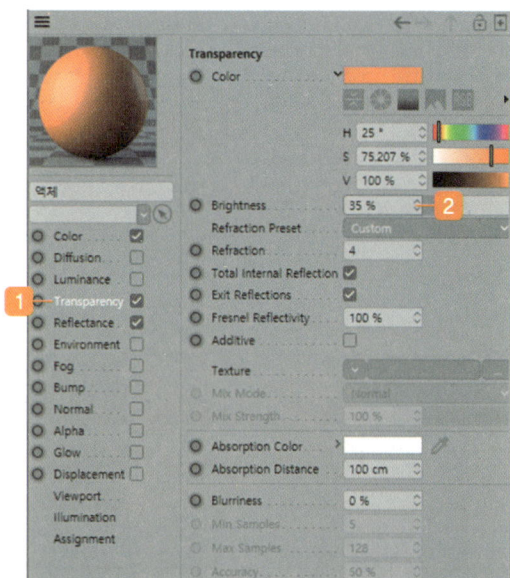

렌더 뷰의 모습

25 이번엔 뚜껑에 대한 재질을 표현해봅니다. 라이트 뷰로 전환한 후 폴리곤 툴과 렉탱글 실렉션 툴을 사용하여 그림처럼 뚜껑 전체를 선택합니다.

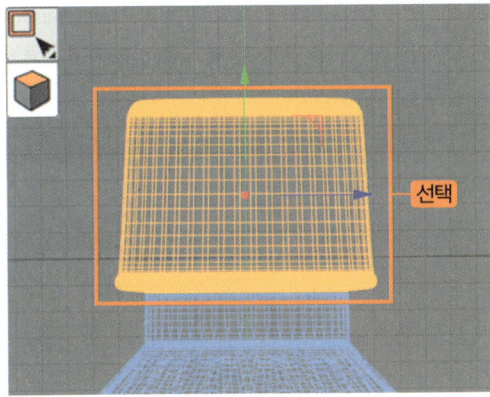

26 뚜껑에 대한 재질을 만들어주기 위해 새로운 매터리얼을 추가한 후 매터리얼 에디터를 열어줍니다.

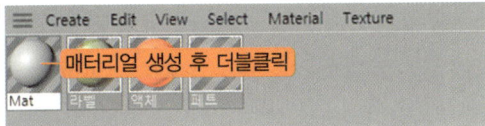

27 매터리얼 에디터에서 Color 채널을 선택하고 색상을 흰색으로 지정합니다. 그리고 작업의 편의를 위해 매터리얼의 이름을 [뚜껑]이라고 해줍니다. 이번에 사용되는 뚜껑은 단순한 플라스틱이므로 반사 재질은 사용하지 않습니다.

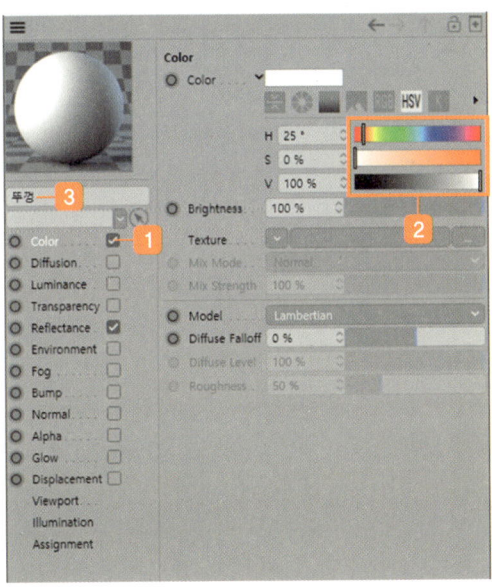

28 뚜껑 매터리얼을 적용하기 위해 퍼스펙티브 뷰로 전환한 후 매터리얼을 선택된 뚜껑 영역에 갖다 적용합니다. 그리고 렌더 뷰를 통해 확인을 해봅니다. 흰색 플라스틱 뚜껑이 잘 표현됐지만 뚜껑 옆면의 울퉁불퉁한 요철이 없어 자연스럽지 않습니다.

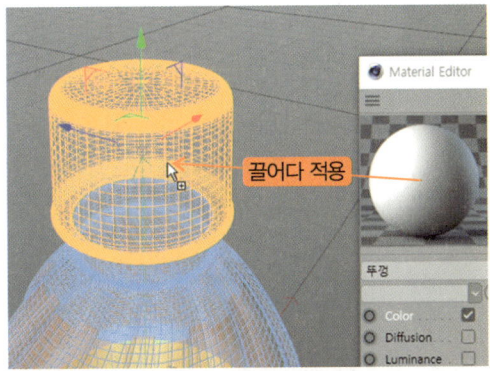

29 계속해서 뚜껑 옆면의 울퉁불퉁한 요철을 표현하기 위해 그림처럼 옆면을 선택합니다. 영역 선택 시 라이트 뷰와 같은 평면 뷰에서 선택하는 것이 좋습니다.

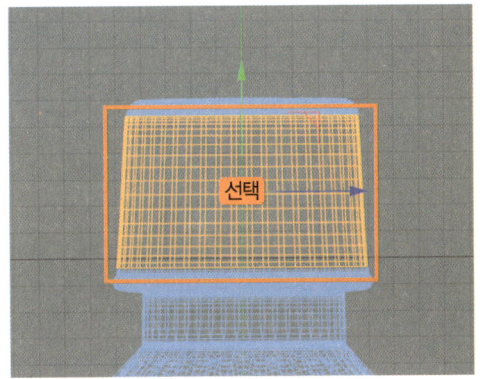

음료수(페트)병 제작 **367**

30 뚜껑 옆면의 재질은 앞서 만든 뚜껑 매터리얼을 복제해서 사용하면 됩니다. 우측으로 하나 복제를 해줍니다.

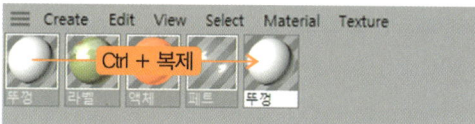

31 방금 복제된 뚜껑 매터리얼 에디터를 열고 이름을 [뚜껑 옆면]이라고 수정하고 Bump 채널을 체크합니다. Texture의 로드 이미지 버튼을 클릭하여 [학습자료] - [맵소스] - [뚜껑-옆면.jpg] 파일을 복사하지 않고 불러옵니다.

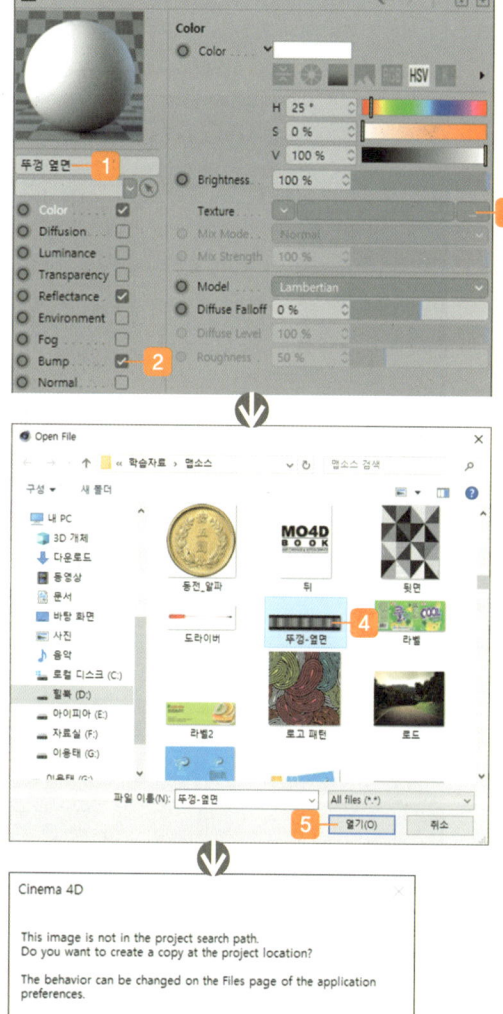

32 이제 뚜껑 옆면 매터리얼을 끌어다 선택된 뚜껑 옆면에 갖다 놓습니다. 그리고 렌더 뷰를 통해 확인해봅니다. 범프 채널에 의해 요철은 표현됐지만 방향이 잘 못 됐습니다.

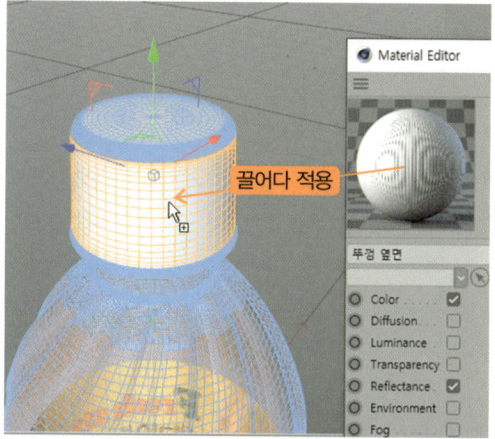

33 페트병 오브젝트의 뚜껑 옆면을 위해 적용된 매터리얼 텍스처 태그를 선택한 후 뚜껑의 모습과 가장 흡사한 Cylindrical로 설정합니다.

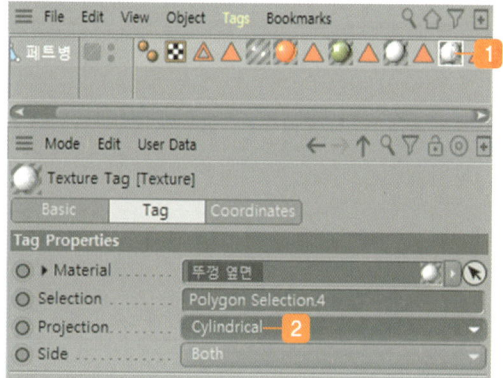

34 다시 렌더 뷰를 통해 확인해봅니다. 이제야 비로서 요철의 방향이 수직으로 바뀌었습니다. 그러나 요철의 두께(간격)이 너무 크고 무늬가 위쪽으로 치우쳐있는 것을 알 수 있습니다.

35 요철의 크기를 줄여주기 위해 Length U축을 50, Length V축을 35 정도로 줄여주고 Offset V축을 10 정도로 설정하여 요철의 상하 위치를 가운데에 오도록 해줍니다. 다시 렌더 뷰를 통해 확인해보면 이제야 비로서 원하는 모습으로 표현됐습니다.

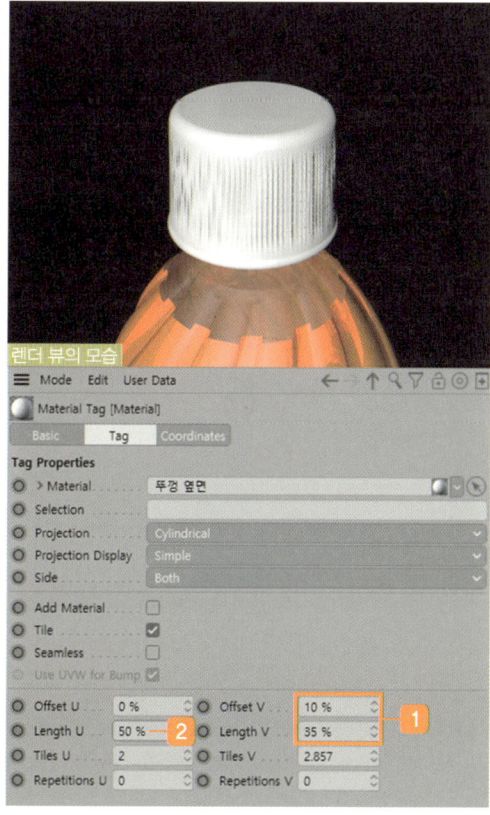

36 페트병 전체 모습이 보이도록 설정한 후 렌더 뷰를 통해 확인한 후 문제가 있는 부분이 있다면 수정을 합니다.

37 이번엔 바닥을 표현하기 위해 인바이어런먼트 툴에서 Floor를 선택합니다. 그리고 페트병 바닥과 일치되도록 이동합니다.

음료수(페트)병 제작 **369**

38 이제 바닥에 대한 재질을 만들기 위해 새로운 매터리얼을 추가한 후 매터리얼 에디터를 열어줍니다.

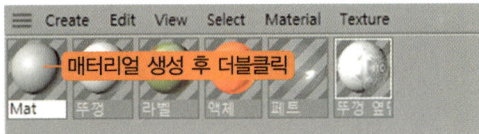

39 매터리얼 에디터에서 이름을 [바닥]이라고 해주고 Color 채널에서 Texture의 로드 이미지를 통해 학습자료 폴더 〉 맵소스 폴더에서 **나무03.jpg** 파일을 복사하지 않고 불러옵니다.

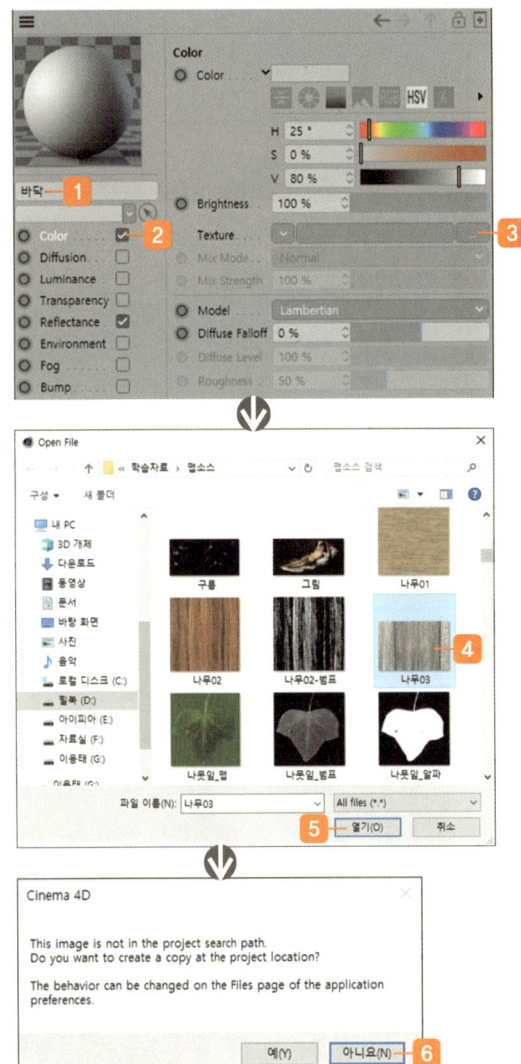

40 나무무늬에 대한 질감을 설정하기 위해 Bump 채널을 체크하고 Texture의 로드 이미지를 통해 [학습자료] – [맵소스] 폴더에서 컬러 채널의 텍스처로 사용된 [나무03.jpg] 파일을 복사하지 않고 불러옵니다.

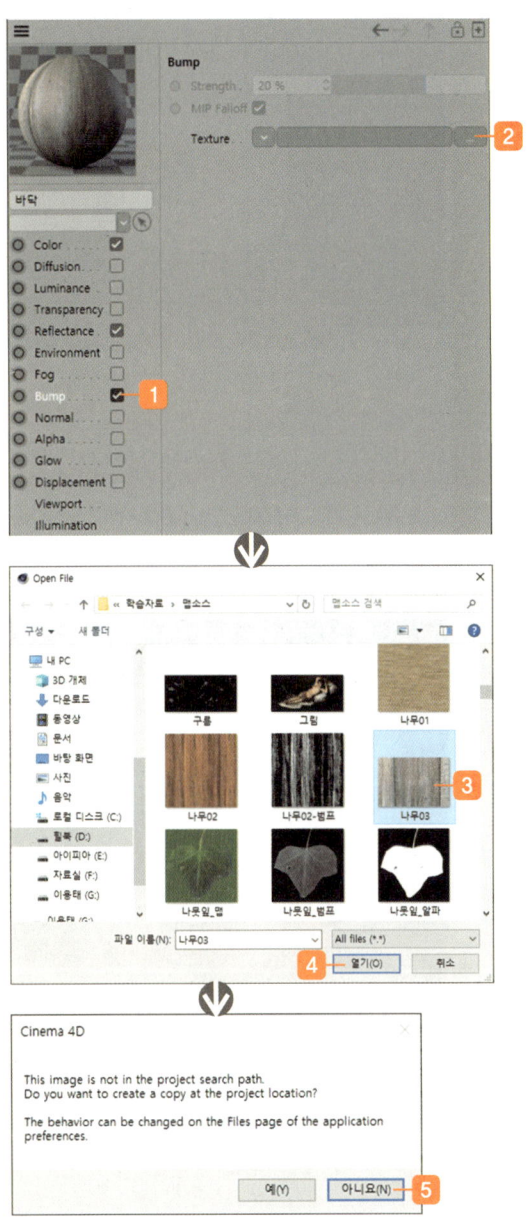

41 약간의 반사율을 설정하기 위해 Reflectance 채널을 선택하고 [Add] – [Reflection (Legacy)]를 선택합니다. 추가된 Layer 1의 반사율을 5 정도로 낮춰줍니다.

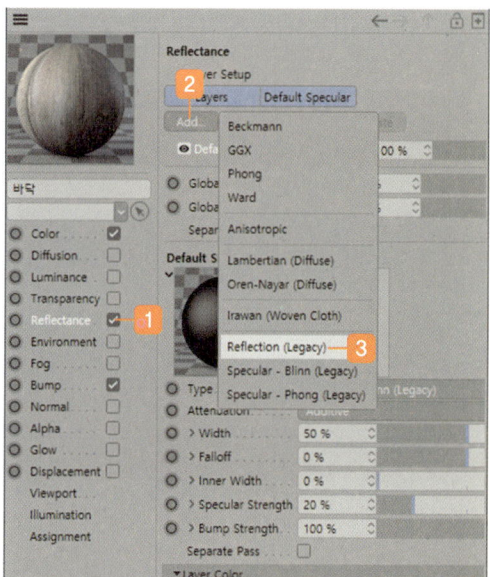

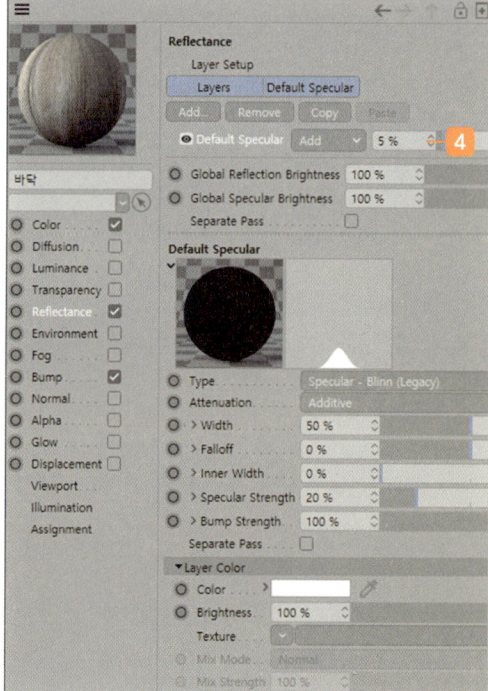

42 설정이 끝나면 바닥 매터리얼을 끌어다 Floor 오브젝트에 적용합니다. 현재는 바닥에 비해 나무무늬의 크기가 너무 크기 때문에 페트병와 어울리지 않습니다.

43 이제 바닥 매터리얼의 텍스처 태그의 어트리뷰트 매니저에서 Length U축의 값을 200, Length V축을 1000으로 설정하고 Offset V축을 설정하여 나무무늬의 위치를 원하는 위치로 이동합니다.

음료수(페트)병 제작 **371**

44 앞서 적용된 매터리얼을 확인하기 위해 렌더 뷰를 해봅니다. 현재의 방향에서는 특별히 문제가 없어 보이지만 반사율을 사용했는데도 바닥에 페트병의 모습이 전혀 비춰지지 않습니다.

기 때문에 전에는 보이지 않던 페트병의 모습이 살짝 비춰지는 것을 알 수 있습니다.

45 다시 바닥 매터리얼 에디터의 Reflectance 채널에서 Global Reflection Brightness를 250 정도로 높여줍니다. 글로벌 리플렉션 브라이트니스는 레이어와는 상관없이 해당 매터리얼의 전체 반사율을 조절할 수 있기 때문에 레이어에서 낮아진 반사율을 보상받을 수 있습니다.

47 이번엔 조명을 설치하기 위해 라이트 툴에서 기본 조명인 Light를 적용합니다.

48 조명의 위치를 페트병 라벨의 글자(제품명)가 보이는 방향을 기준으로 좌측 상단으로 이동합니다. 그리고 그림자를 표현하기 위해 Shadow를 Shadow Maps (Soft)로 설정합니다.

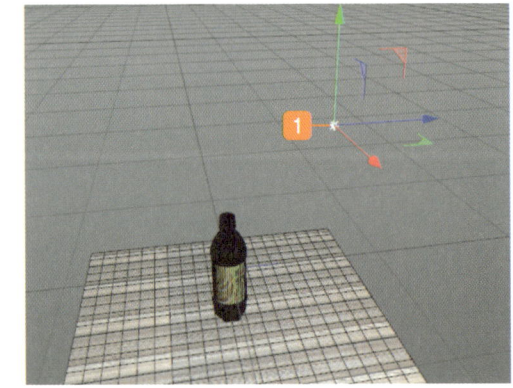

46 다시 렌더 뷰를 통해 확인을 해보면 바닥의 반사율이 높아졌

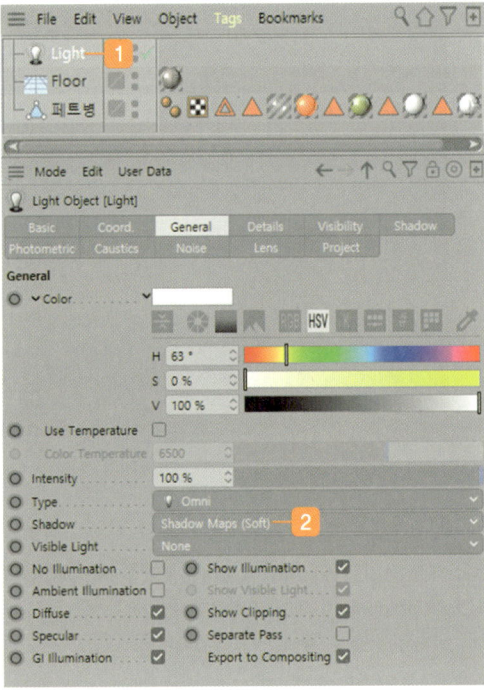

50 다시 렌더 뷰를 해보면 바닥의 나무무늬의 모습과 조명에 의한 그림자가 자연스럽게 표현됐습니다. 그런데 몇 가지 눈에 거슬리는 곳이 있습니다. 먼저 그림자 경계가 너무 흐리다는 것과 라벨 표면이 너무 짙게 반사가 된다는 것 그리고 페트병의 목 부분에 굴절이 없어 평면적으로 보인다는 것입니다. 이제 이러한 문제를 해결해봅니다.

렌더 뷰의 모습

49 최종 뷰 앵글인 페트병의 제품명이 있는 곳이 정면으로 보이게 설정하면 바닥의 나무무늬가 마음에 들지 않습니다. 그래서 Offset V축을 재설정하여 원하는 곳으로 이동합니다.

51 먼저 그림자 경계를 보다 뚜렷하게 해주기 위해 Shadow 탭으로 이동한 후 Resolution X 값을 450 정도로 높여줍니다. 이 수치가 높을수록 그림자 경계는 뚜렷해 집니다.

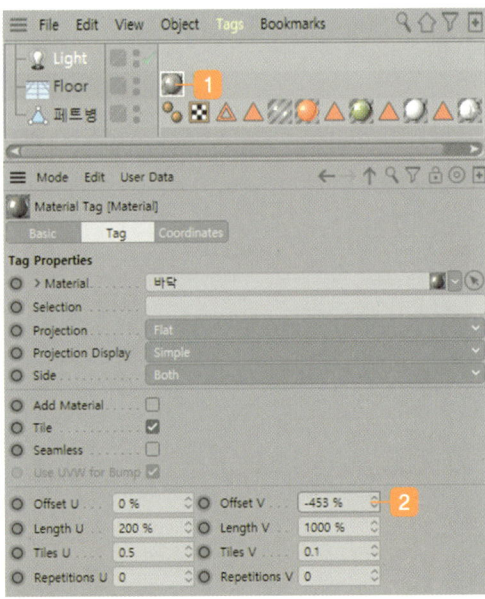
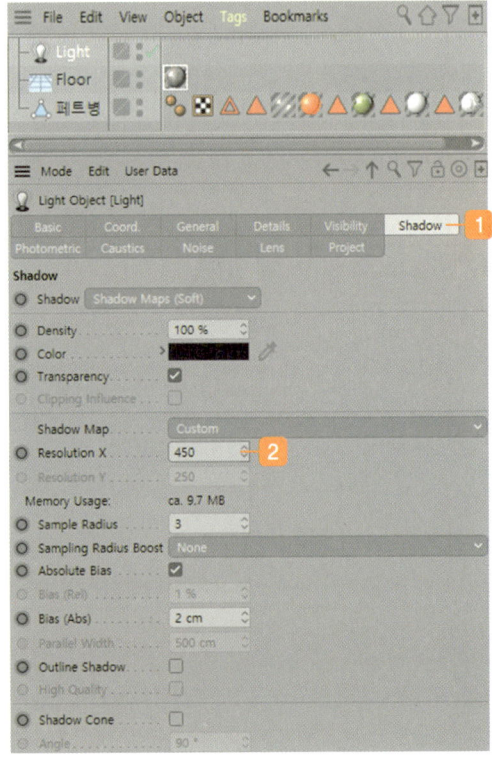

음료수(페트)병 제작 **373**

52 다시 렌더 뷰를 해보면 그림자 경계가 전보다 뚜렷해진 것을 알 수 있습니다.

53 이번엔 라벨의 반사율을 줄이기 위해 라벨 매터리얼 에디터를 열고 Reflectance 채널에서 Layer 1의 반사율을 15 정도로 낮춰 줍니다.

55 이번엔 페트병의 목 부분(액체가 없는 영역)의 굴절을 표현하기 위해 페트 매터리얼 에디터를 열고 Transparency 채널의 Refraction을 1.01 정도로 설정합니다. 페트병은 얇기 때문에 굴절 값을 높게 사용할 필요가 없습니다.

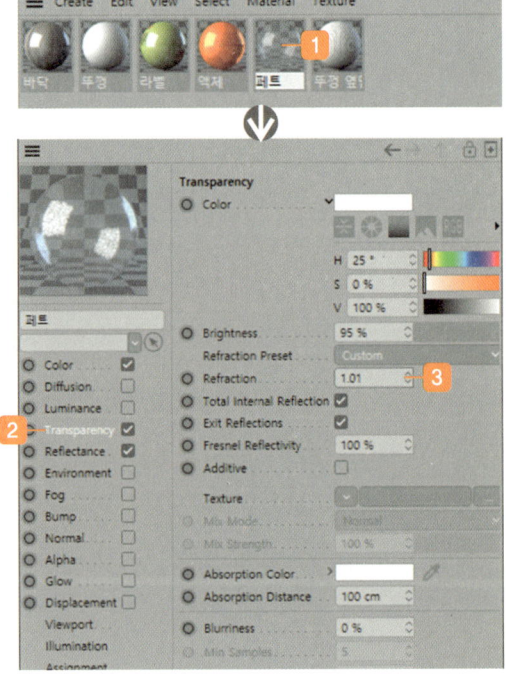

54 렌더 뷰를 통해 확인을 해보면 라벨의 반사율이 낮아졌기 때문에 반사되는 모습이 훨씬 자연스럽게 표현됩니다.

56 렌더 뷰를 통해 다시 확인을 해보면 액체가 없는 페트병의 목 부분도 굴절이 설정됐기 때문에 뒤쪽에 보이는 바닥의 나무무 늬가 살짝 왜곡되어 보여집니다.

렌더 뷰의 모습

58 이제 최종적인 페트병의 모습을 렌더 뷰를 통해 확인해봅니다. 보조 조명에 의해 전체적으로 밝아졌으며 반대쪽에도 그림자가 은은하게 길게 늘어져있어 훨씬 자연스럽게 표현됐습니다. 일반적으로 조명을 이용하면 일루미네이션(GI)를 사용하지만 렌더 시간이 오래 걸리는 관계로 이번 학습에서는 생략합니다. **음료수 병의 청량감과 시원한 느낌을 주기 위한 표면의 물방울을 표현하고자 한다면 [모그라프] 챕터의 클로너와 랜덤 이펙트를 참고하기 바랍니다.**

최종 렌더 뷰의 모습

57 전체적으로 주변이 어둡기 때문에 조명을 복제하여 반대쪽으로 멀리 이동하여 보조 조명으로 사용하기 위해 앞서 사용한 조명을 복제한 후 복제된 보조 조명의 밝기(Intensity)는 80 정도로 낮춰서 메인 조명보다 흐린 그림자를 표현합니다.
일반적으로 제품 조명은 에어리어 라이트를 사용하지만 제어하기 다소 불편하기 때문에 이번 학습에서는 기본 조명인 옴니 라이트를 사용했습니다.

10

나뭇잎 제작

나뭇잎은 얇고 모양이 다양하며 때론 벌레가 갉아먹어서 구멍이 난 것도 있습니다. 또한 곧게 펴진 것도 있지만 대부분은 휘어진 모양이 많습니다. 이번 학습에서는 알파 채널을 이용하여 나뭇잎의 독특한 모양을 표현해봅니다.

모델링 및 재질 표현하기

나뭇잎 모양 자체는 다른 모델링 작업을 하는 것처럼 편집하는 것이 아니라 순수하게 매터리얼의 알파 채널만 가지고 표현합니다.

01 나뭇잎과 같은 얇은 오브젝트는 Plane을 통해 표현할 수 있습니다. 플레인 오브젝트는 이번 학습에서 만들 나뭇잎을 만드는데 단순히 매개체 역할만 하게 됩니다.

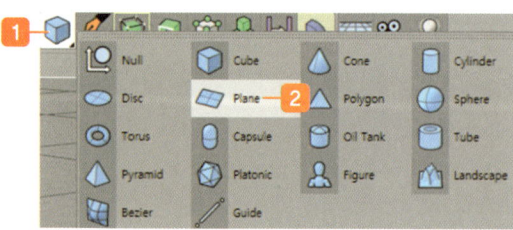

02 나뭇잎 모양을 세부적으로 편집하기 위해서는 세그먼트 설정이 필요합니다. 세그먼트를 보기 위해서 [Display] - [Gouraud Shading (Lines)]를 선택합니다.

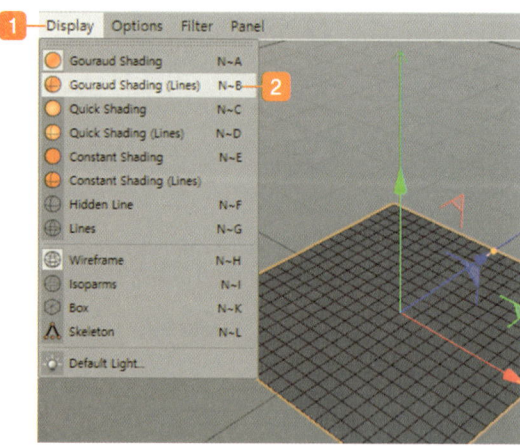

03 플레인 오브젝트의 Width Segments와 Height Segments를 모두 40 정도로 늘려줍니다. 그리고 편집이 가능한 폴리곤으로 변환하기 위해 Plane을 선택한 후 [C] 키를 눌러줍니다.

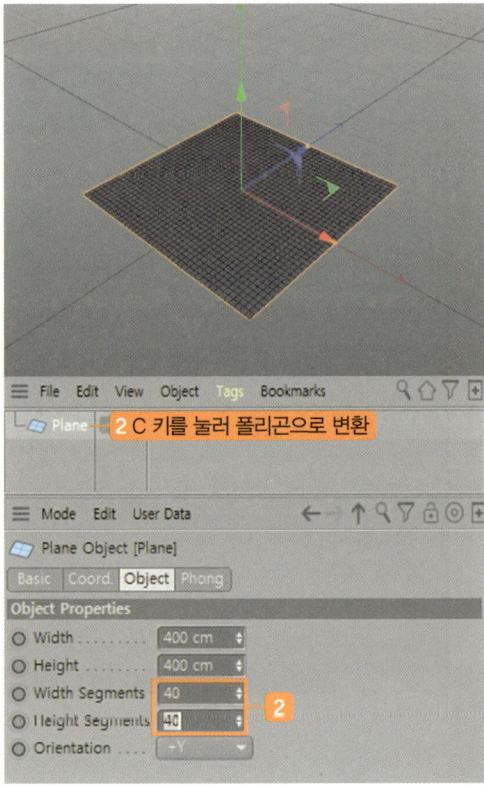

04 폴리곤으로 변환된 프레인 오브젝트를 나뭇잎으로 표현하기 위해 새로운 매터리얼을 생성한 후 매터리얼 에디터를 열어줍니다.

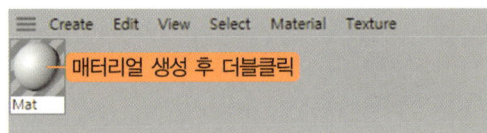

05 매터리얼의 이름을 [나뭇잎]으로 해주고 Color 채널에서 Texture의 로드 이미지를 통해 [학습자료] [맵소스] - [나뭇잎_맵.jpg] 파일을 복사하지 않고 불러옵니다. 지금의 나뭇잎_맵 소스는 나뭇잎의 색상에 대한 표현을 하기 위해 사용됩니다.

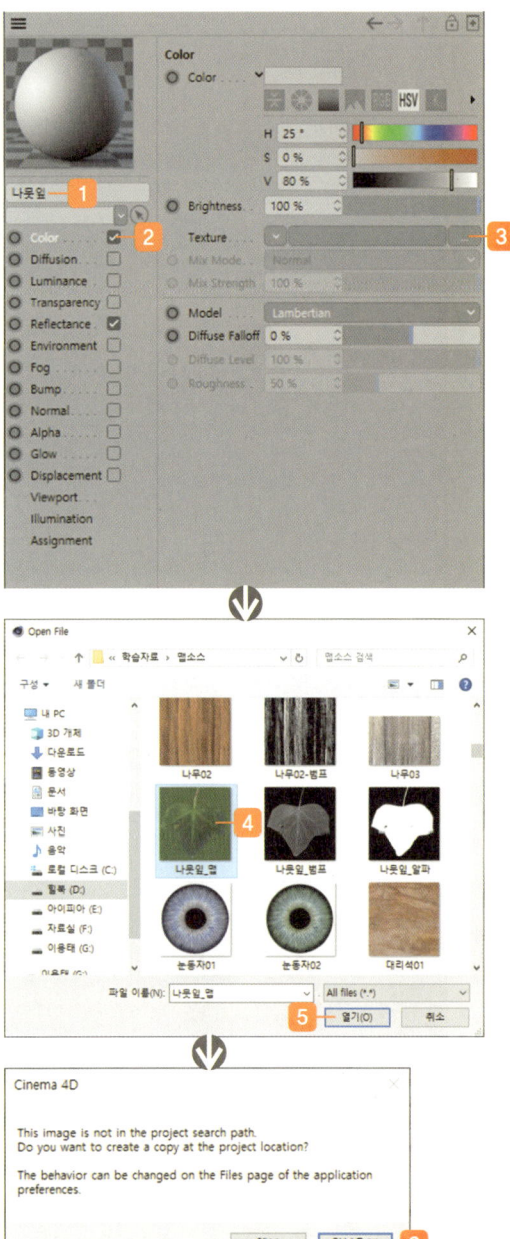

06 계속해서 나뭇잎 표면에 약간의 반사율을 표현하기 위해 Reflectance 채널을 선택한 후 [Add] - [Reflection (Legacy)]를 선택합니다. 그다음 생성된 Layer 1의 반사율을 3 정도로 설정합니다.

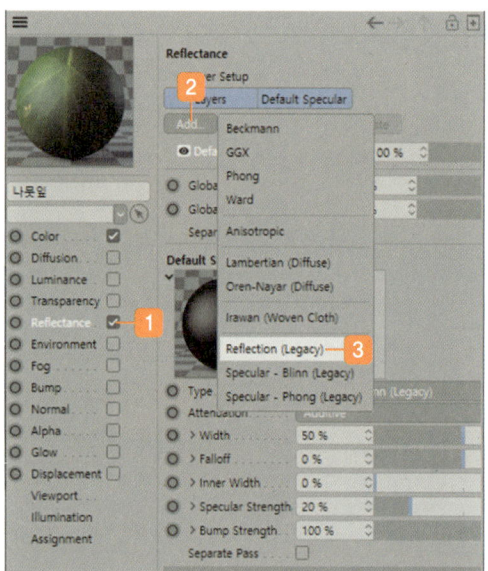

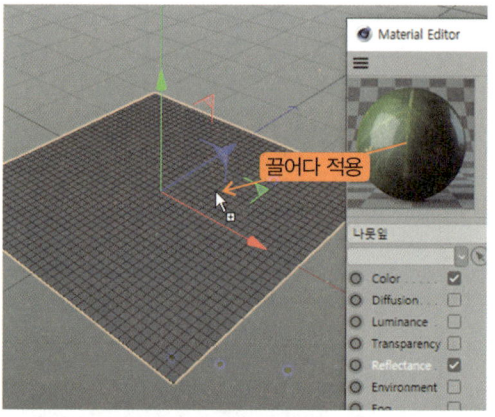

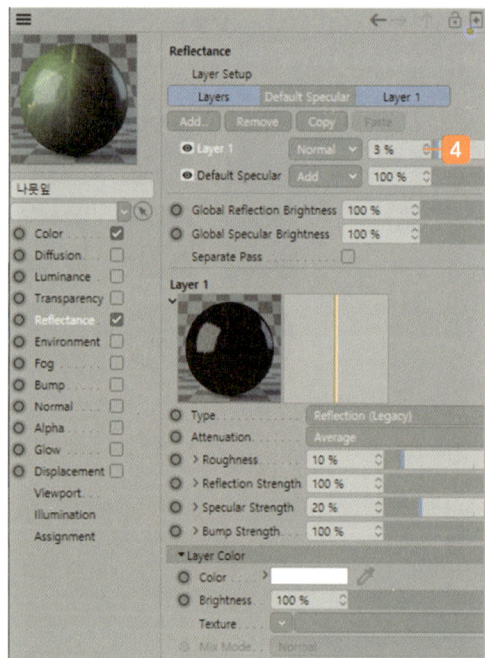

07 여기서 먼저 지금까지 설정된 매터리얼을 플레인 오브젝트에 끌어다 적용합니다. 그다음 렌더 뷰(Ctrl + R)를 통해 확인해봅니다. 플레인 오브젝트 모양에 나뭇잎 모양의 매터리얼이 표현됐습니다. 그런데 나뭇잎 모습 이외도 초록색이 표현되기 때문에 이 부분은 삭제를 해야 합니다.

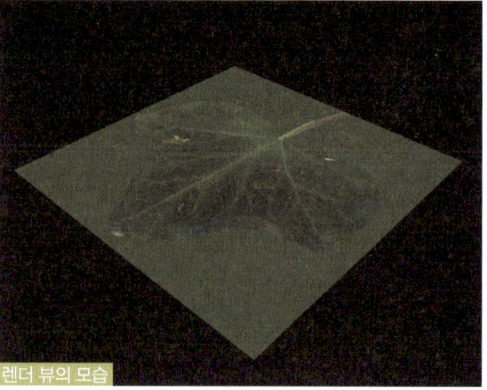

08 이제 나뭇잎 모습을 제외한 나머지 부분을 삭제하기 위해 Alpha 채널을 체크한 후 Texture의 로드 이미지를 통해 [학습자료] - [맵소스] - [나뭇잎_앞파.jpg] 파일을 복사하지 않고 불러옵니다.

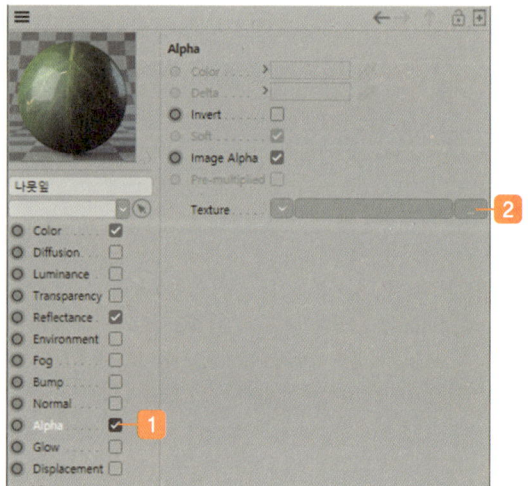

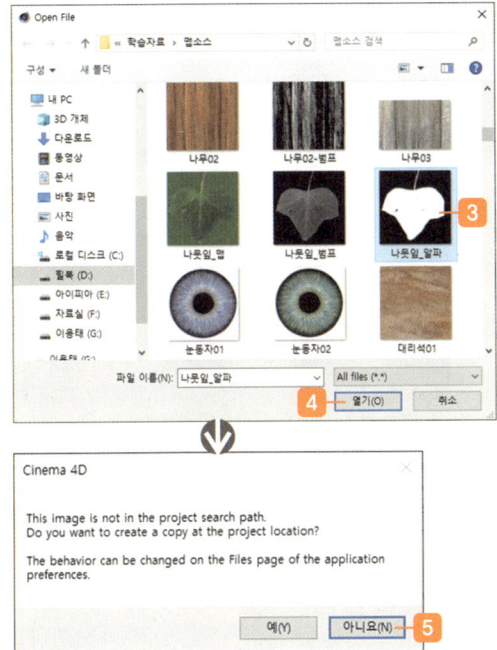

Bump 채널을 선택한 후 Texture의 로드 이미지를 통해 [학습자료] - [맵소스] - [나뭇잎_범프.jpg] 파일을 복사하지 않고 불러옵니다.

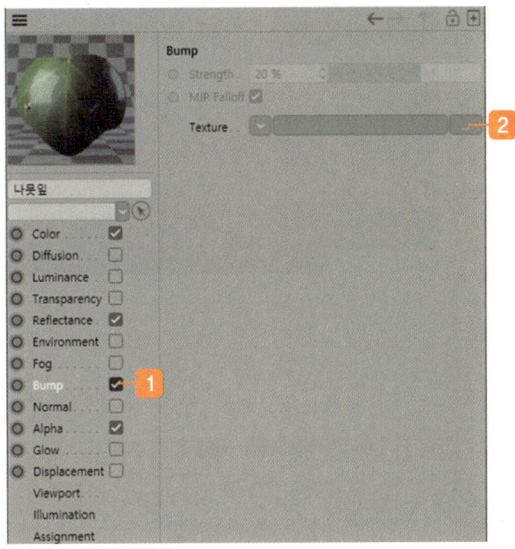

09 알파 채널이 설정된 후의 모습을 확인하기 위해 다시 렌더 뷰를 해보면 이제 나뭇잎을 제외한 나머지 부분이 사라졌습니다. 이렇듯 알파 채널을 통해 테스처 소스를 이용하여 특정 부분을 투명하게 처리할 수 있습니다. 여기서 사용되는 알파 채널 소스는 투명 채널이 포함된 포토샵(psd) 파일이나 png, tga, tiff 등의 파일을 이용할 수 있으며 때론 알파 채널이 없더라도 텍스처 소스 이미지의 흰색과 검정색을 통해서도 가능합니다. 알파 채널이 없는 이미지에서 검정색 영역은 투명하게 처리됩니다.

10 이번엔 나뭇잎 표면의 울퉁불퉁한 체관을 표현하기 위해

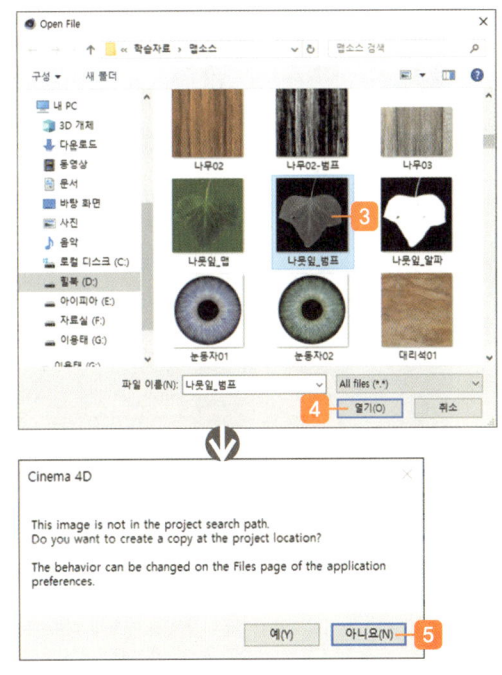

11 범프 채널이 적용된 상태의 나뭇잎을 확인하기 위해 렌더 뷰를 해봅니다. 나뭇잎 체관의 울퉁불퉁한 질감이 보다 사실적으로 표현되는 것을 알 수 있습니다. 범프의 강도를 조절하기 위해서는 범프 채널의 Strength를 설정하면 됩니다.

렌더 뷰의 모습

12 현재의 나뭇잎은 다리미로 다려진 것처럼 너무 평평합니다. 그러므로 좀 더 사실적인 느낌이 들도록 나뭇잎의 모양을 적당히 휘어지게 해봅니다. 폴리곤 툴을 선택한 후 [Mesh] - [Move] - [Brush]를 선택합니다.

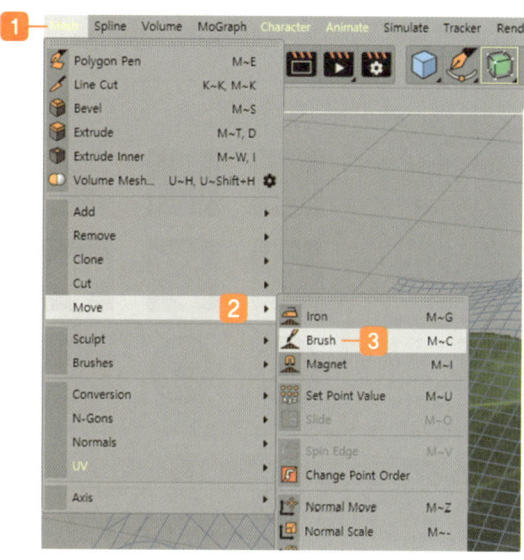

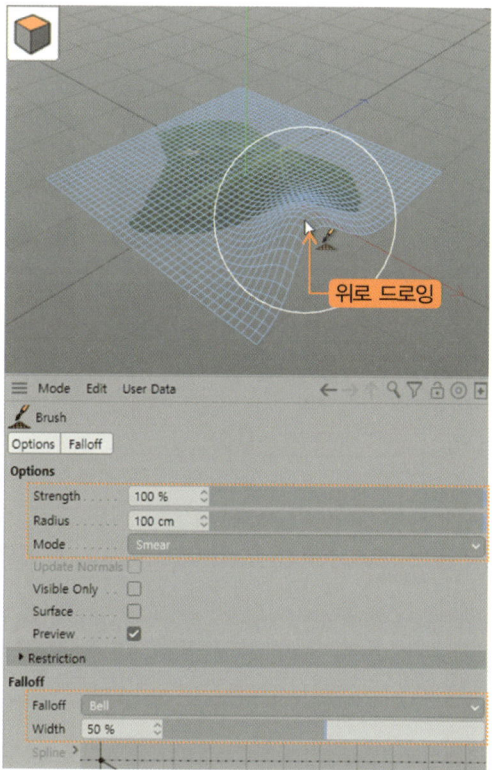

위로 드로잉

13 브러시 툴은 빗질을 하듯 드로잉(드래그)을 하면 드로잉하는 영역이 변형됩니다. 그림처럼 나뭇잎의 일부분을 아래서부터 위로 드로잉 해보면 나뭇잎이 위로 휘어지는 것을 알 수 있습니다. 브러시의 크기를 조절하고자 한다면 브러시에 대한 어트리뷰트(속성) 매니저의 Radius로 조절하면 됩니다. 또한 Falloff에서는 변형되는 한계를 각 모양으로 사용할 수 있으며 Mode는 브러시 질을 할 때 변형되는 방식을 선택할 수 있습니다. Strength는 브러시의 강도를 조절합니다.

14 계속해서 브러시를 이용하여 그림처럼 나뭇잎의 모양을 적절하게 휘어지게 합니다. 이렇듯 브러시 툴은 오브젝트의 모양을 자연스럽게 변형시킬 수 있습니다.

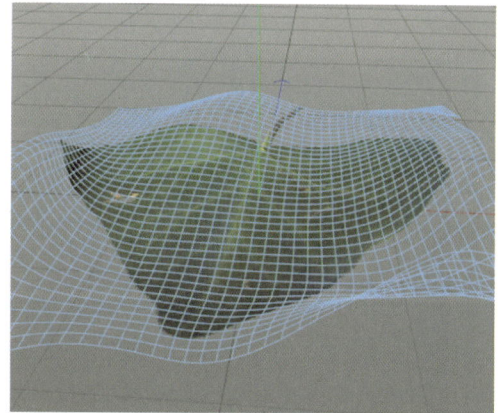

15 나뭇잎이 놓여질 바닥을 만들기 위해 인바이어런먼트 툴에서 Floor를 선택합니다.

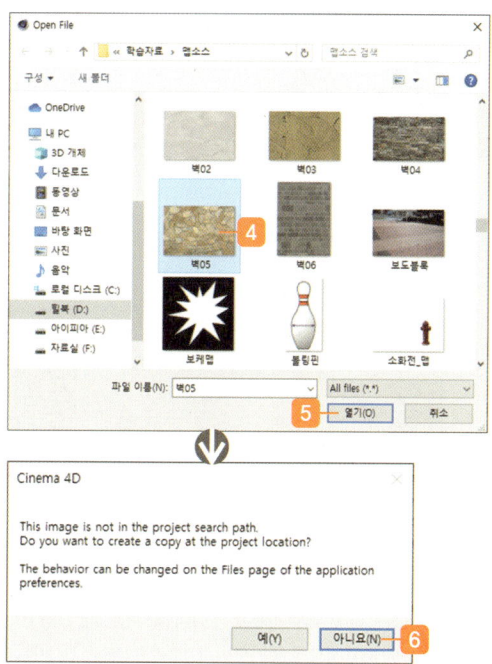

16 바닥에 적용될 매터리얼을 만들고 매터리얼 에디터를 열어줍니다.

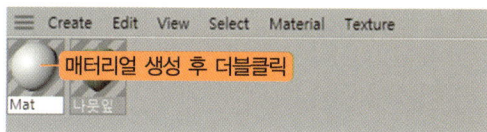

17 매터리얼의 이름을 [바닥]이라고 해주고 Color 채널에서 Texture의 로드 이미지를 통해 [학습자료] - [맵소스] - [**벽05.jpg**] 파일을 복사히지 않고 불러옵니다. 지금 불러온 텍스쳐 소스의 이름은 벽으로 되어있지만 바닥으로 사용해도 잘 어울립니다.

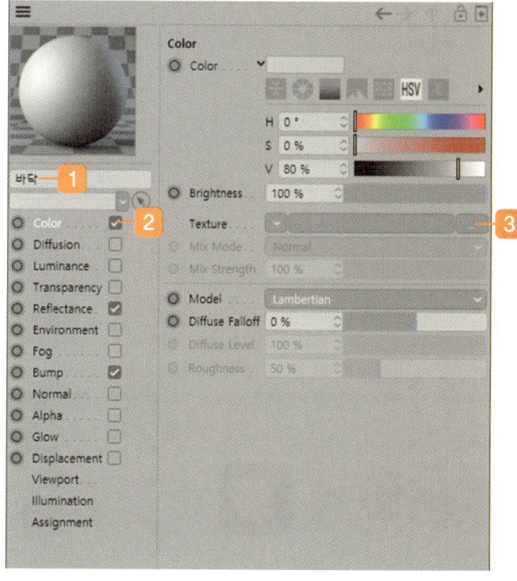

18 이제 설정된 바닥 매터리얼을 끌어다 Floor 오브젝트에 적용합니다.

19 렌더 뷰(Ctrl + R)를 통해 확인해보면 바닥의 텍스쳐가 표현됐지만 돌들의 크기가 너무 작게 느껴집니다.

렌더 뷰의 모습

렌더 뷰의 모습

20 바닥 매터리얼의 무늬를 크게 설정하기 위해 해당 텍스처 태그를 선택한 후 어트리뷰트 매니저에서 Length U와 V축의 값을 모두 1000 정도로 증가합니다. 그리고 Offset U, V축을 설정하여 텍스트의 경계가 보이지 않도록 적절한 위치로 이동합니다.

22 이번엔 돌 무늬의 도드라진 모습을 표현하기 위해 Bump 채널을 체크하고 Texture의 로드 이미지를 통해 [학습자료] - [맵소스] 폴더에서 컬러 채널에서 사용한 [벽05.jpg] 파일을 복사하지 않고 불러옵니다.

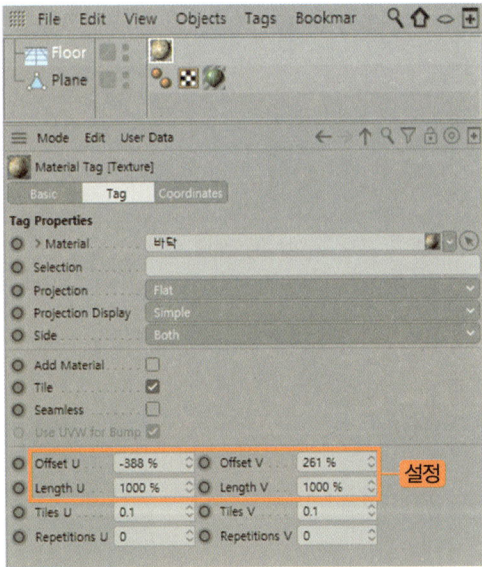

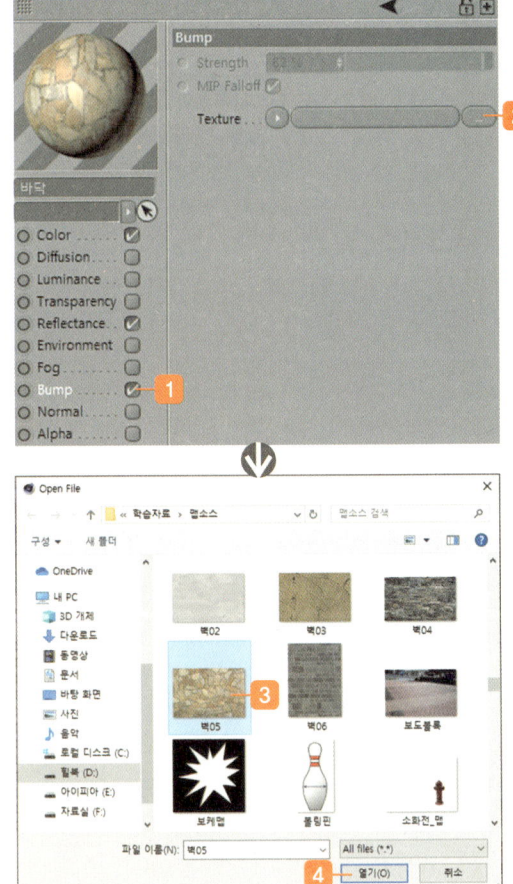

21 다시 렌더 뷰를 해보면 바닥의 돌 무늬들이 나뭇잎과 적당한 비율로 표현되는 것을 알 수 있습니다. 그러나 아직 빛과 그림자가 없기 때문에 사실감은 떨어집니다.

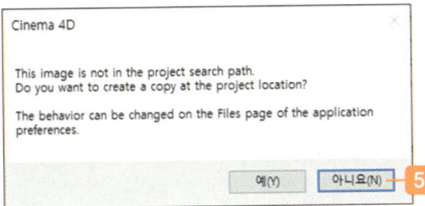

25 렌더 뷰를 해보면 범프의 스트랭스 값이 증가됐기 때문에 바닥의 돌들이 더욱 도드라진 것을 알 수 있습니다. 그런데 샤픈 효과를 적용한 것처럼 이미지가 너무 날카롭게 변했습니다.

23 렌더 뷰를 통해 다시 확인해봅니다. 바닥의 돌의 모습이 어느 정도 돌출되게 보이지만 아직까지는 조금 밋밋해 보입니다.

26 스트랭스를 지나치게 높이면 이미지가 날카롭게 변하기 때문에 이럴 때는 Blur Scale을 설정하여 어느 정도 진정시킬 수 있습니다. 여기에서는 블러 스케일을 100으로 설정합니다.

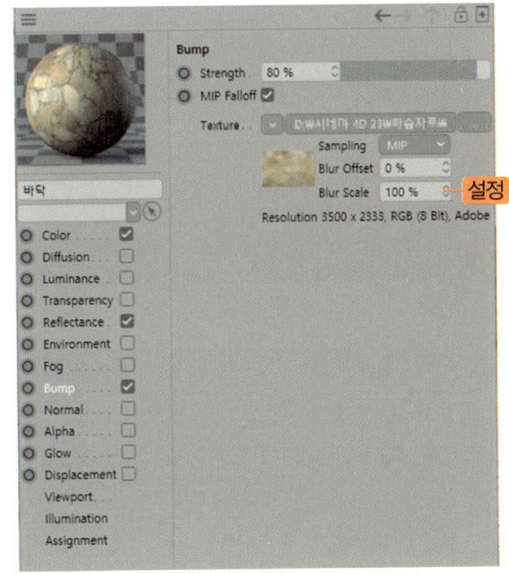

24 다시 바닥 매터리얼 에디터의 범프 채널에서 Strength 값을 80 정도로 높여줍니다.

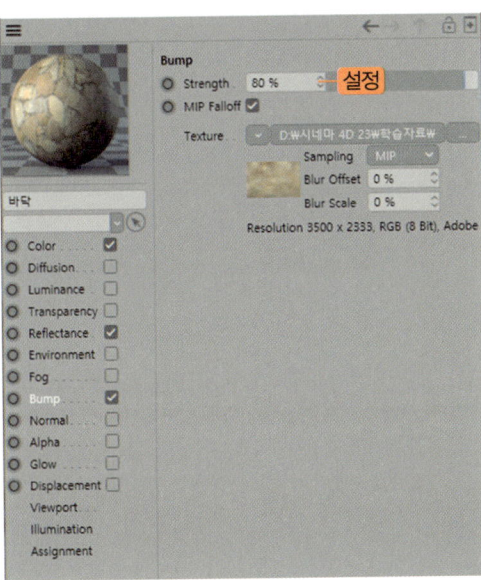

27 다시 렌더 뷰를 통해 확인해보면 날카로웠던 바닥의 모습이 안정적인 모습으로 바뀌었습니다.

28 이번엔 조명을 설치하여 보다 사실적인 느낌을 표현해봅니다. 라이트 툴에서 기본 Light를 선택합니다.

29 방금 적용된 조명의 위치는 그림처럼 정면에서 봤을 때 나뭇잎 우측 상단에 배치합니다. 씬 전체를 밝게 해주기 위해 조금 높은 곳으로 이동합니다. 그다음 그림자를 표현하기 위해 Shadow를 Shadow Maps (Soft)로 설정합니다.

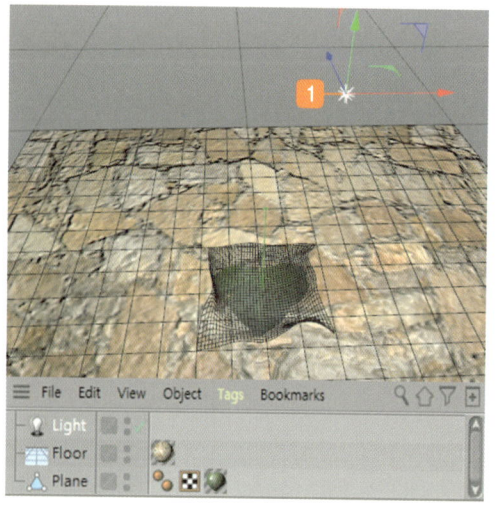

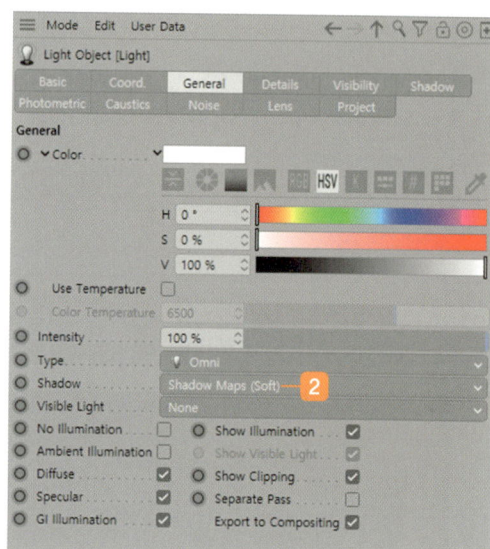

30 렌더 뷰를 통해 확인해봅니다. 그림자가 표현되기 때문에 더욱 사실적이고 입체감이 느껴집니다. 그런데 조명이 높은 곳에 있기 때문에 상대적으로 그림자가 너무 흐리게 표현되는 것 같습니다.

31 그림자를 보다 뚜렷하게 해주기 위해 Shadow 탭으로 이동한 후 Resolution X 값을 400 정도로 높여줍니다. 그리고 다시 렌더 뷰를 해보면 그림자가 전보다 짙어진 것을 알 수 있으며 특히 그림자 경계 부분이 더욱 뚜렷해 진 것을 알 수 있습니다.

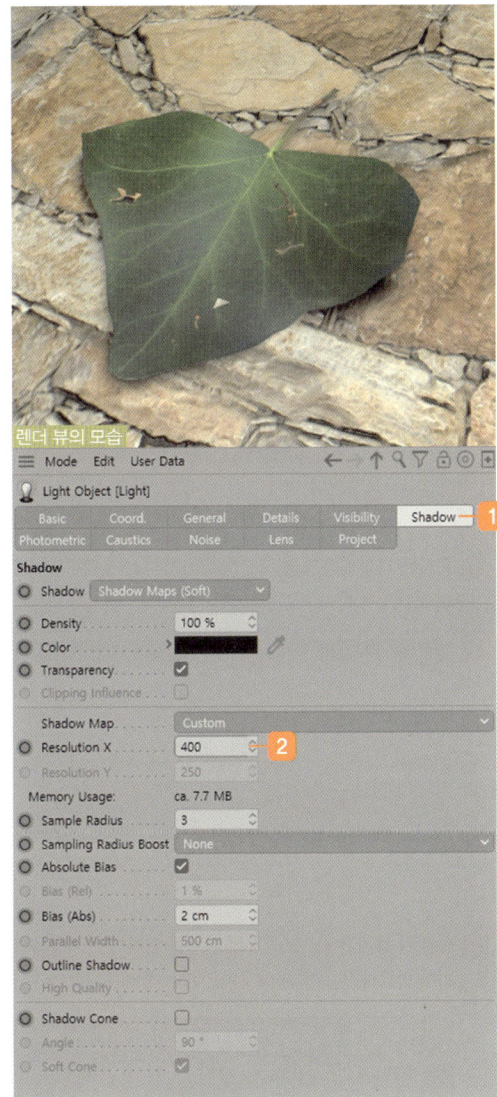

33 방금 적용된 스카이에 적용할 매터리얼을 만들어줍니다. 이전 학습에서는 프리셋에 등록된 매터리얼을 사용했지만 지금의 작업에서는 실외이기 때문에 이 환경에 맞는 새로운 매터리얼이 필요합니다. 새로운 매터리얼을 만든 후 매터리얼 에디터를 열어줍니다.

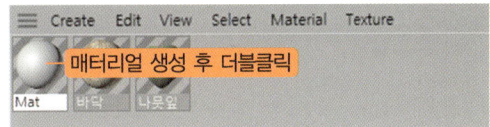

34 환경 맵으로 사용되는 매터리얼은 Luminance 채널만 필요하므로 루미넌스 채널만 체크하고 나머지 채널은 모두 해제합니다. 작업의 편의를 위해 매터리얼의 이름을 [환경맵]으로 해줍니다. 그다음 Texture의 로드 이미지를 선택합니다.

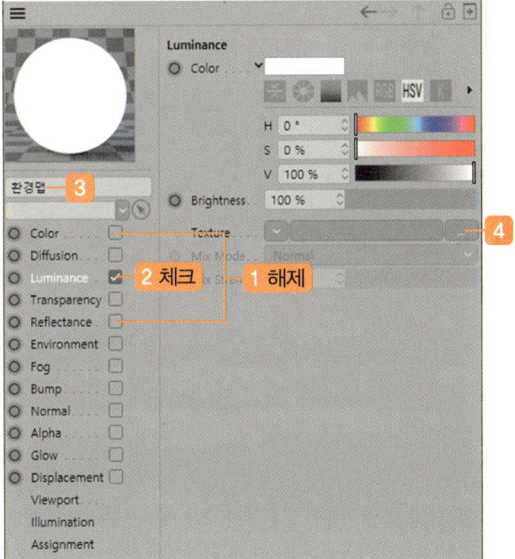

32 조명에 의한 그림자까지 표현됐기 때문에 씬 전체가 사실적으로 되었지만 아직 아쉬운 부분이 느껴집니다. 잎사귀의 표면은 반사율을 많이 사용하지 않았지만 그래도 반사 값이 있기 때문에 환경 맵이 필요합니다. 환경 맵 작업을 위해 먼저 인바이어런먼트 툴에서 Sky를 적용합니다.

나뭇잎 제작 **385**

35 [학습자료] - [맵소스] - [맵소스06.jpg] 파일을 복사하지 않고 불러옵니다.

이 비춰지기 때문에 더욱 사실적인 느낌이 듭니다.

렌더 뷰의 모습

38 하나의 나뭇잎은 조금 허전해 보이기 때문에 나뭇잎 오브젝트인 플레인을 하나 복제합니다.

Ctrl + 복제

36 이제 환경맵 매터리얼을 끌어다 Sky 오브젝트에 적용합니다.

끌어다 적용

39 복제된 플레인.1 오브젝트의 위치를 뒤쪽으로 이동하고 회전하여 앞쪽에 있는 원본 나뭇잎과 다르게 해줍니다.

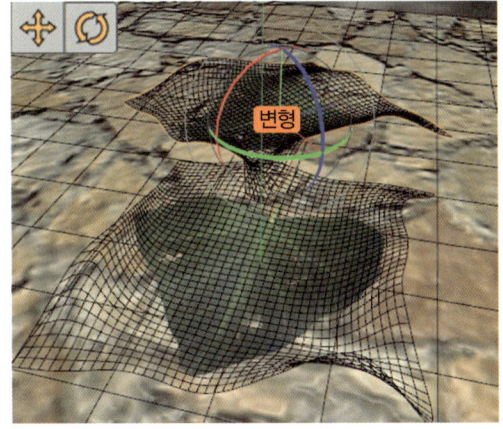

변형

37 환경 맵이 적용된 상태에서 다시 렌더 뷰를 통해 확인해봅니다. 뚜렷하지는 않지만 나뭇잎 표면에 살짝 주변 환경의 모습

40 이제 복제된 플레인.1 오브젝트의 모양에 대한 변형을 원본과 다르게 해주어야 합니다. 다시 브러시 툴을 선택(앞서 사용했기 때문에 리센트(최근 사용한 툴 리스트) 툴에서 선택할 수 있음)한 후 그림처럼 원하는 모양으로 변형합니다. 원본과 다른 모습으로 해주는 것이 중요하고 상황에 따라 브러시 크기나 모드(Mode), 폴오프(Falloff) 등을 바꿔가며 작업을 합니다.

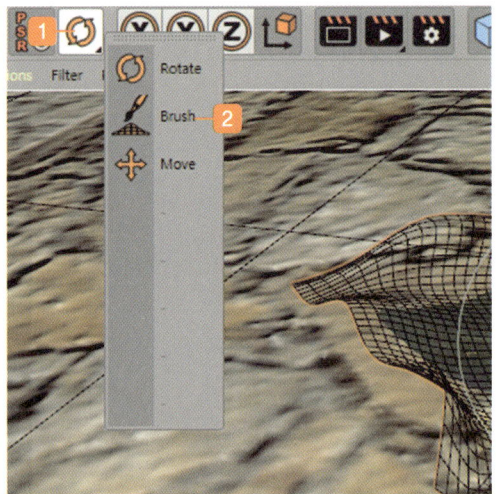

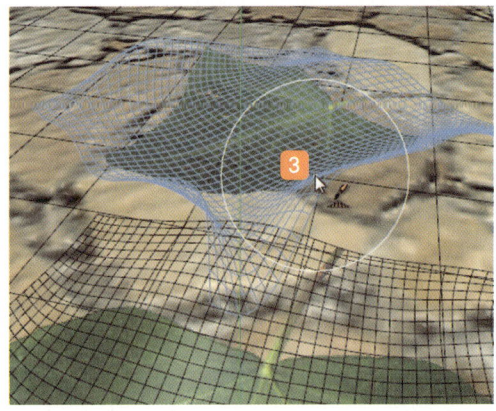

최종 렌더 뷰의 모습

또다른 브러시 스컬프트(Sculpt-소조)를 이용한 모델링에 대하여

스컬프트는 모델링을 하는데 있어 조각을 하거나 지점토로 모양을 빚는 듯한 방식으로 원하는 모양을 만들어줍니다. 이 방식은 정형화된 모델링을 할 때 사용하기 보다는 캐릭터의 자연스런 표정과 주름 등을 사실적으로 표현할 때 주로 사용됩니다.

01 풀다운 메뉴에서 [Mesh] – [Brushes] 메뉴를 열어보면 오브젝트의 모양을 도드라지게 하거나 당기거나 움푹 파이게 하거나 하는 등등의 작업을 할 수 있는 다양한 브러시를 이용할 수 있습니다. 실질적인 작업은 브러시를 통해 이뤄집니다. 먼저 가장 많이 사용되는 Pull 브러시를 선택합니다.

후 세그먼트를 100 정도로 증가한 후 폴리곤으로 변환하였습니다. 이 상태에서 그림처럼 스피어 오브젝트 위에서 문지르듯 드로잉 해봅니다. 그러면 드로잉된 지점이 도드라지게 올라옵니다. 브러시의 크기와 강도 등은 어트리뷰트 매니저에서 설정하면 됩니다.

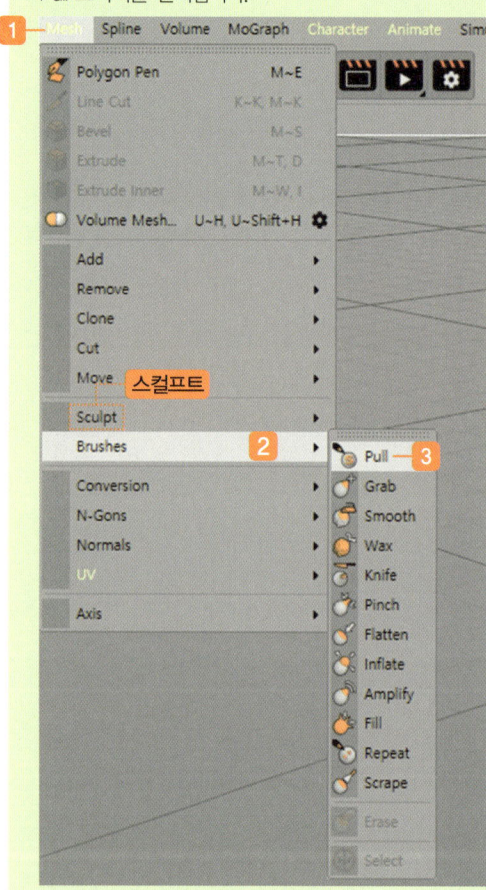

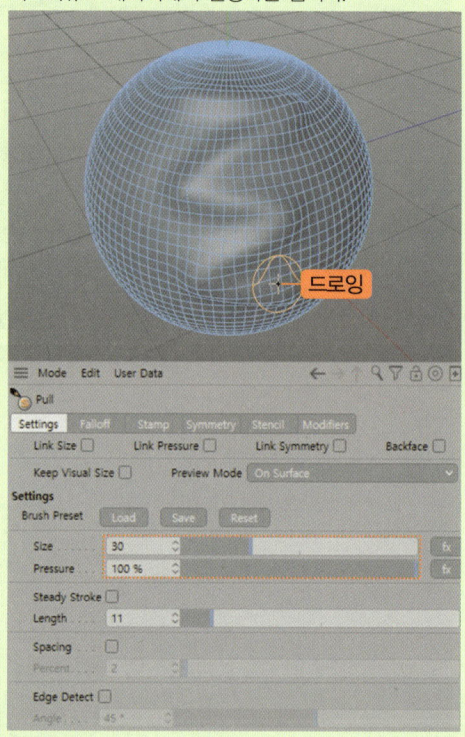

02 펄(Pull) 브러시는 살짝 잡아당기는 브러시로서 도드라지는 모양을 표현할 때 사용됩니다. 여기서 먼저 스컬프트를 사용하기 위해서는 오브젝트를 폴리곤 오브젝트로 변환해야 합니다. 필자는 스피어를 하나 생성한

03 이번엔 반대로 홈이 파이듯 움푹 들어가는 모습을 표현하기 위해 먼저 언두(Ctrl + Z)를 하여 앞서 작업한 모습을 원래대로 복귀시켜줍니다. 그다음 이번엔 [Ctrl] 키를 누른 상태에서 문지르듯 드로잉을 해봅니다. 그러면 앞선 모습과는 다르게 움푹 들어가는 것을 알 수 있습니다. 이렇듯 스컬프트에서 사용되는 브러시는 평상시에는 볼록하게 표현되지만 [Ctrl] 키를 이용하면 오목하게 표현된다는 것을 기억하기 바랍니다. 물론 이 방법은 모든 브러시에 적용되는 것은 아니며 플래튼(Flatten) 브러시와 같은 방식은 여기에 해당되지 않습니다.

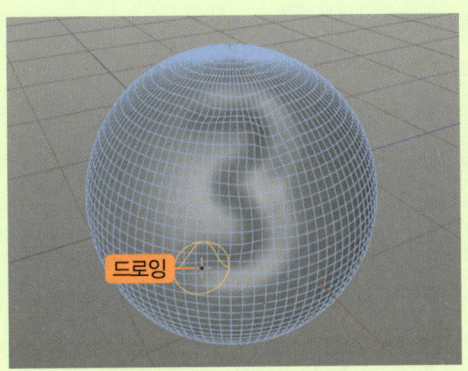

04 계속해서 이번엔 다른 브러시에 대해 알아보기 위해 [Mesh] – [Brushes] – [Flatten]을 선택해봅니다. 그다음 앞서 모양을 만들었던 지점에서 문지르듯 드로잉을 해보면 오브젝트의 모습이 평평해지는 것을 알 수 있습니다. 이렇듯 플래튼 브러시는 오브젝트를 평평하게 다져주는 것을 알 수 있습니다. 그밖에 브러시도 각자 조금씩 다른 용도로 사용되기 때문에 한 번씩 살펴보기 바랍니다.

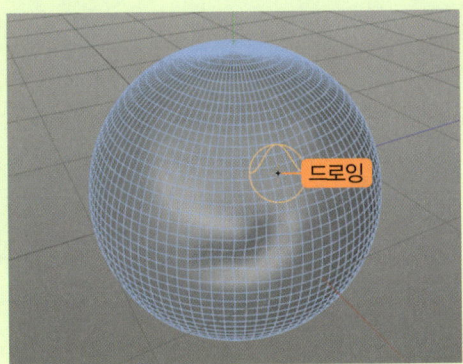

05 [Mesh] – [Sculpt(스컬프트)] 메뉴에서는 오브젝트의 세그먼트를 세부적으로 나눠주는 서브디바이드(Subdivide)가 있으며 현재의 세그먼트를 감소하는 디크리스(Decrease)와 반대로 세그먼트를 증가하는 인크리스(Increase) 그리고 대칭이 되는 반대쪽 부분도 똑같이

브러시 작업을 할 수 있게 해주는 Sculpt Symmetry를 사용할 수 있으며 특정 영역을 보호하기 위한 마스크를 사용할 수도 있습니다. 이와 같은 기능을 사용하기 위해서는 반드시 [Mesh] – [Sculpt] – [Subdivide]를 선택해야 합니다. 그러면 사용되는 오브젝트에 스컬프트 익스프레션 태그가 생성됩니다. 스컬프트 익스프레션 태그가 적용된 후 [Mesh] – [Sculpt] – [Mask]를 선택하여 그림처럼 보호를 받고자 하는 영역에 색을 칠합니다. 이렇게 색이 칠해진 영역은 이제부터는 브러시 툴을 이용하여 변형할 때 아무런 영향을 받지 않습니다.

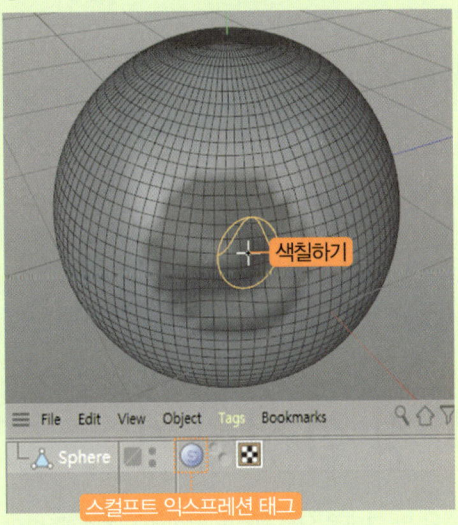

아래 그림은 스컬프트를 이용하여 촛농이 흘러내린 흔적을 표현한 것입니다. 이제 스컬프트의 다양한 기능을 이용하여 여러분이 상상력을 표현해보기 바랍니다.

PART 03

환경 설정하기

환경은 말 그대로 오브젝트에 영향을 미치는 주변의 상태를 말합니다. 특히 시네마 4D와 같은 3D 툴에서의 환경은 오브젝트의 재질을 표현하는데 중요한 요소가 되기 때문에 반드시 이해하고 넘어가야 할 것입니다. 이번 파트에서는 하늘, 구름, 빛, 물 그리고 카메라 등과 같은 환경에 영향을 주는 것에 대해 알아보도록 하겠습니다.

01 하늘과 구름 표현

앞선 학습에서는 Sky란 환경을 즐겨 사용했었습니다. 스카이는 스카이 자체에 환경이 될만한 이미지(매터리얼)를 적용함으로써 환경을 표현하는 방식인데 반에 이번 학습에서 살펴볼 피지컬 스카이(Physical Sky)는 자체적으로 구름이나 무지개, 태양 등과 같은 것을 생성할 수 있어 유용하게 사용할 수 있습니다.

피지컬 스카이 설정하기

피지컬 스카이(Physical Sky)는 앞선 학습에서 사용한 스카이와는 다르게 구름이나 태양, 무지개, 안개 등과 같은 것을 직접 생성하고 설정할 수 있는 스카이입니다.

01 피지컬 스카이를 사용하기 위해서는 먼저 환경 툴인 인바이어런먼트(Environment) 툴에서 Physical Sky를 적용해야 합니다.

02 피지컬 스카이가 적용되면 기본적으로 아래쪽 어트리뷰트 매니저에서 원하는 하늘 형태를 설정할 수 있습니다. Basic 탭에서는 하늘과 태양, 대기, 구름, 볼륨 구름(중요함), 안개, 무지개, 태양 빔 등에 대한 사용 유무를 선택할 수 있습니다. 물론 이와 같은 설정은 어트리뷰트 매니저뿐만 아니라 피지컬 스카이를 더블클릭해서 열리는 스카이 매니저에서도 가능합니다.

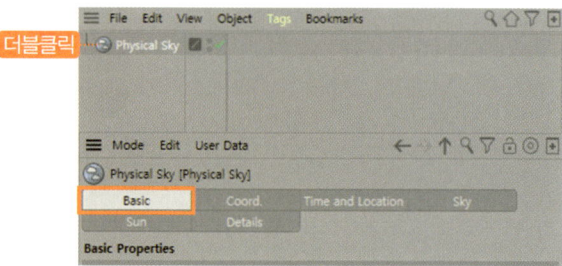

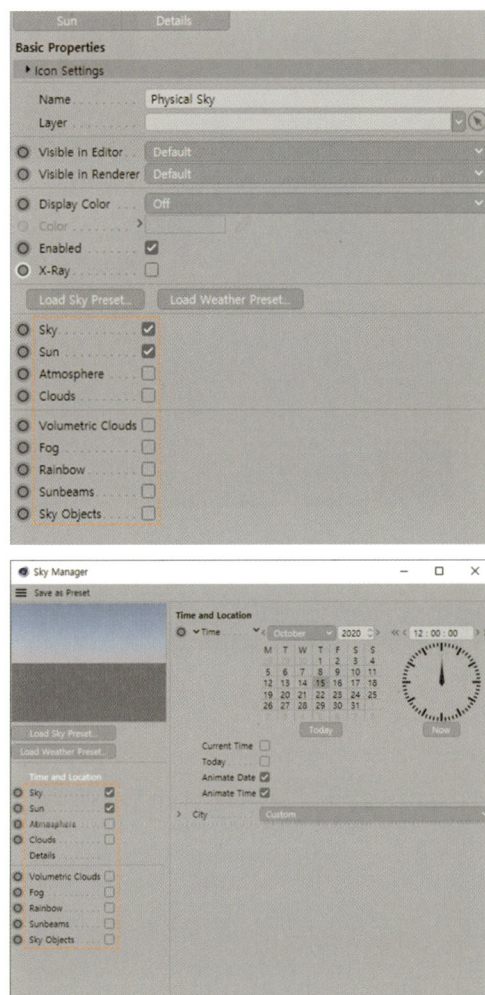

스카이 매니저의 모습

03 지금의 상태에서 렌더 뷰(Ctrl + R)를 해보면 그림처럼 하늘과 땅의 모습만 표현됩니다. 물론 태양으로 인해 밝게 표현되는 것도 있습니다.

렌더 뷰의 모습

04 여기서 무지개를 표현하기 위해 Rainbow를 체크해봅니다. 그러면 상단 탭 그룹에 레인보우라는 새로운 탭이 생성됩니다. 이 탭에서는 레인보우에 대한 선명도, 크기, 각도 등에 대한 세부 설정을 할 수 있습니다.

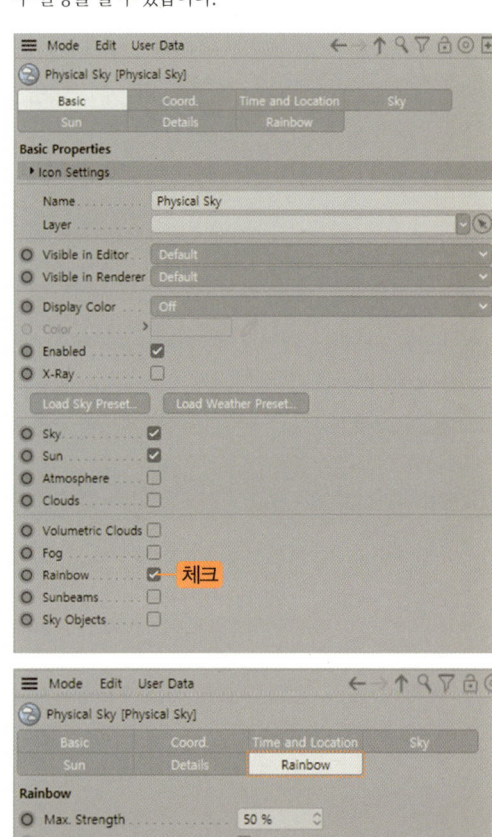

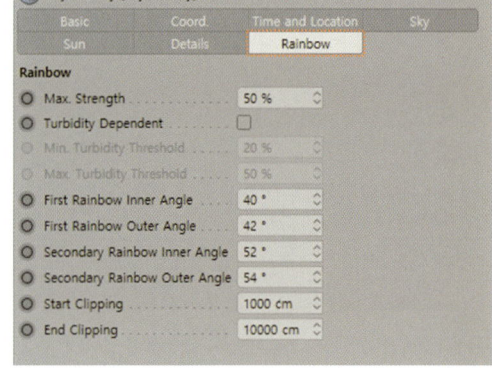

05 레인보우가 체크된 상태에서 렌더 뷰(Ctrl + R)를 해봅니다. 마른? 하늘에 무지개가 핀 것을 알 수 있습니다. 확인이 끝나면 다시 레이보우를 해제해놓습니다.

06 이번엔 프리셋을 이용하여 하늘의 형태를 선택해보기 위해 [Load Sky Preset] 버튼을 클릭합니다.

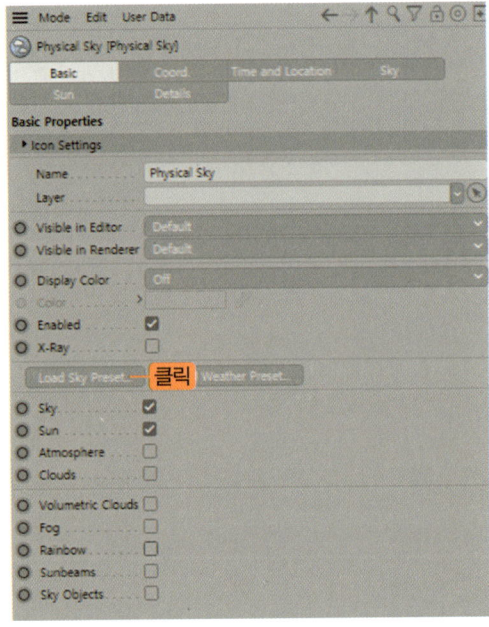

06 방금 선택한 스카이 타입을 확인하기 위해 렌더 뷰를 해보면 선택된 스카이 타입으로 표현됩니다.

07 로드 스카이 프리셋 창이 열리면 다양한 하늘의 모습이 보입니다. 여기서 원하는 하늘 타입을 선택해봅니다. 필자는 맨 윗줄의 우측에 있는 프리셋을 선택했습니다.

08 앞서 선택한 로드 스카이 프리셋으로 인해 Volumetric Clouds가 자동으로 체크된 것을 알 수 있습니다. 볼륨메트릭 클라우드는 평면적인 구름 이미지를 입체적인(실제적인) 구름으로 만들 때 사용됩니다. 볼륨메트릭 구름이 되면 바람에 영향을 받아 움직이는 장면도 연출할 수 있습니다. 확인해보기 위해 [Load Weather Preset] 버튼을 클릭해봅니다.

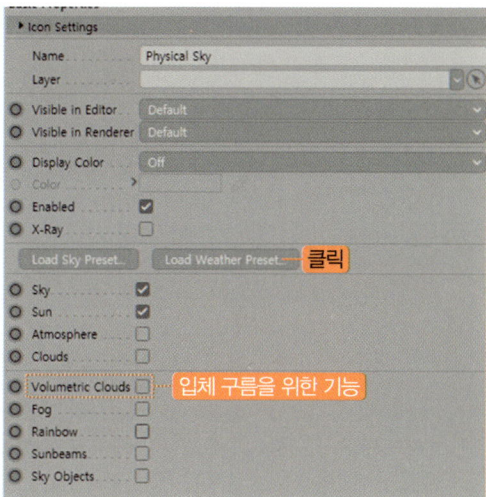

11 이번엔 Time and Location 탭을 선택해봅니다. 이 탭에서는 각 지역(나라)의 날짜와 시간 정보를 통해 하늘을 표현할 수 있습니다. 물론 이것은 일기예보처럼 정확한 기상 상태까지 표현되는 것은 아니고 나라, 계절, 날짜, 시간에 대한 정보를 통해 태양의 위치와 상태 정도를 표현한다고 보면 됩니다.

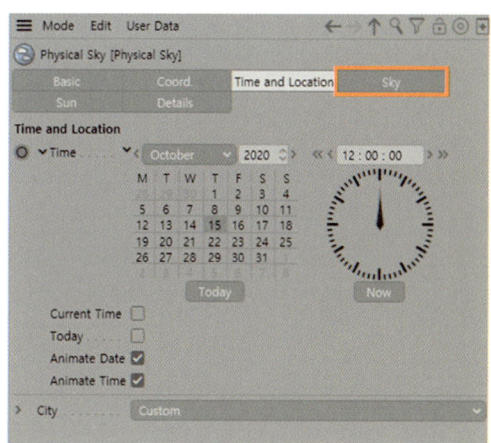

09 로드 웨더 프리셋 창이 열리면 이전의 로드 스카이 프리셋보다는 목록이 다양하지 않지만 날씨에 대한 사실적인 구름이 있는 것을 알 수 있습니다. 여기서 원하는 구름 타입을 선택합니다.

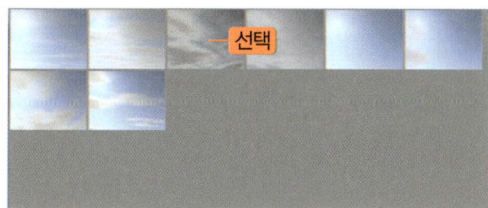

12 여기서 잠깐 살펴보기 위해 City에서 [Asia] - [South Korea] - [Busan]을 선택합니다.

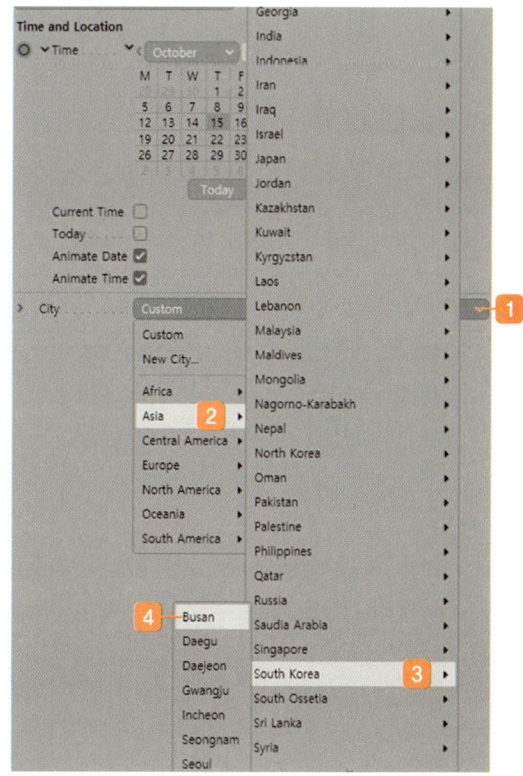

10 다시 렌더 뷰를 해보면 금방이라도 비가 올듯한 먹구름이 낀 하늘을 볼 수 있습니다. 이렇듯 프리셋을 사용하면 원하는 하늘 타입을 간편하게 사용할 수 있습니다.

13 현재 필자가 책을 쓰고 있는 시간대는 2020년 10월 5일 월요일이며 시간은 오후 12시입니다. 이 시간대의 하늘을 렌더 뷰를 통해 확인해보면 그림처럼 한낮의 모습이 그대로 반영되는 것을 알 수 있습니다.

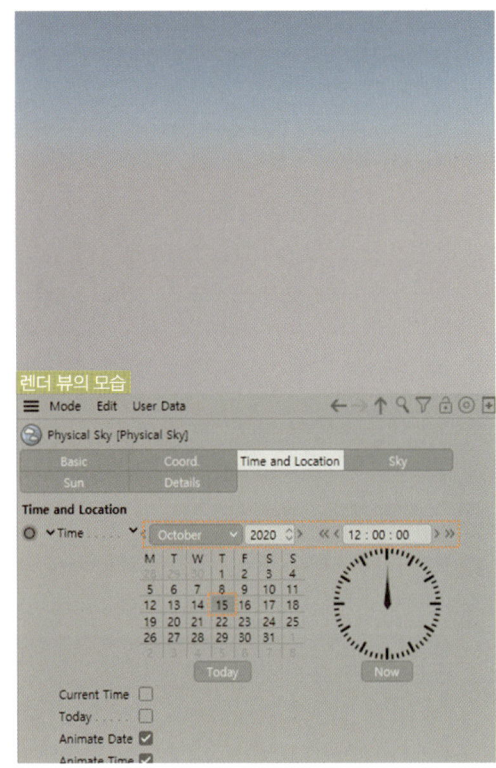

14 이번엔 Sky 탭에 대해 알아봅니다. 스카이 탭에서는 스카이 사용 여부와 수평선, 강도, 밤의 상태, 채도, 색조, 흐린 정도, 오존, 대기, 수평선, 지구 반경 등에 대한 설정을 할 수 있습니다

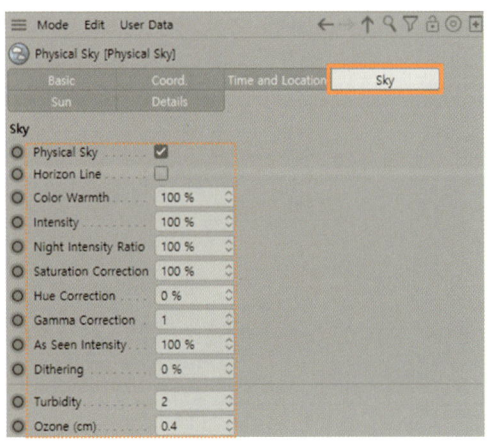

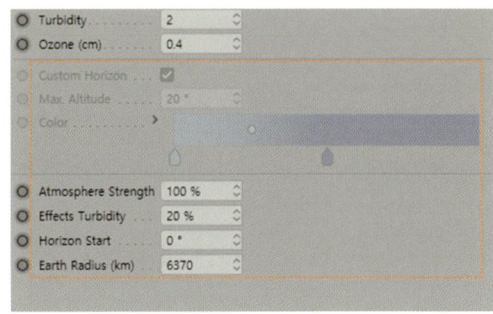

15 계속해서 Sun 탭에서는 태양에 대한 설정을 할 수 있습니다. 태양의 색상, 강도, 채도, 색도, 크기, 사용자 색상, 렌즈 플레어 효과, 태양의 거리, 그림자 등에 대한 설정을 할 수 있습니다.

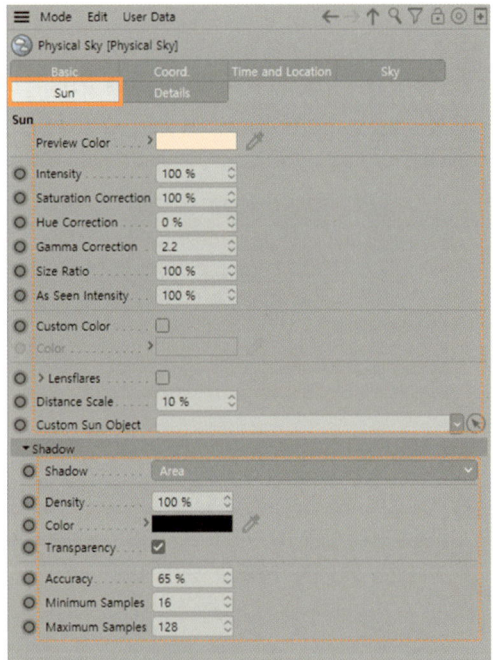

16 마지막 Details 탭에서는 달과 별의 표시, 스카이 돔 라이트의 사용 유무, GI에 대한 강도, 채도 등에 대한 세부적인 설정을 할 수 있습니다. 살펴본 것처럼 피지컬 스카이는 간편하게 하늘을 표현할 수 있기 때문에 작업에 유용하게 사용할 수 있습니다.

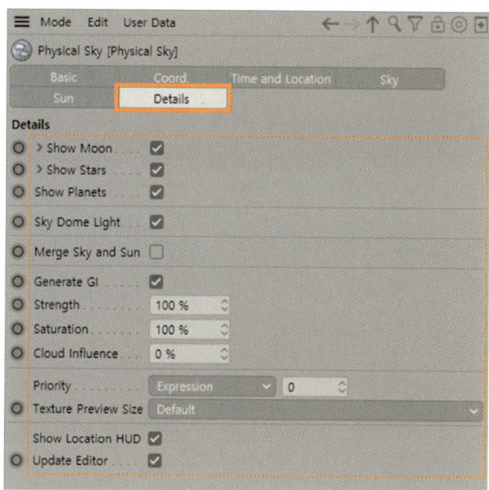

구름 생성하기

시네마 4D의 구름을 생성하는 툴은 기존의 파이로 클러스터와 파이로 클러스터 – 볼륨 트레이서와는 다르게 간편하게 구름을 표현할 수 있게 해줍니다.

01 인바이어런먼트 툴을 보면 네 가지의 구름에 관련된 툴들이 있는 것을 알 수 있습니다. 그러나 현재는 모두 비활성화된 상태이므로 이 툴을 사용하기 위해 먼저 Physical Sky를 생성해야 합니다.

02 이제 다시 인바이어런먼트 툴을 보면 앞서 비활성화됐었던 구름 툴들이 활성화된 것을 알 수 있습니다. 여기서 맨 위쪽의 Cloud Tool을 선택합니다. 클라우드 툴은 구름을 생성할 때 사용되는 도구입니다.

03 클라우드 툴이 선택된 상태에서 뷰포트를 하늘이 보이는 상태로 회전한 후 구름을 표현하고자 하는 곳에서 문지르듯 드로잉을 합니다. 그러면 두 번째 그림처럼 구름이 생성됩니다. 참고로 구름을 그릴 때 뷰포트 좌측 하단을 보면 구름이 생성되는 거리를 확인할 수 있습니다.

하늘과 구름 표현

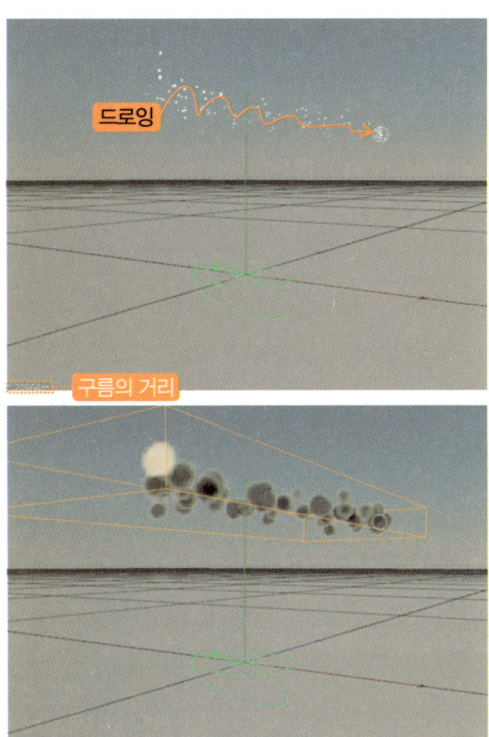

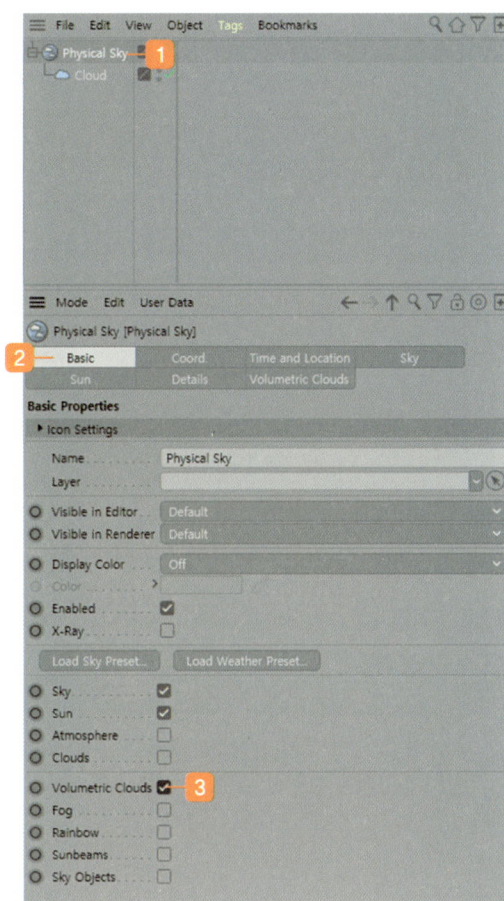

04 여기서 렌더 뷰를 해보면 앞서 그려졌던 구름의 모습은 표현되지 않는 것을 알 수 있습니다. 이것은 현재의 구름은 볼륨감이 없기 때문입니다.

06 다시 렌더 뷰를 통해 다시 확인을 해봅니다. 그러면 구름의 모습이 표현되는 것을 알 수 있습니다. 그런데 구름이 전체적으로 어둡게 보입니다. 이것은 현재의 태양이 구름 뒤쪽에 있기 때문입니다.

05 이제 앞서 만든 구름이 렌더를 통해 표현되도록 하기 위해 피지컬 스카이를 선택한 후 Basic 탭에서 Volumetric Clouds를 체크합니다.

07 피지컬 스카이의 어트리뷰트 매니저에서 Volumetric Clouds 탭에서는 구름의 경계 박스 유무, 경계 박스의 색상, 품질, 고도 조정, 그림자 받기, 샘플 사이즈 등을 설정할 수 있습니다. 특히 샘플 사이즈는 수치가 낮을수록 구름의 품질이 향상되는데 만약 구름의 외형이 너무 거칠거나 듬성듬성하게 보일 경우에는 이 값이 너무 높아서 그런 것입니다. 그밖에 구름 볼륨의 가장자리에 대한 모습을 다양하게 선택할 수 있으며 컨트라스트와 크기 그리고 노이즈 속도를 조절할 수 있습니다. 또한 맨 아래쪽에 있는 라이트에 실제 조명을 생성하여 끌어놓으면 태양과 다른 별도의 조명을 이용할 수 있습니다.

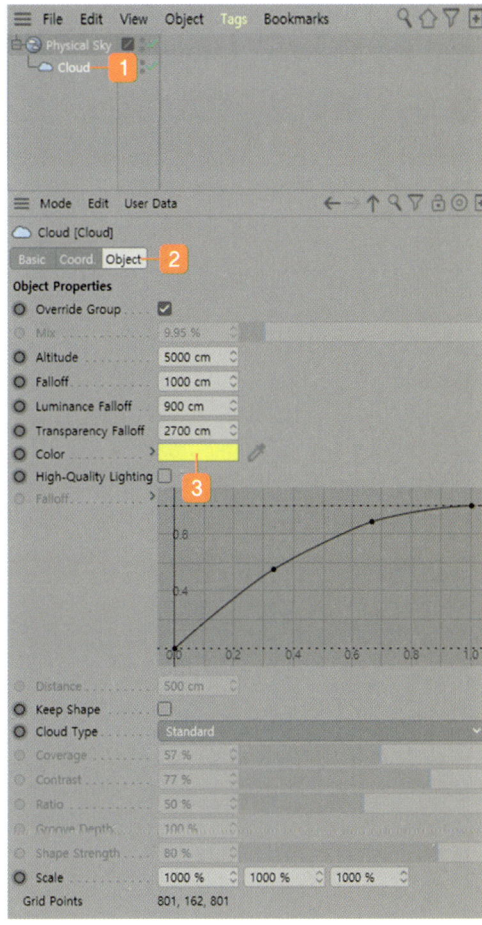

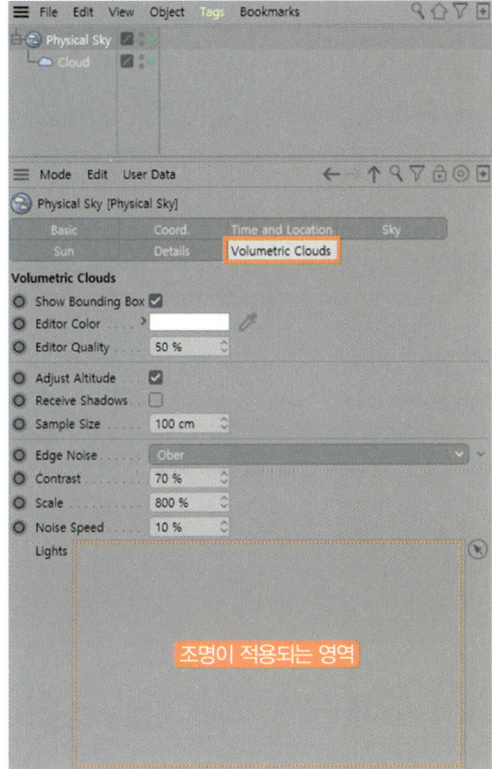

08 Cloud를 선택합니다. 어트리뷰트 매니저의 Object 탭에서는 구름의 색상, 품질, 모양, 거리, 구름 타입 등에 대한 다양한 설정을 할 수 있습니다. 여기에서는 구름의 색상에 대한 설정을 해보기 위해 Override Group을 체크합니다. 그러면 아래쪽 기능들이 활성화되는데 여기에서는 구름의 고도, 감쇠(구름의 농도에 대한 거리 단위를 측정), 루미넌스 감쇠(태양광의 양을 조절) 등을 할 수 있습니다. 이번엔 색상에 대한 설정을 위해 아래쪽 Color를 원하는 색으로 설정해봅니다. 필자는 노란색으로 지정했습니다.

09 구름의 색상을 바꿔준 후에 다시 렌더 뷰를 해봅니다. 그러나 아직 구름의 색상이 바뀌지 않았습니다.

하늘과 구름 표현 **399**

10 이제 앞서 설정한 구름의 색상이 제대로 표현되도록 하기 위해 라이트 툴에서 Light를 생성합니다.

11 방금 만든 조명을 피지컬 스카이 공간에서 사용되게 하기 위해서는 Physical Sky의 Volumetric Clouds 탭에 있는 Lights에 끌어다 적용해야 합니다.

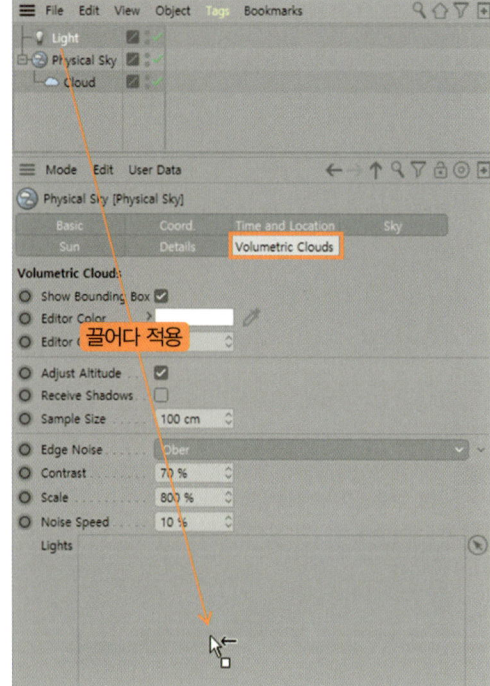

13 이번엔 구름을 추가하거나 제거하는 방법에 대해 알아봅니다. 먼저 구름이 추가되거나 제거되는 영역을 지정해야 합니다. 뷰포트의 구름 볼륨 박스에서 [Shift] 키를 누릅니다. 그러면 마우스의 위치에 따라 흰색 영역이 바뀌게 되는데 이때 원하는 위치에서 멈춥니다.

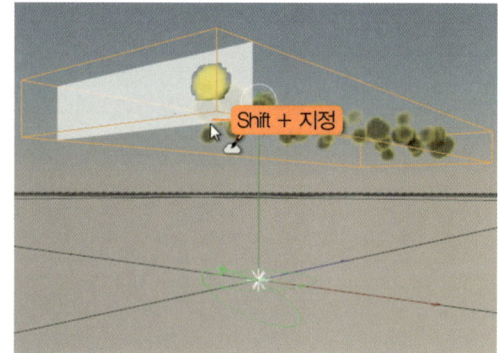

14 지정된 영역은 밝은 회색 정도로 톤이 낮아지는데 이 영역에서 문지르듯 드로잉을 하면 구름이 증가됩니다.

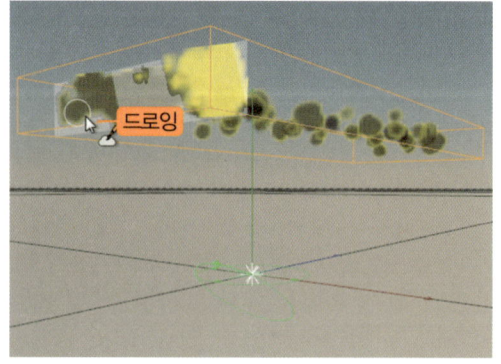

12 이제 방금 적용된 조명에 의해 구름의 최종 색상을 확인하기 위해 다시 렌더 뷰를 해보면 이제야 비로서 노란색 구름으로 표현됩니다. 이렇듯 구름의 색상을 제대로 표현하기 위해서는 별도의 조명이 필요하다는 것을 알 수 있습니다.

15 반대로 구름을 제거하고자 한다면 [Ctrl] 키를 누른 상태에서 제거하고자 하는 구름을 드로잉하면 됩니다. 지금까지 하늘과 구름을 표현하는 방법에 대해 살펴 보았습니다. 다음으로는 또 다른 방법인 파이로 클러스터와 파이로 클러스터 - 볼륨 트레이서를 통해 구름을 생성하는 방법에 대해 알아봅니다.

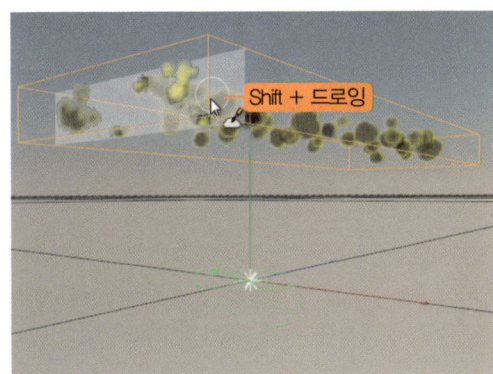

16 이제 파이로 클러스터를 이용하여 구름을 표현하기 위해 새로운 프로젝트를 만든 후 매터리얼 매니저에서 [Create] - [Materials] - [New PyroCluster Material]과 [New PyroCluster VolumeTracer Material]을 모두 적용합니다. 파이로 클러스터는 구름의 모양에 관계가 있으며 파이로 클러스터 - 볼륨 트레이서는 구름의 볼륨(공간적 의미)에 관계가 있기 때문에 이 두 기능이 없으면 구름을 표현할 수 없습니다.

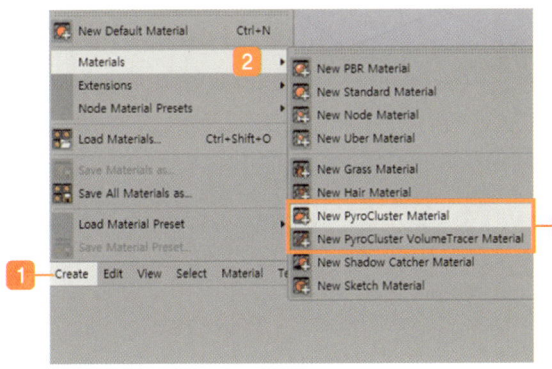

17 계속해서 구름을 만드는데 반드시 필요한 몇 가지를 적용해봅니다. 먼저 인바이어런먼트 툴에서 Environment를 적용합니다. 인바이어런먼트는 환경이란 의미로 구름을 표현할 때의 공간을 제공합니다.

18 [Simulate] - [Thinking Particles] - [Particle Geometry]를 적용합니다. 파티클 지오메트리는 구름의 모양을 표현하는데 사용됩니다.

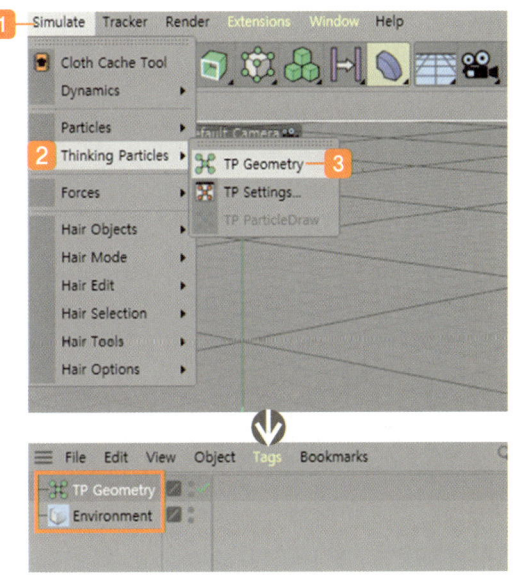

19 이제 마지막으로 구름의 배치될 위치에 사용되는 [MoGraph] - [Matrix]를 선택합니다.

모그라프는 시네마 4D를 대표하는 모듈로서 모션 그래픽을 구현하는데 신속성과 편의성 그리고 무한한 발상을 할 수 있게 해주는 강력한 도구입니다. 모그라프에 대해서는 [애니메이션] 파트에서 자세히 살펴볼 것입니다.

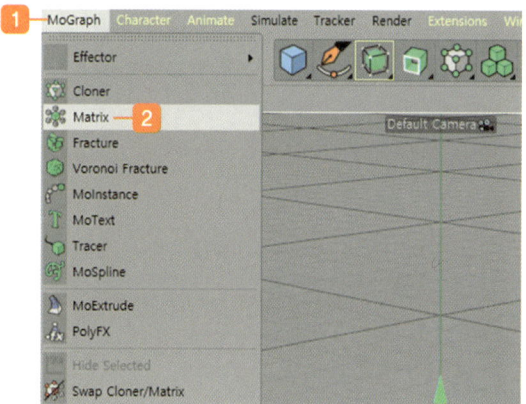

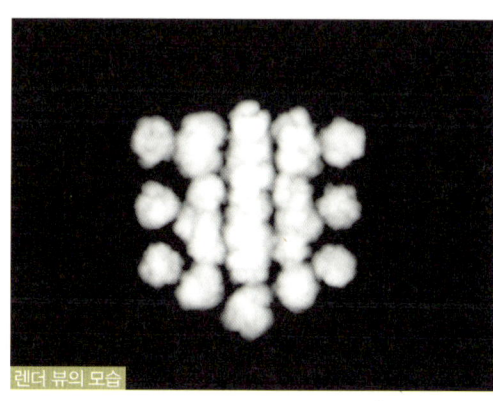

20 이제 매트릭스의 Object 탭에서 Generate를 Thinking Particles로 설정한 후 앞서 적용한 파티클 지오메트리에는 파이로 클러스터를 적용하고 인바이어런먼트에는 파이로 클러스터 - 볼륨 트레이서를 적용합니다.

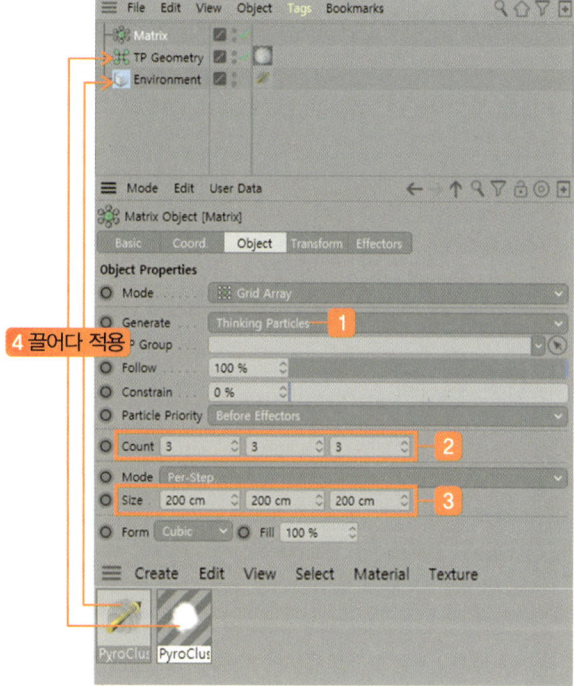

21 구름의 모양이 표현되는지 확인해보기 위해 렌더 뷰를 합니다. 매트릭스의 현재 모양인 입체 그리드 모양에 맞게 구름이 표현된 것을 알 수 있습니다.

22 구름이 배치되는 것은 매트릭스에 의한 것인데 이번엔 특정 오브젝트의 형상에 맞게 구름이 생성되도록 해봅니다. 그러기 위해 먼저 구름이 생성될 오브젝트를 만들어야 합니다. 오브젝트 툴에서 Sphere를 선택합니다.

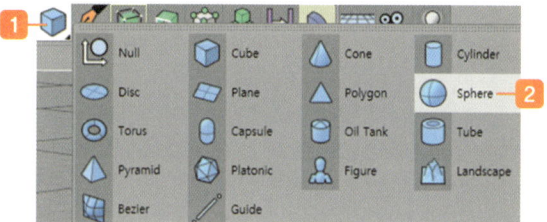

23 Matrix를 선택한 후 Object 탭의 Mode를 Object로 설정합니다. 그다음 Sphere를 Object 필드에 갖다 놓은 후 Distrobution을 Volume으로 설정합니다.

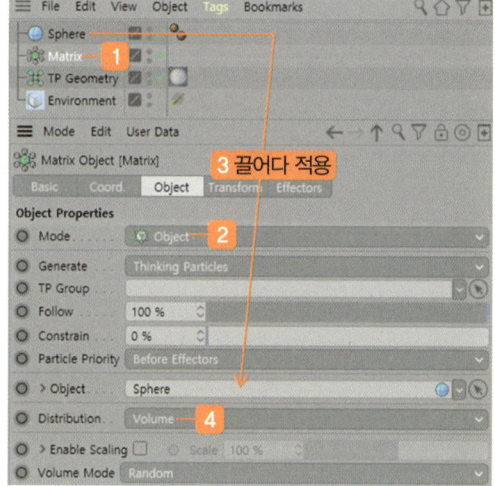

402 환경 설정하기

24 다시 렌더 뷰를 통해 확인해보면 스피어의 둥근 모양에 맞게 구름이 배치된 것을 알 수 있습니다. 이렇듯 구름이 배치되는 것은 다양한 방법을 통해 가능합니다.

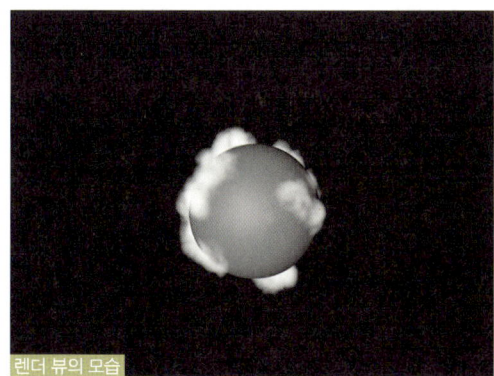

25 이번엔 자동차 배기 장치를 통해 나오는 연기나 굴뚝의 연기와 같은 느낌을 표현해봅니다. 먼저 앞서 사용하던 스피어 오브젝트를 삭제합니다.

26 계속해서 이번엔 파티클에 대해 알아보기 위해 [Simulate] - [Particles] - [Emitter]를 선택합니다. 이미터는 파티클을 생성하는 장치로 다양한 입자 효과를 표현할 수 있습니다.
파티클(이미터)에 대해서는 [애니메이션] 파트에서 보다 자세히 살펴볼 것입니다.

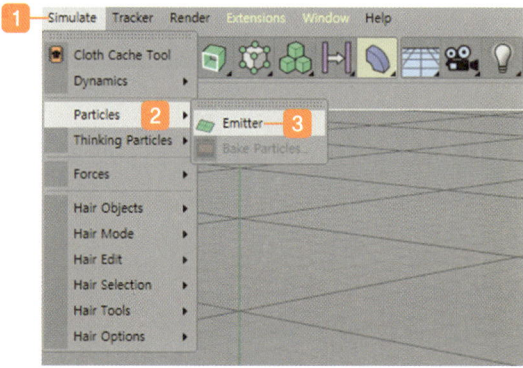

27 다시 매트릭스를 선택한 후 앞서 스피어가 적용됐던 Object 필드에 방금 적용한 Emitter를 적용합니다.

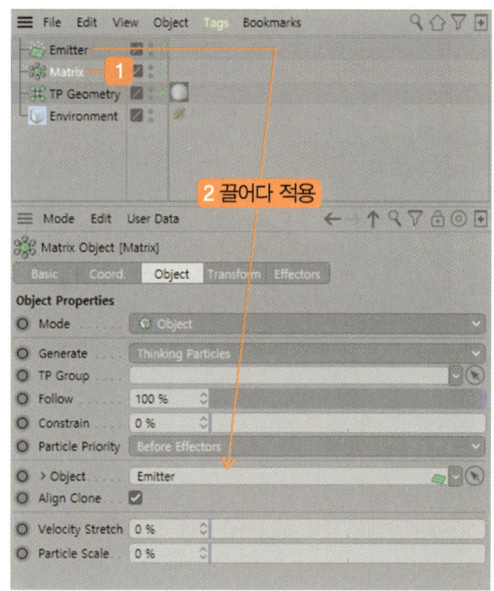

28 플레이 버튼을 누르거나 단축키 [F8] 키를 눌러 재생을 해보면 이미터에서 작은 점 같은 입자가 뿜어 나오는 것을 알 수 있습니다. 이것이 바로 파티클들입니다.

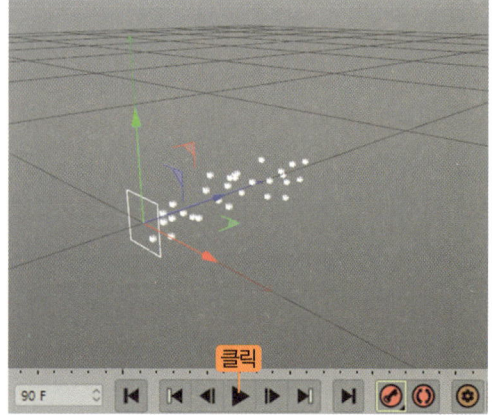

29 지금의 파티클을 구름을 표현하기 위해 사용되는 것이므로 이제 최종 결과를 확인해봅니다. 지금의 작업을 렌더 뷰를 통해 확인해보면 연기가 뿜어 나오는 장면이 표현됩니다. 지금까지 살펴본 것처럼 시네마 4D에서는 다양한 방법으로 구름(연

기)을 표현할 수 있습니다.

30 구름의 색상이나 크기, 수명, 그림자 등에 대한 세부 설정은 매터리얼 에디터에 생성된 파이로 클러스터에 의해 가능합니다. 더블클릭하여 매터리얼 에디터를 열어줍니다.

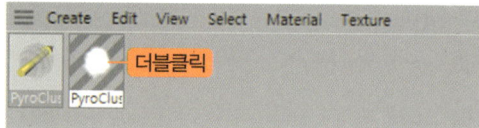

31 Globals 항목에서는 구름의 색상과 볼륨(크기), 발광, 농도 등에 대한 설정이 가능하며 Age 항목에서는 구름의 수명(밝은 색은 표현되는 색이며 어두운 색은 소멸되는 색임)을 설정할 수 있습니다. 그밖에 구름의 거리, 원기둥 거리, 모양, 일루미네이션, 그림자, 노이즈 등에 대한 설정을 할 수 있는 항목들이 있습니다.

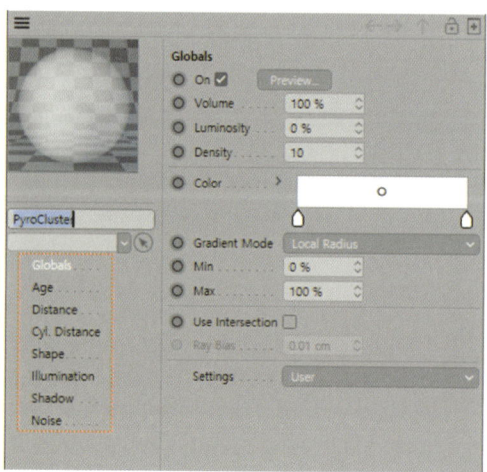

32 여기에서는 구름의 색상만 바꿔봅니다. Globals 항목에서 Color의 첫 번째 색상을 바꿔봅니다. 필자는 노란색으로 바꾸었습니다. 그리고 렌더 뷰를 해보면 처음에 뿜어 나오는 색상은 노란색이며 나중엔 하얀색으로 표현되는 것을 알 수 있습니다. 지금까지 하늘과 구름을 표현하는 방법에 대해 알아 보았습니다. 시네마 4D에서는 다양한 하늘과 구름을 표현할 수 있지만 보다 디테일한 표현을 위해 플러그인인 [터뷸런스 FD]와 [X-파티클] 그리고 애프터 이펙트의 플러그인인 [파티큘러]를 이용하기도 합니다. 해당 플러그인들에 대해서는 관련 도서를 참고하십시오.

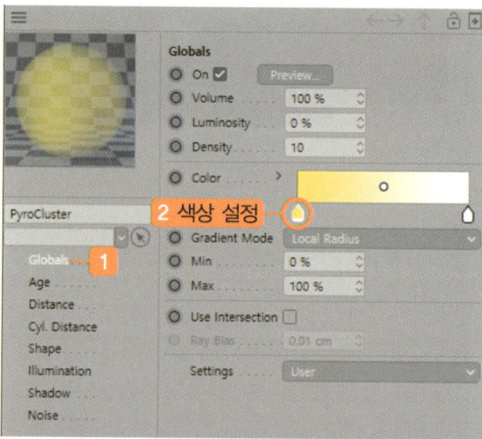

02

라이트 표현

빛은 사물을 볼 수 있게 하는 것 이외에 사물의 상태(심리)를 다양하게 표현할 수 있게 해줍니다. 그러므로 3D 툴에서는 다른 무엇보다도 빛을 다루는 능력을 키워야 할 것입니다. 실무적인 측면에서 빛을 다루는 것이야말로 모델링과 애니메이션 작업 이상으로 필요한 분야이고 고급 기술이라고 할 수 있습니다.

라이트 살펴보기

시네마 4D에서는 8개의 라이트를 제공합니다. 각각 사용되는 목적이 있기 때문에 주요 라이트에 대해서는 어떤 용도로 어떻게 사용하는지에 대해 알아둘 필요가 있습니다.

01 라이트 툴을 열어봅니다. 기본 라이트부터 썬 라이트까지 다양한 라이트가 있는 것을 알 수 있습니다. 앞서 기본 라이트와 스폿 라이트에 대해서는 살펴보았기 때문에 여기에서는 살펴보기 않았던 라이트에 대해서만 살펴보기로 합니다. 먼저 Target Light를 선택합니다.

02 타겟 라이트는 특정 오브젝트의 위치를 그대로 따라가면서 비춰주는 조명으로써 기본적으로 타겟 익스프레션 태그와 Light.Target.1이란 이름의 널 오브젝트가 생성됩니다.

03 현재는 타겟의 대상이 널 오브젝트입니다. 널 오브젝트를 선택한 후 이동해보면 타겟 라이트가 널 오브젝트가 이동되는 방향에 맞게 같이 이동되는 것을 알 수 있습니다.

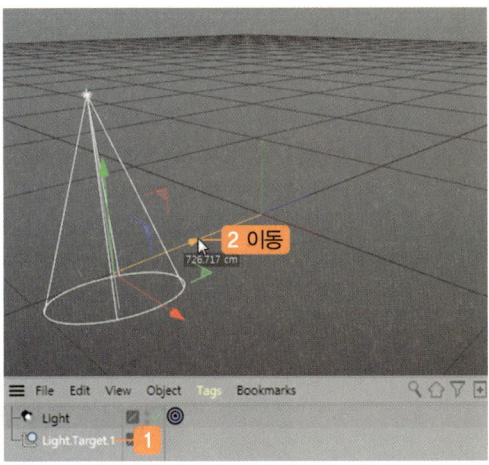

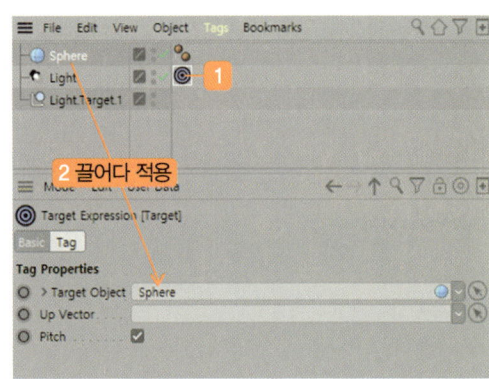

04 타겟 라이트는 널 오브젝트뿐만 아니라 일반적인 오브젝트를 대상으로 사용할 수도 있습니다. 그러기 위해 오브젝트 툴에서 Sphere를 적용합니다.

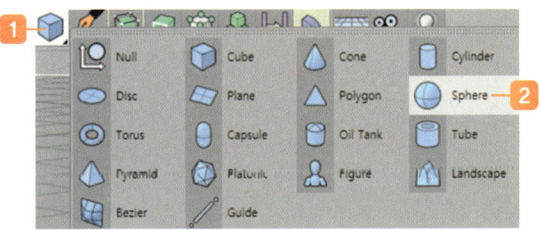

05 타겟 라이트에 적용된 타겟 익스프레션 태그를 선택한 후 아래쪽 Target Object에 앞서 생성한 스피어를 끌어다 놓습니다. 그러면 스피어가 있는 위치로 타겟 라이트가 이동됩니다. 이렇듯 타겟 오브젝트는 특정 오브젝트만을 바라보는 지고지순한 라이트인 것을 알 수 있습니다.

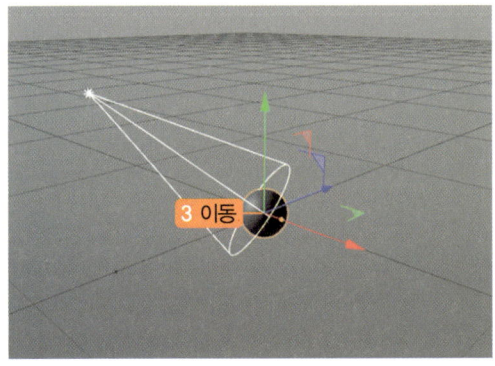

06 아래쪽 옵션 중 Up Vector에 다른 오브젝트를 적용하면 적용된 오브젝트의 Y축으로 정렬되고 Pitch를 체크하면 타겟 라이트의 Z축은 항상 타겟 오브젝트의 방향을 가리킬 것입니다.

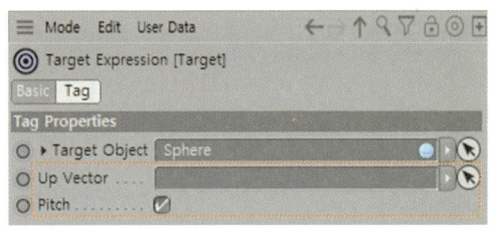

07 이제 다른 라이트에 대해 알아보기 위해 타겟 라이트와 널 오브젝트는 삭제를 합니다.

08 계속해서 이번엔 Area Light를 적용 해봅니다. 에어리어 라이트는 평면으로 된 라이트로서 크기에 해당되는 영역에만 빛이 비쳐집니다.

라이트 표현 407

09 에어리어 라이트는 주로 스튜디오에서 사용하는 소프트 박스처럼 제품을 촬영할 때와 같은 느낌을 살리기 위해 사용됩니다. 에어리어 라이트의 크기는 각 변에 있는 포인트를 이용하거나 코디네이트(Cood 탭)를 이용하면 됩니다.

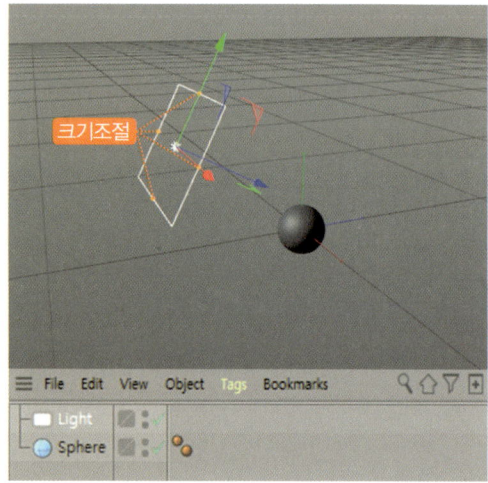

10 이번엔 IES 라이트에 대해 알아보기 위해 앞서 사용하던 라이트와 오브젝트를 모두 삭제하거나 새로운 프로젝트를 생성합니다.

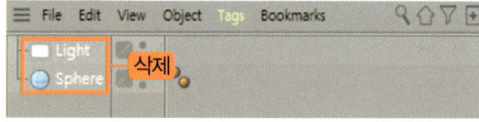

11 이제 IES Light를 선택합니다. IES 라이트를 선택하면 IES (Illuminating Engineering Society) 파일을 찾는 불러오기 창이 뜨는데 별도의 IES 파일이 설치되지 않으면 불러올 수 없습니다. 그러므로 일단 이 창을 닫습니다. IES 라이트는 포토메트릭 라이트를 위해 사용되는데 즉, 광도가 측정된 파일들로 포맷된 IES(혹은 EULUMDAT)로 제조된 조명의 데이터를 사용하는 방식이므로 이 파일을 설치해야만 사용할 수 있습니다. 그러나 시네마 4D에서는 콘텐트 브라우저에서 IES 파일을 지원하므로 필요할 때 불러서 사용할 수 있습니다.

12 IES 라이트를 사용하기 위해서 먼저 기본 라이트를 생성합니다.

13 방금 생성된 라이트의 General 탭에서 Type을 IES로 설정합니다.

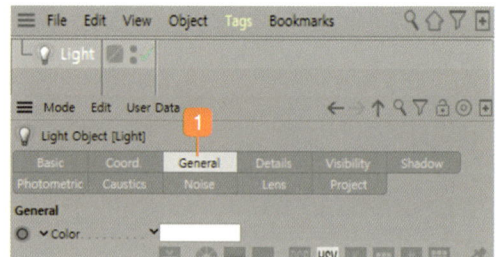

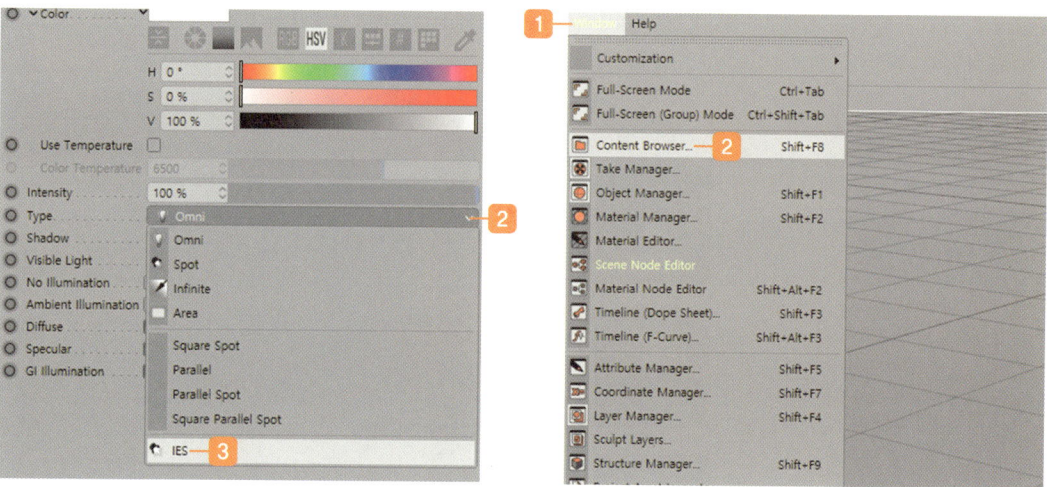

14 이제 Photometric 탭으로 이동 해보면 Filename이 활성화된 것을 알 수 있습니다. 이제 파일네임 경로를 통해 IES 파일을 불러오면 됩니다. 그런데 여기에서는 시네마 4D의 프리셋을 이용해야 하므로 콘텐트 브라우저를 열고 적용해야 합니다.

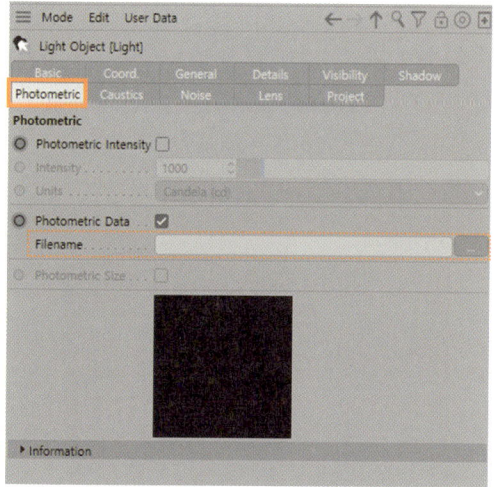

15 별도의 콘텐트 브라우저를 열어야 하기 때문에 [Window] - [Content Browser]를 선택합니다.

16 콘텐트 브라우저에서 [Preset] - [Visualize] - [Presets] 폴더로 들어가면 IES Lights 폴더가 있습니다. 다시 이 폴더로 들어가면 Axelmeiselicht와 Siteco 2개의 폴더가 있습니다. 이 2개의 폴더에 있는 다양한 IES 라이트를 작업 상황에 맞게 이용하면 됩니다.

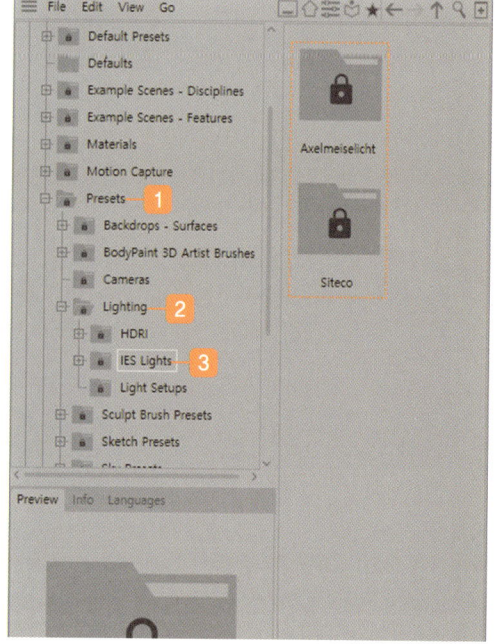

17 여기에서는 Axelmeiselicht 폴더에 있는 OcchioPiu-ies 폴더 안

으로 들어가서 아무거나 상관없이 하나의 IES 라이트 파일을 끌어나 Filename의 필드에 갖다 놓습니다. 이와 같은 방법으로 IES 라이트를 이용하면 됩니다.

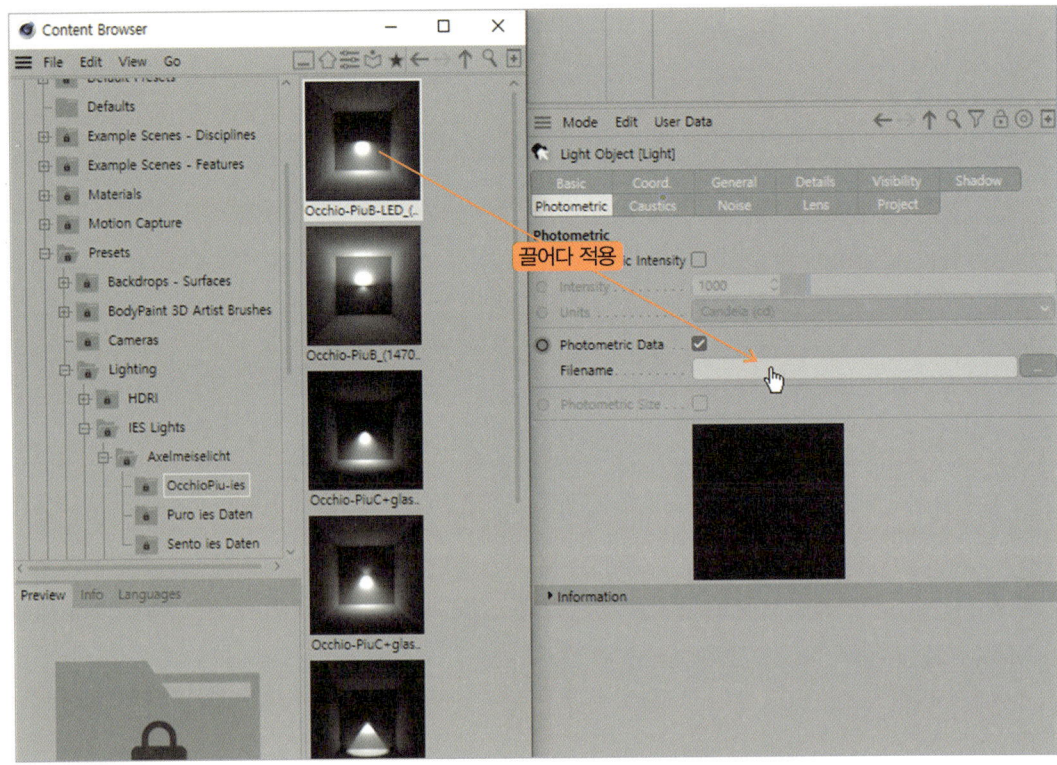

18 포토메트릭 라이트를 확인하기 위해 공간을 하나 만들어봅니다. 오브젝트 툴에서 Cube를 생성합니다.

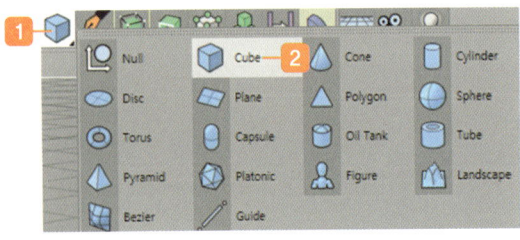

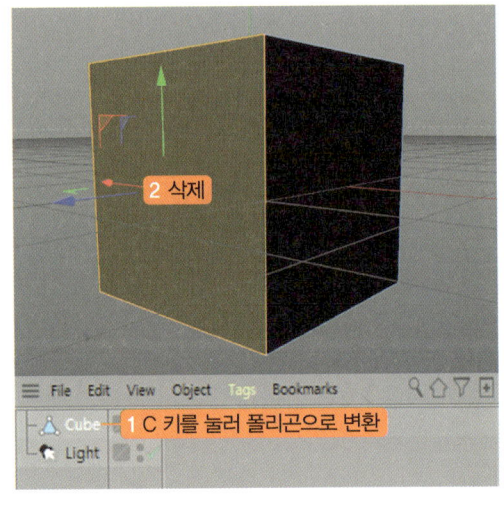

19 생성된 큐브 오브젝트를 편집이 가능한 폴리곤으로 변환하기 위해 [C] 키를 누릅니다. 그다음 그림처럼 정면의 폴리곤을 선택한 후 삭제하여 앞면이 트인 공간을 만들어줍니다.

20 큐브를 정면에서 보이도록 뷰 앵글을 회전합니다. 아직은 빛

이 강하지 않기 때문에 정확하게 표현되지 않습니다.

이동합니다.

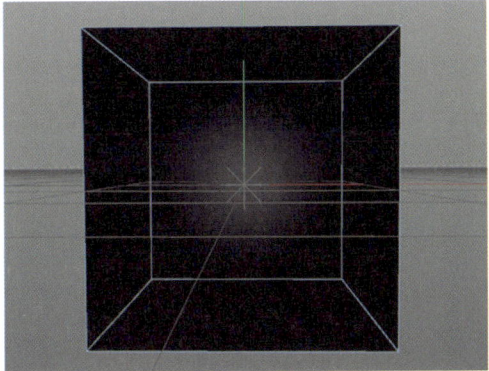

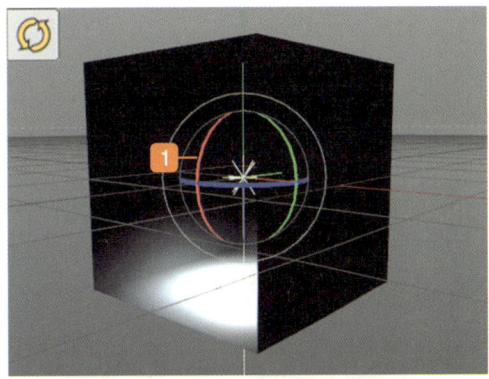

21 Photometric 탭의 Intensity를 4212 정도로 증가해봅니다. 이제 빛이 제대로 표현됩니다. 그런데 빛의 방향이 뒤쪽으로 된 것 같습니다.

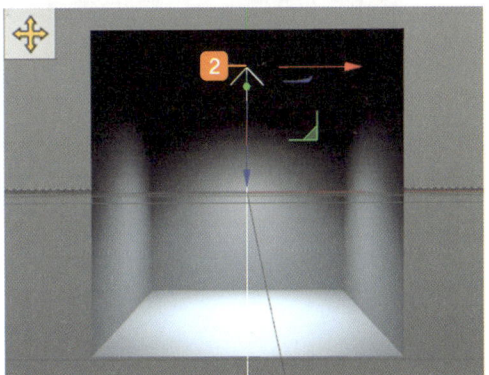

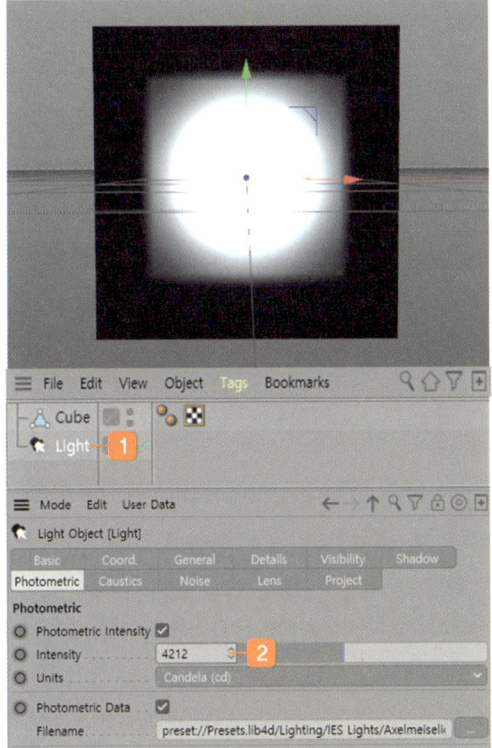

23 여기서 Photometric Intensity를 해제하면 IES 라이트 자체에서 독립적으로 거리 값을 계산한 광도 측정에 의한 밝기로 사용됩니다. 현재는 이전보다 훨씬 밝아졌습니다.

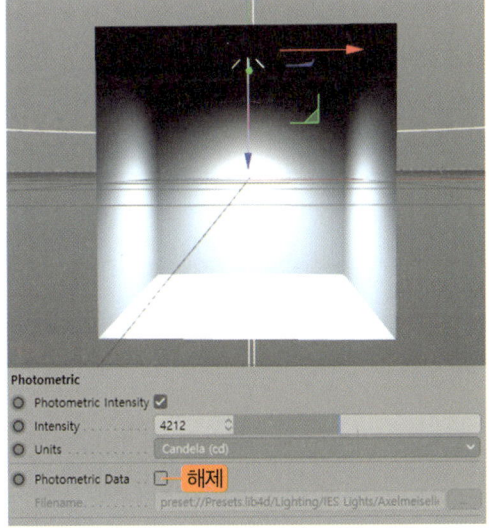

22 빛의 방향을 바꿔주기 위해 로테이트 툴을 사용하여 그림처럼 빛이 아래로 비춰지도록 하고 무브 툴을 사용하여 위쪽으로

> **알아두기**
>
> **포토메트릭 라이트에 대하여**
>
> 포토메트릭(Photometric)은 실제로 어둠에서 빛나거나 야광으로 빛을 발사하는 서피스의 크기 정보뿐만 아니라 각기 다른 방향에서 빛의 강도를 광도 측정에 의해 표현됩니다. 그러므로 인테리어를 표현할 때 천장과 벽 그리고 바닥에 빛이 분산되어 비추게 하거나 어두운 공간에서 발산되는 빛을 보다 사실적으로 표현할 때 유용하게 사용됩니다.

포토메트릭 라이트(IES)를 사용한 예

24 Photometric Data를 비활성화할 경우에는 IES 라이트 소스는 루멘 또는 칸델라 강도를 가진 아주 밝은 옴니 라이트 상태로 되돌아갑니다. 그리고 맨 아래쪽 Photometric Size는 포토메트릭 조명의 크기를 조절할 수 있습니다. 이 기능을 체크합니다.

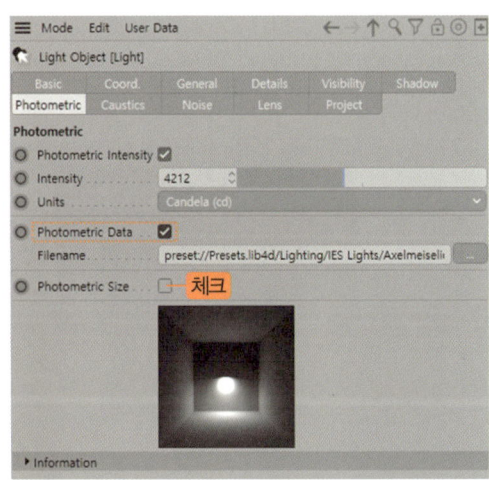

실제 조명의 크기와 같습니다.

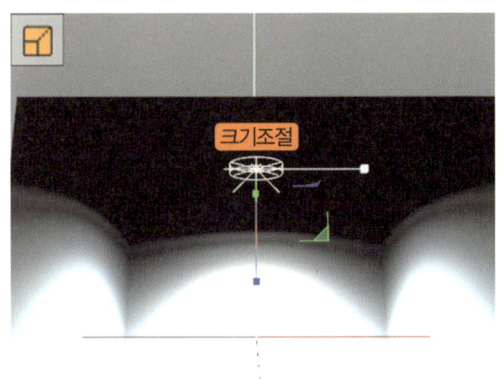

25 포토메트릭 사이즈가 체크됐기 때문에 이제 에어리어 라이트처럼 크기에 대한 정보를 알 수 있는 상태가 되며 스케일 툴을 사용하여 원하는 크기로 조절할 수 있습니다. 조절된 크기는

26 이번엔 다른 조명에 대해 알아보기 위해 새로운 프로젝트를 만들어줍니다. 라이트 툴에서 Infinite Light를 적용합니다. 인피티트 라이트는 태양광처럼 일정 방향으로 빛을 비추는 조명입니다.

27 인피니트 라이트는 방향과 빛이 뻗어나가는 거리를 주황색 포인트를 통해 조절할 수 있습니다. 이 조명은 특정 한 방향(거울에 반사된 빛 등과 같은)으로만 빛을 비추고자 할 때를 제외하고는 일반적으로는 잘 사용하지 않습니다.

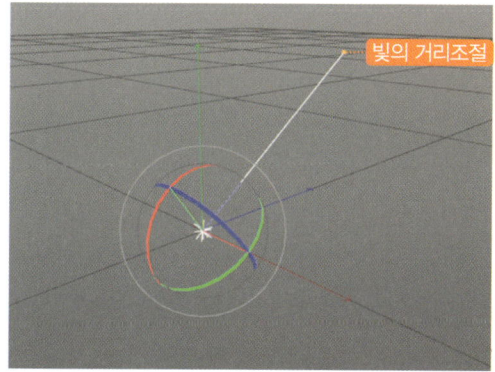

28 마지막으로 썬 라이트에 대해 알아보기 위해 인피니트 라이트는 삭제합니다.

29 라이트 툴에서 마지막에 있는 Sun Light를 선택합니다.

30 썬 라이트도 앞서 살펴본 인피니트 라이트처럼 일정한 방향으로 빛을 비추는 조명입니다. 다만 다른 점이 있다면 이전에 학습했던 피지컬 스카이처럼 태양이 비추는 도시(국가)와 날짜, 시간 정보를 통해 설정된 정보에 맞는 태양광을 표현할 때만 사용할 수 있다는 것입니다. 이것으로 시네마 4D에서 제공되는 일곱 가지의 조명에 대해 알아보았습니다. 다음 학습에서는 조명의 세부 설정을 할 수 있는 각 탭에 주요 기능과 사용법에 대해 알아봅니다.

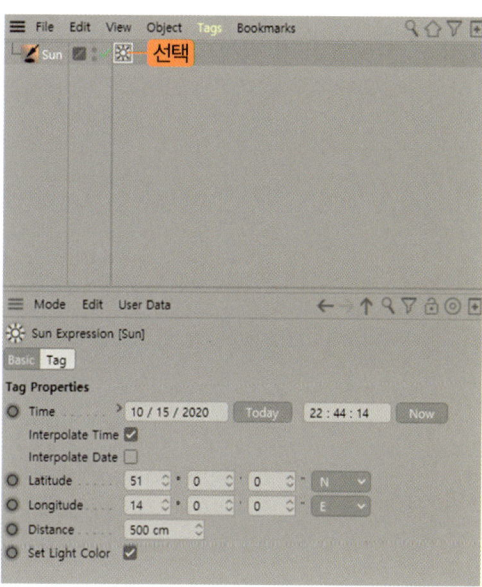

베이직(Basic) 탭 살펴보기

라이트의 베이직 탭에서는 라이트 오브젝트의 이름과 레이어, 사용 유무에 대한 설정을 할 수 있으며 컬러를 통한 관리를 할 수 있습니다.

01 베이직 탭은 아주 기본적인 것에 대한 설정이기 때문에 자주 사용하지는 않습니다. 그러나 Icon Color는 제법 쓸만한 기능이기 때문에 알아두면 유용합니다.

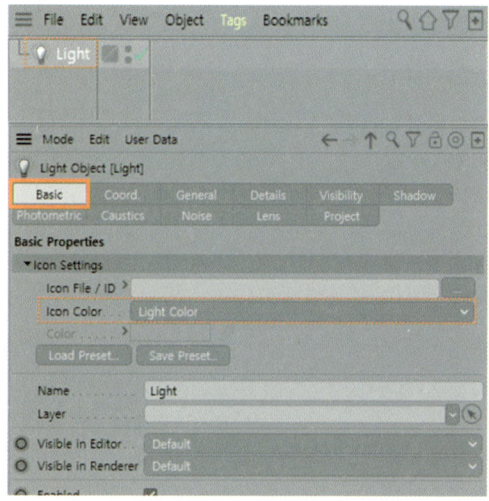

02 아이콘 컬러는 라이트의 색상을 아이콘 색상으로 표시할 수 있어 구별하는데 도움이 됩니다. 살펴보기 위해 를 Icon Color를 Custom으로 변경한 후 색상을 노랑색으로 설정합니다.

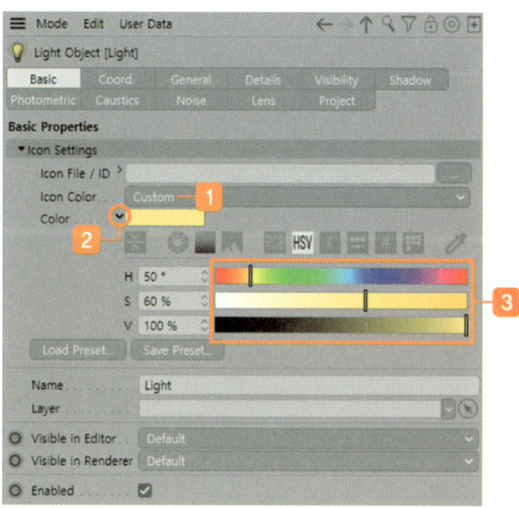

03 그러면 라이트의 아이콘 색상이 기본 색상에서 새로 설정된 노랑색으로 바뀐 것을 알 수 있습니다. 이렇듯 아이콘 컬러는 라이트의 아이콘 색상을 설정할 수 있습니다.

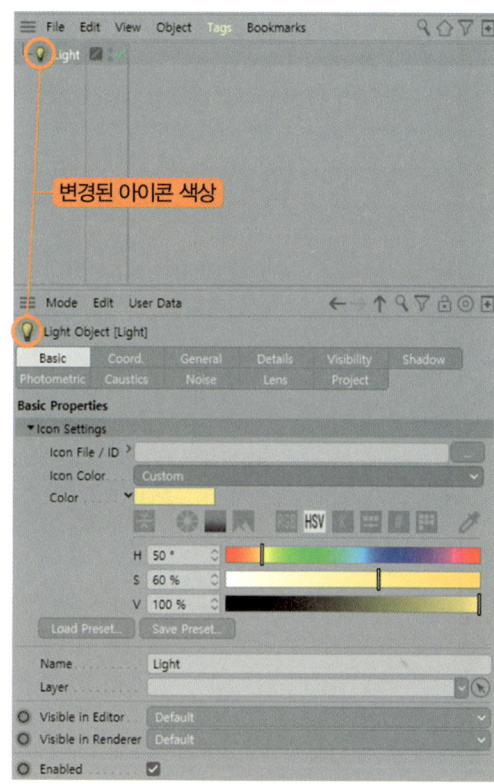

코디(Coord) 탭 살펴보기

코디 탭은 코디네이트를 줄여서 사용되는 탭으로 조명뿐만 아니라 일반 오브젝트도 같이 사용되는 탭 기능입니다. 이 탭에서는 조명(오브젝트)의 위치, 크기, 회전에 대한 설정을 할 수 있습니다.

01 코디 탭에서는 Coordinates와 Freeze Transformation 두 가지 항목이 있습니다. 코디네이트 항목에서는 오브젝트의 위치, 크기, 회전에 대한 설정을 할 수 있습니다. 그리고 프리즈 트랜스포메이션 항목은 위치, 크기, 회전에 대한 고정 상태를 설정할 때 사용됩니다.

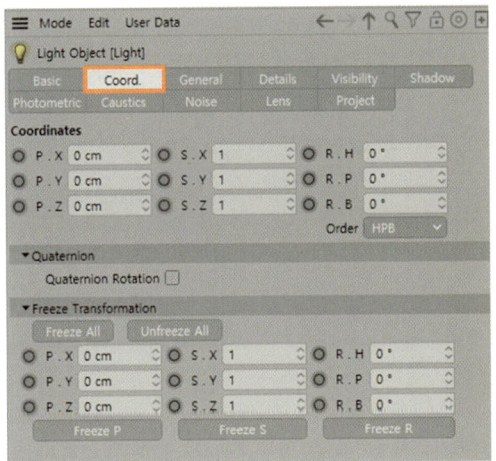

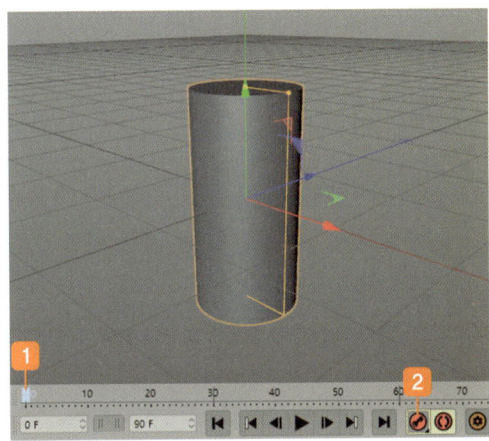

02 여기에서는 일반 오브젝트를 통해 프리즈 트랜스포메이션의 활용법에 대해 알아봅니다. 참고로 프리즈 트랜스포메이션은 주로 애니메이션 작업 시 유용하게 사용됩니다. 오브젝트 툴에서 Cylinder를 생성합니다.

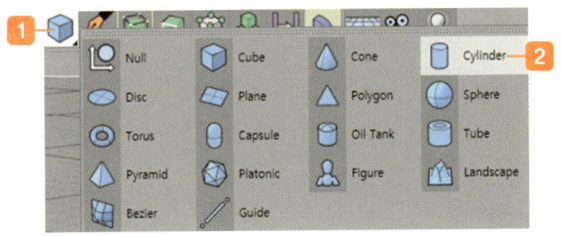

03 이제 애니메이션 작업을 위해 시작 프레임에서 레코드 버튼(F9)을 눌러 키프레임을 생성합니다.

04 시간을 마지막 프레임으로 이동한 후 로테이트 툴을 사용하여 그림처럼 360도로 설정합니다. 그다음 레코드 버튼(F9)을 눌러 키프레임을 추가합니다.

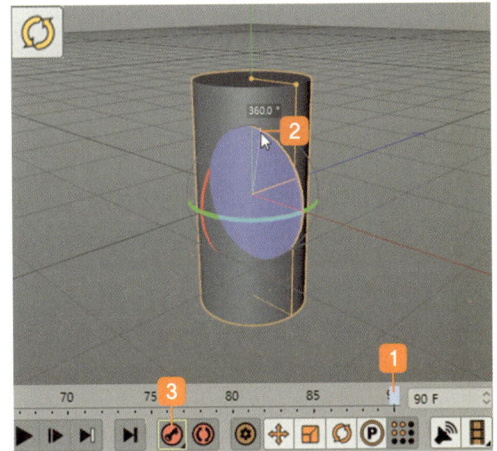

05 플레이(F8)를 통해 확인을 해보면 앞서 작업한 회전 방향을 통해 회전되는 것을 알 수 있습니다.

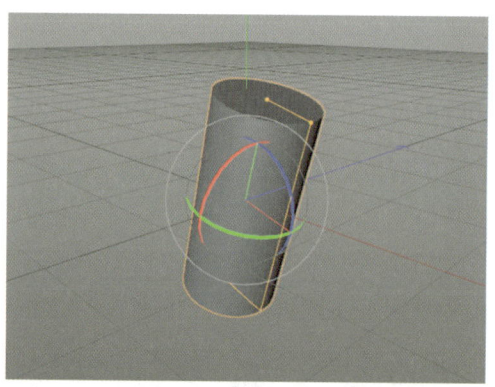

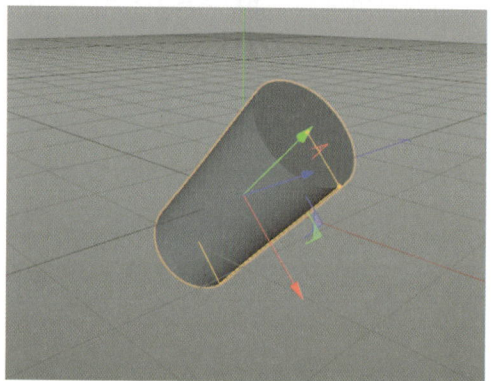

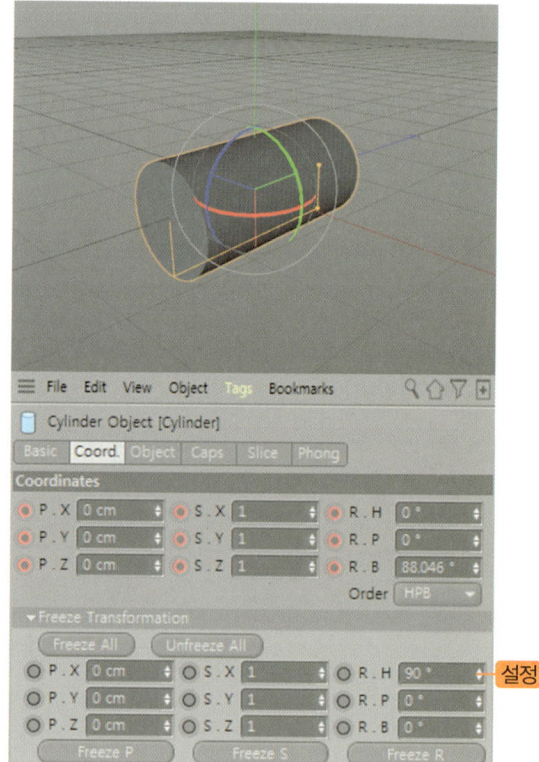

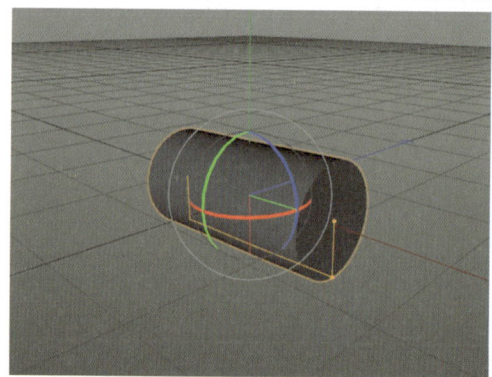

06 여기서 애니메이션되는 방향을 바꾸고자 한다면 작업된 키프 레임에서 회전 방향을 일일이 수정하는 것은 굉장히 불편한 일입니다. 이럴 때는 프리즈 트랜스포메이션 항목을 통해 방향을 설정할 수 있습니다. 지금의 작업은 회전에 대한 작업이 있기 때문에 프리즈 트랜스포메이션 항목의 R.H축을 90도 설정해봅니다.

07 다시 플레이를 해보면 방금 설정된 방향으로 바뀌어서 회전되는 것을 알 수 있습니다.

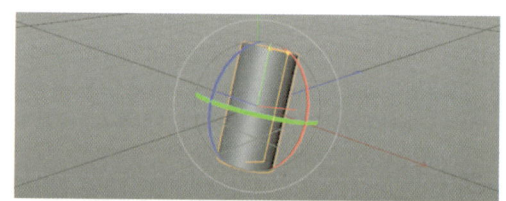

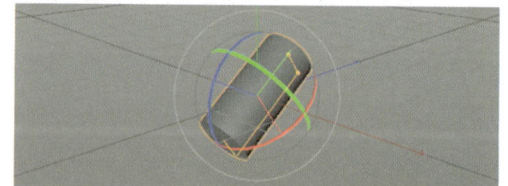

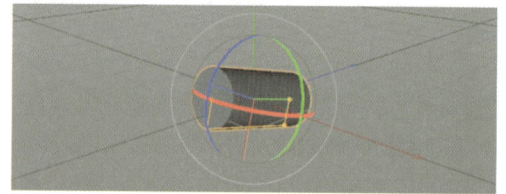

제너럴(General) 탭 살펴보기

제너럴 탭에서는 일반적인 설정을 할 수 있는 기능들을 제공합니다. 빛의 색상이나 강도, 조명 타입, 그림자 타입, 기시 조명의 설정 그리고 조명에 의해 표현되는 확산, 스페큘러, 일루미네이션 등에 대한 사용 유무를 설정할 수 있습니다.

01 제너널 탭에서는 주로 조명의 색상과 강도 그림자에 대한 설정을 하게 됩니다. 물론 그밖에 다양한 설정을 할 수 있지만 일반적인 것들은 이전 학습에서도 살펴본 적이 있기 때문에 여기에서는 그림자 타입과 가시 조명(Visible Light)에 대해서만 살펴보기로 합니다. 새로운 프로젝트에서 일단 기본 조명을 하나 적용해놓습니다.

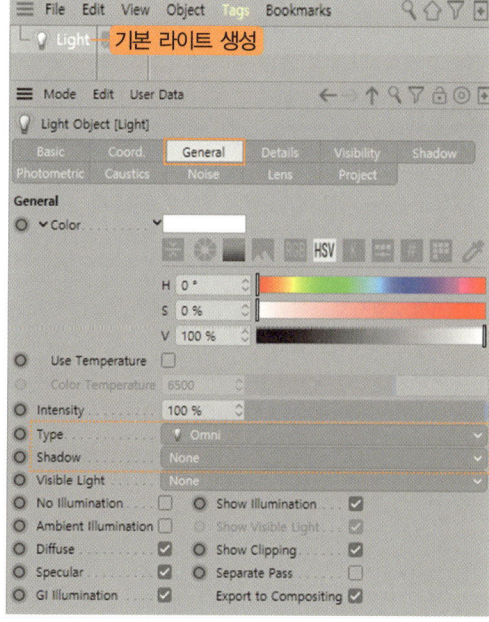

02 조명에 대한 학습을 위해 오브젝트 툴에서 Figure를 하나 생성해줍니다.

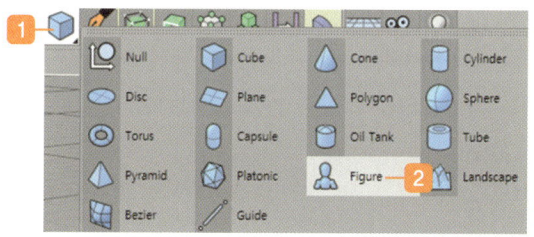

03 계속해서 바닥을 만들기 위해 인바이어런먼트 툴에서 Floor를 적용합니다.

04 방금 적용된 플로어 오브젝트를 아래로 내려 피규어의 발바닥에 맞닿게 해줍니다.

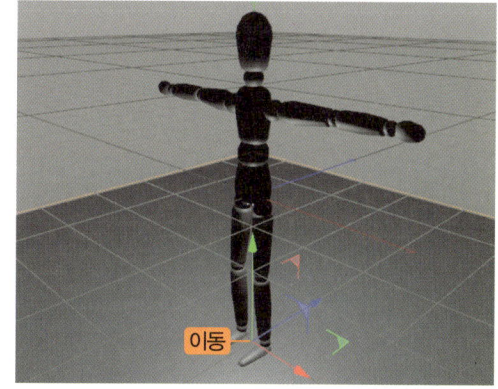

05 라이트를 선택한 후 그림처럼 피규어 위쪽 상단에서 빛이 비춰지도록 이동합니다.

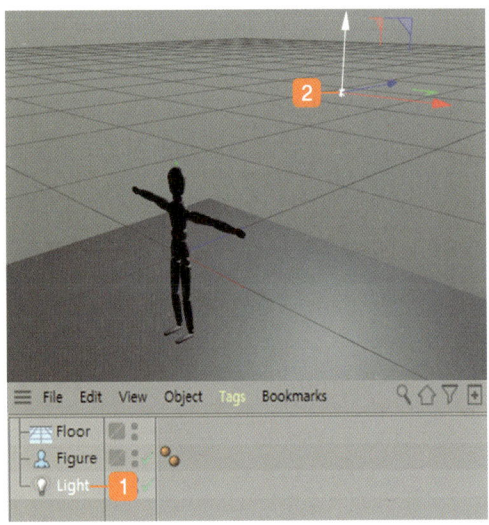

06 현재는 그림자가 표현되지 않기 때문에 그림자에 대한 설정이 필요합니다. 먼저 Shadow를 Shadow Maps (Soft)로 설정합니다. 이 그림자 방식은 앞선 학습에서도 많이 사용했었습니다. 가장 일반적인 그림자 방식으로 그림자 경계를 부드럽게 해줍니다. 다른 그림자에 비해 렌더 속도도 가장 빠릅니다.

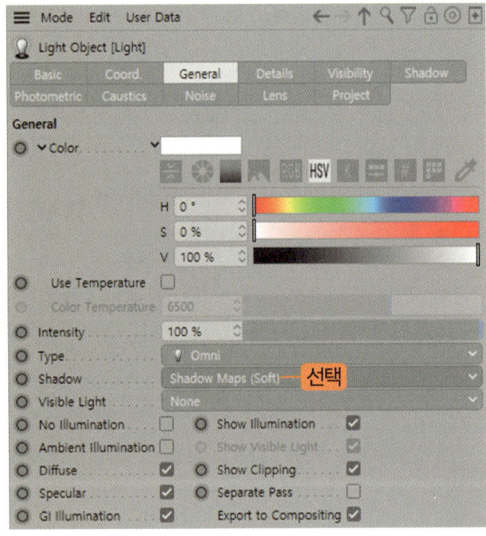

07 쉐도우 맵 (소프트) 방식의 그림자를 확인하기 위해 렌더 뷰 (Ctrl + R)를 해보면 피규어 앞쪽에 부드러운 경계의 그림자가 표현됐습니다. 그림자 경계의 뚜렷함 정도는 조명과 피사체의 거리에 따라 달라집니다.

08 그림자에 대한 세부 설정은 Shadow 탭에서 이뤄지는데 어떠한 그림자를 사용하느냐에 따라 제공되는 기능 또한 달라집니다. 현재는 쉐도우 맵 (소프트)를 사용하고 있기 때문에 가장 다양한 기능을 제공합니다. Shadow 탭으로 이동한 후 살펴보면 기본적으로 그림자 타입을 여기에서도 변경할 수 있으며 그림자 강도, 색상을 설정할 수 있습니다. 트랜스페어런시 (Transparency)를 체크하면 투명한 오브젝트를 사용할 때 투명한 오브젝트의 성질(색상, 굴절)을 그대로 반영되며 해제하면 투명한 오브젝트의 성질이 반영되지 않고 불투명한 오브젝트처럼 그림자가 표현됩니다. 쉐도우 맵과 리졸루션 X(Y)는 그림자 경계에 대한 품질을 설정합니다. 이 두 기능은 서로 대응하는 관계이기 때문에 어느 한쪽의 수치만을 설정해도 됩니다. 여기에서는 Shadow Map을 1000x1000으로 설정해봅니다.

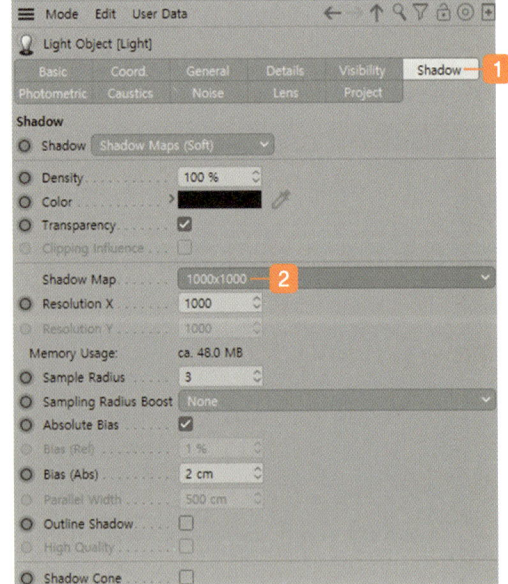

09 렌더 뷰를 통해 확인해보면 이전과는 다르게 그림자 경계가 더욱 뚜렷(섬세)해 졌다는 것을 알 수 있습니다.

는 높아지지만 그만큼 렌더링 시간은 더 오래 걸린다는 것 잊지 마십시오.

10 Meory Usage(메모리 유시지)는 렌더 시 그림자에 대한 메모리 사용량을 표시 해주며 Sample Radius는 그림자 전체에 대한 정확도를 설정할 수 있습니다. 여기에서는 Sample Radius를 가장 높은 수치인 20으로 설정해봅니다.

12 바이어스는 오브젝트(피사체)와 그림자간의 거리를 계산해줍니다. 앱솔루트 바이어스는 상대적인 거리를 계산할 때 사용되는데 기본적으로 사용하는 것이 좋습니다. 아래쪽 Bias (Abs)는 거리 값을 설정할 수 있습니다. 여기에서는 200 정도로 증가해봅니다.

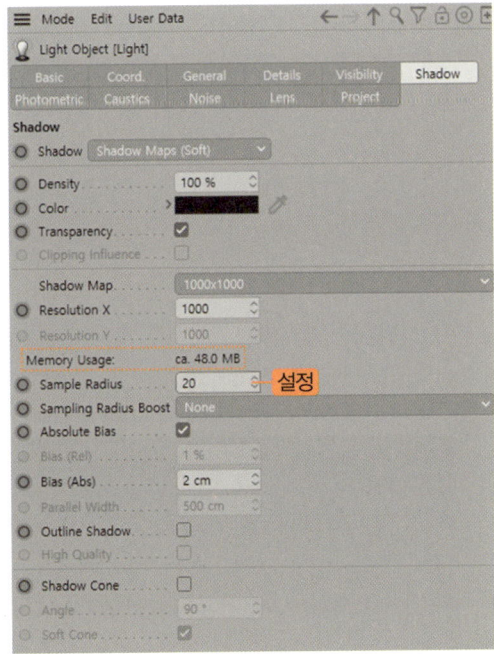

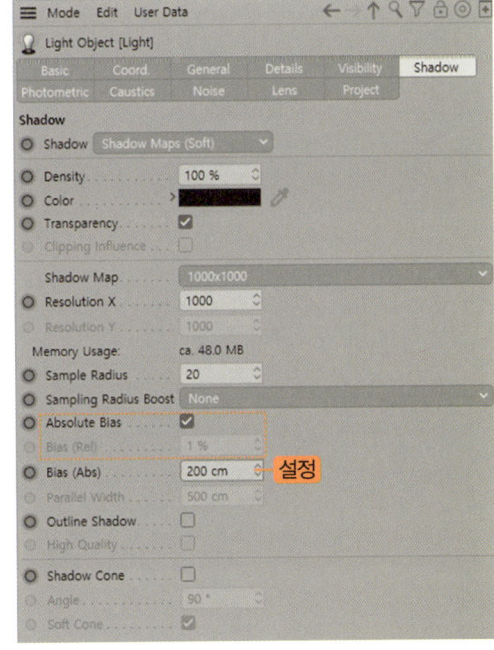

11 다시 렌더 뷰를 통해 확인해보면 그림자의 전체적으로 부드러워진 것을 알 수 있습니다. 수치가 높을수록 그림자의 정확도

13 렌더 뷰를 통해 확인해보면 그림자가 피규어 오브젝트와 많이

떨어진 것을 알 수 있습니다. 언뜻 보면 피규어가 바닥에 떠있는 느낌마저 듭니다.

렌더 뷰의 모습

렌더 뷰의 모습

14 Bias (Abs)를 다시 2로 설정하고 Outline Shadow를 체크해봅니다. 참고로 여기서 비활성화된 기능들은 쉐도우 맵 (소프트)에서는 사용할 수 없는 것들입니다.

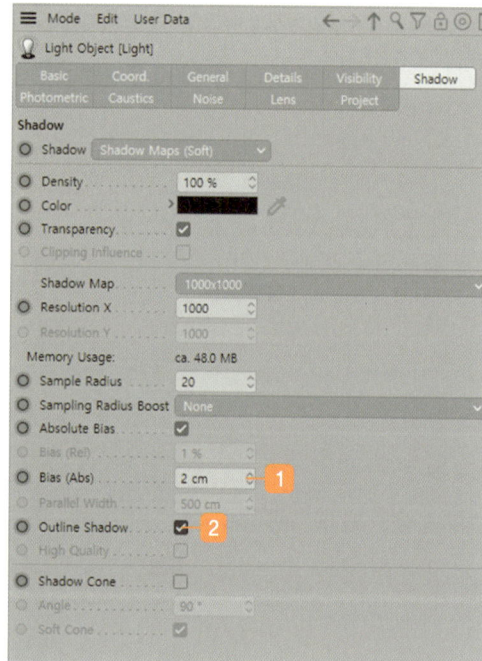

16 이번엔 쉐도우 콘과 앵글 그리고 소프트 콘에 대해 알아보기 위해 먼저 라이트의 위치를 그림처럼 피규어 머리 위쪽으로 이동해줍니다. 그리고 렌더 뷰를 통해 확인해보면 앞서 살펴보았던 것과 같은 그림자가 표현됩니다. 지금의 그림자의 단점 중에 하나는 여러 개의 오브젝트를 렌더링할 때 간혹 그림자의 경계 부분에 작은 인위적인 이음새가 보이게 된다는 것인데 이럴 때 쉐도우 콘을 이용하면 그림자는 콘 부분으로 한정되기 때문에 이음새가 없는 그림자를 표현할 수 있습니다.

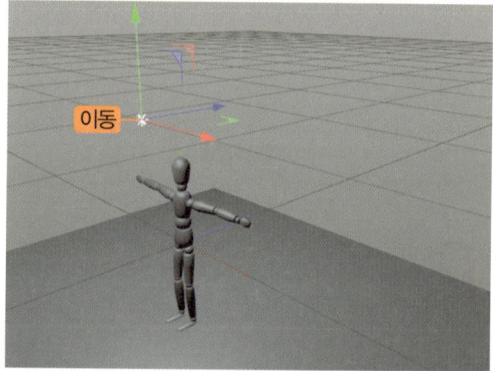

15 다시 렌더 뷰를 해보면 그림자의 모습이 경계선만 남고 안쪽 부분은 비어있는 것을 알 수 있습니다. 확인이 끝나면 다시 Outline Shadow를 해제합니다.

렌더 뷰의 모습

17 Outline Shadow를 해제한 후 Shadow Cone을 체크한 후 렌더 뷰를 통해 확인해봅니다. 현재는 콘 앵글이 좁기 때문에 그림자가 보이지 않습니다.

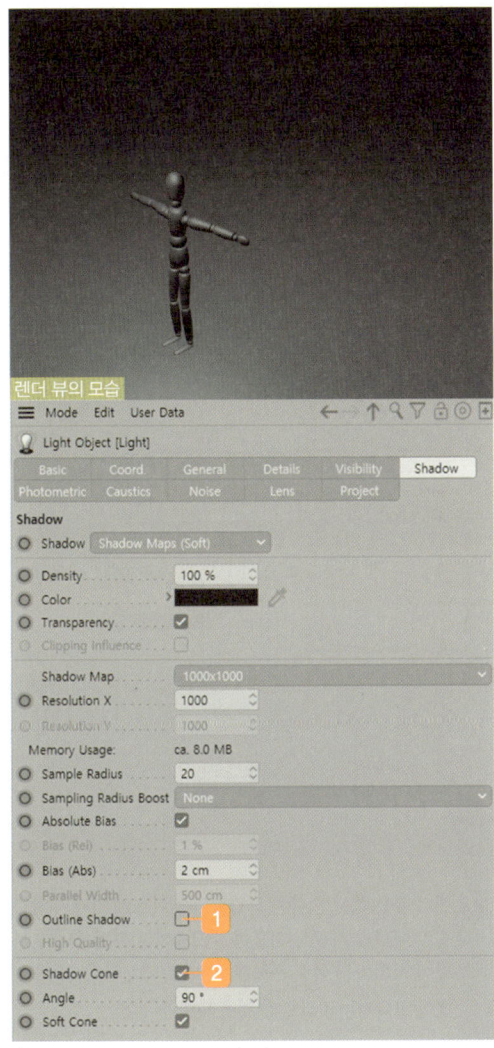

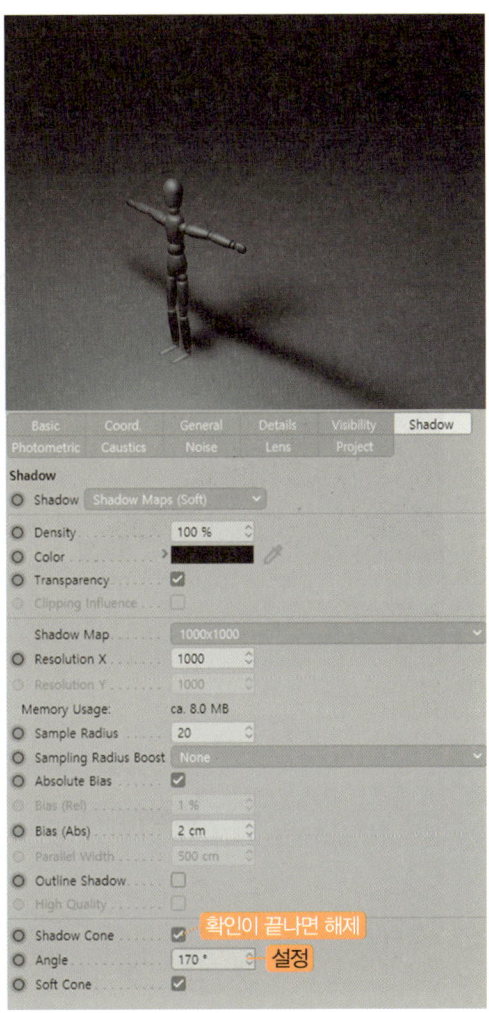

18 Angle을 최대 값인 170도로 설정한 후 다시 렌더 뷰를 해보면 아주 부드러운 그림자의 모습이 표현됐습니다. 그림자와 피사체간의 거리가 가장 가까운 곳은 보다 선명하고 먼 곳은 더욱 흐려지게 표현됐으며 그 흐림의 정도가 아주 자연스럽게 느껴집니다. 그러나 이 방식은 사용하게 되면 콘 앵글의 한계가 있기 때문에 넓은 영역의 작업에서는 적합하지 않게 됩니다. 그리고 맨 아래에 있는 소프트 콘은 그림자 경계를 부드럽게 할 때 사용됩니다.

19 이제 다른 그림자 방식에 대해 알아보기 위해 먼저 조명이 위치를 원래의 위치로 되돌려 놓습니다.

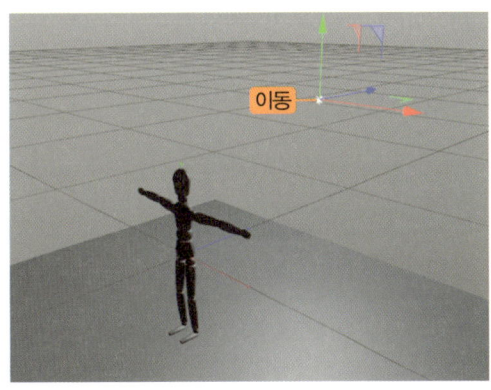

20 다시 General 탭으로 이동한 후 Shadow를 Raytraced (Hard)를 선택합니다. 그리고 렌더 뷰를 해보면 그림자 경계가 선처럼 아주 뚜렷하게 표현됩니다. 이렇듯 레이트레이스 (하드)는 그림자의 부드러움이 전혀 없는 방식입니다.

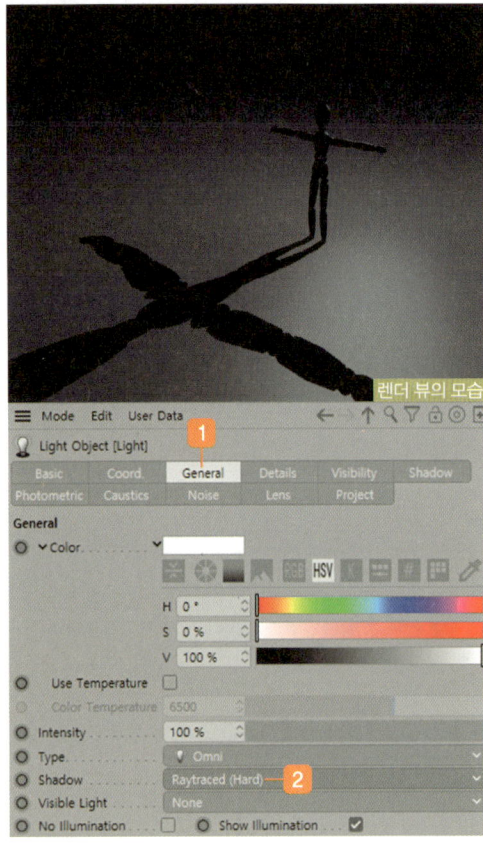

21 레이트레이스 (하드) 방식의 그림자는 Shadow 탭에서도 별다른 설정 기능이 없습니다. 단순히 그림자의 밝기(강도)와 색상 그리고 투명도에 대한 사용 유무만 가능합니다.

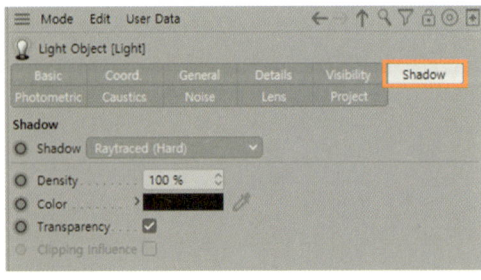

22 General 탭으로 다시 이동한 후 Shadow를 Area로 설정합니다. 에어리어로 설정하면 조명의 모습도 에어리어 라이트처럼 바뀌게 됩니다. 물론 그렇다고 해서 에어리어 라이트가 되는 것은 아닙니다.

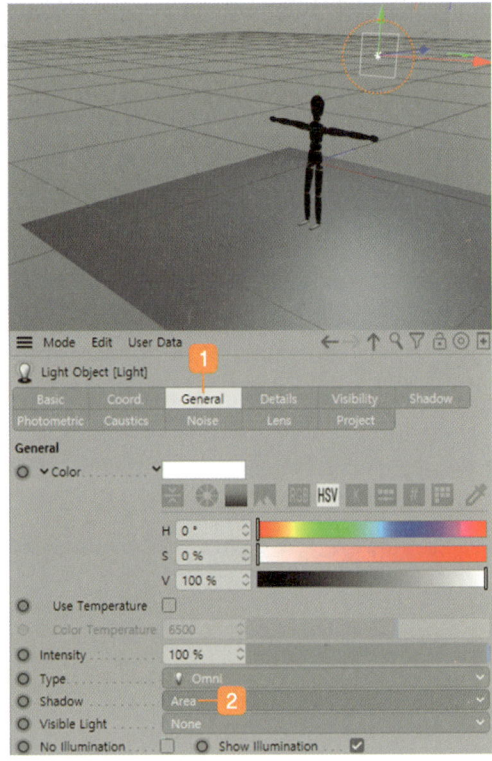

23 렌더 뷰를 해보면 다른 그림자와는 다르게 하나의 압축된 모습이 아니라 사방으로 흩여진 그림자로 표현됩니다. 이것은 빛이 비춰지는 영역이 다른 조명과는 다르게 넓은 영역에서 빛이 비춰지는 것과 같은 것을 의미합니다.

24 Cood 탭으로 이동한 후 S . X축과 Y축을 0.4 정도로 축소한 후 다시 렌더 뷰를 해보면 빛이 비춰지는 영역이 줄어들었기 때문에 그림자의 모습도 한층 줄어든 것을 알 수 있습니다.

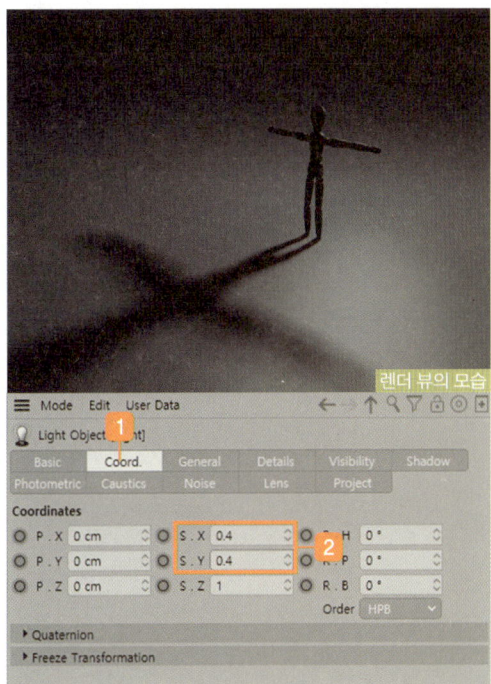

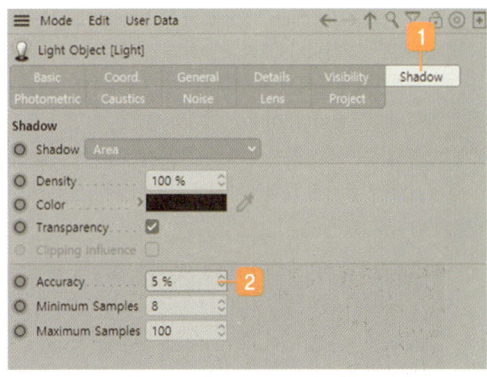

25 에어리어 그림자를 사용할 때의 Shadow 탭에서는 그림자 밝기, 색상, 투명도 이외에도 그림자의 정확도(품질)를 설정할 수 있는 몇 개의 기능이 있습니다. 여기에서는 Accuracy(정확도)를 5 정도로 낮춰놓은 후 렌더 뷰를 해봅니다. 그러면 이전보다 그림자가 거칠게 표현되는 것을 알 수 있습니다.

26 에큐러시를 다시 원래 값인 75로 수정하고 이번엔 맨 아래쪽 Maximum Samples를 8로 낮춰줍니다. 그리고 렌더 뷰를 해보면 이전보다 더욱 거칠게 표현됩니다. 이것으로 애큐러시와 맥시멈 샘플은 에어리어 그림자의 품질에 가장 큰 영향을 준다는 것을 알 수 있습니다.

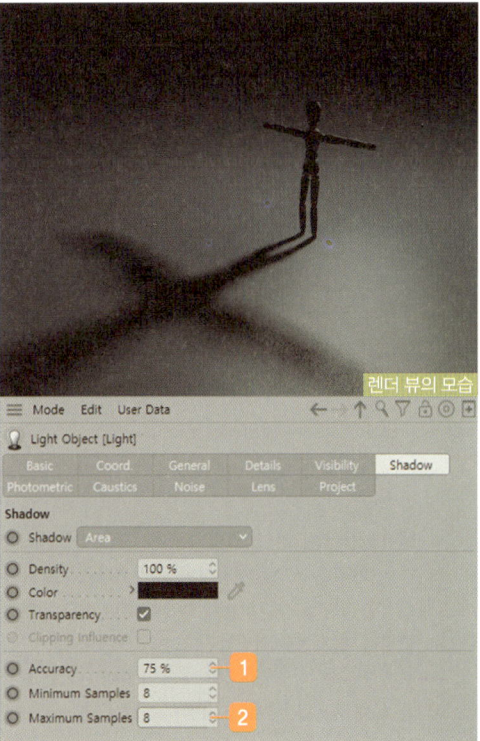

라이트 표현 **423**

27 마지막으로 Minimum Samples와 Maximum Samples를 모두 100으로 설정합니다. 그리고 렌더 뷰를 해보면 그림자 입자가 전체적으로 부드럽게 처리되며 특히 경계 부분도 아주 자연스럽게 표현됐습니다. 이렇듯 미니멈 샘플은 그림자 품질에 영향을 덜 주는 경계 부분의 품질에 영향을 준다는 것을 알 수 있습니다. 지금까지 그림자의 주요 기능에 대한 설정법에 대해 알아보았습니다.

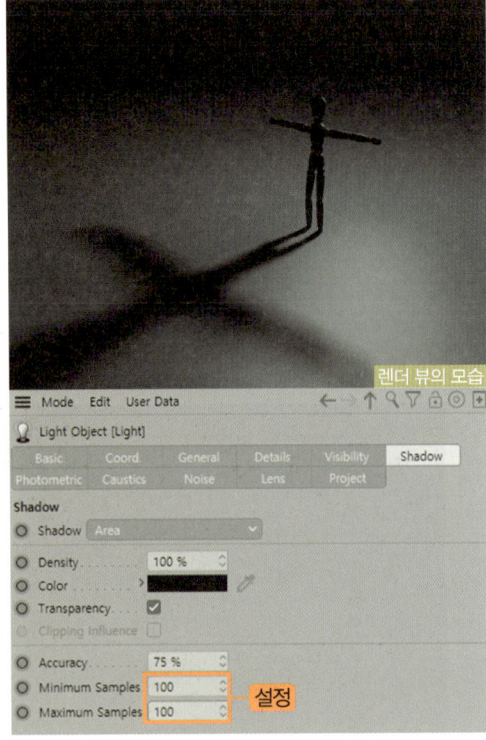

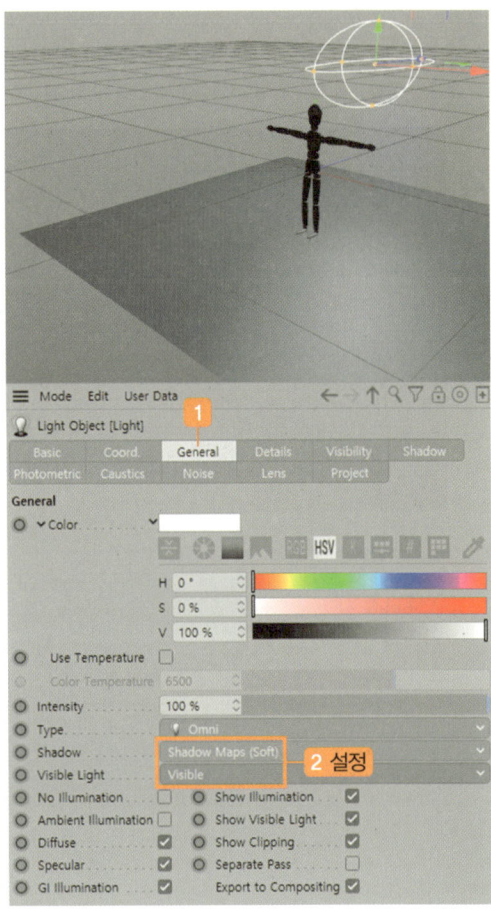

28 이번엔 가시 조명에 대해 알아봅니다. 다시 General 탭으로 이동한 후 Visible Light를 보면 세 가지 타입의 가시 조명이 있습니다. 가시 조명은 눈으로 볼 수 있는 조명을 말하는데 이전 학습에서 만들어본 스탠드 조명 제작에서의 조명을 이해하면 됩니다. 이와 같은 조명을 사용하면 빛의 궤적을 표현할 수 있어 환상적인 조명 효과를 연출할 수 있습니다. 먼저 Visible을 선택합니다. 비지블을 선택하면 조명의 모습이 둥근 모양으로 바뀌게 되는데 이 모양이 실질적인 조명의 크기가 되는 것입니다. 이때 사용되는 그림자 타입은 Shadow Maps (Soft)로 선택합니다.

29 비지블 라이트 타입을 확인하기 위해서 렌더 뷰를 해보면 그림처럼 둥근 조명의 모습이 주변에 은은하게 보이고 그림자 역시 표현됩니다. 이처럼 조명의 모습도 표현하고자 할 때 사용되는 것이 비지블입니다.

30 비지블에 대한 세부 설정을 위해 Visibility 탭으로 이동합니다. 비지빌리티 탭에서는 빛을 감쇠하거나 빛의 거리, 밝기, 노이즈, 그레이디언트 컬러 등을 설정할 수 있습니다. 먼저 Use Falloff를 해제해봅니다.

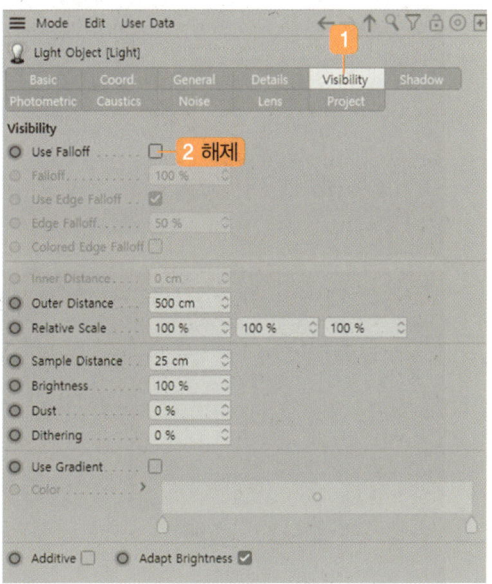

31 유즈 폴오프를 해제한 후 렌더 뷰를 해보면 작게 보였던 조명의 크기가 엄청나게 커진 것을 알 수 있습니다. 이것은 빛의 밀도를 감쇠하는 것을 해제한 것이므로 원래 모습이 그대로 표현되게 됩니다.

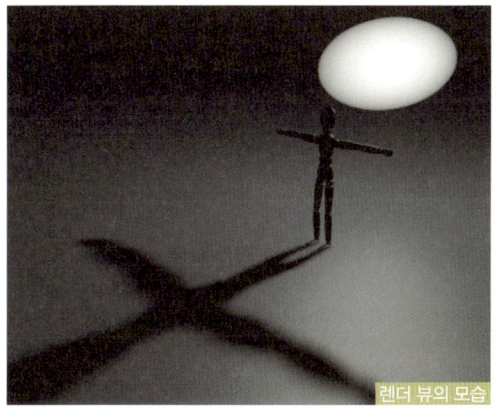

32 빛의 감쇠를 사용하면 조명의 경계를 부드럽게 표현할 수 있기 때문에 대부분은 유즈 폴오프를 사용하게 됩니다. Use Falloff를 다시 체크하고 Falloff 값을 10 정도로 낮춰봅니다.

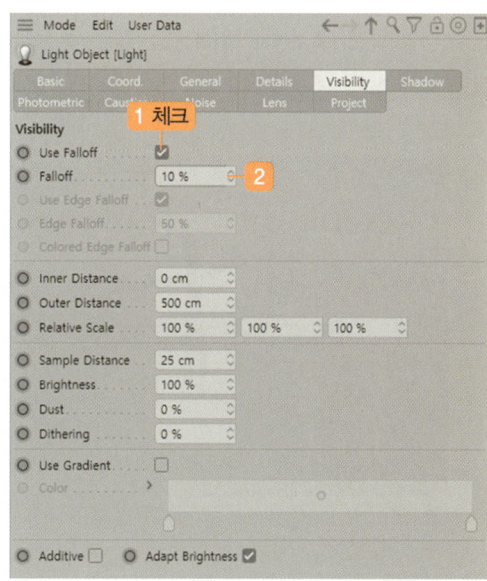

33 다시 렌더 뷰를 통해 확인해보면 조명의 경계가 부드러워진 것을 알 수 있습니다. 폴오프를 통해 빛이 발산되는 것을 억제했기 때문에 생기는 모습입니다. 만약 이 값을 높여준다면 억제되는 힘이 강해지기 때문에 경계는 더욱 흐려질 것이고 조명의 크기는 작게 느껴지게 됩니다.

34 확인이 끝나면 앞서 설정했던 Falloff를 다시 100으로 설정합니다. 계속해서 아래쪽 비활성화되어 있는 세 가지 기능은 스폿 라이트를 이용할 때만 사용할 수 있는 것입니다. 이것은 잠시 후에 살펴보기로 합니다. 아래쪽 Inner Distance(인어 디스턴스)와 Outer Distance(아우터 디스턴스) 그리고 Relative Scale(렐

러티브 스케일)은 각각 조명의 내경의 크기와 외경의 크기 그리고 XYZ축의 크기를 개별로 조절할 수 있습니다. 여기에서는 내경의 크기를 조절하기 위해 Inner Distance를 250 정도로 높여봅니다.

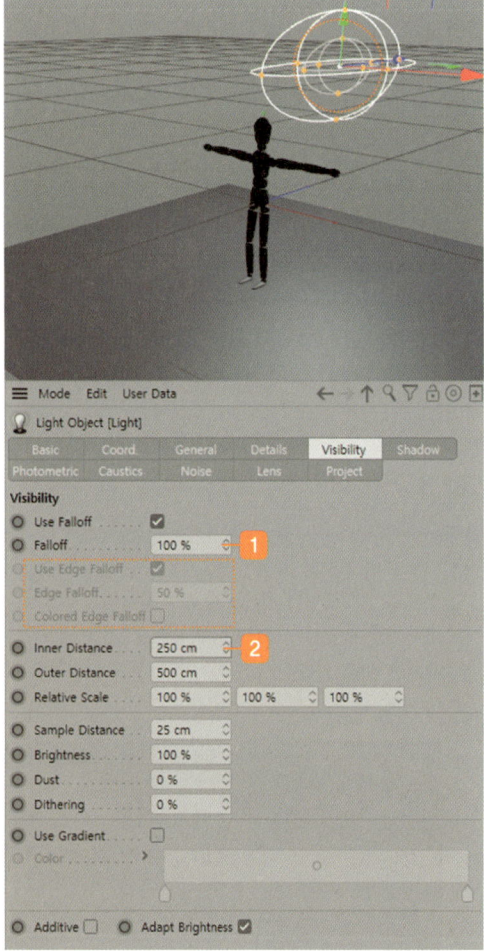

인어 디스턴스 값이 250일 때의 모습

인어 디스턴스 값이 0일 때의 모습

35 렌더 뷰를 해보면 내경의 크기가 커진 것을 알 수 있습니다. 이것은 부드러운 경계가 줄어든 만큼 내경이 커진 것을 의미합니다. 두 번째 그림은 인어 디스턴스 값을 기본 값인 0으로 했을 때의 모습입니다. 두 그림을 비교해 보면 쉽게 알 수 있습니다.

36 계속해서 아래쪽 Sample Distance와 Brightness, Dust, Dithering은 스폿 라이트를 이용한 볼륨 라이트를 사용할 때 사용되므로 볼륨 라이트에 대한 설명을 할 때 살펴봅니다. 비지블 라이트의 색상을 설정하기 위해서는 Use Gradient를 체크해야 합니다. 유즈 그레이디언트가 체크된 상태에서 Color의 색상을 지정하면 되는데 필자는 첫 번째 색상만 노란색으로 설정했습니다. 맨 아래쪽에 있는 Additive는 비지블 라이트를 여러 개 사용했을 때 서로 교차되는 부분에 대해 가산하여 표현(포토샵이나 애프터 이펙트의 레이어 블렌딩 모드에서 Add와 같음) 해주는 기능이며 Adapt Brightness는 빛의 밝기에 의해 노출 오버되는 것을 방지하여 항상 조명의 밝기를 최적화시켜 줍니다. 그러므로 대부분 체크된 상태로 사용합니다.

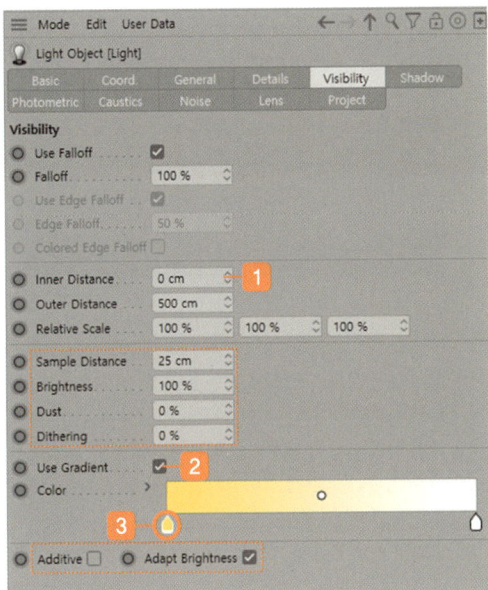

37 렌더 뷰를 해보면 비지블 조명의 안쪽 부분이 노란색으로 표현되는 것을 알 수 있습니다.

38 이번엔 볼륨 라이트에 대해 알아보기 위해 General 탭으로 이동한 후 Visible Light를 Volumetric으로 설정합니다. 볼륨메트릭(볼륨 라이트)을 사용하면 라이트 타입을 항상 Spot(스폿 라이트)으로 사용해야 합니다. 스폿 라이트를 그림처럼 피규어 방향으로 비춰지도록 회전하고 그림자가 바닥에 비칠 수 있도록 바닥을 향하도록 회전합니다. 그러나 현재는 앞서 비지블을 설정한 흔적이 남아있기 대문에 스폿 라이트의 앵글이 너무 좁습니다.

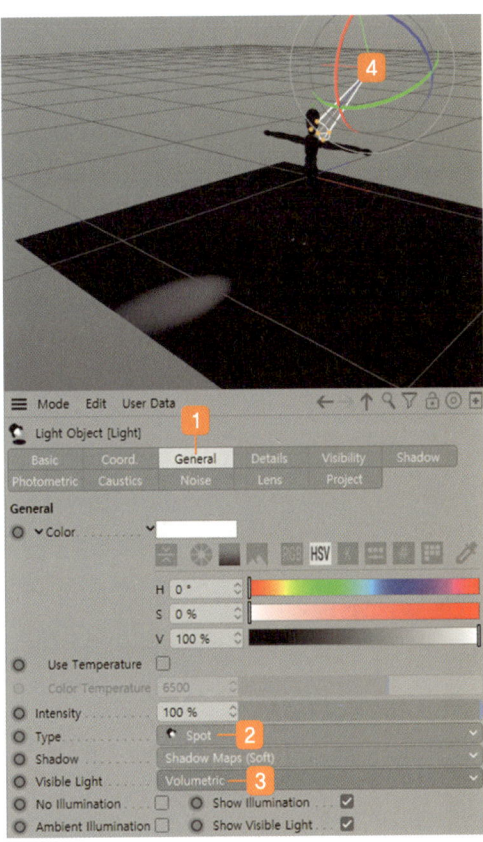

39 Details 탭으로 이동한 후 Outer Angle을 85 정도로 증가합니다. 이것으로 스폿 라이트의 외경의 너비가 넓어졌습니다. 디테일 탭에서는 스폿 라이트와 옴니 라이트(기본 라이트) 그리고 에어리어 라이트를 사용할 때에 기능들이 서로 다릅니다. 해당 라이트 방식을 사용할 때마다 기능들이 활성화되거나 비활성화되는데 디테일 탭에서는 선택한 조명의 개별적인 속성을 보다 세밀하게 설정할 수 있습니다.

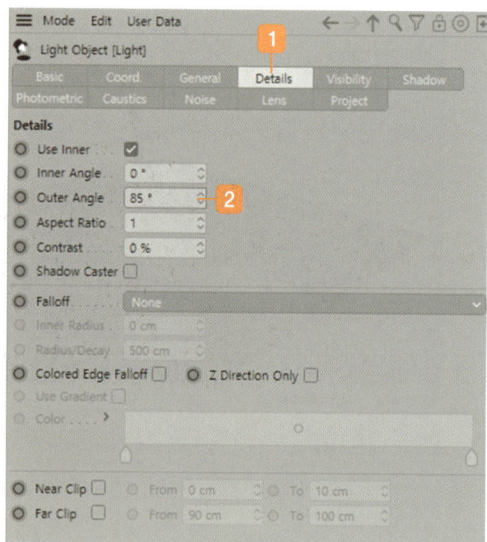

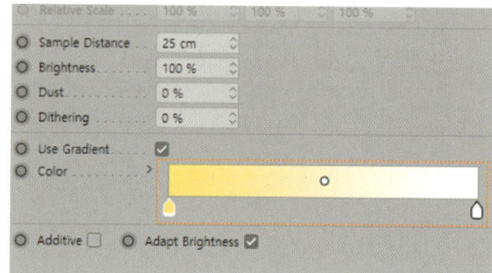

40 아직 스폿 라이트의 길이가 짧기 때문에 길이에 대한 설정이 필요합니다. 다시 Visibility 탭으로 이동한 후 Outer Distance를 2424 정도로 늘려줍니다. 외경의 길이(거리)가 늘어났기 때문에 그림처럼 빛의 궤적도 조절된 만큼 길게 표현될 것입니다. 물론 지금의 작업은 뷰포트에서 보이는 스폿 라이트의 주황색 포인트들을 이용하여 길이와 앵글을 조절할 수도 있습니다.

41 렌더 뷰를 통해 확인해보면 스폿 라이트의 궤적이 볼륨 라이트로 표현된 것을 알 수 있습니다. 이처럼 볼륨메트릭을 사용하면 빛의 볼륨이 표현되기 때문에 환상적인 빛 효과를 연출할 수 있습니다. 볼륨 라이트는 두 가지 형식이 있는데 지금 사용한 볼륨메트릭은 오브젝트(피규어)가 있는 부분은 빛이 차단되고 엄폐물이 없는 부분만 빛이 표현되는 방식입니다. 볼륨 라이트는 유리창에서 들어오는 빛이나 밀폐된 공간의 벽의 작은 구멍(틈)을 통해 들어오는 빛을 표현할 때 즐겨 사용합니다.

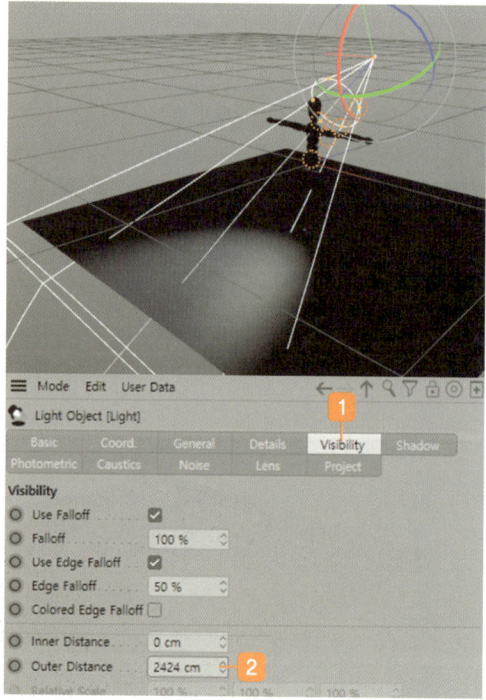

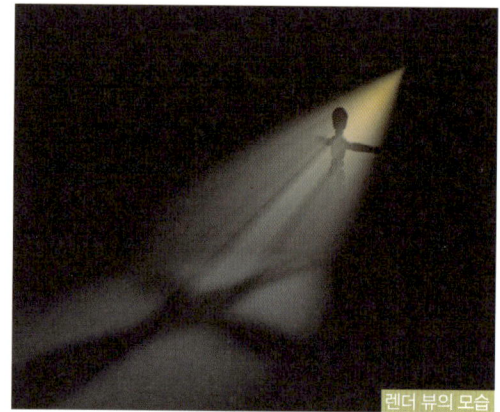

▶ 렌더 뷰의 모습

42 여기서 Inner Distance를 577 정도로 증가한 후 다시 렌더 뷰를 해봅니다. 그러면 앞서 설정한 첫 번째 그레이디언트 색상 영역이 더욱 길어진 것을 알 수 있습니다. 다음은 앞서 비지빌리티 탭에서 그냥 넘어간 몇 가지 기능에 대해 살펴보기로 합니다.

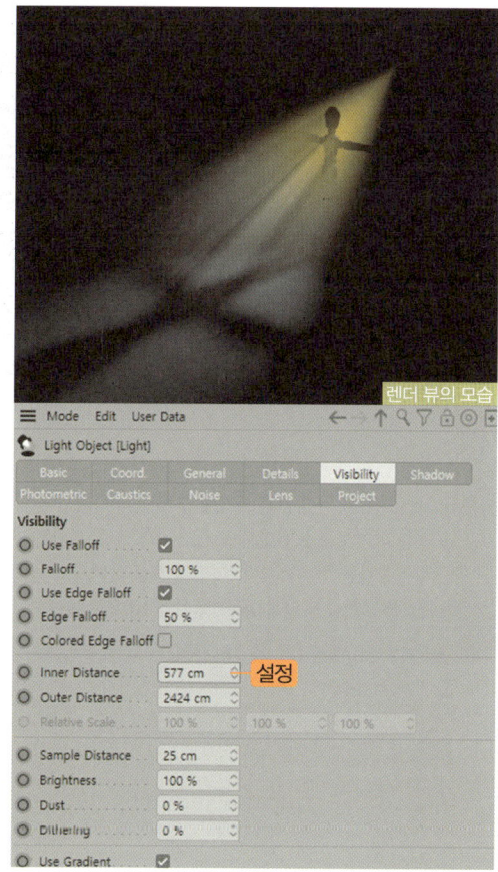

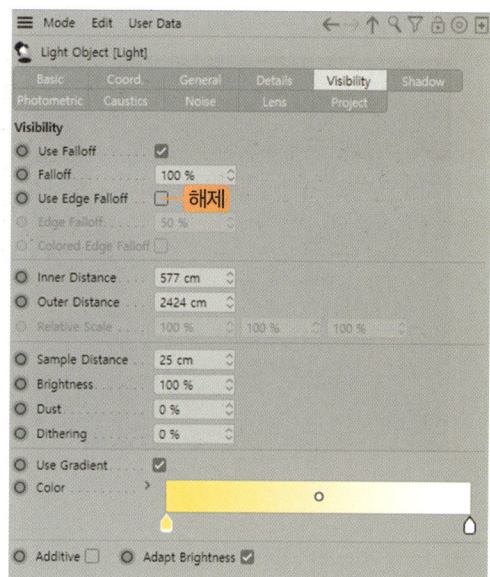

43 먼저 Use Edge Falloff를 해제해봅니다. 그리고 렌더 뷰를 해보면 부드러웠던 볼륨 라이트의 경계가 선처럼 뚜렷해진 것을 알 수 있습니다. 이처럼 유즈 엣지 폴오프를 사용하면 볼륨 라이트의 경계에 대한 감쇠 정도를 설정할 수 있습니다. 확인이 끝나면 유즈 엣지 폴오프를 다시 켜줍니다.

44 Use Edge Falloff를 다시 체크하고 이번엔 Colored Edge Falloff를 체크합니다. 컬러드 엣지 폴오프는 볼륨 라이트의 색상을 감쇠시킬 때 사용됩니다.

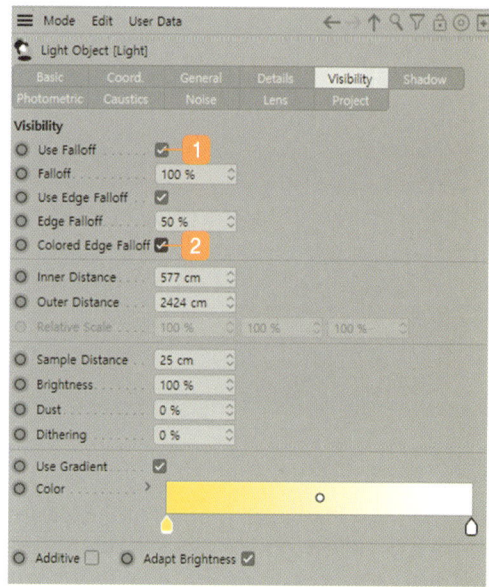

45 렌더 뷰를 해보면 볼륨 라이트의 색상(노란색)이 많이 감쇠되어 흐릿하게 표현되는 것을 알 수 있습니다. 확인이 끝나면 컬

러드 엣지 폴오프를 다시 해제를 해줍니다.

렌더 뷰의 모습

렌더 뷰의 모습

46 Colored Edge Fallof를 해제한 후 계속해서 이번엔 Sample Distance를 250 정도로 높여줍니다.

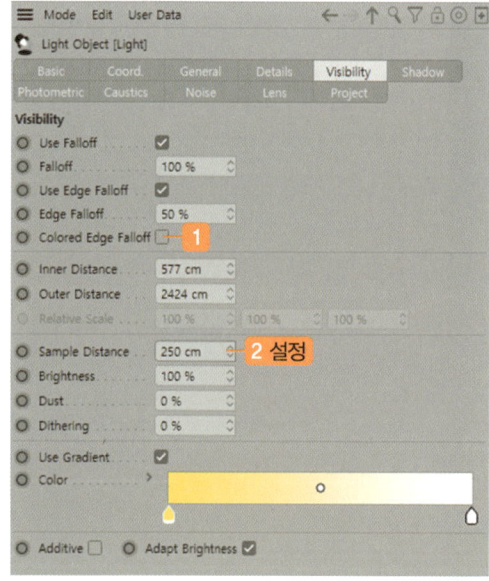

48 Brightness는 빛의 밝기를 조절할 수 있는데 수치를 낮춰 어두운 볼륨 라이트를 표현할 수도 있습니다. 또한 Dust는 라이트 콘의 어둡기를 정의합니다. 이번엔 볼륨 라이트에 불규칙한 노이즈를 표현하기 위해 Dithering 값을 100으로 높여줍니다.

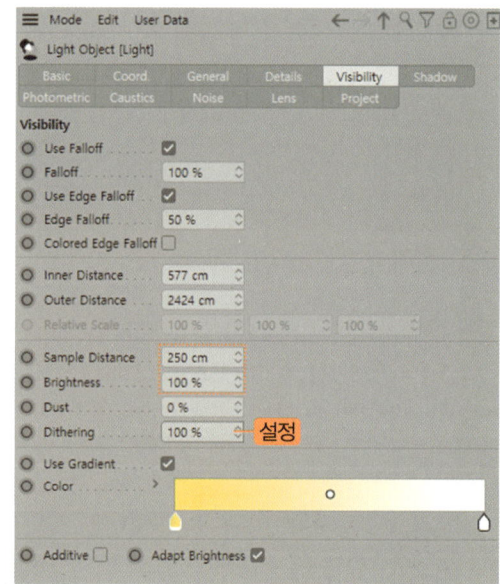

47 렌더 뷰로 확인해보면 볼륨 라이트의 모습이 거칠고 지글지글한 모습이 표현됩니다. 샘플 디스턴스는 볼륨메트릭 그림자가 얼마나 섬세하게 계산될지에 대한 정의를 할 수 있습니다. 지금처럼 수치를 높여주면 렌더링 시간이 빠른 반면 정밀한 계산을 하지 못하게 됩니다. 설정이 끝나면 다시 원래 값으로 되돌려줍니다.

49 렌더 뷰를 통해 확인해보면 볼륨 라이트에 작은 입자들이 표현되는 것을 알 수 있습니다. 보이는 이미지는 볼륨 라이트의 전체 모습이 보이기 때문에 눈에 확 띄지는 않지만 확대를 해서 보면 노이즈 입자들이 표현되는 것을 알 수 있습니다.

50 이번엔 다시 Details 탭으로 이동합니다. Inner Angle을 Outer Angle과 같은 각도인 85도로 설정합니다. 그리고 렌더 뷰를 해 보면 바닥에 비치는 광원의 경계가 뚜렷하게 표현됩니다. 이 렇듯 인너 앵글은 안쪽 광원의 크기를 조절할 수 있다는 것을 알 수 있습니다. 확인이 끝나면 다시 원래대로 설정합니다.

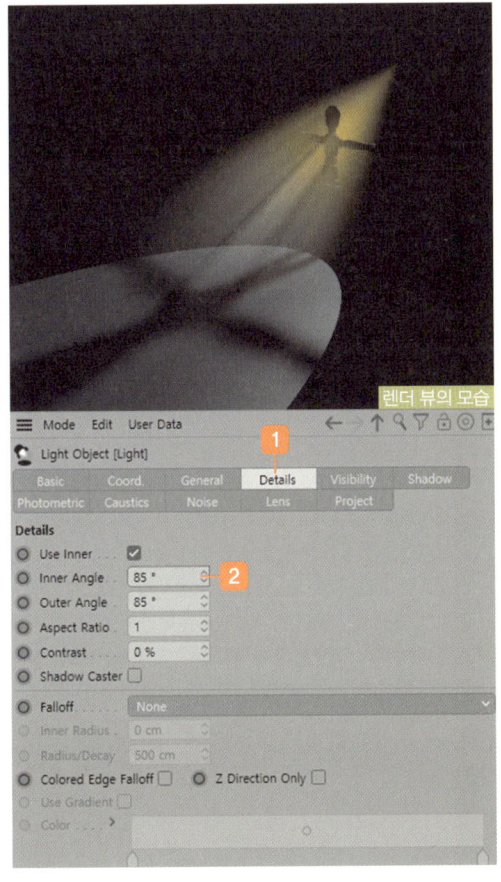

51 이번엔 컨트라스트에 대해 알아보기 위해 먼저 오브젝트 툴에 서 스피어를 생성한 후 크기(Radius)를 200 정도로 키워줍니다. 그다음 위치를 그림처럼 피규어 오브젝트 앞쪽으로 이동합니 다.

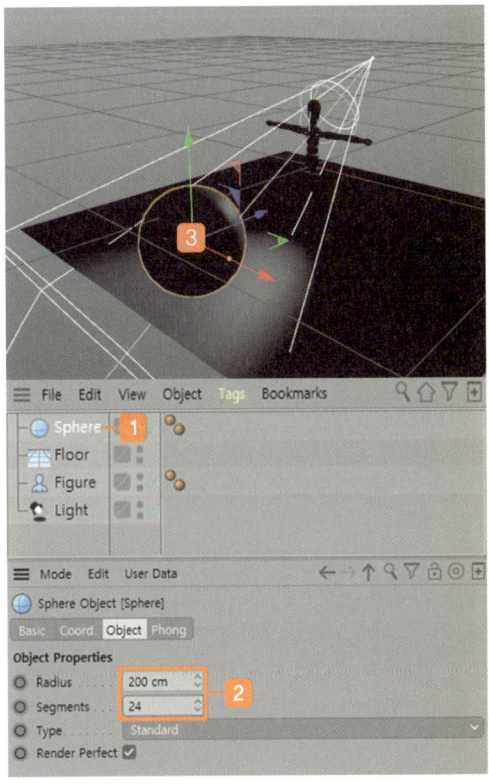

52 이 상태에서 렌더 뷰를 해보면 방금 만든 스피어에도 빛이 비 춰지고 그림자도 표현되는 지극히 평범한 모습입니다.

라이트 표현 **431**

53 다시 조명을 선택한 후 디테일 탭에서 Contrast 값을 250 정도로 높여봅니다. 그다음 렌더 뷰를 해보면 스피어의 빛이 비춰지는 면의 모습이 극단적으로 뚜렷해진 것을 알 수 있습니다. 이처럼 컨트라스트는 빛을 받는 표면의 상태를 부드럽게 하거나 뚜렷하게 할 때 사용됩니다.

캐스터를 해제합니다.

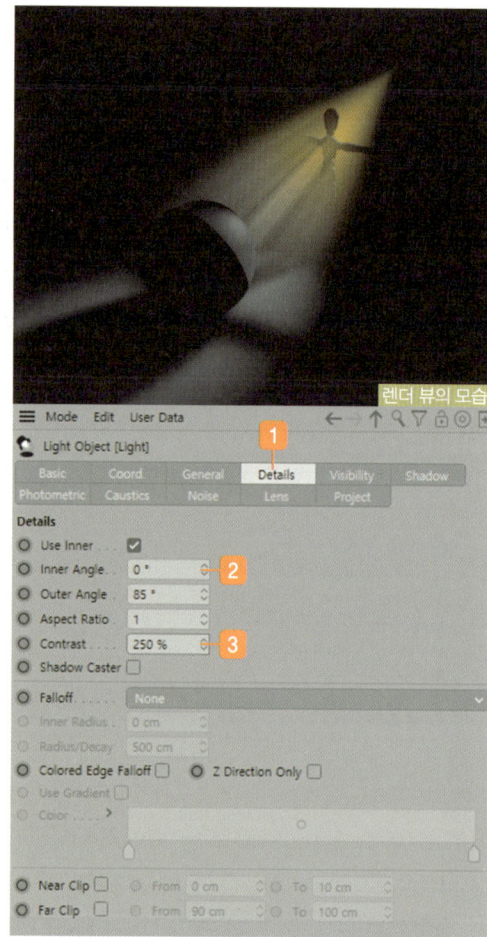

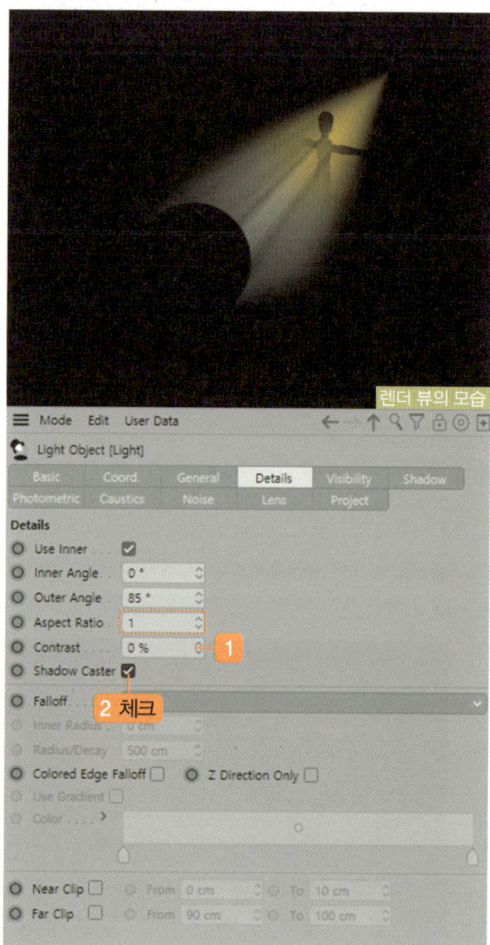

54 확인이 끝나면 Contrast 값을 다시 원래 상태로 되돌려줍니다. Aspect Ratio(애스텍트 레이쇼우)는 광원의 비율을 설정할 때 사용하며 Shadow Caster는 그림자만 생성되도록 하는 기능입니다. 일반적으로는 빛을 받는 오브젝트의 표면에 하이라이트가 생기지만 이 하이라이트가 시각적으로 다른 그림자들과 어울리지 않는다면 이 기능을 체크하여 하이라이트 부분을 제거할 수 있습니다. Shadow Caster를 체크한 후 렌더 뷰를 해보면 스피어의 하이라이트 부분이 없어지고 뒤쪽 부분이 전체적으로 어두워진 것을 알 수 있습니다. 확인이 끝나면 다시 쉐도우

55 그밖에 Falloff는 볼륨 라이트의 거리에 따라 광도를 감쇠시킬 때 사용되며 Colored Edge Falloff 그레이디언트 색상을 감쇠시킬 때 사용됩니다. Z Direction Only를 체크하면 Z축 방향에 대해서만 감쇠됩니다. Use Gradient는 바닥에 비친 광원에 그레이디언트 색상을 설정할 수 있습니다. Colored Ddge Falloff를 체크한 후 Use Gradient를 체크 해봅니다. Color가 활성화되면 첫 번째 색상만 바꿔줍니다. 필자는 빨간색으로 지정했습니다. 그다음 렌더 뷰를 통해 확인해봅니다. 바닥에 비친 광원의 안쪽 색상이 빨간색으로 표현되는 것을 알 수 있습니다.

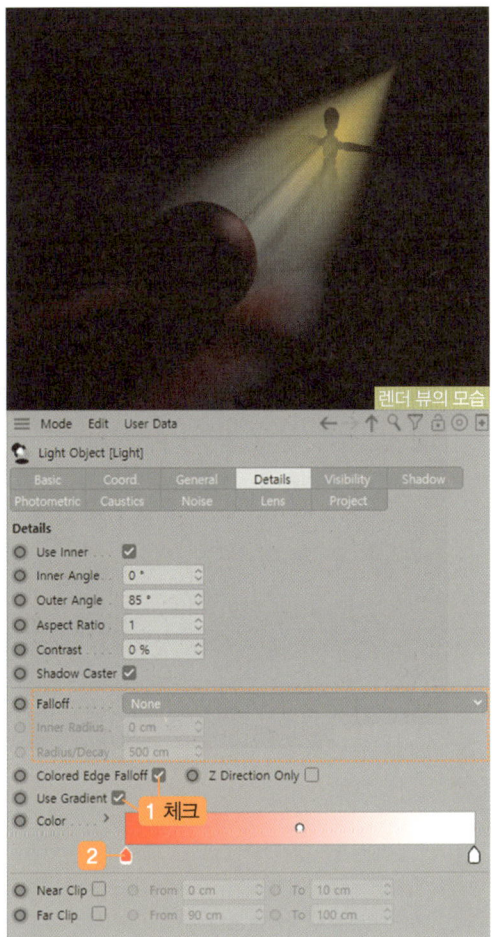
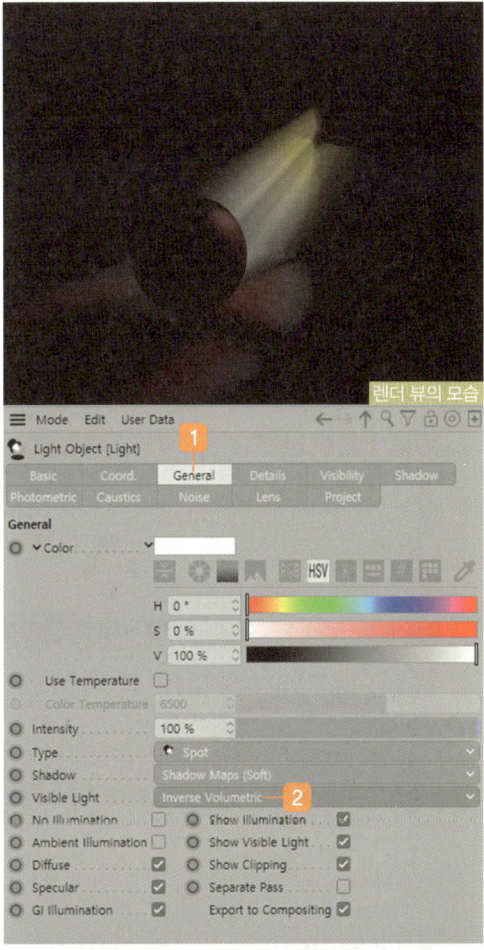

56 이번엔 또 다른 볼륨 라이트에 대해 알아보기 위해 General 탭으로 이동한 후 Visible Light를 Inverse Volumetric으로 설정합니다. 그리고 렌더 뷰를 통해 확인을 해봅니다. 인버스 볼류메트릭은 앞서 살펴본 볼류메트리과는 다르게 피규어가 있는 오브젝트 뒤쪽에만 볼륨 라이트가 표현되는 것을 알 수 있습니다. 즉, 볼륨 라이트의 반전된 상태라고 이해하면 됩니다. 이처럼 볼륨 라이트를 사용하면 빛 내림 현상이나 로고 글자 뒤에서 빛이 뻗어 나오는 라이트 버스트 효과 등을 표현할 수 있습니다.

커스틱(Caustics) 탭 살펴보기

커스틱 탭에서는 빛의 산란 작용을 표현하는 기능들을 제공합니다. 물리학에서의 커스틱은 어느 입자가 다른 입자와 충돌에 의해서 운동 방향에 변화가 생기는 것을 말하는데 주로 투명한 물체에 빛이 투과되거나 금속 재질에 빛이 반사되는 장면에서 볼 수 있습니다.

01 커스틱에 대해 알아보기 위해 그림처럼 바닥을 만들고 바닥 위에 구를 하나 올려놓습니다. 그리고 스폿 라이트를 만들어 구와 바닥을 비출 수 있도록 배치합니다. 조명은 그림자가 사용되도록 해주고 앞서 학습했던 볼륨메트릭도 켜줍니다.

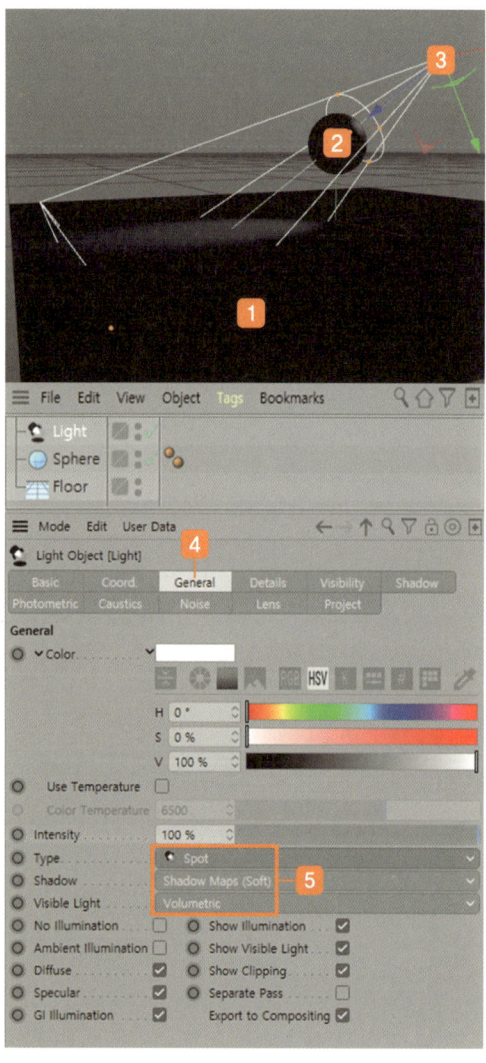

02 앞서 설정한 상태에서 렌더 뷰(Ctrl + R)를 해보면 그림처럼 볼륨 라이트가 표현되고 스피어에 의한 그림자도 생성됐습니다.

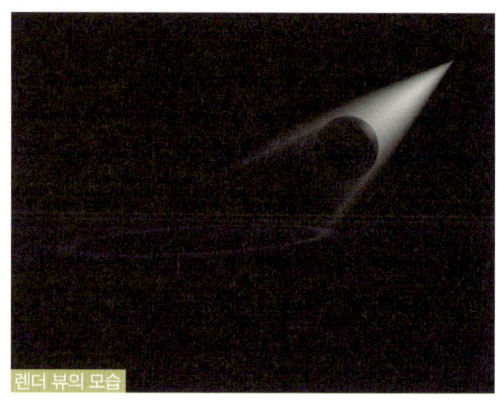

03 라이트가 선택된 상태에서 Caustics 탭으로 이동합니다. 커스틱 탭에서는 두 가지 방식의 커스틱을 제공합니다. 하나는 빛이 표면에 닿을 때 생기는 Surface Caustics이며 다른 하나는 볼륨 라이트를 사용할 때 물체를 투과하거나 반사될 때 생기는 Volume Caustics입니다.

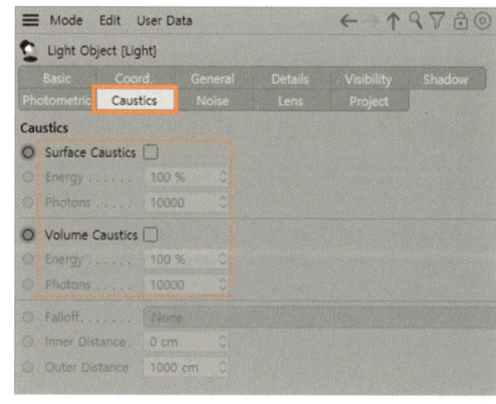

04 커스틱을 사용하기 위해서는 굴절이나 반사율이 있는 투명한

물체가 필요합니다. 새로운 매터리얼을 만들고 매터리얼 에디터를 열어줍니다.

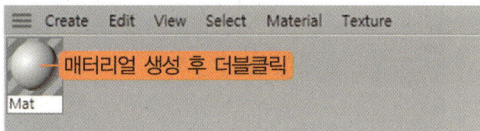

05 Transparency 채널을 체크한 후 투명도(Brightness)는 그대로 놔두고 굴절을 위해 Refraction 값을 3 정도로 높여줍니다.

06 방금 설정한 투명한 매터리얼을 끌어다 스피어 오브젝트에 적용합니다.

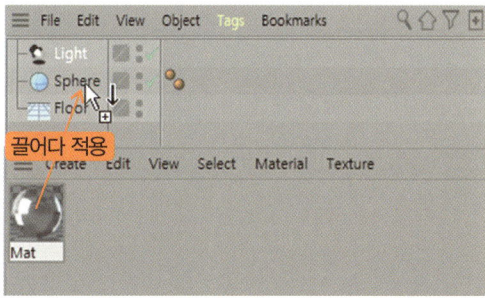

07 다시 렌더 뷰를 해봅니다. 그러면 구가 투명해졌기 때문에 그림자가 거의 보이지 않습니다.

08 커스틱을 렌더링할 수 있게 하려면 먼저 렌더 셋팅(Ctrl + B) 창을 열고 Effect 버튼을 클릭하여 Caustics를 적용해야 합니다.

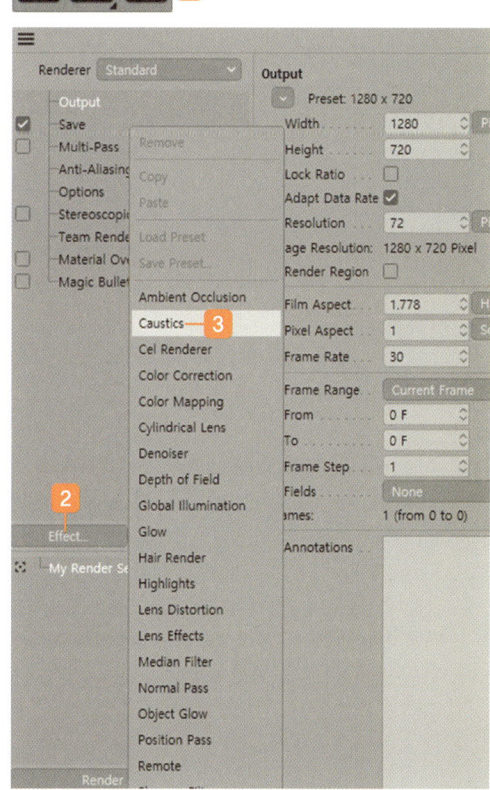

라이트 표현 **435**

09 먼저 표면에 비치는 빛의 산란을 표현하기 위해서 조명을 선택한 후 Caustics 탭에서 Surface Caustics를 체크합니다. 그러면 아래쪽에 Energy 와 Photons가 활성화되는데 에너지는 주로 커스틱의 밝기에 영향을 주지만 아래쪽 포톤(광자)와 굴절 수에도 영향을 줍니다. 그리고 Photons는 광자 수를 설정하는 기능으로 커스틱의 강도를 조절할 때 사용됩니다. 일단 기본 값 상태에서 렌더 뷰를 해봅니다. 바닥에 미세하게 커스틱의 모습이 표현되는 것을 알 수 있습니다.

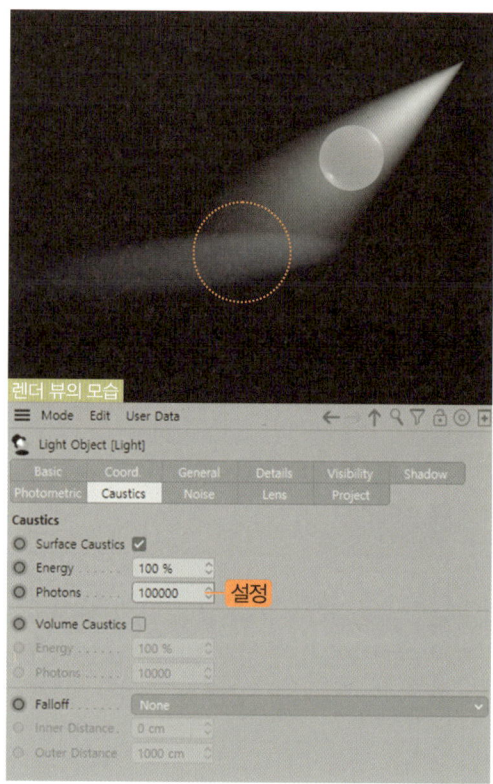

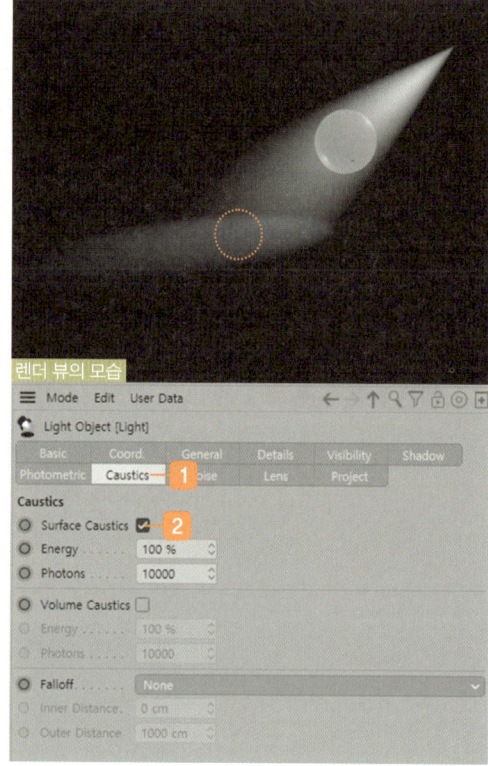

10 이번엔 Photons 값을 100000(십만) 정도로 높여줍니다. 그다음 다시 렌더 뷰를 해보면 이전보다 커스틱 효과가 더욱 선명하게 표현되는 것을 알 수 있습니다. 그러나 아직까지는 눈에 확 들어올 정도는 아닙니다. 커스틱은 빛의 강도에 따라 차이가 날 수 있기 때문에 빛을 강하게 하거나 조명을 오브젝트(스피어)에 가까이 하는 것으로 효과를 볼 수 있습니다. 서피스 커스틱은 물을 표현할 때 더 자세히 알아봅니다.

11 계속해서 이번엔 볼륨 커스틱에 대해 알아보기 위해 다시 렌더 셋팅(Ctrl + B) 창을 열고 커스틱의 Volume Caustics도 체크합니다. 아래쪽 기능들은 커스틱에 대한 강도나 품질에 대한 설정을 할 수 있습니다.

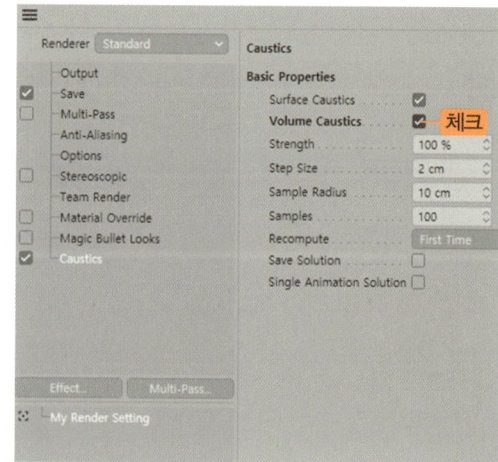

12 조명의 Caustics 탭에서 Volume Caustics도 체크합니다. 여기에서는 기본 값을 그대로 사용한 상태에서 렌더 뷰를 해봅니다. 스피어를 포함한 그 주변에 강렬한 커스틱 효과가 발현된 것을 알 수 있습니다.

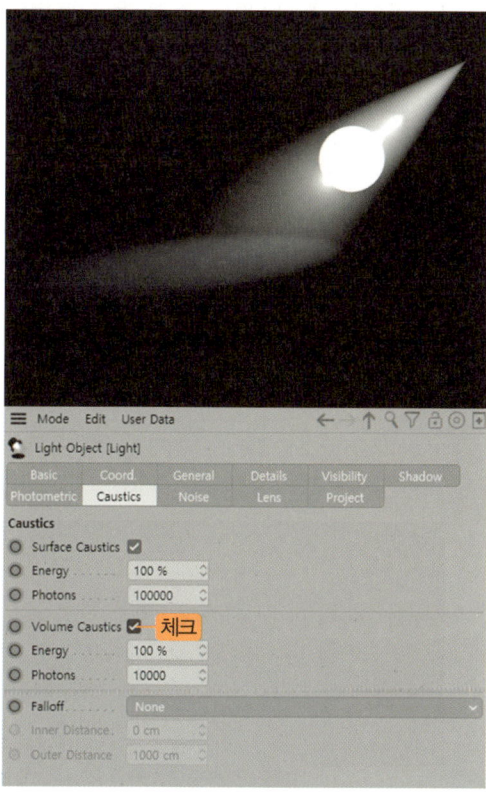

13 살펴본 것처럼 커스틱은 빛의 산란되는 모습을 효과적으로 표현할 수 있습니다. 아래 그림은 기하학적 모양의 투명한 유리 재질에 커스틱이 표현된 모습과 금속 재질 표면에 반사된 빛에 대한 커스틱이 표현된 모습입니다. 그밖에 물을 표현할 때도 커스틱을 사용합니다. 물의 표현은 [물 표현] 섹션에서 자세히 알아볼 것입니다.

노이즈(Noise) 탭 살펴보기

노이즈 탭에서는 빛에 노이즈(잡티)를 적용하여 빛에 혼합된 물질에 의한 혼탁한 그림자를 표현할 수 있습니다. 이것은 볼륨 셰이더를 사용하지 않고도 흔들리는 안개나 태양의 성광 등을 표현하는데 시간을 단축할 수 있게 해줍니다.

01 노이즈에 대해 살펴보기 위해 먼저 큐브를 하나 만들고 폴리곤 오브젝트로 변환합니다. 그다음 앞쪽의 폴리곤(면)을 삭제하여 안쪽의 모습이 보이도록 합니다. 그리고 큐브 안쪽에 기본 조명을 하나 생성합니다. 생성된 조명은 기본 값을 그대로 사용합니다.

라이트 표현 **437**

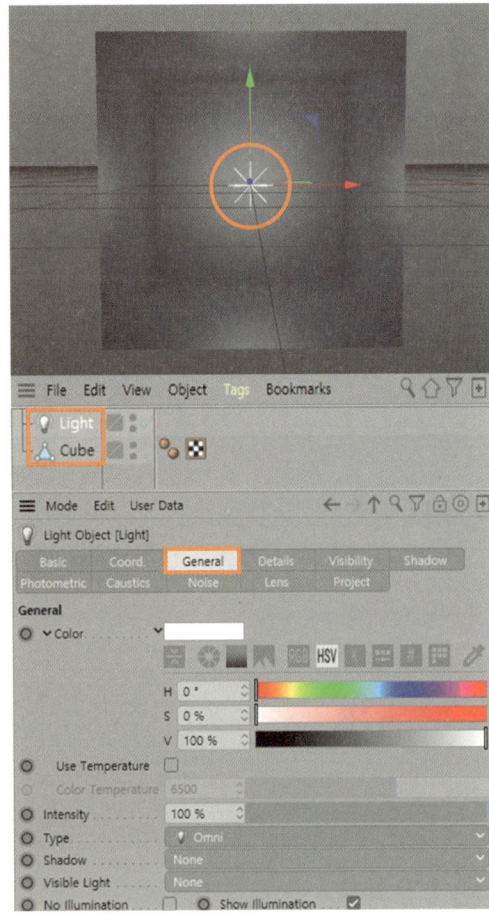

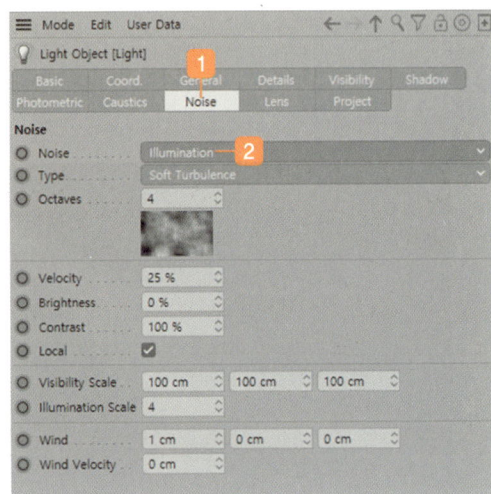

02 이제 노이즈에 대해 알아보기 위해 Noise 탭으로 이동합니다. 먼저 Noise를 Illumination으로 설정한 후 렌더 뷰(Ctrl + R)를 해 보면 큐브 안쪽의 벽면에 노이즈가 비춰지는 것을 알 수 있습니다. 이것을 노이즈 조명이라고 부릅니다.

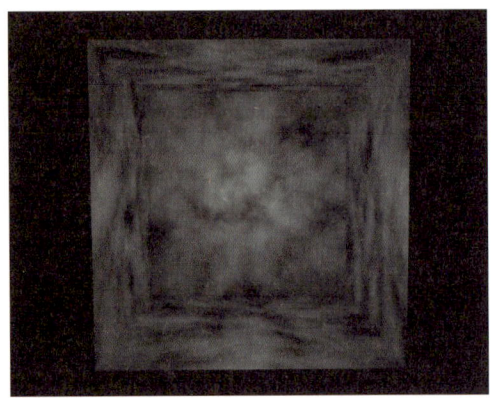

03 일루미네이션은 일반적인 조명처럼 보여지는 것이며 아래쪽 Type을 통해 다양한 방식을 선택할 수 있습니다.

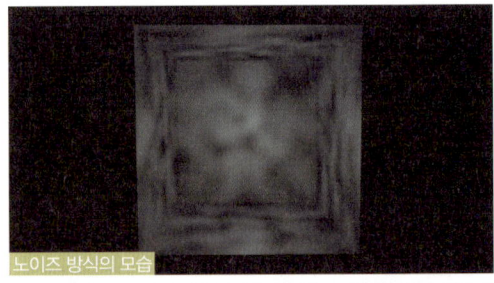

노이즈 방식의 모습

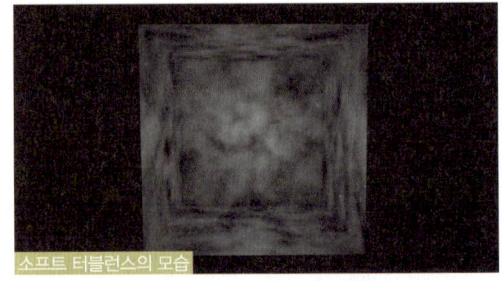

소프트 터블런스의 모습

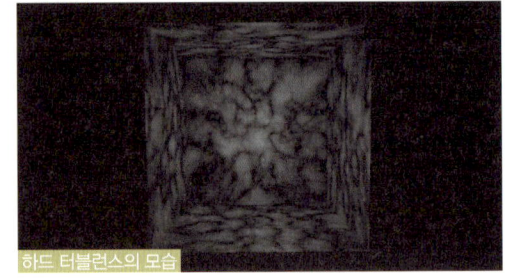

하드 터블런스의 모습

렌더링 진행 상태가 보여집니다.

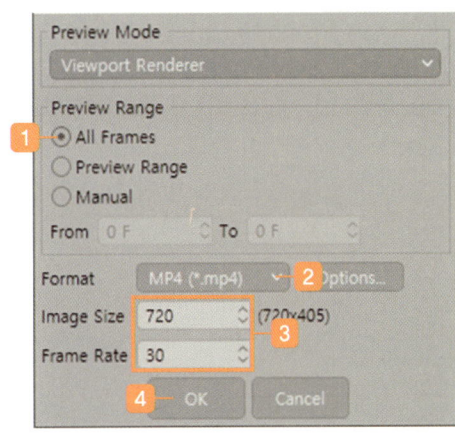

04 그밖에 Octaves는 터뷸런스 타입에서 사용되는 기능으로 노이즈의 입자를 섬세(균일)하게 할 때 사용됩니다. 수치가 높을수록 더 고운 노이즈가 만들어집니다. Velocity는 노이즈가 불규칙적으로 변하는 속도를 지정하며 Brightness는 밝기, Contrast는 밝기 대조를 조정합니다. Local은 조명의 로컬 좌표를 고정시켜 줄 수 있습니다. 이 기능을 체크되면 조명이 움직였을 때 노이즈도 같이 움직이게 됩니다. 아래쪽의 몇몇 기능들은 가시 조명의 크기와 조명의 크기를 조절할 수 있으며 바람의 방향과 속도를 조절할 수 있습니다. 여기에서는 지금의 상태를 동영상으로 만들어 노이즈의 변화를 확인해봅니다. Render to Picture Viewer에서 Make Preview를 선택합니다. 렌더링에 대한 보다 자세한 내용은 본 도서 후반부에 있는 [렌더링] 파트에서 설명하는 내용을 참고하기 바랍니다.

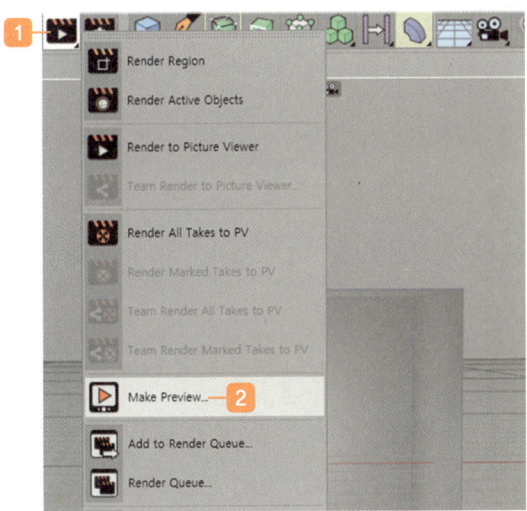

05 메이크 프리뷰 창이 뜨면 All Frames를 체크하고 Image Size를 720 정도로 설정하여 최종 화면 크기를 조금 키워줍니다. 그리고 파일 형식(필자는 MP4로 선택했음)을 선택한 후 [OK] 버튼을 클릭합니다. 프리 렌더가 시작되면 시네마 4D 좌측 하단에

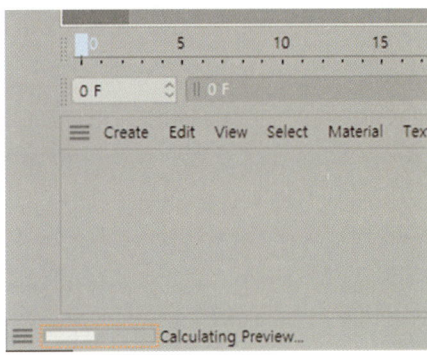

06 프리 렌더가 끝나면 Picture Viewer 창이 뜹니다. 이제 이 창에서 플레이어를 보듯 재생을 하여 노이즈가 움직이는 모습을 확인해봅니다.

시네마 4D에서 사용되는 모든 노이즈는 움직임을 갖고 있습니다.

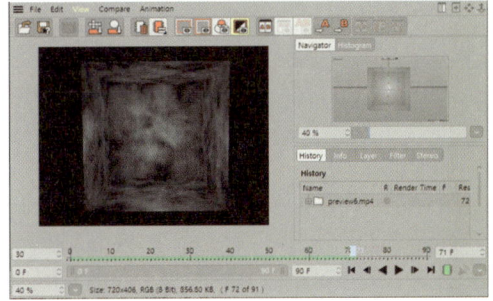

07 계속해서 이번엔 다른 노이즈에 대해 알아보기 위해 다시 Noise 탭으로 이동한 후 Noise를 Visibility로 설정합니다.

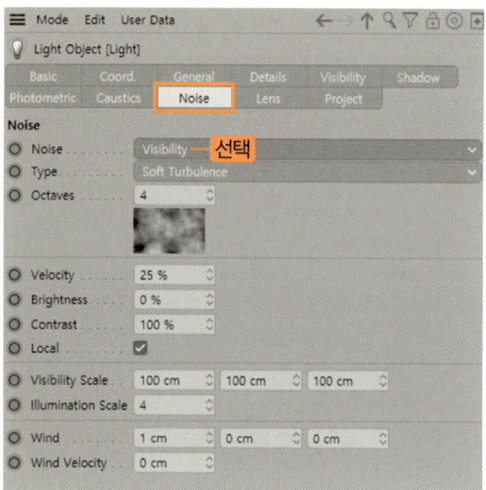

08 비지빌리티 방식은 조명 또한 비지블로 지정되어있어야 합니다. General 탭으로 이동한 후 Visible Light를 Visible로 설정합니다.

10 마지막으로 Noise를 Both로 설정한 후 렌더 뷰를 해봅니다. 그러면 비지블 조명과 벽에 모두 노이즈가 표현되는 것을 알 수 있습니다.

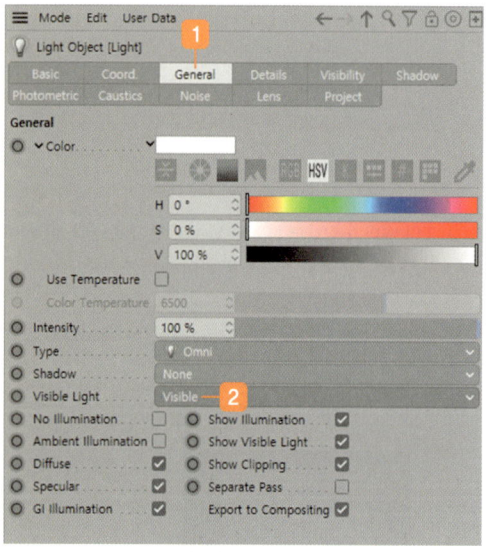

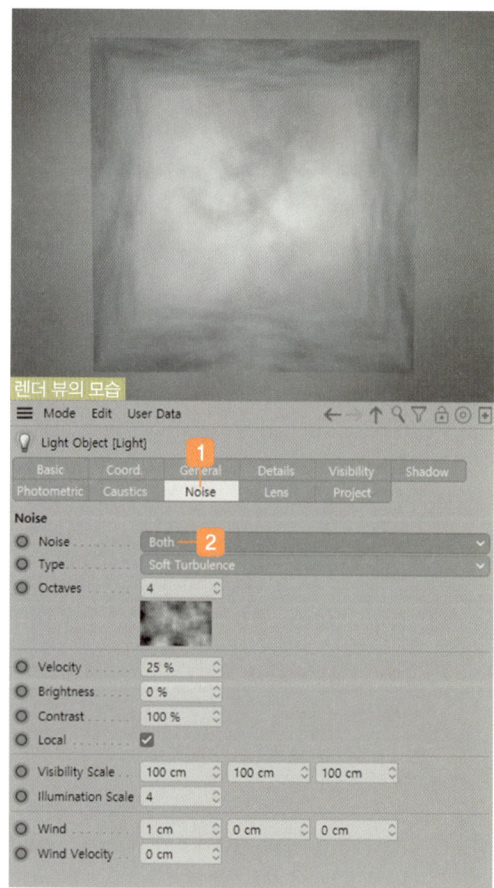

09 이제 렌더 뷰를 통해 확인해봅니다. 앞서 벽에 비춰졌던 노이즈가 사라지고 비지블 조명의 빛에서만 노이즈가 표현되는 것을 알 수 있습니다. 이 방식을 활용하면 너울거리는 안개 등을 표현할 수 있습니다.

렌즈(Lens) 탭 살펴보기

렌즈 탭에서는 씬에 일명 렌즈 플레어 효과를 표현할 수 있습니다. 렌즈 플레어는 역광 촬영을 할 때 렌즈에 들어오는 빛을 말합니다.

01 렌즈에 대해 알아보기 위해 먼저 기본 라이트를 하나 생성합니다. 그리고 Lens 탭으로 이동합니다. 현재는 아무 렌즈 효과가 없습니다. 렌즈 효과를 사용하기 위해서는 Glow에서 원하는 렌즈 타입을 선택하면 됩니다. 일단 Default를 선택합니다. 디폴트는 기본 렌즈 타입입니다. 만약 렌즈 효과를 없애(초기 상태)주고자 한다면 Inactive를 선택하면 됩니다.

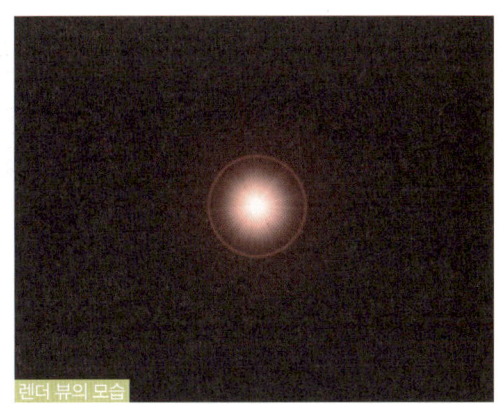

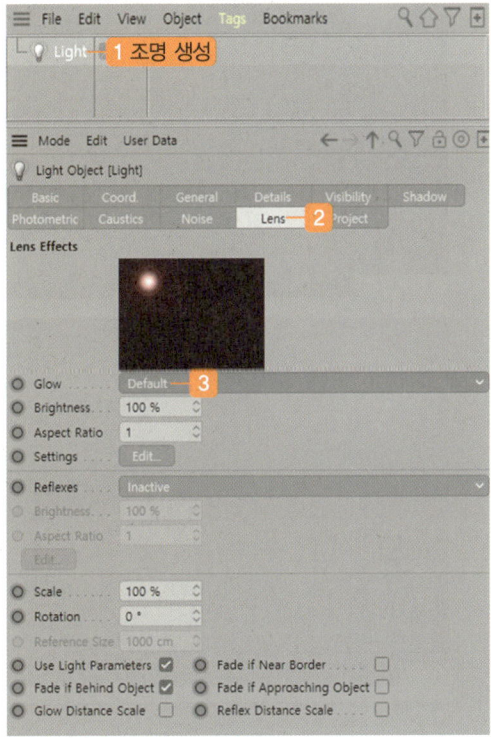

12 렌즈 탭에서 제공되는 기능은 대부분 완성된 렌즈 효과의 밝기, 비율, 크기, 회전 등에 관한 설정을 할 수 있는데 렌즈 효과 자체를 새롭게 변형(편집)하고자 한다면 Settings의 Edit 버튼을 클릭하면됩니다.

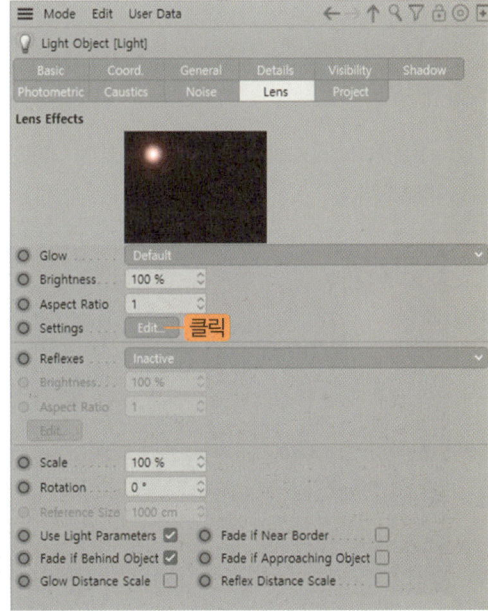

11 글로우에서 선택된 렌즈 타입은 상단 섬네일에서도 볼 수 있지만 작은 화면이기 때문에 렌더 뷰(Ctrl + R)를 통해 확인해보는 것이 좋습니다.

13 에디터 버튼을 통해 열린 Glow Editor 창에서는 새로운 글로우의 요소와 방식 그리고 크기, 비율, 링의 크기와 비율, 빔의 요소와 방식, 크기, 비율, 앵글 등을 설정할 수 있으며 그밖에 빔의 두께, 길이 등과 같은 세세한 부분을 설정하여 새로운 렌즈를 만들 수 있습니다. 이 부분은 여러분이 직접 원하는 형태로 편집해보기 바랍니다.

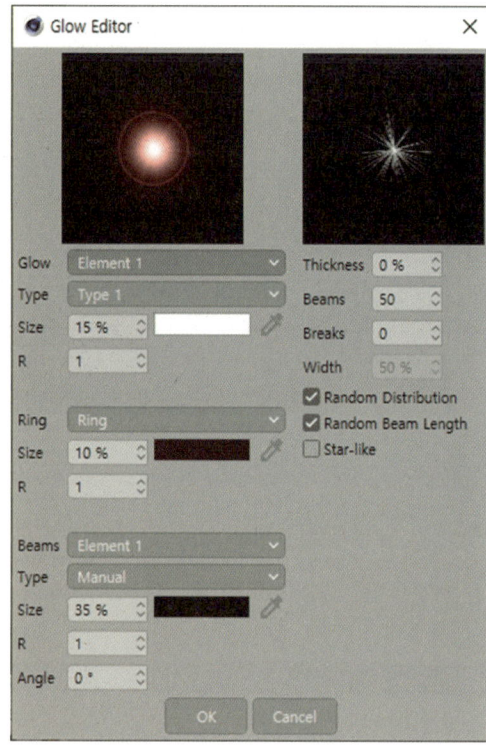

다음은 시네마 4D에서 제공되는 렌즈(글로우) 타입에 대한 이미지입니다.

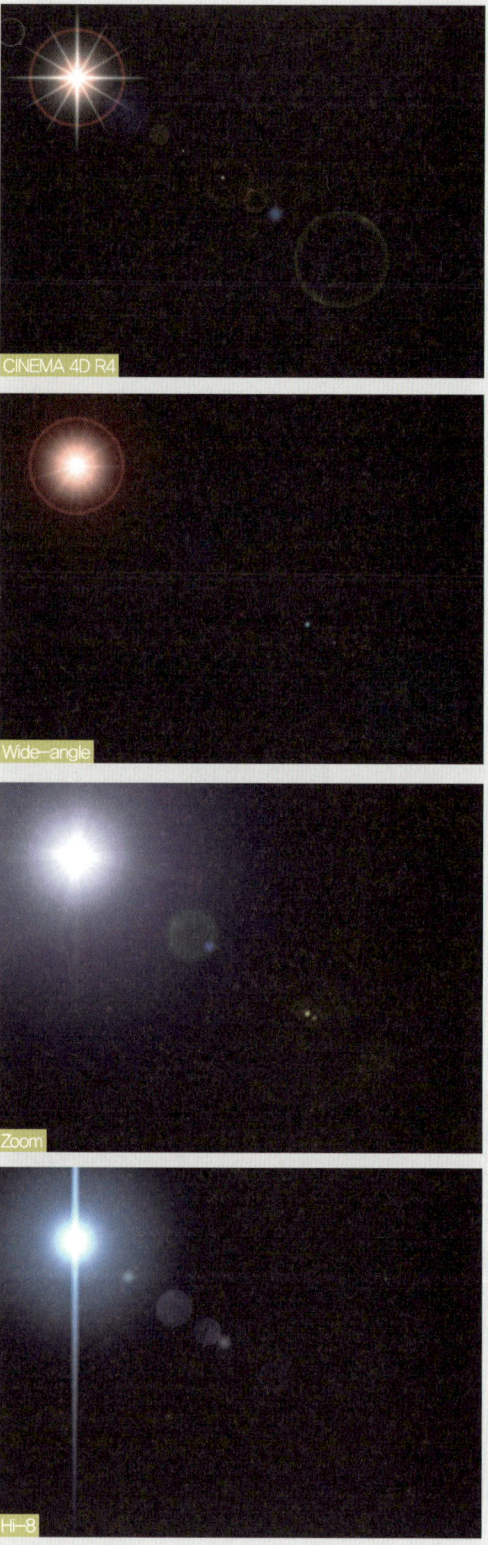

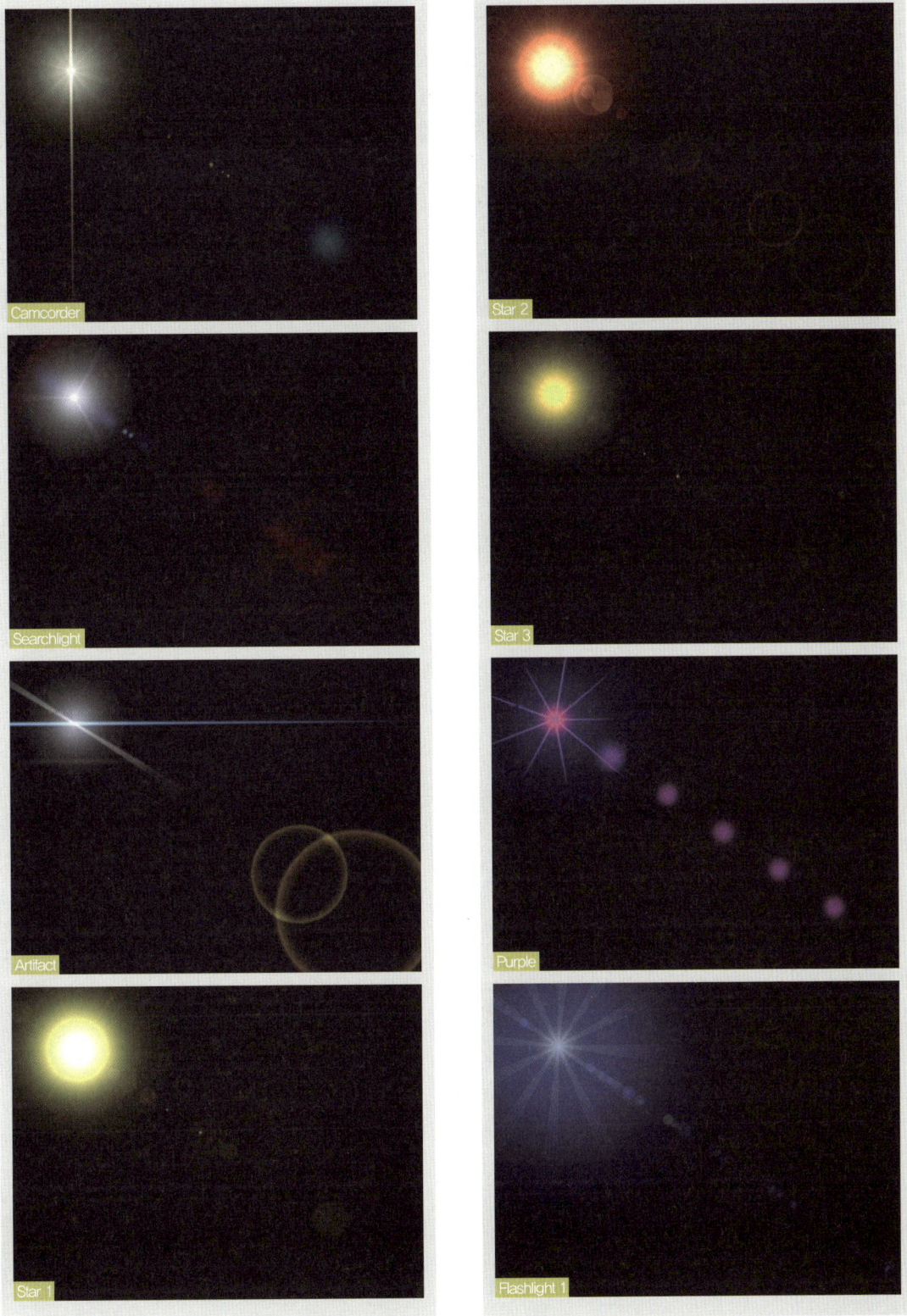

라이트 표현

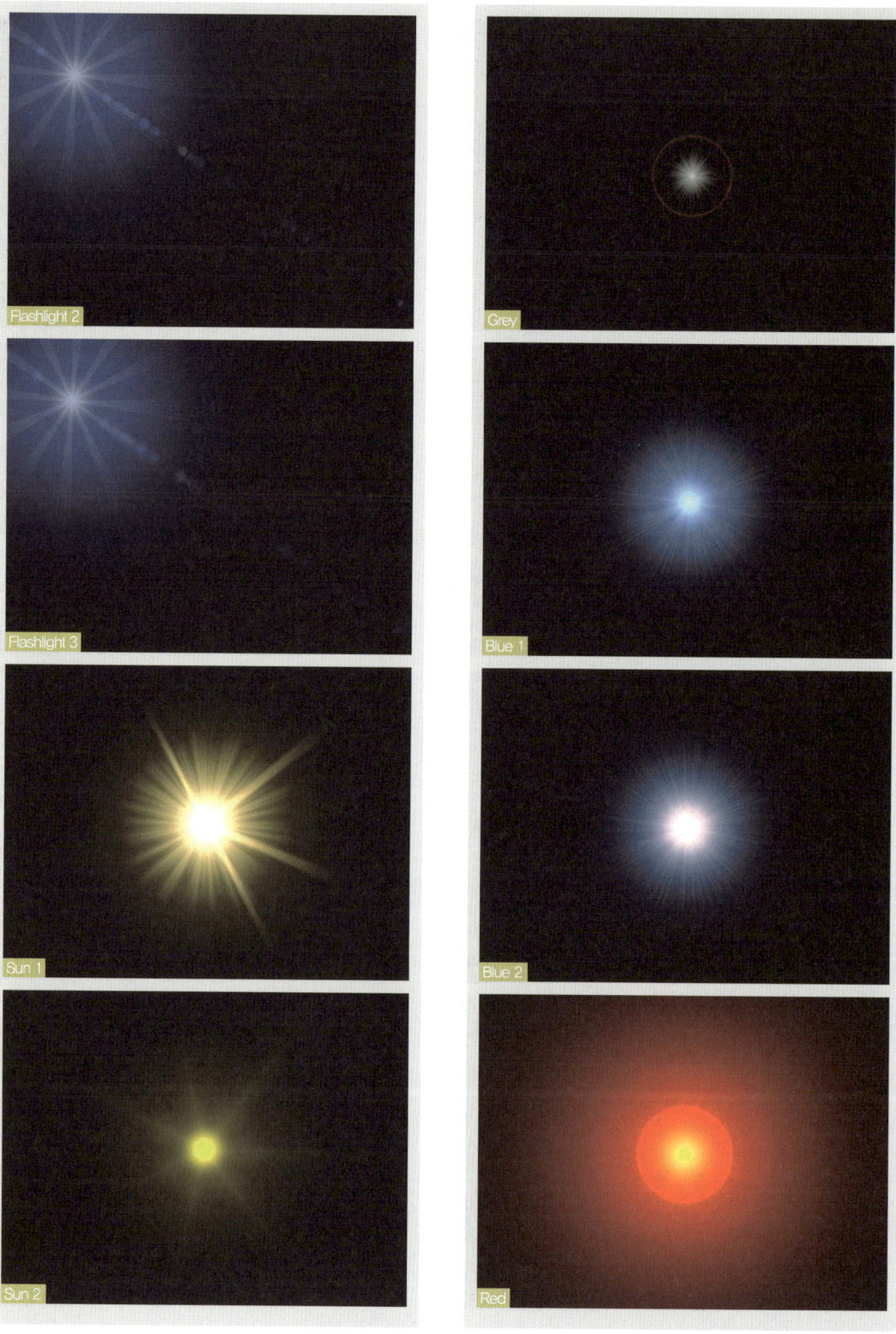

프로젝트(Project) 탭 살펴보기

프로젝트 탭에서는 조명에 영향을 받거나 받지 않을 오브젝트를 지정할 수 있게 해줍니다.

01 프로젝트 탭에 대해 알아보기 위해 먼저 오브젝트 툴에서 그림처럼 큐브, 스피어, 콘 오브젝트를 만든 후 각각 서로 다른 위치로 배치시킵니다.

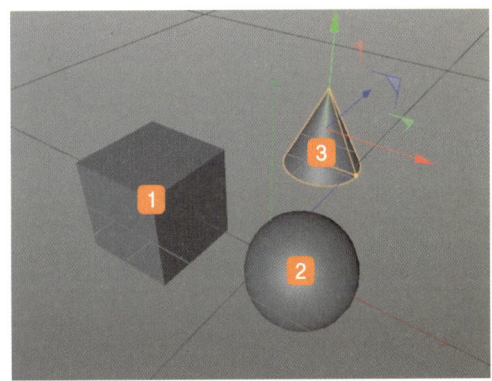

라이트 표현 **445**

02 여기에 바닥도 하나 필요합니다. Floor를 생성한 후 도형들 아래쪽에 배치합니다.

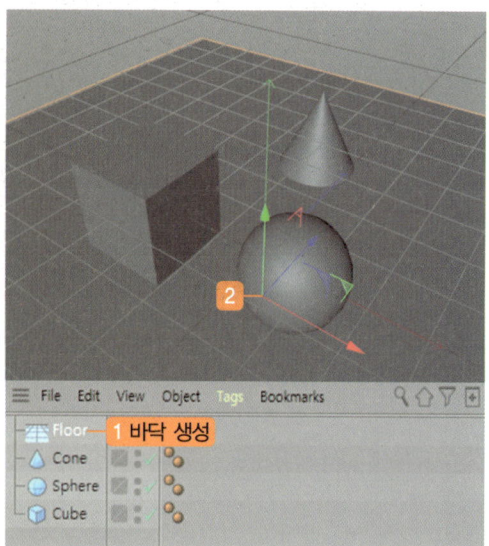

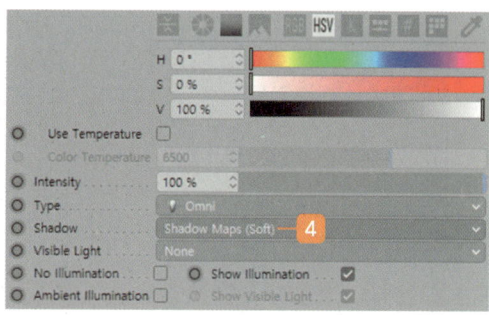

03 이제 기본 조명을 하나 만들고 그림처럼 도형들 앞쪽(화면에서 좌측) 상단으로 이동합니다. 그리고 그림자를 생성하기 위해 General 탭에서 Shadow를 Shadow Maps (Soft)로 설정합니다.

04 여기서 렌더 뷰를 해봅니다. 모든 도형들의 그림자가 바닥에 잘 표현됐습니다. 이제 특정 도형에 대해서는 빛에 영향을 받지 않도록 해보겠습니다.

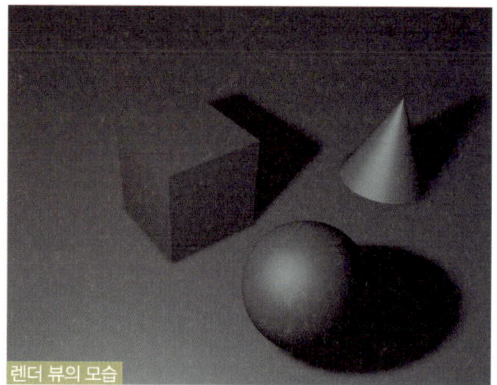

렌더 뷰의 모습

05 조명의 Project 탭으로 이동한 후 Mode의 Object 필드에 빛에 영향을 받지 않을 오브젝트를 끌어다 놓습니다. 필자는 Sphere를 끌어다 놓았습니다. 그리고 렌더 뷰를 해보면 스피어 오브젝트는 빛에 영향을 받지 않기 때문에 검은색으로 표현되는 것을 알 수 있습니다.

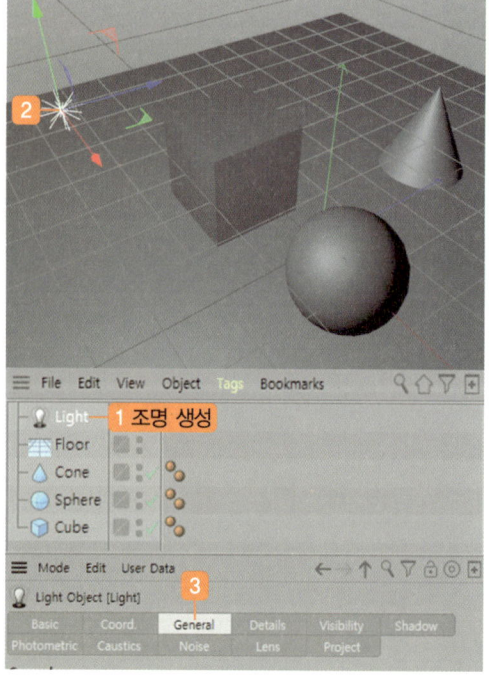

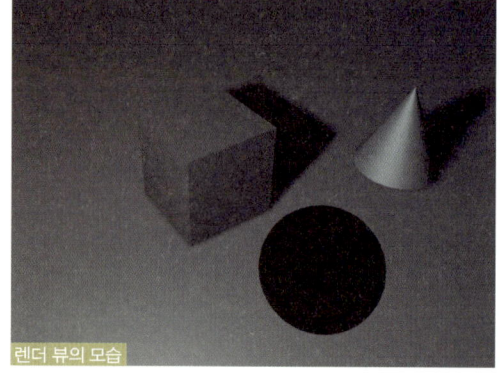

렌더 뷰의 모습

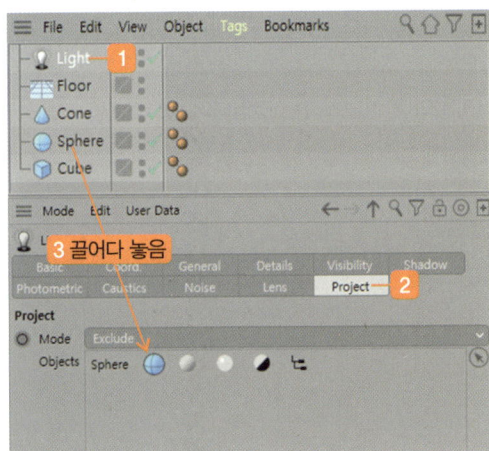

어가 검정색으로 표현되고 그림자가 표현되는 것을 알 수 있습니다. 이렇듯 프로젝트 탭에서는 조명에 영향을 받거나 받지 않는 오브젝트에 대한 다양한 설정을 할 수 있습니다.

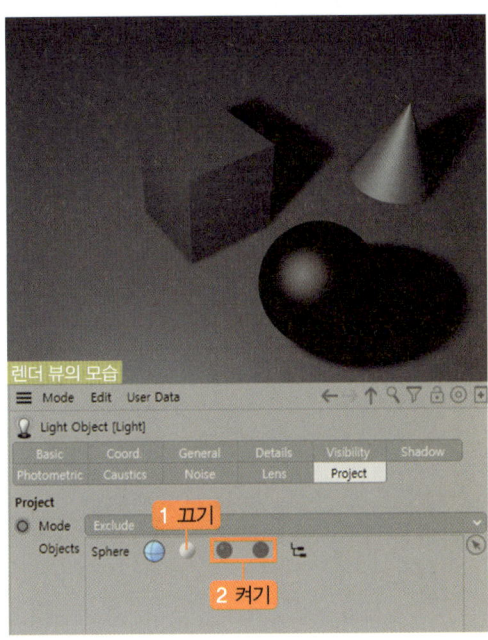

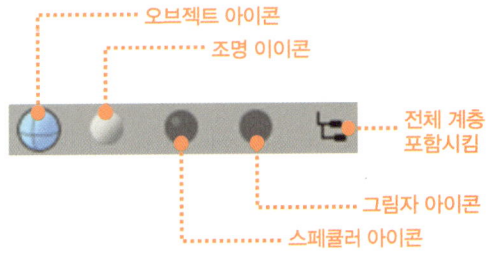

06 여기서 스피어의 원래 모습은 그대로 표현되고 그림자만 사용하지 않도록 해봅니다. Objects 필드에서 두 번째 조명 아이콘을 선택하여 활성화합니다. 그리고 다시 렌더 뷰를 해보면 스피어의 모습은 정상적으로 보이고 그림자만 표현되지 않는 것을 알 수 있습니다.

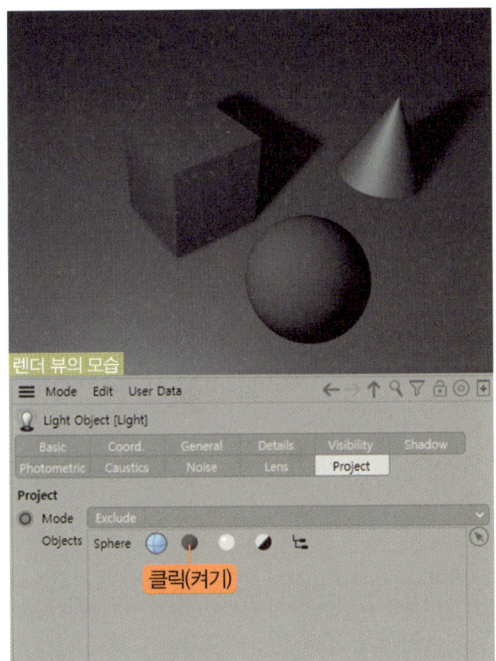

07 계속해서 이번엔 두 번째 조명 아이콘은 다시 꺼주고 세 번째와 네 번째 아이콘을 켜줍니다. 그리고 렌더 뷰를 해보면 스피

야광(夜光) 볼 만들기

조명을 사용하지 않고도 빛을 표현할 수 있는 방법은 매터리얼의 루미넌스라는 것입니다. 이 채널을 사용하면 자체적으로 발광하는 효과를 표현할 수 있습니다.

01 먼저 새로운 프로젝트에서 오브젝트 툴에서 큐브를 하나 생성한 후 Size X와 Z축을 각각 400, 300 정도로 설정하여 넓고 깊은 박스로 만들어줍니다.

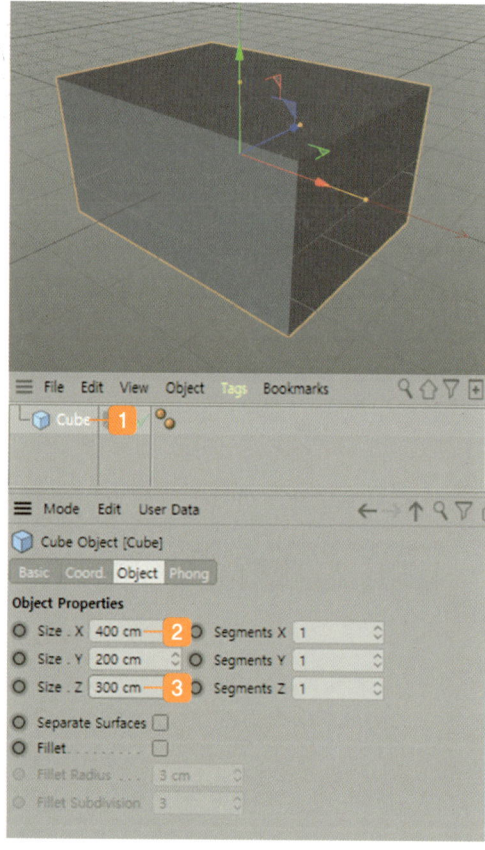

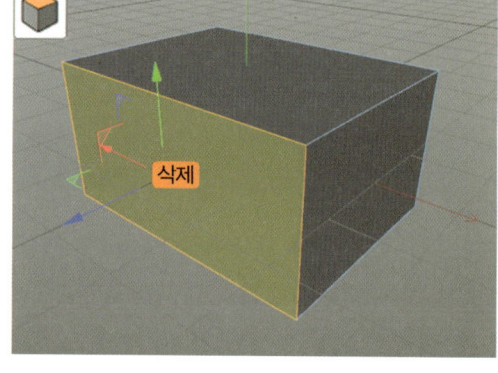

08 큐브 오브젝트를 선택한 후 [C] 키를 눌러 폴리곤 오브젝트로 변환한 후 폴리곤 툴을 선택합니다. 그다음 그림처럼 앞쪽 면을 삭제하여 안쪽이 보이도록 해줍니다.

09 계속해서 큐브 안쪽에 들어갈 스피어 오브젝트를 생성한 후 Radius를 50 정도로 줄이고 그림처럼 큐브 안쪽의 좌측으로 이동합니다.

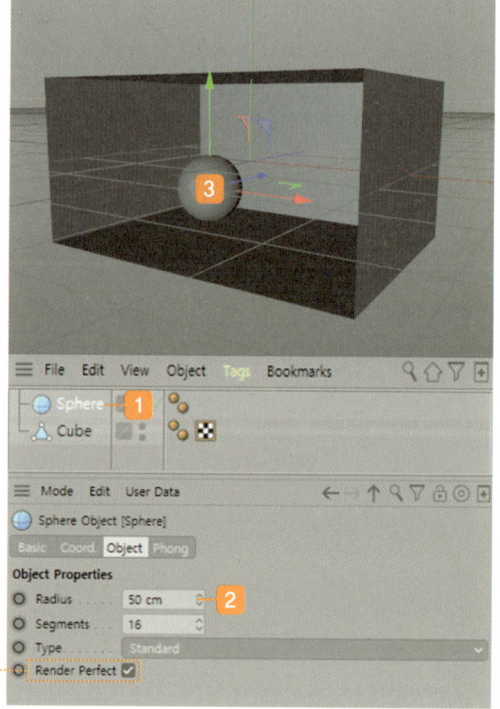

세그먼트 값(개수) 낮아도 렌더 시 완전한 구로 표현되도록 함

10 이제 야광 볼을 표현하기 위한 매터리얼을 만들어봅니다. 매터리얼을 만들고 매터리얼 에디터를 열어줍니다. 그다음 Luminance 채널만 체크하고 나머지는 모두 해제합니다. 루미넌스의 색상을 설정합니다. 필자는 밝은 연두색으로 지정했습니다.

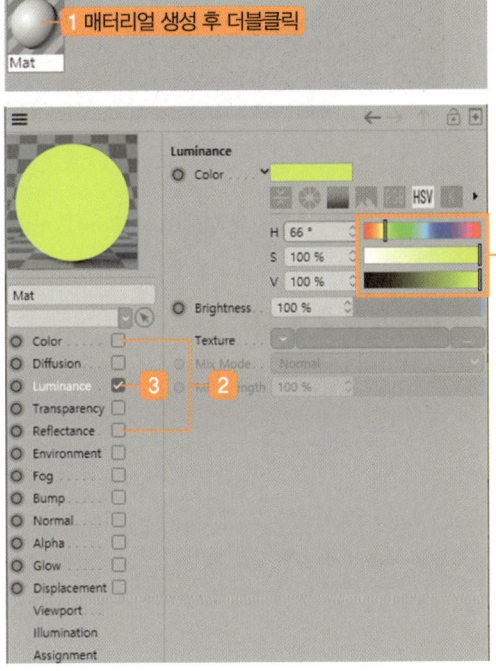

11 설정한 매터리얼을 끌어다 스피어 오브젝트에 적용합니다.

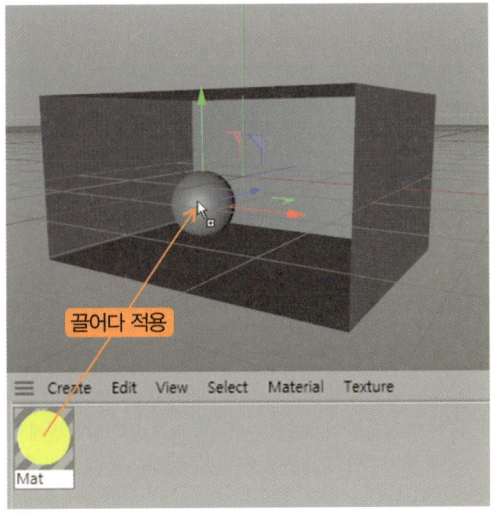

12 이제 렌더 뷰를 해보면 루미넌스만 설정된 매터리얼의 모습이 자체 발광하는 야광이라기 보다는 평면의 밝은 동그라미 정도로만 보입니다.

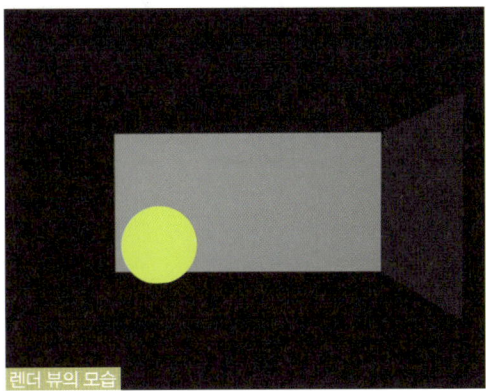

13 야광 효과를 위한 설정은 일단 다음 단계로 미루고 먼저 밋밋한 큐브 바닥에 텍스처를 적용하기 위해 새로운 매터리얼을 생성한 후 매터리얼 에디터에서 [라벨]이란 이름으로 해주고 Color 채널의 텍스처를 불러옵니다. [학습자료] - [맵소스] - [에코어스_로고.jpg] 파일을 복사하지 않고 불러옵니다.
에코어스는 사람과 자연을 살리는 친환경 생리대를 제조하는 기업입니다.

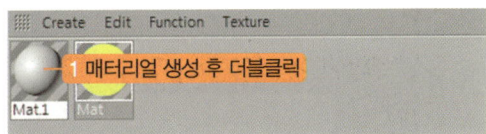
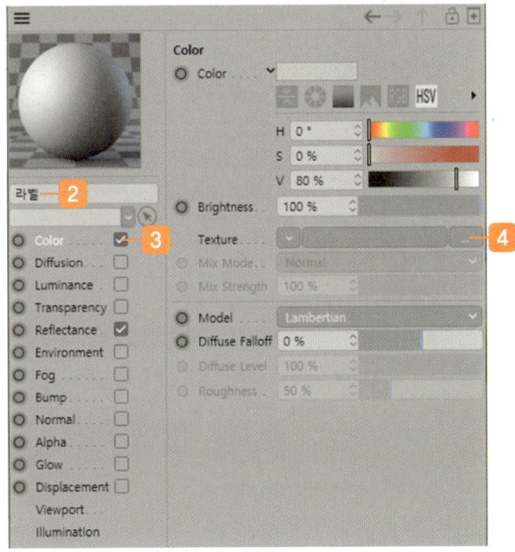

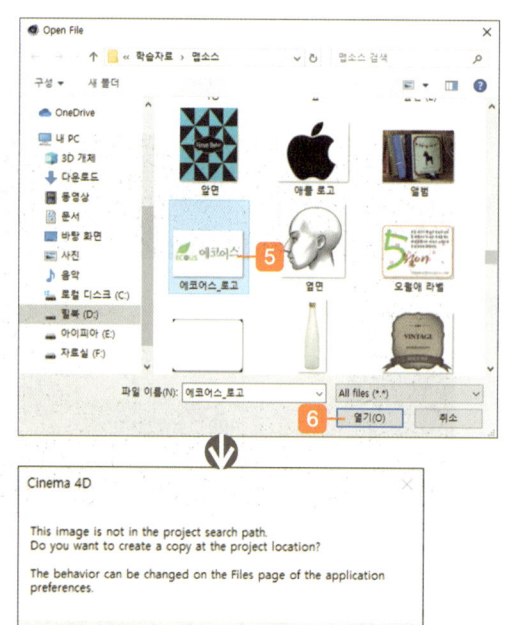

16 렌더 셋팅(Ctrl + B) 창을 열고 [Effect] - [Global Illumination]을 적용합니다.

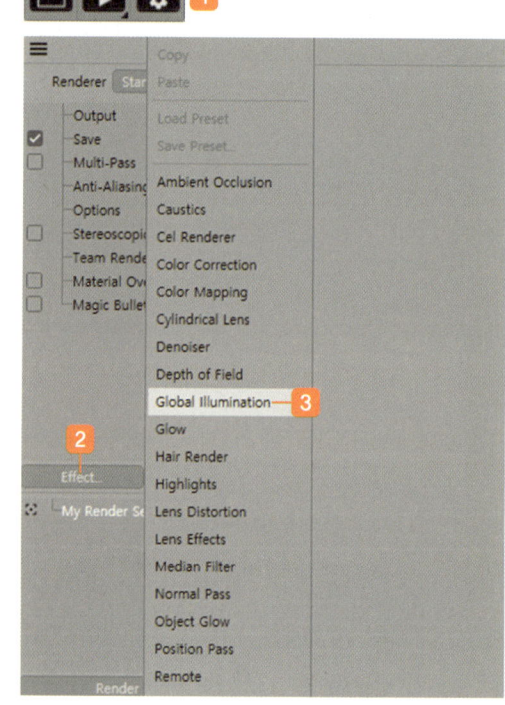

14 큐브의 바닥 부분을 폴리곤 툴로 선택한 후 앞서 설정한 라벨 매터리얼을 끌어다 적용합니다.

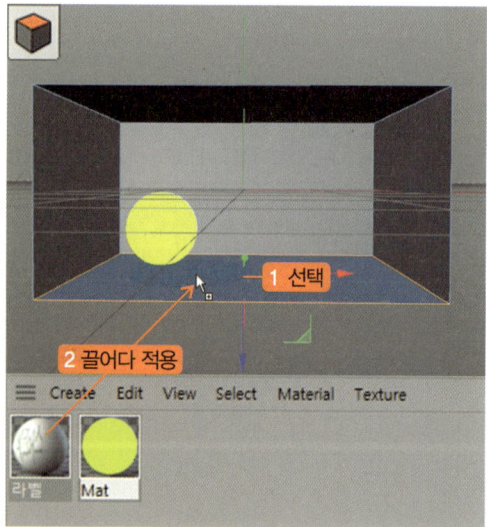

15 일단 여기서 다시 렌더 뷰를 해보면 바닥에 적용한 라벨이 모습이 아주 어둡게 보입니다.

17 다시 렌더 뷰를 해보면 이제서야 비로서 자체 발광이 생겨 완전한 야광 볼이 표현됐습니다. 이처럼 루미넌스 채널을 사용했을 때는 빛의 모든 속성을 계산해주는 GI(글로벌 일루미네이션) 효과를 사용하여 렌더링을 해야 합니다. 그런데 야광 볼에 음영이 없기 때문에 둥근 모습보다는 둥근 평면처럼 느껴집니다.

렌더 뷰의 모습

확대한 모습

19 다시 렌더링을 해보면 야광 볼 아래쪽에 음영이 표현되기 때문에 더욱 사실적인 입체감이 느껴집니다. 앰비언트 오클루전은 간접 조명의 차단으로 인한 간접 조명의 희석을 조절하여 피사체에 사실감을 추가하는 전체 조명 효과입니다.

최종 렌더 뷰의 모습

18 렌더 셋팅에서 이번엔 [Effect] - [Ambient Occlusion]을 적용합니다.

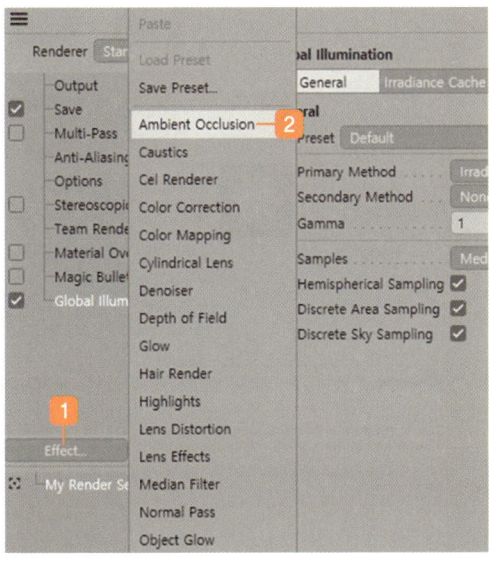

20 앰비언트 오클루전을 통해 표현되는 음영의 농도는 렌더 셋팅에서 설정이 가능합니다. 주로 Color에서 첫 번째 색상의 밝기를 조절하는데 때에 따라서는 두 번째 색상을 병행하여 전체 음영을 조절할 수 있습니다. 지금까지 루미넌스를 이용하여 야광 효과를 표현해보았습니다.

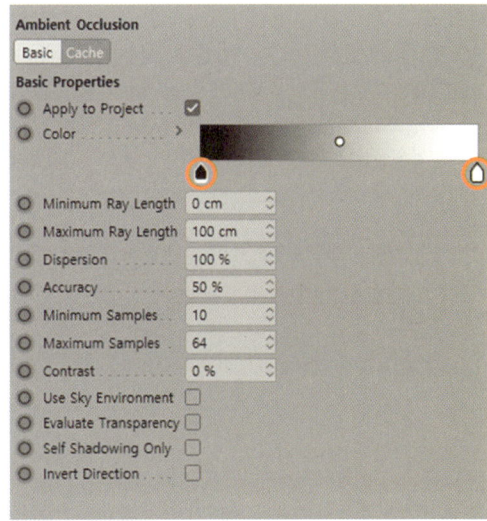

라이트 표현 **451**

그밖에 환경에 관한 것들(전경, 배경, 스테이지, 글로우 그래스)

환경(인바이어런먼트) 툴에서는 그밖에 작업에 유용한 것들이 있습니다. 이번 학습에서는 씬의 전경과 배경을 설정하는 방법과 스테이지의 활용법 그리고 잔디나 풀이 자라는 장면을 표현하는 글로우 그래스에 대해서 알아봅니다.

01 인바이어런먼트 툴을 열어보면 이전 학습에서 살펴보았던 여러 가지 툴이 있습니다. 이번엔 이전에 살펴보지 않았던 툴 기능 중에서 나머지 유용하게 사용할만한 것들에 대해 알아볼 것입니다. 먼저 전경과 배경을 표현하기 위해서 Foreground와 Background를 연속해서 적용합니다.

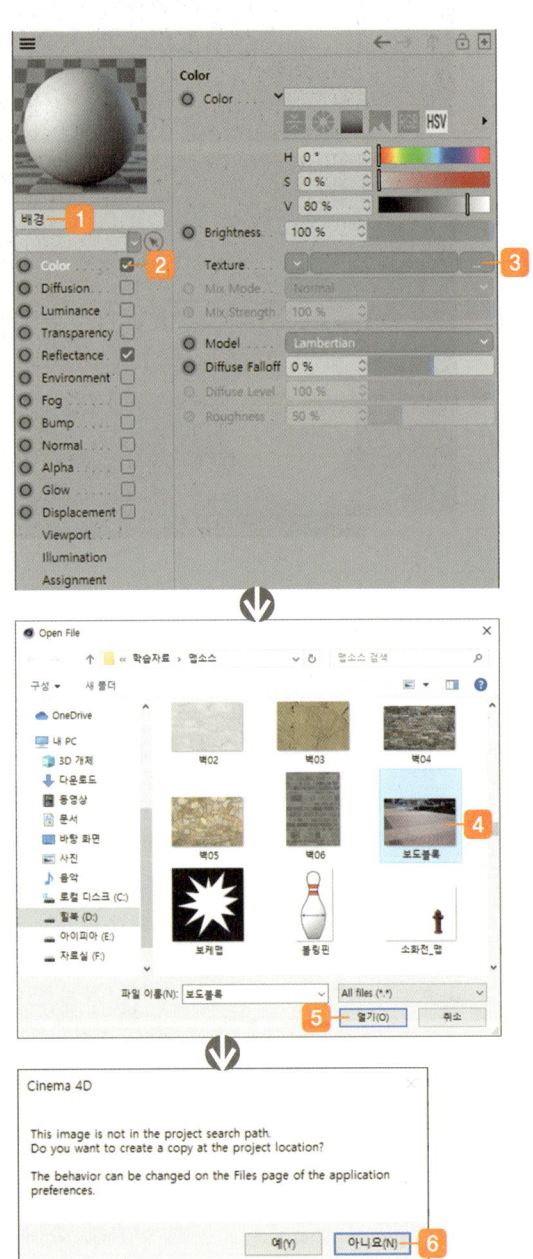

02 포그라운드는 씬(뷰포트)의 앞에 배치되는 것으로 매터리얼이 적용되지 않는 한 아무것도 표시되지 않습니다. 이것은 백그라운드도 마찬가지 입니다. 먼저 백그라운드에 대한 매터리얼 작업을 해봅니다. 새로운 매터리얼을 만들고 매터리얼 에디터를 열어줍니다.

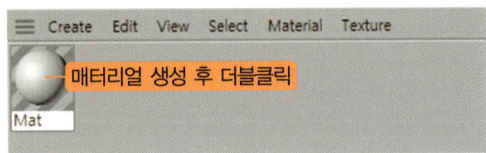

03 매터리얼 에디터에서 이름은 [배경]으로 해주고 Color 채널을 선택합니다. Texture의 로드 이미지를 통해 [학습자료] - [맵소스] - [보도블록.jpg] 파일을 복사하지 않고 불러옵니다.

04 이제 배경 매터리얼을 끌어다 Background 오브젝트에 적용합니다.

05 뷰포트를 보면 방금 적용된 배경 매터리얼의 모습이 보여집니다. 이 상태에서 렌더 뷰를 하게 되면 전경(포그라운드) 때문에 회색으로 표현될 것입니다.

06 이번엔 전경에 대한 매터리얼을 만들기 위해 새로운 매터리얼을 만들고 매터리얼 에디터를 열어줍니다.

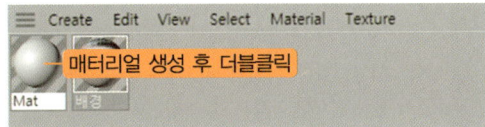

07 매터리얼 에디터에서 이름은 [전경]으로 해주고 Color 채널을 선택합니다. Texture의 로드 이미지를 통해 [학습자료] - [맵소스] 폴더에서 [소화전_맵.jpg] 파일을 복사하지 않고 불러옵니다.

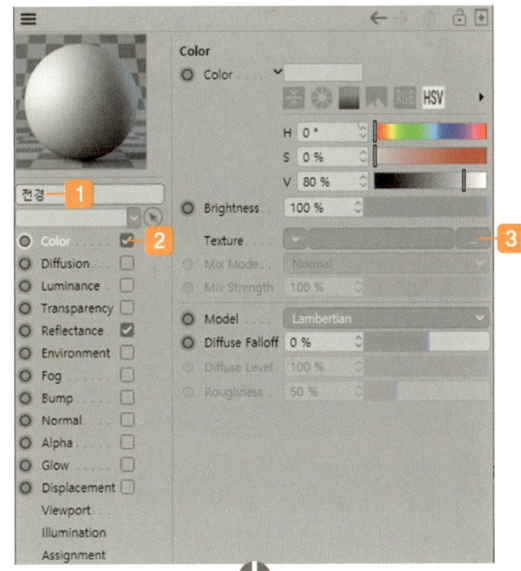

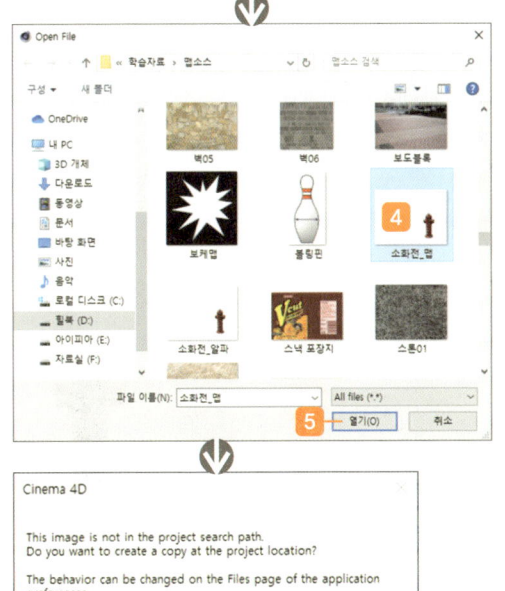

08 여기서 먼저 전경 매터리얼을 끌어다 Foreground 오브젝트에 적용합니다.

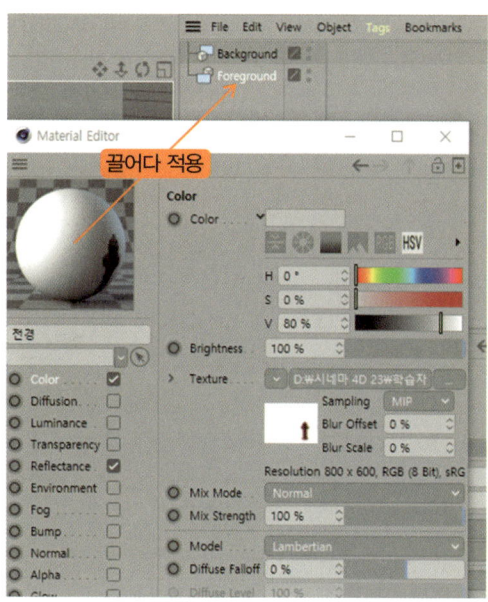

09 뷰포트 상에서도 알 수 있지만 렌더 뷰(Ctrl + R)를 통해 정확하게 확인 해보면 포그라운드의 소화전 그림과 흰색 배경으로 인해 백그라운드의 모습은 보이지 않습니다. 일반적으로 전경은 지금처럼 사용하는 것이 아니라 필요한 오브젝트만 보이고 나머지는 투명하게 처리합니다. 그러므로 이번에도 흰색 배경을 빼주어야 합니다.

렌더 뷰의 모습

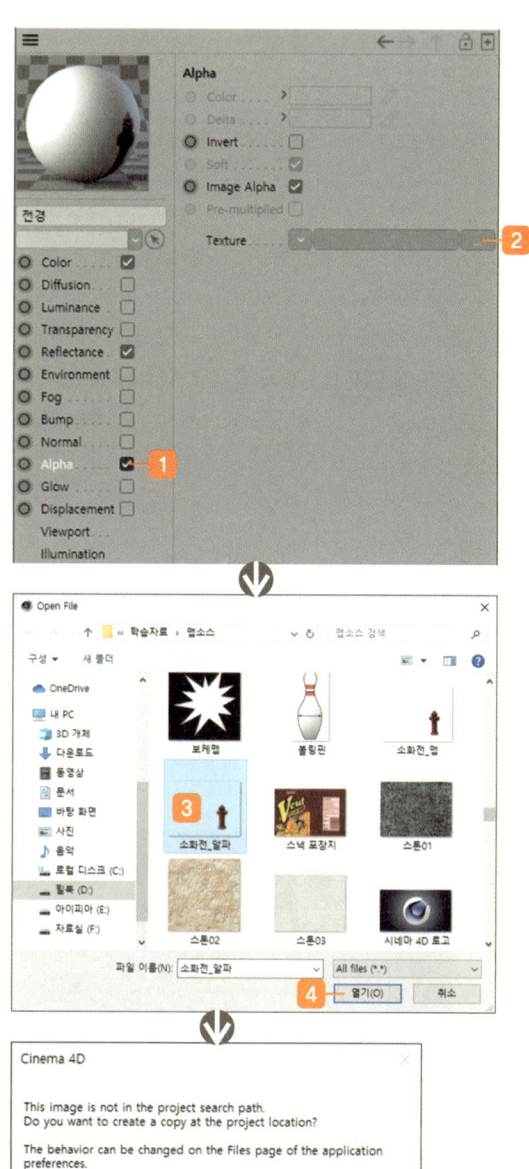

10 다시 매터리얼 에디터에서 Alpha 채널을 체크합니다. 그리고 Texture의 로드 이미지를 통해 [학습자료] - [맵소스] 폴더에서 [소화전_알파.jpg] 파일을 복사하지 않고 불러옵니다. 지금의 파일은 소화전을 제외한 나머지 영역이 투명한 알파 채널로 처리된 파일입니다.

11 다시 렌더 뷰를 해보면 소화전의 모습만 남고 흰색 영역이 투명해졌기 때문에 배경의 보도블럭이 표현되는 것을 알 수 있습니다. 마치 보도블럭에 실제로 소화전이 있는 듯한 느낌으로 합성되었습니다. 이처럼 전경과 배경을 사용하면 이미지 소스를 통해 절묘한 합성을 할 수 있는데 이것은 비단 지금의 작업뿐만 아니라 화면에 로고를 표현하는 등과 같은 디스플레이 작업을 할 수 있습니다. 특히 전경 작업에 사용되는 이미지

소스는 현재 작업하는 씬(프로젝트)의 규격과 동일한 규격의 이미지로 만든 후 사용하는 것이 좋습니다.

12 여기서 오브젝트를 하나 만들어서 전경과 배경 사이에 배치해볼 것입니다. 스피어 툴을 생성합니다.

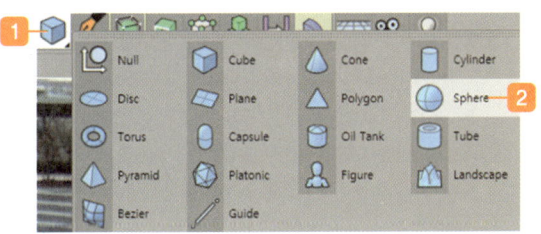

13 방금 적용된 스피어 오브젝트의 위치를 소화전 뒤쪽으로 이동해봅니다. 현재는 구의 세그먼트가 많지 않기 때문에 투박하게 보입니다.

14 다시 렌더 뷰를 해보면 소화전 뒤쪽에 스피어가 부드러운 곡선 형태로 보이는 것을 알 수 있습니다. 이처럼 전경과 배경은 일반 오브젝트의 순서(거리 값)와는 상관없기 때문에 공간적 한계를 여유롭게 활용할 수 있습니다.

지금의 작업에서는 배경의 보도블록을 실제 바닥처럼 사용할 수 있어 구와 소화전 같은 오브젝트가 보도블록 위에 있는 장면 및 굴러가는 장면 등을 표현할 수 있습니다. 이 작업은 [카메라 설정]과 [시뮬레이트] 편에서 자세히 살펴볼 것입니다.

15 이번엔 스테이지에 대해 알아보기 위해서 먼저 새로운 프로젝트를 만들고 인바이어런먼트 툴에서 Stage을 적용합니다. 스테이지는 일종의 촬영을 하는 무대로 이해하면 되는데 이 무대 안에 카메라나 스카이, 전경과 배경 그리고 환경을 언제, 어떻게 사용할 것인지 결정할 수 있습니다.

16 현재는 스테이지에 아무것도 없습니다. 그러므로 뷰포트에는 달랑 액시스만 보이게 됩니다. 이제 무대를 꾸미기 위해 몇 가지 작업을 간단히 해봅니다.

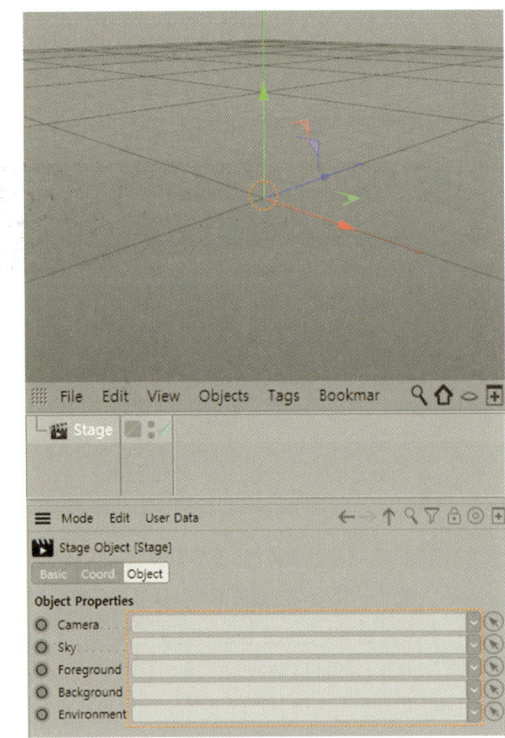

19 카메라를 켜주고 뷰포트의 앵글을 그림처럼 피규의 전체 모습이 보이도록 풀 샷으로 설정합니다.

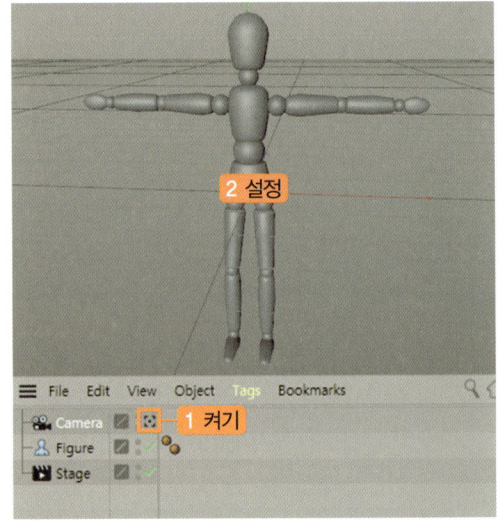

17 씬에 사용할 오브젝트를 하나 생성합니다. 필자는 방향에 대한 이해를 쉽게 할 수 있는 피규어를 생성했습니다.

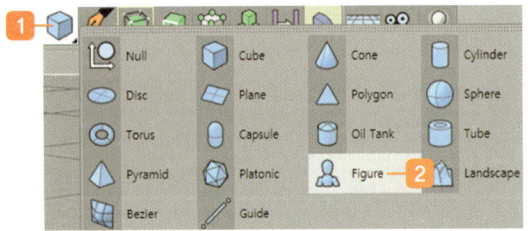

18 이제 무대에서 사용할 카메라를 생성합니다. 카메라 툴에서 기본 카메라를 생성합니다. 그밖에 스테이지에서 사용할 수 있는 것은 앞서 언급한대로 스카이, 전경과 배경, 환경이 있는데 이번 학습에서는 카메라에 대해서만 살펴볼 것입니다. 일단 카메라를 통해 스테이지에 원리를 이해한다면 다른 것을 이해하는데 문제가 없을 것입니다.

20 첫 번째 카메라를 복제한 후 복제된 카메라.1을 켜줍니다. 그리고 그림처럼 피규어의 모습이 허리까지 보이도록 웨스트 샷으로 설정합니다. 계속해서 카메라.1을 복제한 후 복제된 카메라.2를 켜주고 두 번째 그림처럼 약간 측면에서 보이도록 카메라를 회전해줍니다. 이것으로 총 3개의 카메라를 서로 다른 앵글로 설정했습니다.

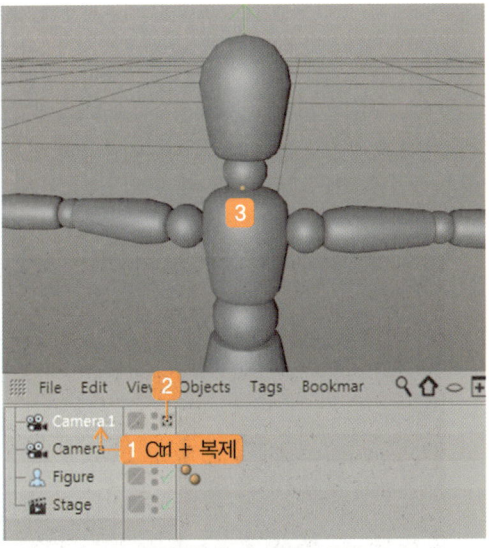

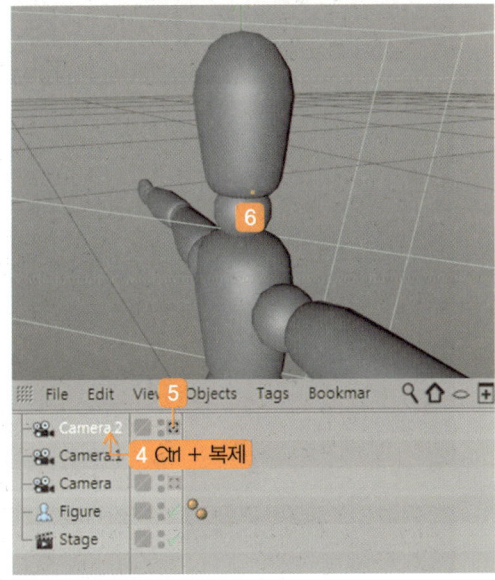

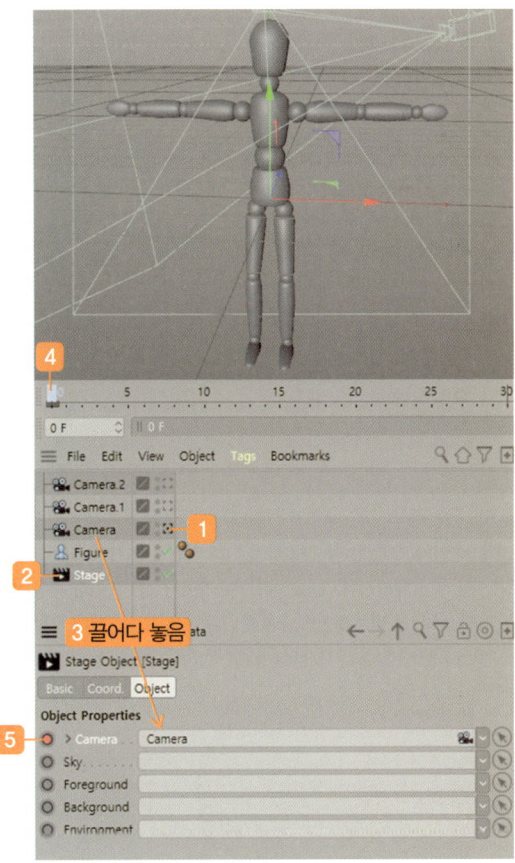

21 이제 스테이스를 통해 앞서 설정한 3개의 카메라를 활용해보도록 하겠습니다. 먼저 첫 번째 카메라를 켜주고 Stage를 선택합니다. 그다음 어트리뷰트 매니저의 Camera 필드에 첫 번째 카메라를 끌어다 적용합니다. 현재는 첫 번째 카메라 앵글로 뷰가 사용되고 있습니다. 이제부터는 각각의 카메라를 시간대별로 다르게 사용하겠습니다. 애니메이션 작업을 위해 시작 프레임으로 이동한 후 스테이지의 Camera 왼쪽의 작은 원을 클릭하여 키프레임을 생성합니다.

22 이제 다른 카메라를 사용하기 위해 시간을 30프레임으로 이동한 후 스테이지의 Camera 필드에 두 번째 카메라.1을 끌어다 적용합니다. 그리고 키프레임을 추가(반드시)합니다. 그러면 현재 시간(프레임)엔 지금 적용한 두 번째 카메라.1이 나타나게 됩니다.

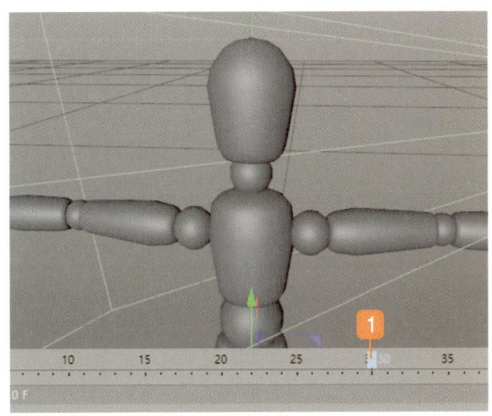

라이트 표현 **457**

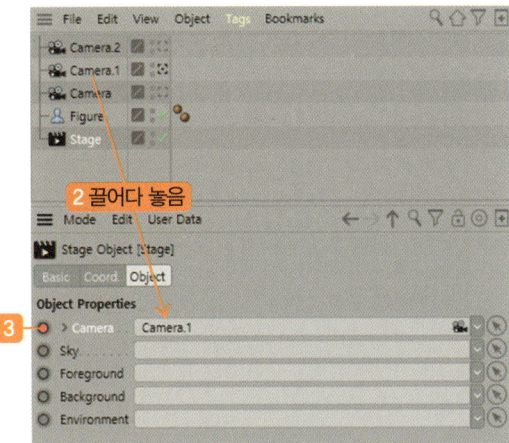

24 이제 플레이(F8) 해보면 0~29프레임까지는 첫 번째 카메라 앵글이 나타나고 30~59프레임까지는 두 번째 카메라의 앵글이 나타납니다. 그리고 60부터는 세 번째 카메라의 앵글이 나타납니다. 이렇듯 스테이지를 이용하면 카메라뿐만 아니라 다른 기능들도 같은 방법을 통해 시간대별로 서로 다른 장면을 연출할 수 있습니다. 참고로 지금의 카메라 기법은 카메라 툴의 카메라 몰프와 비슷해 보이지만 장면의 흐름은 전혀 다릅니다.

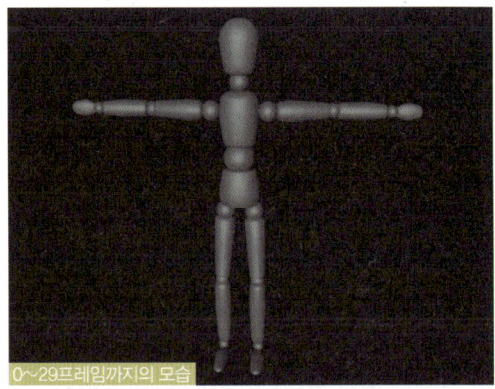

0~29프레임까지의 모습

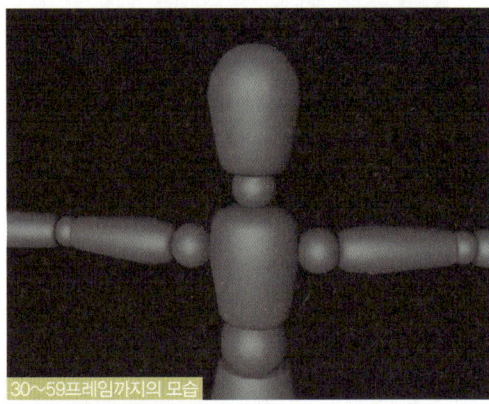

30~59프레임까지의 모습

23 세 번째 카메라.2를 사용하기 위해 시간을 60프레임으로 이동한 후 스테이지의 Camera 필드에 카메라.2를 끌어다 적용합니다. 그리고 키프레임을 추가합니다. 이것으로 3개의 카메라가 서로 다른 설정된 시간대에 맞춰 장면이 바뀌게 됩니다.

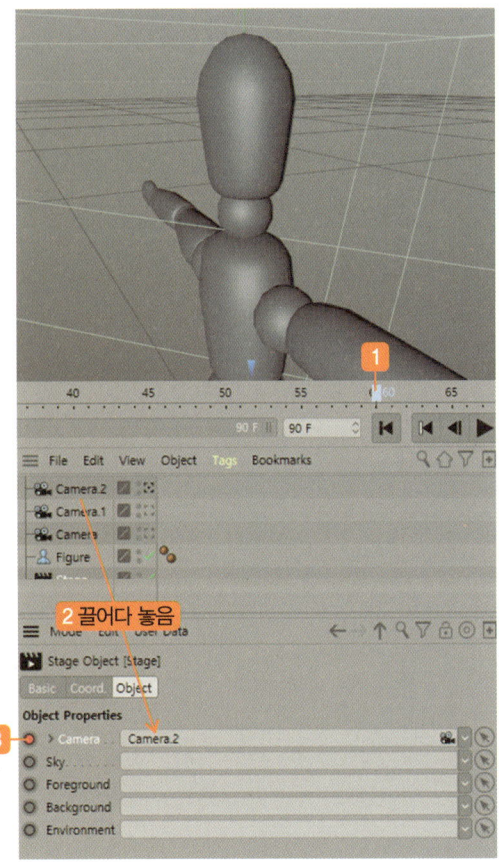

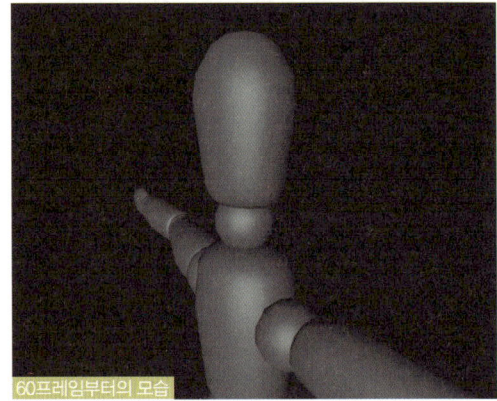

60프레임부터의 모습

25 마지막으로 잔디나 풀의 모습을 표현해주는 그로우 그래스에 대해 알아보기 위해 먼저 글로우 그래스가 적용될 오브젝트를 생성합니다. 식물이 자라는 평평한 땅 느낌을 주기 위해 Plane 오브젝트를 생성합니다.

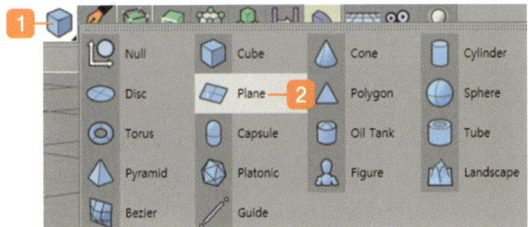

26 이제 인바이어런먼트 툴에서 Grow Grass를 적용합니다.

27 그로우 그래스가 적용된 상태에서 렌더 뷰를 해보면 플레인 오브젝트에 잔디(풀)가 표현되는 것을 알 수 있습니다. 이렇듯 그로우 그래스는 잔디와 같은 풀의 모습을 사실적으로 표현할 수 있습니다.

28 그로우 그래스 태그(Architectural Grass Expression Tag)을 선택해보면 어트리뷰트 매니저에서 풀잎의 색상, 컬러 텍스처, 잎의 길이와 너비 그리고 밀도와 텍스처 밀도를 설정할 수 있으며 꼬불꼬불(쭈글쭈글)하게 하거나 휘게 할 수 있으며 비에 젖어 축축하거나 햇살에 밝게 비추는 느낌을 설정할 수 있습니다. 또한 각 기능의 키프레임을 통해 풀이 자라거나 색상이 바뀌는 등의 애니메이션을 연출할 수도 있습니다. 그로우 그래스는 얼핏 시뮬레이트의 헤어나 퍼와 비슷하다고 생각할 수 있으나 그 기능들보다 훨씬 자연스럽고 사실적인 풀을 표현할 수 있습니다.

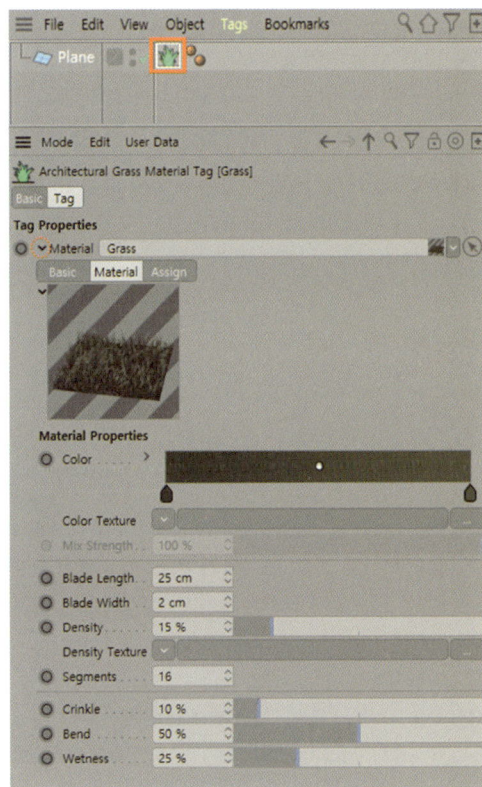

물(Water) 표현

물을 표현하기 위해서는 반드시 빛이라는 것이 필요합니다. 물론 다른 물체도 빛이 필요하지만 물 같은 경우엔 특히 빛의 역할이 중요합니다. 이번 학습에서는 일반적인 물의 표면과 굴절을 통해 얻어지는 커스틱(빛의 산란) 효과와 물 위에 물체가 떠다니는 장면 등을 표현해봅니다.

일반적인 물 표현하기

일반적으로 물을 표현하기 위해서는 물의 표면이 될 평면 오브젝트와 조명이 필요합니다. 또한 커스틱(빛의 산란)을 표현하기 위해서는 물의 질감에 굴절을 사용해야 합니다.

01 물을 표현하기 위한 공간을 위해 오브젝트 툴에서 큐브를 하나 생성한 후 [C] 키를 눌러 폴리곤으로 변환한 다음 앞쪽의 면을 삭제하여 안쪽 모습이 보이도록 해줍니다.

02 계속해서 물의 표면을 표현하기 위해 오브젝트 툴에서 플레인을 만들고 크기를 가로/세로를 모두 200으로 설정하여 앞서 만든 큐브와 같은 크기로 해줍니다.

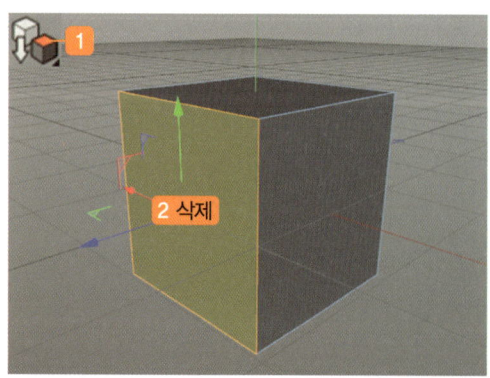
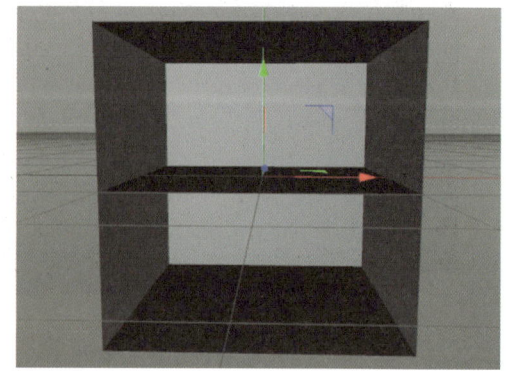

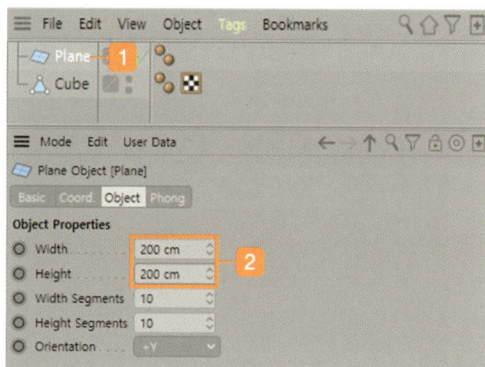

05 방금 설정한 색상을 투명도 채널에도 똑같이 사용하기 위해 Color에서 [우측 마우스 버튼] - [Copy]를 선택합니다.

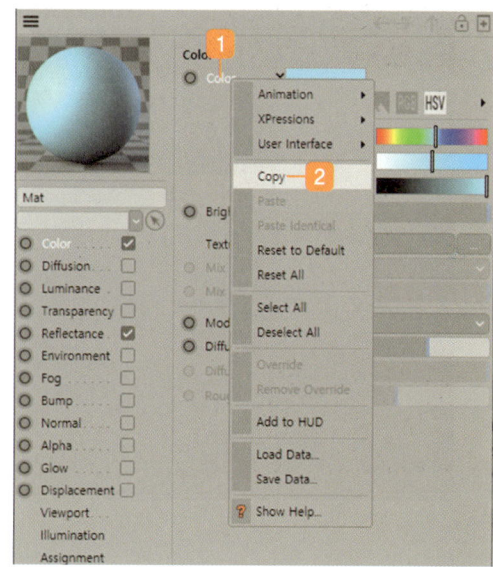

03 이제부터 물의 재질을 만들어봅니다. 매터리얼을 만들고 매터이얼 에디터를 열어줍니다.

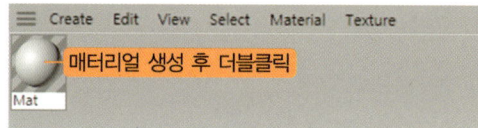

06 이제 투명도 설정을 위해 Transparency 채널을 체크합니다. 그 다음 Color에서 [우측 마우스 버튼] - [Paste]를 선택하여 앞서 복사한 색상을 붙여놓습니다.

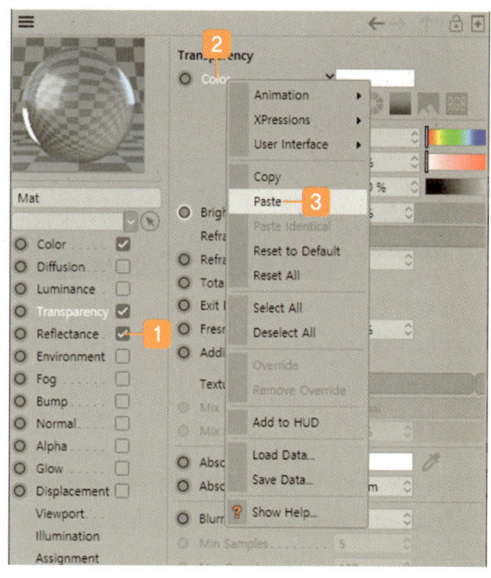

04 먼저 Color 채널을 선택한 후 색상을 짙은 하늘색으로 설정합니다. 환경에 따라 물의 색상을 다르게 사용하지만 지금처럼 밀폐된 공간이라면 조금 밝은 색으로 해주는 것이 좋습니다.

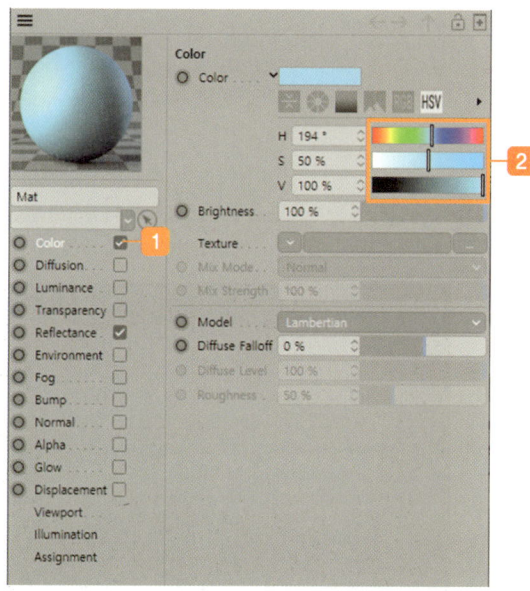

07 여기서 먼저 방금 설정한 매터리얼을 끌어다 플레인 오브젝트

물(Water) 표현 **461**

에 적용합니다.

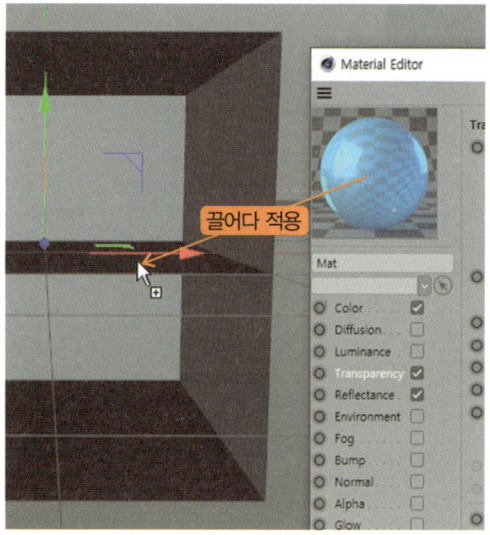

08 매터리얼에 의한 물을 확인해보기 위해 렌더 뷰를 해봅니다. 그러나 아직은 물보다는 투명한 셀로판지와 같은 느낌입니다.

09 지금의 상태에서는 먼저 조명이 필요할 듯 합니다. 라이트 툴에서 기본 조명을 하나 생성한 후 조명의 위치를 그림처럼 큐브 공간 위쪽으로 이동합니다. 그리고 General 탭에서 Shadow를 Shadow Maps (Soft)로 설정합니다. 그림자가 표현되어야 물속의 모습이 수면 위보다 어둡게 표현되기 때문에 사실감이 더 느껴집니다.

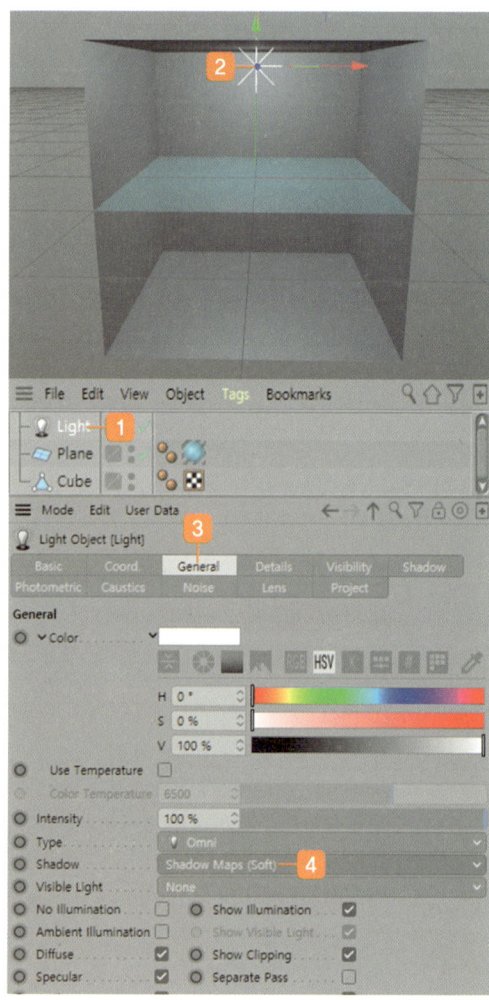

10 다시 렌더 뷰를 해보면 물속의 모습이 물 바깥보다 어두워졌습니다. 그러나 아직은 물의 느낌은 들지 않고 있습니다.

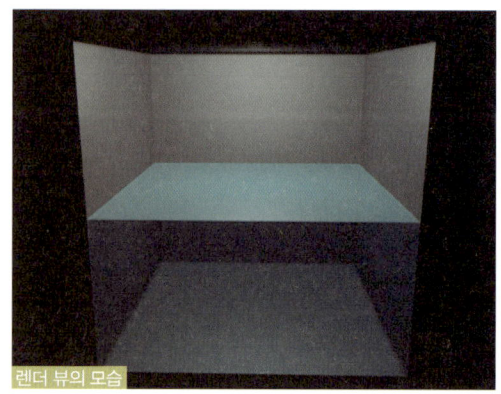

11 다시 매터리얼 에디터를 열어놓고 반사율을 설정하기 위해 Reflectance 채널을 선택한 후 [Add] - [Reflection (Legacy)]를 선택합니다. 그다음 Layer Fresnel의 Fresnel을 Dielectric으로 설정한 후 Preset을 Water로 설정합니다. 지금의 설정으로 인해 반사율이 떨어졌기 때문에 아래쪽 Strength를 25 정도로 줄여서 떨어진 반사율을 적당히 높여줍니다.

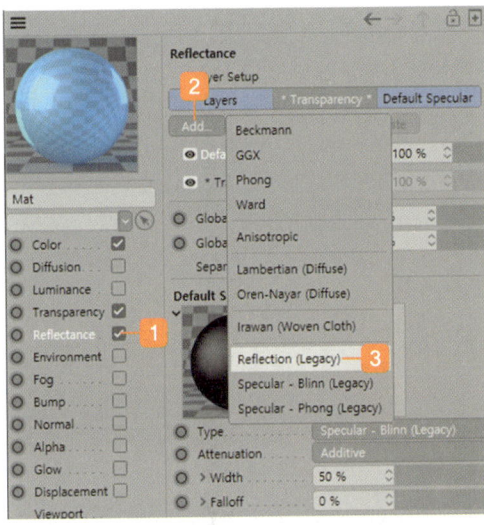

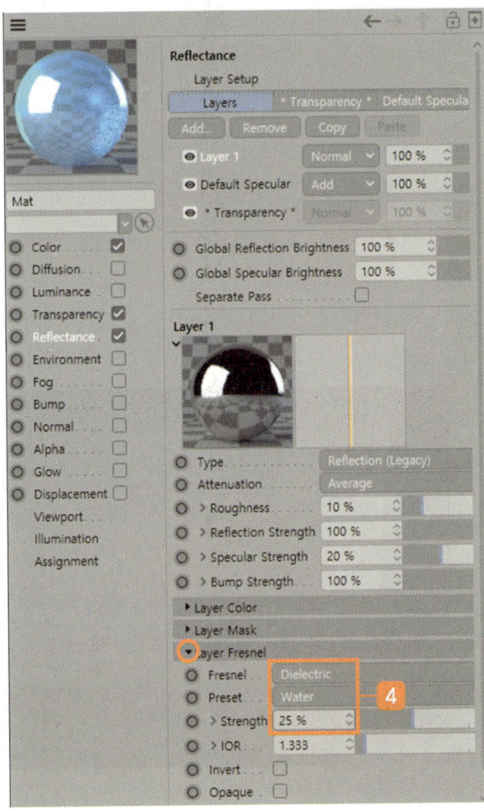

12 이제 수면의 상태를 물결이 치는 듯한 모습으로 표현하기 위해서 Bump 채널을 체크합니다. 그다음 [Texture] - [Noise]를 선택합니다.

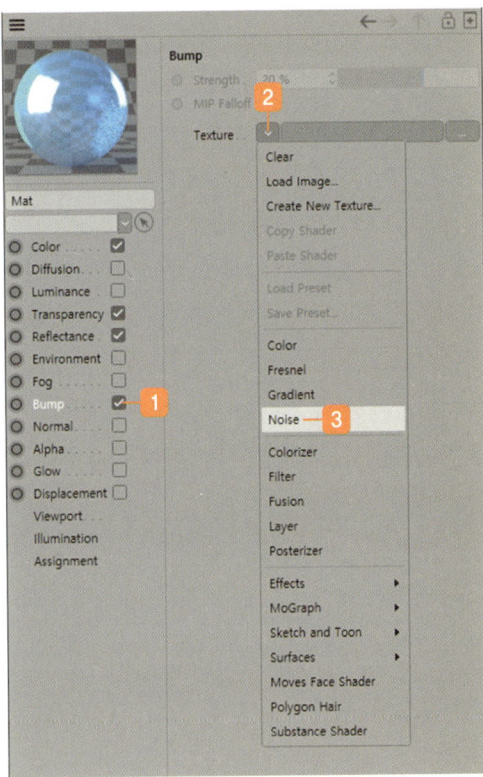

13 다시 렌더 뷰를 해보면 이제야 비로서 물의 느낌이 듭니다. 물론 아직 사실감이 떨어지기 때문에 보다 다양한 설정이 필요합니다.

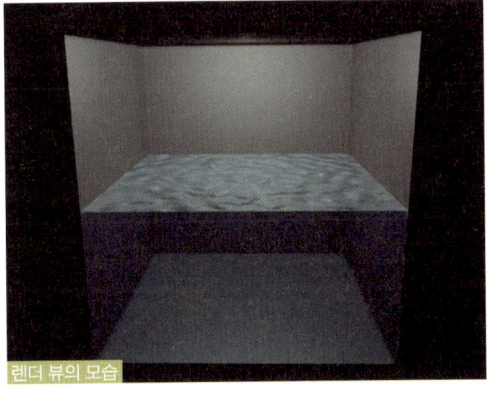

렌더 뷰의 모습

물(Water) 표현 **463**

14 이번엔 물결을 보다 강렬하게 해주기 위해 Displacement 채널을 체크합니다. 디스플레이스 채널은 이미지 픽셀의 위치를 왜곡하여 표면을 범프보다 사실적으로 돌출시킬 수 있습니다. 여기에서는 [Texture] – [Surfaces] – [Water]를 선택합니다.

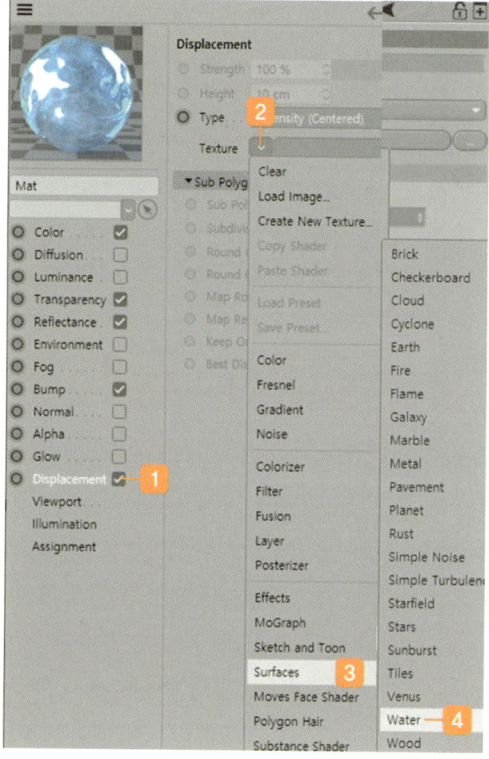

15 이제 물에 대한 빛의 산란을 표현하기 위해 라이트의 Caustics 탭에서 Surface Caustics를 체크합니다. 그다음 Photons를 50000 정도로 늘려줍니다.

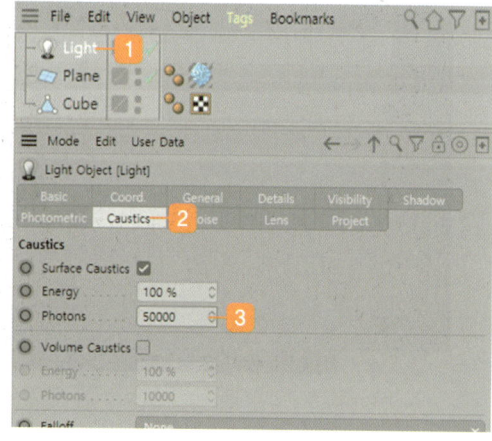

16 아직까지는 커스틱이 표현되는 것이 아니기 때문에 렌더 셋팅 (Ctrl + B) 창을 열고 [Effect] – [Caustics]를 적용합니다.

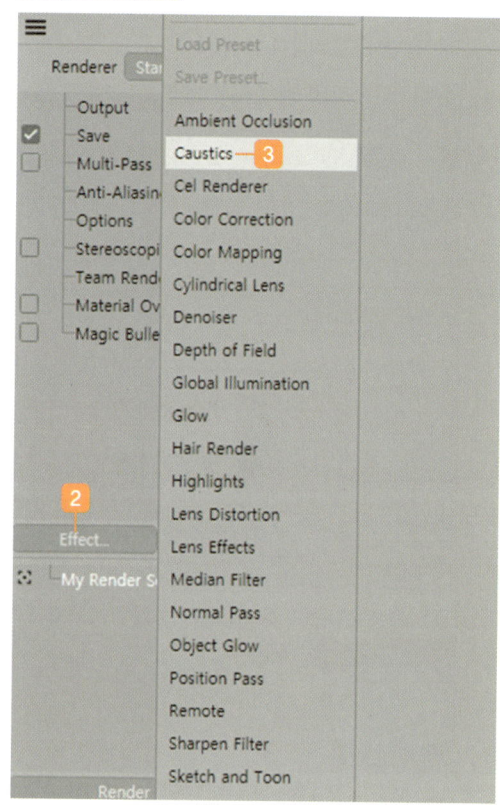

17 이 상태에서 다시 렌더 뷰를 해봅니다. 수면 위쪽에는 커스틱이 표현되지만 물 속에는 아무것도 표현되지 않습니다.

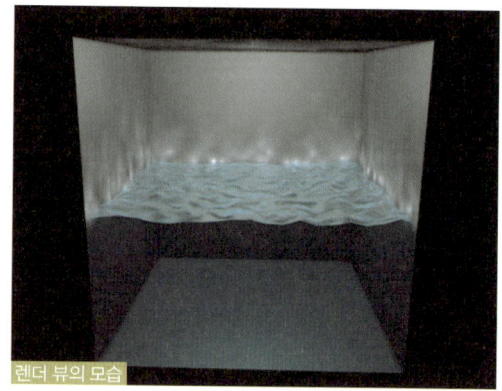

렌더 뷰의 모습

18 물 속에는 커스틱이 표현되지 않는 이유는 굴절이 없기 때문입니다. 다시 매터리얼 에디터를 열고 Transparency 채널을 선택합니다. 앞서 이 채널에서는 색상에 대한 설정만 했기 때문에 이제 굴절을 위해 Refraction을 3 정도로 높여줍니다. 물속은 꽉 채워진 상태이기 때문에 상황에 따라 최대 값인 4로 설정할 경우도 있습니다.

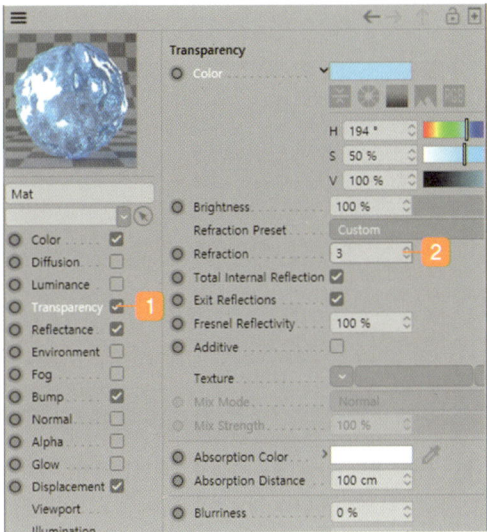

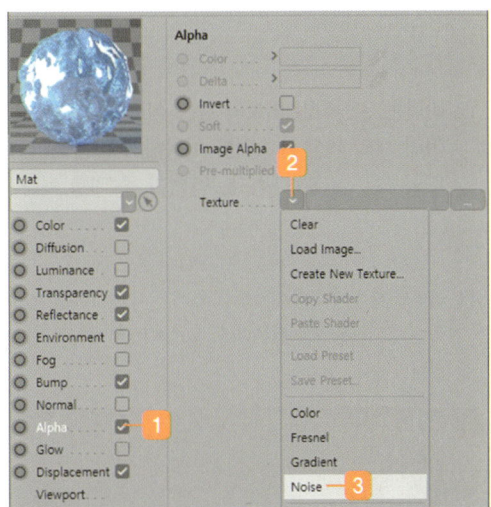

19 다시 렌더 뷰를 해보면 이제 물속에서도 커스틱이 표현되기 때문에 훨씬 사실적인 느낌이 듭니다.

최종 렌더 뷰의 모습

렌더 뷰의 모습

20 마지막으로 Alpha 채널을 체크한 후 Texture를 Noise로 설정합니다. 그리고 다시 렌더 뷰를 해보면 알파 채널의 노이즈 패턴(불규칙적인 투명한 상태)에 의해 더욱 사실적으로 표현된 것을 알 수 있습니다.

21 앞선 학습에서도 언급을 했듯 노이즈와 워터 텍스처는 움직임이 있는 텍스처이기 때문에 물결이 움직이는 속도 등의 다양한 설정을 할 수 있습니다. 이 부분은 여러분이 텍스처 설정을 통해 살펴보기 바랍니다. 지금의 작업은 Make Preview를 통해 동영상으로 확인해봅니다.

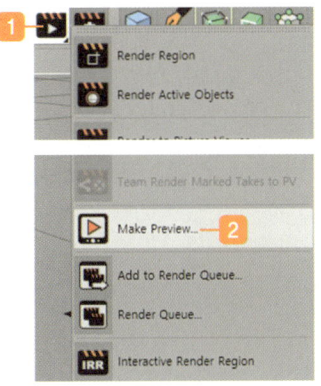

바다 표현하기

바다는 일반적인 물보다 깊은 심도를 가지고 있어 전체적으로 어두운 느낌이 있습니다. 또한 수면이 깊기 때문에 여러 개의 색상 레이어를 이용하여 복합적인 색상 톤으로 표현해야 합니다. 또한 이번 학습에서는 바다의 큰 파도와 작은 물결을 만드는 방법과 물 위를 떠다니는 물체까지 표현해 볼 것입니다.

01 바다만 표현하면 좀 밋밋할 것 같아 먼저 바다에서 흔히 볼 수 있는 바위산을 표현해봅니다. 오브젝트 툴에서 Landscape를 선택합니다.

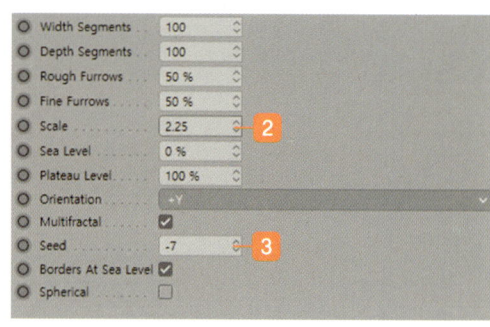

02 랜드스케이프는 지형을 만드는 오브젝트로 주로 산을 표현할 때 사용합니다. 어트리뷰트에서는 전체 크기, 폭과 내측 세그먼트, 거칠기 정도, 세밀함, 봉우리의 크기, 해면 높이, 대지 높이, 방향 등으로 설정할 수 있는데 이번에는 Scale을 2.25 정도로 설정하여 봉우리의 크기를 조금 크게 해주고 Seed를 -7로 설정하여 봉우리의 모습과 배치를 원하는 모습으로 해줍니다.

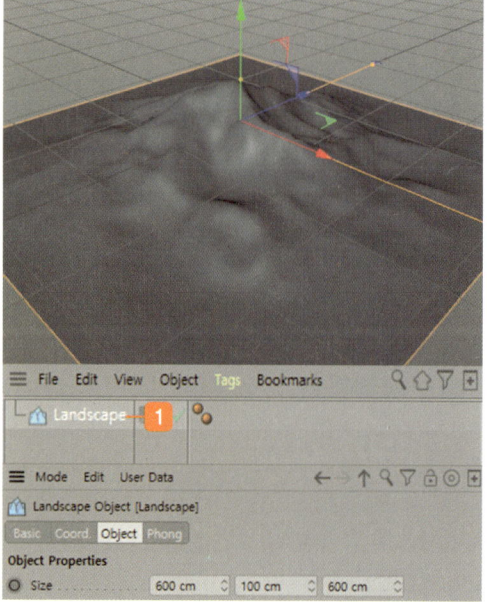

03 산에 적용할 매터리얼을 만들고 매터리얼 에디터에서 이름을 [산]으로 해준 후 Color 채널에서 Texture의 로드 이미지를 통해 [학습자료] - [맵소드] 폴더에서 산 텍스처로 사용할 [대리석 05.jpg] 파일을 복사하지 않고 불러옵니다.

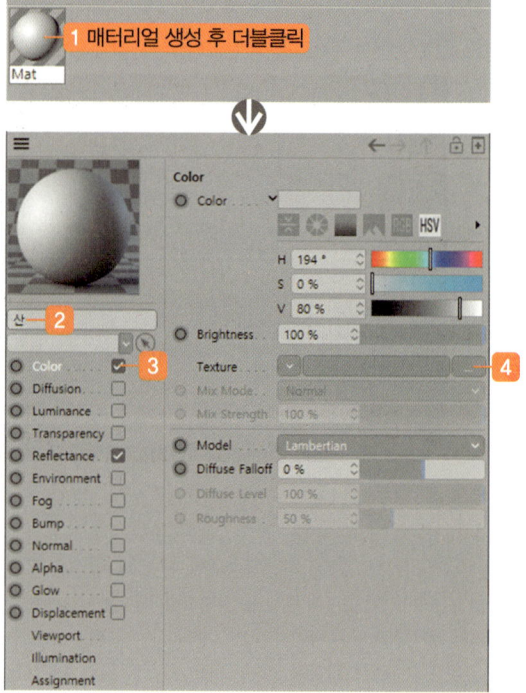

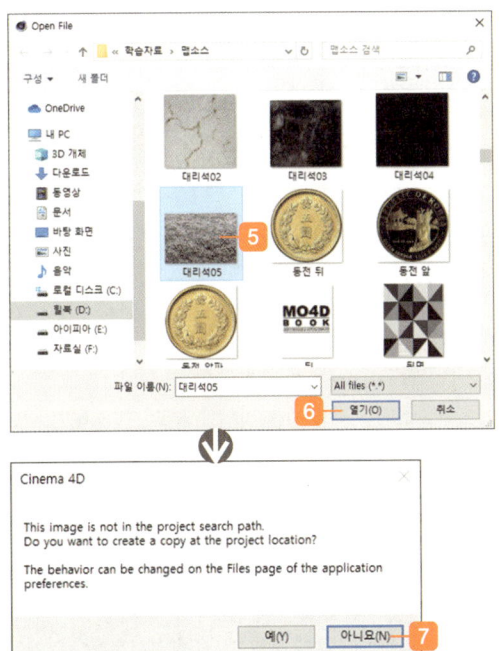

04 여기서 먼저 설정된 산 매터리얼을 끌어다 랜드스케이프 오브젝트에 적용합니다.

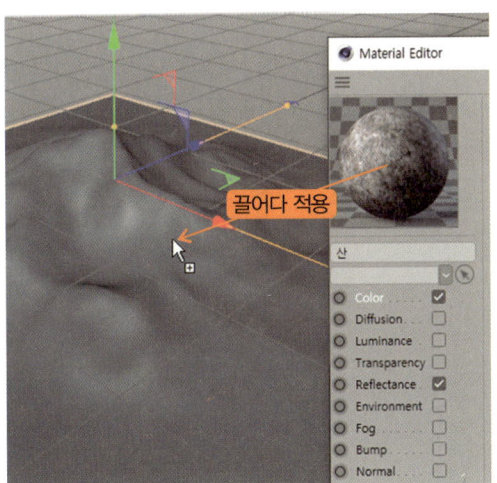

05 지금의 상태를 확인하기 위해 렌더 뷰(Ctrl + R)를 해봅니다. 산의 바위 질감은 들지만 너무 매끈하여 사실감이 떨어집니다. 이제 울퉁불퉁한 느낌을 표현해봅니다.

06 다시 매터리얼 에디터에서 이번엔 Displacement 채널을 체크합니다. 그리고 Texture의 로드 이미지를 통해 앞서 컬러 채널의 텍스처로 사용한 [대리석05.jpg] 파일을 복사하지 않고 불러옵니다.

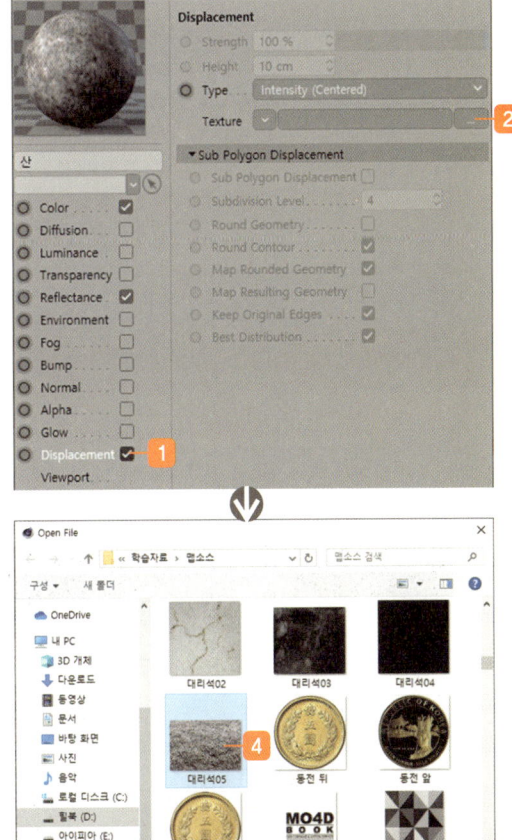

물(Water) 표현 **467**

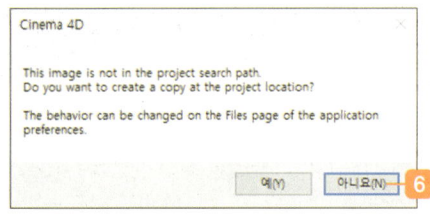

07 디스플레이스먼트 채널의 Sub-Polygon Displacement 항목에서는 돌출(변형)되는 모습을 세분화할 수 있는 다양한 기능들이 있습니다. 일단 여기에서는 기본 상태를 그대로 사용합니다.

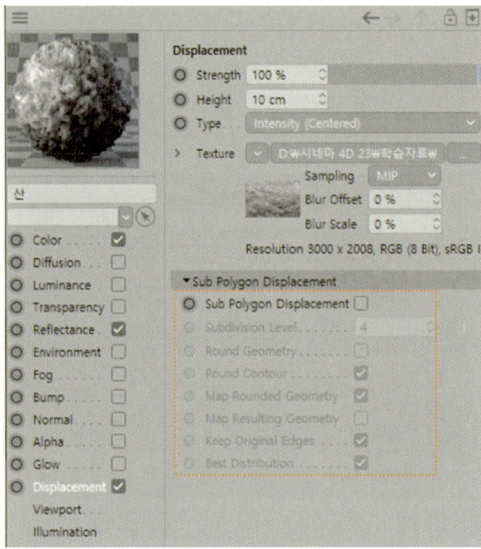

08 다시 렌더 뷰를 해보면 바위 표면이 이전보다 더욱 거칠어진 것을 알 수 있습니다.

09 계속해서 이번엔 바닷물을 표현하기 위해서 Plane 오브젝트를 적용합니다.

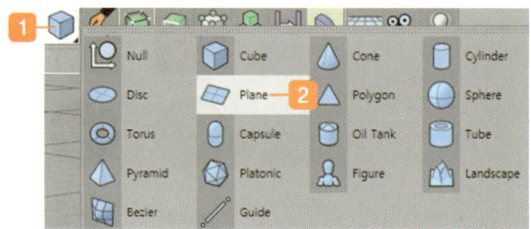

10 플레인 오브젝트의 가로/세로 크기를 모두 600으로 설정합니다. 그리고 위치는 조금 아래로 내려 그림처럼 산의 모습이 조금 더 보이도록 해줍니다.

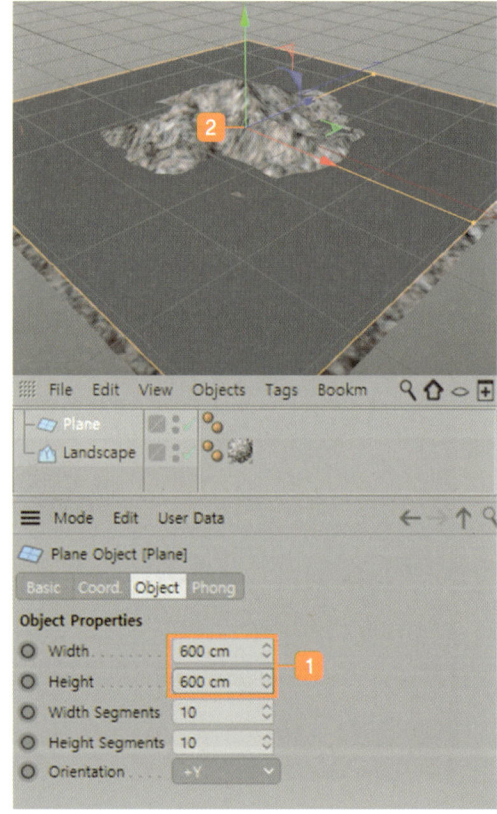

11 세그먼트 설정을 위해 [Display] - [Gouraud Shading (Linges)]를 선택합니다.

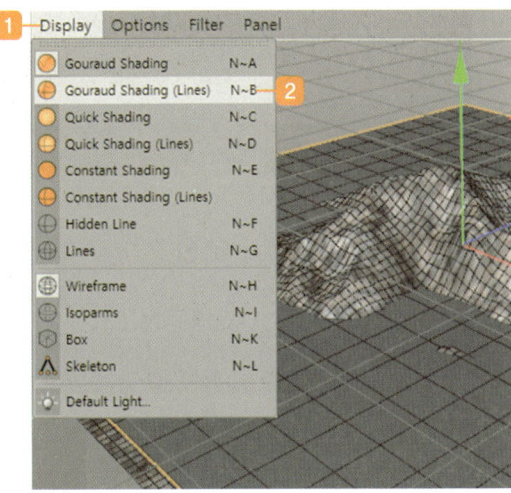

13 먼저 잔 물결을 표현하기 위해 디포머 툴에서 Displacer를 적용합니다.

12 파도가 치는 모습과 잔물결을 자연스럽게 표현하기 위해 가로/세로 세그먼트를 모두 100 정도로 늘려줍니다.

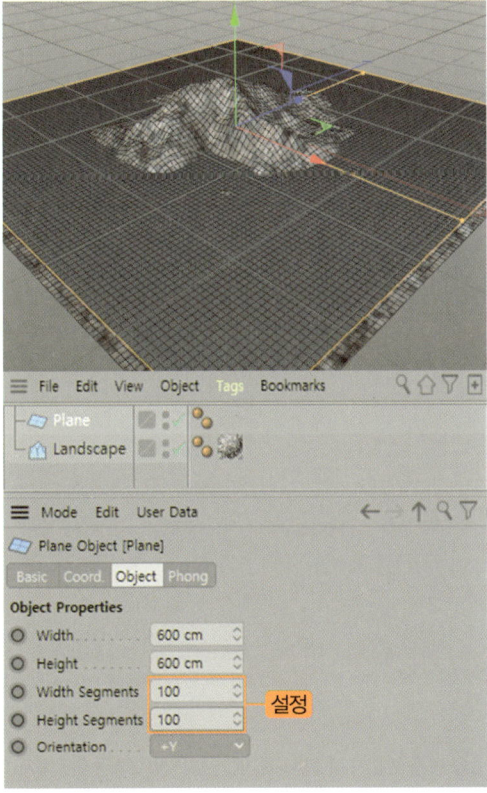

14 Displacer 디포머를 플레인 오브젝트 하위에 종속시킵니다. 그리고 Shading 탭에서 [Shader] - [Surfaces] - [Water]를 적용합니다.

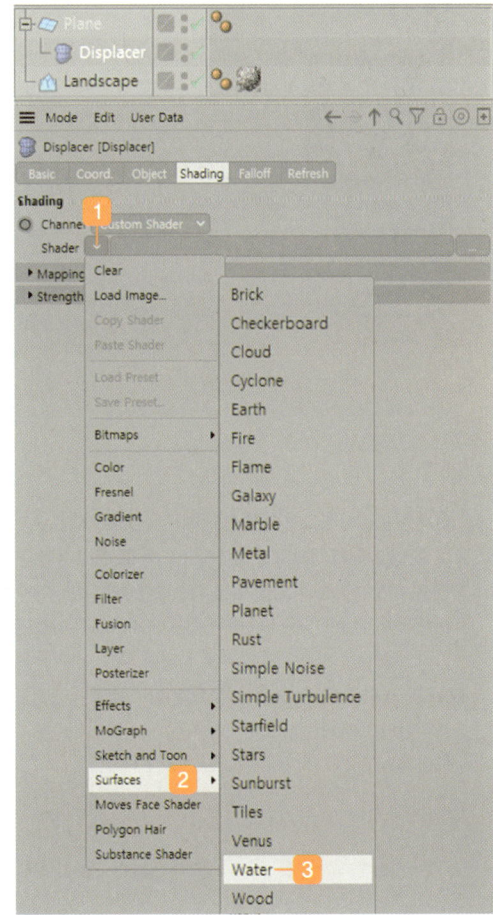

물(Water) 표현 469

15 워터 셰이더를 세부적으로 설정하기 위해 Water 버튼을 클릭하거나 워터 무늬 모습의 섬네일을 클릭하여 셰이더 탭을 열어줍니다. 여기에서는 워터 무늬의 색상, 간격(빈도수), 바람의 강도를 설정할 수 있는데 이번엔 간격을 줄여주기 위해 U, V Frequency를 각각 2, 1로 설정합니다.

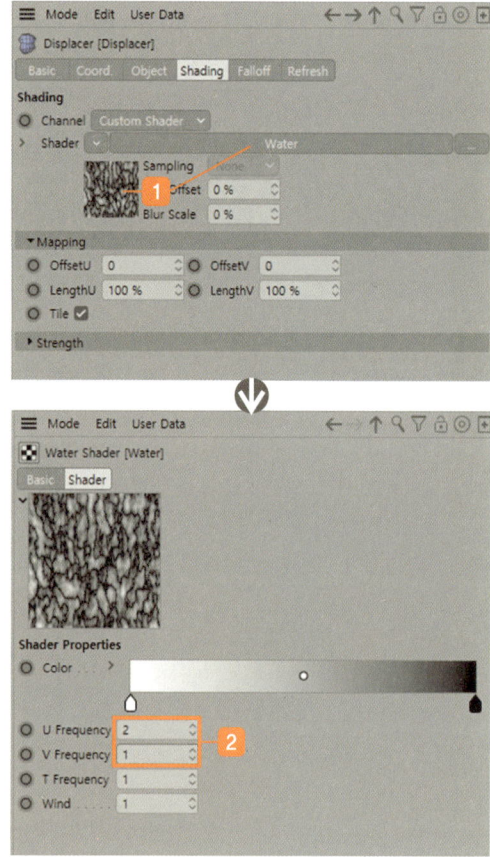

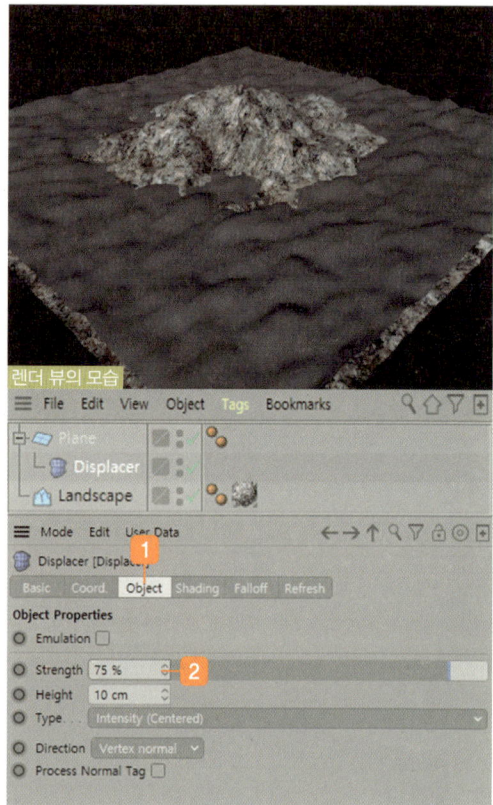

16 현재는 물결의 파고가 너무 높기 때문에 Object 탭으로 이동한 후 Strength를 75 정도로 낮춰줍니다. 그리고 렌더 뷰를 통해 확인 해보면 잔물결의 모습이 제대로 표현됐습니다. 이렇듯 디스플레이서 디포머를 사용하면 범프나 디스플레이스먼트 매터리얼 채널을 사용하지 않아도 물결이 치는 장면 같은 변형(돌출) 작업을 할 수 있습니다. 또한 디스플레이서 디포머는 움직임이 표현되는 디포머이기 때문에 플레이(F8)를 해보면 물결치는 모습이 애니메이션으로 표현됩니다.

17 이번엔 큰 파도를 표현하기 위해 디포머 툴에서 Formula를 적용합니다.

18 이제 포뮬러 디포머도 플레인 오브젝트 하위에 종속시키는데 앞서 적용한 디스플레이서 하위에 배치해야 작은 물결 다음으로 큰 파도가 치게 됩니다.

470 환경 설정하기

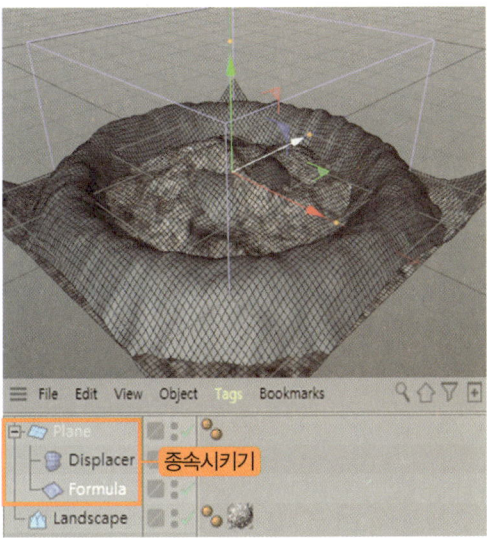

20 현재는 파도가 너무 빠르게 치기 때문에 d(u,u,x,y,z,t)를 다음과 같이 수정합니다. 싸인 함수의 짙은 숫자를 참고합니다. 파고와 속도가 낮아지고 느려졌기 때문에 상대적으로 전체 파고를 조금 높일 필요가 있습니다. Size의 Y축을 80 정도로 높여주고 가운데에서 양쪽으로 이동하는 파도의 방향을 한 방향으로 움직이게 해주기 위해 그림처럼 포뮬러 디포머를 좌측(실제로는 앞쪽)으로 이동해줍니다.

Sin((u + t)*1.0*PI)*0.1

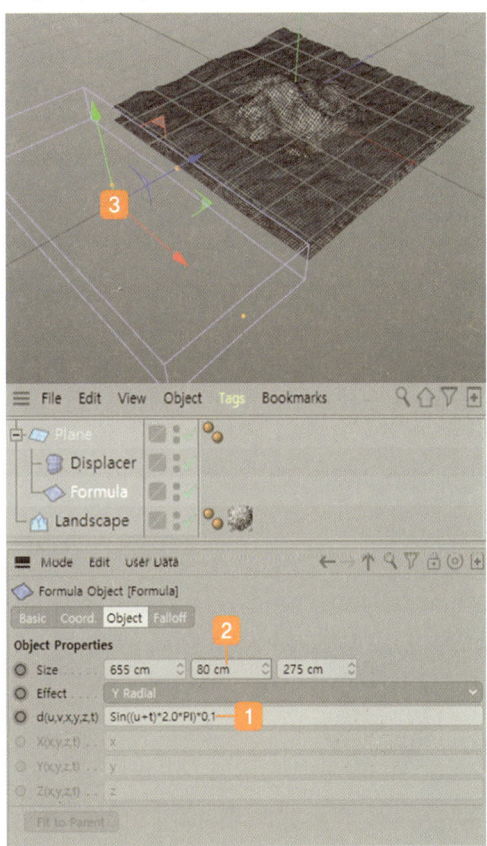

19 현재는 포뮬러의 높이가 너무 높기 때문에 파고의 높이도 지나치게 높습니다. 그러므로 포뮬러의 Object 탭에서 Size의 Y축을 60 정도로 낮춰주고 XY축도 그림처럼 설정하여 직선형으로 파도가 치도록 해줍니다.

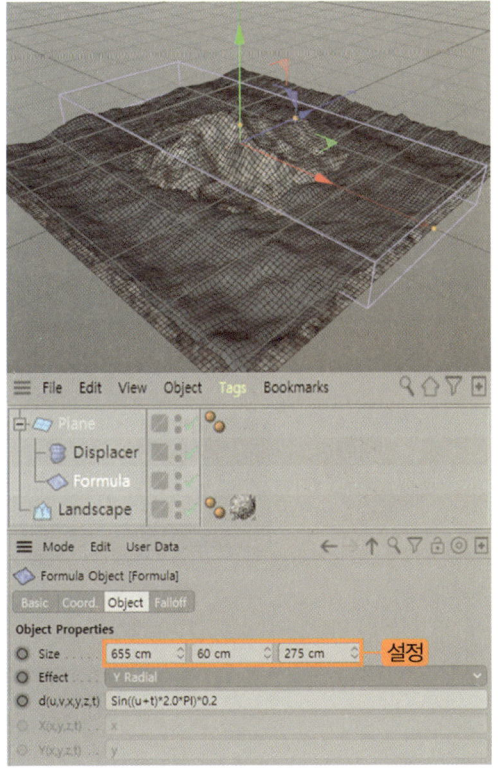

21 파도가 치는 작업은 모두 끝났습니다. 이제 바다 재질을 표현하기 위해 새로운 매터리얼을 추가한 후 매터리얼 에디터를 열어줍니다.

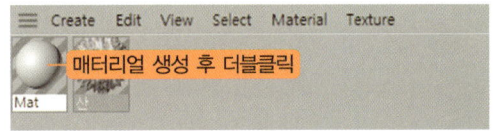

22 매터리얼 이름을 [바다]라고 해주고 컬러의 텍스처를 레이어로 선택하고 색상을 클릭하여 셰이더 탭으로 이동합니다. 앞서 언급한 것처럼 바다는 심도가 깊어 오묘한 색을 띄고 있기 때문에 재질 또한 다양한 색상의 레이어를 통해 합성을 해야 합니다.

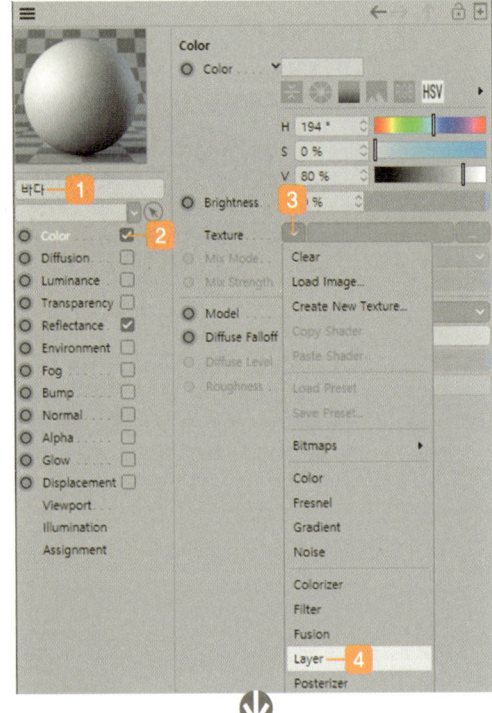

23 컬러의 텍스처를 레이어로 사용하면 포토샵의 레이어처럼 여

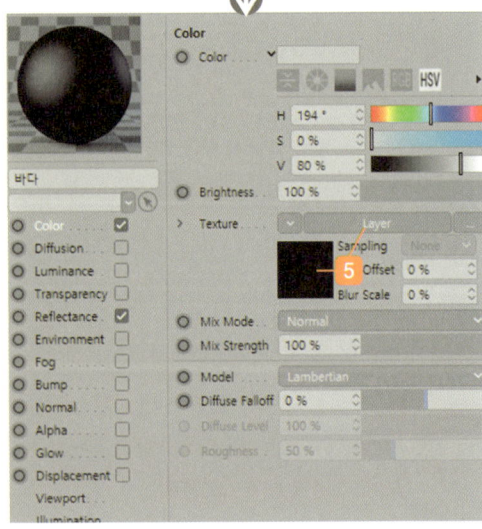

러 개의 색상을 이용하여 합성 텍스처를 만들 수 있습니다. 셰이더 탭에서 Shader 버튼을 클릭하여 컬러로 선택합니다.

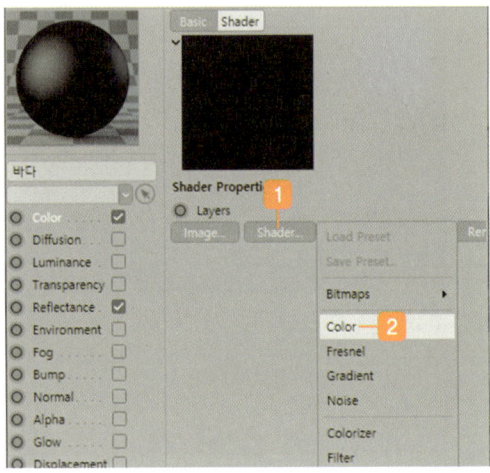

24 Color를 클릭하여 색상을 설정할 수 있는 상태로 전환해주고 컬러를 검정색으로 지정합니다. 다시 좌측방향 화살표를 두 번 클릭하여 이전 설정 상태로 전환합니다.

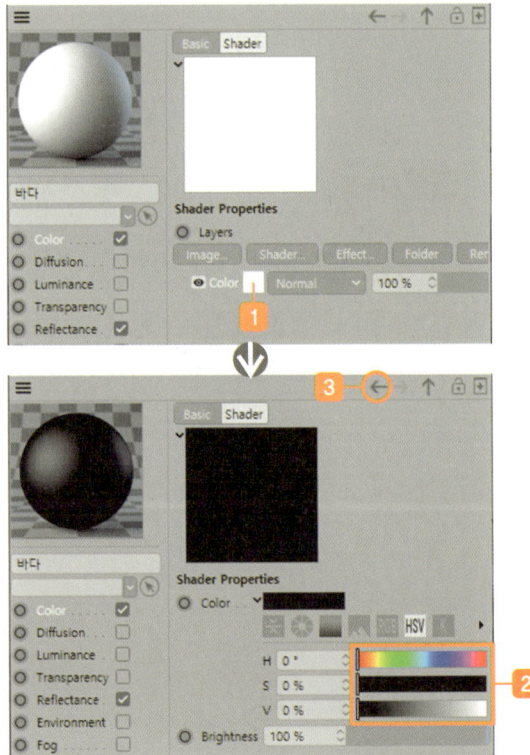

25 계속해서 Shader를 Noise로 선택하여 새로운 레이어를 추가합니다.

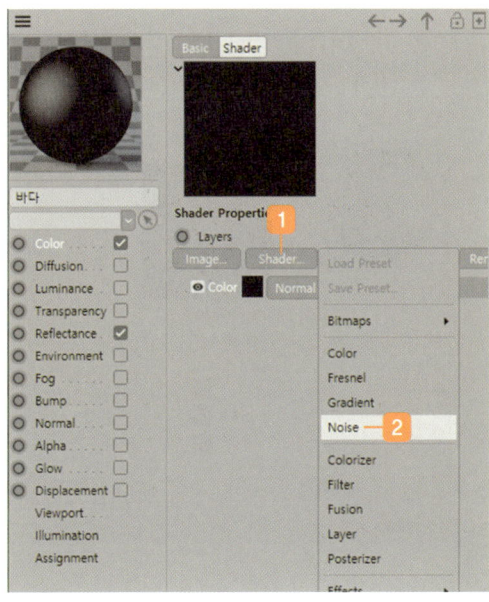

26 Noise의 무늬가 보이는 섬네일을 클릭하여 세부 설정을 할 수 있는 상태로 전환한 후 컬러 2의 색상을 짙은 청색(R 0, G 18, B 26)으로 지정합니다. Global Scale을 300으로 설정하고 한 단계 이전 상태로 되돌아갑니다.

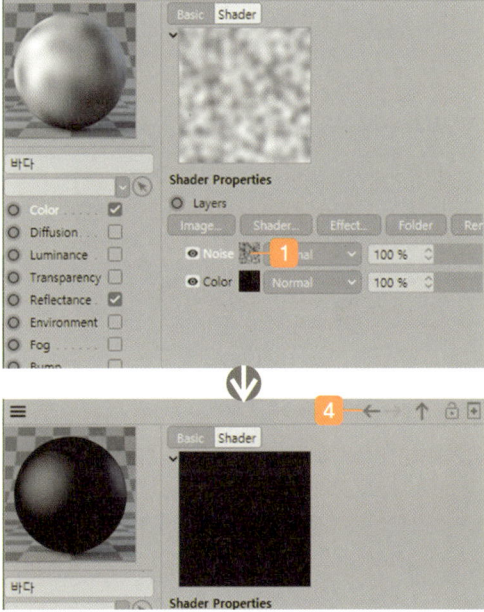

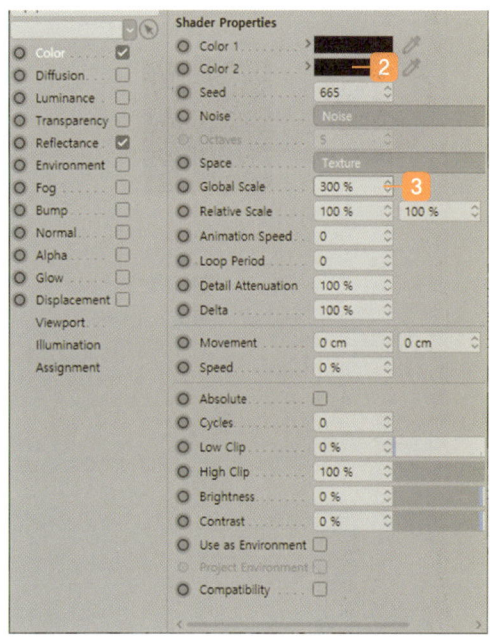

27 노이즈의 블렌딩 모드를 Screen으로 설정하여 아래쪽 컬러와 합성을 해줍니다. 바다 표면에 대한 매터리얼을 만들기 위해서는 많은 레이어가 사용되는데 바다 표면의 어두운 부분부터 설정을 해야 자연스런 바다의 모습이 표현됩니다.

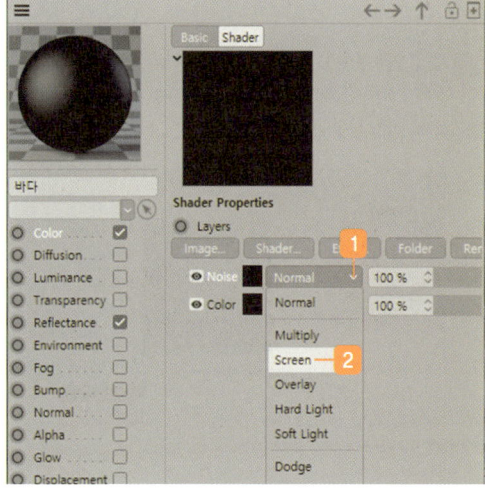

28 계속해서 또 다른 새로운 레이어를 만들어줍니다. Shader에서 이번에도 Noise 레이어를 선택합줍니다. 그다음 노이즈 섬네일을 클릭하여 세부 설정을 할 수 있는 상태로 전환합니다.

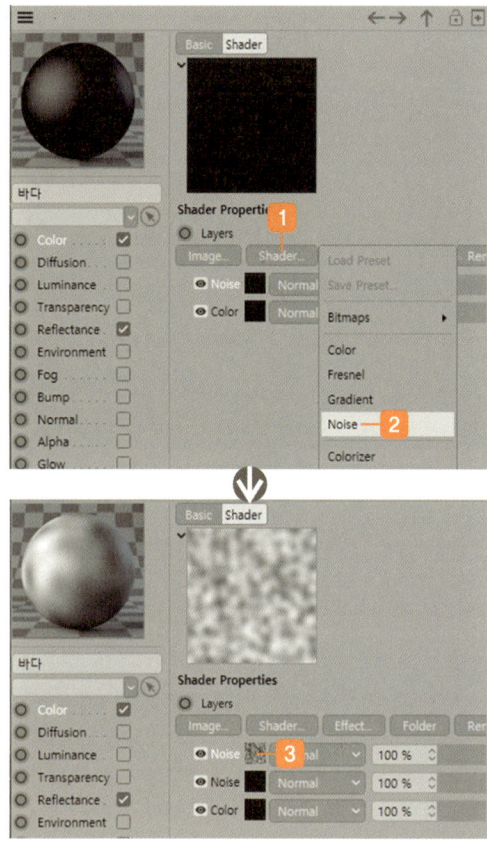

30 Noise의 블렌딩 모드를 Screen으로 설정하고 합성 비율을 60 정도로 설정합니다. 지금의 작업을 잘 생각해보면 바다 표면에 나타나는 빛의 하이라이트, 파도가 부딪쳐서 생기는 흰색 거품, 깊어질수록 짙어지는 색깔 등을 디테일하게 표현하기 위한 작업들이라는 것을 알 수 있을 것입니다.

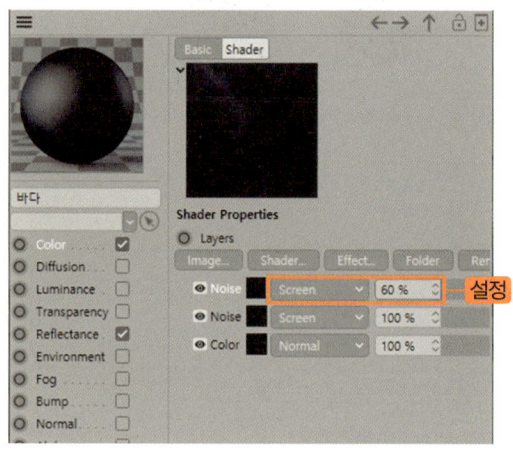

31 계속해서 새로운 레이어를 만들어줍니다. Shader를 이번에도 Noise로 선택합니다. 그리고 적용한 노이즈의 섬네일을 클릭하여 세부 설정을 할 수 있는 상태로 전환합니다.

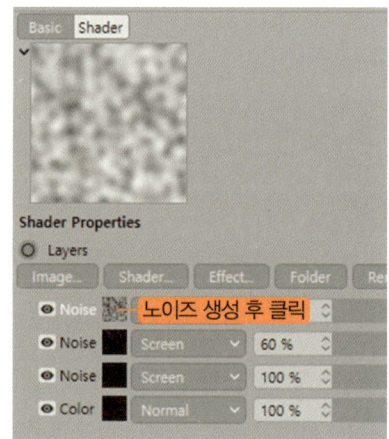

29 컬러 2를 청색(R 18, G 79, B 107)으로 설정합니다. Noise를 Nutous(누투스)로 지정하고 Global Scale을 1000으로 설정한 후 다시 이전 설정 상태로 전환합니다.

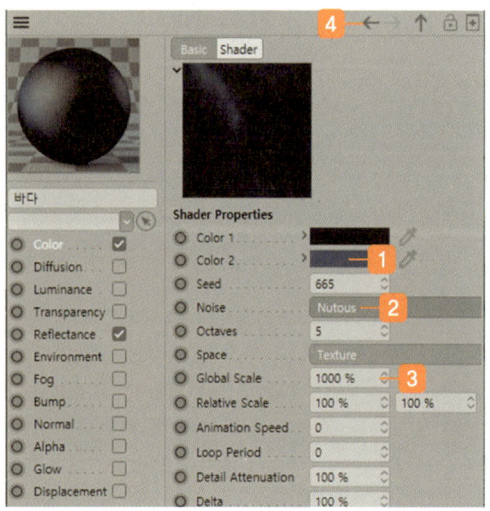

32 컬러 1을 짙은 녹색(R 0, G 35, B 25) 컬러 2는 녹색(R 21, G 84, B 66)으로 설정합니다. 그다음 Noise를 Wavy Turbulence(웨비 터뷸런스)로 설정하고 Global Scale을 300으로 설정합니다. 아래쪽 Low Clip을 30, High Clip을 90 정도로 설정 후 다시 이전 설정 상태로 전환합니다.

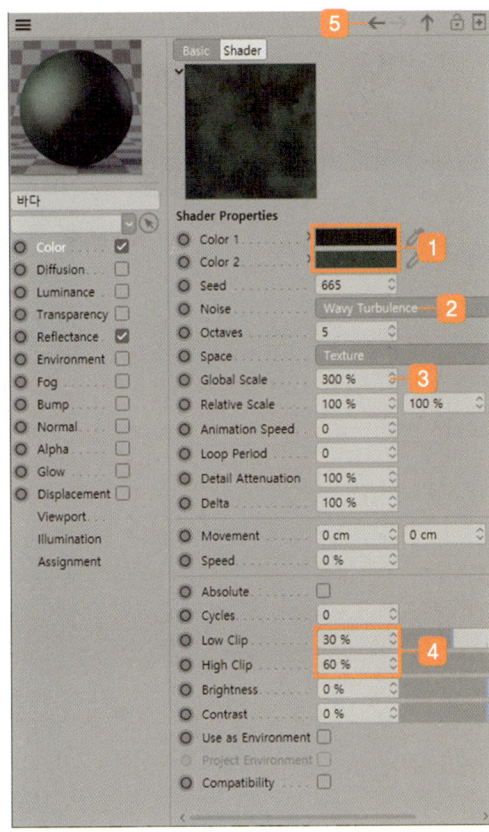

34 같은 방법으로 Shader에서 네 번째(전체 레이어 중 다섯 번째) Noise를 추가합니다. 새로 추가된 노이즈를 클릭하여 세부 설정을 할 수 있는 상태로 전환합니다.

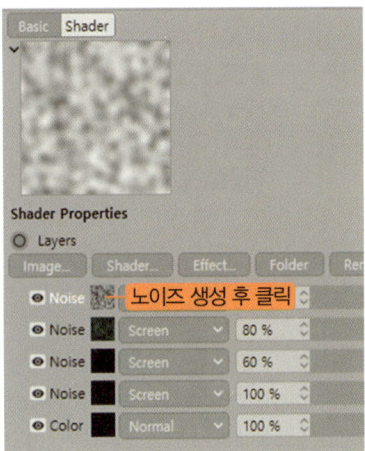

33 방금 설정한 노이즈의 블렌딩 모드를 Screen으로 설정하고 합성률을 80 정도로 설정합니다.

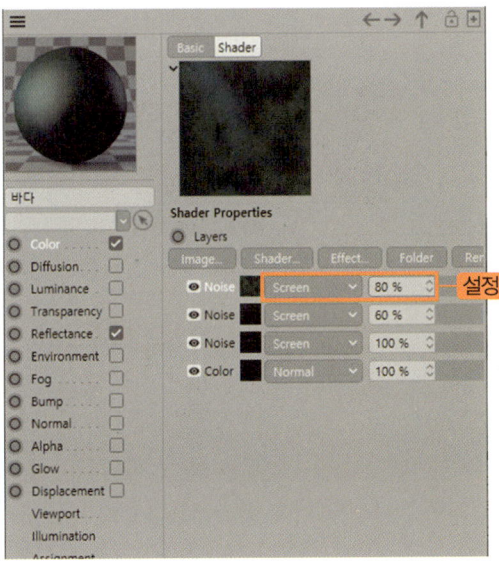

35 컬러 1을 청녹색(R 49, G 111, B 122)으로 설정하고 노이즈를 Luka(루카)로 지정합니다. 글로벌 스케일을 300으로 설정하고 로우 클립을 23, 하이 클립을 90으로 설정합니다. 설정이 끝나면 다시 이전 상태로 전환합니다.

물(Water) 표현 **475**

36 네 번째 노이즈의 블렌딩 모드를 Hard Light로 설정하고 합성률을 85 정도로 설정합니다. 이제 서서히 실제 바다의 모습과 흡사하게 표현됐습니다.

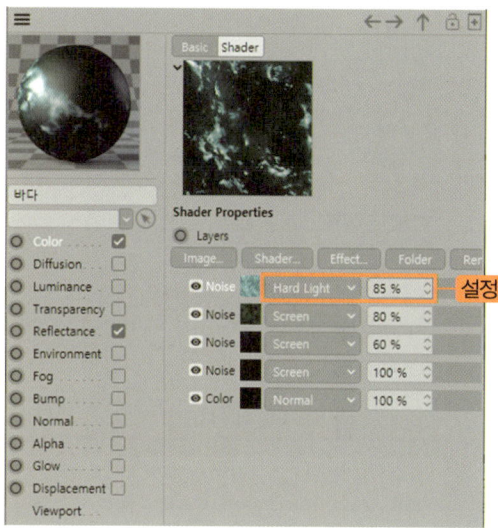

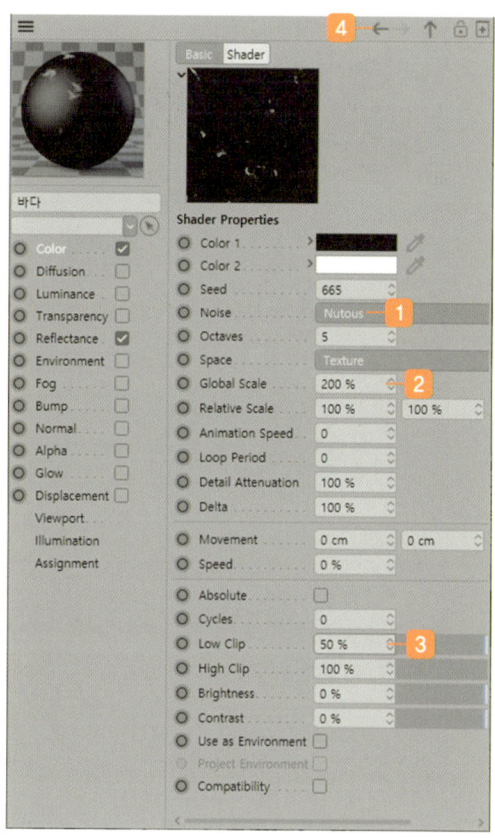

37 셰이더에서 다섯 번째 노이즈를 추가하고 세부 설정을 할 수 있는 상태로 전환합니다.

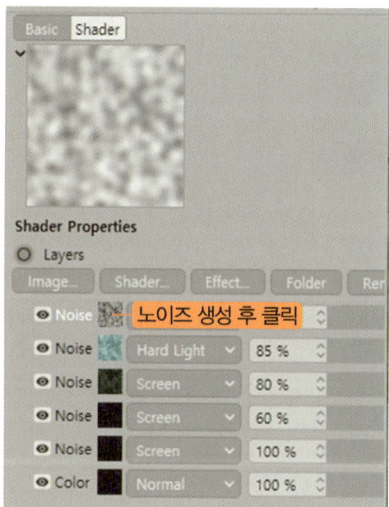

38 여기에서 컬러는 기본 색상을 그대로 사용하고 노이즈를 Nutous(누투스)로 설정합니다. 글로벌 스케일을 200으로 설정하고 로우 클립을 50 정도로 설정한 후 다시 이전 상태로 전환합니다.

39 다섯 번째 노이즈의 블렌딩 모드를 Add로 설정합니다. 이것으로 레이어 설정에 대해서는 모두 끝났습니다. 확인해보면 아직 완벽하지는 않지만 제법 실제 바다의 느낌이 듭니다.

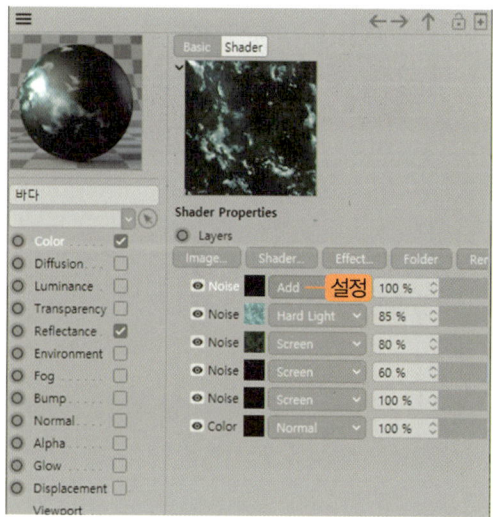

40 이번엔 반사율을 설정하기 위해 리플렉턴스 채널을 선택하고 [Add] - [Reflection (Legacy)]를 선택합니다. 그다음 Layer Color의 컬러를 밝은 하늘색(R 168, G 220, B 226)으로 설정합니다. 그리고 Layer Fresnel에서 프레넬을 Dielectric으로 설정하고 프리셋을 Water로 설정합니다. Strength를 25 정도로 낮춰 바다 표면에 맞는 반사율로 표현합니다.

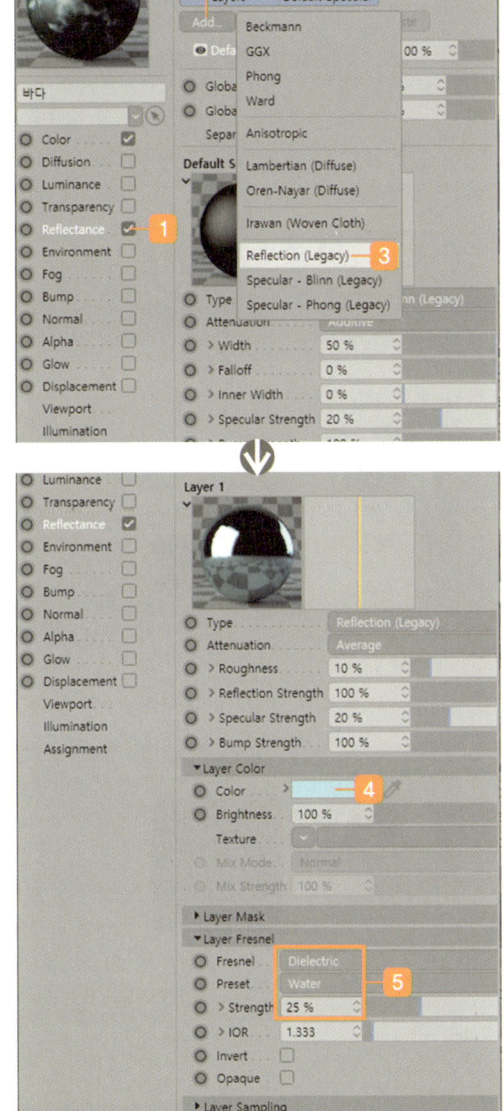

41 여기서 지금까지 설정한 매터리얼을 확인해보기 위해 바다 매터리얼을 끌어다 플레인 오브젝트에 적용한 후 [Ctrl] + [R] 키를 눌러 렌더 뷰를 해봅니다. 제법 바다의 느낌이 들지만 실제 바다의 거친 느낌은 들지 않습니다.

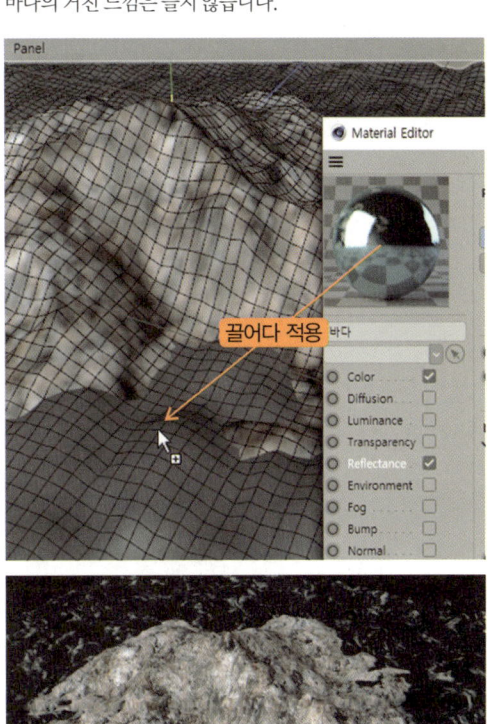

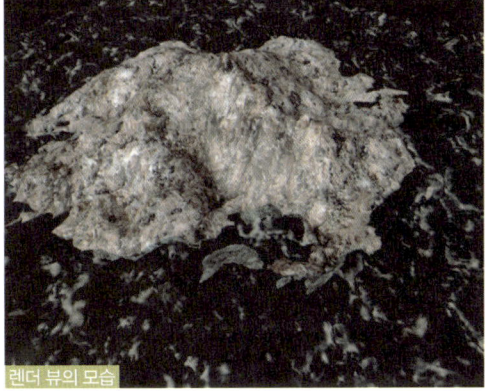

42 이제 범프와 디스플레이스먼트를 통해 바다의 거친 느낌을 표현해봅니다. 다시 매터리얼 에디터를 열어줍니다. 먼저 범프 채널에 대한 설정을 하기 위해 먼저 Color 채널을 선택하고 텍스처 섬네일 또는 Layer를 선택하여 셰이더로 이동합니다. 셰이더에서 네 번째 노이즈를 선택하고 [우측 마우스 버튼] - [Copy Shader]를 선택하여 해당 색상 셰이더를 복사합니다.

물(Water) 표현 **477**

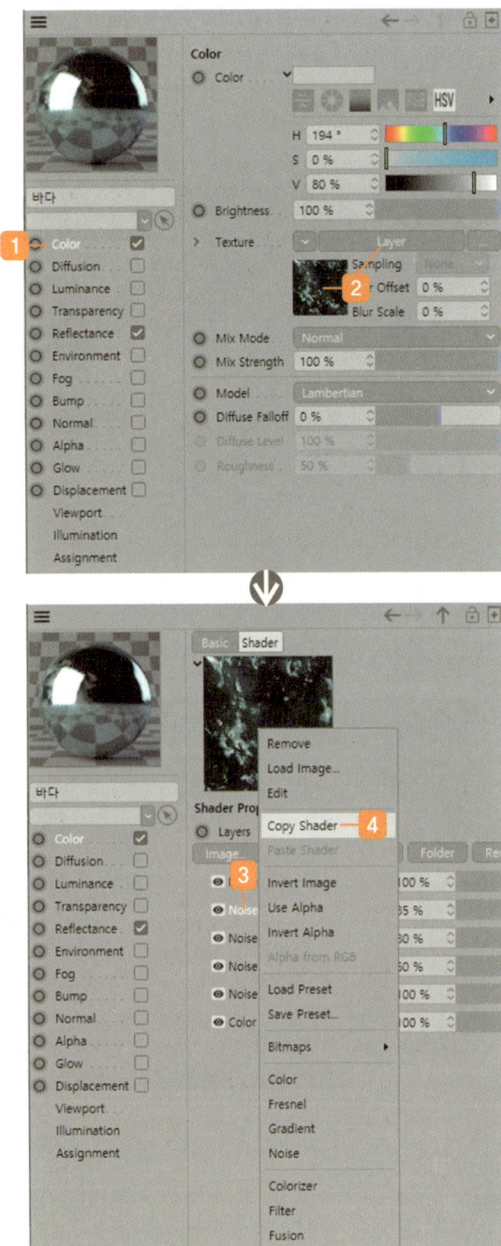
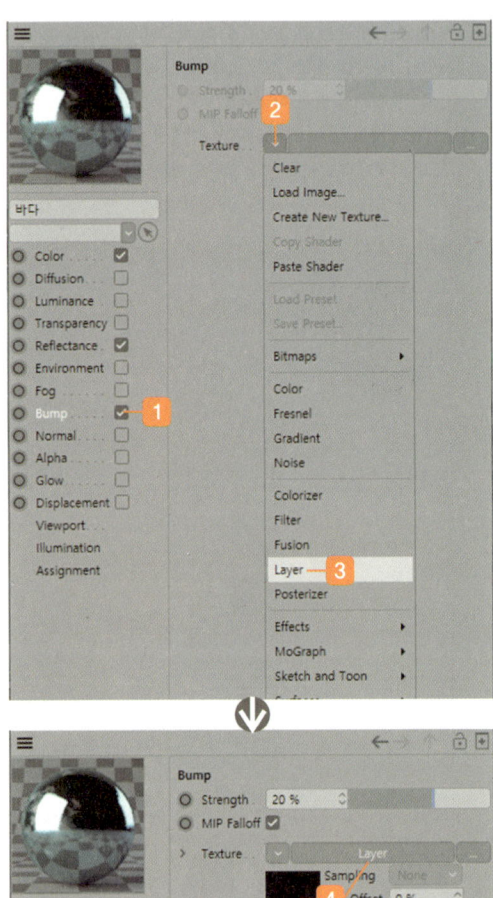

43 물결의 모습을 실제처럼 돌출시키기 위해 Bump 채널을 체크하고 Texture를 Layer로 지정합니다. 그다음 방금 복사한 채널을 사용하기 위해 텍스처의 섬네일이나 Layer를 클릭하여 셰이더로 이동합니다.

44 셰이더에서 Shader를 Color로 설정합니다.

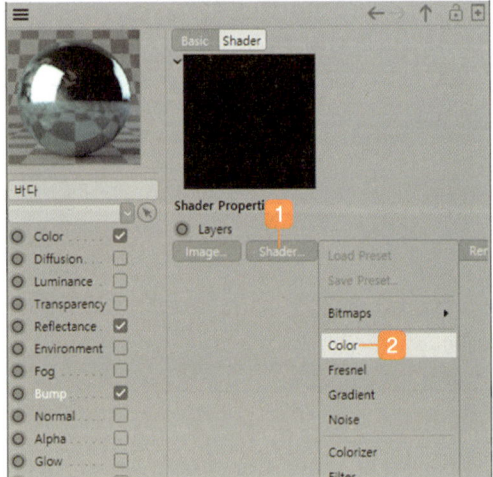

45 방금 추가된 Color 위에서 [우측 마우스 버튼] - [Paste Shader]를 선택하여 앞서 복사한 컬러의 네 번째 노이즈를 붙여놓습니다.

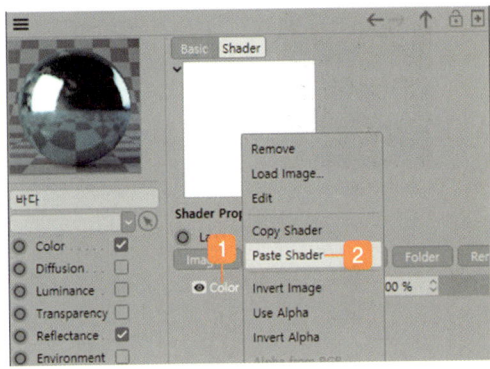

46 계속해서 방금 붙여넣기 한 노이즈의 섬네일을 클릭하여 세부 설정을 할 수 있는 셰이더로 들어가 컬러 1을 검정색으로 설정하고 컬러 2를 밝은 회색으로 설정합니다. 설정이 끝나면 좌측 화살표를 클릭하여 다시 셰이더 탭으로 되돌아갑니다.
앞서 생성한 Color 셰이더는 셰이더를 붙여넣기 위한 목적으로 사용하는 것이므로 숨겨놓거나 제거해도 됩니다.

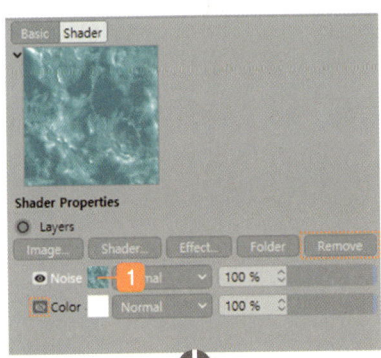

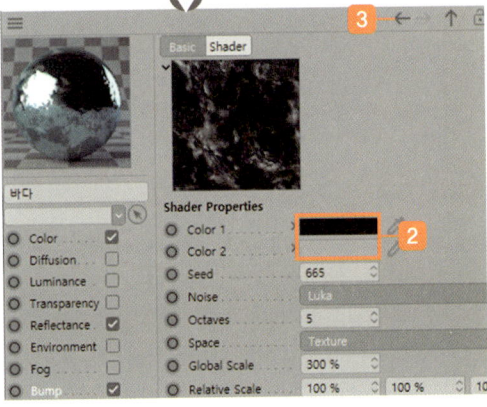

47 계속해서또 하나의 채널을 사용하기 위해 앞서 컬러 채널에서 만들어진 레이어 채널을 복사하여 붙여놓아야 합니다. 그러기 위해 Color 채널을 선택한 후 텍스처의 섬네일이나 Layer를 클릭합니다.

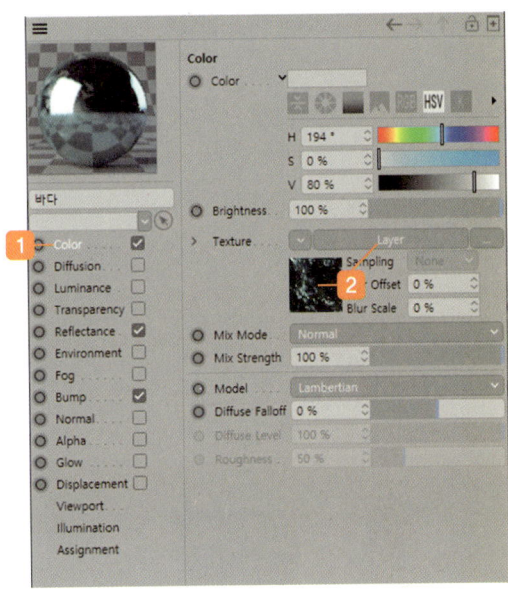

48 셰이더에서 맨 위쪽에 있는 Noise 위에서 [우측 마우스 버튼] - [Copy Shader]를 선택하여 복사합니다.

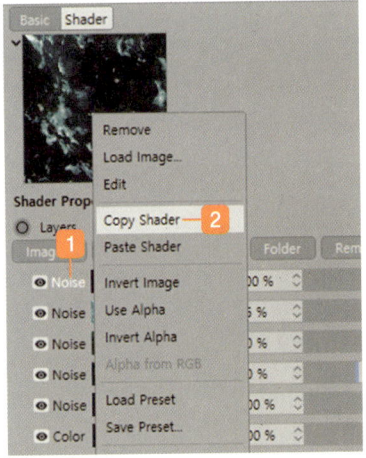

49 다시 Bump 채널을 선택한 후 텍스처의 섬네일이나 Layer를 클릭합니다. 그다음 앞서 위쪽의 Noise 레이어 위에서 [우측 마우스 버튼] - [Paste Shade]를 선택하여 붙여놓습니다.

물(Water) 표현 **479**

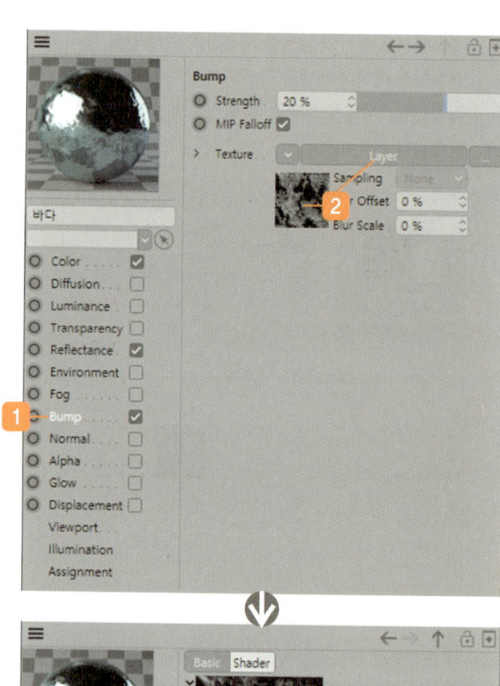

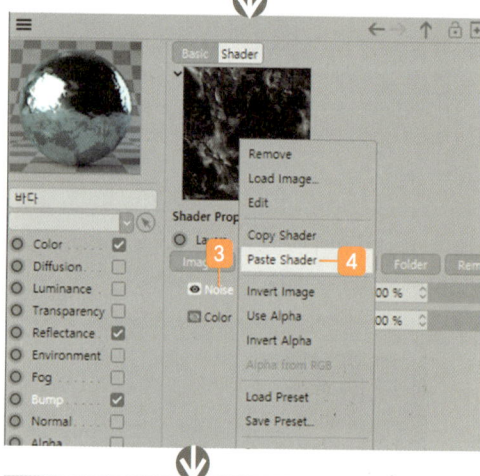

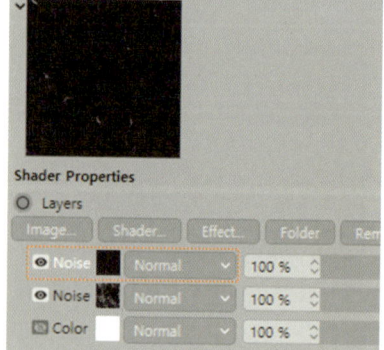

50 붙여넣기 한 위쪽 레이어(붙여넣기 하면 Noise란 이름으로 바뀜)의 블렌딩 모드를 Add 설정합니다.

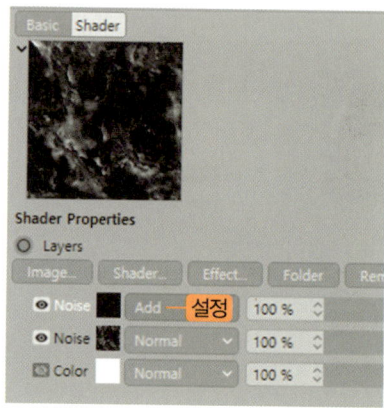

51 이번엔 물결을 더욱 강렬하게 돌출시키기 위해 Displacement 채널을 체크하고 Texture를 Noise로 설정합니다.

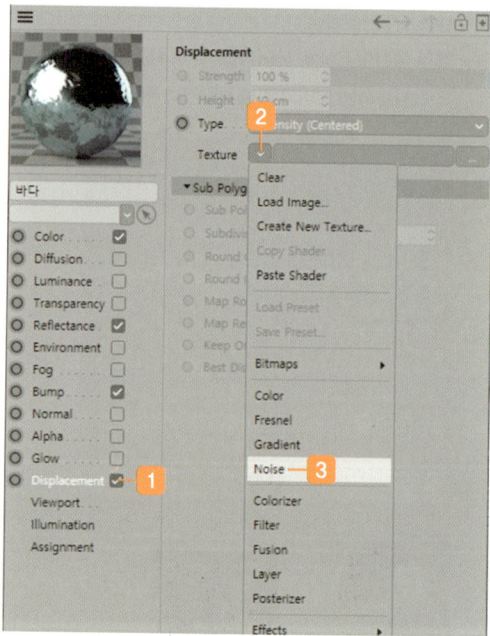

52 적용된 텍스처의 섬네일이나 Noise를 클릭하여 세부 설정을 위한 셰이더로 이동합니다. 그다음 Noise를 Wavy Turbulence (웨비 터뷸런스)로 지정하고 글로벌 스케일을 300, Animation Speed를 0.2로 설정하여 물결에 속도를 줍니다. 설정이 끝나면 다시 이전 설정 상태로 되돌아갑니다.

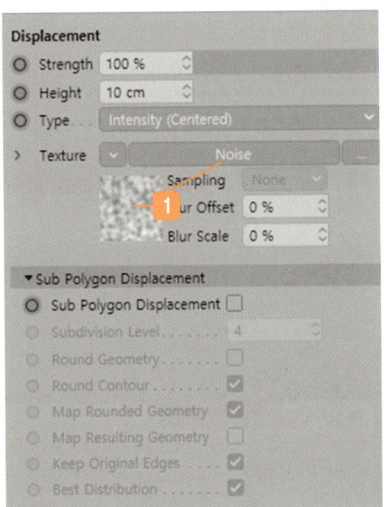

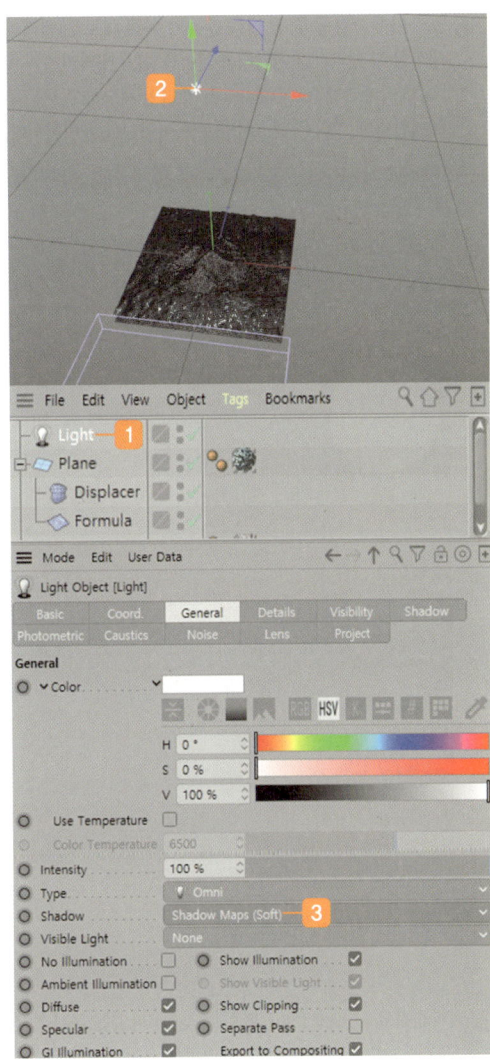

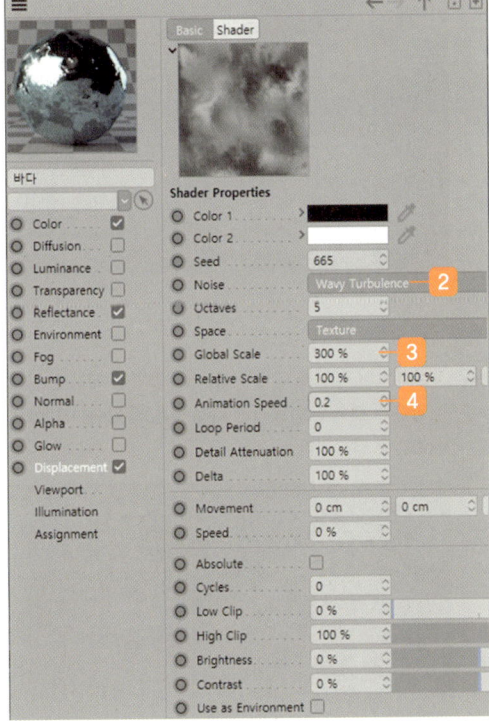

53 바다의 매트리얼 작업이 모두 끝났기 때문(때에 따라 세부 설정이 필요 함)에 이제 조명을 설정하기 위해 기본 라이트를 하나 생성한 후 그림처럼 랜드스케이프의 봉우리 위쪽에서 빛이 비춰지도록 해줍니다. 그리고 그림자를 사용하기 위해 Shadow를 Shadow Maps (Soft)로 설정합니다.

54 이제 환경 맵 작업을 하기 위해 인바이어런먼트 툴에서 Sky를 적용합니다.

55 스카이에 적용될 환경 맵을 만들기 위해 새로운 매터리얼을 생성한 후 매터리얼 에디터를 열어줍니다. 매터리얼의 이름은 [하늘]이라고 해주고 Luminance 채널만 체크하고 모든 채널은 해제합니다. 그다음 텍스처의 로드 이미지를 클릭합니다.

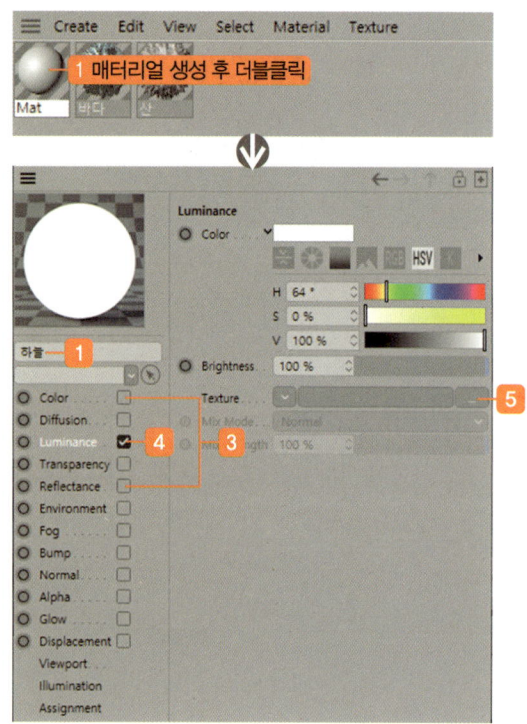

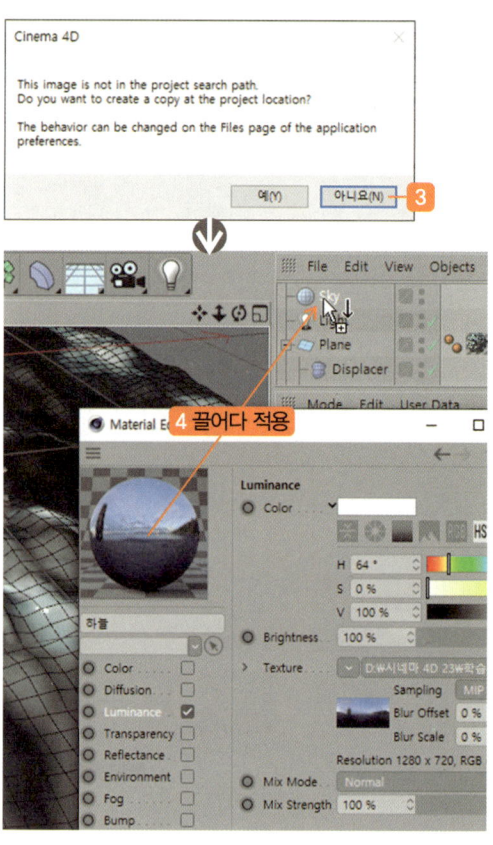

56 [학습자료] - [맵소스] - [맵소스02.jpg] 파일을 복사하지 않고 불러옵니다. 그다음 하늘 매터리얼을 끌어다 Sky 오브젝트에 적용합니다.

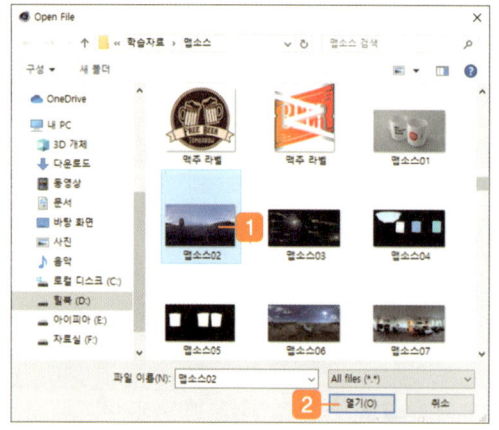

57 지금까지의 작업을 렌더 뷰를 하여 확인을 해보면 실제 바다와 같은 느낌이 표현됐지만 너무 밝은 것 같아 미세한 조정이 필요할 것 같습니다.

58 렌더 셋팅(Ctrl + B)을 열고 [Effect] - [Ambient Occlusion(앰비언트 오클루젼)]을 적용합니다. 앰비언트 오클루젼은 간접 조

명의 차단으로 인한 간접 조명의 희석을 조절하여 피사체에 사실적인 음영을 추가하는 전체 조명 효과입니다. 다시 렌더 뷰를 해보면 음영이 있는 영역이 더욱 사실적으로 표현됐습니다. 참고로 앰비언트 오클루젼을 사용하면 렌더링 시간이 평소보다 다소 오래 걸립니다.

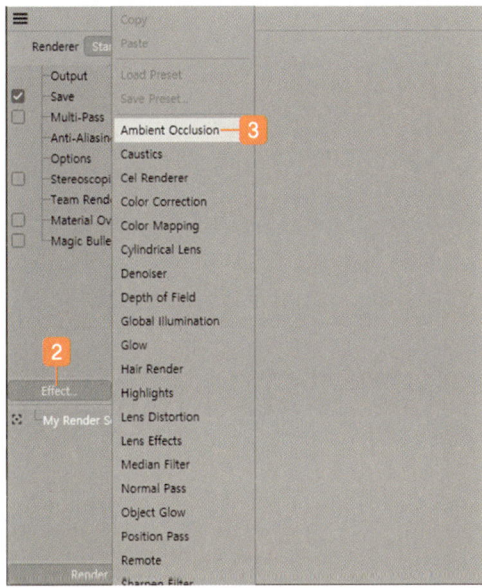

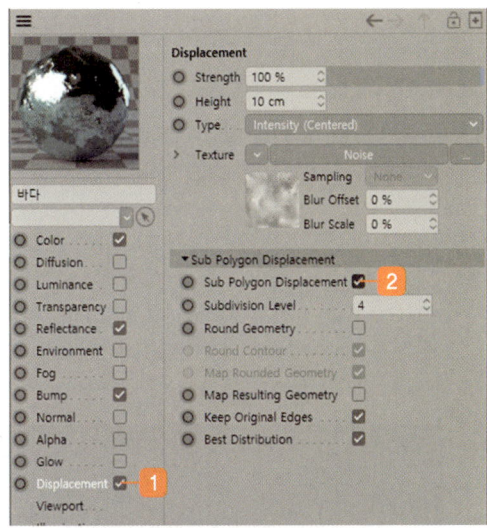

최종 렌더 뷰의 모습

렌더 뷰의 모습

60 지금까지 바다를 표현해보았습니다. 바다 표면은 환경 맵에 의해서도 많은 차이가 있기 때문에 환경 맵 소소의 선택도 중요합니다. 지금의 작업을 Make Preview를 통해 동영상으로 확인해보십시오.

59 지금은 바다 표면이 너무 부드러운 것 같아 좀 더 거칠게 할 필요가 있습니다. 다시 매터리얼 에디터를 열고 Displacement 채널을 선택한 후 Sub-Polygon Displacement를 체크합니다. 그다음 렌더 뷰를 통해 확인해보면 바다 표면이 거칠어졌기 때문에 이전보다 훨씬 자연스럽게 표현됐습니다.

물(Water) 표현 **483**

물위를 떠다니는 물체

바다와 같은 물 위를 떠다니는 물체를 표현하기 위해서 캐릭터의 컨스트레인트를 사용하면 물결의 파형과 흐름을 따라 똑같이 반응을 하는 애니메이션을 표현할 수 있습니다..

01 학습을 위해 [학습자료] - [프로젝트] - [물의 표현] - [물 위를 떠다니는 물체.c4d]를 불러옵니다. 불러온 파일을 보면 앞서 작업했던 바다에 튜브(토러스) 오브젝트가 추가된 상태입니다. 이제 튜브가 물위를 떠다니는 장면을 표현해봅니다.

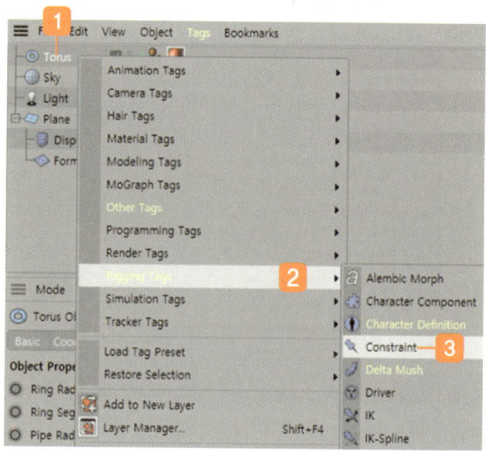

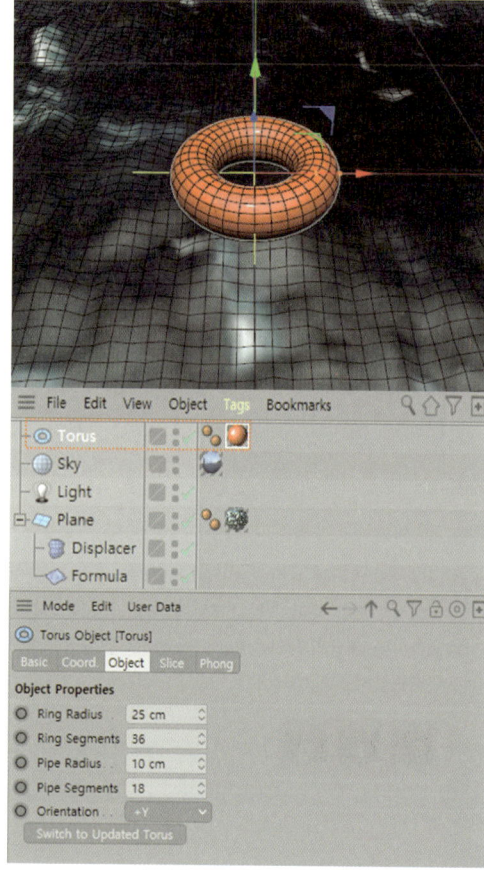

02 토러스 오브젝트 위에서 [우측 마우스 버튼] - [Rigging Tags] - [Constraint]를 적용합니다.

03 컨스트레인트 태그가 선택된 상태에서 Basic 탭의 Clamp를 체크합니다. 클램프를 사용하면 특정 오브젝트의 움직임을 다른 오브젝트에 반응하도록 할 수 있습니다.

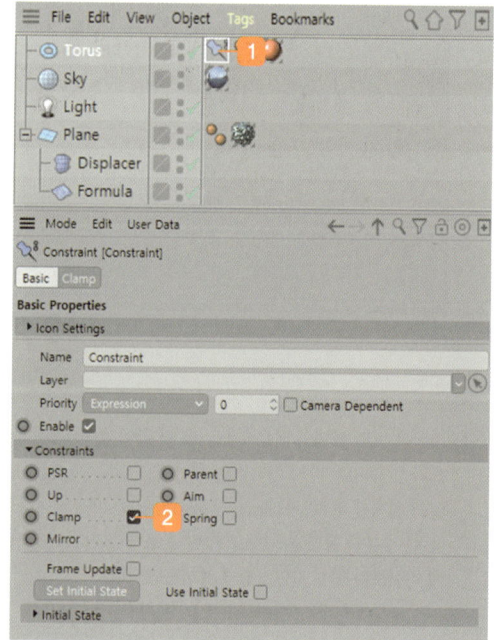

04 클램프를 체크하면 Clamp 탭이 생성되는데 클램프 탭에서 To를 Surface로 설정하여 오브젝트 표면의 움직임과 상응하도록 합니다. 그다음 Target 필드에 물의 표면으로 사용되는 플레인 오브젝트를 끌어다 적용합니다. 이것으로 물결의 파형에 맞춰 토러스(튜브) 오브젝트가 상응하여 같이 움직이게 됩니다. 아래쪽 Distance는 타겟 오브젝트(토러스)와 물결 오브젝트의 거리를 설정합니다. 설정되는 거리는 중심(회전)축을 기준으로 합니다.

렌더 뷰의 모습

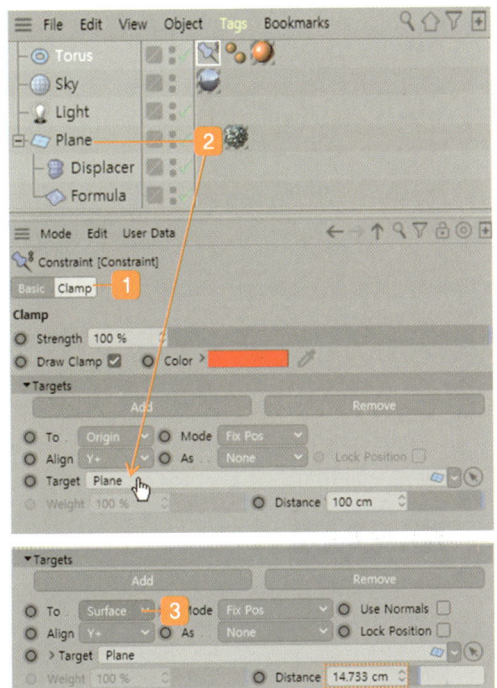

렌더 뷰의 모습

바닷속 표현하기

바닷속은 투명하고 굴절이 있기 때문에 빛이 비춰졌을 때 빛의 궤적이 바닷속까지 뻗어나갑니다. 이와 같은 장면을 표현하기 위해서는 볼륨메트릭을 이용합니다.

01 바닷속을 표현하기 위해 [학습자료] – [프로젝트] 폴더에서 [물의 표현-볼륨 커스틱.c4d]를 불러옵니다. 불러온 파일을 보면 앞서 작업한 바다의 파형과 같은 플레인 오브젝트와 조명이 적용된 상태입니다. 라이트는 기본 조명인 옴니 라이트이며 Visible Light는 Volumetric으로 설정되어 있습니다. 그리고 라이트는 바다 위쪽에 배치된 상태입니다. 확인이 끝나면 바닷속을 표현하기 위해 뷰포트의 앵글을 바닷속이 보이도록 설정을 합니다.

물(Water) 표현 **485**

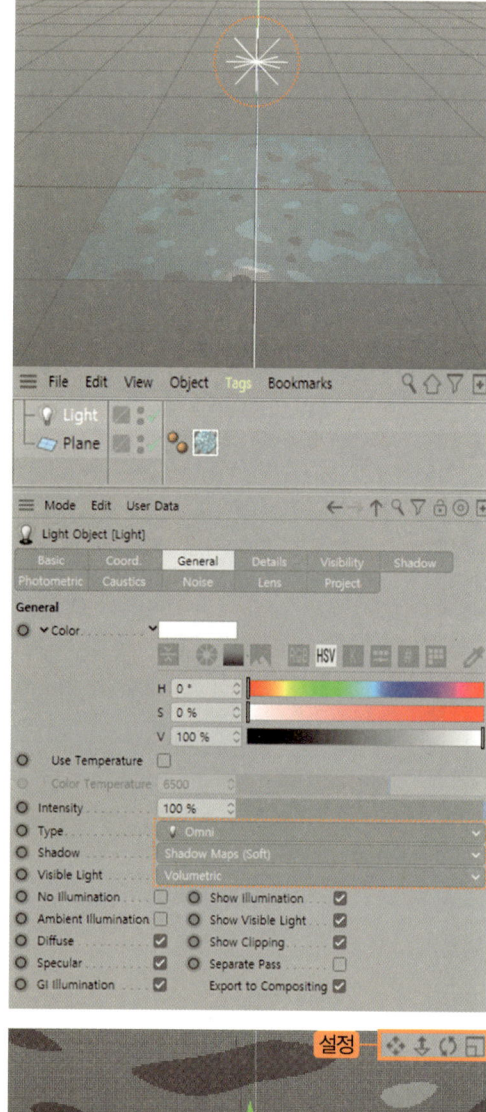

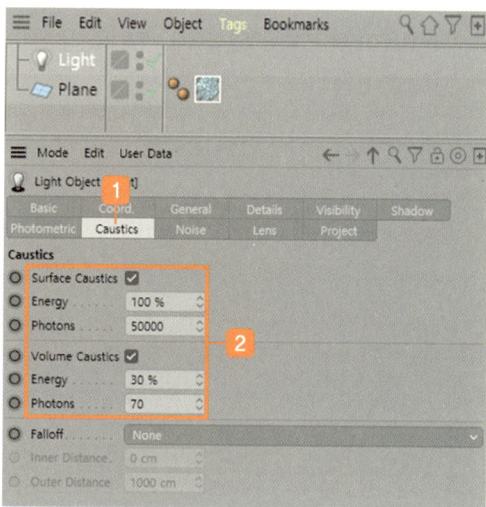

체크하고 각각의 파라미터 값을 그림처럼 설정합니다. 지금의 수치는 작업 상황에 따라 달라집니다.

03 커스틱에 대한 렌더링을 위해 렌더 셋팅 창을 열어줍니다. Effect에서 Caustics를 선택한 후 볼륨 커스틱을 위해 Volume Caustics도 체크합니다.

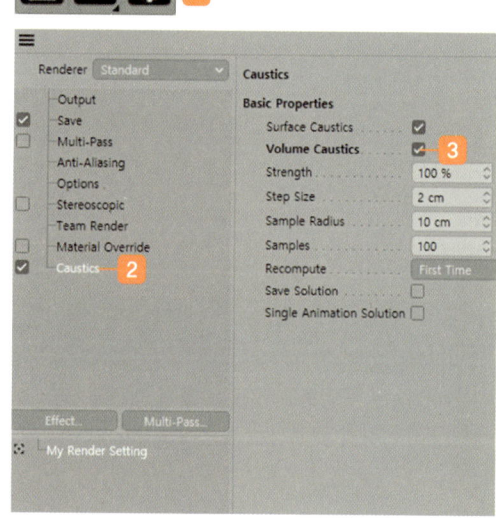

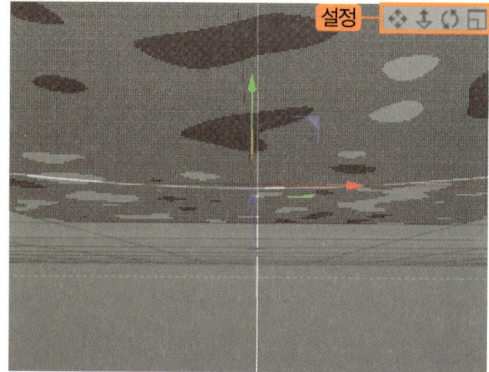

02 라이트의 Caustics 탭에서 Surface Caustics와 Volume Caustics을

04 작업한 내용을 최종적으로 렌더 뷰(Ctrl + R)를 해보면 바닷속에 빛의 궤적이 표현되는 것을 알 수 있습니다. 이와 같은 방법을 통해 물속을 표현할 수 있습니다.

> **알아두기**
>
> **거울에 반사된 빛 만들기**
>
> 시네마 4D와 같은 3D 오브젝트 제작 프로그램은 아직까지 물리적인 현상을 완전하게 표현할 수있는 것은 아닙니다. 그 중에서 거울에 비춰진 빛이 반사되는 장면은 단순히 빛을 거울에 비춰지게 하는 것만으로 실제처럼 반사되는 것이 아니기 때문에 라이트 타입을 패럴렐 스폿(Parallel Spot) 방식을 사용해야 하며 빛의 궤적을 표현하기 위해 비지블 라이트(Visible Light)를 볼륨메트릭(Volumetric)으로 사용해야 합니다. 보다 자세한 설정은 [학습자료] – [프로젝트] – [거울에 반사된 빛.c4d] 프로젝트 파일을 열어서 살펴보기 바랍니다.

렌더 뷰의 모습

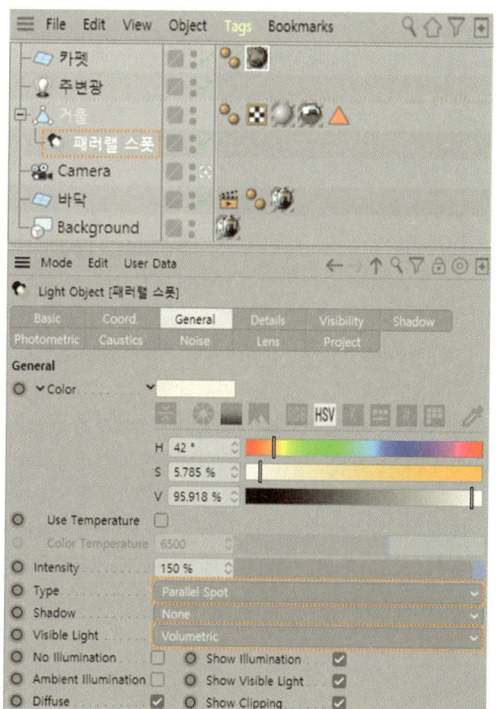

카메라 설정

카메라에 의해 환경이 표현되기 때문에 카메라 또한 제2의 환경이라고 할 수 있습니다. 카메라는 실제 우리가 사용하는 촬영 도구와 같은 개념으로 보면 됩니다. 사물(오브젝트)의 다양한 모습을 연출하기 위해 사용되기 때문에 3D 툴에서의 카메라는 반드시 이해하고 적절하게 사용할 줄 알아야 합니다. 특히 카메라 애니메이션을 쉽게 표현할 수 있기 때문에 다이내믹한 모션 그래픽 작업에 유용하게 사용됩니다.

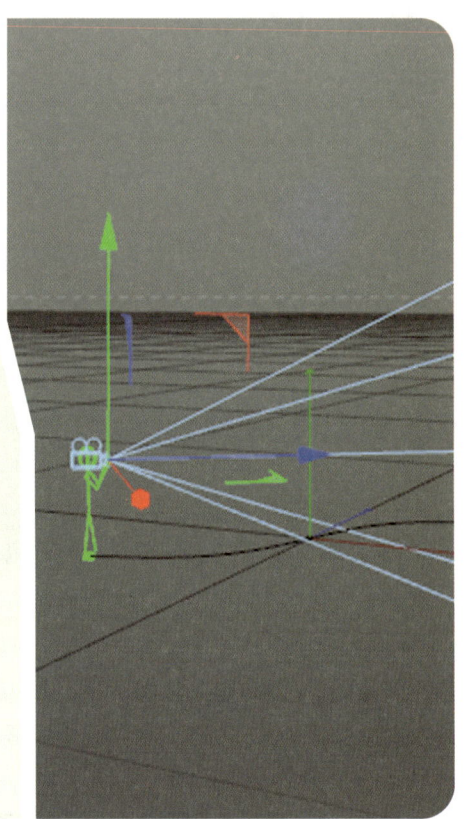

카메라 살펴보기

시네마 4D에서는 6개(스튜디오 버전을 기준)의 카메라를 제공합니다. 특정 위치에서 고정되어 있는 카메라를 비롯 움직임을 위해 사용되는 카메라까지 다양한 장면을 연출하기 위해 사용됩니다.

01 먼저 카메라를 만들기 전에 카메라(렌즈)를 통해 볼 수 있는 사물을 만들어줍니다. 이번에는 사람의 형상과 비슷한 피규어 오브젝트를 사용해보겠습니다. 오브젝트 툴에서 피규어를 하나 생성한 후 적당한 앵글로 설정합니다. 여기서 중요한 것은 뷰포트에서 미리 앵글을 설정한 후에 카메라를 만드는 것이 카메라 앵글을 재설정하지 않아도 되는 효율적인 방법입니다. 필자는 피규어의 니(무릎) 샷과 웨스트(허리) 샷 중간 정도로 앵글을 설정했습니다.

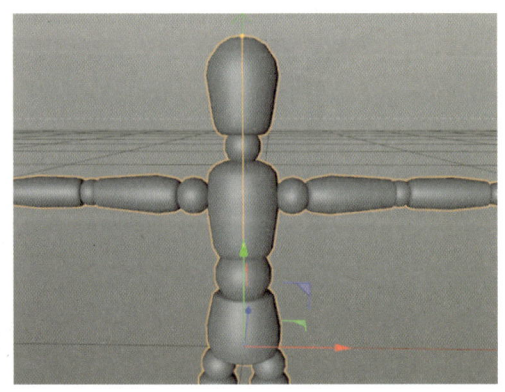

02 이제 카메라에 대해 살펴보기 위해 카메라 툴을 열어봅니다. 앞선 학습에서 기본 카메라를 사용해본 적이 있지만 세부적인 것에 대해서는 설명하지 않았습니다. 또한 그밖에 카메라들은 특별한 목적을 두고 사용하는 것이기 때문에 이들 카메라에 대해서도 살펴볼 것입니다. 일단 맨 위쪽에 있는 기본 카메라를 생성합니다.

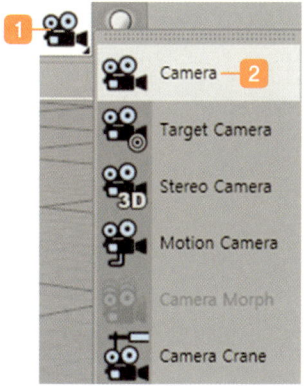

03 카메라가 적용되면 처음엔 카메라가 꺼져있는 상태입니다. 오브젝트 매니저의 Camera 우측을 보면 가늠자 모양의 검정색 아이콘(카메라 On/Off 스위치)이 표시됩니다. 이 상태에서는 뷰포트의 앵글을 아무리 설정해도 카메라의 절대 앵글은 변경되지 않습니다. 확인하기 위해 그림처럼 뷰포트를 설정하여 카메라와 피규어의 모습이 모두 보일 수 있도록 해줍니다.

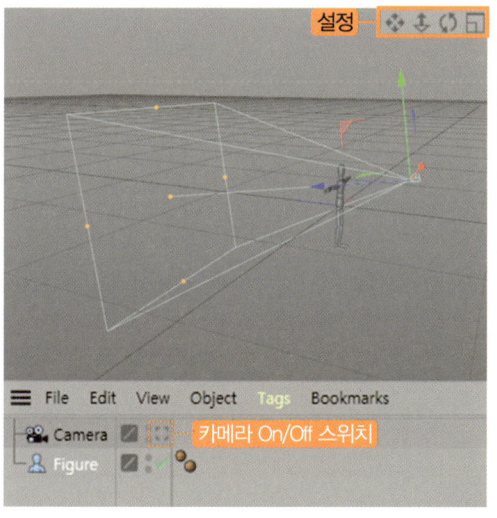

04 이 상태에서 다시 카메라의 On/Off 스위치 아이콘을 클릭하여 켜줍니다. 스위치가 흰색으로 되면 카메라가 켜진 것입니다. 카메라가 켜지면 꺼졌을 때의 앵글에서 다시 원래의 앵글로 자동 귀환합니다. 이렇듯 카메라의 설정은 두 가지 형태로 사용할 수 있는데 카메라의 직접적인 시점(앵글) 작업은 카메라를 켜놓고 작업을 하며 그 이외의(오브젝트나 카메라의 위치 변경 등의 작업) 작업에서는 카메라를 꺼놓고 작업을 하게 됩니다.

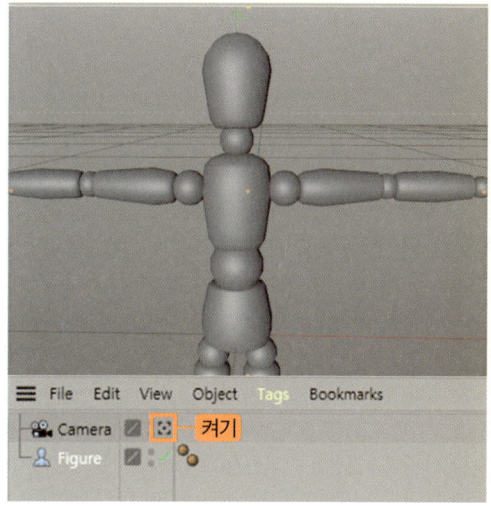

알아두기

카메라는 왜 필요한가?

카메라가 없는 상태, 즉 뷰포트에서 보이는 상태로 렌더링을 해도 문제는 없습니다. 그러나 뷰포트 자체는 변화는 줄 수 있지만 애니메이션되는 장면은 연출할 수 없기 때문에 카메라가 필요합니다. 카메라는 단순히 정지된 장면뿐만 아니라 움직이는 역동적인 장면을 연출할 수 있기 때문에 씬을 잡을 때는 가급적 카메라를 먼저 적용해놓는 것이 필요합니다. 참고로 카메라 이외에도 씬의 규격(화면 크기 및 비율)도 미리 잡아주고 작업을 시작하는 것이 필요합니다.

05 이번엔 카메라를 세부적으로 설정할 수 있는 어트리뷰트 매니저에 대해 알아봅니다. 카메라 속성은 어떤 카메라를 사용하고 있느냐에 따라 달라질 수 있으며 공통적인 속성 기능에 대해서는 반복 설명을 하지 않겠습니다. 먼저 오브젝트(Object) 탭에 대해서 알아봅니다. 오브젝트 탭에서는 카메라의 방향, 초점거리, 필름 사이즈, 화각, 회전각, 타겟과의 거리, 화이트 밸런스 등과 같은 설정을 할 수 있습니다.

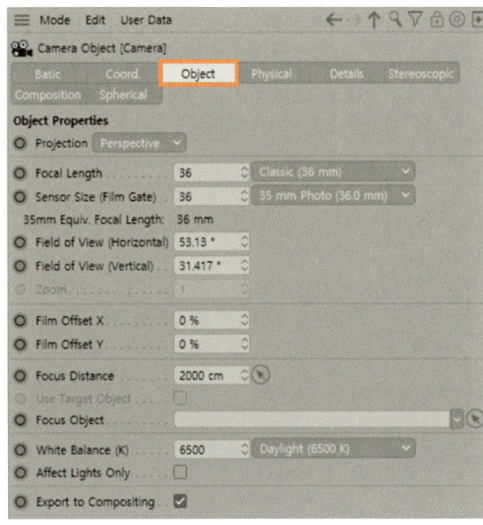

06 오브젝트 탭에서의 작업은 비단 어트리뷰트 매니저에서뿐만 아니라 뷰포트의 카메라에서 직접 설정할 수 있는 것도 있습니다. 일단 카메라를 다시 꺼주고 뷰포트의 카메라에서 주황색 5개의 포인트를 설정해봅니다. 가운데 포인트는 피사체와의 거리를 조절할 수 있는 Focus Distance라는 것을 알 수 있으며 바깥쪽 4개의 포인트는 화각, 즉 Field of View (Horizontal, Vertical)이라는 것을 알 수 있습니다. 이때 주의 깊게 살펴볼 수 있는 것은 화각이 설정될 때 초점거리(Focal Length- 렌즈의 후면에서 센서까지의 거리)도 같이 조절된다는 것입니다. 이것은 화각과 초점거리는 반대로 설정되는 상관관계에 있다는 것을 의미합니다.

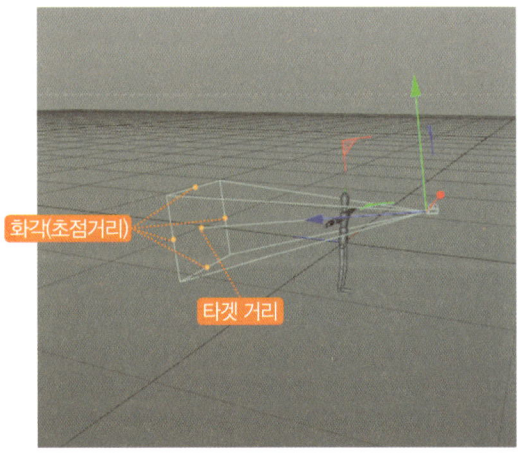

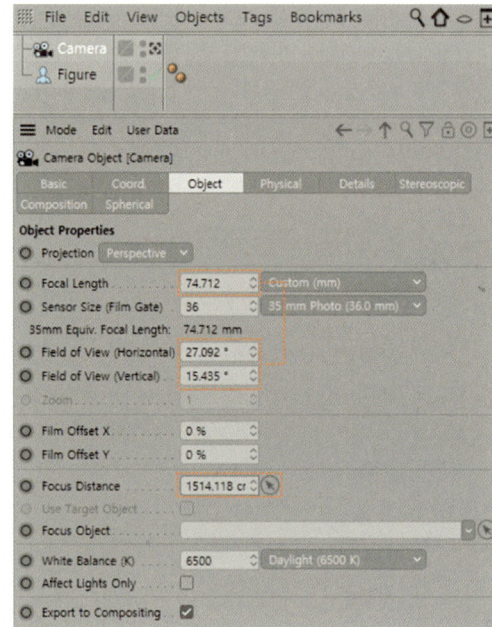

07 카메라의 초점거리(화각)는 카메라가 켜진 상태의 뷰포트에서도 가능합니다. 살펴보기 위해 카메라를 다시 켜줍니다. 뷰포트를 보면 화면 상하좌우 및 가운데에 주황색 포인트가 있는데 이 5개의 포인트를 화각(초점거리)를 이동하면 화각이 조절됩니다.

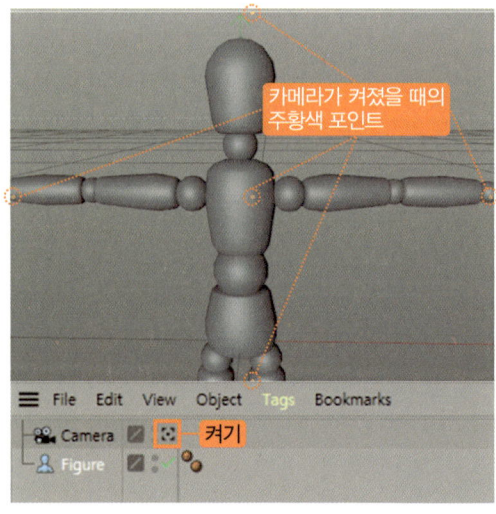

08 타겟 거리는 포커스 디스턴스로 설정이 가능합니다. 이 기능은 쉽게 뎁스 오브 필드(DOF), 즉 아웃 포커스 효과를 표현하

기 위해 사용되는 것이라고 이해하면 됩니다. 특정 오브젝트에 포커스를 맞춰주기 위해 카메라를 꺼줍니다. 뷰포트를 보면 현재의 카메라는 포커스 포인트가 피규어 오브젝트보다 훨씬 뒤쪽에 위치한다는 것을 알 수 있습니다. 포커스 거리를 조절하고자 가운데 주황색 포인트를 이동할 수도 있겠지만 Focus Object를 이용하면 포커스 거리를 특정 오브젝트에 쉽게 맞춰줄 수 있습니다.

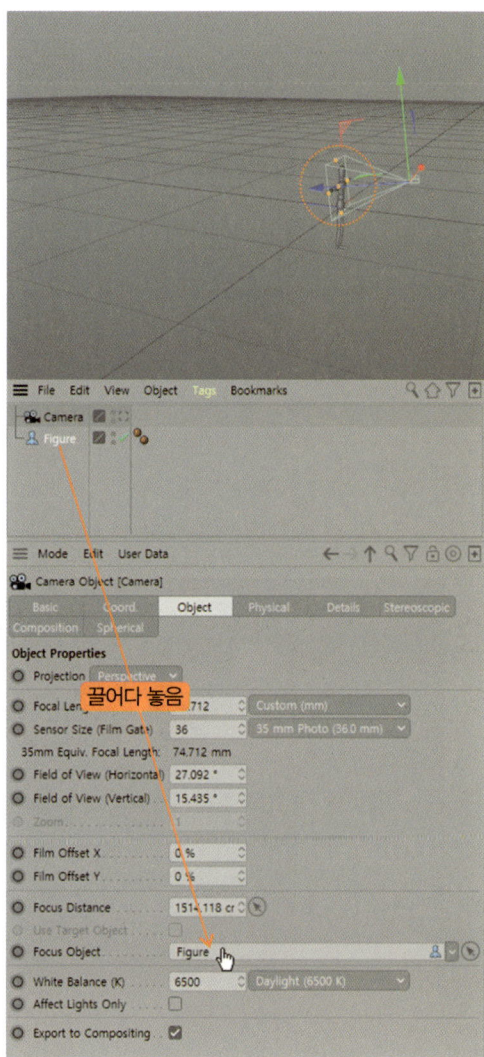

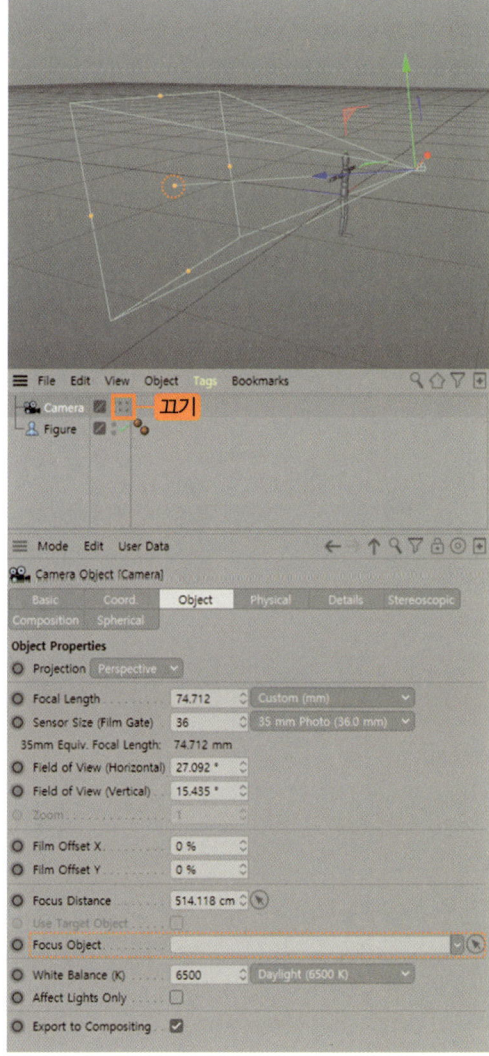

09 이제 Focus Object 필드에 포커스에 맞춰질 오브젝트를 끌어다 놓습니다. 현재는 피규어 오브젝트밖에 없기 때문에 이 오브젝트를 끌어다 놓습니다. 그러면 포커스 거리가 피규어 오브젝트에 맞춰진 것을 알 수 있습니다.

10 포커스 디스턴스에 대해 보다 자세히 알아보기 위해 [File] - [Open] 메뉴를 통해 [학습자료] - [프로젝트] 폴더에서 [DOF.c4d] 파일을 열어줍니다. 이 프로젝트는 2개의 페트병이 앞뒤로 거리를 두로 있는 작업 파일입니다. 여기서 잠깐 렌더뷰(Ctrl + R)를 통해 확인해보면 앞쪽에 있는 페트병과 뒤쪽에 있는 페트병이 모두 똑같이 선명하게 표현되는 것을 알 수 있습니다. 지금의 두 페트병처럼 거리가 느껴지는 피사체를 보다 사실적(원근적)으로 표현하기 위해서는 카메라 디스턴스가 필요합니다. 물론 카메라 거리는 포커스 거리를 맞춰주기 위해 반드시 필요하지만 그밖에 몇 가지 기능이 필요합니다.

카메라 설정 **491**

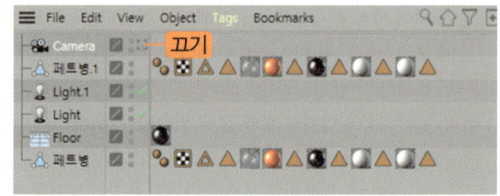

12 이제 포커스 거리를 앞쪽 페트병에 맞춰보기로 합니다. 앞서 살펴본 포커스 오브젝트를 활용해도 되지만 이번엔 다른 방법을 사용해봅니다. 카메라의 Object 탭에서 Focus Distance 거리 값 우측에 있는 화살표(픽 오브젝트)를 클릭한 후 뷰포트에서 앞쪽 페트병을 선택합니다. 이것으로 포커스 디스턴스는 앞쪽 페트병 거리에 맞춰집니다. 이 기능은 단순히 포커스 거리를 맞춰주는 것이고 전에 살펴본 포커스 오브젝트는 적용된 오브젝트에 아예 고정되는 것에 대한 차이가 있습니다.

확인 후 카메라를 다시 켜줍니다.

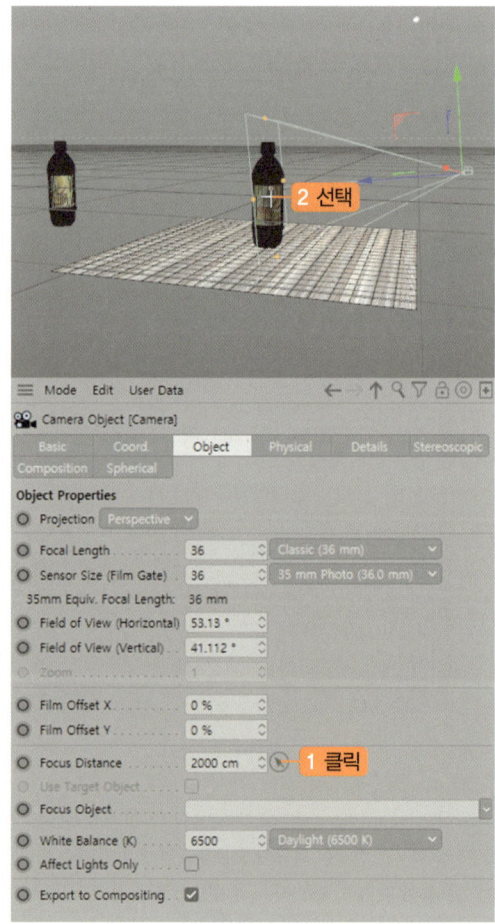

11 여기서 카메라를 꺼봅니다. 현재의 카메라 포커스 디스턴스는 두 병 중간 정도에 있는 것을 알 수 있습니다.

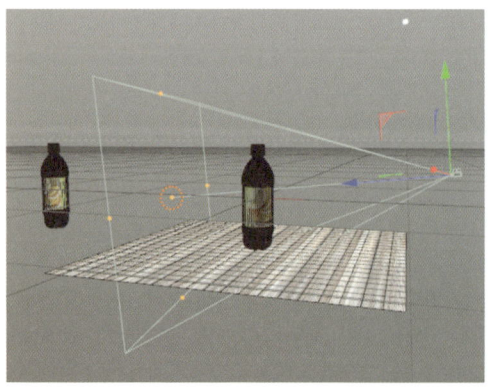

492 환경 설정하기

13 이제 아웃 포커스 효과를 표현하기 위해 Details 탭으로 이동합니다. 여기서 먼저 클리핑에 대해 알아봅니다. 클리핑은 카메라 거리를 조절하여 오브젝트의 절단면을 표현할 수 있습니다. 여기에서는 Near Clipping 값을 1266 정도로 설정해봅니다. 설정된 거리에 해당되는 오브젝트가 절단된 것을 알 수 있으며 절단된 안쪽의 모습이 적나라게 보여집니다. 렌더 뷰를 해보면 보다 정확하게 알 수 있습니다. 확인이 끝나면 다시 원래 상태로 되돌려놓습니다.

14 아웃 포커스 효과를 사용하기 위해서는 DOF Map Front Blur와 DOF Map Rear Blur를 사용하면 됩니다. DOF 맵 프런트 블러는 포커스 디스턴스를 기준으로 앞쪽에 블러(아웃 포커스)가 적용되고 DOF 맵 리어 블러는 뒤쪽에 블러가 적용됩니다. 그리고 각 기능의 Start와 End는 앞뒤 블러가 나타나는 실제 거리를 설정합니다. 이번에는 뒤쪽에 블러를 적용하기 위해 DOF Map Rear Blur를 체크합니다. 그다음 렌더 뷰를 해보면 아직까지는 별다른 변화가 없습니다.

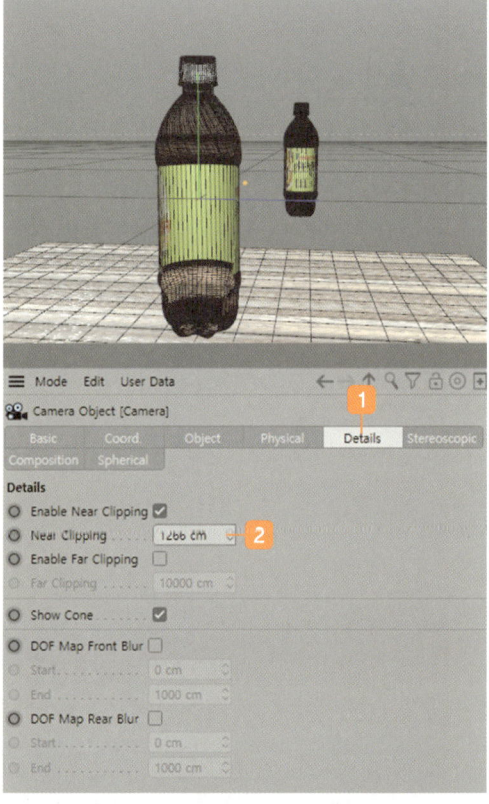

15 아웃 포커스 효과를 표현하기 위해서는 렌더 셋팅에서 [Effect] - [Depth of Field]를 적용합니다. 그다음 렌더 뷰를 통해 확인해보면 뒤쪽의 페트병의 모습이 흐려진 것을 알 수 있습니다. 이렇듯 아웃 포커스 효과를 표현하기 위해서는 최종적으로 뎁스 오브 필드 이펙트를 적용해야 한다는 것을 알 수 있습니다.

17 블러가 적용되는 영역의 길이는 DOF Map Rear Blur의 Start와 End 값을 설정하면 되는데 주로 End 값을 조절합니다. 또한 뷰포트의 카메라에서도 직접 설정이 가능합니다. 카메라를 꺼서 전체의 모습이 보이도록 한 후 살펴보면 카메라 화각 안내선 중에 조금 더 짙은 회색이 바로 DOF 맵 리어 블러 영역이며 가운데 주황색 포인트를 이용하여 영역을 조절하면 됩니다.

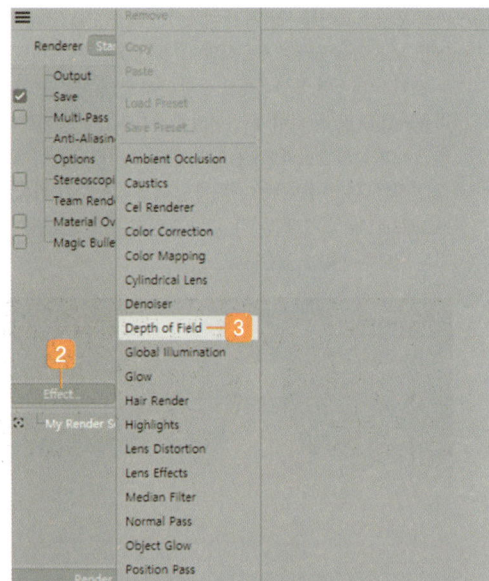

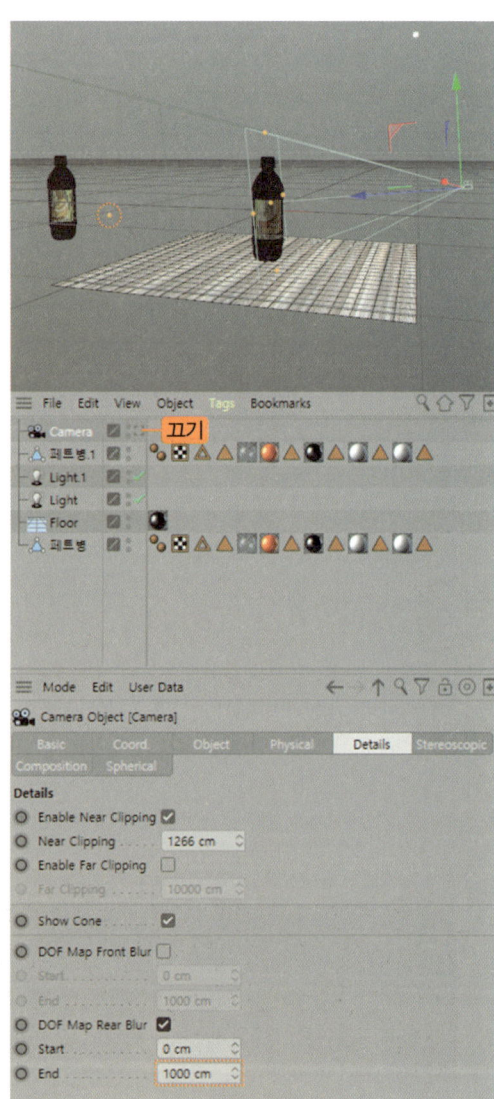

렌더 뷰의 모습

16 아웃 포커스의 블러 양은 렌더 셋팅의 Depth of Field에서 Blur Strength 값을 조절하면 됩니다.

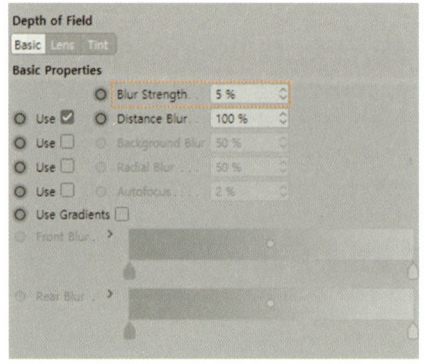

피지컬(Physical) 탭 살펴보기

피지컬 탭에서는 실제 카메라와 같이 노출이나 ISO, 게인, 셔터 스피드, 조리개 등으로 인한 물리적인 현상을 그대로 표현할 수 있게 해주는 기능들로 구성되어 있습니다.

01 이번 학습은 [피지컬.c4d] 프로젝트 파일을 사용합니다. 피지컬 탭으로 이동해보면 Physical Renderer란 항목 아래에 거의 대부분의 기능들이 비활성화되어 있는데 이것은 피지컬 렌더러란 이름에 맞게 렌더 셋팅 방식을 피지컬 렌더러로 사용해야 한다는 것을 의미합니다.

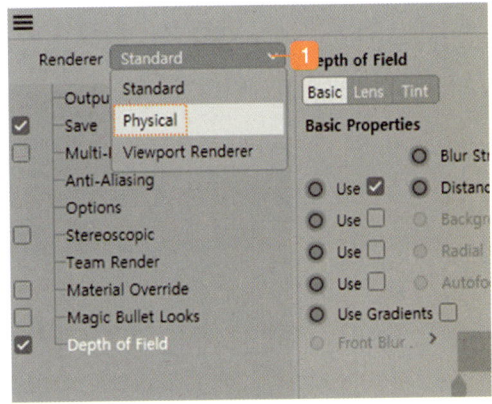

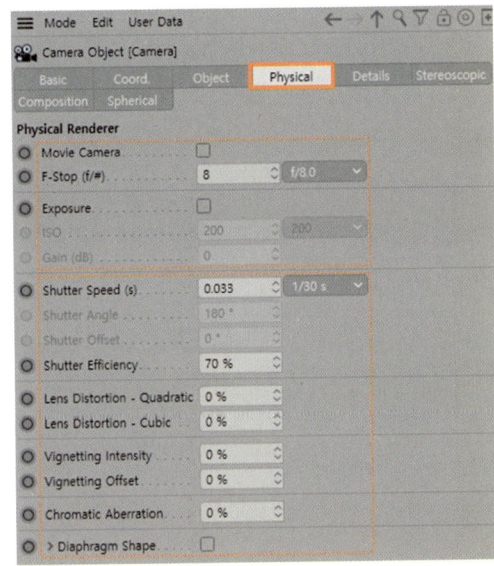

02 렌더 셋팅 창을 열고 맨 위쪽을 보면 Renderer라고 있는데 현재는 기본 렌더러인 Standard로 되어 있습니다. 이 것을 Physical로 바꿔봅니다. 렌더러를 피지컬로 바꿔주면 이제 Physical 탭의 모든 기능들이 활성화됩니다. 이처럼 피지컬 탭의 기능을 원활하게 사용하기 위해서는 지금과 같은 설정이 필요합니다. 참고로 렌더러에는 다양한 렌더 방식이 있는데 일반적으로는 스텐다드를 사용하며 그밖에 렌더 엔진으로는 상용화 렌더인 픽사(PIXAR)의 RenderMan과 옥테인(OctaneRender), 브이레이(V-ray) 등이 있습니다. 물론 이 방식을 사용하기 위해서는 렌더맵이 설치되어야 합니다. 그밖에 별도의 렌더러 소프트웨어를 설치하게 되면 이 메뉴에 새롭게 추가됩니다.

03 피지컬 렌더러를 선택하면 세부 설정을 할 수 있는 기능들이 우측에 나타납니다. 여기에서는 Motion Blur만 체크합니다. 모션 블러는 움직이는 물체에 잔상을 만들어 속도감을 느끼게 해주는 효과입니다.

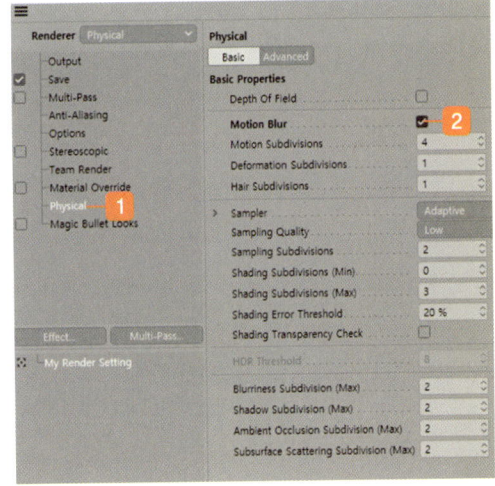

04 플레이(F8)를 하거나 직접 타임마커를 이동하여 시간을 17프레임으로 이동한 후 렌더 뷰(Ctrl + R)를 해봅니다. 앞서 모션

블러에 대한 설정을 했는데도 불구하고 총알에는 모션 블러가 표현되지 않았습니다.

니다. 지금 설정된 속도는 이전(기본) 속도보다 1/2 느려진 속도입니다. 이 상태에서 렌더 투 픽처 뷰어(Shift + R)를 해보면 이전보다 훨씬 블러 양이 증가되어 총알의 모습이 흐려졌습니다.

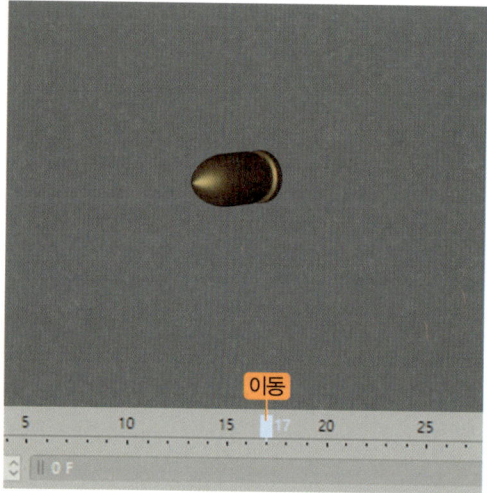

05 시네마 4D에서의 모든 모션 블러 효과를 확인하기 위해서는 렌더 뷰가 아닌 렌더 투 픽처 뷰어(Render to Picture Viewer)를 통해서만 가능합니다. 이 기능의 단축키는 [Shift] + [R] 키입니다. 렌더 투 픽처 뷰어를 통해 확인해보면 총알에 모션 블러가 적용되어 흐려진 것을 알 수 있습니다.

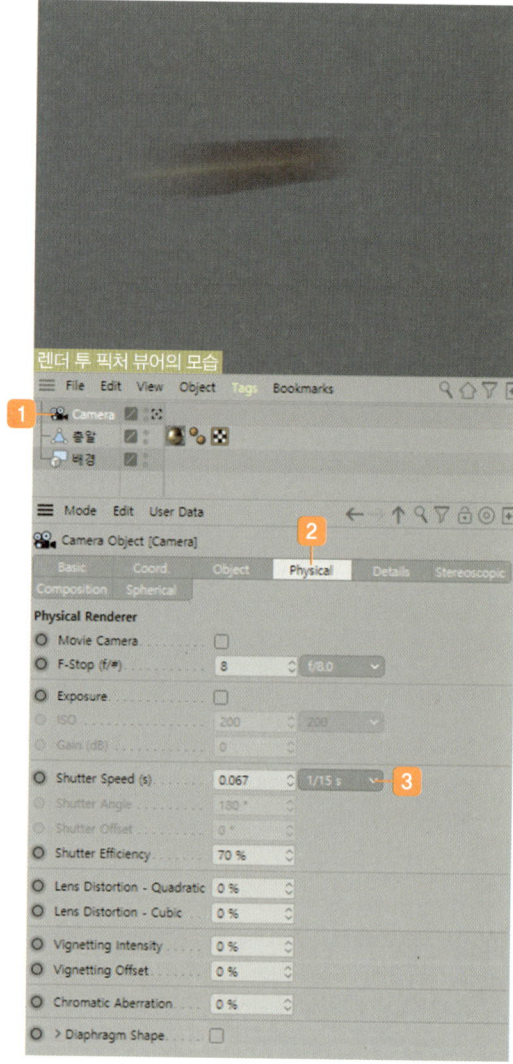

06 모션 블러 양을 설정하기 위해서는 피지컬 탭의 Shutter Speed (s)를 통해 설정할 수 있습니다. 여기에서는 셔터 스피드 (s)를 1/15 s로 설정합니다. 셔터 스피드는 촬영되는 속도를 말하며 움직이는 피사체를 얼마 만큼 빨리 촬영하느냐에 대한 속도입

07 이번엔 셔터 스피드 (s)를 1/125 s로 설정하여 보다 빠른 속도로 촬영되도록 한 후 [Shift] + [R] 키를 눌러 렌더 투 픽처 뷰어를 해봅니다. 촬영 속도가 빨라졌기 때문에 움직이는 총알의 모습을 보다 정확하게 잡아냈습니다. 이렇듯 셔터 스피드는 실제 카메라처럼 촬영 속도를 이용하여 블러 효과를 표현할 수 있습니다.

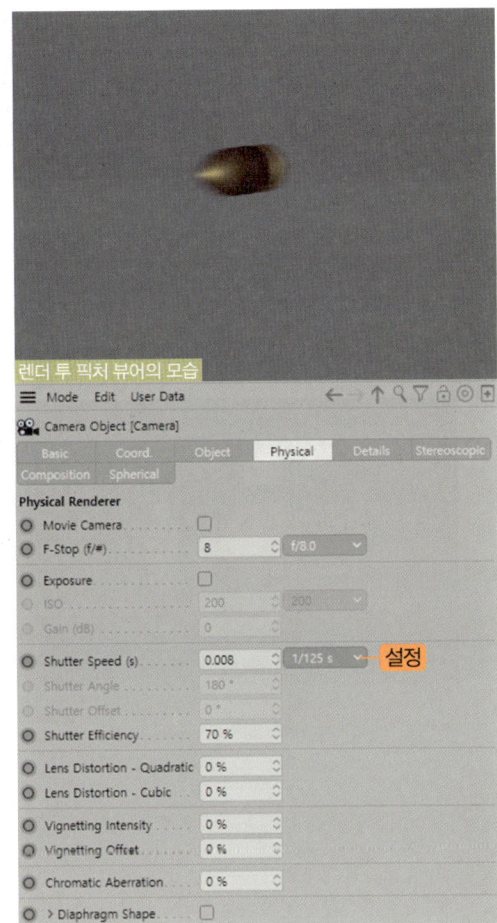

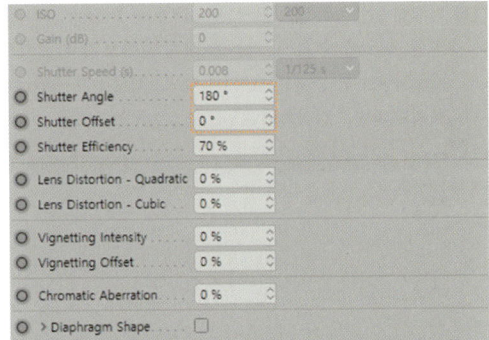

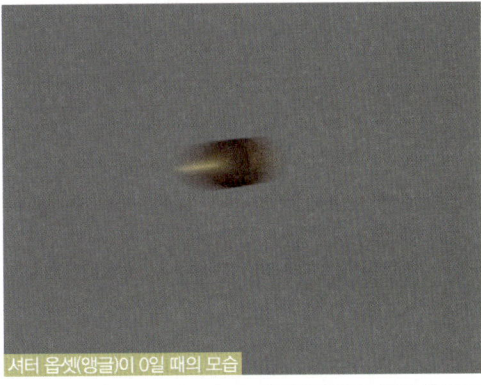

셔터 옵셋(앵글)이 0일 때의 모습

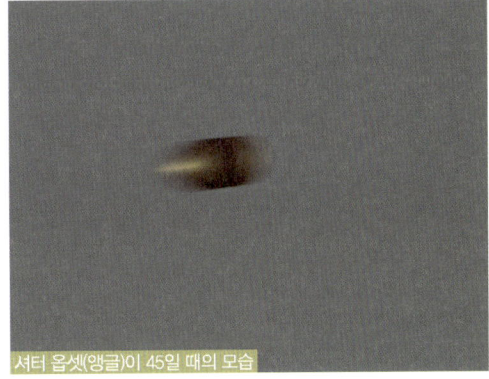

셔터 옵셋(앵글)이 45일 때의 모습

08 모션 블러 양에 대한 설정은 또 다른 방법을 사용할 수도 있습니다. Movie Camera를 체크합니다. 그러면 셔터 스피드는 비활성화되고 Shutter Angle과 Shutter Offset이 활성화됩니다. 애프터 이펙트와 같은 2D 모션 그래픽 툴을 사용했던 분들은 오히려 지금의 기능에 대한 모션 블러가 더 친숙하게 느껴질 것입니다. 여기서 셔터 앵글은 모션 블러 양을 설정하며 셔터 옵셋은 일반적으로 셔터 앵글이라고 부르는데 모션 블러의 각도를 설정합니다. 다음의 두 그림은 모션 옵셋(앵글)의 값을 다르게 했을 때의 비교된 모습입니다.

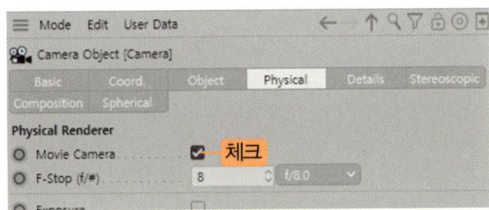

09 아래쪽 Shutter Efficiency(셔터 이피션시)는 셔터 효율에 대한 설정을 할 수 있습니다. 수치가 높을수록 부드러운 모션 블러가 표현되며 수치가 100이 되면 셔터는 즉시 닫혀 모션 블러 양이 더욱 늘어납니다. 이것은 셔터가 닫히는 속도가 빠를수록 블러 효과가 더 잘 나타나기 때문입니다.

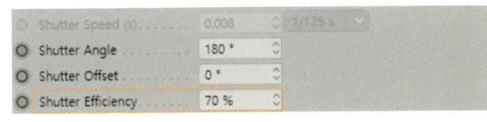

10 피지컬 탭에서의 뎁스 오브 필드(DOF)는 F-Stop (f/#)에서 설정할 수 있습니다. 이 기능에 대해 알아보기 위해 [File] - [Open] 메뉴를 통해 [학습자료] - [프로젝트] - [F-Stop.c4d] 프로젝트 파일을 열어줍니다.

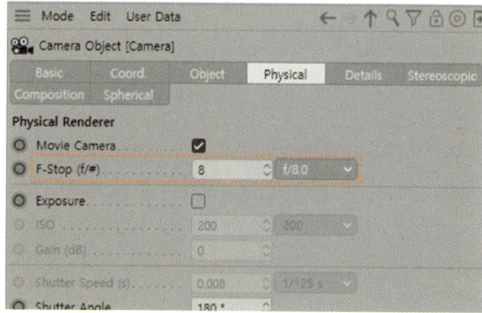

F-Stop (f/#) 값이 8일 때의 모습

11 방금 불러온 F-Stop 프로젝트 파일은 미리 카메라의 DOF 맵 리어 블러와 포커스 디스턴스에 대한 설정을 해놓은 상태입니다. 여기서 렌더 셋팅(Ctrl + B) 창을 열고 피지컬 항목의 Depth Of Field를 체크합니다.

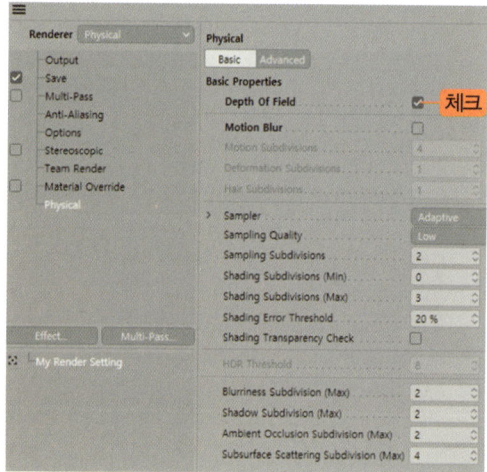

F-Stop (f/#) 값이 0.1일 때의 모습

13 이번엔 노출에 대해 알아봅니다. Exposure(익스포저)를 체크하면 노출에 대한 설정이 가능합니다. 노출을 설정하는 방식은 ISO와 게인(Gain) 두 가지입니다. 현재는 스틸 카메라 형태이기 때문에 ISO가 활성화됩니다. 만약 비디오 카메라(Movie Camera)를 사용하면 ISO 방식에서 Gain (Db) 방식으로 바뀝니다. 이 두 방식은 동일한 효과를 얻을 수 있지만 일반적으로 게인은 전자 광학 센서와 비디오 카메라를 함께 사용한다는 점이 다릅니다. 이 두 방식은 모두 수치가 작을수록 빛에 대한 감도가 낮아지므로 어둡게 표현됩니다.

12 피지컬 탭에서 F-Stop (f/#) 값을 설정하여 초점 조리개 오픈 상태를 조절할 수 있습니다. 초점 값이 클수록 피사계 심도가 더 작아(얇아)지고 초점 값이 작을수록 피사계 심도가 더 커(깊어)집니다. 다음의 두 그림은 F-Stop 값을 다르게 하여 비교한 그림입니다.

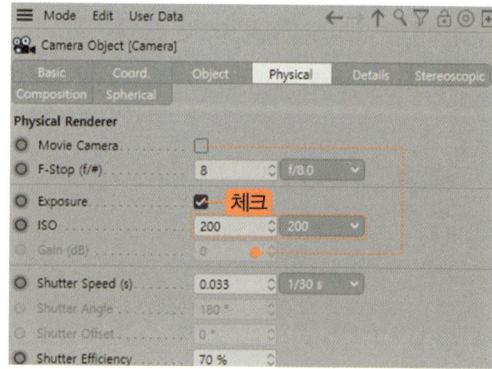

ISO 값이 40일 때의 모습

ISO 값이 800일 때의 모습

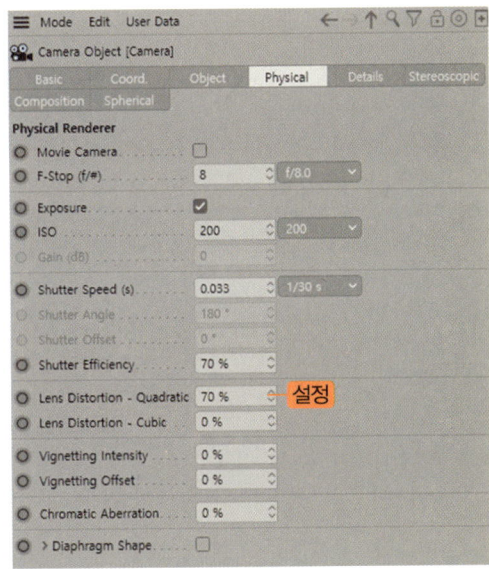

14 2개의 렌즈 디스토션은 렌즈 왜곡 효과로서 볼록하거나 오목한 화면을 만들 수 있습니다. 두 기능은 약간의 차이가 있는데 여기에서는 Lens Distortion - Quadratic 값을 70 정도로 증가하여 렌더 뷰를 해봅니다. 페트병이 볼록하게 왜곡되는 것을 알 수 있습니다. 확인이 끝나면 다시 원래 상태로 되돌려놓습니다.

렌더 뷰의 모습

15 계속해서 이번엔 비네팅 효과에 대해 알아봅니다. Vignetting Intensity는 비네팅 감도를 조절할 수 있는데 여기에서는 124 정도로 설정합니다. 그리고 렌더 뷰를 통해 확인해보면 마치 어안렌즈를 통해 촬영한 것처럼 화면 가장자리가 원형으로 어둡게 처리된 것을 알 수 있습니다. 확인이 끝나면 다시 원래 상태로 되돌려놓습니다.

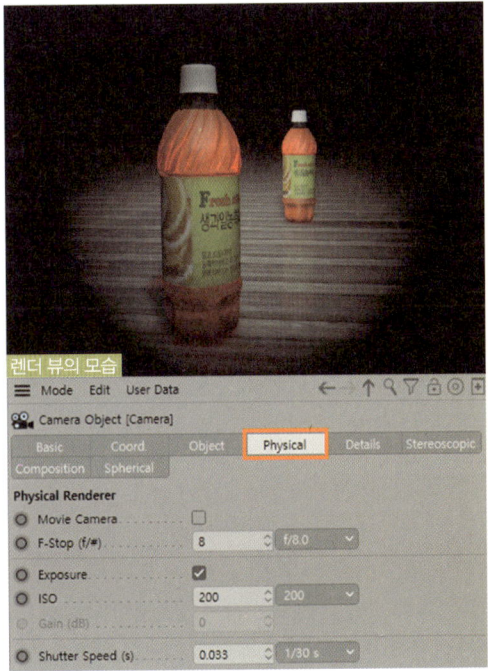

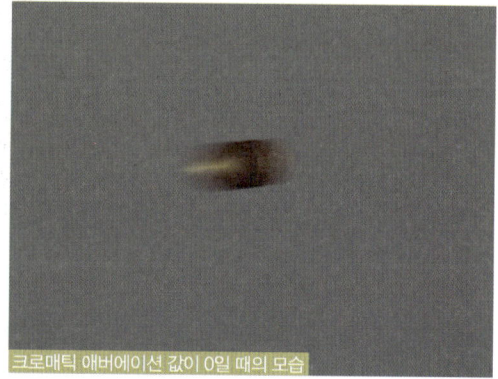

크로매틱 애버에이션 값이 0일 때의 모습

16 아래쪽 크로매틱 애버에이션(Chromatic Aberration)은 블러에 대한 색수차를 설정합니다. 이 기능에 대해 알아보기 위해 다시 [피지컬.c4d] 프로젝트를 사용합니다. 여기에서는 200으로 설정합니다. 수치가 높아질수록 색상의 옵셋에 차이가 생겨 더욱 거친 화면이 생기게 됩니다. 확인이 끝나면 다시 원래 상태로 되돌려놓습니다.

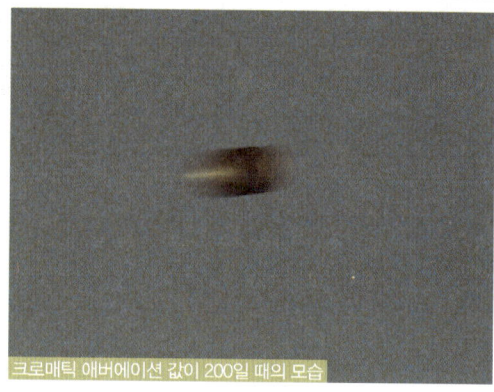

크로매틱 애버에이션 값이 200일 때의 모습

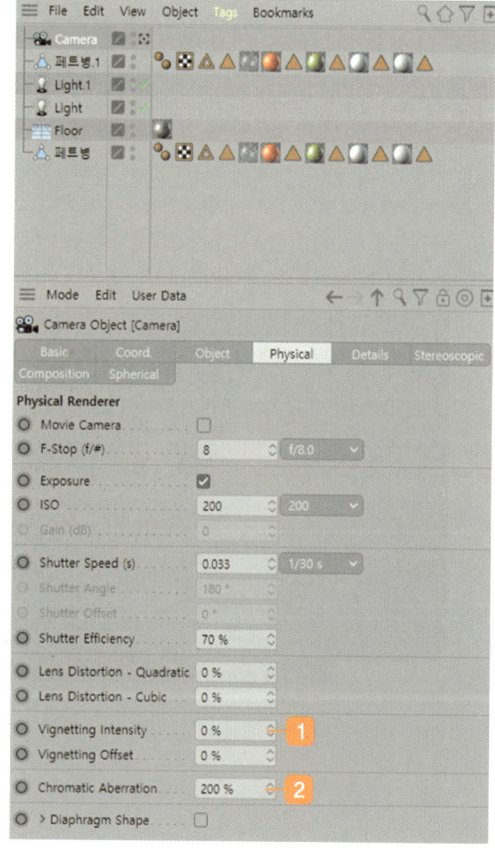

17 다음 학습을 위해 [File] - [Open] 메뉴를 선택한 후 [학습자료] - [프로젝트] - [보케.c4d] 프로젝트 파일을 불러옵니다. 보케 프로젝트는 그림처럼 앞쪽의 구를 기준으로 포커스가 맞춰져 있는 상태이고 뒤쪽의 구들은 포커스 아웃(뎁스 오브 필드) 상태입니다. 보케 효과를 연출하기 위해서는 반드시 지금처럼 뎁스 오브 필드가 설정이 되어있어야 합니다.

18 현재는 피지컬 탭의 F-Stop (f/#) 값이 0.07로 되어있는 상태입니다. 이것은 피사계의 심도를 높여 뒤쪽의 구들을 흐리게 하기 위해서입니다. 이 상태에서 렌더 뷰를 해보면 뒤쪽의 구들이 흐려지는 것을 알 수 있습니다. 그런데 렌더링 품질이 많이 떨어져 보케 효과가 제대로 표현되지 않고 있습니다.

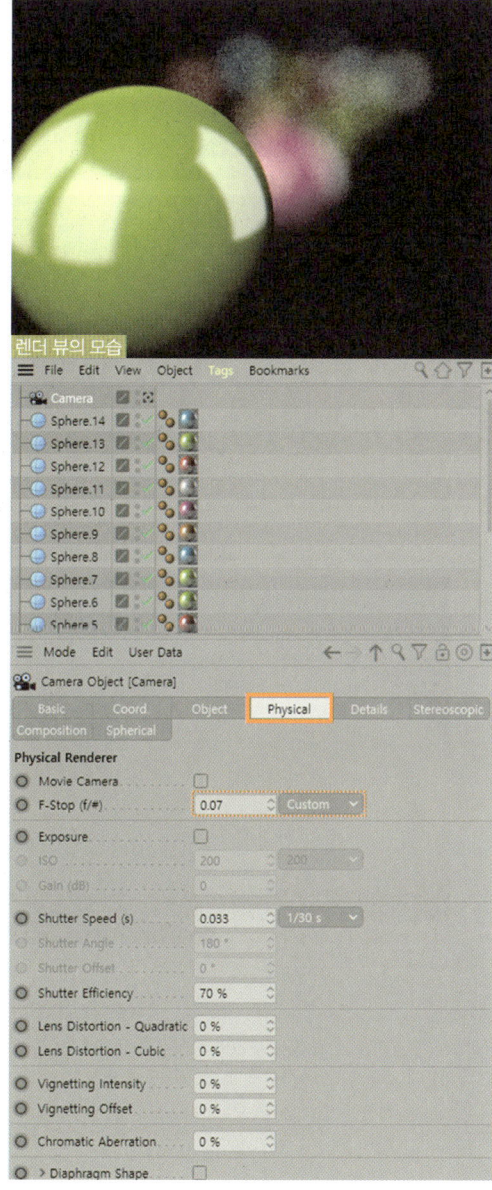

하여 품질을 높여줍니다.

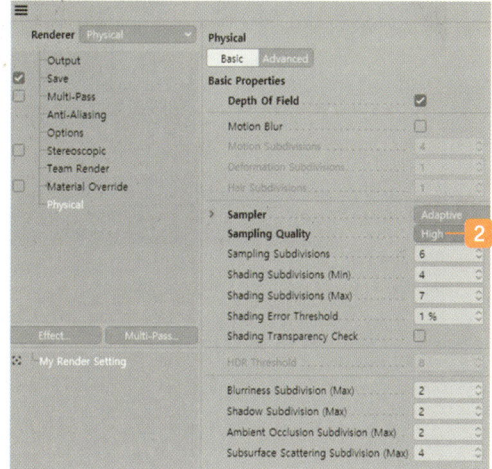

20 다시 렌더 뷰를 해보면 이제서야 보케 효과가 제대로 표현됩니다. 다음으로는 보케의 모양이나 상태에 대한 설정을 하기 위한 다이어프램 쉐이프에 대해 알아봅니다.

21 이제 Diaphragm Shape를 체크해봅니다. 맨 위쪽의 Blades(블레이드)를 3으로 설정합니다. 블레이드는 조리개의 블레이드 개수를 설정하는 기능으로 3으로 설정하면 삼각형 모양으로 만들어집니다. 렌더 뷰를 통해 확인을 해봅니다.

19 이제 렌더 셋팅(Ctrl + B) 창을 열고 확인을 해보면 Sampling Quality가 Low로 되어 있습니다. 샘플링 퀄리티를 High로 설정

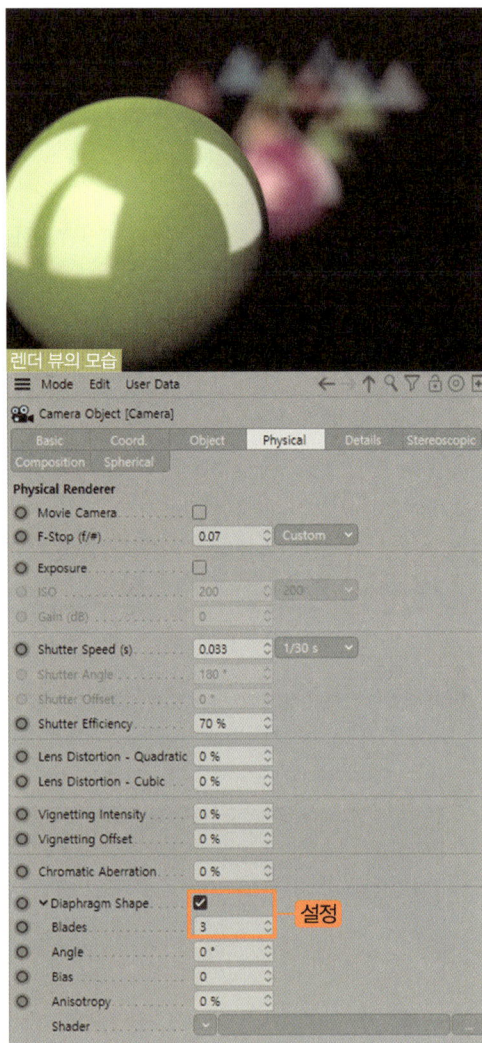

렌더 뷰의 모습

바이어스 값이 -100일 때의 모습

바이어스 값이 0일 때의 모습

바이어스 값이 100일 때의 모습

22 앵글(Angle)은 보케 효과의 각도를 설정하며 바이어스(Bias)는 보케 효과의 가장자리에 대한 밝기를 설정합니다. 다음의 그림은 각각 다른 값을 설정한 보케 효과의 가장자리의 모습입니다. 애나이서트라피(Anisotropy)는 이방성(가로와 세로)의 상태를 설정합니다.

23 보케 효과는 보케 맵을 불러와 모양을 만들 수도 있습니다. 여기서 사용되는 보케 맵은 흑백 이미지를 사용합니다. Shader의 로드 이미지를 통해 [학습자료] - [맵소스] - [보케 맵.jpg] 파일을 복사하지 않고 불러옵니다.

24 렌더 뷰를 해보면 방금 불러온 보케 맵의 모양에 맞게 표현되는 것을 알 수 있습니다. 살펴본 것처럼 보케 효과를 이용하면 이미지(피사체)에 강한 임팩트를 줄 수 있습니다.

컴포지션(Composition) 탭 살펴보기

컴포지션 탭에서는 화면의 구도를 표시해줍니다. 표시된 다양한 구도의 모습을 통해 안정적인 작업을 할 수 있습니다. 사용하기 위해서는 인에이블(Enable)을 체크하면 되고 사용할 구도를 체크하면 됩니다. 그밖에 스테레오스코픽(Stereoscopic) 탭에서는 입체 영상을 만들기 위한 리그 설정을 할 수 있는데 이 탭은 스테레오 카메라에 대한 설명에서 자세히 알아봅니다.

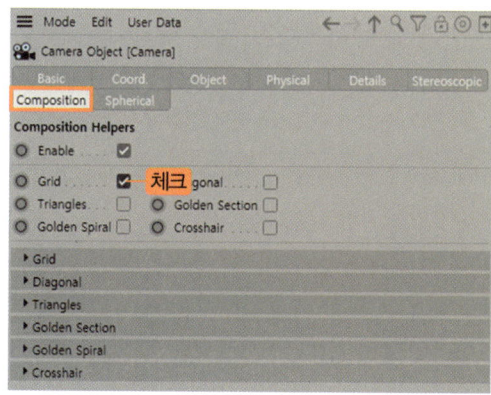

타겟(Target Camera) 카메라 살펴보기

타겟 카메라는 타겟 라이트에서 살펴보았던 것처럼 특정 오브젝트를 항상 향해있는 카메라를 말합니다. 특정 오브젝트의 변화에 대해 항상 반응하고자 할 때 유용하게 사용됩니다.

01 카메라 툴에서 Target Camera를 선택합니다.

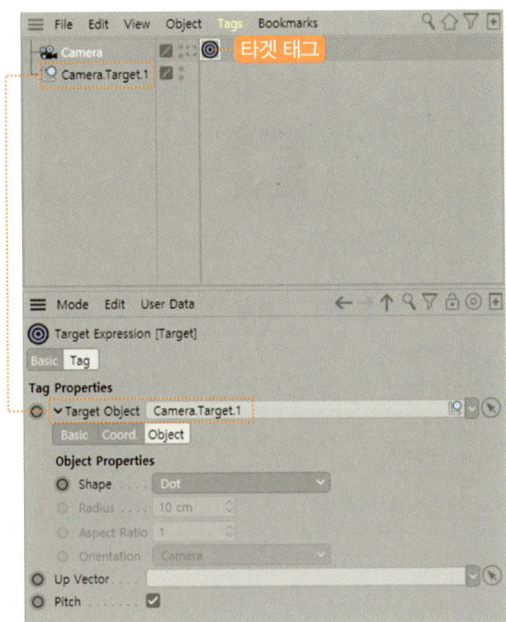

02 타겟 카메라도 앞서 살펴본 기본 카메라와 같은 속성 탭을 가지고 있지만 Target 탭만은 타겟 카메라를 사용할 때만 제공됩니다. Basic Properties 항목에서는 타겟 카메라의 이름과 레이어 상태, 익스프레션에 대한 우선 순위 등을 설정합니다. 타겟 탭에서는 대부분 타겟 오브젝트를 지정하고 설정하는 아래쪽 Tag Properties 항목을 사용하게 됩니다. 현재는 Target Object가 기본적으로 Camera.Target.1이라는 널오브젝트가 선택된 상태입니다.

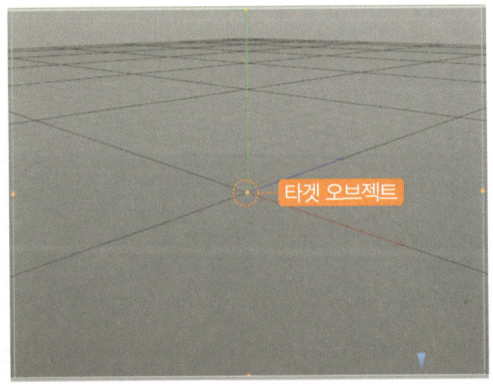

03 Target Object의 검은색 작은 삼각형을 눌러 펼쳐보면 타겟 오브젝트(널오브젝트)의 모습과 크기 등을 설정할 수 있습니다. Display를 Diamond로 선택하고 Radius를 44 정도로 키워주면 그림처럼 널오브젝트의 모양과 크기가 설정된 상태로 표시됩니다.

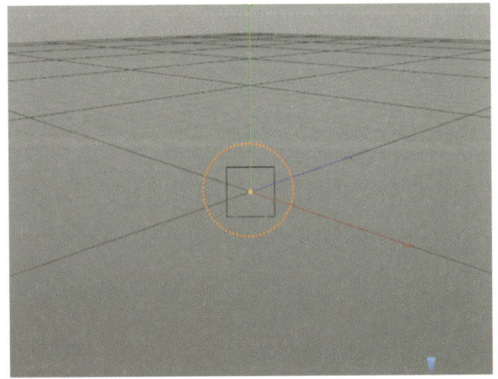

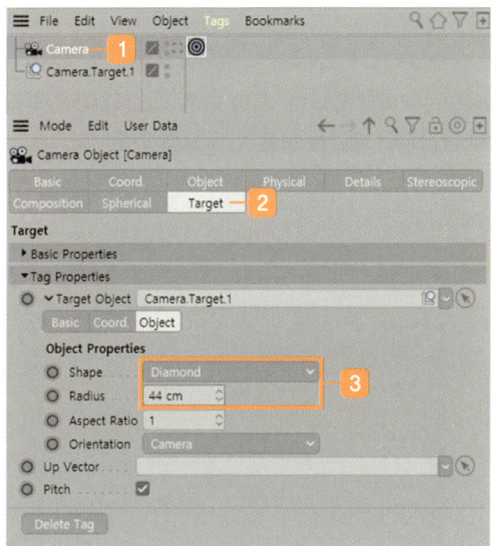

04 이번엔 타겟 오브젝트를 다른 것으로 바꿔보기 위해 오브젝트 툴에서 Figure를 생성합니다.

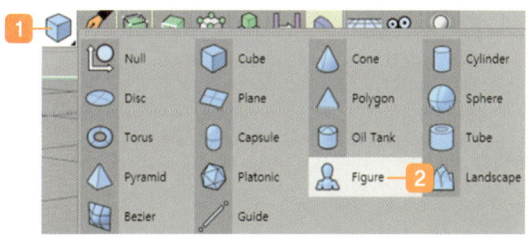

05 다시 타겟 카메라를 선택한 후 Target Object 필드에 피규어를 끌어다 놓습니다. 이제 피규어 오브젝트를 이동해보면 타겟 카메라의 방향이 피규어가 움직이는 방향대로 움직이게 됩니다.

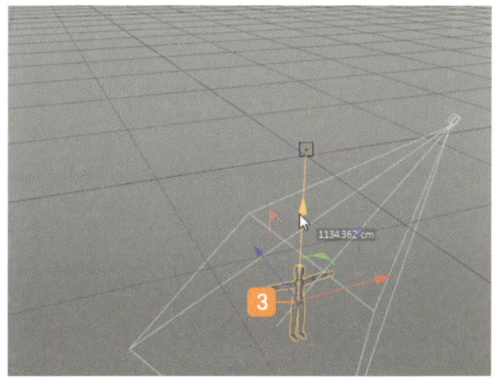

06 타겟 탭의 그밖에 기능 중 Up Vector는 다른 오브젝트의 Y축이 정렬될 오브젝트를 적용할 수 있으며 Pitch는 정렬될 오브젝트의 Z축이 항상 타겟 오브젝트의 방향을 가리키게 만들어줍니다. 맨 마지막에 있는 Delete Tag는 타겟 태그를 삭제합니다. 타겟 태그가 삭제되는 타겟 카메라는 타겟 카메라의 속성을 잃어버리게 되어 기본 카메라가 됩니다.

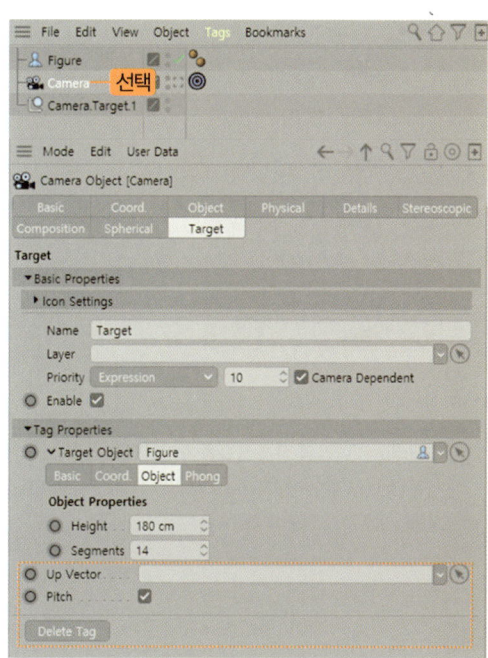

카메라 설정 **505**

3D 스테레오 카메라(Stereo Camera) 살펴보기

3D 스테레오 카메라는 입체 애니메이션을 제작할 때 사용되는 카메라입니다. 서로 다른 각도(위치)에서 촬영된 2개의 이미지를 특수 설계된 안경이나 모니터를 통해 실제 공간적인 느낌을 느낄 수 있도록 해줍니다.

01 3D 스테레오 카메라에 대해 알아보기 위해 먼저 오브젝트 툴에서 피규어를 하나 생성한 후 그림처럼 정면으로 보이도록 뷰포트 앵글을 설정합니다.

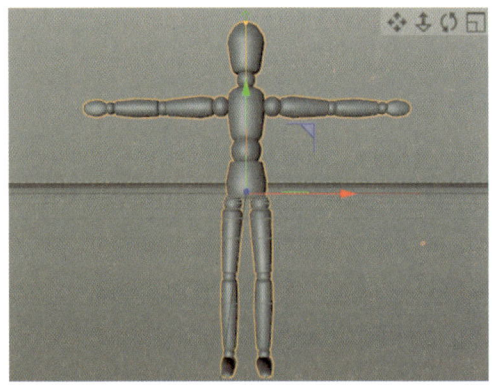

02 이제 카메라 툴에서 Stereo Camera를 적용합니다.

03 스테레오 카메라의 실제 모습을 확인하면서 작업을 하기 위해서는 Options 메뉴에서 Stereoscopic을 선택하여 뷰포트를 적-청(록) 색으로 보이도록 해주어야 합니다.

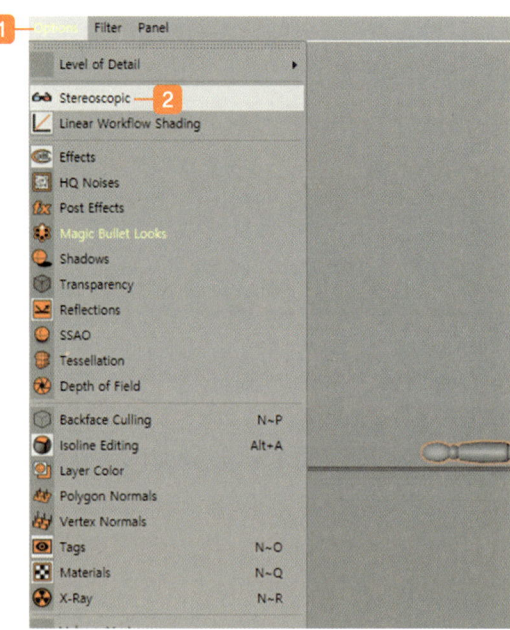

04 먼저 Stereoscopic 탭의 Mode에 대해 알아봅니다. Mono는 스테레오 카메라를 다시 일반 카메라로 사용할 때 사용되므로 주로 Symmetrical(시머트리컬)로 사용하게 됩니다. 시머트리컬은 좌우의 모습을 동시에 사용하기 때문입니다. 그밖에 왼쪽과 오른쪽은 각 방향에 대한 거리 할당을 할 수 있습니다.

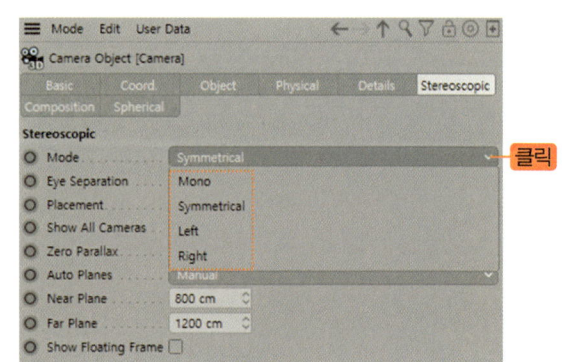

05 Eye Separation은 양쪽 눈의 간격을 설정합니다. 여기서 설정되는 간격은 사물의 깊이(원근감)에 밀접한 영향을 줍니다. 간격이 넓을수록 더욱 원근감이 느껴지지만 지나치게 넓게 설정되면 시청하는데 불편함을 느끼게 되며 실제 사물이 너무 멀리 있는 것처럼 묘사될 수 있습니다. 여기서는 확인 차원에서 80 정도로 설정하여 적-청(록) 색의 간격 변화를 살펴봅니다. 확인이 끝나면 다시 원래 값인 6.5센티미터로 해줍니다.

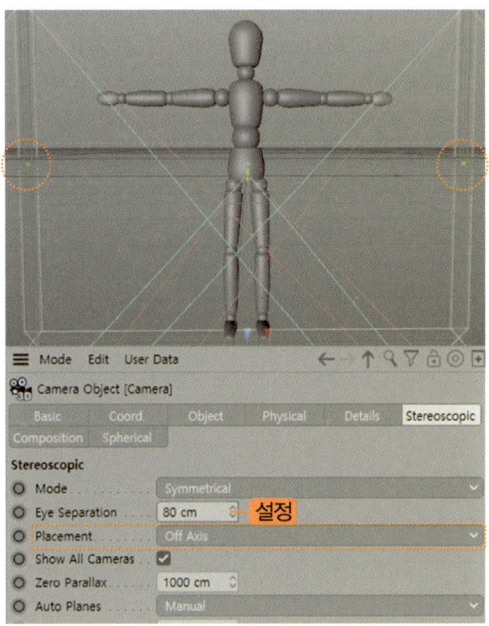

06 Placement는 두 대 또는 그 이상의 스테레오 카메라를 사용할 경우 이 카메라들의 배치 상태를 설정합니다. Parallel(패럴렐)은 단순한 평행으로 카메라를 배치하는 방식이고 Off Axis와 On Axis는 각각 축을 해제하거나 사용할 때 사용되며 Radial(레이디얼)은 카메라를 원모양의 방사형으로 배치합니다. 아래 그림을 보면 쉽게 이해할 수 있을 것입니다.

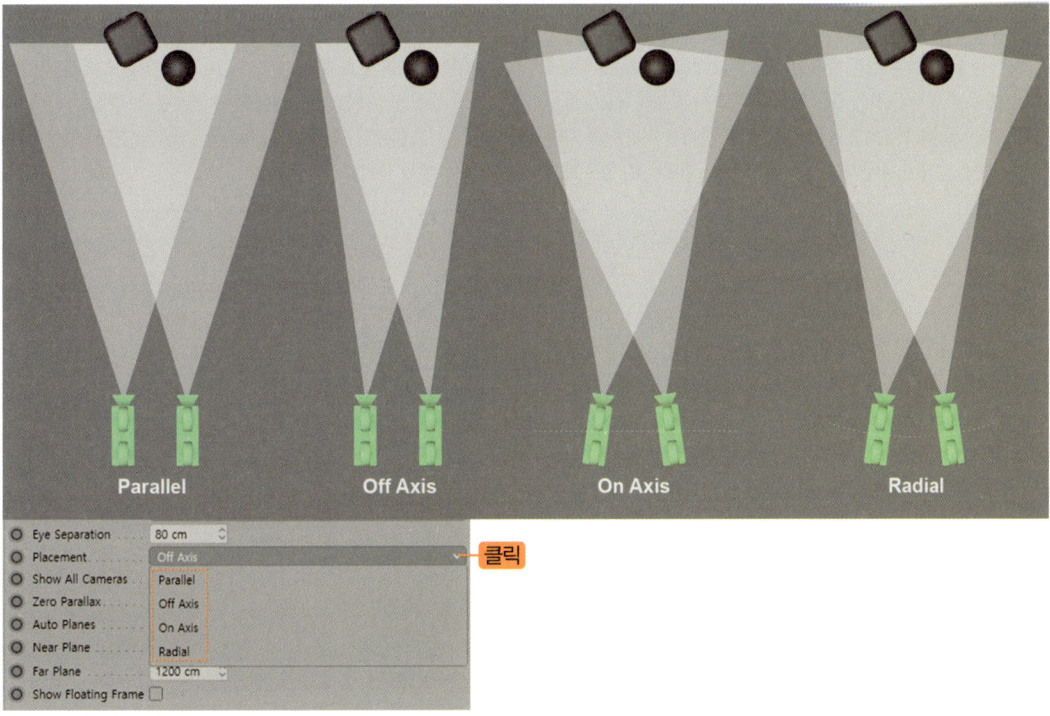

07 그밖에 Show All Cameras를 체크하면 사용되는 모든 카메라의 모습을 표시하며 Zero Parallax(제로 패럴랙스)는 카메라의 시야각의 깊이, 즉 스크린의 깊이를 표현합니다. 설정 값에 따라 사물이 스크린 안쪽에 보이거나 스크린 바깥쪽에 보이게 할 수 있습니다. 이 기능은 아래쪽 Near Plane와 Far Plane에 영향을 줄 수도 있습니다. 그리고 Auto Planes는 스크린의 평면적인 거리를 자동으로 맞춰줍니다. 뷰포트를 그림처럼 피사체(피규어)와 카메라의 모습이 모두 보이게 한 상태에서 살펴보면 쉽게 이해할 수 있습니다.

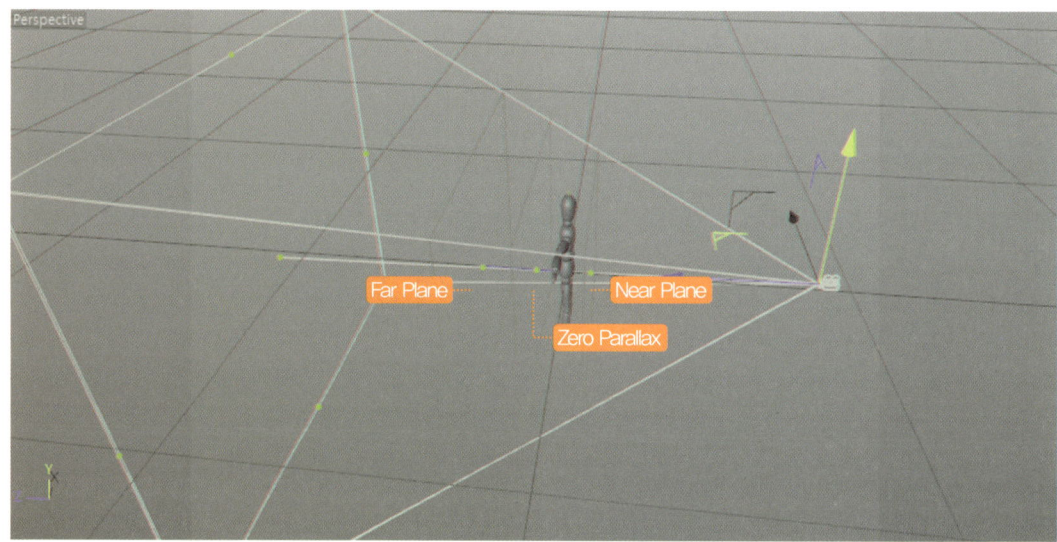

08 스테레오 카메라를 통해 작업된 씬은 렌더 셋팅(Ctrl + B)에서 최종적으로 출력(렌더링)될 속성을 설정 해주어야 합니다. 일단 렌더 셋팅 창 좌측에 있는 Stereoscopic이 체크되어야 하며 우측의 두 항목을 설정해야 합니다. Calculate Stereoscopic Image는 렌더링할 이미지를 하나로 합쳐줄 것인지 개별 채널로 만들어 줄 것인지 아니면 하나의 채널로만 만들 것인지에 대한 설정을 하며 Mode는 적-청(록) 색 안경을 통해 볼 수 있는 방식인 Anaglyph(애너글리프)로 사용할 것인지 좌우 이미지가 스위칭되는 Side-by-Side 방식으로 할 것인지 그리고 편광 필터가 장착된 모니터와 안경이 필요한 Interlaced(인터레이스) 방식을 사용할 것인지에 대한 설정을 할 수 있습니다. 아래쪽 Anaglyph 항목은 Mode를 애너글리프 방식을 사용했을 때만 사용되는데 시스템에서 사용하고자 하는 안경의 색상을 설정합니다. 스테레오스코픽 렌더에 대한 자세한 내용은 시네마 4D 헬프 매뉴얼(한글 매뉴얼)을 참조하기 바랍니다.

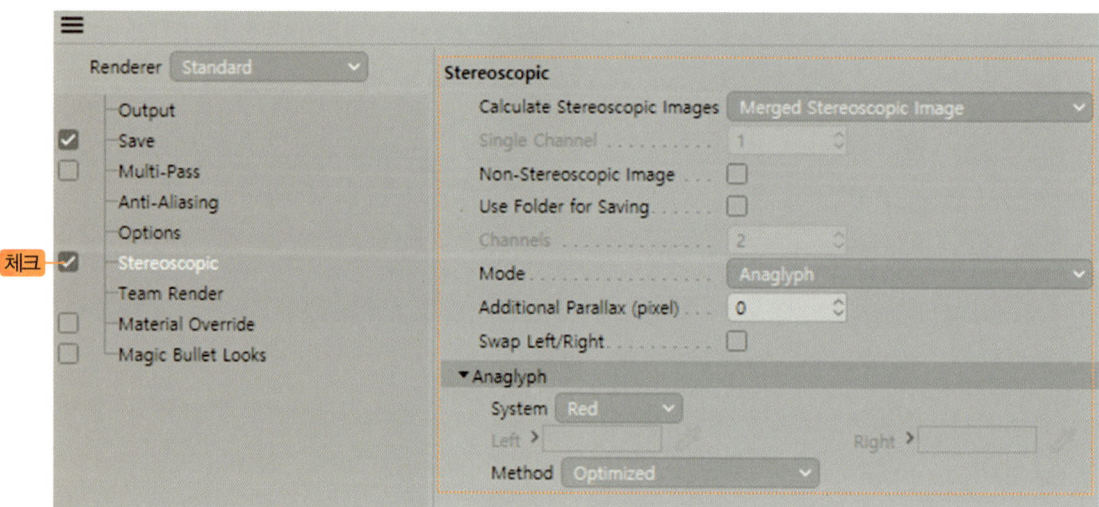

모션 카메라(Motion Camera) 살펴보기

모션 카메라는 고정(삼각대)식 촬영이 아닌 핸드헬드, 즉 실제 카메라맨이 카메라를 들고 촬영할 때의 움직임을 묘사할 수 있습니다.

02 모션 카메라를 생성하기 위해 카메라 툴에서 Motion Camera를 선택합니다.
모션 카메라는 어떠한 오브젝트도 선택되지 않은 상태에서 사용해야 하기 때문에 먼저 생성한 것입니다.

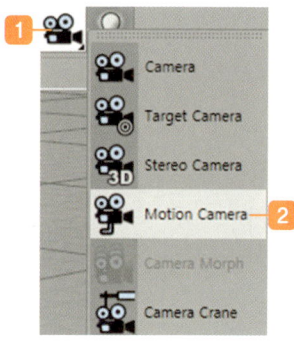

01 이제 촬영될 대상이 피규어 오브젝트를 생성합니다.

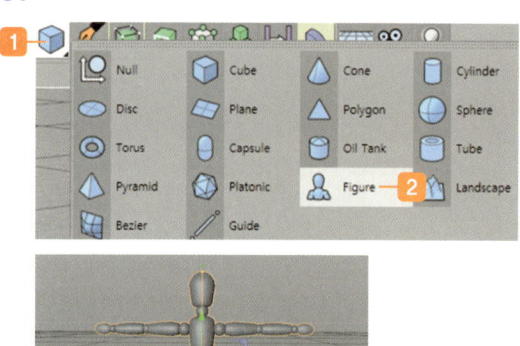

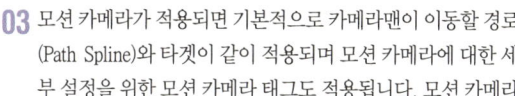

에 대한 기본 설정은 기본 카메라와 동일하지만 모션 카메라 태그를 통해 다양한 설정이 가능합니다. 모션 카메라 태그를 선택하면 다양한 속성 탭이 있습니다. 여기에서는 각 속성 탭에 대한 역할에 대해서만 설명하기로 합니다. 먼저 Rig 탭을 봅니다. 리그 탭에서는 카메라맨의 머리 위치, 회전 등의 설정을 할 수 있습니다.

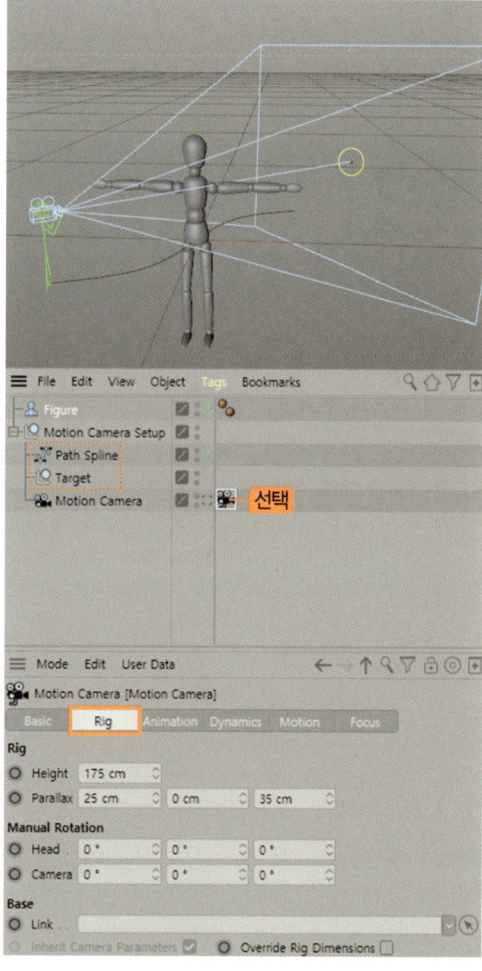

03 모션 카메라가 적용되면 기본적으로 카메라맨이 이동할 경로(Path Spline)와 타겟이 같이 적용되며 모션 카메라에 대한 세부 설정을 위한 모션 카메라 태그도 적용됩니다. 모션 카메라

04 Animation 탭에서는 카메라와 카메라맨이 움직이는 경로 및

타겟 오브젝트에 대한 설정을 할 수 있습니다. Tangential(탄젠셜)은 경로의 모양에 맞게 카메라도 회전되도록 할 때 사용되며 Path Spline A와 B는 카메라가 이동되는 애니메이션 경로를 2개까지 사용할 수 있게 해줍니다. 새로운 스플라인은 스플라인 툴을 이용하여 만들어주면 되며 적용하고자 하는 패스 스플라인 A 또는 B 필드에 끌어다 적용하면 됩니다. 그리고 Rail Spline A와 B는 카메라맨이 움직이는 경로로 이해하면 됩니다. 스플라인 경로를 통해 애니메이션되는 장면은 Camera Position A 또는 B의 수치를 설정하여 키프레임을 만들어주면 됩니다. 또한 2개의 스플라인을 사용할 때 경로를 바꿔주기 위해서는 Blend A 〈 - 〉의 수치를 키프레임을 만들어 표현할 수 있습니다. 아래쪽 Targets 항목에서는 모션 카메라의 타겟 오브젝트를 설정할 수 있습니다. Target A1과 A2, Target B1과 B2의 필드에 타겟이 될 오브젝트를 모두 적용할 수 있으며 각각 Target Pos A1 〈 - 〉 A2, B1 〈 - 〉 B2, A 〈 - 〉 B 세 가지 방법을 통해 타겟 위치를 변경할 수 있습니다. 이 또한 키프레임을 이용해야 합니다.

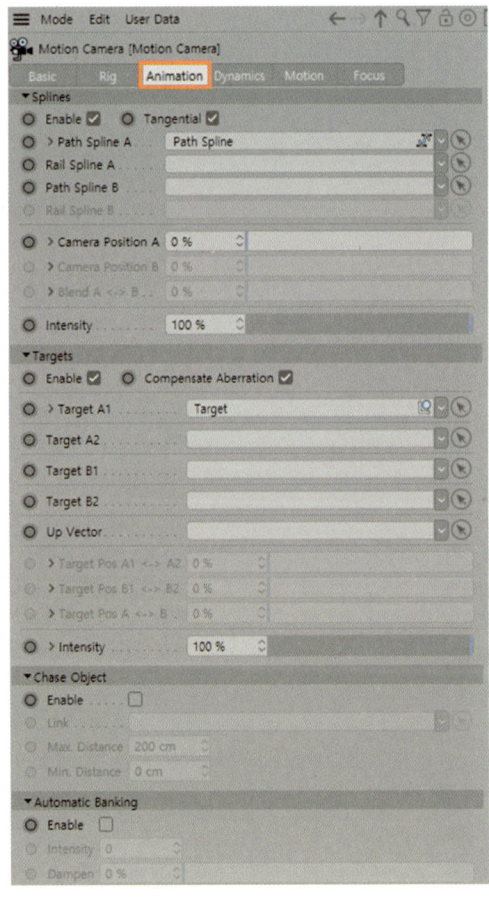

05 다이내믹(Dynamics) 탭에서는 모션 카메라 또는 카메라맨에 대한 다이내믹을 표현할 수 있습니다. 다이내믹은 중력이나 공기저항 등에 대한 물리적 움직임을 자동으로 연산하여 표현해주는 기능입니다. 가령, 모션 카메라 경로를 따라 이동하는 애니메이션이 만들어졌을 때 카메라맨의 다리, 머리, 손, 포커스 등에 대한 자연스런 움직임을 표현할 때 지금의 다이내믹을 아주 유용하게 사용됩니다. 다이내믹에 대한 이해는 [애니메이션] 파트를 참고하기 바랍니다.

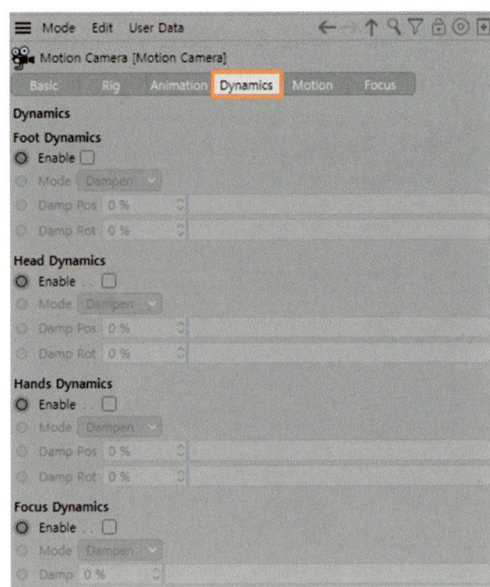

06 모션(Motion) 탭은 카메라의 흔들림을 자연스럽게 연출할 수 있습니다. Preset에서는 잔잔한 흔들림, 스테디캠을 통해 촬영하는 것 같은 절제된 흔들림 등을 선택할 수 있으며 Footsteps(풋스텝)은 현실적인 진폭을 실제 걷는 동작의 주기를 기반으로 설정합니다. Head Rotation, Camera Rotation, Camera Position은 각각 카메라의 흔들림을 회전과 위치 값을 기반으로 설정합니다.

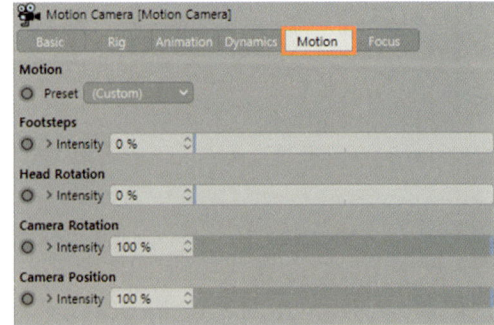

06 참고로 지금의 카메라의 흔들림은 고전 방식으로도 표현이 가능합니다. 흔들림이 필요한 오브젝트에서 [우측 마우스 버튼] - [Animation Tags] - [Vibrate]를 이용하면 위치, 회전, 크기 값을 설정하여 흔들리는 장면을 표현할 수 있습니다. 바이브레이트는 비단 카메라뿐만 아니라 일반 오브젝트에 대한 흔들림도 표현할 수 있습니다.

07 포커스(Focus) 탭에서는 모션 카메라의 초점 거리와 초점 거리에 영향을 주는 여러 가지 기능을 통한 제어가 가능합니다. 이 속성 탭에서의 기능들은 일반적인 카메라에서는 없는 기능들입니다. Focus 항목에서는 포커스 거리와 조리개에 대한 설정을 하며 Target 항목에서는 자동 초점을 사용하거나 수동으로 초점 거리를 조절할 수 있습니다. Dolly Zoom(달리 줌) 항목에서는 애니메이션이 작동될 때 변하는 카메라와 오브젝트의 초점 거리를 수정할 수 있습니다. Depth(뎁스) 항목은 초점의 심도를 설정할 수 있으며 아웃 포커스(뎁스 오브 필드) 효과를 세부적으로 설정할 수 있습니다.

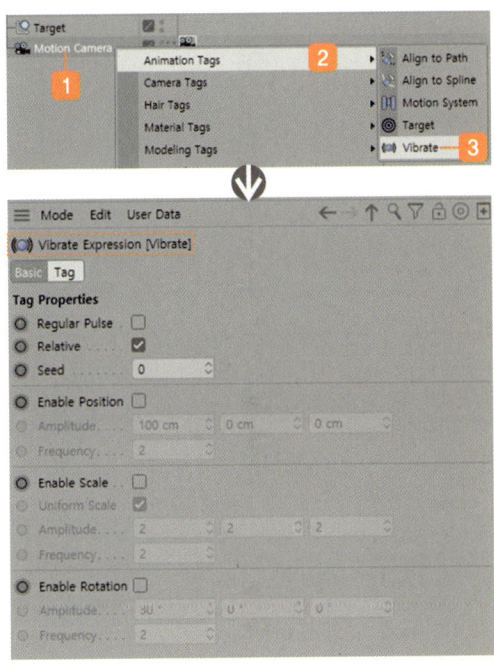

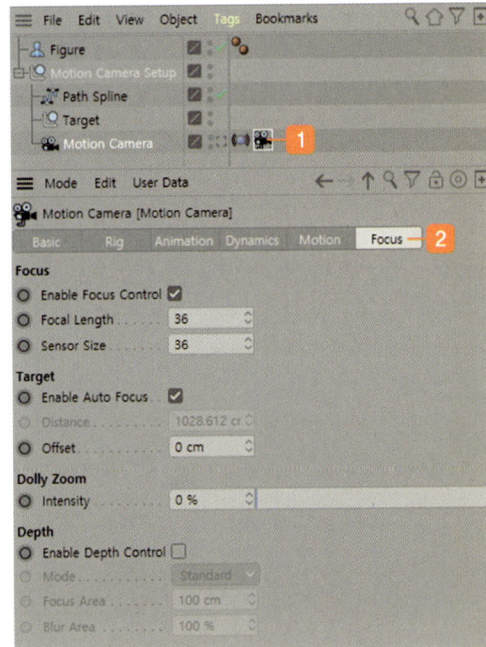

카메라 몰프(Camera Morph) 살펴보기

카메라 몰프는 여러 대의 카메라를 각기 다른 위치에 배치한 후 애니메이션 작동 시 스위칭되는 카메라 기법을 표현할 때 사용됩니다. 중계 촬영을 할 때를 연상하면 쉽게 이해할 수 있으며 이 카메라 방식은 이전에 학습한 스테이지와 비슷하지만 각 카메라로 변환될 때의 움직임에서는 많은 차이가 있습니다.

01 이번 학습은 [카메라 몰프.c4d] 프로젝트 파일을 불러와 살펴보기로 합니다. 카메라 몰프 프로젝트 파일을 열어보면 그림처럼 원뿔, 구, 박스 모양의 3개의 오브젝트와 각 오브젝트 주변에도 역시 3개의 카메라가 있습니다. 이 카메라들을 켜보면 해당 오브젝트를 촬영할 수 있도록 미리 설정을 해놓았습니다.

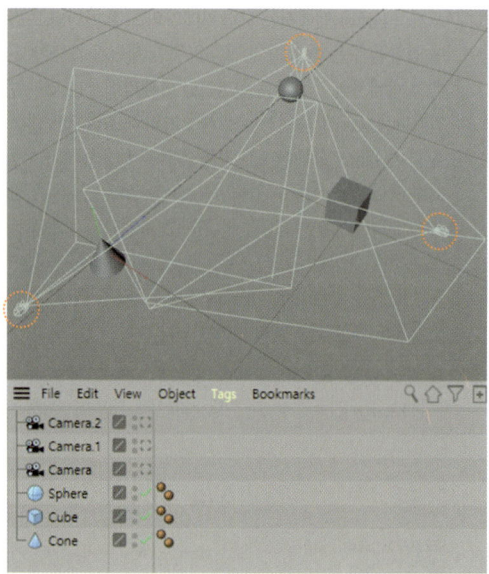

02 카메라 몰프를 사용하기 위해서는 먼저 사용할 카메라가 최소 두 대 이상 있어야 하고 카메라 몰프로 사용할 카메라를 선택해야 합니다. 현재의 카메라 3대를 모두 선택합니다. 그리고 카메라 툴에서 Camera Morph를 선택합니다.

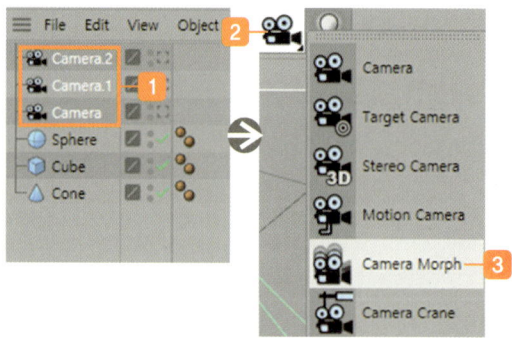

03 카메라 몰프를 적용하면 몰프 카메라와 몰프 카메라 태그가 적용됩니다. 그리고 3개의 카메라는 그림처럼 각각의 이름이 부여됩니다. 몰프 카메라가 최초로 위치하는 카메라는 마지막으로 만들어진 카메라(Camera.2)입니다. 몰프 카메라의 어트리뷰트 매니저에서 Tag 탭을 보면 카메라의 움직임을 설정하는 Blend가 있으며 Source Mode는 두 대의 카메라만 사용하는 Simple Morph와 두 대 이상의 카메라를 사용하는 Multi Morph가 있습니다. 현재는 세 대의 카메라를 사용하기 때문에 자동으로 멀티 몰프로 설정되었습니다.

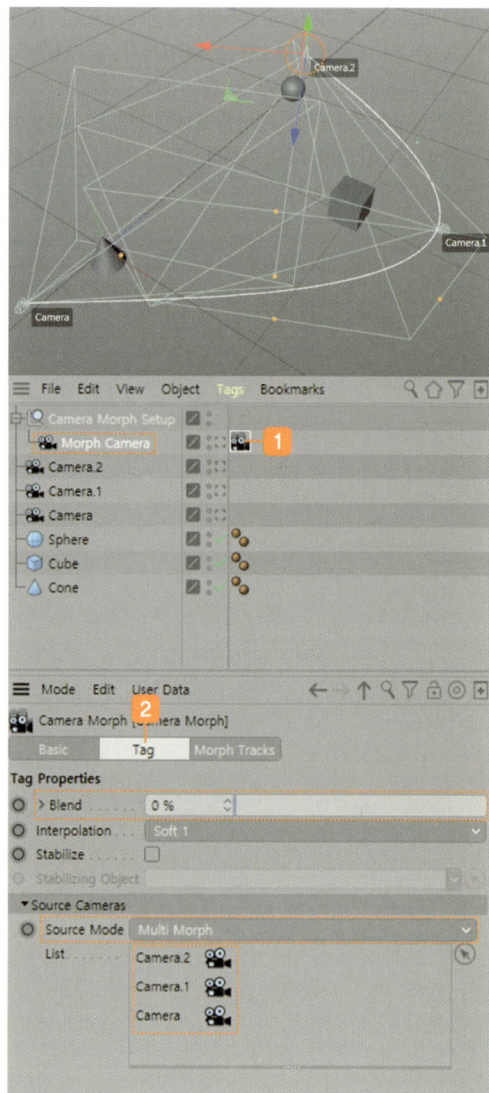

04 Interpolation은 카메라의 이동을 부드러운 곡선으로 하거나 직선으로 선택할 수 있습니다. 확인을 위해 Linear로 설정하면 카메라의 경로가 직선으로 바뀐 것을 알 수 있습니다. 확인이 끝나면 다시 Soft 1로 설정해놓습니다. 아래쪽 Stabilize(스테빌라이즈)는 카메라를 안정화하는 기능으로 체크를 하면 항상 직선 방향으로 보이도록 기울기를 0도로 해줍니다. 안정화에 사용되는 오브젝트를 이용하기 위해서는 Stabilizing Object 필드에 원하는 오브젝트를 끌어다 놓으면 됩니다.

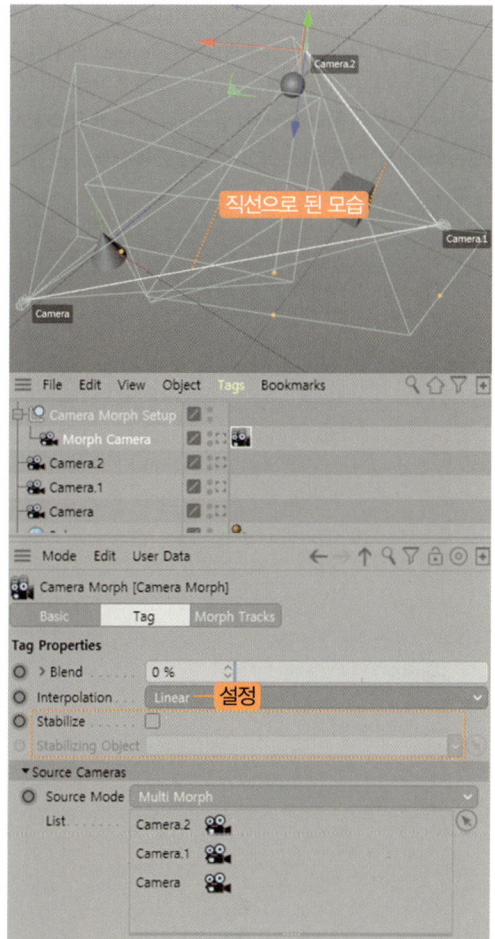

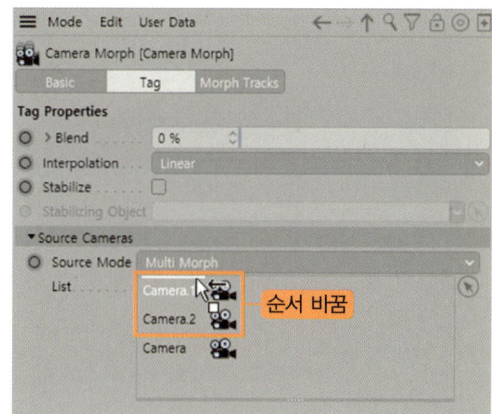

05 List를 이용하면 최초로 시작되는 카메라를 바꿔줄 수도 있습니다. 여기에서는 Camera.1을 맨 위쪽으로 이동하여 Camera.2와 자리를 바꿔봅니다. 뷰포트를 보면 카메라 몰프의 시작이 Camera.1로 바뀐 것을 알 수 있습니다.

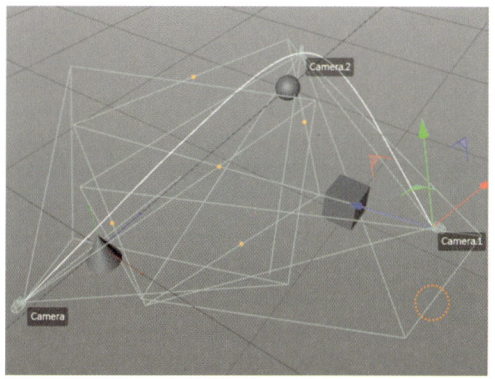

06 이번엔 몰프 트랙(Morph Tracks) 탭에 대해 알아봅니다. 몰프 트랙 탭에서는 몰프 카메라에 대한 위치, 화각, 초점 거리, 스테레오스코픽, 피사계의 심도, 비네팅 같은 속성들의 사용 유무를 지정할 수 있습니다.

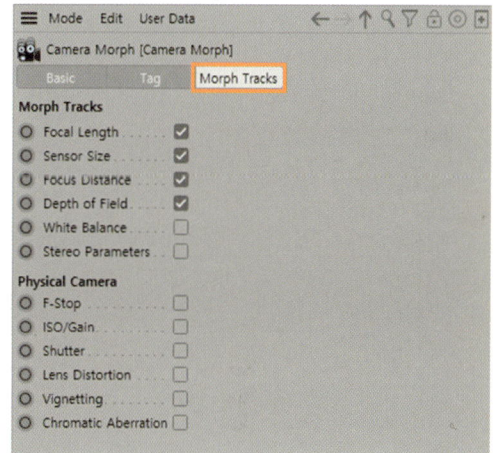

07 이제 몰프 카메라 애니메이션 방법에 대해 살펴봅니다. 먼저 몰프 카메라를 켜줍니다. 그러면 Camera.1번의 모습으로 화면이 바뀝니다. 그다음 시간을 시작 프레임으로 이동한 후 Tag 탭에서 Blend의 왼쪽 동그라미를 클릭하여 키(프레임)을 생성합니다. 현재 사용되는 카메라가 3대이기 때문에 첫 번째 카메라를 제외한 나머지 두 카메라를 백분율로 나눠야 합니다. 즉, 각각의 카메라는 2로 나눠지기 때문에 50% 정도의 백분율로 할당됩니다.

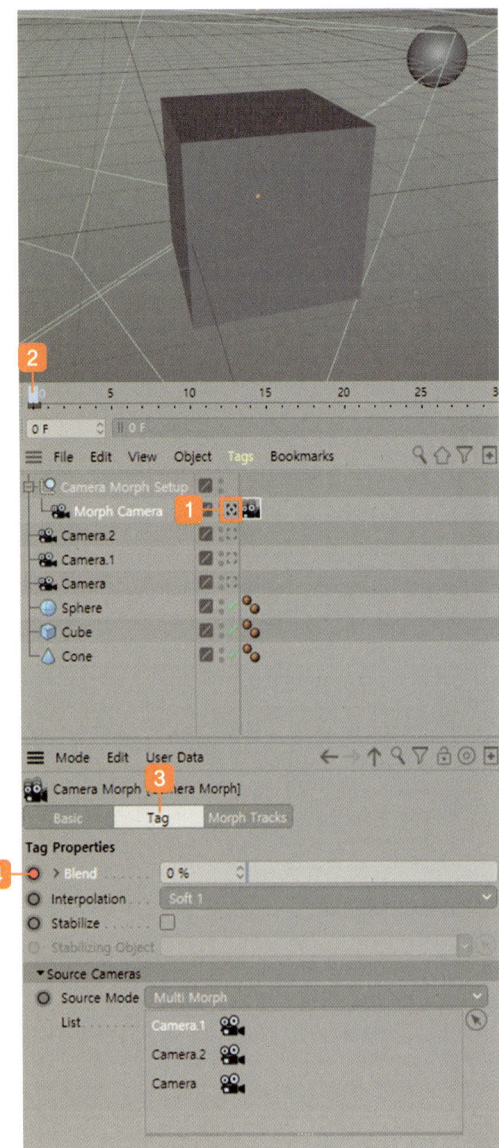

08 시간을 30프레임 정도로 이동한 후 Blend 값을 53% 정도로 설정합니다. 그러면 두 번째 카메라인 Camera.2의 위치로 바뀌게 됩니다. 그다음 블렌드에 키프레임을 추가합니다. 이와 같은 방법을 이용하여 카메라 몰프 작업을 하면 됩니다. 나머지 카메라는 여러분이 직접 설정해보기 바랍니다.

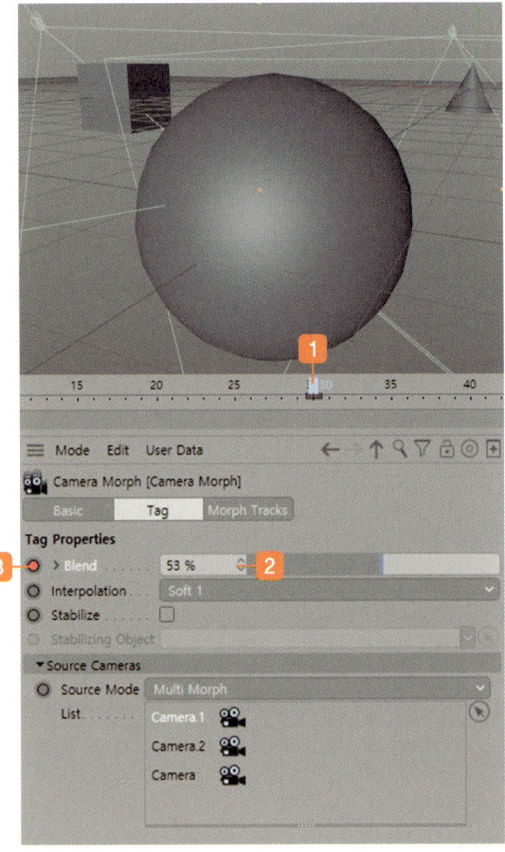

카메라 크레인(Camera Crane) 살펴보기

카메라 크레인은 크레인에 카메라를 매달아놓고 촬영하는 기법입니다. 일반적으로 지미집(Jimmy Jib)이라고 표현하는데 상하좌우의 공간을 폭넓게 활용할 수 있어 다양한 화면을 구성할 수 있습니다.

01 카메라 크레인은 비교적 간편하게 사용할 수 있습니다. 간략하게 살펴보기 위해 카메라 툴에서 Camera Crane을 적용합니다.

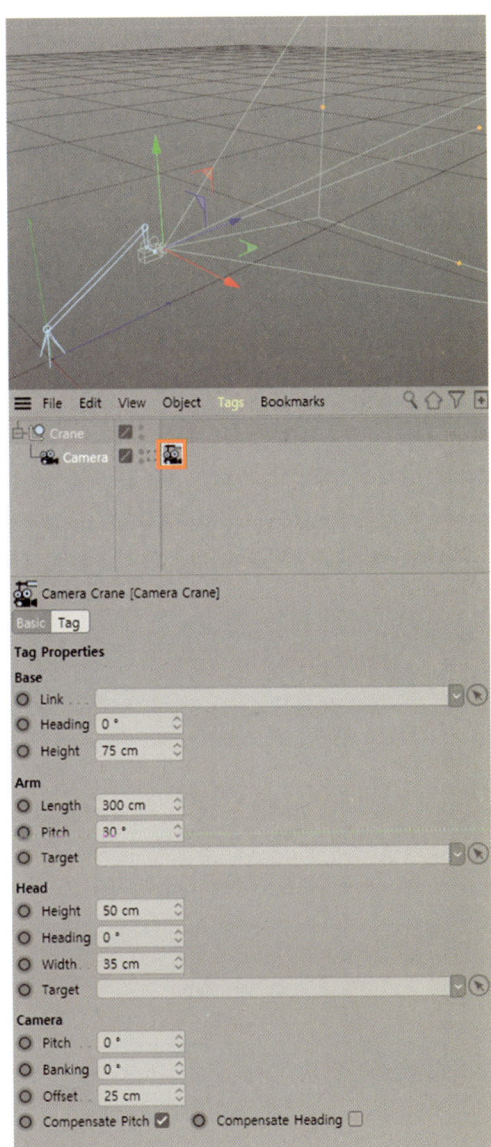

02 카메라 크레인이 적용된 모습을 뷰포트에서 보면 크레인에 매달려있는 카메라의 모습이 보입니다. 이렇듯 지미집 형태의 촬영이 가능하며 속성 매니저에서는 크레인의 위치, 회전 등의 설정을 다른 오브젝트로 대신할 수 있는 Link와 크레인의 각도와 높이를 조절하는 Heading과 Height가 있으며 그밖에 카메라의 위치, 회전, 높이 등을 세부적으로 설정할 수 있는 다양한 기능들이 있습니다. 이것으로 카메라에 대한 것과 환경에 대한 학습을 해보았습니다.

카메라 매치 설정하기

카메라 매치는 백그라운드와 바닥의 공간을 같은 공간에 있는 것처럼 표현하는 것을 말합니다. 이와 같은 작업은 원근감이 느껴지는 스틸 이미지를 사용하여 마치 이미지 공간에 사물이 실제로 있는 것처럼 표현할 수 있습니다.

01 카메라 매치 작업을 하기 위해 먼저 인바이어런먼트 툴에서 Background를 적용합니다.

02 방금 만든 백그라운드와 바닥에 적용될 매터리얼을 만들어줍니다. 매터리얼을 만든 후 매터리얼 에디터를 열어줍니다.

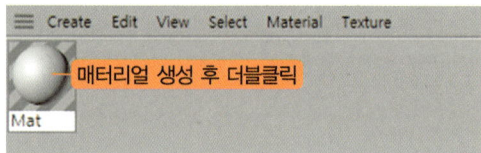

03 Color 채널에서 파일 불러오기를 통해 [학습자료] – [맵소스] – [건축03.jpg] 파일을 복사하지 않고 불러옵니다.

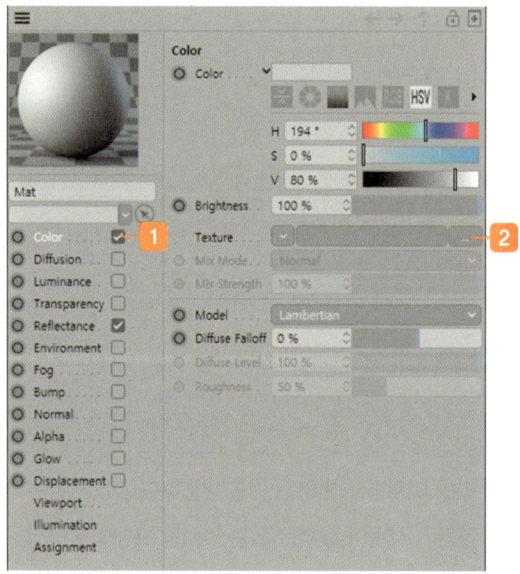

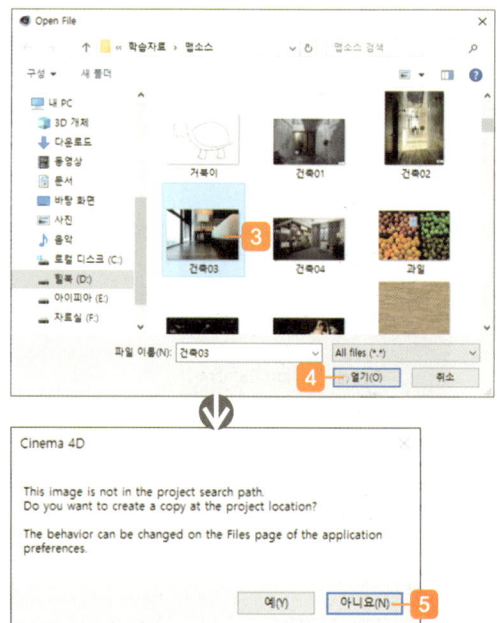

04 설정된 매터리얼을 끌어다 백그라운드에 적용합니다. 만약 바닥에 반사 재질을 표현하고 싶다면 리플렉턴스 채널을 이용하여 반사율을 설정하면 되지만 이번 학습에서는 반사율 없이 작업을 합니다.

05 백그라운드에 매터리얼을 적용하니 뷰포트 배경에도 텍스처 소스의 모습이 보입니다. 여기서 렌더 뷰(Ctrl + R)를 해보아도 배경이 표현됩니다.

08 이번엔 앞서 만든 바닥(플레인) 오브젝트 위에 놓여질 오브젝트를 만들어야 합니다. 여기에서는 콘텐트 브라우저에서 불러와 사용해봅니다. [Content Browser] - [Presets] 3D Objects Vol1 - [Electronics & Technology]에서 Laptop을 더블클릭하여 뷰포트에 적용합니다.

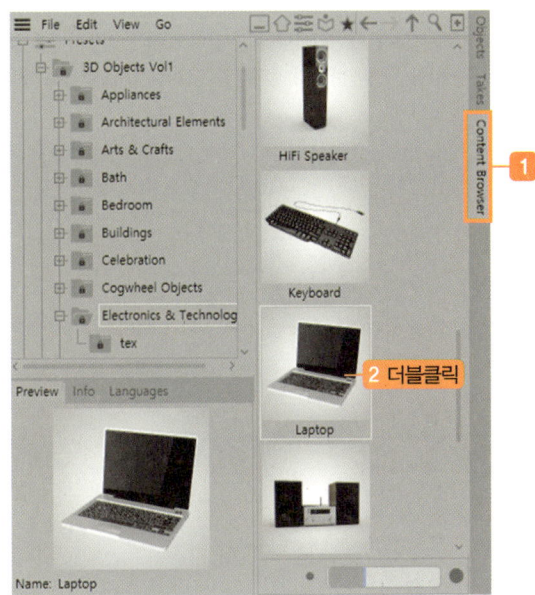

06 계속해서 바닥을 표현하기 위해 오브젝트 툴에서 Plane 오브젝트를 생성합니다.

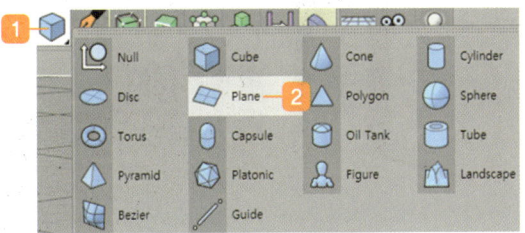

07 방금 만든 플레인 오브젝트를 그림처럼 배경의 바닥과 비슷한 크기로 조절하고 뷰포트의 앵글과 위치를 설정하여 배경의 바닥과 일치시킵니다.

09 다시 오브젝트 매니저로 이동한 후 앞서 적용된 노트북의 크기를 그림처럼 키워주고 위치(회전)를 잡아줍니다.

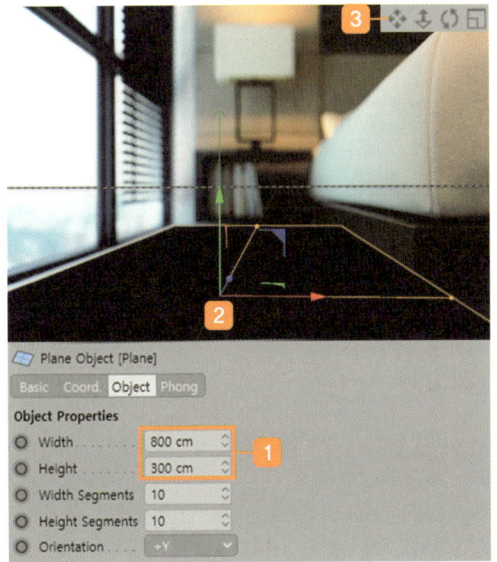

카메라 설정 **517**

10 바닥에도 배경과 같은 매터리얼을 적용하기 위해 백그라운드에 적용된 매터리얼 텍스처 태그를 플레인 오브젝트로 복제합니다. 백그라운드에 적용된 매터리얼의 프로젝션은 현재 앞쪽에 바라보는 Frontal로 설정되어있기 때문에 이 매터리얼을 그대로 이용한 것입니다. 프로젝션이 프런틀로 설정하면 뷰포트에서 보여지는 매터리얼(텍스처)의 모습은 항상 정면에서 보는 것처럼 표현됩니다. 이와 같이 카메라 매칭 작업을 할 때는 항상 배경과 바닥의 매터리얼 프로젝션을 프런틀로 사용해야 합니다.

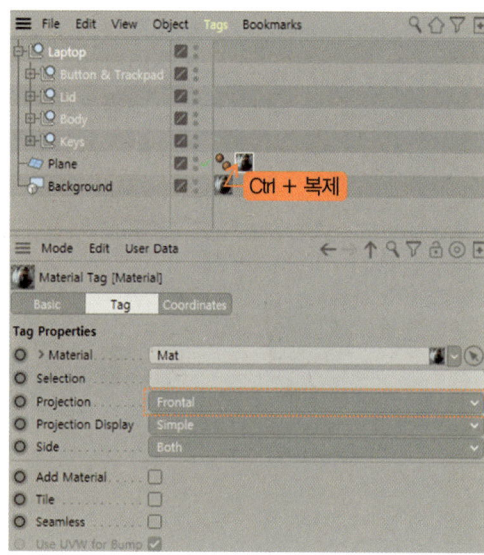

11 뷰포트의 앵글이 최종 상태가 되었다면 이제 기본 카메라를 생성합니다.

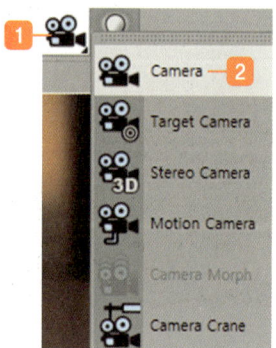

12 이번엔 조명을 표현하기 위해 라이트 툴에서 기본 라이트인 옴니 라이트를 생성합니다.

13 조명의 위치는 카메라가 꺼진 상태에서 설정하는 것이 좋습니다. 그림처럼 노트북 앞쪽 좌측 위로 올려줍니다.

14 이제 카메라를 켜주고 라이트를 선택합니다. 그리고 라이트의 General 탭에서 그림자를 표현하기 위해 Shadow를 Shadow Maps (Soft)로 설정합니다.

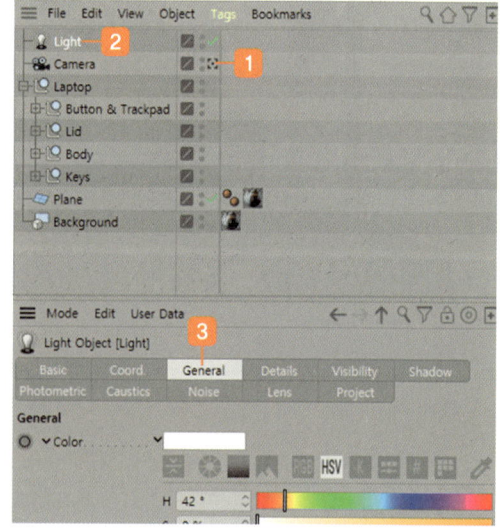

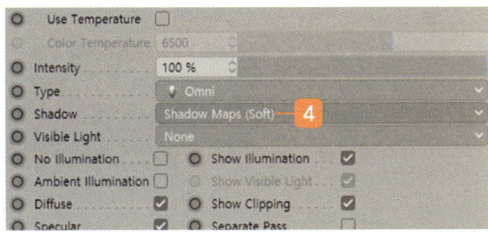

15 여기서 작업된 내용을 확인해보기 위해 렌더 뷰를 해봅니다. 조명에 의해 그림자까지 표현됐기 때문에 노트북이 실제 배경의 공간에 있는 것처럼 느껴집니다. 그러나 바닥으로 사용되는 플레인의 텍스처(매터리얼)와 배경의 텍스처의 밝기가 약간의 차이가 납니다.

16 바닥의 매터리얼이 배경의 매터리얼과 완전히 일치되도록 하기 위해 플레인 오브젝트에서 [우측 마우스 버튼] - [Render Tags] - [Compositing]을 적용합니다.

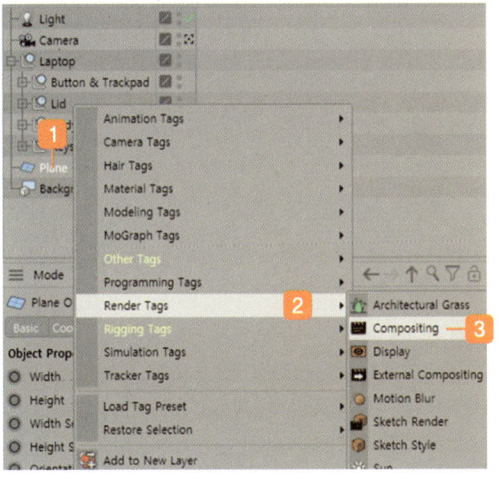

17 컴포지팅 태그의 Tag 탭에서 Compositing Background를 체크합니다. 이것으로 바닥의 매터리얼과 배경의 매터리얼이 완전히 일치됐습니다.

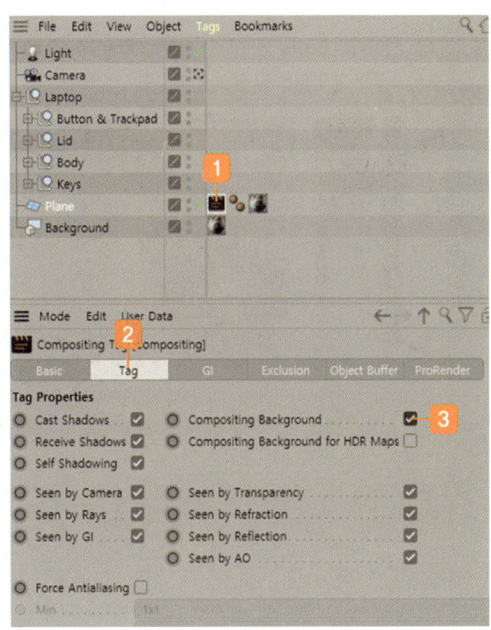

18 다시 렌더 뷰를 해봅니다. 이제야 비로소 바닥과 배경의 매터리얼이 완전히 일치된 것을 알 수 있습니다.

19 지금의 작업을 자세히 보면 노트북은 실제 오브젝트로 만든 것이고 배경과 바닥은 이미지를 텍스처 소스로 사용하는 것이기 때문에 노트북이 실제 이 공간에 있는 느낌을 디테일하게 설정할 필요가 있습니다. 배경(바닥)을 보면 뒤로 갈수록 DOF(뎁스 오브 필드)가 깊어지기 때문에 흐리게 표현되지만

카메라 설정 **519**

노트북은 그렇지 않기 때문에 카메라에 DOF 맵 블러 효과를 사용하여 노트북도 같은 느낌으로 설정해야 합니다. 카메라를 선택한 후 꺼줍니다. 그리고 그림처럼 카메라와 DOF 맵 블러 영역의 모습이 모두 보이도록 뷰포트를 줌아웃 해줍니다. 그 다음 카메라의 Details 탭에서 DOF Map Rear Blur를 체크한 후 블러가 적용될 영역을 넓게 설정합니다.

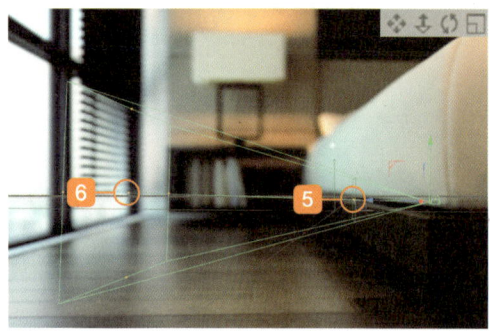

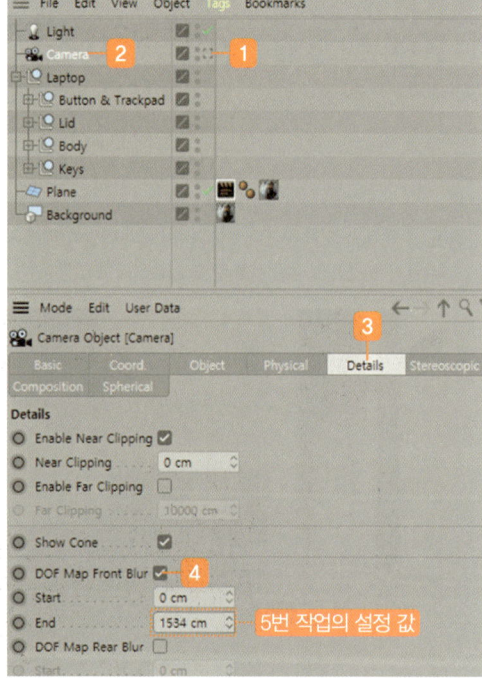

20 렌더링 시 뎁스 오브 필드가 표현되게 하기 위해 렌더 셋팅 (Ctrl + B) 창을 열어주고 [Effect] - [Depth of Field]를 적용합니다.

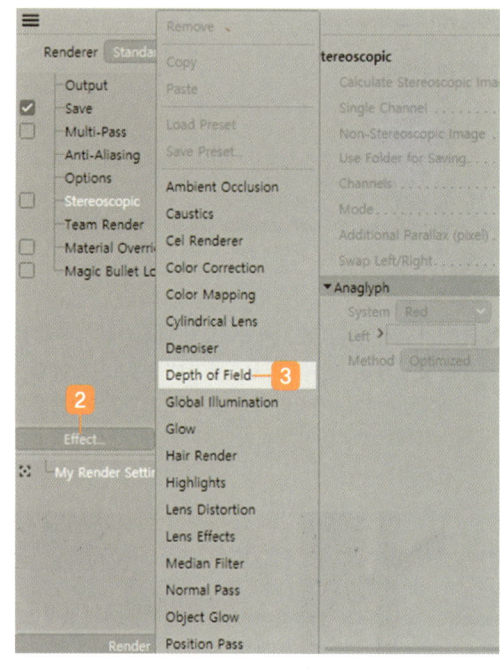

21 여기서 렌더 뷰를 해봅니다. 노트북 또한 블러가 지나치게 표현되어 너무 흐리게 표현되는 것을 알 수 있습니다.

22 앞쪽에 발생되는 블러를 없애고 뒤쪽에만 블러를 표현하기 위해 DOF Map Rear Blur를 체크합니다. 그다음 Focus Distance를 노트북 뒤쪽으로 당겨주고 End 포인트를 그림처럼 뒤쪽 먼 곳으로 설정합니다.

24 마지막으로 디테일한 설정을 위해 렌더 셋팅 창을 열어줍니다. 현재는 블러가 너무 강하기 때문에 Blur Strength를 3 정도로 낮춰주고 Distance Blur를 70 정도로 낮춰주고 Use Gradients를 체크한 후 Rear Blur의 색상을 그림처럼 첫 번째 색상은 검정색, 두 번째 색상은 하얀색, 세 번째 색상은 다시 검정색으로 설정합니다. 여기서 사용되는 검정색은 뎁스 오브 필드의 블러가 표현되지 않는 영역으로 사용되고 하얀색은 블러가 표현되는 영역으로 사용되기 때문에 노트북이 있는 거리(위치)에서만 블러가 적용되고 배경이 사용되는 거리에는 블러가 사용되지 않게 되어 노트북과 배경(바닥)의 흐림 정도가 비슷하게 표현됩니다. 지금까지 카메라 매칭 작업에 대해 알아보았습니다. 살펴본 것처럼 카메라 매칭은 3D 작업만을 위한 작업이 아닌 일반적인 합성 작업에서도 유용하게 사용됩니다.

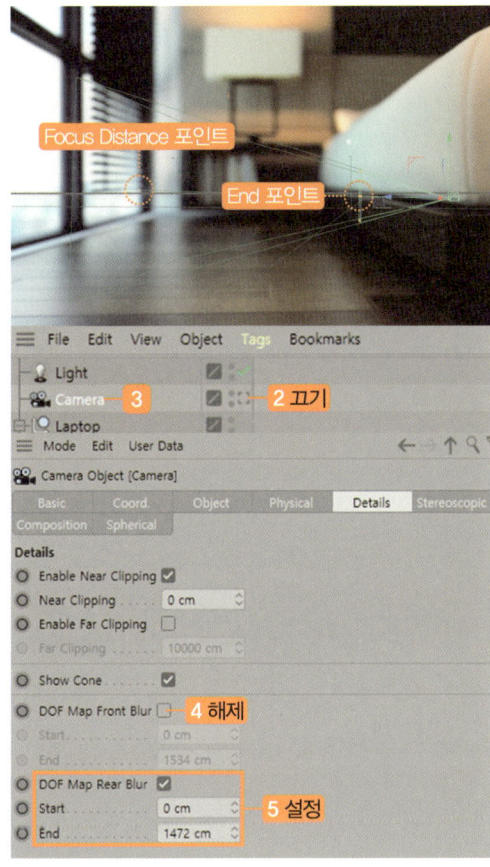

23 다시 카메라를 켜주고 렌더를 해봅니다. 이제야 비로소 노트북 뒤쪽 부분에만 블러가 처리되는 것을 알 수 있습니다.

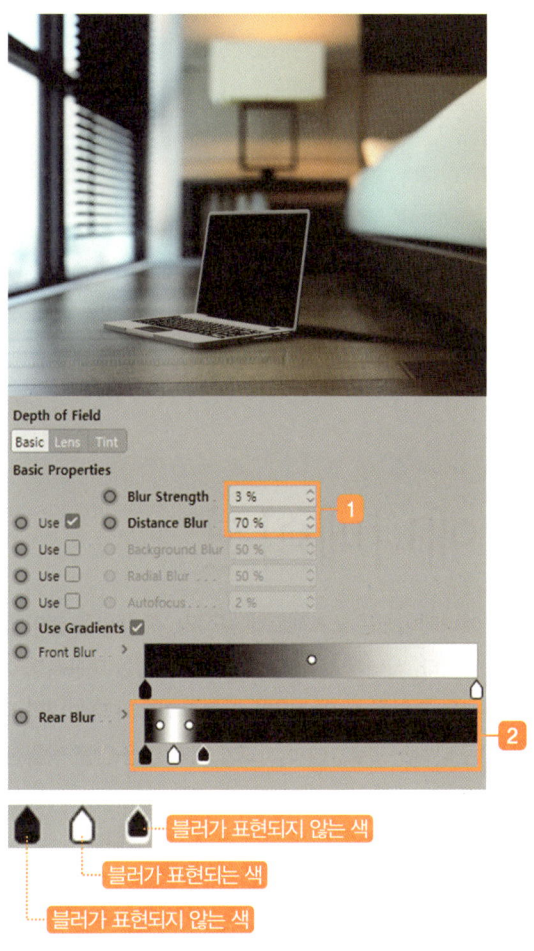

PART 04

애니메이션

애니메이션은 오브젝트에 움직임, 즉 생명을 불어넣는 작업입니다. 시네마 4D에서는 다양한 방법을 이용하여 애니메이션을 구현할 수 있습니다. 시뮬레이트의 다이내믹과 파티클은 타 3D 프로그램과 비교가 되지 않을 만큼 탁월한 성능을 발휘하며 특히 모그라프는 시네마 4D에서만 가능한 화려한 모션 그래픽 퍼포먼스를 구현할 수 있습니다.

01

키(프레임) 애니메이션

시네마 4D에서의 애니메이션은 키(프레임)을 이용한 애니메이션과 물리적(인력)인 힘에 의해 자동으로 움직임이 표현되는 두 가지 방식이 있습니다. 이번 학습에서는 가장 기본이 되는 시간과 키 값을 설정하여 움직임을 표현하는 키(프레임) 애니메이션에 대해 알아봅니다.

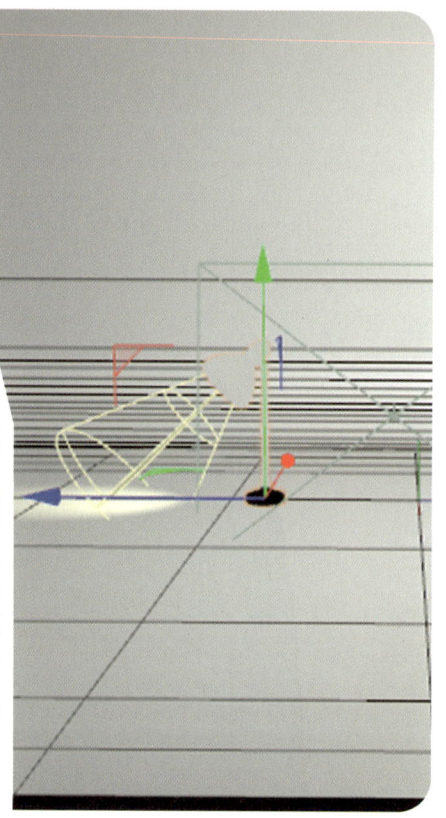

페어런트(종속관계) 애니메이션 만들기

키를 이용한 애니메이션은 이미 본 도서의 첫 번째 파트인 [시네마 4D 시작하기]에서 살펴본 적이 있기 때문에 이번 학습에서는 스탠드 조명 각의 부위를 개별로 또는 상위 계층에 의해 움직이는 애니메이션으로 표현해봅니다.

01 학습을 위해 [학습자료] - [프로젝트] - [키 애니메이션.c4d] 파일을 불러옵니다. 이 파일은 이전에 작업한 스탠드 조명에 대한 프로젝트입니다.

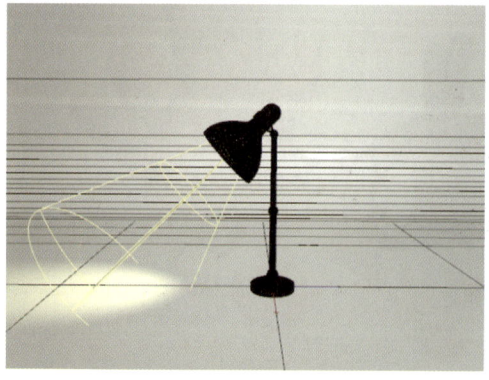

02 애니메이션을 위해 먼저 가장 상위 계층인 받침 오브젝트를 선택합니다.

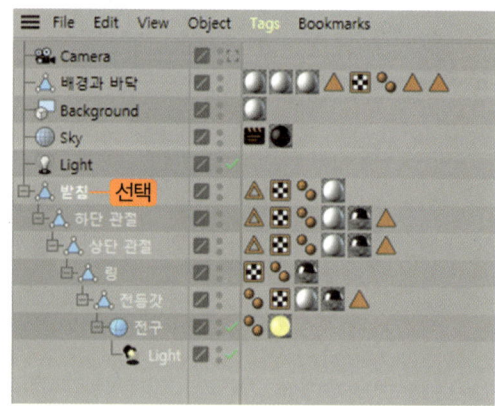

03 카메라가 꺼진 상태에서 그림처럼 뷰포트를 줌 아웃하여 배경의 전체 모습이 보이도록 한 후 시간을 시작 프레임으로 이동합니다. 그 다음 받침(스탠드 조명)을 우측으로 이동합니다. 그러면 하위 계층인 하단 관절, 상단 관절, 링, 전등갓, 전구, 조명이 받침에 따라 이동 됩니다. 이 지점이 이제 스탠드 조명의 애니메이션이 시작될 위치입니다. 그리고 키(프레임)을 생성합니다.

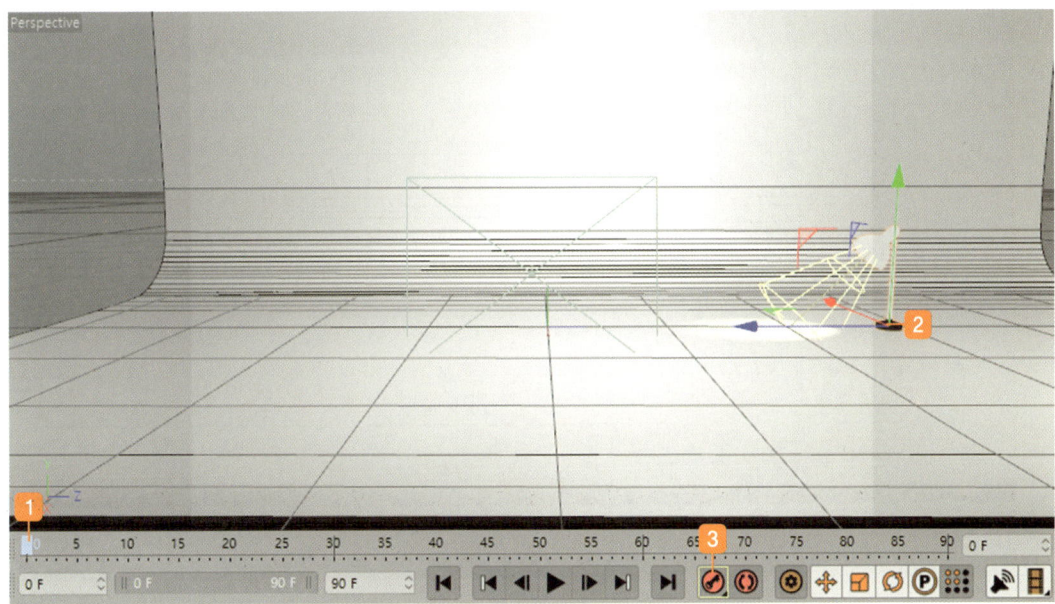

04 계속해서 시간을 20프레임으로 이동한 후 받침 오브젝트를 그림처럼 좌측(스탠드 조명 입장에서는 앞쪽)으로 이동합니다. 그다음 이 시간에 키를 추가합니다. 그러면 앞선 위치와 지금의 위치에 애니메이션 경로가 점선(점의 개수는 프레임의 개수임)으로 표시되는 것 을 알 수 있습니다. 현재의 90프레임 작업 시간은 300프레임으로 늘려줍니다.

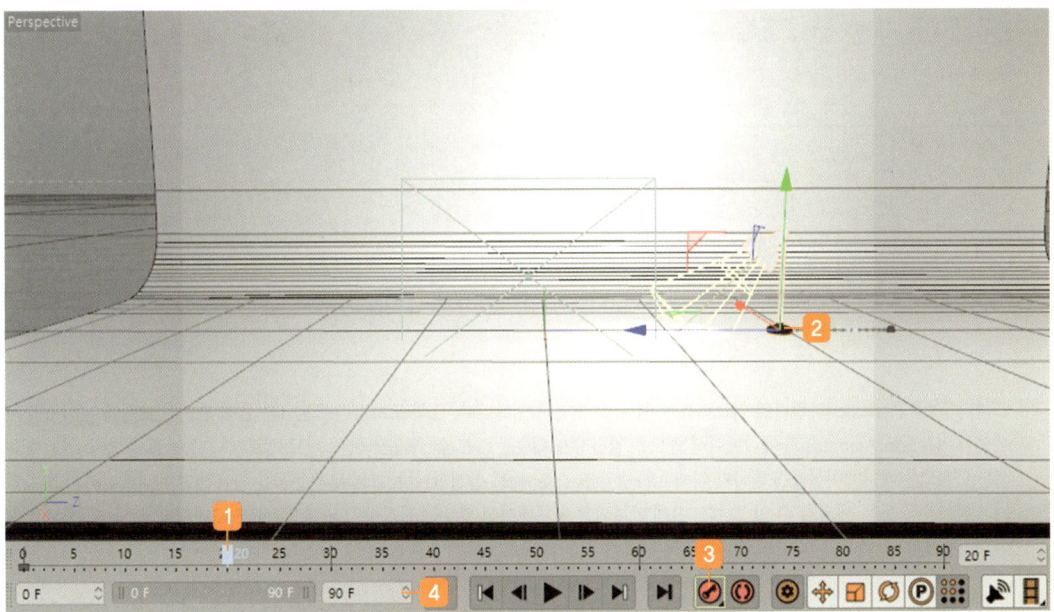

05 이번엔 스탠드 조명이 점프하면서 이동하는 장면을 표현하기 위해 시간을 10프레임으로 이동한 후 그림처럼 받침을 위쪽으로 조금 올려줍니다. 그다음 키를 추가합니다. 이것으로 점프하면서 이동하는 애니메이션이 만들어졌습니다.

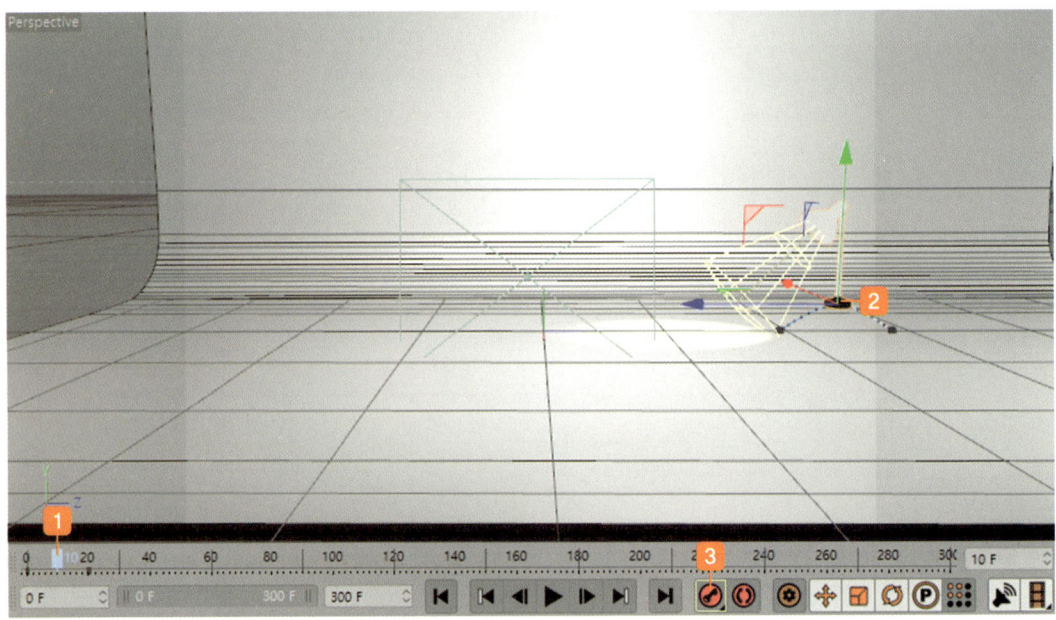

06 앞서 작업한 점프 애니메이션은 앞으로도 몇 번에 거쳐 같은 작업을 해야 합니다. 물론 지금과 같은 작업을 통해 수행해도 되겠지만 트랙 프로퍼티스를 활용하면 반복되는 애니메이션을 쉽게 표현할 수 있습니다. [Window] - [Timeline (Dope Sheet)]를 선택하여 타임라인 매니저를 열어줍니다. 그다음 애니메이션이 만들어진 받침을 선택합니다.

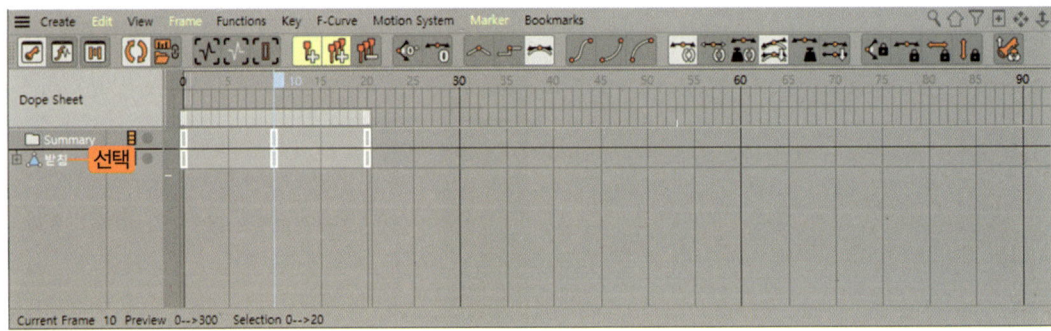

07 그러면 Track Properties(타임라인 어트리뷰트 매니저)가 열리게 됩니다. 트랙 프로퍼티스에서는 현재 선택된 트랙에 대해서만 애니메이션이 되는 Solo Animation과 애니메이션 속도를 일정하게 해주는 Constant Velocity(컨스턴트 벨로시티) 등을 활용할 수 있는데 여기에서는 반복되는 애니메이션을 표현하기 위해 After를 Offset Repeat로 설정합니다. 그밖에 기능들을 활용하면 애니메이션이 계속되게 하거나 왕복운동 등을 하게 할 수 있습니다. 이제 반복되는 애니메이션 횟수를 설정하기 위해 Repetitions(레퍼티션스) 값을 3으로 설정하여 3회에 거쳐 반복되는 애니메이션이 되도록 해줍니다.

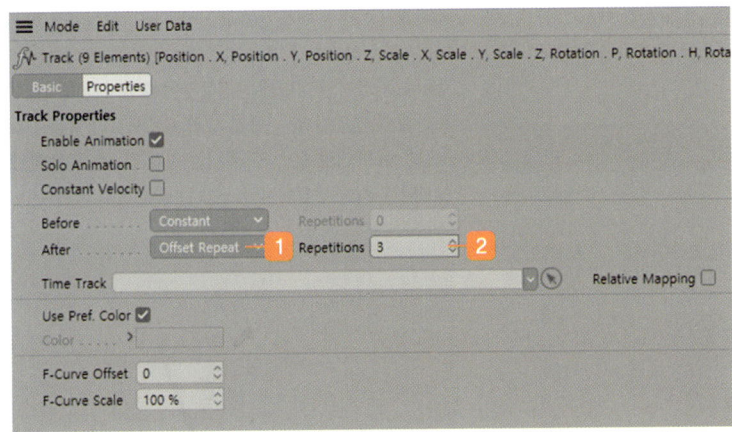

08 이제 플레이(F8)를 통해 확인을 해보면 처음에 만들어놓았던 점프 애니메이션이 3회(총 4회) 더 점프하는 것을 알 수 있습니다. 이처럼 반복되는 애니메이션은 옵셋 리피트의 레퍼티션스를 이용하여 간편하게 표현할 수 있습니다.

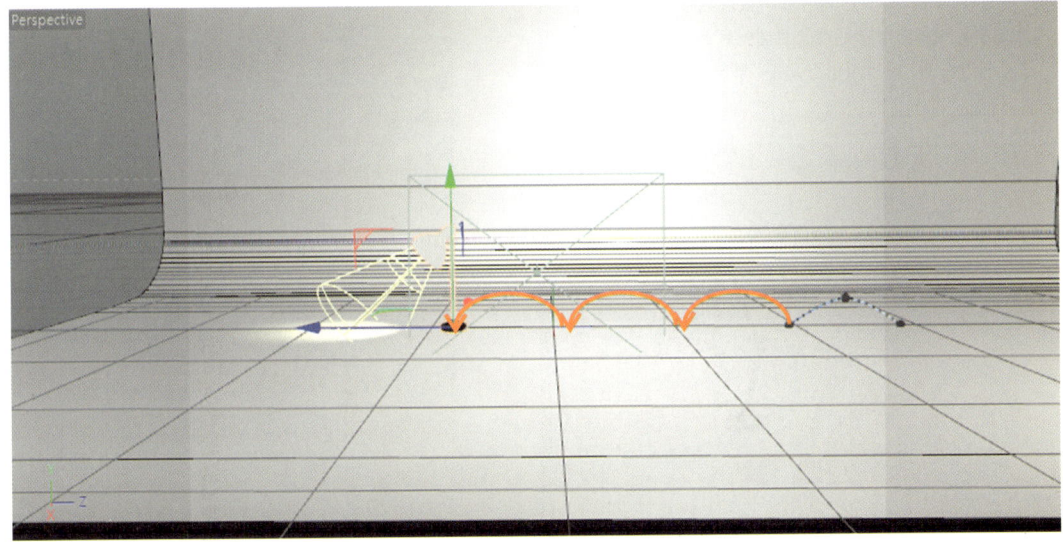

09 이번엔 카메라의 시점에서 작업을 하기 위해 Camera를 켜주고 카메라를 앵글을 설정하기 위해 카메라를 선택합니다.

09 애니메이션이 끝난 후의 모습이 보이는 상태(시간)에서 그림처럼 뷰포트(카메라)에서 보이는 스탠드 조명의 모습을 앞쪽과 우측 면이 보이도록 회전합니다.

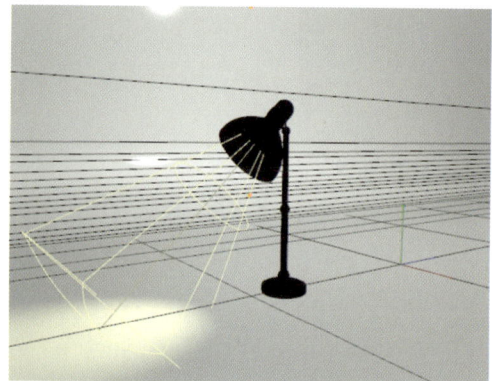

10 현재의 스탠드 조명은 똑바로 서있기 때문에 뻣뻣한 느낌이 듭니다. 하단과 상단 관절을 로테이트 툴을 사용하여 그림처럼 약간씩 회전해서 자연스럽게 구부러져 있는 모습으로 해줍니다.

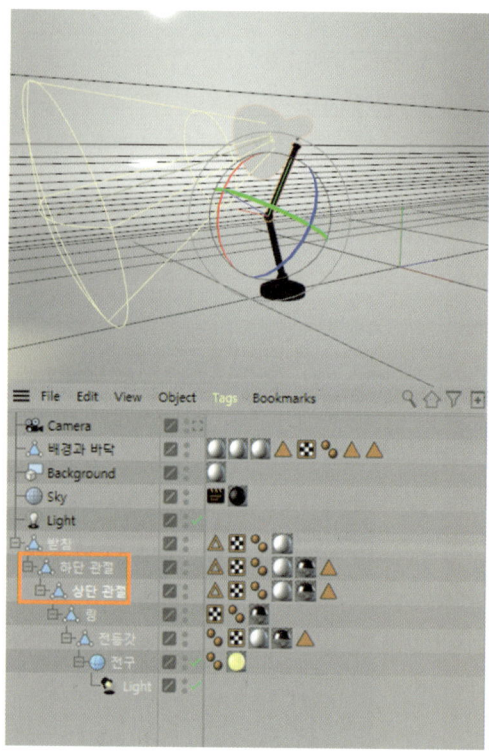

11 계속해서 이번엔 전등갓이 움직이는 애니메이션을 만들어봅니다. 물론 하단이나 상단 관절에 대한 애니메이션을 만들어 주어도 되겠지만 이번에는 전등갓에 대해서만 애니메이션을 표현해 볼 것입니다. 전등갓 상위 오브젝트인 링을 선택하고 시간은 점프 애니메이션이 끝나는 시간(필자는 80프레임)으로 설정한 후 키를 생성합니다. 단축키 F9를 눌러도 됩니다.

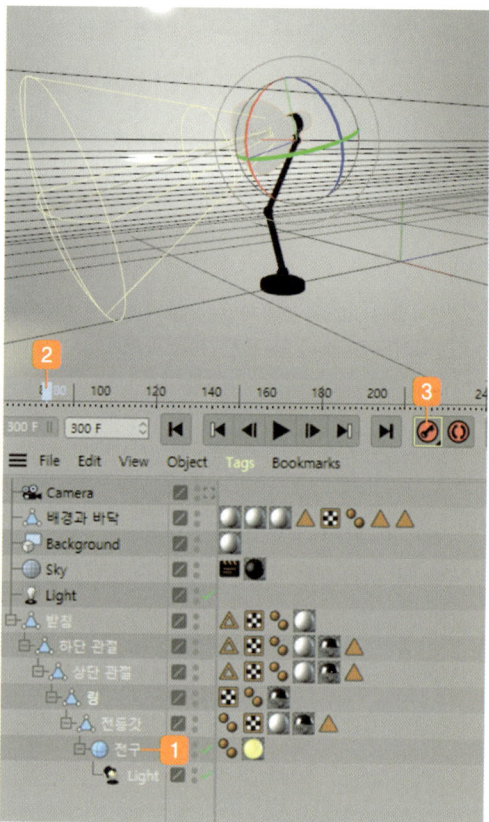

12 시간을 100프레임으로 이동한 후 전등갓을 그림처럼 위로 향하도록 회전한 후 키프레임(F9)을 추가합니다. 계속해서 그림처럼 120프레임에서는 다시 아래로 내리고 140프레임에서는 벽 쪽으로 돌리고 160프레임에서는 앞쪽을 지나쳐 우측을 향하도록 합니다. 그다음 마지막으로 빛이 정면으로 향하도록 합니다.

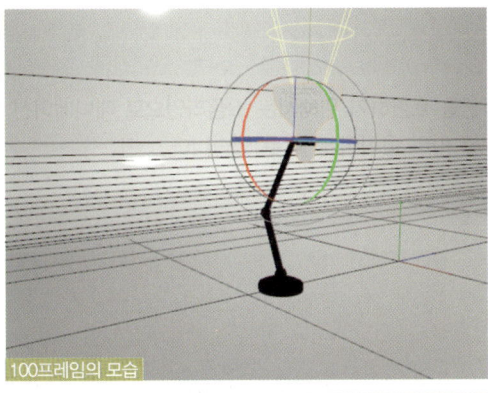
100프레임의 모습

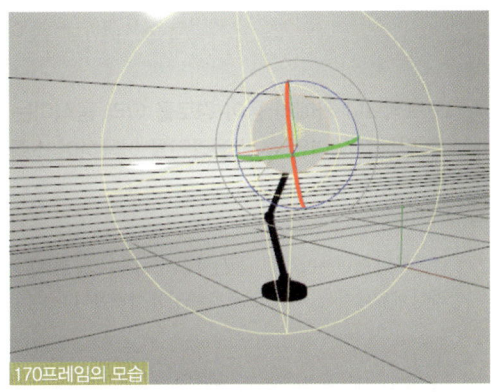
170프레임의 모습

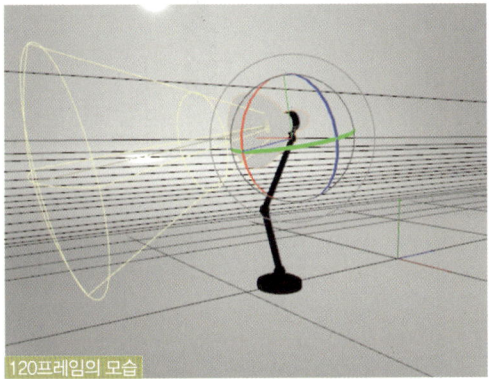
120프레임의 모습

170프레임에서 렌더 뷰를 한 모습

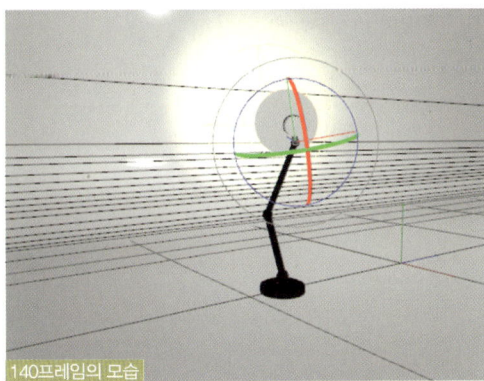
140프레임의 모습

13 렌더 투 픽처 뷰어에서 Make Preview를 선택하여 지금의 작업을 동영상으로 확인해봅니다.

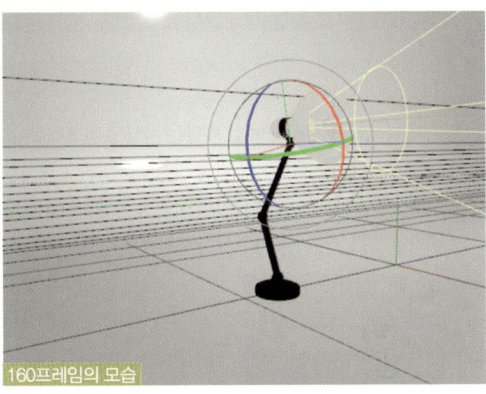
160프레임의 모습

스플라인을 이용한 카메라 애니메이션 만들기

오브젝트나 카메라 등이 경로를 따라 움직이는 애니메이션을 표현하기 위해서는 스플라인으로 애니메이션 경로를 만들고 얼라인 투 스플라인을 이용하여 스플라인 경로를 따라 움직이게 할 수 있습니다.

01 스플라인 애니메이션을 위해 [학습자료] - [프로젝트] - [스플라인 애니메이션.c4d] 프로젝트 파일을 불러옵니다.

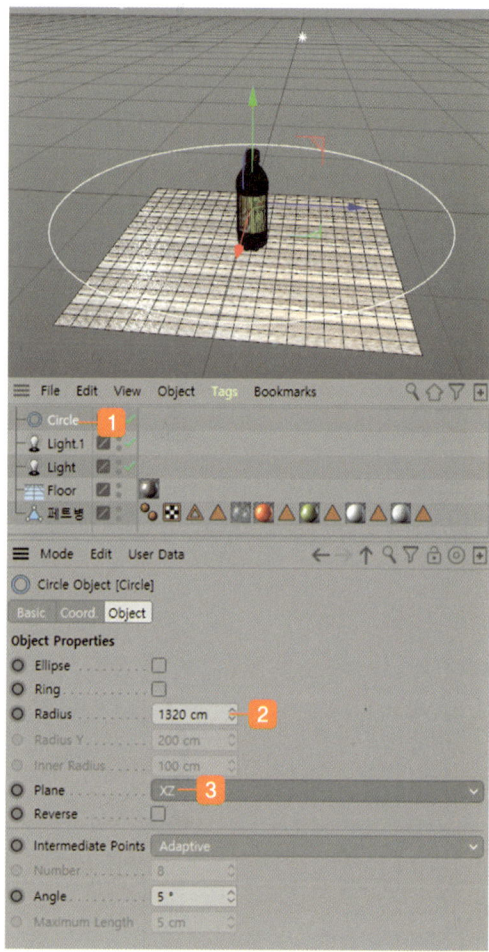

02 이번 학습에서는 페트병을 한 바퀴 돌면서 촬영하는 카메라 애니메이션을 표현해봅니다. 먼저 카메라가 이동할 경로를 위해 [스플라인] - [Circle]을 적용합니다.

03 서클의 Plane을 XZ축으로 설정하여 눕혀준 후 Radius를 일단 1320 정도로 설정하여 카메라가 이동할 경로를 페트병보다 훨씬 크게 해줍니다. 서클의 크기는 차후 재조정할 수도 있습니다.

04 이제 카메라를 생성하여 앞서 만든 서클에 적용해봅니다. 지금의 작업에서는 타겟 카메라를 사용하는 것이 맞겠지만 일반 카메라를 사용하다가 타겟 카메라 형태로 사용해야 할 경우를 대비하여 여기에서는 기본 카메라를 사용할 것입니다.

05 방금 생성된 카메라에서 [우측 마우스 버튼] - [Animation Tag] - [Align to Spline]을 적용합니다.

위쪽의 Align to Path는 키 애니메이션에서 오브젝트의 방향을 패스(애니메이션) 경로의 방향대로 회전할 때 사용됩니다.

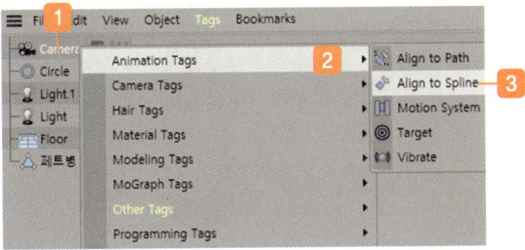

06 얼라인 투 스플라인 태그가 선택된 상태에서 Spline Path 필드에 애니메이션 경로로 사용할 Circle을 끌어다 적용합니다. 이것으로 서클에 카메라가 적용됐습니다.

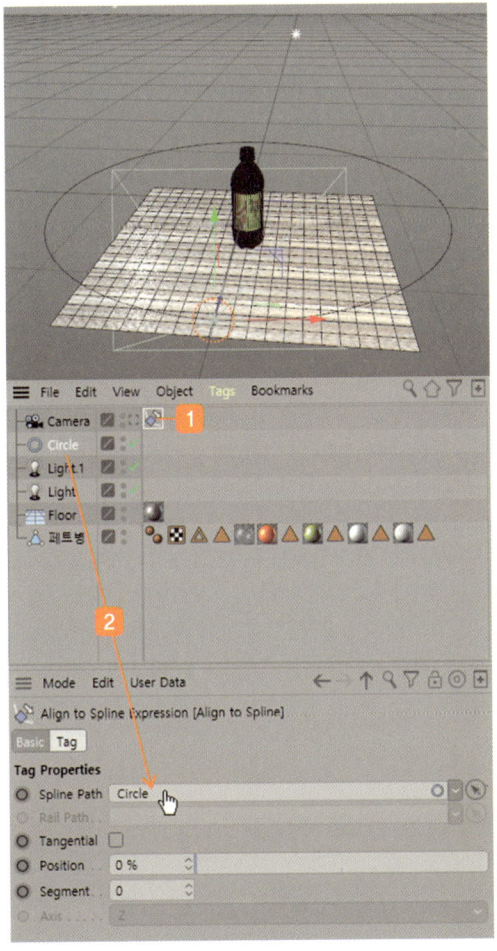

07 이제 카메라를 켜줍니다. 현재는 서클의 위치가 페트병 중간 정도에 있기 때문에 뷰포트에서 보이는 페트병의 아래쪽부분이 보입니다. 서클을 선택한 후 Coord 탭에서 P . Y축을 594 정도로 설정하여 그림처럼 화면 가운데(수직 방향)에 오도록 합니다.

08 이제 애니메이션 작업을 위해 카메라에 적용된 얼라인 투 스플라인 태그를 선택한 후 Position을 설정해봅니다. 그러면 카메라가 서클을 따라 이동되기 때문에 페트병이 화면 밖으로 나가 보이지 않게 됩니다. 이것은 현재 카메라가 한 방향만 바라보게 되어있기 때문입니다. 이제 타겟 태그를 사용하여 카메라가 페트병만 바라보도록 해야 합니다. 확인이 끝나면 애니메이션을 위한 Position 값을 다시 0으로 설정합니다.

처럼 타겟 태그를 이용하면 특정 오브젝트를 타겟으로 사용할 수 있습니다.

09 다시 카메라에서 [우측 마우스 버튼] - [Animation Tags]에서 이번엔 [Target]을 선택합니다. 타겟 태그를 사용하면 이 태그가 적용된 오브젝트(카메라)가 항상 특정 오브젝트를 향하게 할 수 있습니다.

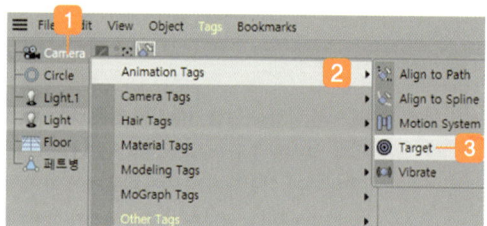

10 타겟 태그를 선택한 후 속성 매니저에서 Target Object 필드에 타겟 오브젝트로 사용될 페트병을 끌어다 놓습니다. 이제 뷰 포트를 보면 페트병이 화면 중앙에 정확하게 나타납니다. 이

11 애니메이션 작업을 위해 시간을 시작 프레임으로 이동한 후 얼라인 투 스플라인 태그를 선택합니다. 그다음 속성 매니저에서 Position 값이 0인 상태에서 포지션 좌측에 있는 동그란 아이콘을 클릭하여 키프레임을 생성합니다.

최종 렌더 뷰의 모습

최종 렌더 뷰의 모습

최종 렌더 뷰의 모습

12 시간을 90프레임으로 이동한 후 Position을 100으로 설정한 후 키를 추가합니다. 이것으로 페트병을 한 바퀴 회전하는 스플라인(카메라) 애니메이션이 끝났습니다. 지금의 작업은 제품 디자인을 할 때 주로 사용되는 기법이며 뿐만 아니라 혈관과 같은 터널 속을 지나가는 장면 등에서도 유용하게 활용됩니다.

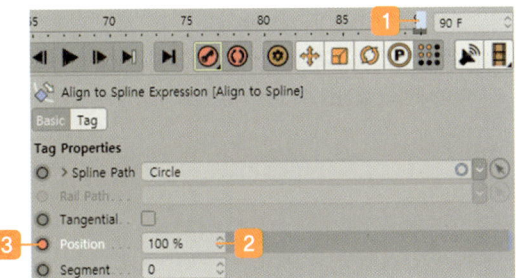

다이내믹 활용

다이내믹(Dynamic)은 물체를 던졌을 때 날아가다가 아래로 떨어지는 뉴턴(Newton)의 중력 법칙과 물체가 충돌하는 등의 물리적 운동 상태를 위해 사용됩니다. 이러한 물리적 움직임은 키(프레임)를 이용한 애니메이션보다 자연스러운 애니메이션이 연출됩니다. 더 나아가 시뮬레이트와 병행하면 다양한 효과를 표현할 수 있습니다.

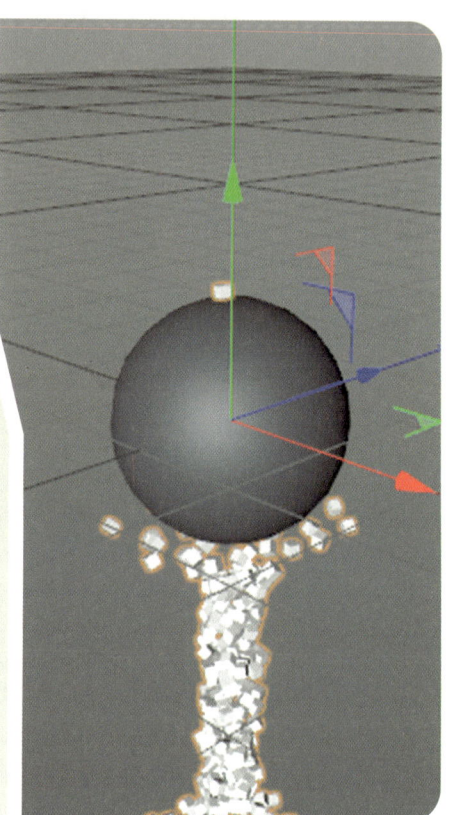

일반적인 물체의 다이내믹 설정하기

물체의 성질은 매우 다양합니다. 돌처럼 딱딱한 물체와 공처럼 통통 튀는 물체 그리고 풍선처럼 말랑말랑한 물체가 있습니다. 또한 면이나 가죽과 같은 직물이 있는데 이번 학습은 돌, 공, 풍선과 같은 일반적인 물체의 다이내믹에 대해 알아봅니다.

01 먼저 그림처럼 바닥과 바닥에 살짝 떠있는 납작하고 비스듬한 큐브 그리고 그 위로 올려진 스피어를 만들어줍니다.

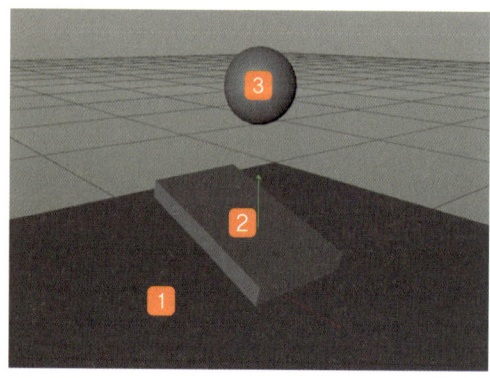

02 앞서 만든 3개의 물체 중 위쪽에 있는 스피어는 중력에 의해 떨어지는 물체가 되고 큐브는 스피어와 충돌이 되는 물체 그리고 바닥은 그냥 바닥(바닥도 충돌이 되는 물체가 되어야 함)으로 사용할 것입니다. 그렇다면 먼저 중력에 영향을 받는 물체인 스피어를 선택한 후 [우측 마우스 버튼] - [Simulation Tags] - [Rigid Body]를 적용합니다.

시뮬레이션 태그에서는 일반적인 물체나 직물에 대한 모든 다이내믹을 설정할 수 있는 메뉴들을 사용할 수 있습니다.

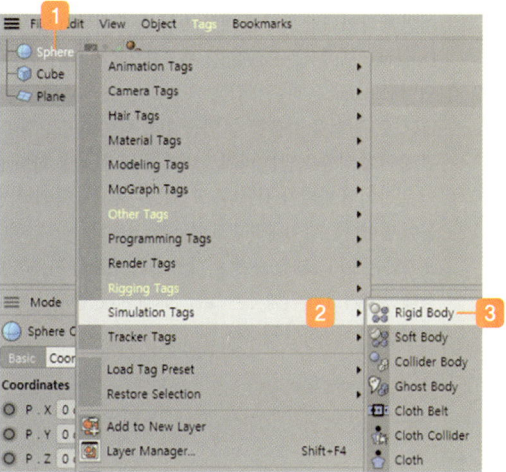

04 이번엔 충돌체인 큐브에 다이내믹 바디 태그를 적용하기 위해 큐브 위에서 [우측 마우스 버튼] - [Simulation Tags] - [Collider Body]를 적용합니다.

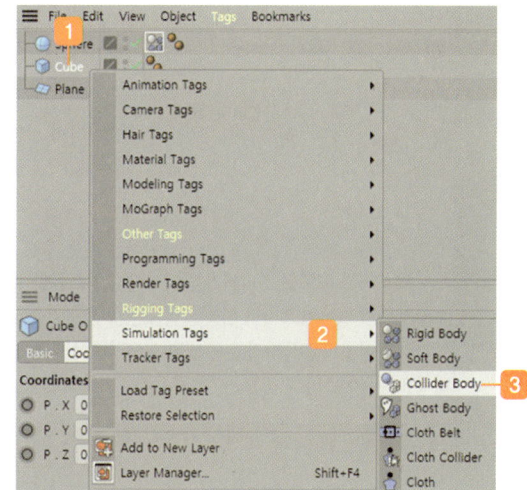

03 이제 플레이(F8)를 해보면 리지드 바디 태그가 적용된 스피어 오브젝트는 중력에 의해 아래로 떨어지게 됩니다. 이때 아래쪽에 있던 큐브나 바닥을 그냥 뚫고 지나갑니다. 이것은 큐브와 바닥이 아직 충돌체로 지정되지 않았기 때문입니다. 확인이 끝나면 시간을 다시 시작 프레임으로 이동합니다.

05 플레이(F8)를 통해 확인을 해보면 스피어가 떨어지다가 컬라이더 바디 태그가 적용된 큐브 오브젝트에 부딪치고 비스듬한 경사면을 타고 굴러 내려오는 것을 알 수 있습니다. 이렇듯 컬라이더 바디는 물체의 **충돌체** 역할만 할뿐 **중력**에는 영향을 받지 않아 그 자리에 그대로 머물러 있게 됩니다.

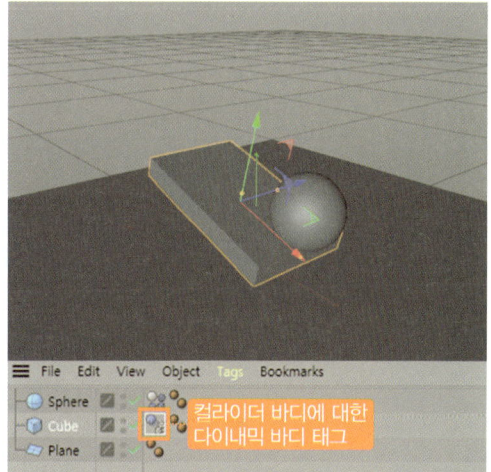

알아두기

다이내믹이 적용된 후에는 수정이 불가능하다?

다이내믹이 적용되면 키에 의한 움직임이 아닌 물리적인 움직임이기 되기 때문에 시작 프레임인 0프레임이 넘어서게 되면 다이내믹 바디 태그가 적용된 물체는 더 이상 이동하거나 회전을 할 수 없습니다. 그러므로 물체의 위치나 회전을 수정하기 위해서는 반드시 다이내믹의 시간에 영향을 받지 않는 시작 프레임으로 이동해야 합니다.

06 그러면 나머지 바닥(Floor) 오브젝트는 어떤 다이내믹 바디 태그를 적용해야 할까요? 바닥도 충돌체이면서 중력에 영향을 받지 않아야 하기 때문에 당연히 컬라이더 바디를 적용해야 할

것입니다. 여기서 만약 바닥이 앞서 큐브에 적용된 컬라이더 바디와 같은 성질의 충돌체라면 굳이 새로운 컬라이더 바디 태그를 적용하는 것 보다는 큐브에 적용된 컬라이더 바디 태그를 [Ctrl] 키를 이용하여 복제하여 사용하는 것이 좋을 것입니다.

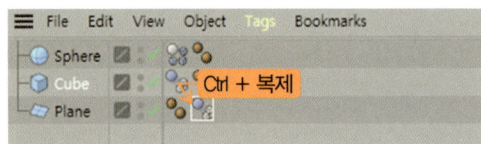

08 이번엔 다이내믹 바디에 대한 속성 탭에 대해서 알아봅니다. Dynamics 탭에서는 Enabled를 체크함으로써 다이내믹이 발생되며 Dynamic은 다이내믹을 끄고 켜는 스위치 역할과 Ghost(고스트) 방식을 사용할 수 있습니다. 다이내믹을 On으로 하면 중력에 영향을 받는 리지드 바디가 되며 Off로 하면 충돌체인 컬라이더 바디가 됩니다. 고스트는 물체를 통과하면서 충돌이 일어나는 다이내믹을 표현할 때 사용됩니다. 다이내믹의 초기화는 Set Initial State(셋 이니셜 스테이트)를 이용하며 초기 상태를 제거하기 위해서는 Clear Initial State(클리어 이니셜 스테이트)를 이용하면 됩니다.

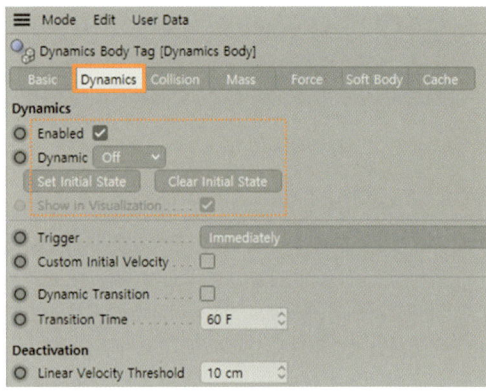

07 다시 플레이를 해보면 스피어가 떨어지면서 비스듬한 큐브와 부딪쳐 굴러 떨어지고 바닥 위를 굴러가는 장면이 연출됩니다. 이처럼 다이내믹은 물리적 운동 법칙에 근거하여 자연스런 움직임을 만들어줍니다.

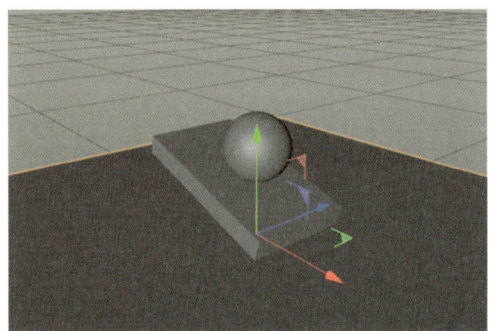

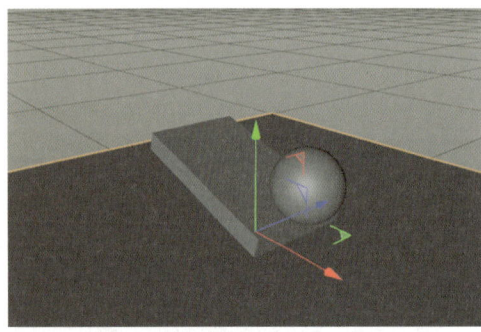

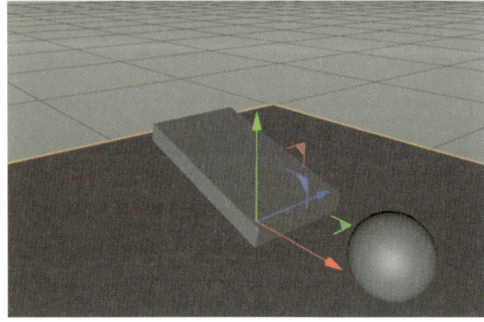

09 Trigger(트리거)는 다이내믹이 발생될 때의 상태를 설정합니다. 기본 방식인 Immediately(임미디어틀리)는 플레이 즉시 다이내믹이 발생되며 At Velocity Peak(엣 벨로시티 피크)는 빠른 속도의 이펙터(모그라프 이펙트)가 지나갈 때 그 파장에 의한 다이내믹이 발생됩니다. On Collision(온 컬리젼)은 어떠한 물체와 부딪쳤을 때만 다이내믹이 발생되며 By XPresso(바이 엑스프레쏘)는 엑스프레쏘에 의한 다이내믹이 발생되도록 합니다.

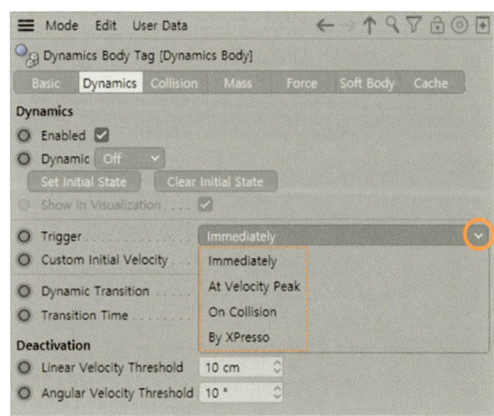

10 Custom Initial Velocity(커스텀 이니셜 벨로시티)를 체크하면 아래쪽 Initial Linear Velocity와 Initial Angular Velocity가 활성화됩니다. 이 두 기능은 다이내믹 바디 태그가 적용된 오브젝트에 위치, 회전에 대한 속도를 만들어줍니다. 수치가 높아질수록 속도가 빨라지며 음수(-)로 설정하면 반대쪽으로 움직이게 됩니다.

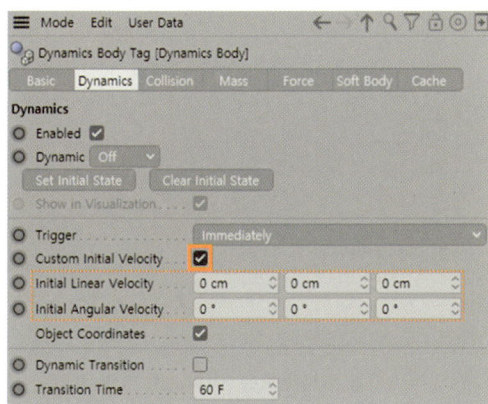

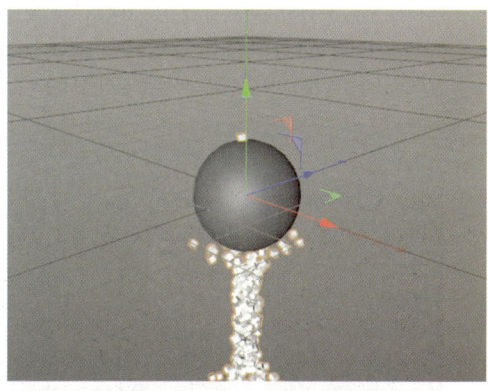

11 다이내믹 트랜지션과 트랜지션 타임에 대해 살펴보기 위해 [학습자료] - [프로젝트] - [다이내믹 트랜지션.c4d] 프로젝트 파일을 불러와 일단 플레이(F8)를 해봅니다. 큰 구에 붙어있던 작은 큐브들이 다이내믹에 의해 떨어졌다가 다시 위로 올라가 구에 달라붙는 것을 알 수 있습니다. 시네마 4D에서의 다이내믹은 On으로 했다가 Off로 설정하게 되면 다시 원래의 위치로 되돌아가는 성질이 있습니다. 이때 Dynamic Transition을 체크하면 다이내믹이 꺼져서 다시 원래의 위치 로 되돌아 갈 때도 다이내믹 성질을 그대로 보존됩니다. Transition Time은 되돌아가는 속도를 시간 값으로 설정할 수 있습니다. 슬로우비디오로 되돌아가게 하기 위해서는 트랜지션 타임을 길게 해주면 됩니다.

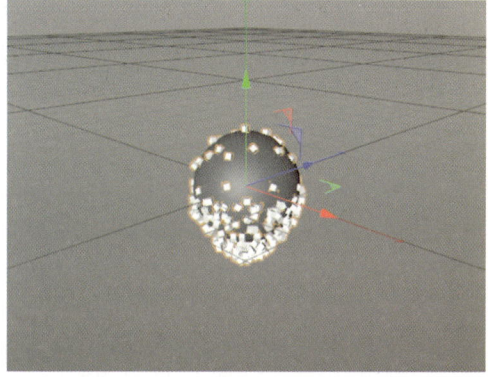

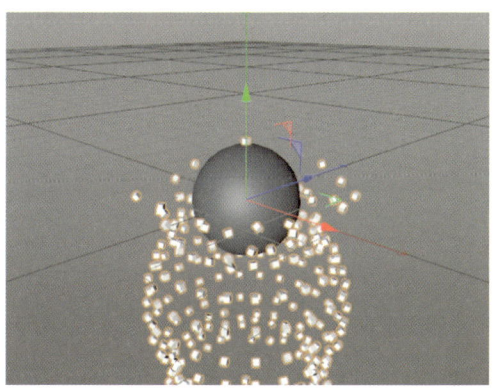

12 이번엔 컬리전(Collision) 탭에 대해 알아봅니다. 컬리전은 충돌에 대한 설정을 하는 기능들로 구성되어 있습니다. Inherit Tag(인허리트 태그)는 다이내믹 바디 태그가 적용된 오브젝트 하위에 종속된 오브젝트가 있을 경우에 대한 설정을 할 수 있

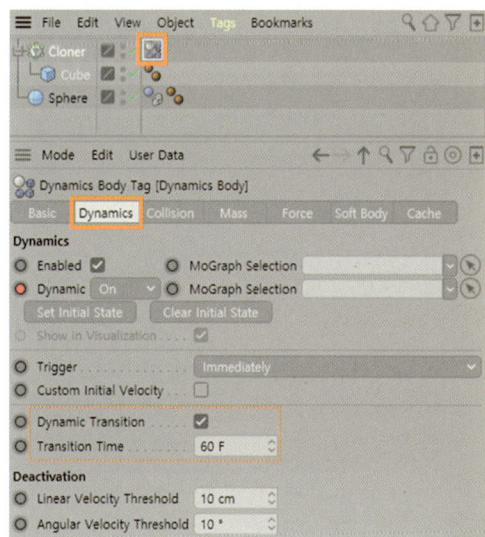

다이내믹 활용 **537**

습니다. None은 다이내믹 바디 태그가 적용된 오브젝트에 대해서만 다이내믹이 적용됩니다. 확인을 위해 [학습자료] - [프로젝트] - [컬리젼.c4d] 프로젝트 파일을 불러옵니다.

Second Level은 단어를 기준으로 적용됩니다. 그리고 All은 모든 글자(오브젝트)들이 개별로 다이내믹이 발생되게 합니다.

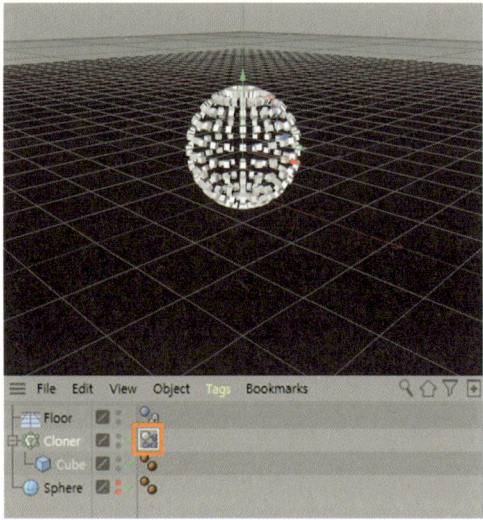

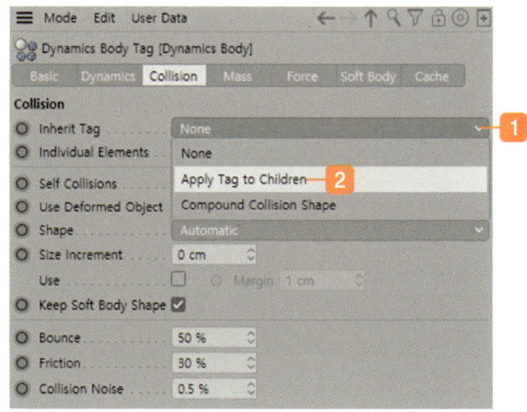

15 인디비주얼 엘리먼트를 All로 설정하여 확인을 해보면 Cloner(클로너) 하위에 종속된 큐브들이 개별로 다이내믹이 발생되는 것을 알 수 있습니다.

13 현재는 인허리트 태그가 None으로 되어 있습니다. 이 상태에서 플레이를 해보면 다이내믹 바디 태그가 적용된 Cloner와 하위에 종속된 큐브들이 같이 그대로 떨어집니다.

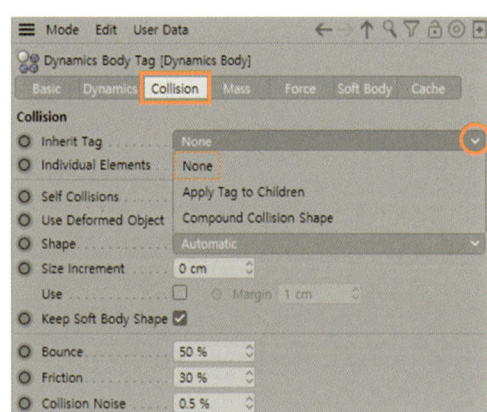

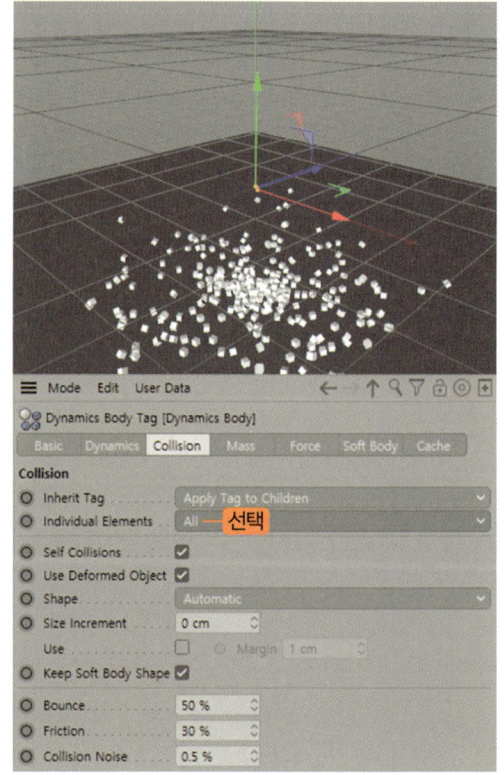

14 인허리트 태그를 Apply Tag Children으로 설정하면 다이내믹 바디 태그가 적용된 오브젝트 하위에 종속된 오브젝트도 다이내믹 바디 태그를 상속받게 됩니다. 그러나 Individual Elenents (인디비주얼 엘리먼트)를 Off로 설정하면 아무런 의미가 없습니다. 인디비주얼 엘리먼트를 Top Level로 설정하면 모그라프 텍스트의 줄(행)을 기준으로 다이내믹이 적용(상속)되며

16 인허리트 태그의 Compound Collision Shape(컴파운드 컬리젼 쉐이프)는 하위에 종속된 오브젝트에도 다이내믹 바디 태그가 적용되었을 경우 이를 무시하고 가장 상위 계층의 오브젝트에 적용된 다이내믹 태그를 사용할 수 있게 합니다. 즉, 단일화된 상태로 다이내믹이 발생됩니다. 확인이 끝나면 다시 Apply Tag to Children으로 설정합니다.

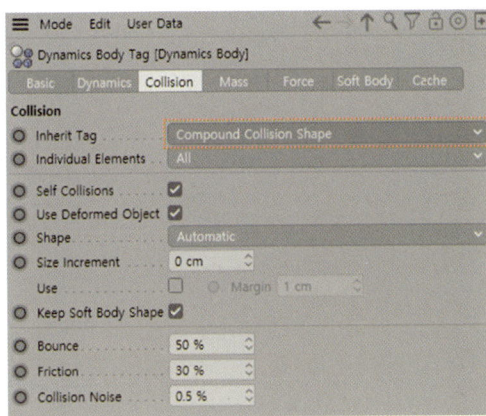

18 Shape(쉐이프)는 충돌체 오브젝트의 모양에 대한 설정을 합니다. 가령, 홈이 파인 오브젝트를 충돌체로 사용할 경우 충돌체의 홈에 오브젝트가 들어가게 하기 위해서는 해당 쉐이프 방식을 사용해야 합니다.

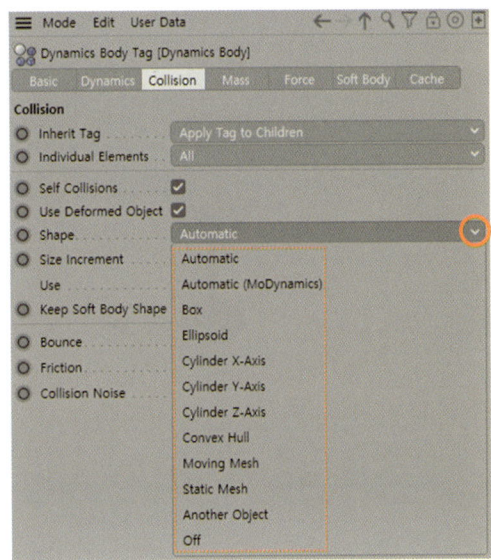

17 Self Collisions가 체크되면 다이내믹이 적용된 오브젝트들끼리 충돌이 발생되지만 셀프 컬리젼을 해제하면 바닥(충돌체)에 부딪치기 전까지는 자기들끼리는 충돌이 생기지 않습니다. 플레이를 통해 확인해보면 클로니에 의해 만들어진 모양이 바닥과 충돌되기 전까지는 모양이 그대로 유지됩니다.

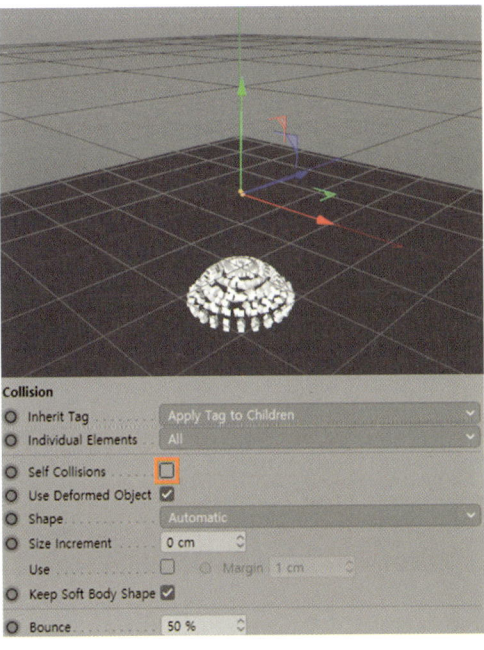

19 쉐이프에 대해 살펴보기 위해 [학습자료] - [프로젝트] - [컬리젼-쉐이프.c4d] 파일을 불러옵니다. 그리고 플레이를 해서 확인을 해보면 체리가 와인잔 속에 들어가지 못하고 위에서 머물러있는 것을 알 수 있습니다. 이렇듯 홈이 파인 오브젝트는 홈을 인식하지 못하고 수평 또는 수직의 평면 상태로 인식하기 때문에 마치 와인잔 위쪽이 평면으로 막혀있는 것처럼 처리됩니다.

20 이제 Shape를 Automatic (MoDynamics)로 설정한 후 다시 플레이를 해보면 체리가 와인잔 속으로 들어가가 안쪽의 면과 충돌되는 것을 알 수 있습니다.

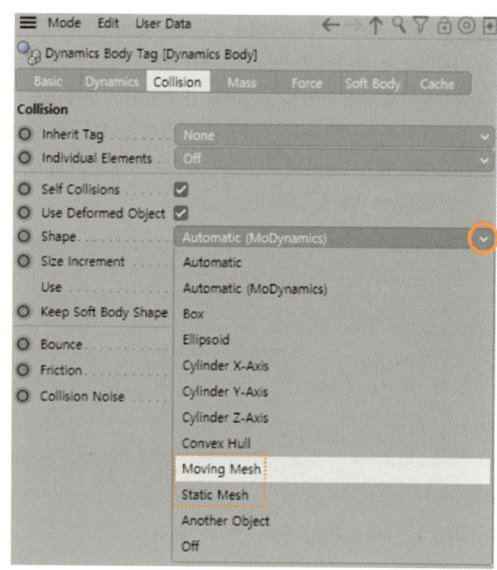

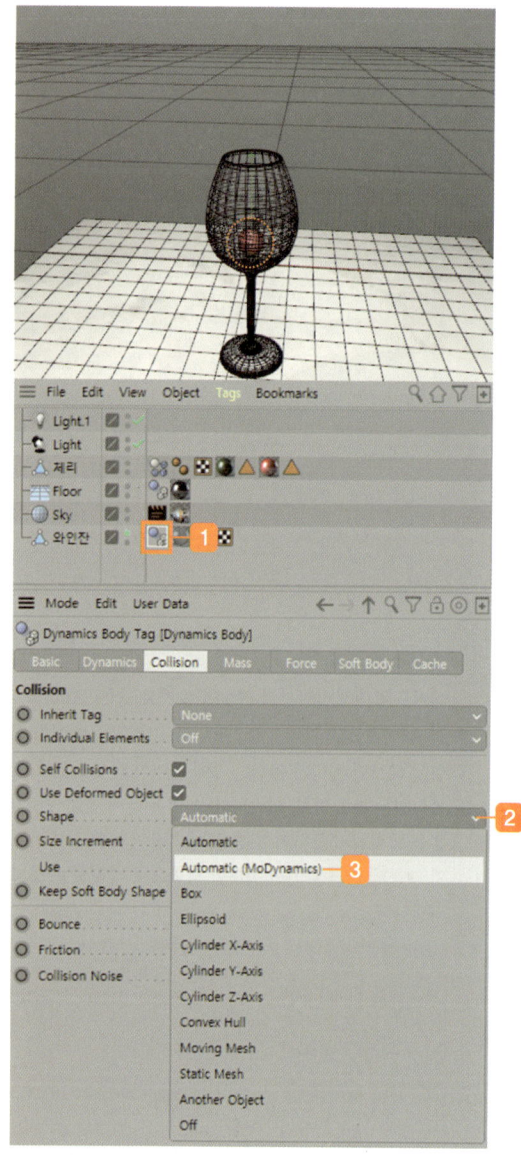

21 그밖에 Static Mesh도 같은 결과를 얻을 수 있지만 스태틱 메쉬는 주로 오브젝트 안쪽(겉면이 아닌 내부면)에서 충돌이 되게 할 때 사용됩니다. 또한 홈이 파인 충돌체 오브젝트가 한자리에 머무는 것이 아니라 움직임이 있을 경우엔 Moving Mesh를 사용해야만 움직일 때도 홈 속에서 충돌이 일어나게 할 수 있습니다.

22 Size Increment(사이즈 인크리먼트)와 Use, Margin은 충돌되는 오브젝트의 간격을 설정합니다. 일반적으로는 실제 오브젝트의 표면이 서로 부딪치게 되지만 여기에서의 값을 증가하면 증가된 값(거리) 만큼 되었을 때 충돌이 생기게 됩니다. 즉, 미리 충돌되게 할 수 있다는 것입니다. Keep Soft Body Shape는 소프트 바디 태그가 적용된 오브젝트와 충돌할 때 생기는 모양을 그대로 유지하거나 다시 원래대로 복구시킬 때 사용됩니다. 살펴보기 위해 [학습자료] - [프로젝트] - [키프 소프트 바디 쉐이프.c4d] 프로젝트 파일을 열어줍니다. 이 프로젝트 파일은 이미 소프트 바디와 리지드 바디가 적용된 상태입니다. 플레이를 해서 확인해보면 키프 소프트 바디 쉐이프가 체크되어있기 때문에 스피어에 충돌된 소프트 바디(플레인) 오브젝트가 홈이 파이고 파인 홈의 모양은 그대로 보존됩니다.

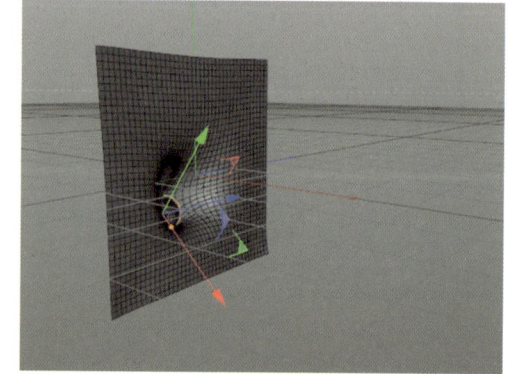

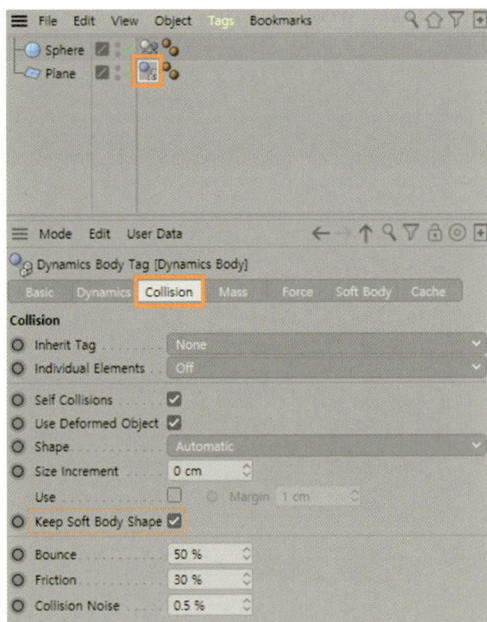

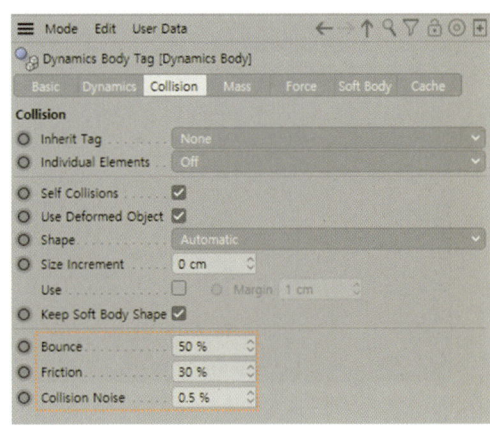

23 살펴본 것처럼 작업을 하기 위해서는 소프트 바디 태그가 적용된 오브젝트(플레인)의 Dynamics 탭에서 Dynamic을 On을 시작하여 변형이 멈추고자 하는 시점에서 Off를 해야 가능합니다. 앞선 학습에서 살펴본 다이내믹 트랜지션과 같은 원리라고 이해하면 됩니다.

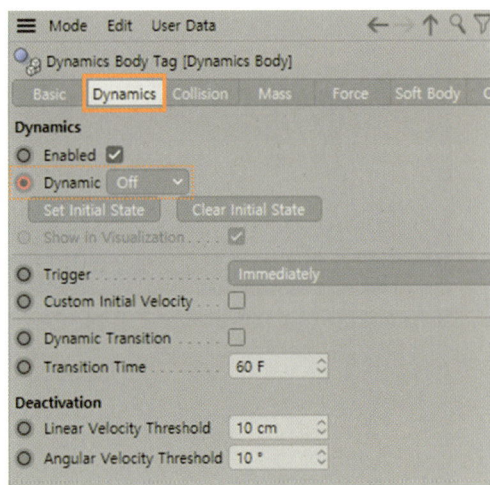

24 이번엔 컬리젼 탭의 그밖에 주요 기능에 대해 알아봅니다. Bounce는 충돌되는 반동(탄성)을 설정하여 Friction(프릭션)은 오브젝트간의 마찰력을 설정합니다. 마찰력이 증가되면 미끄러지는 것을 줄이거나 방지할 수 있으며 마찰력을 사용하지 않으면 얼음처럼 미끄럽게 됩니다. Collision Noise는 충돌될 때의 면(실제 면의 상태와는 상관없음)을 울퉁불퉁하게 처리하여 튕겨질 때의 위치를 불규칙하게 해줍니다.

25 계속해서 질량(Mass)에 대해 알아보기 위해 [학습자료] - [프로젝트] - [질량.c4d] 프로젝트 파일을 열어줍니다. Mass(매쓰) 탭에서는 다이내믹이 적용된 오브젝트의 질량과 밀도를 설정할 수 있습니다. 현재는 기본적으로 일정한 밀도로 사용되는 World Density(월드 덴시티)로 되어있습니다.

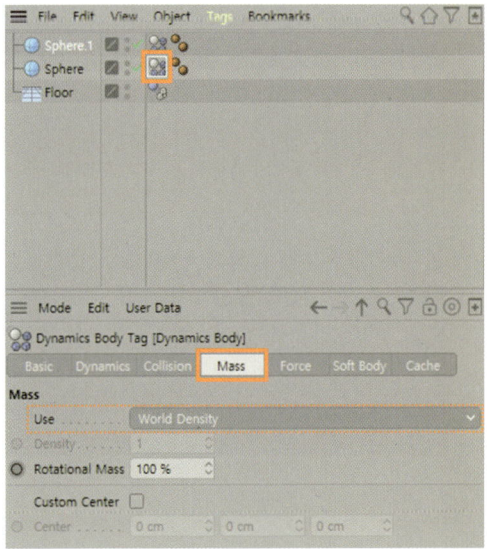

26 이 상태에서 플레이를 해보면 두 스피어가 서로 충돌하고 튕겨져 나가는 거리가 똑같습니다. 이것은 두 스피어의 밀도와 움직이는 속도가 같이 때문입니다. 실제 사물이 충돌할 때는

같은 밀도(질량)를 가진 오브젝트라면 속도가 빠른 오브젝트가 느린 오브젝트에 더 많은 힘이 가해지기 때문에 느린 속도의 오브젝트가 상대적으로 더 많이 밀려 나갑니다.

인 1이라고 생각할 수 있습니다.

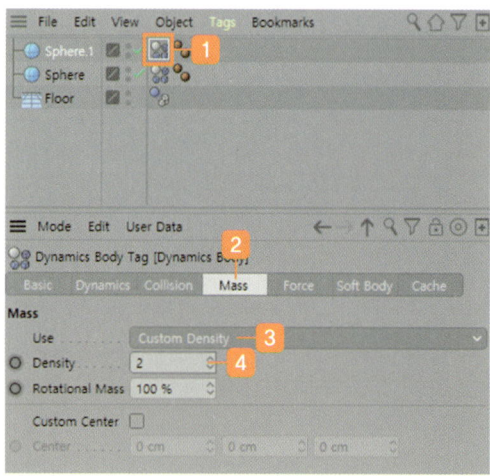

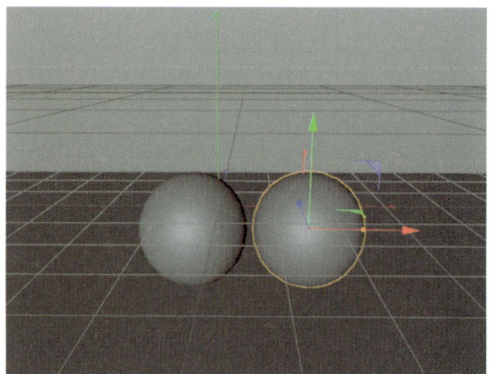

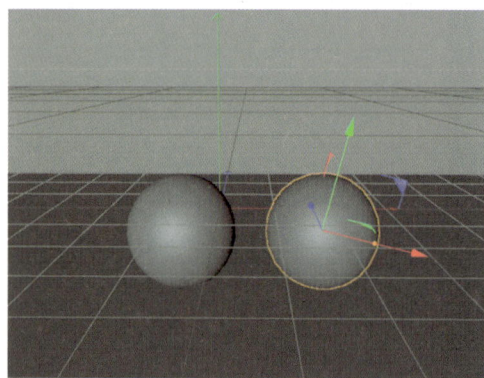

28 다시 플레이(F8)를 해보면 밀도가 증가된 스피어.1이 상대적으로 밀도가 낮은 스피어를 밀고 나가게 되며 밀도가 낮은 스피어는 심하게 튕겨져 나가는 것을 알 수 있습니다. 이것은 트럭과 경차가 부딪쳤을 때와 같은 원리입니다.

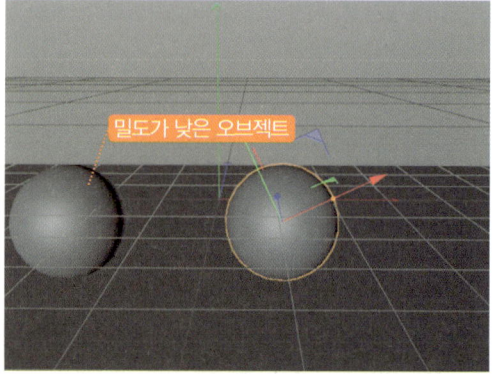

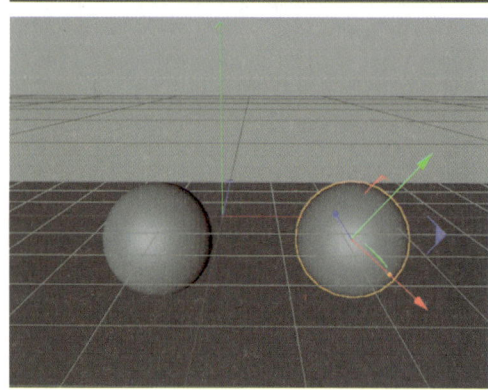

27 밀도 혹은 질량을 서로 다르게 해주기 위해 위쪽 Sphere.1의 다이내믹 바디 태그를 선택한 후 Mass 탭에서 Use를 Custom Density로 설정합니다. 그리고 Density 값을 2로 증가합니다. 그러면 기본 값 1에서 두 배로 밀도가 증가됐기 때문에 밀도에 대한 설정이 없는 상대편 스피어 오브젝트의 밀도는 기본 값

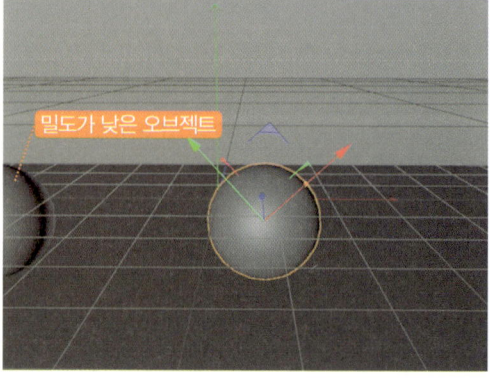

29 매쓰 탭의 그밖에 주요 기능에 대해 살펴보기 위해 [학습자료] - [프로젝트] - [눈사람.c4d] 프로젝트 파일을 불러옵니다. 일단 플레이를 해봅니다. 그러면 눈사람이 바닥에서 튕겨져 오르는 것을 알 수 있습니다. 다이내믹에서 중력에 영향을 받는 물체와 충돌체가 서로 교차된 상태에서는 지금처럼 서로를 밀어내기 때문에 튕겨져 나가게 됩니다.

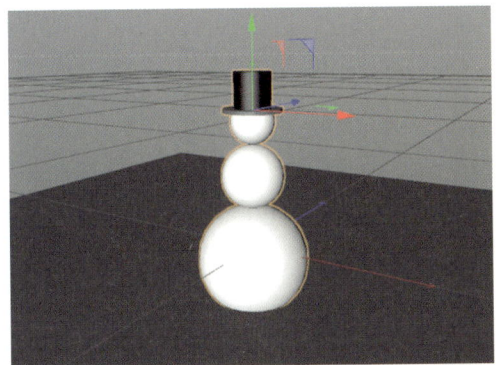

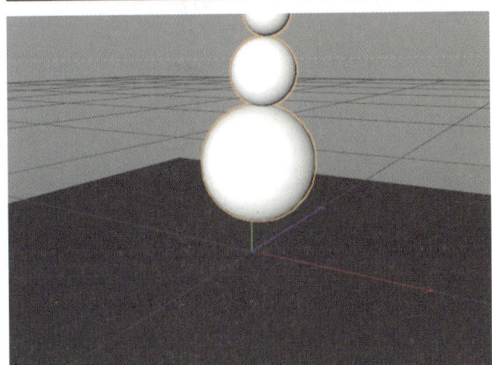

30 먼저 눈사람 오브젝트를 위로 올려서 눈사람 바닥이 바닥 위에 맞닿도록 해야 합니다. 이러한 작업은 평면 뷰에서 하는 것이 좋습니다. [F3] 키를 눌러 라이트 뷰로 전환한 후 Display를 Lines로 설정하여 바닥의 모습을 선으로 볼 수 있게 해줍니다.

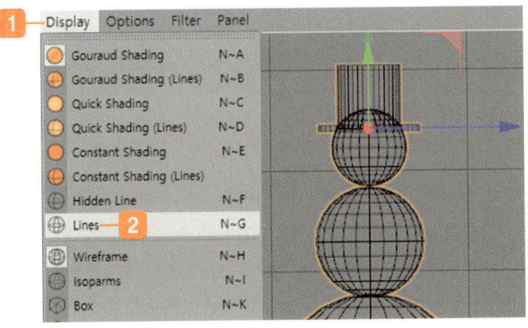

31 눈사람을 위로 올려서 눈사람 바닥과 바닥이 서로 맞닿도록 해줍니다.

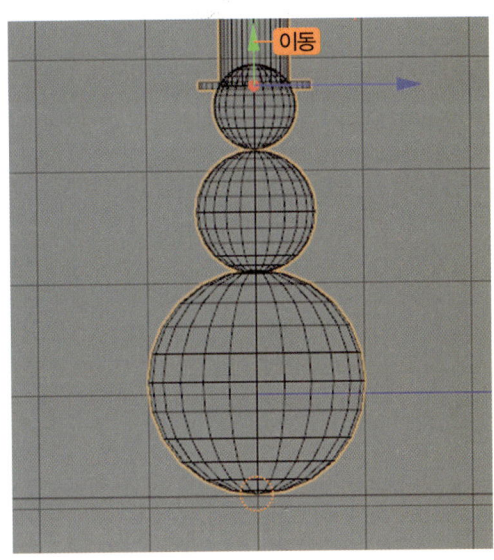

32 다시 플레이를 해봅니다. 앞서 문제가 됐던 튕겨져 나가는 것을 해결됐지만 눈사람이 쓰러지고 맙니다. 이것은 눈사람 바닥이 둥글게 되어있기 때문에 자연스런 현상입니다.

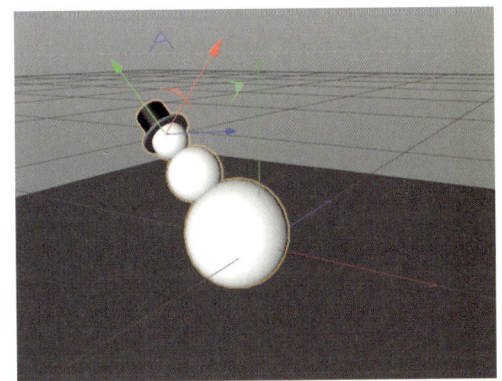

33 이제 오브젝트의 무게 중심을 설정하기 위해 눈사람을 그림처럼 회전해줍니다. 다이내믹 바디 태그가 적용된 오브젝트를 이동하거나 회전하기 위해서는 시작 프레임에서 해야 된다는 것을 잊지 마십시오. 이 상태에서 플레이를 해보면 당연히 쓰러지겠지요. 그러나 만약 눈사람 오브젝트가 오뚜기처럼 무게 중심이 아래쪽에 있다면 어떻게 될까요? 당연히 쓰러졌다 다시 일어날 것입니다.

다이내믹 활용 **543**

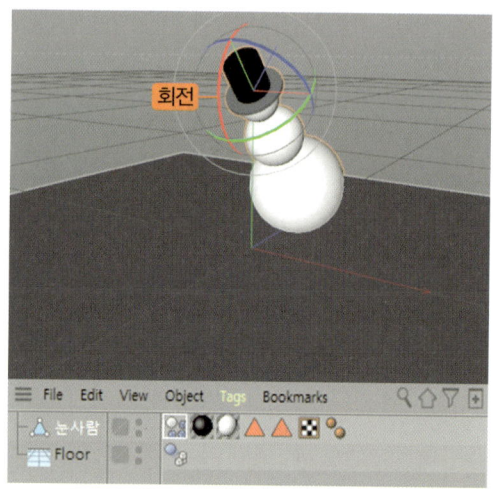

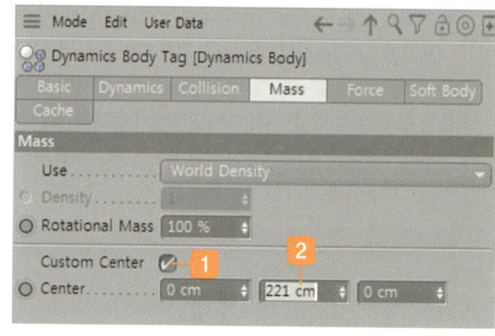

34 매쓰 탭에서 Custom Center를 체크합니다. 그러면 이제 오브젝트의 무게 중심을 설정할 수 있습니다. 이번엔 Y축을 221 정도로 설정합니다. 눈사람의 크기가 427.361센티미터이기 때문에 이 크기(높이)를 잘 계산하여 무게 중심이 될 위치를 설정해야 합니다. 또한 무게 중심의 기준은 눈사람 오브젝트의 회전축에서부터 계산을 합니다. 현재 사용되는 눈사람의 회전축(중심축)은 전 작업 과정에서 회전을 해보았듯 머리쪽에 있는 것을 알 수 있습니다. 그러므로 눈사람의 무게 중심을 계산하려면 머리 쪽을 기준으로 해야 할 것입니다. 이제 플레이를 통해 확인을 해보면 무게 중심이 머리 쪽으로 옮겨졌기 때문에 눈사람은 물구나무를 서게 됩니다.

35 이번엔 반대로 무게 중심을 아래쪽으로 옮겨봅니다. Center의 Y축을 -429 정도로 설정합니다. 그 다음 플레이를 해보면 무게 중심이 아래쪽으로 이동됐기 때문에 넘어졌다가 다시 바로 서게 됩니다. 이처럼 커스텀 센터를 이용하면 오브젝트의 무게 중심을 설정할 수 있습니다.

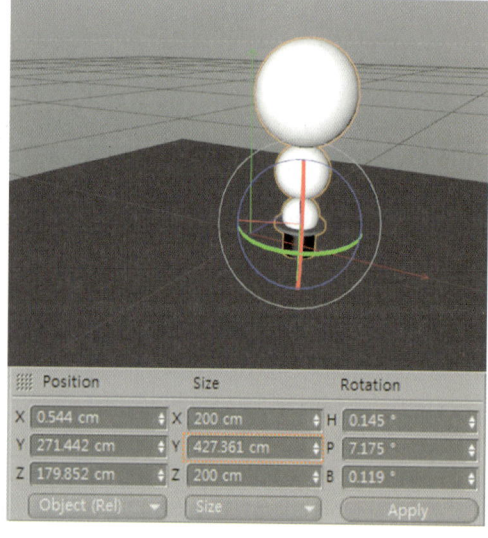

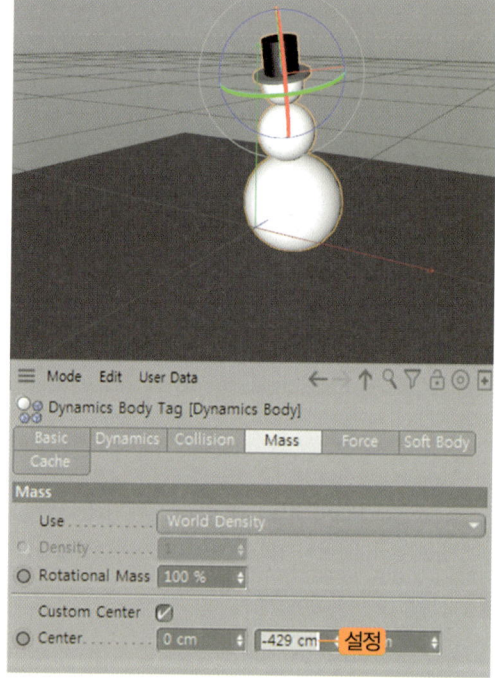

36 Rotational Mass(로테이셔널 매쓰)는 앞서 무게 중심을 이동했을 때 눈사람처럼 쓰러졌다 다시 일어나는 회전에 대한 질량을 설정할 수 있습니다. 질량이 높으면 회전되는 속도도 느려지게 되고 로테이셔널 매쓰 값이 낮으면 회전 질량이 낮아지기 때문에 회전 속도가 빨라지게 됩니다. 속이 꽉 찬 무거운 오

뚜기의 움직임과 속이 빈 가벼운 오뚜기의 움직임을 상상해보면 쉽게 이해할 수 있습니다.

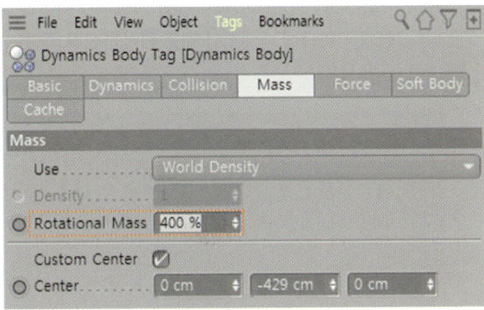

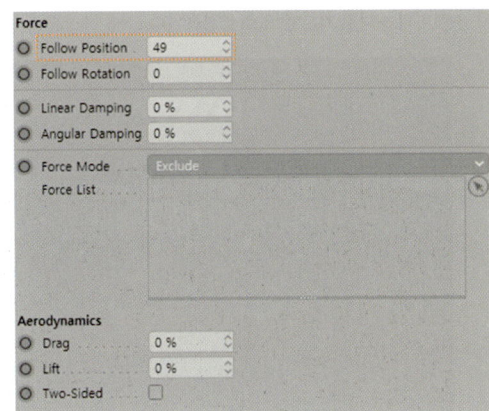

37 이번엔 Force(포스) 탭에 대해 알아보기 위해 [학습자료] - [프로젝트] - [다이내믹 포스.c4d] 프로젝트 파일을 불러옵니다. 그다음 플레이를 통해 확인해보면 48개 구의 일부가 아래로 떨어지다가 멈추는 것을 알 수 있습니다. 이것은 다이내믹에서 중력을 억제하는 팔로우(Follow) 값이 서로 다르기 때문입니다. 사실 팔로우는 다이내믹이 적용된 오브젝트가 스플라인을 따라 움직이는 장면을 위해 고안된 기능입니다.

38 그밖에 팔로우 로테이션(Follow Rotation)은 회전에 대한 억제를 할 때 사용되며 아래쪽 리니어 댐핑(Linear Damping)과 앵귤러 댐핑(Angular Damping)은 위쪽 팔로우 포지션과 로테이션으로 인해 다이내믹이 멈출 때의 제동을 부드럽게 해주기 위해 사용됩니다.

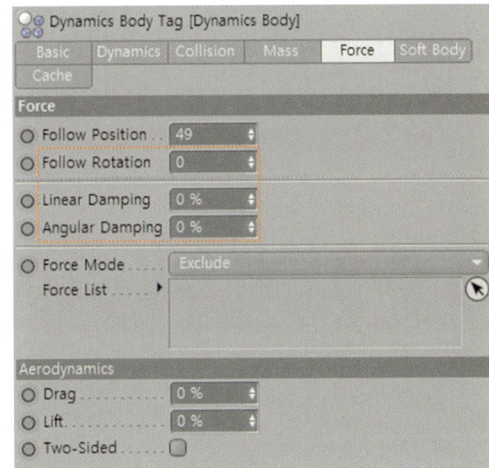

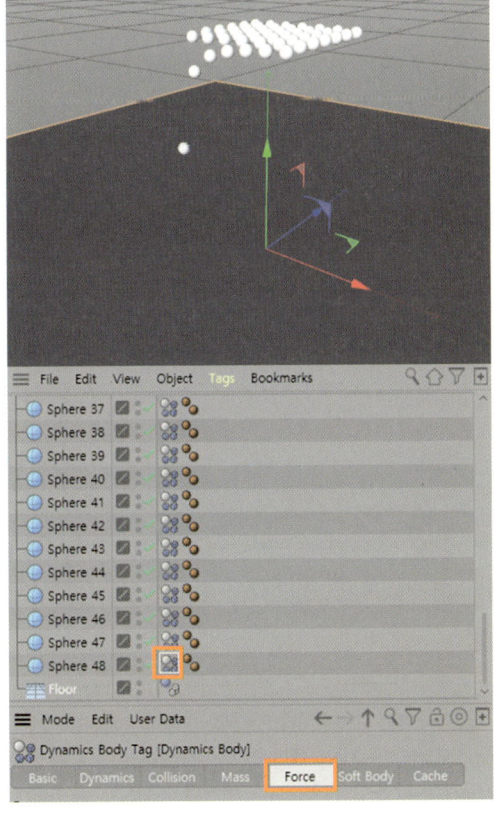

39 씬(프로젝트) 전체에 대한 중력을 설정하기 위해서는 [Edit] - [Project Settings]를 선택하여 프로젝트 설정 창을 열어놓은 후에 Dynamics 탭의 Gravity를 설정하면 됩니다. 기본 값은 1000으로 되어있는데 여기에서는 중력을 더 강하게 하기 위해 10000으로 설정해봅니다. 그다음 플레이를 통해 확인해보면 몇 개 떨어지지 않았던 구들이 더 많은 개수가 떨어지고 떨어지는 거리도 훨씬 길어진 것을 알 수 있습니다. 이렇듯 프로젝트 셋팅에서는 씬 전체에 대한 중력을 설정할 수 있으며 그밖에 밀도(Density) 등을 설정할 수 있습니다. 확인이 끝나면 그

래비티를 다시 기본 값으로 설정합니다.

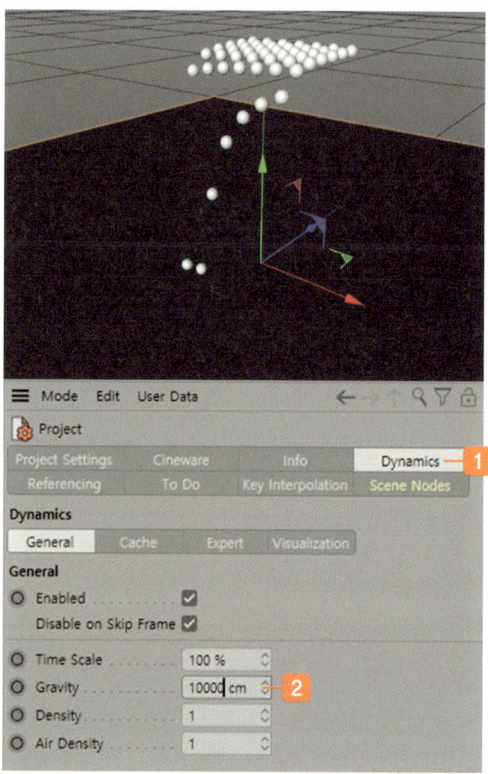

40 포스 탭의 그밖에 기능들은 힘에 영향을 받게 하거나 공기의 저항에 대한 설정을 위한 기능들입니다. 이 기능들은 다음 학습인 [시뮬레이트] 섹션에서 살펴볼 것입니다.

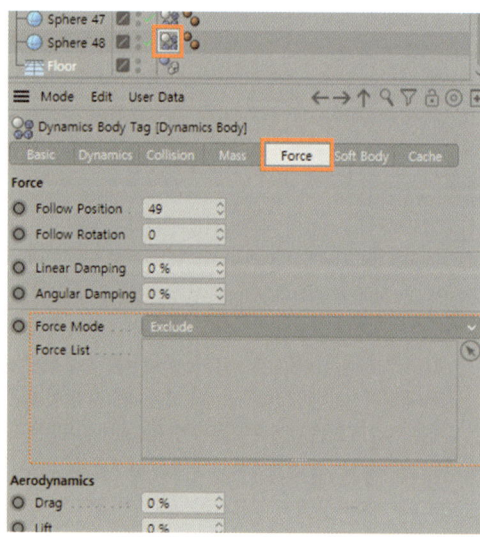

41 계속해서 이번엔 풍선처럼 말랑말랑한 물체에 대한 다이내믹을 표현할 수 있는 소프트 바디에 대해 알아보기 위해 [학습자료] - [프로젝트] - [소프트 바디.c4d] 프로젝트 파일을 불러옵니다. 현재는 바닥에 대해서만 충돌체(컬라이더 바디)로 사용되고 있습니다.

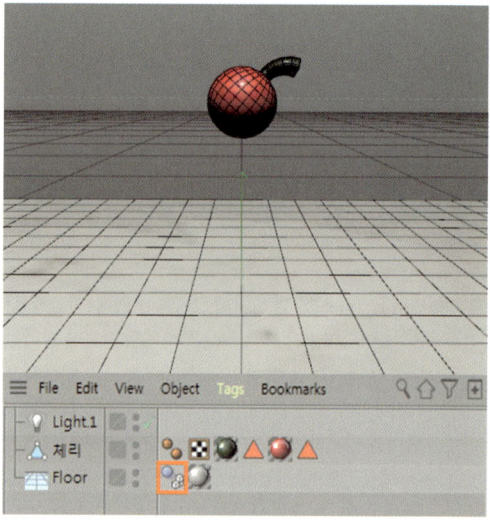

42 이제 체리 오브젝트 위에서 [우측 마우스 버튼] - [Simulation Tags] - [Soft Body]를 적용합니다.

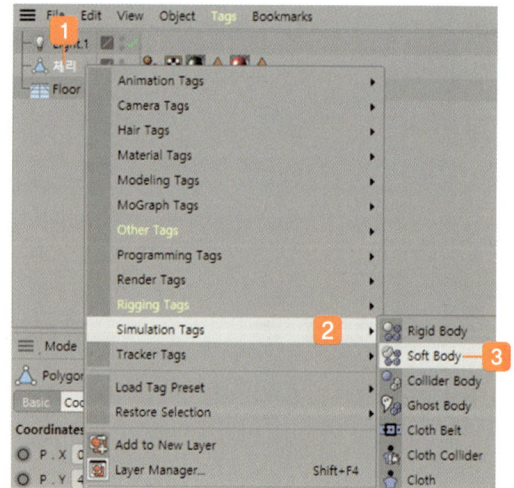

43 플레이를 해보면 체리 오브젝트가 중력에 의해 바닥에 떨어지고 바닥에 충돌된 체리가 마치 바람이 빠진 공처럼 풀썩 주저앉는 것을 알 수 있습니다. 이처럼 소프트 바디는 말랑말랑한

물체의 다이내믹을 표현할 때 사용됩니다.

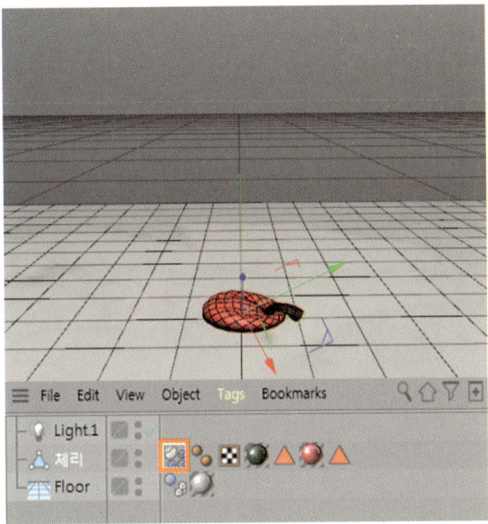

44 이제 소프트 바디 탭에서 알아봅니다. Soft Body는 소프트 바디를 사용하지 않고 딱딱한 물체로 사용하기 위해 Off를 사용할 수 있으며 클로너 하위에 종속된 오브젝트가 소프트 바디 태그가 적용됐을 때 이것을 상위 계층인 클로너로 편승시킬 수 있게 해주는 Made of Clones를 사용할 수 있습니다. 소프트 바디의 기본 상태는 Made of Polygons/Lines입니다.

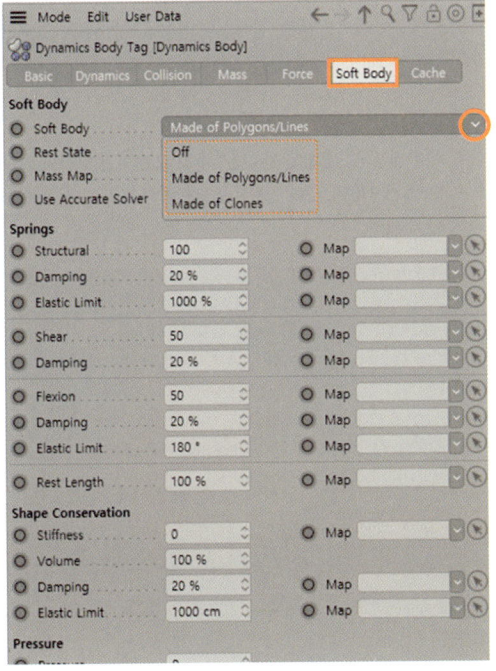

45 매쓰 맵(Mass Map)은 소프트 바디 오브젝트의 질량에 대한 맵 설정을 할 수 있습니다. 아래쪽 기능에도 대부분 맵(Map)을 사용하는데 맵을 사용하면 하나의 오브젝트에 강성과 연성을 지정할 수 있습니다. 하나의 오브젝트에는 얇거나 두꺼운 부분 그리고 늘어나거나 늘어나지 않는 성질이 있을 수 있는데 맵을 사용하여 이와 같은 설정을 할 수 있다는 것입니다. 이제 이와 같은 작업을 하기 위해 폴리곤 또는 버텍스 툴 모드로 전환하고 체리 오브젝트를 선택한 후 [Select] - [Set Vertex Weight]를 적용합니다. 셋 버텍스 웨이트는 오브젝트의 성질을 설정하기 위해 사용됩니다.

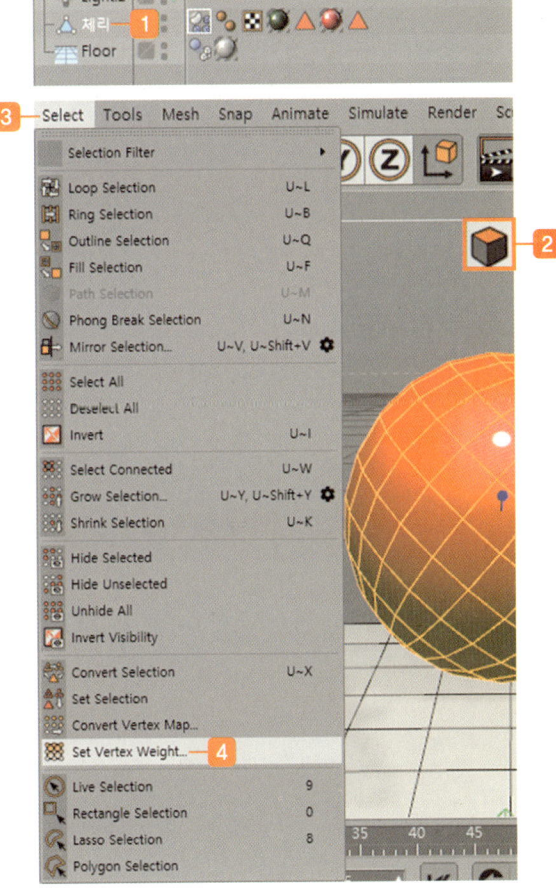

46 Set Vertex Weight 창이 뜨면 일단 기본 상태에서 [OK]합니다. 이 창에서는 버텍스 웨이트 설정을 위한 밸류 값과 모드를 설정할 수 있는데 대부분 다른 곳에서 설정할 수 있기 때문에 이 창에서는 기본 상태를 그대로 사용합니다.

다이내믹 활용 **547**

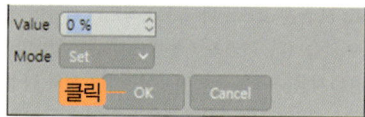

47 체리의 색상이 빨간색으로 변했습니다. 빨간색은 가장 연한 성질을 가진 연성 상태입니다. 설정을 위해 체리에 적용된 웨이트 맵 태그를 더블클릭합니다. 그러면 마우스 커서가 페인트 툴로 바뀌고 어트리뷰트 매니저는 페인트 툴에 대한 속성 기능들이 나타납니다. 기본적으로 Options와 Painting 탭에서는 페인팅 강도를 위한 Opacity(오패서티)와 브러시 크기 등에 대한 설정을 할 수 있습니다.

Opacity는 이전 버전의 Strength에 해당됩니다.

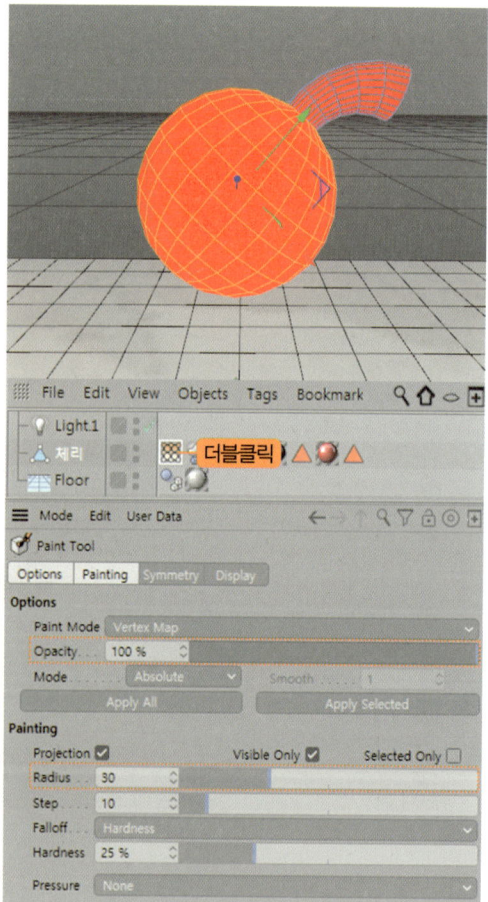

48 페인트 툴을 사용하여 그림처럼 체리 아래쪽 부분에 색을 칠합니다. 노란색으로 색이 칠지지며 짙은 노랑색은 가장 강한 성질의 강성 영역입니다. 페인팅을 할 때 보이지 않는 부분까지 색칠되게 하기 위해 Visible Only를 해제한 후 페인팅을 해줍니다.

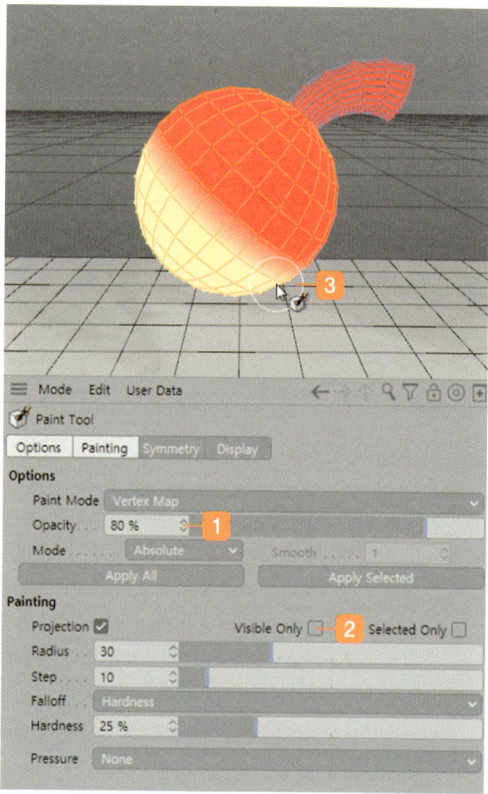

49 이번엔 Strength 값을 1로 낮춰주고 그림처럼 체리의 꼭지 부분을 옅게 칠해줍니다. 옅게 칠해진 부분은 중간 정도의 성질을 갖게 됩니다.

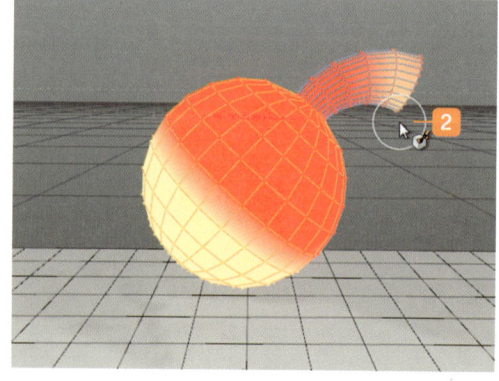

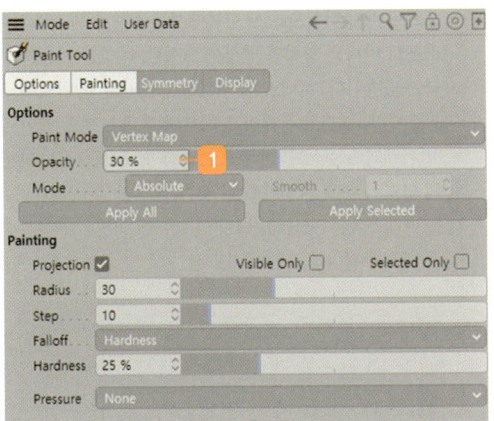

51 이제 앞서 작업한 버텍스 맵을 적용해봅니다. 먼저 질량에 대한 맵으로 사용하기 위해 Mass Map 필드에 버텍스 맵 태그를 끌어다 놓습니다.

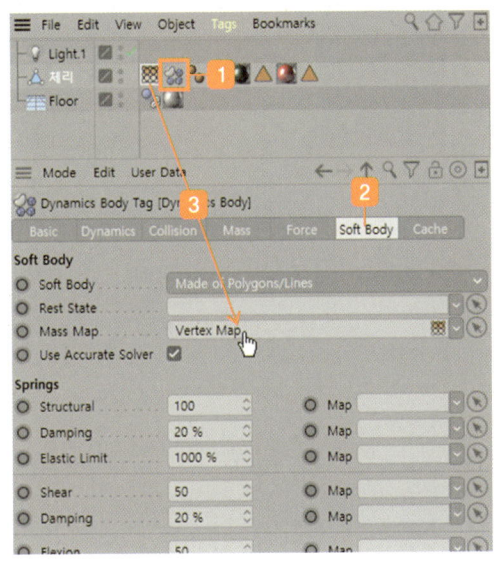

50 페인트 툴에서 Symmetry는 대칭이 되는 부분을 쉽게 페인팅 할 수 있게 해주는 기능들로 되어있습니다. 이전 학습에서 마우스를 만들 때 사용했던 시머트리와 유사하다고 보면 됩니다. Display 탭에서 Lower를 50 정도로 설정하면 앞서 페인팅한 색상이 보다 옅어지는 것을 알 수 있습니다. 이 탭에서는 최종 페인팅 상태(강도)를 조절할 수 있습니다.

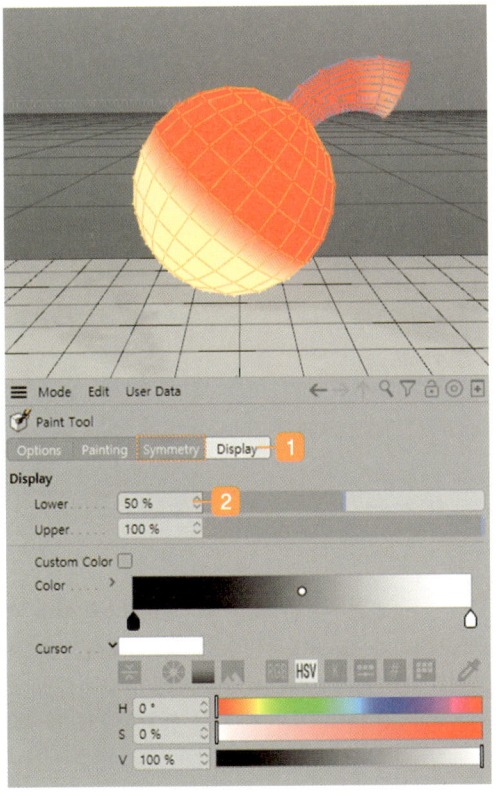

52 이 상태에서 플레이(F8)를 해보면 체리의 꼭지 부분만 아래로 축 처지는 것을 알 수 있습니다. 이것은 앞서 빨간색으로 칠해진 영역이기 때문인데 체리의 가운데 부분도 빨간색을 칠했지만 강성인 아래쪽부분 때문에 반응이 미미한 것입니다.

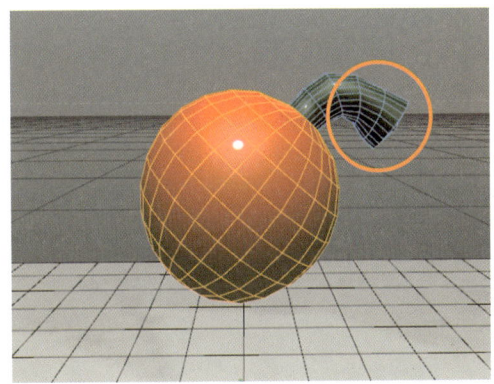

53 페인팅 작업을 다시 하기 위해 버텍스 맵 태그를 더블클릭하여 페인팅 모드로 전환합니다. 그리고 그림처럼 브러시의 크기를 조금 키우고 페인팅이 칠해지지 않는 부분을 엷게 칠해줍니다. 완전한 빨간색 영역은 소프트 바디의 다이내믹이 아예 적용되지 않기 때문에 아주 엷게라도 칠해주어야 합니다.

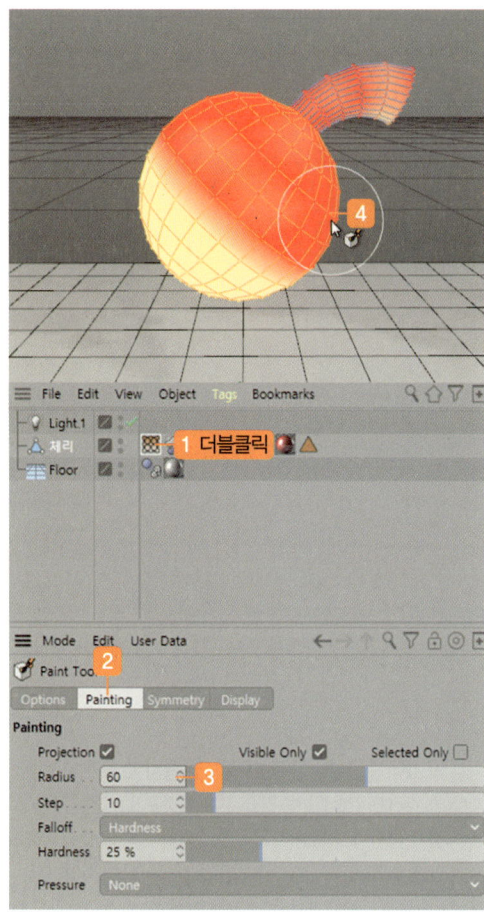

55 소프트 바디 탭의 Springs 항목에서는 스프링 구조로 되어있는 소프트 바디의 강성과 연성을 설정할 수 있는 기능들로 구성되어 있습니다. 버텍스 맵 태그를 Structural 맵 필드에 끌어다 놓습니다. 그리고 플레이를 해보면 버텍스 맵의 웨이트 영역(빨간색과 노란색)을 기준으로 변화가 생겼습니다. 역시 빨간색 영역이 더욱 변형이 많이 생긴 것을 알 수 있습니다. 각 기능 아래쪽에는 Damping(댐핑)이 있는데 댐핑은 진동을 완화시킬 때 사용됩니다.

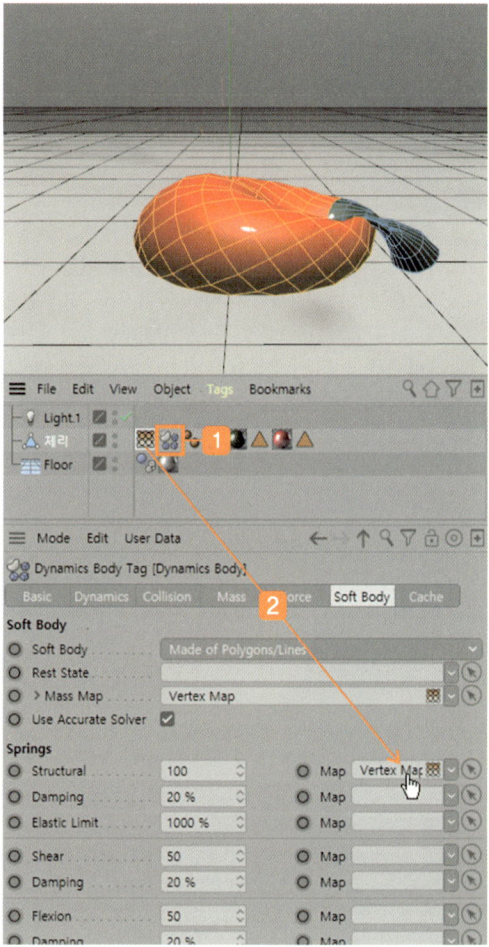

54 다시 플레이를 해보면 노란색 영역은 많은 변형이 생기지 않았고 빨간색 영역은 많은 변형이 생긴 것을 알 수 있습니다. 지금의 버텍스 맵은 질량 맵뿐만 아니라 그밖에 속성의 맵으로도 사용할 수 있습니다.

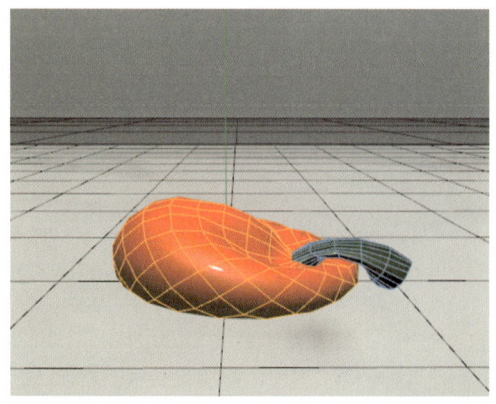

56 스프링 항목의 Shear(쉬어)는 소프트 바디 오브젝트를 찢을 때 사용하며 Flexion(플렉션)은 오브젝트의 휘어짐 정도를 설정합니다. Rest Length는 오브젝트의 길이(크기)에 대한 변화를 줄 수 있습니다. 소프트 바디 오브젝트가 떨어질 때 크기가 줄어들거나 늘어나게 할 수 있다는 것입니다. 여기에서는 200 정도로 증가한 후 플레이를 통해 확인해봅니다.

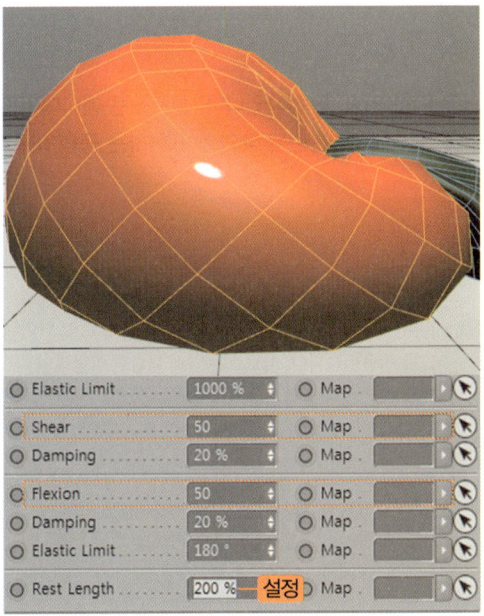

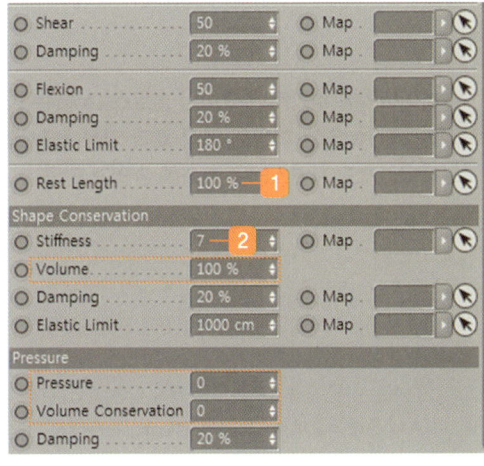

57 앞선 작업의 확인이 끝나면 다시 원래 상태로 되돌려줍니다. Shape Conservation(쉐이프 컨서베이션) 항목에서는 오브젝트의 형태를 보존하는 기능들을 제공합니다. Stiffness(스티프니스)는 오브젝트의 모양을 최대한 보전할 수 있습니다. 여기에서는 7 정도로 설정 한 후 확인을 해보면 체리 오브젝트의 모양이 이전과는 다르게 많이 변형되지 않고 바람이 많이 들어간 공처럼 표현되는 것을 알 수 있습니다. 그밖에 Volume(볼륨)은 소프트 바디 오브젝트의 형태를 유지하기 위한 수치를 설정하며 맨 아래쪽 Pressure(프레셔) 항목은 압력에 대한 설정을 할 수 있습니다. 프레셔를 통해 압력을 설정하며 볼륨 컨서베이션(Volume Conservation)은 압력을 가했을 때 원형을 유지할 수 있는 볼륨 보존 값을 설정할 수 있습니다. 수치가 높을수록 볼륨은 일정하게 보존됩니다.

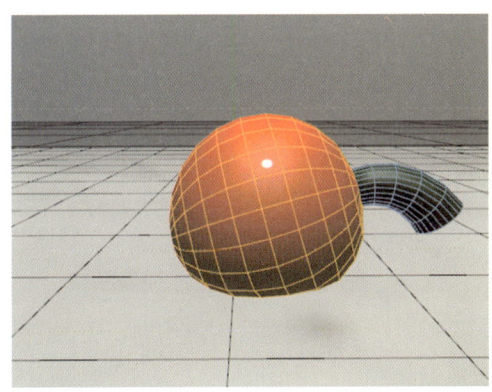

58 다이내믹의 마지막 속성 탭인 Cache(캐쉬) 탭은 모든 다이내믹에서 공통적으로 사용되는데 다이내믹의 연산을 통해 정상적인 속도로 재생을 할 수 있는 베이크 작업을 할 수 있습니다. 인클루드 컬리젼 데이터(Include Collision Data)를 체크하면 베이크 작업을 할 때 충돌체 오브젝트에 대한 연산도 같이 하게 되며 베이크 오브젝트(Bake Object) 버튼은 프리뷰 범위 내에서 다이내믹 태그가 적용된 오브젝트만 베이크되며 베이크된 데이터를 지우기 위해서는 클리어 오브젝트 캐쉬(Clear Object Cache) 버튼을 사용합니다. 그리고 베이크 올(Bake All) 버튼은 모든 오브젝트에 대하여 베이크되며 클리어 올 캐쉬(Clear All Caches) 버튼은 베이크된 모든 오브젝트에 대한 데이터를 삭제합니다. 그밖에 Memory는 캐시 데이터 양을 보여주며 Use Cached Data를 해제하면 베이크 캐쉬 데이터를 임시로 해제할 수 있습니다.

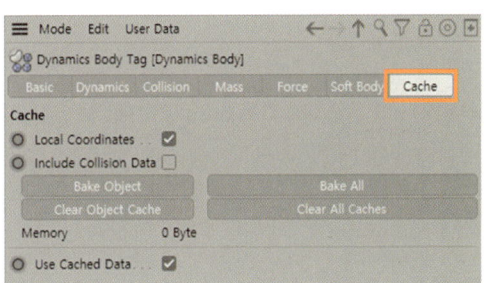

직물(천, 옷, 종이)을 위한 클로스 다이내믹 설정하기

다이내믹에 추가적인 요소인 클로스(Cloth)는 시네마 4D의 강력한 기능 중 하나입니다. 클로스는 애니메이션에서 연출할 수 있는 다양한 물리 효과 가운데에서도 얇은 천, 옷, 종이 등과 관련된 효과를 표현하는 등의 아주 유기적이면서도 자연스러운 효과를 손쉽게 만들 수 있습니다.

01 일반적인 클로스를 설정하는 방법에 대해 알아보기 위해 스피어와 플레인 오브젝트를 하나씩 만들고 그림처럼 플레인을 위쪽으로 올려놓습니다. 여기서 사용되는 플레인은 직물이 되고 스피어는 직물에 충돌하는 충돌체가 되는 것입니다. 직물로 사용될 플레인 오브젝트의 Width/Height Segments를 40 정도씩 증가합니다. 세그먼트의 개수는 직물이 구겨지고 휘어지는 모습을 세밀하게 표현할 수 있는 기준이 되기 때문에 실제 작업에서는 더욱 많은 세그먼트가 필요할지도 모릅니다.

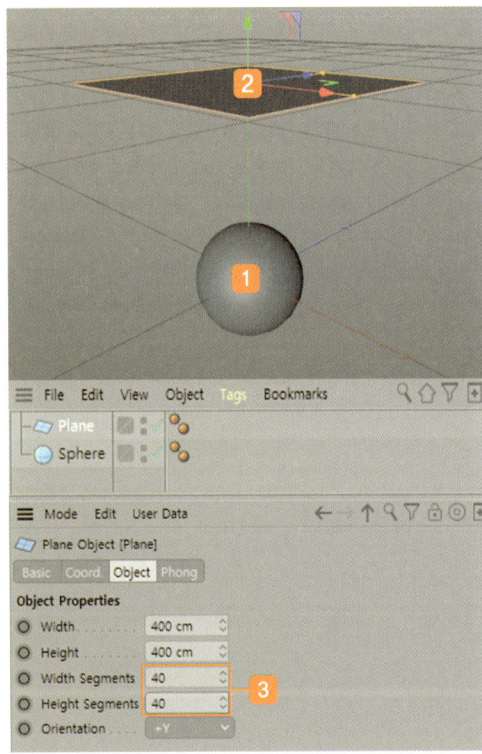

02 이제 클로스 다이내믹을 적용합니다. 먼저 충돌체로 사용되는 Sphere 위에서 [우측 마우스 버튼] - [Simulation Tags]- [Cloth Collider]를 적용합니다. 그리고 이번엔 직물로 표현할 Plane 위에서 [우측 마우스 버튼] - [Simulation Tags] - [Cloth]를 적용합니다. 이것으로 충돌체와 직물로 표현할 클로스 다이내믹 태그를 적용했습니다. 클로스는 앞서 학습한 일반적인 다이내믹과는 다르기 때문에 직물과 충돌하는 물체는 클로스 컬라이더를 사용해야 합니다.

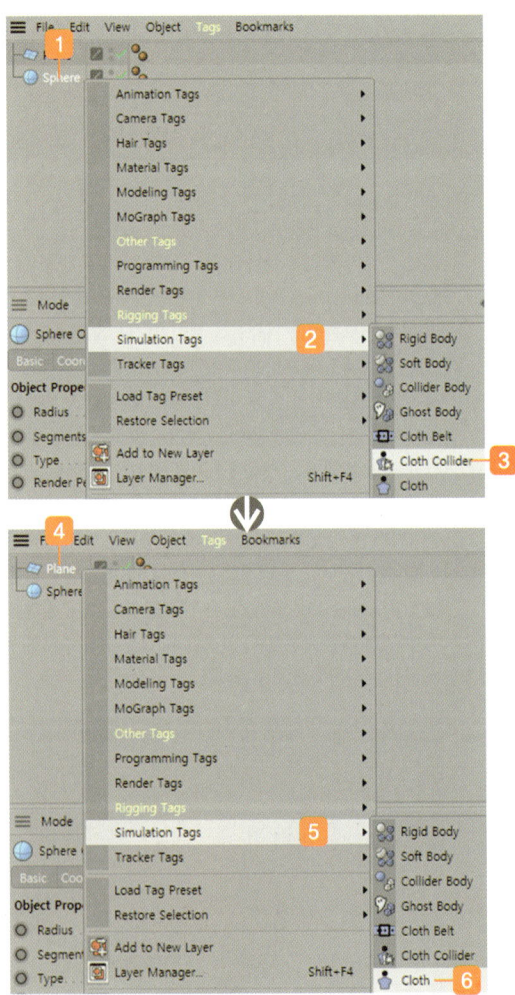

03 이 상태에서 플레이를 해보면 아직은 아무런 변화가 없을 것입니다. 클로스도 다이내믹이기 때문에 중력에 영향을 받아 아래로 떨어져야 하는데 말이죠. 이것은 클로스로 사용되는 플레인 오브젝트가 편집(변형)이 불가능한 기본 도형 상태이기 때문입니다. 이제 [C] 키를 누르거나 메이크 에디테이블을 선택하여 플레인 오브젝트를 폴리곤으로 변환합니다.

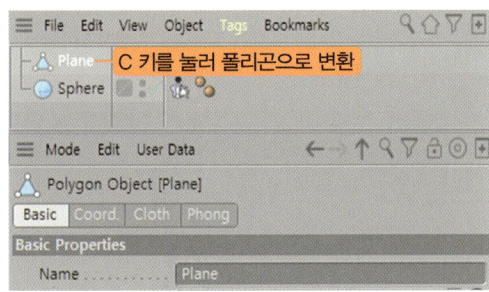

04 다시 플레이를 해보면 이제야 비로서 플레인 오브젝트가 아래로 떨어지게 됩니다. 이때 스피어 오브젝트와 충돌하여 더 이상 떨어지지 않고 스피어에 걸치는 것을 알 수 있습니다. 또한 플레인 오브젝트는 클로스 다이내믹이 적용됐기 때문에 직물처럼 구겨지는 것을 알 수 있습니다.

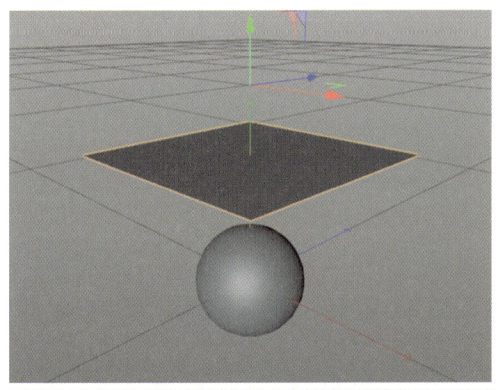

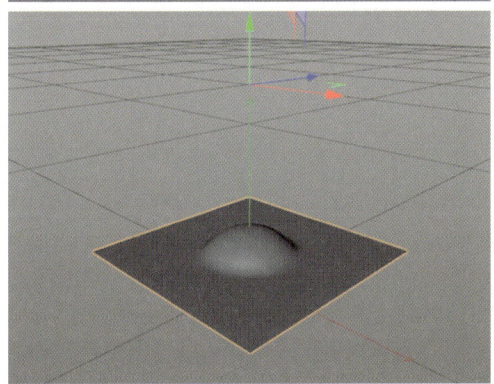

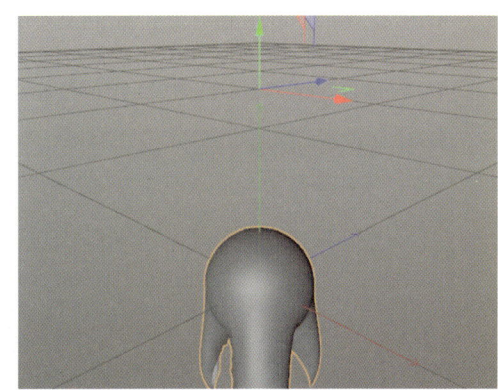

05 플레인 오브젝트의 클로스 태그를 선택한 후 어트리뷰트 매니저에 대해 알아봅니다. 먼저 Tag 탭을 선택합니다. 태그 탭에서는 직물에 대한 두께움, 신축성, 강성과 연성 같은 성질을 설정할 수 있습니다. 이터레이션(Iterations)는 천이 얼마나 비근거리는지, 즉 흐느적거리는가의 정도를 설정하는데 수치가 높을수록 흐느적거림이 덜하게 됩니다. 그리고 스티프니스(Stiffness)는 천이 얼마나 뻣뻣한지를 결정하는 속성으로 수치가 낮을수록 부드러운 천의 느낌으로 표현됩니다. 플렉션(Flexion)은 천의 탄력을 설정하는 속성입니다. 이 값이 높을수록 천이 더 탄력적으로 펄럭이게 됩니다. 루버(Rubber) 값을 늘려주면 천이 마치 고무처럼 크기가 유연하게 늘어나게 됩니다. 그밖에 바운스(Bounce), 프릭션(Friction) 등을 통해 천이 펄럭이는 움직임을 세밀하게 조절할 수 있습니다. Size 속성 역시 가급적 100 값보다 너무 크거나 작은 값으로 조절하지 않는 것이 좋습니다.

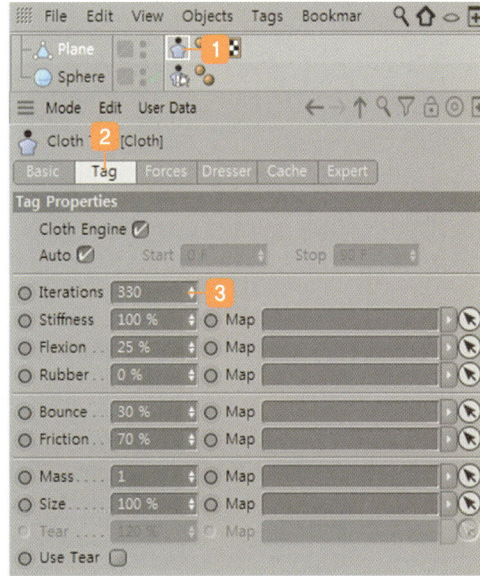

06 여기에서는 이터레이션(Iterations) 값을 330 정도로 설정한 후 플레이를 해봅니다. 플레인 오브젝트가 잘게 구겨지지 않고 마치 두꺼운 가죽처럼 뻣뻣해진 느낌으로 펄럭이게 됩니다.

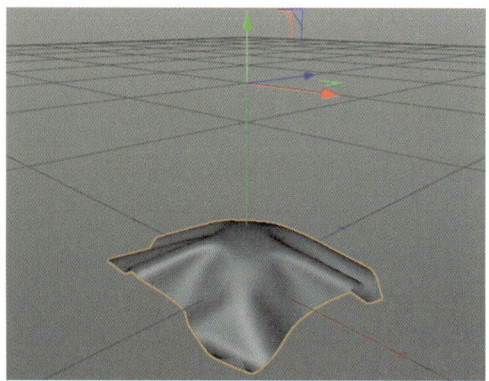

07 이터레이션 값을 다시 1로 설정하고 이번엔 신축성에 대한 설정을 위해 Rubber(루버)를 100으로 설정합니다. 그리고 플레이를 해보면 플레인 오브젝트가 고무처럼 쭉 늘어나는 것을 알 수 있습니다.

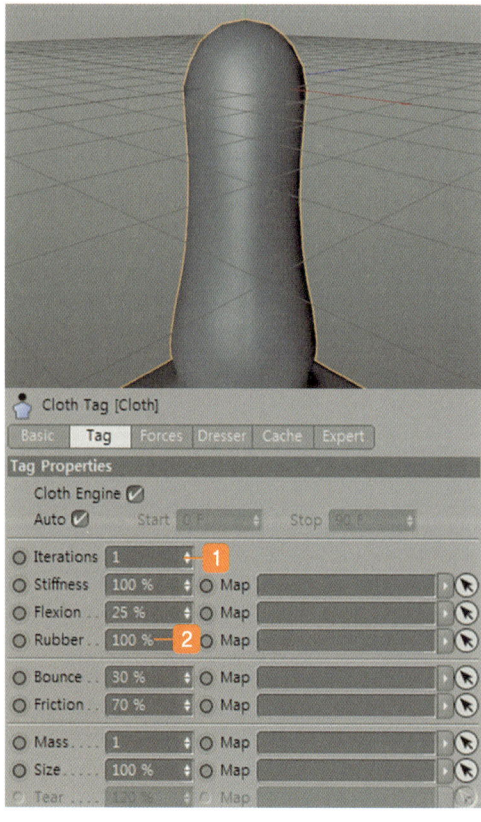

08 이번엔 직물이 찢어지게 하기 위한 티어에 대해 알아봅니다. 앞선 기능은 원래 상태로 설정한 후 Use Tear(유즈 티어)를 체크합니다. 유즈 티어가 체크되면 위쪽의 Tear 파라미터가 활성화되는데 이 수치에 따라 찢어지는 정도가 달라집니다. 또한 각 기능에는 Map(맵)이 있어 버텍스 맵을 통해 부위별로 성질을 다르게 해줄 수도 있습니다. 여기에서는 Use Tear를 체크하여 확인해봅니다. 클로스의 장점 중 하나는 클로스 태그의 속성 값들을 수정하면 이것이 실시간으로 애니메이션에 적용된다는 것입니다.

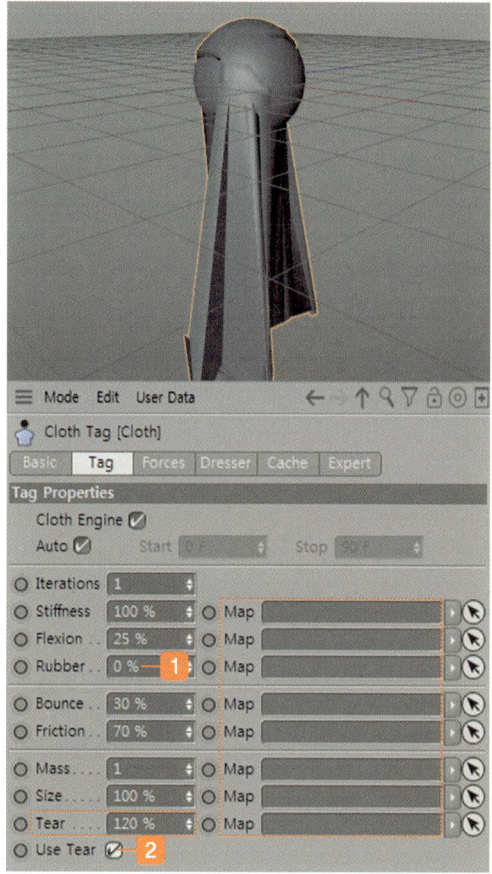

09 이번엔 포스(Forces) 탭에 대해 알아봅니다. 포스 탭에서는 중력에 대한 설정을 별도로 할 수 있는 그래비티(Gravity)와 클로스 다이내믹에 대한 에너지를 조절할 수 있는 글로벌 드래그(Global Drag)를 이용할 수 있습니다. 이것은 포스 탭에서 이뤄지는 바람, 공기 저항 등에 대한 전체 힘을 관장합니다. 그밖에 바람을 불게 하여 직물이 바람에 펄럭이거나 날아가게 할 수 있으며 에어 리지스턴스(Resistance)를 통해 공기 저항을 설정

할 수 있습니다. 그리고 셀프 리펄션(Repulsion)을 체크하면 직물 스스로가 부딪쳤을 때도 충돌이 될 수 있도록 할 수 있습니다.

버튼을 누르면 연산이 자동적으로 시작되면서 애니메이션을 렌더링합니다. 이렇게 한번 캐쉬 데이터를 만들어 두면 애니메이션을 실시간으로 프리뷰 할 수 있습니다. 다이내믹의 베이크 솔버(Bake Solver)와 비슷한 기능이라고 보면 됩니다. 그리고 엠프티 캐쉬(Empty Cache) 버튼을 누르면 메모리에 저장되어 있던 캐쉬가 삭제됩니다. 이처럼 복잡하고 렌더링 시간이 오래 걸리는 씬의 경우 Cache 탭의 기능을 활용하면 좀 더 편리하게 실시간으로 재생되는 애니메이션을 볼 수 있습니다.

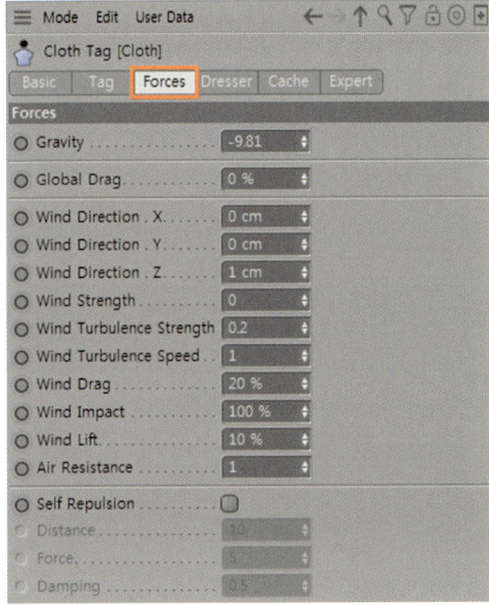

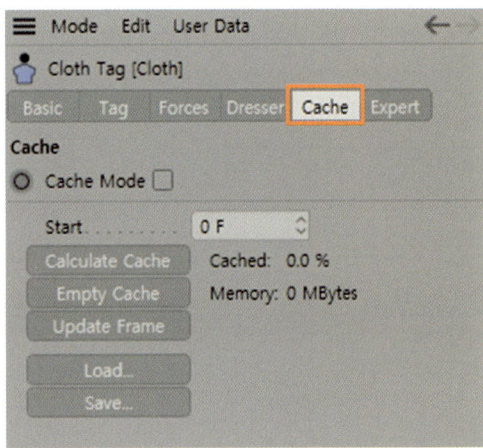

10 계속해서 드레서(Dressor) 탭에 대해 알아봅니다. 드레서 탭에서는 몸, 즉 오브젝트의 모양에 꼭 맞는 옷을 표현하거나 직물 오브젝트의 포인트를 고정시키기 위한 작업을 할 수 있게 해주는 기능들을 제공합니다. 드레서 탭은 현수막이나 깃발에 대한 몇 가지 예제를 통해 살펴볼 것입니다.

12 마지막으로 익스퍼트(Expert) 탭에서는 고급 물리 설정을 할 수 있습니다. 셀프(Self Collision)를 체크하면 천의 같은 일부가 부딪혔을 때 서로 뚫고 들어가거나 겹치지 않으며 포인트 컬리젼(Point Collision), 엣지 컬리젼(Edge Collision), 폴리곤 컬리젼(Polygon Collision)도 활성화되어 있어야 합니다. 또한 인클루드(Include) 필드는 시뮬레이트의 바람이나 회전, 인력과 같은 힘(Force) 효과를 끌어놓아 여기에 적용된 힘 효과만 클로스 태그가 적용된 오브젝트에 영향을 받게 할 수 있습니다.

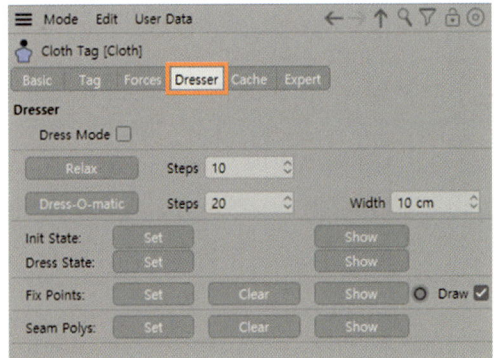

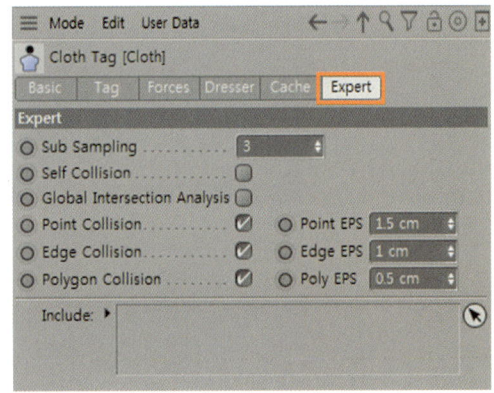

11 캐쉬(Cache) 탭에서는 Cloth 기능을 사용한 애니메이션의 프리뷰를 사전에 연산하여 캐쉬화할 수 있습니다. Calculate Cache

픽스 포인트를 이용한 현수막 만들기

드레서(Dresser)는 오브젝트(캐릭터)에 옷을 만들기 위해 주로 사용되지만 드레서 탭의 픽스 포인트를 활용하면 현수막과 같은 고정되어있는 물체를 만들 수 있습니다.

01 먼저 현수막을 만들기 위해 플레인 오브젝트를 하나 만들고 Orientation을 +Z축으로 설정하여 플레인을 세워준 후 그림처럼 넓은 모양으로 해줍니다. 세그먼트는 많을수록 좋지만 시뮬레이션 시간을 감안하여 20 정도만 설정합니다.

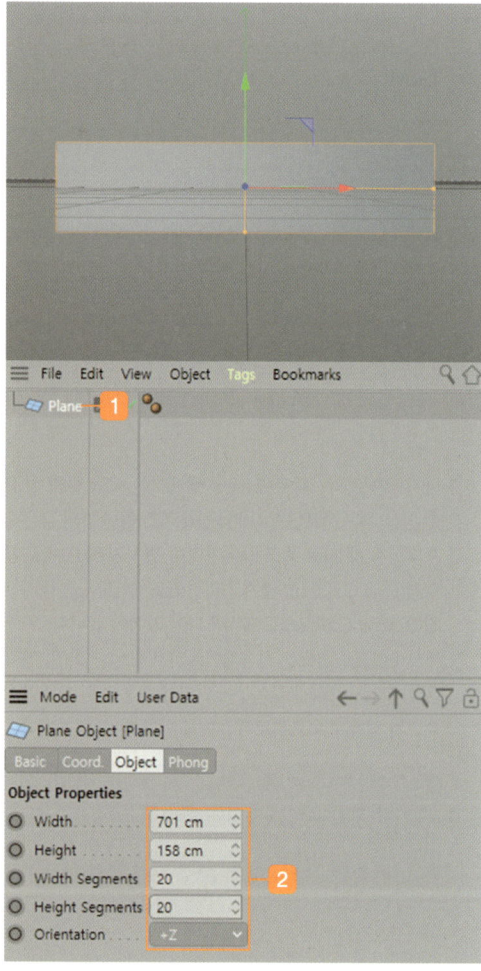

02 클로스를 사용하기 위해서는 먼저 해당 오브젝트를 폴리곤으로 변환해야 합니다. [C] 키를 눌러 플레인을 폴리곤으로 변환한 후 변환된 폴리곤 오브젝트에서 [우측 마우스 버튼] - Simulation Tags] - [Cloth]를 적용합니다.

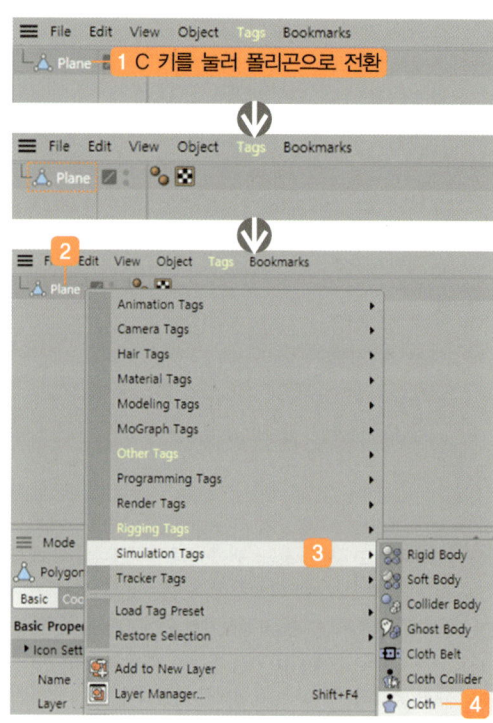

03 포인트 툴과 라이브 실렉션 툴을 사용하여 플레인 오브젝트의 양쪽 포인트들은 모두 선택합니다. 이제 이 포인트들은 픽스 포인트로 사용될 것입니다.

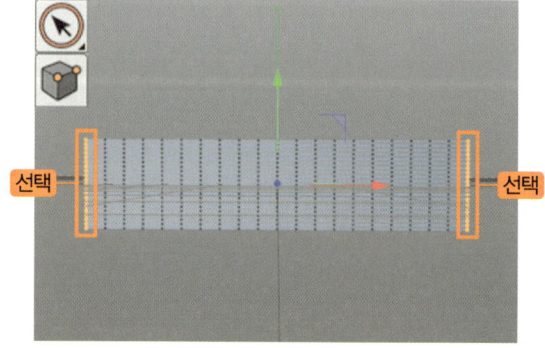

04 이제 앞서 선택한 포인트들을 고정시키기 위해 클로스 태그를 선택하고 Dresser 탭에서 Fix Points의 [Set] 버튼을 클릭합니다. 그러면 선택된 포인트들의 색상이 분홍색으로 바뀌게 됩니다. 만약 픽스 포인트가 잘 못 선택됐거나 다시 선택되어야 한다면 [Clear] 버튼을 누르면 됩니다.

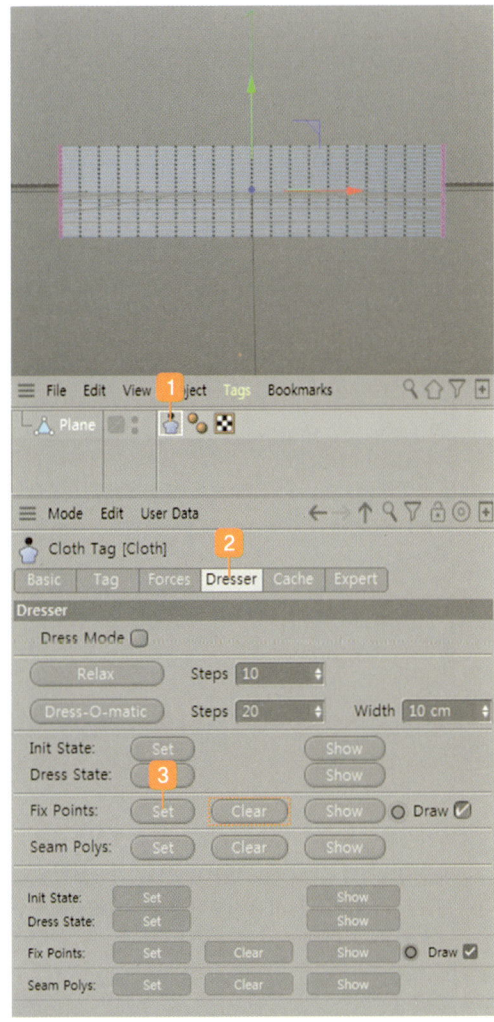

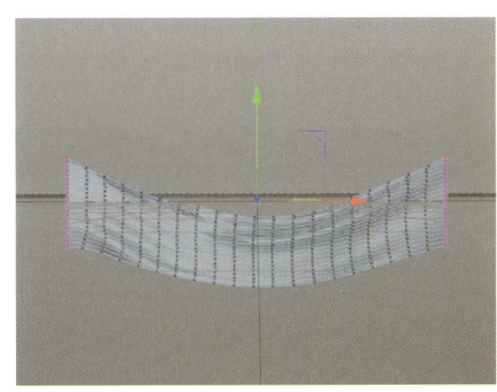

05 플레이(F8)를 하여 확인을 해보면 양쪽에 고정된 포인트들 때문에 실제 현수막처럼 가운데 부분만 아래로 내려가 매달려 있는 것을 알 수 있습니다.

06 Forces 탭으로 이동한 후 Wind Strength를 5 정도로 높여 바람의 세기를 늘려주고 Wind Direction Z축을 10 정도(초속 10센티미터)로 설정하여 Z축으로 바람이 불게 해줍니다. 그리고 확인해보면 현수막이 바람에 날리는 것을 알 수 있습니다. 이와 같은 방법으로 현수막이나 그밖에 움직이지 않는 물체에 매달려 있는 클로스 다이내믹을 표현할 수 있습니다.

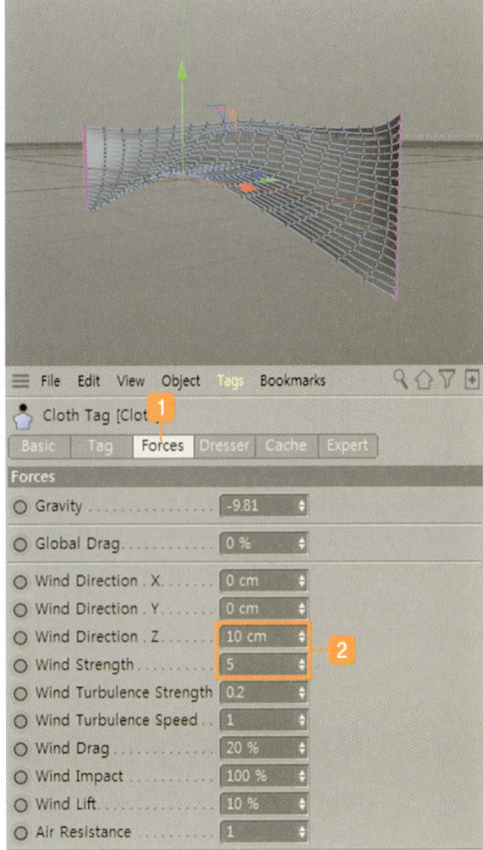

다이내믹 활용 **557**

07 계속해서 이번엔 드레서를 이용하여 쿠션(방석, 베개, 쇼파 같은 물체)을 표현해보기 위해 새로운 프로젝트에서 큐브를 하나 생성합니다.

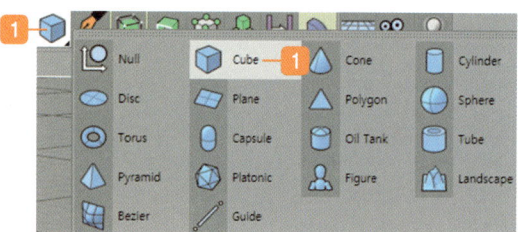

07 생성된 큐브의 세그먼트를 확인하기 위해 [Display] - [Gouraud Shading (Lines)]을 선택합니다.

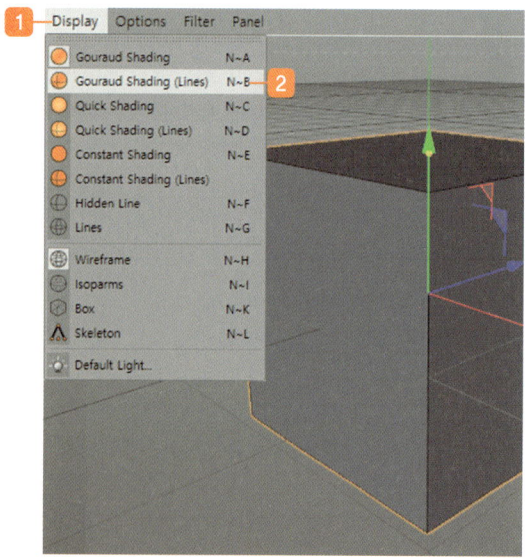

08 큐브의 Object 탭에서 Segments X와 Z축을 40 정도로 설정하여 그림처럼 수직으로 된 세그먼드만 만들어줍니다. 이렇게 만들어진 세그먼트는 쿠션을 만들기 위한 압축 방향(결)으로 사용됩니다. 그다음 큐브 오브젝트를 [C] 키를 눌러 폴리곤 오브젝트로 변환합니다.

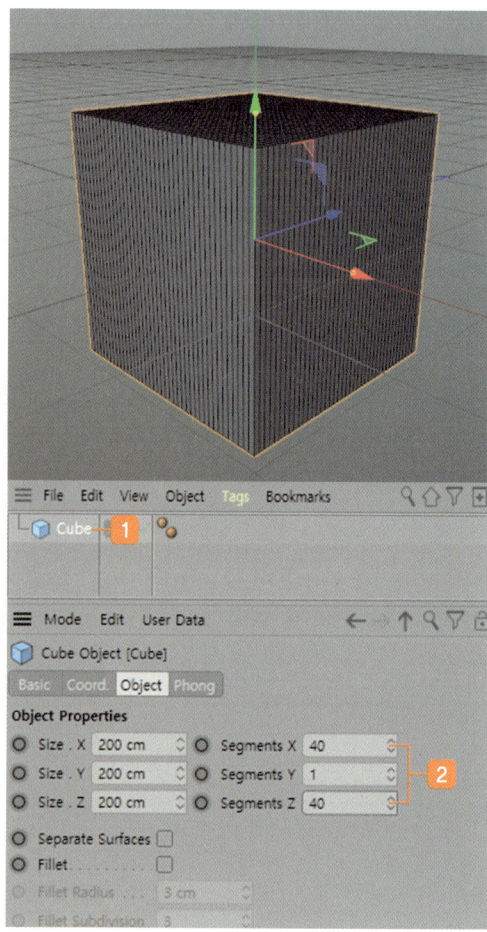

09 폴리곤 툴을 선택하고 [U~L] 키를 눌러 루프 실렉션 툴을 사용하여 그림처럼 폴리곤으로 변환된 큐브 오브젝트의 옆면 둘레를 모두 선택합니다. 이제 선택된 둘레는 드레서에서 압축될 영역으로 사용됩니다.

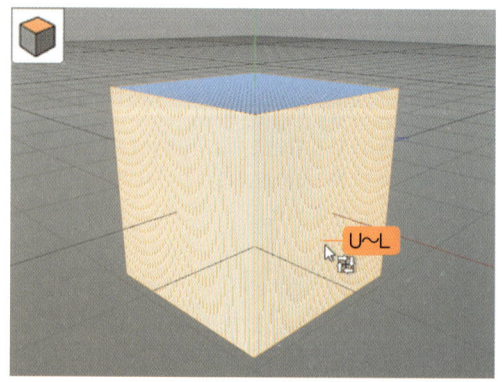

10 Cube 오브젝트에서 [우측 마우스 버튼] - [Simulation Tags] - [Cloth]를 적용합니다.

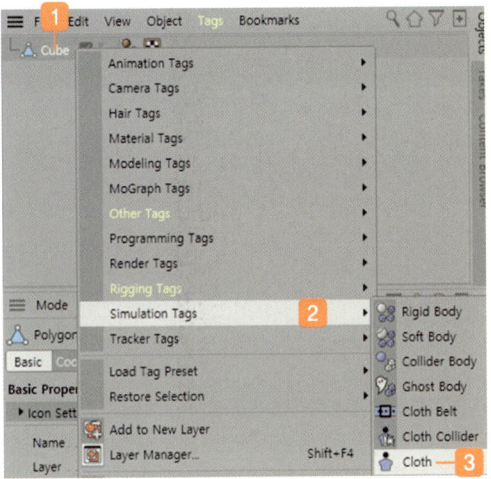

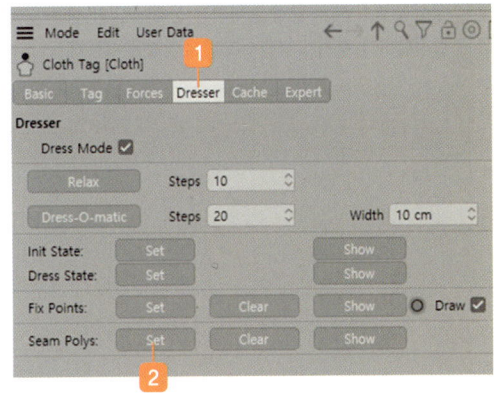

11 클로스 태그의 Dresser 탭에서 Seam Polys의 Set 버튼을 누릅니다. 그러면 앞서 선택된 큐브 둘레에 지그재그로 된 노란색 선이 표시됩니다. 심 폴리는 옷을 만들기 위한 이음매를 만들어 주는 기능으로서 현재의 상태는 선택된 큐브 둘레에 대해서 옷을 만들어 주기 위한 영역으로 지정됐다는 것을 의미합니다.

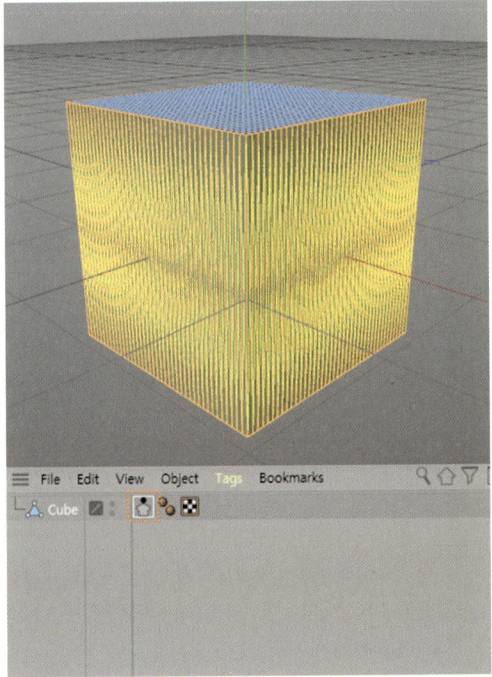

12 쿠션을 만들기 전에 주요 몇 가지 기능에 대해 알아봅니다. Init State(이니트 스테이트)의 [Set] 버튼을 누르면 방금 지정한 심 폴리가 사라지고 원래의 폴리곤 상태로 되돌아갑니다.

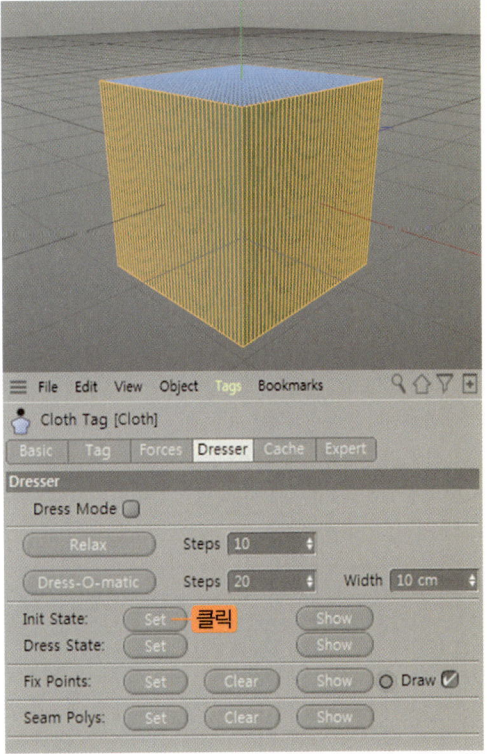

13 Dress State의 [Set] 버튼을 누르면 다시 심 폴리 상태로 되돌아옵니다. 그밖에 위쪽의 Relax(릴렉스)는 옷이 자연스럽게 아래로 늘어지게 할 때 사용되며 우측의 Steps는 옷이 중력이나 바람에

다이내믹 활용 **559**

영향을 받을 때의 영향을 미치는 상태에 대한 샘플링 횟수를 설정합니다. 수치가 높을수록 힘에 영향을 미치게 됩니다.

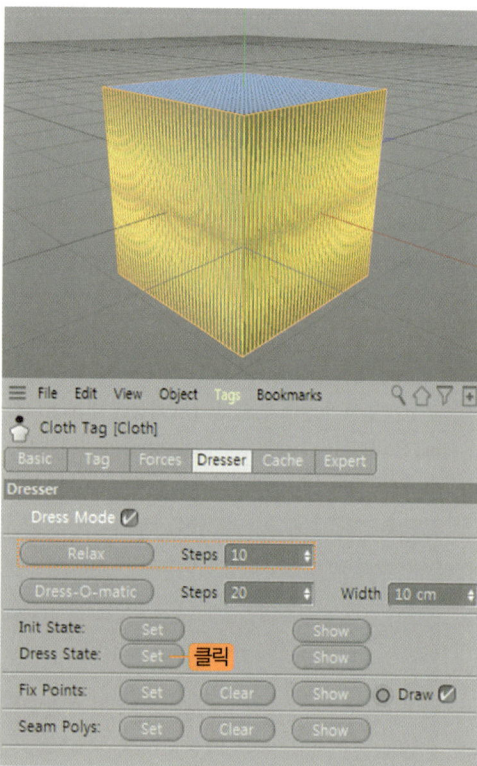

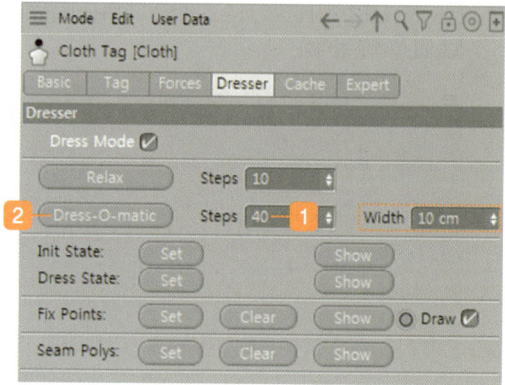

14 이제 쿠션을 만들기 위해 [Dress-O-matic] 버튼을 누릅니다. 이때 우측의 Steps를 40 정도로 설정하여 쿠션의 모양을 부드럽게 압축할 수 있게 해주고 Width는 쿠션의 최종 압축 두께이므로 기본 값을 그대로 사용합니다. 압축된 모습을 확인해보면 정육면체의 큐브가 자연스러운 모습의 쿠션으로 만들어진 것을 알 수 있습니다.

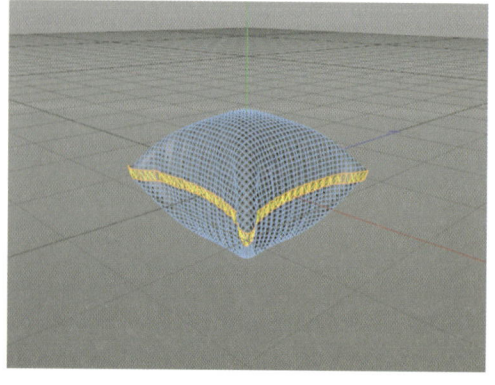

15 이번엔 실제 캐릭터에 옷을 입히는 것처럼 쿠션 안에 또 다른 오브젝트를 만들어놓고 쿠션을 만들어봅니다. 먼저 쿠션 안에 들어갈 오브젝트를 만들어줍니다. 필자는 스피어를 만들고 그림처럼 앞서 만든 쿠션보다 조금 크게 설정했습니다.

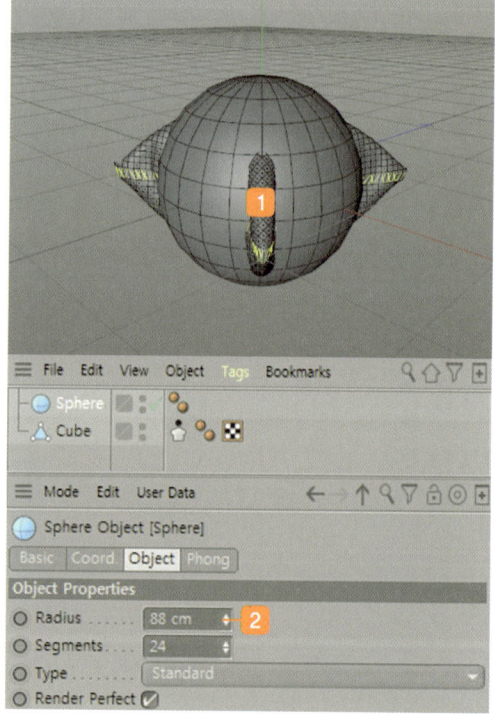

16 옷을 캐릭터에 맞추기 위해서는 캐릭터 오브젝트가 클로스의 충돌체로 되어있어야 합니다. 그러기 위해 Sphere 오브젝트에 Cloth Collider를 적용합니다.

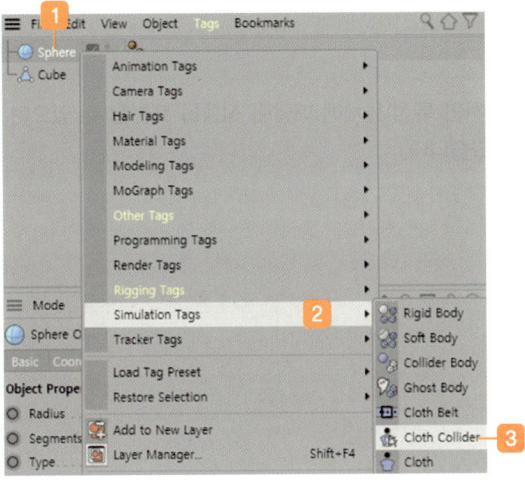

18 다시 Seam Polys의 [Set] 버튼을 클릭한 후 [Dress-O-matic] 버튼을 클릭하여 압축을 합니다. 그러면 압축되는 과정에서 충돌체인 스피어에 의해 쿠션 모양이 그림처럼 만들어졌습니다. 이와 같은 방법으로 캐릭터에 옷을 입히면 됩니다. 참고로 압축 과정에서 Esc 키를 누르면 작업이 멈추게 됩니다.

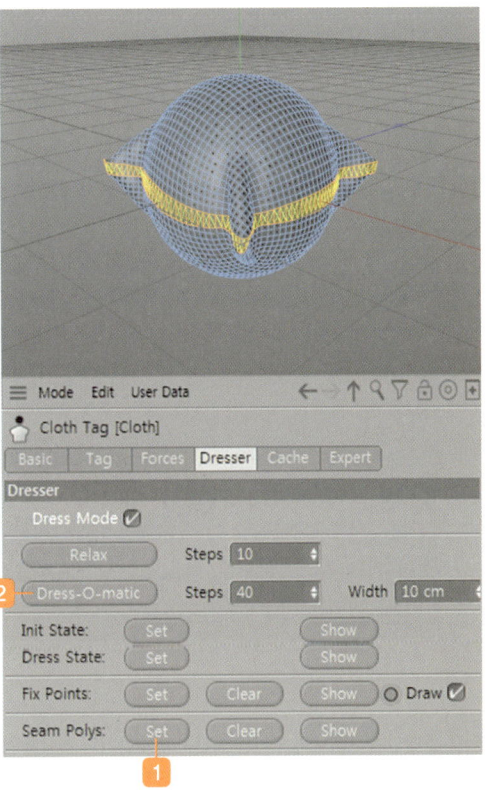

17 다시 큐브 오브젝트와 큐브에 적용된 클로스 태그를 선택합니다. 그다음 Dress Mode를 해제하여 쿠션 상태에서 다시 원래의 큐브 상태로 되돌려줍니다.

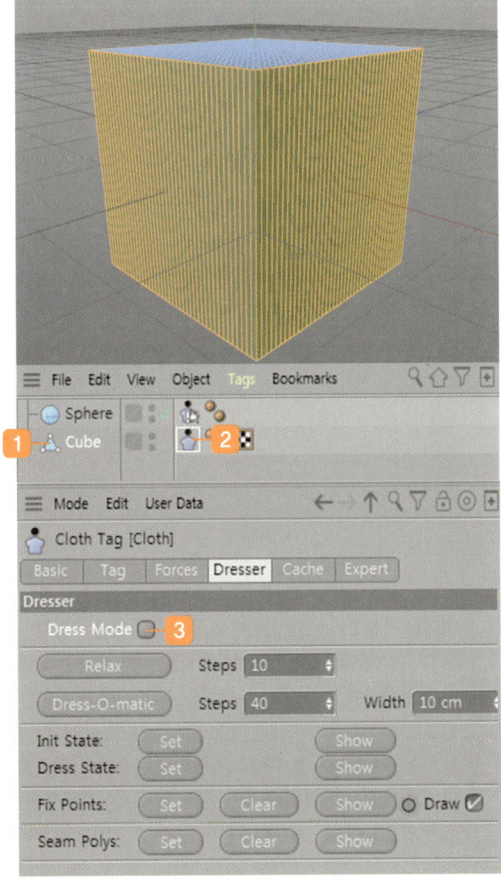

다이내믹 활용 **561**

깃대에 매달린 깃발 만들기

클로스 다이내믹 중에서 클로스 벨트(Cloth Belt)를 활용하면 특정 물체에 매달린 직물을 표현할 수 있으며 또한 클로스 벨트는 움직이는 물체를 따라 움직이게 할 수도 있습니다.

01 깃발을 위해 플레인 오브젝트를 생성한 후 세그먼트를 보면서 작업을 하기 위해 [Display] - [Gouraud Shading (Lines)]를 선택합니다.

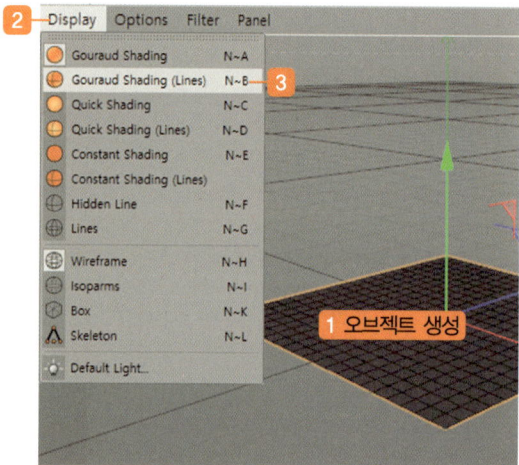

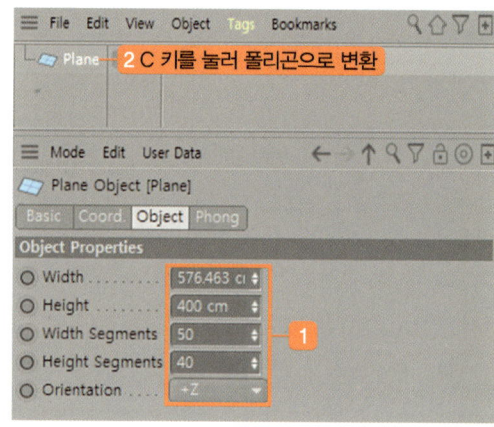

02 플레인 오브젝트의 크기를 일반적인 깃발처럼 가로를 세로보다 약간 더 넓게 해주고 세그먼트 수도 가로를 보다 많게 해줍니다. 그리고 세워주기 위해 Orientation을 +Z축으로 설정합니다. 물론 로테이트 툴을 이용하여 회전해도 됩니다. 계속해서 편집이 가능한 폴리곤으로 변환 해줍니다.

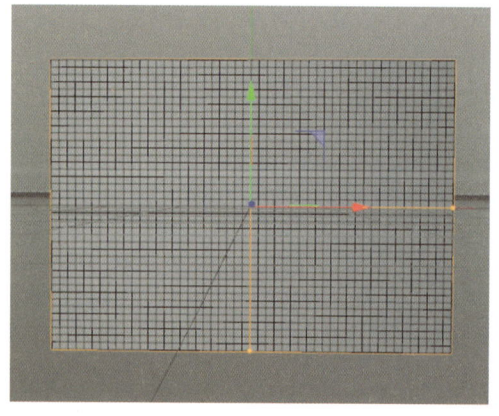

03 이번엔 깃대로 사용할 오브젝트를 생성합니다. 깃대의 모양과 가장 유사한 실린더를 만들어주면 됩니다.

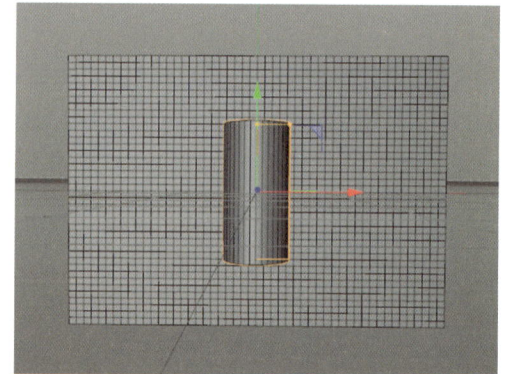

04 깃대로 사용하기 위해 실린더의 두께와 길이를 그림처럼 설정하고 깃발(플레인) 옆으로 이동합니다. 여기에서는 깃대와 깃발을 정확하게 맞닿게 하지 않아도 되며 깃발과 깃대가 서로 연결되어야 하기 때문에 수직(Height Segments) 방향의 세그먼트 수를 50 정도로 증가합니다. 벨트를 이용하여 두 오브젝트의 포인트들을 연결해야 하므로 적당한 포인트(세그먼트) 개수가 필요합니다. 그다음 실린더(깃대) 오브젝트도 폴리곤으

로 변환합니다.

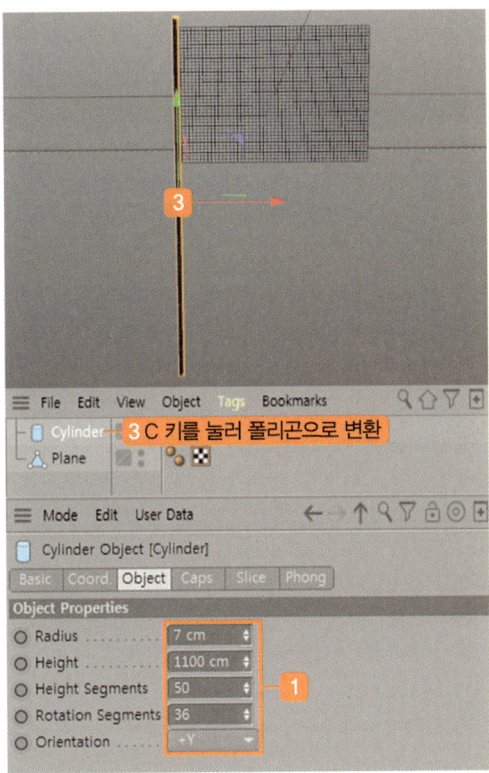

05 이제 각 오브젝트를 연결하기 위한 포인트들은 선택해야 합니다. 먼저 플레인(깃발) 오브젝트를 선택한 후 포인트 툴과 선택(라이브 또는 렉탱글 실렉션) 툴을 사용하여 그림처럼 깃발 좌측(깃대와 연결될)의 모든 포인트들을 선택합니다.

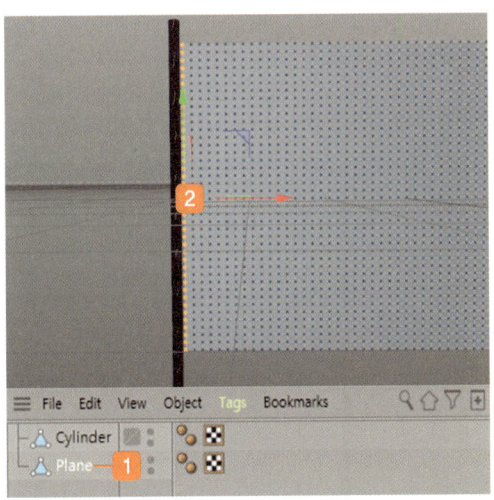

06 이번엔 깃대로 사용될 실린더 오브젝트를 선택한 후 그림처럼 탑 뷰(F1)에서 깃발과 연결될 포인트들을 선택합니다. 이때 보이지 않는 모든 포인트들도 선택되게 하기 위해 Only Select Visible Elements를 해제한 상태에서 선택해야 합니다.

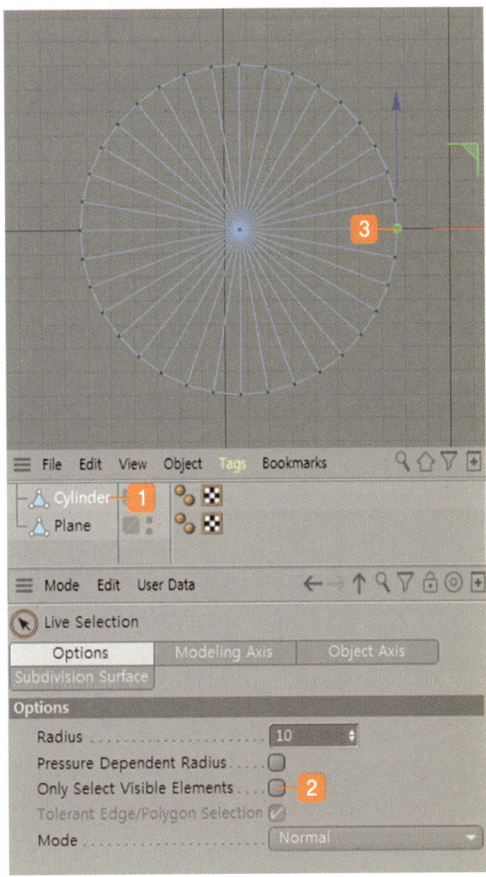

07 계속해서 이번엔 프런트 뷰(F4)에서 깃발과 연결되지 않는 포인트들은 모두 해제를 해줍니다. 선택된 포인트를 해제하기 위해서는 [Ctrl] 키를 누른 상태에서 해제하고자 하는 포인트를 선택하면 됩니다. 현재는 연결될 깃발의 포인트와 깃대의 포인트 개수가 다릅니다. 물론 연결될 포인트 개수가 다르다고 해서 크게 문제가 될 것은 없지만 포인트 개수가 지나치게 차이가 나면 문제가 될 수도 있으므로 가급적 개수를 같게 하거나 근사치에 두는 것이 좋습니다.

다이내믹 활용 **563**

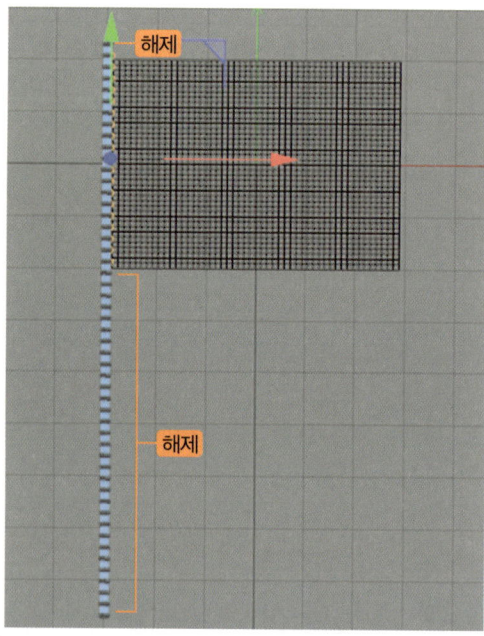

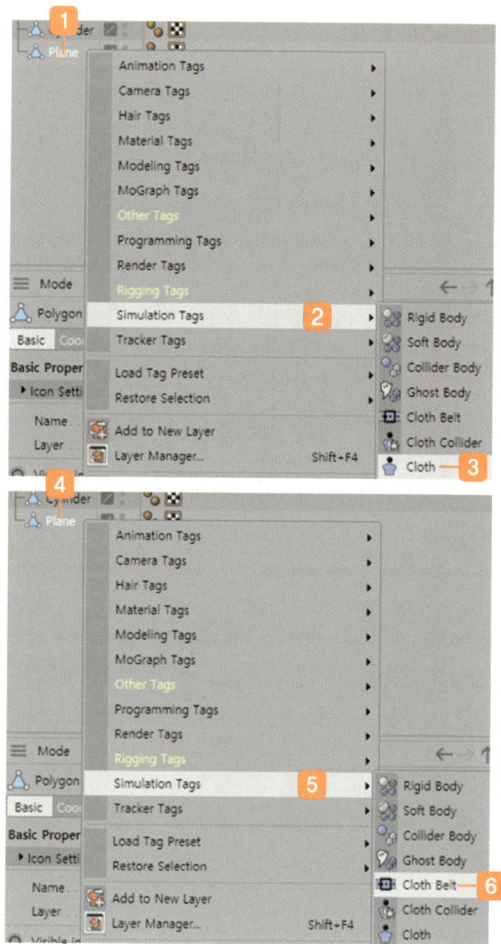

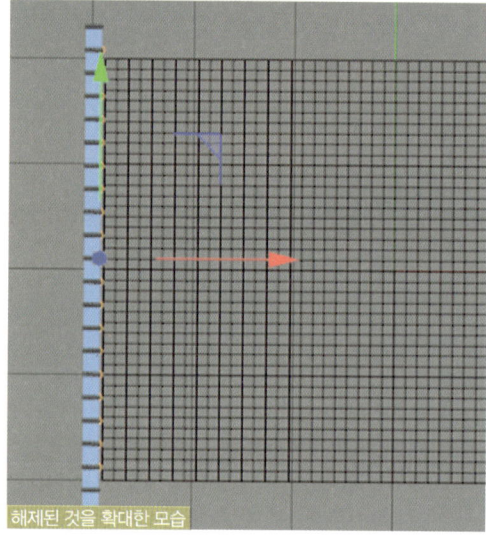

08 이제 두 오브젝트에 선택된 포인트들을 연결해봅니다. 먼저 깃발로 사용되는 플레인 오브젝트에 클로스 다이내믹을 적용합니다. 플레인 오브젝트에서 [우측 마우스 버튼] - [Simulation Tags]- [Cloth]를 적용합니다. 그다음 다시 시뮬레이션 태그에서 [Cloth Belt]를 적용합니다.

09 클로스 벨트 태그가 선택된 상태에서 Belt on 필드에 실린더 오브젝트를 끌어다 놓습니다. 그다음 Points의 Set 버튼을 클릭합니다. 그러면 주황색 포인트가 노란색 포인트로 색상이 바뀌게 됩니다. 이것으로 플레인(깃발) 오브젝트에서 선택된 포인트와 실린더(깃대) 오브젝트에서 선택된 포인트들이 연결됐습니다.

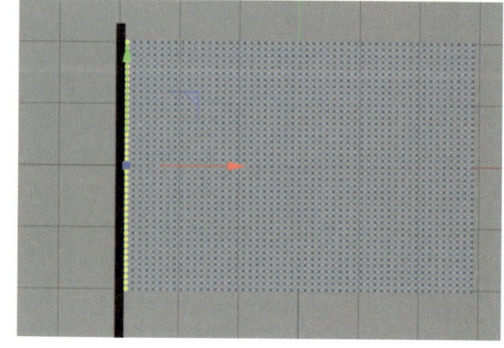

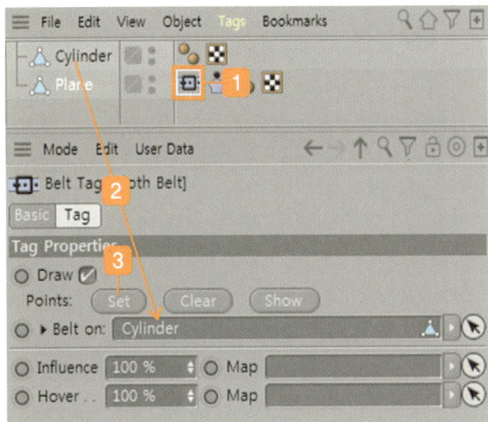

10 여기서 플레이(F8)를 해봅니다. 그러면 깃대에 매달린 깃발이 아래로 떨어져 매달리는 것을 알 수 있습니다. 그러나 현재는 깃발이 깃대를 뚫고 지나가거나 그 밖에 다양한 문제가 있어 보입니다.

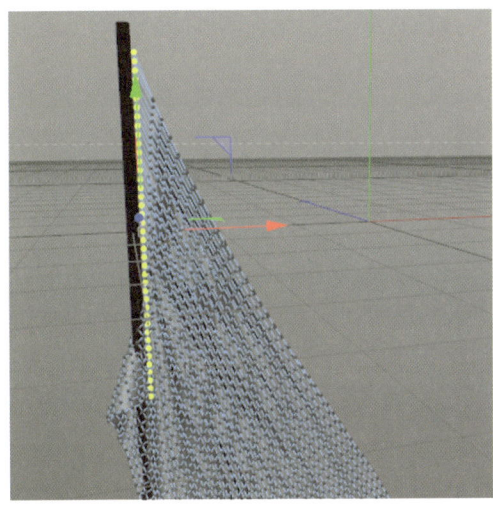

11 여기서 먼저 벨트의 주요 기능에 대해 알아봅니다. 클리어(Clear) 버튼은 연결이 잘못 됐을 때 해제하기 위해 사용됩니다. 그리고 인플런스(Influence)는 클로스 오브젝트와 연결된 오브젝트간의 당기는 힘(장력)에 대한 설정을 할 수 있습니다. 여기에서는 인플런스를 0으로 설정하여 장력을 없애봅니다. 그리고 플레이를 해보면 깃발은 깃대에 매달리지 못하고 아래로 그냥 떨어집니다. 확인이 끝나면 다시 원래 상태로 되돌려줍니다.

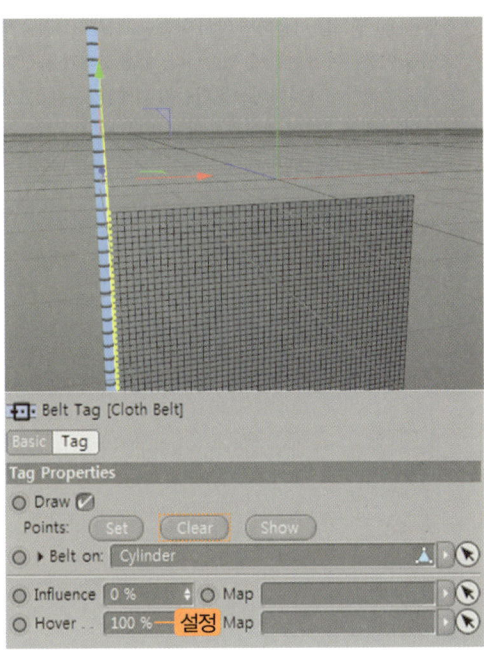

12 하버(Hover)는 깃대와 깃발 오브젝트의 간격을 조절할 수 있습니다. 하버 값을 800 정도로 설정한 후 확인을 해보면 설정된 값만큼 간격이 벌어진 것을 알 수 있습니다. 하버 값을 0으로 설정하게 되면 두 오브젝트가 완전히 밀착되지 않았더라도 하버 값에 의해 밀착되게 할 수 있습니다.

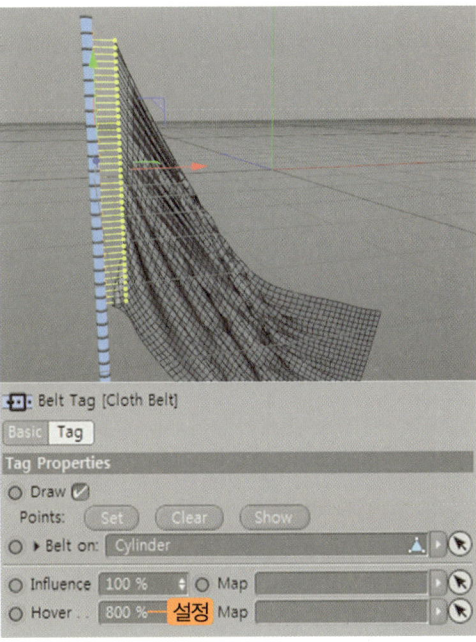

13 맵(Map) 필드를 이용하면 앞서 학습한 직물의 성질을 버텍스 맵을 이용하여 표현할 수 있습니다. 이제 깃대가 움직이면 깃발도 움직이는 애니메이션을 만들기 위해 Hover를 0으로 설정하여 깃대와 깃발이 떨어지지 않게 합니다. 그다음 실린더 오브젝트를 선택합니다.

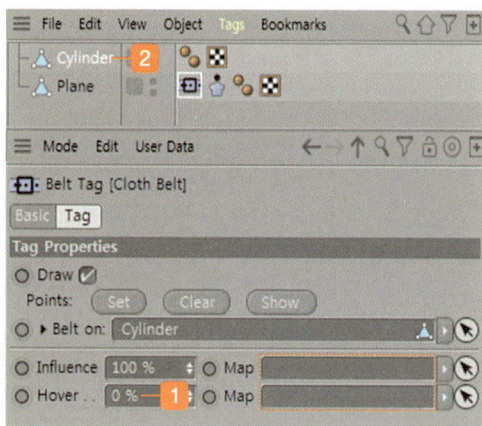

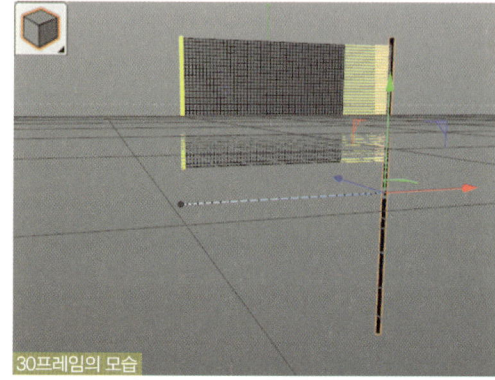

30프레임의 모습

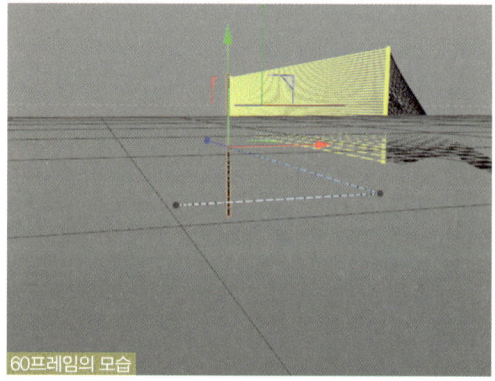

60프레임의 모습

14 깃대가 움직이는 애니메이션을 만들기 위해 시간을 시작 프레임으로 이동한 후 [F9] 키를 눌러 키(프레임)을 생성합니다. 계속해서 30프레임으로 설정하고 깃대를 다른 곳으로 이동한 후 키를 추가합니다. 이때 포인트 툴이 선택되어있다면 깃대가 아닌 선택된 포인트들이 이동되기 때문에 모델 툴이 선택되어야 합니다. 60프레임에서는 깃대를 또 다른 곳으로 이동한 후 키를 추가합니다. 지금의 작업에서는 깃대가 움직일 때 깃발은 움직이지 않습니다. 이것은 깃발에 클로스 다이내믹이 적용되어있기 때문입니다.

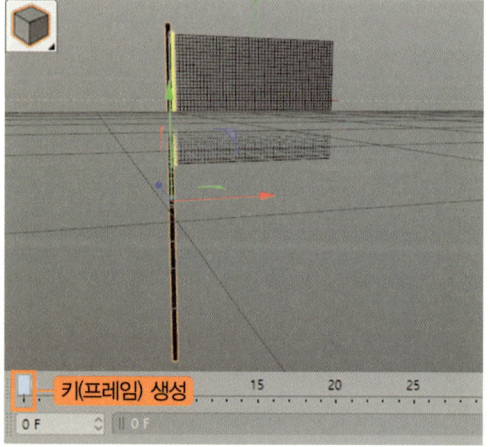

15 작업된 애니메이션의 경로를 보면 직선으로 이뤄진 것을 알 수 있습니다. 만약 여기서 부드러운 곡선의 경로를 원한다면 두 번째 키를 선택한 후 벨류 키에 대한 어트리뷰트 매니저에서 Clamp(클램프)를 해제하거나 Auto Tangents를 해제하여 원하는 모양으로 수정할 수 있습니다.

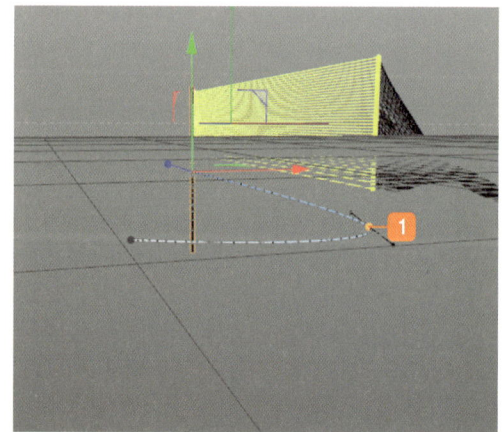

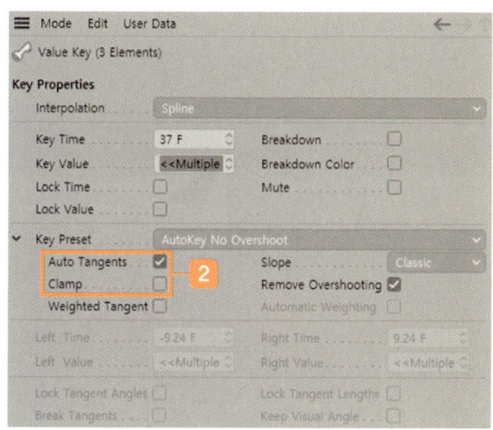

18 이제 최종적인 모습을 플레이를 통해 확인해봅니다. 깃발이 움직이는 깃대에 맞게 이동되는 것을 알 수 있습니다. 이처럼 클로스는 직물에 대한 다양한 설정을 할 수 있으며 이것을 어떻게 활용하는지에 대해 이해를 하고 또 다른 천이나 직물, 종이를 만들 때 이 기능을 어떻게 활용할지에 대해 고민을 해보기 바랍니다. 물론 시네마 3D(모든 3D 툴)에서의 다이내믹은 우리가 생각하는 완전한 결과물을 얻을 수 있는 것은 아님을 참고하길 바랍니다.

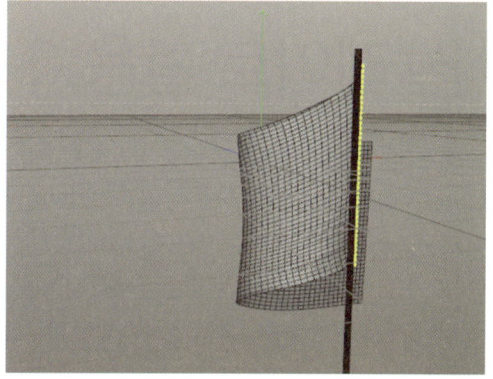

16 깃발이 깃대를 뚫고 지나가는 것을 방지하기 위해서는 깃대로 사용되는 실린더 오브젝트에 클로스의 충돌체로 만들어주는 클로스 컬라이더 태그를 적용하면 됩니다.

17 그밖에 깃발이 서로 부딪쳤을 때도 자가 충돌이 되도록 하기 위해서 플레인 오브젝트에 적용된 클로스 태그의 Expert 탭에서 Self Collision을 체크하면 되며 Point Collision과 Edge Collision, Polygon Collision 등을 설정하여 세밀한 설정을 합니다.

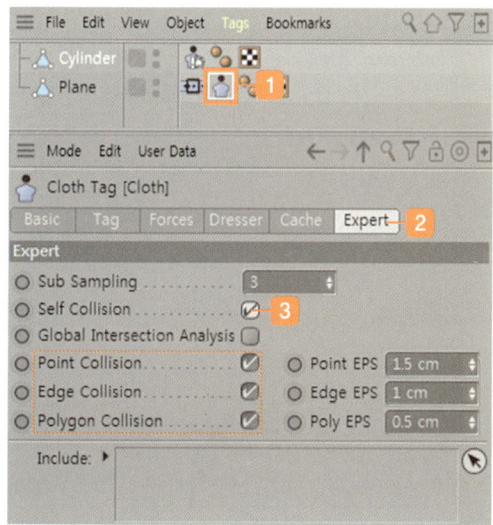

다이내믹 활용 567

03

시뮬레이트 활용

시뮬레이트(Simulate)는 다이내믹처럼 물리적 운동에 의한 움직임, 즉 애니메이션을 연출할 수 있는데 이것은 단순히 키프레임을 이용한 애니메이션이 아닌 자연적으로 움직이는 것을 의미합니다. 시뮬레이트에서는 머리카락이나 자동차의 모터, 스프링 같은 물체의 움직임을 자연스럽게 표현하며 파티클을 이용한 입체 효과와 인력에 의한 다양한 효과를 표현할 수 있습니다.

다이내믹 스프링 살펴보기

시뮬레이트의 다이내믹(Dynamics) 메뉴에서는 기계 공학의 물리적 운동 작업을 위한 기능들로 구성되어 있습니다. 지금은 다른 메뉴에서 사용되지만 리지드 바디와 컬라이더 바디 등도 다이내믹 범주에 포함됩니다.

01 스프링에 대해 알아보기 위해 먼저 그림처럼 납작한 큐브와 스피어를 만들고 스피어를 위쪽으로 이동해놓습니다.

02 [Simulate] - [Dynamics] - [Spring]을 선택합니다. 스프링은 실제 스프링처럼 탄성을 표현할 때 사용됩니다.

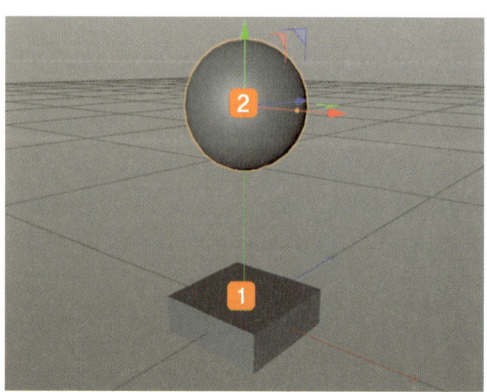
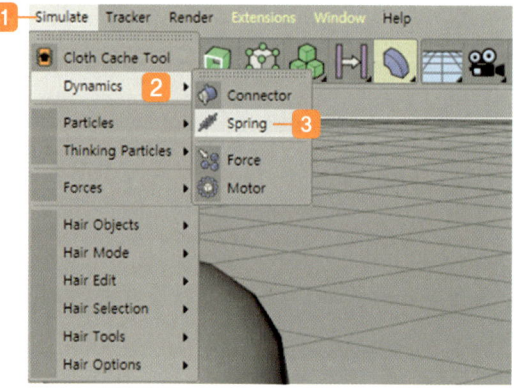

03 방금 적용된 스프링의 Object 탭에서 Object A 필드에는 위쪽에 있는 Sphere 오브젝트를 끌어다 놓고 Object B 필드에는 아래쪽에 있는 Cube를 끌어다 놓습니다. 이것으로 두 오브젝트는 스프링에 연결된 상태가 됐으며 뷰포트를 보면 두 오브젝트 사이에 스프링 모습이 나타납니다. 물론 이 스프링의 모습은 렌더링을 했을 때는 보이지 않습니다. 이 상태에서 플레이를 해보면 아무런 변화가 없습니다. 그것은 위쪽의 오브젝트에 중력에 영향을 받는 다이내믹(리지드 바디)이 적용되지 않았기 때문입니다.

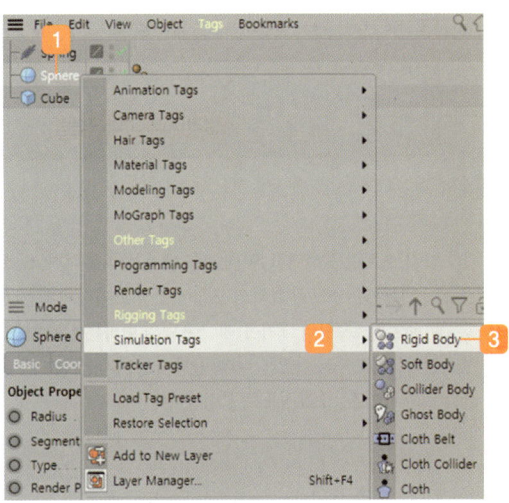

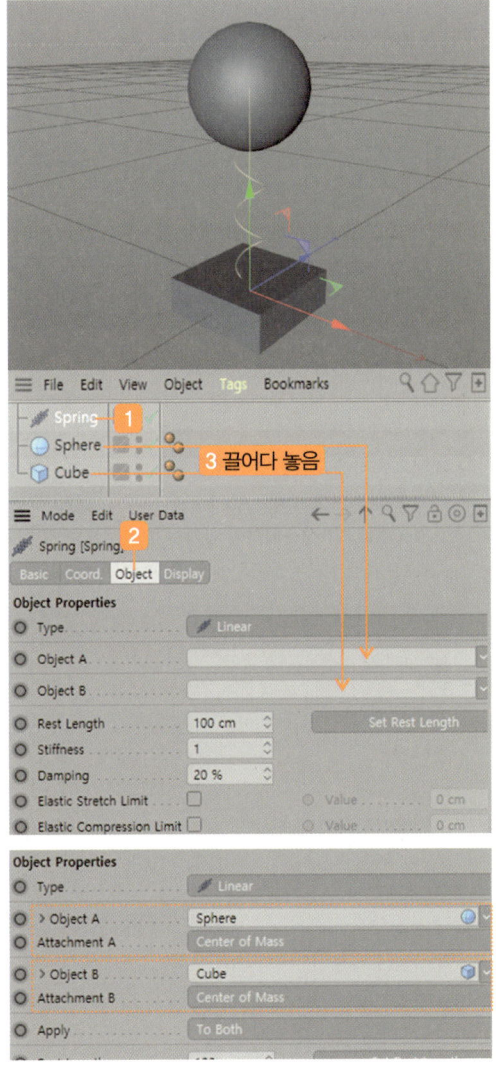

04 이제 위쪽에 있는 스피어 오브젝트에서 [우측 마우스 버튼] - [Simulation Tags] - [Rigid Body]를 적용합니다.

05 플레이를 해보면 스프링에 의해 아래로 떨어져 위아래로 왔다 갔다 할 것입니다. 이때 아래쪽의 큐브 오브젝트를 뚫고 지나가게 됩니다.

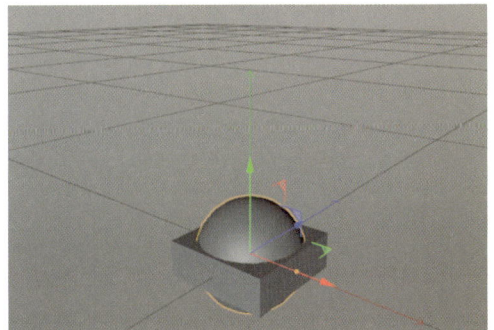

06 큐브에는 컬라이더 바디 태그를 적용합니다. 그리고 다시 확인해보면 스피어가 큐브와 부딪치는 것을 알 수 있습니다.

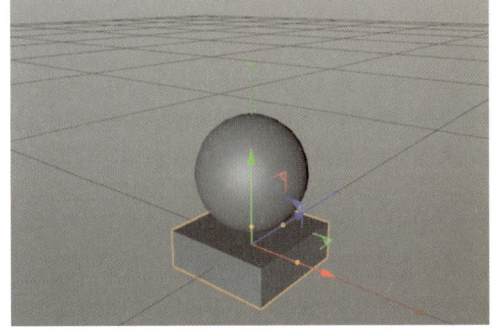

시뮬레이트 활용 569

07 다시 스프링을 선택한 후 Display 탭을 살펴봅니다. 디스플레이 탭에서는 스프링 효과의 모습이 항상 보여지게 하는 Always Visible과 스프링의 크기(실제 스프링의 힘과는 상관없음)를 조절하는 Draw Size가 있습니다. 올웨이즈 비지블을 체크하고 드로우 사이즈는 150 정도로 설정합니다.

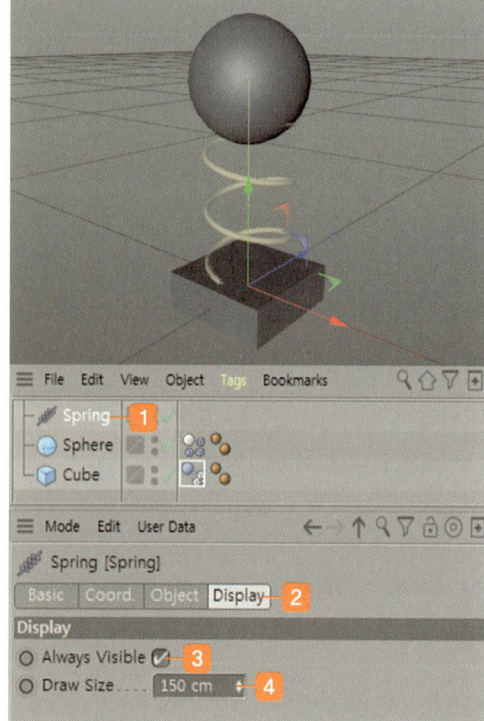

08 계속해서 Object 탭으로 이동합니다. 스프링의 실질적인 설정은 오브젝트 탭에서 이뤄집니다. Object A(B도 동일함) 팝업 메뉴를 보면 다양한 기능이 있습니다. Center of Mass는 스프링이 연결되는 지점을 해당 오브젝트의 질량의 중심(회전축)에 맞춰지는 방식이며 Offset은 스프링의 길이를 직접 설정하는 방식입니다. 그리고 Polygon Point은 해당 오브젝트의 폴리곤 포인트와 연결됩니다. 이 방식을 선택하면 스프링에 연결된 포인트 번호를 설정할 수 있습니다. 마지막 Point Selection은 버

텍스 맵 태그를 통해 스프링과 연결될 영역이 지정됩니다. 이 중 필자가 가장 선호하는 방식은 옵셋 방식입니다.

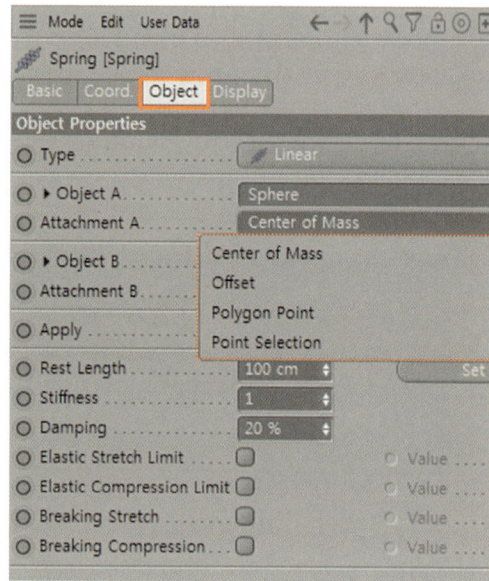

09 Apply는 오브젝트 A와 B 중에서 어떤 오브젝트를 스프링 다이내믹으로 사용할 것인지 선택할 수 있습니다. 이 기능을 사용하기 위해서는 오브젝트 AB가 모두 중력에 영향을 받는 리지드 바디 태그가 적용되어야 합니다. 기본 상태인 To Both는 AB 오브젝트가 모두 스프링에 영향을 받게 됩니다.

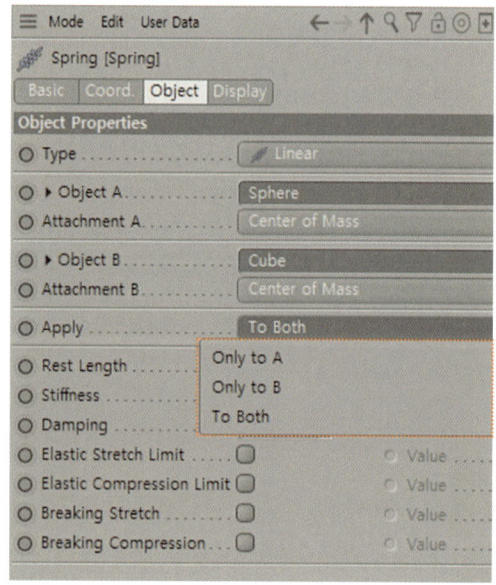

10 Rest Length(레스트 렝스)는 스프링의 최종 길이를 설정합니다. 직접 수치를 입력할 수도 있지만 우측의 Set Rest Length 버튼을 클릭해서 AB 오브젝트의 간격을 자동으로 계산하여 길이를 설정해보겠습니다. 셋 레스트 렝스 버튼을 클릭해 봅니다. 그러면 좌측의 레스트 렝스의 수치가 자동으로 계산됩니다. 필자는 352센티미터 정도로 계산됐습니다.

정합니다. 댐핑을 0으로 설정하면 스프링의 탄성 운동은 무한 반복되며 수치가 높으면 천천히 탄성 운동이 멈추게 됩니다. 그밖에 아래쪽의 기능들은 스프링의 탄성에 대한 한계치와 스프링 기능을 깰 때 사용됩니다.

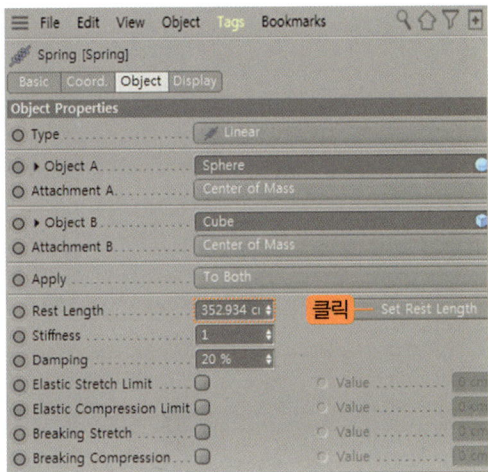

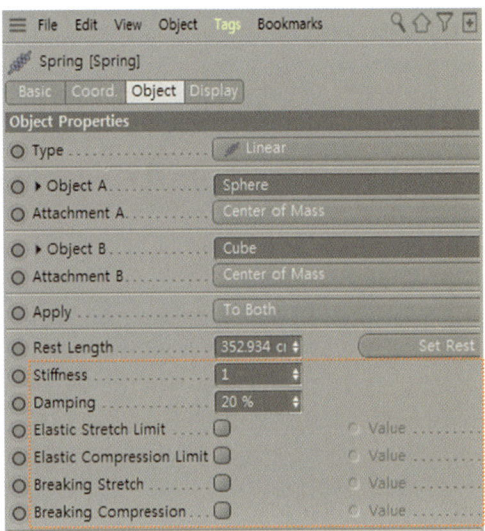

11 여기서 플레이를 해보면 스프링이 아래로 뚝 떨어지는 것이 아니라 안정적인 간격으로 설정됐으며 약간의 흔들림만 있는 것을 알 수 있습니다. 이와 같은 방법으로 스프링의 길이가 두 오브젝트가 거리에 맞게 늘어나게 하였습니다.

13 현재의 작업에서는 특별히 문제가 되는 것은 아니지만 위쪽 물체의 무게나 위치 그리고 스프링의 탄성에 따라 그림처럼 스프링이 넘어가는 경우가 발생됩니다. 이때는 상하 수직이 고정되어 피스톤 작용을 할 수 있도록 해주는 커넥터를 이용하면 됩니다.

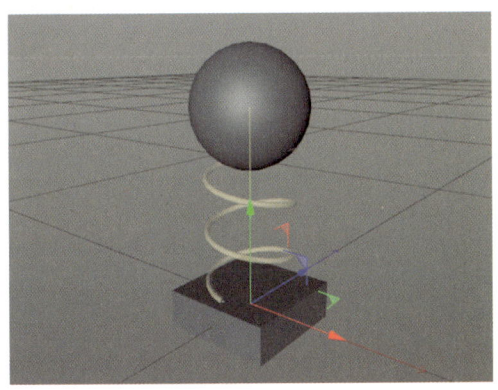

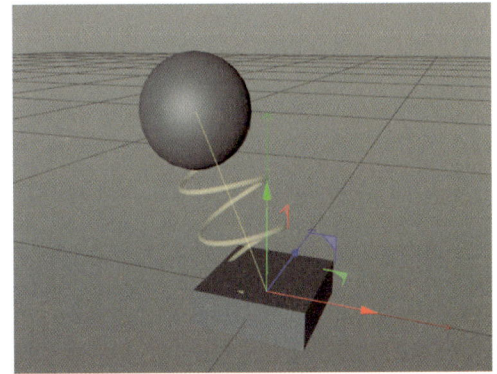

12 스티프니스(Stiffness)는 스프링의 탄성(강성)에 영향을 줍니다. 스티프니스 값이 낮으면 부드러운 탄성을 갖게 되며 수치가 높으면 녹슨 스프링처럼 뻣뻣해집니다. 그리고 댐핑(Damping)은 스프링의 움직임이 둔화될 때의 제동 상태를 설

14 [Simulate] - [Dynamics] - [Connecter]를 선택합니다. 커넥터는 리지드 바디나 소프트 바디 다이내믹 태그가 적용된 오브젝트의 움직임(위치, 회전)을 고정시키고 제한할 때 사용됩니다.

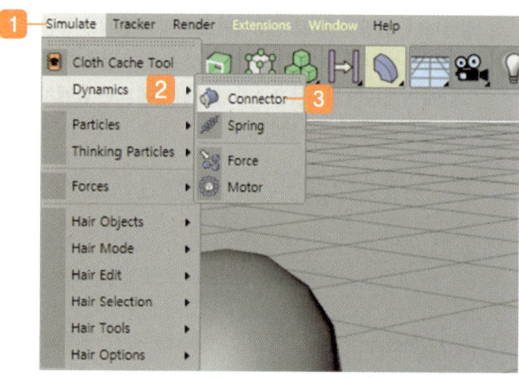 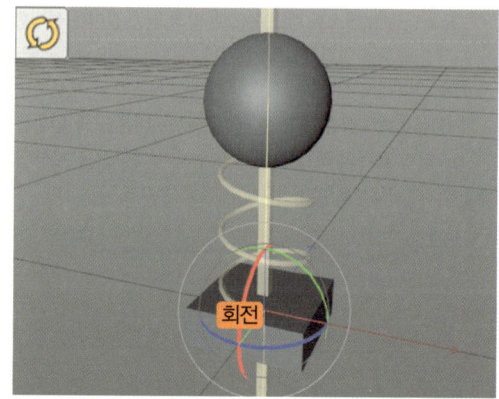

15 커넥터가 적용되면 타입이 기본적으로 힌지(Hinge)로 되어있습니다. 힌지는 문을 열고 닫을 수 있게 해주는 문과 기둥 사이에 있는 경첩과 같은 역할을 합니다. 여기에서는 상하 수직 운동을 위해서 Type을 Slider로 설정합니다. 그리고 Object A 필드에는 스피어 오브젝트를 적용하고 Object B 필드에서는 큐브 오브젝트를 적용합니다.

17 커넥터 타입의 주요 기능은 그림과 같습니다. 이 타입들은 오브젝트간의 움직임을 다양하게 제한할 수 있습니다.

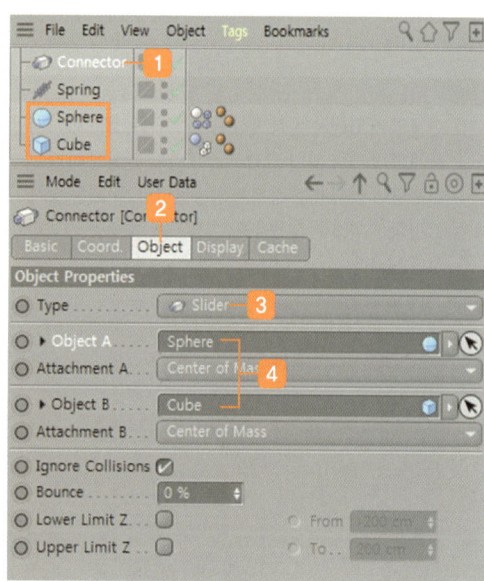

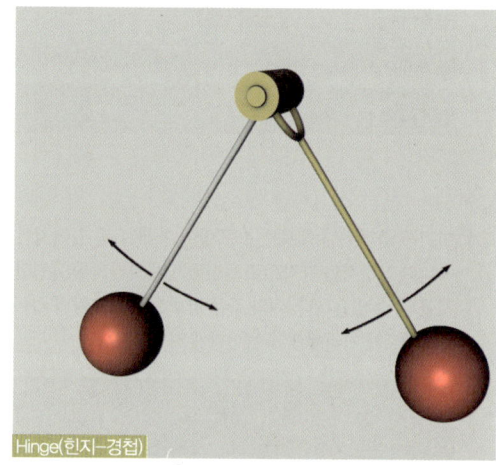

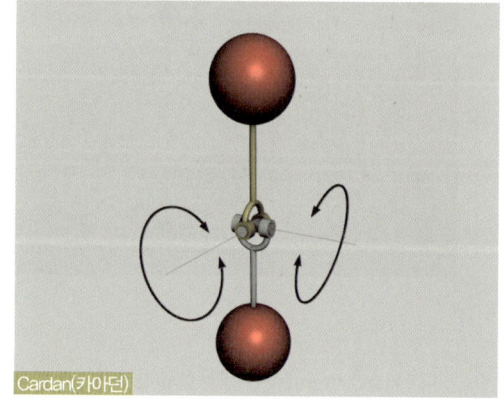

16 계속해서 커넥터의 슬라이더를 회전하여 그림처럼 수직 피스톤 운동을 할 수 있도록 해줍니다. 이 상태로 설정하면 이제 위 아래 오브젝트, 즉 스프링은 더 이상 넘어지지 않게 됩니다.

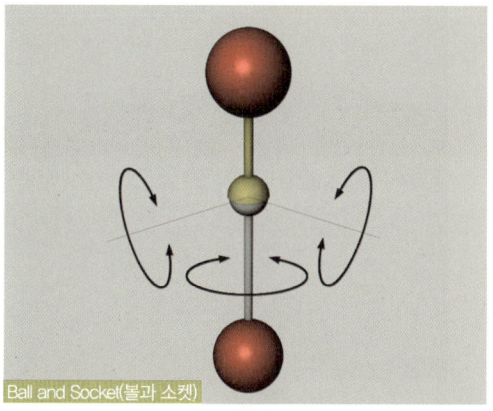
Ball and Socket(볼과 소켓)

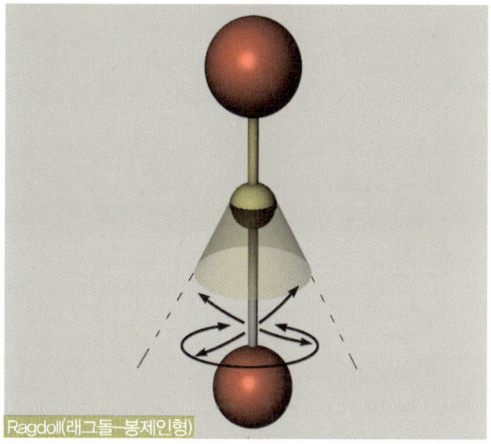
Ragdoll(래그돌-봉제인형)

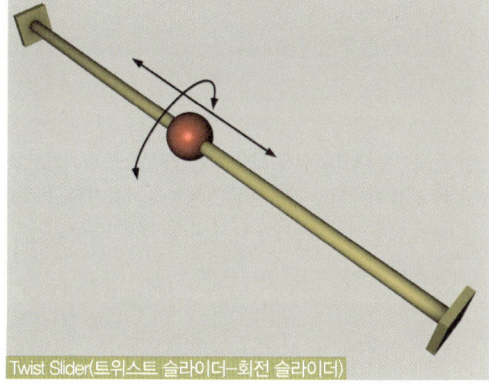
Twist Slider(트위스트 슬라이더-회전 슬라이더)

렌더 뷰의 모습

18 앞에서도 언급을 했듯이 스프링은 탄성 작용을 하기 위한 목적으로만 사용되기 때문에 렌더링을 했을 때 나타나지는 않습니다. 만약 렌더링 시에도 스프링의 모습을 원한다면 엑스프레쏘(XPresso)를 이용해야 합니다. 엑스프레쏘에 대해서는 같은 애니메이션 파트 후반의 [엑스프레쏘 활용] 섹션에서 살펴볼 것입니다.

19 이번엔 회전식 스프링에 대해 알아보기 위해 [학습자료] - [프로젝트] - [회전식 스프링.c4d] 프로젝트 파일을 불러옵니다. 그리고 플레이를 통해 확인해보면 스피어가 문으로 굴러가서 문과 부딪치게 되면 문은 튕겨져 나가게 됩니다.

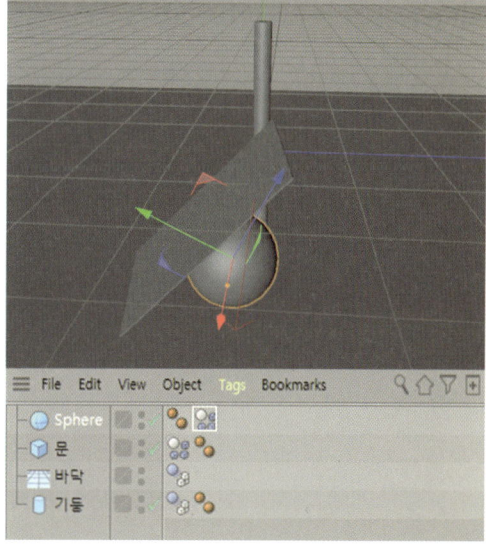

20 이제 회전식 스프링을 적용하기 위해 [Simulate] - [Dynamics] - [Spring]을 적용합니다. 그리고 Object A에는 문, Object B에는 기둥 오브젝트를 적용합니다. 그다음 Type을 Angular(앵귤러)로 선택한 후 로테이트 툴을 사용하여 그림처럼 앵귤러 스프링을 회전하여 수평으로 해줍니다.

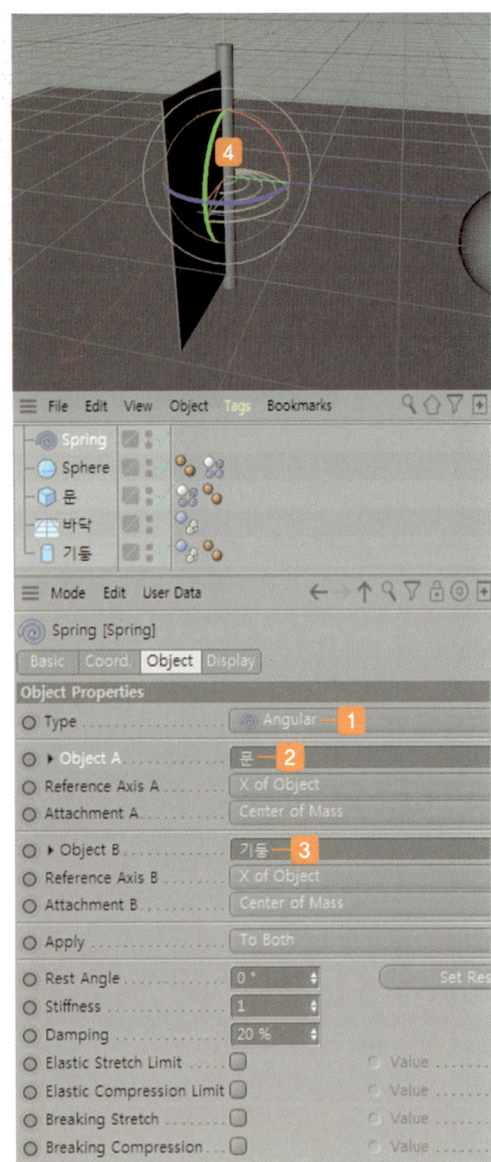

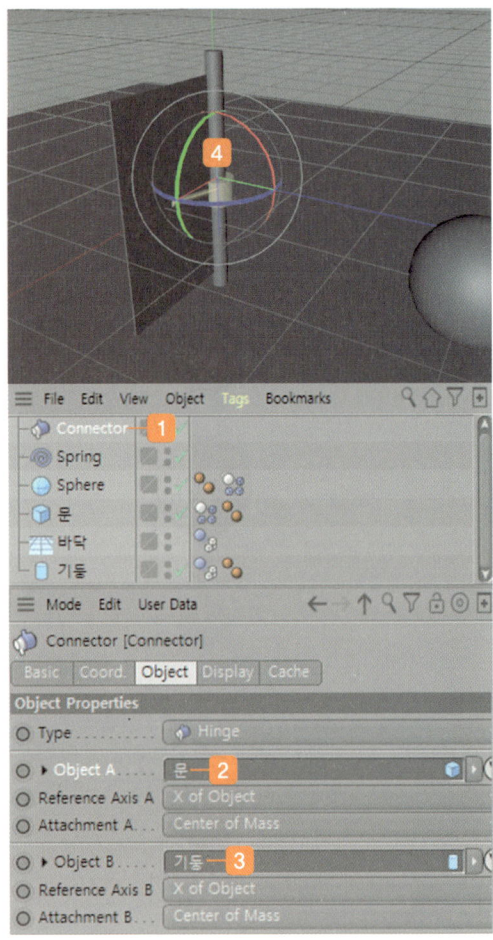

21 이번엔 문에 경첩을 달아주기 위해 [Simulate] - [Dynamics] - [Connector]를 적용합니다. 그리고 Object A에는 문, Object B에는 기둥 오브젝트를 적용합니다. 다음 로테이트 툴을 사용하여 그림처럼 커넥터를 실제 문이 회전되는 방향에 맞게 회전합니다.

22 플레이를 해서 확인해보면 스피어가 문으로 굴러가고 스프링과 경첩 커넥터가 적용된 문은 튕겨져 나가지 않고 스피어의 힘에 의해 회전되었다가 다시 원래 자리로 돌아오는 것을 알 수 있습니다.

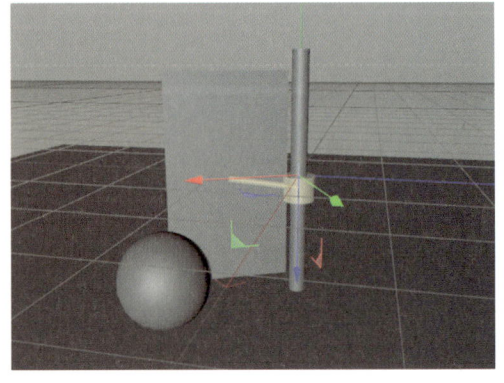

23 커넥터의 경첩(힌지)을 사용할 때는 회전되는 각도를 Angular Limit를 통해 제한할 수 있으며 스프링 타입은 일반 스프링 방식과 지금의 회전 방식 두 가지를 동시에 사용하는 Linear and Angular를 이용할 수도 있습니다.

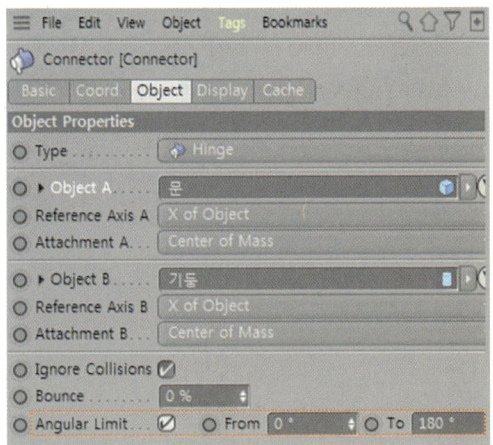
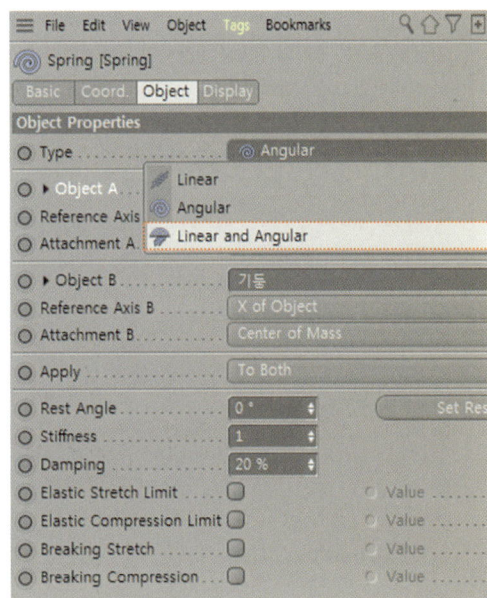

다이내믹 모터 살펴보기

다이내믹의 모터를 사용하면 실제 자동차처럼 모터에 의해 바퀴가 회전되는 장면을 표현할 수 있습니다.

01 모터에 대해 살펴보기 위해 [학습자료] - [프로젝트] - [자동차.c4d] 프로젝트 파일을 불러옵니다. 자동차 몸체와 4개의 바퀴 그리고 지형(Landscape) 오브젝트가 있는 것을 알 수 있습니다. 이 자동차에 모터를 달면 울퉁불퉁한 지형을 따라 움직이게 될 것입니다.

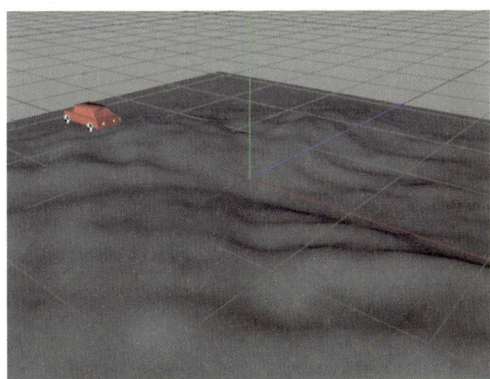

02 이제 모터를 만들어 설정을 해봅니다. [Simulate] - [Dynamics] - [Motor]를 적용합니다.

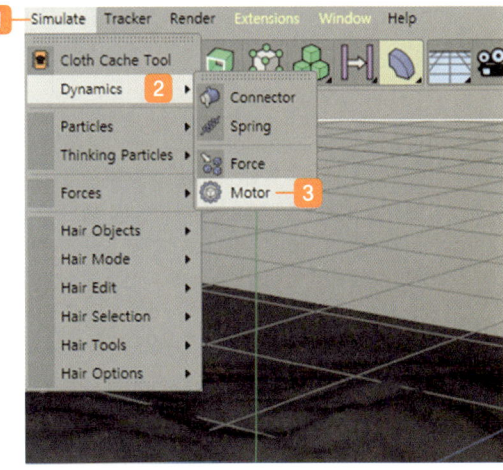

03 방금 만든 모터를 앞바퀴-우 오브젝트 하위에 종속시킵니다. 지금의 종속은 모터의 위치를 설정하기 위해서입니다. Motor를 선택한 후 Coord 탭에서 P . X, Y, Z축의 값을 모두 0으로 설정합니다. 그러면 모터의 위치는 상위 오브젝트인 앞바퀴-우 오브젝트를 기준으로 정가운데로 이동됩니다.

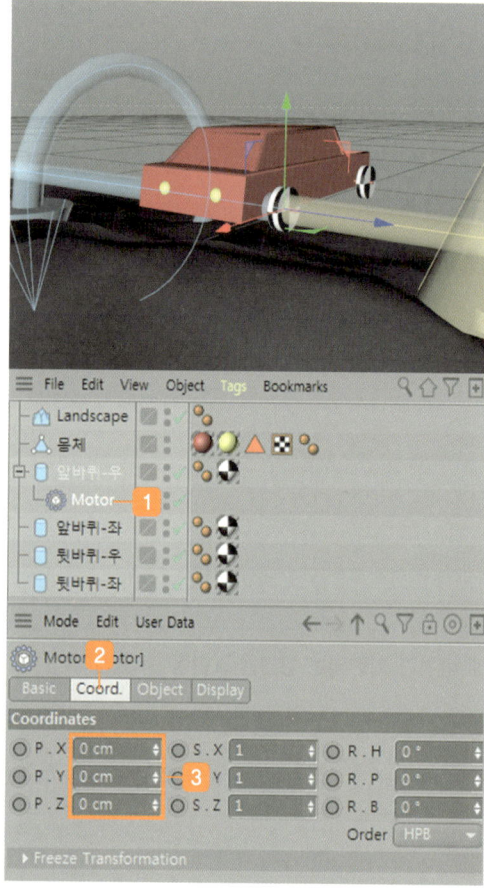

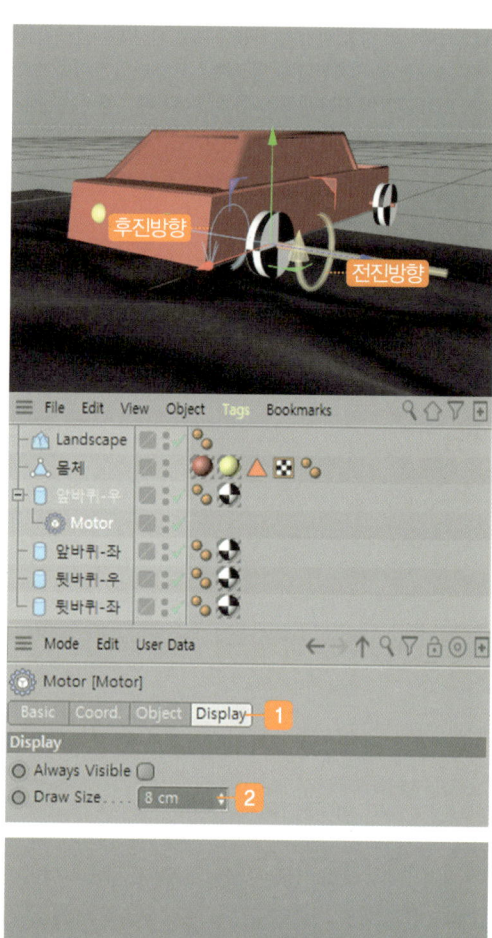

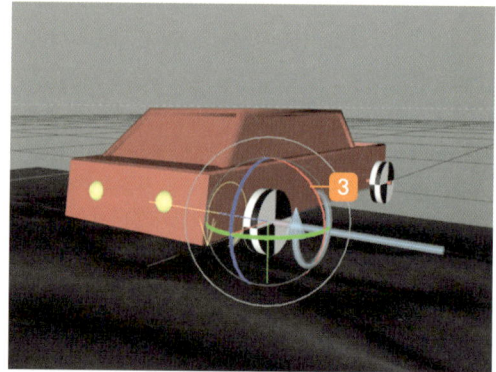

04 모터의 크기가 너무 크기 때문에 적당한 크기로 조절해야 합니다. 물론 모터가 크다고 힘에 영향을 주는 것은 아니지만 작업의 편의를 위해 조절이 필요합니다. Display 탭으로 이동한 후 Draw Size를 8 정도로 줄여줍니다. 그다음 모터의 회전 방향을 설정해야 합니다. 모터의 회전 방향은 하늘색과 옅은 갈색 두 가지 색으로 사용되는데 하늘색은 후진을 위한 방향이고 갈색은 전진을 위한 방향입니다. 현재는 자동차의 전진 방향과 맞지 않기 때문에 로테이트 툴을 사용하여 반대 방향으로 뒤집어주어야 합니다.

05 Object 탭으로 이동한 후 Object A 필드에는 앞바퀴-우를 끌어다 적용하고 현재는 하나의 오브젝트에 모터를 사용할 것이므로 Object B 필드는 아무 것도 적용하지 않아도 됩니다. 같은 방법으로 모터를 복사하여 앞바퀴-좌 오브젝트 하위에 종속시킵니다. 그다음 Object A 필드에 앞바퀴-좌 오브젝트를 끌어다 적용합니다.

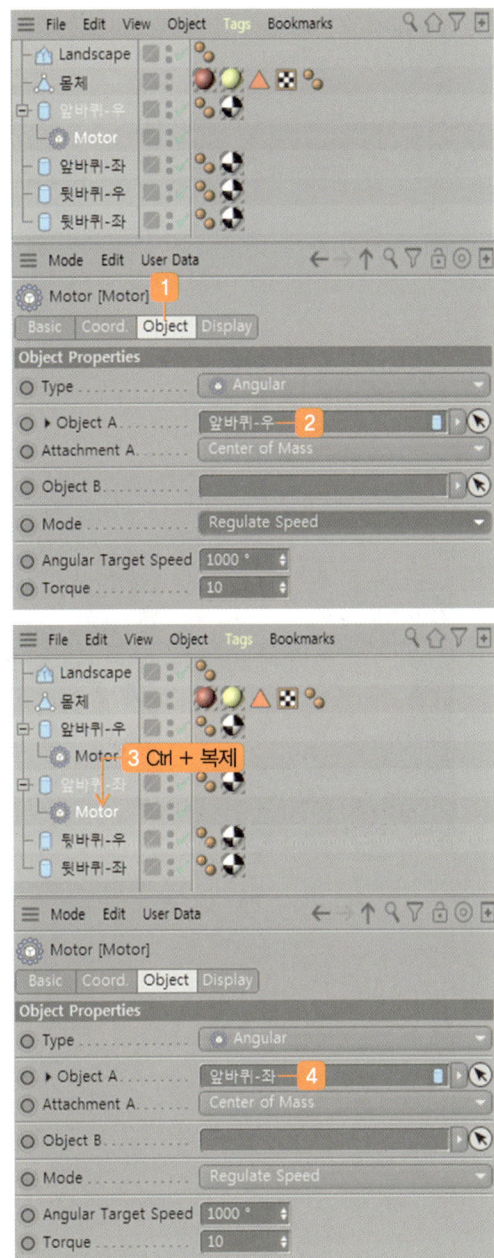

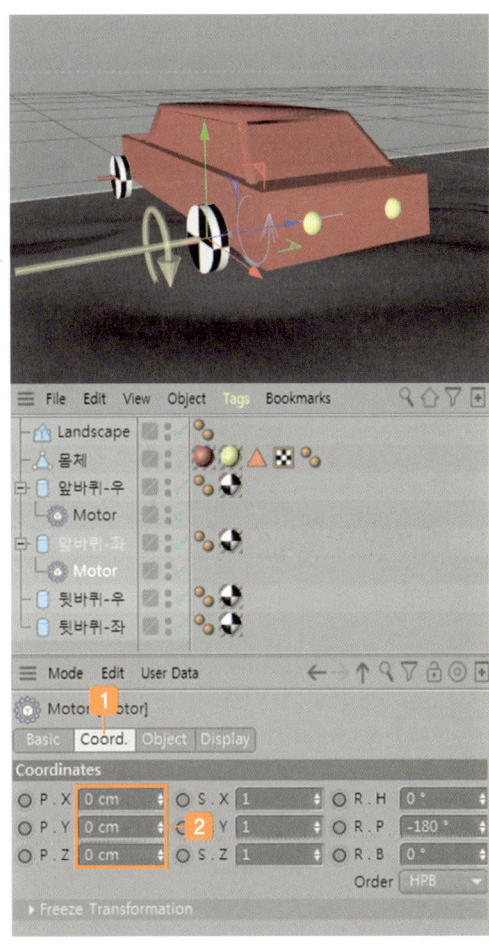

06 Coord 탭으로 이동한 후 P. X, Y, Z축의 값을 모두 0으로 설정하여 복제된 모터의 위치를 앞바퀴-좌 오브젝트의 정가운데로 이동합니다.

07 계속해서 같은 방법으로 뒷바퀴-우와 뒷바퀴-좌 오브젝트에도 모터를 복제한 후 Object A에 각각 해당 오브젝트를 적용하고 모터의 위치도 해당 오브젝트의 정가운데로 이동해줍니다.

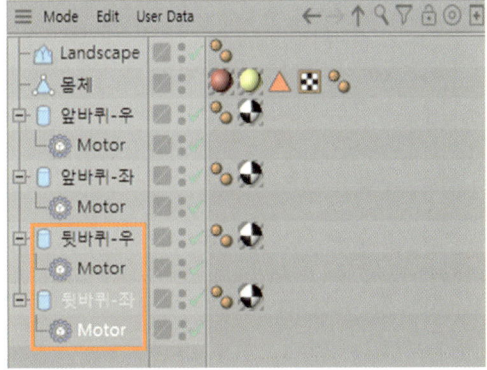

08 모터에 대한 작업이 모두 끝나면 이제 커넥터를 이용하여 4개의 바퀴와 자동차 몸체를 연결해주어야 합니다. [Simulate] - [Dynamics] - [Connector]를 적용합니다.

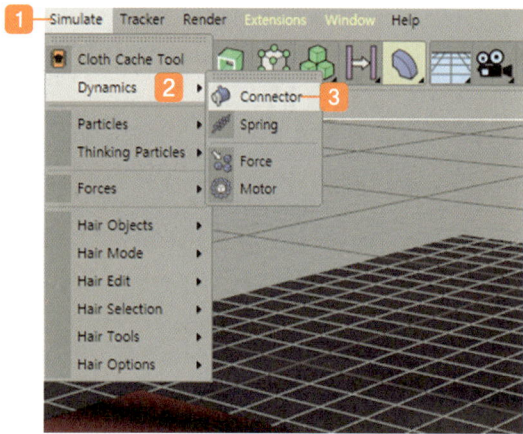

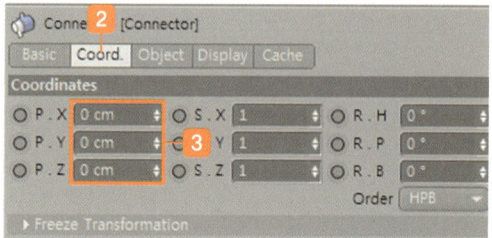

09 방금 적용된 커넥터를 앞바퀴-우 오브젝트 하위에 종속시키고 Coord 탭에서 P.X, Y, Z축의 값을 모두 0으로 설정하여 앞바퀴-우 오브젝트의 정가운데로 이동합니다.

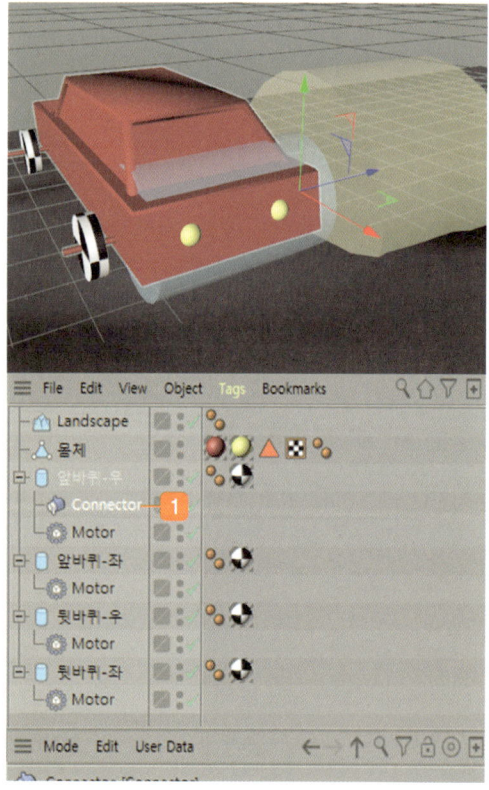

10 이번에도 역시 커넥터의 크기가 너무 크기 때문에 적당한 크기로 조절할 필요가 있습니다. Display 탭으로 이동한 후 Draw Size를 8 정도로 줄여줍니다.

11 Object 탭으로 이동한 후 Object A 필드에는 몸체 오브젝트를 적용하고 Object B 필드에는 커넥터의 상위 계층인 앞바퀴-우

오브젝트를 적용합니다. 이로서 첫 번째 바퀴와 자동차 몸체가 연결(고정)됐습니다.

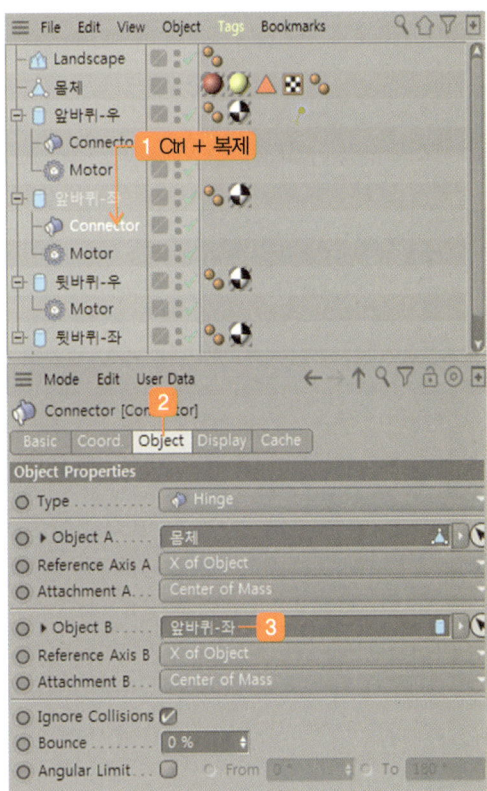

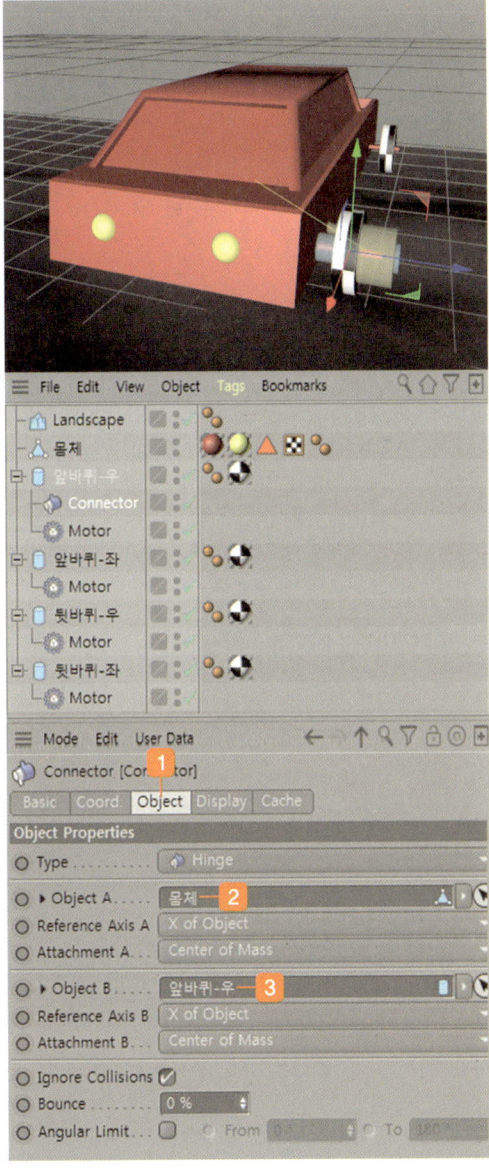

13 Coord 탭으로 이동한 후 P . X, Y, Z축의 값을 모두 0으로 설정하여 앞바퀴-좌 오브젝트의 정가운데로 이동합니다.

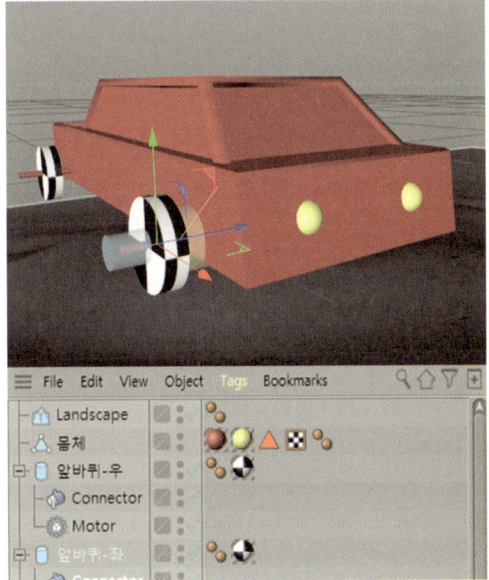

12 계속해서 앞서 사용하던 Connector를 복사하여 앞바퀴-좌 오브젝트 하위에 종속시킵니다. 그다음 복제된 커넥터의 Object 탭에서 Object B 필드에 대해서만 앞바퀴-좌 오브젝트를 적용합니다. 이것으로 두 번째 바퀴도 자동차 몸체에 연결됐습니다.

시뮬레이트 활용 **579**

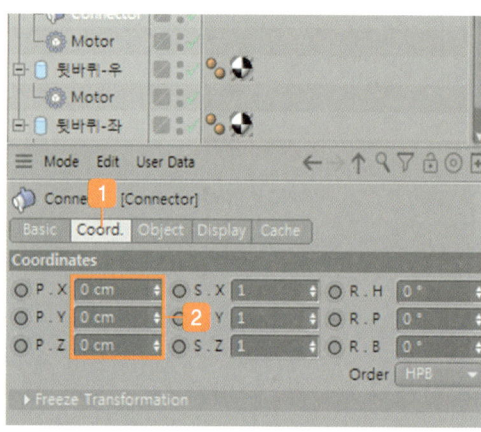

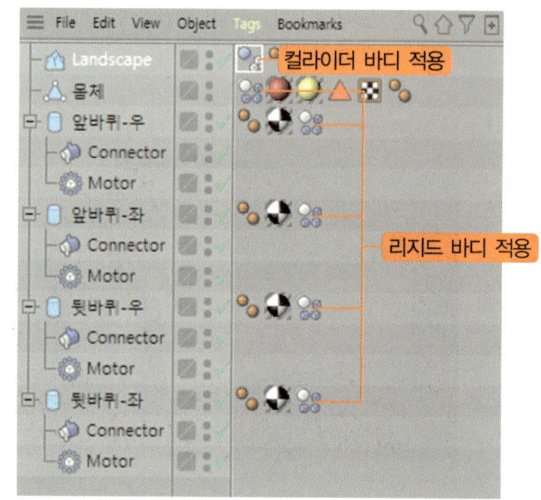

14 계속해서 같은 방법으로 뒷바퀴-우 오브젝트와 뒷바퀴-좌 오브젝트에도 커넥터를 복제해주고 각각의 Object B 필드에는 해당 오브젝트를 적용하고 위치 역시 해당 오브젝트의 정가운데로 이동해줍니다.

16 바퀴와 몸체에 다이내믹이 적용됐기 때문에 이제 플레이를 통해 확인을 해봅니다. 그러면 바퀴는 돌아가지만 랜드스케이프의 경사에 미끄러지는 것을 알 수 있습니다.

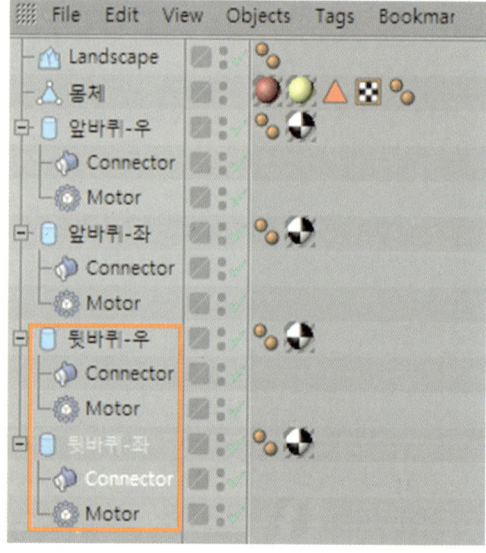

15 이번엔 모터가 작동되기 위해 4개의 바퀴와 자동차 몸체에는 리지드 바디 다이내믹 태그를 적용하고 충돌체로 사용되는 랜드스케이프에는 컬라이더 바디 다이내믹 태그를 적용합니다. 물론 지금의 작업에서는 자동차 몸체에 4개의 바퀴를 종속시킨 후 가장 상위 계층인 자동차 몸체에만 리지드 바디 태그를 적용하여 하위 계층에도 다이내믹이 종속되게 할 수도 있습니다.

17 이제 마찰력을 줄이기 위해 4개의 바퀴에 적용된 리지드 바디 태그를 선택한 후 Collision 탭에서 Friction(프릭션) 값을 300 정도로 높여줍니다. 계속해서 충돌체로 사용되는 랜드스케이프에 적용된 컬라이더 바디 태그를 선택한 후 역시 컬리젼 탭에서 프릭션 값을 300 정도로 높여서 바퀴(타이어)에 대한 마찰력을 높여서 미끄러지지 않게 해줍니다.

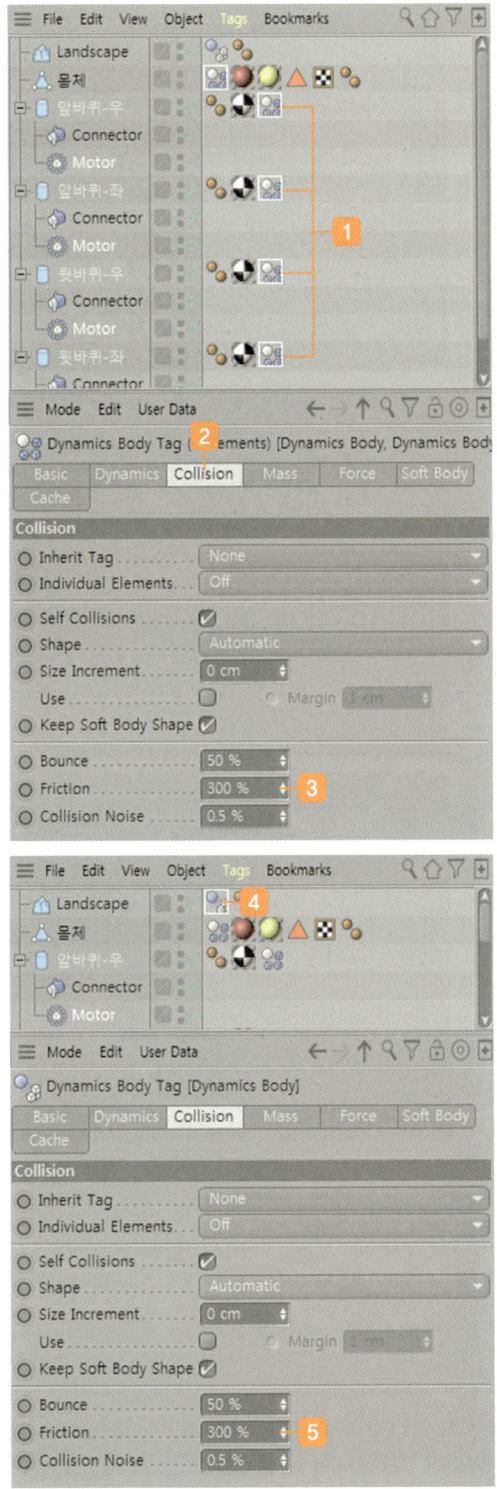

18 아직까지는 모터의 힘이 약해서 랜드스케이프의 급경사를 올라가지 못할 것입니다. 이번엔 4개의 모터를 선택한 후 Object 탭에서 Angular Target Speed를 10000도로 설정하여 모터의 회전 속도를 보다 빠르게 해줍니다.

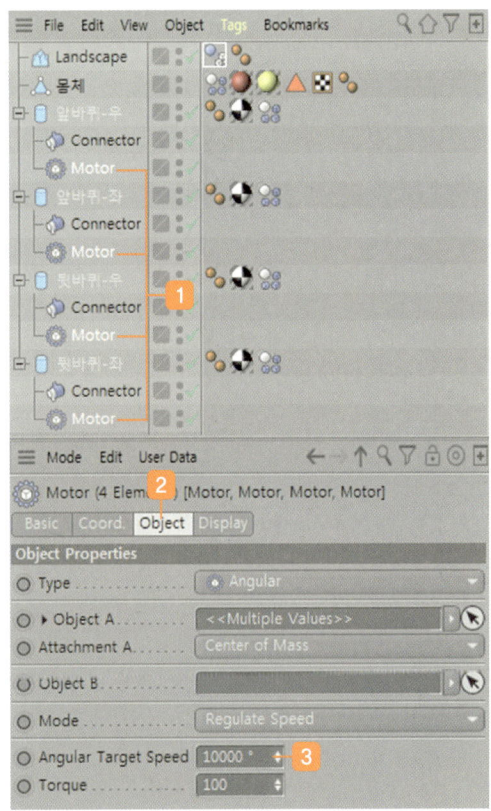

19 다시 플레이를 하여 확인해보면 모터의 회전 속도 높아졌지만 아직도 급경사 부분을 올라가지 못합니다.

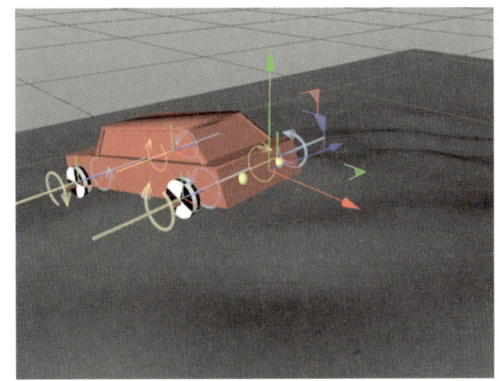

시뮬레이트 활용 **581**

20 실제 자동차는 회전 속도가 높다고 언덕을 잘 올라가는 것은 아닙니다. 평지에서는 회전 속도가 중요하지만 지금처럼 경사가 급격한 곳은 회전 속도보다는 모터의 힘이 중요합니다. 이번엔 Torque(트크) 값을 10000 정도로 높여줍니다. 토크는 마력을 뜻하며 얼마나 많은 마(馬)가 자동차를 끌고 있는가로 이해하면 됩니다.

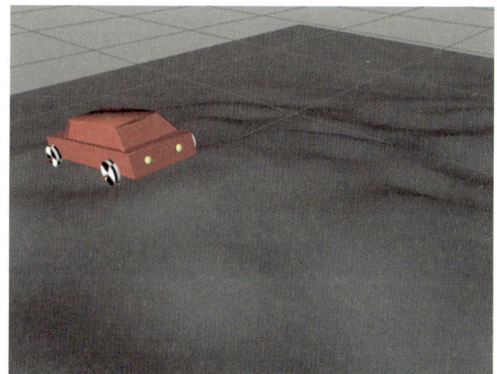

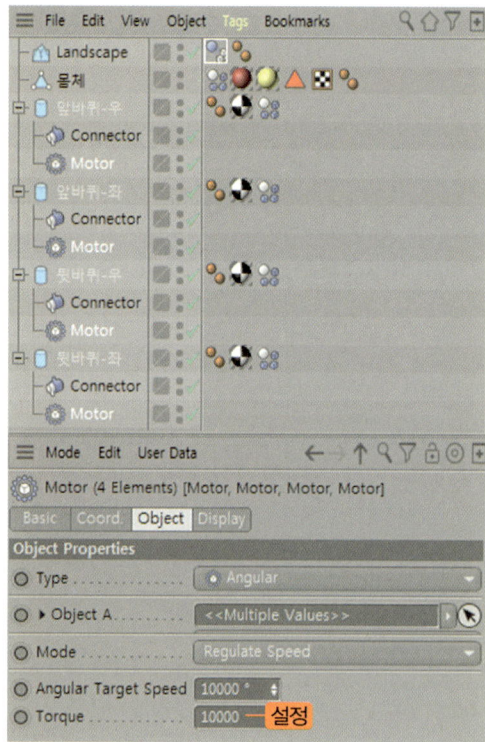

21 다시 확인을 해보면 이제서야 비로서 자동차가 랜드스케이프 경사를 올라가는 것을 알 수 있습니다. 살펴본 것처럼 모터를 사용하면 자동차와 같이 모터가 필요한 곳에 유용하게 사용할 수 있습니다.

다이내믹 포스 살펴보기

다이내믹의 포스(Force)는 물체를 서로 밀어내거나 끌어 당길 때의 힘을 사용할 수 있습니다. 포스에 영향을 받는 오브젝트는 리지드 바디 다이내믹 태그가 적용되어야 합니다. 포스를 활용하면 진자 운동 및 태양을 공전하는 행성 등을 표현할 수도 있습니다.

01 포스에 대해 살펴보기 위해 [학습자료] - [프로젝트] - [포스.c4d] 프로젝트 파일을 불러옵니다. 바닥 위에 큰 모양의 토러스가 있고 토러스 안에는 여러 개의 작은 스피어 오브젝트 있습니다. 이 오브젝트들 중 스피어와 토러스는 리지드 바디 태그가 적용된 상태이고 바닥은 컬라이더 바디 태그가 적용된 상태입니다.

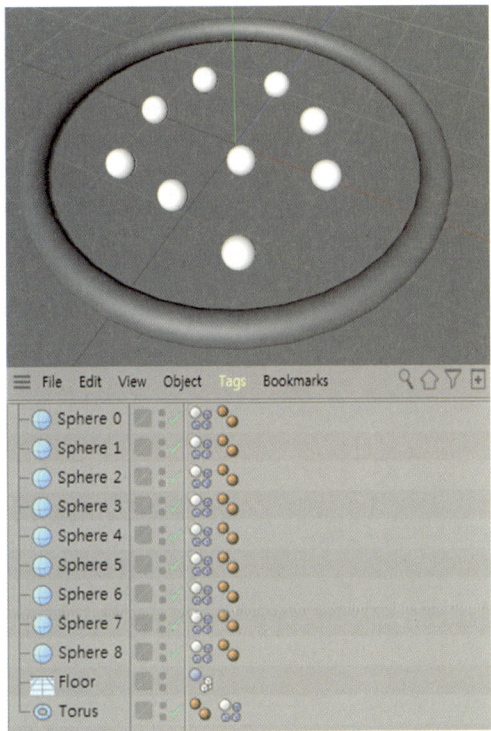

02 이제 포스를 적용하기 위해 [Simulate] - [Dynamics] - [Force]를 선택합니다.

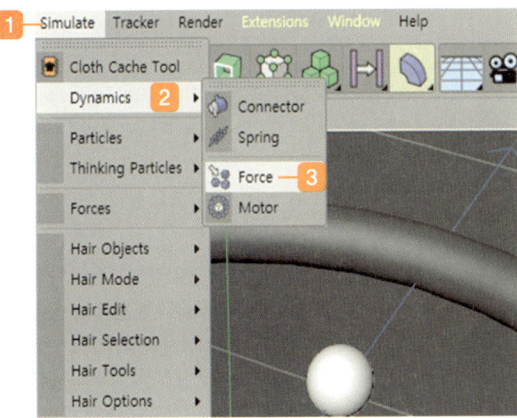

03 플레이를 해서 확인을 해보면 작은 스피어들이 안쪽으로 뭉치는 것을 알 수 있습니다.

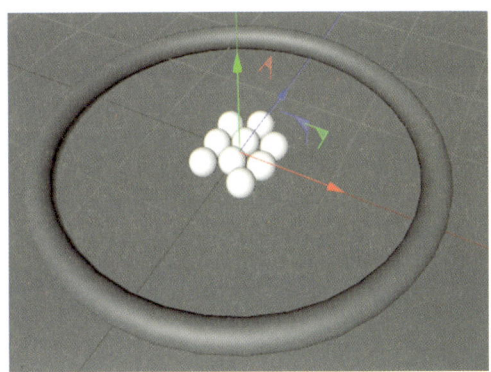

04 앞서 살펴본 상태는 Strength 값이 1로 되어있기 때문에 각 오브젝트들은 서로 끌어 당기는 힘이 가해진 상태입니다. 여기서 스트랭스 값을 -1로 설정하면 반대로 서로 밀치게 되기 때문에 그림처럼 바깥쪽으로 밀려나가다가 토러스에 막혀 더 이상 밀려나지 못하게 됩니다. Damping(댐핑)은 제동에 대한 설정을 하며 Respect Mass(리스펙트 매쓰)는 오브젝트의 질량 값을 반영하여 질량(밀도)이 높은 오브젝트는 힘에 영향을 덜 받게 됩니다. 그밖에 Falloff(폴오프)는 힘의 감쇠를 설정할 수 있으며 Inner/Outer Distance는 내측과 외측에 대한 힘의 반경을 설정할 수 있습니다.

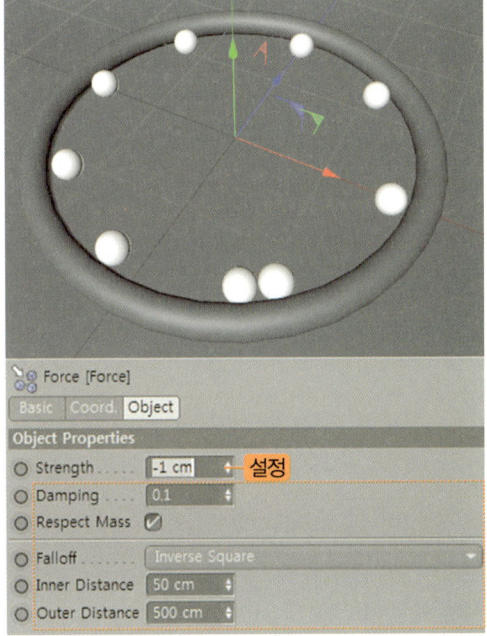

시뮬레이트 활용 **583**

입자 제작을 위한 파티클

파티클(Particle)은 구름, 연기, 눈, 비, 연속적으로 방출되는 총알이나 화살 같은 다양한 모양의 오브젝트를 표현할 때 사용됩니다.

01 파티클을 사용하기 위해서 [Simulate] - [Particles] - [Emitter]를 적용합니다.

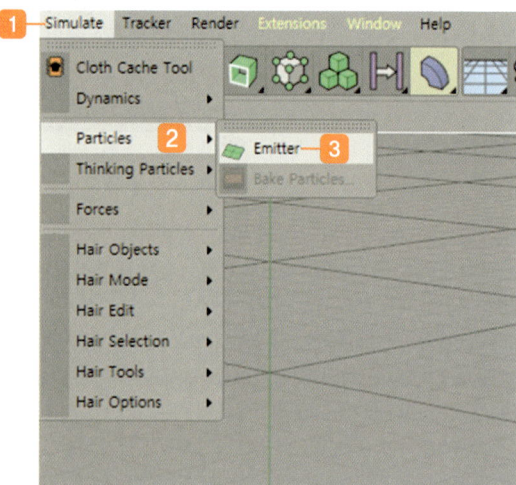

02 이미터(Emitter)는 파티클을 생성하는 장치로서 플레이(F8)를 해보면 하얀색 작은 입자가 방출되는 것을 알 수 있습니다. 현재 이 입자들은 뷰포트 상에서는 보이지만 실제 렌더 뷰를 해보면 아무것도 보이지 않습니다. 이것은 이미터의 기본 입자들은 실제로 사용되는 입자 오브젝트를 위한 매개체로 이해하면 됩니다.

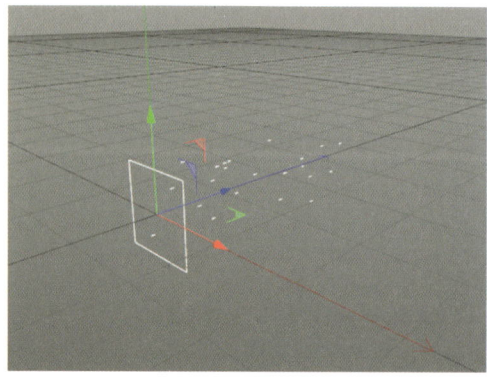

03 이제 파티클 입자로 사용될 오브젝트를 만들어서 살펴봅니다. 이번에는 스피어 오브젝트를 하나 생성하고 Emitter 하위에 종속시킵니다. 이렇게 해야 이미터의 파티클 입자로 사용됩니다. 현재는 스피어의 크기가 너무 크기 때문에 Object 탭에서 Radius를 7 정도로 줄여줍니다. 아직까지는 스피어가 파티클로 표현되지 않고 있습니다.

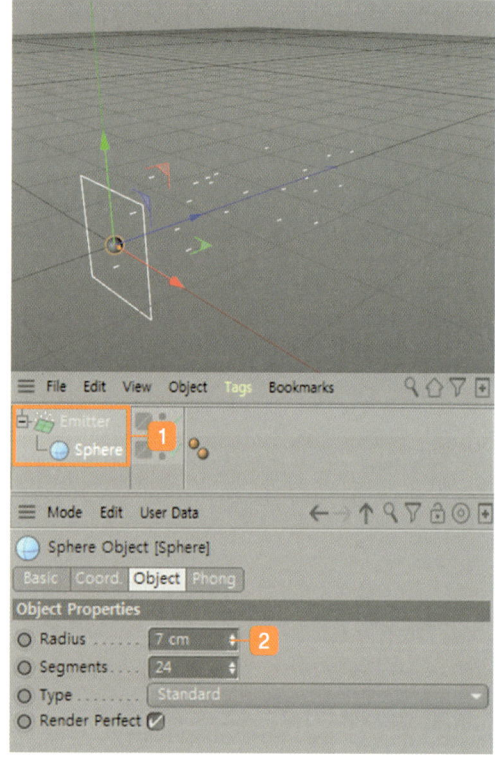

04 이제 스피어가 파티클로 표현되게 하기 위해 Emitter를 선택한 후 Particle 탭에서 Show Objects를 체크합니다. 그러면 파티클의 모습이 스피어로 표현됩니다. 처음부터 파티클 오브젝트의 모습이 보이지 않게 하는 것은 파티클의 개수가 많아지게 되면 프리뷰 재생 시간이 느려질 수 있기 때문입니다.

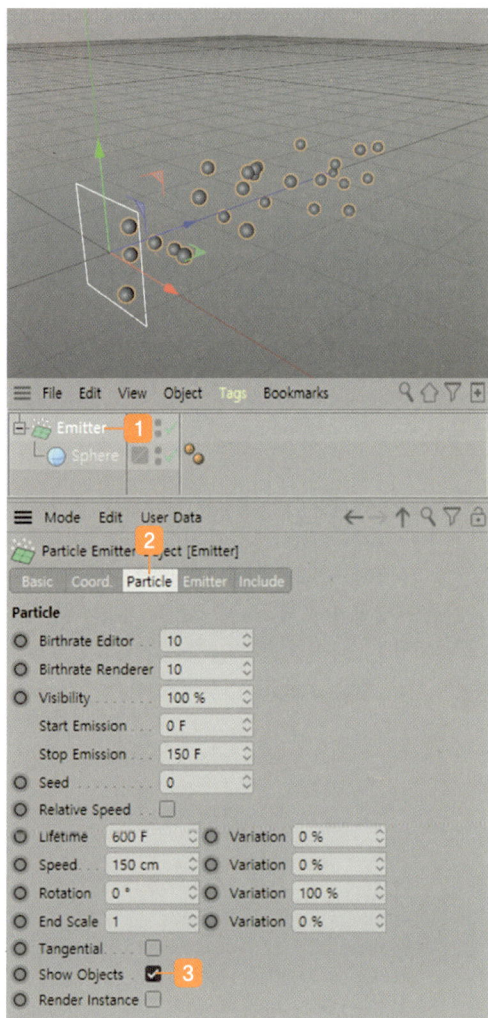
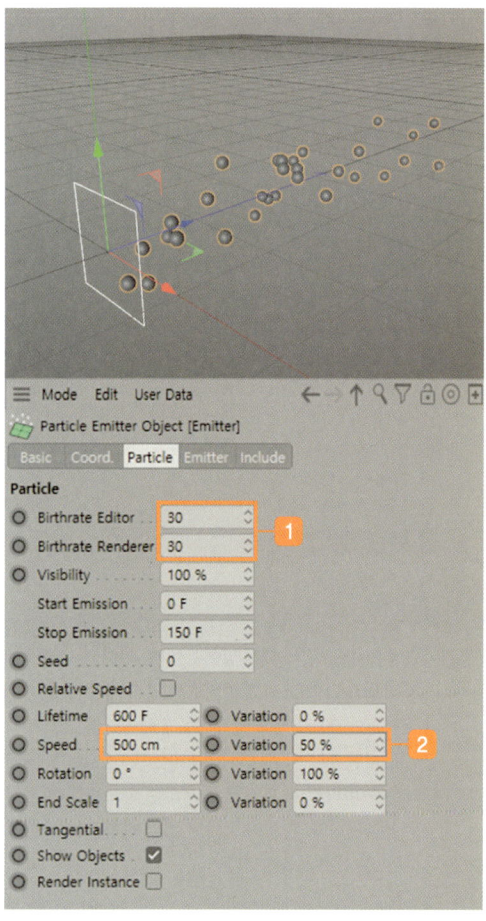

05 파티클에 변화를 주기 위해 Birthrate Editor/Renderer를 모두 30 정도로 늘려줍니다. 버스레이트 에디터/렌더러는 파티클의 개수를 설정하는데 에디터는 뷰포트 상에서 보이는 개수이고 렌더러는 최종 렌더링을 했을 때 보이는 개수입니다. 그다음 파티클의 속도를 늘려주기 위해 Speed를 500 정도로 설정하고 우측 Variation(베어리에이션)을 50 정도로 설정합니다. 베어리에니션은 보통 랜덤이라고 하는 것으로 무작위로 속도를 조절합니다. 즉, 어떤 파티클은 빠르고 어떤 파티클은 느리게 된다는 것입니다. 베어리에이션의 수치가 높을수록 더욱 랜덤하게 조절됩니다. 참고로 시네마 4D에서의 모든 랜덤은 베어리에이션(Variation)으로 표기됩니다.

06 파티클 탭은 실질적인 파티클 속성에 대해 설정할 수 있는 기능들을 제공됩니다. 비지빌리티(Visibility)는 파티클이 표현되는 최종 개수를 백분율로 설정하며 Start/Stop Emission은 파티클이 방출되기 시작되는 시간과 끝나는 시간을 설정합니다. Seed(시드)는 파티클의 위치(배치)를 랜덤하게 조정할 수 있으며 Lifetime은 하나의 파티클을 기준으로 파티클의 생몰 시간을 설정합니다. 우측 베어리에이션을 이용하여 생몰 시간을 랜덤하게 조절할 수 있습니다. Rotatin은 파티클을 회전시킬 수 있으며 End Scale은 파티클의 수명이 다해갈 때의 크기를 조절합니다. Tangential은 파티클의 방향에 대한 것으로 잠시 후에 살펴보기로 합니다. 마지막 Render Instances를 체크하면 복제 렌더(인스턴스)를 할 수 있어 아무리 많은 양의 파티클을 사용할지라도 메모리의 과부하가 생기지 않도록 렌더링할 수 있게 해줍니다.

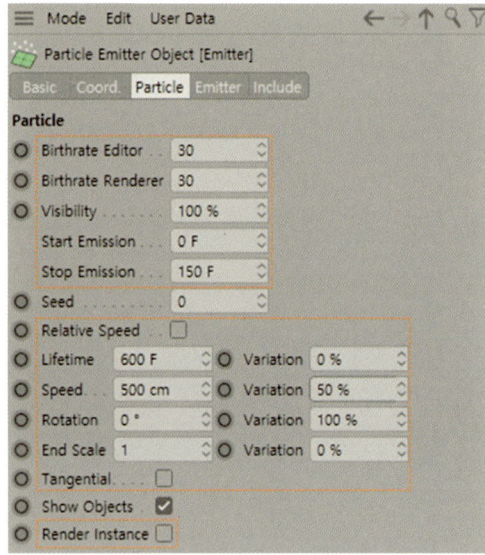

07 이번엔 Emitter 탭에 대해 알아봅니다. 이미터 탭에서는 이미터의 타입과 크기 그리고 파티클의 분사 각도 등을 설정합니다. X-Size를 200 정도로 설정해보면 이미터의 크기가 수평 방향으로 커진 것을 알 수 있으며 Angle Horizontal/Vertical(앵글 허리즌틀/버티컬)을 90도로 설정하면 파티클들이 설정된 각도로 분출됩니다. 확인이 끝나면 앵글 허리즌틀/버티컬 값을 다시 0으로 설정 해놓습니다.

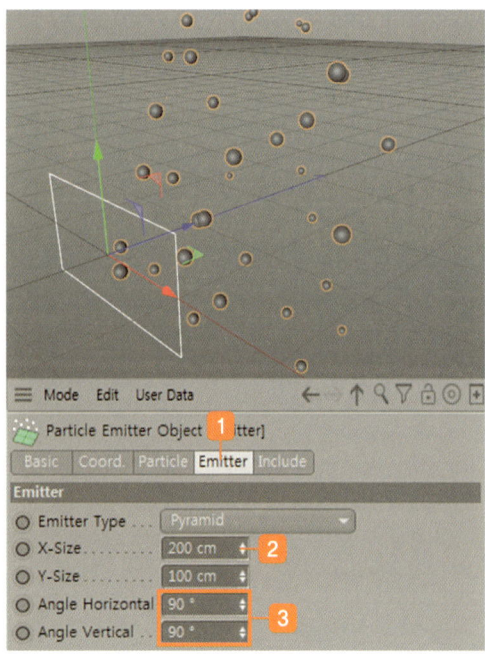

08 계속해서 인클루드(Include) 탭에 대해 알아봅니다. 인클루드 탭에서는 파티클이 어떤한 힘에 영향을 받도록 모디파이어(일종의 포스 효과라고 이해하면 됨) 필드에 물리적 에너지를 적용할 수 있습니다.

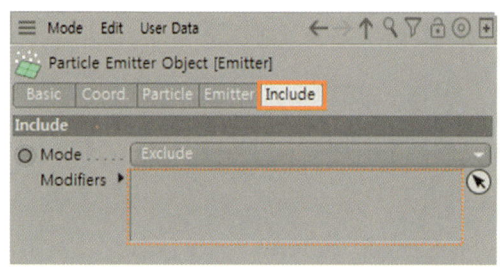

09 이제 물리적 에너지를 적용하기 위해 [Simulate] - [Forces] 메뉴에서 Attractor(어트랙터)를 적용합니다. 어트랙터는 인력(끌어당기는 힘)을 표현하기 위해 사용됩니다. 그밖에 바람, 난기류(돌풍), 중력, 반사, 회전 등 다양한 물리적 에너지를 사용할 수 있습니다.

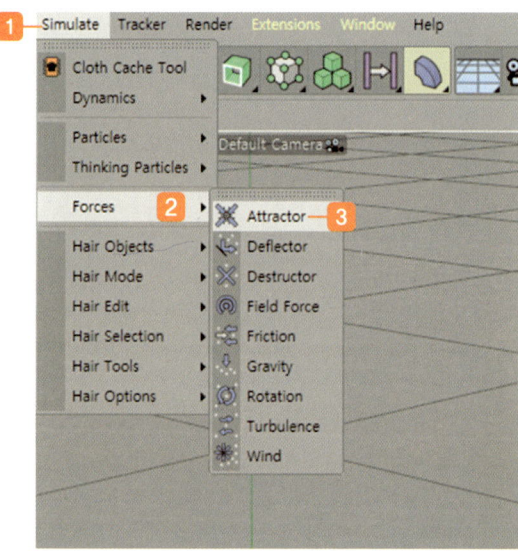

10 어트랙터의 속성 매니저의 Object 탭에서는 인력에 대한 설정을 할 수 있습니다. Strength 값을 500 정도로 늘리고 어트랙터의 위치를 그림처럼 이미터 앞쪽으로 이동해놓습니다. 그리고 플레이를 해보면 파티클들이 분출되어 날아가다가 어트랙터의 힘에 끌려들어가는 것을 알 수 있습니다.

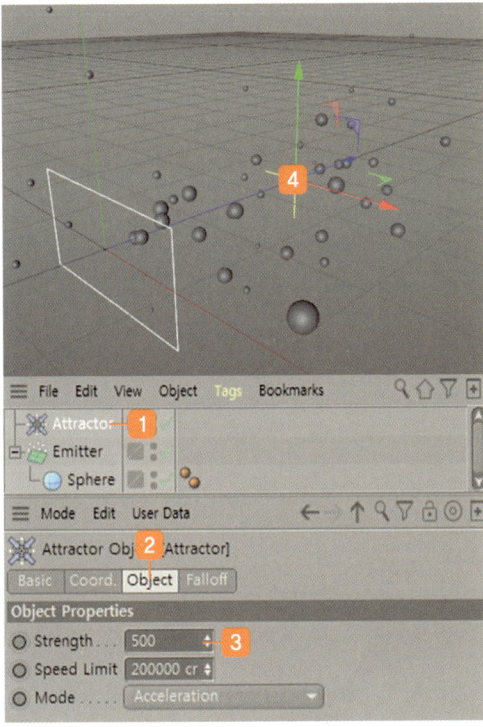

11 시네마 4D에서의 모든 효과는 Falloff 탭을 가지고 있습니다. 폴오프 탭에서는 효과의 범위를 제한할 때 사용됩니다. 여기에서는 Linear Field 부분을 클릭해서 그밖에 필드가 나타나게 한 후 Spherical Field를 선택합니다. 그리고 확인해보면 어트랙터의 모습이 스피어 모양으로 바뀐 것을 알 수 있습니다. 이제 이 스피어 영역 안에서만 어트랙터 효과의 힘이 발생됩니다. 쉐이프의 모양은 다양하게 선택할 수 있으며 크기 또한 원하는 크기로 조절할 수 있습니다.
Double click to create a New Field 영역을 더블클릭해서 필드를 추가할 수도 있습니다.

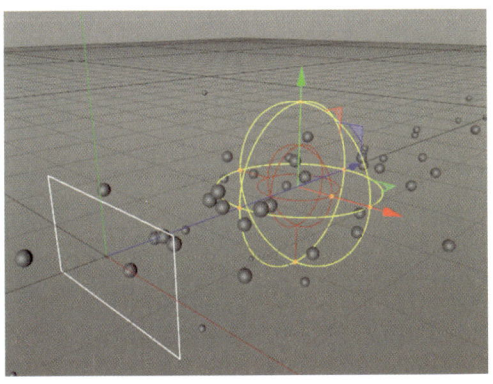

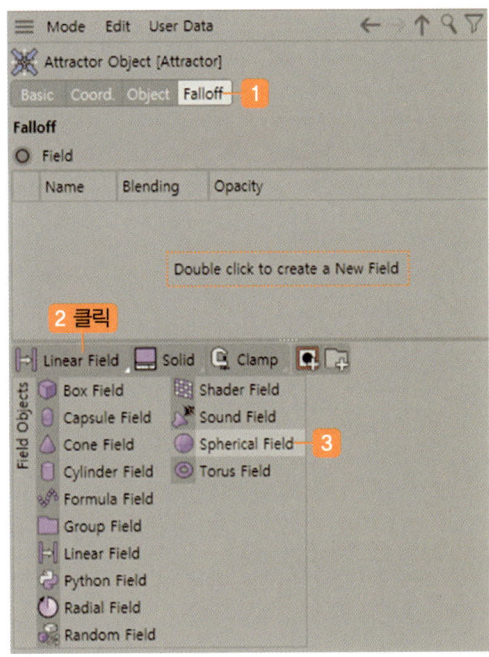

12 다시 이미터를 선택하고 인클루드 탭에서 Modifiers 필드에 어트랙터를 끌어다 놓습니다. 그리고 Mode를 Include로 설정하면 적용된 어트랙터가 해당 이미터에서 작용됩니다. 현재는 하나의 효과밖에는 없지만 여러 개의 효과가 있을 경우에 원하는 효과만 골라서 사용할 수 있습니다. 반대로 Mode를 Exclude(익스클루드)로 바꾸면 적용된 효과만 사용되지 않게 됩니다.

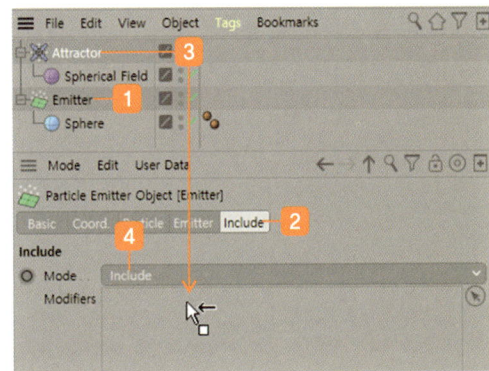

13 그밖에 물리적 에너지 효과를 이용하면 파티클에 다양한 변화를 줄 수 있으며 리지드 바디 다이내믹과 병행하면 놀랄만한 환상적인 장면들을 표현할 수 있습니다.

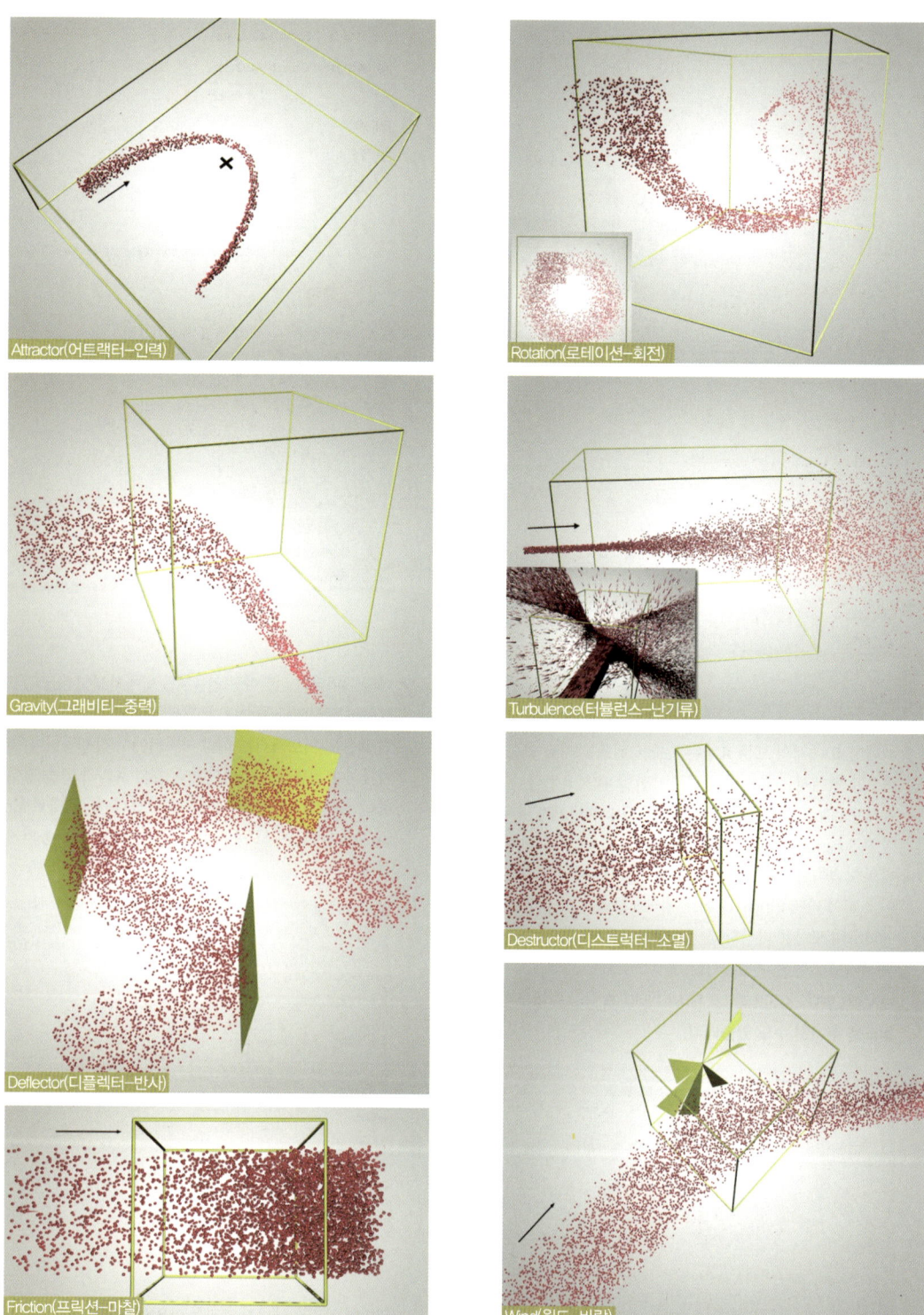

14 이번엔 파티클의 무게 중심과 중력에 영향을 받아 무게 중심이 무거운 부분이 아래로 떨어지는 작업을 해봅니다. 창을 던지거나 화살을 쏘았을 때의 모습을 상상하면 될 것입니다. 학습을 위해 [학습자료] - [프로젝트] - [이미터.c4d] 프로젝트 파일을 불러옵니다. 잠시 플레이를 해서 확인해보면 화살이 날아가는 것을 알 수 있습니다. 그런데 현재는 중력이 없기 때문에 화살이 항상 같은 방향으로 날아갑니다.

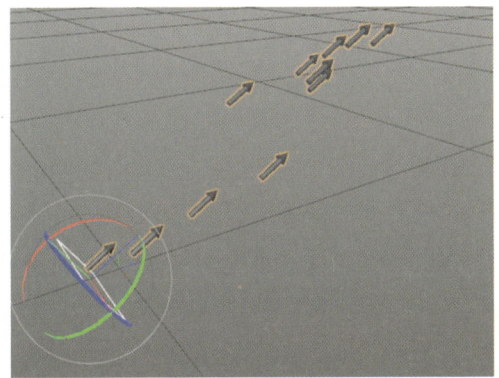

15 여기서 잠깐 이미터의 파티클 탭에서 Tangential(탄젠셜)을 체크해보면 화살표의 모습이 전과는 다르게 세워진 상태로 날아갑니다. 이렇듯 탄젠셜이 체크되면 파티클 오브젝트의 Z축과 이미터의 Z축이 같은 방향으로 유지됩니다. 그렇게 때문에 이미터가 회전이 되도 파티클 오브젝트의 방향이 변하지 않게됩니다. 지금의 작업에서는 탄젠셜을 해제해야지 화살표가 날아가는 모습을 원하는 모습으로 표현할 수 있기 때문에 해제합니다. 파티클 오브젝트의 최종 방향은 파티클 오브젝트를 직접 원하는 방향으로 회전해야 합니다.

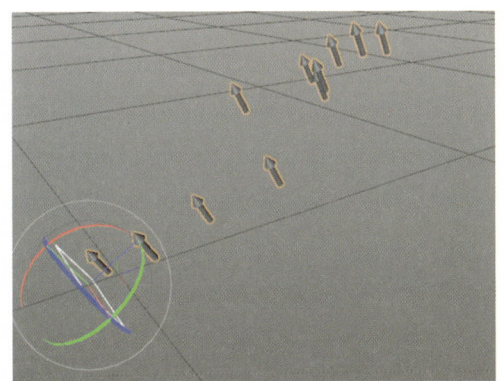

16 이제 화살표에 리지드 바디 태그를 적용합니다. 그리고 다시 플레이를 해보면 중력에 영향을 받기 때문에 아래로 떨어지는 것을 알 수 있습니다. 그런데 떨어질 때의 화살표는 화살표 머리가 아래로 향하지 않고 처음 날아갔던 그대로의 모습으로 떨어지는 것을 알 수 있습니다.

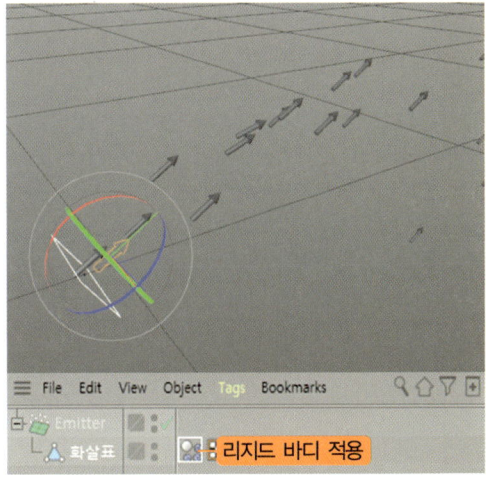

17 계속해서 리지드 바디 태그의 Force 탭으로 이동한 후 아래쪽의 Aerodynamics 항목을 봅니다. 에어로다이내믹은 공기 저항

에 대한 설정을 할 수 있습니다. Drag(드래그)는 공기 저항을 설정하며 Lift(리프트)는 양력(상승효과-비행기가 날아가는 원리)에 대한 설정을 할 수 있습니다. 날아가는 물체가 공기에 저항을 받지 않으면 어떠한 변화도 생기지 않기 때문에 지금의 작업처럼 화살표의 머리 부분이 아래로 떨어지게 하기 위해서는 공기의 저항이나 양력에 대한 설정이 필요합니다. 여기에서는 드래그 값만 5 정도로 높여줍니다. 참고로 맨 아래쪽의 Two-Sided를 체크하게 되면 오브젝트의 양면(모든 면)에도 공기 저항 및 양력에 영향을 받게 됩니다. 설정 후 플레이를 해보면 이전과는 다르게 화살표가 떨어질 때의 모습이 처음의 모습이 아니라 변화가 생긴 것을 알 수 있습니다. 물론 원하는 화살표 머리로 떨어지는 것은 아닙니다. 이것은 화살표의 무게 중심과 관련이 있기 때문입니다.

때문에 그 절반인 300센티미터로 설정하여 무게 중심을 화살표 머리 부분으로 이동한 것입니다. 이제 다시 플레이를 해보면 화살표가 떨어질 때의 모습이 화살표 머리로 떨어지는 것을 알 수 있습니다. 이렇듯 물체가 날아가다 떨어질 때는 공기 저항과 무게 중심의 역할이 중요하다는 것을 알 수 있습니다.

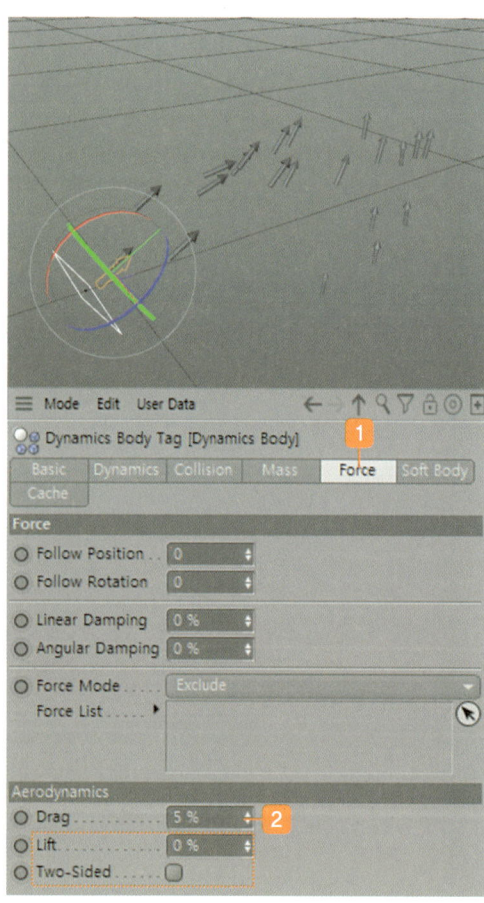

18 Mass 탭으로 이동한 후 Custom Center를 체크하여 무게 중심에 대한 설정을 할 수 있도록 합니다. Center의 Y축을 300 정도로 설정합니다. 현재 화살표의 크기가 669센티미터 정도가 되기

머리카락 및 털을 표현하기 위한 헤어

헤어(Hair)는 사람의 머리카락이나 동물의 털 그리고 새의 깃털을 표현하기 위해 사용되며 때에 따라서는 잔디와 같은 풀숲을 표현할 때도 사용됩니다.

01 헤어 작업을 위해 [학습자료] - [프로젝트] - [머리.c4d] 프로젝트 파일을 불러옵니다. 남자의 머리 모습의 오브젝트입니다. 현재는 머리카락이 하나도 없는 상태입니다.

03 머리 오브젝트에 적용된 선택 태그 중 우측에서 두 번째 선택 태그를 더블클릭 해봅니다. 그러면 그림처럼 머리 오브젝트의 눈과 입 주변을 제외한 부분이 선택된 것을 알 수 있습니다.

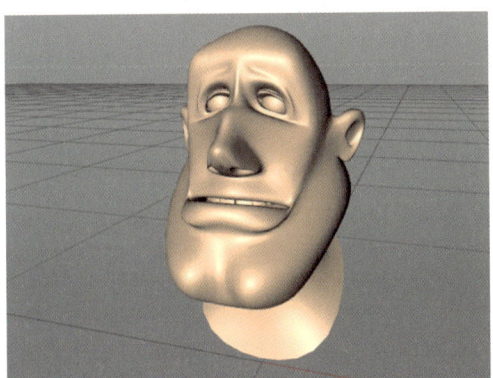

02 서브디비전 서피스를 해제하고 머리 오브젝트를 선택해보면 매우 단순한 폴리곤 형태로 된 것을 알 수 있습니다. 이렇듯 사람의 모습과 같은 다소 복잡한 형태의 오브젝트 또한 단순하게 만든 후 서브디비전 서피스를 통해 부드러운 형태로 표현하는 것을 알 수 있습니다. 확인이 끝나면 다시 서브디비전 서피스를 켜줍니다.

04 지금의 작업은 머리 부분에 대해서만 머리카락을 심어주기 위한 것이기 때문에 그림처럼 머리 부분만 다시 선택해줍니다.

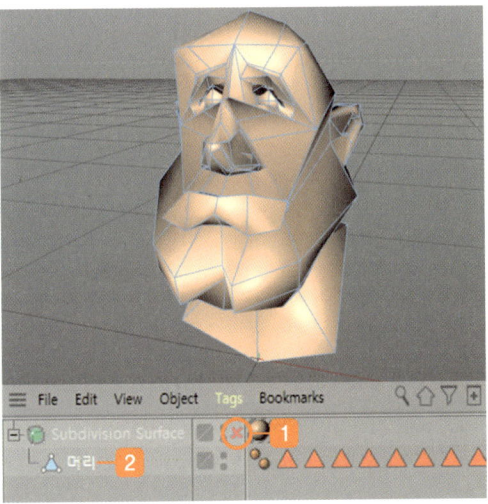

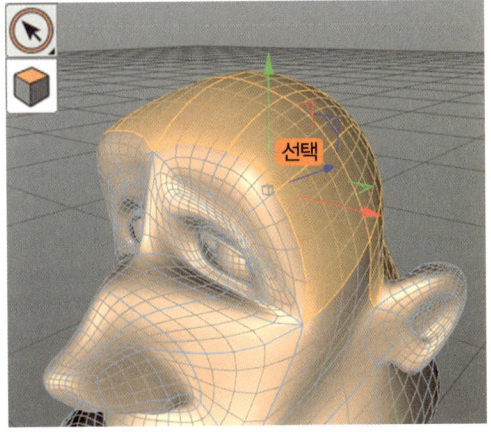

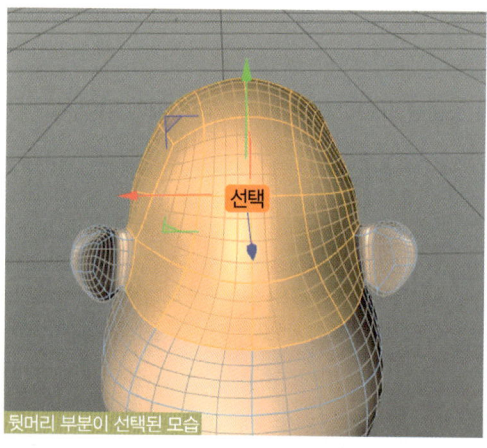

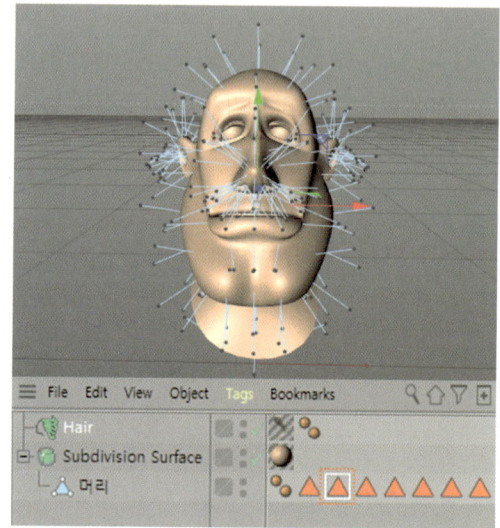

05 이제 앞서 선택된 머리 부분에 머리카락을 적용하기 위해 [Simulate] - [Hair Objects] - [Add Hair]를 적용합니다.

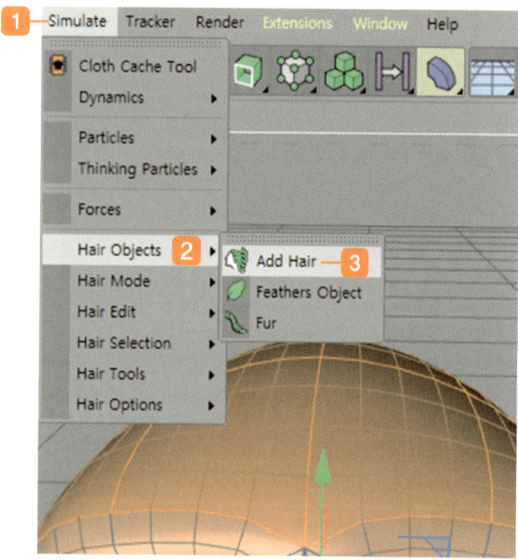

07 머리 오브젝트에 선택됐던 두 번째 선택 태그를 해제(아무것도 없는 영역을 클릭)한 후 머리 오브젝트만 다시 선택합니다. 그리고 다시 [Simulate] - [Hair Objects] - [Add Hair]를 적용합니다. 이제야 비로소 앞서 선택된 머리 영역에만 머리카락이 적용된 것을 알 수 있습니다.

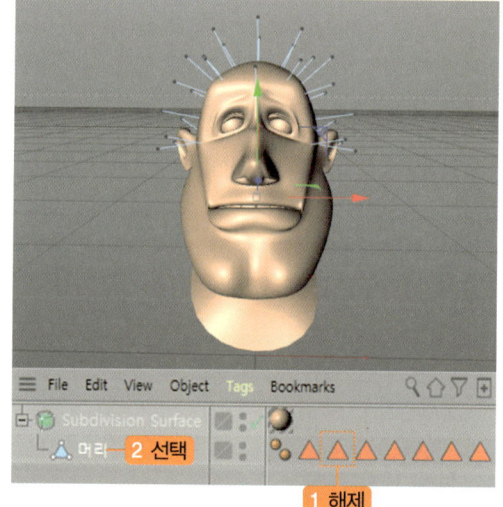

06 헤어가 적용된 모습을 보면 앞서 선택된 머리 부분이 아닌 머리 오브젝트 전체에 헤어가 적용된 것을 알 수 있습니다. 이것은 현재 두 번째에 있는 선택 태그가 적용된 상태이기 때문입니다. 그러므로 언두(Ctrl + Z)를 하여 다시 헤어가 적용되기 전으로 돌아갑니다.

08 렌더 뷰(Ctrl + R)를 통해 확인을 해봅니다. 선택된 머리 부분만 머리카락이 적용된 것을 알 수 있습니다.

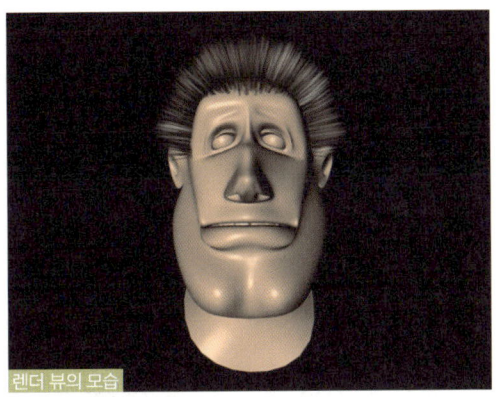

09 헤어가 적용되면 매터리얼 매니저에 자동으로 Hair Mat이란 헤어 매터리얼이 적용됩니다. 이 매터리얼을 더블클릭합니다.

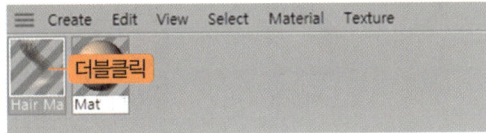

10 헤어의 매터리얼 매니저에서는 헤어의 색상, 두께, 길이, 모양 등을 다양하게 설정할 수 있습니다. 이 부분은 여러분이 직접 설정을 해보십시오.

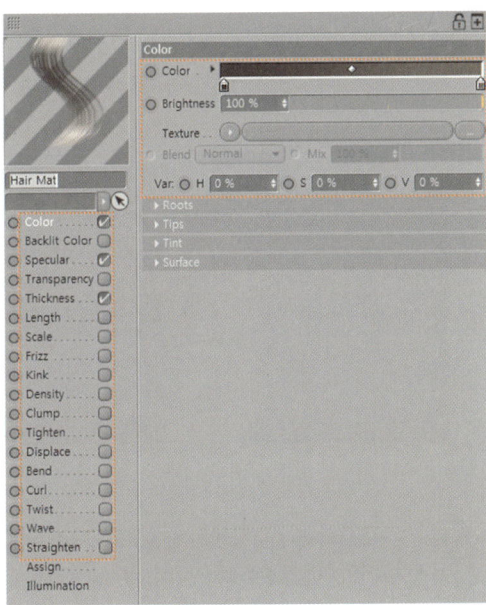

11 지금의 머리카락은 다소 짧아 보입니다. Hair 오브젝트를 선택하면 헤어의 속성 매니저가 활성화됩니다. 먼저 Guides 탭에서 Length를 500 정도로 설정합니다. 그리고 확인을 해보면 머리카락이 더욱 길어진 것을 알 수 있습니다.

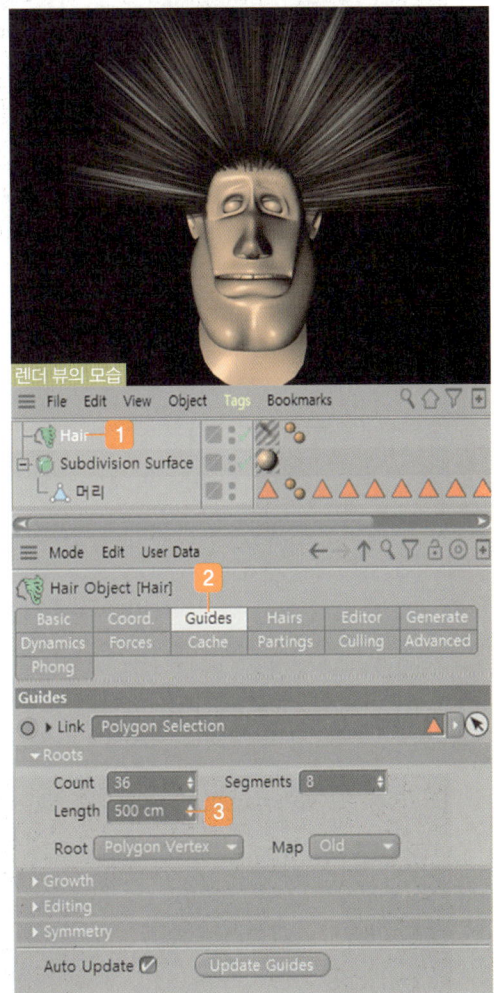

12 계속해서 Hairs 탭으로 이동한 후 Count를 10000으로 늘려줍니다. 다시 확인을 해보면 머리카락의 숱이 더욱 풍성해진 것을 알 수 있습니다. 그밖에 헤어 속성 매니저에서는 중력에 영향을 받는 다이내믹과 바람과 같은 힘에 영향을 받은 머리카락의 모양 등을 설정할 수 있습니다.

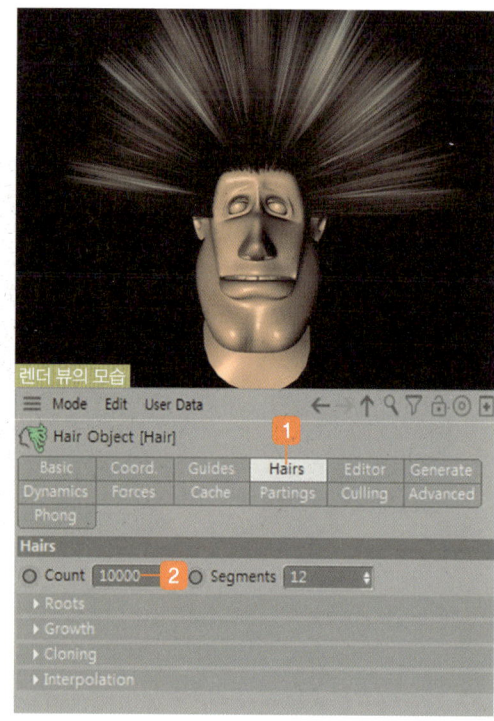

렌더 뷰의 모습

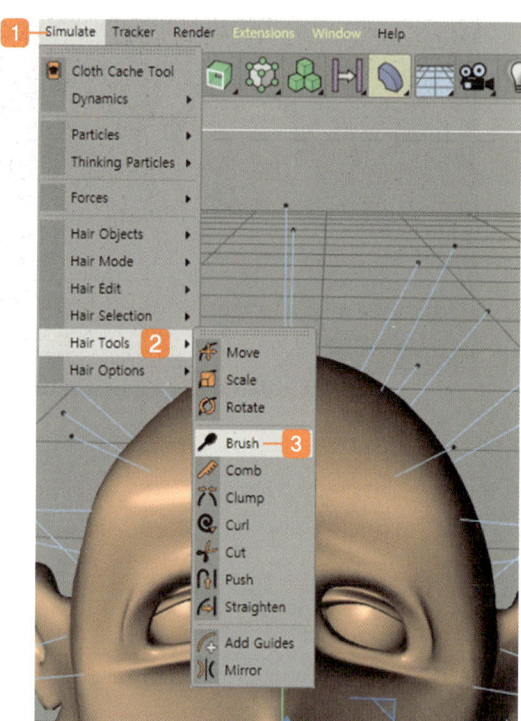

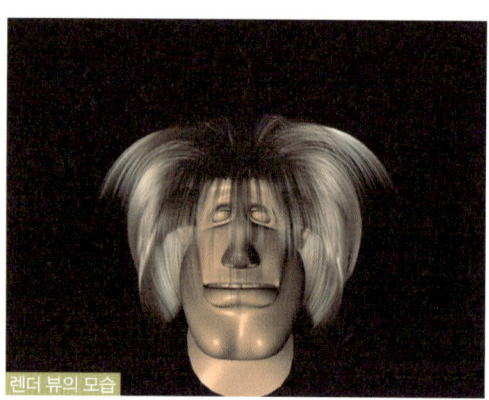

렌더 뷰의 모습

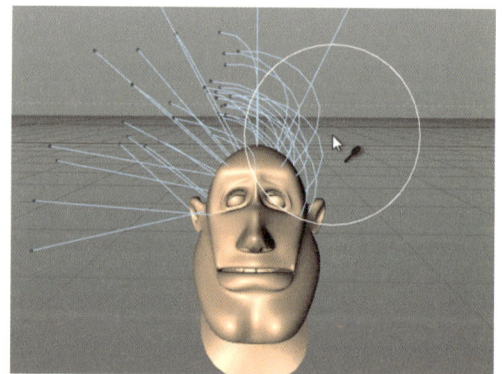

13 여기서 플레이(F8)를 해보면 머리카락이 다이내믹에 의해 아래로 축 쳐지는 것을 알 수 있습니다. 이 상태에서 머리 오브젝트를 움직여 보면 머리카락 역시 같은 움직이게 됩니다.

14 이번엔 헤어 스타일을 변경해봅니다. [Simulate] - [Hair Tools] - [Brush]를 선택합니다. 그밖에 헤어 메뉴는 헤어를 선택하거나 편집에 대한 작업을 할 수 있는 기능들로 구성되어 있습니다.

15 브러시 툴을 사용하여 실제 빗으로 머리를 빗을 때처럼 원하는 헤어 스타일이 되도록 빗질을 해봅니다. 변경된 머리카락은 헤어 포인트를 선택한 후 헤어 태그의 컨스트레인트에 의해 고정시킬 수도 있습니다.

16 다시 렌더 뷰를 해봅니다. 현재는 폴리곤 모드이기 때문에 앞서 빗질에 의해 만들어진 헤어 스타일이 그대로 표현되는 것을 알 수 있습니다. 동물의 털이나 머리카락은 살펴본 것처럼 헤어를 통해 표현할 수 있습니다.

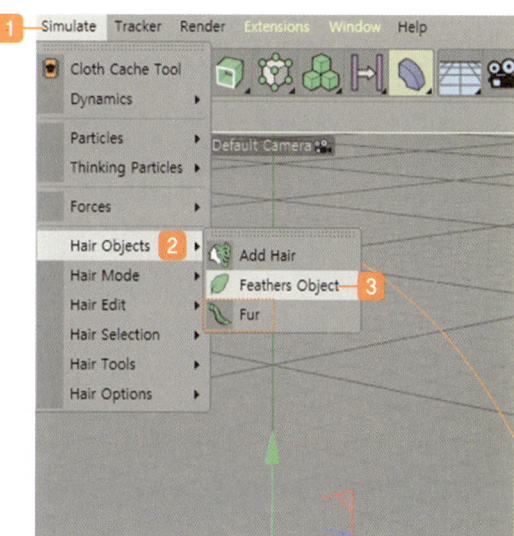

17 계속해서 이번엔 새의 깃털을 표현해봅니다. 먼저 새로운 프로젝트를 만든 후 깃털이 적용될 뼈대 오브젝트를 생성합니다. 깃털의 뼈대로 사용되는 오브젝트는 선으로 이뤄진 스플라인 오브젝트를 사용해야 합니다. 스플라인 툴에서 Arc를 생성합니다.

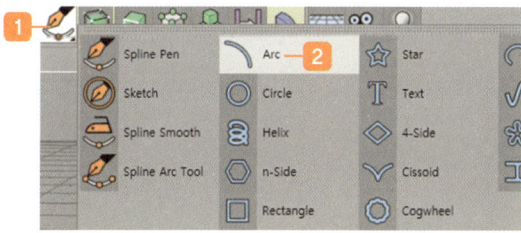

18 이제 깃털을 만들기 위해 [Simulate] - [Hair Objects] - [Feathers Object]를 선택합니다. 참고로 맨 아래쪽의 Fur(퍼)는 수염과 같은 짧은 헤어를 표현하는데 주로 사용하지만 때로는 잔디나 풀숲을 표현하기 위해서도 사용됩니다. 그러나 최근엔 인바이어런먼트 툴의 그로우 그래스(Crow Grass)를 사용하여 잔디나 풀숲을 표현하기 때문에 퍼의 용도는 순수한 짧은 털을 표현하기 위해 사용합니다.

19 방금 적용한 페더 오브젝트 하위에 앞서 적용한 아크 오브젝트를 종속시킵니다. 이제 아크 오브젝트를 뼈대로 삼아 양쪽으로 얇은 깃털이 생성된 것을 알 수 있습니다. 페더 오브젝트의 속성 매니저의 Object 탭에서는 깃털의 길이, 두께, 간격 등에 관한 설정을 할 수 있습니다.

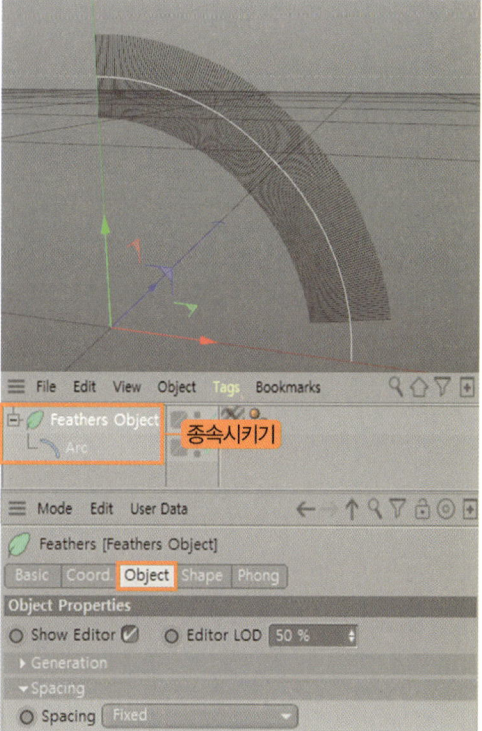

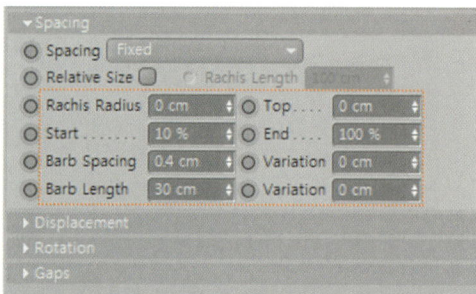

20 Shape 탭에서는 깃털의 모양을 그래프 형태로 설정합니다. 그림처럼 그래프의 포인트를 이동하여 모양을 만들어줍니다.

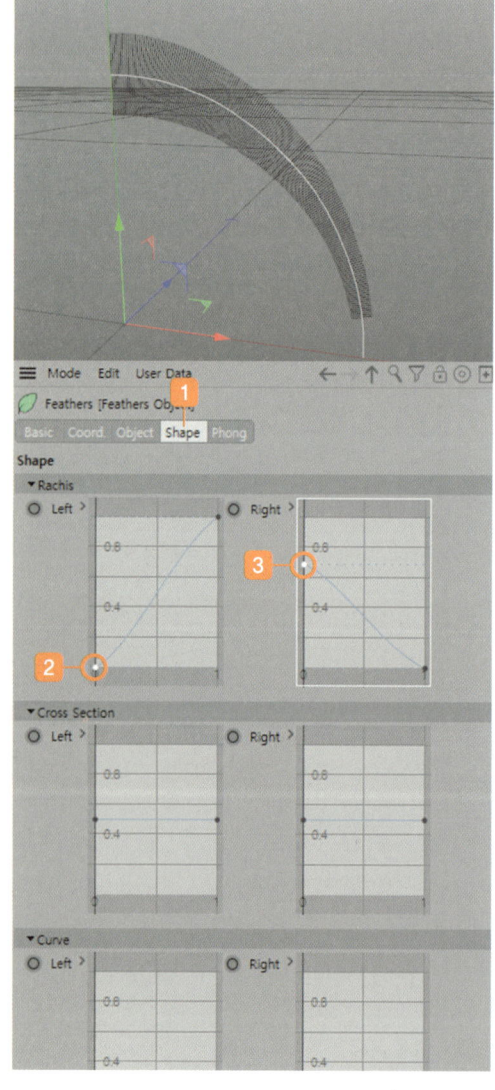

21 페더 오브젝트도 Hair Mat이란 이름의 매터리얼이 적용됩니다. 더블클릭하여 매터리얼 에디터를 열어보면 헤어와 동일하게 깃털의 색상, 두께, 크기, 모양 등에 대한 설정을 할 수 있습니다. 여기에서는 색상만 다른 색상으로 바꿔봅니다.

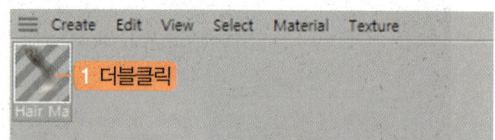

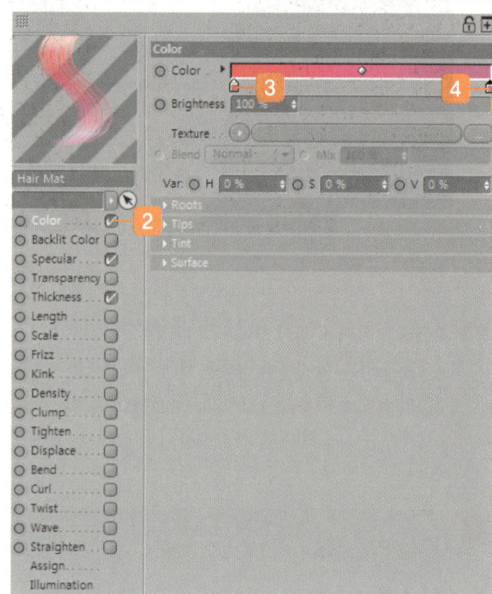

22 렌더 뷰를 통해 확인을 해보면 앞서 설정한 색상으로 깃털의 색상이 바뀐 것을 알 수 있습니다. 이처럼 헤어의 다양한 기능을 통해 털의 모양을 표현할 수 있습니다.

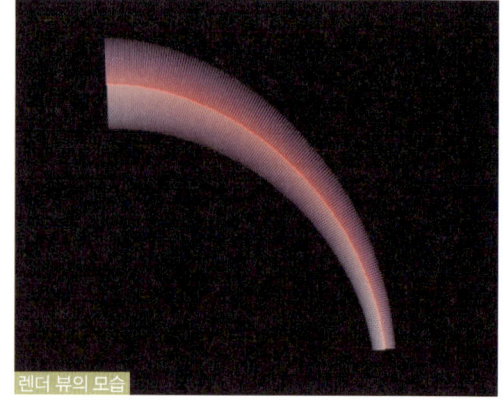

23 페더의 모양은 앞서 살펴본 Shape 탭의 그래프를 [Ctrl] 키를 누른 상태에서 클릭)하여 모양을 세부적으로 설정할 수도 있습니다.

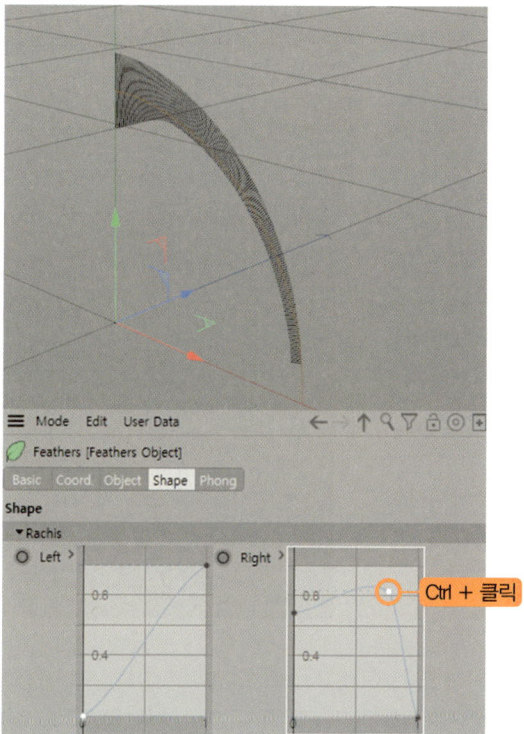

24 헤어는 헤어에 대한 별도의 다이내믹을 표현할 수도 있습니다. Arc 스플라인에서 [우측 마우스 버튼] - [Hair Tags]를 보면 스플라인(헤어)의 포인트를 선택하여 움직이지 않도록 고정시키는 Constraint(컨스트레인트)가 있으며 헤어와 충돌하는 충돌체 오브젝트를 만들어 주는 Hair Collider 그리고 헤어에 직접 다이내믹을 적용하는 Spline Dynamics 등을 사용할 수 있습니다.

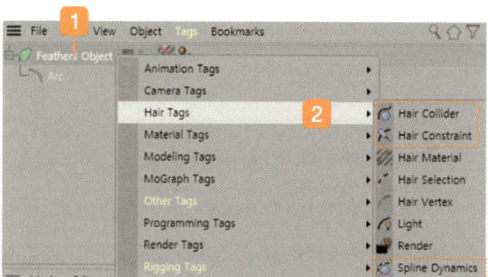

04

모그라프 활용

시네마 4D는 다른 3D 툴이 범접할 수 없는 강력한 모그라프(MoGraph)라는 모션 그래픽 모듈을 제공합니다. 모그라프는 하나 또는 적은 개수의 오브젝트를 이용하여 복잡한 움직임을 쉽게 표현할 수 있으며 화려한 모션 그래픽 퍼포먼스를 구현할 수 있게 해줍니다.

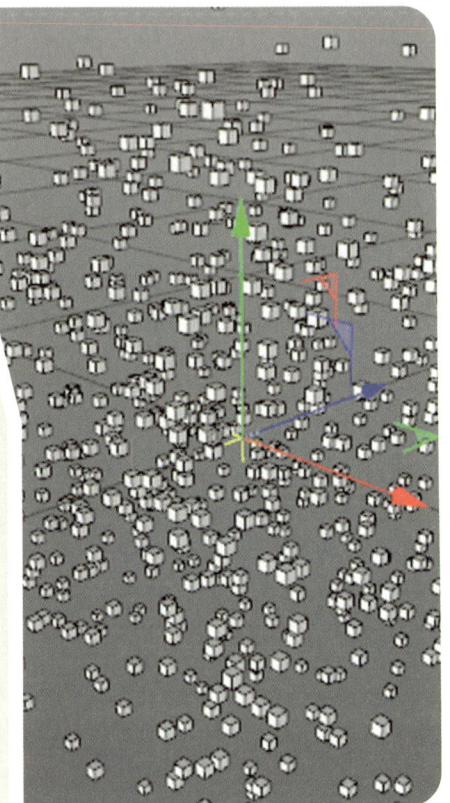

오브젝트의 복제를 위한 클로너

모그라프는 크게 기본 형식을 위한 모그라프 메뉴와 효과를 표현하기 위한 이펙터로 나눠집니다. 먼저 모그라프에서 가장 많이 사용되는 클로너(Cloner)에 대해 알아봅니다.

01 클로너를 사용하기 위해 먼저 오브젝트를 하나 생성(필자는 큐브를 생성했음)하고 작업의 편의를 위해 오브젝트의 크기를 작게 설정 해줍니다.

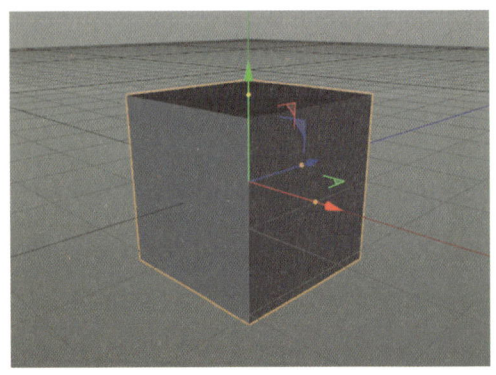
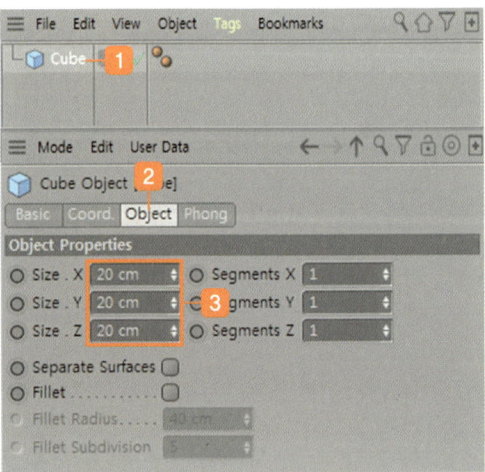

02 이제 방금 만든 큐브 오브젝트를 복제하기 위해 [MoGraph] - [Cloner]를 선택합니다. 오브젝트를 복제하는 메뉴 중 위쪽의 Linear/Radial/Grid Clone Tool을 사용할 수 있으나 이 세 가지 메뉴는 각각 해당되는 직선, 원, 격자 형태로만 복제하는 단순한 기능으로 사용됩니다.

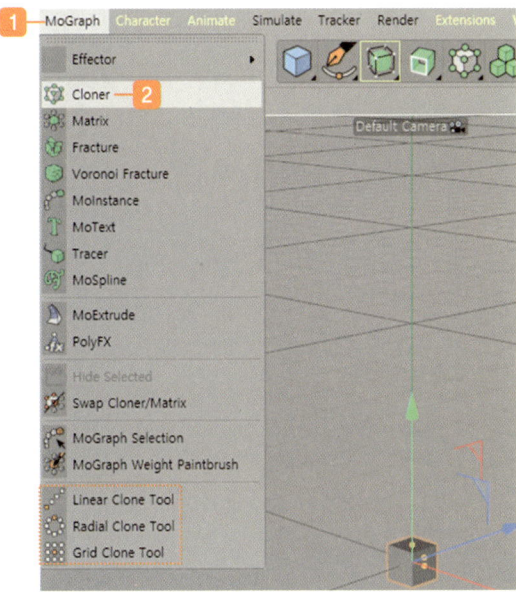

03 방금 적용된 클로너 하위에 앞서 만든 큐브 오브젝트를 종속시킵니다. 그러면 큐브 오브젝트가 위쪽으로 2개가 복제되어 총 3개가 되었습니다.

클로너(모그라프)를 통해 만들어진 오브젝트의 색상은 하얀색으로 표시됩니다.

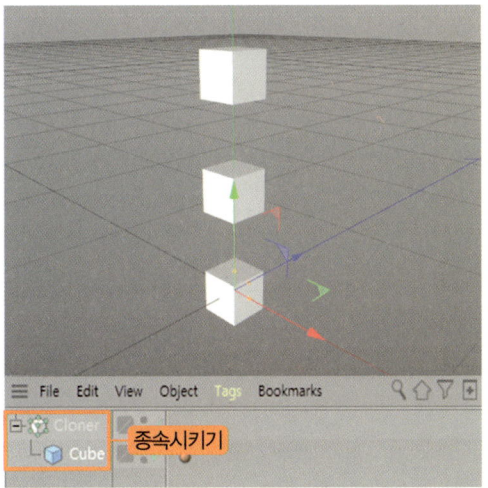

04 클로너를 선택하면 클로너에 대한 속성을 세부적으로 설정할 수 있습니다. Object 탭을 선택합니다. Mode를 보면 현재 Linear 방식으로 되어 있습니다. 리니어 방식은 지금처럼 직선 방향으로 복제가 됩니다. 그밖에 다양한 모드가 있습니다. Count는 복제되는 개수를 설정하는데 6으로 설정해보면 총 6개가 만들어집니다. Offset은 복제된 오브젝트의 간격을 설정하며 Amount는 복제되는 오브젝트의 상태(정도)를 설정합니다. P . XYZ는 위치, S . XYZ는 크기, R . HPB는 회전에 대한 설정을 합니다. 여기에서는 P . Y축을 100, S . X축만 300 정도로 설정해보면 복제된 오브젝트의 뒤쪽으로 갈수록 크기가 점점 커지게 됩니다. Step Size 는 간격에 대한 크기(너비)를 설정하며 Step Rotation . HPB는 간격을 기준으로 회전각을 설정합니다. Step Rotation . P축만 -15도로 설정해보면 그림처럼 회전(휘어지는)되는 것을 알 수 있습니다.

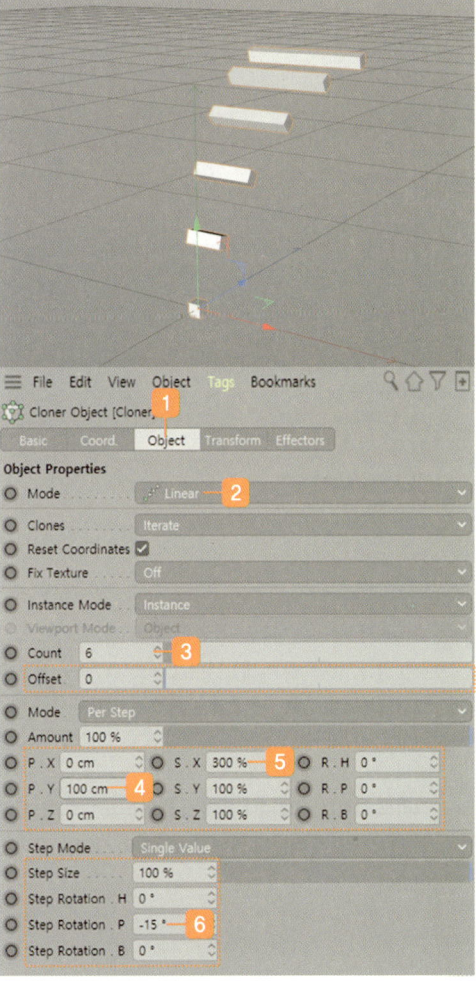

05 이번엔 Mode를 Radial로 설정해봅니다. 직선 방향으로 복제됐던 오브젝트가 원형으로 바뀐 것을 알 수 있습니다. 이처럼 레이디얼 모드는 원형으로 복제되며 아래쪽 기능을 통해 복제되는 개수, 원 지름의 크기, 각도 등을 설정할 수 있습니다.

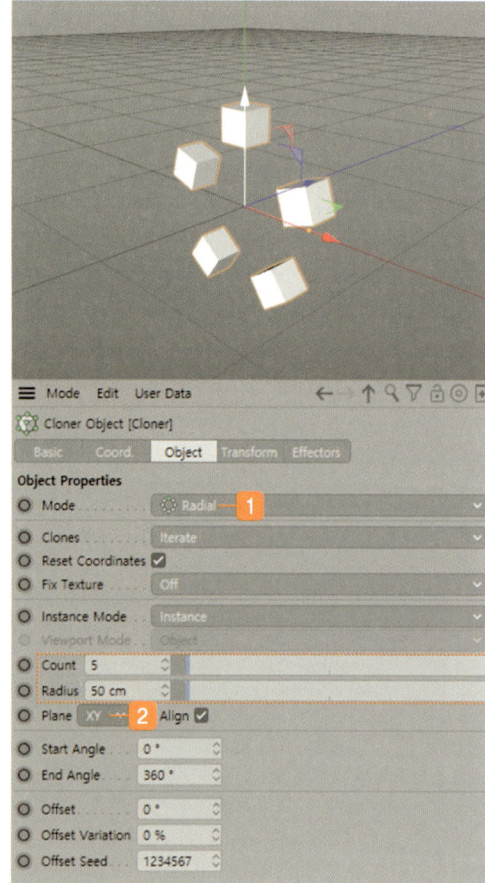

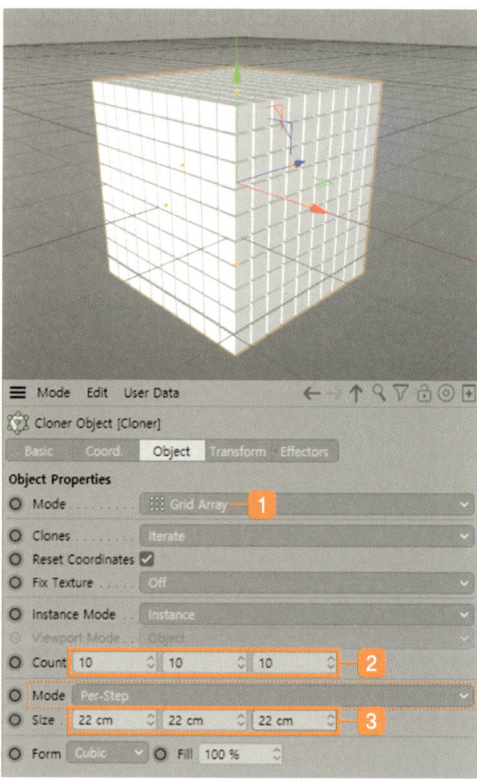

06 계속해서 모드를 Grid Array로 설정합니다. 그리드 방식은 격자처럼 오브젝트를 복제합니다. Count XYZ축을 모두 10으로 설정해보면 설정된 개수만큼 복제가 되어 마치 큐브 퍼즐처럼 되었습니다. 아래쪽 Size를 설정하면 큐브(클로너)의 전체 볼륨의 크기가 설정됩니다.
그리드 간격은 클로너에 종속된 원형 오브젝트(큐브)의 크기와 관계가 있기 때문에 원형 오브젝트의 크기를 잘 계산해야 합니다.

07 마지막으로 모드를 Object로 설정합니다. 오브젝트 모드로 설정하면 뷰포트엔 액시스만 남고 아무것도 보이지 않습니다.

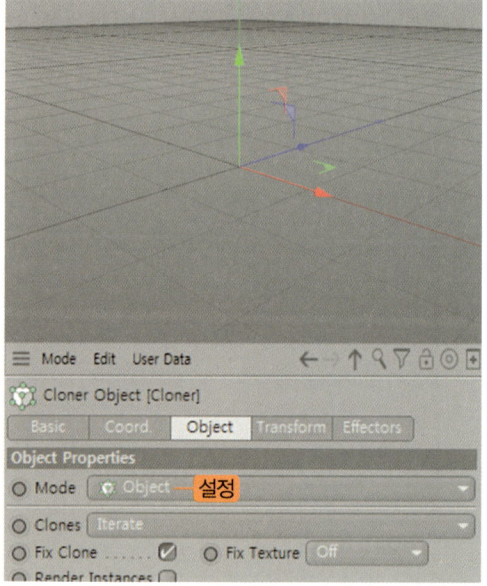

08 클로너의 오브젝트 방식은 특정 오브젝트 모양에 맞게 복제되는 방식인데 현재는 복제를 위한 오브젝트가 없기 때문에 아무것도 보이지 않습니다. 이제 복제를 위한 오브젝트를 만들어봅니다. 오브젝트 툴에서 Figure를 적용합니다. 그리고 오브젝트 매니저의 Figure를 [C] 키를 눌러 폴리곤으로 변환합니다.

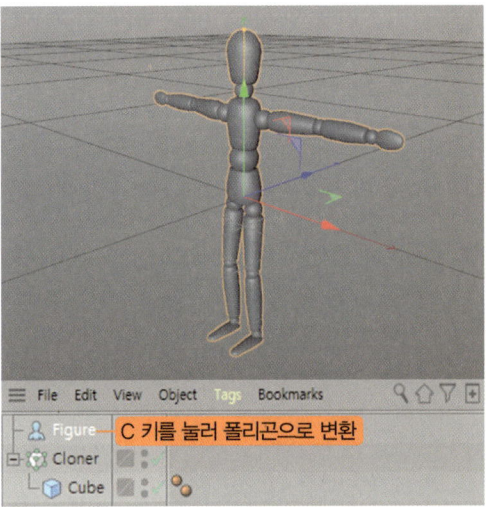

09 폴리곤으로 변환된 피규어 오브젝트는 머리, 팔, 다리 등이 세분화되어 개별로 분리되기 때문에 하나로 합쳐주어야 합니다. 피규어에서 [우측 마우스 버튼] - [Unfold All]을 선택하여 모든 오브젝트가 보이도록 펼쳐줍니다.

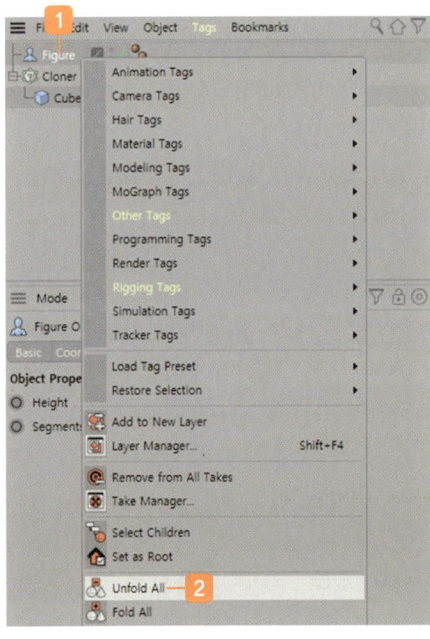

10 피규어 오브젝트가 모두 펼쳐지면 모두 선택한 후 아무 오브젝트에서 [우측 마우스 버튼] - [Connect Objects + Delete]를 선택하여 원본은 지우고 합쳐진 피규어 오브젝트 하나만 남겨줍니다.

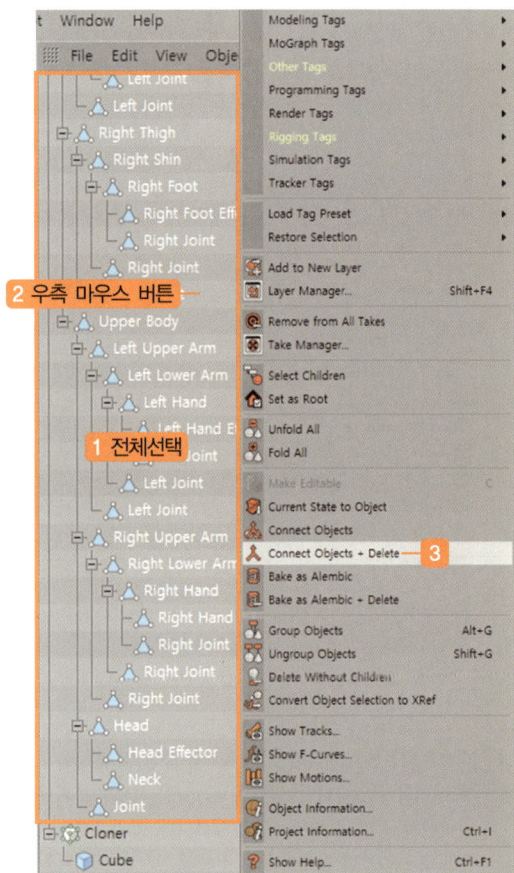

11 다시 클로너를 선택한 후 속성 매니저의 Object 필드에 Figure.1 오브젝트를 끌어다 놓습니다. 그러면 그림처럼 클로너에 의해 복제된 큐브 오브젝트가 피규어 모습에 맞게 복제된 것을 알 수 있습니다. 이렇듯 클로너의 오브젝트 방식은 특정 오브젝트의 모양에 맞게 복제할 때 사용합니다. 아래쪽 Distribution(디스트리뷰션)은 복제되는 오브젝트의 분배에 대한 설정을 할 수 있습니다. 현재는 Surface(서피스)로 되어있기 때문에 피규어 오브젝트의 표면에 복제됐습니다.

모그라프 활용 **601**

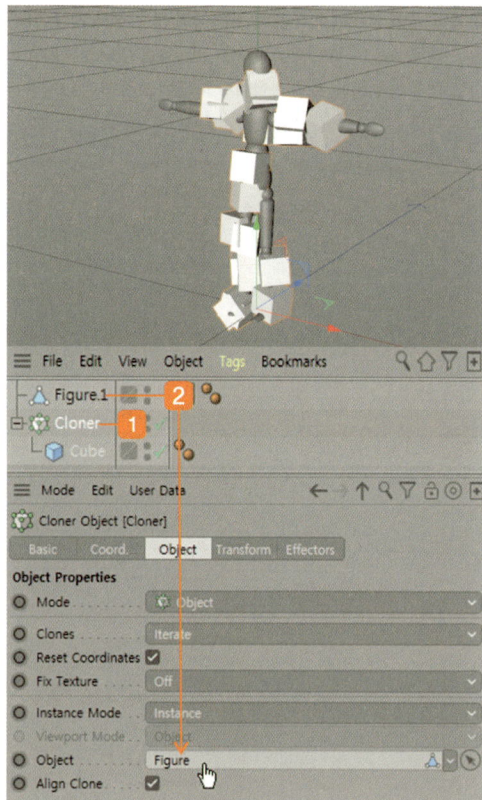

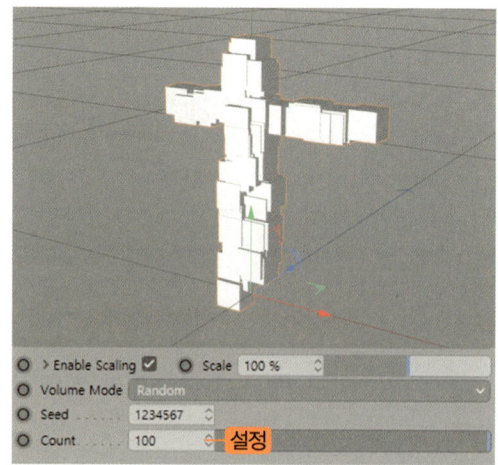

14 여기에서 Count를 100 정도로 높여줍니다. 그러면 그림처럼 피규어 형체에 맞게 복제된 것을 알 수 있습니다.

12 디스트리뷰션은 그밖에 엣지, 폴리곤 중앙, 표면 등을 기준으로 배치할 수 있습니다. 이번엔 Volume을 선택하여 피규어 볼륨(안쪽을 포함) 전체에 복제를 해봅니다. 그리고 Count를 800 정도로 늘려보면 피규어 모양 전체에 큐브 오브젝트들이 꽉 채워진 상태가 되었습니다.

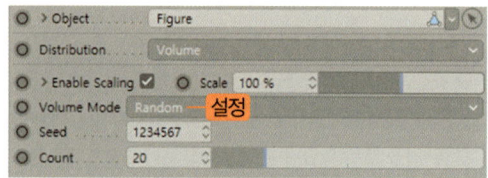

13 볼륨은 폴리곤 오브젝트의 형체에 맞게 복제가 되는 방식인데 현재는 피규어 오브젝트 때문에 보이지 않습니다. 이제 피규어의 모습이 뷰 포트에 보이지 않게 해주기 위해 위쪽 작은 포인트를 두 번 클릭하여 숨겨놓습니다. 하지만 복제되는 개수가 적어 보이지 않습니다.

15 클로너에 의해 복제된 오브젝트들은 이펙터를 통해 다양한 변화를 줄 수 있습니다. 대표적으로 랜덤 이펙터를 사용하게 되는데 적용하기 전에 먼저 Cloner를 선택한 후 [MoGraph] - [Effector] - [Random]을 적용합니다. 랜덤 이펙터를 적용하기 전에 클로너를 선택하면 별도로 이펙터를 적용하지 않아도 자동으로 적용됩니다.

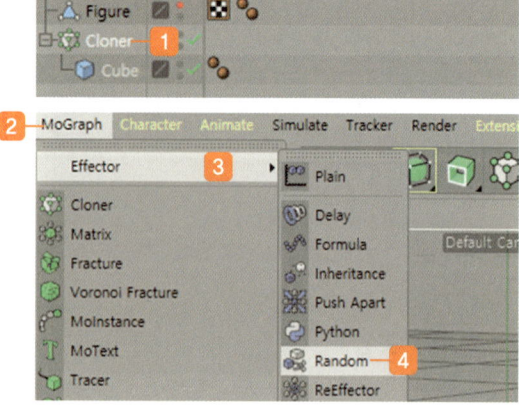

16 Random을 선택하고 어트리뷰트 매니저의 Parameter 탭에서 P . XYZ축을 모두 100 정도로 설정합니다. 복제된 큐브 오브젝트들이 설정된 거리만큼 흩어진 것을 알 수 있습니다. 그밖에 Scale을 체크하여 설정하면 크기에 대한 설정이 가능하며 Rotation은 회전에 대한 랜덤(무작위) 설정이 가능합니다.

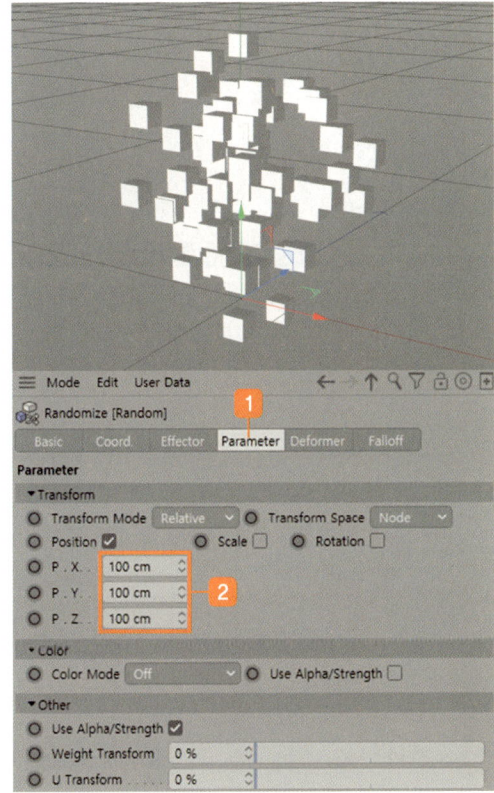

17 Effector 탭의 Strength 값을 설정하면 흩어졌던 오브젝트들이 다시 피규어의 모양대로 합쳐지는 것을 알 수 있습니다.

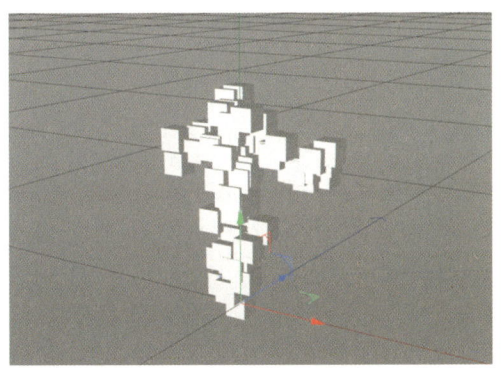

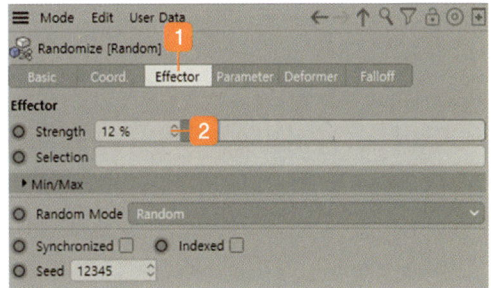

18 이와 같은 모습을 스트랭스 좌측의 키프레임을 추가/삭제 해주는 원을 이용하여 흩어졌다 합쳐지는 애니메이션을 표현할 수 있습니다.

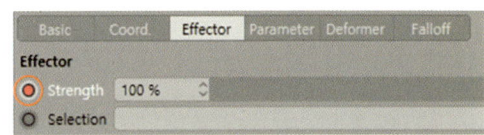

> **알아두기**
>
> **적용된 이펙터가 작동되지 않을 때**
>
> 이펙터가 적용됐는데도 속성 매니저가 나타나기 않고 작동되지 않는다면 모그라프(클로너 등의 모그라프)에 이펙터가 제대로 적용되지 않았기 때문입니다. 이럴 때는 해당 모그라프의 Effectors(모텍스트의 경우엔 Letters에 적용됨) 탭에 적용된 이펙터 목록이 있는지 확인합니다. 만약 이 탭에 이펙트가 없다면 끌어다 적용해야 합니다.
>
>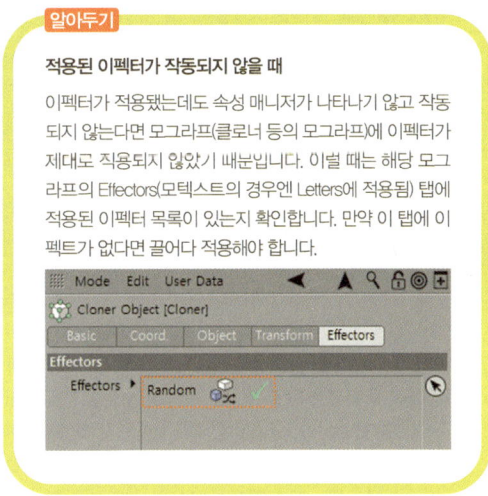

19 클로너의 오브젝트 방식은 일반적인 폴리곤 오브젝트만 사용하는 것이 아닙니다. 선으로 된 스플라인도 가능합니다. 스플라인 툴에서 Helix를 하나 생성한 후 클로너의 오브젝트 탭에서 Object 필드에 방금 적용한 헬릭스를 끌어다 적용하면 이제 복제된 큐브 오브젝트는 헬릭스의 모양에 복제됩니다. 복제될 개수는 Count를 늘려주면 다음의 그림처럼 표현됩니다. 이처럼 클로너의 오브젝트 방식을 이용하면 스플라인의 다양한 모양을 활용할 수도 있습니다.

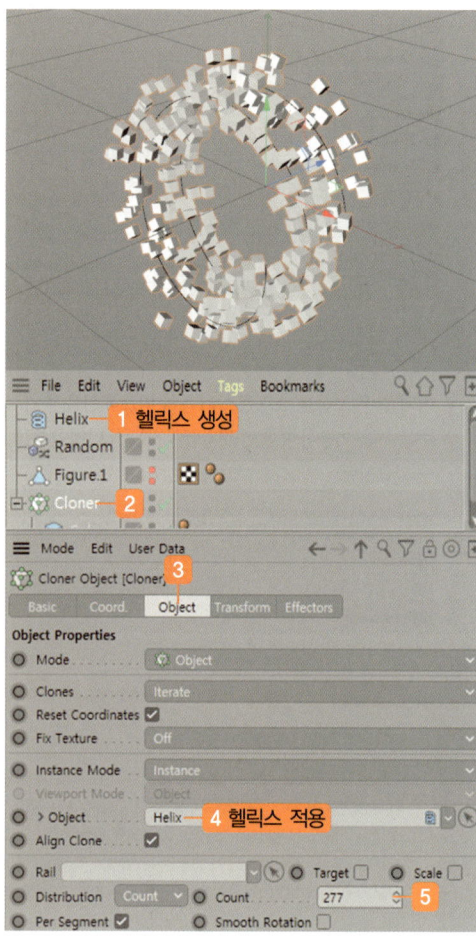

커피잔이 바로 세워져 있는 상태이고 뒷면은 흑백이고 회전했을 때 바로 보이도록 거꾸로 설정한 상태입니다.

앞면의 모습

뒷면의 모습

20 이번엔 매터리얼(텍스처)이 적용된 오브젝트을 클로너에 의해 복제된 후 회전을 했을 때 텍스처가 밀리지 않게 고정시켜주는 픽스 텍스처(Fix texture)에 대해 알아보기 위해 [학습자료] - [프로젝트] - [픽스 텍스처.c4d] 프로젝트 파일을 열어줍니다. 불러온 픽스 텍스처 프로젝트 파일을 보면 얇은 큐브 오브젝트 앞뒤 면에 다른 이미지 텍스처가 클로너에 적용된 상태입니다.

21 앞뒤 면을 확인해보면 앞면은 컬러 이미지이며 테이크 아웃

22 클로너의 Object 탭의 모드는 그리드 어레이로 되어있고 Count는 XYZ가 각각 4, 1, 1로 설정된 상태입니다.

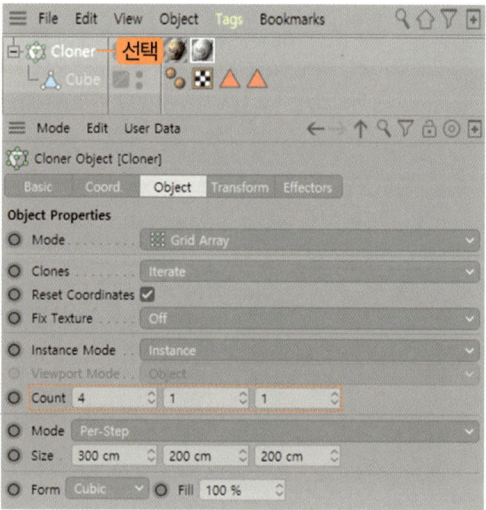

604 애니메이션

23 이제 클로너를 선택한 후 [MoGraph] - [Effector] - [Plain]을 적용합니다. 플레인 이펙터는 클로너에 복제된 오브젝트들의 위치를 설정하거나 크기, 회전에 대한 다양한 모션 그래픽을 표현할 때 사용됩니다.

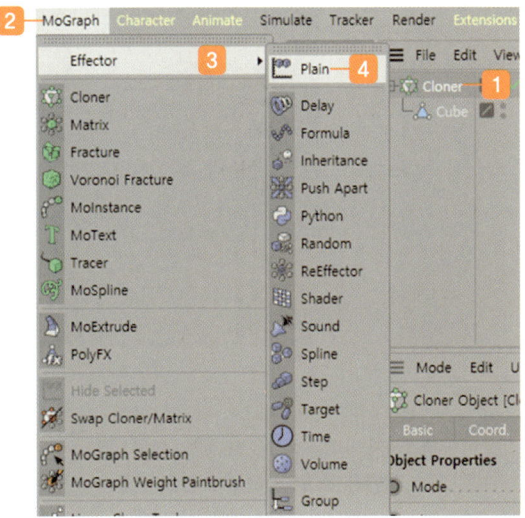

24 현재는 포지션 값이 기본적으로 설정된 상태이므로 클로너에 의해 복제된 오브젝트들이 위로 이동된 상태입니다. 이제 원하는 작업을 위해 플레인 이펙터의 Parameter 탭에서 Position을 해제하여 원래 자리로 이동한 후 회전되는 장면을 표현하기 위해 Rotation을 체크합니다. 그다음 R . P축을 180도로 설정하면 앞면의 모습이 뒷면의 모습으로 회전됩니다.

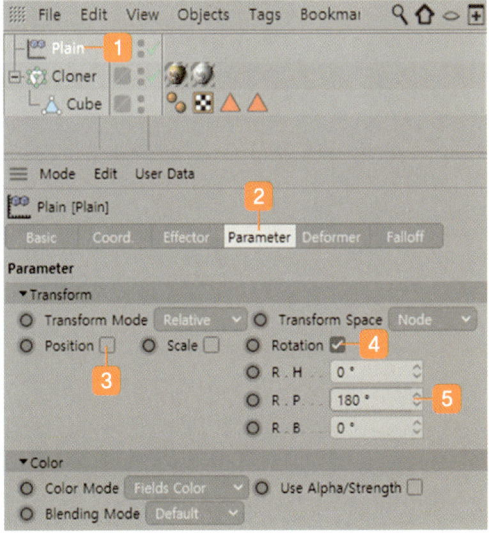

25 회전되는 모습에 제한을 두기 위해 Falloff 탭으로 이동합니다. Shape는 특정 도형의 모양을 통해 변화가 생기는 영역을 사용할 수 있습니다. 현재는 기본 상태인 인피니트(Infinite) 즉, 아무 것도 적용되지 않은 상태이기 때문에 클로너 오브젝트 전체에 회전 효과가 제한이 없이 표현된 상태입니다. 여기서 먼저 쉐이프를 Sphere Field를 적용해봅니다. 그리고 스피어 플레인을 클로너 중간 정도로 이동해보면 앞서 회전된 각도에 맞게 복제된 오브젝트들이 뒷면으로 회전됩니다.

26 스피어 플레인 이펙터를 완전히 좌측으로 빼주면 복제된 오브젝트의 모습이 다시 앞면의 모습으로 되돌아옵니다. 이렇듯 특정 도형을 사용하면 도형 안에 들어온 오브젝트들만 효과가 적용되고 도형에서 벗어나면 다시 원래 상태로 되돌아가는 것을 알 수 있습니다.

28 여기서 리니어 쉐이프를 복제된 오브젝트의 가운데 지점으로 이동해서 회전될 때의 텍스처의 모습을 자세히 확인해봅니다. 회전될 때 텍스처가 밀리는 것을 알 수 있습니다.

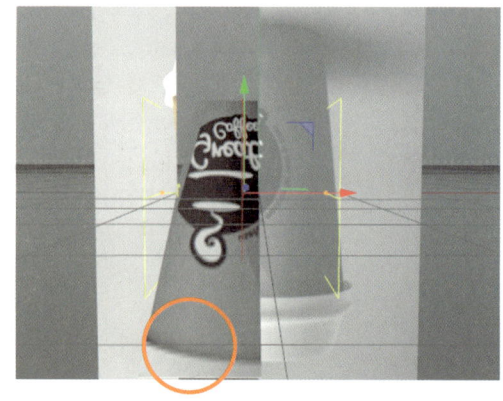

27 이번엔 Shape를 Spherical Field에서 Linear Field로 바꿔주기 위해 앞서 적용한 스페리컬 필드를 해제 또는 삭제한 후 Linear를 추가합니다. 그리고 Direction을 X-축으로 설정하여 리니어 쉐이프의 방향을 좌측으로 해주고 그림처럼 복제된 오브젝트 좌측으로 완전히 **빼줍니다**. 리니어 방식은 모양이 아닌 직선을 기준으로 한 영역에 대한 제한만 주기 때문에 다른 도형과는 다르게 효과(회전)가 적용된 상태가 그대로 보존됩니다.

29 이제 텍스처가 밀리는 현상을 해결하기 위해 클로너를 선택한 후 Object 탭에서 Fix Texture를 Straight로 설정합니다. 스트레이트 방식은 이펙터에 영향을 받은 클로너에 고정되어 회전되거나 크기, 위치가 바뀌는 대로 밀리지 않고 표현됩니다.

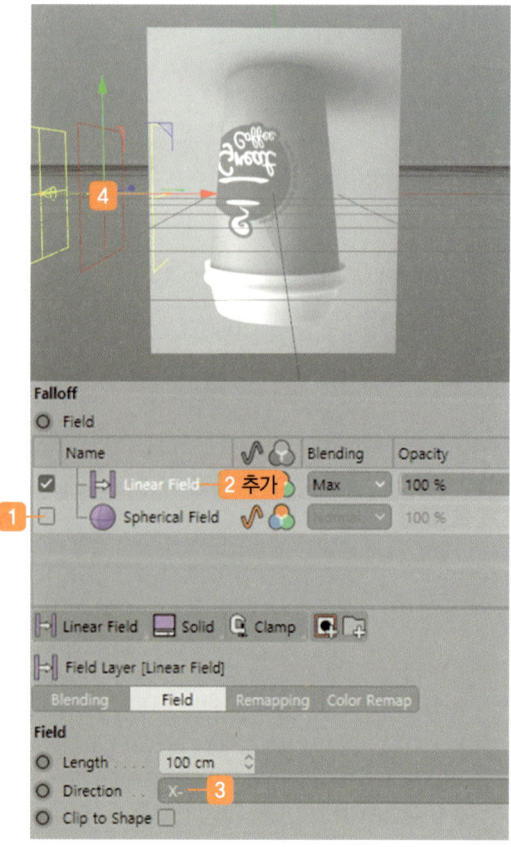

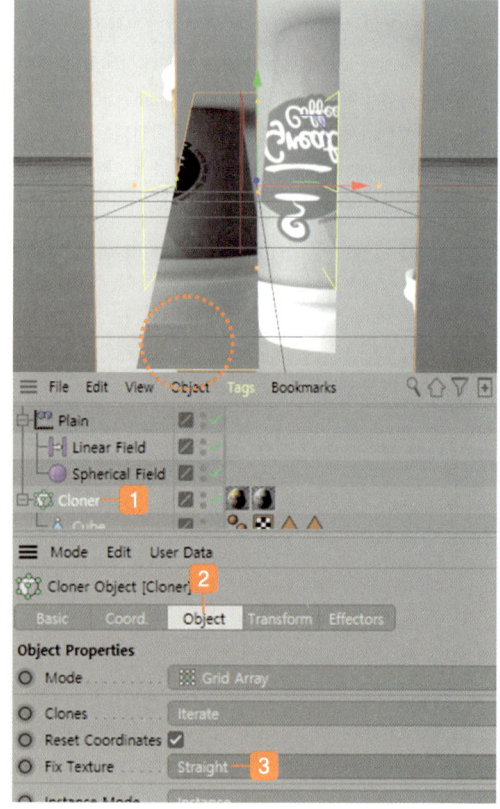

30 그밖에 Alternate X와 Y는 적용된 첫 번째 텍스처 태그를 제외한 모든 텍스처 태그에 대해 해당 방향으로 미러링(뒤집었을 때 뒷면의 텍스처가 보이도록 함)되게 합니다.

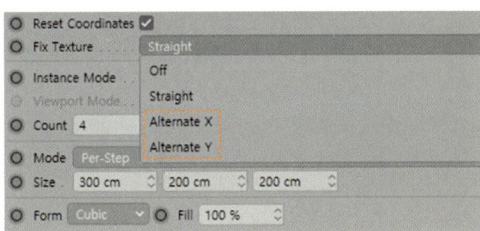

31 이번엔 플레인 이펙터에 의해 회전되는 애니메이션을 만든 후 회전될 때에 스프링처럼 탄력을 주기 위한 딜레이 이펙터에 대해 알아봅니다. 먼저 시간을 시작 프레임으로 이동하고 리니어 쉐이프를 그림처럼 우측으로 이동한 후 [F9] 키를 눌러 키(프레임)를 생성합니다.

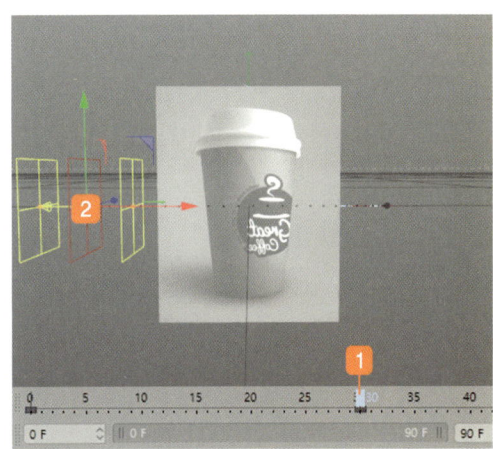

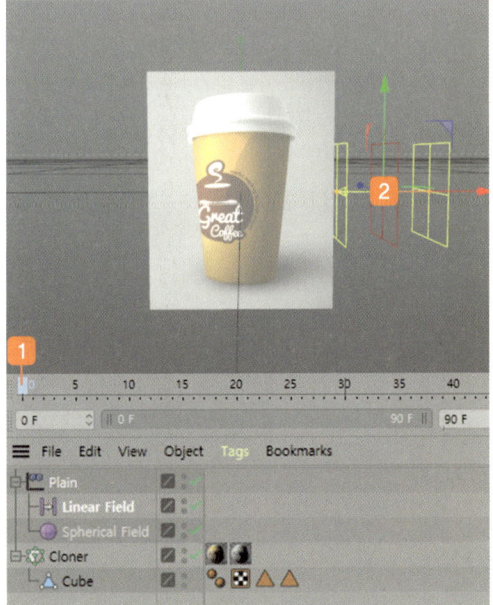

32 계속해서 시간을 30프레임으로 이동한 후 리니어 쉐이프를 그림처럼 좌측으로 이동하여 뒷면이 보이도록 완전히 회전시킵니다. 그리고 [F9] 키를 눌러 키를 생성합니다.

33 이번엔 딜레이 이펙터에 대해 살펴보기 위해 Cloner를 선택한 후 [MoGraph] - [Effector] - [Delay]를 적용합니다.

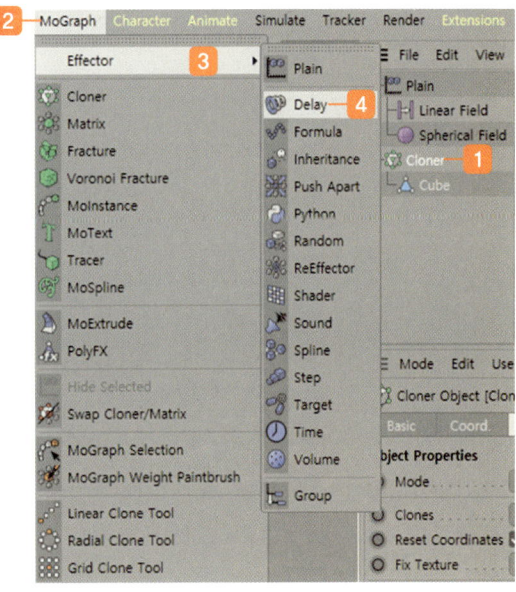

34 딜레이의 Effector 탭에서 Mode를 Spring으로 설정합니다. 딜레이 이펙터의 스프링 방식은 스프링처럼 요동을 치게 합니다. Strength를 65 정도로 설정하여 요동(탄력)치는 강도를 조금만 더 높여줍니다.

모그라프 활용 **607**

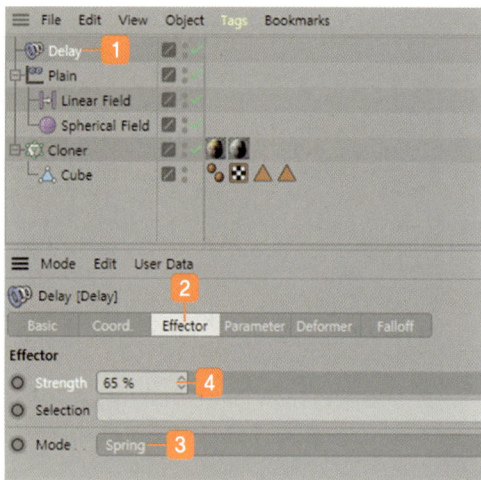

37 계속해서 이번엔 클로너와 다이내믹에 관계와 클로너에 사용되는 오브젝트에 대해 알아보기 위해 [학습자료] - [프로젝트] - [클로너와 다이내믹.c4d] 프로젝트 파일을 열어줍니다. 지금의 프로젝트는 클로너에 의해 큐브가 여러 개 복제된 상태이며 클로너와 스피어 오브젝트에는 리지드 바디 다이내믹이 적용된 상태입니다.

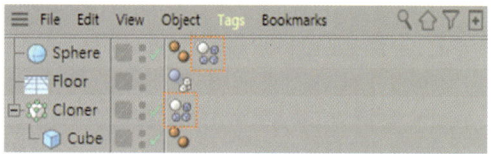

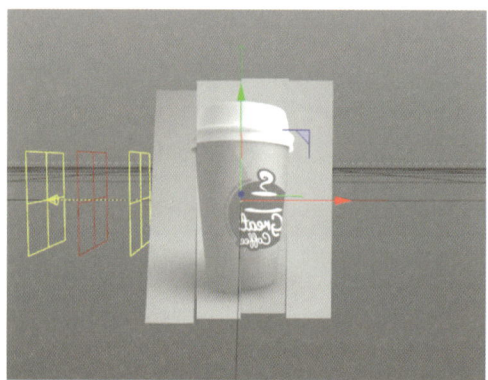

35 플레이(F9)를 해보면 플레인 효과가 지나간 후의 모습이 일정한 반동(요동)을 하며 멈추는 것을 알 수 있습니다. 그냥 정지되는 것보다 훨씬 생동감이 느껴집니다.

38 플레이를 해보면 스피어 오브젝가 클로너로 날아가 부딪치는 것을 알 수 있습니다. 이때 클로너에 의해 복제된 오브젝트는 개별로 부딪치는 것이 아니라 클로너 오브젝트 자체와 부딪치는 것을 알 수 있습니다.

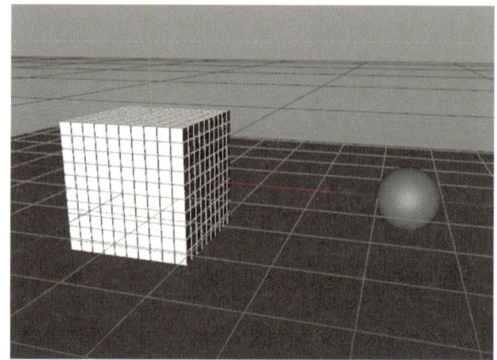

> **알아두기**
>
> **스프링의 강도가 재설정됐을 때 표현되지 않는 현상**
>
> 딜레이 이펙터의 모드를 스프링으로 설정하고 스프링의 강도를 재설정한 후 플레이했을 때 스프링 효과가 표현되지 않는 현상이 발생되기도 하는데 이것은 뷰포트 상에서만 일시적으로 표현되지 않을 뿐 실제 렌더링에서는 정상적으로 표현됩니다.

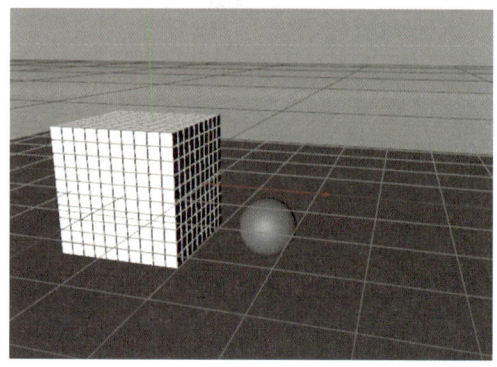

36 딜레이 이펙트의 그밖에 모드인 Even은 균등한 움직임을 만들어주고 Blend는 처음엔 빠르게 표현되다가 차츰 느리게 해줍니다.

39 클로너에 적용된 리지드 바디 다이내믹 태그를 선택한 후 Collision 탭의 Inherit Tag를 Apply Tag to Children으로 설정하여 클로너 하위에 종속된 오브젝트(들)에게도 리지드 바디 태그가 상속되도록 해주고 Individual Elements를 All로 설정하여 복제된 모든 오브젝트들을 개별로 사용되도록 합니다. 그리고 다시 플레이를 해보면 스피어와 충돌된 복제된 오브젝트들이 개별로 충돌되어 흩어지는 것을 알 수 있습니다.

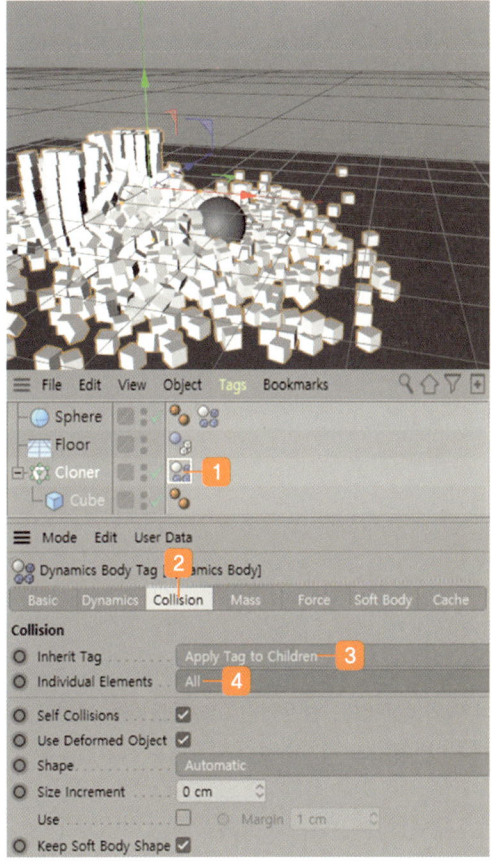

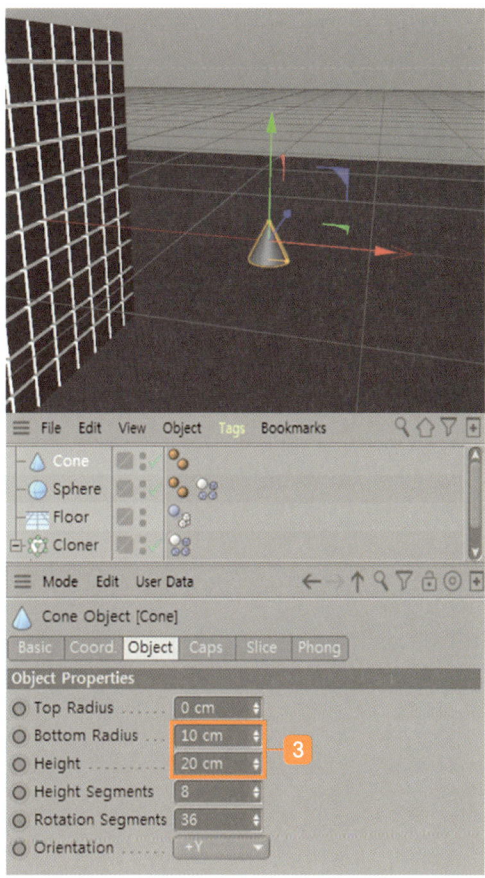

40 클로너에 사용되는 오브젝트는 여러 개를 혼용하여 사용할 수 있습니다. 오브젝트 툴에서 Cone을 하나 만들고 크기를 큐브 오브젝트와 비슷한 크기로 작게 조절합니다.

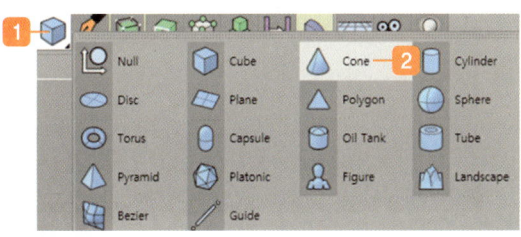

41 콘 오브젝트를 클로너 하위에 종속시킵니다. 그러면 클로너 하위에 종속된 오브젝트의 순서에 맞게 그림처럼 복제됩니다. 이처럼 클로너에 사용되는 오브젝트는 하나 이상의 오브젝트를 사용하는 경우도 있으며 무한대의 개수를 사용할 수 있습니다.

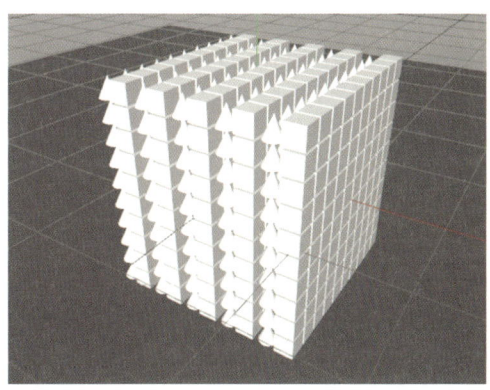

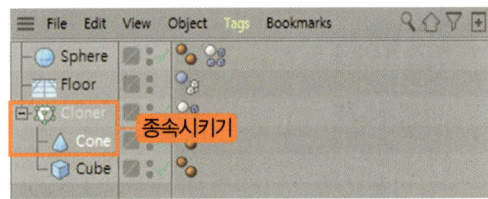

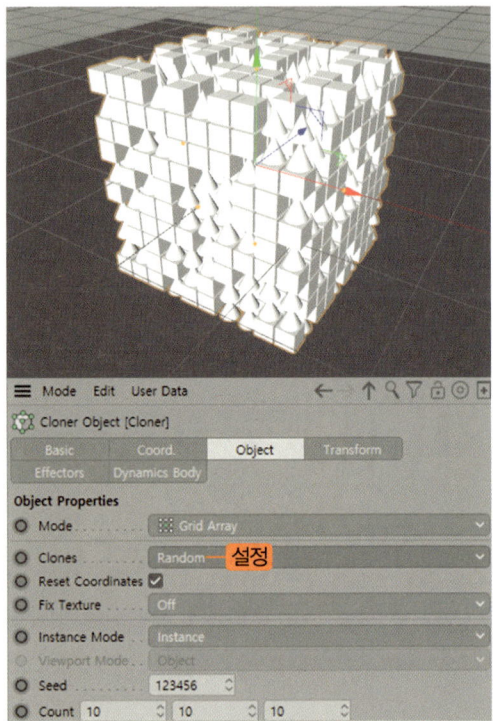

42 클로너의 Object 탭의 Clones를 이용하면 복제되는 순서(배치)의 설정을 할 수 있습니다. 여기에서는 Random으로 설정해봅니다. 콘과 큐브가 무작위로 복제된 것을 알 수 있습니다. 그밖에 혼합과 정렬 방식을 사용할 수 있습니다.

오브젝트의 분리를 위한 프랙처

프랙처(Fracture)는 클로너에 의해 복제된 오브젝트들이나 이와 상관없는 일반적인 오브젝트들을 개별로 사용할 수 있도록 분리시켜줄 때 사용되는 모그라프입니다. 건축물이 완성되는 과정이나 오브젝트의 세그먼트를 분리하여 폭파하는 장면을 위해 사용됩니다.

01 학습을 위해 [학습자료] - [프로젝트] - [모그라프 프랙처.c4d] 프로젝트 파일을 열어줍니다. 이 프로젝트 파일은 건축의 지붕을 만들기 위해 22개의 오브젝트를 그림처럼 배치한 프로젝트입니다. 작업에 사용된 오브젝트들은 클로너에 의해 복제되지 않은 순수한 오브젝트입니다.

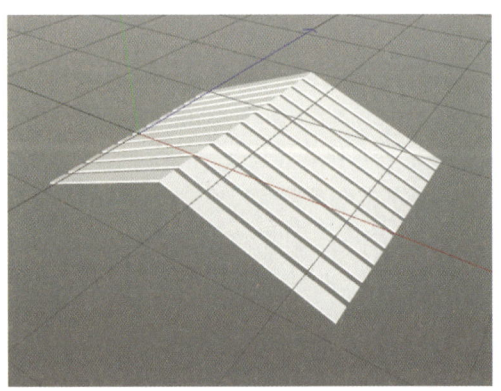

03 방금 적용한 프랙처 하위에 큐브 오브젝트를 모두 종속시킵니다. 프랙처의 Object 탭에서 Mode를 Straight로 설정합니다. 스트레이트 방식은 프랙처에 종속된 오브젝트 자체를 개별로 사용할 수 있도록 합니다.

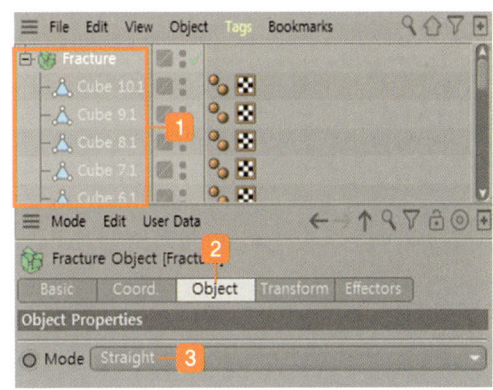

02 이제 지붕으로 사용되는 오브젝트들의 모습을 순차적으로 모양이 만들어지도록 표현해봅니다. 먼저 이 오브젝트들에 이펙트를 적용하기 위해 개별로 분리할 수 있도록 [MoGraph] - [Fracture]를 적용합니다.

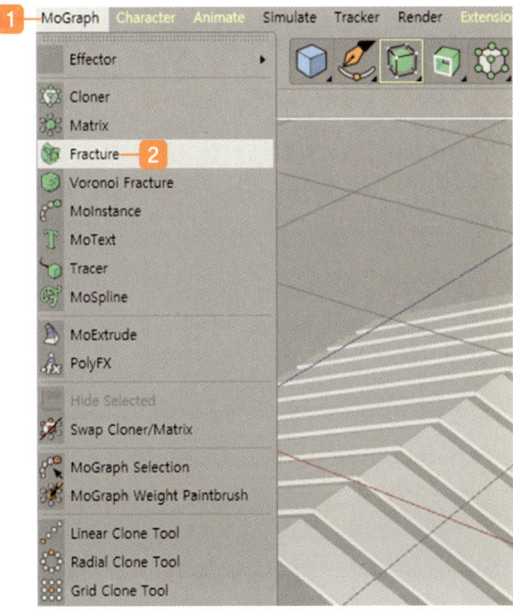

04 이제 프랙처를 선택한 후 [MoGrath] - [Effector] - [Plain]을 적용합니다.

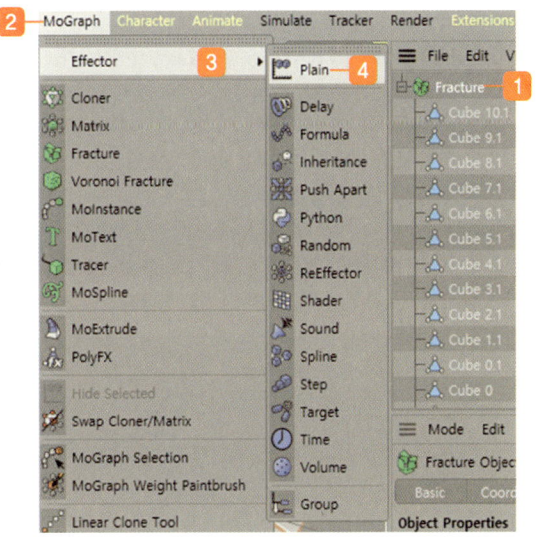

05 플레인을 선택한 후 Parameter 탭에서 Position의 P . Y축을 0으로 설정하고 P . Z축은 200 정도로 설정하여 위치를 조정하고 Scale을 체크한 후 Uniform Scale을 체크합니다. 그다음 Scale을 -1(마이너스 1은 보이지 않는 크기로 작아짐)로 설정하여 플레인 이펙터 영역에서 벗어난 오브젝트(프랙처에 종속된)들의 모습은 보이지 않게 해줍니다.

모그라프 활용 **611**

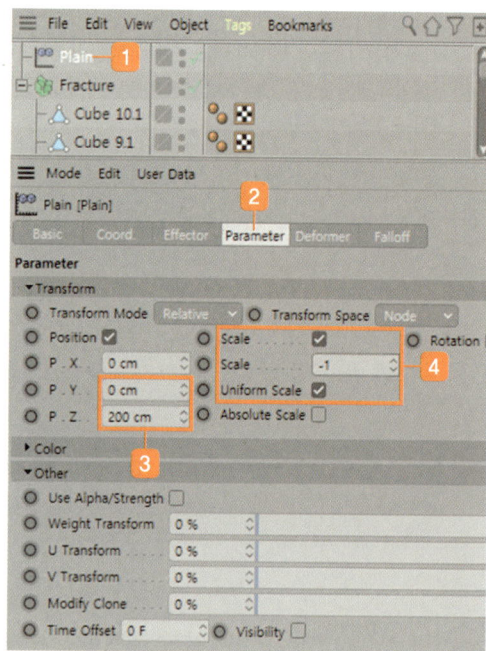

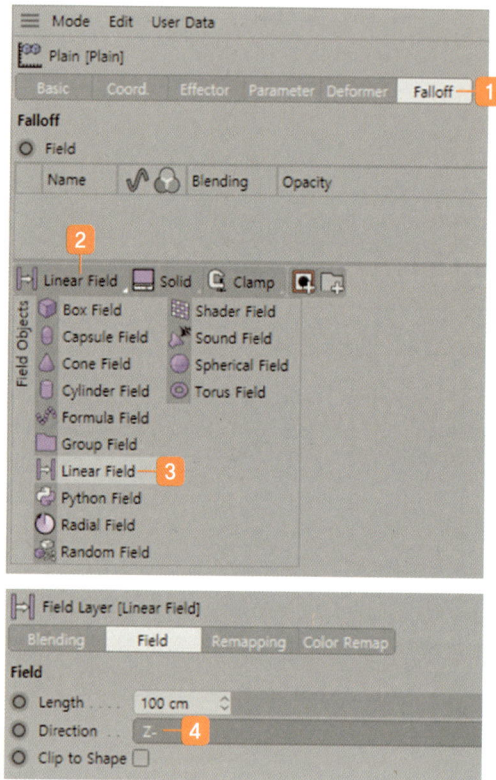

06 Falloff 탭으로 이동한 후 Shape를 Linear로 설정합니다. 그다음 Orientation을 Z-축으로 설정하여 화살표를 좌측 방향을 향하도록 해줍니다. 그리고 플레인 이펙터(리니어 쉐이프)를 움직여보면 플레인 이펙터가 지나가는 위치에 있는 오브젝트들이 처음엔 보이지 않다가 원래의 크기와 위치로 돌아오는 것을 알 수 있습니다. 이처럼 프랙처는 일반적인 오브젝트들도 모그래프 이펙터에 영향을 받게 할 수 있어 다양한 표현을 할 수 있습니다.

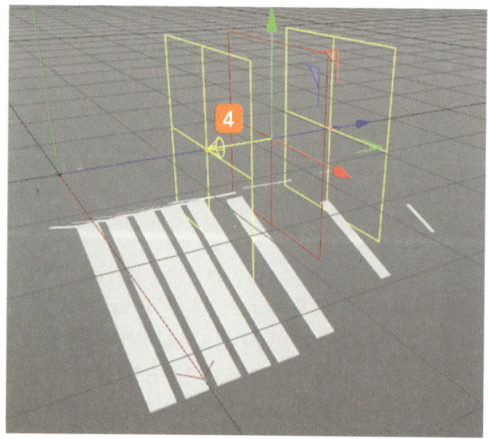

07 계속해서 이번엔 오브젝트의 세그먼트에 분리에 대한 작업을 해봅니다. 오브젝트 툴에서 토러스(Torus)를 생성합니다. 세그먼트의 모습을 보기 위해 [Display] - [Gouraud Shading (Lines)]를 선택한 후 그림처럼 크기와 세그먼트를 설정한 후 토러스 오브젝트를 폴리곤으로 변환합니다.

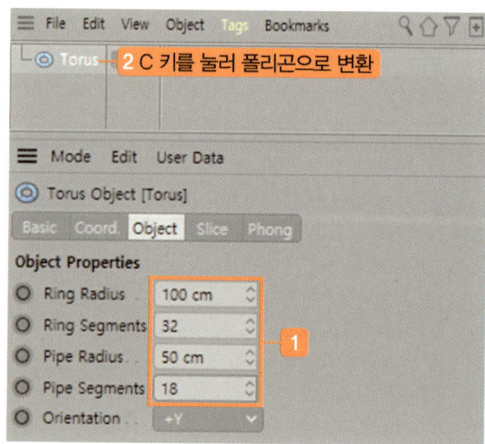

08 폴리곤 모드로 전환한 후 [Ctrl] + [A] 키를 눌러 폴리곤을 모두 선택합니다. 이제 선택된 폴리곤들을 분리시키기 위해 [Mesh] - [Clone] - [Disconnect]의 셋팅을 선택합니다.

디스커넥트는 폴리곤을 분리할 때 사용되며 아래쪽 Split은 선택된 폴리곤에 대하여 새로운 오브젝트로 만들어줄 때 사용됩니다.

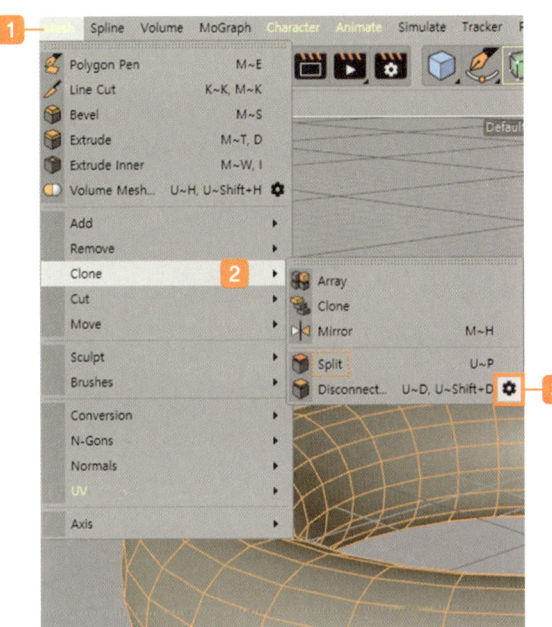

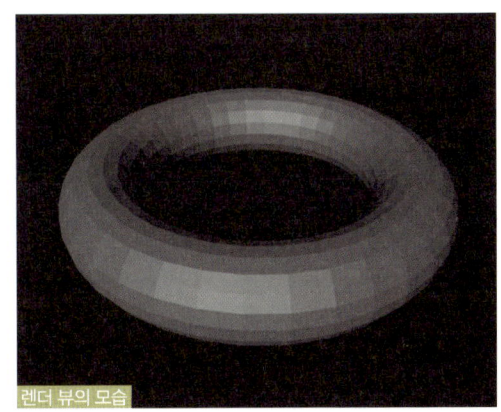
렌더 뷰의 모습

11 이제 디스커넥터에 의해 분리된 오브젝트를 실제로 분리되게 하기 위해 [MoGraph] - [Fracture]를 적용합니다.

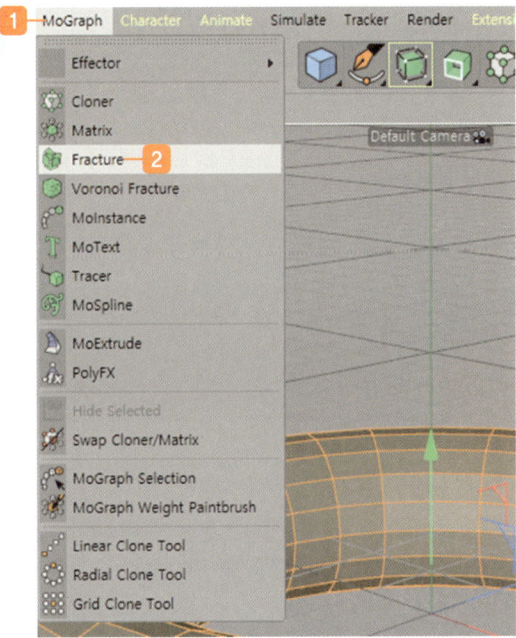

09 디스커넥트 창이 열리면 Preserve Groups를 해제한 후 [OK] 버튼을 클릭합니다. 프리저브 그룹을 해제하면 분리된 폴리곤들이 그룹에서 해제됩니다.

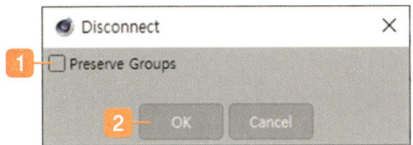

10 이 상태에서 렌더 뷰(Ctrl + R)를 해보면 각 폴리곤의 모습이 부드럽지 않고 각이 져 보이는 것을 알 수 있습니다. 디스커넥트에 의해 분리된 면은 직접 개별로 선택하여 이동할 수는 없지만 모그라프 이펙터에 의해 분리할 수 있습니다.

12 프랙처 하위에 토러스 오브젝트를 종속시킵니다. 그리고 프랙처의 Object 탭의 Mode를 Explode Segments로 설정합니다. 익스플로드 세그먼트는 분리된 세그먼트를 폭파(흩어지게)하기 위해 사용됩니다.

모그래프 활용 **613**

15 랜덤 이펙터의 Effector 탭에서 Strength를 0으로 설정하면 흩어졌던 폴리곤들이 다시 합쳐지는 것을 알 수 있습니다.

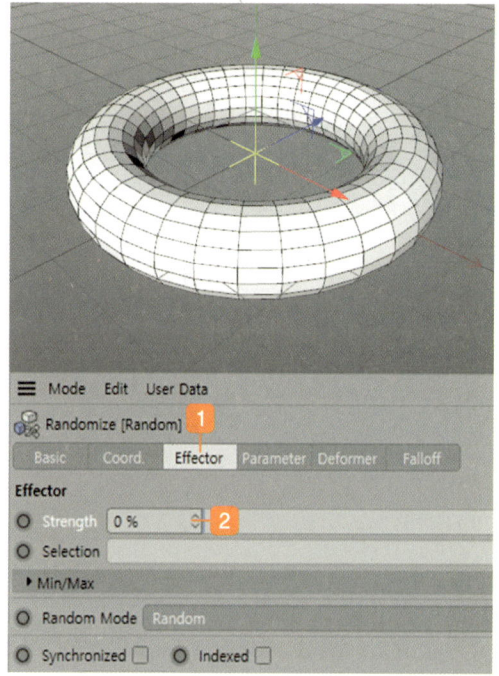

13 프랙처를 선택한 후 [MoGraph] - [Effector] - [Random]을 적용합니다.

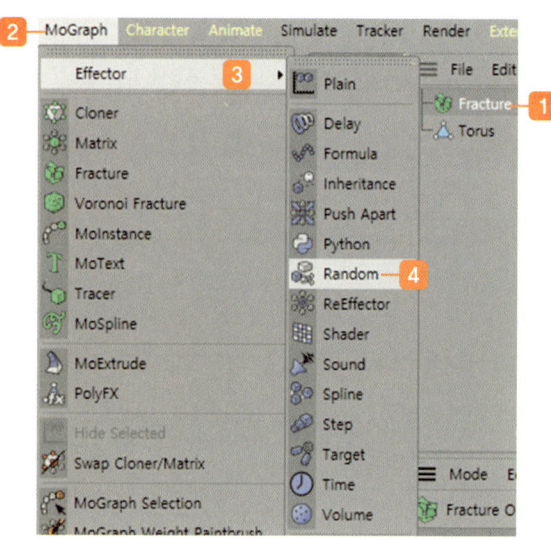

14 랜덤 이펙트가 적용된 모습을 보면 프랙처에 의해 분리된 폴리곤들이 그림처럼 사방으로 흩어지는 것을 알 수 있습니다.

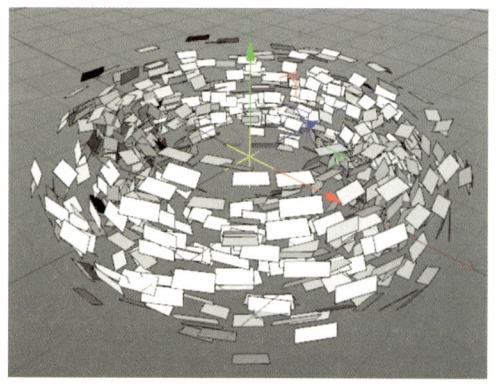

16 이번엔 분리된 폴리곤들을 부드럽게 보이도록 연결해주기 위해 제너레이터 툴에서 Connect를 선택합니다. 커넥터는 분리된 오브젝트를 연결하여 자연스런 모습(곡선)으로 만들어주기 위해 사용됩니다. 지금과 같은 작업이나 클로너 오브젝트로 메타볼을 표현할 때도 자연스런 모습이 나타나게 하기 위해서도 종종 사용됩니다.

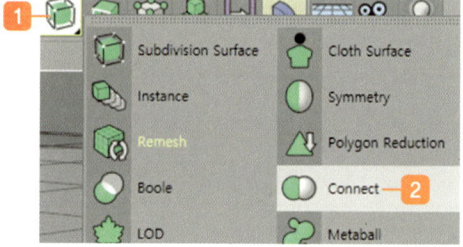

17 이제 커넥터가 선택된 후 Object 탭에서 Objects 필드에 Random 이펙터를 끌어다 적용합니다. 만약 커넥터 효과의 오브젝트 필드에 프랙처나 토러스를 적용하게 되면 분리된 폴리곤의 모습이 부드럽게 표현됩니다.

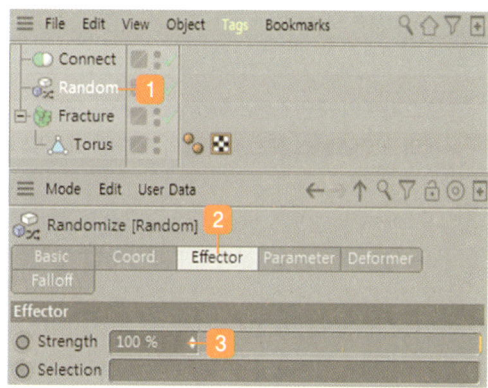

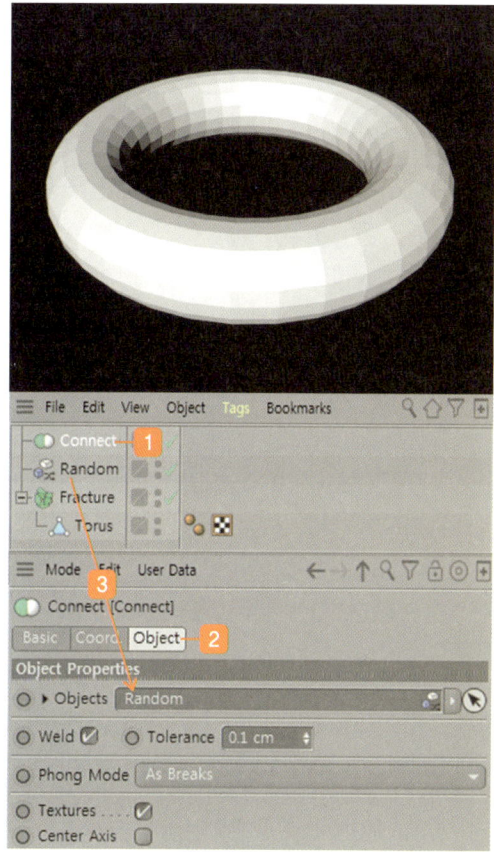

18 다시 랜덤 이펙트의 Effector 탭의 스트랭스 값을 100으로 증가하면 폴리곤들이 다시 흩어지는 것을 알 수 있습니다.

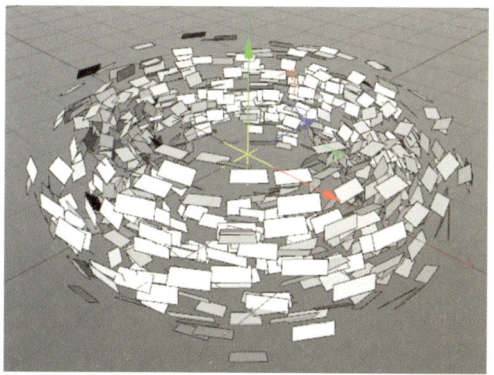

19 이번엔 프랙처를 선택한 후 Object 탭의 Mode를 Explode Segments & Connect로 설정해보면 각이 져 보였던 폴리곤들이 커넥트에 의해 합쳐져 부드럽게 표현되는 것을 알 수 있습니다. 이처럼 익스플로드 세그먼트 & 커넥트는 분리된 폴리곤을 폭파하고 부드럽게 해주는 두 가지 기능을 가지고 있습니다. 여기서 만약 폭파(분리)하는 장면을 표현하고자 한다면 모드를 익스플로러 세그먼트로 설정한 후 폭파 장면을 키(프레임)을 생성하고 다시 합쳐진 장면은 익스플로러 세그먼트 & 커넥터로 설정한 후 키를 생성하여 애니메이션하면 됩니다.

모션 히스토리를 위한 모인스턴스

모그라프의 모인스턴스(MoInstance)는 모인스턴스에 의해 애니메이션된 모션 경로의 흔적을 따라 움직이는 여러 개의 모인스턴스 오브젝트들의 모습을 표현할 때 사용됩니다.

01 모인스턴스에 대해 알아보기 위해 [학습자료] - [프로젝트] - [모그라프 모인스턴스.c4d] 프로젝트 파일을 불러옵니다. 그리고 플레이(F8)를 해보면 애니메이션된 모인스턴스 오브젝트 뒤를 따라서 여러 개의 오브젝트들이 표현됩니다. 이렇듯 모인스턴스는 모션의 흔적을 여러 개의 오브젝트로 표현할 때 사용됩니다. 작업 내용을 보면 MoInstance 오브젝트 하위에 스피어가 종속되어 있으며 모인스턴스의 Object 탭에서 Object Reference 필드에는 모인스턴스의 히스토리 오브젝트로 사용될 스피어가 적용된 상태입니다. 히스토리의 개수는 History Depth를 통해 설정할 수 있으며 현재는 10개로 되어있습니다.

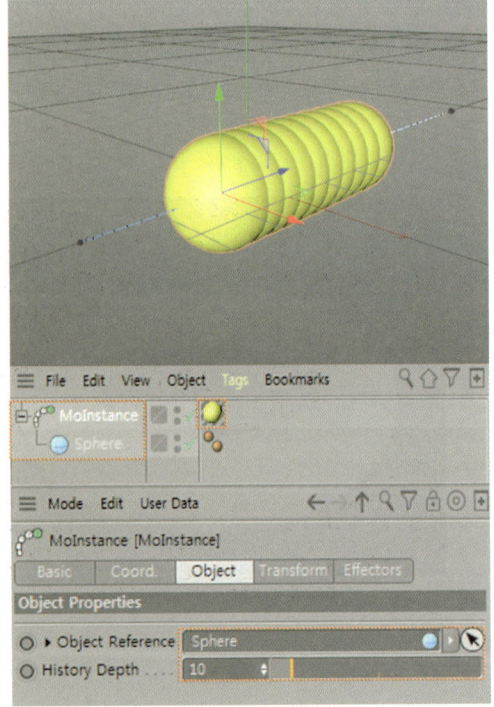

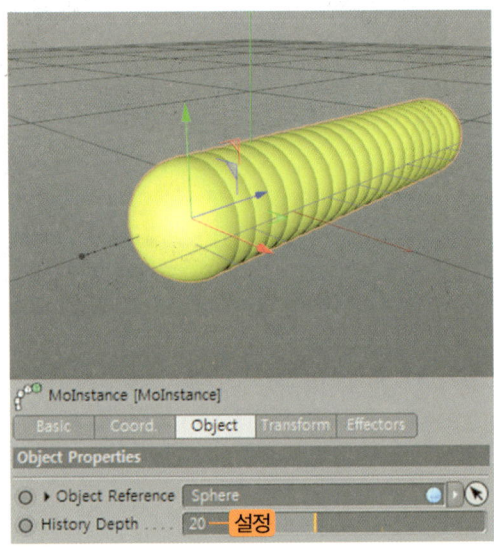

02 여기서 히스토리 뎁스를 20개로 늘려보면 히스토리 오브젝트의 개수가 20개로 늘어나게 됩니다.

03 모인스턴스 또한 모든 이펙터를 사용할 수 있습니다. 먼저 MoInstance를 선택한 후 [MoGraph] - [Effector] - [Step]을 적용합니다. 스텝 이펙터는 클로너나 모인스턴스 등과 같은 모그라프로 애니메이션된 상태에 대한 위치, 크기, 회전을 일정한 간격(규칙-일정한 간격으로 넘어지는 도미노와 같은 장면)으로 표현할 때 사용됩니다.

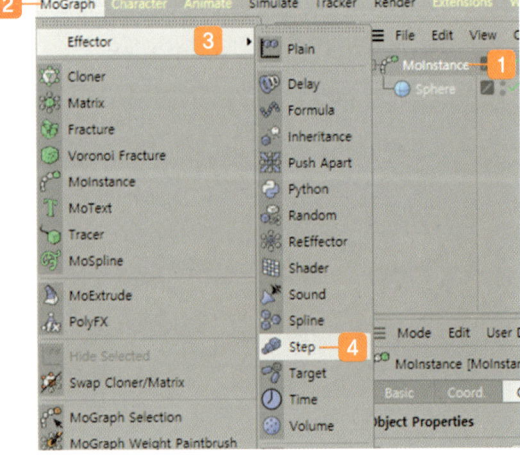

04 스텝 이펙가 적용된 후의 모습이 모인스턴스 오브젝트가 뒤쪽으로 갈수록 점점 커지는 것을 알 수 있습니다. 이것은 현재의 스텝 이펙터는 Scale(크기)에 대하여 설정이 된 상태이기 때문입니다. 여기서 만약 뒤쪽으로 갈수록 작아지게 하고자 한다면 Spline의 그래프의 시작점은 위쪽, 끝점은 아래로 내려주면 됩니다. 그밖에 포지션을 이용하여 위치, 로테이션을 이용하여 회전되는 장면을 표현할 수 있습니다.

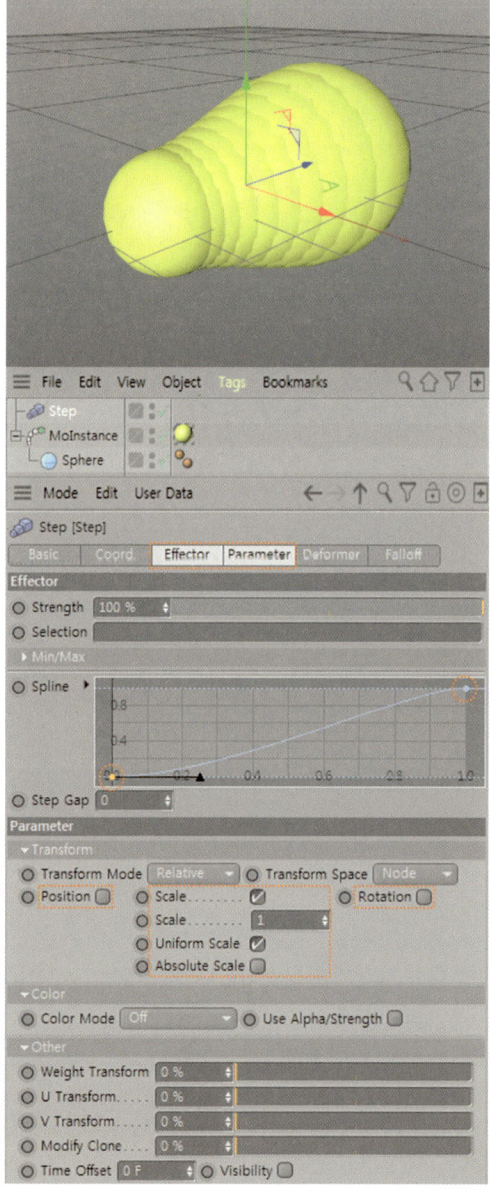

05 모인스턴스는 그밖에 클로너에 대해서도 대응하기 때문에 더욱 복잡하고 화려한 모션 그래픽을 표현할 수 있습니다. 살펴보기 위해 먼저 앞서 적용한 스텝 이펙트를 삭제합니다.

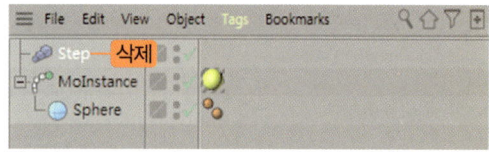

06 모인스턴스 오브젝트에 대한 복제를 하기 위해 [MoGraph] - [Cloner]를 적용합니다.

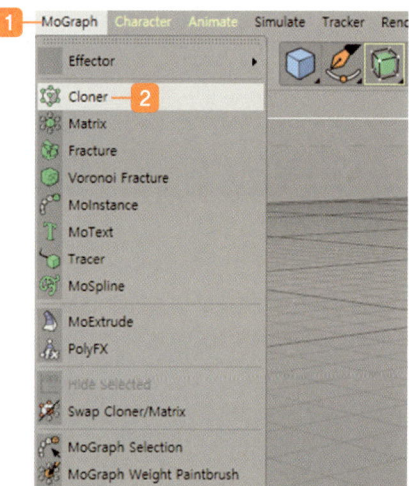

07 오브젝트 매니저에서 그림처럼 클로너 하위에 스피어 오브젝트를 종속시키고 클로너는 모인스턴스에 종속되도록 합니다. 그리고 클로너의 Object 탭에서 Radius를 209 정도로 설정하여 클로너의 지름을 크게 해줍니다.

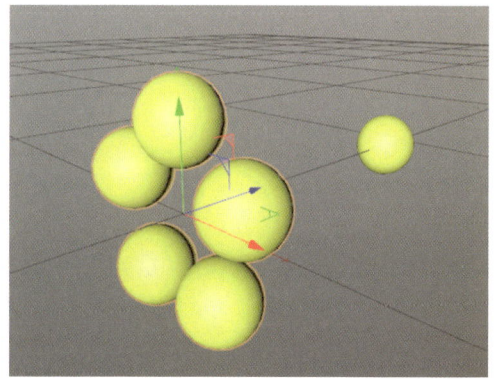

모그라프 활용 **617**

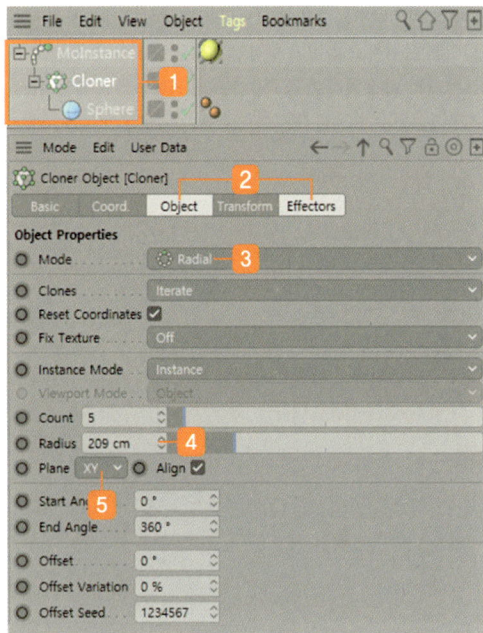

08 클로너의 Coord 탭에서 P . Z축을 0으로 설정하여 클로너 오브젝트의 위치를 모인스턴스에 맞춰줍니다.

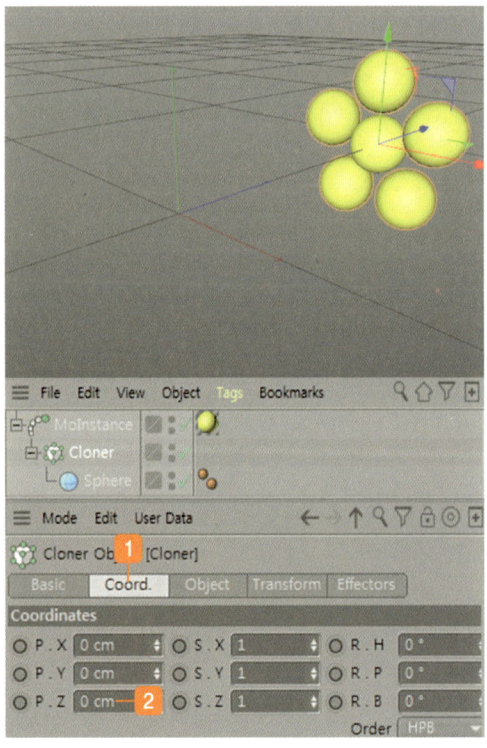

09 이제 모인스턴스를 선택한 후 Object 탭에서 Object Reference 필드에 Cloner를 끌어다 적용합니다. 이것으로 클로너에 의해 복제된 오브젝트가 다시 모인스턴스의 모션에 의해 더욱 복잡한 모인스턴스 애니메이션이 표현됐습니다.

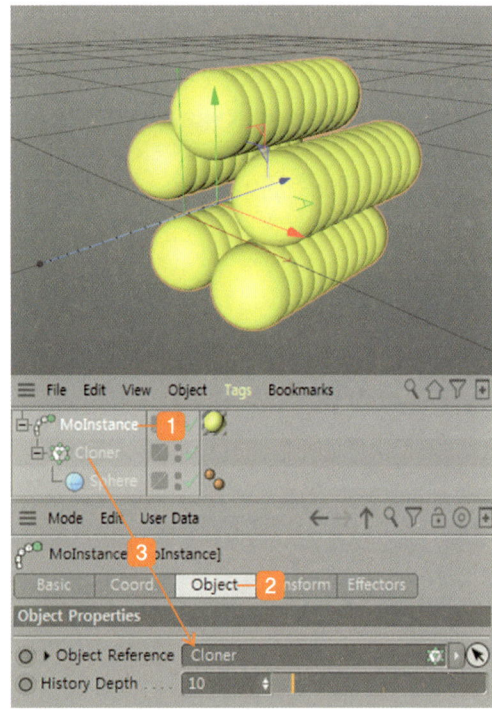

10 여기서 모인스턴스에 회전 애니메이션을 추가하면 그림처럼 더욱 복잡한 움직임으로 표현할 수도 있습니다.

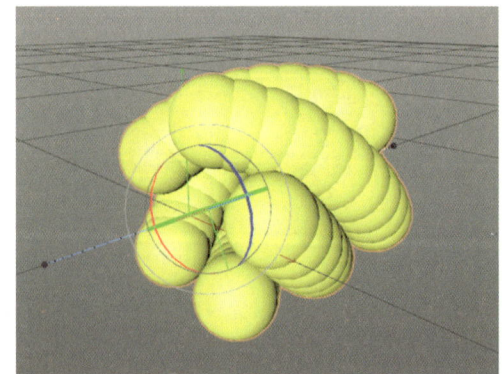

텍스트 애니메이션을 위한 모텍스트

모텍스트(MoText)는 스플라인과 익스트루드를 사용하지 않고도 3D 텍스트를 만들 수 있게 해줍니다. 특히 모텍스를 이용하여 만들어진 3D 글자는 모그라프 이펙터를 사용하여 다양한 타이포 애니메이션을 표현할 수 있습니다.

01 [MoGraph] - [MoText]를 선택하여 3D 글자를 생성합니다.

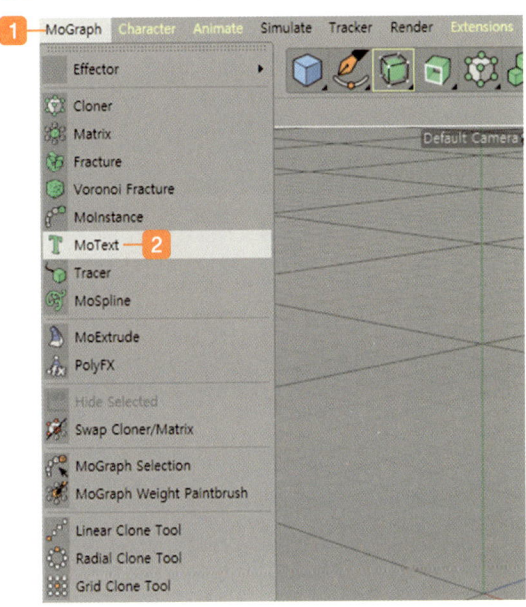

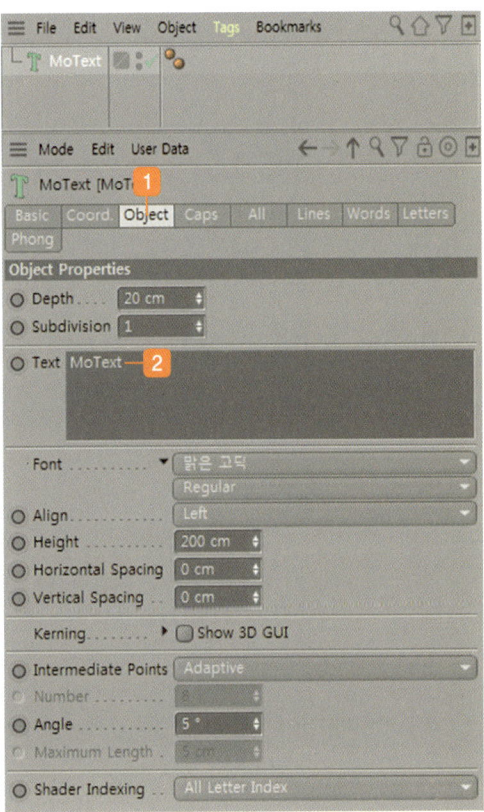

02 모텍스트의 Object 탭에서는 글자를 입력하고 글자의 두께, 글꼴, 정렬, 간격 등에 관한 설정을 할 수 있습니다. 여기에서는 Text 입력 필드에서 MoText란 글자를 입력합니다.

03 계속해서 Caps 탭으로 이동해봅니다. 캡스 탭에서는 글자의 모서리 모양에 대한 설정과 폴리곤(세그먼트) 타입 등을 설정합니다. Bevel Shpae를 통해 모서리의 모양을 다양하게 설정할 수 있으며 아래쪽의 Cpas Type을 통해 단일 폴리곤으로 사용하거나 사각형 모양의 폴리곤으로 사용할 수 있습니다. 여기에서는 위쪽의 Bevel Shape를 기본 Round로 사용하고 Size를 3 정도로 설정하여 모서리를 둥근 형태로 만들어봅니다.

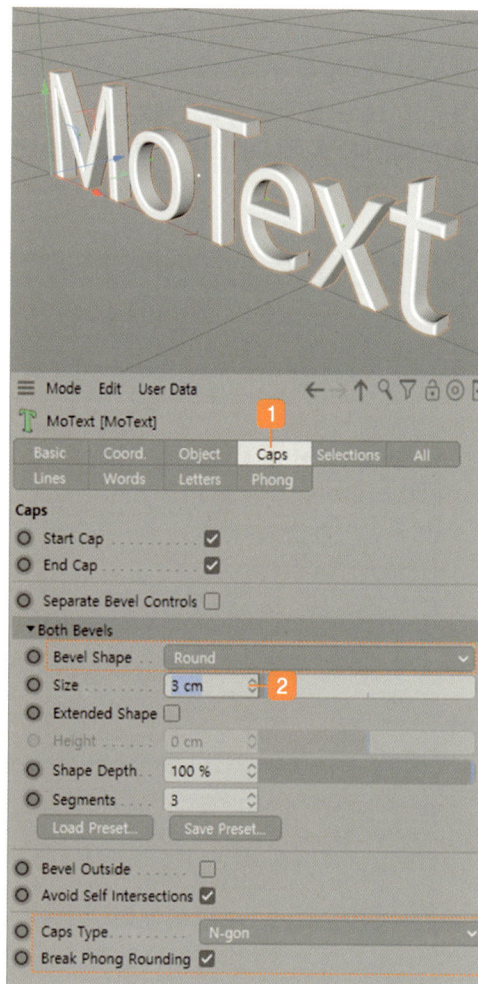

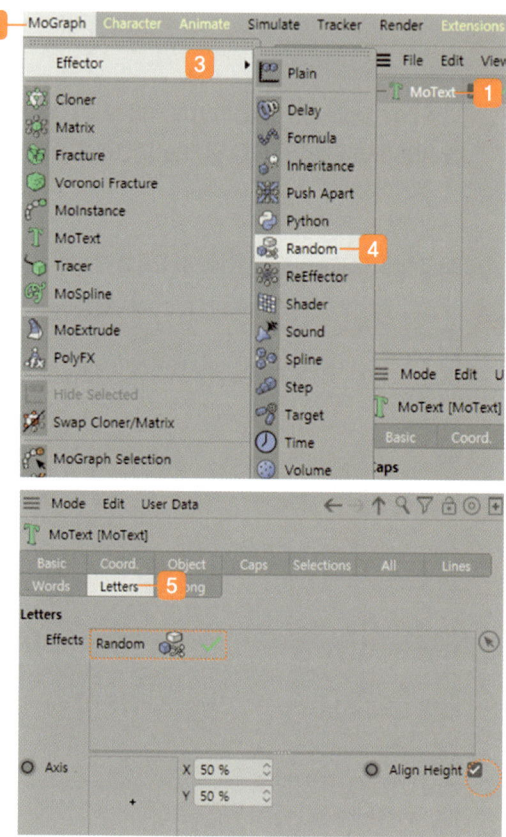

04 모텍스트에 이펙터를 적용하기 위해 먼저 MoText를 선택한 후 [MoGraph] - [Effector] - [Random]을 적용합니다. 모텍스트는 이펙터 탭을 사용하지 않고 글자, 단어, 행, 전체를 기준으로 이펙터를 적용할 수 있습니다. 이펙터가 적용되는 기본 단위는 글자를 개별로 사용하기 위한 Letters(글자) 탭에 적용됩니다. 여기서 만약 글자 단위가 아닌 단어(Words)나 행(Lines), 전체(All)에 적용하고자 한다면 Effects 필드에 끌어다 적용하거나 우측의 픽(Pick) 화살표를 이용하여 원하는 이펙터를 선택해주면 됩니다.

05 앞서 적용된 랜덤 이펙터의 Effector와 Parameter 탭에서는 랜덤 이펙터에 대한 다양한 설정을 할 수 있습니다. 현재는 파라미터 항목의 Position이 체크된 상태입니다. 이것은 모텍스트 글자들의 위치에 대해 무작위(랜덤)로 설정할 수 있다는 것입니다. 여기에서는 P. XYZ축을 모두 300 정도로 설정해봅니다. 모텍스트 글자들이 설정된 거리를 기준으로 무작위로 흩어진 것을 알 수 있습니다.

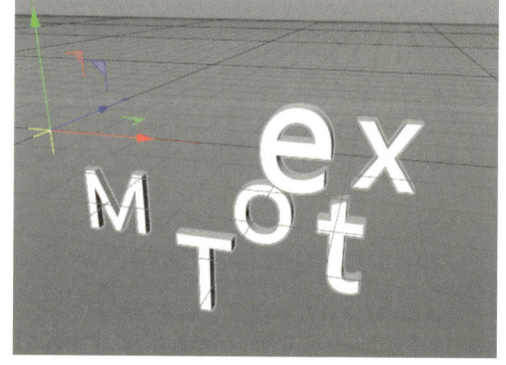

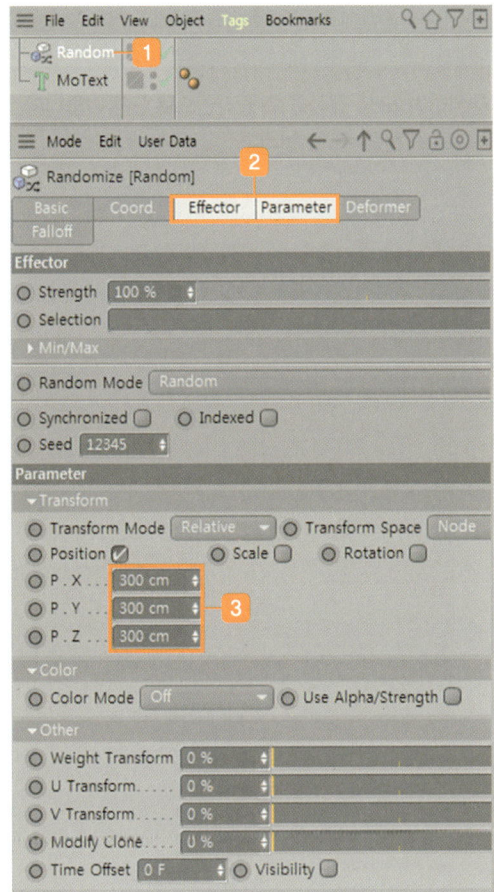

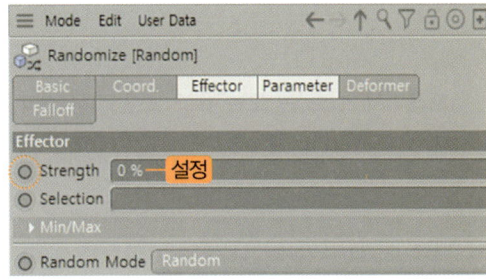

06 흩어진 모텍스트를 다시 원래대로 합쳐주기 위해서는 이펙터 탭의 스트랭스를 이용하면 됩니다. Strength 값을 0으로 설정하면 글자들이 다시 원래대로 합쳐집니다. 스트랭스 좌측의 원을 사용하여 흩어졌다 합쳐지는 텍스트 애니메이션을 표현할 수도 있습니다.

07 모텍스트는 랜덤 이펙터뿐만 아니라 다른 이펙터를 사용할 수 있습니다. 먼저 랜덤 이펙터를 지우고 Plain 이펙터를 모텍스트에 적용해봅니다. 그리고 그림처럼 설정해보면 글자가 앞에 있다가 회전하면서 다시 원래 자리로 날아가는 텍스트 애니메이션을 표현할 수 있습니다. 이렇듯 모텍스트는 텍스트 애니메이션을 간단하게 구현할 수 있다는 것이 가장 큰 장점입니다.

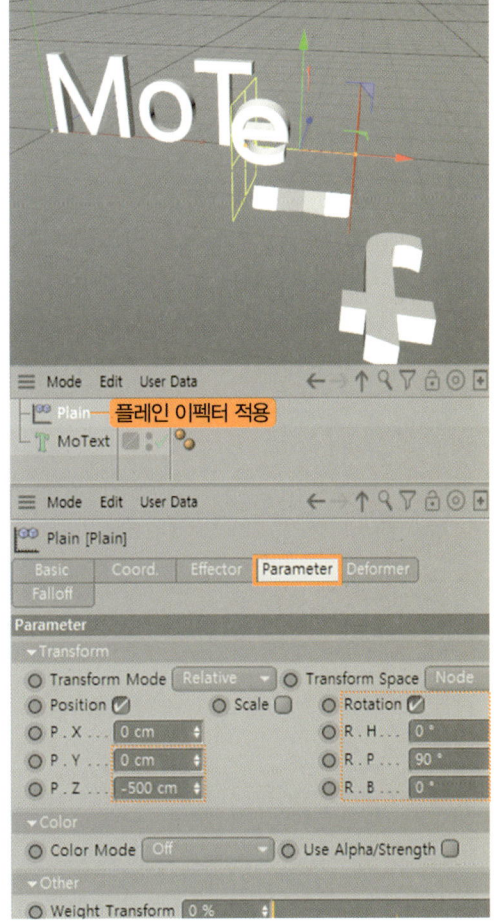

모그라프 활용 **621**

모션 궤적을 위한 트레이서

트레이서(Tracer)는 오브젝트의 포인트(정점)의 움직임을 추적하여 모션 궤적을 스플라인으로 만들어줍니다. 만들어진 스플라인은 서클과 스위프를 이용하여 입체적인 궤적으로 표현할 수 있습니다.

01 트레이서에 대해 알아보기 위해 [학습자료] - [프로젝트] - [모그라프 트레이서.c4d] 프로젝트 파일을 불러옵니다. 불러온 파일을 플레이 해보면 큐브가 회전되면서 이동하는 애니메이션인 것을 알 수 있습니다.

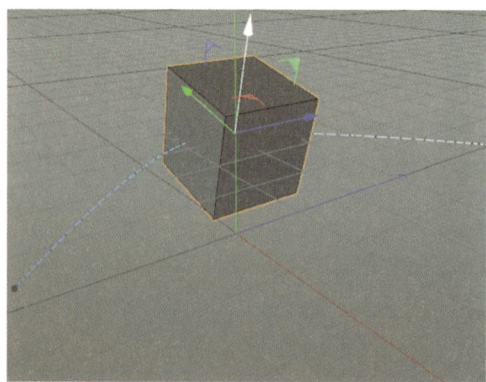

02 이제 큐브 오브젝트의 정점이 움직이는 경로에 트레이서 궤적을 표현하기 위해 [MoGraph] - [Tracer]를 적용합니다.

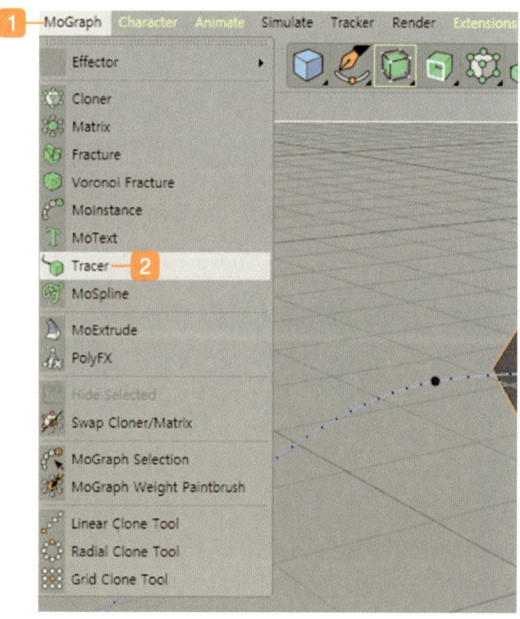

03 방금 적용된 트레이서 하위에 큐브 오브젝트를 종속시킵니다. 그리고 다시 플레이를 해보면 큐브의 정점을 추적한 경로에 스플라인이 만들어지는 것을 알 수 있습니다.

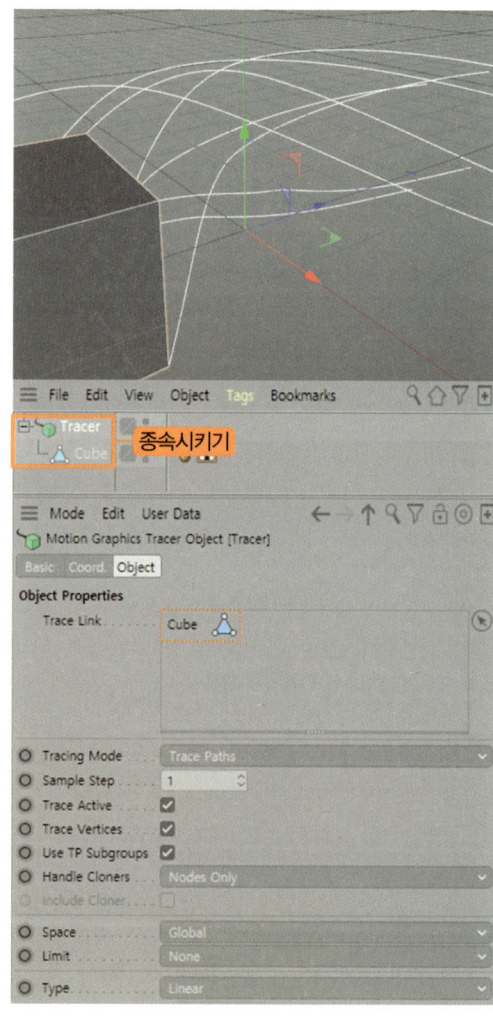

04 이제 스플라인으로 표현되는 트레이스 궤적에 두께를 부여하기 위해 스플라인 툴에서 Circle을 생성한 후 Radius를 10 정도로 줄여줍니다.

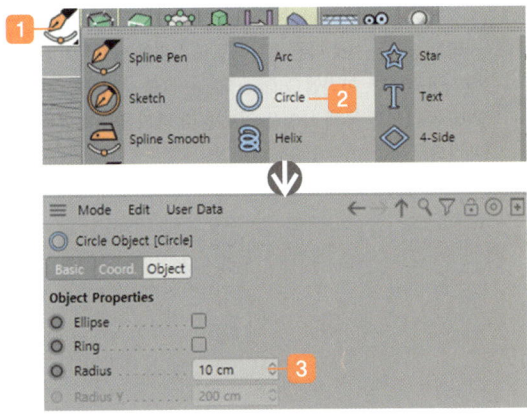

07 두께가 부여된 트레이서의 시작과 끝 부분의 두께와 모양을 스위프의 Object 탭에서 설정할 수 있습니다. 여기에서는 Scale 그래프의 시작점은 아래로 내리고 끝점은 위로 올려서 트레이서 궤적의 끝을 얇게 해봅니다.

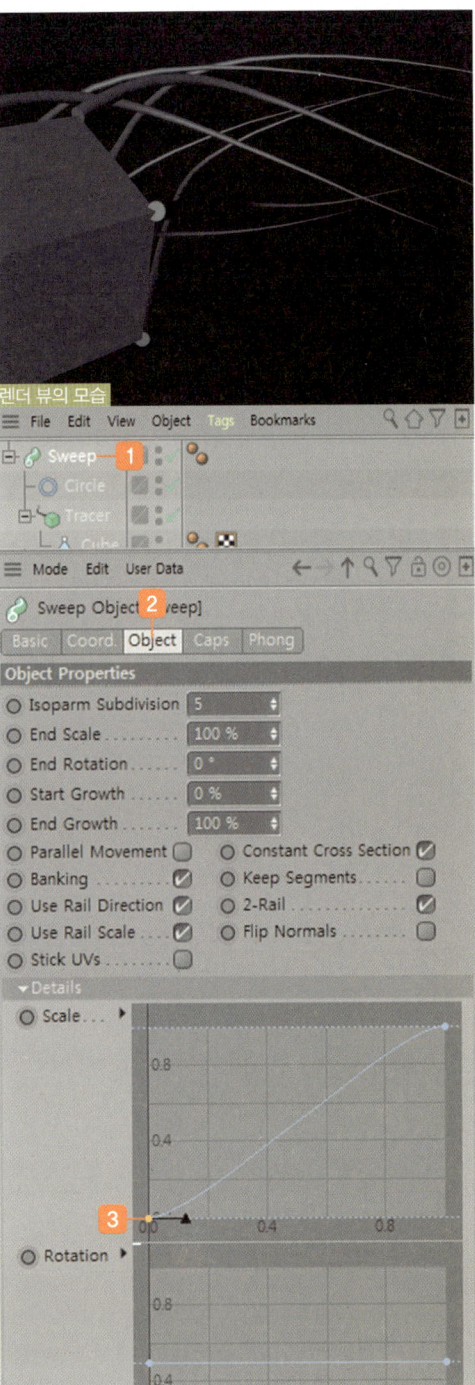

05 계속해서 두께를 표현하기 위해 [제너레이터] - [Sweep]를 적용합니다.

06 방금 적용된 스위프 하위에 서클과 트레이서를 그림과 같은 순서대로 종속시킵니다. 그러면 트레이서 궤적에 두께가 표현됩니다. 렌더 뷰(Ctrl + R)를 통해 확인해봅니다.

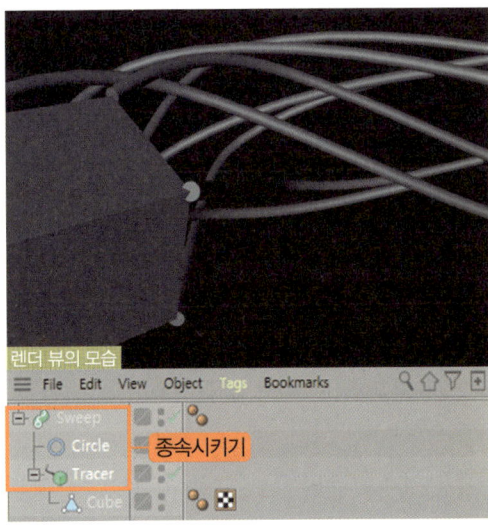

08 트레이서는 오브젝트의 정점(널오브젝트 포함)뿐만 아니라 파티클에 대해서도 궤적을 표현할 수 있습니다. 살펴보기 위해 [학습자료] - [프로젝트] - [파티클 트레이서.c4d] 프로젝트 파일을 불러옵니다. 플레이를 해보면 파티클이 사방으로 흩뿌려지는 것을 알 수 있습니다. 현재는 트레이서가 적용된 상태지만 꺼놓았기 때문에 궤적은 보이지 않습니다.

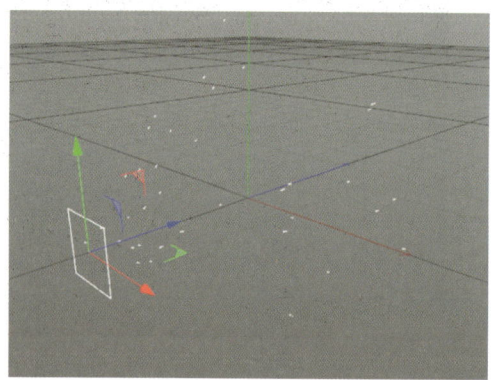

09 트레이서를 선택하고 켜준 후 다시 플레이를 해보면 파티클이 이동되는 경로가 트레이서의 궤적으로 표현됩니다. 이 궤적 역시 앞서 살펴본 것처럼 서클과 스위프를 이용하여 두께를 부여할 수 있습니다.

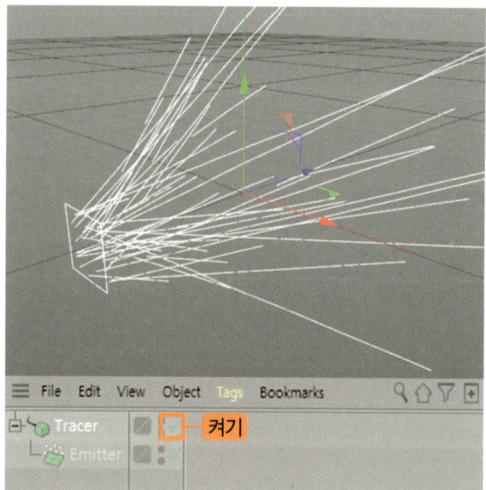

10 이번엔 트레이서의 Object 탭에서 제공되는 주요 기능에 대해 알아봅니다. Trace Link 필드에는 정점을 가진 여러 개의 오브젝트를 적용하여 트레이서 궤적으로 표현할 수 있습니다. Tracing Mode는 어떻게 트레이싱을 할 것인지에 대한 방식을 설정합니다. Trace Paths는 앞서 살펴본 기본 방식이며 2개의 커넥트 방식은 서로 다른 오브젝트의 정점을 연결하여 표현할 때 사용됩니다. 이번엔 Connect Elements를 선택해봅니다. 그리고 플레이를 통해 확인을 해보면 각 파티클들이 연결되어 표현되는 것을 알 수 있습니다.

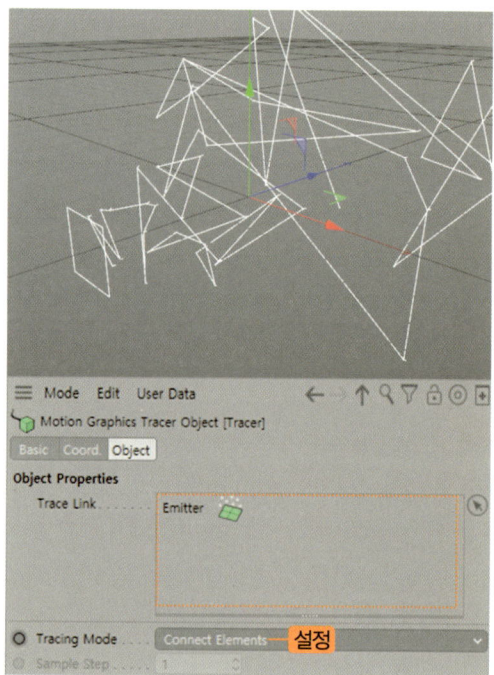

11 이번엔 커넥트 올 오브젝트에 대해 알아보기 위해 먼저 이미터를 복제한 후 그림처럼 옆으로 이동해놓습니다.

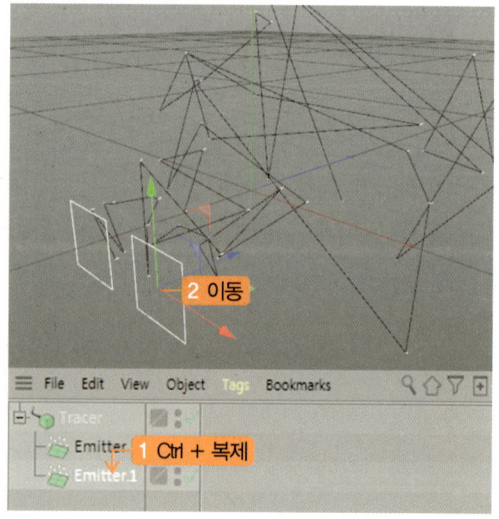

12 트레이서를 선택하고 Object 탭의 Trace Link 필드에 앞서 복제된 이미터.1을 끌어다 적용합니다. 그리고 Tracing Mode를 Connect All Objects로 설정하면 적용된 2개의 오브젝트(이미터)의 파티클(정점)들이 서로 연결되어 표현되는 것을 알 수 있습니다. 그밖에 Sample Step은 애니메이션의 프레임 간격을 통해 궤적의 품질 상태를 설정합니다. 아래쪽 Type을 선형(Linear)이 아닌 B-Spline으로 설정하게 되면 가장 부드러운 궤적을 표현할 수 있습니다. Handle Cloners는 여러 개의 클로너 오브젝트가 서로 교차될 경우에 트레이서가 어떻게 인지하고 통제할 것인지 설정합니다. 그리고 Intermediate Points(인터미디어트 포인트)는 트레이서 궤적의 모양을 좌우하는 포인트들은 어떤 방식으로 세분화할 것인지에 대한 보간법을 설정할 수 있습니다. 여기에서는 Adaptive(어댑티브)와 Subdivided(서브디바이드)가 가장 세분화가 많이 이뤄지기 때문에 최적의 결과를 얻을 수 있습니다. 맨 아래의 Reverse Sequence(리버스 시퀀스)를 체크하면 정점의 순서를 반전시킬 수 있습니다.

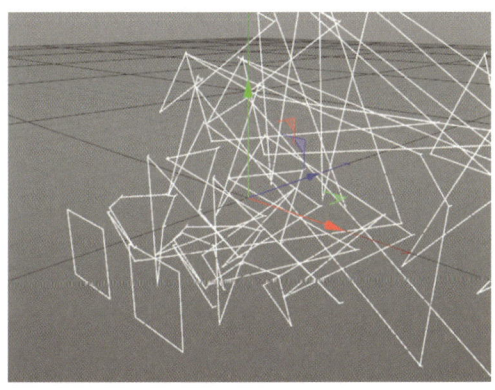
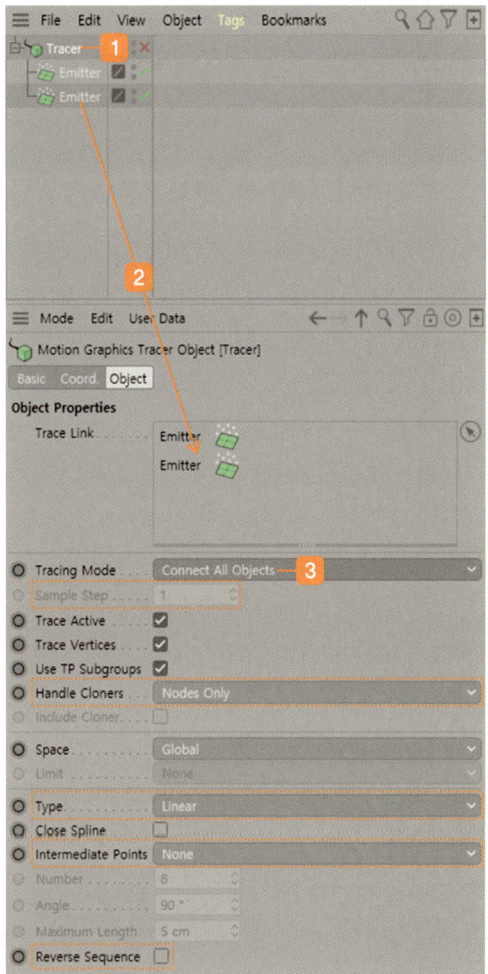

스플라인 애니메이션을 위한 모스플라인

모스플라인(MoSpline)은 구불구불한 꽃이나 나무와 같은 스플라인의 형상을 만들고 글자 및 기하학적 모양의 스플라인이 자라는 애니메이션을 표현할 수 있습니다.

01 모스플라인에 대해 알아보기 위해 [학습자료] - [프로젝트] - [모스플라인-심플.c4d] 파일을 불러옵니다. 불러온 프로젝트를 보면 3개의 얇은 선이 살짝 휘어져 교차된 것을 알 수 있습니다. 이 선모양의 오브젝트들은 서클과 스위프를 이용하여 두께가 있는 오브젝트로 표현됐으며 3개의 오브젝트들은 각각 모스플라인의 모양에 영향을 줄 것입니다.

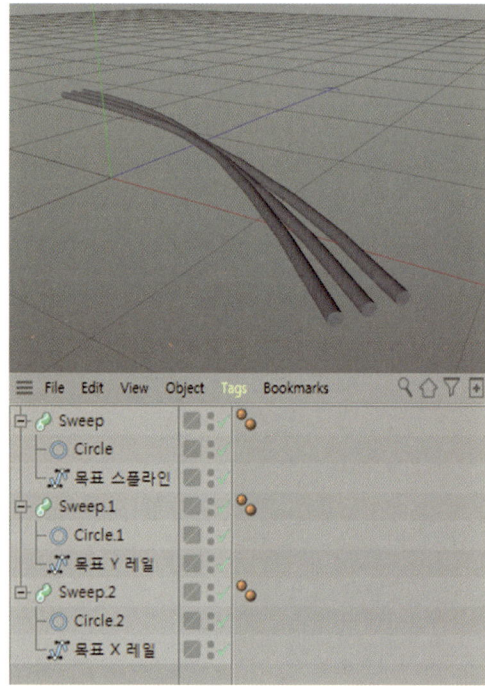

인을 통해 어떤 모양을 표현할지를 선택할 수 있습니다. Simple은 단순한 모양을 표현할 때 사용하지만 때에 따라서는 복잡한 기하학적 모양을 표현할 수도 있습니다. Spline은 로고나 글자 모양이 형성되는 애니메이션을 위해 주로 사용되며 Turtle(터틀)은 나무나 꽃 같은 식물이 자라는 애니메이션을 위해 사용됩니다. 이번에는 먼저 Simple을 선택합니다. 심플 방식에서는 그림처럼 직선의 흰색 모양이 나타나는데 이제 이 오브젝트를 통해 다양한 모양을 표현해봅니다.

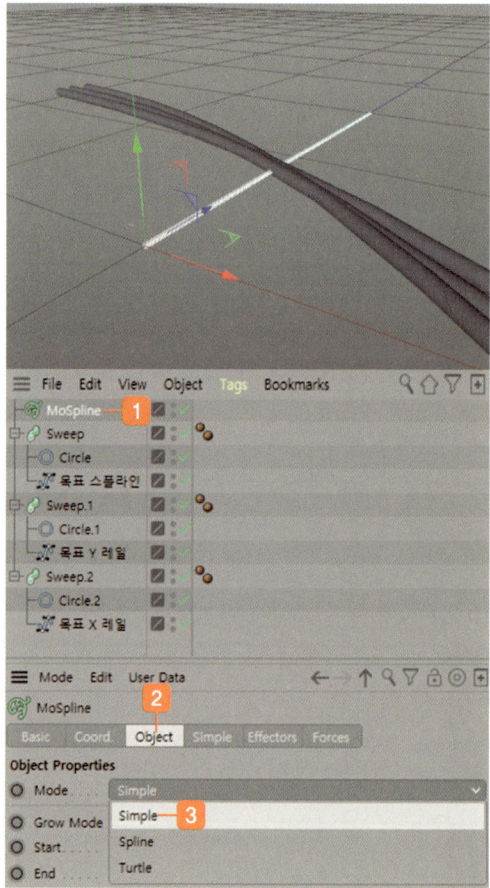

02 이제 모스플라인을 사용하기 위해 [MoGraph] - [MoSpline]을 적용합니다.

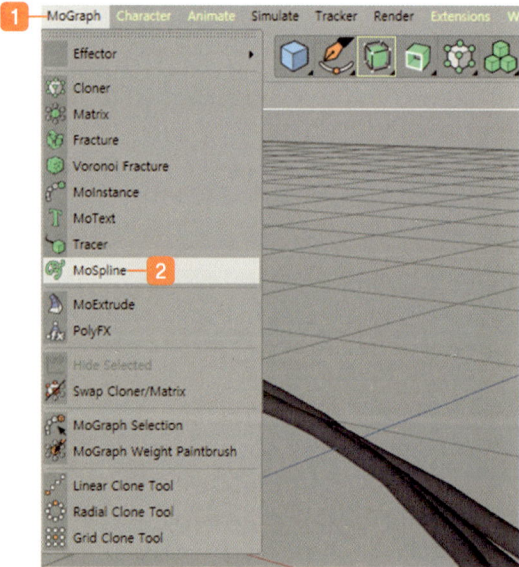

03 모스플라인의 속성 매니저에서 Object 탭의 Mode는 모스플라

04 모스플라인의 오브젝트 탭에서 Destination Spline 필드에는 목표 스플라인을 적용하고 Destination X/Y Rail에는 각각 목표 X/Y 레일 스플라인을 적용합니다. 데스티네이션 스플라인은 최종 모스플라인의 형상에 반영되며 데스티네이션 X/Y 레일은 해당 축으로 모양이 진행되는 방향으로 사용됩니다. 뷰포트를 보면 이제 두께가 있는 오브젝트로 표현됐습니다. 그밖에 오브젝트 탭에서는 모스플라인이 시작되고 끝나는 모습과 간격을 설정할 수 있습니다.

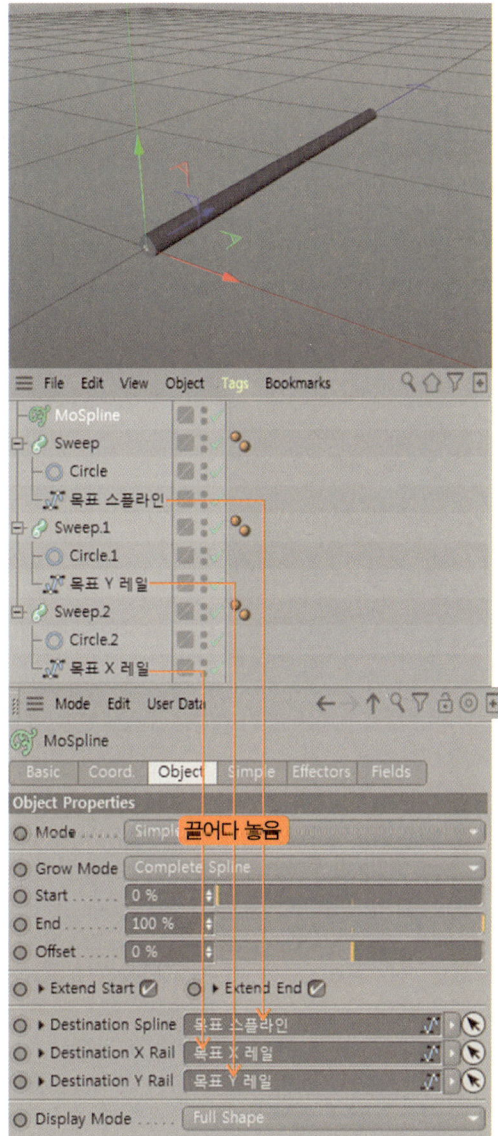

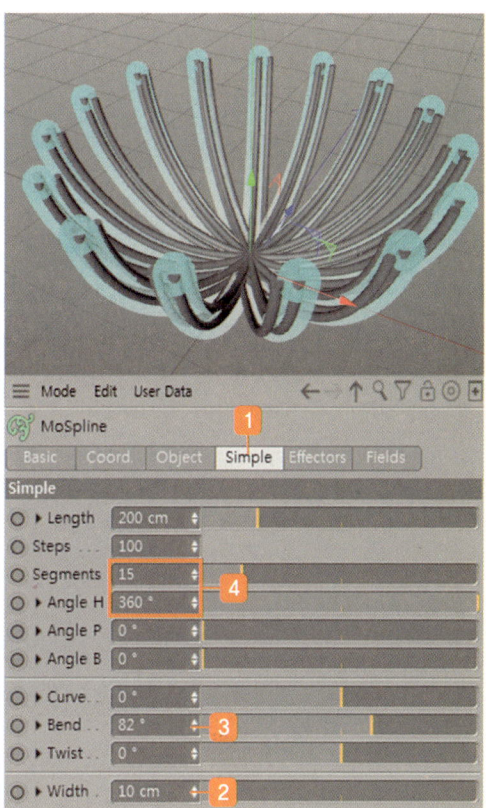

05 심플 방식은 Simple 탭을 제공합니다. 심플 탭에서는 모스플라인의 길이, 스텝, 세그먼트, 앵글, 휘어짐 정도, 두께를 설정할 수 있습니다. 여기에서는 Width를 10 정도로 두껍게 해주고 Bend를 82도 정도로 설정하여 위쪽으로 휘어지게 합니다. 그리고 Segments를 15로 설정하여 복제되는 개수를 15개로 해주고 Angle H축을 360도로 설정하여 그림과 같은 모습으로 표현합니다.

06 현재 모스플라인의 모습은 두께가 표현되지 않기 때문에 오브젝트 매니저의 모습처럼 스위프와 서클을 새로 만들거나 기존의 것들을 복제한 후 서클과 모스플라인을 스위프에 종속시킵니다. 그러면 모스플라인의 모습이 표현됩니다. 현재 상태가 모스플라인의 심플 방식의 최종 모습입니다.

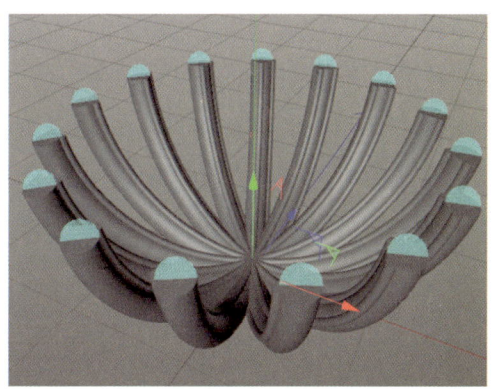

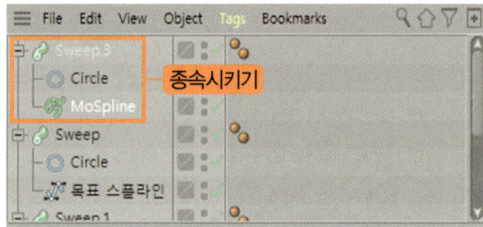

다이내믹에 있는 바람이나, 돌풍, 인력과 같은 힘에 영향을 받게 할 수도 있습니다.

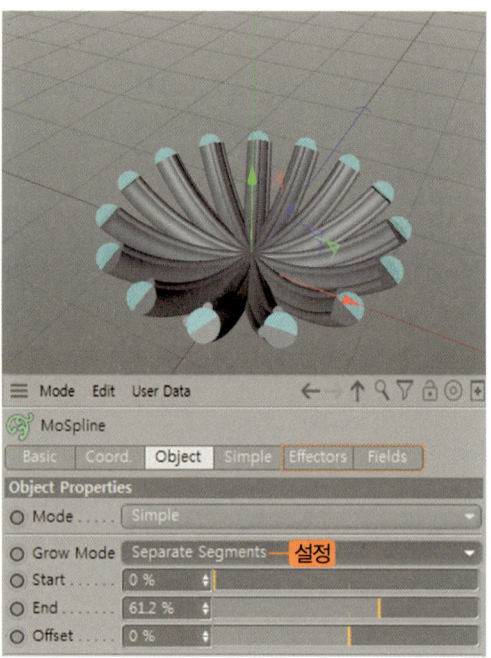

07 Grow Mode는 현재 Complete Spline으로 되어있는데 여기서 End 값을 조절해보면 모스플라인에 의해 생성된 오브젝트들이 순차적으로 나타나거나 사라지게 됩니다.

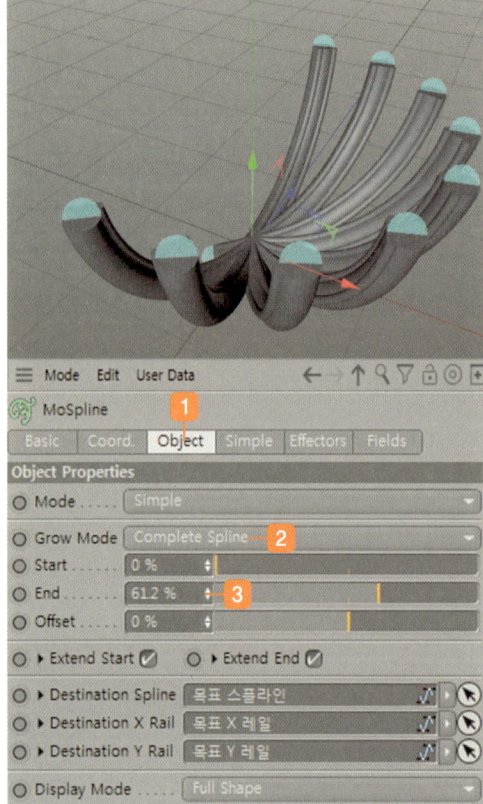

08 Grow Mode를 Separate Segments로 바꿔보면 모스플라인의 모습이 전체적으로 조절되는 것을 알 수 있습니다. 이렇듯 모그라프의 심플 모드는 비교적 단순한 모습의 오브젝트를 표현하는데 사용됩니다. 또한 클로너와 같은 모그라프와 병행해서 사용할 수도 있으며 이펙터(Effectors) 탭에서는 모그라프 이펙터를 적용할 수 있고 필드(Fields) 탭에서는 시뮬레이트 메뉴의

09 이번엔 스플라인 방식에 대해 알아보기 위해 [학습자료] - [프로젝트] - [모스플라인-스플라인.c4d] 프로젝트 파일을 열어줍니다. 방금 불러온 파일은 스플라인 방식이 설정된 상태입니다. 모플라인의 Spline 탭을 보면 Generation Mode가 Even으로 되어 있으며 Count가 300으로 설정된 상태입니다. 카운트의 설정 값이 높을수록 모스플라인의 모습이 정교해집니다. Source Spline 필드에선 모스플라인 글자로 사용되는 Text가 적용된 상태이고 Width를 5로 설정하여 두께를 설정했습니다. Source Rail은 모스플라인의 외곽에 대한 변형을 주기 위해 스플라인 오브젝트를 사용할 수 있습니다.

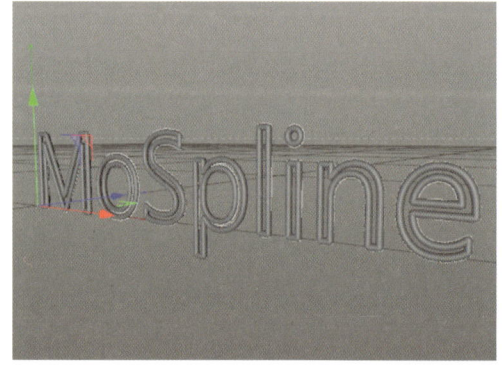

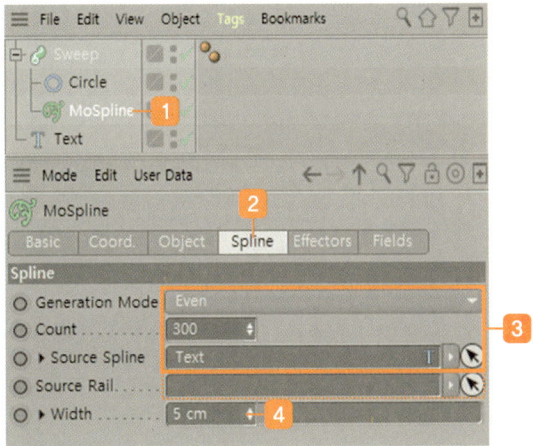

11 이번엔 터틀 방식에 대해 알아보기 위해 [학습자료] - [프로젝트] - [모스플라인-터틀.c4d] 프로젝트 파일을 열어줍니다. 터틀 방식은 거북이 등의 무늬가 연상된다고 하여 붙여진 이름으로 그림처럼 나무나 꽃 등의 식물이 자라나는 장면을 위해 사용됩니다. 물론 응용하면 작은 혈관들이나 그밖에 다양한 표현을 할 수 있을 것입니다.

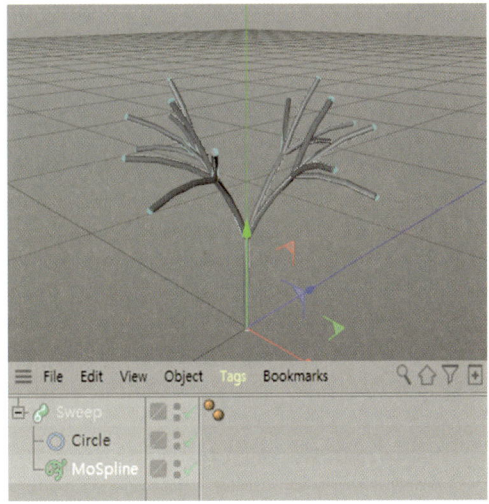

10 Object 탭으로 이동한 후 End 값을 조절해보면 모스플라인의 글자 모습이 나타나거나 사라지는 것을 알 수 있습니다. 이처럼 모스플라인의 스플라인 방식은 글자나 로고 애니메이션을 위해 유용하게 사용됩니다.

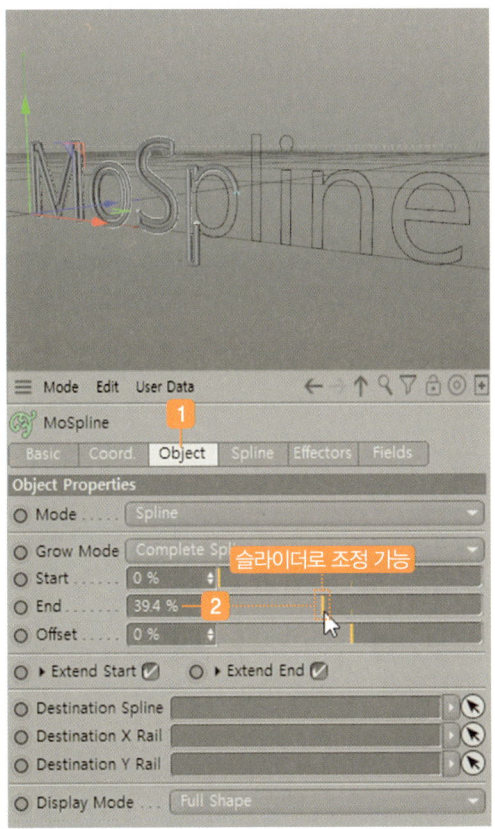

12 터틀 방식을 사용하면 Values 탭을 사용할 수 있습니다. 벨류 탭에서는 Growth를 설정하여 성장하는 가지의 길이를 조절할 수 있습니다. 그로우스를 7.3 정도로 설정해보면 그림처럼 이전보다 가지가 더 많이 생겼고 길이 또한 길어진 것을 알 수 있습니다. 벨류 탭에서는 그밖에 큰 가지와 작은 가지들의 두께와 회전, 배치, 위치 등과 같은 주로 모습에 관한 설정을 할 수 있습니다.

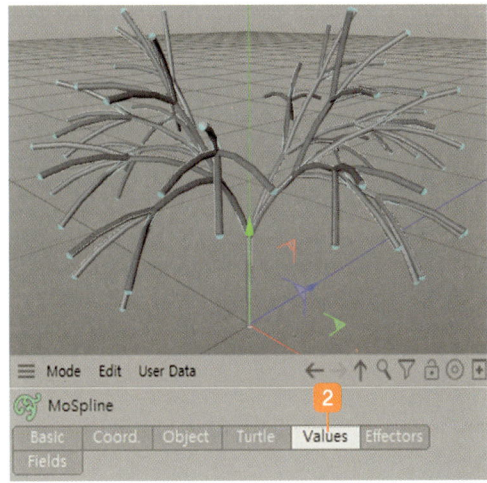

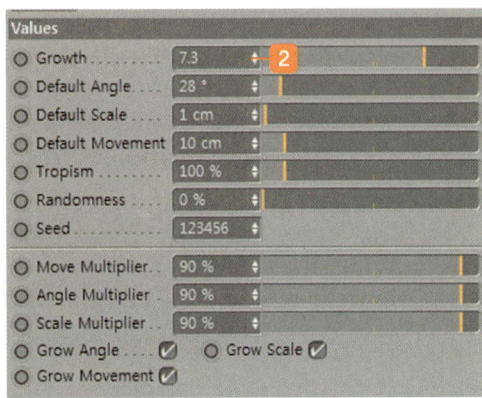
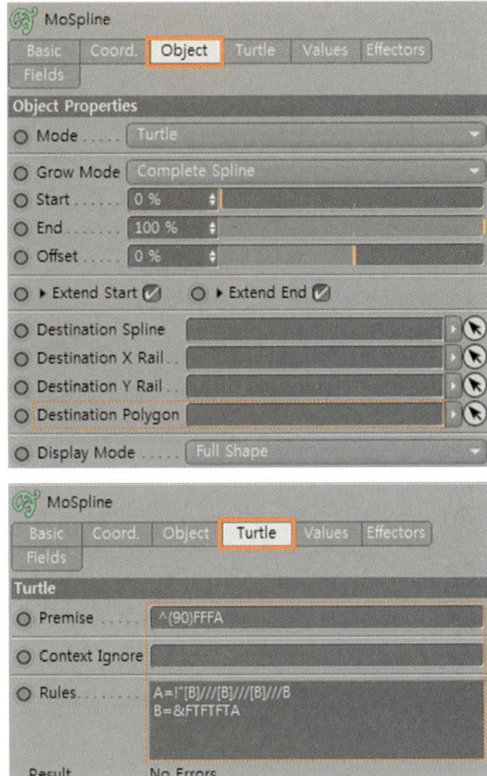

13 Object 탭에서는 앞서 살펴본 것과 동일하지만 터틀 방식에서는 Destination Polygon 필드에 폴리곤 오브젝트를 적용하여 가지에 달린 나뭇잎이나 그밖에 오브젝트를 표현할 수도 있습니다. 그러나 이와 같은 작업을 하기 위해서는 Turtle 탭에서 프로그래밍을 통해서만 가능하기 때문에 터틀 방식을 원활하게 사용하기 위해서는 프로그래밍을 알아야 합니다. 한글 헬프 문서에서는 터틀에서 사용되는 기본적인 프로그래밍에 대해 언급하고 있습니다.

오브젝트 선택을 위한 모그라프 실렉션

모그라프 실렉션(MoGraph Selection)은 모그라프에 의해 생성된 오브젝트 중 이펙터를 적용하여 변화를 주고자 하는 오브젝트만 선택하기 위해 사용됩니다.

01 모그라프 실렉션에 대해 알아보기 위해 [학습자료] - [프로젝트] - [모그라프 실렉션.c4d]를 열어줍니다. 불러온 파일을 보면 납작한 큐브를 클로너에 의해 복제된 상태입니다.

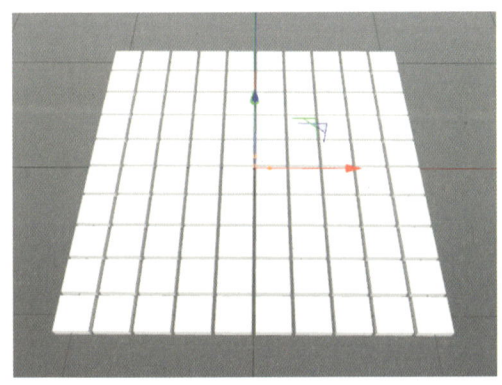

02 모그래프 실렉션을 사용하기 위해 [MoGraph] - [MoGraph Selection]을 선택합니다.

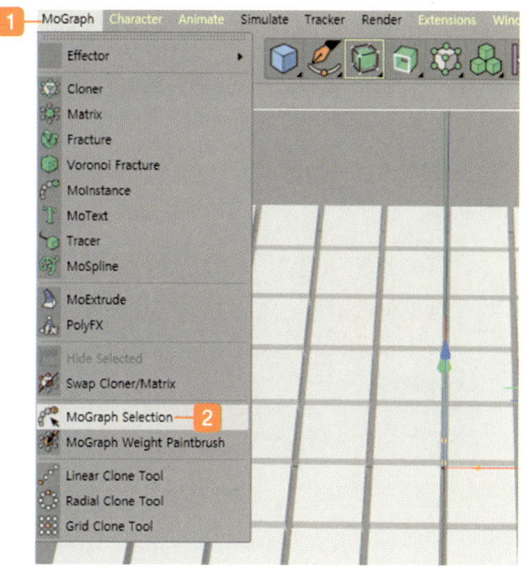

03 모그래프 실렉션이 선택되면 클로너에 의해 복제된 오브젝트에 빨간색 포인트가 나타납니다. 클로너를 선택한 후 그림처럼 오브젝트를 선택합니다. 필자는 숫자 6 모양으로 선택했습니다. 선택된 오브젝트의 포인트 색상은 노란색으로 되고 선택이 잘 못 됐다면 [Ctrl] 키를 누른 상태에서 다시 선택하면 해제됩니다. 선택 영역이 만들어지면 자동으로 모그래프 실렉션 태그가 생성됩니다.

선택된 포인트는 노랑색으로 바뀝니다.

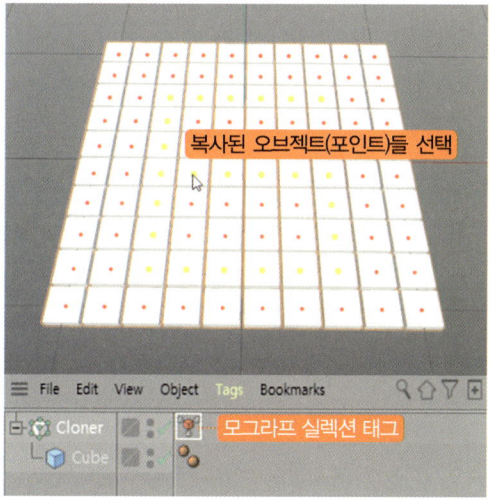

04 이제 클로너에 이펙트를 적용하기 위해 클로너를 선택한 후 [MoGraph] - [Effector] - [Shader] 이펙트를 적용합니다. 셰이더 이펙트는 앞선 학습에서 살펴보았던 플레인 이펙터와 비슷한 작업을 하기 위해 사용되지만 셰이더는 색상(음영)에 의해 오브젝트를 변형하기 위해 사용됩니다.

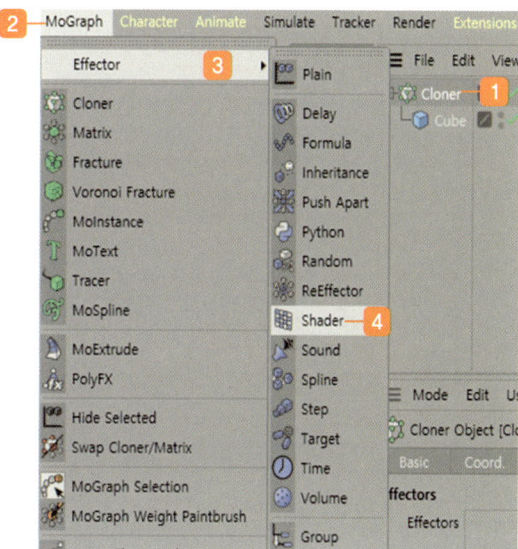

05 셰이너가 석용된 상태에서 Effector 탭을 보면 Selection 필드가 있습니다. 이곳에 앞서 만들어진 모그래프 실렉션 태그를 끌어다 적용합니다. 그러면 기본적으로 크기에 대한 설정이 되어있기 때문에 선택된 영역의 오브젝트들이 다른 오브젝트들보다 커졌을 것입니다. 여기에서는 Parameter 탭에서 Scale은 해제하고 Position을 체크한 후 P . Y축만 20 정도로 설정해봅니다. 이제 설정된 거리만큼 선택 영역의 오브젝트들이 위로 이동됐을 것입니다.

모그래프 활용 **631**

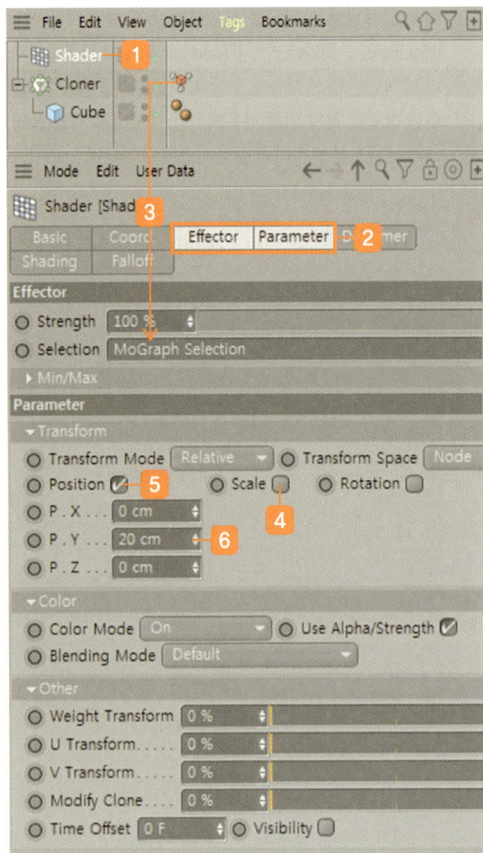

06 셰이더의 Shading 탭으로 이동한 후 Shader를 Color로 설정하고 색상을 빨간색으로 설정합니다. 그리고 Strength를 Alpha로 설정한 후 Inver Alpha를 해제하여 설정된 빨간색의 농도를 정확하게 표현합니다.

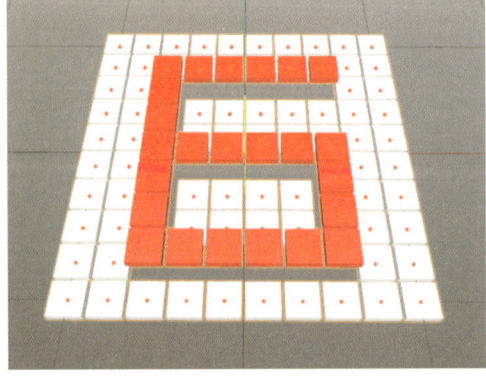

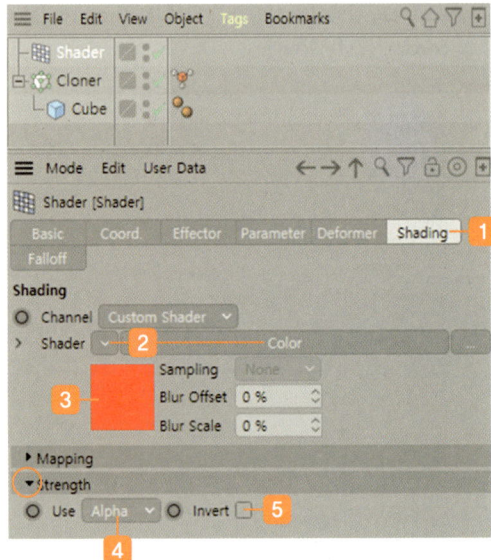

07 이번엔 선택되지 않은 영역에 색상을 설정하기 위해 클로너를 선택하고 Transform 탭에서 Color를 설정합니다. 필자는 하늘색으로 설정했습니다.

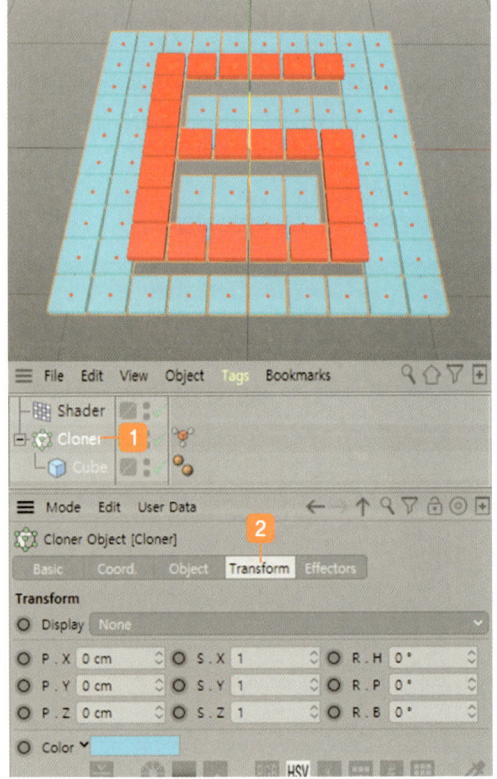

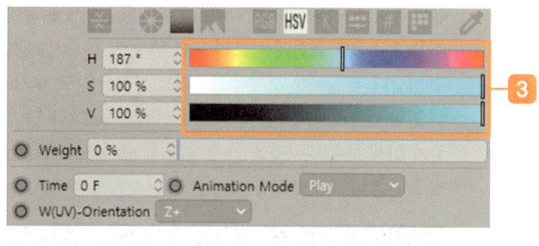

08 현재는 클로너 오브젝트에 반사율이 없기 때문에 반사율을 표현하기 위해 새로운 매터리얼을 생성한 후 매터리얼 에디터를 열어줍니다. 먼저 컬러 채널의 [Texture]- [MoGraph] - [Color Shader]를 선택합니다. 텍스처를 모그라프로 사용하게 되면 현재의 매터리얼은 모그라프의 재질에 반영됩니다.

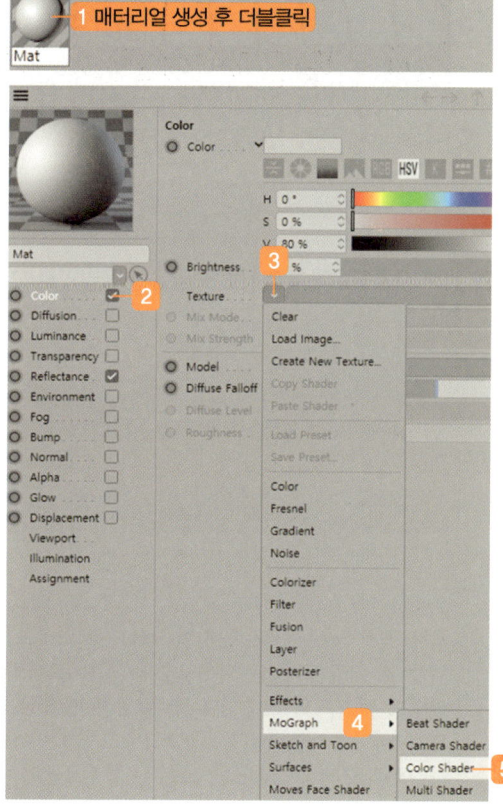

09 이제 반사율에 대한 설정을 위해 Reflectance 채널을 선택한 후 [Add] - [Reflection (Legacy)]를 선택합니다.

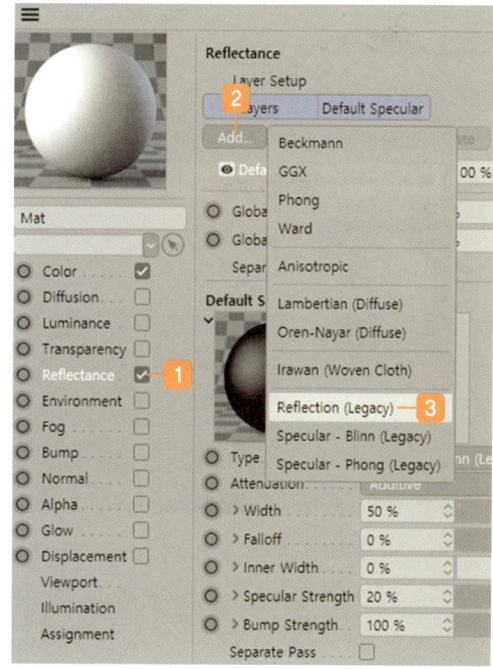

10 방금 추가된 레이어 1의 반사율을 30 정도로 낮춰서 컬러에서 지정된 모그라프의 색상이 표현되도록 해줍니다.

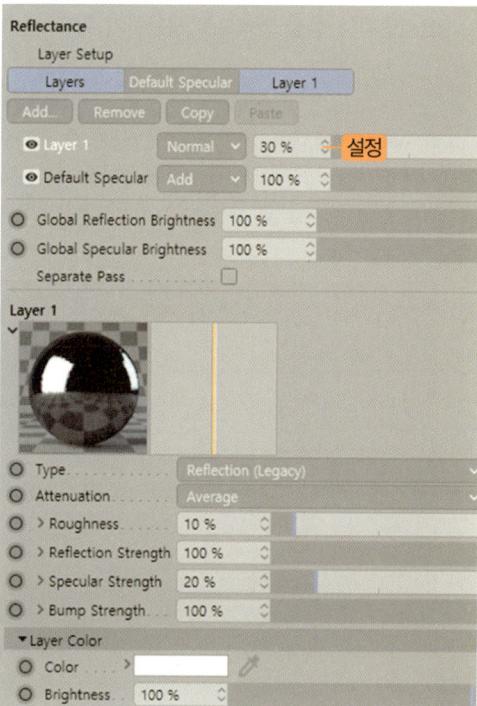

모그라프 활용 **633**

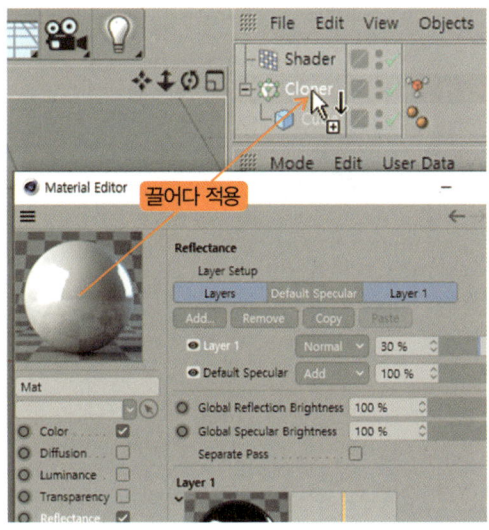

11 렌더 뷰(Ctrl + R)를 해보면 위로 올라온 빨간색 오브젝트와 아래쪽 오브젝트 표면에 서로의 모습(색상)이 비춰지는 것을 알 수 있습니다. 살펴본 것처럼 모그라프 실렉션은 모그라프에 의해 만들어진 오브젝트를 선택하여 선택된 오브젝트만 변화를 주기 위해 사용되는 것을 알 수 있으며 셰이더 이펙트는 색상 및 음영 값을 통해 변형을 줄 수 있다는 것을 알 수 있었습니다.

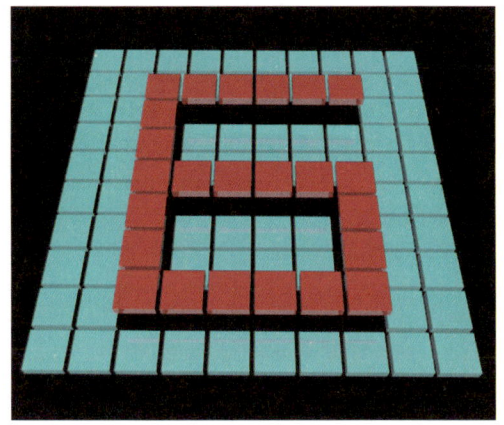

스플라인 모양대로 돌출시키는 모익스트루드

모익스트루드(MoExtroude)는 선택된 폴리곤을 돌출시키기 위해 사용되는데 돌출되는 모양은 스플라인의 모양을 반영합니다. 돌출 영역으로 사용하기 위해서는 선택 태그가 필요합니다.

01 모익스트루드에 대해 살펴보기 위해 [학습자료] - [프로젝트] - [모익스트루드.c4d] 프로젝트 파일을 열어줍니다. 불러온 파일은 포뮬러 스플라인과 폴리곤으로 변환된 큐브 오브젝트입니다.

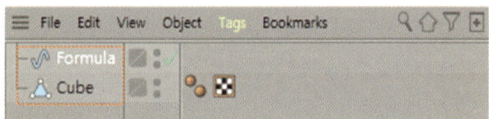

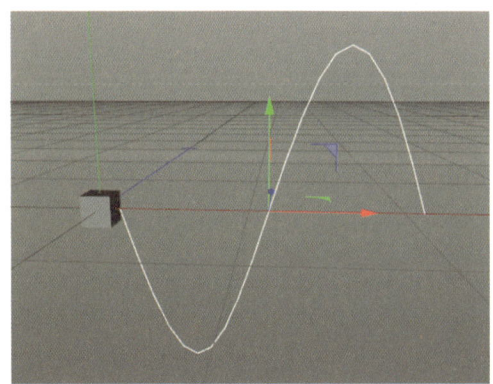

02 모익스트루드를 사용하기 위해 [MoGraph] - [MoExtrude]를 선택합니다. 모익스트루드는 다른 모그라프와는 다르게 얇은 보라색 아이콘으로 되어있습니다. 색깔이 말해주듯 모익스트루드와 아래쪽 폴리FX(PolyFX)는 변화를 주고자 하는 오브젝트 하위에 종속시켜야 합니다. 모익스트루드를 큐브에 종속 시켜 보면 큐브의 6면을 돌출하는 것을 알 수 있습니다. 여기서 모익스트루드의 속성 매니저에서 Object 탭의 Extrusion Steps를 8 정도로 설정해봅니다. 그러면 길이가 더욱 늘어난 것을 알 수 있습니다. 이처럼 모익스트루드는 폴리곤의 면을 돌출시킬 때 사용되지만 지금처럼 표현하기 보다는 특정 면을 스플라인의 모양대로 돌출시킬 때 사용합니다.

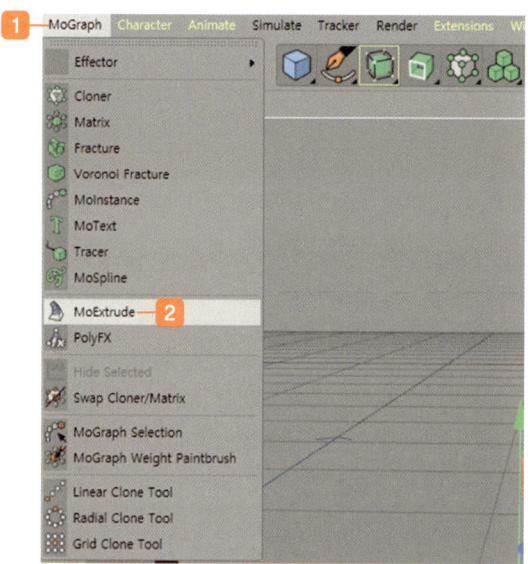

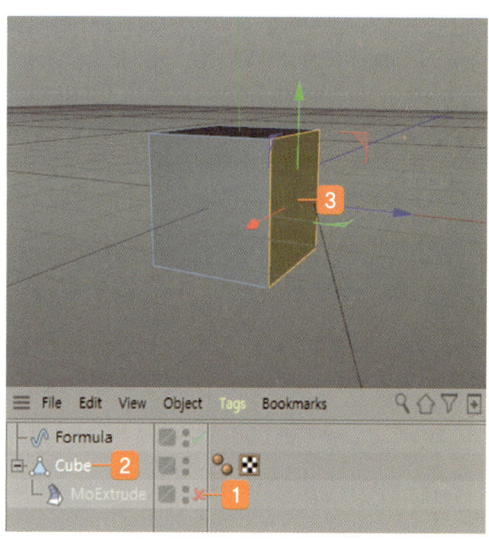

04 그다음 [Select] - [Set Selection]을 선택하여 앞서 선택된 면에 대한 선택 태그를 만듭니다.

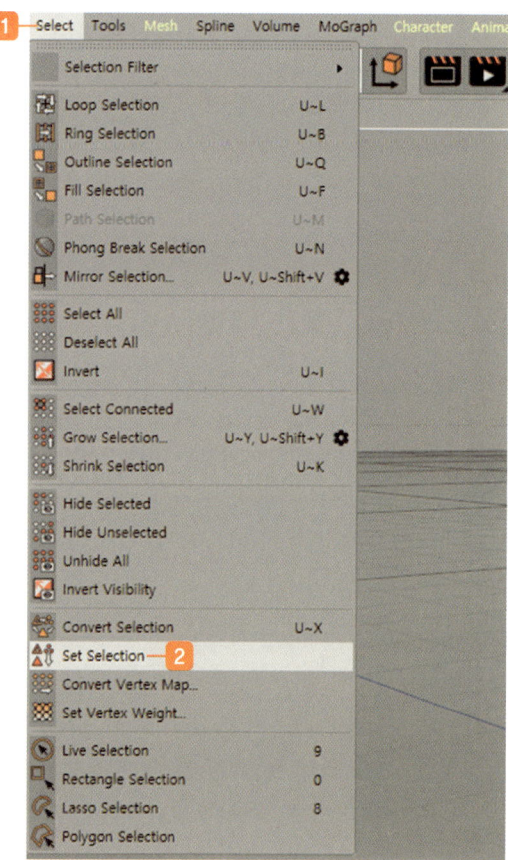

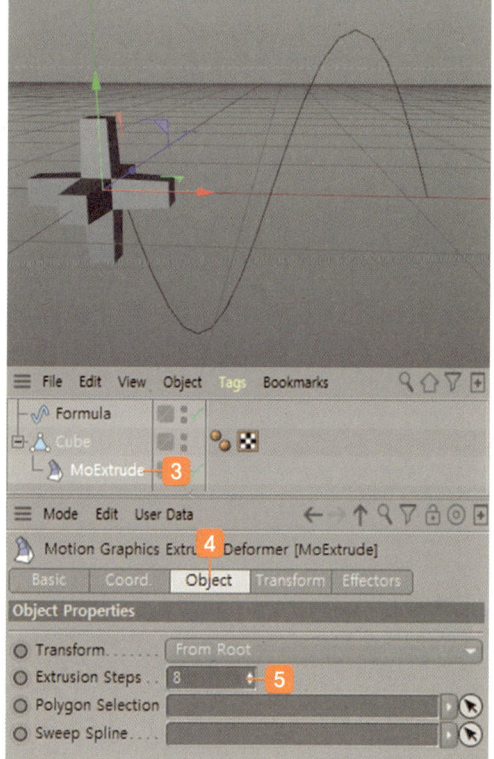

03 이번엔 특정 면을 돌출시키기 위해 먼저 모익스트루드를 해제하고 큐브를 선택한 후 폴리곤 툴과 라이브 실렉션 툴을 사용하여 그림처럼 돌출될 면을 선택합니다.

05 다시 모익스트루드를 선택한 후 Object 탭에서 Polygon Selection 필드에 앞서 만든 선택 태그를 끌어다 적용하고 Sweep Spline 필드에는 포뮬러 스플라인을 적용합니다. 이것으로 선택된 면은 포뮬러 스플라인 모양대로 돌출되는 것을 알 수 있습니다. 그러나 포뮬러의 모양과는 다른 방향으로 회전됐으며 모양 또한 투박합니다.

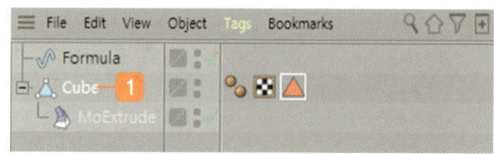

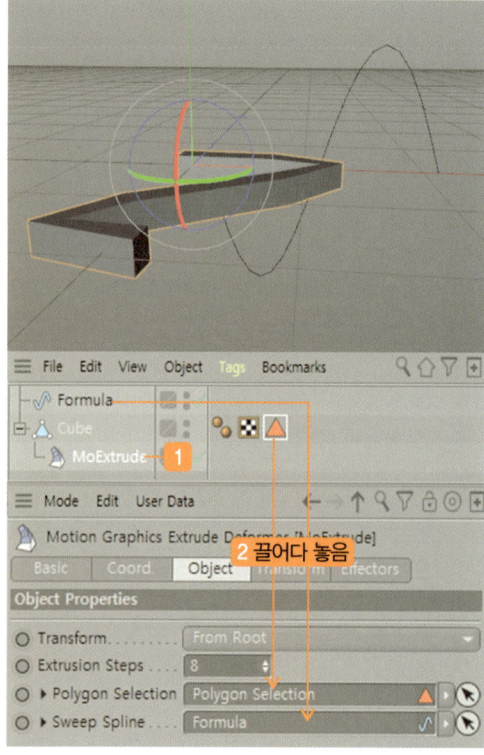

07 이제 마지막으로 돌출된 면의 모양을 자연스럽게 해주기 위해 모익스트루드를 선택하고 Object 탭에서 Extrusion Steps를 60 정도로 늘려줍니다. 익스트루젼 스텝은 일종의 세그먼트 개수의 설정이라고 보면 됩니다. 모익스트루드 또한 이펙터를 사용할 수 있어 다양한 표현을 할 수 있습니다. 살펴본 것처럼 모익스트루드를 사용하면 복잡한 모양을 스플라인을 통해 비교적 쉽게 표현할 수 있습니다.

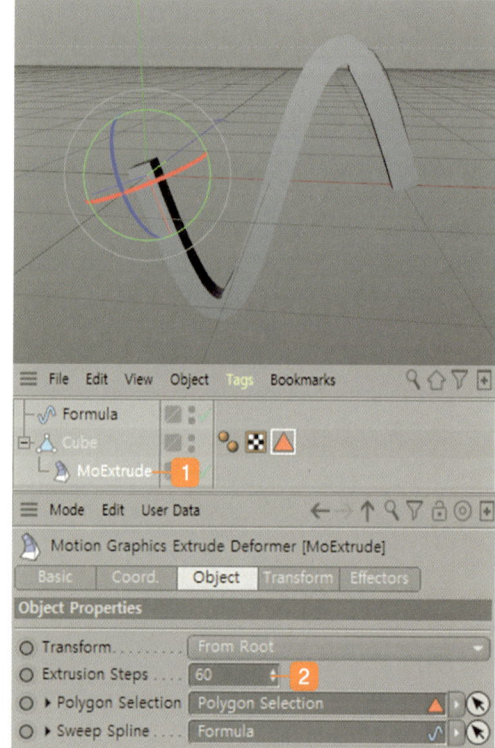

06 먼저 회전을 하여 모양을 바르게 해주기 위해 큐브 오브젝트를 선택한 후 모델 툴과 인에이블 액시스 그리고 로테이트 툴을 사용하여 그림처럼 포뮬러의 모양에 맞게 회전합니다.

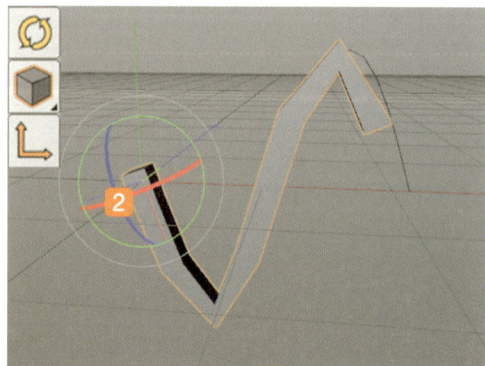

폴리곤을 분리하는 폴리FX

폴리FX(PolyFX)는 오브젝트의 폴리곤을 분리하여 폭파되는 장면을 표현할 때 사용합니다.

01 폴리FX에 대해 알아보기 위해 오브젝트 툴에서 스피어를 생성하고 스피어의 세그먼트를 보기 위해 [Display] - [Gouraud Shading (Lines)]를 선택합니다.

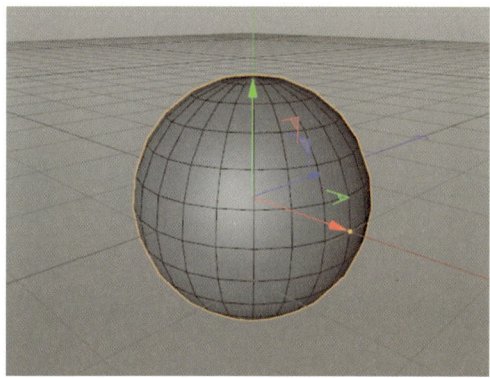

02 이제 폴리FX를 적용하기 위해 [MoGraph] - [PolyFX]를 선택합니다. 그리고 적용된 폴리FX를 스피어 하위에 종속시킵니다.

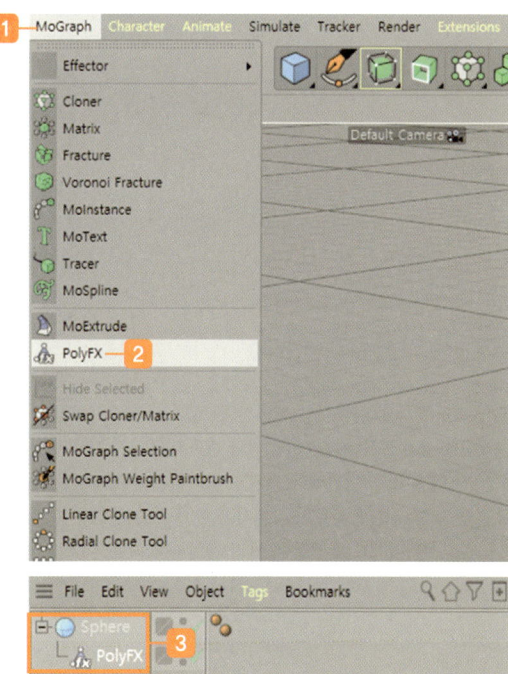

03 폴리FX에 이펙트를 적용하기 위해 PolyFX를 선택한 후 [MoGraph] - [Effector] - [Random]을 적용합니다.

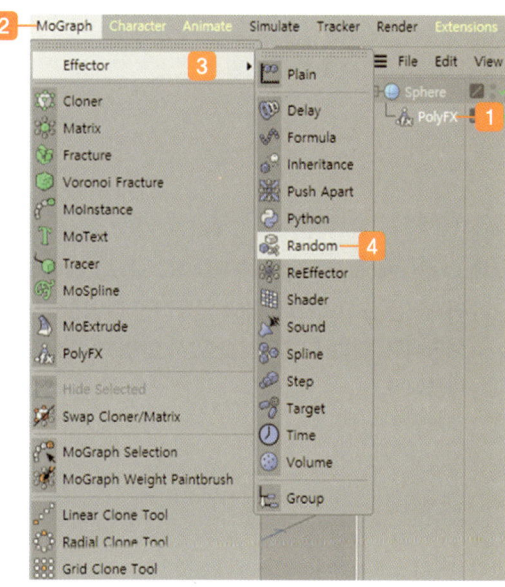

04 랜덤 이펙터가 폴리FX에 적용되면 그림처럼 설정된 위치 값에 의해 스피어의 폴리곤들이 무작위로 흩어진 것을 알 수 있습니다. 이처럼 폴리FX는 오브젝트의 폴리곤을 분리할 수 있습니다. 또한 폴리FX에 사용되는 오브젝트는 폴리곤이 아닌 기본 도형도 가능합니다.

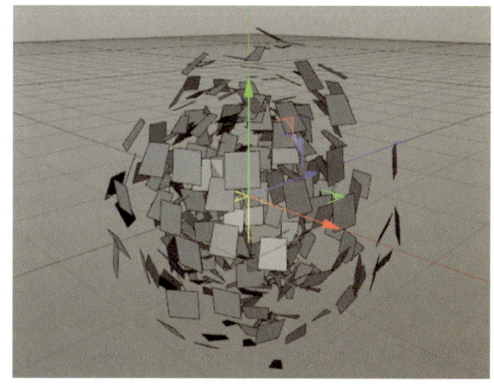

05 폴리FX의 Object 탭을 보면 다른 모그라프보다 단순하게 구성되어 있습니다. Mode에서는 전체 폴리곤과 세그먼트를 분리하는 Full Polys/Segments와 폴리곤과 스플라인을 개별로 분리하는 Partial Polys/Splines를 사용할 수 있습니다. 이 두 방식의 차이는 감쇠(Falloff)를 통해 제한된 상태에서만 해당됩니다. 그리고 Preserve Phong은 파셜 폴리스/스플라인 모드를 사용할 때 분리된 서피스(표면)의 모양을 유지하게 위해 사용됩니다.

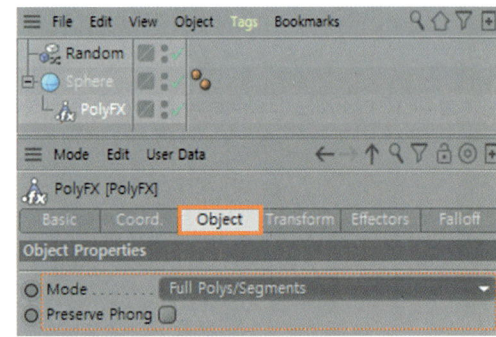

그밖에 모그라프 이펙터 살펴보기

이펙터는 모그라프에 의해 만들어진 다양한 오브젝트에 효과를 적용하여 다양한 모션 그래픽을 표현할 수 있게 해줍니다. 이번 학습에서는 앞서 살펴보았던 몇몇의 이펙터는 제외하고 살펴보지 않았던 이펙터에 대해서만 살펴봅니다.

그룹 이펙터

01 그룹(Group) 이펙터는 여러 개의 이펙터를 조합하여 흥미로운 효과를 표현할 수 있습니다. 여기에 적용된 이펙터들의 설정은 그룹 이펙터를 통해 한번에 설정이 가능합니다. 학습을 위해 [학습자료] - [프로젝트] - [그룹 이펙터.c4d] 프로젝트 파일을 열어줍니다. 불러온 파일은 클로너에 의해 복제된 큐브가 스플라인과 랜덤 이펙터에 의해 흩어진 상태입니다. 이 두 이펙터들은 현재 클로너에 이펙터가 적용된 것이 아니라 그룹 이펙터에 적용된 상태이며 그룹 이펙터가 클로너에 적용되어 이와 같은 모습으로 표현된 것입니다.

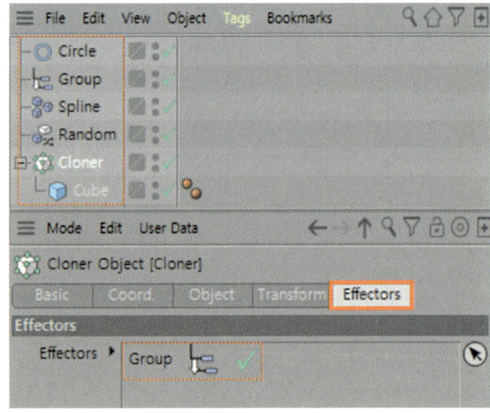

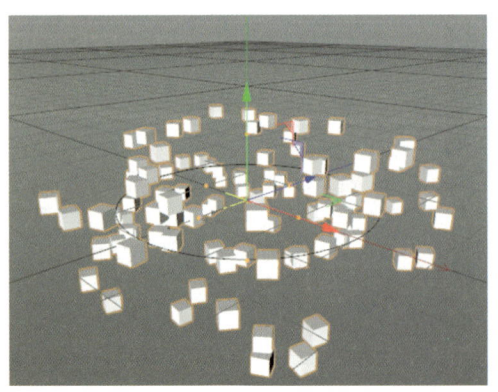

02 여기서 그룹 이펙터를 선택한 후 Effector 탭으로 이동해보면 Effectors 필드에는 스플라인과 랜덤 이펙터가 적용된 것을 알 수 있습니다. 여기에 적용된 이펙터들은 순서대로 효과가 표현되기 때문에 적용되는 순서 또한 중요합니다. 살펴본 것처럼 그룹 이펙터에 적용된 여러 개의 이펙터들은 그룹 이펙터 하나를 통해 모든 효과를 표현할 수 있습니다.

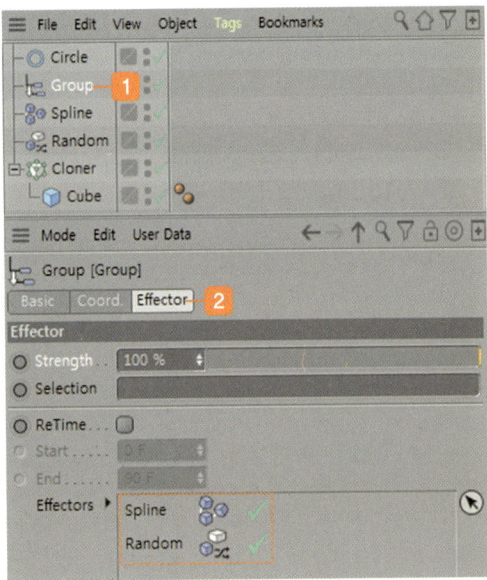

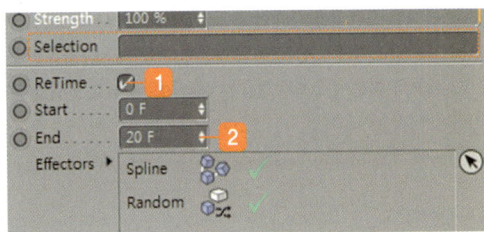

03 그룹 이펙터의 Strength를 설정하여 그룹 이펙터에 적용된 모든 이펙터의 강도를 설정하여 애니메이션을 구현할 수 있으며 Selection 필드엔 모그라프 실렉션 태그를 이용할 수 있습니다. 또한 ReTime을 체크하면 Start와 End의 프레임을 설정하여 애니메이션되는 속도를 조절할 수 있습니다. 여기에서 End를 20프레임으로 줄이고 플레이를 해보면 흩어졌던 클로너 오브젝트들이 90프레임 동안 합쳐졌던 속도가 설정된 시간만큼 빨라진 것을 알 수 있습니다. 이렇듯 그룹 이펙터는 여러 개의 이펙터를 하나로 관리할 수 있습니다.

커피 및 파이썬 이펙터

커피(COFFEE)와 파이썬(Python)은 프로그래머를 위한 이펙터입니다. 커피는 C.O.F.F.E.E 프로그래밍을 이용하여 복제된 오브젝트를 완벽하게 제어할 수 있으며 파이썬 또한 커피와 마찬가지로 파이썬 프로그래밍을 이용하여 모션 그래픽을 표현할 수 있습니다. 참고로 파이썬과 커피에 대한 내용은 www.plugincafe.com이나 https://developers.maxon.net에서 코드 예제를 사용할 수 있습니다. 만약 보다 고급스런 모션 그래픽을 원한다면 이 두 프로그래밍에 관심을 가지면 되지만 전문 디자이너라면 굳이 추천하지 않습니다.

포뮬러 이펙터

01 포뮬러(Formula) 이펙터는 수학에 자신이 있는 분들을 위한 이펙터입니다. 이 이펙터는 주로 사인 함수를 사용하여 애니메이션을 제어할 수 있습니다. 살펴보기 위해 [학습자료] - [프로젝트] - [포뮬러 이펙터.c4d] 프로젝트 파일을 열어줍니다. 열린 파일을 보면 클로너 오브젝트들이 수평 방향으로 파동치는 것을 알 수 있습니다. 이렇듯 포뮬러 이펙트는 물결이 치는 듯한 파동을 쉽게 표현합니다.

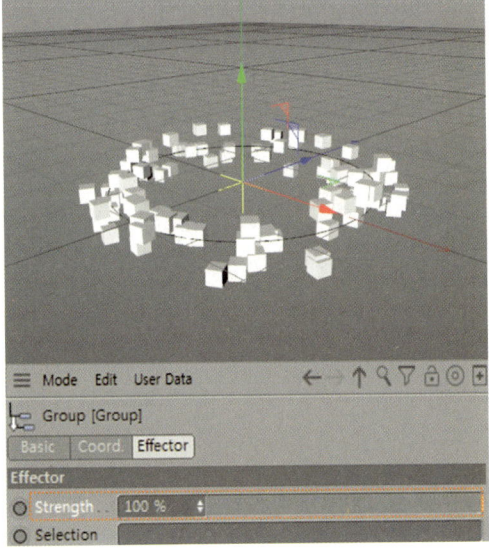

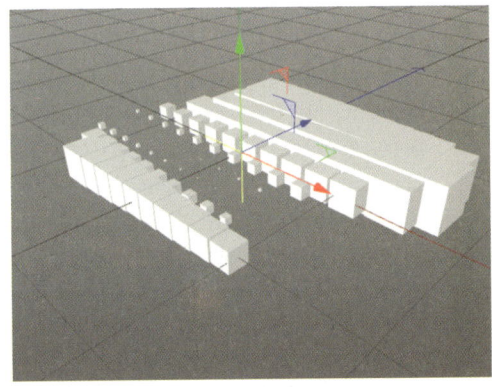

02 여기서 포뮬러를 선택한 후 Parameter 탭에서 Scale을 해제하고 Position의 P . X축은 0으로 설정하고 P . Y축을 50으로 설정해보면 클로너 오브젝트들은 Y축으로 파동치는 것을 알 수 있습니다.

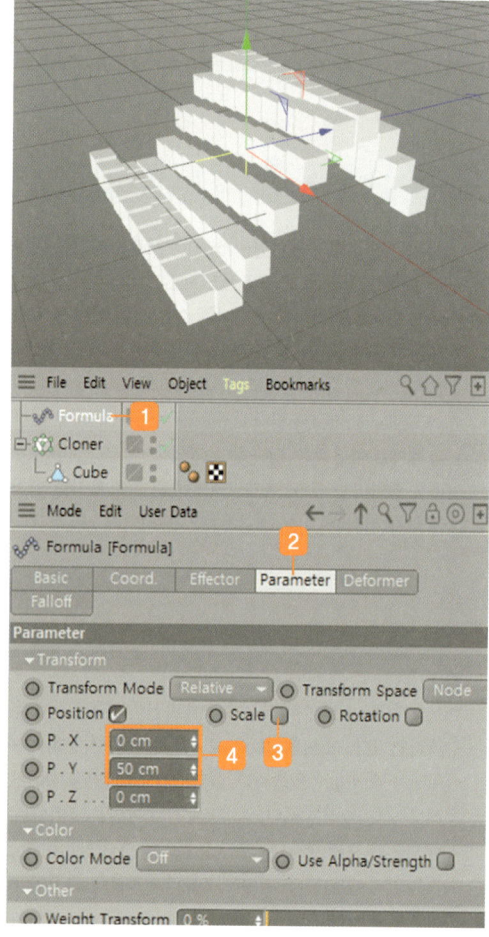

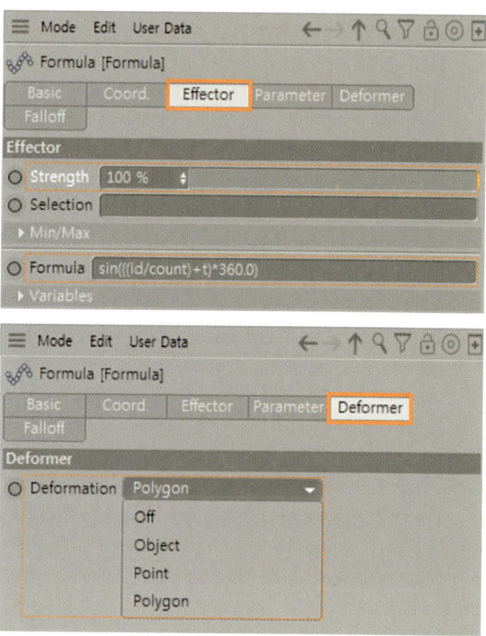

03 그밖에 Effector 탭에서는 이펙터의 강도와 사인 함수를 사용할 수 있습니다. 사인 함수를 통해 파형의 강도와 속도 등을 설정할 수도 있습니다. 그리고 Deformer(디포머) 탭에서는 Deformation(디포메이션)을 통해 이펙터가 오브젝트에 대해 어떻게 영향을 줄 것인지에 대한 설정을 할 수 있습니다. 이것은 클로너 오브젝트가 아닌 일반적인 오브젝트에 영향을 주기 위해 사용되며 랜덤 이펙터 등의 다른 이펙터에도 동일하게 사용됩니다. Off는 아무 변형이 없이 기본 상태로 표현되며 Object는 오브젝트 전체에 변화가 생기며 Point는 각각의 포인트가 개별적으로 작동됩니다. 마지막 Polygon은 각각의 폴리곤이 폴리곤내의 좌표계를 이용하여 개별적으로 작동됩니다.

인허리턴스 이펙터

01 인허리턴스(Inheritance) 이펙터는 애니메이션이 이뤄진 오브젝트나 클로너에 의해 생성된 오브젝트의 속성을 상속받아 똑같이 반응(애니메이션 또는 위치, 크기, 회전)을 할 수 있게 해줍니다. 인허리턴스에 대해 알아보기 위해 [학습자료] - [프로젝트] - [인허리턴스 이펙트.c4d] 프로젝트 파일을 불러옵니다. 불러온 파일을 보면 플라토닉(Platonic) 오브젝트는 주위를 한 바퀴 회전하는 애니메이션이 적용된 상태이고 나머지 플라토닉(1~5)는 프랙처에 의해 개별 분리된 상태입니다. 이제 프랙처 하위에 있는 플라토닉(1~5)들을 애니메이션이 적용된 플라토닉의 움직임을 상속하여 똑같이 움직이게 해봅니다.

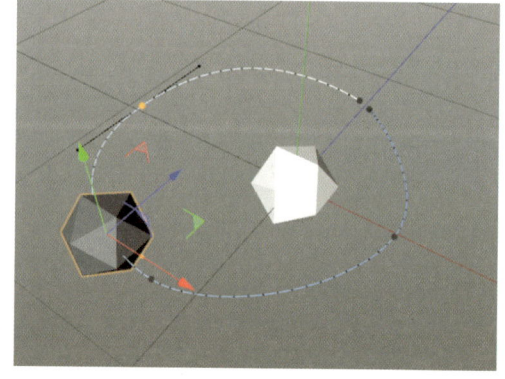

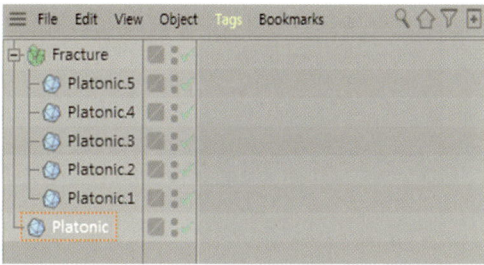

02 프랙처를 선택한 후 [MoGraph] - [Effector] - [Inheritance]를 적용합니다.

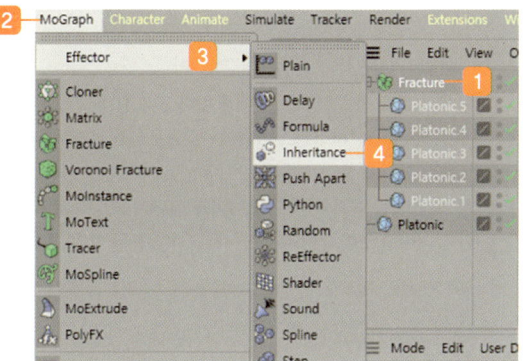

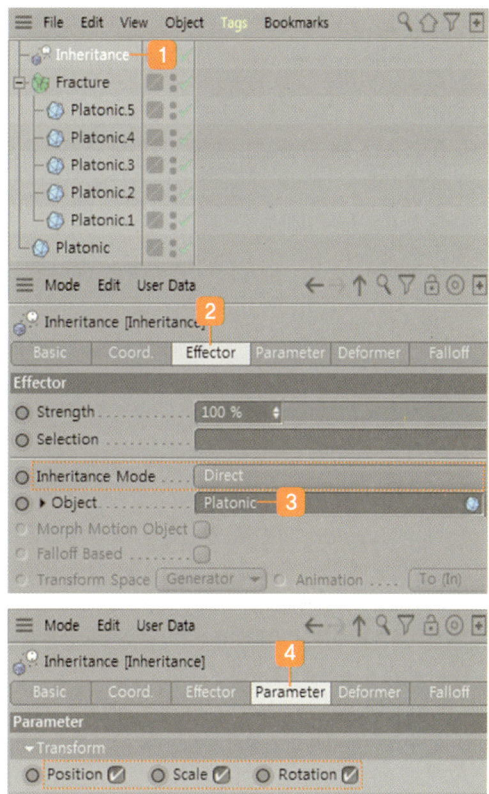

03 방금 적용된 인허리턴스의 Effector 탭에서 Object 필드에 애니메이션이 적용된 Platonic을 끌어다 적용합니다. 그러면 적용된 플라토닉 오브젝트의 크기, 위치, 회전에 대한 속성과 동일하게 설정됩니다. 이것은 현재 Inheritance Mode가 오브젝트의 크기, 위치, 회전에 대한 속성이 일치되도록 하는 Direct로 설정됐기 때문입니다. Parameter 탭을 통해 확인해보면 포지션, 스케일, 로테이션이 모두 체크되어 있는 것으로 쉽게 알 수 있습니다.

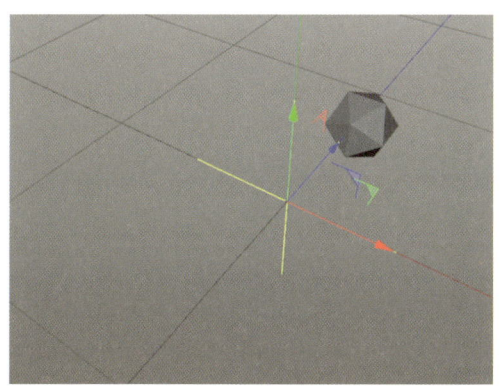

04 다시 Effector 탭으로 이동한 후 인허리턴스 모드를 Animation으로 바꿔주면 아래쪽 기능들이 활성화됩니다. 플레이를 해보면 애니메이션이 적용된 플라토닉의 움직임에 맞춰 나머지 플라토닉(1~5) 오브젝트들도 움직입니다. 그런데 현재는 같은 시간과 위치에서 움직이기 때문에 5개의 플라토닉을 개별로 볼 수가 없습니다.

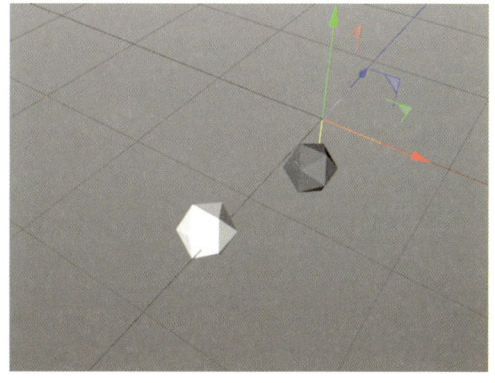

모그래프 활용 **641**

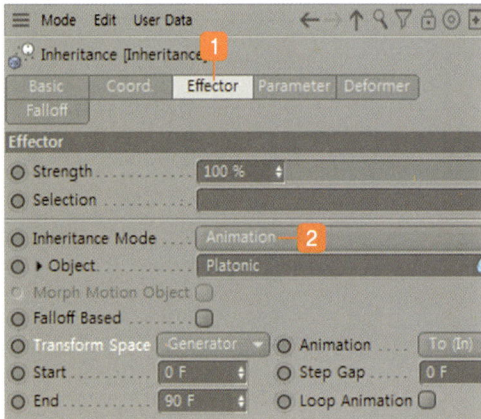
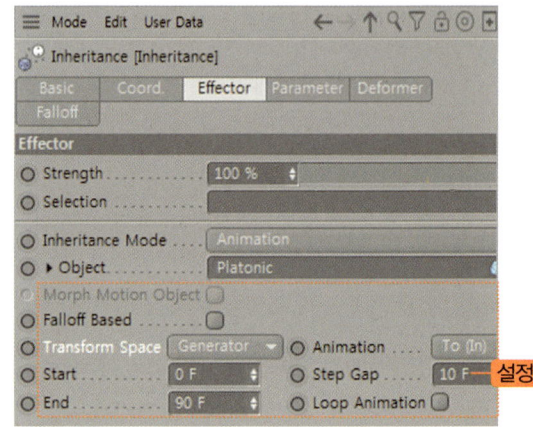

05 여기서 Step Gap을 10프레임 정도로 늘려줍니다. 그리고 다시 플레이를 해보면 5개의 플라토닉 오브젝트들이 설정된 시간 간격으로 움직이게 됩니다. 이렇듯 인허리턴스 이펙터는 특정 오브젝트의 속성을 그대로 상속받기 때문에 똑같은 움직임이나 속성을 표현할 때 유용합니다. 그밖의 기능 중 Morph Motion Object는 두 오브젝트 사이에서 몰핑되는 효과를 표현할 수 있는데 이 방법은 잠시 후에 살펴봅니다. Falloff Based를 체크하면 인허리턴스의 기능이 제한되고 Transform Space의 Generator는 속성을 상속받는 오브젝트의 전체 볼륨을 기준으로 회전 및 크기가 사용되며 Node는 오브젝트의 개별적인 회전 및 크기가 사용됩니다. 그리고 Animation의 To (In)은 정상적인 방향으로 애니메이션이 상속되며 From (Out)은 애니메이션 방향이 반전됩니다. Start와 End는 시간을 설정하여 애니메이션 속도를 조절할 수 있으며 Loop Animation은 애니메이션을 반복시킬 수 있습니다.

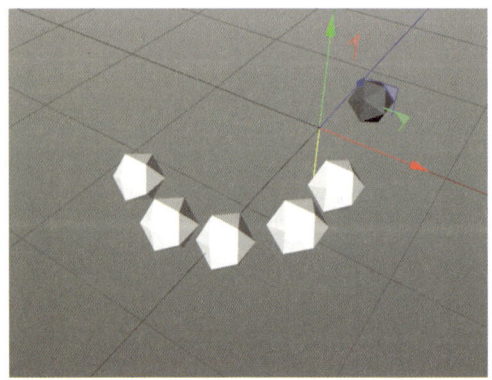

06 이제 몰프 모션 오브젝트에 대해 알아보기 위해 [학습자료] - [프로젝트] - [인허리턴스 이펙터-몰프 모션 오브젝트.c4d] 프로젝트 파일을 불러옵니다. 잠시 확인을 해보면 2개의 클로너와 그 안에는 큐브가 각각 스피어와 실린더 모양으로 복제가 된 상태이고 또한 인허리턴스 이펙터가 적용된 상태입니다.

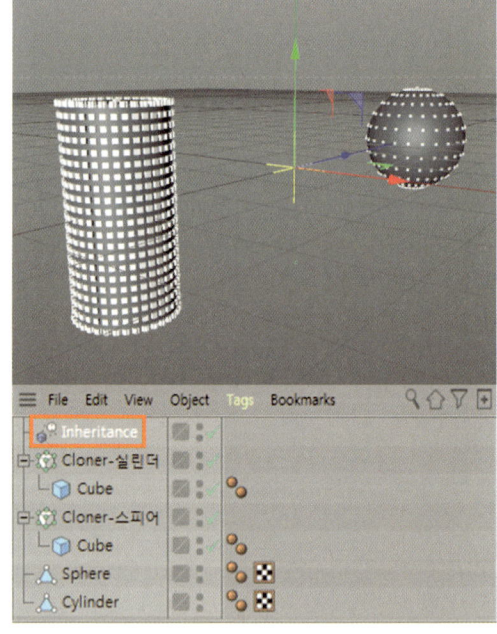

07 인허리턴스의 Effector 탭의 Object 필드를 보면 Cloner-스피어가 적용된 상태입니다. 이것은 클로너-스피어의 속성을 다른 클로너(클로너-실린더)에 상속하겠다는 의미입니다. 이렇게

오브젝트 필드에 클로너를 적용하면 아래쪽 Morph Motion Object가 활성화됩니다. 현재는 사용하기 위해 체크된 상태입니다.

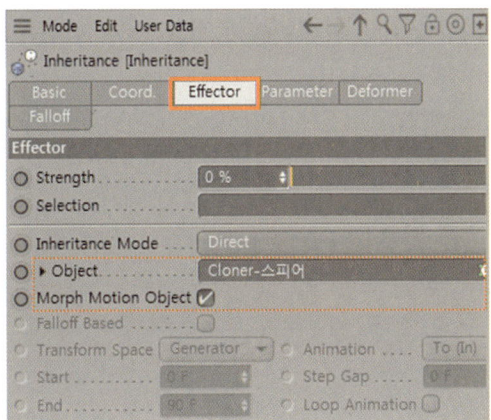

08 클로너-실린더를 선택한 후 Effector 탭을 보면 인허리턴스 이펙터가 적용된 것을 알 수 있습니다. 이것은 현재의 클로너-실린더에 의해 복제된 큐브 오브젝트들을 특정 클로너에 상속하겠다는 것인데 여기에서는 클로너-스피어 오브젝트의 속성을 상속받게 됩니다.

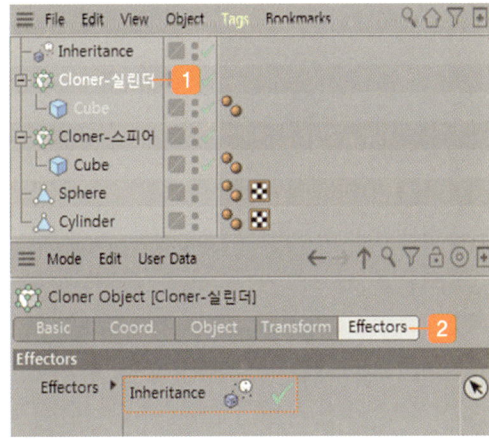

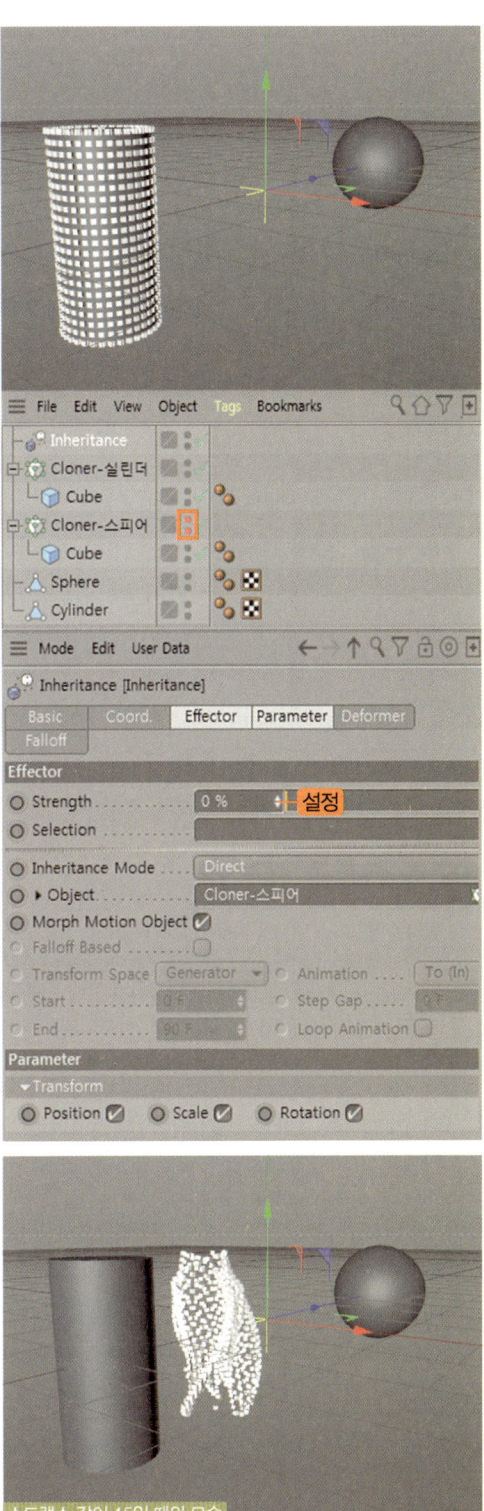

09 확인이 끝나면 다시 인허리턴스를 선택한 후 Effector 탭의 Strength를 조절해봅니다. 수치가 낮을수록 복제된 큐브들은 원래의 위치에 가까워지고 수치가 높아질수록 힘에 영향을 많이 받기 때문에 속성을 상속받을 오브젝트 쪽으로 이동하게 됩니다. 이와 같은 방법을 통해 모양이 변하는 화려한 몰프 애니메이션을 표현할 수 있습니다.

모그라프 활용 **643**

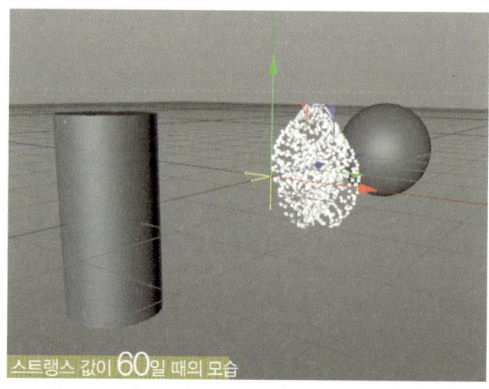

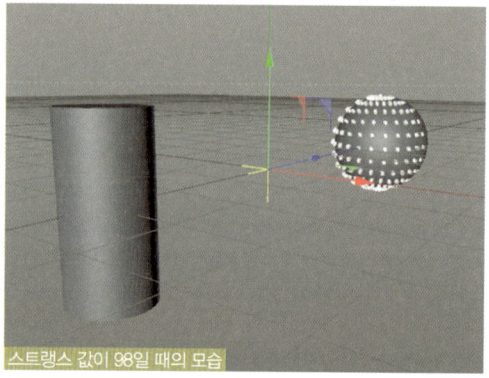

사운드 이펙터

01 사운드(Sound) 이펙터는 오디오 파일을 불러온 후 불러온 오디오의 비트에 맞춰 오브젝트를 반응하게 할 때 사용됩니다. 학습을 위해 [학습자료] - [프로젝트] - [사운드 이펙트.c4d] 프로젝트 파일을 불러옵니다. 불러온 파일은 오디오 램프에서 볼 수 있는 이퀄라이저를 표현하기 위해 클로너를 통해 복제된 상태입니다. 그리고 클로너에는 사운드 이펙터가 적용된 상태입니다. 이제 여기서 오디오 파일을 불러오기 위해 Effector 탭의 Sound File에서 불러오기 버튼을 클릭하여 [학습자료] - [오디오] - [사운드 이펙트.mp3] 파일을 복사하지 않고 불러옵니다.

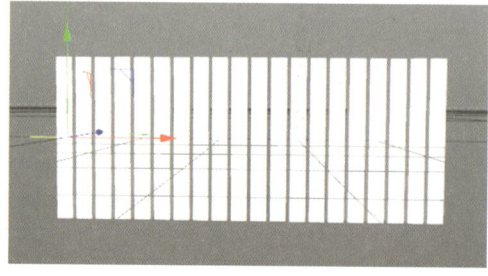

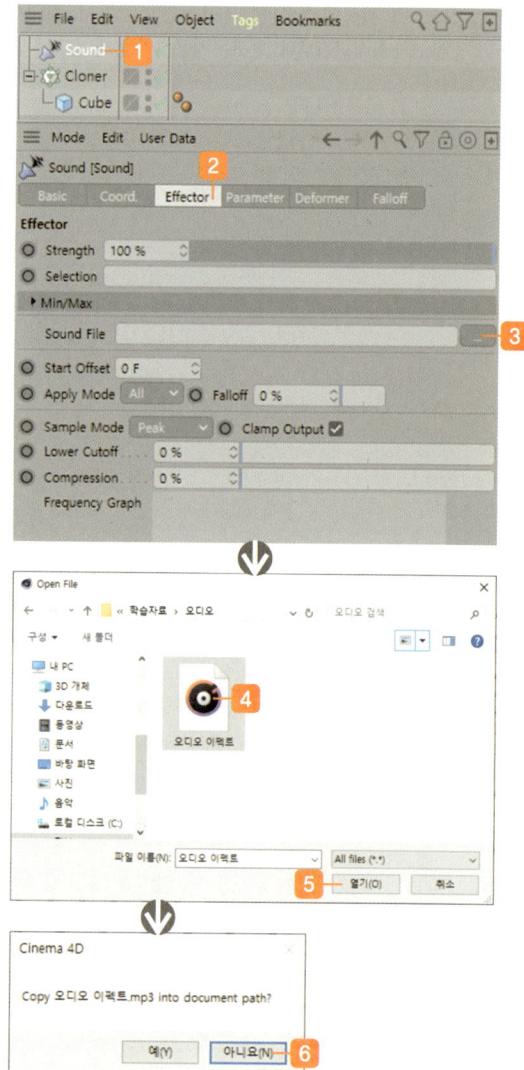

02 오디오 파일이 적용된 후 플레이를 해보면 비트에 맞춰 클로너 오브젝트들이 춤을 추듯 반응을 보입니다. 여기서 세부 설정을 위해 Apply Mode를 Step으로 설정하여 전체가 반응하는 것이 아니라 각각의 오브젝트가 개별로 반응하도록 합니다. Sample Mode는 반응하는 방식인데 현재는 Peak(피크) 방식입니다. Compression(컴프레션)을 50 정도로 설정하여 압축율을 높여줍니다. 그러면 오브젝트들의 반응이 더욱 강렬해집니다. 아래쪽 Frequency Color는 오브젝트들의 색상을 설정할 수 있는데 여기에서는 첫 번째 색상을 빨간색으로 바꿔봅니다. 그 밖에 기능을 통해 세부 설정을 할 수 있습니다.

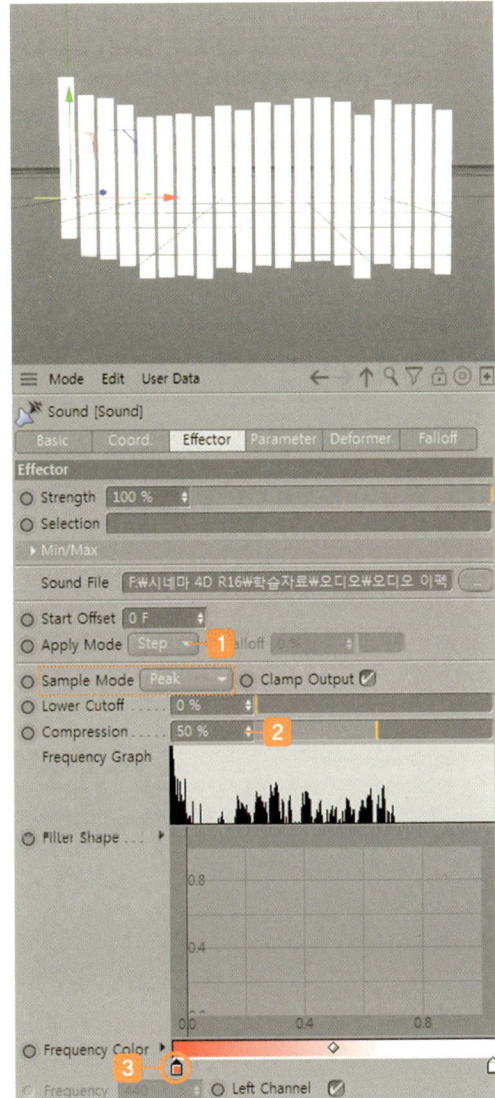
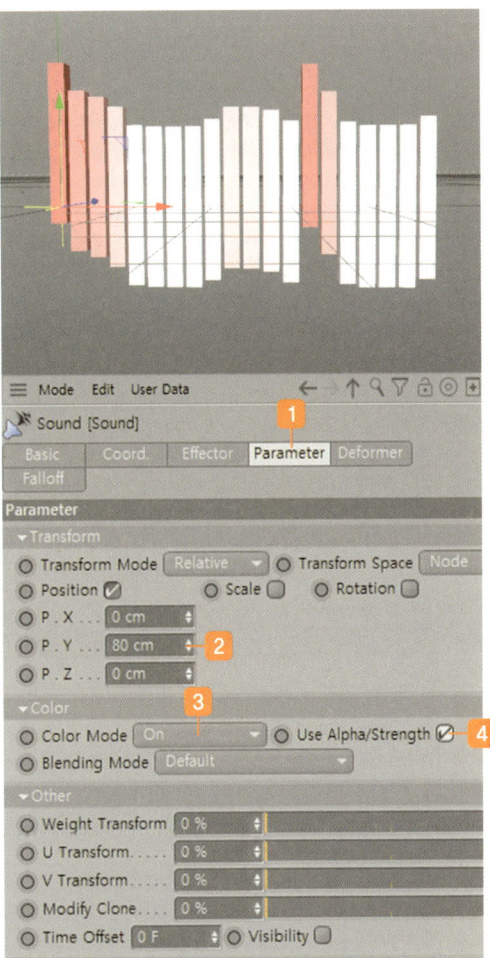

03 Parameter 탭으로 이동한 후 Position의 P . Y축을 80 정도로 설정하여 반응 거리를 더욱 길게 해주고 그리고 Color Mode를 On으로 설정하여 앞서 설정된 색상을 사용하도록 합니다. 그러나 아직은 색상이 정확하게 표현되지 않고 있습니다. 우측의 Use Alpha/Strength를 체크하여 설정된 색상이 정상적으로 표현되도록 합니다. 살펴본 것처럼 사운드 이펙터는 오디오의 비트에 맞춰 애니메이션되는 다양한 장면을 표현할 수 있습니다.
시네마 4D에서 오디오 렌더링은 렌더 셋팅에서 별도의 오디오 트랙을 생성해야 합니다. 자세한 내용은 707페이지의 [오디오 파일 렌더링하기] 알아두기를 참고하세요.

스플라인 이펙터

01 스플라인(Spline) 이펙터는 스플라인으로 이뤄진 오브젝트에 오브젝트를 적용하는 단순한 작업 및 오브젝트들을 또 다른 스플라인으로 이동하거나 이펙터를 적용하여 다양한 장면을 표현할 수 있습니다. 살펴보기 위해 [학습자료] - [프로젝트] - [스플라인 이펙터.c4d] 프로젝트 파일을 불러옵니다. 불러온 파일을 보면 클로너에 의해 큐브들이 복제되었고 복제된 큐브들은 서클 스플라인 모양에 적용된 상태입니다. 그러나 클로너에 스플라인 이펙터를 적용하고 스플라인 이펙터에 사용되는 스플라인을 스타 스플라인을 사용하였기 때문에 최종 모습은 복제된 큐브들이 스타 스플라인에 적용된 상태로 보입니다.

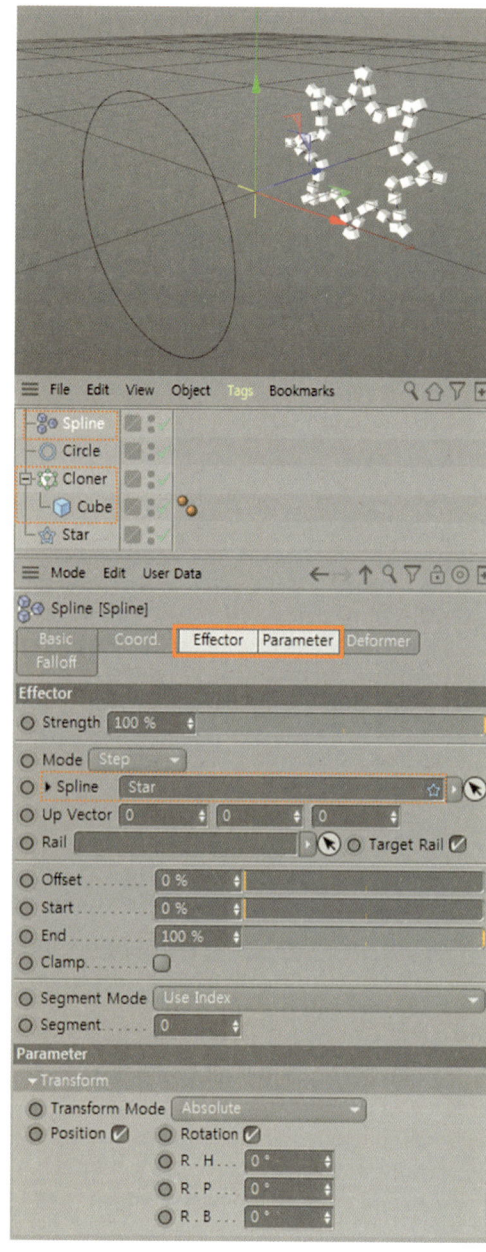

습니다. Offset, Start, End는 각각 오브젝트들의 간격, 시작되는 위치와 끝나는 위치를 설정할 수 있으며 Clamp(클램프)는 이동된 오브젝트들이 밀려나지 않고 제자리에 있도록 위치를 제한시킵니다. Segment Mode는 다수의 세그먼트가 포함된 스플라인을 사용할 때 어떤 방식으로 적용할 것인지를 설정할 수 있습니다. Use Index는 첫 번째 스플라인을 사용하는 방식이고 Even Spacing은 전체 스플라인(세그먼트)에 균등하게 사용되며 Random은 무작위로 사용되고 Full Spacing을 전체 스플라인(세그먼트)을 사용합니다.

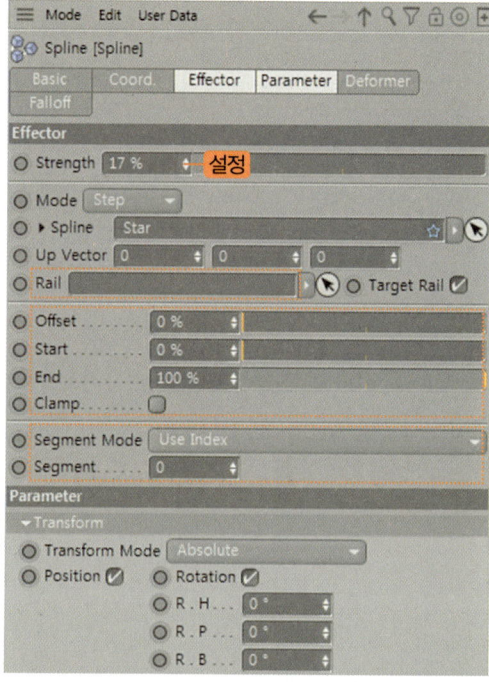

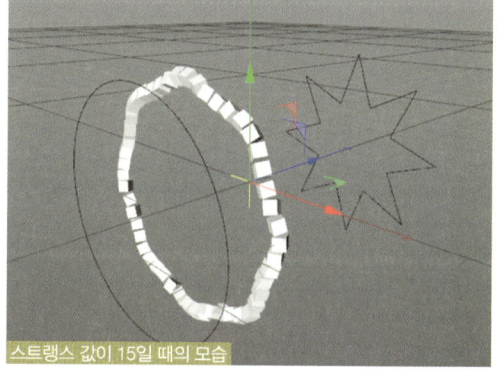

스트랭스 값이 15일 때의 모습

02 Effector 탭에서 Strength를 설정해보면 수치가 낮을 때는 복제된 큐브들이 클로너에 적용된 서클에 가까이 이동하고 높은 수치일수록 스플라인 이펙터에 적용된 스타에 가까이 갑니다. 이와 같은 설정을 통해 다양한 모양의 스플라인으로 이동하는 장면을 표현할 수 있습니다. 그밖에 기능 중 Rail은 또 다른 스플라인을 적용하여 복제된 오브젝트들의 방향을 조정할 수 있

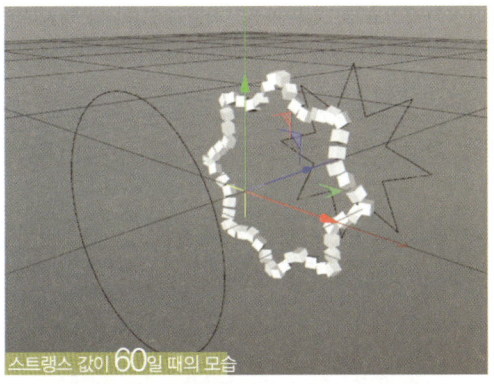

스트랭스 값이 60일 때의 모습

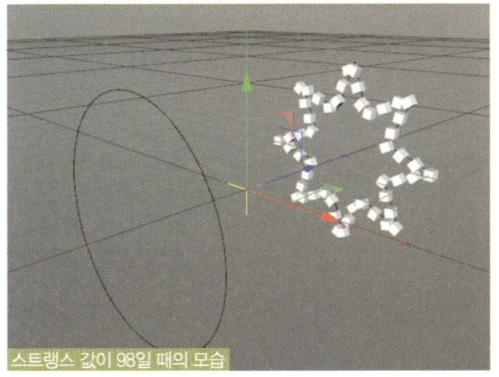

스트랭스 값이 98일 때의 모습

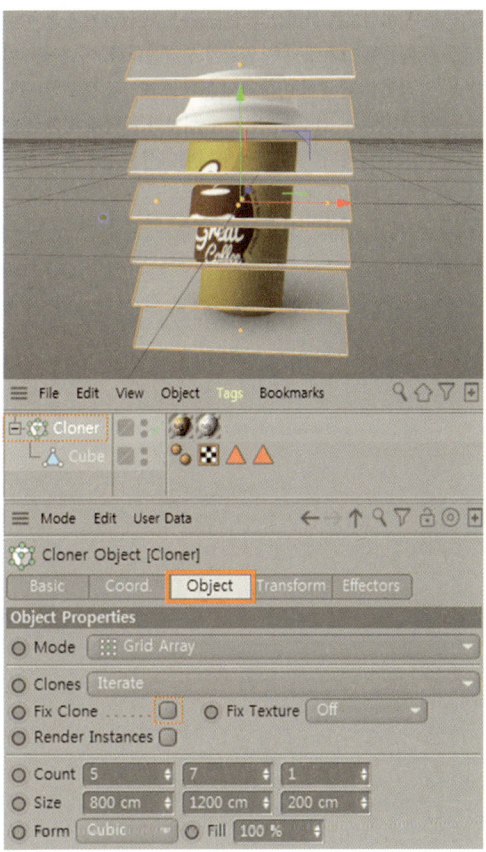

스텝 이펙터

01 스텝(Step) 이펙터는 오브젝트를 규칙적으로 변화를 줄 때 사용합니다. 복제된 오브젝트들의 크기가 서서히 커지거나 작아지게 할 수 있으며 그밖에 위치, 회전 또한 일정한 규칙으로 배열할 수 있습니다. 그리고 애니메이션이 된 오브젝트일 경우엔 애니메이션되는 간격을 조절하여 연속적인 움직임을 표현할 수도 있습니다. 학습을 하기 위해 [학습자료] - [프로젝트] - [스텝 이펙터.c4d] 파일을 불러옵니다. 불러온 파일은 큐브 오브젝트 자체에 회전되는 애니메이션이 적용된 상태이며 이 큐브 오브젝트를 클로너를 통해 복제한 상태입니다. 일반적으로 키(프레임) 애니메이션이 된 오브젝트를 클로너로 복제하면 애니메이션이 소멸(그룹으로 합쳐놓은 상태로 사용해도 됨)되지만 클로너의 Object 탭에서 Fix Clone을 해제하면 애니메이션 속성이 그대로 보존됩니다. 이 상태에서 플레이를 해봅니다. 행을 기준으로 한번에 뒤집히는 것을 알 수 있으며 앞면과 뒷면에 서로 다른 텍스처로 이뤄졌다는 것을 알 수 있습니다.

02 스텝 이펙터를 적용하기 위해 Cloner를 선택한 후 [MoGraph] - [Effector] - [Step]을 적용합니다.

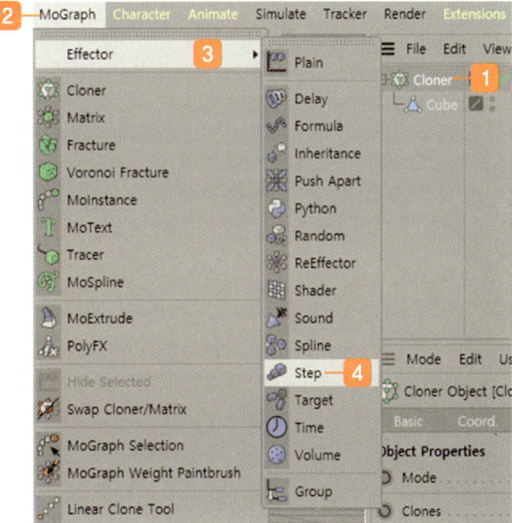

03 스텝 이펙터를 선택한 후 Parameter 탭을 보면 Scale이 적용됐기 때문에 크기에 대한 변화가 생겼습니다. 이번에는 이와 같은 작업을 할 것이 아니기 때문에 스케일은 해제합니다. 그밖에 포지션과 로테이션을 통해 위치와 회전에 대한 스텝을 설정할 수 있습니다. 이번엔 애니메이션된 간격에 대한 설정을 해야 하므로 Time offset를 10프레임 정도로 늘려줍니다. 그리고 확인을 해보면 설정된 간격으로 뒤집히는 것을 알 수 있습니다.

하지 않고 부드러운 곡선을 만들 수 있습니다. 다시 확인해보면 뒤집히는 장면이 불규칙적으로 표현됐습니다.

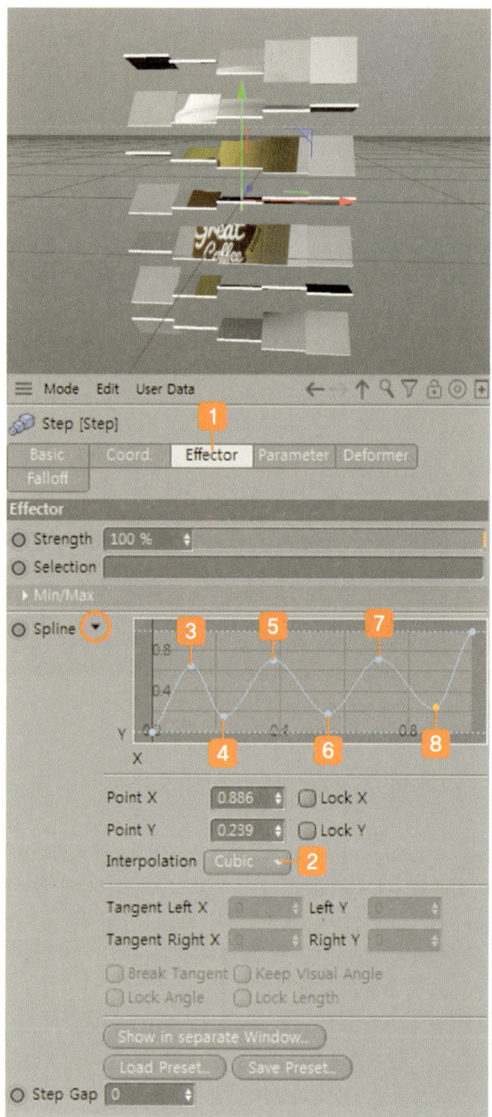

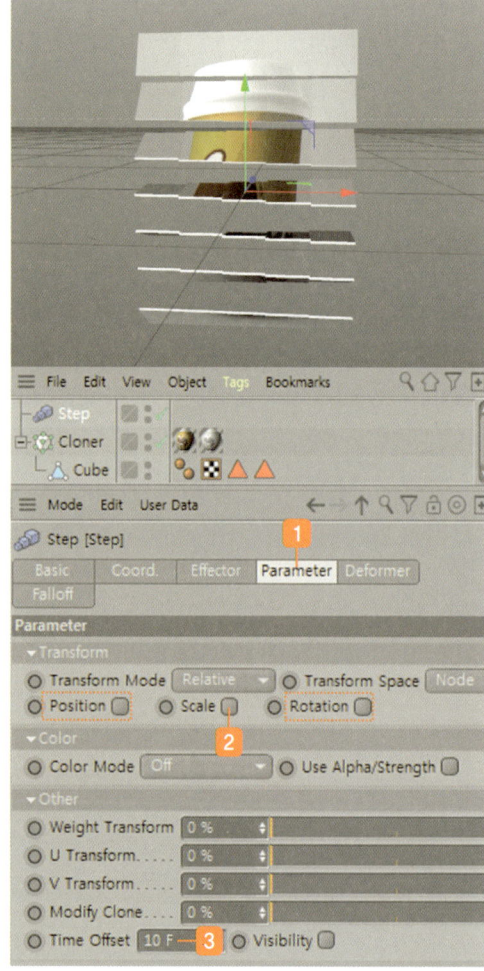

04 여기서 뒤집히는 장면을 보다 랜덤하게 해주고자 한다면 Effector 탭에서 Spline 그래프를 그림처럼 만들어줍니다. 새로운 포인트를 생성하기 위해서는 [Ctrl] 키를 누른 상태에서 원하는 지점을 클릭하면 됩니다. Interpolation(인터폴레이션)을 Cubic으로 설정하여 포인트를 설정하면 핸들(탄젠트)을 사용

타겟 이펙터

01 타겟(Target) 이펙터는 복제된 오브젝트들을 특정(타겟) 오브젝트를 향하게 하거나 카메라의 방향으로 배치시킬 때 사용합니다. 살펴보기 위해 [학습자료] - [프로젝트] - [타깃 이펙터.c4d] 프로젝트 파일을 불러옵니다. 불러온 파일을 보면 클로너에 복제된 큐브 오브젝트들이 타겟을 향하고 있는 것을

알 수 있습니다.

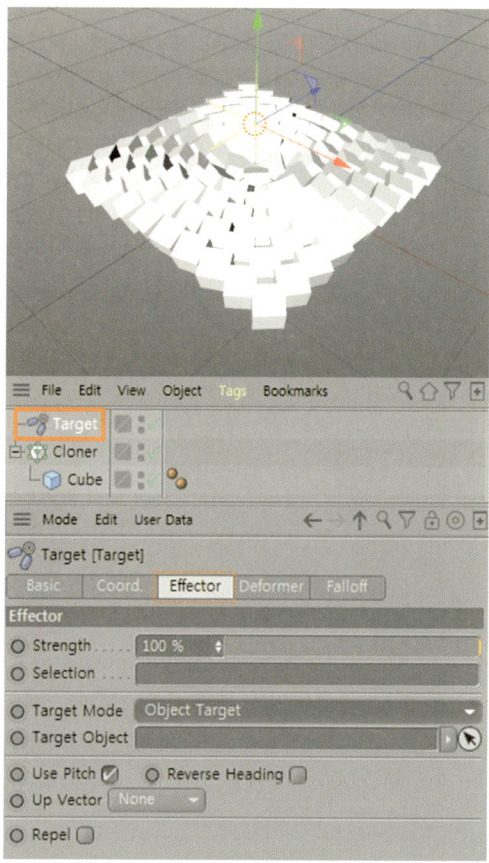

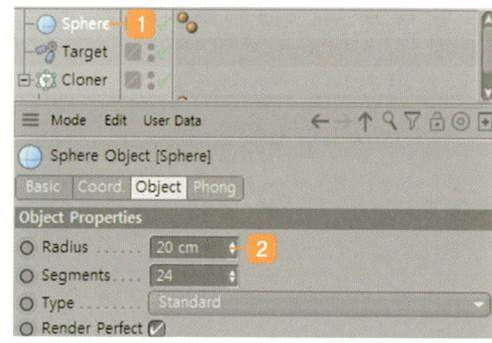

03 타겟 오브젝트를 선택한 후 Effector 탭에서 Target Object 필드에 앞서 적용한 스피어 오브젝트를 끌어다 적용합니다. 이것으로 타겟 오브젝트의 대상이 바뀌었습니다.

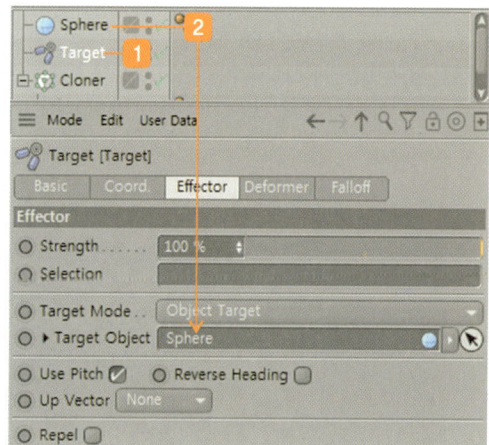

02 타겟 이펙터의 타겟이 되는 오브젝트는 다른 오브젝트로 변경할 수 있습니다. 오브젝트 툴에서 스피어를 생성한 후 크기를 줄여줍니다.

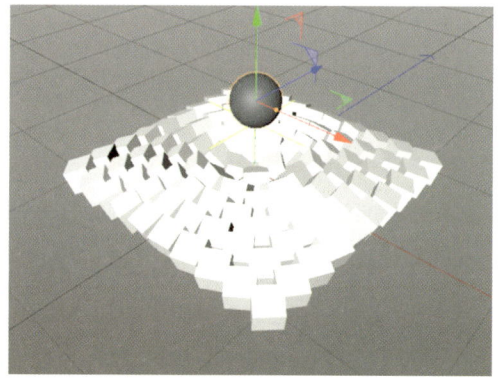

04 이제 스피어를 선택한 후 움직여 보면 클로너 오브젝트들의 방향도 타겟 오브젝트의 방향대로 바뀌는 것을 알 수 있습니다.

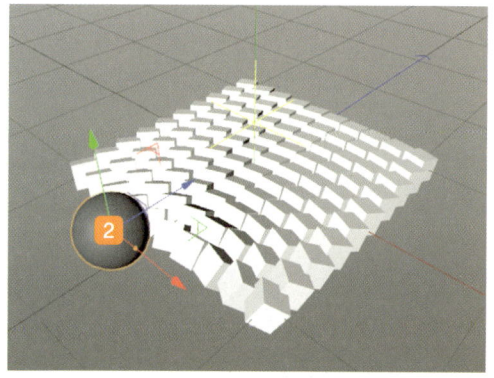

타임 이펙터

타임(Time) 이펙터는 클로너 오브젝트나 그밖에 모그라프를 통해 생성된 오브젝트의 위치, 크기, 회전에 대하여 키(프레임)를 사용하지 않아도 영속성이 지속되는 애니메이션을 표현할 수 있습니다. 살펴보기 위해 [학습자료] - [프로젝트] - [타임 이펙터.c4d] 프로젝트 파일을 불러옵니다. 불러온 파일은 클로너를 통해 큐브가 복제되었고 타임 이펙터가 클로너에 적용된 상태입니다. 타임 이펙터는 회전(Rotation) 값만 설정된 상태입니다. 플레이를 하여 확인해보면 무한대로 회전되는 것을 알 수 있습니다. 그밖에 위치나 크기에 대한 설정을 하면 설정된 수치대로 영속적으로 애니메이션이 지속됩니다.

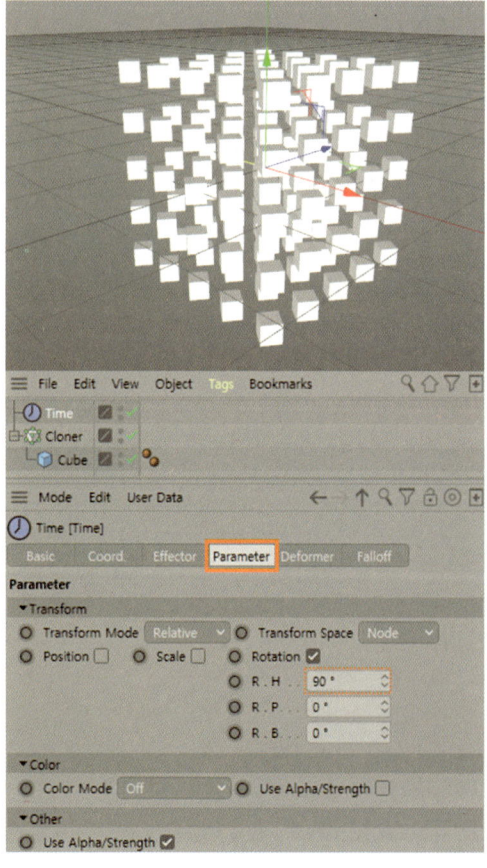

볼륨 이펙터

01 볼륨(Volume) 이펙터는 클로너나 모그라프에 의해 생성된 오브젝트를 특정 오브젝트의 볼륨(부피)에 의해 변형이 생기도록 해주는 이펙터입니다. 학습을 위해 [학습자료] - [프로젝트] - [볼륨 이펙터.c4d] 프로젝트 파일을 불러옵니다. 불러온 파일을 보면 클로너에 의해 큐브 오브젝트가 복제된 상태이며 클로너에는 볼륨 이펙터가 적용된 상태입니다. 그리고 볼륨 이펙터의 Volume Object 필드에는 글자 오브젝트가 적용된 상태입니다. 이때 사용되는 볼륨 글자는 폴리곤으로 된 오브젝트여야 합니다.

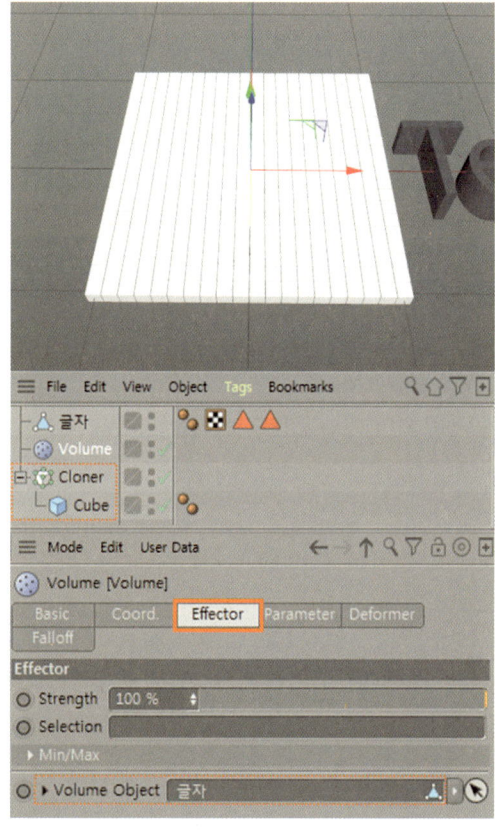

02 볼륨 이펙터의 Parameter 탭에서 Scale을 해제하고 Position이 체크된 상태이며 P . Y축이 30으로 설정된 상태입니다. 위치가 Y축으로 설정됐기 때문에 볼륨 오브젝트가 클로너 오브젝트가 있는 곳으로 이동했을 때 설정된 위치대로 오브젝트가 이동됩니다.

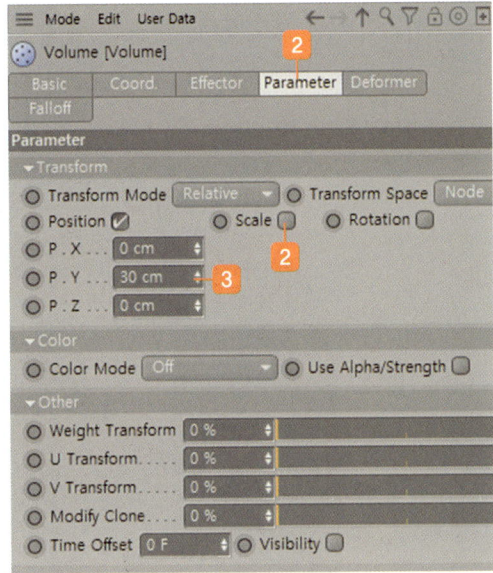

과의 범위를 제한하여 순차적으로 나타나는 장면을 표현할 수 있습니다. 이것으로 모그라프와 이펙터에 대해 알아 보았습니다.

모그라프는 모션 그래픽에 특화된 모듈이기 때문에 지금까지 학습한 내용과 시네마 4D 튜토리얼 컬렉션과 같은 예제를 다룬 도서를 통해 멋진 작품을 만들어 보길 바랍니다.

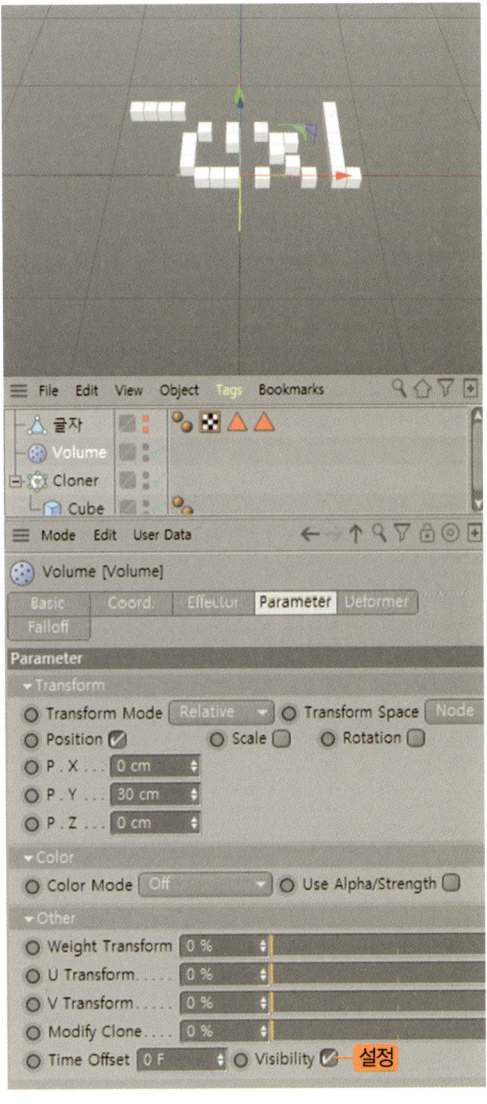

03 이제 볼륨 오브젝트로 사용되는 글자 오브젝트를 클로너 오브젝트가 있는 곳으로 이동해보면 글자의 볼륨에 들어온 오브젝트들은 설정된 위치 값에 맞게 위로 이동된 것을 알 수 있습니다. 그밖에 크기와 회전에 대한 변형을 할 수 있습니다.

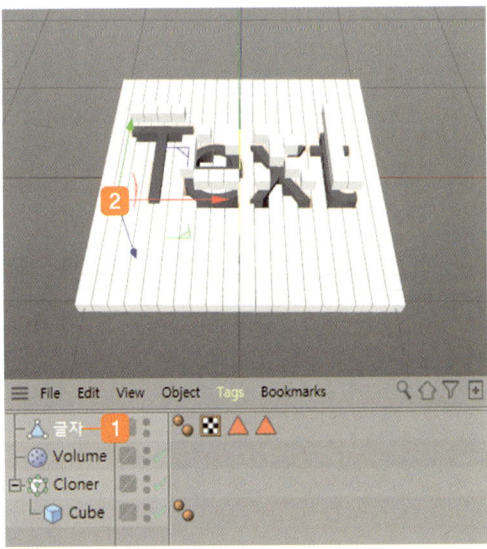

04 여기서 파라미터 탭의 Visibility를 체크하면 볼륨에 영향을 받는 오브젝트들만 보이고 나머지는 사라지게 됩니다. 그밖에 Falloff 탭에서 쉐이프는 특정 도형이나 리니어를 사용하면 효

05

모션 트래커 활용

모션 트래커(Motion Tracker)는 동영상에서 움직이는 피사체를 추적하여 키(프레임)로 만들어 다른 오브젝트의 움직임과 일치시킬 때 사용됩니다. 이전에는 애프터 이펙트(AE)와 함께 사용해야 했지만 이제는 시네마 4D에서는 AE의 도움 없이도 완벽한 모션 트래킹 작업을 수행할 수 있게 되었습니다.

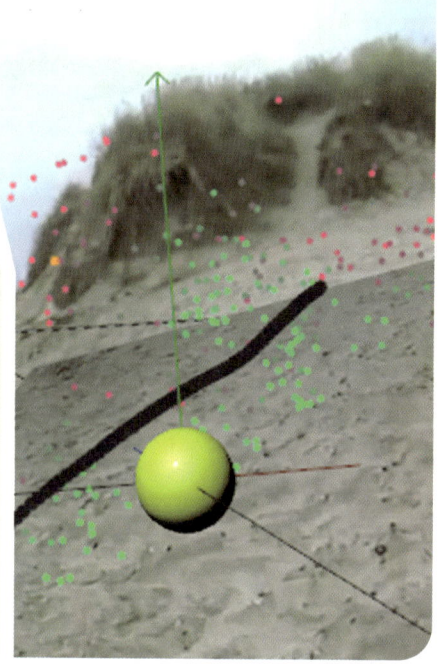

모션 트래킹하기

시네마 4D에서는 모션 트래킹 작업을 아주 손쉽게 할 수 있습니다. 트래킹 작업은 2D를 비롯하여 3D 환경에서도 완벽하게 구현됩니다.

01 모션 트래킹을 하기 위해 [Tracker] 메뉴를 열어봅니다. 트래킹 작업을 위한 다양한 메뉴가 있지만 현재는 대부분 비활성화되어 있습니다. 먼저 트래킹에 사용된 동영상 파일을 불러와야 하는데 일단 맨 위쪽의 [Motion Tracker]를 선택해봅니다.

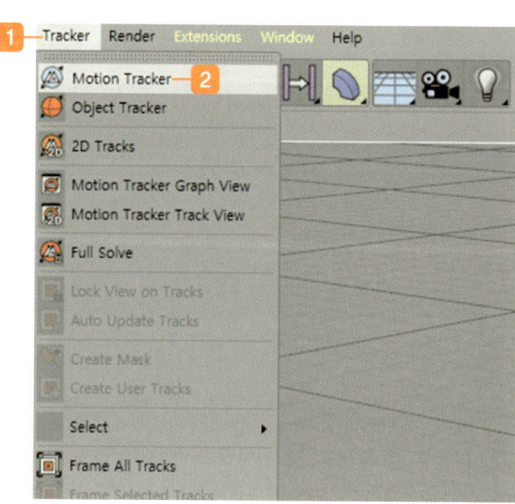

02 앞서 선택한 모션 트래커 메뉴는 모션 트래킹 작업을 하기 위한 오브젝트가 생성되도록 해줍니다. 그래서 트래킹 작업에 사용될 동영상 파일을 Footage의 파일 불러오기 버튼을 통해 불러와야 합니다. 지금의 과정보다 신속한 작업을 하기 위해서 Motion Tracker를 삭제합니다.

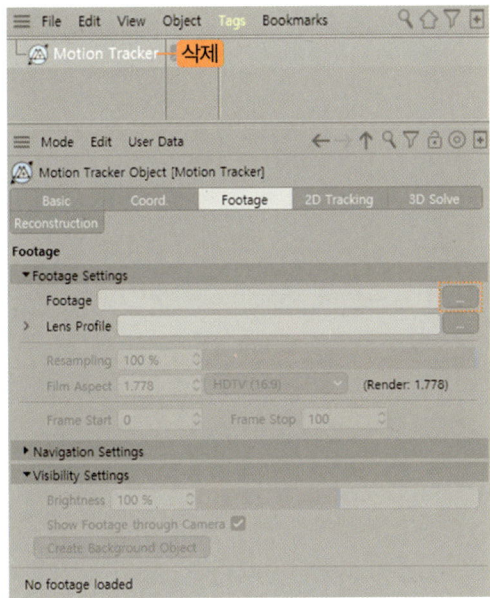

03 다시 Motion Tracker 메뉴를 열고 이번엔 Full Solve를 선택합니다. 풀 솔브 메뉴를 선택하면 직업 동영상 파일을 불러올 수 있는 창이 뜹니다. 여기서 [학습자료] - [동영상] 폴더에서 [헬리캠.mp4] 파일을 불러옵니다. 파일을 불러오면 즉시 트래킹 분석에 들어갑니다. 작업 창 좌측 하단에 분석하는 과정이 보여집니다.

04 트래킹 분석이 끝나면 그림처럼 모션 트래커 오브젝트가 생성되고 뷰포트는 카메라의 모습과 카메라 앞쪽에는 여러 개의 점들이 보입니다. 그리고 뷰포트(작업 화면)의 크기는 불러온 동영상 파일의 규격에 맞춰집니다.

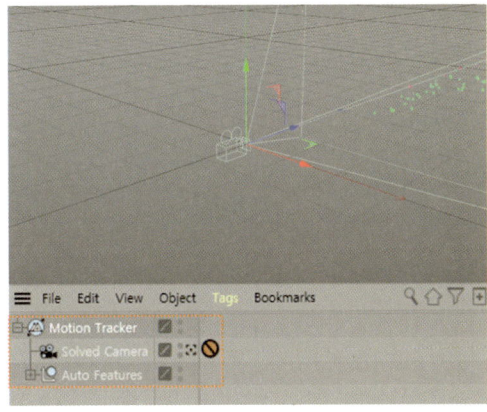

모션 트래커 활용 **653**

05 모션 트래커를 펼쳐보면 솔브 카메라와 오토 피처가 있으며 오토 피처를 펼쳐보면 트래킹 분석에 의해 생성된 트랙의 모습이 보입니다. 이 트랙은 트래킹 분석에 사용된 특정 영역들에 생성된 것들입니다.

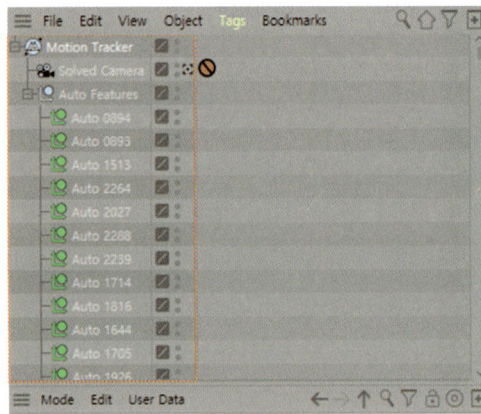

06 솔브 카메라를 켜봅니다. 그러면 카메라에서 보여지는 화면으로 바뀝니다. 이 상태에서는 카메라가 이동된 경로가 검정색 점과 흰색 선으로 표시됩니다. 그리고 초록색과 빨간색 포인트들은 트래킹에 분석된 트랙 포인트들입니다. 트랙의 색상을 기준으로 트래킹된 정확도를 알 수 있는데 초록색은 빨간색보다 트래킹이 정확하게 분석된 상태이기 때문에 오브젝트를 트랙에 적용하기 위해서는 초록색 영역을 사용하는 것이 좋습니다.

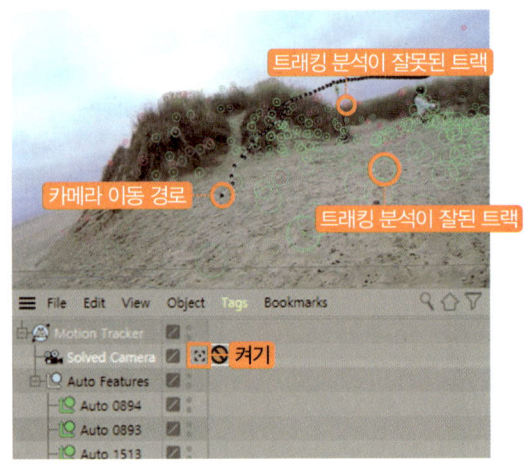

07 카메라가 켜진 상태로 다시 모션 트래커를 선택하면 각 트랙의 경로가 보여집니다. 속성 매니저의 Footage 탭에서는 트래킹하고자 하는 동영상 파일을 다시 불러와 트래킹할 수 있습니다. 동영상 파일을 불러온 후 아래쪽 [Full Footage] 버튼을 누르면 불러온 동영상 파일을 분석하게 됩니다. 그밖에 사용되는 동영상 파일의 규격을 설정할 수 있으며 사용할 장면을 프레임 단위로 설정할 수 있습니다. 그리고 화면의 밝기와 크기에 대한 설정도 할 수 있습니다.

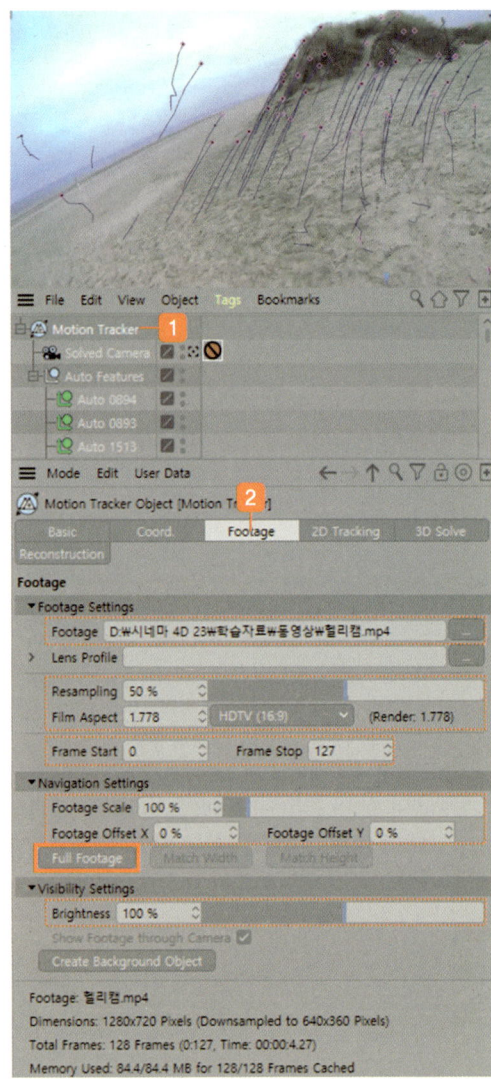

08 2D Tracking 탭은 평면적인 트래킹에 대한 설정을 할 수 있습니다. 2D 트래킹 탭의 Options 항목에서는 트래킹된 경로나 포인 등을 화면에 표시하거나 보이지 않게 할 수 있습니다. 그리고 3D Solve(솔브) 트래킹이 손상됐을 때 복원(재트래킹)하기 위한 기능들이 있습니다. 트래킹을 복원하기 위해서는 Solver 항목의 [Run 3D Solve] 버튼을 이용하면 됩니다.

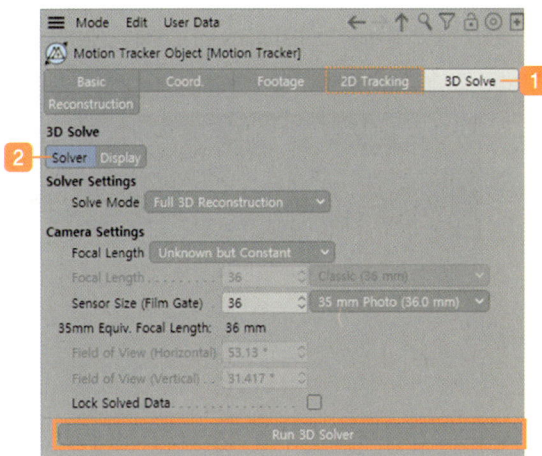

10 이번엔 메뉴의 주요 기능에 대해 알아보기 위해 카메라를 켜 주고 모션 트래커를 선택합니다. 그다음 그림처럼 뷰포트의 트랙 포인트를 개별적으로 선택하거나 우측 마우스 버튼으로 드로잉을 하여 선택할 수 있습니다.

선택 후 다시 해제합니다.

09 그리고 Display 항목에서는 트래킹 트랙 포인트의 모양이나 크기를 설정할 수 있습니다. 3D Feature Display에서는 포인트의 모양을 선택할 수 있으며 Radius는 포인트의 크기를 조절합니다. 여기에서는 6센티미터 정도로 키워봅니다.

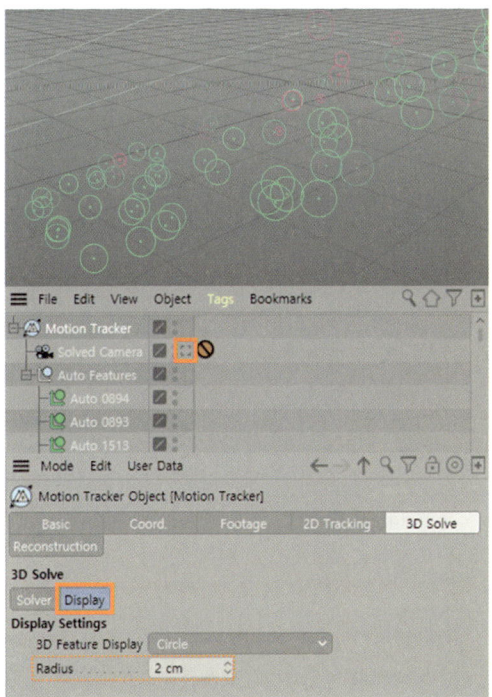

11 트랙 포인트들이 선택된 상태에서 Tracker 메뉴를 열어봅니다. 이전과는 다르게 대부분의 메뉴가 활성화되었습니다. Create Mask는 마스크를 작성하여 마스크 영역의 트랙 포인트를 보이게, 즉 사용할 것인지 사용하지 않을 것인지에 대한 영역을 지정할 수 있으며 Create User Tracks는 사용자 정의의 트랙을 생성합니다. 이 트랙 형태는 애프터 이펙트(AE)에서 사용되는 트랙 모션과 같은 트래커를 제공합니다. 그리고 선택에 관한 Select 메뉴는 서브 메뉴들을 제공합니다. 실렉트에서는 모든 트랙 포인트를 선택 및 해제할 수 있느며 선택된 트랙 포인트를 숨기거나 반전, 삭제 등의 작업을 할 수 있습니다. 아래쪽 Trim Track(트림 트랙)은 선택된 트랙의 불필요한 영역을 자를 때 사용되며 맨 아래쪽 Constraints(컨스트레이트)는 생성된 오브젝트의 움직임을 트래킹된 트랙 포인트의 움직임에 동기화(상응)하기 위해 사용됩니다. 트래킹이 분석된 이후의 작업에서는 이 메뉴가 가장 중요하다고 할 수 있습니다.

모션 트래커 활용 **655**

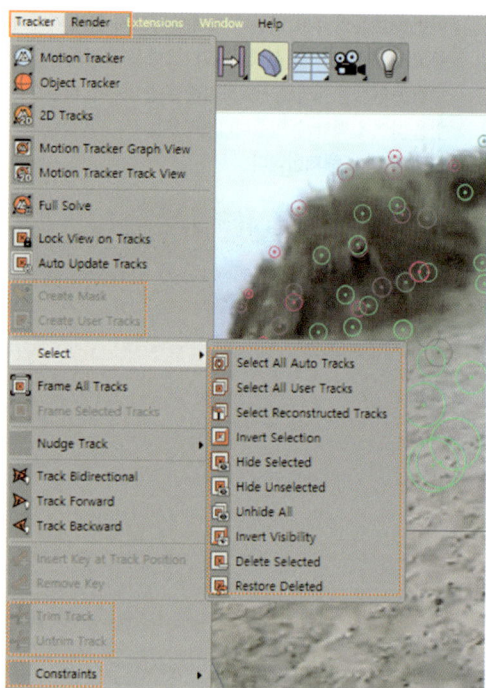

13 시간을 시작 프레임으로 이동한 상태에서 크리에이트 포지션 컨스트레인트 툴로 그림처럼 위치에 대한 동기화를 위한 트랙 포인트를 선택하여 고정시킵니다. 이제 어떠한 오브젝트를 생성하게 되면 이 지점을 기준으로 생성됩니다.

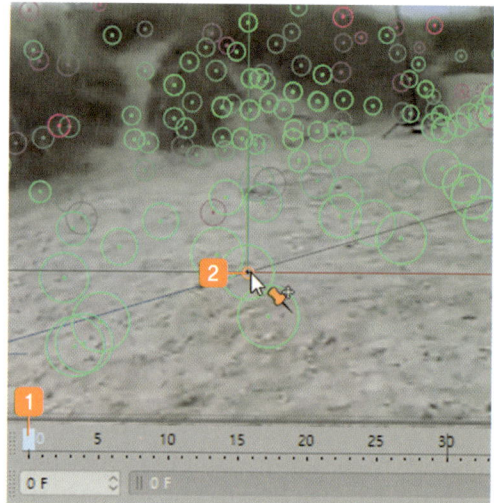

12 이제 트래킹된 움직임에 대한 동기화(이와 같은 작업은 캘리브레이션 작업이라고도 함) 작업을 해봅니다. 동기화 작업을 하기 위해서는 세 가지가 충족되어야 합니다. 먼저 첫 번째 충족을 위한 위치에 대한 동기화 작업을 [Tracker] - [Constraints] - [Create Position Constraint]를 선택합니다. 크리에이트 포지션 컨스트레인트는 실제 사용된 트랙 포인트를 선택하여 위치에 대한 동기화를 할 수 있습니다.

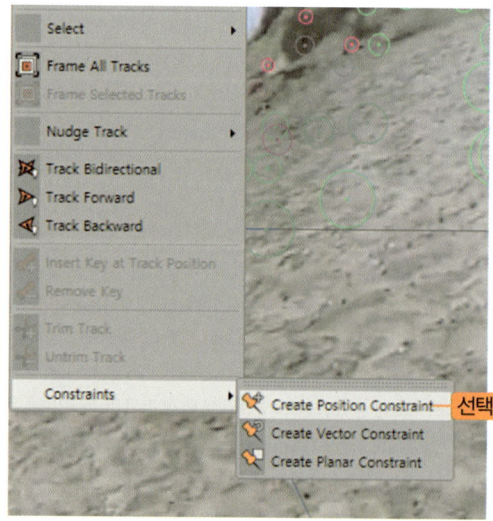

14 앞선 작업에 의해 포지션 컨스트레인트 태그가 적용됐습니다. 이 태그를 선택 해보면 포지션에 대한 정보를 확인하거나 수정할 수 있습니다.

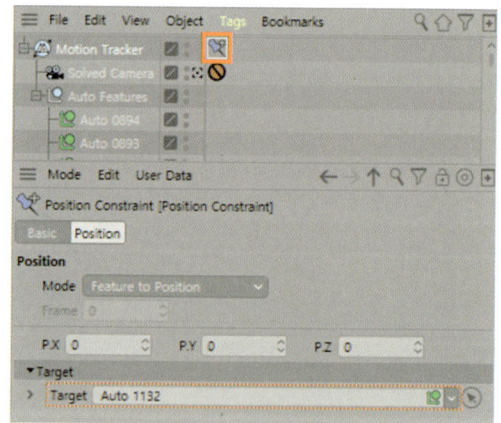

15 계속해서 이번엔 두 번째 충족을 위해 [Tracker] - [Constraints] - [Create Vector Constraint]를 선택합니다. 크리에이트 벡터 컨스트레인트는 입체 공간의 수평을 잡기 위해 사용되는 툴입니다. 즉 어떠한 오브젝트가 적용됐을 때 바닥과의 각도를 일치시키기 위해 사용됩니다.

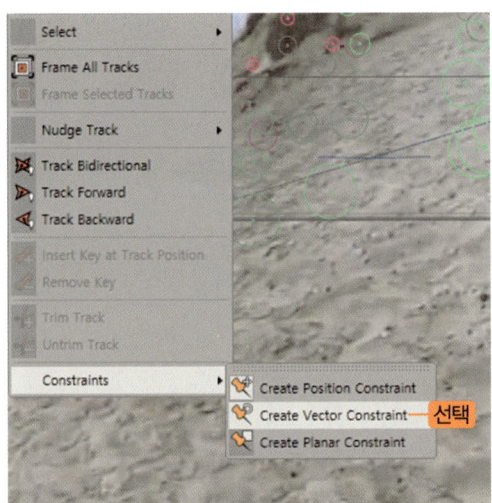

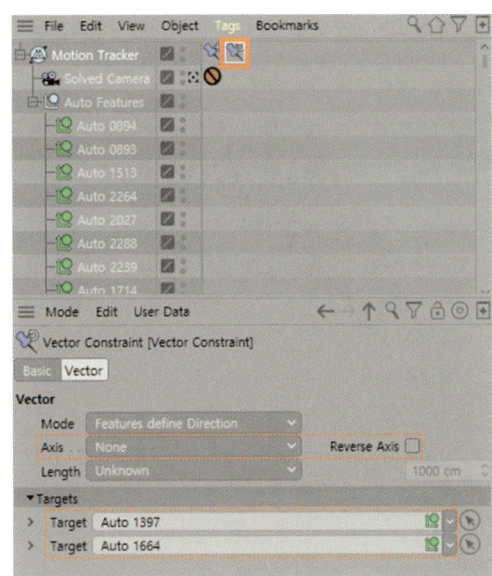

16 크리에이트 벡터 컨스트레인트는 수평을 잡기 위해 2개의 트랙 포인트를 선택해야 합니다. 그림처럼 수평을 잡기에 적당한 두 포인트를 선택하여 선을 만들어줍니다.

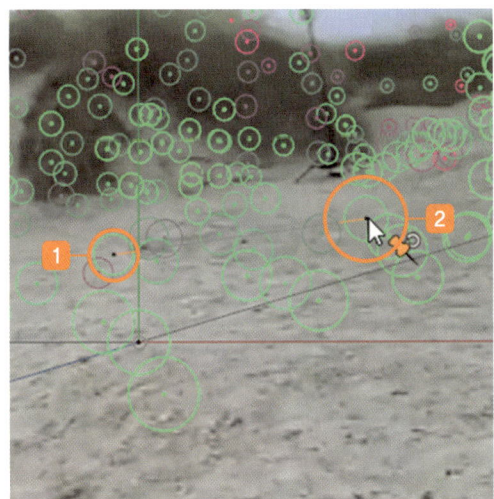

17 작업이 끝나면 역시 벡터 컨스트레인트 태그가 적용됩니다. 이 태그에서는 수평을 잡기 위한 축에 대한 설정과 트랙 포인트에 대한 정보를 확인하거나 수정할 수 있습니다.

18 이제 마지막 세 번째의 충족을 위해 [Tracker] - [Constraints] - [Create Planar Constraint]를 선택합니다. 크리에이트 플래너 컨스트레인트는 바닥의 원근을 위해 사용됩니다. 또한 이 툴을 사용하여 바닥에 대한 동기화 작업을 했을 때만 바닥을 위한 플레인 오브젝트를 생성할 수 있습니다.

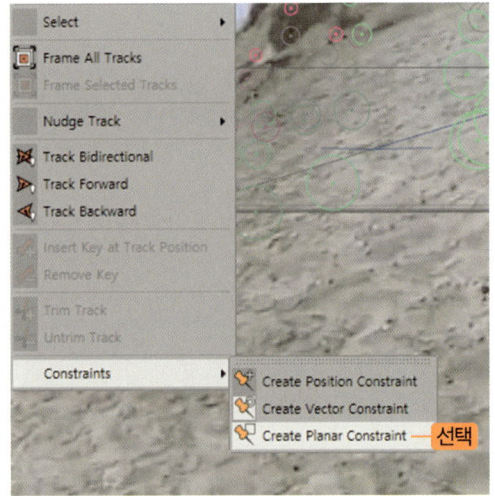

19 크리에이트 플래너 컨스트레인트는 바닥의 원근을 표현하기 위해 사용되므로 트랙 포인트를 3개로 지정해야 합니다. 지정될 포인트들은 그림처럼 원근감을 확실하게 느낄 수 있는 것

모션 트래커 활용 **657**

으로 선택해야 합니다. 이것으로 트래킹 작업에 반드시 충족되어야 할 세 가지 동기화(고정-상응) 작업을 수행했습니다.

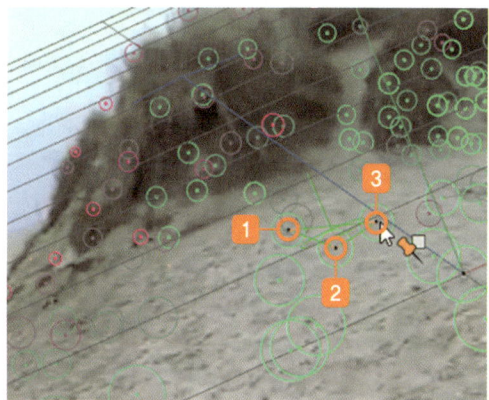

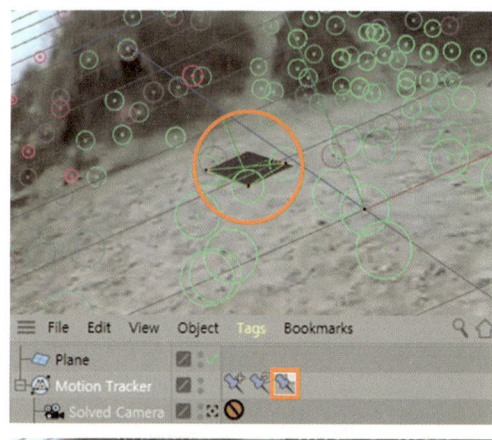

20 플래너 컨스트레인트 태그가 생성되면 다른 태그와 마찬가지로 해당 태그의 속성을 확인하거나 수정을 할 수 있습니다. 그러나 플래너 컨스트레인트 태그에서는 실제 바닥에 사용될 플레인 오브젝트를 생성할 수 있습니다. 이제 바닥을 생성하기 위해 맨 아래쪽의 [Create Plane] 버튼을 클릭합니다.

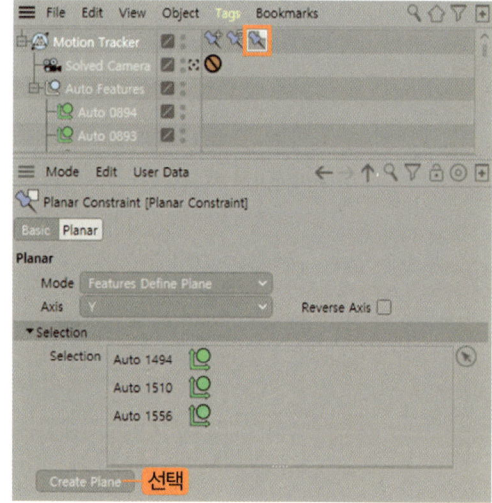

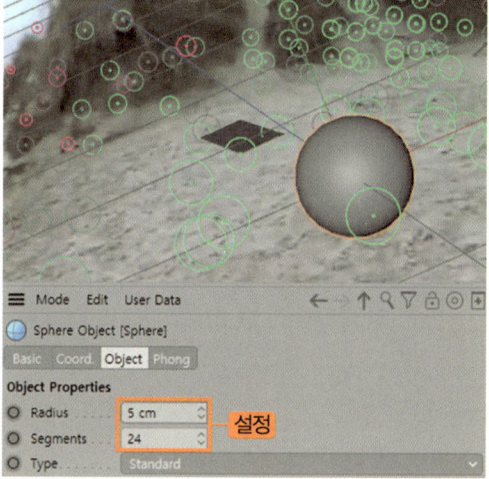

22 이제 앞서 만든 스피어에 재질을 적용하기 위해 새로운 매터리얼을 생성한 후 매터리얼 에디터를 열어줍니다.

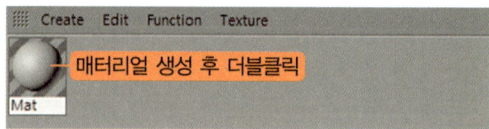

21 그러면 Plane이란 이름의 오브젝트가 생성됩니다. 이번엔 바닥(배경 동영상의 모래) 위에 어떠한 오브젝트를 배치해봅니다. 오브젝트 툴에서 스피어 오브젝트를 생성한 후 Radius를 40 정도로 줄여줍니다. 현재는 바닥으로 사용되는 플레인과 방금 적용한 스피어가 서로 겹쳐있습니다.

23 매터리얼 에디터가 열리면 먼저 색상에 대한 설정을 위해 Color 채널을 선택한 후 색상을 설정합니다. 필자는 밝은 연두색으로 설정했습니다. 그다음 반사율을 통해 스피어 표면에 주변(모래, 풀, 하늘, 사람 등)의 모습이 비춰지도록 하기 위해 Reflectance 채널을 선택한 후 [Add] - [Reflection (Legacy)]를 선택합니다. 그리고 생성된 레이어 1의 반사율을 20 정도로 낮춰서 컬러에서 설정한 색상과 반사율을 모두 사용할 수 있게 해줍니다.

24 이제 앞서 설정된 매터리얼을 끌어다 스피어 오브젝트에 적용합니다.

25 이번엔 바닥으로 사용되는 플레인 오브젝트를 선택한 후 크기를 그림처럼 아주 크게 하여 조명에 의한 그림자가 정확하게 표현될 수 있도록 해주고 아래로 조금 내려서 스피어 아랫부분과 일치되도록 합니다.

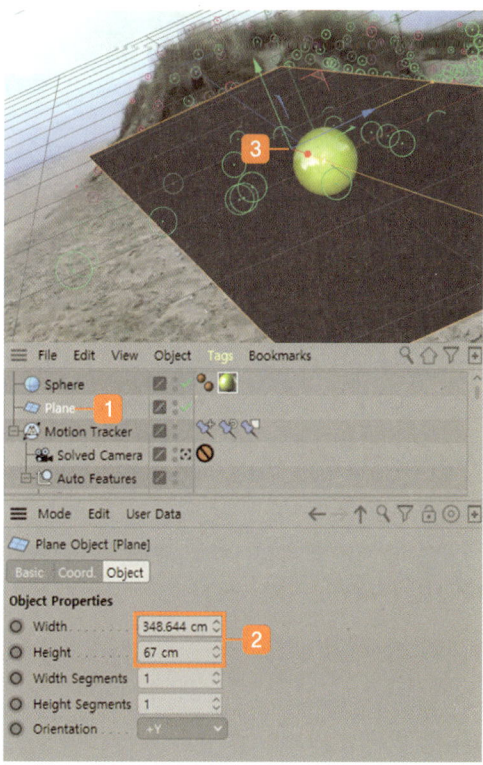

모션 트래커 활용 **659**

26 바닥이 만들어졌기 때문에 이번엔 배경을 만들어야 할 차례입니다. 물론 뷰포트를 보면 배경(동영상)의 모습이 보여지지만 렌더 뷰를 해보면 배경의 모습이 보이지 않습니다. 배경을 만들기 위해 Motion Tracker를 선택한 후 Footage 탭의 맨 아래쪽에 있는 Create Background Object 버튼을 클릭합니다. 이것으로 배경까지 만들어졌습니다.

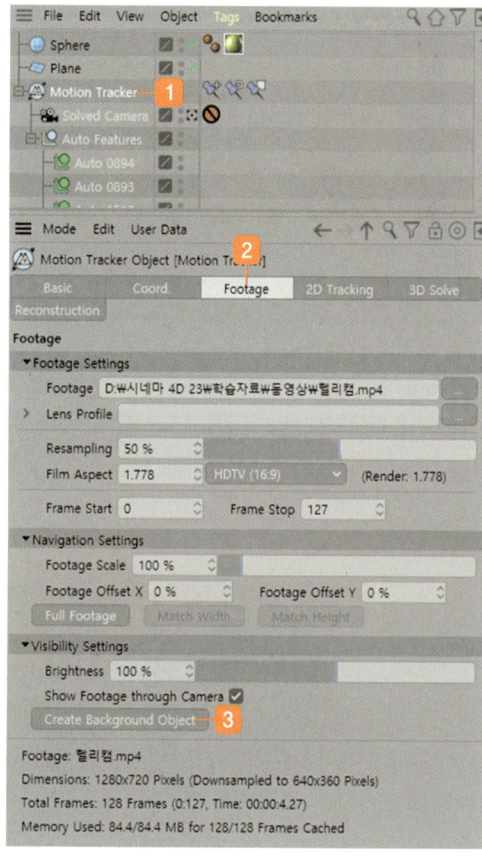

27 크리에이트 백그라운드 오브젝트에 의해 백그라운드 오브젝트가 생성됐으며 또한 트래킹에 사용된 동영상이 매터리얼로 자동으로 생성되고 배경 오브젝트에 적용된 것을 알 수 있습니다.

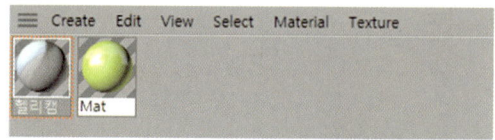

28 이제 바닥과 배경에 사용되는 매터리얼을 일치시키기 위해 백그라운드에 적용된 매터리얼 텍스처 태그를 위쪽의 플레인 오브젝트에 복제합니다. 물론 지금의 작업은 매터리얼 매니저에 있는 매터리얼로 적용할 수도 있지만 현재 백그라운드에 사용되는 매터리얼의 Projection(프로젝션)이 정면에서 보여지는 Frontal(프런틀)로 되어있기 때문에 이 매터리얼을 사용한 것입니다.

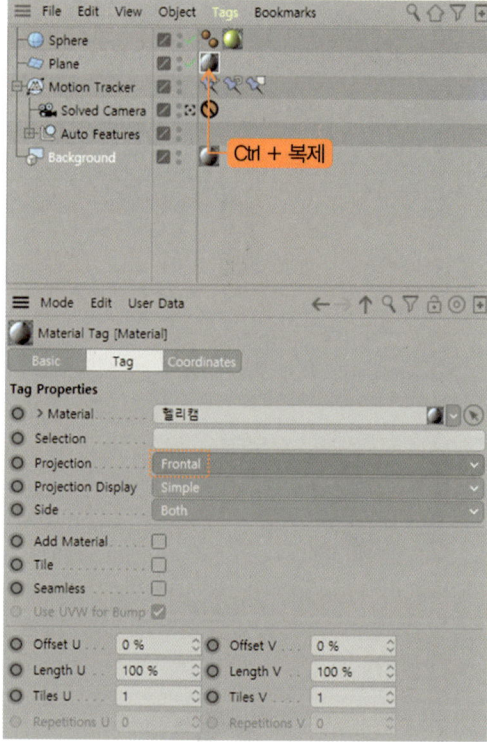

29 아직 렌더 뷰를 하지 않았지만 뷰포트의 모습을 보면 스피어와 바닥의 모습이 제법 현실적으로 표현된 것을 알 수 있습니다. 물론 현재는 바닥과 배경의 매터리얼이 완전히 일치된 것은 아니고 조명도 없기 때문에 완벽히 사실적으로 보이지는 않습니다.

30 배경과 바닥의 매터리얼을 완벽히 일치시키기 위해 플레인 위에서 [우측 마우스 버튼] - [Render Tags] - [Compositing]을 선택합니다.

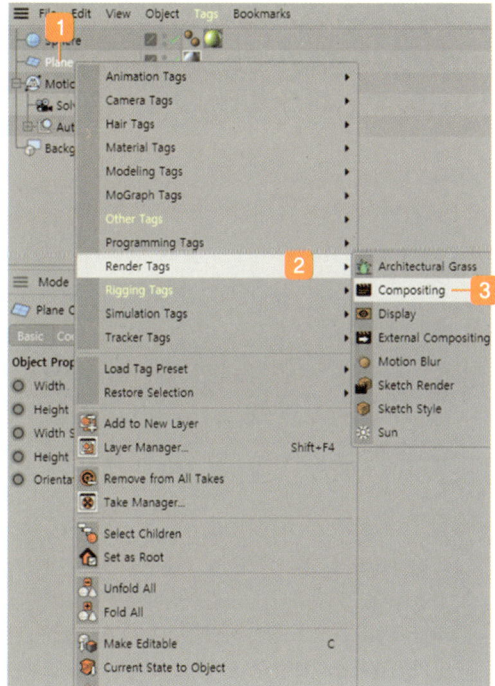

31 컴포지팅 태그가 선택된 상태에서 Tag 탭의 Compositing Background를 체크합니다. 이것으로 플레인(바닥)과 백그라운드(배경)의 매터리얼이 일치됐습니다.

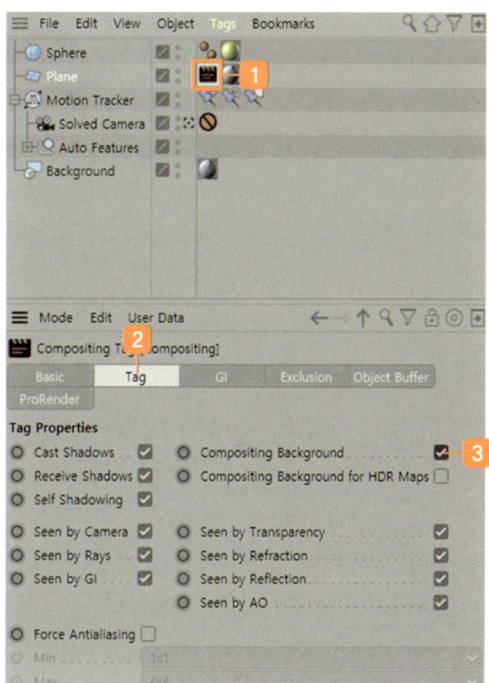

32 여기서 렌더 뷰(Ctrl + R)를 해봅니다. 바닥과 배경의 모습이 완벽하게 일치됐습니다. 그러나 아직 조명이 없기 때문에 사실감(공간감)이 떨어집니다.

33 이제 조명을 생성합니다. 기본 조명인 옴니 라이트를 사용합니다. 조명의 위치를 설정하기 위해 카메라를 잠시 꺼주고 그림처럼 스피어의 앞쪽 위로 이동합니다. 지금의 작업은 카메라를 껐다 켰다 하면서 위치를 잡아주어야 합니다. 조명의 위치를 모두 설정했다면 다시 카메라를 켜줍니다.

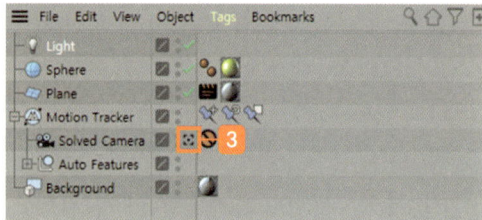

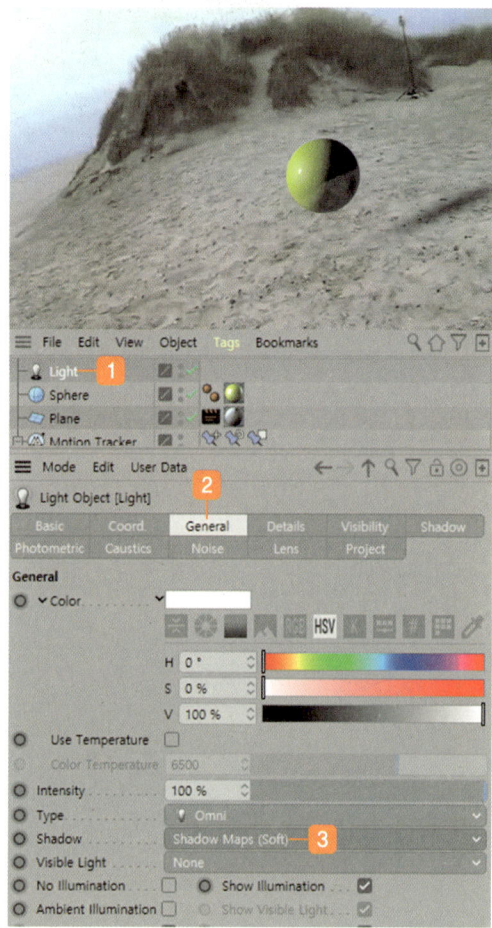

34 다시 렌더 뷰를 해봅니다. 조명에 의해 스피어에 하이라이트가 생겼지만 아직 그림자가 없기 때문에 공간감이 느껴지지 않습니다.

뷰를 해보면 스피어 아래쪽 바닥에 그림자가 생겼기 때문에 공간적인 느낌이 사실적으로 느껴집니다. 하지만 스피어가 바닥 위쪽에 있어 공중에 떠있는 느낌입니다.

35 그림자를 표현하기 위해 라이트를 선택한 후 General 탭에서 Shadow를 Shadow Maps (Soft)로 설정합니다. 이제 다시 렌더

36 스피어 오브젝트를 선택한 후 그림처럼 아래로 내려 바닥에 닿을 수 있도록 해줍니다. 그리고 렌더 뷰를 해보면 실제 모래 바닥에 있는 구의 모습이 되었습니다. 마지막으로 [F8] 키를 눌러 플레이를 해보면 구(스피어)도 모래 바닥과 같이 카메라의 움직에 맞게 반응하는 것을 할 수 있습니다. 지금까지 모션 트래커에 대해 살펴보았습니다.

시네마 4D의 모션 트래커를 활용하면 다른 모션 트래커 프로그램을 사용하지 않고도 완벽한 트래킹 작업을 할 수 있습니다.

렌더 뷰의 모습

> **알아두기**
>
> **동영상을 매터리얼로 사용했을 때 재생 시 보이게 하는 방법**
>
> 매터리얼 작업을 하다가 보면 동영상을 불러와 텍스처로 사용하는 경우도 있습니다. 물론 해상도 때문에 최종 작업에서는 빼놓고 애프터 이펙트와 같은 합성 툴에서 사용하게 되지만 그래도 시네마 4D에서 작업을 할 때 사용해야 하는 경우가 있습니다. 시네마 4D에서의 동영상 텍스처는 기본 상태에서는 스틸 이미지처럼 정지된 상태의 모습만 표현됩니다. 만약 재생했을 때 동영상 텍스처의 모습을 보고자 한다면 매터리얼 에디터의 컬러 채널의 Animation 탭에서 Calculate 버튼을 눌러 동영상 정보를 시뮬레이션(인식) 작업을 수행한 후 Viewport 항목에서 Animate Preview를 체크해야 합니다.

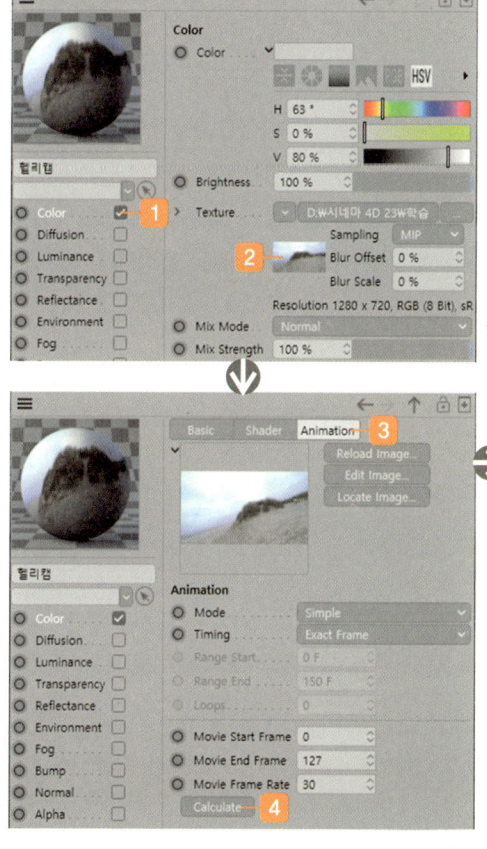
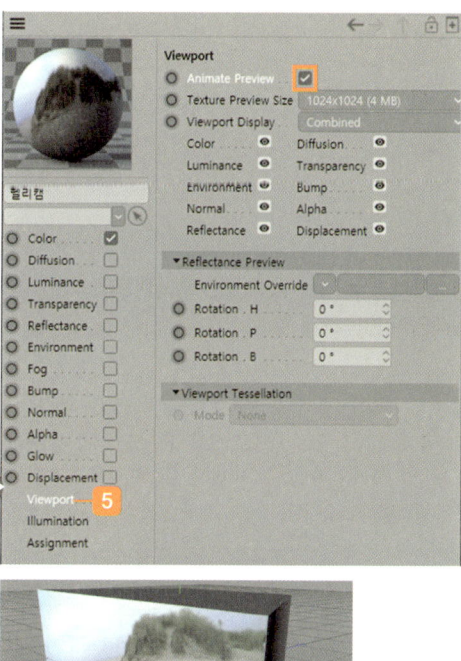

동영상 매터리얼이 적용된 모습

모션 트래커 활용 **663**

06

엑스프레쏘 활용

엑스프레쏘(Xpresso)는 노드(Node-회로를 통해 데이터를 전송하는 단위)를 통해 A오브젝트의 움직임에 의해 반응하는 B 혹은 더 많은 오브젝트를 표현할 때 사용합니다. 엑스프레쏘를 이용하면 단순한 움직임부터 복잡한 움직임과 효과까지 다양하게 처리할 수 있습니다. 여기에서는 엑스프레쏘의 기본 사용법에 대해서 살펴봅니다.

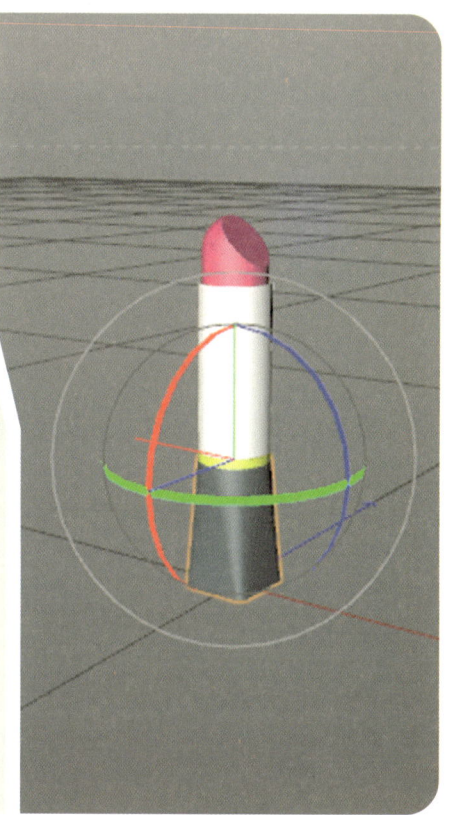

기본 움직임을 위한 엑스프레쏘

엑스프레쏘의 기본 움직임은 오브젝트의 회전, 크기, 위치에 대한 것으로 이와 같은 움직임에 다른 오브젝트의 움직임이 반응하게 할 수 있습니다.

01 학습을 위해 [학습자료] - [프로젝트] - [립스틱.c4d] 파일을 불러옵니다. 불러온 파일을 보면 회전, 링, 상단, 루즈 4개로 구분된 립스틱이 있습니다.

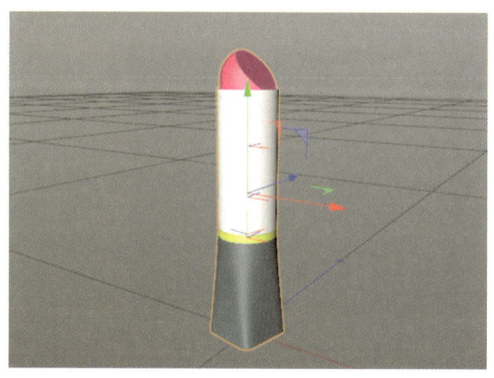

02 실제 립스틱은 립스틱 하단을 회전하면 루즈가 밖으로 올라왔다 들어갔다 하게 됩니다. 지금의 립스틱도 엑스프레쏘를 사용하면 실제와 같은 원리로 작동할 수 있습니다. 먼저 엑스프레쏘를 사용하기 위한 오브젝트를 생성합니다. 여기에 사용되는 오브젝트는 립스틱의 한 부분을 사용해도 되지만 일반적으로는 보이지 않는 널오브젝트를 이용합니다. 오브젝트 툴에서 Null을 선택합니다.

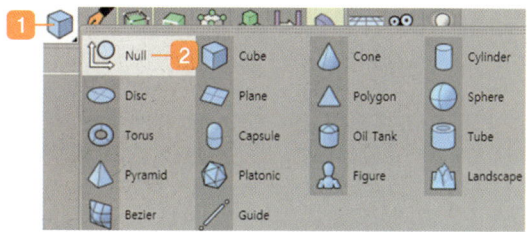

03 널 오브젝트에서 [우측 마우스 버튼] - [Programming Tags] - [Xpresso]를 적용합니다.

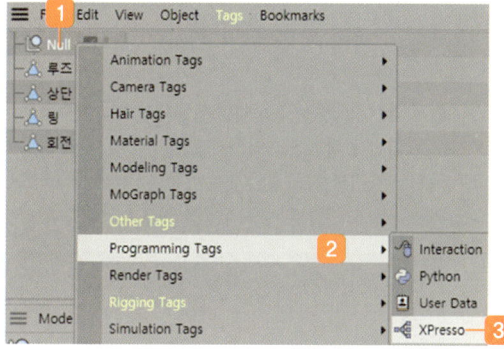

04 엑스프레쏘 에디터가 열리면 편집 필드에 회전 오브젝트를 끌어다 적용합니다. 그러면 엑스프레쏘 노드가 생성됩니다. 그 다음 작업에 적당한 크기로 조절합니다. 크기 조절은 노드의 모서리를 이용합니다.

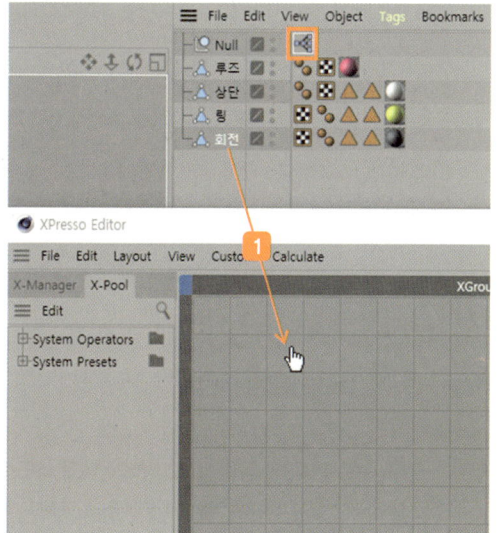

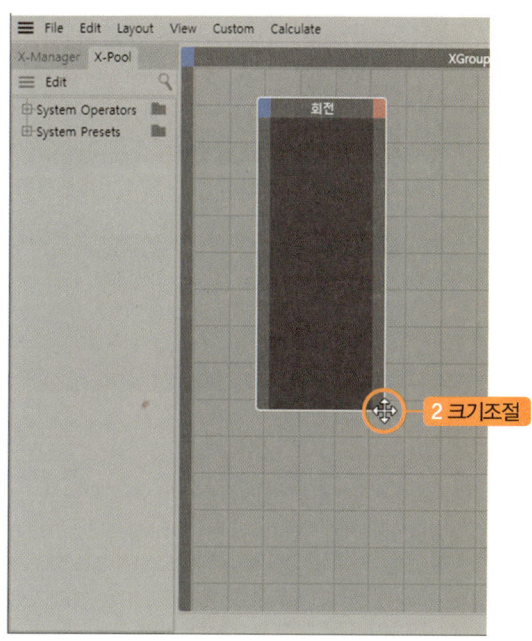

05 같은 방법으로 이번엔 회전 오브젝트에 반응할 루즈 오브젝트를 끌어다 적용합니다. 그리고 노드를 작업하기 적당한 크기로 조절합니다.

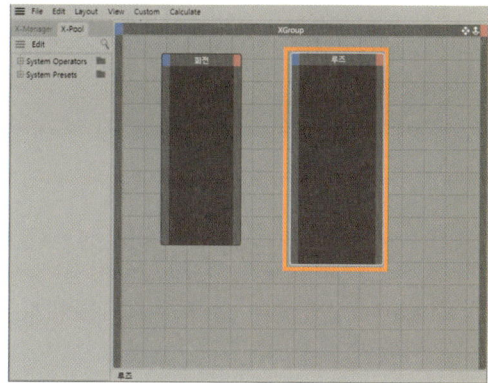

06 노드를 보면 파란색과 빨간색 두 가지 색상이 있는데 파란색은 데이터의 입력을 담당하고 빨간색을 출력을 담당합니다. 이제 회전 노드의 빨간색 출력에서 좌측 마우스 버튼을 클릭해봅니다. 그러면 다양한 메뉴가 나타나는데 이 메뉴들은 어떤 노드를 사용하느냐에 따라 달라집니다. 이번 학습은 회전 오브젝트가 회전하면 루즈가 반응하게 하기 위한 것이므로 [Coordinates] - [Rotation] - [Rotation . H]를 선택합니다.

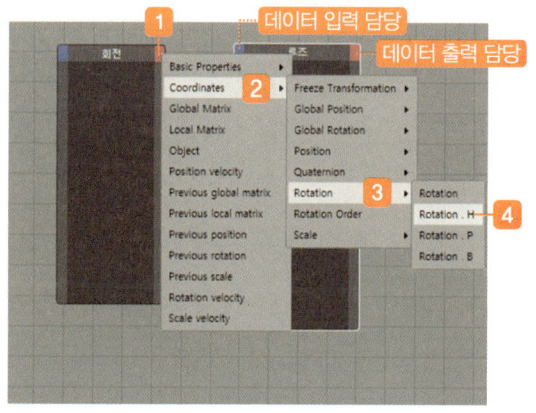 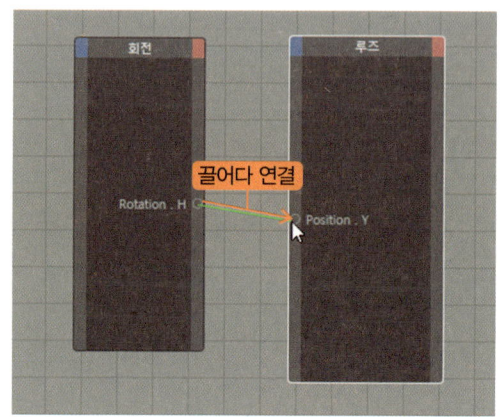

07 계속해서 이번엔 앞서 설정한 출력 데이터를 받을 루즈 노드의 입력에서 [좌측 마우스 버튼] - [Coordinates] - [Position] - [Position . Y]를 선택합니다. 이것으로 회전 오브젝트가 H축으로 회전할 때 루즈 오브젝트는 Y축으로 움직이게 될 것입니다.

09 이제 회전 오브젝트를 선택한 후 로테이트 툴을 이용하여 H축으로 회전을 해보면 그림처럼 회전 방향에 따라 루즈가 아래로 내려가거나 위로 올라가게 됩니다. 이렇듯 엑스프레쏘를 이용하면 오브젝트의 상호 작용을 쉽게 표현할 수 있습니다.

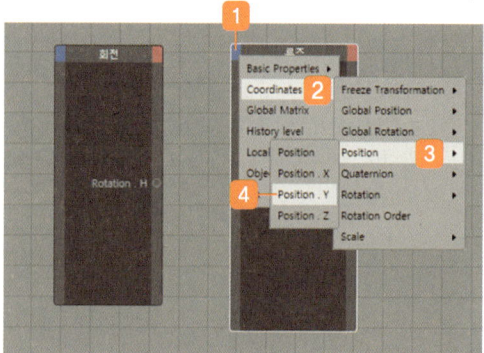 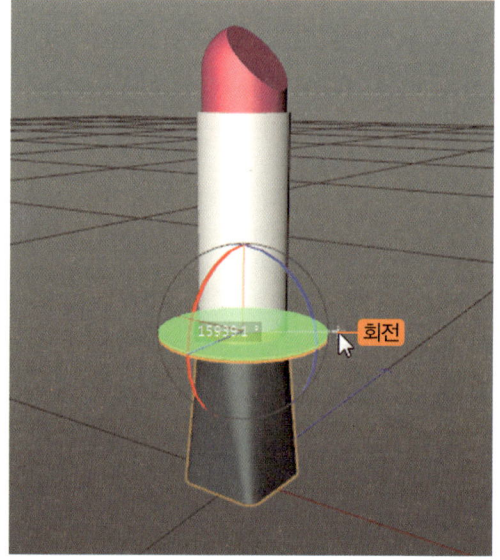

08 앞서 생성한 회전 노드의 로테이션 . H와 루즈 노드의 포지션 . Y를 작동시키기 위해 로테이션의 원을 끌어다 포지션의 원과 연결합니다. 이것으로 두 오브젝트는 상호 작용이 되는 익스프레션이 완성됐습니다.

파라미터의 움직임을 위한 엑스프레쏘

엑스프레쏘는 오브젝트의 기본 움직임뿐만 아니라 오브젝트나 모그라프, 이펙터 등의 파라미터에 대해서도 대응합니다.

01 학습을 위해 앞선 학습에서 만들었던 [스프링.c4d] 프로젝트 파일을 불러옵니다. 불러온 파일을 보면 스프링에 의해 움직임이 발생되지만 실제 스프링의 모습은 보이지 않습니다. 이와 같은 작업에서도 엑스프레쏘를 활용할 수 있습니다.

02 먼저 스프링 모양에 사용될 오브젝트를 만듭니다. 스플라인 툴에서 Helix를 적용합니다.

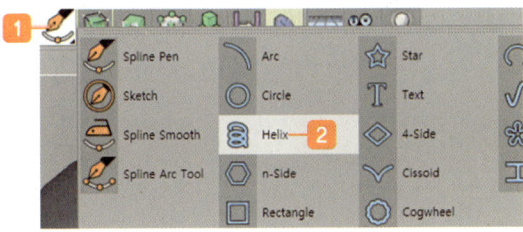

03 헬릭스의 어트리뷰트 매니저에서 Object 탭의 Plane을 XZ축으로 설정하여 스프링(헬릭스)을 세워주고 Start/End Radius를 80 정도로 설정하여 크기를 조절합니다. 그리고 End Angle을 1200 정도로 설정하여 스프링의 회전수를 늘려줍니다. 계속해서 스프링의 두께를 위하여 스플라인 툴에서 서클을 하나 생성한 후 Radius를 10 정도로 설정하여 서클의 두께를 최종 스프링의 두께로 사용될 수 있도록 합니다.

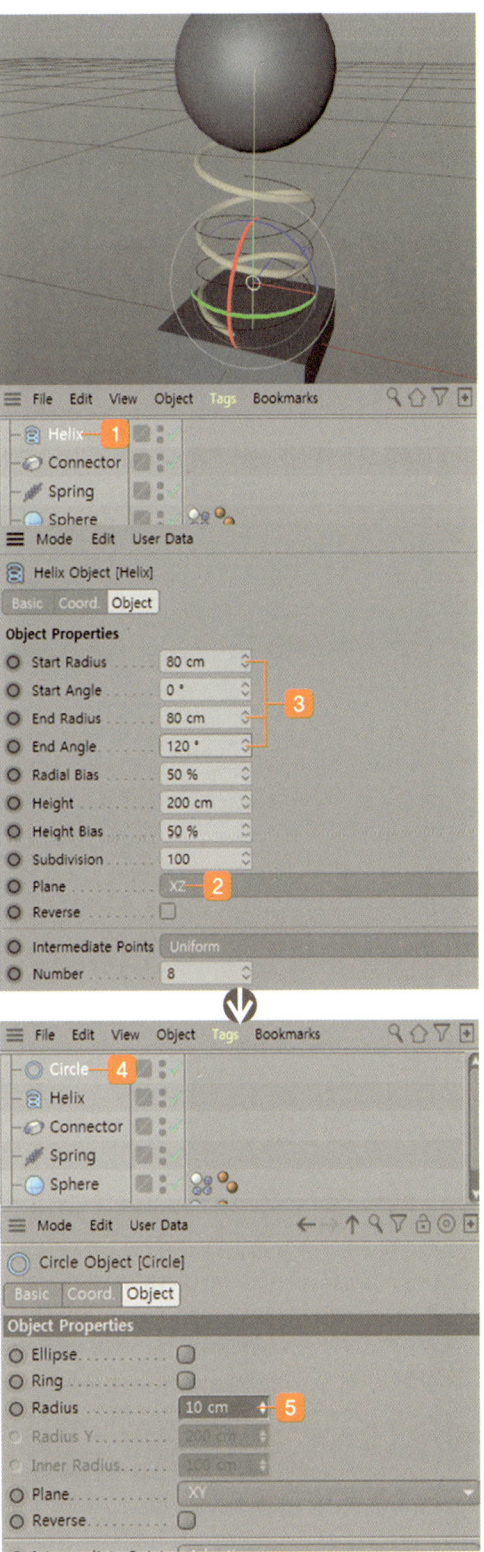

엑스프레쏘 활용 **667**

04 헬릭스와 서클을 이용하여 스프링의 두께를 표현하기 위해 제너레이터 툴에서 Sweep를 적용합니다.

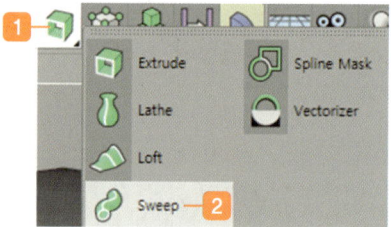

05 방금 적용된 스위프 하위에 서클과 헬릭스를 그림과 같은 순서대로 종속시킵니다. 이것으로 스프링이 완성됐습니다.

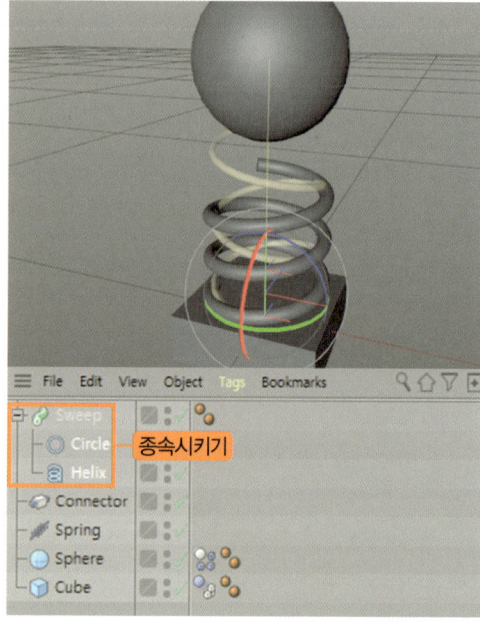

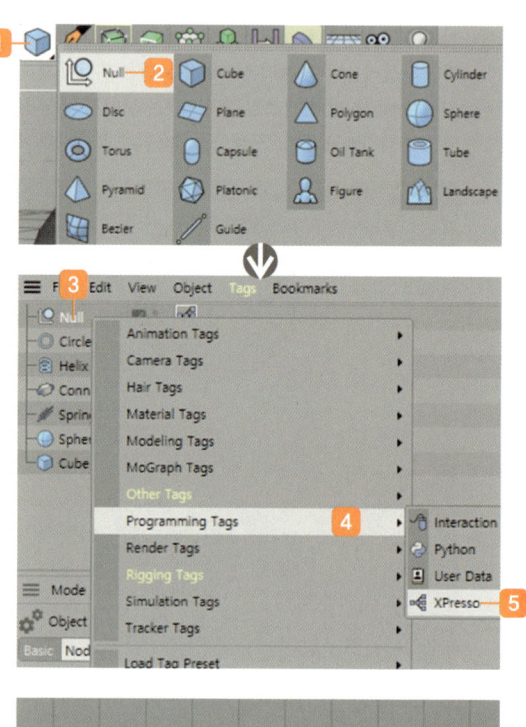

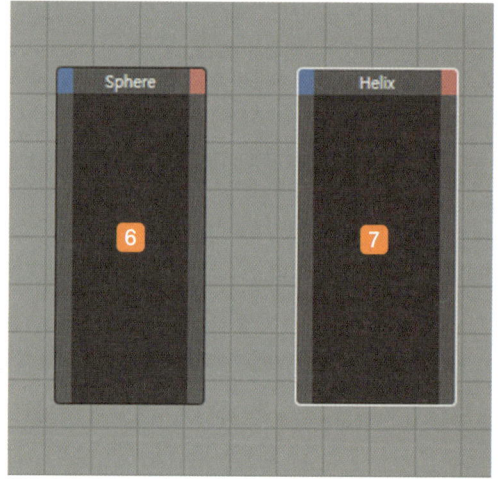

06 이제 엑스프레소 작업을 하기 위해 오브젝트 툴에서 Null 오브젝트를 생성한 후 널 오브젝트 위에서 [우측 마우스 버튼] - [Programming Tags] - [Xpresso]를 적용합니다. 그다음 오브젝트 매니저에 있는 스피어와 헬릭스 오브젝트를 끌어다 엑스프레소 에디터에 갖다 놓습니다. 노드의 배치는 그림처럼 스피어의 움직임(스프링 효과에 의해 위아래로 이동됨)에 의해 헬릭스의 높이가 결정되므로 스피어는 출력을, 헬릭스는 입력을 할 수 있는 위치로 배치하면 됩니다.

07 스피어 노드의 출력에서 [좌측 마우스 버튼] - [Coordinates] - [Position] - [Position]을 선택합니다. 물론 포지션의 특정 축(Y)을 선택해도 되지만 이번엔 모든 포지션 축을 사용합니다. 만약 스프링이 넘어졌을 때를 대비해서 말이죠. 그다음 헬릭스 노드의 입력에서 [좌측 마우스 버튼] - [Object Properties] - [Height]를 선택합니다. 헬릭스의 하이트는 스프링의 실제 높이에 영향을 주기 때문에 선택한 것입니다.

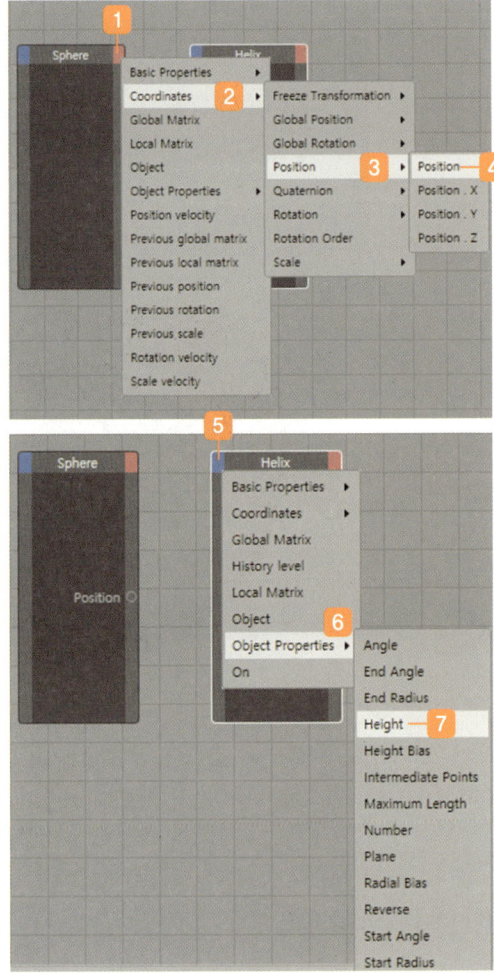

09 오브젝트 매니저의 스프링을 선택한 후 Object 탭에서 [Set Rest Length] 버튼을 클릭하여 거리 값을 자동으로 맞춥니다. 그다음 플레이를 해보면 스프링 효과에 의해 스프링도 같이 움직이는 것을 알 수 있습니다. 이것으로 엑스프레쏘에 대해 간단하게 살펴보았습니다. 살펴본 것처럼 엑스프레쏘는 복잡한 움직임을 단순한 노드 방식을 통해 표현할 수 있다는 것을 알 수 있었습니다.

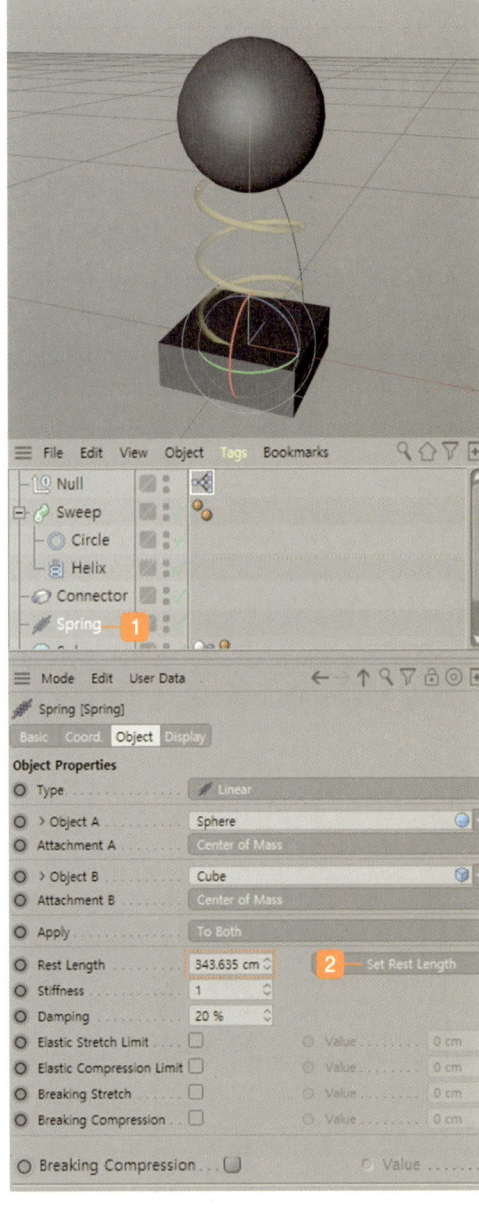

08 이제 스피어 노드의 포지션을 헬릭스 노드의 하이트와 연결하여 엑스프레쏘가 작동되도록 해줍니다.

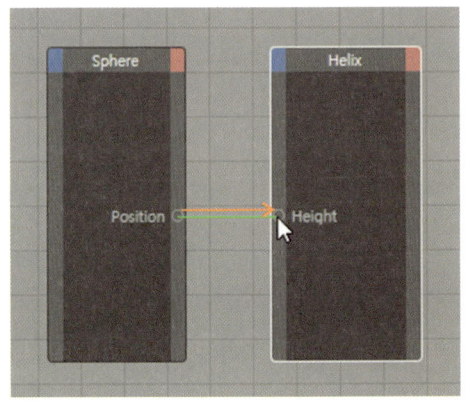

엑스프레쏘 활용 **669**

07

조인트 활용

조인트(Joint)는 오브젝트(사람, 물고기, 꽃잎, 캐릭터 등)에 관절(뼈)을 심어주어 관절에 의해 움직이는 애니메이션을 표현할 때 사용합니다. 시네마 4D는 주로 화려한 모션 그래픽을 위해 모그라프라를 주로 사용하지만 오브젝트 자체의 움직임을 위해 조인트를 사용해야 하는 경우도 있기 때문에 이번 학습에서는 조인트의 기본 사용법에 대해 살펴보기로 합니다.

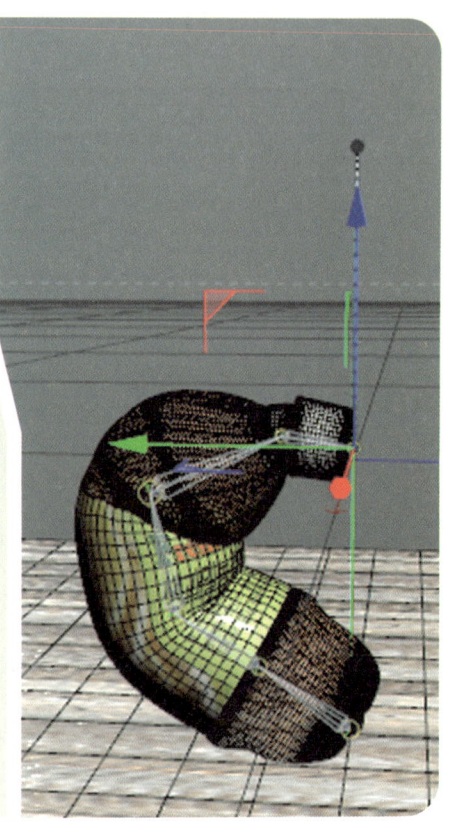

조인트 셋팅과 애니메이션 만들기

조인트를 생성하고 셋팅하는 방법과 조인트 자체를 움직여 애니메이션을 하는 방법 그리고 IK(인버스 키네메틱스)를 통해 애니메이션을 하는 방법에 대해 알아봅니다.

01 조인트에 대해 살펴보기 위해 앞선 학습에서 만들어놓은 [페트병-조인트.c4d] 프로젝트 파일을 불러옵니다.

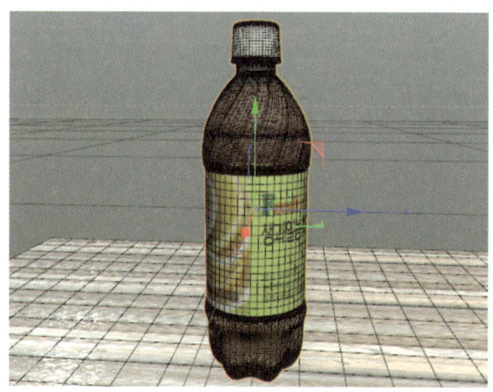

02 이제 페트병에 관절을 심기 위해 페트병이 해제된 상태에서 [Character] - [Joint Tool]을 선택합니다. 캐릭터 메뉴에서는 캐릭터 애니메이션을 위한 다양한 메뉴들을 사용할 수 있습니다. 이번 학습에서는 기본적이면서 가장 중요한 기능에 대해서만 살펴볼 것이지만 만약 캐릭터 애니메이션 작업을 많이 하는 분들은 이 메뉴에 대해 심층적인 학습이 필요합니다.

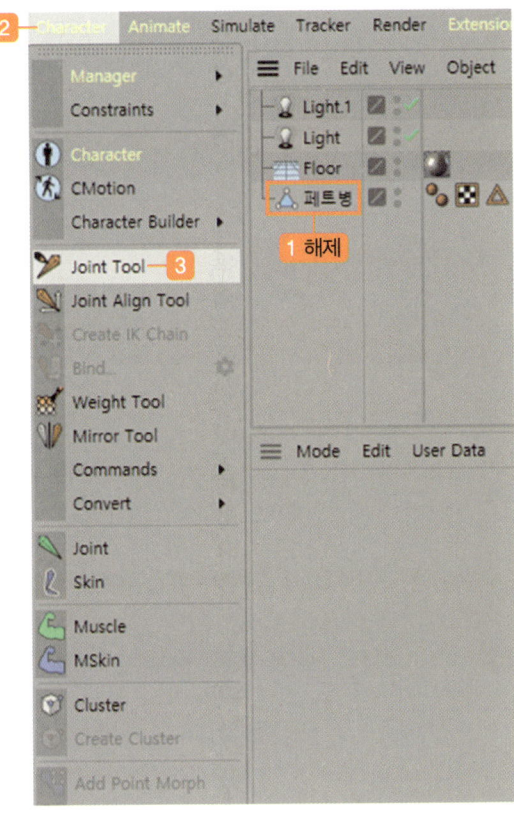

04 조인트를 만들기 전에 먼저 조인트들이 직선으로 생성되도록 하기 위해 Snap 툴에서 Enable Snap, 2D Snapping, Workplane Snap, Grid Line Snap을 모두 켜줍니다. 특히 마지막 그리드 라인 스냅은 그리드 간격을 이용할 수 있기 때문에 정확하게 직선으로 조인트를 생성할 수 있습니다. 지금의 설정은 좌측 툴바의 Enable Snap 툴을 통해서도 가능합니다.

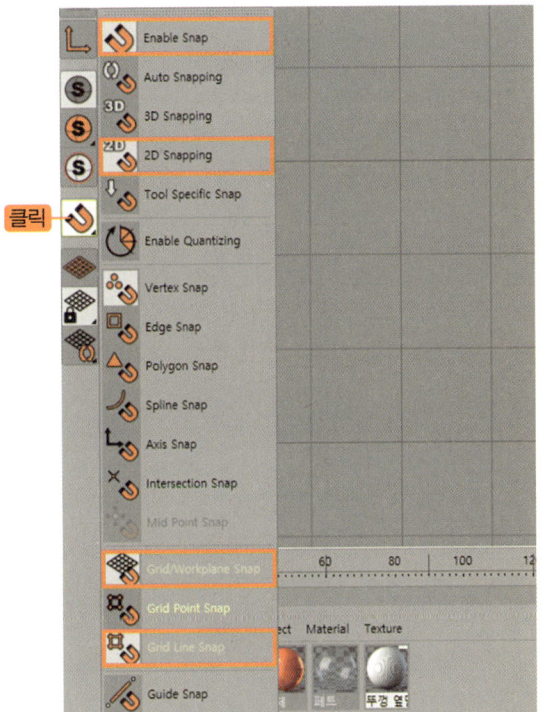

03 조인트 작업을 위해서는 퍼스펙티브 뷰보다는 평면 뷰에서 작업을 하는 것이 좋습니다. 이번에는 [F3] 키를 눌러 프런트 뷰로 전환합니다.

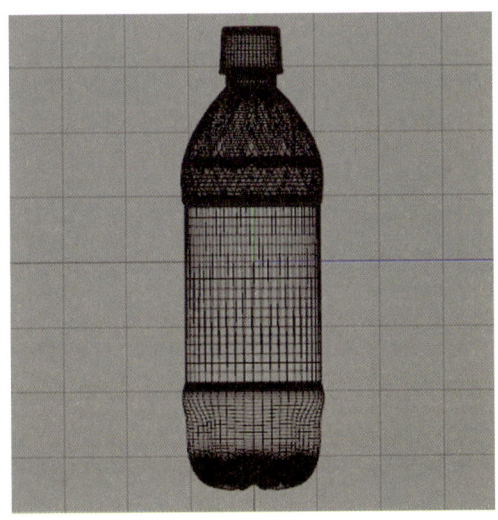

05 이제 조인트를 생성하기 위해 [Ctrl] 키를 누른 상태에서 페트병 아래쪽을 클릭하여 첫 번째 조인트를 생성합니다. 같은 방법으로 [Ctrl] 키를 누른 상태로 그림처럼 관절이 필요(휘어지거나 꺾이는 부분)한 부분에 조인트를 생성합니다.

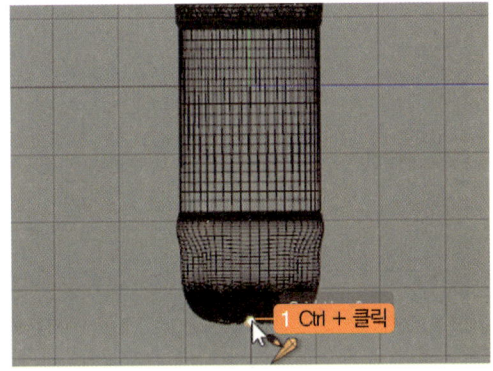

조인트 활용 671

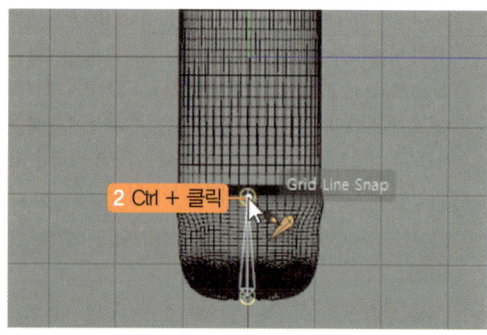

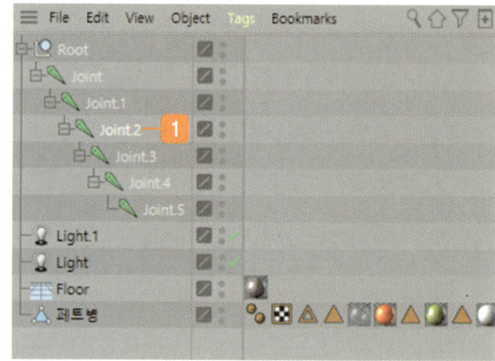

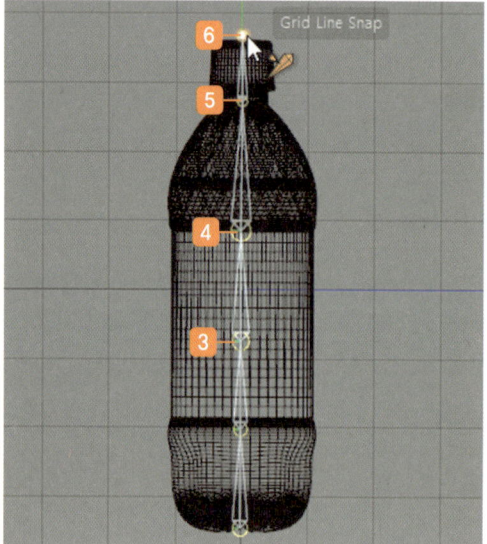

06 앞서 적용한 조인트를 살펴보기 위해 퍼스펙티브 뷰(F1)로 전환하고 Joint.2를 선택한 후 로테이트 툴을 사용하여 회전을 해봅니다. 조인트는 회전이 되지만 아직은 페트병이 조인트와 같이 움직이지는 않습니다. 확인이 끝나면 언두(Ctrl + Z)를 하여 다시 원래 상태로 되돌려줍니다.

07 조인트가 페트병 오브젝트에 심어지게 하기 위해서는 바인딩 작업을 해야 합니다. 그러기 위해 먼저 관절(뼈)로 사용할 조인트를 모두 선택한 후 뼈가 심어질 대상 오브젝트인 페트병도 같이 선택합니다. 그다음 [Character] - [Commands] - [Bind]를 적용합니다.

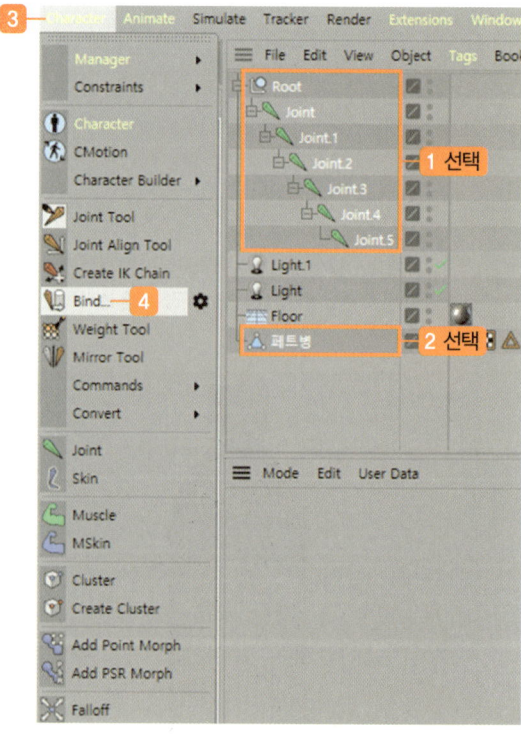

08 조인트와 오브젝트(페트병)가 바인딩되면 페트병 오브젝트 하위에 Skin이 적용되고 웨이트(Weight) 태그가 적용된 것을 알 수 있습니다. 스킨과 웨이트 태그가 생성되어야 정상적으로

조인트와 오브젝트가 하나로 합쳐지게 될 것입니다. 여기서 다시 Joint.2를 선택한 후 로테이트 툴을 사용하여 그림처럼 회전을 해보면 페트병도 같이 회전되는 것을 알 수 있습니다.

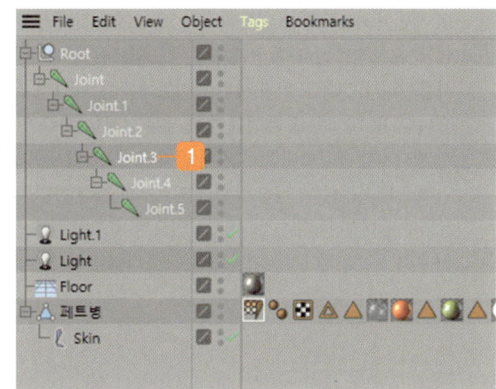

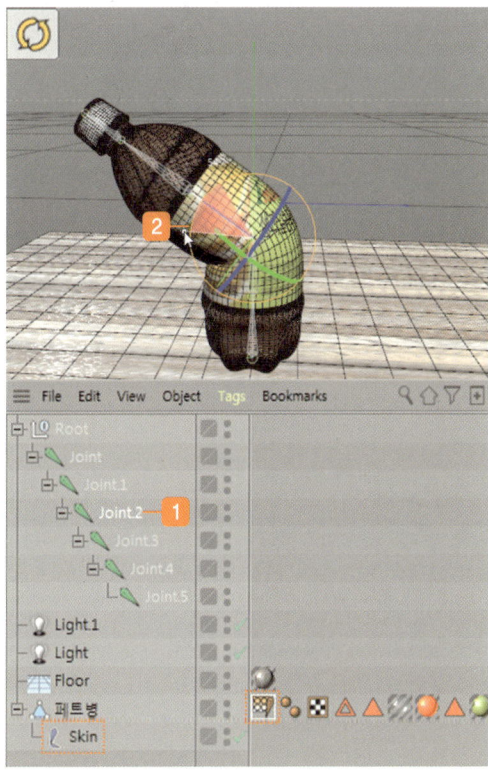

10 앞서 살펴본 것처럼 조인트 자체에 애니메이션을 만들 수도 있지만 IK(인버스 키네메틱스) 체인을 이용하면 조인트들을 하나로 제어할 수 있습니다. IK 체인을 사용하기 위해 모든 조인트를 선택합니다.

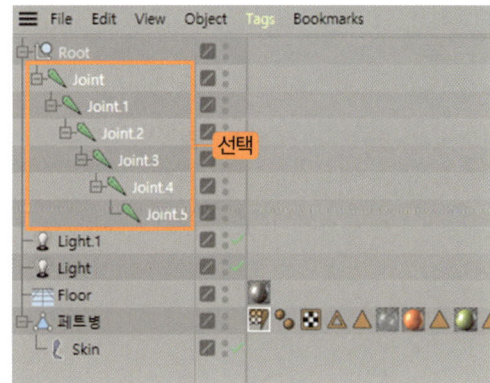

09 계속해서 이번엔 Joint.3을 선택하여 회전을 해봅니다. 그러면 조인트.3에 해당되는 부분의 페트병이 회전되는 것을 알 수 있습니다. 이처럼 조인트를 사용하면 오브젝트를 자유롭게 움직일 수 있습니다. 확인이 끝나면 언두를 하여 다시 원래 상태로 되돌려줍니다.

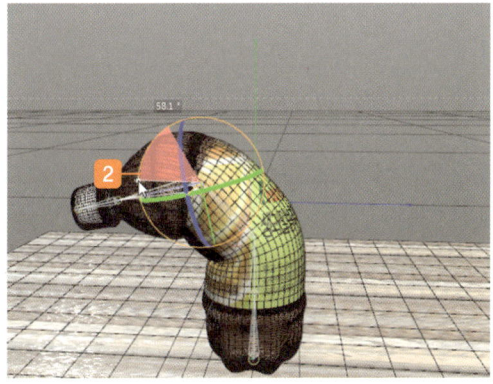

11 모든 조인트가 선택된 상태에서 [Character] - [Commands] - [Create IK Chain]을 적용합니다.

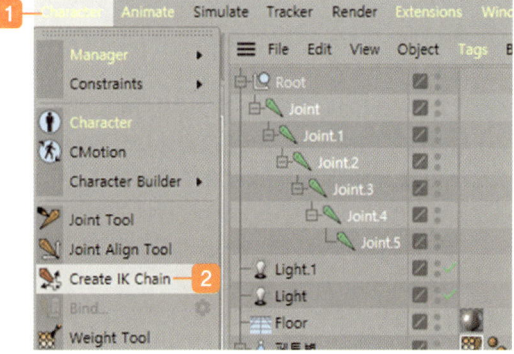

조인트 활용 **673**

12 IK 체인이 적용되면 맨 위쪽에 Joint.5.Goal이란 것이 생깁니다. 이 골 오브젝트는 IK 체인에 연결된 조인트들을 제어하는데 사용됩니다. 그리고 가장 상위 조인트에는 IK 태그가 적용됐습니다. IK 태그는 IK 체인에 대한 세부 설정을 할 수 있는 속성 매니저를 제공합니다. 여기서 골(Goal) 오브젝트의 Y축을 아래로 내려봅니다. 가장 상위 조인트부터 가장 하위의 조인트.5가 같이 반응하는 것을 알 수 있으며 페트병은 조인트에 의해 좌측으로 휘어지는 것을 알 수 있습니다.

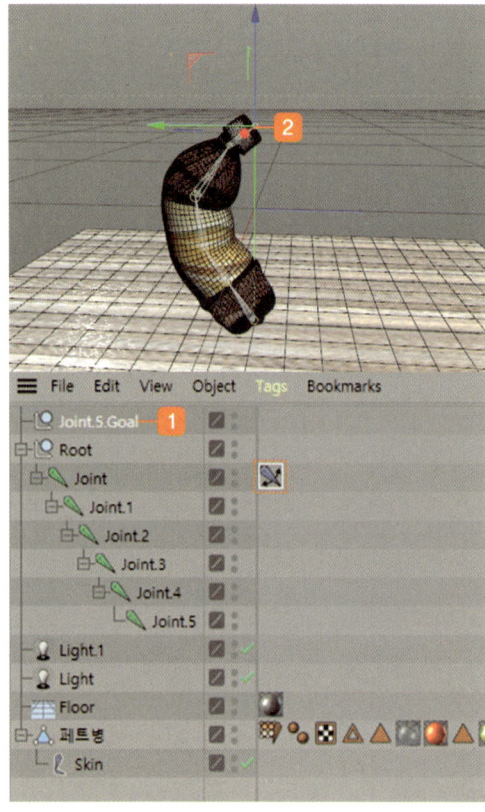

13 이번엔 IK 태그를 선택합니다. Tag 탭은 IK의 정보와 강도, 위치에 대한 설정 등을 할 수 있습니다. 여기에서는 Twist를 180도로 설정해봅니다. 트위스트는 IK가 반응하는 각도를 설정할 때 사용됩니다. 뷰포트를 보면 앞서 아래로 내렸던 골 오브젝트에 의해 페트병이 휘어진 것을 알 수 있는데 이번엔 전과는 다르게 반대로 휘어지는 것을 알 수 있습니다. 이렇듯 조인트가 반응을 하는 각도는 트위스를 통해 설정하면 됩니다. 확인이 끝나면 다시 원래 상태인 0도로 설정합니다.

14 휘어진 페트병의 라벨을 확인해보면 휘어진 페트병과는 다르게 라벨의 텍스처가 밀려서 정확하게 표현이 되지 않습니다. 이제 이 문제를 해결하기 위해 페트병을 선택한 후 [우측 마우스 버튼] - [Material Tags] - [Pin Material]를 적용합니다.

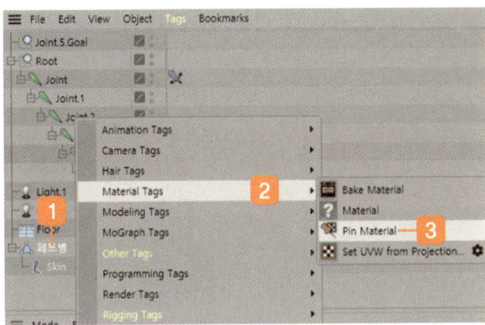

15 이제 렌더 뷰(Ctrl + R)를 해보면 스틱 텍스처에 의해 고정된 텍스처가 페트병이 휘어진 상태와 같이 라벨도 휘어지는 것을 알 수 있습니다. 이렇듯 오브젝트에 적용된 매터리얼 텍스처를 고정시키기 위해서는 스틱 텍스처를 이용하면 됩니다.

렌더 뷰의 모습

16 IK 탭에서는 그밖에 다양한 설정을 할 수 있는데 이번에는 Dynamics 탭으로 이동합니다. 다이내믹 탭에서는 물리적인 힘에 영향을 받는 조인트를 표현하기 위한 다이내믹에 관한 설정을 할 수 있습니다. 다이내믹을 사용하기 위해서 Enable을 체크합니다. Strength를 4정도 설정한 후 플레이를 해보면 그림처럼 페트병이 중력에 영향을 받아 아래로 흐느적거리며 주저앉는 것을 알 수 있습니다. 이렇듯 다이내믹을 사용하면 조인트에 물리적 표현을 할 수 있습니다. 확인이 끝나면 다시 30으로 설정합니다.

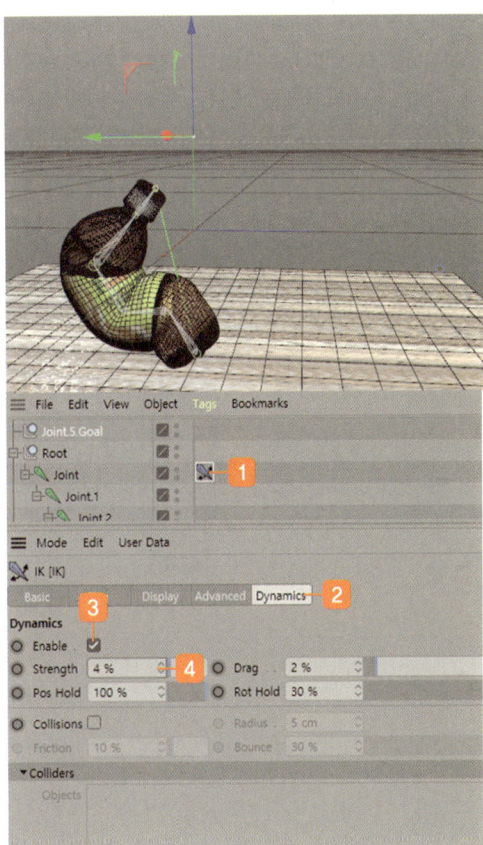

17 다이내믹 탭의 Forces 항목을 펼쳐보면 Gravity가 있습니다. 그래비티를 통해 중력을 설정할 수 있으며 Forces 필드에는 바람이나 돌풍, 인력 등과 같은 다이내믹을 사용할 수 있습니다.

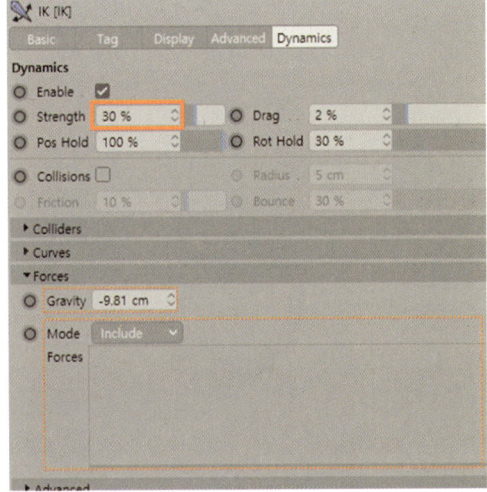

조인트 활용 **675**

18 이번엔 조인트 애니메이션을 한 후 애니메이션된 움직임을 기록하여 조인트없이도 움직임을 그대로 사용할 수 있게 해주는 포인트 캐쉬에 대해 알아봅니다. 먼저 애니메이션 작업을 해봅니다. 시간을 시작 프레임으로 이동한 후 골 오브젝트를 위쪽으로 이동하여 페트병이 바로 서게 해줍니다. 그다음 [F9] 키를 눌러 키(프레임)를 생성합니다.

19 시간을 30프레임으로 이동한 후 골 오브젝트를 그림처럼 아래로 내려서 페트병이 좌측으로 휘어지게 합니다. 그다음 F9 키를 눌러 키를 생성합니다.

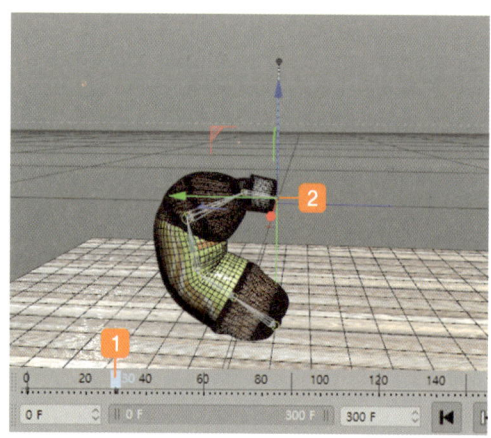

20 시간을 60프레임으로 이동한 후 골 오브젝트를 다시 위쪽으로 이동하여 페트병을 바로 세워놓고 [F9] 키를 눌러 키를 생성합니다. 애니메이션은 일단 여기까지만 합니다.

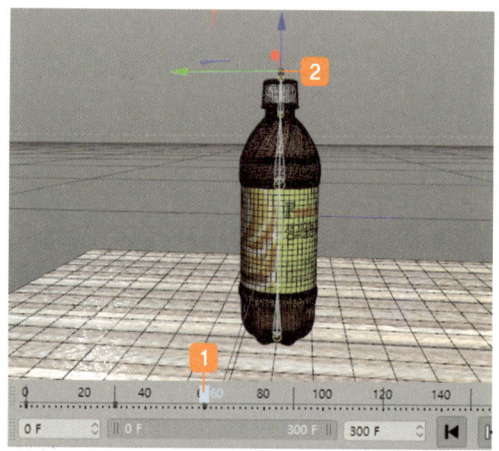

21 앞서 조인트 애니메이션의 움직임을 포인트 캐쉬로 기록을 해봅니다. 페트병을 선택하고 [우측 마우스 버튼] - [Rigging Tags] - [Point Cache]를 적용합니다. 포인트 캐쉬는 캐릭터 메뉴에도 있는데 캐릭터 메뉴에 있는 포인트 캐쉬는 오브젝트 하위에 적용한 후 방금 적용한 포인트 캐쉬를 적용해야 하는 번거로움이 있기 때문에 지금처럼 오브젝트에 한번에 적용하는 것이 편리합니다.

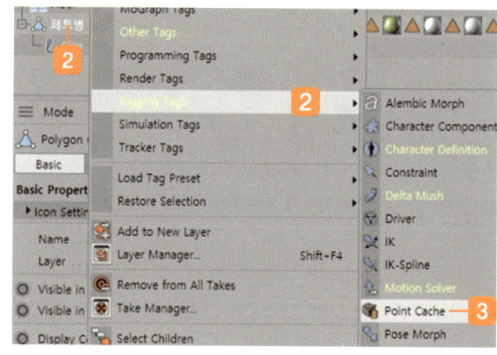

22 포인트 캐쉬 태그의 속성 매니저에서 포인트 캐쉬를 사용하기 위해 [Store State] 버튼을 클릭하여 활성화합니다. 그다음 페트병의 움직임을 기록하기 위해 PSR(포지션, 스케일, 로테이션)를 체크합니다. 그리고 Calculate(캘큐레이트) 버튼을 눌러 조인트 애니메이션을 기록합니다. 기록된 데이터는 Save를 통해 저장할 수 있으며 Load를 통해 다시 불러와 다른 오브젝트에 반영할 수도 있습니다.

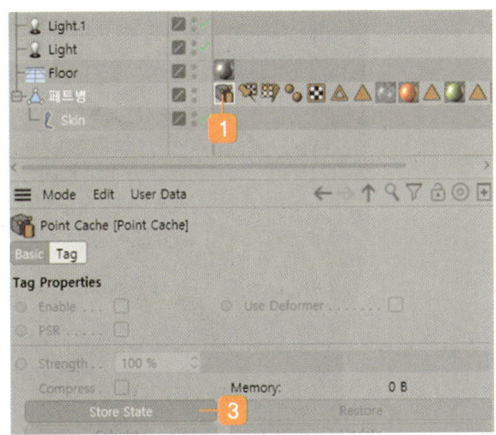

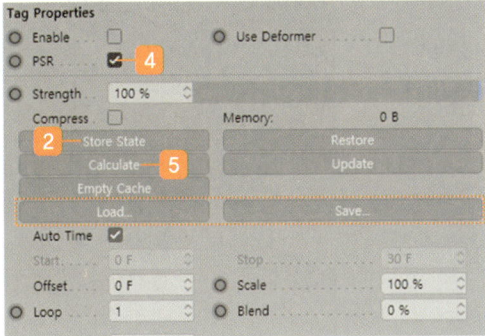

23 이제 조인트에 관련된 모든 오브젝트와 태그를 삭제해봅니다. 그리고 다시 플레이(F8)를 해보면 조인트 없이도 애니메이션이 표현되는 것을 알 수 있습니다. 지금까지 조인트에 대해 알아보았습니다. 살펴본 것처럼 조인트는 오브젝트에 관절(뼈)을 심어 자유롭게 움직이게 할 수 있습니다.

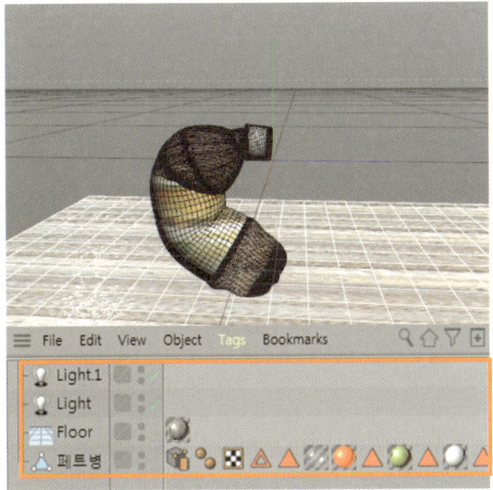

조인트 활용 **677**

카메라 매핑 활용

카메라 매핑은 앞서 살펴본 카메라 매칭과 비슷한 듯 다른 용도로 사용됩니다. 카메라 매핑은 카메라 앵글에 들어온 피사체의 각도를 계산하여 매터리얼을 적용할 수 있기 때문에 여러 개의 오브젝트가 복잡하게 흩어져 있는 오브젝트에도 쉽게 매핑 작업을 할 수 있게 해줍니다.

카메라 매핑을 이용한 애니메이션 만들기

카메라 매핑을 이용하면 다수의 오브젝트가 복잡 흩어져있는 구도에 대하여 매터리얼(매핑) 작업을 할 수 있는데 이번 학습에서는 움직이는 오브젝트에 대한 카메라 매핑을 표현해봅니다.

01 [카메라 매핑.c4d] 프로젝트 파일을 불러온 후 확인해 보면 클로너에 의해 폴리곤으로 변환된 납작한 큐브가 복제되었고 큐브는 리지드 바디 다이내믹이 적용된 상태입니다.

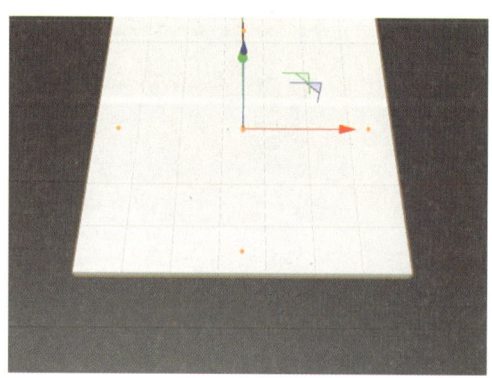
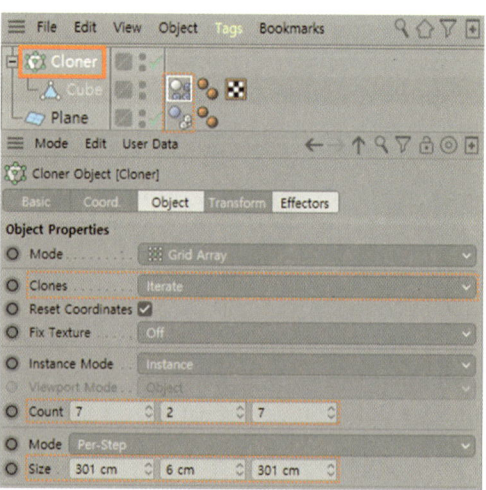

02 다이내믹이 적용된 상태를 확인하기 위해 플레이(F8)를 해보면 복제된 큐브들이 바닥에 떨어져 흩어지는 것을 알 수 있습니다. 이제 흩어진 상태에서 카메라 매핑을 적용할 것입니다. 그러면 흩어진 큐브들이 합쳐졌을 때는 오히려 매핑된 텍스처의 모습이 흩어져 보이게 됩니다. 확인이 끝나면 다시 시작 프레임으로 설정합니다.

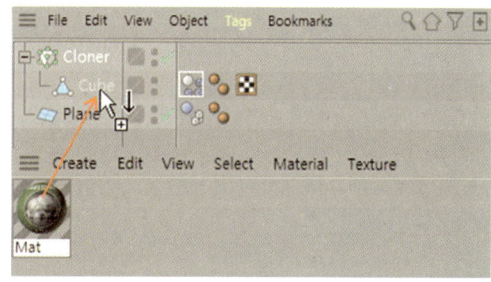

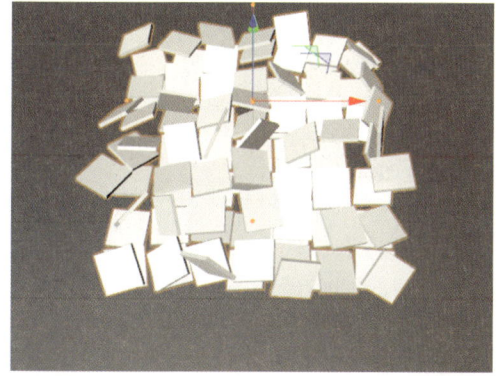

04 매터리얼이 적용된 후의 모습은 복제된 큐브 오브젝트 각각에 로고 모습의 매터리얼 적용된 것을 알 수 있습니다.

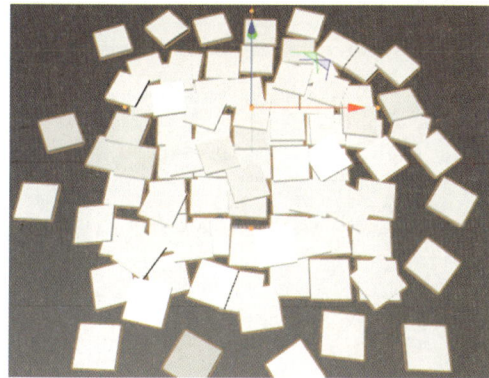

05 여기서 앞서 큐브에 적용된 매터리얼 텍스처 태그를 선택한 후 Tag 탭에서 Projection을 Camera Mapping으로 설정합니다. 프로젝션을 카메라 매핑으로 설정하면 큐브들에 적용된 매터리얼의 모습이 더욱 커진 것을 알 수 있습니다. 이제 카메라 매핑을 위한 카메라를 만들어야 합니다.

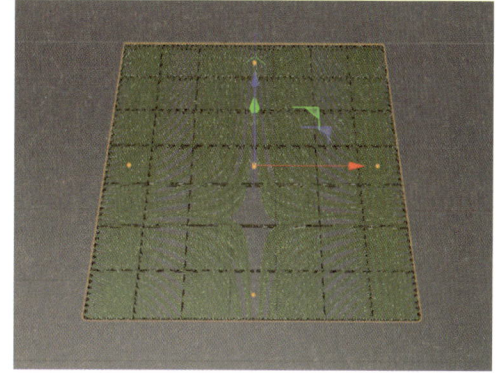

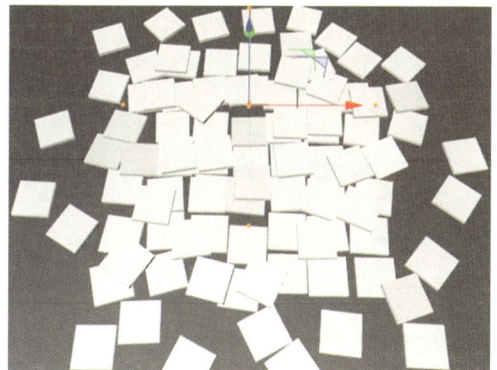

03 이제 준비된 로고 모양의 텍스처가 적용된 매터리얼을 끌어다 큐브 오브젝트에 적용합니다.

카메라 매핑 활용 **679**

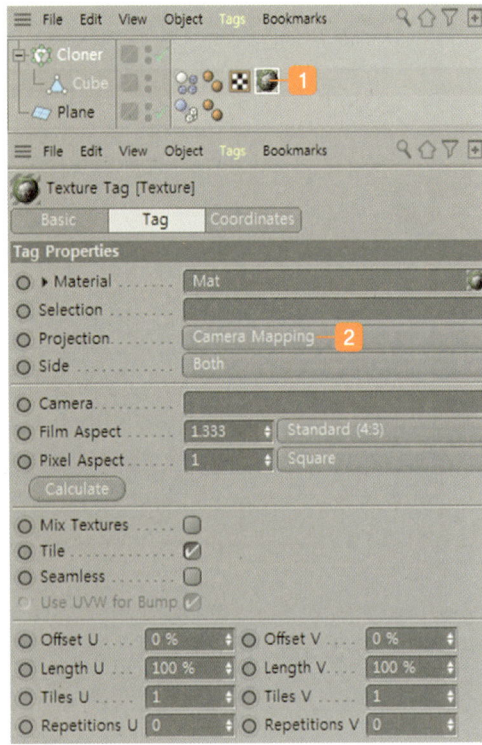

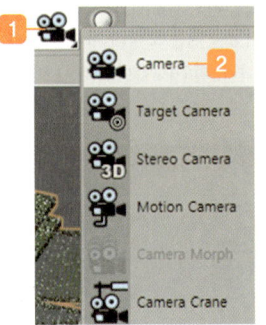

07 이제 카메라 매핑을 위해 카메라 툴에서 기본 카메라를 생성합니다.

06 여기서 잠깐 큐브에 적용된 매터리얼 에디터를 열고 Alpha 채널을 살펴봅니다. 현재 사용되는 매터리얼은 머그컵을 만들 때 사용했던 라벨 텍스처 소스로써 안쪽 둥근 모양을 제외한 나머지 모서리 부분은 알파 채널을 통해 투명(삭제)하게 처리된 상태임을 알 수 있습니다.

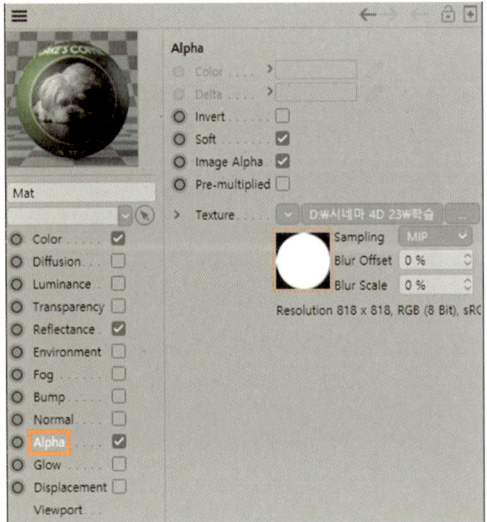

08 방금 적용된 카메라를 켜주고 큐브에 적용된 매터리얼 텍스처 태그를 선택합니다. 그다음 Tag 탭에서 Camera 필드에 카메라를 끌어다 적용합니다. 이것으로 카메라 매핑을 위한 설정이 끝났습니다.

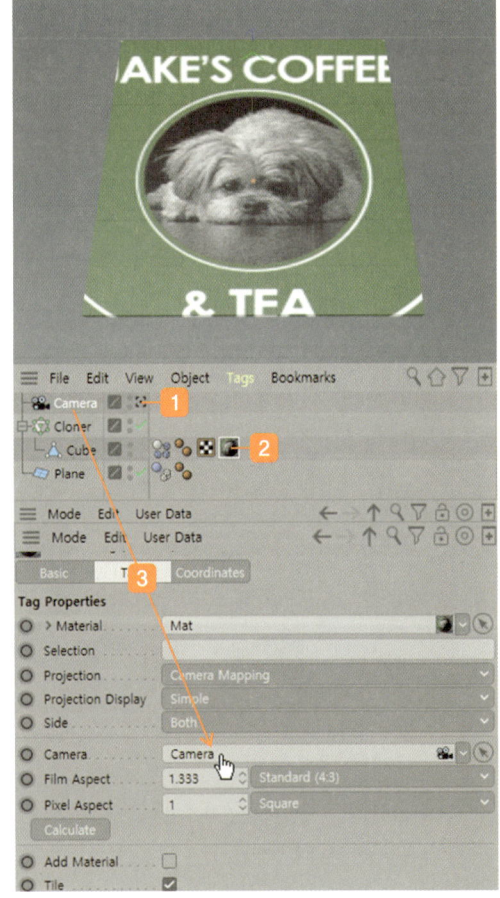

09 최종적인 라벨의 모습은 큐브들이 완전히 흩어졌을 때이기 때문에 다시 플레이를 하여 완전히 흩어졌을 때의 시간에서 멈춥니다. 그다음 매터리얼 텍스처 태그의 Length UV축과 Offset UV축을 설정하여 그림처럼 흩어진 큐브 조각들 가운데에 로고(라벨)의 전체 모습이 보이도록 해주고 하나의 로고만 사용하기 위해 Tile은 해제합니다.

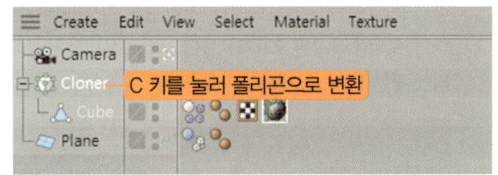

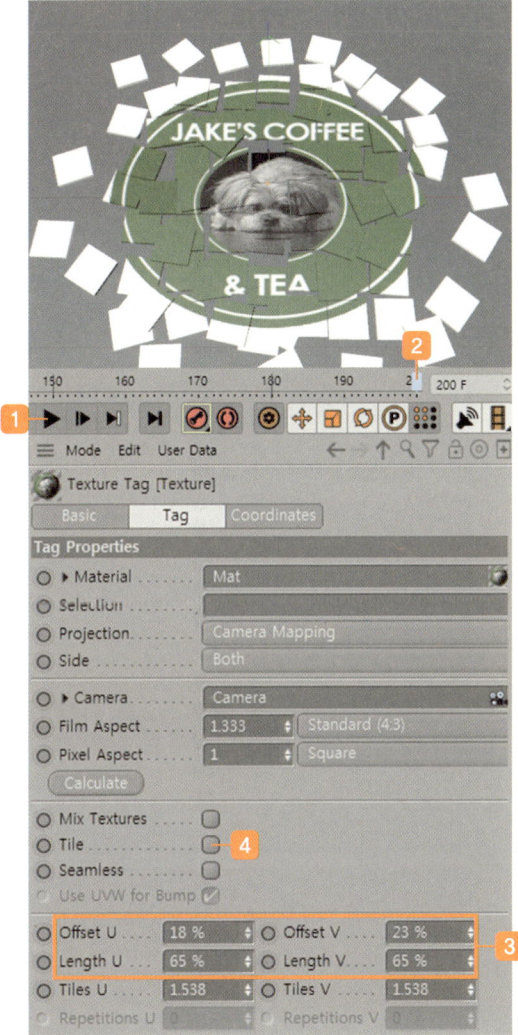

11 클로너가 폴리곤으로 변환되면 그림처럼 클로너에 의해 복제된 오브젝트들이 개별로 사용할 수 있도록 분리되며 클로너는 없어지고 그룹 상태로 됩니다. 또한 다이내믹에 의해 흩어졌던 오브젝트들은 다시 초기 상태(시작 프레임)로 되돌아갑니다.

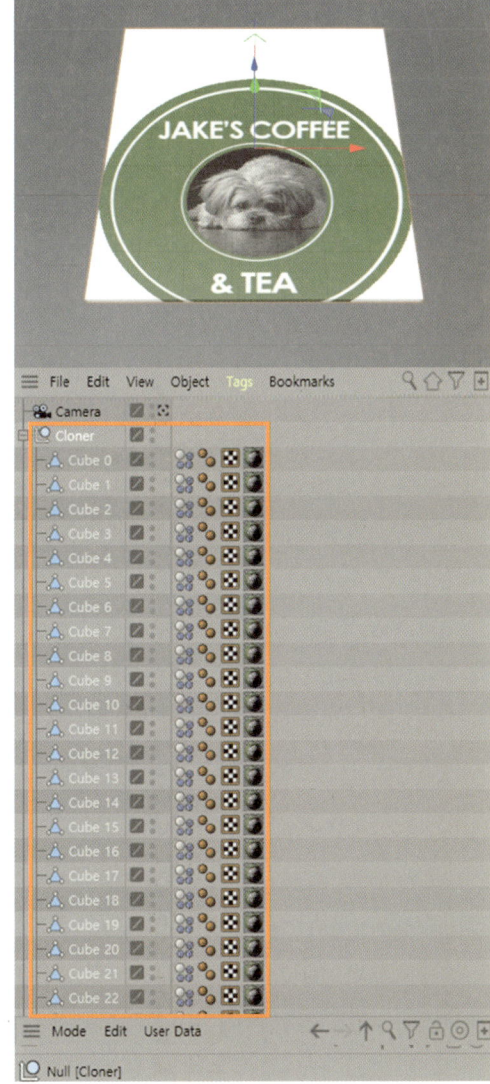

10 이제 클로너에 의해 복제된 큐브 오브젝트들을 개별로 분리하기 위해 Cloner를 선택한 후 [C] 키를 눌러 폴리곤으로 변환합니다.

12 다시 플레이를 하여 큐브들이 완전히 흩어진 장면에서 멈춥니다. 클로너에 복제된 오브젝트들이 개별로 분리됐지만 다이내믹에 대한 정보는 그대로 남아있습니다.

13 큐브들이 흩어졌을 때 보이는 로고가 정상적으로 보이게 하기 위해, 즉 이 상태에서 로고를 고정시키기 위해 큐브들에 적용된 UVW 태그를 모두 선택한 후 삭제합니다.

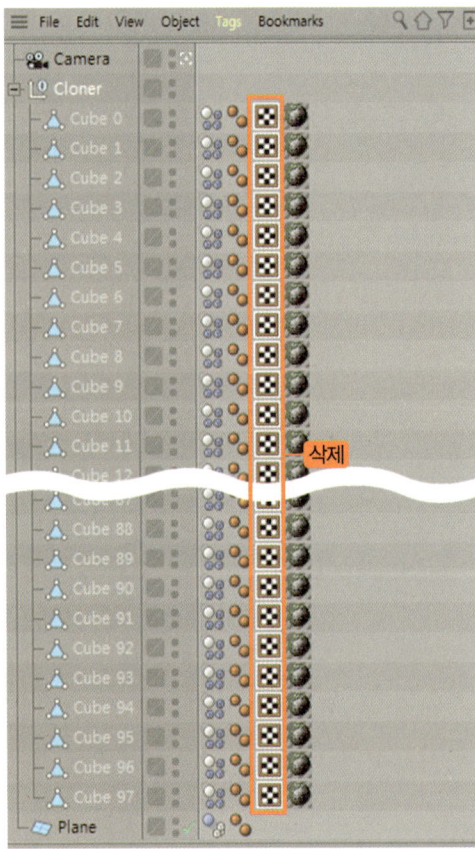

14 그다음 삭제된 큐브들에 새로운 UVW 태그를 적용하기 위해 이번엔 큐브에 적용된 모든 매터리얼 텍스처 태그를 선택한 후 아무 텍스처 태그에서 [우측 마우스 버튼] - [Generate UVW Coordinates]를 적용합니다. 제너레이트 UVW 코디네이트 좌표 태그를 적용하면 현재의 화면 상태(흩어진 상태)를 보존하는 새로운 UVW 태그가 적용됩니다.

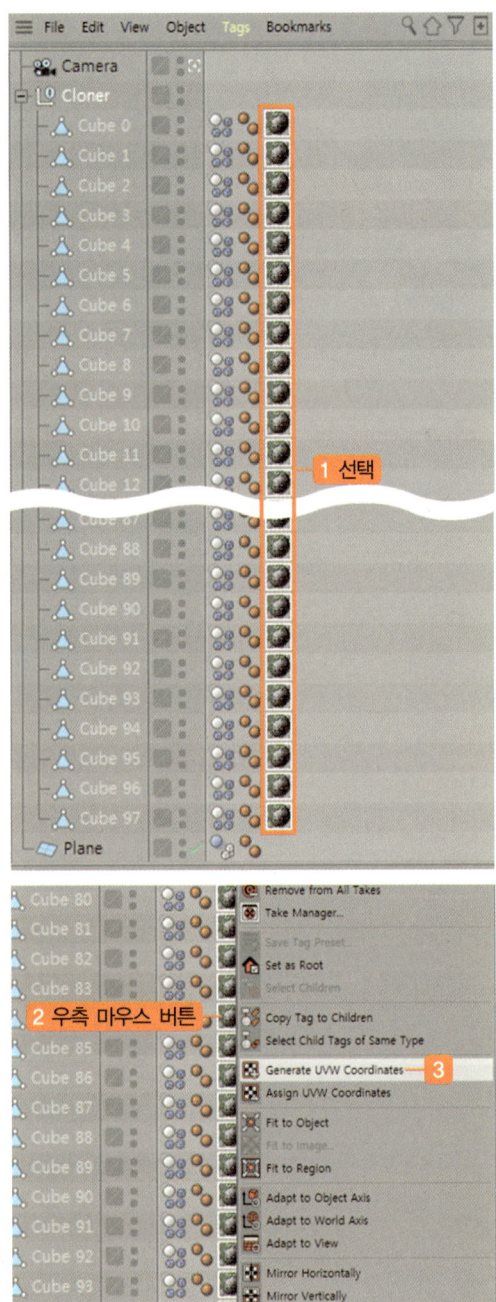

15 제너레이트 UVW 코디네이트 좌표를 적용하니까 새로운 UVW 태그가 적용됐습니다. 이제 다시 플레이를 해보면 다이내믹이 표현되기 전에는 큐브들이 가지런히 정렬된 것을 알 수 있는데 로고의 모습은 오히려 흩어진 것을 알 수 있습니다. 그러나 큐브들이 바닥에 떨어져 완전히 흩어진 상태에서는 로고의 모습이 정상적으로 표현됩니다. 살펴본 것처럼 카메라 매핑은 카메라에 비춰진 모습을 그대로 매핑하여 보존하는 장면을 표현할 수 있다는 것을 알 수 있습니다. 이러한 매핑 방식은 카메라 매핑을 사용하지 않고서는 표현이 불가능합니다.

렌더 뷰의 모습

렌더 뷰의 모습

렌더 뷰의 모습

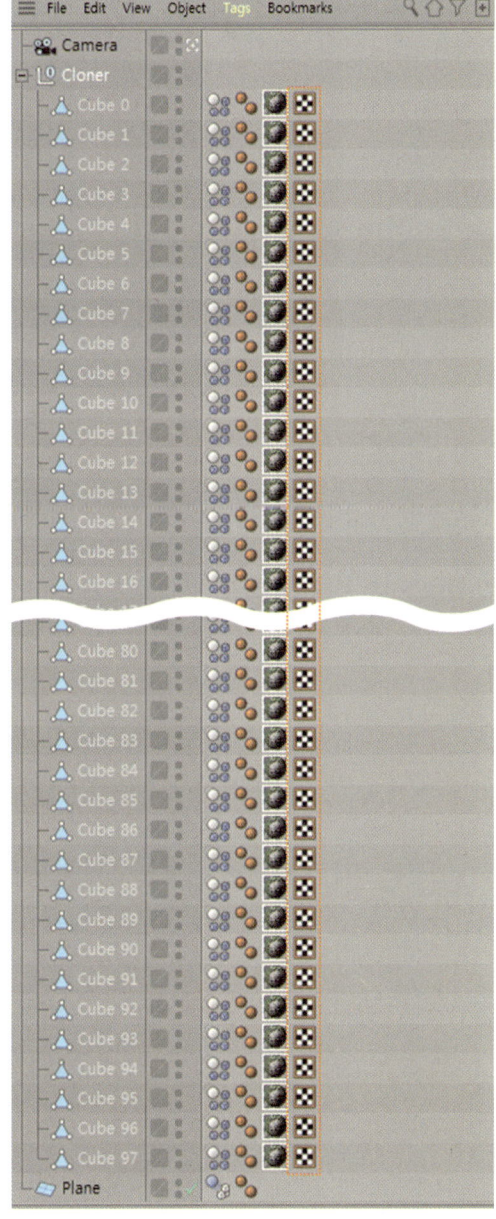

메타볼 활용

메타볼(Metaball)은 끈적한 액체를 표현할 때 사용되는데 메타볼을 활용하면 고여있거나 떨어지거나 또는 흐르거나 하는 물(방울) 등을 표현할 수도 있습니다. 또한 액체 인간이나 흩어졌던 액체가 합쳐지면서 글자로 완성되는 장면과 세포 분열 등과 같은 다양한 장면에 활용할 수 있습니다.

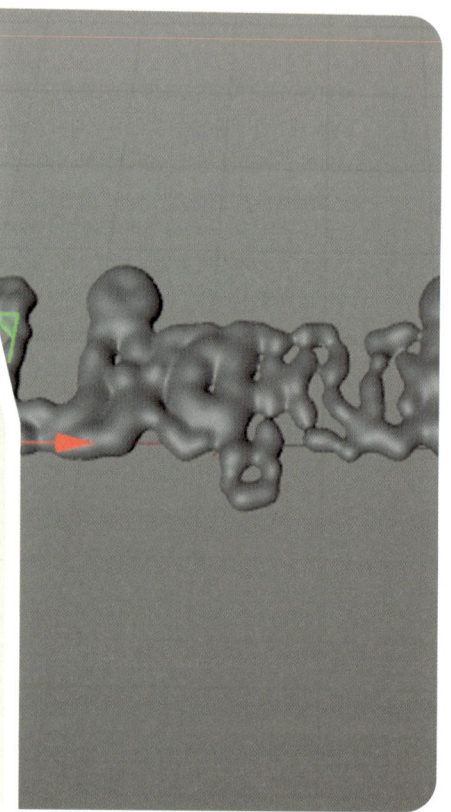

흩어졌다 합쳐지는 액체 글자 만들기

메타볼은 두 개 이상의 오브젝트를 사용해야 합니다. 이번 학습에서는 클로너를 통해 복제된 오브젝트를 이용하여 흩어졌다 합쳐지는 액체 글자를 표현해봅니다.

01 액체에 사용될 오브젝트를 하나 생성합니다. 이번에는 스피어 오브젝트를 생성해 사용해봅니다. 생성된 스피어의 Radius를 10으로 설정하여 크기를 줄여줍니다.

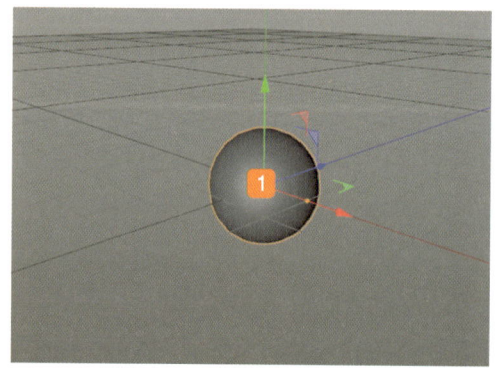

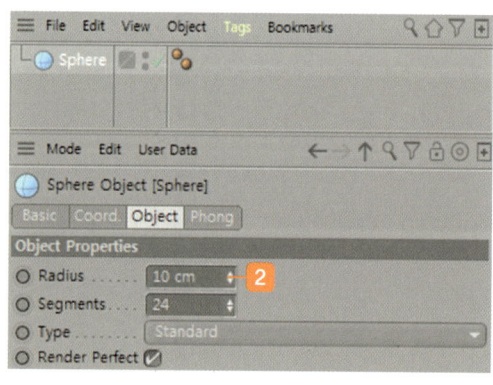

02 메타볼 효과를 표현하기 위해서는 두 개 이상의 오브젝트가 필요하기 때문에 앞서 만든 스피어 오브젝트를 하나 복제를

해줍니다.

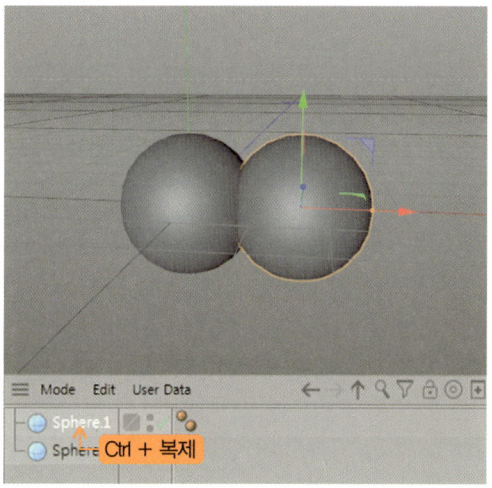

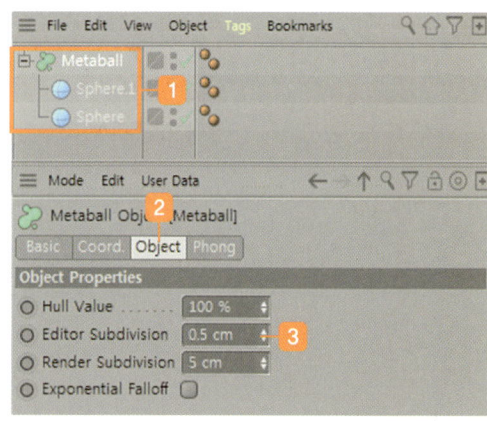

03 이제 액체를 표현하기 위해 제너레이터 툴에서 Mataball을 적용합니다.

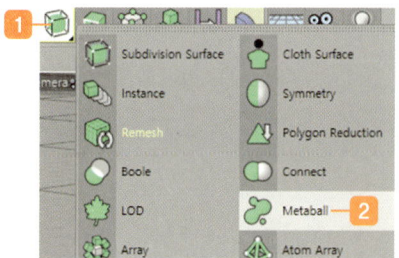

04 방금 적용된 메타볼 하위에 앞서 만든 2개의 스피어 오브젝트를 종속시킵니다. 그리고 메타볼의 속성 매니저에서 Object 탭의 Editor Subdivision을 0.5 정도로 설정하여 세그먼트를 세분화합니다. 그러면 메타볼 오브젝트의 모습이 부드럽게 보입니다.

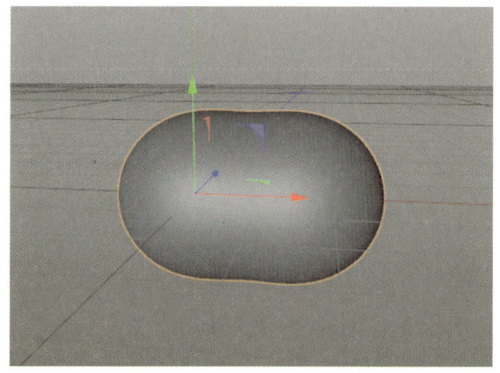

05 이제 메타볼의 상태를 확인하기 위해 스피어 오브젝트를 하나 선택한 후 그림처럼 다른 스피어와 분리시키기 위해 이동해보면 두 오브젝트가 떨어질 때의 모습이 실제 한 덩어리였던 액체가 떨어지듯 표현됩니다.

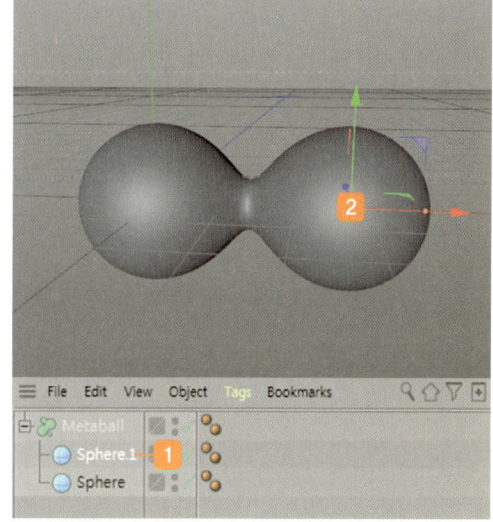

06 앞서 설정한 메타볼을 특정 오브젝트의 형상(글자)으로 표현하기 위해 [MoGraph] – [Cloner]를 선택합니다. 메타볼을 클로너를 통해 복제를 하게 되면 규칙적인 모습뿐만 아니라 특정 오브젝트의 형상으로 만들어 줄 수 있습니다.

메타볼 활용 **685**

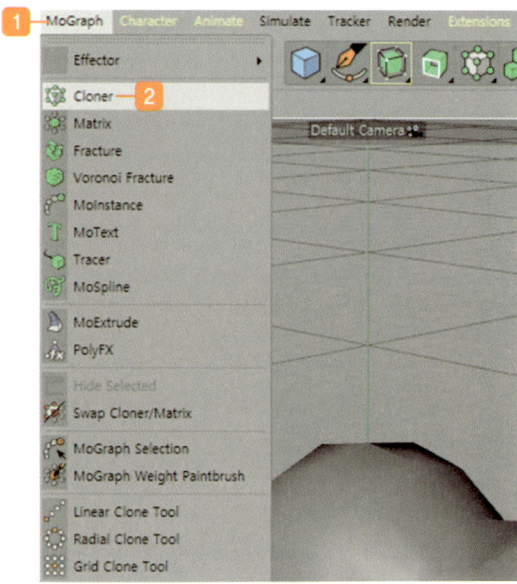

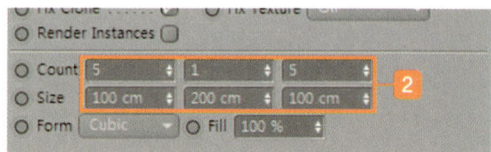

08 여기서 클로너 오브젝트들을 자연스럽게 흩어놓기 위해 클로너를 선택한 후 [MoGraph] - [Effector] - [Random]을 적용합니다.

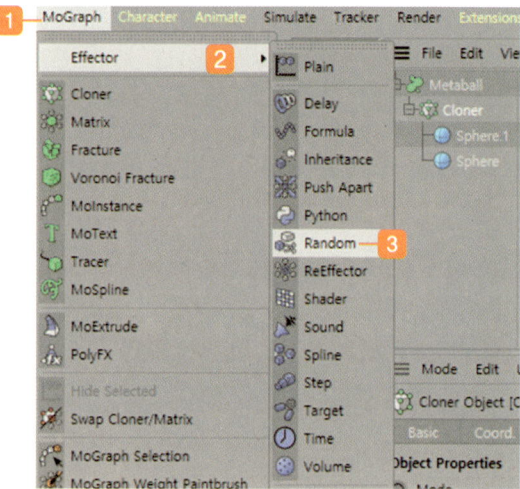

07 메타볼 하위에 클로너를 종속시키고 클로너 하위에 2개의 스피어 오브젝트들을 종속시킵니다. 그리고 클로너의 Count의 XYZ축을 각각 5, 1, 5로 설정하고 Size의 XZ축을 100 정도로 설정하여 그림처럼 오브젝트들이 서로 합쳐지게 합니다.

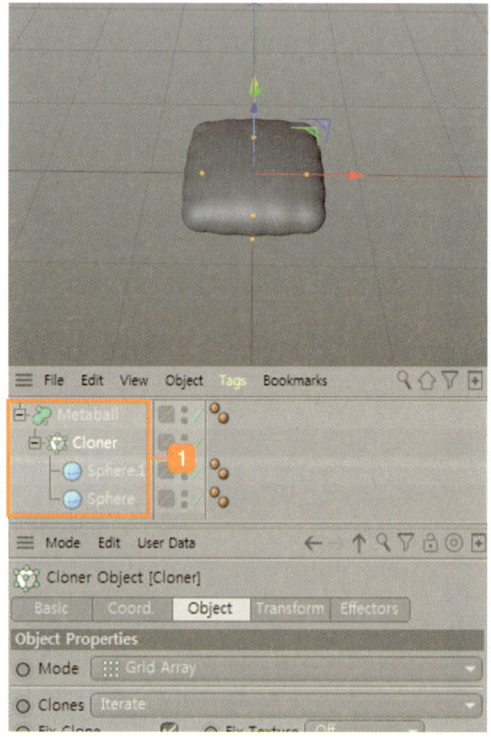

09 방금 적용된 랜덤 이펙터의 속성 매니저에서 Effector 탭의 Strength 값을 설정하여 흩어지는 정도에 대한 설정을 할 수 있어 흩어졌다 합쳐지거나 반대로 흩어지는 장면을 애니메이션으로 표현할 수 있습니다.

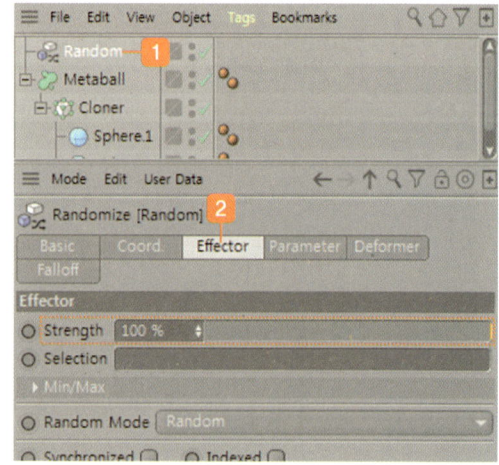

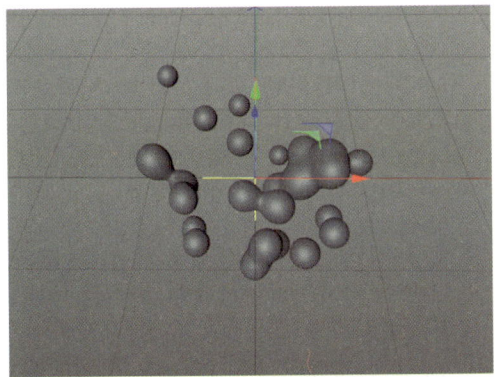

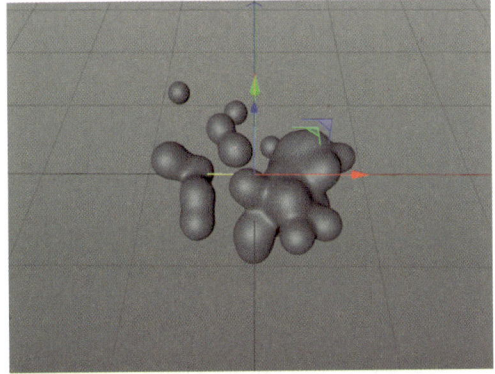

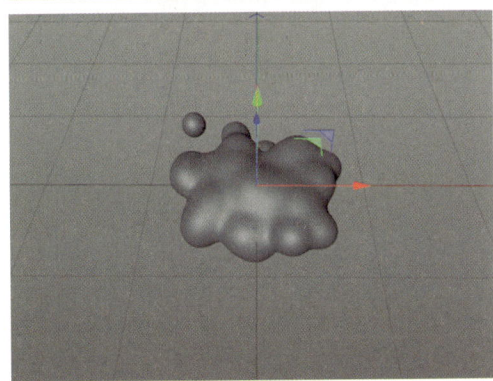

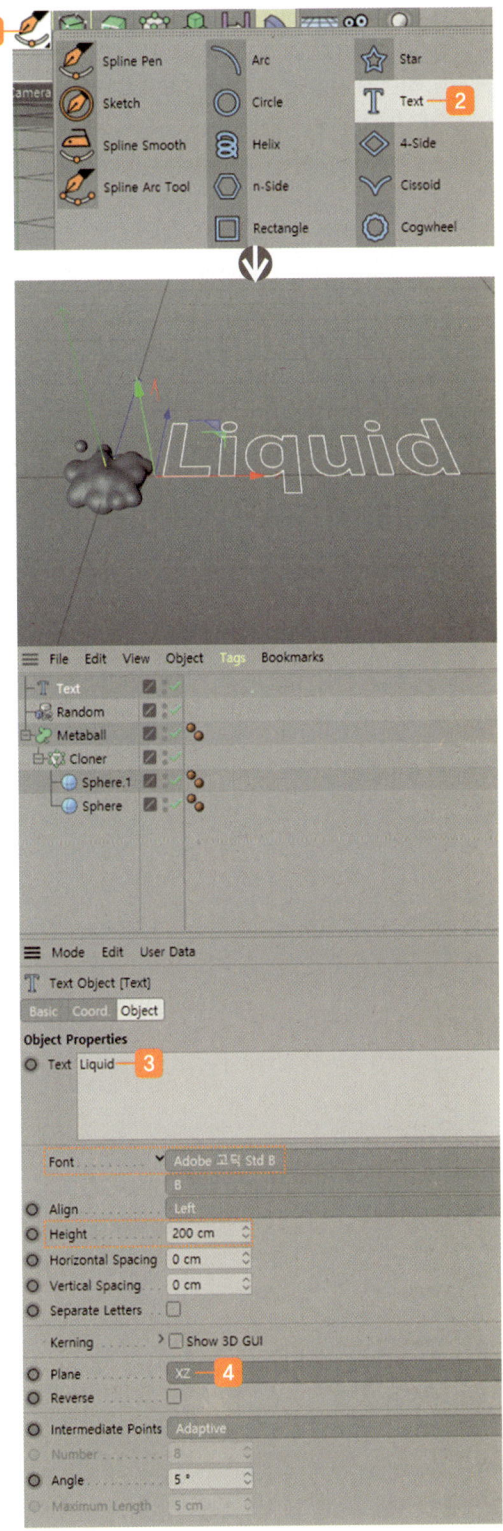

10 이번엔 메타볼 오브젝트가 글자 모습으로 합쳐지는 장면을 표현하기 위해 스플라인 툴에서 Text를 생성합니다. 그다음 글자를 원하는 글자로 바꿔줍니다. 필자는 Liquid란 글자로 수정했습니다. 그리고 글꼴은 Font에서 단순하면서 두꺼운 글꼴로 설정하고 Plane을 XZ축으로 설정하여 글자를 눕혀줍니다. 글자의 크기는 적당한 크기로 설정하면 됩니다.

11 다시 클로너를 선택한 후 Object 탭에서 Mode를 Object로 설정합니다. 그다음 Object 필드에 앞서 만든 Text 오브젝트를 끌어다 적용합니다. 이것으로 메타볼 오브젝트가 글자 스플라인에 적용됩니다.

오브젝트들이 적용된 오브젝트의 모양에 얼마나 타이트하게 영향을 받을지를 설정하는데 값이 클수록 오브젝트 주위를 더 타이트하게 둘러쌉니다. 그다음 Editor Subdivision을 1.5 정도로 설정하여 세그먼트의 분할을 줄여줍니다. 실제로는 수치를 낮춰서 더욱 부드럽게 처리해야 하지만 현재는 컴퓨터 연산 속도가 느려져 분할 수를 줄여준 것입니다. 그리고 맨 아래쪽 Exponential Falloff를 체크합니다. 엑스포넨셜 폴오프는 메타볼 오브젝트들끼리 서로 끌어당기는 힘에 대한 설정으로 이 기능이 체크되면 힘을 기하급수적으로 감쇄하여 메타볼간의 영향 거리를 좀더 가깝게 하므로 상대적으로 딱딱한 느낌으로 해줍니다.

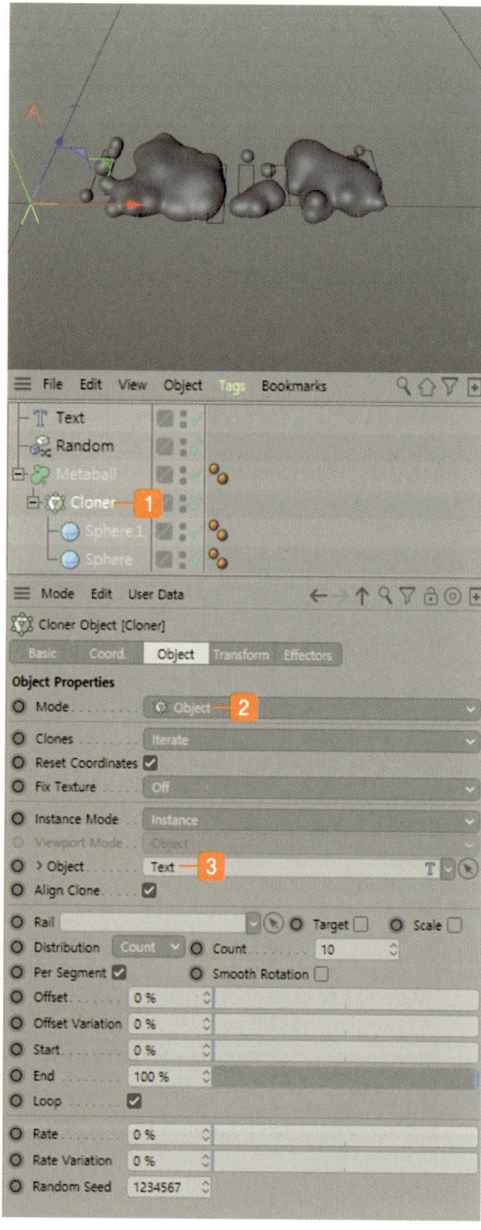

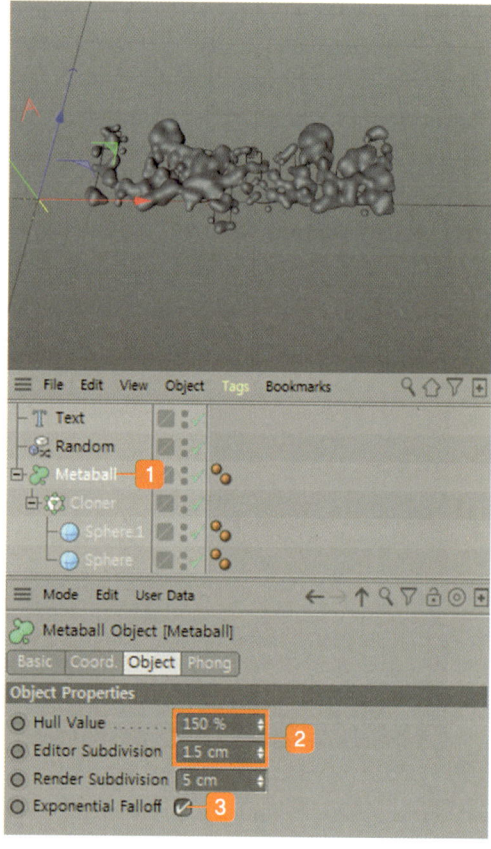

12 메타볼에 대한 세부 설정을 위해 Metaball을 선택한 후 Object 탭에서 Hull Value를 150 정도로 설정합니다. 헐 밸류는 메타볼

13 마지막으로 랜덤 이펙트를 선택하고 Effector 탭에서 Strength 값을 설정하여 메타볼의 모습을 확인해보면 흩어졌던 액체 알갱이들이 글자 모양으로 합쳐지는 것을 알 수 있습니다. 여기서 글자 스플라인 오브젝트는 보이지 않게 뷰포트/렌더 비지빌리티는 꺼둡니다. 이처럼 메타볼을 사용하면 액체에 대한 다양한 표현을 할 수 있습니다.

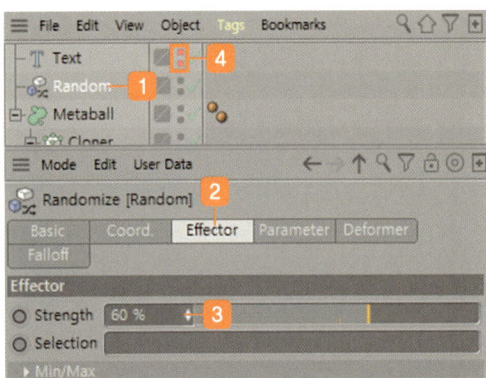

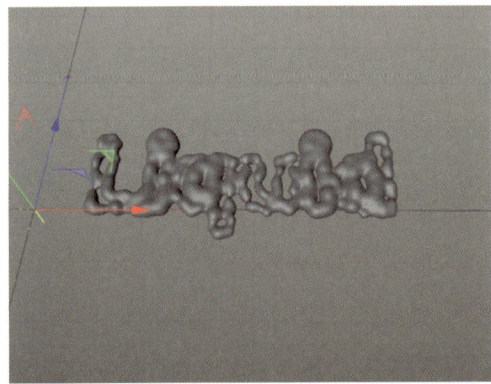

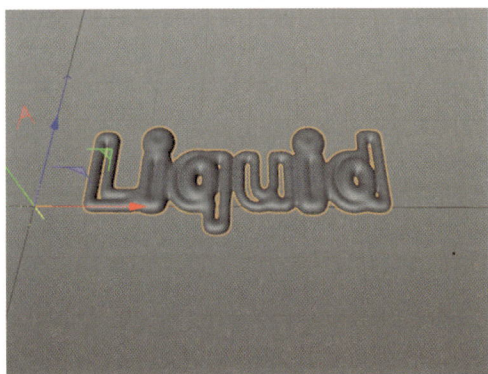

> **알아두기**
>
> **오브젝트 투명하게 처리하기**
>
> 애니메이션 작업을 하다 보면 특정 오브젝트의 모습이 보이지 않다가 서서히 나타나거나 반대로 서서히 사라지는 장면을 표현해야 할 경우가 있습니다. 이럴 땐 디스플레이 태그를 이용하여 간단하게 이와 같은 장면을 표현할 수 있습니다. 디스플레이는 투명하게 할 오브젝트에서 [우측 마우스 버튼] – [Renter Tags] – [Display] 메뉴를 사용하며 속성 매니저에서 Visibility의 Use를 체크한 후 설정 값을 설정하여 투명도를 조절하면 됩니다. 이 기능은 키를 이용하여 애니메이션을 만들 수 있기 때문에 시간에 따라 변화하는 투명도를 표현할 수 있습니다.
>
>

메타볼 활용 **689**

PART 05

렌더링

렌더링(Rendering)은 작업한 프로젝트(씬)에 대해 최종적으로 파일을 만드는 과정입니다. 시네마 4D에서는 스틸 이미지 및 다양한 파일 형식의 동영상 파일과 시퀀스 파일을 만들 수 있으며 때에 따라서는 각각의 채널을 분리하여 렌더링을 할 수 있게 하며 이펙트를 적용하여 특별한 느낌으로 파일을 만들 수도 있습니다.

렌더 설정

시네마 4D는 시네마 4D 자체에서 직접 최종 출력물 만들 수 있으며 때론 애프터 이펙트(AE)와 호환하여 사용할 수 있는 시네웨어(CINEWARE)를 통해 출력물을 만들 수도 있습니다. 시네웨어는 애프터 이펙트 CC 버전부터 새롭게 제공되는 모듈로써 시네마 4D와 애프터 이펙트간을 자유롭게 이동하면서 작업을 할 수 있게 해줍니다. 이번 학습에서는 시네마 4D를 통해 파일을 직접 만들어 주는 기본적인 방법에 대해 알아봅니다.

기본 렌더 설정하기

렌더 셋팅은 작업한 내용을 파일로 만들기 위한 파일의 속성을 설정하는 것을 말합니다. 시네마 4D에서는 파일의 크기, 형식(포맷-확장자), 길이, 저장될 경로 등 세부적인 설정이 가능합니다.

01 렌더 셋팅을 하기 위해서는 렌더에 관한 세 가지 기능 중 우측에 있는 아이콘을 클릭하거나 [Ctrl] + [B]를 사용합니다.

02 렌더 셋팅 창에서는 렌더 방식을 선택하는 Renderer가 있습니다. 여기에서는 기본적인 렌더 방식인 Standard에 대해 알아봅니다. 아래쪽 항목들은 만들어질 파일의 속성을 설정하거나 파일의 경로, 각 채널별로 파일을 만들어 주는 멀티패스, 입체영상을 위한 스테레오스코픽 그리고 네트워크 렌더를 위한 팀 렌더 등을 사용할 수 있습니다. 다음의 설명을 참고하여 원하는 파일로 만들면 됩니다.

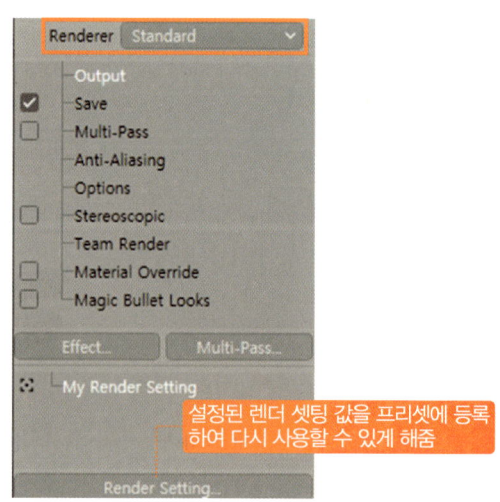

아웃풋(Output)

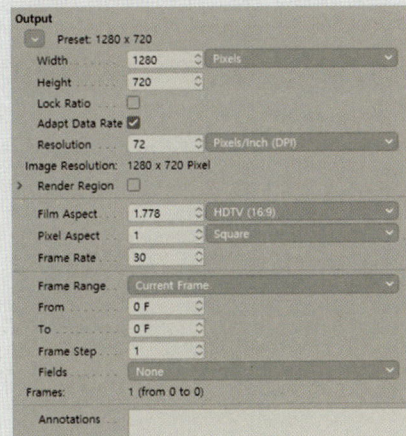

아웃풋 항목에서는 만들어질 파일의 규격과 구간 등에 관한 설정을 합니다.

프리셋(Preset) 즐겨 사용되는 화면의 출력 규격을 선택할 수 있습니다. 스크린, 웹, 필름, 비디오, 이미지 등에 대한 규격 등을 제공합니다.

위드스(Width)/하이트(Height) 화면 규격을 임의로 설정할 수 있습니다. 원하는 규격이 프리셋에 없을 경우 사용합니다. 영상 규격 단위는 픽셀(Pixels)을 사용합니다.

락 레이쇼(Lock Ratio) 가로와 세로에 대한 화면 규격을 항상 고정시킬 때 사용합니다. 락 레이쇼가 체크된 상태에서 가로 또는 세로 규격을 설정하면 나머지 방향의 비율은 자동으로 맞춰집니다.

레졸루션(Resolution) 이미지(영상)의 품질을 설정할 수 있습니다. 영상은 72 픽셀 정도로 사용해도 무관하지만 스틸 이미지일 경우에는 인쇄 여부에 따라 300 픽셀 이상을 사용해야 할 경우도 있습니다.

렌더 리전(Render Region) 화면의 불필요한 부분을 잘라줄 수 있습니다.

필름 애스펙트(Film Aspect) 화면의 가로와 세로의 비율을 설정합니다.

픽셀 애스펙트(Pixel Aspect) 화면을 이루는 가장 작은 단위인 픽셀(화소)의 비율을 설정합니다. 픽셀의 비율에 따라 화면 전체의 비율에 영향을 줍니다.

프레임 레이트(Frame Rate) 초당 사용되는 프레임 개수를 설정합니다.

프레임 레인지(Frame Range) 작업된 특정 구간만 렌더, 즉 파일로 만들 것인지 전체를 만들 것인지를 결정합니다. 올 프레임은 전체를 만들며 매뉴얼은 지정된 구간만 만들고 커런트 프레임은 타임라인의 현재 프레임만 만들어줍니다.

프롬(From)/투(To) 프레임 레인지에서 매뉴얼을 사용할 때 파일로 만들어질 프레임 단위를 설정합니다. 가령, 5프레임에서 200프레임으로 설정하면 설정된 프레임 구간만 파일이 만들어집니다.

프레임 스텝(Frame Step) 하나의 프레임에 대한 렌더링 횟수를 설정합니다. 많아질수록 이미지(영상)의 품질이 좋아지지만 렌더링 시간은 더욱 늘어납니다.

필드(Fields) 화면의 주사(인터레이스- Interlace) 방식을 설정합니다. 최근엔 대부분 디지털 비디오를 사용하기 때문에 주사 방식을 사용하지 않습니다.

세이브(Save)

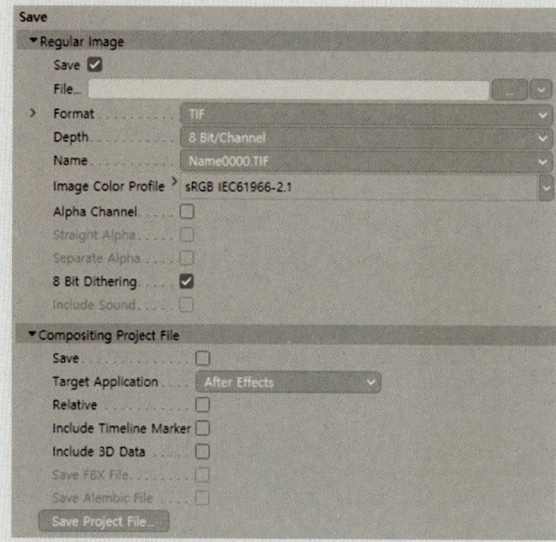

세이브에서는 만들어질 파일의 경로, 형식(포맷—확장자), 알파 채널, 프로젝트 파일 생성 등에 관한 설정을 합니다.

레귤러 이미지(Regular Image)

세이브(Save) 작업한 내용을 파일로 만들기 위해서는 체크를 해야 합니다.

파일(File) 파일이 만들어질 위치를 선택하고 파일명을 입력할 수 있습니다.

포맷(Format) 파일 형식을 설정합니다. 시네마 4D와 같은 3D 툴에서의 최종 파일은 다른 편집/합성 툴을 통해 최종적으로 완성되는 경우가 대부분이므로 낱장의 시퀀스 형식으로 만들며 오브젝트를 제외한 배경은 투명해야 하기 때문에 동영상 파일보다는 이미지 형식인 TIFF, PNG를 주로 사용합니다.

뎁스(Depth) 색상에 대한 품질과 채널에 대한 설정을 합니다. 뎁스 값이 높을수록 보다 다양한 색상으로 화면을 구성합니다.

네임(Name) 파일 이름에 부가되는 번호 방식을 선택할 수 있습니다.

알파 채널(Alpha Channel) 이미지(영상)에 투명도 정보를 포함할 수 있습니다. 다른 이미지와 합성을 위해 사용됩니다.

인클루드 사운드(Include Sound) 작업에 오디오가 포함됐을 경우 오디오도 파일(동영상 파일일 경우)로 만들어줍니다.

컴포지팅 프로젝트 파일(Compositing Project File)

세이브(Save) 애프터 이펙트 등의 합성/편집 툴에서 작업을 할 수 있는 프로젝트 파일을 만들어줍니다.

타겟 애플리케이션(Target Application) 프로젝트 파일로 만들 프로그램을 선택합니다. 주로 애프터 이펙트를 사용하지만 그밖에 누크, 모션, 쉐이크, 퓨전 등에서 사용할 수 있는 프로젝트 파일도 만들 수 있습니다.

렐러티브(Relative) 이 기능을 체크하면 3D 좌표를 상대 축, 즉 오브젝트의 축을 기준으로 렌더링이 됩니다. 일반적으로는 절대 축을 사용합니다.

인클루드 타임라인 마커(Include Timeline Marker) 애니메이션에 사용된 키(프레임)를 사용할 수 있게 해줍니다.

인클루드 3D 테이터(Include 3D Dada) 조명, 카메라, 오브젝트의 3D 좌표(위치) 정보를 프로젝트 파일에 포함시킵니다.

세이브 FBX 파일(Save FBX File) 누크(Nuke)에서 작업을 할 수 있는 파일로 만들어줍니다. 이 기능을 체크하면 카메라, 라이트, 오브젝트의 3D 정보가 포함된 FBX 형식의 파일로 저장됩니다.

세이브 알렘빅 파일(Save Alembic File) 누크와 퓨전만을 위한 파일로 저장됩니다.

세이브 프로젝트 파일(Save Project File) 이 버튼을 누르면 위에서 설정된 모든 데이터 정보가 포함된 프로젝트 파일이 만들어집니다.

멀티-패스(Multi-Pass)

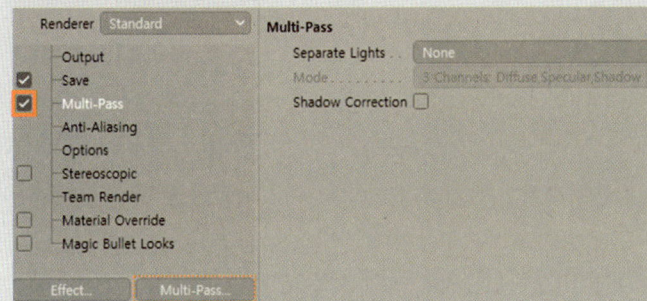

멀티 패스에서는 일반적인 파일과 더불어 조명, 반사 재질, 매터리얼 등에 의해 표현되는 각각의 채널을 별도의 파일로 만들 수 있습니다. 이렇게 만들어진 파일은 디테일한 합성을 위해 사용됩니다.

멀티-패스를 사용하기 위해서는 이름 좌측의 체크 박스를 체크해야 하며 아래쪽 멀티-패스 버튼을 클릭하여 원하는 채널을 선택힐 수 있습니다.

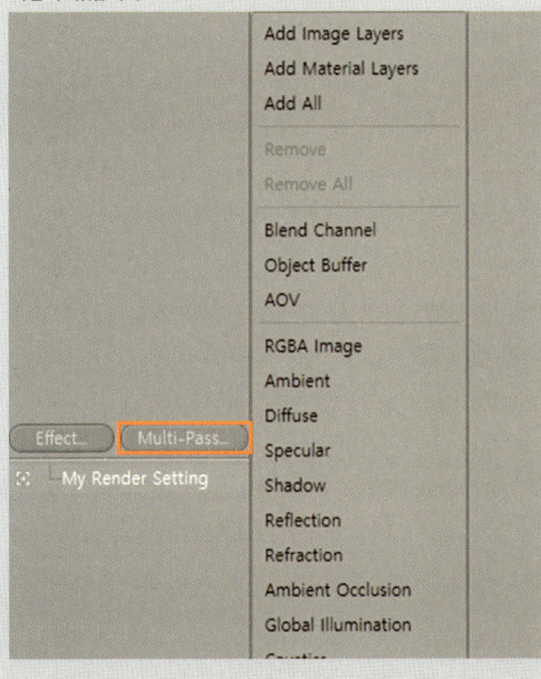

앤티-에일리어싱(Anti-Aliasing)

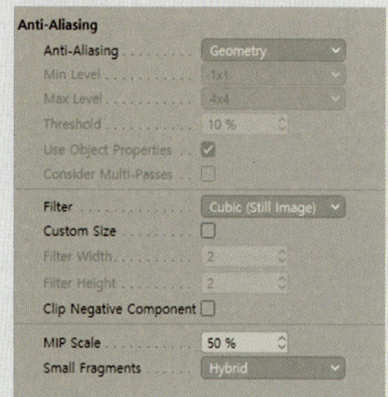

앤티 에일리어싱은 이미지 경계, 즉 픽셀의 경계에 대한 깨짐 현상을 최소화(부드럽게)하기 위해 사용됩니다.

앤티-에일리어싱(Anti-Aliasing) 앤티 에일리어싱에 대한 품질을 설정할 수 있습니다. 가장 좋은 품질은 베스트입니다. 시네마 4D에서 만든 파일 규격을 다른 툴에서 사용할 때 확대하여 이미지가 훼손될 경우에만 사용하는 것이 좋습니다.

민/맥스 레벨(Min/Max Level) 앤티 에일리어싱을 표현하는 최소/최대 값을 설정합니다. 곱하기 값이 높을수록 섬세한 표현이 가능하지만 렌더링 시간은 더욱 소요됩니다.

필터(Filter) 앤티 에일리어싱의 모양을 설정합니다. 기본적으로 사각형 모양인 큐빅을 주로 사용합니다.

옵션(Options)

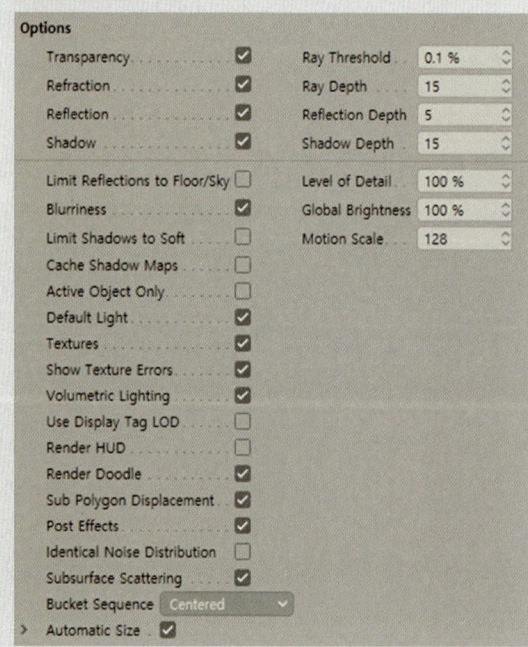

옵션에서는 최종 출력(파일 만들 때) 시 작업에 사용된 기능에 대한 사용 유무를 결정합니다. 가령, 작업에서는 반사 재질인 리플렉션을 사용했어도 최종 출력 시에는 리플렉션에 의한 표현을 빼고자 한다면 해당 옵션(기능)을 해제하면 됩니다.

스테레오스코픽(Stereoscopic)

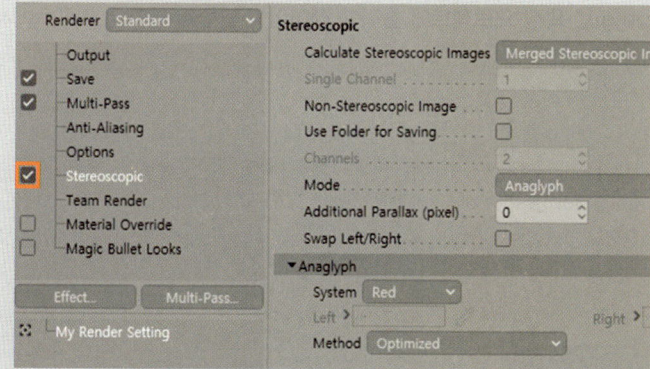

스테레오스코픽은 작업한 내용을 입체 영상 제작을 위한 파일로 만들 수 있습니다. 이렇게 만들어진 파일은 3D 안경이나 모니터를 통해 볼 수 있습니다. 스테레오스코픽을 사용하기 위해서는 이름 좌측의 체크 박스를 체크해야 합니다.

모드(Mode) 스테레오스코픽 모드를 결정합니다. 주로 적/청 안경을 통해 보는 애너글리프 방식을 사용하며 그밖에 두 개의 화면을 양쪽으로 분리하는 사이드 바이 사이드와 여러 개의 선으로 표현하는 인터레이스 모드가 있습니다.

애너글리프(Anaglyph) 애너글리프 모드를 사용할 때 사용되는 색상을 설정할 수 있습니다.

팀 렌더(Team Render)

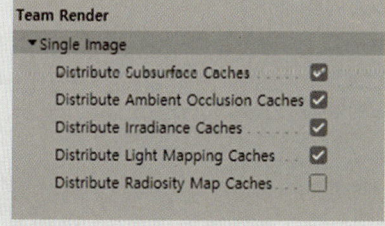

팀 렌더는 로컬 네트워크를 통해서 다수의 컴퓨터들을 이용하여 빠르고 쉽게 렌더링할 수 있게 해줍니다. 네트워크 렌더를 하기 위해서는 시네마 4D가 같은 버전이 설치되어있어야 하고 시네마 4D가 설치될 때 Team Render Server가 같이 설치되어야 합니다.

네트워크를 서비스를 사용하기 위해서는 Apple 사의 Bonjour(봉주어)가 설치되어야 합니다. 봉주어를 설치하기 위해서는 http://support.apple.com/kb/DL999로 접속해서 다운로드 받아야 합니다. 모든 설치가 끝나면 Render 메뉴에서 Team Render Machines를 통해 팀 렌더를 설정하면 되고 Share Machine over Network를 통해 네트워크 공유를 연결합니다. 그리고 File 메뉴의 Preferences(환경설정)의 Renderer 항목에서 Enable Team Render를 체크해야 합니다. 팀 렌더의 보다 자세한 사항은 헬프 문서를 참고 하십시오.

익스터널 컴포지팅을 활용한 렌더 설정하기

익스터널 컴포지팅(External Compositing)은 특정 오브젝트에 솔리드 레이어를 만들어 애프터 이펙트에서 합성 작업을 할 수 있도록 해줍니다.

01 익스터널 컴포지팅에 대해 알아보기 위해 [학습자료] - [프로젝트] - [모니터 광고.c4d] 프로젝트 파일을 불러옵니다. 불러온 파일은 모니터가 카메라에 의해 애니메이션되는 작업이며 그밖에 3개의 조명이 사용됐으며 모니터의 액정을 표현하기 위해 플레인(액정) 오브젝트를 사용했습니다.

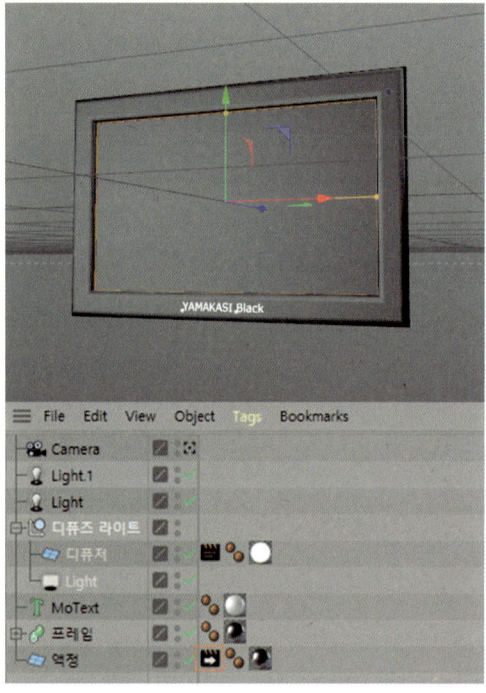

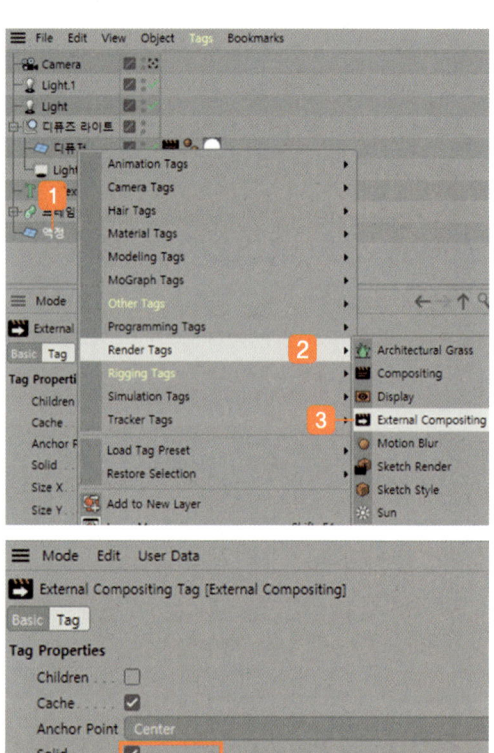

02 이제 익스터널 컴포지팅을 사용하기 위해 액정 오브젝트에서 [우측 마우스 버튼] - [Render Tags] - [External Compositing]을 적용합니다. 그러면 액정 오브젝트에 익스터널 컴포지팅 태그가 적용됩니다. 속성 매니저에서 Solid를 체크하여 렌더링 시 이 오브젝트 위치에 솔리드 레이어가 생성되도록 해줍니다. 솔리드의 크기는 Size XY축을 통해 설정하면 되는데 이번에는 액정 플레인 오브젝트와 동일한 1280x720으로 설정하고 솔리드 색상은 빨간색으로 사용합니다.

03 이제 파일을 만들기 위해 렌더 셋팅(Ctrl + B) 창을 열어줍니다. Output 항목은 이미 설정이 된 상태이기 때문에 파일 형식과 저장 경로를 설정하기 위해 Save 항목을 선택합니다. File에서 파일(파일 이름은 **모니터 광고**로 사용함)이 저장될 경로를 지정하고 Format은 PNG로 선택합니다. 실제 고화질 작업을 하기 위해서는 보통 Tiff 파일 형식을 사용하지만 이번에는 학습 자료의 용량을 줄이기 위해 PNG 파일 형식을 선택했습니다. 방금 설명한 두 파일 형식은 모두 알파 채널이 포함된 형식입니다. Alpha Channel을 사용하기 위해 체크합니다. 이번 렌더링에서는 GI는 사용하지 않을 것이므로 해제합니다. 이것으로 기본 설정이 끝났습니다.

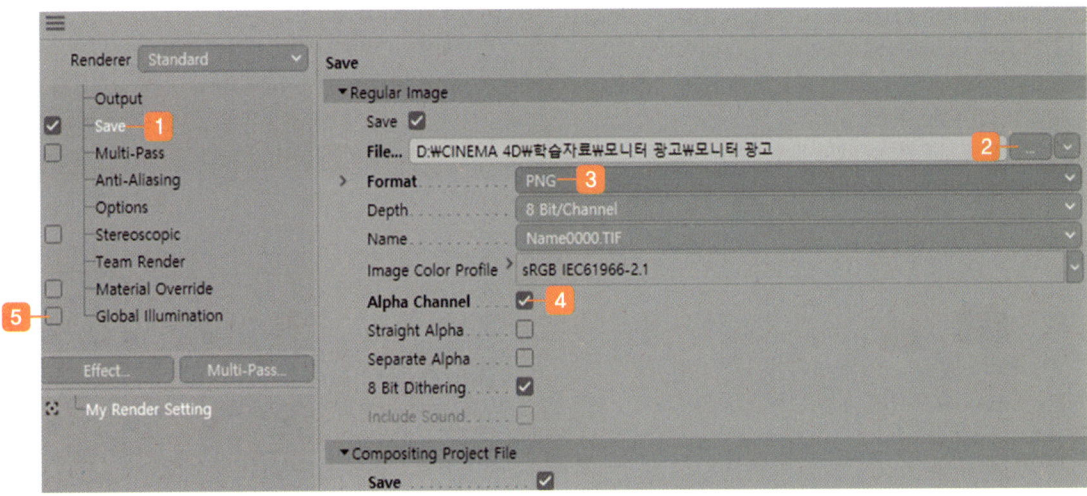

04 계속해서 아래쪽 Compositing Project File 항목을 펼쳐놓고 Save를 체크합니다. 지금의 항목은 시네마 4D에서 작업한 내용을 애프터 이펙트와 같은 합성 프로그램을 통해 사용할 수 있는 프로젝트 파일로 만들어줍니다. Target Application은 After Effects로 설정하고 Include 3D Data를 체크하여 시네마 4D에서 사용된 카메라와 조명을 애프터 이펙트에서 사용할 수 있도록 해줍니다. 이것으로 3D 좌표 값을 사용할 수 있게 되었습니다. 이제 애프터 이펙트용 프로젝트 파일을 만들기 위해 [Save Project File] 버튼을 클릭하여 프로젝트 파일을 저장합니다.

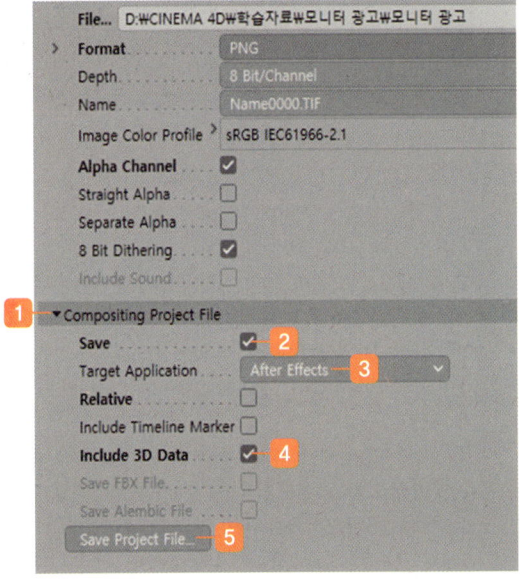

05 렌더 셋팅이 끝났으면 이제 파일을 만들기 위해 렌더 투 픽쳐 뷰어(Shift + R)를 선택하여 렌더링을 시작합니다.

렌더 투 픽쳐 뷰어에서 스틸 이미지를 별도로 저장하기 위해서는 좌측 상단의 디스크 모양으로 된 아이콘인 Save As 버튼을 이용하면 됩니다.

06 모든 렌더링이 끝났다면 이제 애프터 이펙트를 실행해서 시네마 4D에서 작업한 데이터를 불러와야 합니다. 그런데 불러오기 전에 먼저 해야 할 일이 있습니다. 시네마 4D에서 작업한 데이터를 애프터 이펙트에서 불러올 수 있게 해 주는 C4D임포터 플러그인을 설치해야 합니다. 시네마 4D가 설치된 [C] -

[Program Files] - [MAXON] - [CINEMA 4D R21] - [Exchange Plugins] - [aftereffects] - [Importer] - [Win(맥 버전 사용자는 OSX 폴더)] - [CS5-CS6(또는 CS_CC)] 폴더에서 [C4DImporter] 플러그인 파일을 복사합니다.

만약 본 도서를 통해 시네마 4D를 공부하시는 독자분들 중 시네마 4D가 21 버전이 아니라면 해당 버전 폴더를 이용하면 됩니다.

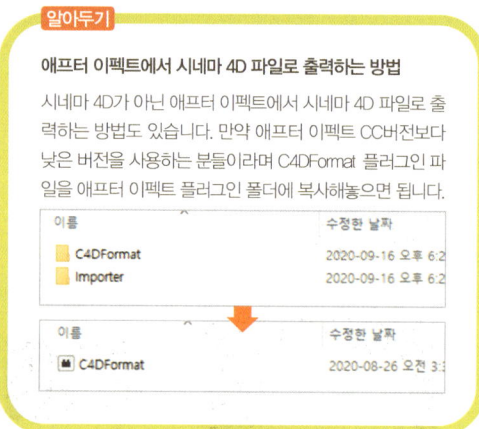

알아두기

애프터 이펙트에서 시네마 4D 파일로 출력하는 방법

시네마 4D가 아닌 애프터 이펙트에서 시네마 4D 파일로 출력하는 방법도 있습니다. 만약 애프터 이펙트 CC버전보다 낮은 버전을 사용하는 분들이라면 C4DFormat 플러그인 파일을 애프터 이펙트 플러그인 폴더에 복사해놓으면 됩니다.

07 이제 복사된 파일을 [C] - [Program Files] - [Adobe] - [Adobe After Effects(해당 버전)] - [Support Files] - [Plug-ins] 폴더에 붙여놓습니다. 이렇게 해야 시네마 4D에서 만든 파일을 애프터 이펙트에서 사용할 수 있습니다. 물론 애프터 이펙트 CC 버전을 사용하는 분들은 시네웨어가 설치되기 때문에 시네웨어를 사용하게 되면 이와 같은 과정이 필요하지 않을 수도 있습니다.

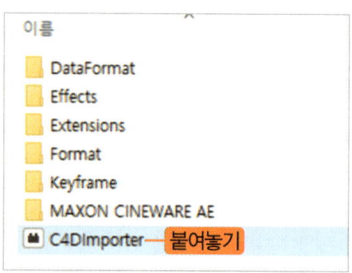

08 이제 시네마 4D에서 만든 파일을 애프터 이펙트로 불러오기 위해 애프터 이펙트(이하 AE)를 실행하고 [File] - [Import] - [File]을 선택하여 앞서 시네마 4D에서 만든 [모니터 광고.aec] 파일을 불러옵니다. 불러온 파일을 보면 시네마 4D에서 작업한 애니메이션 작업이 시퀀스 형태로 적용됐으며 같은 규격의 컴포지션과 솔리드 레이어가 적용됐습니다. 모니터 광고 컴포지션을 더블클릭하여 컴포지션을 열어줍니다.

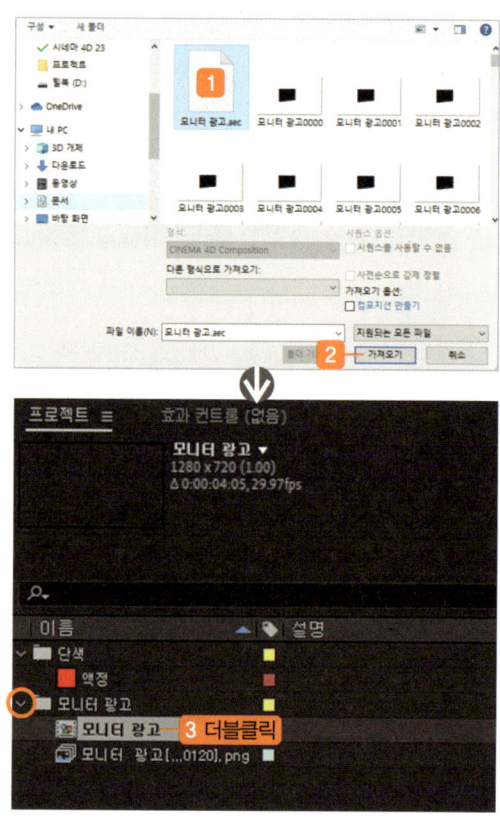

09 열린 컴포지션을 보면 시네마 4D에서 작업된 카메라와 3개의 조명, 빨간색 솔리드 레이어가 적용된 것을 알 수 있습니다. 플레이(스페이스 바)를 해보면 모니터가 움직이는 애니메이션도 똑같이 표현되는 것을 알 수 있습니다. 이제 액정 솔리드 레이어를 트랙 매트와 블렌딩 모드를 활용하여 액정 솔리드 레이어에 동영상이 재생되는 장면으로 표현하면 됩니다. 이렇듯 익스터널 컴포지션을 사용하면 익스터널 컴포지션 태그가 적용된 오브젝트의 위치, 회전에 대한 좌표 값을 그대로 반영할 수 있는 솔리드 레이어를 사용할 수 있기 때문에 지금과 같은 작업에서 유용하게 사용됩니다.

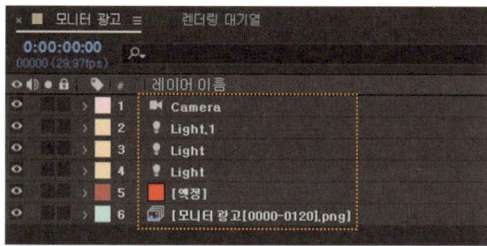

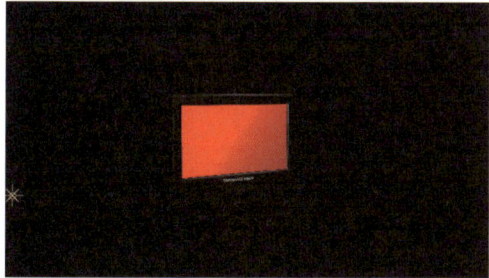

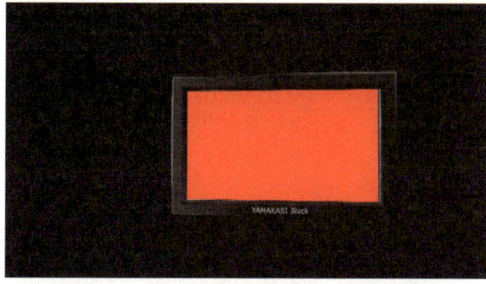

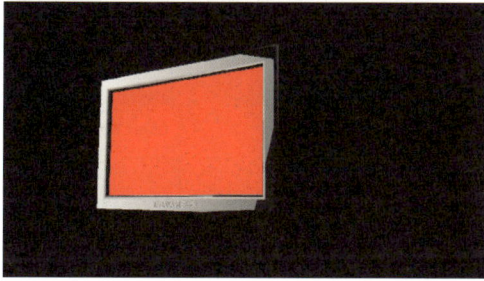

> **알아두기**
>
> **최종 렌더링 파일을 시퀀스 파일로 사용하는 이유**
>
> 최종 렌더링 파일을 시퀀스 파일로 사용하는 이유는 알파 채널을 포함할 수 있어 고급 합성 작업을 할 수 있으며 또한 동영상 파일보다 높은 해상도(품질)의 파일로 만들 수 있기 때문입니다. 일반적으로 동영상 파일은 프레임(장면)들이 하나의 파일로 합쳐진 형식이기 때문에 해상도의 한계가 있습니다. 물론 시네마 4D에서 작업한 내용이 최종적인 완성물이라면 동영상 파일로 만들 수도 있겠지만 대부분 애프터 이펙트나 프리미어 프로, 파이널 컷과 같은 편집 프로그램을 통해 최종 완성물을 만들기 때문에 고해상도의 시퀀스 이미지 파일을 사용하게 됩니다.

멀티-패스를 활용한 렌더 설정하기

멀티 패스(Multi-Pass) 랜더는 오브젝트 또는 오브젝트에 적용된 빛의 하이라이트, 그림자, 스페큘러, 디퓨즈, GI 등을 개별 채널로 분리하여 별도의 파일로 만들어 애프터 이펙트와 같은 프로그램에서 합성을 할 수 있게 해줍니다. 이번 학습에서는 오브젝트를 개별로 분리하여 멀티 패스를 만들어 주는 오브젝트 버퍼(Object Buffer)에 대해 알아봅니다.

01 학습을 위해 [학습자료] - [프로젝트] - [조인트 애니메이션.c4d] 프로젝트 파일을 불러옵니다. 불러온 파일을 플레이해보면 조인트에 의해 로고가 움직이는 것을 알 수 있습니다. 이제 이 로고 애니메이션에서 각 글자와 테두리 그리고 배경을 각각의 채널로 분리하여 멀티 패스로 렌더링을 해봅니다.

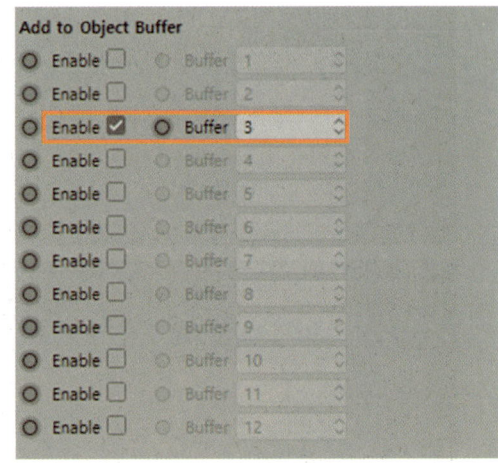

02 현재 사용된 글자는 키즈 클럽 로고란 이름의 그룹 하위에 안쪽 테두리, 바깥쪽 테두리, 키즈, 클럽의 Connect에 컴포지션 태그가 적용된 상태이고 이 컴포지션의 Object 버퍼(오브젝트 버퍼)는 각각의 번호가 매겨져 있는 상태입니다. 이렇게 각 오브젝트에 버퍼를 적용하면 멀티 패스 채널로 파일을 만들 수 있습니다. 여기에서는 안쪽 테두리를 살펴봅니다.

03 렌더 셋팅(Ctrl + B) 창을 열고 [Multi-Pass] 버튼을 선택해보면 멀티 패스 채널로 분리하여 개별 파일로 만들어줄 수 있는 멀티 패스 채널 목록이 나타납니다. 여기서 Object Buffer가 이번 학습에서 사용할 멀티 패스입니다. 본 프로젝트에서는 이미 멀티 패스가 선택된 상태이므로 여기에서는 확인만 하고 선택하지는 않습니다.

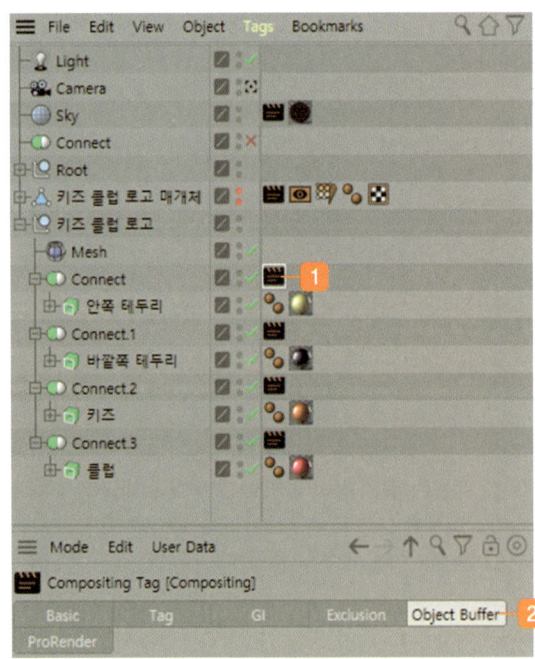

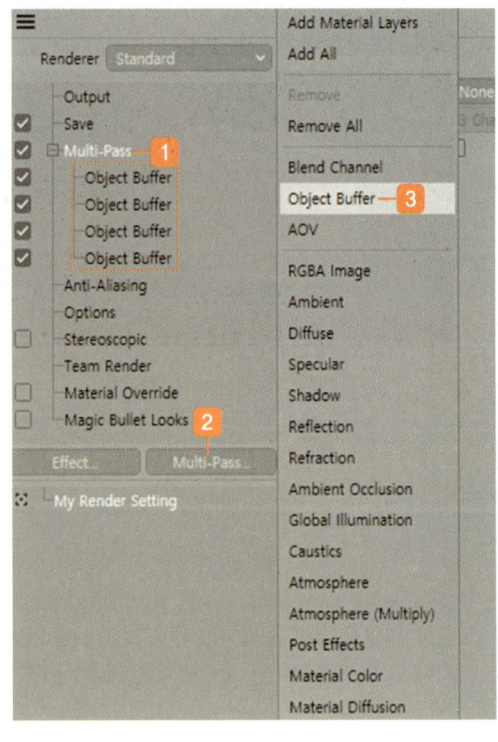

04 이제 멀티 패스를 랜더링을 하기 위해 Multi-Pass를 체크하고 아래쪽 4개의 Object Buffer도 모두 체크를 해줍니다. 그다음 Save 항목에서 파일이 저장될 경로를 지정하고 Format(파일 형식)를 PNG로 설정합니다. 파일의 이름은 [조인트 애니메이션]이라고 해줍니다. 투명 정보를 사용하기 위해 Alpha Channel을 체크하고 오디오는 사용하지 않습니다. 그리고 멀티 패스를 별도의 파일로 저장하기 위해 Multi-Pass Image 항목의 Save를 체크하고 멀티 패스 이미지가 저장될 경로를 지정합니다. 여기에서는 위에서 지정한 경로를 같이 사용합니다. 파일 포맷을 PNG로 설정하고 멀티 패스 이미지는 알파 채널을 사용하지 않습니다. 물론 일반적으로는 알파 채널을 사용하지만 이번에는 알파 채널을 사용하지 않겠습니다. 계속해서 시네마 4D의 작업 내용을 애프터 이펙트의 프로젝트 파일로 만들기 위해 Compositing Project File 항목에서 Save를 체크하고 Target Application을 After Effects로 지정합니다. 여기에서는 카메라나 조명의 3D 좌표 값을 사용하지 않을 것이므로 Include 3D Data는 해제합니다. 그다음 [Save Project File] 버튼을 눌러 파일을 저장합니다.

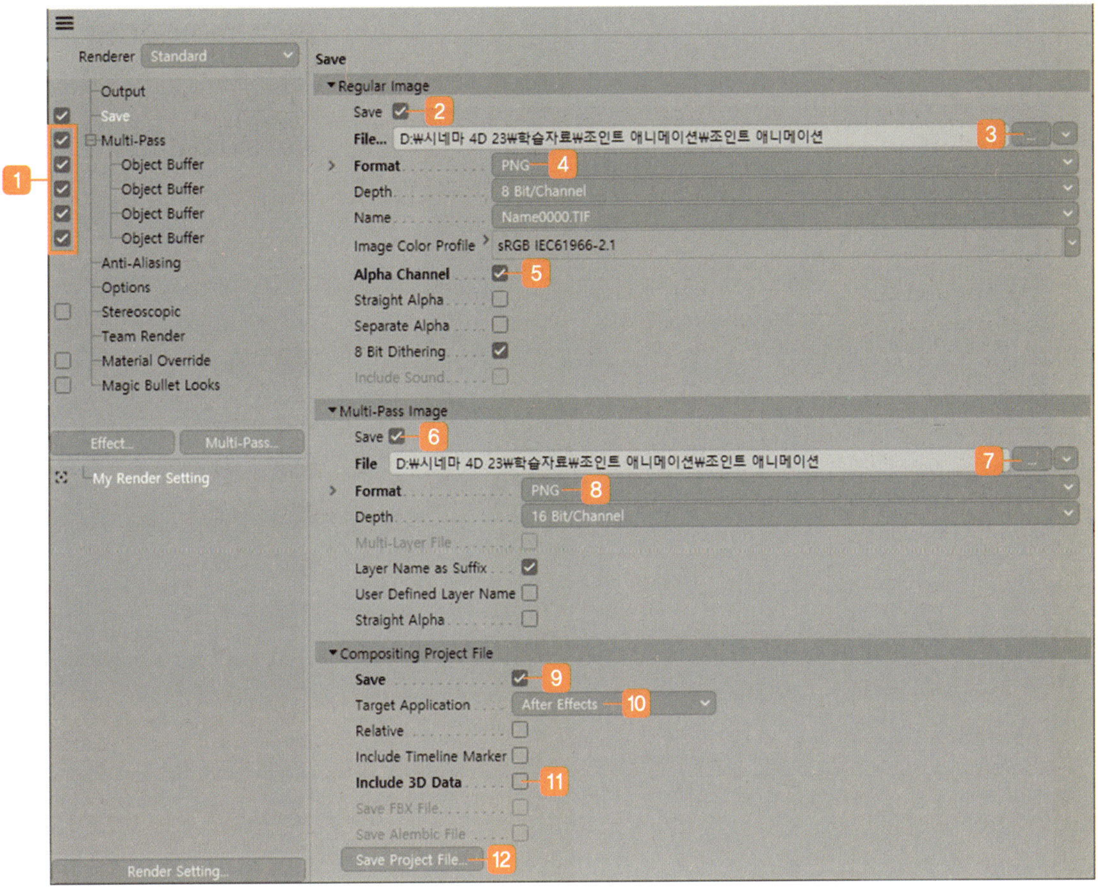

05 렌더링을 하기 전에 잠깐 아무 Object Buffer를 선택해봅니다. 그러면 선택된 오브젝트 버퍼에 대한 Group ID 번호가 있는 것을 알 수 있습니다. 이 번호는 앞서 살펴본 각 오브젝트에 적용된 컴포지팅의 버퍼 넘버입니다. 이렇게 각 오브젝트의 버퍼와 동일한 그룹 ID로 지정해야만 별도의 멀티 패스 파일이 만들어지는 것입니다.

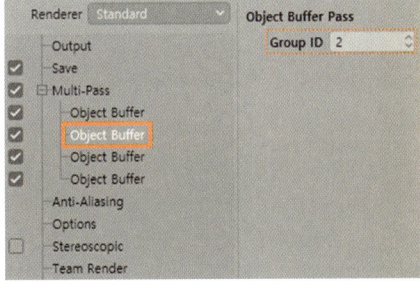

06 이제 렌더링을 하기 위해 렌더 투 픽처 뷰어(Shift + R)를 선택합니다. 여기서 만약 Asset Error 창이 뜨면 사용된 HDRI 환경 맵 소스의 경로를 찾지 못한다는 것이므로 일단 무시하고 [OK] 버튼을 클릭합니다. 렌더링이 진행될 때 Layer 항목의 Multi-Pass를 선택해보면 오브젝트 퍼버가 적용된 각 채널에 대한 모습을 확인할 수 있습니다.

07 렌더링이 끝나면 이제 애프터 이펙트를 실행합니다. 애프터 이펙트에서 [Ctrl] + [I] 키를 눌러 앞서 시네마 4D에서 저장한 파일을 불러옵니다. [조인트 애니메이션.aec] 프로젝트 파일만 불러오면 나머지 파일들은 자동으로 불러와지게 됩니다.

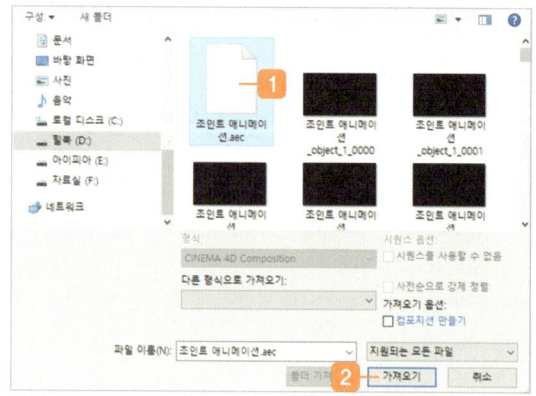

08 불러온 파일들을 보면 시네마 4D에서 설정한 오브젝트 버퍼가 적용된 4개의 파일과 컴포지션 파일 그리고 전체 모습이 있는 파일이 적용된 것을 알 수 있습니다. 여기서 조인트 애니메이션 컴포지션을 더블클릭하여 컴포지션을 열어줍니다.

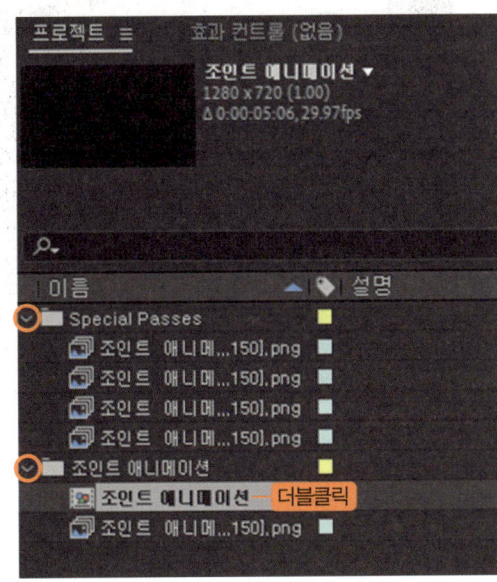

KIDS 글자의 멀티 패스(오브젝트 버퍼)인 푸티지(시퀀스 파일)를 끌어다 그림처럼 타임라인 맨 위쪽에 적용합니다.

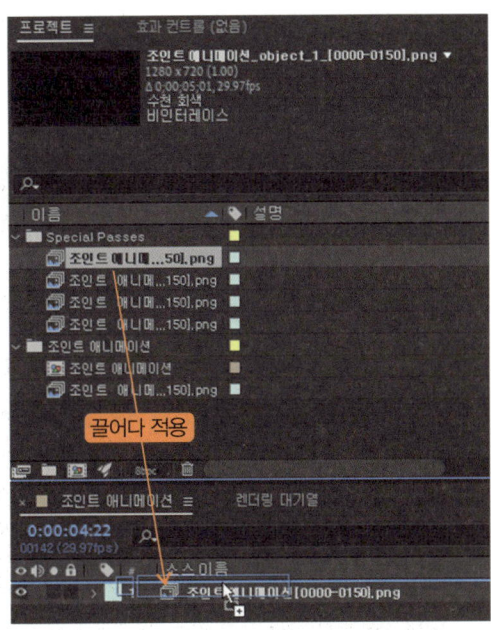

09 열려진 조인트 애니메이션 컴포지션에는 로고의 전체 모습이 보이는 파일만 적용된 상태입니다. 이제 트랙 매트를 이용하여 특정 글자에 대해서만 변형을 해봅니다. 여기에서는 KIDS 글자의 색상만 바꿔보도록 하겠습니다.

09 새로운 KIDS 컴포지션이 생성되고 이 컴포지션에는 방금 선택한 두 레이어가 이동됩니다. 이제 KIDS 글자만 나타나도록 하기 위해 트랙매트를 활성화한 후 아래쪽 레이어의 트랙매트를 [루마]로 설정합니다. 그러면 위쪽 KIDS 글자만 흰색으로 된 매트에 영향을 받아 흰색 영역(KIDS)만 표현됩니다.

10 KIDS자에 대한 색상을 바꿔주기 위해 프로젝트 패널에서

11 이제 이 두 개의 레이어를 모두 선택한 후 [Ctrl] + [Shift] + [C] 키를 눌러 하나로 합쳐줍니다. 프리 컴포즈(Pre-compose) 창이 열리면 이름을 [KIDS]로 입력하고 [OK]합니다. 이렇게 함으로 선택된 두 레이어가 KIDS란 이름의 새로운 컴포지션이 만들어집니다. 만들어진 컴포지션은 컴포지션 레이어로 사용됩니다.

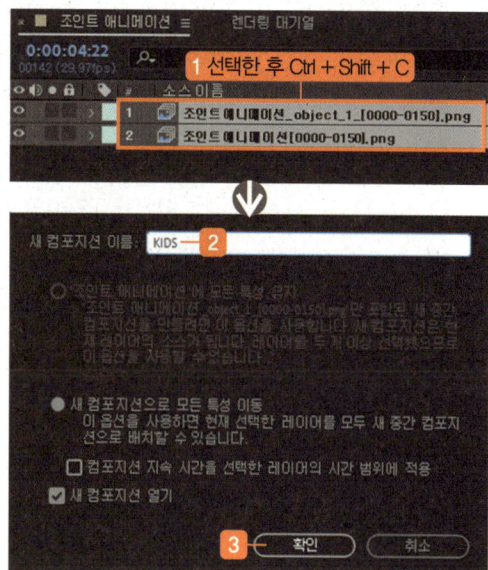

12 방금 합쳐놓은 컴포지션으로 이동한 후 합쳐진 KIDS 레이어 하위에 로고 전체 모습이 있는 푸티지를 끌어다 적용합니다. 그러면 다시 정상적인 로고의 모습이 나타납니다.

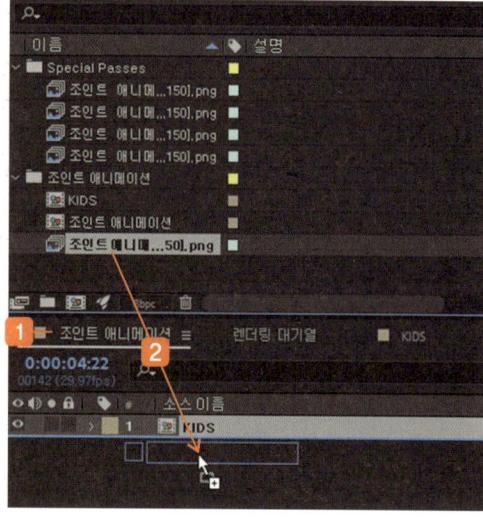

13 이제 KIDS 글자 레이어의 색상만 변경하기 위해 위쪽 KIDS 글자의 모습만 있는 레이어를 선택합니다.

14 선택된 글자 레이어의 색상을 설정하기 위해 [효과(Effect)] - [색상 표정(Color Correction)] - [색조/채도(Hue/Saturation)]을 적용합니다.

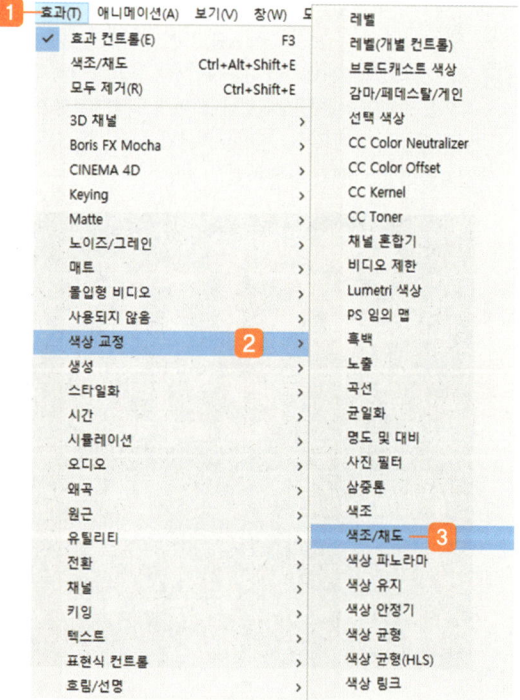

15 휴/새츄레이션 이펙트 설정 창에서 Master Hue를 설정하여 원하는 글자 색상으로 변경합니다. 변경되는 색상을 보면 아래쪽 로고 전체 모습이 있는 레이어의 색상은 그대로 있고 효과가 적용된 왼쪽 KIDS 글자(레이어)의 색상만 변하는 것을 알 수 있습니다. 이처럼 멀티 패스를 이용하면 특정 오브젝트 및 매터리얼, 빛, 그림자 등의 효과에 대해서만 별도로 사용할 수 있기 때문에 디테일한 합성 작업을 할 수 있습니다. 이와 같은 작업을 하기 위해서는 멀티 패스에 대한 이해도 중요하지만 애프터 이펙트와 같은 합성 프로그램도 능숙하게 사용할 수 있어야 합니다.

> **알아두기**
>
> **오디오 파일 렌더링하기**
>
> 시네마 4D에서 사운드 이펙트나 그밖에 작업에서 오디오 파일을 사용한 후 사용된 오디오 파일에 대한 소리를 렌더링 시 포함시키기 위해서는 렌더 셋팅의 인클루드 사운드(Include Sound)를 체크하는 것만으로는 오디오 파일로 만들 수 없습니다. 작업에 사용된 오디오를 렌더링할 때 포함시키기 위해서는 타임라인을 열고 사용된 오디오 파일을 오브젝트 매니저에서 끌어다 타임라인의 빈 트랙에 갖다 놓은 후 [우측 마우스 버튼] - [Add Special Tracks] - [Sound]를 선택하여 오디오 트랙을 생성해야만 오디오가 포함된 파일이 만들어집니다.
>
>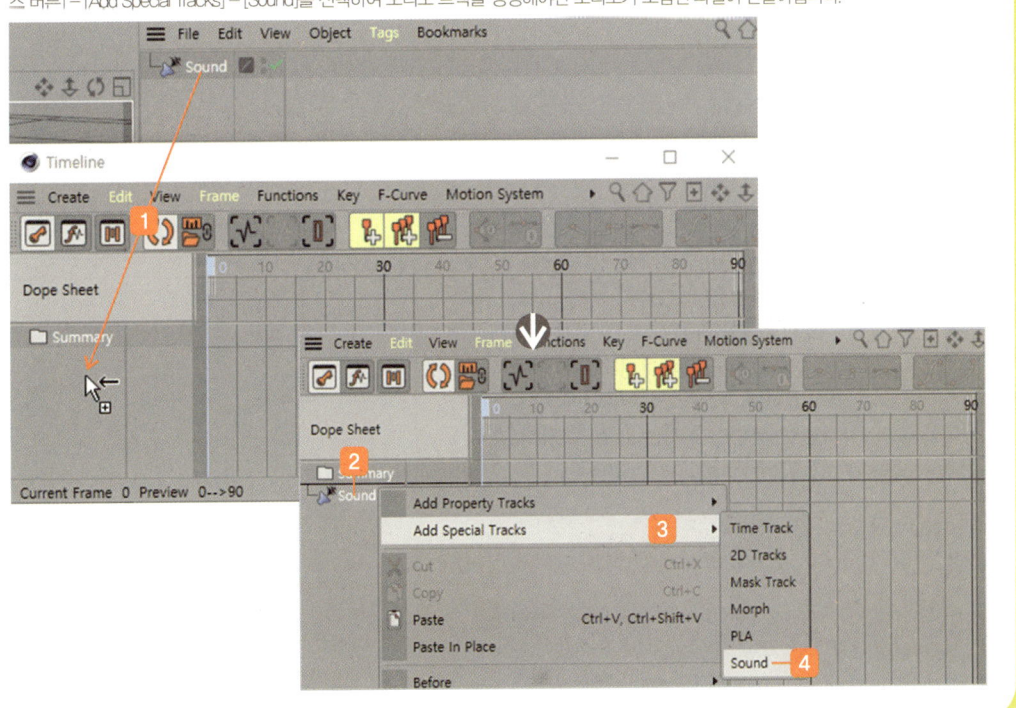

시네웨어 활용

시네웨어는 애프터 이펙트 CC버전부터 제공되는 3D 제작 모듈이며 애프터 이펙트 CC 버전을 설치할 때 시네웨어도 같이 설치됩니다. 시네웨어는 시네마 4D의 일부 기능이 제한된 라이트 버전을 통해 애프터 이펙트와 자연스럽게 연동 작업을 할 수 있게 해줍니다. 시네마 4D에서 제작된 오브젝트, 매터리얼, 조명 및 카메라를 그대로 애프터 이펙트 CC로 불러와 사용할 수 있습니다.

시네웨어 프로젝트 생성 및 설정하기

애프터 이펙트 CC 버전에서는 새로운 프로젝트를 만들거나 이펙트 메뉴에서 시네마 4D 그리고 레이어 메뉴에서 시네웨어 프로젝트를 생성할 수 있습니다.

01 시네웨어 프로젝트 파일을 만들기 위해 애프터 이펙트에서 [File] - [New] - [MAXON CINEMA 4D File]을 선택합니다. 파일을 저장할 수 있는 창이 열리면 원하는 경로를 선택한 후 파일 이름을 입력하고 [저장] 버튼을 클릭하여 저장합니다. 그러면 시네마 4D Lite 버전이 열립니다.
시네마 4D의 최상위 버전은 Studio 버전입니다. 스튜디오 버전은 유일하게 시네마 4D의 모든 기능이 제공됩니다.

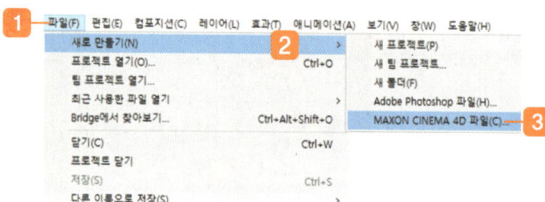

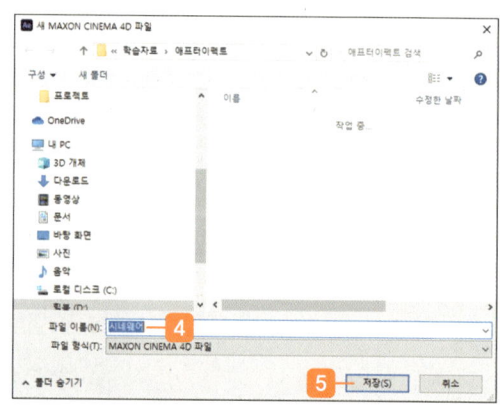

02 시네마 4D가 열리면 일단 그림처럼 스피어와 바닥(플로어)를 생성합니다. 그리고 [Save Project] 메뉴 또는 [Ctrl] + [S] 키를 눌러 저장합니다.

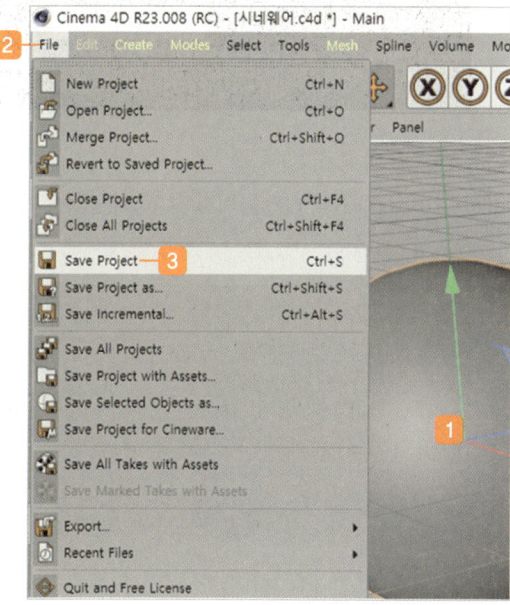

03 이제 애프터 이펙트에서 앞서 시네마 4D에서 만든 오브젝트를 사용하기 위해 프로젝트 패널에서 시네웨어.c4d 푸티지를 끌어다 Create a new Composition 아이콘 위에다 갖다 놓습니다. 이것으로 새로운 컴포지션이 만들어졌습니다.

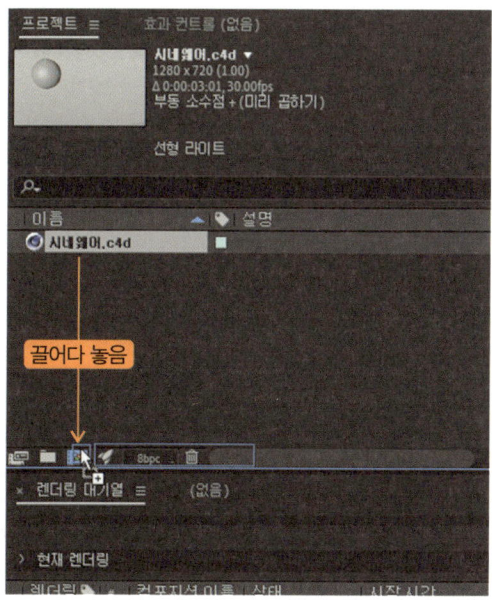

04 컴포지션 패널을 보면 시네마 4D에서 만든 스피어와 바닥의 모습이 보이는 것을 알 수 있습니다. 그리고 이펙트 컨트롤 패널로 이동해보면 CINEWARE 이펙트가 적용된 것을 알 수 있습니다. 이제 이 설정 패널에서 오브젝트의 모습을 카메라와 조명에 의해 설정을 할 수 있습니다.

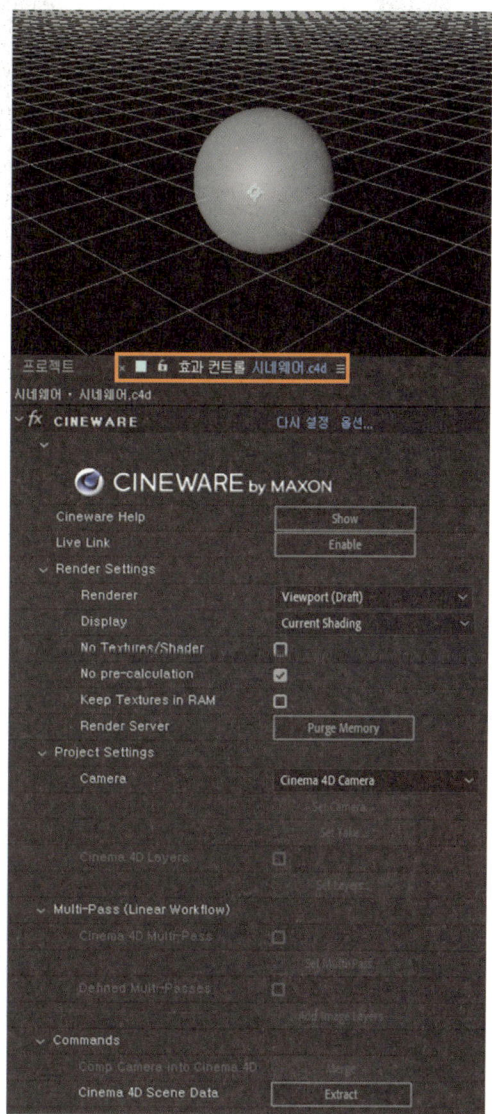

05 시네웨어의 Renter Settings에서는 렌더링에 대한 설정을 할 수 있습니다. 현재는 렌더 품질이 떨어지는 Viewport (Draft)이기 때문에 가장 좋은 품질인 Current로 변경합니다.
커런트로 설정하면 품질 상태는 좋지만 작업 속도가 느려지기 때문에 작업 상황에 맞게 적절하게 설정해서 사용하면 됩니다.

렌더 설정 **709**

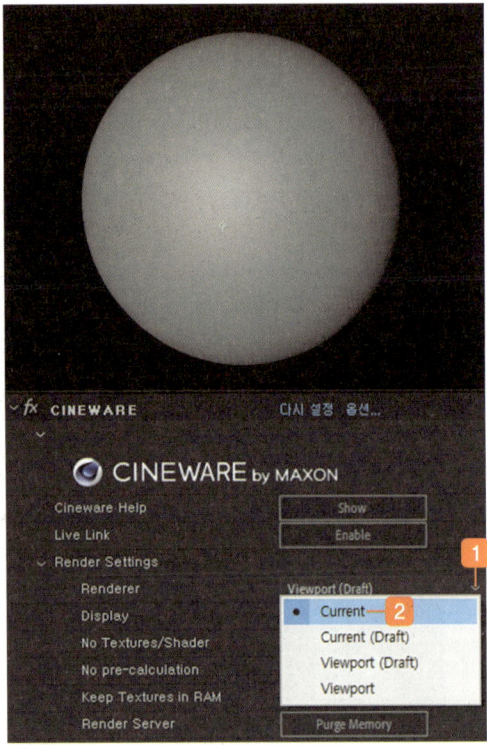

08 다시 시네마 4D로 이동한 후 플로어, 스피어, 라이트를 생성한 후 그림처럼 배치합니다. 에서 카메라를 생성합니다.

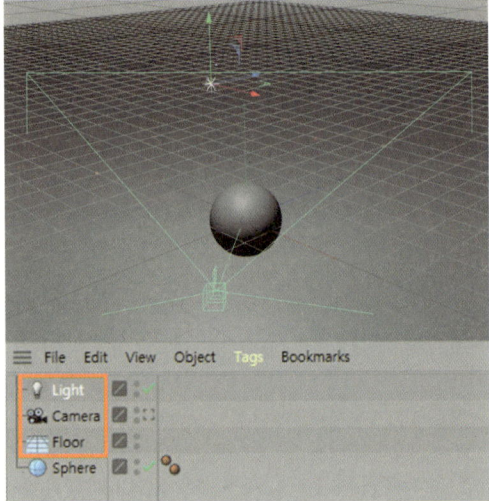

06 Project Settings는 카메라와 레이어에 대한 설정을 할 수 있습니다. Camera를 보면 시네마 4D의 카메라를 사용할 것인지 아니면 애프터 이펙트의 카메라를 사용할 것인지 선택할 수 있습니다. 일단 기본 상태인 시네마 4D 카메라로 사용합니다.

09 방금 적용된 라이트의 General 탭에서 Shadow를 Shadow Maps (Soft)으로 설정하여 부드러운 그림자를 생성합니다.

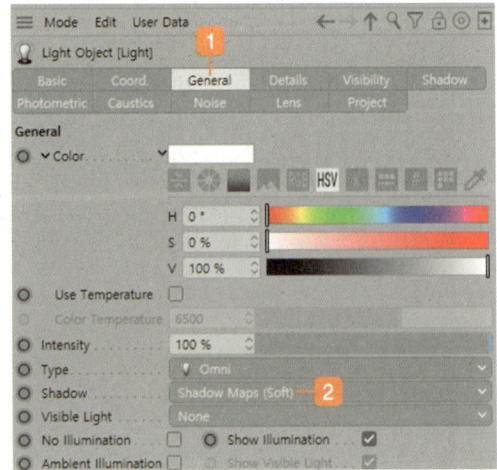

07 시네웨어에 대해 보다 자세히 할고 싶다면 상단 [Show] 버튼을 클릭하면 됩니다.

10 카메라를 다시 켜주고 렌더 뷰를 통해 그림자의 모습을 확인해봅니다.

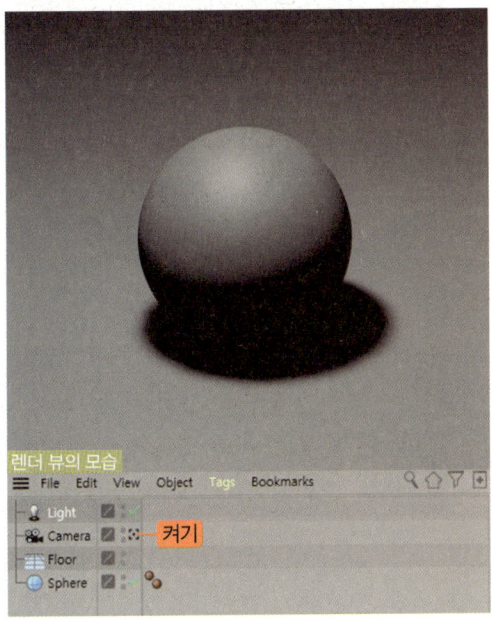

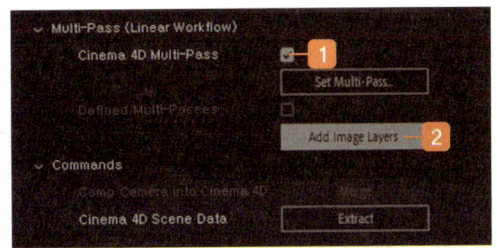

13 [Add Image Layers] 버튼을 클릭하면 시네마 4D에서 작업된 빛의 하이라이트, 반사율(리플렉션), 그림자 등과 같은 채널이 분리되어 타임라인에 적용되기 때문에 이 채널들에 대한 세부 편집이 가능해집니다. 확인이 끝나면 언두(Ctrl + Z)를 하여 원래대로 돌아갑니다.

11 시네마 4D의 작업을 저장(Ctrl + S)한 후 다시 애프터 이펙트로 돌아옵니다. 그러면 조명과 그림자, 바닥에 표현되는 것을 알 수 있습니다.

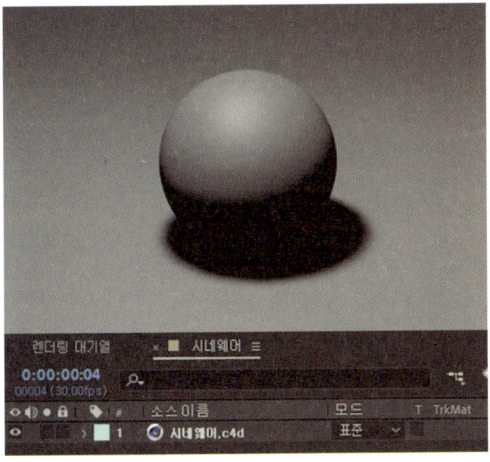

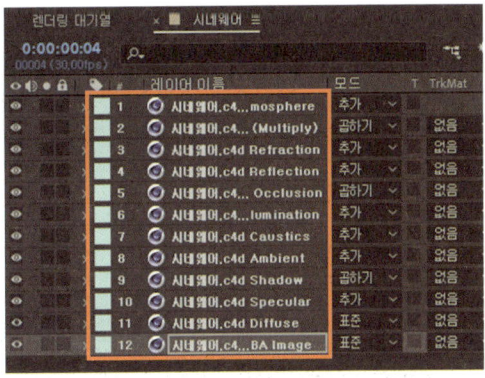

14 이제 시네마 4D에서 작업된 씬(3D) 데이터를 사용하기 위해 CINEMA 4D Scene Data의 [Extract] 버튼을 클릭합니다.

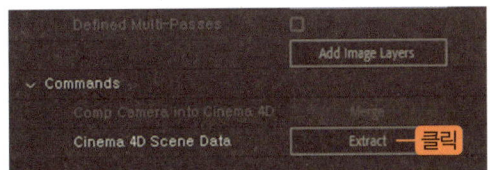

12 시네마 4D의 작업을 저장(Ctrl + S)한 후 다시 애프터 이펙트로 돌아옵니다. 여기서 Multi-PASS (Linear Workflow)의 [Add Image Layers] 버튼을 클릭해봅니다.

15 컴포지션(타임라인)을 보면 카메라와 라이트가 추가된 것을 알 수 있습니다. 이제 이 카메라와 조명을 애프터 이펙트에서 사용할 수 있습니다.

16 이제 앞서 불러온 카메라를 사용해보기 위해 Project Settings의 Camera를 Comp Camera로 설정합니다.

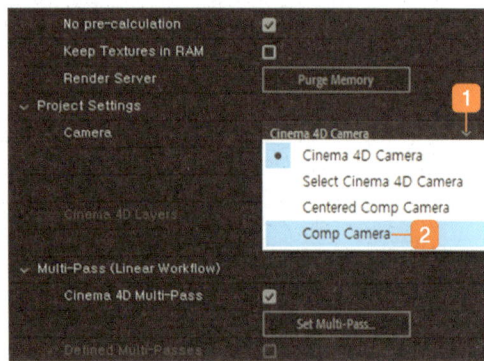

17 컴포지션의 카메라 레이어를 선택한 후 상단 툴 바에서 카메라(Unified Camera) 툴을 선택합니다. 그다음 컴포지션 패널에서 카메라를 이동(클릭 & 드래그)합니다. 이것으로 시네마 4D의 카메라를 애프터 이펙트에서도 제어할 수 있다는 것을 알 수 있습니다.

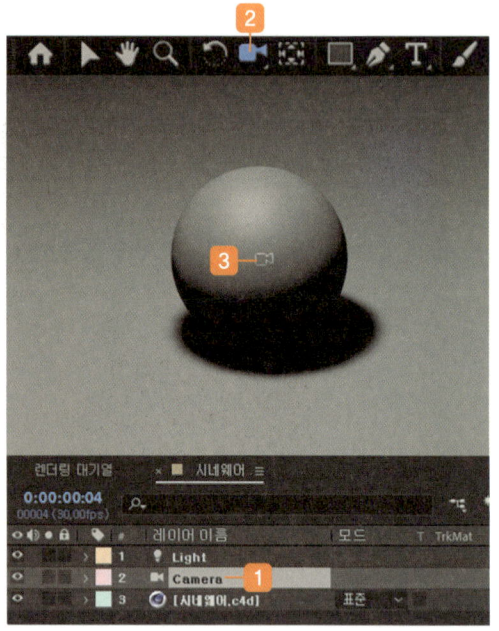

18 다시 시네마 4D로 돌아간 후 재질에 대한 작업을 위해 매터리얼을 생성한 후 매터리얼 에디터를 열어줍니다. 먼저 컬러 채널의 색상을 설정합니다.

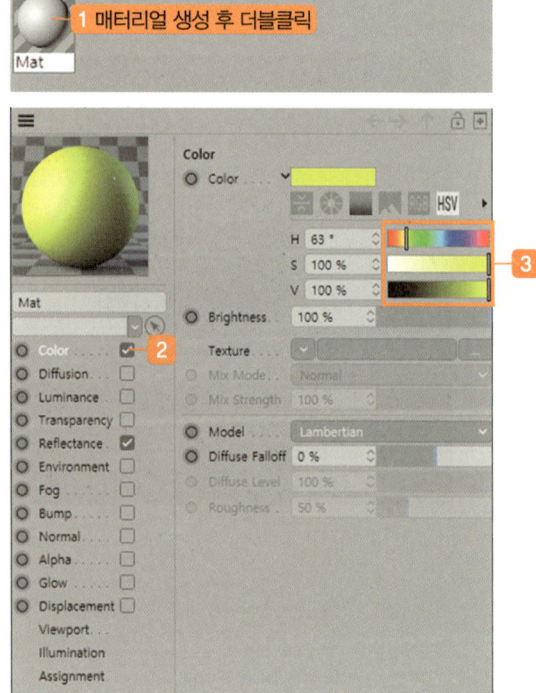

19 계속해서 이번엔 반사율에 대한 설정을 위해 Reflection을 체크한 후 Brightnes를 40 정도로 설정하여 반사율을 낮춰줍니다. 설정이 끝나면 매터리얼을 끌어다 스피어 오브젝트에 적용합니다.

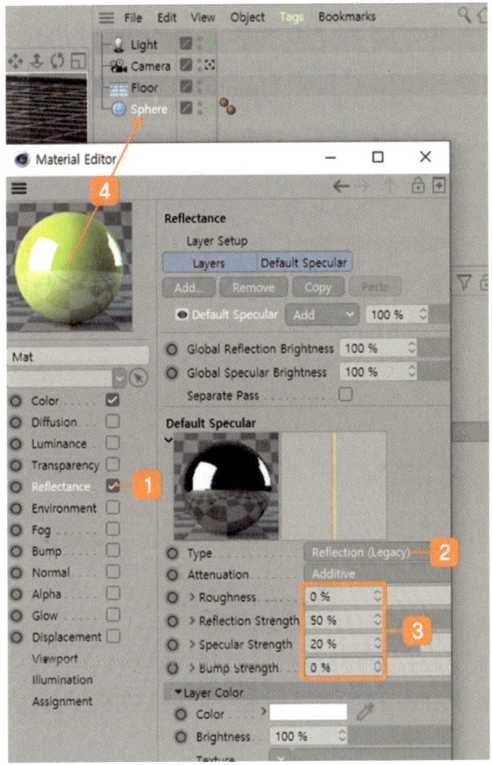

20 오브젝트의 표면에 다른 오브젝트의 모습이 비춰지게 하기 위해 매터리얼이 적용된 스피어 오브젝트를 하나 복제한 후 그림처럼 옆으로 이동합니다.

21 앞서 적용된 매터리얼을 애프터 이펙트에서 확인하기 위해 시네마 4D로 작업된 내용을 저장(Ctrl + S)합니다. 그리고 애프터 이펙트로 이동합니다. 컴포지션 패널에서 Resolution/Down Sample Factor Popup을 Full로 설정하여 가장 좋은 품질로 렌더링이 되도록 해줍니다. 그러면 시네마 4D에서의 모습과 똑같이 스피어의 재질과 표면이 표현됩니다.

22 계속해서 이번엔 바닥에 대한 재질을 표현하기 위해 다시 시네마 4D로 돌아와서 새로운 매터리얼을 추가한 후 매터리얼 에디터를 열어주고 컬러 채널에서 [Texture] - [Surfaces] - [Checkerboard]를 선택합니다. 체크 무늬가 적용되면 이제 이 매터리얼을 끌어다 바닥으로 사용되는 플로어 오브젝트에 적용합니다. 이제 애프터 이펙트에서 확인하기 위해 저장을 합니다.

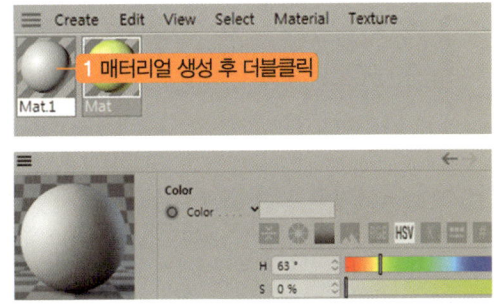

렌더 설정 **713**

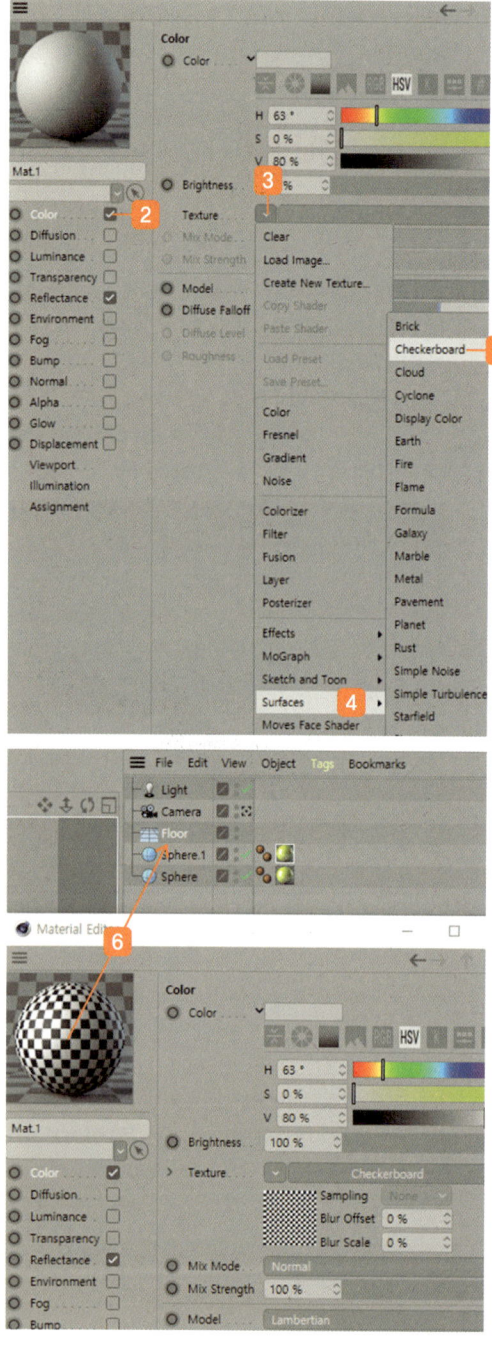

이펙트에서 시네마 4D의 프로젝트 작업을 그대로 반영하여 마치 애프터 이펙트에서 작업을 하는 것처럼 자유롭게 제어할 수 있다는 것을 알 수 있습니다. 물론 아직까지는 제어 속도나 오브젝트 자체를 제어하는 것은 만족스럽지 않지만 그래도 유기적인 작업을 하는데 도움이 될 것입니다. 이것으로 시네마 4D에 대한 모든 학습이 끝났습니다. 시네마 4D의 방대함을 모두 표현하지는 못 했지만 그래도 시네마 4D의 전반적인 기능에 대해서 충분히 설명했기 때문에 시네마 4D를 처음 시작하거나 중급으로 한 단계 올라가고자 하는 사용자에게는 많은 도움이 될 것이라 생각됩니다.

그밖에 [바디 페인트]는 부록 형태인 PDF(아크로벳) 파일로 제공되기 때문에 바디 페인트에 대한 학습하고자 한다면 [힐북.com]의 [도서학습자료]를 통해 다운로드 받아 사용하기 바랍니다.

23 이제 애프터 이펙트로 돌아온 후 확인을 해보면 바닥의 체크무늬가 두 스피어 오브젝트의 표면에 비춰지는 것을 알 수 있습니다. 이렇듯 시네웨어는 지금까지 살펴본 것처럼 애프터

부록편 – 바디 페인트

바디 페인트는 바디 3D 페인트와 바디 UV 에디트 두 가지 모듈로 제공됩니다. 3D 페인트는 입체 오브젝트 표면에 직접 붓으로 그림을 그리는 작업을 할 수 있으며 UV 에디트는 텍스처 작업을 평면(UV)으로 펼친 후 정교한 텍스처 작업을 할 수 있게 해줍니다. 바디 페인트는 본 도서의 지면을 줄이고 도서 정가를 줄이기 위해 PDF 파일로 제공됩니다.

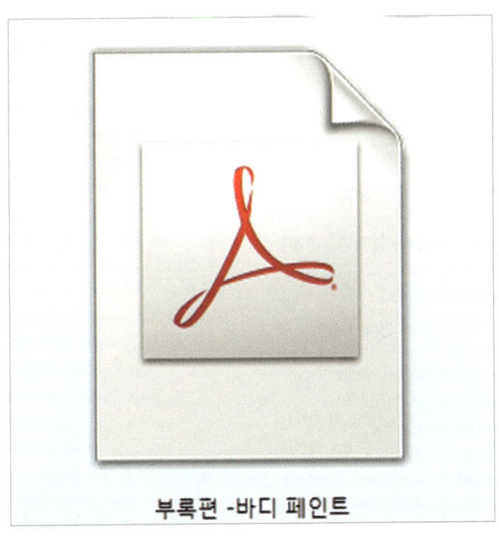

부록편 -바디 페인트

바디 페인트는 본 도서의 지면을 줄이고 도서 정가를 줄이기 위해 PDF 파일로 제공됩니다. 그러므로 바디 페인트에 대한 학습을 원하는 분들은 [책바세.com]의 [도서목록]에서 해당 도서를 찾은 후 [학습자료받기]를 통해 다운로드받아 활용하기 바랍니다.

찾아보기

A ~ B

Accuracy 423
Add Object 051
Add to New Layer 090
Aerodynamics 593
Align to Spline 215, 531
Alpha 138, 378
Ambient Occlusion 451
Animation Control Bar 038
Animation Palette/Control 106
Apply Tag to Children 538
Area Light 407
Attenuation 132, 330
Attribute Manager 038
Auto tangents 101
Axis 059
Axis Bands 066
Axis Workplane 053
B-Spline 123
Background 261
Beckmann 095
Bend 159
Bevel 119
Bind 672
Blur Scale 383
Bonjour 697
Boole 248
Bounce 541
Bridge 114
Brush 380, 594
Bulge 127, 319
Bump 196, 212

C ~ D

C.O.F.F.E.E 639
Cache 551
Calculate 676
Camera 052
Camera Mapping 679
Camera Morph 511
Caps 064
Catmull-Clark 228
Caustics 434, 464
Center Object to 238
Chromatic Aberration 500
CINEMA 4 Tags 144
Clamp 105, 484, 646
Clipping 493
Cloner 599
Close Polygon Hole 300
Close Spline 149
Cloth 552
Cloth Belt 564
Cloth Collider 552
Cloth Surface 210
Cloud 175
Cloud Tool 397
Collider Body 535
Collision Noise 541

Command Tool Bar   038

Command Tool Group   038

Compositing   144

Compositing   155, 262

Compositing Background   262, 344

Compositing Project File   699

Compression   644

Conductor   330

Connect   614

Connect Objects + Delete   174

Connect Splines   223

Connecter   571

Constrain   183

Constraint   484

Content Browser   038, 164

Coordinate Manager   038

Coordinate System   048

Create Background Object   660

Create Caps   210, 322

Create IK Chain   673

Create Mask   655

Create Planar Constraint   649

Create Plane   658

Create Point   350

Create Position Constraint   656

Create Vector Constraint   656

Current State to Object   129, 160

Current State to Object   174

Custom Center   544

Customize Commands   046

Customize Menus   041

Customize Palettes   044

Data Entry Fields   038

Deformation   640

Deformer   051, 640

Density   542

Depth of Field   493

Deselect All   117

Details   168

Diaphragm Shape   501

Dielectric   095, 336

Disconnect   613

Displacement   464

Displacer   469

Dissolve   364

Distribution   601

Dithering   430

DOF   493

Dresser   557

Dynamics   055, 675

E ~ G

Edges Mode   053

Edit Render Settings   050

Edit View Memu Bar   038

Edit View/3D View   038

Effect   145

Emitter   403, 584

Enable Axis   053, 084

Enable Snap   054

Environment   052, 401

Environment Map   097

External Compositing   698

Extrude   111, 220

Extrude Inner   117

Extrusion Steps   636

Eye Separation   507

Fill Selection   135, 299

Fillet   060

Fillet Cap   183, 221

Fit to Object   365

Fit to Parent   128

Fix Points   557

Floor   141

Force   545, 583

Foreground   452

Formula   470, 639

Fracture   611

Frame Default   074

Friction   541

Full Solve   653

Fulldown Menu Bar   039

Generate UVW Coordinates   682

Generators   051

Ghost   536

GI   450

GI(Global Illumination)   145

Gimbal Lock   083

Gimballing Rotation   083

Global Illumination   145

Global Reflection Brightness   132

Gouraud Shading (Lines)   060

Gravity   545

Group   638

Grow Selection   309

H ~ L

Hair   592

Hierarchical   224

Hull Value   688

IES Light   408

IK   673

Illumination   438

Infinite Light   412

Inheritance   640

Inner Distance   426

Interpolation   648

Inverse Volumetric   433

Invert   164

Irawan (Woven Cloth)   243

Isoparm Subdivision   150, 202

Join Segment   350

Joint Tool   670

Keep Soft Body Shape   540

Knife   230, 280

Landscape   466

Lathe   146, 150, 351

Layer   089

Layer Fresnel   095

Layout Mode   039

Lens   441

Lens Distortion   499

Light   052

Light   144

Linear Interpolation   181

Live Selection   073
Locked Workplane   054
Loft   170, 173
Loop Selection   071
Loop selection   116
Luminance   098

M ~ N

Make Editable   053
Make Editable   066
Make Preview   049
Mass   541, 542
Mass Map   549
Material   092
Material Editor   086
Material Editor   093
Material Manager   039
Matrix   401
Merge   223
Mirror Plane   238
Mix Mode   100
Model / Object Mode   053
MoExtrude   110, 125
MoInstance   616
Morph Motion Object   642
MoSpline   626
Motion Blur   495
Motion Camera   509
Motion Tracker   652
Motor   575
Move Tool   047

Movie Camera   497
Moving Mesh   540
N-gongs   183
Noise   100
Null   664

O ~ Q

Object Buffer   701, 702
Object Manager   039
Only Select Visible Elements   074
Open Preferences Folder   043
Optimize   117
Organic Form   182
Orientation   194
Override Phong Tag   136, 300
Particle   584
Particle Geometry   401
Particles   403
Per-Object Manipulation   080
Phong   062
Phong Break Selection   136, 212
Photometric   409
Photons   464
Physical   495
Physical Sky   392
Play Forwards   102
Point Cache   676
Point Mode   054
PolyFX   637
Polygon Selection   080, 636
Polygons Mode   054

Preferences　043

Preserve Groups　235

Project Settings　057

Projection　137

PyroCluster　401

Python　639

Quadrangles　183

Quadrangles　204

R ∼ S

Random　602

Raytraced　422

Reconstruction　654

Record Active Objects　102

Rectangle Selection　075

Redo　047

Reflectance　095

Reflection (Legacy)　131

Refraction　154

Regular Grid　065, 204

Render to Picture Viewer　049

Render View　048

Renderer　692

Peserve Groups　310

Restrict to Selection　230

Rigid Body　534

Rotate Tool　048

Roughness　096

Sample Distance　430

Save Layout as　040

Scale Tool　048

Sculpt　390

Seen by Camera　155

Segment　060, 061

Selection Tag　070

Selection Tool　047

Self Collisions　539

Set Selection　126

Set Vertex Weight　547

Shader　100

Shader　473

Shadow Maps (Soft)　145

Simulation　534

Skin　672

Sky　097

Slice　065

Snap　671

Soft Body　546

Soft Selection　078

Sound　644

Specular Strength　096

Spline　051, 645

Spline Path　215

Split　613

Spring　568

Stage　455

Static Mesh　540

Step　647

Step Gap　642

Stereo Camera　506

Stereoscopic　506

Stick Texture　674

Subdivision Editor　122

Subdivision Renderer　122
Subdivision Surface　115
Sun Light　413
Sweep　198, 200
Sweep Spline　636
Symmetry　237, 266, 275

T ~ Z

Tangential　216
Target　648
Target Camera　504
Target Light　406
Team Render　697
Texture　098
Texture Mode　054
Thinking Particles　401
Time and Location　395
Time offset　648
Time Ruler　039
Time Scale　057
Timeline　107
Timeslider　106
Tolerance　117
Tracer　622
Track Properties　526
Transparency　147, 148
Trigger　536
Twist　357
Undo　047
Vibrate　510
Viewpoint Tool Bar　039

Viewport Solo　054
Vignetting　499
Visibility　651, 689
Visible Light　424
Volume　650
Volumetric　427
Volumetric Clouds　394
Weight　672
Weld Points　276
Wireframe　155
Workplane　054
Xpresso　665

한 글

가시 조명　424
고우러드 쉐이딩 (라인)　060
굴절　154
그룹 이펙터　638
글로벌 일루미네이션　145, 450
널오브젝트　664
노드　665
노이즈 조명　438
다이내믹　057, 534
데이터 입력 필드　038
디포머　159
디포머 툴　052
딜레이 이펙터　607
라이브 실렉션　073
라이트 툴　053
락 워크 플레인　054
랜덤 이펙터　602

레이스 146, 150
레이아웃 모드 034, 039
레이어 089
렌더 뷰 050
렌더 투 픽쳐 뷰어 050
렌즈 플레어 441
로테이트 툴 048
로프트 170, 173
루미넌스 098
루프 실렉션 071
리두 047
리프렉션 154
리플렉턴스 095
매터리얼 092
매터리얼 매니저 039
매터리얼 에디터 093
메이크 에디테이블 053
메이크 폴리곤 053
메이크 프리뷰 049
모델 / 오브젝트 모드 053
모익스트루드 110
모텍스트 619
무브 툴 047
무브 핸들 042
백그라운드 343
벌지 127
베벨 119
보케 501
볼륨 라이트 427
볼륨 이펙터 650
불 248

불렛 타임 효과 057
뷰포트 솔로 054
브릿지 114, 130
사운드 이펙터 644
서브디비젼 서피스 115, 118
선택 태그 070
선택 툴 047
세그먼트 060, 061
셔터 스피드 496
쉐이더 이펙트 631
스위프 198, 200
스카이 097
스컬프트 390
스케일 툴 048
스탭 이펙터 616
스테이지 455
스텝 이펙터 647
스플라인 이펙터 645
스플라인 툴 051
시머트리 266, 275, 276
시점 조절 툴 039, 069
실렉션 툴 047
알파 채널 138
애니메이션 컨트롤 바 038
액시스 054, 059
액시스 밴드 066
어트리뷰트 매니저 038, 057
언두 047, 116
에디트 렌더 셋팅 050
에디트 뷰 메뉴 바 039
에디트 뷰(작업 공간) 038
엣지 모드 054

엣지 툴   067
오브젝트 매니저   039
오브젝트 비지빌리티   072
오브젝트 툴   051
옵티마이즈   117
워크 플레인   054
이동 툴   047
이미터   584
익스트루드   111, 220
익스트루드 이너   117
인바이어런먼트 툴   052
인버스 키네메틱스   673
인에이블 스냅   054
인에이블 액시스   054, 085
인터페이스   034
인허리턴스 이펙터   640
제너레이터 툴   051
짐벌 락   083
짐벌링 로테이션   083
카메라 툴   053
커런트 스테이트 투 오브젝트   129, 160
커맨드 툴 그룹   038
커맨드 툴 바   038
커스틱   434
컨텐트 브라우저   038, 164
코디네이트 매니저   038
코디네이트 시스템   048
크기 툴   048
클로즈 폴리곤 홀드   304
클리핑   493
타겟 이펙터   648
타임 룰러   039

타임 슬라이더   102
타임라인   035
텍스처   098
트랙 매트   705
트랜스페어런시   147, 152
파이로 클러스터   401
파티클   584
퍼스펙티브(Perspective)   070
포뮬러 이펙터   639
포인트 모드   054
포토메트릭   410
폴리곤 모드   054
퐁   062
퐁 브레이크 실렉션   295
풀다운 메뉴 바   039
프랙처   611
프레퍼런스   043
프로젝트 셋팅   057
플레인 이펙터   605
플로어   141
피지컬 렌더러   495
피지컬 스카이   392
하이어라키   150
헤어   592
환경 맵   097, 140
환경 툴   053
회전 툴   048